SEBASTIAN MARX

Episcopus emeritus Ecclesiae Romanae

Kanonistische Studien und Texte

begründet von
Dr. Albert M. Koeniger †
o.ö. Professor des Kirchenrechts und der Kirchenrechtsgeschichte
an der Universität Bonn

fortgeführt von
Dr. Dr. Heinrich Flatten †
o.ö. Professor des Kirchenrechts und der Kirchenrechtsgeschichte
an der Universität Bonn

sowie von
Dr. Georg May
Professor für Kirchenrecht, Kirchenrechtsgeschichte und
Staatskirchenrecht an der Universität Mainz

und

Dr. Anna Egler
Akademische Direktorin i. R.
am FB 01 Katholisch-Theologische Fakultät der Universität Mainz

herausgegeben von
Dr. Wilhelm Rees
Professor für Kirchenrecht an der Leopold-Franzens-Universität Innsbruck

und

Dr. Christoph Ohly
Professor für Kirchenrecht an der Kölner Hochschule
für Katholische Theologie (KHKT)

──────────────── Band 77 ────────────────

SEBASTIAN MARX

Episcopus emeritus Ecclesiae Romanae

Episcopus emeritus Ecclesiae Romanae

Eine kanonistische und rechtshistorische
Untersuchung des päpstlichen Amtsverzichts unter
besonderer Berücksichtigung der Verzichtsleistung
Papst Benedikts XVI.

Von

Sebastian Marx

Duncker & Humblot · Berlin

Die Theologische Fakultät Trier
hat diese Arbeit im Jahr 2021 als Dissertation angenommen.

Ein besonderer Dank ergeht an die Förderer der Drucklegung:
Erzbistum Köln
Erzbistum München und Freising
Bistum Regensburg
Joseph Ratzinger Papst Benedikt XVI.-Stiftung
Joseph-Höffner-Gesellschaft für Christliche Soziallehre
Verein zur Förderung der Theologischen Fakultät Trier e.V.

Bibliografische Information der Deutschen Nationalbibliothek

Die Deutsche Nationalbibliothek verzeichnet diese Publikation in
der Deutschen Nationalbibliografie; detaillierte bibliografische Daten
sind im Internet über http://dnb.d-nb.de abrufbar.

ISSN 0929-0680
ISBN 978-3-428-18674-7 (Print)
ISBN 978-3-428-58674-5 (E-Book)

Gedruckt auf alterungsbeständigem (säurefreiem) Papier
entsprechend ISO 9706 ♾

Internet: http://www.duncker-humblot.de

Vorwort

Die vorliegende Untersuchung mit dem Titel „*Episcopus emeritus Ecclesiae Romanae. Eine kanonistische und rechtshistorische Untersuchung des päpstlichen Amtsverzichts unter besonderer Berücksichtigung der Verzichtsleistung Papst Benedikts XVI.*" wurde im Wintersemester 2021/2022 von der Theologischen Fakultät Trier als theologische Dissertationsschrift angenommen.

Die Drucklegung gibt mir Anlass zum Dank an all jene Menschen, die mich auf dem Weg ihrer Abfassung so großmütig und tatkräftig begleitet und unterstützt haben und ohne die ich diese Schrift nicht hätte vollenden können. Mein erster Dank gilt dem Betreuer meiner Dissertation, meinem Doktorvater Prof. Dr. Christoph Ohly, der mir sowohl während seiner Tätigkeit als Ordinarius für Kirchenrecht an der Theologischen Fakultät Trier als auch als Inhaber des Lehrstuhls für Kirchenrecht, Religionsrecht und kirchliche Rechtsgeschichte und Rektor der Kölner Hochschule für Katholische Theologie stets mit Rat und Tat zur Seite stand. Ebenso bin ich Prof. Dr. Ohly für die Gewährung des notwendigen zeitlichen Freiraums für Forschung und Lehre, aber umso mehr für seine priesterliche und auch freundschaftliche Begleitung während der Abfassung meiner Dissertationsschrift zu allergrößtem Dank verpflichtet. Seine Lehrveranstaltungen – sowohl während meines Studiums der Katholischen Theologie in Trier als auch im Zuge meines Promotionsstudiums – haben in mir das tiefe Interesse am Kirchenrecht entfacht und den innigen Wunsch geweckt, mich tiefer mit dieser Materie zu befassen und weiter in diesem Forschungsspektrum zu arbeiten.

Ebenso gilt mein Dank Herrn Prof. Dr. Walter Andreas Euler, Ordinarius für Fundamentaltheologie und Ökumenische Theologie an der Theologischen Fakultät Trier, der sich ohne zu zögern dazu bereiterklärt hat, das Zweitgutachten meiner Dissertationsschrift anzufertigen. Für den fachlichen Rat und die damit verbundene großzügige Hilfestellung danke ich auch Herrn Prof. Dr. Hans-Georg Gradl, Ordinarius für Exegese des Neuen Testaments an der Theologischen Fakultät Trier. Ihnen und der gesamten Trierer Fakultät bin ich zu großem Dank verpflichtet.

Meine ganz persönliche Dankbarkeit gebührt Frau Mag. Theol. Nina Andrea Jungblut, die mir in einem ungeahnten Ausmaß ihre fachliche und insbesondere persönliche Hilfe entgegenbrachte und so zu einem maßgeblichen Teil dazu beigetragen hat, dass mein Dissertationsprojekt abgeschlossen werden konnte. Ihr und Herrn M. Eng. André Sieger danke ich ebenso für das korrigierende Lesen meiner Dissertationsschrift.

Zuletzt und von Herzen gilt mein Dank meiner Ehefrau Nadine Marx mit unseren Kindern Joshua und Ida Theresia, denen ich meine Dissertationsschrift von Herzen widme. In diesen Dank schließe ich meine Mutter, meinen früh verstorbenen Vater und meinen Bruder mit seiner Familie ein.

Wustweiler, am 29. Juni 2022,
dem Hochfest der heiligen Apostel
Petrus und Paulus   *Sebastian Marx*

Inhaltsverzeichnis

3. Kapitel

Die Kardinäle der Heiligen Römischen Kirche   147

Teil II

Die Primatstheologie Joseph Ratzingers/Papst Benedikts XVI.

1. Kapitel

Primatstheologie als Frucht einer Relecture

2. Kapitel

Leitlinien des Petrusdienstes: Predigtzeugnis   267

Inhaltsverzeichnis 11

Abkürzungsverzeichnis

AA	Apostolicam Actuositatem. Dekret über das Laienapostolat vom 18. November 1965
AAp	Adhortatio Apostolica (= Apostolisches Schreiben)
AAS	Acta Apostolicae Sedis, Romae 1909 ff.
Abs.	Absatz
Abt.	Abteilung
AfkKR	Archiv für katholisches Kirchenrecht [Innsbruck 1857 ff.; Mainz 1862 ff.], Paderborn 1999
AH	Arbeitshilfen, hrsg. v. Sekretariat der Deutschen Bischofskonferenz, Bonn 1970 ff.
AIC	Adnotationes in Ius Canonicum, hrsg. v. E. Güthoff/K.-H. Selge, 60 ff. Bde., Frankfurt a. M. 1995 ff.
Anm.	Anmerkung
AnPont	Annuario Pontificio
ApS	Apostolorum Successores. Direktorium für den Hirtendienst der Bischöfe vom 9. März 2004
Art.	Artikel
ASS	Acta Sanctae Sedis, Romae 1865–1908
AT	Altes Testament
Aufl.	Auflage
BBKL	Biographisch-bibliographisches Kirchenlexikon, hrsg. V. F. W. Bautz, 42 Bde. u. Registerband, Hamm 1975 ff.
Bd./Bde.	Band/Bände
Bearb./bearb.	Bearbeitung/bearbeitet
begr.	begründet
bes.	besonders
BThS	Bamberger theologische Studien, hrsg. v. Bamberger theologische Studien e. V., 37 ff. Bde., Frankfurt a. M./Wien 1995 ff.
bzgl.	bezüglich
BzMK	Beihefte zum Münsterischen Kommentar zum Codex Iuris Canonici, 78 ff. Bde., Essen 1986 ff.
bzw.	beziehungsweise
c./cc.	Canon/es des CIC/1983
c./cc. CCEO	Canon/es des CCEO
ca.	circa
can./cann.	Canon/es des CIC/1917
CA	Constitutio Apostolica (= Apostolische Konstitution)
CCEO	Codex Canonum Ecclesiarum Orientalium von 1990
CD	Christus Dominus. Dekret über die Hirtenaufgabe der Bischöfe in der Kirche vom 28. Oktober 1965
CIC/1917	Codex Iuris Canonici von 1917

CIC/CIC/1983	Codex Iuris Canonici von 1983
COD	Conciliorum oecumenicorum decreta, hrsg. v. G. Alberigo u. a., Bologna ³1973
Comm	Communicationes, hrsg. v. Pontificia Commissio Codici Iuris Canonici recognoscendo (bis 1983), Pontificia Commissio Codici Iuris Canonici interpretando (bis 1988), Pontificium Consilium de Legum Textibus interpretandis, Typis Polyglottis Vaticanis 1969 ff.
Congr	Congregatio (= Kongregation)
Congr-Cler	Congregatio pro Clericis (= Kongregation für den Klerus)
Congr-Ep	Congregatio pro Episcopis (= Kongregation für die Bischöfe)
CorpIC	Corpus Iuris Canonici, ed. Emil Friedberg, Editio Lipsiensis Secunda, Leipzig 1879, unver. Nachdruck in 2 Bänden, Graz 1955 und 1959
CSEL	Corpus scriptorum ecclesiasticorum latinorum, Wien 1866 ff.
CTI	Commissio Theologica Internationalis (= Internationale Theologische Kommission)
d. h.	das heißt
DBK	Deutsche Bischofskonferenz
ders./dies.	derselbe/dieselbe
DF	Dei Filius. Dogmatische Konstitution über den katholischen Glauben vom 24. April 1870
DH	Kompendium der Glaubensbekenntnisse und kirchlichen Lehrentscheidungen, verbessert, erweitert, ins dt. übertragen und unter Mitwirkung v. H. Hoping hrsg. v. P. Hünermann, Freiburg i. Br. ⁴⁵2017
DiKa	Dissertationen Kanonistische Reihe, hrsg. v. E. Güthoff, 32 ff. Bde., St. Ottilien 1988 ff.
DPM	De Processibus Matrimonialibus. Fachzeitschrift zu Fragen des kanonischen Ehe- und Prozessrechts, Leipzig 1994 ff.
Dr.	Doktor
dt.	deutsch
dt. Übers.	in deutscher Übersetzung/deutsche Übersetzung
DV	Dei Verbum. Dogmatische Konstitution über die göttliche Offenbarung vom 18. November 1965
ebd.	ebenda
EKK	Evangelisch-katholischer Kommentar zum Neuen Testament, hrsg. v. K. Backhaus/C. Gerber u. a., 14 ff. Bde., Neukirchen-Vluyn/Einsiedeln 1975 ff.
engl.	englisch/in englischer Sprache
Enz.	Enzyklika
f.	folgender/folgende/folgendes
ff.	folgende
Fontes Christiani	Fontes Christiani. Zweisprachige Neuausgabe christlicher Quellentexte aus Altertum und Mittelalter, hrsg. v. N. Brox, W. Geerlings, G. Greshake u. a., Freiburg i. Br. 1990 ff.
fortgef.	fortgeführt
Forts.	Fortsetzung
FG	Festgabe
FS	Festschrift
FzK	Forschungen zur Kirchenrechtswissenschaft, begr. v. H. Müller/R. Weigand, hrsg. v. B. S. Anuth/G. Bier, 42 ff. Bde., Würzburg 1986 ff.

GCh | Die Geschichte des Christentums (dt. Ausgabe der Histoire du Christianisme), hrsg. v. J.-M. Mayeur/C. Pietri u. a., dt. Ausg. hrsg. v. N. Brox/ O. Engels u. a., 13 Bde. u. Registerband, Freiburg i. Br. 1991 ff.

gez. | gezeichnet

ggf. | gegebenenfalls

GKG | Gestalten der Kirchengeschichte, hrsg. v. M. Greschat, 12 Bde., Stuttgart u. a. 1978 ff.

grch. | griechisch/in griechischer Sprache

HdbKathKR³ | Handbuch des katholischen Kirchenrechts, hrsg. v. S. Haering/W. Rees/ H. Schmitz, Regensburg ³2013

HE | Eusebius v. Cäsarea, Historia Ecclesiastica, hrsg. und eingeleitet von Heinrich Kraft, übersetzt von Philipp Häuser, München ²1981

HerKorr | Herder-Korrespondenz, Freiburg i. Br. 1946 ff.

HKG | Handbuch der Kirchengeschichte, hrsg. v. H. Jedin, 7 Bde., Freiburg i. Br. 1962–1979

hl./hll. | heiliger/heilige

Hrsg./hrsg. | Herausgeber/herausgegeben (von)

HS | Halbsatz

i. A. | im Auftrag

i. V. m. | in Verbindung mit

IKaZ | Internationale Katholische Zeitschrift Communio, Frankfurt a. M. 1972 ff.

ital. | italienisch/in italienischer Sprache

IusE | Ius Ecclesiae. Rivista internazionale di diritto canonico, Milano 1989 ff.

JRGS | Joseph Ratzinger Gesammelte Schriften, hrsg. v. Gerhard Ludwig Müller i. V. m. dem Institut Papst Benedikt XVI./R. Voderholzer/C. Schaller/F.-X. Heibl, 15 Bde. (geplant) u. Registerband, Freiburg i. Br. 2008 ff.

Jurist | The Jurist, Washington D. C. 1941 ff.

KanR | Kanonisches Recht. Lehrbuch aufgrund des Codex Iuris Canonici. Neu bearb. von W. Aymans (Bde. 1–3), Bd. 4 neu bearb. von W. Aymans/L. Müller unter Mitarbeit von C. Ohly, Paderborn 1926 ff.

KB | Kirchenrechtliche Bibliothek, begr. v. L. Gerosa/L. Müller, hrsg. v. C. Ohly/ G. Eisenring, 20 ff. Bde., Münster 1999 ff.

KKK | Katechismus der Katholischen Kirche

KKTS | Konfessionskundliche und Kontroverstheologische Studien, hrsg. v. Johann-Adam-Möhler-Institut, 83 ff. Bde., Paderborn 1959 ff.

KlBl | Klerusblatt, München 1925 ff.

KStKR | Kirchen- und Staatskirchenrecht, begr. v. I. Riedel-Spangenberger/M. Graulich/N. Witsch, hrsg. v. M. Graulich/H. Hallermann/T. Meckel/M. Pulte, 28 ff. Bde., Paderborn u. a. 2003 ff.

KStT | Kanonistische Studien und Texte, begr. v. A. M. Koeniger, fortgef. v. H. Flatten/G. May/A. Egler, hrsg. v. W. Rees/C. Ohly, 73 ff. Bde., Bonn (Amsterdam, Berlin) 1928 ff.

KuR | Kirche und Recht. Beihefte zum Österreichischen Archiv für Kirchenrecht, Wien 1962 ff.

lat. | lateinisch/in lateinischer Sprache

LG | Lumen Gentium. Dogmatische Konstitution über die Kirche vom 21. November 1964

LKR	Lexikon des Kirchenrechts, hrsg. v. S. Haering/H. Schmitz, Freiburg i. Br. u. a. 2004
LThK	Lexikon für Theologie und Kirche. 2. Auflage: hrsg. v. J. Höfer/K. Rahner u. a., 10 Bde. u. Registerband, Freiburg i. Br. 1957–1967; 3. Auflage hrsg. v. W. Kasper u. a., 10 Bde. u. Registerband, Freiburg i. Br. 1993–2001
LThK²-K	Lexikon für Theologie und Kirche. 2. Auflage. Das Zweite Vatikanische Konzil. Dokumente und Kommentare, hrsg. v. J. Höfer/K. Rahner u. a., 3 Bde., Freiburg i. Br. u. a. 1966–1968
LKRR	Lexikon für Kirchen- und Religionsrecht, hrsg. v. H. Hallermann/T. Meckel u. a., 4 Bde., Paderborn 2019–2021
LKStKR	Lexikon für Kirchen- und Staatskirchenrecht, hrsg. v. A. Frhr. v. Campenhausen/I. Riedel-Spangenberger u. a., 3 Bde., Paderborn u. a. 2000–2004
LMA	Lexikon des Mittelalters, hrsg. v. R.-H. Bautier/G. Avella-Widhalm u. a., 10 Bde., München/Zürich 1980 ff.
m. w. N.	mit weiteren Nachweisen
MBTh	Münsterische Beiträge zur Theologie, hrsg. v. d. Katholisch-Theologischen Fakultät Münster, 68 Bde., Münster 1923–2010; Neue Folge, 3 ff. Bde., Münster 2018 ff.
MKCIC	Münsterischer Kommentar zum Codex Iuris Canonici unter besonderer Berücksichtigung der Rechtslage in Deutschland, Österreich und der Schweiz, hrsg. v. K. Lüdicke, unter Mitarbeit von Rudolf Henseler u. a., Loseblattwerk, Essen 1985 ff.
Mörsdorf Schr	Klaus Mörsdorf, Schriften zum Kanonischen Recht, hrsg. v. W. Aymans/ K.-T. Geringer/H. Schmitz, Paderborn u. a. 1989
MP	Motu Proprio
MThS. K	Münchener theologische Studien Kanonistische Abteilung, hrsg. v. E. Güthoff/M. Heim/B. Stubenrauch, 82 ff. Bde., St. Ottilien 1951 ff.
MThZ	Münchener Theologische Zeitschrift, München 1950 ff.
n./nn.	Nummer/Nummern (in Rechtsquellen)
NEB	Neue Echter-Bibel, hrsg. v. J. Gnilka, 21 Bde., Würzburg 1980–1988
NKD	Nachkonziliare Dokumentation, hrsg. i. A. der Deutschen Bischofskonferenz, Bde. 1–58, Trier 1967–1977
Nr./Nrn.	Nummer/Nummern
NRT	Nouvelle Revue Théologique, Tournai/Löwen/Paris 1869 ff.
NT	Neues Testament
NTD	Das Neue Testament Deutsch, hrsg. v. P. Althaus/G. Friedrich/P. Stuhlmacher, 12 Bde. mit Ergänzungs- und Registerbänden, Göttingen 1932 ff.
o.	oder
o. J.	ohne Jahresangabe
o. O.	ohne Ortsangabe
o. S.	ohne Seitenangabe
OE	Orientalium Ecclesiarum. Dekret über die katholischen Ostkirchen vom 21. Dezember 1964
OR	L'Osservatore Romano. Giornale quotidiano politico religioso, Città del Vaticano 1860 ff.
ORdt	L'Osservatore Romano. Wochenausgabe in dt. Sprache, Vatikanstadt 1968 ff.
OT	Optatam Totius. Dekret über die Ausbildung der Priester vom 28. Oktober 1965

PA	Pastor Aeternus. Dogmatische Konstitution über die Kirche vom 18. Juli 1870
PastBon	Pastor Bonus. Apostolische Konstitution über die Römische Kurie vom 28. Juni 1988
PC	Perfectae Caritatis. Dekret über die zeitgemäße Erneuerung des Ordenslebens vom 28. Oktober 1965
PCI	Pontificia Commissio ad Codicis Canones Authenticae Interpraetandos (1984–1988); Pontificium Consilium de Legum Textibus Interpretandis (= Päpstlicher Rat für die Interpretation von Gesetzestexten) (ab 1988)
PCR	Pontificia Commissio Codici Iuris Canonici Recognoscendo
PCU	Pontificium Consilium ad Unitatem Christianorum Fovendam (= Päpstlicher Rat zur Förderung der Einheit der Christen)
PL	Patrologia Latina, hrsg. v. J.P. Migne, 217 Bde. u. Registerbände, Paris 1841–1864
PO	Presbyterorum Ordinis. Dekret über den Dienst und das Leben der Priester vom 7. Dezember 1965
PuP	Päpste und Papsttum, begr. v. G. Denzler/A. Hiersemann, hrsg. v. A. Karsten/G. Wassilowsky, 49 ff. Bde., Stuttgart 1971 ff.
QD	Quaestiones disputatae, begr. v. K. Rahner/H. Schlier, hrsg. v. J. Rahner/T. Söding, 317 ff. Bde., Freiburg i. Br. u. a. 1958 ff.
QFG	Quellen und Forschungen aus dem Gebiet der Geschichte, hrsg. v. d. Görres-Gesellschaft, 24 Bde., Paderborn 1892–1967, Neue Folge, 26 Bde., Paderborn 1979–2019
RaSt	Ratzinger-Studien, hrsg. i. A. des Institut Papst Benedikt XVI., 18 ff. Bde., Regensburg 2009 ff.
RDC	Revue de droit canonique, Strasbourg 1951 ff.
Rdnr./Rdnrn.	Randnummer/Randnummern
RGG	Die Religion in Geschichte und Gegenwart, 6 Bde., Tübingen 1957–1965
RK	Reichskonkordat zwischen dem Heiligen Stuhl und dem Deutschen Reich vom 20. Juli 1933, in: AAS 25 (1933), S. 389–413
RNT	Regensburger Neues Testament, hrsg. v. A. Wilkenhauser u. a., 10 ff. Bde., Regensburg 1938 ff.
RQ	Römische Quartalschrift für christliche Altertumskunde und für Kirchengeschichte, Freiburg i. Br. 1887 ff.
s.	siehe
S.	Seite
S.R.E.	Sanctae Romanae Ecclesiae
sc.	scilicet (= das heißt, nämlich) (in Zitaten)
SC	Sacrosanctum Concilium. Konstitution über die heilige Liturgie vom 4. Dezember 1963
SchCIC	Schema Codicis Iuris Canonici (mit jeweiliger Jahresangabe versehen)
SchLEF	Schema Legis Ecclesiae Fundamentalis (mit jeweiliger Jahresangabe versehen)
Sess.	Sessio (= Sitzung)
SKAB	Schriften der Katholischen Akademie in Bayern, hrsg. v. der Katholischen Akademie in Bayern, 153 Bde., Düsseldorf 1971–1995
SKZ	Schweizerische Kirchenzeitung, Luzern 1832 ff.
SM	Sacramentum Mundi. Theologisches Lexikon für die Praxis, hrsg. v. K. Rahner/A. Darlap, 4 Bde., Freiburg i. Br. 1967–1969

sog.	sogenannt/sogenannter/sogenannte
Sp.	Spalte/Spalten
St.	Sankt
StdZ	Stimmen der Zeit, Freiburg i. Br. 1871 ff. (bis 1914 Maria Laach)
STh	Thomas v. Aquin, Summa Theologiae
ThHK	Theologischer Handkommentar zum Neuen Testament, hrsg. v. E. Fascher, in neuer Bearb. unter Mitwirkung v. J. Herzer, 8 ff. Bde., Leipzig 1931 ff.
ThKNT	Theologischer Kommentar zum Neuen Testament, hrsg. v. E. W. Stegemann u. a., 23 ff. Bde., Stuttgart 2000 ff.
ThLZ	Theologische Literaturzeitung, Leipzig 1876 ff.
TThSt	Trierer Theologische Studien, hrsg. v. der Theologischen Fakultät Trier, 81 ff. Bde., Trier 1941 ff.
TThZ	Trierer Theologische Zeitschrift (bis 1944: Pastor Bonus), Trier 1888 ff.
u.	und
u. a.	unter anderem/und andere
u. ä.	und ähnliches/und ähnliche
übers.	übersetzt
Univ. Diss.	Universitäts-Dissertation
unver.	unverändert
usw.	und so weiter
utb	Uni-Taschenbücher, Stuttgart u. a. 1970 ff.
v.	von/vom
VApSt	Verlautbarungen des Apostolischen Stuhles, hrsg. v. Sekretariat der Deutschen Bischofskonferenz, Bonn 1975 ff.
veränd.	verändert
Verf.	Verfasser/Verfasserin
vgl.	vergleiche
vol.	Volumen/Volumina
z. B.	zum Beispiel
z. T.	zum Teil
ZRG. K	Zeitschrift der Savigny-Stiftung für Rechtsgeschichte, Kanonistische Abteilung, Weimar 1911 ff.
zugl.	zugleich

Einleitung

§ 1 Hinführung zum Thema

Am 11. Februar 2013 erklärte Papst Benedikt XVI., mit Wirkung vom 28. Februar desselben Jahres auf sein Amt als Bischof von Rom und den damit verbundenen Petrusdienst zu verzichten. Dieser für die Neuzeit einzigartige Vorgang eines päpstlichen Amtsverzichts hat nicht nur eine gewisse Verwunderung hervorgerufen. Vielmehr führte er zu einer für die Kirche in unserer Zeit völlig unbekannten Situation, in der neben dem im Amt befindlichen Papst der ehemalige Amtsinhaber des römischen Bischofsstuhls bleibender Teil von Kirche und Welt bleibt.

Die päpstliche Amtsverzichtsleistung ist formal gesehen eine auf der Grundlage des geltenden c. 332 § 2 zulässige Rechtshandlung, die, sobald sie von der dazu befähigten Person unter Beachtung ihrer Gültigkeitsvoraussetzungen vollzogen wird, von dieser rechtsförmlichen Seite aus betrachtet keine Herausforderung darstellt. Dennoch konstatierte Markus Graulich bereits einige Jahre vor der Verzichtsleistung Benedikts XVI., dass der päpstliche Amtsverzicht „mehr Fragen offen (lässt), als Lösungen bereithält".[1] Diese Feststellung lässt sich mehrdimensional mit der päpstlichen Amtsverzichtsleistung verknüpfen.

Einerseits steht mit c. 332 § 2 die einzige Weisung des geltenden Rechts der Kirche vor Augen, die sich explizit mit dieser Rechtshandlung befasst. Der nur geringe Umfang und die interpretatorische Offenheit der Norm im Sinne der Rechtsauslegung bedingen aus sich heraus die Notwendigkeit der Auseinandersetzung mit ihr im Angesicht der konkreten Rechtsanwendung. Andererseits gibt das Amt des Papstes, auf das der Verzicht geleistet wird, Anlass zur Beschäftigung mit einem päpstlichen Amtsverzicht. Mit dem Papstamt steht dasjenige *officium ecclesiasticum* vor Augen, das *ex missione divina* den Amtsträger zum „immerwährenden, sichtbaren Prinzip und Fundament für die Einheit der Vielheit"[2] schafft und ihn zum „Nachfolger Petri, dem Stellvertreter Christi und sichtbaren Haupt der ganzen Kirche"[3] werden lässt. Als derart charakterisiertes Amt besteht es in der Kirche einzig und einzigartig.

Die damit verbundene kirchliche Lehre vom päpstlichen Primat, den Joseph Ratzinger als „ein auf den Herrn selbst zurückreichendes und in der werdenden Kirche getreulich entfaltetes Wesenselement der kirchlichen Einheit"[4] definiert,

---

[1] *Graulich*, Vakanz, S. 78.
[2] LG 23.
[3] LG 18.
[4] *Ratzinger*, Primat Petri und Einheit der Kirche, JRGS 8/1, S. 626.

lässt die Frage laut werden, weshalb die kodikarisch verbürgte Option des Papstes, auf sein Amt zu verzichten, überhaupt legitim bestehen kann. Diese Anfrage gilt insbesondere darum, weil der Amtsinhaber im Wahlhandeln der Kardinäle letztlich durch Gott selbst zum Nachfolger Petri bestimmt wird[5] und sein Amt für die Kirche derart konstitutiv ist, dass es im Lehrbuch für Kanonisches Recht heißt, dass „die Kirche ohne den Papst ihre Vollgestalt nicht hat".[6] Dennoch vermochte Papst Benedikt XVI. festzustellen, dass es durchaus zu einer Situation kommen kann, in der der Papst ein Recht „und unter Umständen auch eine Pflicht"[7] hat, auf sein Amt zu verzichten.

Wenngleich feststeht, dass jedes kirchliche Gesetz unabhängig von einem konkreten Einzelfall Geltung besitzen muss[8], lässt sich dennoch eine innere Verbindung der in der vorliegenden Dissertationsschrift vorgestellten kanonistischen Untersuchung mit dem Amtsverzicht Benedikts XVI. als konkretem geschichtlichem Beispiel der jüngsten Zeit aufzeigen. Dies gilt zunächst aufgrund der Untrennbarkeit einer Rechtsnorm von ihrer praktischen Anwendung, denn nur aufgrund dieser Verbindung erfüllt ein kirchliches Gesetz sein ureigenes Ziel, das Leben der Communio bestmöglich zu fördern.[9] So verstanden, kann das Kirchenrecht in seiner Gesamtheit, aber auch eine konkrete kirchenrechtliche Weisung mit Ludger Müller als „kommunikative Ordnung"[10] bezeichnet werden, die einerseits den Wesensvollzügen der Kirche entspringt, diese aber andererseits selbst ermöglicht. Wurde im Jahr 2013 die rechtlich ermöglichte Option eines päpstlichen Amtsverzichts praktisch umgesetzt, so stellte dies zwar ein nahezu ungekanntes Ereignis im Leben der Kirche dar, das jedoch aufgrund seiner Definition als Rechtshandlung ihrem eigentlichen Wesen entspricht, „denn ein Gesetz hat zum Zweck, in Wirklichkeit überzugehen".[11]

In einem weiteren Schritt kann die Verknüpfung des Amtsverzichts als Rechtshandlung mit der dazu befähigten Person aufgezeigt werden, die einzig der zu dieser Zeit amtierende Papst Benedikt XVI. war. Aufgrund dessen gilt es, die Kohärenz von eigenem Pontifikat und päpstlichem Amtsverzicht aufzuzeigen, insbesondere vor dem Hintergrund, in Benedikt XVI. mit einem Theologen konfrontiert zu sein, „der sich über Jahre hinweg intensiv mit der Theologie und der geschichtlichen Realität des Petrusamtes befasst hatte".[12] Seine Existenz als *„Papa emeritus"*

---

[5] Vgl. hierzu die vorgeschriebene Eidesformel bei der Stimmabgabe im Konklave: „Ich rufe Christus, der mein Richter sein wird, zum Zeugen an, dass ich den gewählt habe, von dem ich glaube, dass er nach Gottes Willen gewählt werden sollte" (*Johannes Paul II.*, CA UnivDomGreg, 66).

[6] *Aymans-Mörsdorf*, KanR II, S. 205.

[7] *Benedikt XVI.*, Licht der Welt, JRGS 13/2, S. 868.

[8] Vgl. *Rees*, Rechtsnormen, S. 138.

[9] Vgl. *Aymans-Mörsdorf*, KanR I, S. 159.

[10] Vgl. *Müller*, Kommunikative Ordnung, hier bes. S. 370 f.

[11] Ebd., S. 371 f.

[12] *Zöhrer*, Martyria als Grundkategorie, S. 65.

nach seinem Verzicht auf das Papstamt brachte ihrerseits nicht wenige Unsicherheiten und Fragestellungen mit sich, die ebenfalls für die vorliegende Untersuchung anlassgebend sind. Hierbei können gerade die äußeren Zeichen – von der Anrede bis zur Weißgewandung – über sich hinausweisen und die eigentliche Fragestellung aufzeigen: Wie lässt sich die bleibende Existenz eines Papstes, der auf sein Amt verzichtet hat, im Gefüge der kirchlichen Communio definieren? Welche Auswirkungen bringt der päpstliche Amtsverzicht mit Blick auf seine Stellung innerhalb der hierarchischen Verfasstheit der Kirche mit sich? Wie stellt sich sein Verhältnis zum amtierenden Bischof von Rom dar, der als einziger der Papst der Kirche ist? Auf welche Weise kann er seiner über den Amtsverzicht fortdauernden bischöflichen Sendung gerecht werden und dabei der Maxime dienen, bei allem Tun stets das Wohl und das Leben der Communio zu fördern?

All diese Fragenkomplexe ergeben sodann den Interessensraum der vorliegenden Untersuchung, die ausgehend vom kanonistischen Befund insbesondere die theologische Grundlegung des Papstamtes aufzeigt, um sodann die Konkretion der Verzichtsleistung Benedikts XVI. mit seiner Theologie über das Papstamt zusammenzuführen und sich letztlich lösungsorientiert den Fragen rund um einen Papst, der auf sein Amt verzichtet hat, von explizit kanonistischer Seite zu nähern.

§ 2 Aufbau und Ziel der Untersuchung

Teil I der vorliegenden Untersuchung ist daher darum bemüht, das lehramtliche Fundament des Papstamtes als dem Amt, auf das Benedikt XVI. den Verzicht geleistet hat, darzustellen. Hierbei soll der Fokus insbesondere auf die Dokumente des II. Vatikanischen Konzils und des ihm nachfolgenden Lehramts gerichtet sein. Da allerdings explizit das Papstamt mit all seinen Vollmachten analysiert wird, müssen in einem vorgelagerten Schritt auch die Definitionen des I. Vatikanischen Konzils untersucht werden. Wenngleich diese Versammlung aufgrund geschichtlicher Umstände hinsichtlich ihrer Ekklesiologie „ein Fragment geblieben ist"[13], ist sie für den vorliegenden Interessensraum relevant, denn das Konzil „definierte den Gegenstand und die Vollmachten des Obersten Pontifikats".[14] In ihrer bleibenden Gültigkeit[15] wird die ekklesiologische Lehre in Verbindung mit ihrer Vervollständigung im Zuge des II. Vatikanischen Konzils[16] im Hinblick auf das primatiale Papstamt der Kirche untersucht werden. Daneben gilt es, das sakramentale Bischofsamt gemäß der konziliaren Lehre darzustellen, um auf diese Weise zur Feststellung gelangen zu können, nach welcher der Papst im vollen Sinne Bischof von Rom ist und als solcher den apostolischen Petrusdienst vollzieht. Hierbei sollen auch die Wirkweisen des obersten Hirtenamtes der Kirche – sowohl das per-

---

[13] *Benedikt XVI.*, Ansprache Begegnung mit dem Klerus/2013, S. 7.
[14] *Dejaifve*, Primat und Kollegialität, S. 666.
[15] LG 18.
[16] Vgl. *Klausnitzer*, Primat im Denken Joseph Ratzingers, S. 165.

sönliche Handeln des Papstes als auch in der kollegialen Verbundenheit mit dem Bischofskollegium – benannt und eingeordnet werden. Sodann gilt es, das in der sakramentalen Bischofsweihe vermittelte unauslöschliche Prägemal unter dem Aspekt eines Amtsverzichts zu analysieren, wobei insbesondere die lehramtlichen und kirchenrechtlichen Maßgaben für emeritierte Bischöfe seit dem II. Vatikanischen Konzil im Vordergrund stehen werden. Im Zuge dessen soll ferner der kanonische Amtsbegriff in Verbindung mit dem Papstamt dargestellt und auf diese Weise aufgezeigt werden, dass auch das oberste Hirtenamt der Kirche als wahrer Dienst am Gottesvolk besteht.[17] Wenn sich in einem letzten Schritt dem Kardinalat der Kirche in Geschichte und Gegenwart zugewandt werden soll, so geschieht dies, um der Frage einer etwaigen Rückkehr eines Papstes, der auf sein Amt verzichtet hat, in das Kardinalat ein argumentatorisches Fundament legen zu können.

In *Teil II* steht die Theologie Joseph Ratzingers/Papst Benedikts XVI. über den Papstprimat und den petrinischen Dienst des Bischofs von Rom im Vordergrund. Hierbei wird der Versuch unternommen, die Zeugnisse der verschiedenen Phasen des akademischen, bischöflichen und päpstlichen Wirkens Ratzingers/ Benedikts XVI. zu synthetisieren und deren argumentatorische und inhaltliche Kontinuität aufzuzeigen. Durch die Methode der *Relecture* werden insbesondere die Dokumente aus dem wissenschaftlichen Œuvre des Theologen Joseph Ratzinger unter dem Aspekt eines späteren eigenen Pontifikats als Nachfolger Petri analysiert werden. Auf diese Weise wird verdeutlicht, auf welchem theologischen Fundament der eigene päpstliche Amtsverzicht seine eigene Begründung finden konnte und dieser letztlich für Benedikt XVI. als Amtsinhaber unausweichlich wurde, um dem ihm übertragenen petrinischen Auftrag wirklich *ad bonum Ecclesiae* gerecht werden zu können. Wenngleich es an einer wissenschaftlichen Auseinandersetzung Benedikts XVI. mit dem Papstamt während seines Pontifikats mangelt, können seine Predigtzeugnisse dieser Zeit als maßgebliche Quellen dienen, die das Bild seiner Primatstheologie vervollständigen. Hierbei wird der Fokus hauptsächlich auf diejenigen päpstlichen Predigten gerichtet, die anlässlich der liturgischen Feiern des Hochfests der heiligen Apostel Petrus und Paulus entstanden sind. Der große Raum, den diese Analyse der Primatstheologie Ratzingers/Benedikts XVI. in der vorliegenden kanonistischen Untersuchung einnimmt, verdeutlicht seinerseits die Untrennbarkeit von Theologie und Recht. Ohne eine theologische Grundlegung erschiene auch die explizit kanonistische Untersuchung des päpstlichen Amtsverzichts letztlich als nicht der Natur der Sache gerecht zu sein.

Die ausdrücklich kanonistische Untersuchung des päpstlichen Amtsverzichts eröffnet *Teil III*, der sich zunächst aus kirchenrechtsgeschichtlichem Blickwinkel der Entstehung einer eigenen Norm bezüglich des Amtsverzichts eines Papstes zuwendet. Mit dem *Decretum Gratiani* beginnend steht im weiteren Verlauf der Entstehung des Corpus Iuris Canonici insbesondere die Amtsverzichtsleistung Papst Cölestins V. im Jahr 1294 im Vordergrund, aus der in direkter Folge die erste

---

[17] Vgl. *Johannes Paul II.*, CA PastBon, Einführung, 1.

diesbezügliche kanonische Weisung resultierte: die Dekretale *Quoniam aliqui* des Liber Sextus Papst Bonifaz VIII. Ausgehend von dieser rechtlichen Einsicht, der zufolge ein Papst frei auf sein Amt verzichten kann[18], wird die weitere Entwicklung des heutigen c. 332 § 2 über das erste kodifizierte Recht des pio-benediktinischen Gesetzbuches und die Arbeiten in der Entstehung des Codex Iuris Canonici von 1983 bis zu seiner Promulgation dargestellt und erläutert. Letztlich soll – ausgehend von der Rechtssubstanz des c. 332 § 2 – die Verzichtserklärung und Verzichtsleistung Papst Benedikts XVI. eine explizit kanonistische Analyse erfahren.

Ihren Abschluss findet die vorliegende Dissertationsschrift in *Teil IV*, der sich ausgehend von der durch den Amtsverzicht Benedikts XVI. geschaffenen Institution eines „*Papa emeritus*"[19] der Frage zuwendet, welche Gestalt ein emeritierter Bischof von Rom auf der Grundlage des zuvor Dargestellten innerhalb der kirchlichen Communio einnehmen muss. Hierbei stellt der kanonistische Grundauftrag, demgemäß jedes kirchliche Gesetz Wohl und Leben der Communio bestmöglich zu fördern hat[20], das Fundament dar. Im Sinne der kanonistischen Aufgabe, sich mit dem Ziel des Lückenschlusses der Frage einer *lex ferenda* zuzuwenden[21], wird der Versuch eines kirchenrechtlichen Desiderats unternommen. Hierbei gilt es, dem päpstlichen Amtsverzicht als Rechtshandlung und der bleibenden Existenz eines emeritierten Bischofs von Rom eine rechtliche Gestalt *ad bonum Ecclesiae* zu verleihen.

Dieses kanonistische Desiderat vereint letztlich das Ziel der gesamten vorliegenden Untersuchung, insofern das anlassgebende konkrete geschichtliche Ereignis des Amtsverzichts Papst Benedikts XVI. und seine Existenz als „*Papa emeritus*" darauf hinweisen konnten, dass es einer der Rechtshandlung mit ihrer Rechtsfolge in größerem Maße hinreichenden kirchenrechtlichen Weisung bedarf. Dies gilt insbesondere unter der Maßgabe des obersten kirchlichen Gesetzes: Dem Heil der Seelen[22], dem der oberste Hirte der ganzen Kirche dienen muss, um dem Auftrag seines petrinischen Amtes und seiner bischöflichen Sendung wahrhaft gerecht werden zu können. Dieses Ziel zu erfüllen, ist Aufgabe aller innerhalb der vorliegenden Dissertationsschrift vorgestellten möglichen Inhalte einer *lex peculiaris de lege ferenda*, insofern sie neben der deutlichen Betonung der bleibenden bischöflichen Sendung eines *Episcopus emeritus Ecclesiae Romanae* immer zugleich Wesen und Auftrag des Papstamtes herausstellen und bewahren. Hierdurch wird der Einsicht Ausdruck verliehen, wonach einzig der amtierende Papst als Nachfolger Petri den Dienst an der Einheit in Glaube und Ordnung versieht.

---

[18] Vgl. VI 1.7.1.
[19] Vgl. *Rehak*, Emeritus, S. 839.
[20] Vgl. *Aymans-Mörsdorf*, KanR I, S. 159.
[21] Vgl. *May/Egler*, Einführung, S. 31 f.
[22] Vgl. c. 1752.

Teil I

Der Bischof von Rom als Nachfolger Petri

1. Kapitel

Das I. Vatikanische Konzil

§ 1 Einführung

Will man sich dem Amt des Bischofs von Rom als dem Papst der Kirche zuwenden, so erscheint es angebracht, die wegweisenden Beschlüsse des I. Vatikanischen Konzils zurate zu ziehen.[1] Dies gilt insbesondere darum, da auch das II. Vatikanische Konzil als diejenige Kirchenversammlung, die den jungen Theologen Joseph Ratzinger so maßgeblich prägte[2], das I. Vatikanische Konzil im Zuge seiner eigenen Lehraussagen rezipierte. In den letzten Tagen seines Pontifikats fasste Papst Benedikt XVI. im Zuge seiner Ansprache an den Klerus der Diözese Rom die ekklesiologische Situation nach dem I. Vatikanischen Konzil folgendermaßen zusammen:

> „Wir wissen, dass das Erste Vatikanische Konzil aufgrund des Deutsch-Französischen Krieges unterbrochen wurde und daher einseitig, ein Fragment geblieben ist, weil die Lehre über den Primat – die, Gott sei Dank, in jenem für die Kirche historischen Moment definiert wurde und für die darauffolgende Zeit äußerst notwendig war – nur ein Element in einer umfassenderen Ekklesiologie war, die vorgesehen und vorbereitet war. (…) Es bestand also schon von Anfang an diese Absicht, die Ekklesiologie des Ersten Vatikanums zu einem Zeitpunkt, der erst noch gefunden werden musste, zu einer vollständigen Ekklesiologie zu ergänzen".[3]

Diese Vervollständigung, so der Papst, bestand nun in der Dogmatischen Konstitution Lumen Gentium über die Kirche des II. Vatikanischen Konzils[4], wobei

---

[1] Vgl. ausführlich zum I. Vatikanischen Konzil aus dem speziellen Blickwinkel des Papstprimats *Klausnitzer*, Primat des Bischofs von Rom, S. 369–427.

[2] Er selbst kommentierte seine Rolle auf dem II. Vatikanischen Konzil folgendermaßen: „So wusste der Kardinal (sc. Josef Frings), dass er auf dem richtigen Weg war, und lud mich ein, mit ihm zum Konzil zu gehen. Zuerst als sein persönlicher Berater; später, im Verlauf der ersten Periode – im November 1962, scheint mir – wurde ich auch zum offiziellen Peritus des Konzils ernannt" (*Benedikt XVI.*, Ansprache Begegnung mit dem Klerus/2013, S. 7).

[3] Ebd.; vgl. ausführlich zu diesem Thema *Klausnitzer*, Primat im Denken Joseph Ratzingers, S. 154–166.

[4] Vgl. *Klausnitzer*, Primat im Denken Joseph Ratzingers, S. 165: „Das letzte Konzil verstand sich – nach dem Wunsch vieler Voten vor der Eröffnung des Konzils und nach seinem eigenen Selbstverständnis – in der Ekklesiologie als die Fortsetzung seines Vorgängerkonzils".

zweifachen Einheit und ihr sichtbares Fundament (...) eingesetzt".[22] Somit hängen Ursprung und Zielsetzung des Petrusamtes miteinander zusammen, denn beide begründen sich in der Einheit der Kirche in all ihren Gliedern.[23] Die „Lehre von der Einsetzung, Fortdauer und Natur des heiligen apostolischen Primats"[24] festzulegen, ist darum nicht nur die Gliederung der Konstitution[25], sondern die selbsterachtete Pflicht des Konzils, um den zerstörerischen Mächten den Eintritt in die Kirche zu verwehren.[26] Aus dieser Veranlassung heraus lehrt das Konzil die Definitionen[27] aus Pastor Aeternus als für alle Gläubigen verbindliche Glaubenssätze, wobei sich die Konzilsväter dem diachronen Konsens[28] ihrer Lehrentscheidungen sicher waren, galten diese doch „gemäß dem alten und beständigen Glauben der Universalkirche" (secundum antiquam atque constantem universalis Ecclesiae fidem).[29]

In vier Kapitel gegliedert wendet sich die Konstitution Pastor Aeternus verschiedenen Aspekten des Papstprimates und der päpstlichen Unfehlbarkeit zu.[30] Zunächst lehrt und erklärt der Papst[31] (docemus itaque et declaramus) die Einsetzung des Primats ausgehend von Sendung und Beauftragung Petri, wobei insbesondere die neutestamentlichen „klassischen" Zeugnisse aus Mt 16,16–19, Joh 21,15–17 und Joh 1,42 als herausragende Belegstellen konsultiert werden.[32] Ausgehend vom Schriftwort und direkt mit diesem verknüpft wird die Einsetzung des Jurisdiktionsprimats und dessen Übertragung an Petrus verbindlich gelehrt.[33] Hierbei

---

[22] PA, Proömium, S. 812 (COD 3).

[23] Vgl. *Klausnitzer*, Primat des Bischofs von Rom, S. 404. Dort spricht der Autor von der „doppelten Einheit des Episkopats und der Gesamtheit der Glaubenden".

[24] PA, Proömium, S. 812 (COD 3).

[25] Vgl. *Klausnitzer*, Primat des Bischofs von Rom, S. 404.

[26] Vgl. *Neuner*, Der lange Schatten, S. 54 f.

[27] Vgl. *Klausnitzer*, Primat des Bischofs von Rom, S. 404: „Theologisch gesprochen enthält die Konstitution damit die Definition eines doppelten Dogmas, des Jurisdiktionsprimates des Bischofs von Rom (Kap. 1–3) und der Unfehlbarkeit des päpstlichen Lehramts (Kap. 4)".

[28] Vgl. *Ratzinger*, Primat und Episkopat, JRGS 8/1, S. 652, wonach diese diachrone Konsensbildung bedeutet, dass das Konzilsdokument „selbst die Tradition der Alten Kirche und ihrer Konzilien zu Auslegungskriterien macht, also in der Richtung der altkirchlichen Realitäten interpretiert werden muss, die er freilich auch seinerseits im Licht der weiteren Entfaltung deutet".

[29] Vgl. *Müller*, Dogmatik, S. 618: „Das I. Vatikanum hat die bisherige Entwicklung gebündelt und in einer feierlichen konziliaren Erklärung den Primat des Papstes dogmatisch umrissen (...)".

[30] Vgl. *Neuner*, Der lange Schatten, S. 54.

[31] Vgl. PA, Caput I, S. 812 (COD 3). Die beiden Konstitutionen des I. Vatikanischen Konzils wurden formal nicht durch das Konzil verabschiedet, sondern durch Papst Pius IX. unter „Billigung des heiligen Konzils" (sacro approbante Concilio), vgl. *Neuner*, Der lange Schatten, S. 54.

[32] Vgl. *Schmidt*, Erstes Vatikanisches Konzil, S. 274; *Klausnitzer*, Primat des Bischofs von Rom, S. 405. Die Auslegung dieser „Primatszeugnisse" wird in „Teil II – Die Primatstheologie Joseph Ratzingers/Papst Benedikts XVI." der vorliegenden Untersuchung eingehend thematisiert werden.

[33] PA, Caput I, S. 812 (COD 3): „Nach den Zeugnissen des Evangeliums ist der Jurisdiktionsprimat über die gesamte Kirche Gottes von Christus dem Herrn unmittelbar und direkt dem seligen Apostel Petrus verheißen und übertragen worden".

steht nicht nur die Jurisdiktion selbst fest, sondern auch ihre Herkunft unmittelbar *ex Christo* und die daraus folgende Negation einer Übertragung durch die Kirche.[34] Dieser Befund ist auch für die vorliegende Fragestellung relevant, denn damit wird die Erkenntnis des Primats *ex iure divino* festgestellt[35], wodurch sich auch für den kirchenrechtlichen Bereich eine gewisse Unverfügbarkeit ergibt.

Mit dieser Thematik verbunden wendet sich das Dokument der Verfasstheit der Kirche zu, die ausgehend vom petrinischen Primat „die von Christus dem Herrn in seiner Kirche gestiftete Regierungsform" (constitutam a Christo Domino in sua Ecclesia regiminis formam)[36] darstellt und als verbindliches Glaubensgut gelehrt wird.[37] Spricht Pastor Aeternus vom „wahren und eigentlichen Jurisdiktionsprimat" (vero proprioque iurisdictionis primatu)[38], so ist damit jener Auslegung eine Absage erteilt, die Petrus innerhalb des Apostelkollegiums eine reine Ehrenstellung – etwa im Sinne eines *Primus inter pares* – zuerkennt.[39] Petrus besitzt aufgrund seines primatialen Ranges eine wirkliche, einzig seiner Person übertragene jurisdiktionelle Vollmacht. Wer diese Lehraussage in Gänze oder zu einem Teil ablehnt, wird durch das Konzil unter das Anathema gestellt, denn Petrus wurde „von Christus dem Herrn (…) als Erster aller Apostel und als sichtbares Haupt der gesamten streitenden Kirche eingesetzt".[40]

Auf dieser Einsetzung des päpstlichen Primats aufbauend wendet sich die Konstitution in einem zweiten Kapitel „De perpetuitate Primatus beati Petri in Romanis Pontificibus" eben dieser Fortdauer des Primats in den römischen Bischöfen zu.[41] Erneut betont das Dokument die Einsetzung des petrinischen Felsenamtes durch Christus „zum immerwährenden Heil und dauerhaften Wohl der Kirche".[42] Daher ist eine perpetuierende Fortdauer dieses Amtes in der Kirche unerlässlich.[43] Erwähnenswert erscheint die christologische Einleitung dieses zweiten Kapitels, denn es wird nicht nur die Herkunft des Petrusamtes *ex Christo* betont, sondern der Herr der Kirche selbst als „der Erste der Hirten und Großhirten der Schafe"[44] bezeichnet. Aufgrund der Sendung durch Christus und aus seiner unüberbietbaren göttlichen Vollmacht heraus können Petrus und seine Nachfolger das Felsenamt in

---

[34] Vgl. *Klausnitzer*, Primat des Bischofs von Rom, S. 405.

[35] Vgl. *Neuner*, Der lange Schatten, S. 55.

[36] PA, Caput I, S. 812 (COD 3); vgl. *Klausnitzer*, Primat des Bischofs von Rom, S. 405.

[37] Vgl. *Schmidt*, Erstes Vatikanisches Konzil, S. 274.

[38] PA, Caput I, S. 812 (COD 3).

[39] Vgl. *Neuner*, Der lange Schatten, S. 55. Pastor Aeternus spricht vom „Ehrenprimat" (primatus honoris), S. 812 (COD 3).

[40] PA, Caput I, S. 812 COD 3); vgl. *Müller*, Dogmatik, S. 618, dort unter 1.

[41] PA, Caput II, S. 813 (COD 3); vgl. *Schmidt*, Erstes Vatikanisches Konzil, S. 275; *Müller*, Dogmatik, S. 618f., dort unter 2.

[42] Ebd., S. 813 (COD 3): „in perpetuam salutem ac perenne bonum Ecclesiae instituit".

[43] Vgl. *Klausnitzer*, Primat des Bischofs von Rom, S. 417: „Es gibt ein von Christus eingesetztes Amt der universalkirchlichen Einheit, das auf Dauer in der Kirche besteht und vom Bischof von Rom ausgeübt wird".

[44] Ebd., S. 813 (COD 3): „princeps pastorum et pastor magnus ovium Dominus Christus Iesus".

der Kirche ausüben. Dies tun sie explizit nicht aufgrund eigener Macht und Herrlichkeit, sondern zum Heil und Wohl der Kirche.

Wiederum verknüpfen die Konzilsväter das Petrusamt mit dem Jurisdiktionsprimat über die gesamte Kirche, wobei die Begründungen nicht mehr in Zeugnissen der Heiligen Schrift bestehen, sondern aus den Quellen der Kirchenväter
entstammen.[45] Auch an dieser Stelle spielte das Bewusstsein über den diachronen
Glaubenskonsens eine wohl entscheidende Rolle[46], um die eigene Lehre auf ein
möglichst sicheres Fundament stellen zu können. Der Zusatz, wonach der römische
Bischof stets als Maßstab des Glaubenskonsenses in Streitfragen galt, konkretisiert
den Bereich der Jurisdiktion in Richtung der Glaubens- und Sittenfragen. Wer in
strittigen Fragen von Glauben und Disziplin mit der Lehre des römischen Bischofsstuhls übereinstimmte, konnte sich der Authentizität derselben sicher sein.[47] Die
besondere Stellung der römischen Cathedra verknüpft das Dokument ausdrücklich mit der Lebensgeschichte des Petrus, denn diese wurde „durch sein Blut geweiht"[48]. Der fortdauernde primatiale Anspruch des römischen Bischofsitzes als
Petrusstuhl begründet sich in dessen definitiver Geltung durch den Martertod Petri
in Rom. Mit dieser Herleitung verbindet sich die Erkenntnis, wonach der Bischof
von Rom den Bischofssitz des Erstapostels Petrus innehat und aufgrund dessen
Papst der Kirche ist.[49]

---

[45] Vgl. *Schmidt*, Erstes Vatikanisches Konzil, S. 275 f. Die Konzilsväter rekurrieren auf
Irenäus von Lyon, Ambrosius von Mailand, Leo den Großen u. a. Insbesondere das Zeugnis
des Irenäus spielte auch für die Überlegungen Joseph Ratzingers zum Papstprimat eine entscheidende Rolle, vgl. S. 220–255 der vorliegenden Untersuchung; vgl. ferner *Benedikt XVI.*,
Kirchenväter, S. 24–30.

[46] Vgl. *Pottmeyer*, Papsttum, S. 61.

[47] Vgl. *Fiedrowicz*, Theologie der Kirchenväter, S. 76–80. Interessant erscheint die Feststellung, wonach die spezifische Berufung auf den römischen Bischofsstuhl als Sitz des Apostels
Petrus und die darum feststehende Vorrangstellung als Nachfolger Petri erst „seit Mitte des
3. Jh." entsteht (ebd., S. 76). Zuvor galt der Vorrang der Kirche Roms als die von Irrlehren Frei-
gebliebene (ebd., S. 74). Insofern kann der Aussage aus Pastor Aeternus zugestimmt werden,
wonach die Übereinkunft mit der „römischen Kirche" (Ecclesia Romana) eine durchgehende
Tradition birgt, die Verknüpfung mit dem Apostel Petrus und der persönlichen Nachfolge
entwickelte sich hingegen erst im Laufe der ersten Jahrhunderte; vgl. hierzu S. 220–255 der
vorliegenden Untersuchung; *Neuner*, Der lange Schatten, S. 56, bemerkt hierzu: „Vor allem an
diesem Punkt der Argumentation und an der Beweiskraft der angeführten Belege hat sich die
Kritik an den Papstdogmen entzündet"; *Pottmeyer*, Papsttum, S. 62, äußert hingegen: „Auch
wenn die hier behauptete Kontinuität (…) problematisch ist, will sich das Konzil jedenfalls
mit seiner Definition in den Rahmen und unter die Norm der universalen Tradition stellen,
ausdrücklich auch unter die Tradition des 1. Jahrtausends".

[48] PA, Caput II, S. 813 (COD 3).

[49] Diese Einsicht wird sich bis ins heute geltende Recht der Kirche bewahren. Auch heute
gilt, dass der Bischof von Rom Nachfolger Petri und als solcher Papst ist – nicht umgekehrt,
vgl. S. 142–146 der vorliegenden Untersuchung. Neben der Fortdauer stellte die Verortung in
Rom das zweite Element des Caput II dar, wenngleich die „Romanitas" keine verbindliche
und fortwährende Entscheidung des Konzils darstellt, vgl. *Klausnitzer*, Primat des Bischofs
von Rom, S. 407: „Es wird nicht definiert, dass diese Verbindung (sc. Primat und Rom) nach
göttlichem Recht besteht, was sie unabänderlich machen würde".

Nachdem Herkunft und Fortdauer des päpstlichen Primats in der Nachfolgerschaft Petri festgestellt wurden, wendet sich das Konzil in einem dritten Kapitel
von Pastor Aeternus sodann Bedeutung und Wesen dieses Primats zu (de vi et ratione Primatus Romani Pontificis),[50] wobei keine umfassende Wesensbestimmung
vorgelegt wird, sondern eine Präzisierung des Jurisdiktionsprimats.[51] Gerade in
dieser jedoch liegt der vom rechtlichen Standpunkt her „wichtigste Inhalt"[52] der
gesamten Konstitution. In seiner Darstellung stützt sich das Dokument auf die
Lehrentscheidung des Konzils von Florenz, das mit seinem Dekret Laetentur coeli
(1439) den päpstlichen Primat verbindlich festlegte.[53]

Wie zeichnet sich dieser Jurisdiktionsprimat des Papstes gemäß den Lehraussagen aus Pastor Aeternus aus?[54] Erneut wird auf der Grundlage der Verbindung
des römischen Bischofsstuhls als des Petrussitzes und darauffolgend des römischen Bischofs als Nachfolger Petri zunächst festgestellt, dass der Primat „über
den gesamten Erdkreis" (in universum orbem)[55] gilt. Der römische Bischof als
Nachfolger Petri ist Inhaber dieses Primats und als solcher „Nachfolger des seligen
Petrus", der „wahre Stellvertreter Christi, das Haupt der ganzen Kirche und der
Vater und Lehrer aller Christen".[56] Wiederum gestützt auf „die Akten der ökumenischen Konzilien" und „die heiligen Kanones" besteht seine Aufgabe aufgrund
der Sendung des Petrus durch Christus darin, „die universale Kirche zu weiden,
zu leiten und zu lenken".[57]

Nach dieser Einführung folgt die eigentliche Lehrentscheidung (docemus pro-
inde et declaramus)[58] des Konzils, die die Jurisdiktionsgewalt des Papstes präzisiert. Diese wird zunächst dem Bereich des positiv göttlichen Rechts zugeordnet.[59] Der primatiale Vorrang bezieht sich auf die „ordentliche Gewalt" (potestas

---

[50] PA, Caput III, S. 813 (COD 3).

[51] Vgl. *Schmidt*, Erstes Vatikanisches Konzil, S. 277; *Müller*, Dogmatik, S. 619, dort unter 3.

[52] So *Plöchl*, Geschichte Bd. III/1, S. 103.

[53] Vgl. *Feine*, Rechtsgeschichte, S. 397: „Im übrigen richtete die Synode ihre Tätigkeit auf
die Bekämpfung des Konstanz-Basler Konzilsrechtes und die Rückkehr zu den Grundsätzen
des mittelalterlich-päpstlichen Synodalrechtes". Das Reformkonzil von Ferrara-Florenz stand
in einer Entwicklungslinie des wiedererstarkenden Papsttums im Angesicht des Großen
Abendländischen Schismas und wusste sich insbesondere den Überlegungen der „Konziliaren
Theorie" gegenübergestellt, vgl. S. 339–343 der vorliegenden Untersuchung; vgl. zum Gesamten der unmittelbaren Vorgeschichte *Brandmüller*, Papst und Konzil.

[54] Vgl. *Pottmeyer*, Papsttum, S. 61.

[55] PA, Caput III, S. 813 (COD 3).

[56] PA, Caput III, S. 813 (COD 3): „(...) successorem esse beati Petri principis Apostolorum,
et verum Christi Vicarium, totiusque Ecclesiae caput, et omnium Christianorum patrem ac
doctorem existere".

[57] Ebd., S. 813 (COD 3): „(...) et ipsi in beato Petro pascendi, regendi ac gubernandi universalem Ecclesiam a Domino nostro Iesu Christo plenam potestatem traditam esse".

[58] PA, Caput III, S. 813 (COD 3); vgl. *Schmidt*, Erstes Vatikanisches Konzil, S. 277.

[59] Vgl. grundsätzlich *Aymans*, Ius divinum – Ius humanum, Sp. 436–438. Rechtssätze göttlichen Ursprungs „bedürfen geschichtlicher Konkretisierung und sind insofern unveränderlich,

ordinaria)[60], ist also mit dem Papstamt verbunden und als solche eine wirkliche „Amtsgewalt". Weiterhin ist sie „wahrhaft bischöflich" (vere episcopalis) und „unmittelbar" (immediata).[61] Mit der Charakterisierung als bischöfliche *potestas* wird festgestellt, dass die päpstliche Jurisdiktionsgewalt insofern mit dem Bischofsamt zusammenhängt, als dieses der Inbegriff der (auch rechtlichen) Aufsichtsgewalt darstellt.[62] Die Unmittelbarkeit verdeutlicht die direkte Übertragung der Gewalt mit dem Amt und ist gleichzeitige Absage an jede Art der Delegation derselben. Gleichzeitig impliziert diese die Freiheit des Papstes in der Ausübung seiner Amtsgewalt gegenüber jedem Glied der Kirche.[63]

Die hierarchische Unterordnung unter die primatiale Jurisdiktionsvollmacht und der ihr zu erbringende Gehorsam gilt für „die Hirten und Gläubigen unabhängig von Ritus und Rang, je einzeln oder in ihrer Gesamtheit".[64] Daher kann diese als „volle und unumschränkte Gewalt über die Kirche und alle ihre Glieder"[65] eingeordnet werden. Eine weitere Konkretion birgt die Weisung, wonach diese Gewalt sowohl Glaube und Sitten, als auch Disziplinar- und Leitungsfragen betrifft.[66] Auf diese Weise wird das Petrusamt zum Garanten der Einheit der Kirche im Bekenntnis „desselben Glaubens" als Inbegriff der „katholischen Wahrheit" (catholicae veritatis doctrina).[67] Die Grenze der päpstlichen Jurisdiktionsvollmacht bilden nur das göttliche Recht und das Naturrecht.[68]

In einem folgenden Schritt wendet sich das Dokument der Frage nach dem Verhältnis von päpstlicher und bischöflicher Gewalt zu.[69] Den Bischöfen als Nach-

---

als sie in der Konkretisierung nicht zu sich selbst in Widerspruch geraten dürfen" (Sp. 437); vgl. *Klausnitzer*, Primat des Bischofs von Rom, S. 409.

[60] PA, Caput III, S. 813 (COD 3); vgl. hierzu inkl. einer Darstellung der Redaktionsgeschichte *Thils*, Potestas ordinaria, S. 409.

[61] Ebd., S. 814 (COD 3); vgl. insbesondere *Klausnitzer*, Primat des Bischofs von Rom, S. 409: „Der Ausdruck ‚bischöflich' ist an dieser Stelle nicht sakramental gemeint"; vgl. hierzu inkl. einer Darstellung der Redaktionsgeschichte *Dewan*, Potestas vere episcopalis, S. 719–738.

[62] Vgl. *Schmidt*, Erstes Vatikanisches Konzil, S. 277 bezugnehmend auf *Kasper*, Katholische Kirche. Wesen – Wirklichkeit – Sendung, S. 363.

[63] Vgl. *Klausnitzer*, Primat des Bischofs von Rom, S. 410.

[64] PA, Caput III, S. 814 (COD 3).

[65] *Neuner*, Der lange Schatten, S. 57.

[66] PA, Caput III, S. 814 (COD 3): „(...) non solum in rebus, quae ad fidem et mores, sed etiam in iis, quae ad disciplinam et regimen ecclesiae per totum orbem diffusae pertinent".

[67] Ebd., S. 814 (COD 3).

[68] Vgl. *Klausnitzer*, Primat des Bischofs von Rom, S. 410.

[69] Dies geschieht im I. Vatikanischen Konzil in der Tat nur fragmentarisch. Gerade die Einordnung dieser konziliaren Aussagen in ihrer Komplementarität mit vergangenem und zukünftigem Lehramt sollte zu einer der bedeutendsten Inhalte der Ausführungen Joseph Ratzingers werden. An dieser Stelle seien die konziliaren Aussagen lediglich genannt und im Folgenden anhand der Aussagen Ratzingers näherhin eingeordnet; vgl. die grundsätzliche Einschätzung bei *Schmidt*, Erstes Vatikanisches Konzil, S. 277: „Freilich wird nicht präzisiert, wie das Zusammenwirken von päpstlicher und bischöflicher Gewalt zu denken ist". Dennoch konstatiert *Pottmeyer*, Papsttum, S. 60, dass die Definition des Papstprimats „zwar einseitig ist, aber offen für die kollegiale Dimension der höchsten Leitungsautorität".

folger der Apostel kommt für den Bereich der „ihnen zugewiesenen Herden" eine eigene, ordentliche und unmittelbare Jurisdiktionsgewalt zu, die nicht durch die primatiale jurisdiktionelle Höchstgewalt beschränkt wird: „Vielmehr wird die bischöfliche Gewalt vom obersten universalen Hirten anerkannt, bekräftigt und verteidigt (...)" (asseratur, roboretur ac vindicetur).[70] Eine weitere Präzisierung dieses Zueinanders liefert die Konstitution indes nicht. Dennoch ist diese Einlassung, die als Frucht der Spezialdebatte gelten kann[71], die lehramtliche Grundlage, wonach „der im Vatikanum definierte Primatialgrundsatz (...) daher kein absolutes Papalsystem mit ausschließlicher Gewalt, dem die Bischöfe bestenfalls als Vikare oder Bevollmächtigte untergeordnet wären"[72], bedeutete.[73]

Ferner stellt das Konzil das freie Recht des Papstes fest, jederzeit mit allen „Hirten und Herden der ganzen Kirche" kommunizieren zu können, „damit sie von ihm auf dem Weg des Heiles belehrt und geführt werden können".[74] Diese Einlassung fand ihre Begründung in der nachfolgend verurteilten Auffassung, wonach Verhinderung durch oder Abhängigkeiten von weltlicher Macht die durch den Apostolischen Stuhl getroffenen Anordnungen in ihrer Gültigkeit tangieren könnten. Die päpstlich-primatiale Jurisdiktion ist folglich frei von allen weltlichen Einflüssen.[75]

Abschließend definiert das Dokument die Stellung des Papstes als oberstem Richter der gesamten Kirche, dessen Gerichtsbarkeit jederzeit durch alle Gläubigen angerufen werden kann.[76] Die gerichtlichen Urteile des Apostolischen Stuhls sind definitiv und können durch niemanden angefochten werden, denn: „keine Autorität ist größer als die seine" (cuius auctoritate maior non est).[77] Dies gilt explizit auch für die Ökumenischen Konzilien, die keine dem römischen Bischof übergeordnete Autorität darstellen und daher seine Urteile ebenso wenig anfechten können.[78]

---

[70] PA, Caput III, S. 814 (COD 3).

[71] Vgl. *Schmidt*, Erstes Vatikanisches Konzil, S. 277; *Klausnitzer*, Primat des Bischofs von Rom, S. 410 f. und S. 38–43 der vorliegenden Untersuchung.

[72] *Plöchl*, Geschichte Bd. III/1, S. 103.

[73] Vgl. *Pottmeyer*, Papsttum, S. 62 f.; *Müller*, Dogmatik, S. 619. Das in Caput III angeführte Zitat Papst Gregors d. Gr. in seinem Schreiben an Eulogius von Alexandrien wurde auch für Joseph Ratzinger zum Schlüssel des Zueinanders von Primat und Episkopat, vgl. *Ratzinger*, Primat und Episkopat, JRGS 8/1, hier S. 652 f.; vgl. zur Auslegung dessen S. 246–249 der vorliegenden Untersuchung.

[74] PA, Caput III, S. 814 (COD 3).

[75] Vgl. zum weltpolitischen Einfluss im Sinne des Staatskirchentums, auf den das I. Vatikanische Konzil reagieren musste: *Pottmeyer*, Papsttum, S. 35–39; *Plöchl*, Geschichte Bd. III/1, S. 106. Mit *Klausnitzer* kann die Anfrage aus dem Konzilsplenum angeführt werden, ob dieser Zusatz „eine Zweckmäßigkeit (...) in einer dogmatischen Darstellung" besitzen kann (Primat des Bischofs von Rom, S. 411).

[76] PA, Caput III, S. 814 (COD 3).

[77] Ebd., S. 814 (COD 3).

[78] Vgl. *Klausnitzer*, Primat des Bischofs von Rom, S. 411, der in dieser Definition den „Sieg der Papsttheorie über den Konziliarismus" sieht.

Mit dem Anathema belegt werden all jene, die diese Jurisdiktionsgewalt des Papstes nicht anerkennen. Ausdrücklich benennt das Dokument Missinterpretationen des Papstamtes als reines „Aufsichts- oder Leitungsamt", eine Absage an die „Fülle dieser höchsten Gewalt" oder an die Charakteristika der Jurisdiktionsgewalt als ordentliche, unmittelbare und gesamtkirchlich gegenüber allen Hirten und Gläubigen geltende.[79]

Das letzte Kapitel der Konstitution Pastor Aeternus beinhaltet das unfehlbare Lehramt des römischen Bischofs (de Romani Pontificis infallibili magisterio).[80] Dieses steht nicht als isolierte Einzellehre vor Augen, sondern ist inhaltlich an die im Vorangegangenen definierte Primatslehre angebunden, weshalb das Dokument feststellt, dass die Lehrgewalt des Papstes „im apostolischen Primat (...) eingeschlossen" ist.[81] Insofern besteht die päpstliche Höchstgewalt in ihrer Ausübung im Lehramt „gleichsam als Pendant zum Jurisdiktionsprimat".[82] Auch diese „höchste Lehrgewalt" ist Teil der ordentlichen Amtsgewalt und hängt so mit dem jeweiligen Amtsinhaber zusammen. Dies impliziert, dass die Unfehlbarkeit keiner Einzelperson aufgrund ihrer Subjektivität zuteilwird, sondern stets dem Inhaber aufgrund der primatialen Natur seines Amtes und im Zuge der Ausübung seiner *suprema potestas*.[83] Auf dieser Grundlage ordnet Hermann Josef Pottmeyer ein, dass „die hier definierte Unfehlbarkeit (...) deshalb in doppeltem Sinn keine persönliche Unfehlbarkeit"[84] ist, denn diese ist dem Papst „weder als private Person noch als habituelle Eigenschaft gegeben".[85] Es handelt sich um „keine andere Unfehlbarkeit als die der Kirche als ganzer von Christus verheißene, sondern (um) eine besondere Form ihrer Ausübung".[86]

---

[79] Ebd., S. 814 f. (COD 3). Die anathematisierte Auffassung, wonach der Papst anstelle der Fülle „nur den gewichtigeren Teil" der höchsten Gewalt habe, wird ebenfalls innerhalb der Fragestellung der Zuordnung von päpstlicher und bischöflicher Gewalt zutragen kommen; vgl. auch *Schmidt*, Erstes Vatikanisches Konzil, S. 277.

[80] PA, Caput IV, S. 815 (COD 3).

[81] Ebd., S. 815 (COD 3); *Neuner*, Der lange Schatten, S. 57, bemerkt hinsichtlich der Auseinandersetzungen zum unfehlbaren Lehramt: „Das ist wohl so zu erklären, dass man die Unfehlbarkeit als die höchst mögliche Aufgipfelung päpstlicher Vollmacht verstanden hat, die alles übersteigt, was politischer Absolutismus hatte ersinnen können". Auch diese kritische Anmerkung weist doch auf die innere Verbindung von Primat und unfehlbarem päpstlichen Lehramt hin.

[82] *Schmidt*, Erstes Vatikanisches Konzil, S. 279; *Klausnitzer*, Primat des Bischofs von Rom, S. 413: „Das unfehlbare Lehramt des Bischofs von Rom (...) ergibt sich aus der Anwendung seiner obersten Rechtsgewalt auf das Gebiet der Lehre".

[83] Vgl. ebd. und *Beinert/Kühn*, Ökumenische Dogmatik, S. 584: „Die Prärogative der Unfehlbarkeit kommt dem Papst nur ex cathedra zu, d. h. (...) immer nur als oberstem Amtsträger, nie als Privatperson oder in Ausübung eines seiner vielen Nebenämter (...)"; vgl. überdies *Klausnitzer*, Primat des Bischofs von Rom, S. 414.

[84] *Pottmeyer*, Papsttum, S. 83.

[85] Ebd., S. 83 f.

[86] *Müller*, Dogmatik, S. 619.

In Kontinuität zur methodischen Vorgehensweise der vorangegangenen Kapitel beruft sich das Dokument erneut auf den diachronen Konsens mit der Tradition der Kirche, wobei explizit die Ökumenischen Konzilien der Alten Kirche Erwähnung finden.[87] Abermals gilt hierbei das Faktum der Authentizität der Lehre in der Kirche Roms als ausschlaggebend, „denn beim Apostolischen Stuhl ist die katholische Religion immer unversehrt bewahrt und die heilige Lehre feierlich verkündet worden".[88] Weitere wichtige konziliare Stützen finden sich in den Zeugnissen des Zweiten Konzils von Lyon (1274) sowie des bereits benannten Konzils von Florenz (1439).[89]

Der Lehrauftrag des obersten päpstlichen Hirtenamtes galt hierbei sowohl im Sinne einer Verbreitung der Lehre selbst, als auch hinsichtlich des Schutzes des Glaubensgutes, damit dieses „rein und unverfälscht bewahrt wurde".[90] Um Streitfragen innerhalb der Glaubenslehre verbindlich zu entscheiden, bediente sich das römische Lehramt im Laufe der Geschichte verschiedener Mittel zur Konsensfindung, wie bspw. Ökumenischen Konzilien oder Partikularsynoden.[91] Danach wurde „hierauf gestützt, dann als Glaubenslehre entschieden, was sie durch Gottes Beistand als in Übereinstimmung mit den heiligen Schriften und den apostolischen Überlieferungen erkannt hatten".[92] Die Aufnahme dieses Befundes verdeutlicht, dass auch das unfehlbare Lehramt des römischen Bischofs keine aus dem Gesamt der Kirche herausgelöste Instanz darstellen sollte, sondern vielmehr einbezogen ist in den diachronen und synchronen Glaubenskonsens der Kirche.[93] Auf der Grundlage aller möglichen Hilfsmittel sind jene Glaubenssätze zu bestimmen, die auch dem primatialen Lehramt entspringen.[94]

---

[87] Vgl. *Klausnitzer*, Primat des Bischofs von Rom, S. 414.

[88] PA, Caput IV, S. 815 (COD 3): „(...) quia in Sede Apostolica immaculata est semper catholica reservata religio, et sancta celebrata doctrina".

[89] Zum Konzil von Ferrara-Florenz vgl. oben, Anm. 53. Zur Bedeutung des Zweiten Konzils von Lyon vgl. die historische Einordnung nebst Vorgeschichte bei *Pottmeyer*, Papsttum, S. 22–29, insbesondere S. 25 f. Dort gibt der Autor Einblick in die Entstehung der Primatsidee mit dem *Dictatus Papae* Gregors VII. über die Päpste Innozenz III., Innozenz IV. und schließlich zur Lehre der Versammlung zu Lyon; vgl. hierzu überdies *Plöchl*, Geschichte Bd. II., S. 81–87.

[90] PA, Caput IV, S. 815 (COD 3): „(...) ut, ubi recepta esset, sincera et pura conservaretur".

[91] Ebd., S. 816 (COD 3).

[92] Ebd., S. 816 (COD 3): „(...) ea tenenda definierunt, quae sacris Scripturis et apostolicis Traditionibus consentanea Deo adiutore cognoverant".

[93] Vgl. *Pottmeyer*, Papsttum, S. 85: „Wir trennen den Papst auch nicht, so Gasser schließlich, vom Konsens der Kirche, sei er vorausgehend oder nachfolgend. Denn dieser Konsens kann nie fehlen, da es nicht geschehen kann, daß der Leib von seinem Haupt getrennt wird". Er rekurriert auf die Aussagen von Vinzenz Gasser, Bischof von Brixen, Mitglied der Glaubensdeputation und deren Berichterstatter zu Caput IV, vgl. *Beinert/Kühn*, Ökumenische Dogmatik, S. 584–586; *Schatz*, Vaticanum I, Bd. 3, S. 140–146; vgl. zur Person im Allgemeinen *Sauser*, Gasser, Vinzenz, Sp. 552–554.

[94] Vgl. *Schmidt*, Erstes Vatikanisches Konzil, S. 279 f. Dort fügt der Autor an, dass die Frage nach der Verpflichtung des Papstes vor einer Lehrentscheidung *ex cathedra* den Konsens zu

In der weiteren Folge konkretisiert das Konzil, ausgehend von der Historie bis zu den Nachfolgern Petri, dass ihnen „der Heilige Geist nicht verheißen worden (ist), damit sie auf seine Offenbarung hin eine neue Lehre verkünden, sondern damit sie mit seinem Beistand die durch die Apostel überlieferte Offenbarung bzw. das anvertraute Glaubensgut heilig bewahren und getreu auslegen".[95] Die Freiheit der Glaubenslehre und -entscheidungen des römischen Bischofs von jeglicher Häresie wendet das Dokument aus der Vergangenheit in die Gegenwart und auf die Zukunft hin an, insofern diese Reinheit als fortwährende Zusage gilt.[96] Die Geisteszusage Christi an Petrus (Lk 22,32) besteht als „Gnadengabe der Wahrheit" für die Nachfolger Petri fort, insofern diese mit dem übertragenen Amt zusammenhängt, das diese „zum Heil aller ausüben" und so „die Gefahr der Spaltung gebannt und die Kirche als ganze und eine erhalten" wird.[97] Diese „einzigartige Stellung" des Papstamtes „feierlich zu bekräftigten" (solemniter asserere), vollzieht das Konzil aufgrund dessen, da „in der Gegenwart (…) viele Leute (…) seine Autorität herabsetzen".[98] In dieser breit gefassten Formulierung der *non pauci* kamen beide Realitäten zum Vorschein: die Anfechtungen von außen und von innen.[99] Die nun folgende eigentliche Lehrverkündigung sollte beiden eine wirksame Abwehr leisten.

Erneut beriefen sich die Konzilsväter auf den diachronen Konsens „im getreuen Festhalten an der Überlieferung, die wir vom Anfang des christlichen Glaubens her empfangen haben"[100] sowie den synchronen Konsens, insofern das folgende Dogma „mit Billigung des heiligen Konzils"[101] verkündet wird.[102] Mit den Zielen der „Ehre unseres Gottes und Erlösers, zur Erhöhung der katholischen Religion und

---

erfragen, im Nachgang des Konzils noch diskutiert wurde. Mit *Klausnitzer* muss darauf hingewiesen werden, dass diese Konsensfindung innerhalb der Kirche den Papst „nicht juridisch (in einem gallikanischen Sinn), sondern (…) nur moralisch" bindet (Primat des Bischofs von Rom, S. 414).

[95] PA, Caput IV, S. 816 (COD 3).

[96] Ebd., S. 816 (COD 3) unter Bezug auf Lk 22,32.

[97] Ebd., S. 816 (COD 3). Mit *Klausnitzer* kann festgestellt werden: „Der Beistand des Heiligen Geistes ist den Nachfolgern Petri nicht in Form einer Inspiration oder einer neuen Offenbarung verheißen, sondern als Hilfe und Beistand (…)" (Primat des Bischofs von Rom, S. 416).

[98] Ebd., S. 816 (COD 3): „At vero cum hac ipsa aetate, qua salutifera Apostolici muneris efficacia vel maxime requiritur, non pauci inveniantur, qui illius auctoritati obtrectant (…)".

[99] Vgl. *Pottmeyer*, Papsttum, S. 31–43; *Plöchl*, Geschichte Bd. III/1, S. 104f.; *Beinert/Kühn*, Ökumenische Dogmatik, S. 578f.

[100] PA, Caput IV, S. 816 (COD 3): „Itaque Nos traditioni a fidei Christianae exordio perceptae fideliter inhaerendo (…)".

[101] Ebd., S. 816 (COD 3): „(…) sacro approbante Concilio (…)".

[102] Auf dieser Grundlage war sich das Konzil den Säulen der *antiquitas* und *universitas* bewusst und konnte so wirkliche Glaubenslehre verkünden. Mit *Klausnitzer* kann festgehalten werden: „Der Papst formuliert nicht seinen privaten Glauben, sondern den der Kirche" (Primat des Bischofs von Rom, S. 415).

zum Heil der christlichen Völker"[103] wird das unfehlbare Lehramt des römischen Bischofs mit den folgenden Präzisierungen zum Dogma der Kirche erhoben[104]:

1. Der Papst besitzt die Unfehlbarkeit, wenn er *ex cathedra*, das heißt in der „Aus-übung seines Amtes als Hirte und Lehrer aller Christen"[105], eine verbindliche Glaubensentscheidung fällt.[106]

2. Der Papst lehrt unfehlbar „kraft seiner höchsten Autorität".[107]

3. Der Papst kann eine unfehlbare Lehre nur in den Fragen der „Glaubens- und Sittenlehre" entscheiden.[108]

4. Die unter Beachtung dieser drei Kriterien entschiedenen unfehlbaren Lehraus-sagen des Papstes sind „aus sich, nicht aufgrund der Zustimmung der Kirche unabänderlich".[109]

§ 3 Auswirkungen

Welche Hinweise ergeben sich, wenn man die Definitionen des I. Vatikani-schen Konzils hinsichtlich des Papstprimats insbesondere in Verbindung mit dem Bischofsamt der Kirche betrachtet und diese überdies als Folge einer geschicht-lichen Entwicklung und als „Lösung von innen"[110] ansehen kann? Einige Anmer-kungen erscheinen an dieser Stelle unausweichlich, besonders im Hinblick auf das II. Vatikanische Konzil und seine Beschlüsse als Vervollständigung dieser frag-

---

[103] PA, Caput IV, S. 816 (COD 3): „(…) ad Dei Salvatoris nostri gloriam, religionis Catholi-cae exaltationem et Christianorum populorum salutem (…)".

[104] Vgl. *Müller*, Dogmatik, S. 619, dort unter 4.; *Klausnitzer*, Primat des Bischofs von Rom, S. 414 f.

[105] PA, Caput IV, S. 816 (COD 3): „Romanum Pontificem, cum ex Cathedra loquitur, id est, cum omnium Christianorum Pastoris et Doctoris munere fungens (…)".

[106] Vgl. *Klausnitzer*, Primat des Bischofs von Rom, S. 414 f.: „Der Papst muss (…) unzwei-deutig einen Schlusspunkt unter die Diskussion setzen wollen. (…) Damit ist die Ansicht zurückzuweisen, jede päpstliche Verlautbarung (…) sei als solche schon ein Ausdruck des unfehlbaren Lehramtes. (…) Das Dogma von 1870 hat nur das außerordentliche Lehramt im Blick".

[107] PA, Caput IV, S. 816 (COD 3): „(…) pro suprema sua Apostolica auctoritate (…)". Der Papst lehrt unfehlbar, wenn er im Zuge seiner primatialen Tätigkeit als Papst lehrt.

[108] Ebd., S. 816 (COD 3): „(…) doctrinam de fide vel moribus (…)"; vgl. *Klausnitzer*, Primat des Bischofs von Rom, S. 415: „Mit der Aussage ist dem Anspruch des Lehramtes eine inhalt-liche Grenze gesetzt".

[109] Ebd., S. 816 (COD 3): „(…) ideoque eiusmodi Romani Pontificis definitiones ex sese, non autem ex consensu Ecclesiae irreformabiles esse". Letztlich anathematisiert das Konzil all jene, die dieser Entscheidung widersprechen.

[110] So *Plöchl*, Geschichte Bd. III/1, S. 106. Dort weist der Autor überdies auf die seit dem 16. Jahrhundert getätigten lehramtlichen Dokumente hin, die als „Bekräftigung der päpst-lichen Primatialrechte" zu verstehen sind, ebd. und dort Anm. 4.

mentarischen Ekklesiologie.[111] Vor allem die Beziehung zwischen Primat und Episkopat, die in den vorliegenden Konzilsdokumenten nur in Ansätzen angesprochen[112] wird, scheint beachtenswert, da diese auf der Grundlage ihrer Vervollständigung durch das II. Vatikanische Konzil auch Auswirkungen auf die Frage nach einem päpstlichen Amtsverzicht haben wird.[113]

Das dritte Kapitel aus Pastor Aeternus über Bedeutung und Wesen des Primats des Römischen Bischofs ist ein wichtiger Bezugspunkt hinsichtlich dieser Frage. Bereits zuvor birgt das Proömium einen wesentlichen Hinweis. Dort wird ausgehend von der Sendung der Apostel das Amt der Bischöfe im Gesamten in ihrer Funktion als Hirten und Lehrer betont.[114] Zur Wahrung der Einheit – sowohl des Episkopats als auch der ganzen Gemeinschaft der Gläubigen – wurde Petrus und als fortwährendes Prinzip dieser Einheit die Nachfolger Petri an die Spitze gestellt.[115] Der Papst agiert im Sinne seiner Nachfolgerschaft Petri nicht monarchisch-isoliert, sondern ist vom Wesen seines Amtes her in die apostolische Sendung eingebunden.[116]

Diese Verbindung stellt auch die Präzisierung der päpstlichen Jurisdiktionsgewalt als „wahrhaft bischöfliche" fest. Als Bischof von Rom, der als solcher Bischof wie alle anderen ist[117], handelt es sich nicht um eine von diesem Bischofsamt losgelöste Vollmacht, sondern um eine explizit mit diesem Amt verbundene *potestas*. Folgerichtig besteht zwischen dem Bischof von Rom und der Gesamtheit der Bischöfe eine wirkliche Gemeinschaft, innerhalb derer er als Nachfolger Petri jenen Vorrang einnimmt, den Petrus als Apostel im Apostelkollegium durch Christi Auftrag innehatte.[118] In diesem Sinne stellt Joseph Ratzinger fest: „Die Kirche erscheint (…) nicht als Kreis mit einem einzigen Brennpunkt, sondern als

---

[111] Vgl. *Benedikt XVI.*, Ansprache Begegnung mit dem Klerus/2013, S. 7. In diesem Sinne auch *Beinert/Kühn*, Ökumenische Dogmatik, S. 579.

[112] Gegen *Beinert/Kühn*, Ökumenische Dogmatik, S. 579. Dort wird davon gesprochen, dass „Kirche als Communio auch nicht in der Ferne" erscheint. In wenigen Implikationen ist dies indes zumindest vernehmbar, vgl. *Pottmeyer*, Papsttum, S. 60. Dort konstatiert der Autor zur finalen Version der Konstitution, dass diese „zwar einseitig ist, aber offen für die kollegiale Dimension der höchsten Leitungsautorität".

[113] Vgl. S. 129–141 der vorliegenden Untersuchung.

[114] Zur Redaktionsgeschichte vgl. *Schatz*, Vaticanum I, Bd. 3, S. 90–92. Interessant erscheint die kontextuelle Grundsatzfrage nach dem eigentlichen Sinn der Primatsdefinition, ob sich das „Odium (…) eher auf den Kirchenstaat und weniger auf die geistlichen Vorrechte" beziehe. Dies kann an dieser Stelle nur Randbemerkung bleiben.

[115] Vgl. *Pottmeyer*, Papsttum, S. 61: „Hier klingt die Existenz des Bischofskollegiums zumindest an".

[116] Vgl. ebd., S. 62; vgl. *Ratzinger*, Episkopat, Primat und Successio Apostolica, JRGS 12, S. 214. Dort bemerkt der Autor, dass „diesen Gewißheiten über den Papst (…) eine Reihe von Gewißheiten über das Wesen des Bischofsamtes gegenüber" steht.

[117] Vgl. *Beinert/Kühn*, Ökumenische Dogmatik, S. 580.

[118] Vgl. ebd.: „Der Papst ist also in jedem Augenblick in die Gesamtkirche wesentlich und konstitutiv eingebunden".

Ellipse mit zwei Brennpunkten – Primat und Episkopat".[119] Als ordentliche, das heißt mit dem Amt vermittelte und im Zuge der Amtsführung aktuierte Gewalt, ist diese vom Wesen der apostolischen Sendung her nicht als einfache Ausübung zu verstehen, sondern „ist Indienstnahme für das Wort, Zeugenamt am anvertrauten Gut, das über seinem Träger steht, so daß er ganz hinter dem zurücktritt, was er überkommen hat, gleichsam (...) nur Stimme ist, die dem Wort die Lautwerdung schafft in der Welt".[120]

Tatsächlich birgt die Lehre des I. Vatikanischen Konzils über den Papstprimat ihre Implikation hinsichtlich des Bischofsamtes im Sinne des Zueinanders von Primat und Episkopat vom Wesen des Erstgenannten her.[121] Die Einlassung innerhalb des Proömium zu Pastor Aeternus[122], wonach die göttliche Einsetzung der Apostel ebenso feststeht wie das gemeinsame Band aller Hirten und Gläubigen durch das Band des Primates des Papstes, kann als Frucht der Konzilsberatungen gelten und ist erster Hinweis auf die kollegiale Dimension des primatialen Papstamtes. Wie das Apostelkollegium ein einziges war, besteht das Bischofskollegium in entsprechender Weise fort.[123] Darum bedarf es „eines Einheitsprinzips zur wirksamen Durchführung der ihm übertragenen Aufgabe, nämlich alle Gläubigen in der Einheit eines und desselben Glaubens und einer und derselben Communio zu sammeln".[124] Dieses Einheitsprinzip ist im primatialen Amt des Papstes gegeben und im Sinne dieses Dienstes an der Einheit im Glauben zu verstehen.[125] Umso schwerer wogen innerhalb der Konzilsdebatte die Anfragen, weshalb gerade keine dogmatische Definition des Zueinanders von Primat und Episkopat formuliert und definiert wurde.[126]

---

[119] *Ratzinger*, Primat, Episkopat und Successio Apostolica, JRGS 12, S. 217.

[120] Ebd., S. 220.

[121] Vgl. ebd.; vgl. *Dejaifve*, Primat und Kollegialität, S. 666: „Man kann jedoch eine dogmatische Wahrheit nur so definieren, daß man ihre Beziehung zu den Wahrheiten, die organisch mit ihr verbunden sind, festlegt: man konnte sich nicht mit dem Amt des Papstes, des Nachfolgers Petri, befassen, ohne das Amt der Bischöfe, der Nachfolger der Apostel, zu erwähnen".

[122] Vgl. PA, Proömium, S. 811 f. (COD 3); vgl. *Dejaifve*, Primat und Kollegialität, S. 671.

[123] Diese Fortdauer als „entsprechender Weise" (*pari ratione*) zu definieren sollte Ergebnis des II. Vatikanischen Konzils werden, vgl. LG-NEP 1.

[124] *Dejaifve*, Primat und Kollegialität, S. 672, 680 f.

[125] Vgl. PA, Proömium, S. 811 f. (COD 3): „Damit aber der Episkopat eins und ungeteilt sei und durch die miteinander eng verbundenen Priester die Gemeinschaft der Gläubigen in der Einheit des Glaubens und der communio bewahrt werde, hat Christus den seligen Petrus an die Spitze der übrigen Apostel gestellt (...)".

[126] Vgl. die Darstellung bei *Dejaifve*, Primat und Kollegialität, S. 674–676. Die Tatsache, mit der alleinigen Pointierung der päpstlichen Jurisdiktionsvollmacht den Einflüssen von Gallikanismus und Febronianismus begegnen zu wollen, kann zwar diese selbst begründen, jedoch nicht, weshalb eine Lehrentscheidung über die Teilhabe der Bischöfe an der obersten Gewalt der Kirche nicht definiert wurde – vgl. ebd., S. 677: „Aber war hier nicht der Ort, diesen kollegialen Aspekt der Kirchenregierung in Erinnerung zu rufen?". Die große Zahl an Einlassungen innerhalb der Konzilsdebatte unterstreicht die Existenz der Fragestellung

Diese Anfrage gilt auch im Angesicht der Definition des dritten Kapitels hinsichtlich des Zueinanders von päpstlicher und bischöflicher Jurisdiktionsgewalt.[127] Wird diese als „ordentliche und unmittelbare" definiert, so steht fest, dass es sich nicht um eine delegierte Teilhabe an der päpstlichen Vollmacht auf dem eigenen Diözesangebiet handelt. Die Bischöfe besitzen kraft ihrer Weihe zu Nachfolgern der Apostel die eigene, bischöfliche Jurisdiktionsgewalt, um so „wirkliche Hirten der ihnen zugewiesenen Herde"[128] sein zu können. Damit inkludiert das Dokument, dass die Bischöfe in ihren Teilkirchen nicht als „Vasallen", „Beamte" oder „Stellvertreter des Papstes" agieren.[129] Pastor Aeternus festigt auf diese Weise die den Bischöfen eigene ordentliche und unmittelbare Jurisdiktionsgewalt, schafft es aber nicht, diese eigens detailliert zu definieren und bleibt letztlich einseitig auf den Jurisdiktionsprimat des Papstes fokussiert.[130] Auch in dieser Hinsicht sollte erst das II. Vatikanische Konzil die ekklesiologische Vervollständigung liefern.[131]

Die während des Konzils und in seiner Folge aufgetretene Unfehlbarkeitsdiskussion kann an dieser Stelle nicht ausschöpfend erörtert werden.[132] Auf der Grundlage des Dogmas der Unfehlbarkeit des päpstlichen Lehramtes, wie es mit dem vierten Kapitel der Konstitution Pastor Aeternus vor Augen steht, ist jener „maximalistischen Interpretation"[133] im Sinne einer Fortschreibung des mittelalterlichen Papalismus[134] die Grundlage entzogen. Mit der lehramtlichen Entscheidung wurde keine „absolute Unfehlbarkeit des Papstes definiert, wie es die extremen

---

im Bewusstsein der Väter, vgl. *Dejaifve*, Primat und Kollegialität, S. 677–683; *Schatz*, Vaticanum I, Bd. 3, S. 92–128. Hier schildert der Autor die Spezialdebatten zu Caput III und IV; *Klausnitzer*, Primat des Bischofs von Rom, S. 398.

[127] Vgl. PA, Caput III, S. 814 (COD 3). Die Einfügung dieses Passus war Folge der Konzilsdebatte, vgl. *Pottmeyer*, Papsttum, S. 62 und die Darstellung der Diskussion bei *Schatz*, Vaticanum I, Bd. 3, S. 92–99.

[128] PA, Caput III, S. 814 (COD 3).

[129] Vgl. die Darstellung bei *Dejaifve*, Primat und Kollegialität, S. 665 f.; *Pottmeyer*, Papsttum, S. 62 f.; *Ratzinger*, Primat, Episkopat und Successio Apostolica, JRGS 12, S. 213–215. Eine kritische Auseinandersetzung mit neuerlichen Tendenzen, Diözesanbischöfe als „päpstliche Beamte" einzuordnen, bietet *Müller*, Diözesanbischof – ein Beamter des Papstes?, S. 106–122. Diese Einschätzung ließ an prominenter Stelle der deutsche Reichskanzler Otto von Bismarck in seiner „Circular-Depesche" lautwerden, woraufhin der deutsche Episkopat eine passende Antwort lieferte (DH 3112–3116), die das Zueinander von Primat und Episkopat in beachtenswerter theologischer Tiefe darstellte.

[130] Vgl. *Pottmeyer*, Papsttum, S. 62 f.

[131] Wobei zu dieser Fragestellung insbesondere das Dekret Christus Dominus über die Hirtenaufgabe der Bischöfe in der Kirche zu nennen ist, vgl. S. 54–69 der vorliegenden Untersuchung.

[132] An dieser Stelle könnte eine Vielzahl an Literatur angeführt werden. Exemplarisch sei verwiesen auf: *Schatz*, Vaticanum I, Bd. 3; *Ders.*, Das Erste Vatikanum, S. 140–162; *Schmidt*, Erstes Vatikanisches Konzil, S. 284–289; *Pottmeyer*, Papsttum, S. 93–98; *O'Malley*, Vatican I, S. 180–224.

[133] *Schmidt*, Erstes Vatikanisches Konzil, S. 284.

[134] Vgl. *Ratzinger*, Primat, Episkopat und Successio Apostolica, JRGS 12, S. 217 f.

Infallibilisten wollten".[135] Es kann im Angesicht des Konzilsdokuments nicht davon gesprochen werden, dass die „Mitwirkung der Kirche bei der Definition von Lehre überflüssig"[136] sei.[137]

Vielmehr ist die Frage nach dem unfehlbaren Lehramt des römischen Bischofs eine Folge des römischen Primats und daher nur mit ihm gemeinsam zu verstehen.[138] Wenn in ihm beide Extreme – Papalismus und Episkopalismus – gleichzeitig abgewiesen wurden[139], so stellt sich die Frage, wie sich die Lehre des I. Vatikanischen Konzils trefflich bezeichnen lässt. Joseph Ratzinger bemühte hierzu den Ausdruck einer „dritten Position", die „die Unreduzierbarkeit beider Gegebenheiten zum Inhalt hat, also weder Primat zur bloßen Funktion des Episkopats noch auch Episkopat zum bloßen Instrument des Primats zu machen gestattet".[140] Diese Auslegungsweise kann sicher als optimistische Interpretation einer Gegebenheit eingeordnet werden, die sich in der direkten zeitgeschichtlichen Folge *de facto* nicht derart dargestellt hat.[141] Dennoch kann sie dazu verhelfen, die Lehraussagen des I. Vatikanischen Konzils hinsichtlich des Primats des Bischofs von Rom nachzuvollziehen – insbesondere im Hinblick auf die Vervollständigung der Ekklesiologie durch das II. Vatikanische Konzil.[142]

Als Einlassung, die den nicht gänzlich unberechtigten Vorwurf einer maximalistischen Auslegung der Unfehlbarkeit abwehren sollte, kann der Rückbezug des Caput IV auf die überkommene Praxis der Kirche gelten, wonach das päpstliche Lehramt sich stets im Vorfeld zu Lehrentscheidungen geeigneten Instrumenten be-

---

[135] *Pottmeyer*, Papsttum, S. 82.

[136] *Schmidt*, Erstes Vatikanisches Konzil, S. 285.

[137] Vgl. *Beinert/Kühn*, Ökumenische Dogmatik, S. 590. Dort wird ausgehend von einem Zitat Joseph Ratzingers dargelegt, dass die Rezeption durch die Gesamtkirche legitimierender Bestandteil auch des päpstlichen Lehramts ist. Ratzinger selbst wies darauf hin, dass „einer definitiven Äußerung des Papstes das Hören auf die Gesamtkirche in einer wie auch immer gearteten Form" vorangehen muss, denn „Definitionen können nicht Neues in der Kirche schaffen, sondern nur Reflex der Einheit sein (...)" (*Ratzinger*, Primat und Episkopat, JRGS 8/1, S. 656).

[138] Vgl. ebd.: „Im Gesamt der Konstitution stellt sich das unfehlbare Lehramt des Papstes letztlich als Anwendung des Primats auf dem Gebiet der Lehre, gleichsam als Pendant zum Jurisdikitonsprimat dar"; Vgl. *Klausnitzer*, Primat des Bischofs von Rom, S. 413.

[139] Vgl. *Ratzinger*, Primat, Episkopat und Successio Apostolica, JRGS 12, S. 217 f.

[140] *Ratzinger*, Primat und Episkopat, JRGS 8/1, S. 651.

[141] Vgl. ebd. Dort verortet der Autor selbst die „Auslegung und Anwendung des Textes zunächst wesentlich in der papalen Bahn"; vgl. überblicksartig zur Rezeptionsgeschichte *Klausnitzer*, Primat des Bischofs von Rom, S. 417–427.

[142] Vgl. *Müller*, Dogmatik, S. 619: „Das II. Vatikanum hat die ‚Lehre über Einrichtung, Dauer, Gewalt und Sinn des dem Bischof von Rom zukommenden heiligen Primats sowie über dessen unfehlbares Lehramt' (LG 18) bekräftigt und weiter entfaltet"; ebenso *Schmidt*, Erstes Vatikanisches Konzil, S. 344–348, hier bes. S. 348: „Das Zweite Vatikanische Konzil negiert also keineswegs die Aussagen des Ersten, stellt sie aber in einen größeren Kontext. Wo das Erste Vatikanische Konzil die Kirche nicht ohne Primat und vom Primat her dachte, da ergänzt sein Nachfolgekonzil den Gedanken der Kirche als Gemeinschaft".

diente, um den Glauben gemäß Schrift und Tradition zu definieren.[143] Wenngleich, anders als von einigen angemerkt[144], keine formale Voraussetzung definiert wurde, dass eine unfehlbare Lehrentscheidung des Papstes einer solchen vorherigen Konsensfindung mit der kollegialen Gemeinschaft der Bischöfe bedürfe[145], drückt sich in der in das Konzilsdokument eingeflossenen geschichtlichen Darstellung doch das Bewusstsein über diese Praxis und ihre Berechtigung aus.[146] Auch der abschließende Lehrsatz, wonach die Entscheidungen des unfehlbaren Lehramts „aus sich heraus, nicht aber aufgrund der Zustimmung der Kirche"[147] gelten, schmälert nicht die Mitwirkung der Kirche, sondern kann im Sinne der Rezeptionsgeschichte als Abwehr des gallikanischen Standpunktes[148] eingeordnet werden, sodass keine „nachfolgende juridische Ratifikation etwa durch ein Konzil oder die Zustimmung der Bischöfe"[149] gefordert sei.[150]

In einer gewissen Vorausschau der Konzilsbeschlüsse hinsichtlich der höchsten Autorität der Kirche in Papst und Bischofskollegium folgerte Joseph Ratzinger:

> „Insofern ist das Konzil niemals ein selbstständiger Unfehlbarkeitsträger neben oder gar gegen den Papst. Der Papst ist ja selbst ein Bischof, *der* ökumenische Bischof, ohne den der Episkopat nicht vollzählig (...) wäre (...). Anderseits: Weil der Papst der ökumenische Bischof ist, kann er wesensmäßig nicht gegen die Ökumene stehen und darf es nicht. Er ist das Zeichen der Ökumene, die aber ihrerseits sein Zeichen ist, das ihn beglaubigt. (...)

---

[143] Vgl. PA, Caput IV, S. 815 f. (COD 3).

[144] Insbesondere der Einwand von Filippo Maria Guidi, Erzbischof von Bologna, muss an dieser Stelle erwähnt werden, der sich für eine solche Einlassung einsetzte und so gleichzeitig die Erkenntnis darstellte, wonach eine päpstliche unfehlbare Lehrentscheidung ihrem Wesen nach von der Kirche abhängig ist, vgl. *Dejaifve*, Primat und Kollegialität, S. 678; *Schatz*, Vaticanum I, Bd. 3, S. 99–109; *Klausnitzer*, Primat des Bischofs von Rom, S. 400 f.

[145] Mit Guidi, dargestellt bei *Schatz*, Vaticanum I, Bd. 3, S. 100 f., kann diese „Abhängigkeit" des unfehlbaren päpstlichen Lehramts nicht derart verstanden werden, dass „die Bischöfe dem Papst erst die Autorität mitteilen", sondern im Sinne „einer Abhängigkeit von Rat und Kooperation auf der Ebene des Zeugnisses", um so den Glaubenskonsens darüber feststellen zu können, „was immer, überall und von allen geglaubt wurde" (vgl. *Vinzenz von Lérins*, Commonitorium II, 5).

[146] Vgl. *Dejaifve*, Primat und Kollegialität, S. 679. Die notwendige vorherige Konsensfindung wurde durch die Glaubensdeputation aus verschiedenen Gründen abgelehnt, kann aber mit *Schatz*, Vaticanum I, Bd. 3, S. 106 auf die Formel gebracht werden, wonach „Konsultation in die Kategorie der moralischen Verpflichtung, nicht aber der feststellbaren Bedingung für eine Definition" fiele. Eine geschichtliche Replik konnte in das Dokument einfließen, sofern daraus keine rechtliche Bedingung für eine unfehlbare Lehrentscheidung erwachsen könne, vgl. *Schatz*, Vaticanum I, Bd. 3, S. 115 f.

[147] PA, Caput IV, S. 816 (COD 3).

[148] Vgl. zu Konziliarismus und Gallikanismus die Zusammenfassung bei *Pottmeyer*, Papsttum, S. 30–35.

[149] *Klausnitzer*, Primat des Bischofs von Rom, S. 416.

[150] Diese Interpretation bietet auch *Ratzinger*, Primat, Episkopat und Successio Apostolica, JRGS 12, S. 214: „Die Folge aus dem Gesagten für das Gebiet der Lehre ist, daß dem Papst als Amtsperson Unfehlbarkeit zukommt, so daß seine Kathedralentscheidungen ‚ex sese' und nicht erst kraft nachfolgender Bestätigung der Kirche irreformabel sind".

Das Konzil hat auch und gerade nach der Feststellung der päpstlichen Unfehlbarkeit seinen notwendigen und unaufhebbaren Sinn".[151]

Gerade die Tatsache, dass das II. Vatikanische Konzil die in der Vorgängerversammlung fehlende Wesensbestimmung des Zueinanders von Primat und Episkopat ausführlich behandelte und verbindlich definierte, weist auf die ekklesiologische Vervollständigung hin, von der eingangs gesprochen wurde. Im Folgenden soll die jüngste konziliare Lehre hinsichtlich Ursprung und Wesen des Papstamtes, des Bischofsamtes und des Zueinanders beider im Bischofskollegium zum Untersuchungsgegenstand werden.

2. Kapitel

Das II. Vatikanische Konzil

§ 1 Vorbemerkungen

Das Amt des Bischofs von Rom, der als Nachfolger des heiligen Petrus Papst der Kirche ist, wurde in der Geschichte der Kirche immer wieder zu einem Thema der theologischen Diskussion. Ausgehend von der römischen Urgemeinde entwickelte sich eine Theologie des Papsttums im Laufe der Theologiegeschichte bis in die heutige Zeit.[152] Auch das II. Vatikanische Konzil hat sich dem römischen Bischofsamt als Topos angenommen, es in seinem theologischen Ursprung durchdrungen und seine Erkenntnisse in seinen einschlägigen Dokumenten niedergeschrieben. Als Peritus dieser heiligen Versammlung des 20. Jahrhunderts steht auch Joseph Ratzingers theologisches Werk ganz auf diesem Fundament, auch was dessen Aussagen über das petrinische Amt betrifft, die zu einem späteren Zeitpunkt analysiert werden sollen. Es ist unabdingbar, sich dem theologischen Fundament des Petrusamtes zu nähern, wenn man sich der Thematik von Historie und rechtlicher Gestalt des päpstlichen Amtsverzichtes annehmen möchte.

Zunächst gilt es zu erörtern, durch welche Eigenschaften das Papstamt gekennzeichnet ist und welchen Ursprungs es ist. Hierbei ist auch der päpstliche Primat-

---

[151] *Ratzinger*, Primat, Episkopat und Successio Apostolica, JRGS 12, S. 231. Hervorhebung im Original. Hier klingt bereits das an, was sich in LG 22–23 und LG-NEP 4 wiederfinden wird; *Dejaifve* führt die diesbezügliche Diskussion um das (letztlich nicht fertiggestellte) Schema über die Kirche dar: „Manche Kritiken gingen auch mehr in die Tiefe, insofern sie in dieser Auslassung (sc. des Bischofsamtes) eine schwere Verbiegung des päpstlichen Amtes selbst sahen: den Primat des Papstes allein zu definieren, ohne seine wesenhafte Verbindung mit dem kollegialen Apostelamt der Bischöfe zu erwähnen, heißt dieser Wahrheit selbst einen Abtrag tun, die dadurch verdunkelt, unklar wird, denn sie ist ihrer Wurzeln beraubt und aus ihrer organischen Mitte herausgerissen" (Primat und Kollegialität, S. 669 f.).

[152] Vgl. hierzu *Klausnitzer*, Primat des Bischofs von Rom, S. 17–57; *Müller*, Der Papst, S. 139–168 und 231–294.

sanspruch innerhalb der hierarchischen Struktur der Kirche darzustellen, da auch jene primatiale Gewalt eine wichtige Grundlage für die mit c. 332 § 2 gegebene Möglichkeit eines päpstlichen Amtsverzichts darstellt. Die Dogmatische Konstitution über die Kirche Lumen Gentium wendet sich in ihrem dritten Kapitel der hierarchischen Verfasstheit der Kirche zu. Ganz von der Theologie des Konzils durchdrungen, verfassen die Konzilsväter diese Erkenntnisse vom bischöflichen Amt her, wobei auch das besondere Wesen des römischen Bischofsamtes zu Beginn des benannten Kapitels Erwähnung findet. LG 18 erklärt grundlegend im Sinne einer Komplementarität zum I. Vatikanischen Konzil[153] die hierarchische Verfasstheit der Kirche. Wie Christus selbst die Apostel gesandt hat, in deren sukzessiver Nachfolge die Bischöfe der Kirche stehen, so hat der Herr denselben den heiligen Petrus vorangestellt (mit Bezug zu Mt 16,18). Das Konzil lehrt die wichtige Eigenschaft dieses petrinischen Amtes, Garant der Einheit und Ungeteiltheit des Episkopats zu sein, als „immerwährendes und sichtbares Prinzip und Fundament der Glaubenseinheit und der Gemeinschaft".[154] Es handelt sich bei diesem Dienst des Nachfolgers Petri um einen grundlegenden Dienst an der Einheit der ganzen Kirche. Dass es hierbei nicht nur um die Wahrung der bestehenden Einheit, sondern einer Weisung zur Mehrung dieser geht, wird die Analyse der theologischen Grundlegung des Petrusamtes im weiteren Verlauf zeigen.[155] Generell lässt bereits diese lehramtliche Erwähnung des päpstlichen Amtes innerhalb des vorliegenden Konzilsdokuments die Erkenntnis zu, dass das Papstamt keinen Ehrenvorrang bedeutet, sondern vielmehr an wichtige Aufgaben geknüpft ist. Nicht zuletzt durch die große und weltweite, allumfassende und damit wirklich „katholische" Aufmerksamkeit, die dem Bischof von Rom gewidmet wird, mehrt sich diese Wichtigkeit der päpstlichen Aufgabe des Einheitsdienstes. Joseph Ratzinger misst der Universalkirche gegenüber den Ortskirchen hierbei den Vorrang bei.[156] Stets sind die Ortskirchen, die alle Teil der einen heiligen Kirche sind, nur von der Universalkirche her zu denken und zu verstehen, insofern die Universalkirche von ihrer Geburt im Pfingstereignis[157] den Ortskirchen nicht nur zeitlich vorangeht, sondern von der Einheit des Gottesvolkes her verstanden auch inhaltlich die erste Stelle einnimmt.[158]

Im weiteren Verlauf des Dokuments wird die Leitung der Kirche durch die Bischöfe mit dem Bischof von Rom als Nachfolger des heiligen Petrus und somit als „Stellvertreter Christi und sichtbares Haupt der ganzen Kirche"[159] inhaltlich

---

[153] Vgl. S. 26–43 der vorliegenden Untersuchung.

[154] LG 18.

[155] All die theologischen Grundlagen, die im vorliegenden Kapitel analysiert werden, sind für die Untersuchung des päpstlichen Amtsverzichtes von daher wichtig, da durch sie die Erkenntnis gemehrt wird, auf welches Amt der Verzicht geleistet wird und durch welche Eigenschaften sich dieses auszeichnet.

[156] Vgl. *Koch*, Primatstheologie in ökumenischer Perspektive, S. 22f.

[157] Vgl. LG 19.

[158] Vgl. *Koch*, Primatstheologie in ökumenischer Perspektive, S. 22.

[159] LG 18.

dargelegt und theologisch entfaltet. Aus der Mitte der Apostel zu deren Haupt gewählt, ist auch und vor allem dem heiligen Petrus die apostolische Vollmacht und
Sendung übertragen. Auch er ist nicht nur Verkünder des Evangeliums Jesu Christi,
sondern selbst Zeuge der Frohen Botschaft und aufgrund seiner genuinen Stellung
erster Hörer, Verkünder und Zeuge des Evangeliums.[160] Aus dieser Zeugenschaft
des heiligen Petrus selbst überträgt sich dieselbe Aufgabe auf seinen Nachfolger
im römischen Bischofsamt, der ebenso zum Zeugen des Evangeliums in Wort und
Tat wird (vgl. Mt 28,19 f.). Damit verbindet sich auch die Übertragung der petrinischen Vollmacht im päpstlichen Amt.[161]

§ 2 Das Bischofsamt als höchste Weihestufe der Kirche

Das II. Vatikanische Konzil hat sich der Stellung der Bischöfe in der Kirche
zugewandt, sie theologisch durchdrungen und dadurch klarer erkenntlich werden
lassen.[162] Neben diesen positiven Erkenntnisgewinn trat gleichzeitig ein Überwinden jener Missverständnisse, die gerade für den bischöflichen Machtbereich im
Laufe der Geschichte zu verzeichnen waren. Insbesondere an dieser Stelle zeigt
sich die bereits angesprochene Charakterisierung des konziliaren Lehramts als
Vervollständigung jener Ekklesiologie, die auf dem I. Vatikanischen Konzil als
unvollständiges Fragment zurückgeblieben war.[163] Die Konzilsväter stellten fest,
dass es sich beim Bischofsamt der Kirche um die höchste der drei Weihestufen
handelt[164], die konstitutiv für die Verfasstheit der Kirche und für sie unerlässlich
ist.[165] Gemeinsam mit dem Papst bilden die Bischöfe das Bischofskollegium. Als
solches und unter Wahrung der bestehenden Voraussetzungen und Normen haben
sie Teil an der Leitung der Gesamtkirche.[166]

Die Grundintention zur Lehre über die Sakramentalität der Bischofsweihe schildert Joseph Ratzinger:

---

[160] Vgl. LG 19.

[161] Vgl. LG 20.

[162] Vgl. hierzu bspw. die Kommentierungen von *Ratzinger*, Kommentar LG, JRGS 7/2,
S. 645–698; *Hünermann*, Kommentar LG; *Rahner*, Kommentar LG, S. 210–246.

[163] Vgl. S. 26–43 der vorliegenden Untersuchung; vgl. ausgehend von der Dogmatischen
Konstitution Lumen Gentium zur Fortsetzung der Ekklesiologie des I. Vatikanischen Konzils
überdies *Heim*, Kirchliche Existenz, hier S. 119 f.

[164] Vgl. etwa LG 20–21.41; *Rahner*, Kommentar LG, S. 217 bemerkt: „Artikel 21 handelt
über das Wesen des Amtes des einzelnen Bischofs und dessen sakramentale Begründung. Der
Inhalt dieses Amtes wird anhand des Schemas der drei Ämter umrissen"; die Geschichte des
triadischen Ordo der Kirche ist zusammengefasst dargestellt bei *Menke*, Triadischer Ordo,
hier S. 249–389.

[165] Vgl. LG 18; vgl. *Hünermann*, Kommentar LG, S. 406: „Wie in LG 8 wird damit ein
wesentliches Element der Kirche als Institution und Organisation, nämlich ihre Dienste, auf
Christus selbst zurückgeführt".

[166] Vgl. LG 22–23; S. 129–141 der vorliegenden Untersuchung.

„Wenden wir uns (…) der wichtigen Frage nach dem sakramentalen Charakter der Bischofsweihe zu! Auch hier ging es dem Konzil nicht etwa darum, zur Stärkung des bischöflichen Selbstbewußtseins oder vielleicht gar aus purer Lust am Dogmatisieren eine neue These aufzustellen. Die Aussage ist vielmehr, wie sie jetzt im Text verankert ist, einzig und allein dem Versuch zugeordnet, die volle und eigenständige Bedeutung des Dienstes der bischöflichen Gemeinschaft und damit der Vielfalt und Fülle in der Kirche gegenüber einer primatialen Engführung wieder zur Geltung zu bringen".[167]

In dieser Zusammenfassung der konziliaren Absicht zeigt sich, wie aus der Sakramentalität des Bischofamtes die Wirkweise desselben sowohl im kollegialen Verbund als auch als Einzelne erwächst. Die Sakramentalität ist Voraussetzung aller hier angestellten Untersuchungen.

Die untrennbare Verbindung, die das II. Vatikanische Konzil zwischen Papst und Bischofskollegium aufgezeigt hat,[168] verbindet die beiden Träger der höchsten Leitungsgewalt in der Kirche: den Papst und das unter ihm und mit ihm versammelte Bischofskollegium.[169] Insofern sind auch alle Untersuchungen der aus dem Weiheamt resultierenden unverlierbaren Rechte und Pflichten der Bischöfe der Kirche nie isoliert oder hinsichtlich eines Gegensatzes zum petrinischen Amt anzustellen, denn es ist festzustellen, dass „der Primat des Papstes nicht ein Gegenprinzip darstellt zum Episkopat, sondern das Prinzip der Einheit aller Bischöfe und der ganzen Kirche".[170]

Wenn gesagt werden kann, dass die Bischöfe die zu untersuchenden Rechte durch die Weihe erlangen, so bedeutet dies aufgrund des unauslöschlichen Charakters der Bischofsweihe als Sakrament der Kirche, dass ein Bischof jene Rechte sein Leben lang innehat.[171] Mit Gerhard Ludwig Müller kann die Anmerkung und gleichzeitige Zusammenfassung der beiden Bereiche von Weiheamt und Eingliederung in das Bischofskollegium angeführt werden, wonach der Papst die Bischöfe zwar in die Gemeinschaft eingliedert, diese jedoch „nicht durch ihn, sondern durch den Heiligen Geist in der Weihe zu Bischöfen und Nachfolgern der Apostel"[172] werden. Auf dieser Grundlage sind die im Weiheamt verliehenen unauslöschlichen Eigenschaften der Bischöfe zu betrachten. In der sakramentalen Weihe wird der

---

[167] *Ratzinger*, Konzil III, JRGS 7/1, S. 466.

[168] Vgl. LG 22.

[169] Vgl. *Müller*, Der Papst, S. 352; *Rahner* bemerkt, dass diese Definition „eine bisher so explizit vom außerordentlichen Lehramt noch nicht vorgetragene Lehre" darstellt, wenngleich der „Inhalt (…) aber nirgends wirklich über die traditionelle Lehre hinaus" geht (Kommentar LG, S. 222). Das eine Explikation dennoch notwendig war, erscheint nicht zuletzt wegen der fragmentarischen Ekklesiologie des I. Vatikanischen Konzils und der daraus resultierenden Folgen als unausweichlich. Rahner selbst bezieht sich auf die einschlägigen Einlassungen innerhalb der Redaktionsgeschichte von Pastor Aeternus.

[170] *Müller*, Der Papst, S. 355.

[171] Gesondert betrachtet werden muss die Möglichkeit einer durch die höchste Autorität der Kirche verhängten Sanktion zur Untersagung der Ausübung einzelner durch die Weihe übertragenen Rechte.

[172] *Müller*, Der Papst, S. 355.

Kandidat durch das Wirken des Heiligen Geistes zum Bischof der Kirche, durch sie wird er gleichzeitig eingegliedert in das Kollegium aller Bischöfe.[173] Diese ist zu unterscheiden „von der Aufnahme des Ordinatus in die praktizierte Kollegialität unter den Bischöfen".[174] Durch die Übertragung eines spezifischen Kirchenamtes an den gültig geweihten Bischof entsteht diese Ausübung der bereits in der Weihe übertragenen Teilhaftigkeit an der Gemeinschaft der Bischöfe. Beide Bereiche, die sakramentale Weihe zum Bischof und die Annahme des spezifischen Amtes gehören untrennbar zusammen. Dennoch ist es die Weihe, die aufgrund ihrer Verankerung und Begründung im göttlichen Recht den Vorzug vor der Übertragung des Kirchenamtes erhalten muss. Auch aufgrund dessen bewirkt die Weihe ein unauslöschliches Prägemal und bleibt auch nach Erledigung des spezifischen Amtes bestehen.[175]

A. Einführung

Hinsichtlich des sakramentalen Ursprungs des Bischofsamtes der Kirche gelten die Dogmatische Konstitution über die Kirche Lumen Gentium und das Dekret über die Hirtenaufgabe der Bischöfe in der Kirche Christus Dominus als bedeutsame konziliare Quellen.[176]

Bereits das Allgemeine Vorwort zum Dekret Christus Dominus[177] beinhaltet wichtige Kernaussagen bezüglich des Bischofsamtes der Kirche, die an dieser Stelle in Kürze zusammengetragen werden sollen.[178] Christus selbst hat die Apostel im Heiligen Geist ausgesandt, um in seinem Namen seine Herde zu weiden.[179] Nachfolger jener Apostel sind die Bischöfe, die in dieser sukzessiven Linie „vom Heiligen Geist eingesetzt"[180] das apostolische Amt ausüben. Die Konzilsväter konkretisieren diese Grundaussage im weiteren Verlauf. So werden den Nachfolgern der Apostel, das heißt den Bischöfen, durch Christus selbst „Auftrag und Vollmacht" (mandatum atque potestatem) verliehen, die drei Dienstämter der Kirche des Leh-

---

[173] Vgl. ebd., S. 356.

[174] Ebd; vgl. hierzu S. 69–75 der vorliegenden Untersuchung.

[175] Vgl. hierzu grundlegend *Ohly*, Kirchenamt, S. 234–251.

[176] Vgl. grundsätzlich zu diesem Konzilsdokument *Mörsdorf*, Kommentar CD, S. 128–247; *Bausenhart*, Kommentar CD, S. 229–304, hier S. 248. An dieser Stelle bemerkt der Autor, dass Christus Dominus „die Konkretisierung" von Lumen Gentium „sein will". So zeigt sich die inhaltliche Verwobenheit beider Dokumente.

[177] CD 1–3.

[178] *Mörsdorf* bemerkt zum Vorwort: „Sinn und Zweck (...) ist es, den Zusammenhang mit der theologischen Lehre von der Kirche aufzuweisen (...). Es ist nicht Sinn des Vorwortes, Neues und Eigenes zu sagen" (Kommentar CD, S. 149). Dieser Hinweis zeigt den inneren Zusammenhang zwischen der Kirchenkonstitution Lumen Gentium und dem Bischofsdekret Christus Dominus; vgl. in diesem Sinne auch *Bausenhart*, Kommentar CD, S. 247 f.

[179] Vgl. CD 1.

[180] Vgl. CD 2.

rens, Heiligens und Leitens zu versehen.[181] Ein wichtiger Vermerk des Dekrets liegt in der Aussage vor, dass die Bischöfe „durch den Heiligen Geist, der ihnen mitgeteilt worden ist"[182], diese Aufgaben und die Vollmacht zur Erledigung dieser empfangen haben.

Damit wird verdeutlicht, dass es die sakramentale Weihehandlung sein muss, die den Weihebewerbern jene *potestas* des Bischofsamtes überträgt, die sie zu Lehrern, Priestern und Hirten des Gottesvolkes werden lässt. Im Wortlaut des Dokuments heißt es weiter, dass die Bischöfe ihr Amt (episcopale munus) „durch die Bischofsweihe empfangen haben" (per consecrationem episcopalem susceperunt).[183] Die im Sakrament übertragene Vollmacht vollzieht sich *in actio* in den drei Dienstämtern des Lehrens, Heiligens und Leitens.[184]

Tatsächlich stellt diese Festlegung eine dogmatische und gleichzeitig ekklesiologische Weiterentwicklung der bisher herrschenden Lehrmeinung dar, wonach zur im Sakrament übertragenen Weihegewalt die Jurisdiktionsgewalt eigens hinzutreten muss.[185] Dies galt auch im CIC/1917, der dies in can. 109 festlegte. Die Unterscheidung der beiden Bereiche der *potestas ordinis* und der *potestas iurisdictionis*, die in vorangegangenen Dokumenten und bis hin zu einigen Anträgen zur konziliaren Verhandlung und zahlreichen Vorentwürfen selbst Verwendung fand, spielt in den Konzilsdokumenten keine explizite Rolle mehr.[186]

In einem weiteren Schritt verdeutlicht das Dekret die Ausübung der bischöflichen Vollmacht in den beiden möglichen Wirkbereichen. Einerseits kommt den Bischöfen die Ausübung der höchsten Vollmacht für die Universalkirche im Bischofskollegium zu,[187] andererseits üben sie das Bischofsamt alleine in den ihnen je eigens zugewiesenen Teilkirchen aus.[188] Anhand von diesen Handlungsweisen der Bischöfe in der Kirche werden im Folgenden durch das Dekret die Vollzüge des Bischofsamtes dargestellt.[189]

---

[181] Vgl. ebd.

[182] Vgl. ebd.

[183] Vgl. CD 3.

[184] Vgl. *Krämer*, Dienst und Vollmacht, S. 27; *Mörsdorf* weist darauf hin, dass auch die Bezeichnung der Bischöfe als „Hirten" (pastores) im konziliaren Duktus zumeist auf die drei Dienstämter der Kirche bezogen ist (Kommentar CD, S. 150).

[185] Vgl. *Pfannkuche*, Papst und Bischofskollegium, S. 95.

[186] Vgl. *Krämer*, Dienst und Vollmacht, S. 22–27. Über die dennoch bestehende Notwendigkeit der kanonischen Sendung zwecks Befähigung zur Ausübung der in der Weihe übertragenen Vollmacht der Bischöfe soll zu einem späteren Zeitpunkt gesprochen werden. Diese Unzulänglichkeit des Dekrets bemängelt *Bausenhart*, Kommentar CD, S. 249 f.

[187] Vgl. S. 129–142 der vorliegenden Untersuchung.

[188] Vgl. CD 3.

[189] Mit *Mörsdorf* sei auch die dritte Handlungsweise „für die Bedürfnisse mehrerer Teilkirchen" genannt (Kommentar CD, S. 150). Durch diese Trias wird gleichzeitig der Aufbau des Dekrets selbst vorgezeichnet; vgl. ebenso *Bausenhart*, Kommentar CD, S. 250.

Ausgehend von der Heiligen Schrift entfaltet das Konzil die dogmatische Grundlage des Bischofsamtes als Nachfolgerschaft der Apostel.[190] So wird festgestellt, dass Christus das apostolische Amt einsetzte, indem er die Zwölf berief, „in seiner göttlichen Autorität und Vollmacht (…) an seiner Sendung (teilzuhaben)" und sie dort auszuführen, „wo er nicht selbst kommen konnte".[191] Die besondere Autorität des Apostelamtes liegt in der freien Berufung durch Christus selbst, der „die zu sich (rief), die er selbst wollte".[192] Im Bischofsamt dauert die grundsätzliche Berufung fort[193], unterscheidet sich jedoch vom Apostelamt darin, dass die Apostel aufgrund der direkten Sendung durch Christus und dem persönlichen Charakter ihrer Erstzeugenschaft in einer einzigartigen und unwiederholbaren Berufungshandlung bestellt wurden. Die Konstitution Lumen Gentium benennt diese Tatsache als den Bischöfen innewohnende „Ableger apostolischer Pflanzung".[194] Die Notwendigkeit einer Nachfolgerschaft der Apostel begründet sich im eschatologischen Wesen der apostolischen Sendung bis zum Ende der Welt.[195] Aufgrund der Einsetzung des Apostelamtes durch Christus selbst liegt auch das sich in der Apostolischen Sukzession entfaltende Bischofsamt im göttlichen Recht begründet.[196]

In den geweihten Amtsträgern besteht die ursprüngliche Sendung bis zum heutigen Tage fort.[197] Gemeinsam mit den Priestern und Diakonen, die stets nach den ihnen eigenen Maßgaben unter der Autorität des Bischofs ihren Dienst vollziehen, ist der Bischof Hirte der ihm zugewiesenen Herde des Gottesvolkes.[198] Durch den Empfang des Bischofsamtes (ministerium episcopale) sind die Amtsträger „Lehrer in der Unterweisung, (…) Priester im heiligen Kult (und) Diener in der Leitung".[199]

Lumen Gentium verdeutlicht im Folgenden, was die Kirche in c. 1009 § 3 zu ihrem Recht erhoben hat, denn diejenigen, „die die Bischofsweihe (…) empfangen haben, erhalten die Sendung und die Vollmacht, in der Person Christi des Hauptes

---

[190] Vgl. LG 19; zur Vorsicht, die die Konzilsväter in der Darstellung des Schriftzeugnisses walten ließen vgl. *Hünermann*, Kommentar LG, S. 409; vgl. überdies *Heim*, Kirchliche Existenz, S. 121 f.

[191] *Müller*, Der Papst, S. 181.

[192] LG 19; vgl. *Hünermann*, Kommentar LG, S. 410. Aus dieser Grundaussage ist zu schließen, „dass der Text keine kontroversen exegetischen Fragen entscheiden will. Die Väter suchen vielmehr, im Blick auf die gestellte Aufgabe, ein auf die Schrift bauendes Bild von der Berufung der Zwölf bis zur Missionstätigkeit der Apostel zu zeichnen".

[193] Vgl. *Hünermann*, Kommentar LG, S. 410 zu LG 20,1, der die Sendung der Apostel durch Christus als „Fundament (…) auf das alle Dienste in der Kirche gebaut sind" beschreibt.

[194] LG 20 („apostolici seminis traduces"); vgl. erläuternd *Hünermann*, Kommentar LG, S. 413.

[195] Vgl. LG 20 in Anlehnung an Mt 28,20.

[196] Vgl. LG 20 („ex divina institutione in locum Apostolorum successisse"); vgl. erläuternd *Pfannkuche*, Papst und Bischofskollegium, S. 97.

[197] Vgl. LG 20.

[198] Vgl. ebd.

[199] Vgl. ebd.

zu handeln (…)". So heißt es in der Konstitution: „Wer sie hört, hört Christus, und wer sie verachtet, verachtet Christus und ihn, der Christus gesandt hat".[200]

Viel deutlicher noch verweist LG 21 auf die Präsenz Christi im Handeln der Bischöfe.[201] Grundlegend hierzu ist die Sakramentalität der Bischofsweihe.[202] So wird dargestellt, dass die Gabe des Heiligen Geistes, der auf die Apostel ausgegossen und durch deren Handauflegung an ihre eigenen Nachfolger weitergegeben wurde, „in der Bischofsweihe bis auf uns (sc. die Bischöfe der heutigen Zeit) gekommen ist".[203] Das Dokument bezeichnet die Bischofsweihe als die „Fülle des Weihesakraments".[204] Somit ist die dreigliedrige Stufung der Weihe der Kirche gefestigt, wenn – absteigend genannt – Episkopat, Presbyterat und Diakonat als solche bestehen.[205] In der Weihehandlung durch Handauflegung und Weihegebet wird den Kandidaten das heilige Prägemal übertragen.

Wenn in der Bischofsweihe die „Ganzheit des heiligen Dienstamtes"[206] verliehen wird, so meint dies die drei *munera* des Heiligens, Lehrens und Leitens. Spricht das Konzil davon, dass die beiden Letztgenannten „ihrer Natur nach nur in der hierarchischen Gemeinschaft mit Haupt und Gliedern des Bischofskollegiums ausgeübt werden können",[207] so ist auch hier die Ausübung der Jurisdiktionsgewalt im Bereich der Universalkirche miteingeschlossen, an der die Bischöfe nur im kollegialen Vollzug Anteil haben. Die grundsätzliche Übertragung der Befähigung der *munera docendi et regendi* geschieht ebenfalls in der Bischofsweihe, die Befähigung zur Ausübung jedoch durch die Eingliederung in die *communio hierarchica* und für den Bereich der Gesamtkirche im gemeinsamen Handeln des Bischofskollegiums.[208]

---

[200] Ebd.; vgl. *Hünermann*, Kommentar LG, S. 413. Dort verweist der Autor auf die durch dieses Schriftzitat (Lk 10,16) geöffnete Dimension der 72 ausgesandten Jünger. Auch hierin zeigt sich der Unterschied zwischen den Aposteln und den Bischöfen als ihren Nachfolgern.

[201] Vgl. *Pfannkuche*, Papst und Bischofskollegium, S. 97. So heißt es in LG 21 weiter: „Durch ihr väterliches Amt fügt er seinem Leib kraft der Wiedergeburt von oben neue Glieder ein. Durch ihre Weisheit und Umsicht endlich lenkt und ordnet er das Volk des Neuen Bundes auf seiner Pilgerschaft zur ewigen Seligkeit. Diese Hirten, die ausgewählt sind, die Herde des Herrn zu weiden, sind Diener Christi und Ausspender der Geheimnisse Gottes. Ihnen ist das Zeugnis für die frohe Botschaft von der Gnade Gottes anvertraut und der Dienst des Geistes und der Gerechtigkeit in Herrlichkeit".

[202] Vgl. *Hünermann*, Kommentar LG, S. 414, zur Textgeschichte: „Die mittelalterliche Auffassung, das Bischofsamt sei eine Dignität, nicht aber selbst sakramental, wurde auf Grund der patristischen Forschungen mehr und mehr in Frage gestellt". Auf die Frage, die Bischofsweihe als Fülle des Weihesakraments zu definieren, „hatten nur 34 Väter mit non placet geantwortet"; vgl. auch *Heim*, Kirchliche Existenz, S. 128 f.

[203] LG 21.

[204] Ebd.; *Hünermann* merkt an, dass im Vorfeld vom „höchsten Grad des Sakraments des Ordo" gesprochen wurde und dies später zur „Fülle des Weihesakraments" umformuliert wurde, da auch die Priester einen Anteil an eben dieser „Fülle" haben (Kommentar LG, S. 414).

[205] Vgl. c. 1009 § 1.

[206] LG 21.

[207] Ebd.

[208] Vgl. *Rudiger*, Leitungs- und Machtfrage, S. 311.

Die Frage nach der Notwendigkeit der kanonischen Sendung der Bischöfe erörtern die Konzilsväter, indem auf das biblische Zeugnis rekurriert wird.[209] Die mit dem Heiligen Geist beseelten Apostel selbst wurden von Christus in die Welt gesandt, um bei allen Völkern den apostolischen Dienst zu versehen.[210] Auf dieser Grundlage geschieht auch an den Bischöfen der heutigen Zeit die kanonische Sendung (missio canonica)[211], die entweder aufgrund erlassener oder anerkannter Gesetze „oder unmittelbar durch den Nachfolger Petri selbst"[212] geschehen kann. LG 24 schließt mit der Feststellung: „Falls er (sc. der Papst) Einspruch erhebt oder die apostolische Gemeinschaft verweigert, können die Bischöfe nicht zur Amtsausübung zugelassen werden" (episcopi in officium assumi nequeunt). Damit stellt das Konzil fest, dass die kanonische Sendung zur empfangenen Bischofsweihe hinzutreten muss, damit der Geweihte den bischöflichen Dienst vollumfänglich aktiv ausüben kann. Dennoch muss auch bei der feststehenden Notwendigkeit der *missio canonica* zur Amtsausübung festgehalten werden, dass die habituelle Möglichkeit dazu einzig in der sakramentalen Bischofsweihe übertragen wird. Die kanonische Sendung setzt dieses Potential des Geweihten *in actio*.[213]

Die erläuternde Vorbemerkung[214] zur Konstitution Lumen Gentium benennt dies, indem sie von der „seinsmäßigen Teilnahme an den heiligen Ämtern" (ontologica participatio sacrorum munerum) durch die erfolgte Weihe spricht.[215] Ontologisch wird den geweihten Bischöfen die *participatio* an den *munera* der Kirche zuteil. Das Konzil stellt hierbei explizit fest, dass in diesem Kontext von den Ämtern (munera), nicht aber den Vollmachten (potestates) gesprochen wird.[216] Damit wehren die Konzilsväter jene Missdeutung ab, nach der alleine durch die gültige Bischofsweihe die Möglichkeit zur vollkommen freien Ausübung

---

[209] Vgl. LG 24.

[210] Vgl. *Hünermann*, Kommentar LG, S. 433. Durch die Betonung des bischöflichen Amtes als Hirtendienst auf der biblischen Grundlage versuchten die Konzilsväter, eine Missdeutung im Sinne einer reinen Leitungsfunktion mit kirchenpolitischem Machtanspruch abzuwehren.

[211] Vgl. ebd. Mit dem Autor ist festzustellen, dass die *missio canonica* die *communio hierarchica* begründet, ohne die das Bischofsamt nicht in seiner ganzen Dimension ausgeübt werden kann.

[212] LG 24; vgl. *Krämer*, Dienst und Vollmacht, S. 54–57.

[213] Vgl. *Heim*, Kirchliche Existenz, S. 130–133.

[214] Vgl. grundlegend *Ratzinger*, Kommentar LG-NEP, JRGS 7/2, S. 699–711.

[215] LG-NEP 2; mit *Ratzinger* sei darauf hingewiesen, dass sich die Konzilsväter im vorliegenden 2. Abschnitt „mit einem der schwierigsten rechts- und verfassungsrechtlichen Probleme der Kirche" befasst haben (Kommentar LG-NEP, JRGS 7/2 S. 704).

[216] Vgl. ebd. Die Tatsache, dass LG-NEP explizit die Pluralform der *potestate*s nennt ist beachtlich, wird doch in LG eine Unterscheidung zwischen *potestas ordinis* und *potestas iurisdictionis* mit großer Vorsicht vermieden. Da es sich hier um eine erläuternde Bemerkung handelt, kann diese Gegebenheit so interpretiert werden, als diese Vorbemerkung dem Leser so deutlich wie nur möglich die konziliaren Aussagen darlegen soll. Den Konzilsvätern ist es gerade in der NEP ein vornehmliches Anliegen, jeder Missdeutung Abwehr zu leisten; vgl. *Krämer*, Dienst und Vollmacht, S. 22–24.

der Vollmacht bestünde.[217] Zu dieser, so die Vorbemerkung weiter, „muss noch die kanonische, das heißt rechtliche Bestimmung (...) hinzukommen".[218] Somit sprechen auch die Konzilsväter von einer weiteren Notwendigkeit als Voraussetzung des Vollzuges (ad actum) der in der Bischofsweihe ontologisch verliehenen Befähigungen, „durch die das ‚Amt' zur vollziehbaren ‚Vollmacht' konkretisiert wird".[219] Die Konzilsväter verwenden innerhalb der Ausführungen nicht den Begriff der *missio*, sondern sprechen von der *determinatio canonica* bzw. *iuridica*. Die dadurch bezeichnete „Bestimmung der Vollmacht" (determinatio potestatis) meint die Festlegung eines genauen Bereichs für den geweihten Amtsträger, in dem dessen durch die Weihe verliehene Vollmacht *in actio* vollzogen werden kann. Dies geschieht durch die „hierarchische Obrigkeit" (auctoritatem hierarchicam).[220] Durch diese terminologische Konkretion wird gleichzeitig festgestellt, dass es sich um eine „rechtliche Einweisung"[221] handelt.

Die *determinatio* geschieht durch zwei Möglichkeiten: Entweder durch die „Zuweisung einer besonderen Dienstobliegenheit" oder aber durch die „Zuordnung von Untergebenen".[222] Praktisch vollzieht sich dies zumeist mittels der kanonischen Sendung der Bischöfe. So sprechen die Konzilsväter davon, dass die *determinatio* durch die geltenden Richtlinien erteilt wird und verweisen im weiteren Verlauf der Vorbemerkung selbst auf die Aussagen aus LG 24 zur kanonischen Sendung der Bischöfe.[223] Damit verbindet sich auch eine Offenheit für die mögliche Wandelbarkeit der konkreten Form der *determinatio*, insofern diese zwar geschehen muss, aber nicht auf unveränderbare Weise.[224]

Von besonderem Interesse ist die angefügte Begründung der Notwendigkeit der kanonischen Sendung im Sinne einer klaren Abgrenzung des Wirkbereichs der bischöflichen *potestas*. Das Konzil begründet diese mittels der Communio-Struktur der Kirche, die „im Leben der Kirche (...) schon in Übung gewesen, bevor sie im Recht sozusagen kodifiziert worden ist".[225] Da auch das Bischofsamt ein von mehreren Amtsträgern der Kirche ausgeübtes darstellt, muss zwischen diesen Gleichrangigen die Communio im Sinne einer „organischen Wirklichkeit" in der

---

[217] Vgl. *Ratzinger*, Kommentar LG-NEP, JRGS 7/2, S. 705: „Die Weihe gibt eine seinsmäßige Teilhabe an den Ämtern des Bischofs, also etwas, was durchaus auf rechtliche Realisierung hingeordnet ist, aber für das konkrete rechtliche Wirksamwerden noch der Einordnung ins Ganze bedarf, also einer ‚rechtlichen Bestimmung' (iuridica determinatio), durch die hindurch das ‚Amt' sich zur ‚Vollmacht' entfalten kann".

[218] LG-NEP 2.

[219] *Ratzinger*, Kommentar LG-NEP, JRGS 7/2, S. 705.

[220] LG-NEP 2.

[221] *Ratzinger*, Kommentar LG-NEP, JRGS 7/2, S. 705.

[222] LG-NEP 2.

[223] Vgl. ebd.

[224] Vgl. *Ratzinger*, Kommentar LG-NEP, JRGS 7/2, S. 705.

[225] LG-NEP 2.

hierarchischen Gemeinschaft der Kirche bestehen.[226] Um diese hierarchische Gemeinschaft aufzubauen bedarf es der kanonischen Sendung durch die kirchliche
Autorität.[227] Hierbei stehen sich die Begriffe von Communio und Hierarchie nicht
diametral gegenüber, sondern hängen vielmehr miteinander zusammen. Ausgehend von der *vita Ecclesiae* und ihrer Praxis wird deutlich, dass die gemeinschaftliche Struktur der Alten Kirche auch eine Rechtsstruktur miteinschließt, insofern
die organische hierarchische Gemeinschaft der Bischöfe sich im „Miteinander-
Kommunizieren"[228] darstellte. Derjenige Bischof galt als wirklich bevollmächtig-
ter Vorsteher seiner Kirche, der mit den anderen Bischöfen in übereinstimmender
Kommunikation stand.[229] Abschließend stellen die Konzilsväter fest:

> „Ohne die hierarchische Gemeinschaft kann das sakramental seinsmäßige Amt (munus
> sacramentale-ontologicum), das von dem kanonisch-rechtlichen Gesichtspunkt zu unter-
> scheiden ist, nicht ausgeübt werden".[230]

Beide Voraussetzungen – die Bischofsweihe und die kanonische Sendung – sind
untrennbar miteinander vereint und gleichzeitig notwendig, um tatsächlich das Bischofsamt in der Kirche ausüben zu können.[231]

B. Das Bischofsamt: Konziliare Aussagen

Es ist die vornehmliche Aufgabe der Bischöfe, als Oberhirten der verschiedenen Teilkirchen der einen Katholischen Kirche, den ihnen zugewiesenen Teil des
Gottesvolkes (c. 369) durch die Dienste des Heiligens, Lehrens und Leitens zu
weiden.[232] Auch das Amt der Ortsordinarien behandeln die Konzilsväter und erhellen die innerhalb dieses Kontextes aus der Geschichte der Kirche erwachsenen
Erkenntnisse.[233]

---

[226] Ebd.
[227] Vgl. *Müller/Ohly*, Kirchenrecht, S. 219–221.
[228] *Ratzinger*, Kommentar LG-NEP, JRGS 7/2, S. 706.
[229] Die besondere Bedeutung der Communio mit dem Bischof von Rom wird zu einem
späteren Zeitpunkt Gegenstand der Untersuchung. Es sei nur in aller Kürze verwiesen auf
Ratzinger, Primat, Episkopat und Successio Apostolica, JRGS 12, S. 214: „Für das Gebiet
der communio als den anderen Pfeiler kirchlichen Daseins ergibt sich daraus, daß nur der in
der wahren communio des Herrenleibes, d. h. in der wahren Kirche, lebt, der mit dem Papst
Kommuniongemeinschaft hat". Damit ist nichts anderes als die *communio hierarchica* als bestehende Rechtsgemeinschaft angesprochen. Wie alle Bischöfe mit dem Papst in dieser *communio* stehen müssen, so müssen sie dies auch untereinander, um wirklich die eine *communio
hierarchica* darzustellen und so „organische Gemeinschaft" zu sein.
[230] LG-NEP, N. B.
[231] Vgl. *Müller/Ohly*, Kirchenrecht, S. 54 f.
[232] Vgl. *Aymans-Mörsdorf*, KanR II, S. 315 f. Demnach sind die konstitutiven Bestandteile
einer Diözese der „Teil des Gottesvolks", der Bischof und das Presbyterium.
[233] Vgl. die zusammengefasste Darstellung bei *Bihl*, Weihe und Jurisdiktion, S. 289 f.

I. Grundaussagen aus Lumen Gentium

Die den Bischöfen im Allgemeinen zukommenden Aufgaben als Hirten des „ihnen anvertrauten Volkes"[234] legt das Konzil in der Dogmatischen Konstitution Lumen Gentium dar. Die durch diese *portio populi Dei* dargestellte Teil- bzw. Ortskirche stellt selbst die Gesamtkirche dar, die aus ihnen und in ihnen besteht (vgl. c. 368).[235]

Anhand der drei Dienstämter der Kirche wird zunächst die Charakterisierung der Bischöfe als „authentische, das heißt mit der Autorität Christi ausgerüstete Lehrer" genannt, die insbesondere durch die Verkündigung des Evangeliums vollzogen wird.[236] Die Lehrtätigkeit der Bischöfe wird hierbei auf die Bereiche der Glaubens- und Sittenlehre bezogen dargestellt. In diesem Kontext stellt das Konzil für die gesamtkirchliche Ebene fest, dass die authentische Lehrverkündigung der Bischöfe nur im kollegialen Handeln mit dem Bischof von Rom geschehen kann.[237]

Im weiteren Verlauf verweist Lumen Gentium auf den Heiligungsdienst der Bischöfe, die die „Verwalter der Gnade des höchsten Priestertums" sind.[238] Man kann anhand dieses durch das Konzil verwendeten Zitates erkennen, dass die priesterliche Aufgabe des Bischofs ihm in besonderer Weise eigen ist. Insbesondere in der Feier der allerheiligsten Eucharistie wird dieses „heilige Dienstamt des Bischofs" (Episcopi sacro ministerio)[239] vollzogen. Wenn die Konzilsväter im Folgenden ausführen, dass „jede rechtmäßige Eucharistiefeier (…) unter der Leitung des Bischofs steht"[240], findet die vorher genannte Erkenntnis Bestätigung. Dies gilt auch dort, wo Priester die Eucharistie feiern, hängen diese doch „in der Ausübung ihrer Gewalt von den Bischöfen ab" und vollziehen ihre Dienste und unter ihnen den Heiligungsdienst unter der Autorität des Bischofs.[241] Die Verwaltung aller Sakramente der Kirche und die besondere Sorge um deren rechtmäßige Feier obliegen naturgemäß den Bischöfen für den ihnen zugewiesenen Teil des Gottesvolkes.

---

[234] LG 25.

[235] Vgl. LG 26: „Diese Kirche Christi ist wahrhaft in allen rechtmäßigen Ortsgemeinschaften der Gläubigen anwesend. (…) Sie sind nämlich je an ihrem Ort (…) das von Gott gerufene neue Volk".

[236] Ebd.

[237] Vgl. S. 130–142 der vorliegenden Untersuchung. LG 25 nimmt an dieser Stelle Rücksicht auf die Fragen bezüglich der bischöflichen Lehrautorität hinsichtlich Trägerschaft, Inhalt, Vollzugsform und weiterer Dimensionen, vgl. *Rahner*, Kommentar LG, S. 235 f.

[238] Nach dem Gebet zur Bischofsweihe im byzantinischen Ritus: Euchologion to mega (Rom 1873) 139, zitiert in: LG 26.

[239] Ebd.

[240] Vgl. hierzu *Rahner*, Kommentar LG, S. 243 f.

[241] LG 28 i. V. m. PO 4–6. An dieser Stelle sei auf die „Eucharistische Ekklesiologie" Joseph Ratzingers hingewiesen. Ohne diese ausschöpfend darstellen zu können, kann doch grundsätzlich der bischöfliche Dienst als Teilhabe am Einheitsdienst definiert werden. Dieser findet gerade im Eucharistiesakrament seinen Ursprung und seine Darstellung, vgl. *Ratzinger*, Auftrag des Bischofs, JRGS 8/1, S. 519–537, hier besonders S. 520–521 und S. 531–537; vgl. S. 236–242 der vorliegenden Untersuchung.

In besonderer Weise wird das Firmsakrament erwähnt, dessen „erstberufene"[242] Spender die Bischöfe sind.

Bezüglich des Leitungsdienstes der Bischöfe in den ihnen jeweils anvertrauten Teilkirchen stellt das Konzil fest, dass die Bischöfe diesen „als Stellvertreter und Gesandte Christi" (vicarii et legati Christi) vollziehen.[243] Weiter benennt das Dokument die den Bischöfen „eigene, ordentliche und unmittelbare Gewalt", die sie „in Autorität und heiliger Vollmacht" ausüben.[244] Die Ausübung jedoch hängt, wie bereits erwähnt, von der „höchsten kirchlichen Autorität" ab. Damit ist die Notwendigkeit der kanonischen Sendung angesprochen. An dieser Stelle entfaltet Lumen Gentium, was im I. Vatikanischen Konzil nur als kurzer Einschub[245] Gestalt finden konnte. Es steht nunmehr unzweifelhaft fest, dass die Bischöfe als Stellvertreter und Gesandte Christi gerade keine Stellvertreter des Papstes sind, die abhängig von diesem in ihren Teilkirchen einen Anteil an der päpstlichen Vollmacht hätten.[246] Ihnen obliegt eine eigene, ordentliche und unmittelbare Gewalt zur Ausübung ihres bischöflichen Dienstes. So stellt auch das Konzil eindeutig fest:

> „Sie (sc. die Bischöfe) sind nicht als Stellvertreter der Bischöfe von Rom zu verstehen, denn sie haben eine ihnen eigene Gewalt inne und heißen in voller Wahrheit Vorsteher des Volkes, das sie leiten."[247]

In Verbindung mit der bischöflichen Kollegialität kann diese durch das Konzil wiedergewonnene Erkenntnis die Gemeinschaft der Kirche als des einen Leibes in den vielen Gliedern ausdrücken:

> „Zugleich wird so wieder sichtbarer, daß der einzelne Bischof nicht bloß für seine jeweilige Gemeinde da ist, sondern gesamtkirchliche Verantwortung trägt, ja, daß die ganze Kirche füreinander Verantwortung hat. Katholizität bedeutet dann nicht mehr bloß den Blick zum Zentrum, nach Rom, sondern auch den Blick auf die Nachbarn, sie schließt das Element der Querverbindungen ein, in denen man sich aufeinander hin orientiert und miteinander die gemeinsame christliche Verantwortung vollzieht".[248]

Vor diesem Hintergrund ist auch die folgende Bemerkung zu verstehen, wonach die bischöfliche Gewalt (potestas) durch die päpstliche „nicht ausgeschaltet, sondern im Gegenteil bestätigt, gestärkt und in Schutz genommen" wird.[249]

---

[242] Vgl. cc. 882, 884 § 1, 885 § 1.
[243] LG 27.
[244] Ebd.
[245] Vgl. PA, Caput III, S. 814 (COD 3) und S. 28–38 der vorliegenden Untersuchung.
[246] Vgl. *Rahner*, Kommentar LG, S. 245 f.: „Betont aber wird, daß der einzelne Bischof, trotz seiner Unterordnung unter den Papst, nicht subalterner Beamter des Papstes ist; er ist nicht ‚Vertreter‘ des Papstes, sondern verwaltet in eigener Vollmacht, die mit seinem Amt als institutionis divinae (...) gegeben ist, im Namen Christi in personaler Verantwortung seine Diözese". Zum selben Ergebnis kommt *Hünermann*, Kommentar LG, S. 447–449.
[247] LG 27.
[248] *Ratzinger*, Konzil II, JRGS 7/1, S. 380 f.
[249] LG 27.

Das Konzil spricht in allgemeiner Weise von Bischöfen (episcopi), jedoch nicht im Speziellen von Diözesanbischöfen (episcopi diocesani).[250] Dennoch wird kontextuell ersichtlich, dass diese hier primär gemeint sind.[251] Die Tatsache, dass Lumen Gentium von den römischen Bischöfen in der Mehrzahl spricht (Romanorum Pontificum), verdeutlicht die bleibende Gültigkeit der durch das Konzil gegebenen Lehre über die eigene Gewalt (propriam potestatem) der Bischöfe in der Ausübung ihres diözesanen Hirtendienstes (munus pastorale).

Die bischöfliche Vollmacht wird im Folgenden auf den dem jeweiligen Bischof zugewiesenen Bereich begrenzt.[252] Dieser kann entweder in einer durch die höchste Autorität zugewiesenen Teilkirche, oder aber in Form eines speziellen Amtes in der Gesamtkirche gefunden werden. Bezüglich der jeweiligen Teilkirchen stellt Lumen Gentium fest, dass die Ortsbischöfe in diesen „das heilige Recht und vor dem Herrn die Pflicht (haben), Gesetze für ihre Untergebenen zu erlassen (und) Urteile zu fällen".[253] Die Diözesanbischöfe sind also in ihren Diözesen mit Jurisdiktionsvollmacht ausgestattet und die obersten Richter ihrer Teilkirchen.[254]

Der pastorale Charakter des Bischofsamtes, den Lumen Gentium betont, trägt dem Wunsch und der Aufgabe des II. Vatikanischen Konzils Rechnung, wonach die Verweltlichung der Struktur der Kirche abgewehrt werden soll.[255] Die hierarchische Verfasstheit der Kirche zu definieren, war ebenso Anliegen des Konzils wie die damit verbundene Absage an eine monarchische Auffassung über den Aufbau der Kirche.[256] Gerade in der Ausformulierung des bischöflichen Dienstes als Teil der kirchlichen Hierarchie wird die Sendung derer in ein Hirtenamt deutlich, wobei die in LG 27 ausgedrückte eigene Gewalt der Bischöfe in ihren jeweiligen Teilkirchen die besondere Verbindung mit dem römischen Bischof auszudrücken vermag.[257] Das Bischofsamt, das als geistliches Amt in die Hierarchie der Kirche eingegliedert ist, drückt in vortrefflicher Weise die Einheit und Einzigkeit des Leibes Christi aus.[258] Wie die vielen ein Leib sind (1 Kor 10,17), so bilden die Teilkirchen die eine Gesamtkirche.

---

[250] Vgl. u. a. CD 11.

[251] So beginnt der zu analysierende Artikel 27 mit den Satz: „Episcopi Ecclesias particulares sibi commissas ut vicarii et legati Christi regunt". Die Teilkirchen werden explizit erwähnt; vgl. *Müller/Ohly*, Kirchenrecht, S. 286 sowie S. 290: „In seiner ‚Vollgestalt' ist der bischöfliche Dienst im Amt des Diözesanbischofs gegeben".

[252] LG 27.

[253] LG 27.

[254] Vgl. *Schmitz*, Diözesanbischof, S. 605 f.

[255] Vgl. *Ratzinger*, Konzil II, JRGS 7/1, S. 380 f.

[256] Vgl. zur Charakterisierung der kirchlichen Hierarchie *Müller*, Dogmatik, S. 617.

[257] Gerade aus der bischöflichen *potestas propria* und der gleichzeitig bestehenden organischen Verbindung aller Bischöfe mit dem Papst im Bischofskollegium lässt sich das Wesen der einen Kirche in und aus vielen Teilkirchen erkennen, die sich daher im Wortsinn *römisch-katholisch* nennen kann, vgl. *Ratzinger*, Primat, Episkopat und Successio Apostolica, JRGS 12, S. 231 f.

[258] Vgl. *Ratzinger*, Konzil II, JRGS 7/1, S. 380 f.

II. Das Bischofsdekret Christus Dominus: Die bischöfliche Vollmacht

Die Konzilsväter wenden sich im Dekret über die Hirtenaufgabe der Bischöfe in der Kirche Christus Dominus eigens dem Bischofsamt zu. Hierbei galt es, den Gegebenheiten der Zeit entgegenzutreten und im Umgang mit diesen die seit der apostolischen Sendung durch Christus während bischöfliche Sendung „näher zu bestimmen".[259]

Wenn über die Inhalte des Dekrets gesagt wird, dass diese eine pastorale Zielrichtung beinhalten[260], soll an dieser Stelle mit Joseph Ratzinger angemerkt sein, dass es bei einer pastoralen Durchdringung nicht darum ging, die kirchliche Lehre „verschwommen, substanzlos, bloß erbaulich"[261] darzustellen. Vielmehr galt es, das Bischofsamt der Kirche als authentische Zeugenschaft in Leben und Verkündigung des Evangeliums Jesu Christi zu beschreiben.[262] Diese Aufgabenstellung wird in der konziliaren Definition der bischöflichen Vollmacht ersichtlich.

Die bischöfliche Vollmacht für den Bereich der ihnen jeweilig anvertrauten Teilkirche wird beschrieben als „ordentliche, eigenständige und unmittelbare Gewalt" (potestas ordinaria, propria ac immediata).[263] Der Bischof ist aufgrund des konkreten Bischofsamtes mit seiner *potestas* ausgestattet. Sie ist von daher als ordentliche Gewalt zu verstehen, da sie mit dem übertragenen Amt zusammenhängt.[264] Als eigene Gewalt zeichnet sie sich dadurch aus, dass sie dem Bischof selbst zuteilwird, der eben kein Stellvertreter des Papstes, sondern eigener Hirte des ihm anvertrauten Gottesvolkes ist.[265] Somit steht fest, dass seine Amtsgewalt nicht als Ableitung der päpstlichen Gewalt resultiert, sondern „eine gegenüber der päpstlichen Gewalt eigenständige Gewalt göttlichen Rechts ist".[266] Die Unmittelbarkeit der bischöflichen *potestas* erwächst aus der Tatsache, dass sie in der Ausübung derselben innerhalb der ihnen zugewiesenen Teilkirchen an keine Autorität gebunden sind.[267] Die beschriebene Amtsgewalt kommt den Bischöfen „von selbst" (per se) zu. Diese Formulierung drückt den Ursprung der bischöflichen *potestas* im

---

[259] CD 3.

[260] Vgl. *Mörsdorf*, Kommentar CD, S. 131. Hier merkt der Autor an, dass diese pastorale Ausrichtung des Dekrets expliziter Wunsch der Konzilsväter war.

[261] *Ratzinger*, Konzil I, JRGS 7/1, S. 314, so zitiert bei *Krämer*, Dienst und Vollmacht, S. 26.

[262] Vgl. *Ratzinger*, Primat, Episkopat und Successio Apostolica, JRGS 12, S. 223 f.; vgl. *Mörsdorf*, Kommentar CD, S. 149; vgl. auch *Heim*, Kirchliche Existenz, S. 419 f.

[263] CD 8a. Damit verwenden die Konzilsväter die Attribute, die in CD 2 auch die päpstliche *potestas* charakterisieren.

[264] Vgl. *Müller/Ohly*, Kirchenrecht, S. 291.

[265] Vgl. *Mörsdorf*, Kommentar CD, S. 158; vgl. grundsätzlich LG 27; die Problematik im Geschichtsverlauf seit dem I. Vatikanischen Konzil wird dargestellt bei *Bausenhart*, Kommentar CD, S. 259–263.

[266] *Mörsdorf*, Kommentar CD, S. 158.

[267] Vgl. *Müller/Ohly*, Kirchenrecht, S. 291. Es muss mit den Autoren darauf hingewiesen werden, dass die Bischöfe nach Maßgabe des Rechts bei der Ausübung ihrer Amtsgewalt „in den universal- und teilkirchlichen Kontext" einbezogen sind.

Bischofsamt aus. Durch die Übertragung eines diözesanbischöflichen Amtes mittels der sakramentalen Weihe und der kanonischen Sendung sind die Amtsinhaber mit der Amtsgewalt ausgestattet.[268] Es bedarf keiner zusätzlichen Delegation oder einer sonstigen Bevollmächtigung.[269]

Die Aussage des Dekrets beinhaltet zwei Einschränkungen hinsichtlich der bischöflichen Gewalt. Sie ist zunächst auf den Bereich der „ihnen anvertrauten Diözese" beschränkt. Das bedeutet, dass die Bischöfe ihre Amtsvollmacht nur über den Teil des Gottesvolkes ausüben können, der ihnen kraft des verliehenen Amtes anvertraut ist. Weiterhin ist die bischöfliche Gewalt durch die durch den Papst für sich oder eine andere Obrigkeit reservierten Fälle eingeschränkt.[270] Jene bleiben von der Amtsgewalt des Bischofs unangetastet.[271]

In Abgrenzung zum vorher gültigen Konzessionssystem, bei dem den Bischöfen einzelne Fakultäten durch den Papst konzediert wurden, wird ihnen nun die einzig von den reservierten Fällen[272] eingeschränkte Vollmacht (facultas) über die ihnen anvertrauten Gläubigen erteilt.[273] Diese erstreckt sich auf die Dispens von allgemeinen Kirchengesetzen.[274] Auch diese Festlegung des Konzils beschreibt die Charakterisierung des Bischofsamtes in eigener Stellvertreterschaft Christi in ihren Teilkirchen, in denen sie in der beschriebenen Weise ihren eigenen Hirtendienst vollziehen.

III. Das Bischofsdekret Christus Dominus: Das Amt des Diözesanbischofs

Christus Dominus wendet sich in seinem zweiten Kapitel eigens dem Amt des Diözesanbischofs zu. Wie bereits erwähnt, ist das ortsbischöfliche Amt die Vollgestalt des Bischofsamtes.[275] In der Leitung der Diözese liegt der ursprüngliche und von der apostolischen Sendung her stammende Sitz des Bischofsamtes im Leben der Kirche.[276] Daher gilt es in besonderer Weise, die konziliaren Aussagen zum Amt des Diözesanbischofs zu analysieren.[277]

---

[268] Vgl. *Pfannkuche*, Papst und Bischofskollegium, S. 101.

[269] Vgl. *Mörsdorf*, Kommentar CD, S. 158 f. Erneut sei darauf hingewiesen, dass es sich bei der bischöflichen *potestas* nicht um eine Teilhabe an der päpstlichen *potestas* handelt, sondern um eine ihnen selbst zukommende Amtsgewalt.

[270] CD 8a.

[271] Vgl. *Müller/Ohly*, Kirchenrecht, S. 291 f.

[272] Vgl. CD 8b: „(…) nisi a Suprema Ecclesiae Auctoritate specialis reservatio facta fuerit".

[273] CD 8b; vgl. hierzu *Pfannkuche*, Papst und Bischofskollegium, S. 101 f.

[274] Vgl. *Kalb*, Verwaltungsakt und Verwaltungsverfahren, S. 177 f.

[275] *Müller/Ohly*, Kirchenrecht, S. 290.

[276] Vgl. *Aymans-Mörsdorf*, KanR II, S. 315, wonach mit dem diözesanbischöflichen Amt auch die Diözese als „Grund- und Vollform der Teilkirche" bezeichnet werden kann.

[277] Vgl. *Mörsdorf*, Kommentar CD, S. 172. Auf die weiteren bischöflichen Ämter wie die der Bischofskoadjutoren, Auxiliarbischöfe, Kurienmitarbeiter oder Legaten soll zu einem späteren Zeitpunkt in gebotener Kürze eingegangen werden.

Der Diözesanbischof ist der Hirte jener *portio populi Dei*, aus welchem die Diözese besteht.[278] Dies bedeutet, dass alle bischöflichen Aufgaben in der Diözese vom Gottesvolk her zu denken und zu vollziehen sind. Der Teil des Gottesvolks bildet gemeinsam mit dem ihm vorstehenden Bischof und seinem Presbyterium[279] „eine Teilkirche, in der die eine, heilige, katholische und apostolische Kirche Christi wahrhaft wirkt und gegenwärtig ist".[280]

Im Folgenden wird erläutert, dass den Bischöfen die „Sorge für eine Teilkirche" anvertraut wird. Hierbei wird erneut die Autorität des Papstes erwähnt, wodurch die Notwendigkeit der bestehenden *communio hierarchica* bei der Leitung einer Diözese einbezogen wird. Nur in der Einheit der Gesamtkirche durch die Einheit der Teilkirchen kann die bischöfliche Hirtensorge fruchtbar vollzogen werden.[281] Auch die notwendige kanonische Sendung der Bischöfe ist inhaltlich miteingeschlossen. Liegen beide konstitutiven Elemente von Bischofsweihe und kanonischer Sendung vor, agieren die Diözesanbischöfe, wie Christus Dominus im Folgenden weiter ausführt, als „eigentliche, ordentliche und unmittelbare Hirten" und weiden „ihre Schafe im Namen des Herrn".[282] Mit Klaus Mörsdorf sei darauf aufmerksam gemacht, dass das Wesensmerkmal des Diözesanbischofs „eigener Hirte" (proprius pastor) zu sein nicht weniger bedeutet, als das Handeln an Christi statt für den Bereich des ihm anvertrauten Teil des Gottesvolkes.[283] Der Bischof repräsentiert Christus, das Haupt der Kirche, und handelt in dessen Namen in den Dienstämtern des Lehrens, Heiligens und Leitens.[284]

Das Dekret erwähnt die notwendige Zusammenarbeit mit dem Presbyterium der Diözese, dem der Bischof vorsteht und in dessen Abhängigkeit die Priester ihren Dienst vollziehen.[285] Ferner wird auf die Achtung der Autorität anderer Instan-

---

[278] CD 11; *Mörsdorf* kommentiert, dass die territoriale Abgrenzung der Diözesen ein „lediglich determinativ(es)" Element derselben ist (Kommentar CD, S. 172). Konstitutiv hingegen ist der Teil des Gottesvolkes, der dem Bischof zu weiden anvertraut ist; vgl. überdies *Aymans-Mörsdorf*, KanR II, S. 320: „Eine Gemeinschaft von zur Communio plena Gehörenden ist Konstitutivelement für die Bildung einer Diözese. Alle anderen genannten Elemente sind nicht konstitutiver, sondern determinativer Art".

[279] Vgl. *Aymans-Mörsdorf*, KanR II, S. 321. Auch das Presbyterium ist für die Diözese konstitutiv; Vgl. auch *Bausenhart*, Kommentar, S. 266 f.: „CD 11 definiert (...) die Diözese (...) also nicht territorial, sondern personal als Gemeinschaft von Gläubigen, für die der Bischof mit seinem Presbyterium die Hirtenaufgabe wahrnimmt".

[280] CD 11.

[281] Vgl. *Mörsdorf*, Kommentar CD, S. 158 f.; vgl. *Ratzinger*, Primat, Episkopat und Successio Apostolica, JRGS 12, S. 231.

[282] Vgl. zu den Merkmalen der ordentlichen und unmittelbaren Gewalt *Müller/Ohly*, Kirchenrecht, S. 291.

[283] Vgl. *Mörsdorf*, Kommentar CD, S. 173.

[284] Vgl. CD 11; vgl. *Bausenhart*, Kommentar CD, S. 267: „Das Wesentliche des Hirtenamtes wird in schlichter, aber tiefer Weise beschrieben: die Sammlung der Gemeinschaft im Heiligen Geist durch das Evangelium und die Eucharistie. Man mag auch hier das Schema des triplex munus entdecken, das aber noch einmal pneumatologisch fundiert wird".

[285] Vgl. PO 7 u. a.

zen, wie die der Patriarchen, der Metropoliten, der Bischofssynode und Bischofskonferenzen hingewiesen.[286]

Die folgenden Artikel 12 bis 16 des Dekrets wenden sich den Amtsaufgaben des
Diözesanbischofs anhand der drei *munera* der Kirche zu und können als eine Art
„Bischofsspiegel"[287] betrachtet werden. Hierbei lässt der Text des Dokuments erneut eine eindeutig pastoral-orientierte Formulierung erkennen.[288] Für die vorliegende Fragestellung soll genügen, die wichtigsten Aussagen zusammenzutragen.[289]

Zunächst führen die Konzilsväter die Aufgabenfelder der Bischöfe im Zuge des
munus docendi aus.[290] Ausgehend von der Verkündigung des Evangeliums Jesu
Christi obliegt den Bischöfen nicht nur die Sorge darum, dass diese innerhalb ihrer
Diözese vollzogen wird.[291] Vielmehr ist es ihre Aufgabe, für die Rechtmäßigkeit in
der Verkündigung zu sorgen.[292] Inhaltliche Präzisierung erfährt diese bischöfliche
Aufgabe durch die Fokussierung auf den Bereich der konkreten Menschen mit ihrer
Freiheit, dem Schutz ihres Lebens sowie der besonderen Erwähnung der christli-
chen Familie und weiterer Hinweise des aktuellen zeitgeschichtlichen Kontexts.[293]

Weiter wendet sich das Dekret der Verkündigung der christlichen Lehre
(doctrina christiana) als fundamentale Aufgabe der Bischöfe zu.[294] Ganz im Zeichen der Grundausrichtung des Konzils sollen sie dies „den Erfordernissen der
Zeit angepasst"[295] vollziehen. Hierbei sollen auch die Gläubigen in den Prozess
der Verteidigung und Ausbreitung der Lehre miteinbezogen werden. Die verkün-
digende Zuwendung zu denen, die sich als „nicht gläubig" (homines non fideles)
bezeichnen, ist ebenso wie die besondere Achtung der Armen und Schwachen eine
eigens aufgeführte Maßgabe für den bischöflichen Dienst.

Das Dekret nennt für den Bereich der Lehrverkündigung Anforderungen an
den Bischof, wie Klarheit in der Rede, Demut und Sanftmut, gebührende Klugheit, Vertrauen und Freundschaft.[296] Nicht nur in Bezug auf den *munus docendi*

---

[286] Vgl. *Mörsdorf*, Kommentar CD, S. 173.

[287] Ebd. und *Bausenhart*, Kommentar CD, S. 268.

[288] Vgl. *Bausenhart*, Kommentar CD, S. 268.

[289] Diese straffe Darstellung soll inhaltliche Wiederholungen vermeiden, die insbesondere
bei der Untersuchung der kodikarischen Maßnahmen bzgl. des diözesanbischöflichen Amtes
vorkommen können.

[290] Vgl. *Bausenhart*, Kommentar CD, S. 269 f.

[291] Vgl. CD 12.

[292] Vgl. *Mörsdorf*, Kommentar CD, S. 175. Hier bemerkt der Autor, dass dieser Aufseher-
funktion über die rechtmäßige Verkündigung innerhalb der anvertrauten Teilkirche der Vorrang vor der eigenen Wortverkündigung beizumessen ist.

[293] Vgl. CD 12.

[294] Vgl. CD 13.

[295] Ebd.; mit *Mörsdorf* sei darauf hingewiesen, dass an dieser Stelle nicht explizit von einer
richterlichen Funktion des Diözesanbischofs gesprochen wird (Kommentar CD, S. 175 f.).

[296] Vgl. CD 13.

des Bischofs werden persönliche Voraussetzungen an den Amtsinhaber genannt. Diese nötigen Eignungen, die auch durch c. 378 § 1 Teil des geltenden Rechts sind, bilden eine Weisung zur Auswahl der Kandidaten zum bischöflichen Amt. Weiterhin nennen die Konzilsväter die Art und Weise der Verkündigung, wobei in erster Linie Predigt und Katechese erwähnt werden, die „immer den ersten Platz einnehmen" (semper principem tenent locum).[297] Überdies werden weitere Orte der Verkündigung, wie Schulen, Akademien, Konferenzen, Versammlungen, aber auch Presse und soziale Kommunikationsmittel genannt.[298] Letzteren wird eine besondere Gewichtung beigemessen, wenn gesagt wird, dass es nötig ist (oportet), diese zur Verkündigung des Evangeliums Jesu Christi zu nutzen.

Wenn Christus Dominus die Predigt (praedicatio) als primäre Lehraufgabe des Bischofs nennt, so bedeutet dies zugleich, dass damit tatsächlich eine aktive Handlung des Amtsinhabers ausdrücklich wird. Zwar ist die generelle Sorgfaltspflicht um rechtmäßige Verkündigung durch die Priester vorrangiger Bestandteil des bischöflichen *munus docendi*[299], doch gilt dies nicht ausschließlich. Der Bischof selbst ist Verkündiger des Evangeliums Jesu Christi in Wort und Tat. In der direkten kontextuellen Verbindung mit der katechetischen Unterweisung ist die Predigt als liturgischer Akt zu verstehen.[300]

Im Folgenden führt das Dekret seine Äußerungen zur katechetischen Unterweisung als Einführung in den Glauben der Christen aus.[301] Hier steht die Katechese durch dazu ausgebildete Katecheten im Vordergrund, über deren Ausführung und Rechtmäßigkeit der Bischof zu achten hat. Es geht sowohl darum, Katechese allen Kindern und Jugendlichen zu eröffnen, als auch die Katechese in Einheit mit der Frohbotschaft Jesu Christi und der Lehre der Kirche zu gewährleisten. Die Unterweisung für erwachsene Katechumenen wird eigens angefügt und beschließt die Ausführungen zum *munus docendi* der Bischöfe.[302]

CD 15 widmet sich dem *munus sanctificandi* der Bischöfe.[303] Einleitend wird festgestellt, dass die Bischöfe „aus den Menschen genommen und für die Menschen bestellt sind". Diese doppelte Aussage bringt zum Ausdruck, dass auch die Bischöfe ganz und gar Teil des Gottesvolkes sind und betont zugleich den Dienstcharakter des ihnen anvertrauten Amtes. Dies gilt auch und in besonderer Weise für das Amt des Bischofs von Rom.[304] Das Leitwort des Bischofsamtes ist auch in

---

[297] Ebd.
[298] Vgl. ebd.
[299] Vgl. *Mörsdorf*, Kommentar CD, S. 175.
[300] Vgl. *Ohly*, Wort Gottes, S. 453, wo zum Begriff *praedicatio* im konziliaren Kontext gesagt wird: „In enger Auslegung bezeichnet er – zumeist in formaler Korrespondenz zur Katechese – die Predigt im Bereich der Liturgie".
[301] Vgl. CD 14 und vertiefend *Ohly*, Wort Gottes, S. 680 f.
[302] Vgl. CD 14.
[303] Vgl. *Bausenhart*, Kommentar CD, S. 270.
[304] Vgl. *Johannes Paul II.*, CA PastBon, Einführung, 1.

diesem Kontext die *Diakonia*. Um ihre Aufgabe zu erfüllen, sind die Bischöfe mit der „Fülle des Weihesakramentes" (plenitudine Sacramenti Ordinis) ausgestattet. Die Priester hängen in ihrem Dienst von dieser Weihefülle des Bischofs ab.[305]

Aufgrund dessen sind die Bischöfe „die hauptsächlichsten Ausspender der Geheimnisse Gottes".[306] Diese Aussage mindert nicht die den Priestern durch deren sakramentale Weihe eingestiftete Möglichkeit zur Feier der Sakramente. Vielmehr steht die Vorrangstellung der Bischöfe in der Sakramentenspendung im Kontext der apostolischen Sendung.[307] Da in den Sakramenten Christus, das Haupt der Kirche, selbst am Gläubigen aktiv handelt, ist es in der Natur der Sache begründet, dass diejenigen, die in vollumfänglicher Weise in Christi Namen seine Herde weiden, diese sakramentalen Akte in erster Linie vollziehen.[308] Als Nachfolger der Apostel sind auch ihre Nachfolger dazu gesandt, zu allen Völkern zu gehen und sie auf den Namen des dreifaltigen Gottes zu taufen (Mt 28,19 f.). Auf der Grundlage dieser apostolischen Sendung ist zu verstehen, dass die Bischöfe die Hohepriester sind (c. 835 § 1), die als die hauptsächlichsten Ausspender der Geheimnisse Gottes agieren.[309] Da diese Aufgabe, die das Konzil in Einheit mit der lehramtlichen Tradition der Kirche gefestigt hat, mit der Weihe zum Bischof der Kirche zusammenhängt, ist die daraus resultierende habituelle Befähigung zur Ausspendung der Sakramente ebenso unauslöschlich wie das Weihesakrament selbst.[310]

Neben der eigenen Spenderschaft ist es ebenfalls Aufgabe der Diözesanbischöfe, für die rechtmäßige Feier der Liturgie in ihrer Diözese Sorge zu tragen.[311] Dies trägt der Tatsache Rechnung, dass die Priester ihre liturgischen Dienste und unter ihnen insbesondere die sakramentalen Handlungen unter der Autorität des Bischofs vollziehen.[312] Ausgehend vom Sakrament der Eucharistie als Quelle und Höhepunkt des kirchlichen Lebens,[313] benennt das Dokument den Auftrag der Bischöfe zur Feier, Förderung und tieferen Erkenntnis der Gläubigen über das Altarsakrament.

---

[305] Vgl. *Mörsdorf*, Kommentar CD, S. 176 f. Dort bemerkt der Autor, dass eine Präzisierung hinsichtlich der Abhängigkeit der Priester zu genau einem Bischof – nämlich dem Ortsbischof ihrer Diözese – gutgetan hätte. Wie jeder Diözesanbischof einer bestimmten Diözese vorsteht, gehört auch jeder Priester zum Presbyterium einer genau definierten Diözese. Diese Klarstellung wäre auch dahingehend von Vorteil gewesen, als in ihr c. 265 eine weitere konziliare Grundlegung erfahren hätte, wenn dessen Norm ein vagabundierendes Priestertum ausschließt; vgl. vertiefend *Schwendenwein*, Geistlicher Heimatverband, S. 342 sowie S. 345–347.

[306] CD 15.

[307] Vgl. hierzu *Lülsdorff*, Bischofsamt, S. 228: „Denn fragt man: Was kann höher sein als die Vollmacht, Brot und Wein in den Leib und das Blut des Herrn zu wandeln?, so lautet die Antwort: Höher als diese ist die Ordinationsvollmacht, welche eben die eucharistische potestas consecrandi vermittelt".

[308] Vgl. LG 28 und vertiefend *Müller*, Dogmatik, S. 640.

[309] Vgl. *Müller/Ohly*, Kirchenrecht, S. 137 f.

[310] Vgl. ebd., S. 140 f.

[311] CD 15.

[312] Vgl. LG 28; c. 835 § 2.

[313] Vgl. c. 897.

Gemäß Apg 6,4 wird im Folgenden die Pflicht der Bischöfe aufgeführt, sich um das geistliche Leben der Gemeinde in Gebet und Gottesdienst zu bemühen.[314] Auch diese Amtspflicht des Bischofs für die Rechtmäßigkeit der Liturgie im ihm anvertrauten Bereich zu sorgen, steht auf dem Fundament des episkopalen Dienstes an der Einheit – sowohl für den Bereich der Teilkirche, als auch der Universalkirche.[315] Dies lässt sich insbesondere am Eucharistiesakrament verdeutlichen, denn in der Einheit des *Corpus Christi verum* erscheint die notwendige Einheit der Kirche als *Corpus Christi mysticum* vor Augen.[316] Die rechtmäßige Feier der Sakramente verbürgt diese Einheit. Ferner steht sie im Dienst des zum Gottesdienst versammelten Volkes, das ein Anrecht darauf hat, dass die Sakramente dem Recht gemäß gefeiert werden. Hierdurch wird die über den Erdkreis versammelte Eucharistiegemeinschaft Realität.[317]

Das Dekret schließt seine Ausführungen hinsichtlich des *munus sanctificandi* der Diözesanbischöfe, indem es auf die Pflicht hinweist, alle Teile der *portio populi Dei* zur Heiligkeit zu führen und diese zu fördern. Explizit nennt das Dokument Kleriker, Ordensleute und Laien, womit alle Stände der Kirche mit eingeschlossen sind.[318] Mit diesem Hinweis stellt sich Christus Dominus in die konziliare Erkenntnis der allgemeinen Berufung zur Heiligkeit in der Kirche.[319] Zu dieser sind selbstverständlich auch die Bischöfe selbst berufen, denn dieser Ruf betrifft alle, „mögen sie zur Hierarchie gehören oder von ihr geleitet werden".[320] Innerhalb dieser grundsätzlichen Maßgabe für alle Christgläubigen sind die Bischöfe nicht nur gerufen, die ihnen untergebenen zur Heiligkeit zu führen, sondern selbst durch ein persönliches heiligmäßiges Leben Vorbild zu sein.[321] Das Dekret fordert die Bischöfe auf, ein „Beispiel der Heiligkeit in Liebe, Demut und Einfachheit des Lebens" zu geben.[322] Die Dogmatische Konstitution Lumen Gentium führt dies weiter aus. Dort heißt es, dass die Bischöfe „heilig und freudig, demütig und kraftvoll ihr Amt ausüben" sollen, um „durch Gebet, Opfer und Verkündigung, durch jede Weise ihres bischöflichen Sorgens und Dienens vollkommen das Amt der Hirten-

---

[314] CD 15.

[315] Vgl. *Ratzinger*, Auftrag des Bischofs, JRGS 8/1, S. 531; vgl. zur Relevanz des diözesanbischöflichen Einheitsdienstes in CD *Bausenhart*, Kommentar CD, S. 272 f.

[316] Vgl. *ders.*, Vom Ursprung und Wesen der Kirche, JRGS 8/1, hier S. 166–168.

[317] Vgl. *ders.*, Auftrag des Bischofs, JRGS 8/1, S. 520–524. Aus diesem Grund wird im Eucharistischen Hochgebet die Gemeinschaft mit dem Papst und dem Ortsbischof eigens genannt und hervorgehoben; vgl. überdies *Ratzinger*, Vom Ursprung und Wesen der Kirche, JRGS 8/1, S. 168: „Wo immer Kult, wo Liturgie ist, da ist auch die ganze Kirche. Auch wo der Priester einsam sein Brevier betet oder eine noch so kleine Gemeinde sich zur Feier der Eucharistie versammelt, ist es in Wahrheit die ganze Kirche, die verborgenerweise mitbetet, mitopfert und mitliebt."; vgl. ferner S. 236–242 der vorliegenden Untersuchung.

[318] CD 15 i. V. m. LG 41.

[319] Vgl. LG 39–42 und grundsätzlich Mt 5,48.

[320] LG 39.

[321] CD 15.

[322] Ebd.

liebe ausüben (...) und als Vorbild für die Herde (...) die Kirche auch durch ihr Beispiel zu täglich größerer Heiligkeit voranführen"[323] zu können.

Inhaltlich breit gefächert wendet sich CD 16 dem Hirtenamt der Bischöfe als Ausübung des *munus regendi* der Kirche zu.[324] Eröffnet werden die Aussagen zur „Vater- und Hirtenaufgabe" (munus patris ac pastoris) der Bischöfe mit der grundsätzlichen Weisung, dass sie als wahrer Dienst zu verstehen ist.[325] Dies bezieht sich „auf alle Bereiche des bischöflichen Wirkens".[326] In diesen Grundsatz hat Papst Johannes Paul II. später explizit das römische Bischofsamt miteinbezogen. Wie alle Nachfolger der Apostel ihr Amt als wahren Dienst zu verstehen und zu vollziehen haben, gilt dies auch und in besonderer Weise für den Bischof von Rom als Nachfolger des Apostels Petrus.[327] Das Ziel dieses bischöflichen Dienstes ist das immer weitere Heranwachsen der *communio caritatis*: der Gemeinschaft der Liebe unter allen Teilen des Gottesvolkes.[328] Zur Ausübung der bischöflichen Aufgabe im Sinne eines wahren Dienstes haben die Bischöfe ihre „von Gott verliehene Autorität"[329] empfangen.

In der weiteren Folge nennt das Dekret, ausgehend von der grundsätzlichen Maßgabe „zu jedem guten Werk bereit" zu sein,[330] die besondere Fürsorgepflicht der Diözesanbischöfe für die Priester der Diözese[331], die sie als „Söhne und Freunde" (filios et amicos) betrachten sollen. Neben dem stets offenen Ohr für deren Anliegen, obliegt es den Bischöfen für eine gute „geistige, intellektuelle und wirtschaftliche Lage" zu sorgen. Diese Aufgabe kommt insbesondere dem amtierenden Diözesanbischof einer Ortskirche zu. Ihm ist das Presbyterium in Gehorsam ergeben und in seiner Vollmacht und zu seiner Hilfe handelt es.

Bezüglich der Zuwendung zu allen Gläubigen der Diözese unter Anbetracht der spezifischen Bedürfnisse der gegebenen Nation und sozialen Verhältnisse gilt für die Diözesanbischöfe eine nicht weniger bedeutsame Pflicht.[332] Das Dekret bezieht ausdrücklich alle Menschen ein, die sich im Bereich der jeweiligen Teilkirche befinden: „gleich welchen Alters, welchen Standes, welcher Nationalität

---

[323] LG 41; vgl. zu den Tugenden der Diözesanbischöfe in der heutigen Zeit *Congr-Ep*, ApS, 37–48. Auch für dieses Dokument galten die konziliare Vorgabe aus Lumen Gentium i. V. m. Christus Dominus als grundlegender Maßstab der Ausführungen.

[324] Vgl. *Bausenhart*, Kommentar CD, S. 270 f.

[325] CD 16. Die Konzilsväter rekurrieren hierbei auf das Gleichnis vom Herrschen und Dienen bei Lk 22,24–27.

[326] *Mörsdorf*, Kommentar CD, S. 178.

[327] Vgl. *Johannes Paul II.*, CA PastBon, Einführung, 1.

[328] CD 16.

[329] *Mörsdorf*, Kommentar CD, S. 178.

[330] CD 16.

[331] Vgl. die detaillierte Darstellung der Ausführungsbestimmungen hinsichtlich der bischöflichen Sorge um die Priester durch das Motu Proprio Ecclesiae Sanctae bei *Mörsdorf*, Kommentar CD, S. 178–183.

[332] Ebd.

(…) um die Einheimischen sowohl als auch um die Zugezogenen und Fremden".[333] Neben diesen soziologischen Bereichen werden auch aus konfessioneller Sicht Gruppen von Menschen genannt, denen die Bischöfe „mit großer Freundlichkeit und Liebe" begegnen sollen: „die getrennten Brüder (fratres seiunctos) (…) auch die Nichtgetauften (non baptizatos)" im Geist des Ökumenismus „wie er von der Kirche verstanden wird".[334]

In einem Nebensatz erwähnt das Dekret implizit die Aufgabe der Bischöfe, Fundament der Einheit der Kirche zu sein und deren Auferbauung wo immer möglich zu fördern. In den Ausführungen bezüglich der Anerkennung der Rechte und Pflichten der Laien in der Kirche heißt es, dass diese so „aktiv am Aufbau des mystischen Leibes Christi" mitwirken können.[335] Durch die Darstellung dieser bischöflichen Pflicht wird der ekklesiologischen Einsicht eine große praktische Relevanz beigemessen.[336] Der mystische Leib Christi, der die Kirche ist,[337] erwächst aus all seinen Gliedern. Die Bischöfe wirken durch ihre universale Verbindung mit dem römischen Bischof, den übrigen Brüdern im Bischofsamt, aber auch teilkirchlich mit der ihnen zugewiesenen *portio populi Dei* als sichtbares Zeichen dieser Einheit des mystischen Leibes Christi.[338]

In CD 17–20 präzisieren die Konzilsväter einige besondere Aufgabenfelder des Diözesanbischofs.[339] Zunächst werden die „verschiedenen Formen des Apostolates" genannt, deren Förderung und Anpassung an die heutige Zeit sowie die Erinnerung der Gläubigen zur Apostolatspflicht Aufgaben der Bischöfe sind.[340] Weiterhin ist es Pflicht der Bischöfe, für diejenigen Menschen geeignete Seelsorgsmethoden (methodi pastorales) zu entwickeln, die „wegen ihrer Lebensumstände die allgemeine ordentliche Hirtensorge der Pfarrer nicht genügend in Anspruch nehmen können oder sie völlig entbehren".[341] Mit Verweis auf die Notwendigkeit der Entwicklung von pastoralen Methoden durch die Bischofskonferenzen nehmen die Konzilsväter Rücksicht auf die je lokalen und soziologischen Eigenheiten innerhalb der Seelsorgspflicht für jene Gruppen.[342]

---

[333] Ebd.

[334] Ebd. Die Konzilsväter verweisen hierbei auf das Dekret über den Ökumenismus Unitatis Redintegratio.

[335] CD 16.

[336] Vgl. *Mörsdorf*, Kommentar CD, S. 178: „Es soll also Ernst gemacht werden mit der lehrhaften Aussage in ‚Lumen Gentium' Artikel 31 Absatz 1, daß die Laien des priesterlichen, prophetischen und königlichen Amtes Christi auf ihre Weise teilhaftig sind und zu ihrem Teil die Sendung des ganzen christlichen Volkes in Kirche und Welt ausüben".

[337] LG 8; 1 Kor 10,17.

[338] Vgl. *Lülsdorff*, Bischofsamt, S. 229.

[339] Vgl. *Bausenhart*, Kommentar CD, S. 271: „CD 17 verlässt die Systematik des ‚triplex munus' (…)".

[340] CD 17; vgl. *Mörsdorf*, Kommentar CD, S. 183.

[341] CD 18. Das Dekret nennt „Auswanderer, Vertriebene und Flüchtlinge, Seeleute und Luftfahrer, Nomaden und ähnliche Gruppen".

[342] Vgl. *Mörsdorf*, Kommentar CD, S. 184.

Im folgenden Art. 19 lässt das Dekret eine Grundaussage zum Verhältnis von Staat und Kirche einfließen. Ausgehend von der *suprema lex* der Kirche, dem Heil der Seelen[343], betont das Dokument die Freiheit und Unabhängigkeit der Bischöfe von jedem staatlich-weltlichen Einfluss, um anschließend jedoch auch die Wichtigkeit der Unterstützung des Staates durch die Kirche zu benennen.[344] Die Erwähnung der Hilfestellung für das „staatsbürgerliche Wohl" alleine durch die geistliche Hirtenschaft trägt der Tatsache Rechnung, dass die Kirche in jedem Staat dieses zu mehren weiß, egal welche Einstellung zur Kirche der Staatsmacht eigen ist.[345] Aus sich heraus bewirkt die Hirtensorge der Bischöfe die Auferbauung des staatsbürgerlichen Wohles.

CD 20 stellt fest, dass es aufgrund des von Christus eingesetzten Bischofsamtes und dessen „geistlicher und übernatürlicher" (spiritualem et supernaturalem) Zielsetzung alleine der kirchlichen Obrigkeit obliegen darf, Bischöfe zu „ernennen und einzusetzen" (nominandi et instituendi). Diese Notwendigkeit ist, wie Klaus Mörsdorf anmerkt, aus der Geschichte der Kirche erwachsen und nur mehr für eine „letzte Flurbereinigung"[346] notwendig. Die Konzilsväter äußern den Wunsch, „in Zukunft staatlichen Obrigkeiten keine Rechte oder Privilegien" mehr einzuräumen, wenn es um die Besetzung von Bischofsstühlen geht.[347] Damit verbinden sie die Bitte, dass diejenigen Staaten, die durch konkordatäre Regelungen solche Rechte und Privilegien besitzen, auf diese freiwillig verzichten möchten.[348]

Die Ausführungen bezüglich der Diözesanbischöfe beschließt CD 21, der sich gleichzeitig mit dem für vorliegende Untersuchung wichtigen Gegenstand des Amtsverzichtes von Diözesanbischöfen beschäftigt. Ausgangspunkt der Überlegungen ist hierbei das diözesanbischöfliche Amt (officium) selbst. Das Dokument legt den Diözesanbischöfen sowie den ihnen rechtlich Gleichgestellten nahe, auf das ihnen übertragene Hirtenamt zu verzichten, sofern sie „nicht mehr recht in der Lage sind, ihr Amt zu versehen". Das Fundament bildet für die Konzilsväter die „große Bedeutung und Wichtigkeit" der Hirtenaufgabe der Bischöfe, die für diesen Fall einen Verzicht nahelegen.[349] Als mögliche Gründe nennt das Dokument „zunehmendes Alter" (ingravescentem aetatem) oder allgemein andere „schwerwiegende Gründe" (aliamve gravem causam). Von einer Altersgrenze ist an dieser Stelle noch keine Rede. Diese wurde im Jahr 1966 mit den Ausführungsbestim-

---

[343] Vgl. c. 1752.

[344] Vgl. *Bausenhart*, Kommentar CD, S. 273: „CD 19–20 betreten ein neues Gebiet: das des Verhältnisses von Kirche und Staat bzw. des Bischofs zu staatlichen Stellen".

[345] Vgl. *Mörsdorf*, Kommentar CD, S. 185.

[346] Ebd., S. 186.

[347] CD 20. Eingeschlossen sind Wahl, Ernennung, Vorschlag und Benennung (electio, nominatio, praesentatio, designatio); vgl. hierzu c. 377 § 5.

[348] Zur heute geltenden Form der Bischofsbestellung vgl. *Müller/Ohly*, Kirchenrecht, S. 286–289; *Aymans-Mörsdorf*, KanR II, S. 333–336. Besonders zu erwähnen ist die von *Mörsdorf* erwähnte Möglichkeit der Äußerung von „Bedenken politischer Art" (Kommentar CD, S. 186).

[349] CD 21.

mungen des Motu Proprio Ecclesiae Sanctae Papst Pauls VI. erstmals rechtlich festgestellt.[350] Die vorliegende Bitte (enixe rogantur) zum Verzicht auf das diözesanbischöfliche Amt trug dem einhelligen Wunsch des Konzils Rechnung, die lebenslange Amtszeit der Diözesanbischöfe künftig nicht mehr fortzuführen.[351] Insbesondere erscheint der eigentliche Grund zu einem Amtsverzicht relevant, insofern dieser dann gegeben ist, wenn die Amtsinhaber „nicht mehr recht in der Lage sind, ihr Amt zu versehen".[352] Da die Hirtenaufgabe der Bischöfe (munus pastorale) von großer Bedeutung (tanti momenti) ist, muss sie durch die Amtsinhaber tatsächlich ausgeübt werden. Sobald diese Ausübung nicht mehr möglich ist, ist ein Amtsverzicht dringend geboten.

IV. Zwischenfazit

Das Dekret Christus Dominus über die Hirtenaufgabe der Bischöfe in der Kirche des II. Vatikanischen Konzils wendet sich von einem grundsätzlich pastoral ausgerichteten Blickwinkel dem Bischofsamt zu. Ausgehend von den *tria munera* der Kirche und der Einsetzung des apostolischen Amtes durch Christus erläutern die Konzilsväter jene bleibenden Aufgaben, die den Bischöfen der heutigen Zeit zuteilwerden. Sie stellen überdies eindeutig fest, dass das Bischofsamt als Sakrament die Weihefülle vermittelt. In den Amtsinhabern dauert die apostolische Sendung fort und wirkt durch die Zeiten hindurch als wirksamer Dienst am Gottesvolk.

Hinsichtlich der Emeritierung eines Diözesanbischofs gilt nicht nur CD 21, der sich explizit dem bischöflichen Amtsverzicht zuwendet, als relevant. Immer wieder scheinen jene bischöflichen Aufgaben auf, die aufgrund der in der sakramentalen Weihe vermittelten Vollmachten auch nach der Erledigung des spezifischen Amtes den Emeriti fortdauernd zukommen. Insbesondere aus den *munera docendi et sanctificandi* stammen bleibende Rechte und Pflichten, die den zum Bischof Geweihten während des ganzen irdischen Lebens zuteilwerden.

Hinsichtlich bleibender Rechte und Pflichten emeritierter Diözesanbischöfe muss die Unterscheidung dahingehend vollzogen werden, welche aus der Ordination und welche aus der kanonischen Sendung entstammen. Während alle Aufgaben des *munus regendi* innerhalb einer Diözese aus der Übertragung des spezifischen diözesanbischöflichen Amtes erwachsen, stehen die bereits erwähnten Bereiche des Lehrens und Heiligens im Kontext der rechtmäßigen Weihe zum Bischof. Grundsätzlich lässt sich aus dem Konzilsdokument deutlich erken-

---

[350] Vgl. *Paul VI.*, Normae ad exsequenda, 11. Zwecks Umsetzung von CD 21 legte Paul VI. die heute noch bestehende Altersgrenze von 75 Lebensjahren für Diözesanbischöfe und die ihnen rechtlich Gleichgestellten fest.

[351] Vgl. *Mörsdorf*, Kommentar CD, S. 186 f.

[352] CD 21.

nen, dass das bischöfliche Amt als Weiheamt der Kirche gestärkt und gefestigt wurde.[353] Ein zweiter Pfeiler ist in der Durchdringung der geschichtsbeladenen Zweiheit von Weihevollmacht einerseits und Jurisdiktionsvollmacht andererseits errichtet.[354] Das Konzil bekennt sich zur Einheit der *sacra potestas* – bestehend aus der in der Bischofsweihe verliehenen Vollmacht, die durch die kanonische Sendung aktiv wird.[355]

Es bleibt nun, die in der Folge des Konzils erwachsenen Bestimmungen bezüglich der Emeritierung von Diözesanbischöfen sowie der Person eines Emeritus zu analysieren und so auf der Grundlage der konziliaren Maßgaben ein klares Bild dieser Institution zu zeichnen. Auch dem emeritierten Bischof von Rom kommen jene bleibenden Rechte und Pflichten eines ehemaligen Diözesanbischofs zu, ist doch auch „der Papst zugleich Vorsteher einer Diözese".[356] Es bleibt letztlich zu untersuchen, ob die besondere Stellung des Bischofs von Rom, der zugleich Papst der Kirche ist, einen Einfluss auf einzelne Rechte und Pflichten eines emeritierten römischen Bischofs bewirkt. Was die Möglichkeiten, die aus der sakramentalen Bischofsweihe erwachsen sind, betrifft, erscheint eine Einschränkung bereits auf der Grundlage der konziliaren Aussagen als nicht angebracht. In den Bereichen des Lehrens und Heiligens besitzt er all jene Rechte und Pflichten, die jedem emeritierten Diözesanbischof zukommen.

Exkurs: Weihegewalt und Jurisdiktionsgewalt – Einheit der sacra potestas

Grundsätzlich und im speziellen Kontext des päpstlichen Amtsverzichtes erscheint ein genauerer Blick auf das Wesen der *sacra potestas* der Kirche angebracht. Hierbei und insbesondere im kanonistischen Kontext stellen die diesbezüglichen Ausführungen von Klaus Mörsdorf eine wichtige Grundlage dar und sollen deshalb nun – unter Einbezug weiterer diesbezüglicher Ausführungen – eigens betrachtet werden.[357]

Der Vollgehalt der Leitungsgewalt des Bischofs wird diesem durch die päpstliche Sendung (missio canonica) übertragen,[358] durch die der Geweihte die Jurisdiktionsgewalt empfängt, entweder wie im Falle des Bischofs durch die Übernahme eines

---

[353] Vgl. *Ratzinger*, Konzil III, JRGS 7/1, S. 466–470.

[354] Vgl. *Mörsdorf*, Kommentar CD, S. 158 f. An dieser Stelle wendet sich der Autor der in CD 8a–b gegebenen Definition zu.

[355] Wobei insbesondere die Grundlage aus LG der maßgebliche Bezugspunkt bleibt, vgl. *Heim*, Kirchliche Existenz, S. 129–133.

[356] *Mörsdorf*, Kommentar CD, S. 173.

[357] Klaus Mörsdorf hat im Zuge seines Schaffens eine große Fülle an Beiträgen zu diesem Thema veröffentlicht. Wann immer es möglich ist, wird auf die Belegstellen aus den „Schriften zum kanonischen Recht" verwiesen.

[358] Vgl. *Rudiger*, Leitungs- und Machtfrage, S. 294.

Amtes oder aber in anderen nicht zu untersuchenden Fällen mittels einer Bevollmächtigung durch Delegation.[359] Hinsichtlich der Universalkirche kommt dem
Papst die höchste und volle Jurisdiktionsgewalt zu, den Bischöfen jedoch in den
jeweiligen Teilkirchen die eigene ordentliche bischöfliche Gewalt. Es sei hierauf
bezugnehmend die kodikarische Grundlage betrachtet. Die Norm des c. 375 § 2 beinhaltet die Notwendigkeit der hierarchischen Gemeinschaft in der Ausübung der
Leitungsgewalt. Begründet wird dies mit der „Natur der Sache" (tamen natura sua).
Auch hier kommt das Bild der Kirche als dem mystischen Leib Christi zutragen,
denn auf der Ebene der Gesamtkirche bildet der Papst das Haupt, die Bischöfe aber
die Glieder, auf der Ebene der Teilkirchen der Bischof das Haupt und die ihm zugeordneten Gläubigen die Glieder ab.

Die Maßgabe des c. 381 § 1 unterstreicht den Zusammenhang der Ausübung bischöflicher Leitungsvollmacht mit dem explizit übertragenen bischöflichen Amt,
wenn dort neben der Begrenzung der Gewalt auf die anvertraute Diözese diese als
potestas ordinaria bezeichnet wird. Mit dieser Bezeichnung ist definiert, dass es
sich bei der bischöflichen Gewalt um eine mit dem Amt verbundene handelt.[360]
Wenngleich das Amt des Bischofs auf göttlicher Einsetzung beruht, werden durch
diese und andere spezielle Normen des Rechts eigene Bestimmungen hierzu aufgestellt.[361] Es handelt sich beim Amt des Diözesanbischofs um ein kirchliches
Amt (officium ecclesiasticum, vgl. c. 382 § 1 i. V. m. c. 145 § 1), das nach c. 146
nur nach kanonischer Amtsübertragung erlangt werden kann. Somit können auch
die damit verbundenen Rechte und Pflichten erst durch diese an den Amtsinhaber
übergeben werden.[362] Der kodikarische Befund kann zu der Schlussfolgerung verhelfen, die Übertragung der Leitungsgewalt an die Bischöfe im Einzelnen als von
ihrem Amt abhängig einzuordnen, wonach schlussgefolgert werden kann, dass die
Jurisdiktionsgewalt durch die Weihe nur grundsätzlich, nicht aber in ihrer Vollgestalt übertragen wird.

Die Gewaltenkonzeption Klaus Mörsdorfs lehnt eine Trennung von bischöflicher Jurisdiktionsgewalt einerseits und Weihegewalt andererseits ab und wahrt
hierdurch die grundsätzliche Einheit der Gewalten als die eine *sacra potestas* der
Kirche, die sie durch Christus selbst empfangen hat.[363] So formuliert er in Bezug
zu den cann. 108 § 3 und 109 CIC/1917:

---

[359] Vgl. *Mörsdorf*, Missio canonica, Sp. 452 f.

[360] Vgl. ebd. und *Aymans-Mörsdorf*, KanR II, S. 205. Dort heißt es im selben Kontext zur
päpstlichen Amtsgewalt: „Die Primatialgewalt ist Amtsgewalt („potestas ordinaria"), weil sie
durch das Amt vermittelt wird und (…) ganz und gar aus dem Amt folgt". Dies gilt, vom Terminus auf den Inhalt geschlossen, in gleicher Form für die *potestas ordinaria* des Diözesanbischofs nach c. 381 § 1.

[361] Vgl. *Meckel*, Amt, S. 108–110.

[362] Vgl. ebd.

[363] Vgl. grundlegend *Mörsdorf*, Kirchengewalt, Sp. 220 und erläuternd *Rudiger*, Leitungs-
und Machtfrage, S. 302–304.

„Daß der CIC in der Einzahl von der sacra bzw. ecclesiastica hierarchia spricht (…), zeugt von dem Bewußtsein, daß die begrifflich unterschiedenen Gewalten im Grunde eine Einheit bilden".[364]

Auch die Verwehrung Mörsdorfs gegen das Aufstellen eines strikten Gegensatzes von Sakrament und Recht steht im Zeichen der Einheit der *sacra potestas*.[365] Die daraus im Geschichtsverlauf resultierende falsche Unterscheidung der Kirche als Heilsgemeinschaft einerseits und Rechtsgesellschaft andererseits ist eine nicht minder gefährliche Wirrung.[366] Die fortwährende Gefahr einer solchen Unterscheidung und somit Auflösung der Einheit der Heiligen Gewalt zeigt sich in der bis in die heutige Zeit bestehenden Tendenz zu einer kontradiktorischen Gegenüberstellung einer sogenannten „Amtskirche" und einer oft nicht näher benannten gläubigen Gemeinschaft.[367] Dass gerade die Kirchenämter und unter ihnen das Bischofsamt im Besonderen die von Christus selbst geforderte Einheit des Gottesvolkes darstellen und überdies ermöglichen, wird hierbei allzu oft missachtet.[368] Auch daher ist die Untersuchung des Wesens der Heiligen Gewalt und ihrer Ausübung in den Ämtern der Kirche unerlässlich, vor allem im Angesicht des Papstamtes, das seinerseits als das „sichtbare Prinzip und Fundament für die Einheit der Vielheit von Bischöfen und Gläubigen"[369] der Kirche vorangestellt ist.

Mörsdorf weist daraufhin, dass in der dennoch vorzunehmenden Unterscheidung der unverlierbaren *potestas ordinis* und der verlierbaren *potestas iurisdictionis* ein Beziehungsverhältnis der Gewalten zueinander und zu den einzelnen Dienstämtern erwächst, dessen positiven Sinn es zu erforschen und darzustellen gilt.[370]

Gerade mit Blick auf die vorliegende Thematik der Untersuchung eines päpstlichen Amtsverzichts erlangt die Frage von Weihe- und Jurisdiktionsgewalt neue Relevanz. Auch mit dem Papstamt ist eine eigene Jurisdiktionsgewalt verbunden, die in der Bezeichnung als Primatialgewalt die höchste Stellung innerhalb der

---

[364] *Mörsdorf*, Kirchengewalt, Sp. 220. Abkürzung im Original.

[365] Vgl. *ders.*, Heilige Gewalt, S. 204 f.

[366] Vgl. ebd.

[367] Gegen diese Irrmeinung kann auch das Konzil selbst Antwort geben. Beispielhaft sei auf LG 8 verwiesen. Dort werden die verschiedenen Bereiche des Mysteriums Kirche Thema der heiligen Versammlung; vgl. zu einer Einschätzung *Walser*, Rechtskirche, Sp. 821 f. und im Hinblick auf die Einbindung des Rechtes im Mysterium der Kirche *Cattaneo*, Grundfragen bei Klaus Mörsdorf, S. 14–22.

[368] Zum Auftrag der Einheit der Christen, die der Herr seiner Kirche aufgetragen hat, vgl. u. a. Joh 17,21.

[369] LG 23.

[370] Vgl. *Mörsdorf*, Kirchengewalt, Sp. 218 f. Er selbst bedient sich (ebd., Sp. 220) des Gleichnisses vom Weinstock (Joh 15,1–11), um die beiden Gewalten in der Kirche, ihre spezifische Funktion und gleichzeitig notwendiges Zusammenwirken darzustellen, wie dies „die innere Lebenskraft des Weinstocks u. die äußere Pflege des Winzers" im Schriftwort darstellen. Abkürzung im Original. Die geschichtliche Entwicklung der Unterscheidung der Gewalten als Teilbereiche der einen Gewalt bietet der Aufsatz *Mörsdorf*, Entwicklung der Zweigliedrigkeit, S. 187–202.

kirchlichen Gewaltenlehre erfährt.[371] Eine ordentliche Gewalt jedoch hängt vom jeweiligen Amt ab und kommt demnach dem entsprechenden Amtsinhaber zu.[372] Daher ist auch bei einem Papst, der auf sein Amt verzichtet hat, nach der oben genannten Unterscheidung zu fragen, denn diese birgt in ihrer Konsequenz konstitutive Erkenntnisse über möglicherweise bleibende Vollmachten eines emeritierten Bischofs von Rom.[373]

Die Ausführungen Mörsdorfs zur Heiligen Gewalt[374] weisen auf jene Wesensmerkmale der Kirchenämter hin, die auch mit dem geltenden kanonischen Recht und anderen päpstlichen Verlautbarungen gegeben sind. Eine wichtige Erkenntnis besteht darin, dass grundsätzlich durch die christliche Initiation unter den Gläubigen die gleiche Würde besteht (vgl. c. 208).[375] Auf der Grundlage dieser einen allen Gliedern des Gottesvolkes zuteilwerdenden wahren Gleichheit entfalten sich die besonderen Hirtenämter in der Kirche, zu deren Ausübung Christus der Kirche diese *sacra potestas* verliehen hat.[376] Die Hirtenämter wiederum begründen die hierarchische Verfasstheit der Kirche, in der gemäß c. 331 der Papst durch sein oberstes Hirtenamt die Primatialgewalt innehat. Die Hirtenämter der Kirche sind allesamt Dienst am Gottesvolk. Klaus Mörsdorf beschreibt dies folgendermaßen:

> „Die Rolle, die dabei den Hirten der Kirche zukommt, ist eine reine Dienstfunktion (διακονία), die in dem Gleichnis vom guten Hirten als liebende Hingabe für die Gefolgschaft gestellt ist (Jo 10,1–28). Nicht herrisches Gebieten, sondern ein um das Wohl des Volkes besorgtes Dienen kennzeichnet die heilige G. der Kirche (vgl. Mt 20,24–28)“.[377]

Wie Papst Johannes Paul II. in der theologischen Einführung zur Apostolischen Konstitution Pastor Bonus beschreibt, gilt diese Erkenntnis insbesondere für den Petrusdienst, der gänzlich als Ausdruck der διακονία einzuordnen und überdies auszuüben ist.[378] Auch die Weihe- und Jurisdiktionsgewalt des Papstes als Anteil an der einen Heiligen Gewalt steht im Lichte seines Amtes als Dienst am Gottesvolk. In diesem Satz wird die notwendige Grundlage der Überlegung hinsichtlich der „Einheit in der Zweiheit“[379] der Gewalten in Bezug zum Papstamt sichtbar: Dem Amtsinhaber wird ein tatsächliches *officium ecclesiasticum* im kanonischen Sinne *ex missione divina* übertragen, das nicht einen reinen Ehrenvorrang vor den anderen Bischofsämtern der Kirche begründet, sondern in Wahrheit das höchste Kirchenamt darstellt.[380] Nur auf dem Boden dieser Erkenntnis kann für den Fall

---

[371] Vgl. *Müller/Ohly*, Kirchenrecht, S. 261 f. Dort wird in zusammenfassender Form die Primatialgewalt des Papstes charakterisiert.

[372] Vgl. *Aymans-Mörsdorf*, KanR II, S. 205.

[373] Vgl. hierzu S. 106–109 und S. 427–442 der vorliegenden Untersuchung.

[374] Vgl. insbesondere *Mörsdorf*, Heilige Gewalt, S. 203–215.

[375] Vgl. ebd., S. 203 f.

[376] Vgl. ebd., S. 203.

[377] Ebd., S. 204. Abkürzungen im Original.

[378] Vgl. *Johannes Paul II.*, CA PastBon, Einführung, 1.

[379] *Mörsdorf*, Heilige Gewalt, S. 210.

[380] Vgl. *Aymans-Mörsdorf*, KanR II, S. 203 f.

des Papstamtes die Unterscheidung von Weihe- und Hirtengewalt getätigt und verstanden werden.

Werden die beiden Gewalten als Bereiche der einen *sacra potestas* auch funktional und formal voneinander unterschieden, besteht dennoch „eine tiefgehende Zuordnung beider".[381] Mörsdorf beschreibt diese Zuordnung durch die Verwobenheit der Ausübung der Hirtengewalt mit der erfolgten Ordination in eine der drei Weihestufen. Auch darin, dass zur Ausübung eines spezifischen Bischofsamtes die sakramentale Bischofsweihe unerlässliche Voraussetzung ist, wird dieses Faktum deutlich. Ein weiteres Indiz, dass die bestehende Wirkeinheit beider Gewalten darstellt, ist im Kontext des Bußsakraments zu finden.[382] Es bedarf zur gültigen Absolution nicht nur der Priesterweihe, sondern ebenso der aus dem Bereich der Hirtengewalt entspringenden Vollmacht hierzu, die im geltenden Kirchenrecht als *facultas confessandi* bezeichnet wird (c. 966 § 1).[383] Somit wird deutlich, dass auch im sakramentalen Vollzug, der im Allgemeinen als Ausdruck der Weihegewalt bewertet wird, die Hirtengewalt eine konstitutive Rolle spielen kann. Es zeigt sich im Heiligungsdienst der Kirche die auch praktisch relevante Einheit in der Zweiheit der Gewalten.

Klaus Mörsdorf benennt die in der Kirche größtmögliche Verwobenheit von Weihe- und Hirtengewalt im Bischofsamt:

> „Das Ineinander von Weihe- und Hirten-G. ist am dichtesten bei dem Bischof, der in beiden Hierarchien beheimatet ist. In der hierarchia ordinis bildet er die Spitze, und in der hierarchia iurisdictionis steht er in einer amtlichen Stufung, die von dem obersten Hirtenamt des Papstes über die oberbischöflichen Ämter bis zum Amt des Diözesanbischofs reicht".[384]

Für das Papstamt ergibt sich als Konsequenz, dass der Amtsinhaber hinsichtlich der sakramental-seinsmäßigen Einordnung im hierarchischen Aufbau der Kirche Bischof ist und in diesem Kontext der Ordination in Gänze seinen Brüdern im Bischofsamt gleich ist. Im Kontext der von Mörsdorf als *hierarchia iurisdictionis* beschriebenen Abstufung hingegen steht er an oberster hierarchischer Stelle: Als Bischof von Rom ist der Amtsinhaber Papst der Kirche und dadurch Hirt der Hirten. Auch zu dieser Schlussfolgerung äußert sich Mörsdorf:

> „Man wird aber (…) darauf hinweisen müssen, daß die Bischofsweihe immer die gleichen Wirkungen haben muß und daß daher die vielfältigen Abstufungen im bischöflichen Dienst nicht in der Weihe, sondern allein im Amt begründet sein können. Papst, Patriarch, Metropolit und Ortsbischof haben die gleiche Bischofsweihe, stehen aber im Bereich des Amtes in einer hierarchischen Stufung, die darauf hinzielt, das Volk Gottes in geordneter Weise zu leiten und die Einheit des Gottesvolkes zu bewahren".[385]

---

[381] *Mörsdorf*, Heilige Gewalt, Sp. 210.
[382] Vgl. ebd., Sp. 210 f.
[383] Vgl. *Müller/Ohly*, Kirchenrecht, S. 176–178.
[384] *Mörsdorf*, Heilige Gewalt, S. 211. Abkürzung im Original.
[385] Ebd., S. 213.

Von daher kann schlussgefolgert werden, dass im Kontext des Papstamtes aus der klassischen Beschreibung der Einheit der *sacra potestas* und ihrem Ausdruck in *potestas ordinis* und *potestas iurisdictionis* gemäß Klaus Mörsdorf festzustellen ist, dass zunächst für den Bischof von Rom gilt, was für alle anderen Bischöfe der Kirche Geltung besitzt. Im Bereich der Weihegewalt besteht die seinsmäßige Gleichheit des Papstes mit seinen bischöflichen Amtsbrüdern. Die Unterscheidung im Bereich der Hirtengewalt besteht in der hierarchischen Dimension, die mit dem Papstamt gegeben ist. Auch hier wirken die beiden Bereiche der einen Heiligen Gewalt eng zusammen, insofern das Papstamt zutiefst Ausdruck der διακονία der Kirche ist und auch die primatiale Stellung innerhalb der hierarchischen Verfasstheit der Kirche den Zweck der fruchtbaren Ausübung des Hirtendienstes in sich trägt. Auf diese Weise wird auch das Papstamt Sinnbild für den Grund der Übertragung der Heiligen Gewalt durch Christus an seine Kirche: Die Sendung in die Welt mit dem Ziel, das Evangelium Jesu allen Völkern zu verkündigen.[386]

Für das Spezifikum eines emeritierten Papstes gilt es, auf der Grundlage der Lehre über die *sacra potestas* die mit dem Rechtsinstitut eines emeritierten Bischofs bleibenden Vollmachten desselben zu klären und diese in einem zweiten Schritt um die Frage nach den besonderen Rechten des Papstes zu erweitern. Es gilt zu prüfen, ob sie nach erfolgtem Amtsverzicht weiter bestehen können. Auch in diesem Kontext wird die Frage nach dem Zusammenspiel von Weihe- und Hirtengewalt im bischöflichen und insbesondere petrinischen Amt von Bedeutung sein.

Es ist in Anlehnung an Mörsdorfs Gewaltenlehre festzustellen, dass das *in actio*-Setzen der Hirtengewalt durch die kanonische Sendung des Geweihten geschieht. Insbesondere beim Bischofsamt der Kirche wird diese Voraussetzung zur Eingliederung in die *communio hierarchica* als Inkraftsetzung des in der Weihe ontologisch Vermittelten eindrücklich greifbar. Im gegebenen Horizont des Papstamtes gilt es, eine weitere Besonderheit zu beachten. Bei allen übrigen Ämtern der Kirche gelten die Voraussetzungen zur Ausübung mit Heiliger Weihe und kanonischer Sendung. Beim Papstamt jedoch erfolgt keine kanonische Sendung durch eine zuständige Autorität, sondern dieses wird mitsamt seiner päpstlichen Höchstgewalt „unmittelbar von Gott verliehen".[387] Die *missio divina*[388] ins Papstamt ist Ausdruck der Grundlage des Primatsanspruchs als ein von Christus selbst der Kirche eingestiftetes Prinzip des obersten Hirtenamtes (vgl. c. 331).[389] Im Unterschied zur *missio canonica*, die eine Sendung als kirchlichen Rechtsakt darstellt, stellt diese göttliche Sendung eine wesenhaft andere dar.[390] Auch aus diesem Grunde ist die mit c. 331 kodifizierte *potestas immediata* des Papstes unmittelbar nicht nur in

---

[386] Vgl. *Mörsdorf*, Entwicklung der Zweigliedrigkeit, S. 187–189.
[387] *Ders.*, Kritische Erwägungen, S. 352.
[388] Vgl. *Riedel-Spangenberger*, Missio canonica, hier Sp. 661.
[389] Vgl. hierzu *Müller*, Der Papst, dort insbesondere das Unterkapitel „Die Stiftung des immerwährenden Petrus-Dienstes", S. 197–206.
[390] Vgl. *Riedel-Spangenberger*, Missio canonica, Sp. 661.

dem Sinne, dass sie bei ihrer Ausübung an keine andere Autorität gebunden ist,[391] sondern ebenso dahingehend, dass sie durch keine kirchliche Autorität, sondern unmittelbar durch Gott verliehen wird.[392]

Im Hinblick auf die tatsächliche Erlangung der Primatialgewalt gilt, dass diese als *potestas ordinaria* mit der Übernahme des Papstamtes gegeben ist. Nach erfolgter kanonischer Wahl zum Papst und gültig empfangener Bischofsweihe ist der Gewählte Papst der Kirche und hat das Amt mit all seinen Wirkungen übernommen. Die grundsätzliche *missio divina* ist am Gewählten wirksam geworden, es bedarf keiner zusätzlichen kanonischen Sendung. Da die Primatialgewalt jedoch mit dem Amt zusammenhängt und nur als tatsächliche Amtsgewalt dem Amtsinhaber zukommt, wird mit der Erledigung desselben auch die *suprema potestas* abgelegt. Damit einher geht notwendiger- und konsequenterweise der Verlust all jener Vorrechte, die dem Papstamt entspringen, insofern die päpstliche *potestas* Voraussetzung zur Ausübung darstellt.

In diesem Kontext sind insbesondere jene Handlungen von Interesse, bei deren Ausübung Weihegewalt und Hirtengewalt zusammenspielen.[393] Hierbei soll allerdings nicht eine Gegenüberstellung zu Handlungen nur einer dieser Ebenen der einen *sacra potestas* geschehen. Stets muss die grundsätzliche gemeinsame Wirkkraft von Weihegewalt und Hirtengewalt in ihrer Untrennbarkeit die Voraussetzung sein.[394]

C. Kodikarische Grundlage[395]

Im Zuge der Untersuchung der kodikarischen Normen zum Bischofsamt zeigt sich, wie sehr das Kirchenrecht in der Tradition und auf der theologischen Grundlage des II. Vatikanischen Konzils steht.[396] An vielen Stellen stößt man auf die Fundamente, die bereits in der Analyse der konziliaren Grundlagen aus Lumen Gentium und Christus Dominus ersichtlich wurden.

---

[391] Vgl. *Müller/Ohly*, Kirchenrecht, S. 262.

[392] Vgl. *Mörsdorf*, Unmittelbarkeit, S. 243.

[393] Vgl. für diesen Bereich v. a. *ders.*, Abgrenzung und Zusammenspiel, S. 17–22.

[394] Vgl. ebd., S. 17: „(...) so wird mit dieser Unterscheidung doch ein bedenklicher Gegensatz zwischen Sakrament und Recht aufgerissen (...). Man sieht das pneumatische Element verdrängt durch das rechtliche und spielt die Liebeskirche aus gegen die Rechtskirche".

[395] Dem Bischofsamt im Allgemeinen und dem Amt des Diözesanbischofs im Speziellen gemäß der Rechtslage des CIC/1983 hat sich ausführlich gewidmet *Bier*, Diözesanbischof.

[396] Vgl. *Graulich*, Zwischen Anpassung und Neugestaltung, hier S. 372–374; vgl. auch *Bier*, c. 375, Rdnr. 1, in: MKCIC (August 1997): „(...) doch ist der Text der Norm in seiner Gesamtanlage und in seinem theologischen Gehalt maßgeblich durch das 2. Vatikanische Konzil geprägt (...)"; *ders.*, vor c. 381, Rdnr. 3, in: MKCIC (Dezember 1998); *ders.*, c. 381, Rdnr. 1, in: MKCIC (Dezember 1998).

I. Das Bischofsamt im Allgemeinen

Die kodikarische Grundlage zum Bischofamt im Allgemeinen, die gleichzeitig eine theologische Richtschnur bietet, bildet c. 375. In Form einer Zusammenschau stellt § 1 die dogmatischen Grundsätze des Bischofamtes dar, wonach § 2 die für vorliegende Untersuchung wichtige Norm aufstellt, nach der die Bischöfe „durch die Bischofsweihe selbst mit dem Dienst des Heiligens auch die Dienste des Lehrens und des Leitens" empfangen. Das bischöfliche Amt ist in seiner Gesamtheit ein durch göttliche Weisung eingesetztes Amt.[397] Hierbei spielt es vom Recht her keine Rolle, welches spezifische Bischofamt dem zum Bischof Geweihten übertragen werden soll.[398] Durch die Gabe des Heiligen Geistes treten die Bischöfe die Nachfolge der Apostel an.[399] Durch diese Definition ist klargestellt, dass es sich beim Bischofamt nicht um eine „bloß menschlich-organisatorische"[400] Aufgabe handelt, sondern um ein Amt göttlichen Rechts.

Der vorliegende c. 375 ist in seinen §§ 1 und 2 als Gesamt zu lesen, empfangen doch die Bischöfe die in § 2 genannte Teilhabe an den Dienstämtern der Kirche aufgrund der göttlichen Einsetzung zu Lehrern des Glaubens (docendi), Priestern des heiligen Gottesdienstes (sanctificandi) und Dienern der Leitung (regendi) (§ 1).[401] Besonderer Aufmerksamkeit gebührt die Erkenntnis, wonach die Bischöfe *ipsa consecratione* diese Rechte, die gleichsam Pflichten sind, erlangen.[402]

Aufgrund dieser Tatsache werden die Normen der cc. 1008–1054 über das Weihesakrament als Teil des Heiligungsdienstes der Kirche relevant.[403] Dies gilt für diejenigen Normen, die die Bischofsweihe betreffen bzw. sich allgemein allen drei Weihestufen der Kirche zuwenden. Zunächst maßgeblich ist die Leitnorm aus c. 1008, die für das Sakrament der Weihe feststellt, dass „aus dem Kreis der Gläubigen einige mittels eines untilgbaren Prägemals, mit dem sie gezeichnet werden, zu geistlichen Amtsträgern bestellt" werden.[404] Der *character indelebilis* der sakramentalen Weihe steht außer jeder Frage.[405] Daher gilt der Grundsatz: *semel*

---

[397] Vgl. *Aymans-Mörsdorf*, KanR II, S. 328; *Bier*, c. 375, Rdnr. 2, in MKCIC (August 1997); *ders.*, Diözesanbischof, S. 29.

[398] Vgl. ebd.; *Bier*, Diözesanbischof, S. 30: „Bezogen ist die divina institutio in c. 375 § 1 auf den Bischofsstand und auf die Apostelnachfolge. Sie ist nicht bezogen – auch nicht in anderen Canones – auf bestimmte Bischofämter".

[399] Vgl. *Hallermann*, Bischof, S. 410; *Bier*, c. 375, Rdnr. 5, in: MKCIC (August 1997): „Die Bezugnahme auf den Heiligen Geist in § 1 signalisiert deutlich die Rezeption der konziliaren Lehre".

[400] *Aymans-Mörsdorf*, KanR II, S. 328.

[401] Vgl. *Pfannkuche*, Papst und Bischofskollegium, S. 168 f.

[402] Vgl. *Krämer*, Dienst und Vollmacht, S. 37 f.

[403] Mit *Bier*, Diözesanbischof, S. 33 f. ist anzumerken, dass der CIC/1983 die Rede von der „Fülle des Weihesakramentes" weder in c. 375, noch in den cc. 1008–1009 ausdrücklich einfließen lässt. Ein Rückschluss auf eine fehlende inhaltliche Rezeption ist hierdurch jedoch nicht angezeigt.

[404] Vgl. *Hallermann*, Bischof, S. 410.

[405] Vgl. *Konzil von Trient*, Sess. VII, can. 9 (DH 1609).

ordinatus – semper ordinatus. Wer einmal die gültige Weihe zum Diakon, Priester oder aber Bischof der Kirche empfangen hat, kann diese nie mehr verlieren.[406] Das Lehrbuch für Kanonisches Recht verweist darauf, dass hinsichtlich der Zweiheit von Weihe und Sendung unterschieden werden muss zwischen den Rechten, die unabhängig von der hierarchischen Gemeinschaft bestehen und denen, die nur innerhalb dieser möglich sind.[407] Durchaus kann es „gültige Sakramente außerhalb der ‚communio plena‘"[408] geben. Der Bereich des *munus sanctificandi* ist hierbei eigens zu beachten.[409]

Im weiteren Verlauf normiert c. 376 die Unterscheidung zwischen Diözesanbischöfen und Titularbischöfen. Alle Bischöfe, die einer Diözese vorstehen, tragen den Titel des *Episcopus diocesanus*, die übrigen den des *Episcopus titularis*. Hierbei spielt es keine Rolle, welche Aufgabe der Titularbischof versieht.[410] Den Titularbischöfen wird eine Titulardiözese, das heißt eine untergegangene Teilkirche, zugewiesen.[411] Die Bischofsweihe auf eine Titulardiözese lässt einen Hinweis darauf zu, dass die Vollform des Bischofsamtes[412] in der Vorsteherschaft einer Diözese gegeben ist.[413]

Bezüglich des Verfahrens zur Berufung in den Bischofsstand äußert sich c. 377, der zunächst grundsätzlich feststellt, dass es das Recht des Papstes ist, die Bischöfe frei zu ernennen oder aber rechtmäßig Gewählte zu bestätigen (§ 1). Dieses päpstliche Recht besteht für den Bereich der Lateinischen Kirche, während für die unierten Orientalischen Kirchen gemäß cc. 63–77, 153, 168, 174–176, 180–189 CCEO das bischöfliche Kooptationsrecht besteht.[414] Angemerkt sei, dass das eigentlich

---

[406] Vgl. zu einer notwendigen und wichtigen Unterscheidung *Rudiger*, Leitungs- und Machtfrage, S. 311: „Man kann daher sagen, dass beim Weihesakrament verschiedene Inhalte vermittelt und übertragen werden: die christologisch-unverlierbare potentielle Habilität mit dem Besitz der sacra potestas und die ekklesiologisch-verlierbare aktuelle Habilität zur Ausübung der sacra potestas".

[407] Vgl. *Aymans-Mörsdorf*, KanR II, S. 329.

[408] Ebd.

[409] Vgl. *Hallermann*, Bischof, S. 410; vgl. *Bier*, c. 375, Rdnr. 9, in: MKCIC (August 1997). Mit dem Autor ist darauf hinzuweisen, dass die Aussage aus c. 375 § 2 auch den Bereich des Heiligungsdienstes tangieren kann: „Zwar wird nicht unbedingt die Gültigkeit, wohl aber die Erlaubtheit des bischöflichen Handelns tangiert, wo die Gemeinschaft mit dem Haupt und den Gliedern des Kollegiums verlassen wird". Auch für den *munus sanctificandi* der Bischöfe gilt die Einheit der *sacra potestas*.

[410] Vgl. *Bier*, c. 376, Rdnr. 2, in: MKCIC (August 1997).

[411] Vgl. *Müller/Ohly*, Kirchenrecht, S. 286; vgl. *Bier*, c. 376, Rdnr. 4, in: MKCIC (August 1997), wonach diese Praxis auch auf die ekklesiologische Bedeutung der Titularbischöfe am Dienst der Einheit der Gesamtkirche hinweist.

[412] Vgl. ebd., S. 290 f.

[413] Vgl. *Aymans-Mörsdorf*, KanR II, S. 329; kritisch dazu *Bier*, c. 376, Rdnr. 6, in: MKCIC (August 1997).

[414] Vgl. ebd., S. 331 i. V. m. *Hallermann*, Bischof, S. 410; ausführlich *Bier*, Diözesanbischof, S. 96–118. Auf die Maßgaben des Ostkirchenrechts kann an dieser Stelle nicht weiter eingegangen werden.

ordentliche Verfahren die freie Bischofsernennung durch den Papst ist.[415] Ein
Wahlrecht hat sich besonders im deutschsprachigen Raum aufgrund konkordatärer Bestimmungen erhalten.[416]

Die Norm des c. 377 §§ 1 und 2 beinhaltet das sogenannte Listenverfahren bei
der Besetzung von Bischofsstühlen.[417] Das absolute Listenverfahren[418] besteht
nach § 1 in einer alle drei Jahre dem Apostolischen Stuhl vorzulegenden Dreierliste möglicher Kandidaten, die entweder durch die Bischöfe einer Kirchenprovinz
(Metropolie und Suffraganbistümer) oder durch die Bischofskonferenz zu erstellen
ist.[419] Die drei genannten Namen möglicher Kandidaten können dem Welt- und
Ordensklerus der Diözese entstammen. Des Weiteren hat jeder Bischof aufgrund
seiner besonderen Verantwortung hinsichtlich des Bischofskollegiums die ihm unverlierbare Option, selbstständig die Namen möglicher Kandidaten an den Apostolischen Stuhl zu übersenden.[420]

Was das relative Listenverfahren[421] betrifft (§ 3), so ist es die Aufgabe des päpstlichen Gesandten bei Vakanz eines bischöflichen Stuhles, dem Apostolischen
Stuhl eine Liste mit drei möglichen Kandidaten zur Besetzung des betreffenden
Bischofsamtes zu übermitteln (i. V. m. c. 364 n. 4).[422] Die gleiche Pflicht besteht,
wenn einem Diözesanbischof ein Bischofskoadjutor zur Seite gestellt werden soll.
Dieser Liste hat der Legat nach deren Anhörung die Voten des Metropoliten, der
Suffraganbischöfe der Kirchenprovinz sowie des Vorsitzenden der Bischofskonferenz beizufügen. Ebenso soll er zur Ermittlung des Dreiervorschlags für jeden
genannten Kandidaten einzeln „einige aus dem Konsultorenkollegium und dem
Kathedralkapitel anhören" (§ 3). Nach Einschätzung des Gesandten können auch
die Ansichten anderer Kleriker und Laien der Diözese eingeholt werden. Weiterhin sind die Voten des interimistischen Leiters der Diözese (Diözesanadministrator) nach c. 427 § 1 beizugeben.[423] Bezüglich des Listenverfahrens bei Bestel-

---

[415] Vgl. *Aymans-Mörsdorf*, KanR II, S. 330 f.; vgl. *Bier*, Diözesanbischof, S. 96. Mit dem Autor ist daher darauf hinzuweisen, dass die praktisch angewandten Verfahren als Erleichterung
des Papstes bei der durch ihn frei vollzogenen Bischofsbestellung einzuordnen sind.
[416] Vgl. *Müller/Ohly*, Kirchenrecht, S. 288 und zu einzelnen landespolitischen Regelungen
in Übersicht *Breitbach*, Bischof, S. 268.
[417] Vgl. *Aymans-Mörsdorf*, KanR II, S. 332 f.
[418] Vgl. *Bier*, Diözesanbischof, S. 97. Die Kandidaten der Liste eines absoluten Verfahrens
sind „unabhängig von einem bestimmten Bischofsamt für den Bischofsstand geeignet (…)";
vgl. überdies ebd., S. 98 f.
[419] Vgl. *Aymans-Mörsdorf*, KanR II, S. 332. Tatsächlich nennt der Gesetzgeber keinen weiteren Regelungen, bei welchen Fällen die Bischofskonferenz zu befragen ist. Mit den Autoren
ist festzustellen, dass aufgrund inhaltlicher und territorialer Nähe die Kirchenprovinz den geeigneteren Verband darstellt.
[420] Vgl. ebd.
[421] Vgl. *Bier*, Diözesanbischof, S. 97. In diesem werden Kandidaten benannt, die für ein bestimmtes zu besetzendes Amt geeignet erscheinen.
[422] Vgl. *Breitbach*, Bischof, S. 267.
[423] Vgl. *Müller/Ohly*, Kirchenrecht, S. 287.

lung von Bischofskoadjutoren gilt dieselbe Norm hinsichtlich des Votums des Diözesanbischofs.[424]

Wenn im Lehrbuch für Kanonisches Recht kritisiert wird, dass die Ortskirche zu wenig und der päpstliche Gesandte einen zu großen Spielraum im relativen Listenverfahren besitzen,[425] so kann diese Einschätzung insofern abgemildert werden, als der päpstliche Gesandte durchaus genügend Voten einbringen muss und weitere Meinungen anhören soll (audiat). Darüber hinaus kann er zusätzliche Ansichten – *si id expedire iudicaverit* – erfragen. Weiterhin legt das geltende Kirchenrecht in den cc. 362–367 fest, wie sich päpstliche Gesandte in den Gebieten, zu denen sie gesandt sind, zu verhalten haben. Insbesondere c. 364 ist Maßstab des Handelns der Legaten, wenn diese „die Bande der Einheit, welche zwischen dem Apostolischen Stuhl und den Teilkirchen bestehen, ständig zu stärken und wirksamer zu gestalten" haben. Ausgehend vom Heil der Seelen haben diese ihre Aufgaben zu vollziehen (c. 364 n. 1), wozu auch der soeben erörterte Dreiervorschlag zählt (vgl. c. 364 n. 4). In Anbetracht dieses Grundauftrages der päpstlichen Legaten, den nach c. 377 § 3 einzuholenden Voten und Meinungen und auf dem Fundament der Führung der Kirche durch den Heiligen Geist kann von einer „Spiegelung seiner eigenen Auffassungen"[426] im Dreiervorschlag nur schwer zu sprechen sein. Stattdessen könnte in einem auf diözesaner Ebene geregelten Mitspracherecht verschiedener Gremien der Diözese eine Gefahr für die Einheit der *portio populi Dei* bestehen, wenn sich in eben diesen Voten teilkirchenpolitische Strömungen wiederfinden ließen. Hinsichtlich eines Auxiliarbischofs ist es nach c. 377 § 4 die Pflicht des jeweiligen Diözesanbischofs, der um dessen Bestellung bittet (vgl. c. 403 § 1), dem Apostolischen Stuhl eine Dreierliste möglicher Kandidaten zu übermitteln.[427]

Den durch das Konzil geforderten[428] Ausschluss von Rechten und Privilegien weltlicher Autoritäten bei der Bestellung von Bischöfen kodifiziert c. 377 § 5. Hierbei sind, ausgehend von der konziliaren Maßgabe, die Bereiche von Wahl, Nomination, Präsentation und Designation der Bischöfe ausdrücklich in den Gesetzestext eingeschlossen. Erneut ist der deutschsprachige Raum aufgrund der konkordatsrechtlichen Eigenheiten eigens zu betrachten. Für den Bereich der Bundesrepublik

---

[424] Vgl. ebd.

[425] Vgl. *Aymans-Mörsdorf*, KanR II, S. 333; ebenso *Bier*, Diözesanbischof, S. 101–103, bes. S. 102: „Im Vergleich zu der starken und einflussreichen Stellung des Legaten bei der Vorbereitung der Endauswahl spielen die Diözesanbischöfe der betroffenen Kirchenprovinz nur eine untergeordnete Rolle"; vgl. auch *ders.*, c. 377, Rdnr. 22, in: MKCIC (August 1997): „Dies erscheint nicht unbedingt sachgerecht (…)".

[426] *Aymans-Mörsdorf*, KanR II, S. 333.

[427] An dieser Stelle sei angemerkt, dass teilkirchenrechtlich für den deutschsprachigen Raum einige besondere Normen bei der Bischofsbestellung gültig bestehen. Diese können hier nicht behandelt werden. In der Literatur werden sie u. a. dargestellt bei *Aymans-Mörsdorf*, KanR II, S. 333–336; *Hallermann*, Bischof, S. 411; *Schmitz*, Diözesanbischof, S. 596–598; *Müller/Ohly*, Kirchenrecht, S. 287–289.

[428] CD 20; vgl. S. 59–68 der vorliegenden Untersuchung.

Deutschland nennen das Bayerische, das Preußische und das Badische Konkordat die Notwendigkeit, bei den Landesregierungen, in deren Gebieten sich die betreffenden Teilkirchen befinden, über „Bedenken (allgemein-)politischer Art"[429] bezüglich des Kandidaten Erkundungen einzuholen. Diese Eigenheiten stellen jedoch keinen Widerspruch zu c. 377 § 5 dar, da es sich hierbei tatsächlich nur um mögliche „Bedenken" der Regierungen handelt.[430] Rechtlich wird weder die absolute Zuständigkeit des Apostolischen Stuhls beschränkt, noch den staatlichen Autoritäten eine Möglichkeit der Einflussnahme gewährt.[431]

Auch in der Kodifizierung der kanonischen Eignung eines Kandidaten für das Bischofsamt in c. 378 folgt der Gesetzgeber der grundsätzlichen Maßgabe des Konzils.[432] Neben persönlichen Eigenschaften (§ 1 nn. 1–2) sind weitere Voraussetzungen in die Gesetzesnorm eingeschlossen (§ 1 nn. 3–5). Die letzte Zuständigkeit des Apostolischen Stuhles legt c. 378 § 2 erneut fest. Hierbei spielt es bei der Ernennung im Zweifelsfall keine Rolle, welche Voten und Meinungen bzw. Kandidatenlisten dem Apostolischen Stuhl vorliegen. Der Papst kann im letzten Moment frei entscheiden, ob eine Person zum Bischof ernannt wird, oder nicht.

An persönlichen Eigenschaften nennt c. 378 § 1 in den nn. 1–2 festen Glauben, gute Sitten, Frömmigkeit, Seeleneifer, Lebensweisheit, Klugheit sowie menschliche Tugenden „und andere menschliche Vorzüge, die den Kandidaten für das Bischofsamt geeignet erscheinen lassen".[433] Hierunter können besondere Charismen des Kandidaten fallen, die ihn befähigen, den Teil des Gottesvolkes zu weiden, wie etwa Führungsstärke, Wortgewandtheit, oder einheitsstiftende Fähigkeiten. Überdies ist ein guter Ruf erforderlich. All diese Eigenschaften müssen bereits im Informationsprozess zur Erstellung einer Kandidatenliste untersucht werden.[434] In ihrer Grundsätzlichkeit sollten für alle möglichen Kandidaten, die sich auf den oben genannten Listen finden lassen, diese Eigenschaften vermutet werden.[435] Im Falle einer vom Apostolischen Stuhl genehmigten Kandidatenliste wird das Vorhandensein der nach c. 378 § 1 notwendigen kanonischen Eignung aufgrund logischer Kohärenz vorausgesetzt.[436]

---

[429] Vgl. *Müller/Ohly*, Kirchenrecht, S. 288.

[430] Vgl. *Bier*, c. 377, Rdnr. 30, in: MKCIC (August 1997): „Die Handlungsfreiheit des Apostolischen Stuhls wird selbst durch das Vorbringen begründeter Bedenken nicht beschränkt, es entspricht (...) aber kurialer Gepflogenheit, in solchen Fällen von der geplanten Bischofsbestellung abzusehen. Die zukünftige Einräumung solcher Erinnerungs- und Einspruchsrechte wird durch § 5 nicht tangiert".

[431] Vgl. *Aymans-Mörsdorf*, KanR II, S. 332.

[432] CD 15–16; eine detaillierte Analyse der kanonischen Voraussetzungen bietet *Rees*, Bischofsprofil, S. 120–162.

[433] *Müller/Ohly*, Kirchenrecht, S. 289.

[434] Vgl. *Aymans-Mörsdorf*, KanR II, S. 337.

[435] Vgl. ebd., S. 337: „Die Untersuchung findet ihren Abschluß in dem Definitivprozeß bei der Römischen Kurie".

[436] Vgl. ebd., S. 337 und *Schmitz*, Diözesanbischof, S. 598.

Weitere Voraussetzungen für den Kandidaten sind nach c. 378 § 1 nn. 3–5 das Lebensalter von mindestens fünfunddreißig Jahren, die Priesterweihe seit mindestens fünf Jahren, der Besitz des Doktorgrades, eines Lizentiates „in der Heiligen Schrift, in der Theologie oder im kanonischen Recht" (n. 5) oder im mindesten Fall „wirklich erfahren" in diesen Disziplinen zu sein. Der Papst kann von einzelnen Voraussetzungen dispensieren.[437]

Die Normen hinsichtlich der Amtsverleihung gründen in der Maßgabe des c. 146, der für jedes Kirchenamt (officium ecclesiasticum) festlegt, dass ein solches ohne kanonische Amtsübertragung nicht gültig (valide) erlangt werden kann.[438] Aufgrund dieser grundsätzlichen Forderung des Ämterrechts der Kirche muss die Form der Übertragung eines je spezifischen Amtes eigens rechtlich geregelt werden, was durch die cc. 379–380 geschehen ist. Da die Ernennung der Bischöfe durch den Papst geschieht (c. 377 § 1), ist auch er es, der damit einhergehend das spezifische *officium* eines Bischofs verleiht. Dies gilt sowohl für den erstgenannten Fall einer freien Amtsübertragung, als auch für die weitere Option der Bestätigung eines Gewählten durch den Papst.[439]

Die Berufung in dieses Amt erfolgt nach c. 379 durch ein Apostolisches Schreiben, wobei es sich im Regelfall um eine päpstliche Bulle oder Breve handelt.[440] Binnen drei Monaten nach Erhalt dieses Schreibens muss der Ernannte die Bischofsweihe gemäß cc. 1010–1014 empfangen, sofern er nicht rechtlich daran gehindert ist. Somit stellt die Bischofsweihe die erstgenannte kodikarische Voraussetzung zur gültigen Amtsübernahme dar. Weiterhin stellt c. 379 fest, dass die Weihe erfolgen muss, bevor der Bischof „von seinem Amt Besitz ergreift". Zwei weitere Voraussetzungen werden durch c. 380 zur kodikarischen Maßgabe: Das Ablegen des Glaubensbekenntnisses und des Treueides gegenüber dem Apostolischen Stuhl in der von diesem gebilligten Form.[441] Für den deutschsprachigen Raum besteht aufgrund des Art. 16 RK eine einheitliche konkordatäre Vorgabe eines staatlichen Treueides vor dem jeweiligen Regierungschef des/der betreffenden Bundeslandes/Bundesländer.[442] Einige Teilstaaten der Bundesrepublik Deutschland haben darauf verzichtet, einige weitere wenden diesen Artikel nicht an.[443] Einer kanonisch gültigen Amtsverleihung kann diese konkordatsrechtliche Vorgabe jedoch nicht im Wege stehen, insofern eine Ablehnung des Eides durch den Regierungs-

---

[437] Vgl. *Schmitz*, Diözesanbischof, S. 598.
[438] Vgl. *Aymans-Mörsdorf*, KanR II, S. 337.
[439] Vgl. *Bier*, Diözesanbischof, S. 107 f.
[440] Vgl. *Müller/Ohly*, Kirchenrecht, S. 289.
[441] Vgl. *Aymans-Mörsdorf*, KanR II, S. 338.
[442] Vgl. Art. 16 RK: „Bevor die Bischöfe von ihrer Diözese Besitz ergreifen, leisten sie in die Hand des Reichsstatthalters in dem zuständigen Lande bzw. des Reichspräsidenten einen Treueid (…)".
[443] Vgl. *Aymans-Mörsdorf*, KanR II, S. 338. Verzichtet haben Mecklenburg-Vorpommern, Schleswig-Holstein und Hamburg. Nicht angewandt wird Art. 16 RK in Brandenburg und Sachsen.

chef keine kanonische Wirkung hätte.[444] Die Besitzergreifung gemäß der cc. 382 und 404 schließt die Amtsübernahme kanonisch ab.[445]

II. Das Amt des Diözesanbischofs

Das diözesanbischöfliche Amt stellt die „Vollgestalt" des Bischofsamtes dar.[446] Im Wirken als Hirte der *portio populi Dei* verwirklichen die Diözesanbischöfe die Heilssendung der Kirche in herausragender Weise.[447] Diese Feststellung begründet, weshalb die kodikarischen Maßgaben bezüglich dieses Amtes besonderer Beachtung bedürfen. Wendet man diese auf den Diözesanbischof der Diözese Rom an, fallen einige Besonderheiten auf, die aus der primatialen Stellung desselben erwachsen. Dennoch müssen zu einem besseren Verständnis die entsprechenden Normen analysiert werden, um auch das theologische Fundament[448] besser erkennen zu können, auf dem das kirchliche Verfassungsrecht ruht.

1. Die kanonische Amtsübernahme

Bevor jemand die Rechte und Pflichten eines Kirchenamtes übernehmen kann, muss er gemäß c. 146 dieses mittels kanonischer Amtsübertragung erlangen.[449] Die möglichen Formen normiert c. 147, wobei diese grundsätzlichen Maßgaben spezifische Regelungen bezüglich einzelner Kirchenämter ermöglichen. Generell durch das kanonische Ämterrecht vorgeschrieben sind die Auswahl der betreffenden Person und die Übertragung durch die zuständige Autorität.[450] Die alleinige Zuständigkeit hinsichtlich des Bischofsamtes liegt gemäß c. 377 § 1 beim Papst. Im Falle des Diözesanbischofs tritt zu den prinzipiellen Vorgaben des c. 147 zusätzlich die Besitzergreifung der Diözese gemäß c. 382 hinzu.

---

[444] Vgl. ebd.

[445] Vgl. *Bier*, Diözesanbischof, S. 117 f.: „Die Bischofsweihe ist Voraussetzung für die Besitzergreifung und vermittelt die ontologische Teilhabe an den bischöflichen munera. Die Amtsübertragung begründet ein ius in re zur Ausübung der munera und verleiht die dazu erforderliche potestas; daraus erhellt ihre Funktion als determinatio canonica im Sinne von NEP 2. Mit der Besitzergreifung schließlich erwirbt der Bischof das exercitium iuris, das Recht, die übertragene potestas legitim auszuüben".

[446] Vgl. u. a. *Aymans-Mörsdorf*, KanR II, S. 340; *Müller/Ohly*, Kirchenrecht, S. 290.

[447] Vgl. *Pree*, Diözese, S. 647 f.

[448] Vgl. *Bier*, vor c. 381, Rdnr. 1, in: MKCIC (Dezember 1998): „Allerdings wurde der Artikel mit einer Norm eingeleitet, die eine theologische Aussage über den Diözesanbischof machte". Die kodikarische Norm selbst bietet einen Rückschluss auf ihr eigenes theologisches Fundament; vgl. *ders.*, c. 381, Rdnr. 1, in: MKCIC (Dezember 1998), wonach c. 381 „wesentlich geprägt (ist) von Art. 8a und 11 des Dekrets über die Hirtenaufgabe der Bischöfe Christus Dominus. CD Art. 8a wird hier fast wörtlich wiedergegeben".

[449] Vgl. *Ohly*, Kirchenamt, S. 238.

[450] Vgl. ebd.

Bevor diese erfolgt ist, obliegen dem Berufenen noch keine Rechte und Pflichten des Amtes. Die Besitzergreifung ist somit Voraussetzung zur Handlungsfähigkeit des Berufenen im Amt. Dies unterstreicht c. 382 § 1, indem er die Einmischung in die Ausübung des ihm übertragenen Amtes vor der erfolgten Besitzergreifung der Diözese untersagt. Als Frist zur Besitzergreifung nennt c. 382 § 2 für diejenigen Berufenen, die noch nicht zum Bischof geweiht wurden, den Zeitraum von vier Monaten, für bereits zum Bischof Geweihte den von zwei Monaten.

Die eigentliche Ausgestaltung der kanonischen Form der Besitzergreifung regelt § 3. In einer nicht neu errichteten Diözese muss der Berufene das Apostolische Schreiben gemäß c. 379 dem Konsultorenkollegium persönlich oder durch einen Vertreter vorzeigen, wobei der Kanzler der Kurie anwesend sein und ein Protokoll anfertigen muss. In einer neu errichteten Diözese erfolgt diese Kundgabe des Ernennungsschreibens vor Klerus und Volk in der Kathedralkirche. Hierbei hat der Älteste der anwesenden Priester das Protokoll auszufertigen. Dieser Spezialfall trägt der Tatsache Rechnung, dass in neu errichteten Diözesen noch keine „funktionsfähigen Gremien und Ämter"[451] bestehen. Ist die kanonische Amtsübernahme nach Maßgabe des c. 382 vollzogen, besitzt der hernach zurecht so zu bezeichnende Amtsinhaber alle Rechte und Pflichten, die aus dem Amt resultieren.[452]

In der kanonischen Form stellt die Amtsübernahme einen „formgebundenen Rechtsakt"[453] dar. Lediglich die Empfehlung des c. 382 § 4 zum Vollzug in einem „liturgischen Akt in der Kathedralkirche (…), bei dem Klerus und Volk anwesend sind", trägt dem eigentlichen Charakter des diözesanbischöflichen Amtes, Hirte der ihm anvertrauten *portio populi Dei* zu sein, zur Genüge Rechnung. In der praktischen Umsetzung geschieht die kanonische Amtsübertragung zumeist in einem solchen liturgischen Akt, der in einer Eucharistiefeier seine Gestalt findet, die gegebenenfalls mit der Bischofsweihe des Berufenen verbunden ist.[454] Hier bleibt das Kirchenrecht hinter seinen Möglichkeiten zurück.[455] Es wäre eine Regelung wünschenswert, ähnlich der des Rechts der Orientalischen Kirchen gemäß c. 189 § 1 CCEO, durch die die Inthronisation des Berufenen mit der Amtsübernahme einen einzigen Akt bildet.[456] Dieses Desiderat einer kanonischen Pflicht zur liturgischen Ausgestaltung würde dem genuinen Charakter des Bischofsamtes gemäß c. 375 besser Rechnung tragen.

---

[451] *Aymans-Mörsdorf*, KanR II, S. 341.

[452] Vgl. ebd.

[453] Vgl. *Müller/Ohly*, Kirchenrecht, S. 291.

[454] Vgl. ebd. Dort stellen die Verfasser fest, dass die kanonische Amtsübernahme „mit einem liturgischen Akt in der Kathedralkirche verbunden ist". Dies ist zwar eine treffende Feststellung der praktisch vollzogenen Ausgestaltung, jedoch keine kanonische Pflicht.

[455] Kritisiert bei *Aymans-Mörsdorf*, KanR II, S. 341.

[456] Vgl. ebd.

2. Der Diözesanbischof und die Diözese

Gemäß c. 376 sind jene Bischöfe Diözesanbischöfe, denen eine Diözese zu weiden anvertraut ist. Für diese gelten die in den cc. 381–402 aufgestellten Rechtsnormen. Ebenso gelten diese für diejenigen, die dem Diözesanbischof rechtlich gleichgestellt sind (c. 368).[457] Ausgenommen sind jene Rechte und Pflichten, die das Recht für die Gleichgestellten ausdrücklich nicht vorsieht oder Rechte, die sich konsequenterweise für einen Gleichgestellten nicht ergeben können (c. 381 § 2).[458]

In Analogie zu den konziliaren Maßgaben[459] muss die einem Diözesanbischof anvertraute Diözese als *portio populi Dei* verstanden werden (c. 369).[460] Das Gottesvolk ist konstitutives Element der Diözese, die territoriale Umgrenzung dient der besseren Umsetzung der Hirtenaufgabe und besteht als determinative Komponente.[461] Als weitere rechtliche Determination lässt sich die Rituszugehörigkeit nennen.[462] Um als Einzelner zum entsprechenden bestimmten Teil des Gottesvolks zugehörig zu sein ist die bestehende *communio plena* hingegen konstitutiv.[463]

Auch wenn die Diözese als territoriale Größe den Regelfall[464] darstellt, können überdies Teilkirchen nach anderen Gesichtspunkten errichtet werden, die ihrerseits ebenfalls unvermindert eine *portio populi Dei* darstellen, die es durch ihren eigenen Hirten zu weiden gilt (c. 372 §§ 1–2).[465]

---

[457] Vgl. *Aymans-Mörsdorf*, KanR II, S. 340.

[458] Vgl. ebd. Bspw. kann die Weihevollmacht nur einem geweihten Bischof zuteilwerden, nicht jedoch einem Priester, der unter bestimmten Umständen Teilkirchenvorsteher sein kann, wie etwa im Fall einer Apostolischen Präfektur gemäß c. 371 § 1.

[459] Vgl. ebd., S. 319, wonach hinsichtlich der angewandten Rechtssprache festgestellt wird: „C. 369 bietet nicht im strikten Sinne eine Definition, sondern eine Wesensumschreibung der Diözese, denn die Sprache ist – entsprechend der Herkunft aus einem Konzilsdokument – eine theologische; sie ist nicht auf juristische Präzision aus, sondern darauf, die Wesenselemente zur Sprache zu bringen".

[460] CD 11; vgl. *Bier*, Diözesanbischof, S. 74 f.

[461] Vgl. *Pree*, Diözese, S. 647 f.; mit *Aymans-Mörsdorf*, KanR II, S. 316, sind als Konstitutiva zu nennen: „Teil des Gottesvolkes, Bischof, Presbyterium"; vgl. auch *Bier*, Diözesanbischof, S. 75: „Sie besteht aus einer bestimmten Gruppe von katholischen Christgläubigen, ist also personal und nicht territorial".

[462] Vgl. *Aymans-Mörsdorf*, KanR II, S. 320.

[463] Vgl. ebd. und *Bier*, Diözesanbischof, S. 75: „Eine Diözese besteht aus der Gesamtheit der Getauften, die in Gemeinschaft mit der katholischen Kirche stehen und in einem festgelegten Territorium ihren Wohnsitz haben".

[464] Vgl. *Aymans-Mörsdorf*, KanR II, S. 315: „Grund- und Vollform der Teilkirche ist die Diözese"; ebenso *Bier*, Diözesanbischof, S. 74.

[465] Vgl. ebd. Zu nennen sind bspw. Teilkirchen, die sich aus Gläubigen einer bestimmten Nation, Sprachzugehörigkeit, Rituszugehörigkeit o. ä. konstituieren.

3. Die diözesanbischöfliche Amtsgewalt

Gemäß c. 381 § 1 kommt dem Diözesanbischof „in der ihm anvertrauten Diözese alle ordentliche, eigenberechtige und unmittelbare Gewalt zu".[466] Durch diese kodikarische Maßgabe wird die Weisung der Dogmatischen Konstitution Lumen Gentium Teil des geltenden Kirchenrechts, die die bischöfliche Vollmacht in Art. 27 wortgleich definiert.[467] Die bischöfliche Gewalt ist *ordentlich*, insofern sie aus dem übernommenen Amt selbst erwächst und keiner eigenen Übertragung bedarf. Sie kommt dem einzelnen Amtsinhaber daher nicht personal zu, sondern hängt ausdrücklich mit dem betreffenden *officium* zusammen.[468] Weiter ist sie *unmittelbar*, da sie unabhängig von anderen durch den Amtsinhaber ausgeübt werden kann.[469] Die Unmittelbarkeit ist für den Bereich der anvertrauten Diözese in vollem Umfang gegeben und nur gebunden, insofern der Diözesanbischof in die Kollegialität mit übergeordneten Instanzen verflochten ist.[470]

Die diözesanbischöfliche Gewalt als „eigenberechtigte" (propria potestas) zu bezeichnen, ist eine Neuentwicklung im Zuge des II. Vatikanischen Konzils.[471] Wie die Konzilsväter ausdrücklich feststellen, sind die Diözesanbischöfe „nicht als Stellvertreter der Bischöfe von Rom zu verstehen, denn sie haben eine ihnen eigene Gewalt inne und heißen in voller Wahrheit Vorsteher des Volkes, das sie leiten".[472] Nachdem das II. Vatikanische Konzil die Vervollständigung jener Ekklesiologie des I. Vatikanischen Konzils leistete, insofern es die bisher fehlende Lehre hinsichtlich des Bischofsamtes definierte, zog diese lehramtliche Vervollständigung nun auch in das erneuerte Kirchenrecht ein.[473]

Mit der eigenen Hirtengewalt der Diözesanbischöfe verbunden ist eine Absage an das bis zu diesem Zeitpunkt herrschende Konzessionssystem, das sich durch vom Apostolischen Stuhl konzedierte Fakultäten auszeichnete.[474] Im Gegenzug entwickelte sich das Reservationssystem, im Zuge dessen der Apostolische Stuhl einzelne Rechtsakte für sich reserviert.[475] In diesem Sinne ist der zweite Halbsatz des c. 381 § 1 zu lesen, der eben diese Fälle von der diözesanbischöflichen Gewalt ausnimmt.[476]

---

[466] Im lateinischen Wortlaut des c. 381 § 1: „potestas ordinaria, propria et immediata".
[467] I. V. m. CD 8a.
[468] Vgl. *Bier*, Diözesanbischof, S. 132. Sie „geht deshalb verloren, wenn das Amt erlischt (c. 143)".
[469] Vgl. *Müller/Ohly*, Kirchenrecht, S. 291.
[470] Vgl. *Aymans-Mörsdorf*, KanR II, S. 343.
[471] Vgl. v. a. LG 27.
[472] Ebd.
[473] Kritisch zum kodikarischen Inhalt der diözesanbischöflichen *potestas propria*: *Bier*, Diözesanbischof, S. 134–137.
[474] Vgl. *Müller*, Konzessionssystem, S. 1095 f.
[475] Vgl. *Witsch*, Reservationssystem, S. 923 f.
[476] Vgl. die ausführliche und teils kritische Auseinandersetzung mit dieser Thematik bei *Bier*, Diözesanbischof, S. 249–260. An dieser Stelle kann diese Fragestellung nicht vertieft werden.

Auch anhand der ekklesiologischen Definitionen des Konzils lässt sich die grundsätzliche Anerkennung des Bischofsamtes in seiner ihm eigenen Würde erkennen.[477] Insofern kann die kodikarische Maßgabe des c. 381 § 1 als Frucht der konziliaren Theologie der *communio ecclesiarum* bewertet werden.[478] Wenn sich die Teilkirche in ihrer Vollform als Gesamt von Gottesvolk, Bischof und Presbyterium definieren lässt, dann ist diese Gesamtheit in die Gemeinschaft der Teilkirche mit der Gesamtkirche einzubinden. Diese *communio ecclesiarum* der Teilkirchen in der Gesamtkirche, die wechselseitig auseinander und ineinander bestehen,[479] erweist sich darum besonders in der Gemeinschaft der Bischöfe, die in ihrer eigenen Teilkirche auch deshalb die nicht nur unmittelbare und ordentliche, sondern auch *eigene* Gewalt innehaben, da in dieser die Gesamtkirche existiert.[480]

Zur petrinischen Sonderstellung sei an dieser Stelle mit den Worten Joseph Ratzingers angemerkt, dass Petrus hinsichtlich des Apostelkollegiums „einer von den Zwölf blieb, daß er nicht außerhalb, sondern innerhalb der Gemeinschaft"[481] stand. Dies gilt für die Nachfolger des Petrus in der verfassungsrechtlichen Konzeption des Konzils analog: „Wie Petrus der Gemeinschaft der Zwölf, so gehört der Papst unbeschadet seiner Sonderfunktion dem Kollegium der Bischöfe zu, er hat seine Funktion nicht außerhalb, sondern innerhalb davon".[482] Auch aufgrund dieses konziliaren Kollegialitätsprinzips ist es konsequent, dass die Diözesanbischöfe keine Stellvertreter des Papstes, sondern in ihren Teilkirchen Stellvertreter Christi sind.[483]

Die Maßgabe des c. 381 § 1 begründet die ordentliche, eigenberechtigte und unmittelbare diözesanbischöfliche Gewalt mit dem Erfordernis zur Ausübung des Hirtendienstes.[484] Dieser, der durch das Dekret Christus Dominus grundlegend

---

[477] Vgl. *Ratzinger*, Konzil III, JRGS 7/1, S. 466 f. Mit dem Autor ist gegen eine Fehldeutung hinsichtlich einer episkopalen Tendenz Folgendes festzustellen: „Die Aussage (sc. bezüglich der Sakramentalität der Bischofsweihe) ist vielmehr, wie sie jetzt im Text verankert ist, einzig und allein dem Versuch zugeordnet, die volle und eigenständige Bedeutung des Dienstes der bischöflichen Gemeinschaft und damit der Vielfalt und Fülle in der Kirche gegenüber einer primatialen Engführung wieder zur Geltung zu bringen", mit Bezug zu LG 18–29. Erneut klingt die Vervollständigung der fragmentarischen Ekklesiologie des I. Vatikanischen Konzils an.

[478] So geschehen bei *Aymans-Mörsdorf*, KanR II, S. 342.

[479] Vgl. hierzu *Müller/Ohly*, Kirchenrecht, S. 221–225. Als Kurzformel sei die Erkenntnis „in quibus et ex quibus" angefügt.

[480] Vgl. ebd., S. 224, dort unter „c. Verfassungsrechtlichte Konsequenzen", Unterpunkt 2.

[481] *Ratzinger*, Konzil II, JRGS 7/1, S. 380.

[482] Ebd. An gleicher Stelle konkretisiert *Ratzinger* seine Ausführungen hinsichtlich der Bischöfe als Vorsteher der Teilkirchen wie folgt: „Es (sc. das Kollegialitätsprinzip der Bischöfe) rückt wieder die Gemeinschaft der miteinander kommunizierenden Bischöfe in den Vordergrund, die ihrerseits die Gemeinschaft der miteinander kommunizierenden Kirchen vertreten, in denen sich die eine Kirche Gottes auferbaut (...)", Konzil II, JRGS 7/1, S. 380 f.

[483] LG 27. Dies gilt auch ohne den von *Bier* grundsätzlich zurecht kritisierten fehlenden expliziten Einzug dieser konziliaren Vorgabe im CIC/1983 (Diözesanbischof, S. 135).

[484] Mit *Bier*, c. 381, Rdnr. 4, in: MKCIC (Dezember 1998), ist der Begriff des *munus pastorale* als „zusammenfassender Ausdruck für den gesamten Aufgabenbereich des Bischofs" zu definieren.

beschrieben wurde, vollzieht sich in einer ersten Einteilung in den drei Dienstämtern des Heiligens, Lehrens und Leitens.[485] Von der bischöflichen Aufgabe her
begründet sich der Vollmachtsanspruch des Amtes.[486] Die Aufgabe, die durch sakramentale Weihe übertragen und vermittels der kanonischen Sendung aktuiert
wird, erfordert die bischöfliche *potestas* zu ihrer eigenen Erfüllung.[487]

Eng mit der Grundaussage hinsichtlich der bischöflichen Amtsgewalt verbunden[488] ist c. 391, der die Ausübung der diözesanbischöflichen Gewalt für den Bereich des *munus regendi* näherhin bestimmt.[489] Der Diözesanbischof vereint für
den Bereich seiner Diözese gemäß § 1 die gesetzgebende, ausführende und richterliche Gewalt in seiner Person. Auch mit dieser grundsätzlichen Zuordnung ist nicht
gleichzusetzen, dass die Ausübung der diözesanbischöflichen Leitungsvollmacht
nicht auch Auswirkungen auf die Bereiche des kirchlichen Lehr- und Heiligungsdienstes beinhalten würde.[490] Bezüglich der tatsächlichen Ausübung der drei Gewalten normiert c. 391 § 2, dass die gesetzgebende Gewalt einzig persönlich durch
den Bischof vollzogen werden kann. Die ausführende und richterliche Gewalt
kann der Bischof delegieren.[491] Grundsätzlich ist die Möglichkeit der Delegation
jedoch zur Hilfe des Bischofs bei der Erledigung seines Hirtendienstes gegeben.
Vom Wesen seines Amtes her ist er selbst primär Handelnder, auch bezüglich der
ausführenden und richterlichen Gewalt.[492]

---

[485] CD 11–18; vgl. S. 59–68 der vorliegenden Untersuchung.

[486] Vgl. *Bier*, Diözesanbischof, S. 140.

[487] Vgl. *Aymans-Mörsdorf*, KanR II, S. 342: „Im Hinblick auf die ihm anvertraute Diözese
kommt dem Diözesanbischof die ganze Gewalt zu, die zur Ausübung seines Hirtendienstes
erforderlich ist (…)".

[488] Vgl. *Bier*, c. 391, Rdnr. 2, in: MKCIC (Dezember 1998): „Der Canon ist nach 381 § 1 die
zweite Norm innerhalb des Artikels über die Diözesanbischöfe, die die potestas des Diözesanbischofs zum Gegenstand hat".

[489] Vgl. ebd., Rdnr. 3, in: MKCIC (Dezember 1998): „In 391 wird die potestas regiminis
jedoch nicht auf die Gesamtaufgabe des Diözesanbischofs, also auf sein munus pastorale bezogen. Der Canon steht vielmehr am Beginn einer Reihe von Normen, die sich eingehender
mit dem munus regendi des Diözesanbischofs befassen (…)".

[490] Vgl. zu den drei Gewalten des Diözesanbischofs gemäß c. 391 § 1 in Verbindung mit
den Auswirkungen auf die *munera docendi et sanctificandi*: *Bier*, Diözesanbischof, S. 199 f.;
S. 202–206; S. 209–225.

[491] Die ausführende Gewalt kann an den General- bzw. Bischofsvikar, die richterliche an den
Gerichtsvikar/Offizial bzw. an die Diözesanrichter delegiert werden; vgl. *Aymans-Mörsdorf*,
KanR II, S. 343.

[492] Vgl. hierzu *Franziskus*, MP MIDI, Fundamentale Kriterien, III: „Der Bischof selbst ist
Richter. Damit in diesem Aufgabenfeld mit großer Bedeutung endlich die Lehre des Zweiten
Vatikanischen Konzils in die Praxis umgesetzt werden kann, wird mit Klarheit festgestellt,
dass der Bischof selbst in seiner Kirche, für die er zum Hirten und zum Haupt bestellt ist,
Richter der ihm anvertrauten Gläubigen ist". Vom Grundsatz her ist der Bischof zum eigenen
Handeln in den Gewalten nach c. 391 § 1 gerufen.

4. Kanonische Aufgaben und Zuständigkeiten des Diözesanbischofs

Die grundlegenden Aufgaben und Zuständigkeiten des Diözesanbischofs normieren die cc. 383–400. Auf der Grundlage der drei Dienstämter der Kirche entfalten die kanonischen Maßgaben die Weisungen des Bischofsdekrets Christus Dominus.[493] Mit Christoph Ohly können die Normen bezüglich der diözesanbischöflichen Aufgaben folgendermaßen eingeteilt werden:[494]

Die cc. 383–385 behandeln übergeordnet grundsätzliche Aufgaben des bischöflichen Hirtendienstes. Gemäß c. 383 § 1 ist es die Pflicht des Bischofs, sich in seinem Hirtendienst allen Menschen zuzuwenden, die „seiner Sorge anvertraut werden". In dieser grundlegenden Maßgabe zeigt sich, dass die anvertraute Diözese als der anvertraute Teil des Gottesvolks zu bestimmen ist. Die Definition der *portio populi Dei* wird durch c. 383 § 1 geweitet und gegen eine Engführung geschützt.[495] So spielen Alter, Stand und Nation ebenso wenig eine Rolle wie die Tatsache, ob die Menschen im Gebiet der Diözese dauerhaft wohnhaft sind oder nur zeitweilig leben. Mit eingeschlossen sind die Gläubigen, die der ordentlichen aber auch der außerordentlichen Seelsorge anvertraut sind, ebenso die praktizierenden Gläubigen wie auch die abständig gewordenen. Dieser erste Teil des c. 383 besagt damit, dass der bischöfliche Dienst „im umfassenden Sinn auf die Menschen ausgerichtet"[496] ist. Die §§ 2–4 weiten den Blick erneut, indem explizit die Gläubigen eines anderen Ritus (§ 2) – d. h. die Gläubigen, die einer unierten Kirche des Ostens angehören –, die ökumenisch mit der Kirche verbundenen Christen (§ 3), wie auch die Nichtgetauften (§ 4) der Sorge des Bischofs anheimgegeben werden.[497]

In der weiteren Folge bezieht sich der Gesetzgeber auf die Fürsorgepflicht des Bischofs für die Priester (c. 384). Gleichwohl der Bischof aufgrund der allgemeinen Pflicht zum Dienst an allen Menschen sich ebenso jedem Menschen im kirchlichen Dienst zuzuwenden hat, erwächst der besondere Dienst an den Priestern aus der Verwobenheit des Bischofs mit seinem Presbyterium.[498] Auch hier liegt das Fundament in den Konzilstexten begründet, wenn LG 28 bezüglich der Priester feststellt: „Als sorgsame Mitarbeiter, als Hilfe und Organ der Ordnung der Bischöfe bilden die Priester, die zum Dienst am Volke Gottes berufen sind, in Ein-

---

[493] CD 11–18; vgl. S. 59–68 der vorliegenden Untersuchung. An dieser Stelle können die hauptsächlichen Aufgaben- und Zuständigkeitsbereiche benannt werden, jedoch keine detaillierte Darstellung erfolgen, zumal mit *Bier*, Diözesanbischof, S. 193, festgestellt werden kann: „Überprüft man die einzelnen Bestimmungen des CIC im Blick darauf, ob sie eine Zuständigkeit des Diözesanbischofs formulieren, so lassen sich je nach Zählweise zwischen 500 und 600 Einzelpflichten und -rechte des Diözesanbischofs unterscheiden". Die an dieser Stelle angeführten Aufgabenfelder gemäß der cc. 383–400 sind demgegenüber als „allgemeiner Aufgabenkatalog" (ebd.) einzuordnen.

[494] Vgl. *Müller/Ohly*, Kirchenrecht, S. 292.

[495] Vgl. *Aymans-Mörsdorf*, KanR II, S. 344.

[496] Ebd.

[497] Vgl. zur Vertiefung ebd. und grundlegend *Hallermann*, Diözesanbischof, S. 634.

[498] Vgl. *Aymans-Mörsdorf*, KanR II, S. 345.

heit mit ihrem Bischof ein einziges Presbyterium". Dieses innerdiözesane Abbild des Kollegialitätsprinzips als Zeichen der *communio ecclesiarum* begründet die besondere Fürsorgepflicht des Bischofs für sein Presbyterium gemäß c. 384. Da die Priester dem Bischof Hilfe und Rat in der Erledigung der Amtsaufgaben des Heiligens, Lehrens und Leitens sind,[499] ist es auch die bischöfliche Pflicht, ihnen alle Mittel zur Verfügung zu stellen, um diese priesterliche Aufgabe ausüben zu können. Hierzu zählt insbesondere, die Amtsrechte des Priesters gegen jede mögliche Verminderung derselben zu schützen.[500] In diesem Kontext[501] besteht auch die Norm des c. 385, in dem der Gesetzgeber es zur bischöflichen Pflicht erklärt, sich den Berufungen, vor allem der priesterlichen und missionarischen, zuzuwenden und diese zu fördern.[502]

Der folgende c. 386 ist als Amtsaufgabe des Diözesanbischofs innerhalb des *munus docendi* einzuordnen.[503] Diese Rechtsnorm entfaltet für den Diözesanbischof die grundsätzliche Maßgabe, die Glaubenswahrheiten (veritates fidei) den Gläubigen darzulegen und zu verdeutlichen. Es wird ersichtlich, dass der Bischof selbst Lehrer des Glaubens ist.[504] Hierbei ist die amtliche Lehrverkündigung der Kirche angesprochen, die von der allgemeinen Verkündigung des ganzen Gottesvolkes insofern zu unterscheiden ist, als sie vermittels der sakramentalen Weihe in verschiedenen Graden verliehen wird.[505] Der Bischof ist aufgrund der Weihefülle

---

[499] LG 28.

[500] Vgl. *Aymans-Mörsdorf*, KanR II, S. 345. Die Verfasser machen hier darauf aufmerksam, dass die Amtsrechte und -pflichten des Priesters „auch nicht durch organisatorische Maßnahmen der Seelsorge untergraben oder ausgehöhlt werden" dürfen. Die in dieser Sinnrichtung auszulegende Maßgabe des c. 384 wiederzuentdecken, wäre insbesondere für die deutschsprachigen Diözesen ein nicht zu unterschätzender Gewinn.

[501] Vgl. hierzu auch *Müller/Ohly*, Kirchenrecht, S. 291: „Darin wird offenkundig, dass dem bischöflichen Amt sowohl eine personale (…) als auch eine kollegiale Dimension eignet. Letztere wird (…) teilkirchlich in der Verbundenheit mit dem diözesanen Presbyterium sichtbar".

[502] Hierzu kann die besondere Stellung des Diözesanbischofs in der Priesterausbildung betrachtet werden. Gemäß c. 233 § 1 ist die Förderung der Berufungen wie auch die Ausbildung der Kleriker besonders den Diözesanbischöfen aufgetragen; vgl. überdies *Congr-Cler*, RFIS/2016, 128: „Der Erstverantwortliche für die Aufnahme in das Seminar und für die Priesterausbildung ist der Bischof (…) (er) muss es verstehen, einen vertrauensvollen Dialog mit den Seminaristen aufzubauen (…)". In der Ausbildung der künftigen Priester seiner Diözese klingt die hernach folgende Verbindung mit dem Bischof im Presbyterium an, vgl. ebd. 129: „Der Klerus der Teilkirche soll mit dem Diözesanbischof vereint und in tiefem Einklang sein (…) Jeder Priester muss sich seiner Ausbildungsverantwortung gegenüber den Seminaristen bewusst sein".

[503] CD 12; vgl. *Müller/Ohly*, Kirchenrecht, S. 292. Zurecht verweist das Lehruch für Kanonisches Recht auf die detaillierte kodikarische Ausgestaltung in den Libri III (*munus docendi*) und IV (*munus sanctificandi*) des CIC/1983: *Aymans-Mörsdorf*, KanR II, S. 346; In diesem Sinne auch *Bier*, c. 386, Rdnr. 2, in: MKCIC (Dezember 1998): „386 stellt eine knappe Inhaltsangabe des ersten Titels des Liber III des CIC, des Lehrrechts, dar. Die Aufgabenstellung (…) wird hier in allgemeinen Formulierungen zusammengefasst".

[504] Vgl. *Hallermann*, Diözesanbischof, S. 633; *Bier*, c. 386, Rdnr. 3, in: MKCIC (Dezember 1998).

[505] LG 25 und vertiefend *Ohly*, Wort Gottes, S. 24 f.

hauptsächlicher Verkünder der Frohbotschaft Jesu Christi. Die Verkündigungsaufgabe obliegt dem Diözesanbischof gemäß § 1 in einer passiven Weise, insofern er für die rechtmäßige Ausübung durch die damit Betrauten gemäß der entsprechenden Rechtsnormen Sorge zu tragen hat und in einer aktiven Weise, insofern er selbst „oft predigen" (frequentur praedicans) soll.[506] Explizit in die Sorge um rechtmäßige Ausübung eingebunden werden die „Homilie (homilia) und die katechetische Unterweisung (catechetica institutione)".[507] Auch anhand dieser ordentlichen Aufgabe des Diözesanbischofs zeigt sich erneut das apostolische Wesen seiner Sendung, insofern er innerhalb seiner ihm anvertrauten Teilkirche der Garant der Einheit des Glaubens ist, die sich auch und vor allem aus der Verkündigung des Evangeliums auferbaut.[508]

Der Schutz der „Unversehrtheit und Einheit der Glaubenslehre" obliegt dem Bischof gemäß § 2 „in Anerkennung jedoch einer gerechten Freiheit für die weitere Erforschung der Wahrheiten", womit der Gesetzgeber das Recht der Gläubigen zu wahren weiß, die sich gemäß c. 218 einer Wissenschaft zuwenden und im Zuge dessen die *iusta libertas* genießen.[509] Die Grenze dieser Forschungsfreiheit wird dort erreicht, „wo der Unversehrtheit und der Einheit der Glaubenslehre Gefahr droht".[510]

In den cc. 387–390 entfaltet der Gesetzgeber grundsätzliche Maßgaben für das Wirken des Bischofs im Dienst des Heiligens.[511] In c. 387 rekurriert die Rechtsnorm auf die fundamentalen Maßgaben des Konzils an den Bischof, selbst ein Beispiel der Heiligkeit zu sein.[512] Ausgehend von dieser Anforderung an die Person des Bischofs entspringt die Pflicht, die Heiligkeit der ihm anvertrauten Gläubigen zu fördern. Dies soll er vor allem durch die Sorge um die Teilhabe derer an der Feier der Sakramente tun, da er als „vornehmlicher Ausspender der Geheimnisse Gottes"[513]

---

[506] Vgl. *Bier*, c. 386, Rdnr. 3, in: MKCIC (Dezember 1998).

[507] Vgl. bzgl. der rechtsbegrifflichen Verwendung von *homilia* und *praedicatio* im CIC/1983 *Ohly*, Wort Gottes, S. 491 f. und bzgl. der Erstverantwortung des Bischofs für die katechetische Unterweisung ebd., S. 706 und 719 ff.

[508] Vgl. *Ratzinger*, Primat, Episkopat und Successio Apostolica, JRGS 12, S. 220: „Nachfolge (…) ist Indienstnahme für das Wort, Zeugenamt am anvertrauten Gut (…) Festhalten des apostolischen Wortes (…)".

[509] Vgl. *Bier*, c. 386, Rdnr. 6, in: MKCIC (Dezember 1998).

[510] Ebd.

[511] Vgl. *Müller/Ohly*, Kirchenrecht, S. 292.

[512] CD 15; vgl. *Bier*, c. 387, Rdnrn. 2–3, in: MKCIC (Dezember 1998). Erneut gilt, dass die vorliegende Norm keine umfassende Darstellung, sondern eine Zusammenstellung der grundsätzlichen Aufgabe des Diözesanbischofs ist.

[513] Ebd. Der CIC/1983 hat die Wortwahl des konziliaren Dekrets zur Gänze übernommen: „Episcopi praecipui sunt dispensatores mysteriorum Dei" (CD 15) – „sit praecipuus mysteriorum Dei dispensator" (c. 388); vgl. überdies LG 26; vgl. *Bier*, c. 387, Rdnr. 4, in: MKCIC (Dezember 1998). Mit dem Autor kann an der deutschen Übersetzung mit der Vokabel „Ausspender" kritisiert werden, dass hierdurch nur eine Dimension der bischöflichen Aufgabe ersichtlich wird. Er ist nicht nur zur eigenen Ausspendung der Sakramente gerufen, sondern ebenso dazu, „Verwalter" (oder noch eindringlicher „Hüter") der Geheimnisse Gottes zu sein.

gerufen ist, den Gläubigen das sakramentale Heilsmysterium als gnadenvermit-
telnden Akt zu eröffnen. An dieser Stelle zeigt sich, weshalb die Kirche vom *Hei-
ligungs*dienst spricht.

Die Norm des c. 388 erwähnt zunächst die Feier der Eucharistie, indem der Bi-
schof mittels § 1 ab dem Zeitpunkt der Besitzergreifung seiner Diözese unter die
Applikationspflicht gestellt wird. Diese währt an allen Sonntagen und den gebotenen Feiertagen und bezieht sich auf die Applikation für das ihm anvertraute Volk.
Hierbei ist es durch § 2 ausdrücklich vorgesehen, dass der Diözesanbischof diesen
Messfeiern persönlich vorsteht und nur bei rechtmäßiger Verhinderung einen anderen für einen Einzelfall mit der Applikation beauftragen kann. Ansonsten ist der
Diözesanbischof verpflichtet, diese Applikation für das ihm anvertraute Gottesvolk nachzuholen.[514] Bei mehreren einem Bischof anvertrauten Diözesen, in denen
er bspw. als gleichzeitiger Diözesanadministrator fungiert, genügt eine einzige
Applikation für das gesamte ihm anvertraute Gottesvolk (§ 3). Die Nachholpflicht
versäumter Applikationen benennt § 4. In näherer Bestimmung[515] gibt c. 389 die
Anweisung an den Bischof, der Eucharistiefeier persönlich vorzustehen und dies
vor allem in der Kathedralkirche oder aber einer anderen Kirche der Diözese „besonders an den gebotenen Feiertagen und bei anderen feierlichen Anlässen"[516] zu
tun. Dem Diözesanbischof steht es innerhalb seiner Diözese gemäß c. 390 unein-
geschränkt zu, die Pontifikalien auszuüben. Außerhalb seiner Ortskirche darf er
dies nur bei wenigstens „vernünftigerweise vermuteter Zustimmung des Ortsordinarius" jener ihm fremden Diözese.

Angemerkt sei, dass die regelmäßige persönliche Feier der Eucharistie durch den
Bischof nicht als eine kodikarisch festgelegte Pflicht enden sollte. Vielmehr sollte
die ganze Person des Bischofs vom tiefen und innigen Wunsch durchdrungen sein,
regelmäßig die Eucharistie als Quelle und Höhepunkt des kirchlichen Lebens zu
feiern und so das österliche Geheimnis stets erneut zu vergegenwärtigen. Insofern
ist die kodikarisch normierte bischöfliche Pflicht des c. 388 zwar eine rechtliche
Größe und verdient aufgrund der herausragenden Stellung der Eucharistie im Leben der Kirche diese Kodifizierung. Dennoch sollte es ein stetes Herzensanliegen
jedes Bischofs und Priesters sein, dieses Geheimnis zu feiern – nicht nur aufgrund
der rechtlichen Pflicht.[517]

Im Kontext der bischöflichen Eucharistiefeier ist ein Verweis auf c. 899 § 2 angebracht, wo es heißt: „In der eucharistischen Versammlung wird das Volk Gottes
unter der Leitung des Bischofs oder des unter seiner Autorität stehenden Priesters,

---

[514] Vgl. *Aymans-Mörsdorf*, KanR II, S. 347.
[515] Vgl. *Bier*, c. 389, Rdnr. 2, in: MKCIC (Dezember 1998): „389 wiederholt und vertieft einen
Gedanken, der bereits im vorangehenden Canon erörtert worden ist (…)".
[516] Vgl. SC 41.
[517] Betrachtet man die Maßgabe des c. 898, der die Gläubigen zu „größter Wertschätzung der
heiligsten Eucharistie" aufruft, so muss diese Norm in analoger Weise für diejenigen gelten,
die der Eucharistiefeier vorzustehen bevollmächtigt sind, wobei die Norm des c. 900 gilt; vgl.
hierzu *Johannes Paul II.*, Enz. EcclEuch, 47–50.

die in der Person Christi handeln, zur Einheit zusammengerufen". Die Eucharistie selbst errichtet die Einheit des mystischen Leibes Christi, der die Kirche ist.[518] Diese Einheit darzustellen, ist in besonderer Weise Aufgabe des Bischofs,[519] der diese insbesondere in der selbst vollzogenen Feier der Eucharistie darstellen kann.[520] Auch aufgrund dieser einheitsstiftenden Funktion des Bischofs wird neben dem Namen des Papstes der Name des jeweiligen Diözesanbischofs in jedem eucharistischen Hochgebet eines unter der bischöflichen Autorität zelebrierenden Priesters genannt.[521]

Dem *munus regendi* des Diözesanbischofs widmen sich die nun folgenden cc. 391–400.[522] Galt in den vorherigen Rechtsnormen das Augenmerk der Einheit in der Teilkirche, eröffnet c. 392 § 1 den Blick auf die Einheit der Teilkirche mit der Gesamtkirche, insofern der Diözesanbischof zuständig ist, „die gemeinsame Ordnung (disciplinam) der ganzen Kirche zu fördern und deshalb auf die Befolgung aller kirchlichen Gesetze zu drängen".[523] Mit Blick auf die Einbindung der Teilkirche in die Gemeinschaft mit der Gesamtkirche, die in ihnen und aus ihnen besteht, hat der Bischof diese Maßgabe des Rechts umzusetzen. In diesem Kontext der Einheit ist auch § 2 zu lesen, der die kirchliche Ordnung bezüglich des Dienstes am Wort, der Feiern der Sakramente und Sakramentalien, der Verehrung Gottes und aller Heiligen und der Vermögensverwaltung dem Bischof zur Sorgfalt und Prüfung eignet. Hierin zeigt sich erneut, dass auch die Vollmacht des Bischofs, die dem *munus regendi* zuzuordnen ist, direkte Folgen auf die *munera docendi et sanctificandi* bewirkt und die drei Dienstämter der Kirche in der Einheit der Heiligen Gewalt verwirklicht werden.[524]

Wieder ist in besonderer Weise die Feier der Eucharistie zu erwähnen, denn gerade in diesem Kontext ist eine Missachtung der kirchlichen Ordnung keine ferne Möglichkeit.[525] Es ist in besonderer Weise die Eucharistiefeier, die die *communio ecclesiarum* der Teilkirchen mit der Gesamtkirche darzustellen vermag.[526] Bezüg-

---

[518] Vgl. *Johannes Paul II.*, Enz. EcclEuch, 23.

[519] LG 26.

[520] Diese Feststellung entspricht im Wesentlichen der Eucharistischen Ekklesiologie Joseph Ratzingers; vgl. hierzu die Darstellung bei *Pottmeyer*, Eucharistische Communio-Ekklesiologie, S. 102–105. Anhand des Altarsakraments zeigt sich nicht nur die Einheit der Teilkirche, sondern überdies die Einheit der Gesamtkirche.

[521] Vgl. *Aymans-Mörsdorf*, KanR II, S. 347 und dazu vertiefend *Johannes Paul II.*, Enz. EcclEuch, 39.

[522] Vgl. *Müller/Ohly*, Kirchenrecht, S. 292; zur Norm des c. 391 vgl. S. 85–88 der vorliegenden Untersuchung.

[523] Vgl. *Aymans-Mörsdorf*, KanR II, S. 348.

[524] Vgl. *Bier*, c. 391, Rdnr. 3, in: MKCIC (Dezember 1998): „Potestas regiminis ist grundsätzlich für das gesamte, in einem umfassenden Sinne zu verstehende munus pastorale erforderlich, das heißt für das gesamte Aufgabenspektrum eines Diözesanbischofs".

[525] Vgl. *Johannes Paul II.*, Enz. EcclEuch, 51.

[526] Vgl. *Ohly*, Glaubenssinn, S. 309. Auch deshalb beinhaltet die vorliegende Rechtsnorm eine aktuelle Relevanz; vgl. überdies *Pottmeyer*, Eucharistische Communio-Ekklesiologie, S. 103–105.

lich der Anordnung dieser Norm innerhalb des Rechtstextes sei darauf hingewiesen, dass diese zwar innerhalb des c. 392 wegen der inhaltlichen Verbundenheit mit § 1 zurecht platziert ist, jedoch eine gleichzeitige Verbindung mit den Normen der cc. 387–388 anzuzeigen ist.[527]

Gemäß c. 373 besitzt jede Teilkirche von Rechts wegen Rechtspersönlichkeit. Aufgrund dessen wird es mit der Norm des c. 118 nötig, dass die Teilkirche als juristische Person einen Rechtsvertreter hat, der diese Handlungsmöglichkeit durch geltendes Recht übertragen bekommt.[528] Dies ist gemäß c. 393 der Diözesanbischof, der diese Rechtsvertretung der Diözese von Amts wegen innehat.[529]

In Analogie zu CD 17 beinhaltet c. 394 nicht nur die Pflicht des Bischofs, die Werke des Apostolates in dessen verschiedenen Ausprägungen in seiner Diözese zu fördern und zu koordinieren (§ 1), sondern überdies die Apostolatspflicht (officium) der Gläubigen (§ 2), die durch den Bischof „einzuschärfen" ist. Hinsichtlich des Pflichtcharakters rekurriert das Lehrbuch für Kanonisches Recht auf die Norm des c. 216, die die in eigener Initiative getätigte Teilhabe der Gläubigen an der Sendung der Kirche in Wort und Tat als „Recht" (ius) bezeichnet.[530] Wenn hier von einer Pflicht gesprochen wird, so kann diese „nur allgemein im Hinblick auf eine aktive Teilnahme am Leben der Kirche verstanden werden".[531]

Tatsächlich erscheint es angebracht, die Lösung in einer *via media* zu suchen. Die Ausübung und Teilhabe am Apostolat durch die Gläubigen ist insofern ein positives Recht, da das ganze Gottesvolk gerufen ist, an der Sendung der Kirche nach je eigenen Möglichkeiten im jeweiligen Stand, in den sie berufen sind, aktiv teilzuhaben.[532] Niemandem darf dieses Recht unter Wahrung der geltenden Normen verwehrt werden. Gleichzeitig sind alle Gläubigen zum Apostolat gerufen. Dieser Ruf geschieht nicht durch ein Gesetz kirchlichen Rechts, sondern vermittelt sich grundlegend durch die Sendung in Taufe und Firmung (c. 225 § 1) und ist insofern aufgrund der göttlichen Bestimmung zum Apostolat durchaus nicht nur Recht, sondern ebenso Pflicht. Auf diese Weise kann der göttliche Ruf zum Apostolat als Recht und überdies auch als Pflicht aller Gläubigen angesehen werden. Der Diözesanbischof soll aufgrund seines Hirtendienstes an diesen Ruf erinnern und auf diese Weise ein lebendiges und in vielen Formen gelebtes Apostolat in seiner Diözese fördern.[533]

---

[527] Vgl. *Bier*, Diözesanbischof, S. 216–225.
[528] Vgl. ebd., S. 225.
[529] Vgl. *Kaptijn*, Rechtspersönlichkeit und rechtserhebliches Geschehen, hier S. 191 f. i. V. m. *Kalde*, Diözesane und quasidiözesane Teilkirchen, hier S. 592.
[530] Vgl. *Aymans-Mörsdorf*, KanR II, S. 348. Es sei darauf aufmerksam gemacht, dass das zugrundeliegende Konzilsdokument ebenfalls vom „officium" der Gläubigen spricht, vgl. CD 17.
[531] *Aymans-Mörsdorf*, KanR II, S. 348.
[532] Vgl. cc. 208–211, 216–218, 221 § 1, 224–231.
[533] Vgl. *Aymans-Mörsdorf*, KanR II, S. 348.

Der folgende c. 395 benennt die Residenzpflicht des Bischofs „in der Diözese" (§ 1). Auch diese Pflicht stellt dar, wie sehr der Bischof mit seiner Diözese verbunden ist.[534] Gleichzeitig erscheint in ihr der Wert der territorialen Umgrenzung der Teilkirche als ermöglichender Faktor[535] einer Residenzpflicht, die inhaltlich nur durch das konstitutive Element der *portio populi Dei* zu begründen ist. Die Nähe des Hirten zu seiner Herde wird durch den Wohnsitz inmitten der Gläubigen greifbar. Auch auf dem Hintergrund dieser inhaltlichen Gewichtung sind die rechtlich gebundenen Einschränkungen der Residenzpflicht in den §§ 2–4 auszulegen.[536]

Dem Diözesanbischof obliegt die Aufsicht über die Befolgung aller kirchlichen Gesetze gemäß c. 392 § 1.[537] Insbesondere gilt dies für die in c. 392 § 2 genannten Bereiche des kirchlichen Lebens. Als Instrument der Aufsichtspflicht des Bischofs über die Einhaltung der kanonischen Regeln dient die in c. 396 genannte Visitationspflicht des Diözesanbischofs.[538] Diese Pflicht zu erfüllen ist jährliche Aufgabe des Bischofs, wobei aufgrund der Praktikabilität die Möglichkeit gegeben ist, stets nur einen Teil der Diözese zu visitieren. Den pflichtgemäßen Turnus zur Visitation der ganzen Diözese hat der Gesetzgeber mit dem Zeitraum von fünf Jahren vorgegeben (§ 1). Auch wenn die Visitationspflicht eine persönliche Amtspflicht des Diözesanbischofs darstellt, kann er bei rechtmäßiger Verhinderung den Bischofskoadjutor, einen Auxiliarbischof, den Generalvikar oder Bischofsvikar oder aber einen anderen Priester mit der Visitation beauftragen. Als Begleiter und Helfer können den Bischof Kleriker bei der Visitation unterstützen (§ 2). Dies gilt ebenso für die gemäß § 1 beauftragten Visitierenden in Vertretung des Bischofs. Weiterhin ist es ratsam, je nach den anlassbezogenen Gesichtspunkten der Visitation, Fachleute als Berater einzuladen.[539] Die „ordentliche bischöfliche Visitation", die mittels der vorangegangenen Norm kodifiziert ist, erstreckt sich gemäß c. 397 § 1 auf „Personen, katholische Einrichtungen, heilige Sachen und Orte, die sich im Bereich der Diözese befinden". Als Personen sind hierbei „natürliche und private sowie öffentliche juristische Personen kanonischen Rechts"[540] zu werten.

---

[534] Vgl. ebd., S. 349.

[535] CD 22.

[536] So nennt c. 395 als Ausnahmefälle zwecks kurzzeitiger Befreiung von der Residenzpflicht v. a. andere Amtspflichten (Ad-limina-Besuch, Konzil, Bischofssynode, Bischofskonferenz, andere rechtmäßig zugewiesene Aufgaben) (§ 2). Andere „angemessene Gründe" können in Urlaub oder ärztlicher Behandlung gegeben sein, wobei letztgenannte auch als schwerwiegende und dringende Gründe gemäß § 3 zur Rechtmäßigkeit der Abwesenheit gereichen können. Die Aufsicht über die Einhaltung der Pflicht des § 1 wird gemäß § 4 innerhalb der Kirchenprovinz gewährleistet.

[537] Vgl. *Bier*, Diözesanbischof, S. 225.

[538] Vgl. *Aymans-Mörsdorf*, KanR II, S. 349.

[539] Vgl. ebd., S. 350. Hier werden beispielhaft Wirtschaftswissenschaftler genannt. Zu denken wäre auch an Pädagogen oder Erziehungswissenschaftler bei der Visitation von Schulen oder Historiker bei der Visitation von heiligen Sachen und Orten gemäß c. 397 § 1.

[540] Ebd. i. V. m. cc. 96–123.

Bezüglich der Mitglieder von „Ordensinstituten päpstlichen Rechts" sowie deren Niederlassungen hat der Bischof gemäß § 2 nur Visitationsrecht und damit -pflicht, insofern ihm gesonderte Fälle durch das Recht anerkannt sind. Als ausdrücklich von der diözesanbischöflichen Visitation ausgeschlossen sind diejenigen Bereiche zu nennen, die ausschließlich verbandsinterne Angelegenheiten behandeln. Eine Bischofsvisitation ist demnach grundsätzlich nur rechtmäßig, wenn die Angelegenheit diözesane Bereiche tangiert, wobei gemäß c. 683 § 1 diese in einer Berührung mit der *portio populi Dei* zu suchen sind. Erneut wird deutlich, dass der ursprüngliche Sinn der bischöflichen Visitation darin liegt, die Verbindung von Hirt und Herde zu fördern. Der folgende c. 398 stellt die Visitation unter die Sorgfaltspflicht des Bischofs, jedes überflüssige Element zu unterlassen und so niemandem „beschwerlich oder lästig zu werden".

Den Maßgaben der Visitation im inneren Bereich der Diözese folgt die Verantwortungspflicht des Diözesanbischofs gegenüber dem Apostolischen Stuhl gemäß der cc. 399–400.[541] Die mit diesen Normen verbundene Tradition der *Ad-limina-Besuche* verweist in zentraler Weise auf die Verbundenheit der Bischöfe mit dem Papst und damit auf die *communio ecclesiarum* als Ausdruck der Verwobenheit der Teilkirchen mit und in der Gesamtkirche.[542] In der Gesamtschau mit den vorangegangenen cc. 396–398 zeigen diese Maßgaben die doppelte Struktur des diözesanbischöflichen Amtes als Dienst an der Einheit: im Inneren für die Einheit der Teilkirche einerseits, im Äußeren für die Einheit der Teilkirche mit der Gesamtkirche andererseits.[543] Gemäß c. 399 § 1 muss der Diözesanbischof dem Papst alle fünf Jahre Rechenschaft über den Zustand seiner Diözese ablegen. Hinsichtlich der genauen Form und Zeit verweist die Norm auf eigene Regelungen durch den Apostolischen Stuhl.[544] Der folgende § 2 schränkt die Pflicht ein, insofern ein

---

[541] Vgl. *Bier*, Diözesanbischof, S. 225 f.

[542] Vgl. *Johannes Paul II.*, CA PastBon, 28–32; vgl. *Bier*, Diözesanbischof, S. 226: „Der Rombesuch wird als Gipfelpunkt (culmen) der Beziehung zwischen dem Papst und den Bischöfen bezeichnet. Er wird als Bewegung zum Zentrum und zum sichtbaren Fundament der Einheit der Kirche qualifiziert. (…) Der Besuch bietet den Bischöfen die Gelegenheit, das Bewusstsein der eigenen Verantwortung zu stärken und die hierarchische Gemeinschaft mit dem Papst tiefer zu fühlen".

[543] In dieser Tradition der Visitation bis an die „Schwellen der Apostelgräber" zeigt sich diese Verbindung, wie Joseph Ratzinger es ausdrückte: „Indem sie (sc. die Kirche) ‚römisch' sagt, gibt sie dem Amt die feste Orientierung und Mitte auf das Schlüsselamt des Petrusnachfolgers in der Stadt, die vom Blute zweier Apostel getränkt ist. Indem sie endlich beides zusammenschließt, und ‚römisch-katholisch' sagt, drückt sie die beziehungsreiche Dialektik von Primat und Episkopat aus, in der eins nichts sein kann ohne das andere" (Primat, Episkopat und Successio Apostolica, JRGS 12, S. 231 f.); vgl. auch *ders.*, Auftrag des Bischofs, JRGS 8/1, S. 531: „Wie er die Einheit seiner Kirche am Ort, in seiner Diözese verantwortet, so obliegt es ihm auch, die Einheit seiner Ortskirche mit der ganzen, einen Kirche Jesu Christi zu vermitteln und immer neu zu beleben".

[544] Form und Zeit wurden im Jahr 1988 gesamtkirchlich festgelegt durch: *Congr-Ep*, Dir. Ad limina, S. 156–165.

neu eingesetzter Bischof in den ersten zwei Amtsjahren von ihr befreit ist. Die
Norm des c. 400 § 1 verbindet kodikarisch die Berichterstattung des Bischofs mit
der *Ad-limina-Tradition* der Verehrung der Apostelgräber der heiligen Petrus und
Paulus. Damit untrennbar verbunden ist die persönliche Begegnung mit dem Papst.
Diese persönliche Pflicht des Diözesanbischofs kann nur bei rechtmäßiger Hinderung durch den Koadjutor, den Auxiliarbischof oder im äußersten Fall durch einen
„geeigneten Priester seines Presbyteriums, der in seiner Diözese Wohnsitz hat",
erfüllt werden (§ 2). Vom Grundsatz her ist es jedoch eine wirklich persönliche
Verpflichtung des Amtsinhabers aufgrund seines Dienstes an der Einheit der Kirche.[545] Für Apostolische Vikare gilt gemäß § 3 die Verpflichtung der cc. 399–400
ebenso, wobei diese zur Erfüllung einen Vertreter berufen dürfen. Für Apostolische
Präfekten gilt diese Maßgabe indes nicht.[546]

5. Zwischenfazit

Erneut wird bei der Analyse der kodikarischen Normen bezüglich des Bischofsamtes im Allgemeinen und der speziellen Maßgaben hinsichtlich des diözesanbischöflichen Amtes deutlich, wie sehr das Kirchenrecht auf dem Fundament der
konziliaren Aussagen beruht. An nicht wenigen Stellen des Gesetzestextes wurden
die Aussagen des Dekrets Christus Dominus sowie an einigen Stellen der Dogmatischen Konstitution Lumen Gentium wortgleich übernommen.

Für die vorliegende Fragestellung erwachsen aus der gesetzestextlichen Erörterung einige wichtige Erkenntnisse. Grundsätzlich gelten die kodikarischen Normen
zum Bischofsamt[547] auch für den Bischof der Diözese Rom. Der Bischof von Rom
ist gleichzeitig Papst der Kirche. Anders formuliert bedeutet dies, dass der Amtsinhaber Papst ist, *weil* er Bischof von Rom ist. Aus der petrinischen Tradition[548]
erwächst die universale Binde- und Lösegewalt des römischen Bischofs.[549]

---

[545] Die im deutschsprachigen Raum überkommene Praxis, dass mit dem Diözesanbischof
auch die Auxiliarbischöfe derselben Diözese zum *Ad-limina-Besuch* reisen unterstützt diese
Einschätzung, sind doch die Auxiliarbischöfe aufs Engste mit dem Diözesanbischof in kollegialem Geist verbunden und sie selbst kraft sakramentaler Weihe zum Bischof Mitglieder des
einen Bischofskollegiums unter und mit dessen Haupt, dem Bischof von Rom.
[546] Vgl. *Aymans-Mörsdorf*, KanR II, S. 352. Dort geben die Autoren den Hinweis darauf,
dass aus der gleichzeitig bestehenden Berichterstattungspflicht für Apostolische Vikare gemäß c. 400 § 3 zu schließen ist, dass diese Pflicht auch für die Vorsteher von Teilkirchen
gilt, die nicht Diözesanbischof, sondern diesem nach c. 368 i. V. m. c. 381 § 2 rechtlich gleichgestellt sind.
[547] Im Sinne aller Normen der cc. 375–402.
[548] Die Berufung auf die Tradition des heiligen Petrus als spezifischem Apostel ist ein Unikum, dass sich nur für den Bischof von Rom ergibt. Alle anderen Bischöfe treten keine spezifische Apostelnachfolge an, sondern sind in ihrer Gesamtheit Nachfolger der Apostel; vgl.
dazu *Ratzinger*, Auftrag des Bischofs, JRGS 8/1, S. 533.
[549] Vgl. *Aymans-Mörsdorf*, KanR II, S. 328.

Für den Bischof von Rom gelten naturgemäß nicht alljene Pflichten, die ein Diözesanbischof der Kirche gegenüber dem Apostolischen Stuhl hat. Die Amtspflichten jedoch, die aus der Hirtenaufgabe des Bischofs erwachsen, obliegen auch dem Bischof von Rom.[550]

Die dargestellten kanonischen Aufgaben des Bischofs in den Diensten des Heiligens, Lehrens und Leitens obliegen dem Bischof von Rom als Hirte der *portio populi Dei* der Diözese Rom, aber umso mehr noch derselben Person als Papst und damit Hirte der Universalkirche. Aufgrund des primatialen Anspruchs resultieren besondere petrinische Rechte und auch petrinische Pflichten. Die Grundlage bildet die Einordnung des Papstamtes als ein wahrer Dienst[551] zur Förderung der umfassend verstandenen Communio der Kirche.[552]

Diese besondere Autorität des Bischofs von Rom kann in den drei *munera* der Kirche an Beispielen verdeutlicht werden. Im Hinblick auf den *munus docendi* obliegt dem Papst die universalkirchlich geltende oberste Lehrgewalt.[553] Die Lehrtätigkeit des Papstes für die universale Kirche (c. 756 § 1) ist hierbei analog zu dessen diözesanbischöflicher Verkündigung (§ 2) zu verstehen. Im Bereich des *munus regendi* der Kirche verfügt der Papst gemäß c. 331 über die „höchste, volle, unmittelbare und universale ordentliche Gewalt, die er immer frei ausüben kann". Diese *suprema potestas* besitzt er hierbei nicht nur universalkirchlich, sondern mit c. 333 § 1 auch im Hinblick auf alle Teilkirchen.[554] Was den *munus sanctificandi* der Kirche in Verbindung mit dem römischen Bischofsamt anbelangt, müssen zwei Bereiche der einen *sacra potestas* unterschieden werden.[555] Das Papstamt ist ein spezifisches *officium ecclesiasticum*, das aufgrund göttlicher Weisung (cc. 330–331) der Kirche eingestiftet wurde.[556] Dieses unterscheidet sich im Hinblick auf die ordentliche Amtsgewalt von jedem anderen Kirchenamt, insofern es

---

[550] Vgl. *Aymans-Mörsdorf*, KanR II, S. 321: „Der konstitutive Gehalt dieses bischöflichen Amtes ist es, für die Teilgemeinschaft geistliches Haupt zu sein. Im einzelnen kann dieses Amt nach Inhalt und Form in gewissem Rahmen durchaus unterschiedlich gestaltet sein. So kann es sich ebenso um einen Oberbischof (Metropolit, Patriarch, Papst) wie umgekehrt um einen Priester handeln, der in bischofsgleicher Stellung ist (v. a. Gebietsabt, Apostolischer Präfekt). Entscheidend ist, daß er das Amt des geistlichen Hauptes wahrnehmen kann".

[551] Vgl. *Johannes Paul II.*, CA PastBon, Einführung, 1.

[552] Vgl. *Müller*, Kirche als Wurzelsakrament, S. 125–135.

[553] Vgl. cc. 749 § 1; 756 § 1. Bei den hier und im Folgenden angefügten Beispielen sollen lediglich die Normen des geltenden Rechts als Belegstellen dienen. Auf die damit verbundenen Quellen aus den konziliaren Dokumenten wird nicht verwiesen. Es sei jedoch im Generellen angemerkt, dass auch hier das Konzil Fundament und Wegweiser der kodikarischen Normen war.

[554] Zur Verwobenheit dieser päpstlichen Höchstgewalt mit der den Bischöfen eigenen *propria potestas* vgl. S. 85–88 der vorliegenden Untersuchung.

[555] Im CIC/1917 wurden diese Bereiche als Weihe- und Jurisdiktionsgewalt benannt. Das Konzil und die geltenden Normen des Rechts vermeiden diese Unterscheidung; vgl. hierzu *Corecco*, Rezeption, S. 359–365 und grundsätzlich *Krämer*, Dienst und Vollmacht, S. 22–27.

[556] Vgl. vertiefend zum göttlichen Ursprung des Petrusamtes *Müller*, Der Papst, S. 169–228.

diese in seiner Autorität übersteigt, weshalb der Papst in der Gemeinschaft mit dem Bischofskollegium als die „höchste Autorität der Kirche" zu bezeichnen ist.[557] Hinsichtlich der sakramentalen Weihe besitzt der Amtsinhaber auf dem römischen Bischofsstuhl keinen Vorrang gegenüber den übrigen rechtmäßig geweihten Bischöfen der Kirche. Auch der Papst ist durch die sakramentale Bischofsweihe mit der Fülle der Weihe ausgestattet und auf diesem Fundament ebenso wie seine Amtsbrüder Bischof der Kirche.[558]

Dies bedeutet für den Bereich des bischöflichen Heiligungsdienstes, dass hinsichtlich dessen Ausübung grundsätzlich kein Unterschied zwischen dem Bischof von Rom und den übrigen Bischöfen der Kirche besteht. In diesem Kontext gilt auch für den Papst die Maßgabe des c. 835 § 1, „vorzüglicher Ausspender der Geheimnisse Gottes" zu sein. Es kann dem Papst jedoch, aufgrund dessen besonderer Pflicht erster Bewahrer der kirchlichen Ordnung und gleichzeitig oberster Gesetzgeber zu sein, eine besondere Rolle zukommen. Diese erstreckt sich im Bereich des *munus sanctificandi* in besonderer Weise auf die Vollmacht, als zuständige Autorität die liturgischen Ordnungen zu erlassen oder aber zu billigen (cc. 834 § 2, 838).[559] Weiterhin bestehende Beispiele für die Vorrangstellung des Papstes innerhalb des kirchlichen Heiligungsdienstes finden sich ebenso innerhalb dieses Kontexts in Bezug zu den Sakramentalien gemäß c. 1167, hinsichtlich der Kanonisierung der Seligen und Heiligen nach c. 1187 und vielen Weiteren. Letztlich kann und soll an dieser Stelle kein Gesamtbild der Vorrechte der höchsten Autorität der Kirche gezeichnet werden. Die genannten Beispiele dienen der Verdeutlichung dessen, dass hinsichtlich der sakramentalen Weihe kein Vorrang aus dem Papstamt erwächst. Die einzigen Weihen der Kirche sind Diakonat, Presbyterat und Episkopat (vgl. c. 1009 § 1). Damit verbunden ist die Erkenntnis, dass das Papstamt keinen sakramentalen *character indelebilis* bewirkt.

---

[557] Vgl. den Titel der cc. 330–367 des CIC/1983. Diese Bezeichnung kommt dem Papst entweder als Einzelnem oder in der Gemeinschaft mit dem Bischofskollegium zu.

[558] Vgl. *Müller*, Der Papst, S. 357: „Der Bischof von Rom ist ein Mitglied des Bischofskollegiums (…). Er bleibt an die göttliche Verfassung der Kirche immer gebunden und kann weder seine Primatialrechte mit anderen teilen noch sie anders definieren, noch kann er das göttliche Recht der Bischöfe mindern oder steigern".

[559] Papst Franziskus hat durch das Motu Proprio Magnum Principium vom 3. September 2017 c. 838 geändert und den Bischofskonferenzen bezüglich der Übersetzungen der liturgischen Bücher den größeren Spielraum beigemessen. Bis zu diesem Zeitpunkt lag die Vollmacht zur *Recognitio* beim Apostolischen Stuhl. Mit der Neuordnung dieses Canons kommt den Bischofskonferenzen die Vollmacht zur *Approbatio* zu. Dem Apostolischen Stuhl kommt nunmehr der Auftrag zur *Confirmatio* zu.

III. Die Erledigung des diözesanbischöflichen Amtes

1. Die konziliare Maßgabe des Dekrets Christus Dominus

Wendet man den Blick hin zur Erledigung des diözesanbischöflichen Amtes, so lässt sich in der jüngeren Geschichte des kirchlichen Lehramts die grundsätzliche Fragestellung erkennen, ob es einen Automatismus gäbe, auf welche Weise das diözesanbischöfliche Amt zur Beendigung käme.[560] Konkret behandelte die Diskussion des II. Vatikanischen Konzils die Fragestellung einer Altersgrenze für Diözesanbischöfe, wobei zunächst deren Legitimation, darüber hinaus jedoch auch die genaue Umgrenzung und Begründung erörtert werden musste.[561]

In Verbindung mit der Fragestellung nach der Gültigkeit der diözesanbischöflichen Amtspflichten für den Bischof von Rom muss bereits an dieser Stelle festgestellt werden, dass ein kanonischer Ruf zum Amtsverzicht für diesen nicht gegeben ist. Für den Papst besteht lediglich die in c. 332 § 2 kodifizierte Möglichkeit, auf das petrinische Amt aus freien Stücken zu verzichten.

Die Konzilsväter äußerten sich schließlich bezüglich des Amtsverzichtes eines Diözesanbischofs im Dekret Christus Dominus. Der dort angefügte Art. 21 behandelt diesen in kurzgehaltenen Worten und ohne eine vertiefende Konkretion:[562]

> „Die Hirtenaufgabe der Bischöfe ist von großer Bedeutung und Wichtigkeit. Wenn daher Diözesanbischöfe oder die ihnen rechtlich gleichgestellten Prälaten wegen zunehmenden Alters oder aus einem anderen schwerwiegenden Grund nicht mehr recht in der Lage sind, ihr Amt zu versehen, werden sie inständig gebeten, von sich aus freiwillig oder auf Einladung der zuständigen Obrigkeit den Verzicht auf ihr Amt anzubieten. Wenn aber die zuständige Obrigkeit den Verzicht annimmt, wird sie auch für den standesgemäßen Unterhalt der aus dem Amte Scheidenden und für die besonderen Rechte, die ihnen zugebilligt werden sollen, Vorkehrungen treffen".[563]

Zunächst sticht die grundlegende Begründung eines bischöflichen Amtsverzichts hervor: die Unfähigkeit zur Ausübung des Bischofsamtes. Von der bischöflichen Hirtenaufgabe her, die „von großer Bedeutung und Wichtigkeit" ist, wendet sich das Dekret dem möglichen Amtsverzicht zu. Diese grundsätzliche Blickrichtung lässt erkennen, dass das Bischofsamt ein wahrer Dienst ist, der sich als für das Leben der Kirche konstitutiv zeigt.[564] Aufgrund dieser Unerlässlichkeit ist es absolut notwendig, dass der jeweilige Amtsinhaber an der Ausübung dieses Dienstes durch keine Umstände gehindert sein darf. Deshalb eröffnet das Konzil

---

[560] Vgl. *Mörsdorf*, Kommentar CD, S. 186 f.

[561] Vgl. *Bausenhart*, Kommentar CD, S. 274. Hier wird angemerkt, dass sich diese Frage als „sensible und heiß umstrittene" darstellte.

[562] Vgl. *Mörsdorf*, Kommentar CD, S. 187.

[563] CD 21.

[564] Vgl. *Krämer*, Kirchenrecht Bd. 2, S. 74.

die Möglichkeit eines bischöflichen Amtsverzichtes zur immer besseren Verwirklichung der Hirtenaufgabe der Bischöfe.[565]

Nach dieser Begründung wendet sich das Dokument den legitimen Gründen eines Amtsverzichtes zu und benennt hierbei das zunehmende Alter (ingravescentem aetatem) und andere schwerwiegende Gründe (aliam gravem causam).[566] Es scheint konsequent, dass diejenigen Gründe als legitim zu erachten sind, die einer hinlänglichen Amtsausübung im Wege stehen, da die Legitimierung der Begründung nur auf der Grundlage der generellen Berechtigung der Möglichkeit eines Amtsverzichtes beruhen kann. Die Konzilsväter vermeiden es an dieser Stelle, eine Altersgrenze zu benennen. Insofern „kam es nicht zu einer eindeutigen Willensbildung des Konzils"[567] innerhalb der Behandlung der Frage nach der Legitimation eines bischöflichen Amtsverzichts.

Ist die Ausübung des Amtes aus diesen Gründen nicht mehr gewährleistet, sind die Amtsinhaber gebeten (rogantur), der zuständigen Obrigkeit (competenti auctoritate) die Renuntiation vom Amt anzubieten. Dies kann entweder „von sich aus freiwillig" (sua ipsi sponte) oder aber „auf Einladung der zuständigen Obrigkeit" (a invitati) geschehen. Die Tatsache, dass es sich um eine eindringliche Bitte an die Amtsinhaber handelt, nicht jedoch um eine rechtliche Pflicht zum Amtsverzicht, hat sich bis ins heute geltende Recht erhalten.[568]

Abschließend wendet sich das Konzilsdokument denen zu, deren Amtsverzicht durch die zuständige Autorität angenommen wurde. Es soll für deren „standesgemäßen Unterhalt" gesorgt werden. Überdies sollen für ihre „besonderen Rechte" (peculiaribus iuribus) Vorkehrungen getroffen werden. Hinsichtlich dieser heißt es im Textverlauf weiter, dass sie „ihnen zugebilligt werden sollen", wobei der lateinische Originaltext mit dem Verbum *providebit* („Vorkehrungen treffen") eindeutig eine futurische Formulierung verwendet. Für die speziellen Rechte derer Vorsorge zu treffen, ist eine Aufgabenstellung an die nachkonziliare Kirche.

---

[565] Vgl. *Bausenhart*, Kommentar CD, S. 274. Wenngleich bei oberflächlicher Betrachtung diese konziliare Maßgabe eine funktionalistische Interpretation des Bischofsamtes vorantreiben könnte, kann dem jedoch entgegengehalten werden, dass auch die Dimensionen der „geistlichen Vaterschaft" und „geistlichen Ehe" nur dann wirklich mit Leben gefüllt werden, wenn sie wirkliche Ausübung durch den vollzogenen Hirtendienst erfahren.

[566] Vgl. ebd., S. 274, wonach die anderen hinreichenden Gründe „betont offen formuliert" wurden.

[567] *Mörsdorf*, Kommentar CD, S. 187.

[568] Vgl. c. 401 § 1, der zu einem späteren Zeitpunkt Gegenstand der Ausführungen sein wird. Indes sei verwiesen auf *Mörsdorf*, Kommentar CD, S. 134. Hier beschreibt der Autor die lebhaft verlaufene Diskussion der Konzilsversammlung bezüglich des bischöflichen Amtsverzichtes.

2. Die erste nachkonziliare Präzisierung: Ecclesiae Sanctae

In zeitlicher Nähe zum II. Vatikanischen Konzil und dessen grundlegendem Auftrag bezüglich des bischöflichen Amtsverzichtes erließ Papst Paul VI. im Jahr 1966 das Motu Proprio Ecclesiae Sanctae. Mit diesem veröffentlicht der Papst Ausführungsbestimmungen zu einzelnen Dekreten des Konzils, worunter auch das Bischofsdekret Christus Dominus zählt. Im Hinblick auf CD 21 konkretisiert Papst Paul VI. die Bitte um die Verzichtsleistung und legt überdies eine Altersgrenze fest, wobei er die im Konzilsplenum zur Diskussion stehenden 75 Lebensjahre als solche wählte.[569] In den Ausführungsbestimmungen heißt es diesbezüglich:

> „Damit die Vorschrift in Nr. 21 des Dekrets Christus Dominus zur Ausführung gelangen kann, werden alle Diözesanbischöfe und die ihnen rechtlich Gleichgestellten gebeten, dass sie spätestens nach Vollendung des 75. Lebensjahres von sich aus der zuständigen Autorität den Verzicht auf ihr Amt erklären, die nach Erwägung der Umstände jedes einzelnen Falles entscheiden wird. Ein Bischof, dessen Amtsverzicht angenommen ist, kann auf Wunsch seinen Wohnsitz in seiner bisherigen Diözese behalten. Diese Diözese muss für einen angemessenen und würdigen Unterhalt des verzichtleistenden Bischofs aufkommen. Es ist Sache der Bischofskonferenz des Landes, auf dem Wege einer allgemeinen Verordnung die Grundsätze zu bestimmen, nach denen die Diözesen dieser Verpflichtung nachzukommen haben".[570]

Hinsichtlich der Umstände der Verzichtsleistung fußt die Ausführungsbestimmung grundsätzlich auf den konziliaren Vorgaben. Paul VI. festigt die Weisung an die Bischöfe als Bitte[571] (rogantur) an die „zuständige Autorität". Zur Wirksamkeit des Amtsverzichtes bedarf es der Annahme der Verzichtsleistung durch diese. Die weiteren Bestimmungen mit Hinblick auf den Bischof, der auf sein Amt verzichtet hat, stellen einen inhaltlichen Unterschied zu Christus Dominus dar, insofern die Pflicht zum standesgemäßen Unterhalt auf die diözesane Ebene übertragen wird. Diese ist jedoch nicht die *competenti auctoritate*, der diese Weisung im konziliaren Dekret anheimgestellt wurde. Dort oblag die Pflicht zum Unterhalt derselben Obrigkeit, die auch die Annahme der Verzichtsleistung vorzunehmen hatte. Letztere ist für den Bereich der Lateinischen Kirche jedoch stets der Apostolische Stuhl, niemals die Diözese.[572] Das Verfahren über die Erfüllung der Unterhaltspflicht zu beschreiben, obliegt der Bischofskonferenz. Im Vordergrund dieser Neuordnung steht die Beziehung des Bischofs, der auf sein Amt verzichtet hat, mit der jeweiligen Diözese.[573] Nach wie vor ist sein Sitz im Leben der Kirche in der Diözese zu finden, die zu weiden ihm aufgetragen war. Sein Platz liegt nach wie vor inmitten dieser *portio populi Dei*.[574]

---

[569] Vgl. *Mörsdorf*, Kommentar CD, S. 134; *Bier*, Diözesanbischof, S. 354 f.

[570] *Paul VI.*, Normae ad exsequenda, 11.

[571] Vgl. *Bier*, Diözesanbischof, S. 355: „Das Angebot des Amtsverzichts verpflichtend vorzuschreiben war während der Kodifikationsarbeiten erwogen, aber verworfen worden".

[572] Vgl. *Mörsdorf*, Kommentar CD, S. 187.

[573] Vgl. ebd.

[574] Vgl. ebd. *Mörsdorf* fordert an dieser Stelle die Einführung des Ehrentitels eines „*Episcopus emeritus*": „Eine dahingehende Neuordnung des Titelrechtes legt sich nahe, um der

3. Die Kodifizierung des Episcopus emeritus[575]

Kann der reguläre bischöfliche Amtsverzicht als eine Frucht des II. Vatikanischen Konzils bewertet werden, so ist die Institution der Emeritierung in Verbindung mit der Person eines emeritierten Bischofs ein Ertrag der nachkonziliaren Kodifizierung.[576] Tatsächlich hat der Titel eines Emeritus „keine Entsprechung im CIC/1917"[577] und ist somit als eine kodikarische Neuheit zu bezeichnen. Eine *Communicatio* der Kongregation für die Bischöfe aus dem Jahr 1970[578], in der festgelegt wird, dass Diözesanbischöfen, die auf ihr Amt verzichtet haben, fortan nicht der Titel einer aufgehobenen Diözese übertragen wird, sondern sie emeritierte Bischöfe der vormals eigenen Diözese bleiben sollen, ist ein weiterer Schritt innerhalb der Entstehungsgeschichte der heute geltenden Rechtsnorm.[579]

Im geltenden Recht erscheint sowohl der Grundsatz des c. 185 bezüglich des Titels eines Emeritus, als auch die speziell auf das Bischofsamt ausgerichteten cc. 401–402 i. V. m. c. 411 als maßgeblich. Die Norm des c. 185 ist kontextuell im kodikarischen Ämterrecht verortet, in dem die cc. 184–196 den Verlust eines Kirchenamtes normieren. Diese besagt, dass demjenigen „der wegen Erreichens der Altersgrenze oder aufgrund der Annahme seines Verzichts ein Amt verliert" (impletam aetatem aut renuntiationem), „der Titel eines Emeritus" (titulus emeritus) verliehen werden kann. Berücksichtigt man die in c. 184 aufgelisteten Formen des Verlustes eines Kirchenamtes, so wird ersichtlich, dass er nur einer von mehreren möglichen kanonischen Formen der Amtserledigung darstellt.[580] Die in c. 185 aufgezählten Begründungen, die die Verleihung des Titels eines Emeritus legitimieren, stellen den ehrenhaften Amtsverlust dar.[581] Während das Erreichen der rechtlich festgelegten Altersgrenze eine ordentliche Form der Amtserledigung darstellt, ist der freiwillige Amtsverzicht zu den außerordentlichen Formen zu zählen.[582] Die Tatsache, dass c. 185 vom „titulus emeriti" spricht, der „verliehen werden" kann (conferri potest), stellt heraus, dass es sich um einen Ehrentitel

---

bleibenden geistlichen Verbundenheit des ausgeschiedenen Bischofs mit seiner Diözese Ausdruck zu verleihen, und es wäre zugleich ein Bekenntnis zu dem seit alters überlieferten Gedanken, daß der Bischof seiner Gemeinde in einer Art geistlicher Ehe angetraut ist".

[575] Vgl. grundsätzlich zum konziliaren Fundament des CIC *Graulich*, Zwischen Anpassung und Neugestaltung, S. 372–388.

[576] Vgl. *Pighin*, Profilo giuridico, S. 779.

[577] *Socha*, c. 185, Rdnr. 1, in: MKCIC (August 1988).

[578] Vgl. *Congr-Ep*, De titulo tribuendo, S. 18.

[579] Mit dieser Norm erfüllt die Bischofskongregation den von Klaus Mörsdorf in dessen Kommentar angefügten Wunsch (s. Anm. 574). Die Bezeichnung kann in deutschsprachiger Entsprechung entweder „emeritierter Bischof von..." oder „Altbischof von..." lauten.

[580] Weiterhin nennt c. 184: Ablauf der festgesetzten Zeit, Versetzung, Amtsenthebung und Absetzung.

[581] Vgl. *Witsch*, Emeritus, S. 590; die unehrenhaften Formen von Amtsenthebung und Absetzung sind dargestellt bei *Ohly*, Kirchenamt, S. 250 f.

[582] Vgl. *Ohly*, Kirchenamt, S. 247 f.

handelt.[583] In Verbindung mit den Normen der cc. 187–189 kann – stets im Hinblick auf den Amtsverzicht eines Diözesanbischofs – hinzugefügt werden, dass das betreffende Kirchenamt endgültig erledigt sein muss, um den Emeritentitel zu erlangen (c. 189 § 4).[584] In Konsequenz dazu steht es derselben Autorität, die gemäß c. 148 das spezifische Kirchenamt überträgt, zu, den Titel des Emeritus zu verleihen. Für die Diözesanbischöfe ist die generelle Erlangung dieses Ehrentitels gemäß c. 402 § 1 gegeben.[585] Hierdurch ist eine Verleihung des Ehrentitels eines *Episcopus emeritus* von Rechts wegen vorgesehen.[586]

Der diözesanbischöfliche Amtsverzicht, den die cc. 401 und 402[587] normieren, verbindet in gewisser Weise die beiden in c. 185 genannten Formen der Erledigung eines Kirchenamtes. Einerseits ist eine Altersgrenze von 75 Lebensjahren mit c. 401 § 1 explizit genannt, doch handelt es sich dabei nicht um eine absolute Grenze, die von sich aus eine Amtserledigung mit sich brächte. Vielmehr wird dem Amtsinhaber mit Erreichen dieses Lebensalters die Bitte angetragen, den freiwilligen Amtsverzicht anzubieten. Insofern wird eine Altersgrenze mit einer freiwilligen Verzichtsleistung verbunden.[588] Diese muss gegenüber der zuständigen Autorität geleistet werden, die im Fall der Diözesanbischöfe im Apostolischen Stuhl zu finden ist. Der Gesetzestext spricht an dieser Stelle vom *Summus Pontifex*, womit ersichtlich wird, dass der Papst aus seinem primatialen Amt heraus handelt.[589] Die zuständige Autorität ist dieselbe, die das betreffende Amt verliehen hat.[590]

Relevant erscheint die grundsätzlich auch im diözesanbischöflichen Kontext geltende Norm des c. 148, wonach Übertragung und Beendigung eines Kirchenamtes von derselben Obrigkeit abhängen. Indem c. 401 § 1 den Amtsverzicht als eine Bitte an die Diözesanbischöfe richtet (rogatur), übernimmt der Gesetzgeber textgeschichtlich die konziliare Vorgabe des Konzils, nach welchem es in CD 21 ebenso heißt, dass die Bischöfe „inständig gebeten" werden (enixe rogantur), ihren Amtsverzicht anzubieten.[591]

---

[583] Vgl. *Socha*, c. 185, Rdnr. 7, in: MKCIC (August 1988).

[584] Vgl. ebd., Rdnr. 6.

[585] Vgl. ebd., Rdnr. 3.

[586] Vgl. *Rehak*, Emeritus, S. 839.

[587] Vgl. *Bier*, c. 401, Rdnr. 1, in: MKCIC (April 2017): „Der Canon ist neu. Er geht zurück auf CD Art. 21 (…)". Erneut wird die direkte konziliare Herkunft augenscheinlich.

[588] Vgl. *Pighin*, Profilo giuridico, S. 786 f. Mit dem Autor muss angemerkt werden, dass die nicht-lateinischen Entsprechungen zu „rogatur" nicht die gleiche Eindringlichkeit aufweisen können wie die originär gebrauchte Vokabel. Dies gilt für das Deutsche in entsprechender Weise wie für die italienische Übersetzung, auf die im zugrundeliegenden Beitrag rekurriert wird.

[589] Vgl. ebd., S. 787 und zu den verschiedenen kodikarischen Amtsbezeichnungen des Papstes vertiefend *Ries*, Amt und Vollmacht, S. 302–309.

[590] Vgl. ebd.; vgl. auch *Bier*, c. 401, Rdnr. 5, in: MKCIC (April 2017): „Der Amtsverzicht ist in jedem Fall dem Papst anzubieten. Das ist zwar nur in § 1 ausdrücklich gesagt, ergibt sich aber auch für § 2 aus der allgemeinen Norm von 189 § 1 (…)".

[591] Vgl. zu dieser Diskussion *Mörsdorf*, Kommentar CD, S. 186 f.; *Bier*, c. 401, Rdnr. 1, in: MKCIC (April 2017).

Dem Papst als der in diesem Fall zuständigen Autorität kommt es sodann gemäß c. 401 § 1 zu, „nach Abwägung aller Umstände" über Annahme oder Aufschub zu entscheiden. Das Lehrbuch für Kanonisches Recht weist in diesem Kontext darauf hin, dass im Abwägen sowohl die Person des Amtsinhabers als auch die Belange der Teilkirchen beachtet werden müssen.[592] Hierbei ist an viele Umstände zu denken, wie die gesundheitliche Verfassung des betreffenden Bischofs, der Zustand der *portio populi Dei* hinsichtlich gemeinschaftlichen Zusammenhaltes, die Ausprägung der Verbindung von Bischof und teilkirchlichem Gottesvolk und viele mehr. Insofern kann ein Aufschub der Annahme des Amtsverzichtes durch den Papst, den c. 401 § 1 vorsieht, zu beidseitigem Nutzen von Hirt und Herde verhelfen. Letztlich steht auch diese Entscheidung des Papstes im Dienst des fruchtbaren Wachstums der Communio innerhalb der Teilkirche.[593] Zur Annahme des Verzichtsangebots ist der Papst hingegen niemals verpflichtet.[594] Die erbetene Verzichtsleistung des Diözesanbischofs gemäß § 1 ist die ordentliche Form der diözesanbischöflichen Amtserledigung.[595]

Die außerordentliche Form des Amtsverzichtes kodifiziert c. 401 § 2, der einen Diözesanbischof nachdrücklich bittet (exhibeat), diesen anzubieten, sofern er wegen angegriffener Gesundheit „oder aus einem anderen schwerwiegenden Grund nicht mehr recht in der Lage ist, seine Amtsgeschäfte wahrzunehmen" (aliam gravem causam). Diese Maßgabe trägt ebenfalls der konziliaren Weisung aus CD 21 Rechnung, ebenso, was die Begründung dieser Bitte anbelangt. Aus dem Blickwinkel der unter Umständen nicht mehr gegebenen Möglichkeit, das Hirtenamt auszuüben, überträgt die Rechtsnorm diese an den Amtsinhaber. Wiederum wird der Dienstcharakter des diözesanbischöflichen Amtes ersichtlich, das aufgrund seines konstitutiven Charakters stets wahrhaft ausgeübt werden muss.[596] Unter einem anderen schwerwiegenden Grund kann auch eine tiefgreifende Zerrüttung des Verhältnisses des Bischofs zu dem ihm anvertrauten Teil des Gottesvolkes gelten, die die Ausübung des Bischofsdienstes in der entsprechenden Teilkirche unmöglich macht.[597]

Die Norm des c. 402 ist die Konsequenz eines angenommenen Amtsverzichtes. Grundlegend benennt § 1 den rechtlichen Automatismus, demzufolge ein Bischof,

---

[592] Vgl. *Aymans-Mörsdorf*, KanR II, S. 339.

[593] Vgl. *Pighin*, Profilo giuridico, S. 788.

[594] Vgl. *Bier*, c. 401, Rdnr. 6, in: MKCIC (April 2017).

[595] Vgl. *Aymans-Mörsdorf*, KanR II, S. 339.

[596] Vgl. *Müller/Ohly*, Kirchenrecht, S. 285f.; vgl. *Bier*, c. 401, Rdnr. 4, in: MKCIC (April 2017): „Die Bischöfe sind (…) im Verfassungsgefüge der Kirche von essentieller Bedeutung; ihr Hirtendienst ist (…) von größter Wichtigkeit. (…) Zur sachgerechten und fruchtbringenden Ausübung des bischöflichen Hirtendienstes sind daher neben den in 378 § 1 geforderten menschlichen, christlichen und theologischen Qualifikationen auch physische und psychische Gesundheit sowie geistige Beweglichkeit unerlässlich".

[597] Ein unter solchen Umständen erfolgter Amtsverzicht bedeutet jedoch nicht gleichzeitig, dass der Emeritus hernach nicht an einer anderen Stelle im Leben der Kirche fruchtbar seine Sendung und seinen Auftrag erfüllen kann.

sobald sein Amtsverzicht durch die päpstliche Annahme rechtskräftig wurde, den „Titel Emeritus seiner Diözese" (titulum emeriti suae diocesis) erhält.[598] Somit wird die bereits durch die Kongregation für die Bischöfe kommunizierte Maßgabe kodifiziert, dass einem emeritierten Diözesanbischof keine aufgehobene Titelkirche, sondern die ihm ehemals anvertraute Teilkirche zum Titel dienen wird.[599] Somit ist der Emeritus fortan Titularbischof der ihm vormals anvertrauten Diözese.[600] Auch ist der Emeritus gemäß § 1 berechtigt, seinen Wohnsitz innerhalb dieser Diözese zu behalten. Diese Möglichkeit stärkt die auch nach dem Amtsverzicht zu wahrende Verbindung des Altbischofs zum ihm vormals anvertrauten Gottesvolk.

Der Emeritus ist auch nach Amtserledigung ein wichtiger Bestandteil im Leben der Diözese.[601] Diese Wohnoption gilt auch für Diözesanbischöfe, die einem kanonischen Lebensverband angehören, jedoch gemäß c. 707 § 1 von der Pflicht, in einer seiner Niederlassungen zu wohnen, befreit sind. Eine andere Bestimmung durch den Apostolischen Stuhl, die c. 402 § 1 überdies vorsieht, kann „wegen besonderer Umstände" getroffen werden. Hierbei kann an einen Amtsverzicht aus schwerwiegendem Grund gemäß c. 401 § 2 gedacht werden, der aufgrund von schwerer Zerrüttung von Bischof und Gottesvolk notwendigerweise vollzogen wurde. In diesen Fällen kann es unter Umständen ratsamer erscheinen, dass der emeritierte Bischof seinen Wohnsitz nicht in der besagten Diözese behält.[602]

Die Sorgfaltspflicht hinsichtlich hinreichendem und würdigem Unterhalt des Emeritus obliegt gemäß c. 402 § 2 der zuständigen Bischofskonferenz und innerhalb dieser in besonderer Weise der ehemaligen Diözese des jeweiligen Altbischofs.[603] Hierbei ist in Verbindung mit der konziliaren Maßgabe aus CD 21 davon auszugehen, dass die reguläre Versorgung des Emeritus bei der Diözese zu suchen ist und die Bischofskonferenz nur dann selbst aktiv werden muss, wenn dies in einer Teilkirche unmöglich erscheint.[604] Hier wäre ein Verweis auf den Apostolischen Stuhl angebracht, um vom weltkirchlichen Aspekt her betrachtet

---

[598] Vgl. *Bier*, c. 402, Rdnr. 2, in: MKCIC (April 2017).

[599] Vgl. ebd. und *Breitbach*, Bischof, S. 267: „Kein Titularbistum wird mehr zugeteilt: den Gebietsprälaten im Bischofsrang, den Koadjutoren, den Militärordinarien u. den emeritierten DB". Abkürzungen im Original.

[600] Vgl. *Aymans-Mörsdorf*, KanR II, S. 339.

[601] Vgl. S. 121–126 der vorliegenden Untersuchung.

[602] Vgl. *Bier*, c. 402, Rdnr. 3, in: MKCIC (April 2017). Hier weist der Autor auch auf die Situation hin, in der ein bleibender Wohnsitz des Emeritus innerhalb der Diözese der fruchtbaren Ausübung des Hirtendienstes durch den Nachfolger zuwiderlaufen kann.

[603] Vgl. *Bier*, c. 402, Rdnr. 5, in: MKCIC (April 2017).

[604] Vgl. *Aymans-Mörsdorf*, KanR II, S. 339. Für den deutschsprachigen und mutmaßlich für den gesamten europäischen Raum ist an eine zumindest wirtschaftliche Notlage nur schwer zu denken. Wie bei allen Normen des geltenden Rechts ist jedoch der weltkirchliche Aspekt zu beachten; vgl. zu den Bedenken von Konzilsvätern aus Gebieten der Mission bezüglich der Sorgfaltspflicht für den Emeritus *Mörsdorf*, Kommentar CD, S. 134.

eine *ultima ratio* auch kanonisch festzulegen, die jedem emeritierten Bischof die Altersversorgung zusichert.[605]

4. Bleibende kanonische Rechte der Emeriti

Mit den Maßgaben des c. 402 sind grundsätzliche bleibende Rechte der emeritierten Diözesanbischöfe gegeben: der Ehrentitel eines *Episcopus emeritus* der vormals anvertrauten Diözese, die Möglichkeit den Wohnsitz in dieser zu behalten (beide § 1) und der Anspruch auf einen hinreichenden und würdigen Unterhalt nach der Emeritierung (§ 2).[606]

In den kodikarischen Normen sind weitere bleibende Rechte der Emeriti enthalten, die grundsätzlich in verschiedene Bereiche untergliedert werden können. Ausgehend von den Dienstämtern der Kirche können die bleibenden Rechte und Pflichten des *munus regendi* einerseits und der *munera docendi et sanctificandi* andererseits unterschieden werden. Überdies können die Rechte und Pflichten des *sakramentalen* von denen des *nicht-sakramentalen* Ursprungs getrennt werden. Ferner kann das Rechtsinstitut des *Episcopus emeritus* sowohl von verfassungsrechtlicher Seite, als auch aus einem sakramentenrechtlichen Ansatz analysiert werden. Da der letztgenannte Aspekt durch vertiefende Weisungen der Neuzeit untermauert wurde,[607] soll er in einem eigenen Abschnitt untersucht werden, wobei auch der Bereich des *munus docendi* der emeritierten Bischöfe Erwähnung finden soll.

Die emeritierten Bischöfe bleiben Mitglieder des Bischofskollegiums kraft der einmal gültig empfangenen sakramentalen Weihe und der Eingliederung in die hierarchische Gemeinschaft (c. 336).[608] Die gültige Bischofsweihe verleiht dem Geweihten ein untilgbares Prägemal (c. 1008), sodass der Grundsatz *semel ordinatus – semper ordinatus* gilt. Somit ist die erste Voraussetzung zur Gliedschaft im Bischofskollegium auch den *Emeriti* zweifelsohne gegeben: die sakramentale Weihe zum Bischof der Kirche.[609] Dieses sakramentale Element der Voraussetzungen zur Gliedschaft im Bischofskollegium ist absolut unverlierbar.[610]

---

[605] Vgl. ebd. und S. 187. *Mörsdorf* spricht hier nur davon, die Bischofskonferenzen in die Pflicht zu nehmen, was mit c. 402 § 2 geschehen ist. Tatsächlich ist im Sinne einer für den Emeritus letztgültigen Absicherung ein Verweis auf den Apostolischen Stuhl jedoch wünschenswert. Hierbei kann es nicht um eine durch diese Autorität eigenhändig durchgeführte wirtschaftliche Versorgung gehen. Vielmehr stünde eine solche letzte Pflicht im Sinne einer organisatorischen Handhabung im Dienst der Verbundenheit der Gesamtkirche mit den Teilkirchen aus wirtschaftlich schwächeren Regionen.
[606] Vgl. *Bier*, c. 402, Rdnrn. 3–5, in: MKCIC (April 2017).
[607] Insbesondere durch *Congr-Ep*, ApS.
[608] Vgl. S. 129–142 der vorliegenden Untersuchung.
[609] Vgl. *Müller/Ohly*, Kirchenrecht, S. 254.
[610] Vgl. *Krämer*, Kirchenrecht Bd. 2, S. 106.

Bezüglich der hierarchischen Gemeinschaft mit Haupt und Gliedern des Bischofkollegiums ist im Hinblick auf die emeritierten Bischöfe in Erinnerung zu rufen, wie sich diese konstituiert.[611] Hierbei ist in der Analyse der *communio hierarchica* einerseits zu sagen, dass diese vertikal mit dem Haupt des Kollegiums, d. h. dem Papst, bestehen muss.[612] Diese drückt sich vor allem im päpstlichen Mandat der Bischofsweihe aus, ohne welches diese nicht erlaubt empfangen werden kann (c. 1013). Ebenso verdeutlicht die kanonische Amtsverleihung durch die zuständige Autorität, d. h. den Papst (c. 377 § 1 i. V. m. c. 148), diese vertikale Gemeinschaft zwischen Haupt und Gliedern des Bischofskollegiums. Andererseits ist in horizontaler Sinnrichtung nach der Communio zwischen den Gliedern des Kollegiums zu fragen. Diese besteht nach der kanonischen Bestimmung und Zuweisung auf „einen konkreten Platz im Bischofskollegium".[613] Diese *determinatio* haben die emeritierten Bischöfe nicht verloren. Vielmher sind sie nach der Amtserledigung in die hierarchische Gemeinschaft als emeritierte Bischöfe mit dem Titel der ehemaligen Diözese eingegliedert (c. 402 § 1).[614] Auch in der bleibenden Gliedschaft der Emeriti im Bischofskollegium verdeutlicht sich, dass der Emeritentitel einen Ehrentitel der Kirche darstellt.[615]

Diese bleibende Gliedschaft bringt eine entscheidende Erkenntnis mit sich. Wenn die Ausdrucksform der Teilhaberschaft des Bischofskollegium an der höchsten und vollen Gewalt im Hinblick auf die Gesamtkirche (c. 336) das Ökumenische Konzil ist (c. 337 § 1), so ist gleichzeitig festzustellen, dass auch die emeritierten Bischöfe als vollwertige Glieder des Kollegiums das Recht haben, an diesen Konzilien teilzunehmen und ihre Mitträgerschaft an der kirchlichen Höchstgewalt auszuüben.[616] Überdies kommt dort auch den emeritierten Bischöfen entscheidendes Stimmrecht zu (c. 339 § 1). Wiederum wird durch die vorliegenden Maßgaben die Weisung des II. Vatikanischen Konzils kodifiziert, welches in CD 4 dieses Recht zuerkannte: „Daher beschließt die Heilige Synode, dass allen Bischöfen, die Glieder des Bischofskollegiums sind, das Recht zusteht, am Ökumenischen Konzil teilzunehmen". Auf diese Weise stellt die kodikarische Norm ein Novum im Vergleich zum ersten kodifizierten Kirchenrecht dar, das kein absolutes Recht aller Bischöfe des Kollegiums auf die Teilnahme an einem Ökumenischen Konzil vorsah (vgl. can. 223 CIC/1917).[617] An dieser Stelle zeigt sich die bleibende Teilhabe emeritierter Diözesanbischöfe am *munus regendi* der Kirche. Hierbei wird in diesem Kontext auf die Leitungsgewalt auf der Ebene der Universalkirche rekurriert. Da

---

[611] Vgl. *Pighin*, Profilo giuridico, S. 783. Dort bewertet der Autor die bleibende Gliedschaft der emeritierten Bischöfe im Bischofskollegium als das Faktum, dass die kanonische Figur des *Episcopus emeritus* am umfangreichsten bestimmt.

[612] Vgl. *Müller/Ohly*, Kirchenrecht, S. 254.

[613] Ebd., S. 255.

[614] Vgl. *Pighin*, Profilo giuridico, S. 781.

[615] Vgl. *Rehak*, Emeritus, S. 839.

[616] Dies beinhaltet alle Formen des Ökumenischen Konzils gemäß c. 337, ebenso das Fern- oder Briefkonzil; vgl. hierzu *Müller/Ohly*, Kirchenrecht, S. 258.

[617] Vgl. *Mörsdorf*, Kommentar CD, S. 152 f.; *Krämer*, Kirchenrecht Bd. 2, S. 110.

die Leitungsvollmacht des amtierenden Diözesanbischofs als *potestas ordinaria* bestimmt wird (c. 381 § 1), hängt diese untrennbar mit dem spezifischen *officium ecclesiasticum* zusammen, das nur durch den jeweils im Amt befindlichen Bischof bekleidet werden kann. Daher erlöschen mit der erfolgten Amtserledigung für den Bischof, der auf sein Amt verzichtet hat, alle Leitungsvollmachten auf der Ebene der Teilkirche, die mit dem erledigten Amt zusammenhingen.

Hinsichtlich der Partikularkonzilien gemäß cc. 439–440 ist die Teilnahmemöglichkeit der Emeriti nach c. 443 § 2 gegeben. Es handelt sich hierbei tatsächlich um eine Möglichkeit,[618] jedoch nicht um ein absolutes Recht der Altbischöfe, wie sie es im Falle der Ökumenischen Konzilien innehaben.[619] Überdies sei auf die Möglichkeit der emeritierten Bischöfe zur Bestattung in der „eigenen Kirche" (propria ecclesia) gemäß c. 1242 hingewiesen, die ebenfalls als Ehrenrecht zu bewerten ist, da sie auch die über den leiblichen Tod hinausgehende bleibende Verbindung von Bischof und Diözese auszudrücken vermag.[620]

Weiterhin können die emeritierten Diözesanbischöfe in die Findung geeigneter Kandidaten für das Bischofsamt gemäß c. 377 § 2 einbezogen werden.[621] Dort wird allgemein von den Bischöfen einer Kirchenprovinz gesprochen sowie die Möglichkeit des Einbezugs der Bischofskonferenz eröffnet. Hinsichtlich der Bischöfe (Episcopi provinciae) könnte hierbei diskutiert werden, ob es sich nur um die residierenden Diözesanbischöfe oder um alle Bischöfe der Provinz, d. h. inklusive der Emeriti, der Auxiliarbischöfe, aber auch der gemäß c. 381 § 2 den Diözesanbischöfen rechtlich Gleichgestellten handelt. Überdies besteht die Möglichkeit, von der jeweiligen Bischofskonferenz nach Maßgabe des c. 346 § 1 zu einer Bischofssynode entsandt zu werden.[622] Diese Möglichkeiten zum Einbezug der emeritierten Diözesanbischöfe resultieren aus deren bleibender geistlicher Verbindung mit den ihnen ehemals anvertrauten Diözesen. Insofern sind diese nicht als bleibende Rechte eines Emeritus zu bezeichnen, sondern bestehen als Hilfsmittel, um die gemeinsame Hirtensorge für den partikularen Bereich fruchtbar verwirklichen zu können.

Als weitere bleibende kodikarische Maßgaben hinsichtlich eines emeritierten Diözesanbischofs seien überdies genannt: Das Recht zur Einrichtung einer bischöflichen Privatkapelle (c. 1227), der Schutz vor physischer Gewalt in Verbindung mit der diesbezüglichen Strafbestimmung gemäß c. 1370 § 2[623], die Zuständigkeit von

---

[618] Vgl. den lateinischen Wortlaut des c. 443 § 2: „Ad concilia particularia vocari possunt (…) etiam emeriti in territorio digentes".

[619] Vgl. *Rehak*, Emeritus, S. 839.

[620] Vgl. ebd. und *Pighin*, Profilo giuridico, S. 781.

[621] Vgl. ebd., S. 789.

[622] Vgl. ebd.

[623] Die Weisung des c. 1370 § 2 CIC/1983 ist unveränderter Bestandteil des erneuerten Liber VI des Codex Iuris Canonici, der mit der Apostolischen Konstitution Pascite gregem Dei von Papst Franziskus am 23. Mai 2021 promulgiert und in Kraft gesetzt wurde. Wenn im Folgenden auf Normen des Strafrechts verwiesen wird, soll eine vergleichsweise Einordnung hinsichtlich der Canones des erneuerten Strafrechts in aller gebotenen Kürze erfolgen.

Papst und Römischer Rota für die Rechtsprechung in Streitsachen (c. 1405 § 1 n. 3 i. V. m. § 3 n. 1) sowie die freie Gerichtswahl gemäß c. 1558 § 2.[624]

5. Weitere gesetzliche Maßgaben

Die von der Bischofskongregation kommunizierten Normen aus dem Jahr 1988 für die Bischöfe, die auf ihr Amt verzichtet haben, eröffnen weitere Dimensionen hinsichtlich der bleibenden Rechte und Pflichten der Emeriti.[625] Diese Maßgaben wurden in der jüngsten Zeit durch Papst Franziskus aktualisiert.[626]

Die Normae der Bischofskongregation sind auch hinsichtlich ihrer Einführungsworte interessant, denn das Dokument bezeichnet die steigende Zahl der Bischöfe, die gemäß c. 401 auf ihr Amt verzichten, als ein Ereignis von großer Bedeutung für das Leben der Kirche (un evento di grande importanza nella vita della chiesa).[627] Die Begründung dieser großen Wichtigkeit finden die Verfasser in der gerade erörterten verfassungsrechtlichen Gegebenheit, derzufolge die Emeriti Glieder des Bischofskollegiums mit den damit verbundenen Rechten und Pflichten bleiben. Aufgrund dessen ist die Emeritierung von Bischöfen nicht nur besonders wichtig, sondern von einzigartigem und außerordentlichem Belang für Kirche. Wegen dieser Feststellung werden, so die Bischofskongregation weiter, Normen unerlässlich, die zeigen, auf welche Weise die emeritierten Bischöfe weiterhin am Dienst der Kirche teilhaftig sein können.[628] Miteinbezogen werden die Bischöfe, die an der Römischen Kurie einen Dienst versehen haben, ebenso wie die den Diözesanbischöfen rechtlich Gleichgestellten.

Die Einführungsworte der Normae rekurrieren auf die Beibehaltung der ehemals eigenen Diözese als Titelkirche des Emeritus gemäß c. 402 § 1, die auf die bleibende Verbindung des Altbischofs zur vormals anvertrauten Teilkirche hinweist, die jedoch in praxi durch eigene Normen zur fruchtbaren Ausübung gelangen muss.[629]

Die emeritierten Bischöfe sind ebenso wie die übrigen Bischöfe (altri Vescovi) zu Problemen allgemeiner Natur (carattere generale) zu hören, wobei die Begründung

---

[624] Vgl. ebd., S. 790.

[625] *Congr-Ep*, Normae, S. 167 f.

[626] *Franziskus*, Rescriptum/2014.

[627] Vgl. *CongrEp*, Normae, Einführung.

[628] Vgl. ebd.: „(...) modi (...) con cui i vescovi emeriti possano sentirsi ancora utili nel servizio della chiesa".

[629] Vgl. ebd. Auch die dort kurz angesprochene Verfahrensweise zur Ausarbeitung der vorliegenden Normae in Zusammenarbeit mit dem Staatssekretariat unterstreicht die Wichtigkeit, die der Emeritierung von Diözesanbischöfen beigemessen wird. Die Normae sind als Hilfe zur praktischen Umsetzung der cc. 401–402 zu bewerten: „la Congregazione per i Vescovi, accogliendo il suggerimento della Segretaria di Stato (...), ha promesso di dare al problema una soluzione opportuna (...)".

in den pastoralen Erfahrungen und der Wertschätzung derselben zu finden ist.[630] Um dies zu ermöglichen, sind auch den Emeriti alle Verlautbarungen des Apostolischen Stuhles und die päpstlichen Dokumente zu übermitteln, damit diese über die „Probleme großer Wichtigkeit" (problemi di maggiore importanza) schnellstmöglich informiert werden.[631]

Die pastorale Erfahrung derer, die ein geistliches Amt der Kirche bekleidet haben, wird im Leben der Kirche hochgeschätzt. Dies spiegelt sich auch in der Ratio Fundamentalis Institutionis Sacerdotalis der Kongregation für den Klerus wider, die im Kontext der pastoralen Ausbildung der Seminaristen ausdrücklich auf die „Beispiele der priesterlichen Vorgänger" hinweist und in diesen Kontext auch die „pensionierten Bischöfe" stellt, die „eine große Hilfe und ein Ansporn" sein können.[632] Wie die Altbischöfe Beispiel, Vorbild und Hilfe für die Seminaristen sein können, können sie diese Aufgabe auch in Bezug zu ihren eigenen Nachfolgern und gleichzeitigen Brüdern im Bischofsamt erfüllen.

Weiterhin können Emeriti, die in einer bestimmten Materie eine besondere Qualifikation oder Kompetenz aufweisen, in die Arbeit derjenigen kurialen Dikasterien einbezogen werden, die sich spezifisch mit diesem Bereich beschäftigen.[633] Innerhalb der entsprechenden Dikasterien sind diese im Rang der membri aggiunti einzuordnen. Weiterhin kann der emeritierte Bischof bei der Benennung der Konsultoren für die Römische Kurie berücksichtigt werden.[634]

Es ist den Bischofskonferenzen möglich, bei der Auswahl der zu entsendenden Teilnehmer an der Bischofssynode auch emeritierte Diözesanbischöfe zu berücksichtigen, die sich aufgrund von besonderen Kompetenzen oder herausragender Erfahrung auszeichnen.[635] Diese in den vorliegenden Normae gegebene Möglichkeit wurde in der späteren speziellen Gesetzgebung und deren authentischer Interpretation bestätigt.[636] Auch diese Maßgabe zeigt, dass die Emeriti nach wie vor vollwertige Mitglieder des Bischofskollegiums sind, aus dem sich die Bischofssynode konstitutiv aufstellt (vgl. c. 342).[637] Damit einher geht die weiterhin für emeritierte Bischöfe gültige Pflicht der Mitsorge um die Belange der Gesamtkirche gemäß c. 336.

Mit dieser Maßgabe verbunden ist die folgende Weisung der Normae in Nr. 4, wonach eine Konsultation der emeritierten Bischöfe immer dann ratsam ist, sofern sie nicht schon gemäß den jeweiligen Statuten der Bischofskonferenz mit beraten-

---

[630] Vgl. ebd., 1.
[631] Vgl. ebd.
[632] *Congr-Cler*, RFIS/2016, 123.
[633] Vgl. *Congr-Ep*, Normae, 2.
[634] Vgl. ebd.
[635] Vgl. ebd., 3.
[636] Vgl. *PCI*, Responsum/1991.
[637] Vgl. *Putter*, Kollegialitätsprinzip, S. 97 f.

dem Stimmrecht (con voto consultivo)[638] an den Vollversammlungen teilnehmen und die behandelten Themen die besondere Kompetenz der Emeriti berühren (sono particolarmente competenti). Überdies sind den Emeriti die Veröffentlichungen der Bischofskonferenz an primärer Stelle zukommen zu lassen. Diejenigen Emeriti, die nach dieser Maßgabe berufene Mitglieder der Bischofskonferenzen sind,[639] werden bei der Auswahl von Teilnehmern an den Bischofssynoden faktisch einzig berücksichtigt und demnach auch durch den Papst gemäß c. 344 n. 2 bestätigt.[640]

Weiterhin sollen dem emeritierten Diözesanbischof das Amtsblatt der Diözese sowie weitere diözesane Verlautbarungen zugänglich gemacht werden, damit er ohne Verzögerung über die aktuellen Geschehnisse in der Teilkirche in Kenntnis gesetzt wird. Ebenso ist erneut ausgeführt, dass die Diözese nach ihren Möglichkeiten wirtschaftliche Unterstützung an den Emeritus zu leisten hat.[641]

Die abschließende Nr. 6 der Normae legt es in die Verantwortung der Universalkirche, den Angelegenheiten der emeritierten Bischöfe genügend Aufmerksamkeit und Sorge zu schenken, damit diese sich in die Gemeinschaft der Christen bleibend eingebunden fühlen. In diesem Sinn eröffnet die Maßgabe eine pastorale Zuwendungsmöglichkeit zu den Emeriti.

Das durch Papst Franziskus im Jahr 2014 erlassene Reskript unterstreicht die bleibende Gültigkeit der gesetzlichen Maßgaben bezüglich der Emeritierung von Diözesanbischöfen.[642] Auch Franziskus wendet sich dem Amtsverzicht auf dem Fundament der fruchtbaren Ausübung des Bischofsamtes zu, wobei er explizit den Dienstcharakter des gesamten ordinierten Amtes und darunter insbesondere des Bischofsamtes benennt.[643] Überdies stellt der Papst seine Ausführungen auf das Fundament des Konzils, wenn er den hinsichtlich des Amtsverzichtes relevanten Art. 21 des Dekrets Christus Dominus zur Grundlage zitiert. Ebenso stellt Fran-

---

[638] Vgl. *Johannes Paul II.*, MP ApSuos, 17; *Pighin*, Profilo giuridico, S. 791 f.

[639] Gemäß c. 450 § 1 sind die emeritierten Diözesanbischöfe dann Mitglieder der Bischofskonferenz, wenn sie in ihrer verfassungsrechtlichen Einordnung als Titularbischöfe mit dem Titel der ehemals anvertrauten Diözese „eine ihnen vom Apostolischen Stuhl oder von der Bischofskonferenz übertragene besondere Aufgabe wahrnehmen". Kanonische Gegebenheit ist, dass diese besondere Aufgabe zur Mitgliedschaft konstitutiv ist, da die Titularbischöfe gemäß c. 450 § 2 „nicht von Rechts wegen Mitglieder der Bischofskonferenz" sind. Entschärft wurde dies jedoch durch *Johannes Paul II.* mit der Weisung des Motu Proprio Apostolos Suos, wonach die Emeriti mit beratendem Stimmrecht heranzuziehen sind, vgl. *Hallermann*, Bischofskonferenzen, hier S. 215.

[640] Vgl. *Graulich*, Bischofssynode, S. 59.

[641] Vgl. *Congr-Ep*, Normae, 5.

[642] Vgl. *Franziskus*, Rescriptum/2014, Vorwort des Kardinalstaatssekretärs: „Il Santo Padre ha altresì stabilito che quanto è stato deliberato abbia ferma e stabile validità".

[643] Vgl. ebd., Einführung: „Il grave peso del ministero ordinato, da intendersi come servizio (diakonia) al Popolo santo di Dio, richiede, a coloro che sono incaricati di svolgerlo, di impegnarvi tutte le proprie energie. In particolare, il ruolo di Vescovo, posto di fronte alle sfide della società moderna, rende necessari una grande competenza, abilità e doti umane e spirituali".

ziskus die Maßgaben in die lehramtliche Tradition der nachkonziliaren Kirche.[644] Gemeinsam mit dem Kardinalsrat, der sich mit der Kurienreform befasst, wurden die in diesem Reskript enthaltenen Normen beschlossen.[645]

Zunächst bestätigt Papst Franziskus die geltende Altersgrenze[646] für die Lateinische Kirche und die unierten Ostkirchen, wonach Diözesan- und Eparchialbischöfe sowie die ihnen gemäß c. 381 § 2 (c. 331 CCEO) rechtlich Gleichgestellten, die Bischofskoadjutoren und Auxiliarbischöfe, mit Erreichen des 75. Lebensjahres zum Einreichen ihres Amtsverzichtes eingeladen werden (sono invitati). Die Umformulierung von der Bitte (rogatur) hin zur Einladung (invitati) unterstreicht die Eindringlichkeit der Maßgabe, mit Erreichen der Altersgrenze den Amtsverzicht anzubieten.[647] Der Amtsverzicht wird erst wirksam, sobald er von der zuständigen Autorität angenommen wurde (Nr. 2). Hierdurch stärkt und bestätigt der Papst die kodikarische Maßgabe (c. 401 § 1 i. V. m. c. 189 § 1). Mit der Annahme des Amtsverzichtes erlöschen auch jene Ämter des Verzichtenden, die dieser auf nationaler Ebene ausgeübt hat und die ihm für die Dauer seines bischöflichen Amtes übertragen wurden.[648]

Bezüglich des Amtsverzichtes wegen angegriffener Gesundheit oder anderem schwerwiegendem Grund gemäß c. 401 § 2 stellt Franziskus die kodikarische Maßgabe in einen von barmherziger Zuwendung geprägten Kontext.[649] Es heißt explizit, dass diese Geste des Amtsverzichtes nach c. 401 § 2 der Wertschätzung durch die Kirche würdig ist (degno di apprezzamento ecclesiale).[650] Gleichzeitig nennt der Papst den entscheidenden Impuls derer, die auf ihr Amt verzichten, der in der Liebe und dem Wunsch nach einem besseren Dienst für und an der Gemeinschaft zu finden ist. Aufgrund dieses Umstandes ist die Wertschätzung der Kirche angebracht, zumal der betreffende Bischof auf sein Amt verzichtet, damit diese Güter fruchtbarer zutrage kommen. Es ist von Interesse, dass Franziskus hier nicht wie im übrigen Textverlauf vom Bischof (Vescovo), sondern vom Hirten (Pastore) spricht. Auch hierin erscheint der Dienstcharakter des Bischofsamtes als Hirtendienst ebenso wie sein pastorales Ziel, zu dessen Erfüllung der Amtsinhaber in vollem Umfang fähig sein muss. Auch als Aufwertung des vorzeitlichen Amtsverzichtes aus genannten Gründen, ist die abschließende Aussage zu bewerten, nach der die Gläubigen aufgerufen sind, Solidarität und Verständnis für den

---

[644] Vgl. ebd. Er benennt in dieser Abfolge: *Paul VI.*, MP EcclSanct; die cc. 401–402, 411 CIC/1983; die cc. 210–211, 218, 313 CCEO; bezüglich des Amtsverzichtes der kurialen Mitarbeiter *Paul VI.*, MP IngravAetatem; *Johannes Paul II.*, CA PastBon.

[645] Vgl. ebd.: „(…) accogliendo le raccomandazioni del Consiglio dei Cardinali che assistono il Santo Padre nella preparazione della riforma della Curia romana e nel governo della Chiesa, viene disposto quanto segue".

[646] Vgl. ebd., 1: „È confermata la disciplina vigente nella Chiesa (…)".

[647] Vgl. *Bier*, c. 401, Rdnr. 8, in: MKCIC (April 2017).

[648] Vgl. *Franziskus*, Rescriptum/2014, 3.

[649] Vgl. ebd., 4.

[650] Vgl. *Bier*, c. 401, Rdnr. 8, in: MKCIC (April 2017).

vormaligen Hirten (per chi è stato loro Pastore) zu zeigen und ihm Unterstützung hinsichtlich seiner Altersversorgung gemäß c. 402 § 2 zu versichern. Maßstäbe in dieser Unterstützung sind Liebe und Gerechtigkeit (carità e giustizia).

Die Maßgabe der Nr. 5 bezeichnet die Möglichkeit der zuständigen Autorität, einem Bischof den Amtsverzicht nahezulegen, sofern es unter bestimmten Umständen notwendig erscheint. Hierbei sind in brüderlichem Dialog dem betroffenen Bischof die Gründe darzulegen und auch seine Meinung zu hören. Auf diese Weise wird zu geltendem Recht, was die Konzilsväter bereits in CD 21 zu benennen wussten.[651] Die zuständige Autorität ist in diesem Kontext der Papst. Nimmt er diese freie Option in Anspruch, ist damit durchaus eine gewisse Verbindlichkeit für den betroffenen Bischof verbunden.[652]

Es werden zwei grundsätzliche Elemente deutlich. Zwar gibt es nach wie vor keinen absoluten Automatismus, nach dem ein Bischof sein Amt beendigt, wie beispielsweise durch die in c. 184 § 1 gegebenen Optionen der Amtserledigung, zu der auch eine absolut gesetzte Altersgrenze zu zählen wäre. Doch ist dennoch und gerade aufgrund der aktuellen Gesetzgebung erkennbar, dass die Altersgrenze für Bischöfe keine bloße Option, sondern eine Pflicht darstellt.[653] Die mit Nr. 5 des vorliegenden Reskriptes gegebene Möglichkeit des Apostolischen Stuhls unterstreicht diesen Charakter.[654]

Die Verbindung dieser beiden Dokumente, sowohl der Normae des Jahres 1988 als auch des Reskriptes von 2014, stellt zwei Bereiche der Institution eines *Episcopus emeritus* dar. Die Bestimmungen der Bischofskongregation wenden sich der Stellung des Emeritus im Leben der Kirche zu und zeigen konkrete rechtliche Weisungen hinsichtlich der Ausformung dieser Institution auf. Es werden bleibende Rechte und Pflichten genannt, wobei stets die besondere Wertschätzung der emeritierten Bischöfe durch die Kirche, als auch deren herausragende Bedeutung für diese benannt wird. Insofern behandeln die Normae die Institution eines *Episcopus emeritus* nach angenommenem Amtsverzicht. Das Reskript von Papst Franziskus wendet sich insbesondere dem Amtsverzicht selbst zu, unterstreicht die bleibende Gültigkeit der diesbezüglichen kanonischen Maßgaben und stellt die bischöfliche Renuntiation in den Gesamtzusammenhang der Interpretation des Bischofsamtes als Hirtendienst am Gottesvolk. Die Tatsache, dass dieses Reskript

---

[651] Dort heißt es: „(...) vel a competenti Auctoritate invitati, renuntiationem ab officio exhibeant".

[652] Vgl. *Bier*, c. 401, Rdnr. 8, in: MKCIC (April 2017): „Eine entsprechende Aufforderung des Papstes wiegt schwer, der einzelne Bischof wird sich ihr nur schwer entziehen können".

[653] In diesem Sinne *Müller/Ohly*, Kirchenrecht, S. 290: „Die aktuellen Bestimmungen von Papst Franziskus gehen von der Verpflichtung zum Amtsverzicht aus".

[654] Dennoch ist mit *Hallermann*, Kommentar Direktorium, S. 291, anzumerken, dass die Altersgrenze für Diözesanbischöfe aufgrund der Bitte zum freiwilligen Amtsverzicht keine absolute, sondern eine relative Altersgrenze darstellt: „Sein Amt geht nicht mit Erreichen dieser Altersgrenze verloren".

die bleibende Gültigkeit der Altersgrenze von 75 Jahren erwähnt, unterstreicht den zumindest moralischen Pflichtcharakter, der dem bischöflichen Amtsverzicht beigemessen wird.[655]

6. Bleibende Rechte und Pflichten der *munera docendi et sanctificandi*

Die zuvor erörterten Weisungen – sowohl des CIC/1983 als auch der benannten eigenen Maßgaben – haben die Institution der emeritierten Bischöfe unter verfassungs- und ämterrechtlichen Aspekten behandelt und sich konkreten Verfahrensweisen zugewandt. Doch auch bezüglich der bleibenden Rechte und Pflichten innerhalb der bischöflichen Dienstämter des Lehrens und Heiligens weiß sich der Gesetzgeber zu äußern.

Vom Grundsatz her sind die *tria munera* der Kirche nicht voneinander zu trennen.[656] Auch deshalb fasst c. 375 § 2 hinsichtlich der Bischöfe im Kontext der Dienstämter zusammen: „Die Bischöfe empfangen durch die Bischofsweihe selbst mit dem Dienst des Heiligens auch die Dienste des Lehrens und des Leitens". Die Weihe übermittelt die Teilhabe an allen drei Dienstämtern.[657] Doch stellt die vorliegende Norm gleichsam eine Reihenfolge auf, die über eine bloß redaktionelle Relevanz hinausreicht. In besonderer Weise werden die Bischöfe in der sakramentalen Weihe zu Hohepriestern des Gottesvolkes bestimmt.[658] Die Ausspendung der Sakramente als Ausübung des Heiligungsdienstes der Kirche, ist fundamentale Aufgabe der Bischöfe kraft der ihnen unauslöschlich übertragenen Weihefülle.[659]

In c. 375 § 2 heißt es, dass die Bischöfe die *munera docendi et regendi* „aber ihrer Natur nach nur in der hierarchischen Gemeinschaft mit dem Haupt und den Gliedern des Kollegiums ausüben können". Hierin wird die konziliare Weisung aus LG 21 nahezu wortgleich kodifiziert. Die Eingliederung in die hierarchische Gemeinschaft geschieht durch die mittels der kanonischen Sendung (missio canonica)[660] am Geweihten vollzogenen rechtlichen Bestimmung der bischöflichen Vollmacht (determinatio iuridica potestatis),[661] wodurch dem geweihten Bischof

---

[655] Vgl. *Bier*, c. 401, Rdnr. 2, in: MKCIC (April 2017), hier zu § 1: „Die Norm begründet eine gewichtige moralische Verpflichtung, dem Anliegen des Gesetzgebers nach Möglichkeit zu entsprechen; einfordern lässt sich das diesbezügliche Wohlverhalten des Bischofs aufgrund von § 1 aber nicht"; vgl. *ders.*, Diözesanbischof, S. 355. Dort stellt der Autor fest: „Es wird erwartet, dass jeder Diözesanbischof mit Erreichen der Altersgrenze seinen Amtsverzicht anbietet".

[656] Vgl. hierzu *Bier*, c. 375, Rdnrn. 6–7, in: MKCIC (August 1997).

[657] Vgl. LG 20: „An Gottes Stelle stehen sie der Herde vor, deren Hirten sie sind, als Lehrer in der Unterweisung, als Priester im heiligen Kult, als Diener in der Leitung".

[658] Vgl. LG 21.

[659] Vgl. ebd. und vertiefend hierzu *Müller/Ohly*, Kirchenrecht, S. 168 f.

[660] Vgl. LG 24.

[661] Vgl. LG-NEP 2 und vertiefend hierzu *Müller/Ohly*, Kirchenrecht, S. 254 f.

durch die zuständige Autorität, die gemäß c. 377 § 1 der Papst ist, ein spezifisches Amt übertragen wird.[662]

Ein amtierender Diözesanbischof besitzt nach c. 381 § 1 „in der ihm anvertrauten Diözese alle ordentliche, eigenberechtigte und unmittelbare Gewalt", die „zur Ausübung seines Hirtendienstes erforderlich ist".[663] Ausgenommen wird nach Geltung des Reservationssystems nur, was der Papst für sich oder eine andere Autorität reserviert hat. Es ist ersichtlich, dass diese Vollgewalt des Bischofs mit dem Amt zusammenhängt, das er versieht.[664] Unterstrichen wird dies unter anderem durch c. 382 § 1, der es selbst einem bereits berufenen Bischof untersagt, sich in „die Ausübung des ihm übertragenen Amtes" einzumischen (sese ingerere). Die Ausübung der bischöflichen *potestas* ist erst nach der kanonischen Amtsübertragung und Besitzergreifung möglich.[665] Auf dieser Grundlage ist es eindeutig, dass einem emeritierten Diözesanbischof, der auf das zuvor übertragene Amt verzichtet hat, nie die *potestas ordinaria* desselben zukommen kann.[666] Da die Dienstämter des Lehrens und Leitens erst durch besondere rechtliche Bestimmung zur Ausübung gelangen, muss hinsichtlich der Teilhabe der emeritierten Diözesanbischöfe an diesen eine eigene Analyse stattfinden.

Die Teilhabemöglichkeiten der Emeriti am *munus regendi* der Kirche für den gesamtkirchlichen Bereich wurde bereits dargestellt. Auch sie sind vollwertige Glieder des Bischofskollegiums und immer dann, wenn dieses seine Gewalt nach Maßgabe des Rechts ausübt, an diesem Prozess teilhabeberechtigt. Weiterhin besteht die Möglichkeit (jedoch nicht das absolute Recht), an den Bischofssynoden teilzunehmen.

Es stellt sich die Frage, wie sich die bleibende Teilhabe an den Dienstämtern des Lehrens und Heiligens für die emeritierten Diözesanbischöfe darstellt. Für den Bereich des *munus docendi* gilt, die Besonderheiten der bischöflichen Lehrverkündigung und deren Verknüpfung mit spezifischen Ämtern zu beachten. Grundsätzlich kann zwischen der hoheitlich-lehramtlichen und der liturgischen Verkündigung unterschieden werden.[667]

---

[662] Vgl. *Bier*, c. 375, Rdnr. 8, in: MKCIC (August 1997).

[663] Vgl. *ders.*, Diözesanbischof, S. 140.

[664] Vgl. *Müller/Ohly*, Kirchenrecht, S. 291. Darum heißt sie *potestas ordinaria*, da sie gleichzeitig mit dem Amt verliehen wird und keiner eigenen Übertragung mehr bedarf.

[665] Vgl. *Bier*, Diözesanbischof, S. 117 f.

[666] Vgl. *ders.*, c. 402, Rdnr. 2, in: MKCIC (April 2017). Es ist möglich, dass der Emeritus nach Amtsverzicht als Apostolischer Administrator die Diözese interimistisch leitet, bis ein Nachfolger auf dem Bischofsstuhl gefunden ist. In diesem Fall gelten die cc. 419–430, wobei insbesondere c. 427 § 1 relevant ist: „Der Diözesanadministrator ist an die Pflichten gebunden und besitzt die Gewalt eines Diözesanbischofs, außer in den Dingen, die aus der Natur der Sache oder vom Recht selbst ausgenommen sind".

[667] Vgl. zu den Bereichen des *munus docendi*, die mit dem spezifischen diözesanbischöflichen *officium* verbunden sind *Bier*, Diözesanbischof, S. 199 f., 202–204, 209–216; zu den aus der Weihe resultierenden und somit auch einem Emeritus zukommenden Rechten und Pflichten vgl. ebd., S. 248.

Die Norm des c. 763 stellt im Kontext des kirchlichen Verkündigungsdienstes für alle Bischöfe fest: „Die Bischöfe haben das Recht, überall (...) das Wort Gottes zu predigen (praedicare),[668] wenn nicht der Ortsbischof in Einzelfällen dies ausdrücklich verwehrt".[669] Die kanonische Maßgabe beinhaltet zwei Feststellungen. Zunächst ist jeder Bischof aufgrund des in der sakramentalen Weihe empfangenen Prägemals hauptsächlicher Verkünder und Ausleger des Evangeliums Jesu Christi.[670] Diese Aufgabe der Bischöfe, Glaubensboten (fidei praecones) zu sein, entstammt keinem Kirchenamt, sondern dem Weihesakrament,[671] wodurch auch emeritierte Bischöfe aufgrund des *character indelebilis* miteinbegriffen sind. Weiterhin begrenzt c. 763 das bischöfliche Recht zur *praedicatio* für den Fall, dass der Ortsbischof (Episcopus loci) dieses ausdrücklich verwehrt (expresse renuerit).[672]

Diese rechtliche Einschränkung drückt die zweite Erkenntnis aus, die auf die Verwobenheit und gleichzeitige Unterschiedenheit der Teilhabe der Emeriti an den Dienstämtern hinweist. Der Ortsbischof, das heißt der auf dem Gebiet für die Lehrverkündigung gemäß c. 756 § 2 Zuständige, hat das Recht, diese Möglichkeit für andere Bischöfe im Bereich der ihm anvertrauten Diözese zu verwehren. Der Gesetzestext spricht explizit vom Ortsbischof (Episcopus loci). In der Betonung der territorialen Verortung der Verkündigung klingt die Erstverantwortung des Diözesanbischofs zur Verkündigung und Auslegung des Gotteswortes in der ihm anvertrauten Diözese an sowie seine gleichzeitige Pflicht, für die Rechtmäßigkeit der Verkündigung zu sorgen.[673] Durch die Konkretion der bischöflichen Verkündigung als *praedicatio*, die im kodikarischen Wortgebrauch die gottesdienstliche Verkündigung meint[674], gilt diese Aufseherschaft auch für den Bereich der Liturgie des Wortes Gottes.[675]

Ebenfalls im Kontext des *munus docendi* der Kirche steht die Weisung des c. 782 § 2, der den Bischöfen die besondere Sorge für die Missionsarbeit der Kirche überträgt.[676] Wenn diese Norm die besondere Sorge den Bischöfen für Missionsarbeiten in ihren Teilkirchen (in propria Ecclesia particulari) auferlegt, so ist zunächst der amtierende Ordinarius angesprochen. Auch die emeritierten Bischöfe sind in die Missionstätigkeit der Kirche einbezogen. Die vorliegende Maßgabe spricht von der Aufgabe der Bischöfe, „Förderer der Gesamtkirche und aller Kirchen" (Ecclesiae

---

[668] Vgl. zur kodikarischen Verwendung des Begriffes „praedicatio" *Ohly*, Wort Gottes, S. 491 f.

[669] Vgl. *Pighin*, Profilo giuridico, S. 789.

[670] Vgl. LG 25.

[671] Vgl. *Ohly*, Wort Gottes, S. 411. Damit verbunden ist die grundsätzliche Sendung aller Gläubigen, die diesen durch die Sakramente von Taufe und Firmung zukommt und die ihrerseits zur Zeugenschaft des Evangeliums aufruft, vgl. hierzu etwa cc. 204, 207, 211, 217, 849; AA 2; PO 2.

[672] Vgl. *Bier*, Diözesanbischof, S. 248.

[673] Vgl. *Ohly*, Wort Gottes, S. 411–413.

[674] Vgl. ebd., S. 491.

[675] Vgl. c. 392 § 2.

[676] Vgl. *Pighin*, Profilo giuridico, S. 789.

universae atque omnium Ecclesiarum sponsores) zu sein. Da die Verantwortung der Bischöfe für die Gesamtkirche auch auf der Gliedschaft im Bischofskollegium beruht[677], obliegt den Emeriti aufgrund ihrer bestehenden Gliedschaft bleibend die Sorge um die Gesamtkirche. Daraus resultiert, dass alle Pflichten der Bischöfe innerhalb des universalkirchlichen Kontexts auch den emeritierten Bischöfen weiterhin zukommen. Hierunter fällt auch die Sorge der Bischöfe um die Missionstätigkeit der Kirche.

Hinsichtlich der Frage nach bleibenden Rechten und Pflichten emeritierter Bischöfe für den Bereich des *munus sanctificandi* der Kirche gilt der vom Konzil formulierte Grundsatz, wonach die Bischöfe „die hauptsächlichsten Ausspender der Geheimnisse Gottes"[678] sind. In wörtlicher Übereinstimmung mit dem konziliaren Fundament übernimmt c. 387 diese Aussage. Die geistliche Vollmacht wird jedem einmal gültig zum Bischof Geweihten zuteil. Hieraus kann schlussgefolgert werden, dass auch emeritierte Bischöfe als die vornehmlichen Ausspender der Geheimnisse Gottes anzusehen sind.[679] Grundsätzlich bedeutet dies, dass die Bischöfe, sofern sie keiner kanonischen Sanktion unterliegen, sakramentale Handlungen vornehmen dürfen und stets ihre Funktion als *minister ordinarius* derselben beibehalten.[680] Da der Bischof in *persona Christi capitis* die Sakramente spendet (vgl. c. 1009), besitzt er diese durch die Weihe übertragene Vollmacht.[681]

Dem geweihten Bischof kommen aufgrund der Weihefülle einige besondere Vollmachten zu, die im Kontext der Emeriti eigens zu bewerten sind. Insbesondere das Sakrament der Firmung ist ein Beispiel für jene Sakramente, die in besonderer Weise dem Bischof vorbehalten sind.[682] Er ist ordentlicher Spender (minister ordinarius) dieses Sakramentes (c. 882). Die Bischofsweihe stellt allerdings keine Gültigkeitsvoraussetzung zur Spendung des Firmsakramentes dar.[683] Es bedarf für die gültige Spendung jedoch der dem Priester verliehenen *facultas*

---

[677] Vgl. *Müller/Ohly*, Kirchenrecht, S. 255 f.

[678] CD 15.

[679] Vgl. *Bier*, Diözesanbischof, S. 247 f. Dort stellt der Autor aus dem Blickwinkel eines amtierenden Diözesanbischofs jene Rechte des munus sanctificandi zusammen, die als „Kompetenzen aufgrund der Bischofsweihe" resultieren. Da es sich bei dieser Weihe gerade nicht um eine Weihespendung auf ein bestimmtes officium handelt, gelten diese Kompetenzen folgerichtig für alle einmal gültig zum Bischof Geweihten, vgl. hierzu: *ders.*, c. 375, Rdnr. 8, in: MKCIC (August 1997). Dieses Bischofssein umschreibt der Begriff „Episcopatus", vgl. *ders.*, vor c. 375, Rdnr. 2, in: MKCIC (August 1997), dessen „Träger (...) jeder Bischof, gleich ob Diözesan- oder Titularbischof" ist.

[680] Vgl. *Pighin*, Profilo giuridico, S. 789; vgl. wiederum *Bier*, c. 375, Rdnr. 9, in: MKCIC (August 1997). Mit dem Autor ist festzustellen, dass „nicht unbedingt die Gültigkeit, wohl aber die Erlaubtheit des bischöflichen Handelns tangiert (wird), wo die Gemeinschaft mit dem Haupt und den Gliedern des Bischofskollegiums verlassen wird", mit Hinweis auf die Bischofsweihe ohne päpstliches Mandat.

[681] Vgl. *Müller*, Dogmatik, S. 640.

[682] Vgl. LG 26.

[683] Vgl. c. 882: „gültig spendet dieses Sakrament auch der Priester, der mit dieser Befugnis (...) ausgestattet ist".

confirmandi.[684] Hierin kommt insbesondere zum Ausdruck, dass dem Bischof als ordentlichem Firmspender stets die Pflicht zukommt, für die ordnungsgemäße Spendung des Sakraments zu sorgen. Die Tatsache, dass eine durch den befugten Priester gespendete Firmung eine außerordentliche Situation bleiben muss, bekräftigt c. 884 § 1. Dort wird für den Fall, dass ein Diözesanbischof seiner Pflicht zur persönlichen Firmspendung nicht nachkommen kann, zunächst ein anderer Bischof (alius Episcopus) genannt, bevor ein Priester bei gegebener Notwendigkeit zu bevollmächtigen ist. Häufig wird diese Aufgabe Auxiliarbischöfen übertragen, worin sich zeigt, dass diese wirklich *ad auxilium* berufen sind, den Diözesanbischof in der Erfüllung seiner genuinen Aufgaben zu unterstützen (vgl. c. 403 § 1), wozu in besonderer Weise die Firmung zu zählen ist.[685] Somit ist durch die kodikarische Maßgabe dargestellt, dass der Diözesanbischof in seiner Diözese als ordentlicher Firmspender immer und überall gültig das Sakrament der Firmung spendet.[686] Er spendet es gemäß c. 886 § 1 in seiner Diözese jedem Gläubigen gültig, außer er untersteht einem ausdrücklichen Verbot des eigenen Ortsordinarius.

Damit wird für die emeritierten Diözesanbischöfe zunächst deutlich, dass sie die Firmung ebenfalls stets gültig spenden.[687] Allerdings gilt hinsichtlich der Erlaubtheit die Einschränkung des c. 886 § 2. Dort heißt es: „Damit er in einer fremden Diözese die Firmung erlaubt (licite) spendet, bedarf der Bischof, wenn es sich nicht um seine Untergebenen handelt, der wenigstens vernünftigerweise vermuteten Erlaubnis (licentia) des Diözesanbischofs". Damit ist festgestellt, dass jeder Bischof, der nicht Diözesanbischof ist, dieser zumindest vermuteten Erlaubnis bedarf. Dies betrifft alle Bischöfe, auch jene, die der Diözesanbischof gemäß c. 884 § 1 zur Firmspendung an seiner statt beauftragt, wobei mit dieser Beauftragung die in c. 886 § 2 geforderte Erlaubnis vernünftigerweise vermutet werden kann. Da folglich alle Bischöfe hiervon betroffen sind, gilt diese kodikarische Weisung auch für alle Emeriti, sowohl für die ihnen vormals anvertraute Diözese und nunmehrige Titelkirche, als auch für jede andere Teilkirche des Erdkreises. Daher kann als eine Besonderheit der Teilhabe der emeritierten Bischöfe am *munus sanctificandi* festgestellt werden, dass sie für die *erlaubte* Firmspendung die wenigstens vermutete Erlaubnis des zuständigen Diözesanbischofs benötigen. Als einmal gültig zum Bischof Geweihte gelten dennoch auch alle emeritierten Diözesanbischöfe als *ministri ordinarii* der Firmung (c. 882).[688]

---

[684] Vgl. *Müller/Ohly*, Kirchenrecht, S. 165: „Ohne die Firmvollmacht (facultas confirmandi) kann der Priester die Firmung nicht gültig spenden".

[685] Insofern ist auf dieser Grundlage die Bezeichnung als „Auxiliarbischof" dem Ausdruck „Weihbischof" vorzuzuiehen.

[686] Zur Übersicht von Gültigkeit und Erlaubtheit der Firmspendung siehe die diesbezügliche tabellarische Auflistung bei *Müller/Ohly*, Kirchenrecht, S. 165; vgl. *Bier*, Diözesanbischof, S. 248.

[687] Vgl. *Pighin*, Profilo giuridico, S. 789.

[688] Diese Überzeugung ist bereits für die Zeit der Alten Kirche festzustellen, wenn bereits das Konzil von Elvira den Bischof in die Bestätigungshandlung und Bekräftigung der Taufgnade einbezogen hat (vgl. DH 120 f.); zum geschichtlichen Überblick vgl. *Müller*, Dogmatik, S. 676–678; vgl. auch *Bier*, Diözesanbischof, S. 248.

Eine weitere Besonderheit birgt das Bußsakrament. Die Norm des c. 967 § 1 bezieht sich auf die von Rechts wegen bestehende Befugnis (facultas confessandi), die Beichte entgegenzunehmen und die Gläubigen zu absolvieren.[689] Absolut kommt diese Vollmacht dem Papst und den Kardinälen zu, relativ den Bischöfen, da ihnen die *facultas confessandi* durch den zuständigen Diözesanbischof verwehrt werden kann. Dies stellt einen Unterschied zu den Priestern dar, da diese gemäß c. 966 § 1 nur dann gültig (valide) die Absolution von Sünden vollziehen dürfen, sofern ihnen die *facultas confessandi* gemäß c. 969 verliehen wurde oder sie diese kraft Amtes gemäß c. 968 von Rechts wegen besitzen. Somit kommt auch emeritierten Bischöfen die *facultas confessandi* gemäß c. 967 § 1 von Rechts wegen zu, sofern der zuständige Diözesanbischof ihnen diese nicht verwehrt.[690]

Ein dem Bischofsamt originäres Recht aus dem Bereich des kirchlichen Heiligungsdienstes ist in der Weihespendung gegeben. Es steht mit c. 1012 fest, dass der einzige „Spender der heiligen Weihe (…) der geweihte Bischof ist".[691] Zur gültigen Weihespendung ist neben der gültig empfangenen Bischofsweihe des Spenders auch die Einhaltung der entsprechenden Weiheform, die nach c. 1009 § 2 in Handauflegung[692] und Weihegebet gründet, konstitutiv.[693] Hinzutreten müssen für die Person des Spenders die rechte Intention zur Weihehandlung im Sinne der Kirche und für die Person des Empfängers die rechte Intention, die Weihe zu empfangen.[694]

Bezüglich der kanonischen Voraussetzungen zur Erlaubtheit der Weihespendung durch einen Bischof sind die Normen der cc. 1013 und 1015 § 1 zu beachten.[695] Für die Bischofsweihe gilt gemäß c. 1013 zur Erlaubtheit die Notwendigkeit des päpstlichen Mandates zur Weihe. Ob eine Bischofsweihe ohne diesen Auftrag durch die höchste Autorität der Kirche nur unerlaubt, oder doch auch ungültig ist, ist Gegenstand der Forschung.[696] Auch das II. Vatikanische Konzil legte sich in diesem Kontext nicht fest.[697] Es steht jedoch fest, dass ein Ausüben des bischöflichen Amtes bei Empfang der Weihe ohne päpstlichen Auftrag unmöglich ist, da

---

[689] Vgl. *Ohly*, Bußsakrament, S. 1196.

[690] Vgl. ebd., S. 1197; vgl. auch *Bier*, Diözesanbischof, S. 248.

[691] Der Zusatz, dass es sich um den „geweihten Bischof" (Episcopus consecratus) handelt, verdeutlicht, dass auch er zuvor die gültige und erlaubte Weihe zum Bischof gemäß c. 1013 empfangen haben muss.

[692] Vgl. vertiefend zur bedeutsamen Zeichenhandlung der Handauflegung *Ratzinger*, Primat, Episkopat und Successio Apostolica, JRGS 12, S. 225.

[693] Vgl. *Hirnsperger*, Ordination, S. 1224.

[694] Vgl. *Müller/Ohly*, Kirchenrecht, S. 170.

[695] Vgl. *Pighin*, Profilo giuridico, S. 789 f.

[696] Vgl. *Hirnsperger*, Ordination, S. 1225; *Bier*, Diözesanbischof, S. 248.

[697] Vgl. LG-NEP, N. B.: „Die Kommission war aber der Auffassung, daß sie auf Fragen der Erlaubtheit und Gültigkeit nicht eingehen sollte, die der theologischen Forschung überlassen bleiben".

es der hierarchischen Gemeinschaft ermangelt.[698] Weiterhin zögen sich Spender und Empfänger einer Bischofsweihe ohne Mandat gemäß c. 1382 (sowohl CIC/1983 als auch Pascite gregem Dei/2021) die Tatstrafe der Exkommunikation zu.[699]

Die Priesterweihe ist grundsätzlich ein Recht des „eigenen Bischofs" (Episcopus proprius, vgl. c. 1015 § 1 i. V. m. c. 1016). Dieses Vorrecht mindert jedoch nicht die in der Bischofsweihe verliehene sakramentale Befähigung jedes anderen in der hierarchischen Gemeinschaft stehenden Bischofs, eine gültige Priesterweihe zu spenden.[700] Hierunter sind neben fremden Diözesan- und Auxiliarbischöfen auch übrige Titularbischöfe und unter ihnen die emeritierten Bischöfe zu zählen (vgl. c. 1021). Damit jene Bischöfe, die nicht eigene Bischöfe gemäß c. 1016 sind[701], die Priesterweihe erlaubt vollziehen, sind mit c. 1015 § 1 die Weiheentlassschreiben notwendig, deren genaue Umschreibung in den cc. 1020–1023 festgelegt ist. Auszustellen hat diese der eigene Bischof. Ihr Vorliegen und ihre Echtheit zu überprüfen obliegt gemäß c. 1022 dem weihenden Bischof. Für die vorliegende Untersuchung steht somit fest, dass auch Emeriti gültig sowohl die Bischofsweihe als auch die Weihen zu Priester und Diakon der Kirche spenden können, wobei die kanonisch gegebenen Voraussetzungen zu beachten sind.

Bereits aufgrund der empfangenen Priesterweihe besitzen alle emeritierten Bischöfe die sakramentale Befähigung, „die Eucharistie überall gültig zu feiern und die Kommunion zu spenden (cc. 900, 910) (…); die Krankensalbung überall gültig zu spenden (c. 1003 §§ 1–2) (…); Weihen, Weihungen und Segnungen überall vorzunehmen (c. 1169 §§ 1–2)".[702] Diese Grundvollzüge der priesterlichen Existenz[703] jedes Bischofs gebühren auch den Emeriti. Ihre Teilhabe an diesen entstammt weder dem erledigten *officium*, noch der Bischofsweihe.

---

[698] Vgl. ebd.: „Ohne die hierarchische Gemeinschaft kann das sakramental seinsmäßige Amt, das von dem kanonisch-rechtlichen Gesichtspunkt zu unterscheiden ist, nicht ausgeübt werden"; vgl. auch *Bier*, c. 375, Rdnr. 9, in: MKCIC (August 1997), bezugnehmend zu den tria munera in Verbindung mit der Notwendigkeit der bestehenden *communio hierarchica*.

[699] Vgl. *Hirnsperger*, Ordination, S. 1225.

[700] Vgl. *Müller/Ohly*, Kirchenrecht, S. 169 f.; vgl. auch *Bier*, Diözesanbischof, S. 248: „Außerhalb seiner Diözese darf er das Weihesakrament jedem Empfänger nur mit Erlaubnis des zuständigen Diözesanbischofs erteilen (c. 1017)". Damit ist die Erlaubtheit, nicht aber die Gültigkeit der Weihespendung angesprochen.

[701] Vgl. *Althaus*, c. 1016, Rdnr. 2, in: MKCIC (Februar 2006). „Eigener Bischof" ist in diesem Kontext „in einem verfassungsrechtlichen, nicht sakramententheologischen Sinne zu verstehen". Den Ausgangspunkt bildet die Inkardination der Neugeweihten, die gemäß c. 265 stets einem „geistlichen Heimatverband" zugehörig sein müssen.

[702] *Bier*, Diözesanbischof, S. 248.

[703] PO 2.

7. Das Direktorium für den Hirtendienst der Bischöfe

Der Blick in die jüngere lehramtliche Geschichte gebietet es, sich dem geltenden Direktorium für den Hirtendienst der Bischöfe Apostolorum Successores zu
widmen, das durch die Kongregation für die Bischöfe im Jahr 2004 veröffentlicht
wurde.[704] Hierin wenden sich die Verfasser in einem neunten Kapitel eigens den
emeritierten Bischöfen zu und erläutern auf der Grundlage der kodikarischen Maßgaben die Teilhabe der Emeriti am Hirtendienst der Bischöfe.[705]

Hinsichtlich der Bitte um das Angebot des Amtsverzichtes gemäß c. 401 § 1 rezipiert Nr. 225 die kodikarische Maßgabe wortgenau. Im Zuge der eindringlichen
Bitte des § 2 bei angegriffener Gesundheit und anderen schwerwiegenden Gründen
steigern sie jedoch die kanonische Bitte und stellen den entsprechenden Bischof in
die Pflicht, den Amtsverzicht anzubieten.[706] Heribert Hallermann merkt an dieser
Stelle an, dass es sich nur um eine relative, nicht jedoch eine absolute Pflicht der
emeritierten Diözesanbischöfe zur Verzichtsleistung handeln kann.[707] Die daher als
relative Pflicht gemäß c. 401 § 2 bestehende ist zugleich eine moralische Verpflichtung.[708] Ausgangspunkt ist auch innerhalb der Ausführungen des Direktoriums die
Fähigkeit des Amtsinhabers den bischöflichen *munus pastorale* wahrhaft erfüllen
zu können.[709] An derselben Stelle wird die kodikarisch geregelte Titelgebung für
emeritierte Diözesan- und Auxiliarbischöfe ergänzt, insofern emeritierte Auxiliarbischöfe fortan „ehemals Auxiliarbischof" mit der vormals besetzten Titelkirche
als Titel führen dürfen.[710]

---

[704] Vgl. *Congr-Ep*, ApS.

[705] Den Ausführungen vorangestellt ist ein Wort des Apostels Paulus (2 Tim 4,7–8): „Ich
habe den guten Kampf gekämpft, den Lauf vollendet, die Treue bewahrt. Schon jetzt liegt für
mich der Kranz der Gerechtigkeit bereit, den mir der Herr, der gerechte Richter, an jenem Tag
geben wird, aber nicht nur mir, sondern allen, die sein Erscheinen ersehnen".

[706] Vgl. *Congr-Ep*, ApS, 225, wo es im italienischen Original heißt: „(...) il Vescovo, in
quanto vivamente invitato dal diritto a farlo, si senta in dovere di presentare la rinuncia al
Romano Pontefice".

[707] Vgl. *Hallermann*, Kommentar Direktorium, S. 291.

[708] Vgl. ebd.; *Bier*, c. 401, Rdnr. 2, in: MKCIC (April 2017).

[709] Semantisch hätte dem Dokument eine deutlichere Unterscheidung der verschiedenen
Pflichtcharaktere (absolut, relativ) des bischöflichen Dienstes gutgetan. So verwenden die Verfasser hinsichtlich der Residenzpflicht des Bischofs, die gemäß c. 395 § 1 eine absolute kanonische Pflicht darstellt und in ApS (161) behandelt wird, dasselbe Vokabular wie im Kontext
des bischöflichen Amtsverzichtes. Dort heißt es: „Il dovere della residenza (...) primo dovere
infatti del Vescovo riguarda la sua diocesi e per poterlo assolvere adeguatamente è, innanzi-
tutto, necessario che vi risieda" und dazu vergleichend ApS, 225 hinsichtlich des Amtsverzichtes als Pflicht des Bischofs: „(...) si senta in dovere (...)". Es mangelt nicht an weiteren
Beispielen, etwa in Bezug zu den Rechten und Pflichten des Bischofs in der Diözesansynode
(ApS, 171) oder auch hinsichtlich der Pflichten des Diözesanadministrators (ApS, 241). Auch
hier werden kanonische Pflichten behandelt, die als absolute Pflichten einen anderen Charakter haben als die (auch nachdrückliche) Bitte um den Amtsverzicht eines Bischofs.

[710] Vgl. *Congr-Ep*, ApS, 225.

Im Folgenden wendet sich das Dokument der brüderlichen Beziehung des Emeritus zum amtierenden Diözesanbischof zu.[711] Die Verfasser berufen sich auf den grundsätzlichen Ruf zur brüderlichen Gemeinschaft mit den Bischöfen der Kirche.[712] Auch die Beziehung von amtierendem Diözesanbischof und dessen Vorgänger im Amt gründet in der Zusammengehörigkeit in dem einen Bischofskollegium der Kirche, aus dem die spezifische apostolische Sendung erwächst.[713] Es zeigt sich in dieser konkreten Maßgabe für den Amtsinhaber als auch für den Emeritus, dass die verfassungsrechtliche Erkenntnis der bleibenden Gliedschaft der emeritierten Bischöfe im Bischofskollegium eine gleichzeitige praktische Relevanz aufweist. Im Kollegium sind beide Teilhaber der *potestas suprema* der Kirche und stehen gleichberechtigt unter dem Auftragswort, den Dienst an der Einheit der ganzen Kirche wirksam zu vollziehen. Neben dieser universalkirchlichen Verbindungslinie eint beide auf partikularkirchlicher Ebene die Sorge um das Wohl der Diözese, die das Dokument als „Liebe zur Teilkirche" (stesso affetto per la Chiesa particolare)[714] bezeichnet. Hierin findet die Tatsache Ausdruck, dass auch der Emeritus in bleibender Verbindung mit dem Gottesvolk der Teilkirche steht, das zu weiden ihm vormals anvertraut war. Insofern werden beide Bischöfe durch ihre brüderliche Beziehung der Auferbauung des Gottesvolkes dienen und mit Blick auf das diözesane Presbyterium Vorbilder der brüderlichen Zuneigung sein.[715]

Explizit nennen die Verfasser die Möglichkeit, den emeritierten Diözesanbischof in das Leben der Diözese miteinzubeziehen.[716] Impulsgeber und antreibende Kraft ist hierbei der amtierende Bischof, der den Emeritus zu seiner Hilfe heranziehen kann. Das Dokument führt insbesondere die Spendung der Sakramente der Buße und Firmung an.[717] Es wird abermals ersichtlich, wie die bleibenden sakramentalen Verpflichtungen des Bischofs als Teilhaber am kirchlichen Heiligungsdienst dessen Einbindung nach dem Amtsverzicht zu bestimmen wissen. Ausdrücklich erwähnt das Direktorium die Möglichkeit, den Emeritus zu einer anderen besonderen Aufgabe (altro compito particolare) heranzuziehen.[718]

---

[711] Vgl. ebd., 226.

[712] Hierbei rekurrieren sie auf die Aussagen aus *Johannes Paul II.*, AAp PastGreg, 59, in dem der Papst die Bischöfe zu jener grundsätzlichen Haltung verpflichtet.

[713] Vgl. *Congr-Ep*, ApS, 226.

[714] Es sei an dieser Stelle auf die Unterscheidung zwischen den Teilkirchen einerseits und den Diözesen als Vollform derselben andererseits hingewiesen. Die im vorliegenden Dokument verwendete Bezeichnung als *Chiesa particolare* weitet den Begriff im Hinblick auf die verschiedenen Ausprägungen, die eine Teilkirche im kirchlichen Verfassungsgefüge neben ihrer diözesanen Vollform einnehmen kann; vgl. hierzu *Aymans-Mörsdorf*, KanR II, S. 315 f., 323–328; vgl. auch *Bier*, Diözesanbischof, S. 74–85.

[715] Vgl. *Congr-Ep*, ApS, 226. Es sei an das konziliare Fundament der Verbindung von Bischof und Presbyterium erinnert; vgl. hierzu u. a. LG 28, CD 28–32, PO 2, PO 6–8.

[716] Vgl. *Congr-Ep*, ApS, 226.

[717] Vgl. S. 114–121 der vorliegenden Untersuchung.

[718] Vgl. *Congr-Ep*, ApS, 226.

Die Weisung aus Nr. 226 nimmt den amtierenden Diözesanbischof in die Pflicht, das Gute im bischöflichen Wirken des Vorgängers anzuerkennen, wobei sowohl die gesamt- als auch die teilkirchlichen Dimensionen maßgeblich sind. Insbesondere das geistliche Element steht im Vordergrund, wobei ausdrücklich das Leben im Gebet, das mitunter ertragene Leiden und das Vorbild im priesterlichen Leben des Emeritus Erwähnung finden.

Wie die Teilhabe des Emeritus am Heiligungsdienst der Kirche und die geistliche Dimension seines Wirkens auch nach Amtserledigung zu fördern sind, so gebietet es die Bischofskongregation dem Altbischof, sich aus dem Bereich der Leitung der Diözese (guida della diocesi) fernzuhalten.[719] So zweifelsfrei die sakramentale Sendung des Bischofs in den Dienst des Heiligens feststeht, so klar gilt das Erlöschen der aktiven Teilhabe am *munus regendi* für den Bereich der Teilkirche mit erfolgtem Amtsverzicht. Die Deutlichkeit, in der die Verfasser diese Gegebenheit in der weiteren Folge ausdrücken, unterstreicht die Wichtigkeit dieser Maßgabe. Der Emeritus soll den Eindruck vermeiden, er sei eine Parallelautorität zum amtierenden Diözesanbischof. Stattdessen ist er stets gerufen, in Einheit und Übereinstimmung mit ihm zu handeln. Daher handelt der Emeritus „in Abhängigkeit vom Diözesanbischof" (in dipendenza dal Vescovo diocesano), der „das Haupt und der Erstverantwortliche für die Leitung der Diözese" (il capo e il primo responsabile del governo della diocesi) ist.[720]

Erneut muss hinsichtlich des *munus regendi* zwischen der universalkirchlichen und der teilkirchlichen Ebene unterschieden werden. Wie das Direktorium unmissverständlich ausdrückt, obliegen dem emeritierten Bischof hinsichtlich des Leitungsamtes auf teilkirchlicher Ebene nach Amtserledigung keinerlei Rechte und Pflichten mehr. Diese liegen alleine beim amtierenden Diözesanbischof, der diese ordentliche, eigenberechtigte und unmittelbare Gewalt gemäß c. 381 § 1 für die ihm anvertraute *portio populi Dei* als einziger besitzt. In der Weise, in der diese *potestas* mit dem Amt dem entsprechenden Bischof für den genau definierten Teil des Gottesvolkes übertragen wird, gibt er dieselbe mit der Amtserledigung ab. Die Teilhabe aller Bischöfe an der höchsten und vollen Gewalt über die Gesamtkirche erwächst hingegen nicht aus der Übernahme eines spezifischen Amtes, sondern gemäß c. 336 alleine durch die sakramentale Bischofsweihe und die Eingliederung in die hierarchische Gemeinschaft von Papst und Bischöfen.[721] Da diese Teilhaftigkeit nicht mit einem Amt übertragen wird, kann sie auch nicht mit der Erledigung eines solchen erlöschen, sondern dauert fort.[722] Auf der gesamtkirchlichen Ebene

---

[719] Vgl. ebd.
[720] Vgl. ebd.
[721] Vgl. *Bier*, Diözesanbischof, S. 38.
[722] Vgl. ebd. i. V. m. *ders.*, vor c. 375, Rdnr. 2, in: MKCIC (August 1997). Demgemäß resultiert die Bedeutung des Bischofskollegiums für den „Bischofsstand", der im Sinne des kodikarischen „Episcopatus" jedem Bischof zu Eigen ist, der die Bischofsweihe empfangen hat.

haben demnach auch emeritierte Bischöfe unter Beachtung der geltenden Normen Teil am *munus regendi* der Kirche.[723]

Im Folgenden werden bleibende Rechte des emeritierten Bischofs (diritti del Vescovo Emerito) aus verschiedenen Blickwinkeln betrachtet.[724] Zunächst wendet sich das Dokument diesen im Bereich der „bischöflichen munera" (munera episcopali) zu. Hierbei werden jene bleibenden Rechte aufgelistet, die auch der geltende Codex beinhaltet und die bereits Gegenstand der Ausführungen wurden.[725] Es sei angemerkt, dass mit der Verwendung des Begriffs *munera* innerhalb des vorliegenden Direktoriums diejenigen bleibenden Rechte des Emeritus in den *munera docendi et sanctificandi* gemeint sind, die sich aus der gültigen Bischofsweihe und der hierarchischen Gemeinschaft ergeben.[726] In diesen Ausführungen können unter den Begriff *munera* nicht jene Rechte und Pflichten subsumiert werden, die sich als Teil der *potestas ordinaria* aus dem Amt ergeben.[727] Auf dieses hat der Emeritus verzichtet, womit er die ordentliche Gewalt des Amtes hinsichtlich seiner Person erledigt hat. Wie Heribert Hallermann anmerkt, geht es innerhalb dieser Ausführungen wohl zumeist um die Notwendigkeit der „geordneten Ausübung"[728] der bleibenden Rechte des Emeritus innerhalb von Verkündigungs- und Heiligungsdienst.

Da die Einheit der drei Dienstämter des Heiligens, Lehrens und Leitens im Amt des Diözesanbischofs auf den einen Amtsinhaber vereint sind,[729] hätte an dieser Stelle ein differenzierterer Gebrauch dieses Terminus Anwendung finden sollen. In einer auf dieser Grundlage verfassten Betitelung der „Rechte des emeritierten Bischofs in Bezug auf die bischöflichen *munera docendi et sanctificandi*" wäre eine eindeutigere Darstellung dessen geboten, was Nr. 226 des vorliegenden Direktoriums selbst einfordert, wenn es explizit darstellt, dass der emeritierte Bischof in keiner Weise Einfluss auf die Leitung der Diözese haben darf.[730] Außerdem wäre durch diese Explikation die Unterscheidung zwischen der bleibenden Weihegewalt

---

[723] Eine Übersicht über die Mitwirkung des Diözesanbischofs im Bischofskollegium bietet *Rees*, Diözesanbischof in kollegialer Verantwortung, S. 72–80.

[724] Vgl. *Congr-Ep*, ApS, 227–229.

[725] Vgl. S. 106–109 der vorliegenden Untersuchung. *Congr-Ep*, ApS, 226 bezieht sich auf die cc. 763, 886 § 2, 967 § 1, 1355 § 2 (sowohl CIC/1983 als auch Pascite gregem Dei/2021), 1012, 1013, 1015, 1108 § 1, vgl. dort die Anm. 692–696. Genannt werden das Recht zur Verkündigung, die besonderen sakramentalen Rechte zur Firmspendung nach Maßgabe des Rechts, die bleibende *facultas confessandi*, das Recht zur Weihespendung nach Maßgabe des Rechts und die Möglichkeit zur Trauassistenz.

[726] In diesem Sinne *Hallermann*, Kommentar Direktorium, S. 292 A.

[727] Vgl. ebd. Somit ist nicht der gesamte *munus pastorale* des Bischofs der primäre Anknüpfungspunkt.

[728] Ebd.

[729] Vgl. cc. 375 § 1, 381 § 1, 391 § 1, ferner c. 393. Eine Darstellung des diözesanbischöflichen *munus regendi* bietet *Graulich*, Hirtensorge in umfassender Verantwortung, S. 179–187.

[730] Eine solche Darstellung hätte jene Rechte (und Pflichten) zum Inhalt, die sich aus der Bischofsweihe und damit unverlierbar ergeben; vgl. hierzu *Bier*, Diözesanbischof, S. 247 f.

und der erloschenen Amtsgewalt deutlicher dargestellt, was sowohl zum Schutz des Amtsinhabers für den Bereich seiner Diözese aber auch des Emeritus hinsichtlich seines im Sakrament empfangenen Weiheamtes gereichen könnte.

Die folgenden „Rechte des emeritierten Bischofs in Bezug auf die Teilkirche", die Nr. 228 anführt, entstammen dem geltenden Recht und werden hier im Sinne einer Zusammenschau genannt.[731] Dies gilt auch für die in Nr. 229 aufgelisteten „Rechte des emeritierten Bischofs in Bezug zur Gesamtkirche",[732] wobei der Grundsatz vorangestellt wird: „Der emeritierte Bischof bleibt Glied des Bischofskollegiums". Dieses durch Bischofsweihe und *communio hierarchica* gegebene Teilhaberecht kann auch ein rechtsgültiger Amtsverzicht nicht beenden. Explizit nennen die Verfasser das daraus resultierende Recht des Emeritus, „am Ökumenischen Konzil mit entscheidendem Stimmrecht teilzunehmen und die kollegiale Vollmacht innerhalb der Grenzen des Rechts auszuüben".[733] Zwar ist dieses Recht durch die bleibende Gliedschaft im Bischofskollegium kodikarisch gegeben (vgl. c. 337 § 1 i. V. m. c. 339 § 1), doch ist die ausdrückliche Nennung dessen für die emeritierten Bischöfe sinnvoll, da in ihr eine aussagekräftige Verdeutlichung geboten wird: Alle emeritierten Bischöfe bleiben Glieder des Kollegiums mit den daraus resultierenden Rechten und Pflichten.[734]

Die Normen des Direktoriums hinsichtlich der emeritierten Bischöfe werden mit Nr. 230 beschlossen, indem das Verhältnis des Emeritus zu den „überdiözesanen Organen" (organi sovradiocesani) behandelt wird. Nr. 230 a) erörtert die Möglichkeit des emeritierten Bischofs am Partikularkonzil nach entsprechender Einladung teilzunehmen. Ausdrücklich heißt es, dass er dort im Falle seiner Teilnahme entscheidendes Stimmrecht besitzt. Diese Klarstellung ist sinnvoll, da die diesbezüglichen Normen des c. 443 §§ 1–2 lediglich allgemein von „Titularbischöfen"

---

[731] Vgl. S. 106–109 der vorliegenden Untersuchung. Das Direktorium bezieht sich auf die cc. 402 § 1, 1227, 934 § 1 n. 2, 707 § 1, 404 § 2, 707 § 2, 1242, 1241 § 1, sowie *Congr-Ep*, Normae, 5; vgl. *Congr-Ep*, ApS, 228, Anm. 697–703. Genannt werden das Recht auf Wohnsitz nach Maßgabe des Rechts, die Regelung des Lebensunterhaltes, das Recht auf Erhalt der diözesanen Dokumente und Amtsblätter, das Recht auf Bestattung in der Kathedralkirche der Diözese; vgl. zu letzterem *Hallermann*, Kommentar Direktorium, S. 294 A. Dort merkt der Autor an, dass dieses nach c. 1242 nur den emeritierten Diözesanbischöfen, nicht jedoch allgemein den Bischöfen zukommt.

[732] Vgl. ebd. Das Direktorium bezieht sich auf die cc. 336, 339, 337 § 2, 346 § 1, 377 § 2, 1370 § 2 (sowohl CIC/1983 als auch Pascite gregem Dei/2021), 1405 § 1 n. 3, 1405 § 3 n. 1, 1558 § 2, sowie *Congr-Ep*, Normae, 2; *PCI*, Responsum/1991; vgl. *Congr-Ep*, ApS, 229, Anm. 704–713. Genannt werden neben den erörterten Rechten aufgrund der Gliedschaft im Bischofskollegium die Möglichkeit zur Bischofssynode entsandt zu werden, die Möglichkeit der Mitarbeit in der Römischen Kurie, das Recht Kandidatenvorschläge zum Bischofsamt zu unterbreiten, die Strafe *latae sententiae* bei Gewalt gegen die Person des Emeritus, die Gerichtszuständigkeit, das Recht zur Sorge und Förderung der Mission.

[733] Vgl. *Congr-Ep*, ApS, 229.

[734] Tatsächlich gilt dies für *alle* emeritierten Bischöfe, seien diese Diözesanbischöfe, Auxiliarbischöfe oder sonstige Titularbischöfe.

sprechen, nicht jedoch explizit die Emeriti benennen, die implizit in die gegebene kodikarische Maßgabe miteinbezogen sind.[735]

Die Möglichkeit zur Teilnahme an den Vollversammlungen der Bischofskonferenzen nennt Nr. 230 b), wobei die Emeriti hier nur beratendes Stimmrecht besitzen. Dies resultiert daraus, dass innerhalb der Bischofskonferenzen gemäß c. 447 „gewisse pastorale Aufgaben" aufgrund der Norm des c. 448 § 1 durch die Vorsteher der Teilkirchen gemeinsam behandelt werden und dies als aus der *potestas ordinaria* entstammende Verpflichtung zu werten ist.[736] Die detaillierte Regelung der Teilnahmemöglichkeit emeritierter Bischöfe ist den jeweiligen Statuten der Bischofskonferenzen überlassen.[737] Ebenfalls als Ratschlag für die Bischofskonferenzen formuliert Nr. 230 c) den Einbezug von Kompetenz und Erfahrung der emeritierten Bischöfe bei pastoralen oder rechtlichen Fragen (questioni di carattere pastorale e giuridico), wobei die körperlich-geistige Verfassung des Emeritus zu beachten ist. Einen Schritt weiter reicht die den Vorsitzenden der Bischofskonferenzen zugewiesene Ermächtigung (sono autorizzate), „jeder bischöflichen Kommission einen emeritierten Bischof beizufügen".[738] Innerhalb dieser Kommission besitzt der Emeritus entscheidendes Stimmrecht.[739] Diese Option zeigt, dass das in der Weihe empfangene bischöfliche Amt ein wahrer Dienst im und am Gottesvolk ist. Auch nach Erledigung des spezifischen Amtes ist der Emeritus gerufen, je nach seinen bleibenden physischen und psychischen Möglichkeiten, an der Auferbauung des Leibes Christi mitzuwirken.

8. Zwischenfazit

Mit dem II. Vatikanischen Konzil wurde es zur allgemeinen Regel, dass Diözesanbischöfe nach Erreichen der geltenden Altersgrenze von 75 Jahren dem Papst ihren Amtsverzicht anbieten (vgl. c. 401 § 1). Der Papst entscheidet im Folgenden, ob und wann er diesen annimmt.[740] Auch die Emeriti, die diesen Titel gemäß c. 402 § 1 tragen, haben weiterhin jene Rechte und Pflichten, die ihnen aufgrund der gültigen Bischofsweihe und der Eingliederung in die hierarchische Gemeinschaft zuteilwerden.[741] Hierzu zählen auch jene, die aus der Mitgliedschaft im Bischofskollegium resultieren. Für die emeritierten Bischöfe (sowohl Diözesan-, Titular- als

---

[735] Vgl. *Hallermann*, Kommentar Direktorium, S. 295 A.

[736] Vgl. ebd., S. 295 B.

[737] Gemäß den Statuten der Deutschen Bischofskonferenz sind die emeritierten Bischöfe nur dann Mitglieder der Vollversammlung, wenn sie in anderer Funktion als Titularbischöfe mit besonderer Aufgabe hierzu eingeladen sind, vgl. DBK Statuten/2021, Art. 2 n. 1 i. V. m. Art. 4.

[738] Vgl. *Congr-Ep*, ApS, 230 c).

[739] Vgl. ebd.

[740] Vgl. *Schmitz*, Diözesanbischof, S. 609.

[741] Vgl. das Zitat Innozenz IX., dargestellt bei *Ratzinger*, Kommentar LG, JRGS 7/2, S. 675 f.

auch Auxiliarbischöfe, vgl. c. 354, c. 411)[742] wurden durch den Apostolischen Stuhl spezielle Maßgaben erlassen, die im Detail die Rechte der Emeriti umfassen.[743]

Wie bereits dargestellt, kann nur derjenige Glied des Bischofskollegiums sein, der nach c. 336 die Bischofsweihe gültig und erlaubt empfangen hat und in die *communio hierarchica* der Kirche eingegliedert ist. Sind diese Voraussetzungen erfüllt, erwachsen hieraus weitere spezielle Rechte und Pflichten. Ein Beispiel dieser ist die Teilnahme mit entscheidendem Stimmrecht (c. 339 § 1) an einem Ökumenischen Konzil nach c. 337 § 1.[744] Das bischöfliche Recht zur Teilnahme an diesen Konzilien ist unter Wahrung der Maßgaben des c. 336 ein unverlierbares.[745] Auch Emeriti besitzen dieses zeitlebens aufgrund von Weihe und Sendung.

Hierbei spielt es zunächst keine Rolle, wie mit der einzigartigen Situation eines Papstes, der auf sein Amt verzichtet hat, umzugehen ist. Dieser ist immer zugleich emeritierter Diözesanbischof der Diözese Rom.[746] Als solcher genießt er alle Rechte und Pflichten, die jedem anderen emeritierten Bischof der Kirche zukommen.[747] Ein Zeitzeugnis Joseph Ratzingers weist auf diese Gemeinschaft aller Bischöfe mit dem Bischof von Rom hin. Innerhalb seiner Beschreibung der Eröffnungszeremonie des II. Vatikanischen Konzils erinnert er sich an das Glaubensbekenntnis Papst Johannes XXIII.:

„(…) Vielleicht noch eindrucksvoller aber war eine kleine Geste (…): daß der Papst sein Glaubensbekenntnis unterzeichnete ‚Johannes, Bischof der katholischen Kirche'. Keine Sondertitulatur, schlicht das Amt, das ihn mit seinen Brüdern, den Bischöfen der ganzen Kirche Gottes verbindet".[748]

Johannes XXIII. war über seine Rolle im Ökumenischen Konzil als Papst der Kirche in bester Kenntnis.[749] Dennoch birgt die Erinnerung Ratzingers die Einsicht, dass der Nachfolger Petri beide Elemente in seinem Amt vereint: Er ist Bischof von Rom und als solcher Papst der Kirche:

---

[742] Vgl. *Schmitz*, Diözesanbischof, S. 600.

[743] Vgl. S. 121–126 der vorliegenden Untersuchung.

[744] Vgl. S. 106–109 der vorliegenden Untersuchung.

[745] Vgl. *Bier*, Ökumenisches Konzil, S. 471 und *Müller/Ohly*, Kirchenrecht, S. 290.

[746] An dieser Stelle seien die ersten Worte des neu gewählten *Papstes Franziskus* in Erinnerung gerufen, die diese Tatsache ausdrücken: „Ihr wisst, es war die Aufgabe des Konklaves, Rom einen Bischof zu geben (…) Die Diözese Rom hat nun ihren Bischof" (*Franziskus*, Erste Grußworte, o. S.). Die Synthese der allgemeinen Maßgaben für emeritierte Bischöfe der Kirche und dem päpstlichen Amtsverzicht wird in Verbindung mit der Analyse der Institution eines *Episcopus emeritus Ecclesiae Romanae* erfolgen, vgl. S. 427–465 der vorliegenden Untersuchung.

[747] Vgl. *Schmitz*, Diözesanbischof, S. 600.

[748] *Ratzinger*, Konzil I, JRGS 7/1, S. 299.

[749] *Papst Johannes XXIII.* selbst benannte die päpstliche Nachfolgerschaft Petri in der Eröffnungsrede zum II. Vatikanischen Konzil: „Recentissimus humilisque eiusdem Principis Apostolorum Successor, qui vos alloquitur (…)" (Allocutio Gaudet Mater Ecclesia).

„Was für Petrus gilt, gilt auch für den Papst. Wie Petrus Apostel mit den übrigen Aposteln ist, so ist der Papst Bischof mit den anderen Bischöfen, und gerade als *Bischof* von Rom ist er Papst".[750]

Die emeritierten Bischöfe werden explizit als weiterhin wichtige Teilnehmer am Leben der Kirche wahrgenommen.[751] Damit verbinden sich die Wertschätzung und zugleich die Hoffnung darauf, dass die Emeriti sich nicht dem Leben der Kirche entziehen, sondern weiterhin ihren Dienst als geweihte Bischöfe der Kirche vollziehen.[752] Ausdrücklich in die Gruppe der emeritierten Bischöfe miteinbezogen sind auch diejenigen, die ihre Aufgabe in den kurialen Ämtern vollzogen haben.[753] Für die vorliegende Untersuchung relevant erscheint die Erkenntnis, dass die bischöflichen Rechte, die dem Empfang der Bischofsweihe entspringen, auch nach einem Amtsverzicht nicht erlöschen können. Auch dem emeritierten Bischof von Rom, der diesen Titel gemäß der kodikarischen Norm des c. 402 § 1 im Moment des rechtmäßigen Amtsverzichtes erhält, werden die dargestellten bleibenden Rechte der *munera docendi et regendi* zuteil.

Es bleibt nun zu fragen, ob und auf welche Weise sich der Verzicht auf das Papstamt auf den vormaligen Amtsinhaber hinsichtlich möglicherweise bleibender Rechte und Pflichten auswirkt. Es gilt der Grundsatz, dass derjenige Papst der Kirche ist, weil er Bischof von Rom ist. Im römischen Bischofsstuhl ist die einzigartige Tradition der untrennbaren Verbindung mit der spezifischen apostolischen Nachfolge des heiligen Petrus gegeben. Kein anderer Bischofsstuhl der Lateinischen Kirche besitzt aufgrund einer solchen Traditionslinie eine genuin daraus resultierende Vollmacht, die sich bis hin zum Primatsanspruch des Papstes steigert. Erneut kann mit Joseph Ratzinger festgestellt werden:

„Der Unterschied zwischen Papst und Bischöfen beruht also nicht auf einer anderen Beziehung zum Apostelamt, sondern auf dem Unterschied des Übernommenen: Der Papst folgt dem Apostel Petrus und empfängt so das Petrusamt des Dienstes für die Gesamtkirche; der Bischof hingegen folgt nicht einem einzelnen Apostel, sondern mit dem Bischofskollegium und durch es dem Apostelkollegium (…)".[754]

Die Nachfolgerschaft des Petrus und die Übernahme des petrinischen Amtes begründet die Vorrangstellung des Papstes vor den übrigen Bischöfen.

---

[750] *Ratzinger*, Kommentar LG, JRGS 7/2, S. 673 f. Hervorhebung im Original.

[751] Vgl. *Congr-Ep*, Normae: „(…) i vescovi emeriti possano sentirsi ancora utili nel servizio della chiesa".

[752] Vgl. ebd. und überdies *Müller/Ohly*, Kirchenrecht, S. 290.

[753] Vgl. ebd. Art. 2. Dies gilt auch für diejenigen emeritierten Bischöfe, die in den Dikasterien der Römischen Kurie wirkten und weiterhin als „membri aggiunti" Unterstützung sein können.

[754] *Ratzinger*, Kommentar LG, JRGS 7/2, S. 675.

§ 3 Der Papst und das Bischofskollegium

Erneut erscheinen die Aussagen der Dogmatischen Konstitution Lumen Gentium als maßgeblicher Bezugspunkt innerhalb der Fragestellung nach dem Verhältnis von Papst und Bischofskollegium. Wie bereits beschrieben, übertragen sich die Vollmachten des bischöflichen Amtes von den Aposteln her durch Weihe und Sendung sukzessiv auf deren Nachfolger.[755] Mit dem römischen Bischofsamt ist die spezifische petrinische Sukzession verbunden, womit auch *pari ratione* die Beziehung, die zwischen Petrus und den Aposteln bestand, im Bischofskollegium und dem Papst fortbesteht.[756] Seit alters her bezeichnet die Verbindung der Bischöfe mit dem Papst die kollegiale und zugleich primatiale Verfasstheit der Kirche.

A. Kollegial und primatial

Die Kirche ist sowohl kollegial als auch primatial verfasst, ganz nach dem Vorbild der Gemeinschaft der Apostel unter ihrem Haupt, dem heiligen Petrus. Die Bischöfe als Nachfolger der Apostel zeigen die gemeinschaftliche Struktur der Kirche: Sie repräsentieren als Vorsteher der Teilkirchen die Gemeinschaft der Gesamtkirche und stellen so in besonderer Weise die Einheit der Kirche dar.[757] Der Papst ist als Bischof von Rom ganz und gar Teil des einen Bischofskollegiums der Kirche, das die Einheit der einen Kirche darzustellen vermag. Als Bischof von Rom ist er jedoch gleichzeitig Nachfolger Petri und als solcher Hirt der Hirten, der Erste unter den Nachfolgern der Apostel.[758] Das Bischofskollegium stellt sowohl die Vielfalt als auch die Einheit der Kirche dar. „Aus vielen zusammengesetzt (…) und unter einem Haupt geeint"[759] stellt es unter dem Vorsitz des Nachfolgers Petri die Katholizität der einen Kirche dar, die unter und mit ihrem römischen Haupt den einen Glauben bekennt.[760]

In der Vielfalt liegt die Einheit und in der Einheit die Vielfalt begründet. Die Vielfalt der Bischöfe weist durch ihre Verbindung zum Papst im Bischofskollegium auf die Herkunft der Teilkirchen aus der Universalkirche hin.[761] In jeder Teilkirche

---

[755] Vgl. S. 54–69 der vorliegenden Untersuchung.

[756] Vgl. LG 22.

[757] *Müller*, Der universale Hirtendienst, S. 9–11; *Pottmeyer*, Eucharistische Communio-Ekklesiologie, S. 104; *Ratzinger*, Primat, Episkopat und Successio Apostolia, JRGS 12, S. 231 f.

[758] Vgl. LG 18.

[759] *Johannes Paul II.*, CA PastBon, Einführung.

[760] Vgl. *Ratzinger*, Primat Episkopat und Successio Apostolica, JRGS 12, S. 231 f.; *Pottmeyer*, Eucharistische Communio-Ekklesiologie, S. 106.

[761] Vgl. *Koch*, Primatstheologie in ökumenischer Perspektive, S. 22. An dieser Stelle verweist der Autor auf die Vorrangigkeit, die Joseph Ratzinger der Universalkirche vor den Teilkirchen einräumt. Dazu verweist *Pottmeyer* auf den in dieser Priorität der Universalkirche gründenden Disput Ratzingers mit Walter Kasper (Eucharistische Communio-Ekklesiologie, S. 117 f.). Ohne darauf an dieser Stelle näher eingehen zu können, soll mit *Pottmeyer* lediglich

wirkt die eine, heilige, katholische und apostolische Kirche. Die im geoffenbarten Glauben geeinte Kirche zeigt sich in ihrer Vielfalt.[762] Diese Wechselwirkung[763] weist auf die primatiale Stellung des Papstes und deren Notwendigkeit hin. Die „katholische" Kirche bedarf eines Garanten und eines „sichtbaren Prinzips und Fundaments für die Einheit der Vielheit von Bischöfen und Gläubigen".[764]

B. Papst und Bischofskollegium: Die Ausübung der höchsten Gewalt

I. Grundlegende Aussagen des II. Vatikanischen Konzils

Sowohl die Dogmatische Konstitution über die Kirche Lumen Gentium als auch das Dekret über die Hirtenaufgabe der Bischöfe Christus Dominus des II. Vatikanischen Konzils beinhalten Aussagen über die höchste Gewalt des Nachfolgers Petri. Das Fundament bildet die Binde- und Lösegewalt, die Simon Petrus übertragen wurde und an der seine Nachfolger Anteil haben (Mt 16,19). Auch an dieser, die Petrus an erster Stelle zuerkannt wurde, sind die übrigen Apostel unter seiner Leitung teilhaftig.[765] Daraus ergibt sich, dass die Bischöfe ihre Teilhabe an der *suprema potestas* nur mit dem Papst und niemals ohne diesen verwirklichen können. Ein vom Papst abgelöstes Bischofskollegium, das aus seiner eigenen Struktur heraus nicht existent und nur theoretisch vorstellbar ist, hätte keinerlei Autorität.[766] Mit den Worten des Lehrbuchs für Kanonisches Recht kann schlussgefolgert werden, dass „die Kirche ohne den Papst ihre Vollgestalt"[767] nicht hätte. Die Konzilsväter

---

festgestellt werden, dass die Bischöfe insbesondere an der Leitung der Gesamtkirche Anteil haben, insofern „sie ihre Ortskirchen leiten" (ebd., S. 114). Indem sie die Einheit der Ortkirchen garantieren, leisten sie ihren erstrangigen Dienst an der Einheit der Universalkirche, da auch die Ortskirchen den einen und einzigen Glauben bekennen; vgl. auch *Heim*, Kirchliche Existenz, S. 333–353.

[762] Vgl. LG 23: „Diese einträchtige Vielfalt der Ortskirchen zeigt in besonders hellem Licht die Katholizität der ungeteilten Kirche".

[763] Vgl. *Heim*, Kirchliche Existenz, S. 122 f.

[764] LG 23. Wie an anderer Stelle angemerkt, wurde für Joseph Ratzinger insbesondere die Eucharistie zum Zeichen dieser Einheit der Kirche und des bischöflichen Einheitsdienstes; vgl. zu einem Überblick die Zusammenstellungen bei *Pottmeyer*, Eucharistische Communio-Ekklesiologie; *Koch*, Primatstheologie in ökumenischer Perspektive; *Heim*, Kirchliche Existenz, S. 255–267.

[765] Vgl. KKK 881.

[766] Vgl. *Ratzinger*, Primat, Episkopat und Successio Apostolica, JRGS 12, S. 230: „(...) ohne Gemeinschaft mit Rom kann man nicht in der ,Catholica' sein. (...) Er (sc. der Papst) schafft den anderen die Katholizität, aber er braucht gerade darum auch Katholizität. (...) So wie die einen sein apostolisches Zeugnis brauchen, um ,katholisch' zu sein, so braucht er ihr katholisches Zeugnis, das Zeugnis der realen Fülle, um wahr zu bleiben. Ohne das Zeugnis der Wirklichkeit würde er seinen eigenen Sinn verneinen". Die wechselseitige Aufeinander-Bezogenheit von Primat und Episkopat fordert auch den Papst heraus, sich der kollegialen Dimension des primatialen Amtes stets bewusst zu sein.

[767] *Aymans-Mörsdorf*, KanR II, S. 205.

stellen diesbezüglich fest, dass es das Bischofskollegium „ohne Haupt nicht gibt".[768] Mit dem petrinischen Amt geht die „volle, höchste und universale Gewalt über die Kirche" einher, die der Papst „immer frei ausüben" kann.[769] Der weitere Verlauf des Dokuments bestätigt diese besondere Amtsgewalt des Papstes.[770]

Die Ausübung der höchsten Gewalt, die dem Bischofskollegium unter Beachtung der soeben erörterten primatialen Vorrangstellung zukommt, vollzieht sich im Ökumenischen Konzil.[771] Doch auch diese Ausübung geschieht nur dann wirksam und ist demzufolge vom Papst abhängig, insofern er das Konzil bestätigt oder seine Beschlüsse annimmt.[772] Auch ist es das Recht des Papstes, das Ökumenische Konzil einzuberufen, ihm vorzustehen und es zu bestätigen.[773] Die Konstitution rekurriert innerhalb ihrer Ausführungen auf can. 227 CIC/1917, dessen Bestimmungen in c. 338 CIC/1983 aufgegangen sind und näher ausgeführt wurden. Auch diese Norm des geltenden Rechts der Kirche sieht das alleinige Recht beim Papst, ein Konzil einzuberufen, den Vorsitz desselben innezuhaben bzw. durch andere auszuüben, es „zu verlegen, zu unterbrechen oder aufzulösen und dessen Dekrete zu genehmigen" (c. 338 § 1). Auch die Verhandlungsgegenstände festzulegen und die konziliare Geschäftsordnung zu erlassen, steht in der Macht des Papstes (c. 338 § 2).[774]

Die folgenden Bestimmungen der Dogmatischen Konstitution Lumen Gentium über die Bischöfe[775] beinhalten weitere Hinweise auf die päpstliche Vorrangstellung innerhalb einzelner bischöflicher Aufgabenfelder. Sie hat gewisse Auswirkungen auf jeden Bereich des bischöflichen Hirtenamtes.[776] Zunächst benennen die Konzilsväter die Verkündigung des Evangeliums als eine der „hauptsächlichsten Ämter der Bischöfe".[777] Innerhalb der Bestimmungen wird auch das Lehramt des Papstes genannt, insofern das bischöfliche Lehramt in Gemeinschaft mit diesem

---

[768] Vgl. LG-NEP 3.

[769] LG 22.

[770] Die kodikarische Bestätigung der Lehre des II. Vatikanischen Konzils in den cc. 330–335 wird innerhalb eines eigenen Abschnitts Teil dieser Ausführungen sein.

[771] Vgl. LG 22; vgl. *Bier*, Ökumenisches Konzil, S. 474 f.; *Aymans-Mörsdorf*, KanR II, S. 219–221.

[772] Vgl. *Heim*, Kirchliche Existenz, S. 124: „Beide Formen bedürfen der Approbation bzw. der freien Rezeption durch den Papst".

[773] LG 22.

[774] Hier zeigt sich exemplarisch, wie sehr das geltende Recht des Codex Iuris Canonici in der Tradition des II. Vatikanischen Konzils steht; vgl. hierzu: *Johannes Paul II.*, CA SacrDiscLeg, S. XXI: „Ja, man darf sagen, dass daraus auch jenes Merkmal herrührt, aufgrund dessen der Codex als Vervollständigung der vom II. Vatikanischen Konzil vorgestellten Lehre angesehen wird (…)".

[775] LG 24–27.

[776] Dennoch bezieht sich der vorliegende konziliare Aufgabenkatalog auf das jedem Bischof zukommende Hirtenamt, wobei aus der Darstellung ersichtlich wird, dass insbesondere die Diözesanbischöfe als maßgeblicher Bezugspunkt gelten, vgl. *Rahner*, Kommentar LG, S. 234.

[777] LG 25.

vollzogen werden muss.[778] Als authentische Lehrer sind die Bischöfe dem Lehramt ihres Hauptes verpflichtet, da sie dasselbe Evangelium und denselben Glauben
verkündigen, den auch das oberste Lehramt zur Grundlage hat.

Auch in Richtung der Gläubigen als Hörer der bischöflichen Verkündigung legt
das Dokument fest, dass besonders dem päpstlichen Lehramt Gehorsam zu schul-
den ist. Hierbei wird explizit nicht nur das unfehlbare Lehramt *ex cathedra* angesprochen, sondern die Verkündigungstätigkeit des römischen Bischofs in ihrer
Gesamtheit.[779] Des Weiteren ist der Gehorsam der Gläubigen gefordert, sofern
die Bischöfe „in Wahrung des Gemeinschaftsbandes untereinander und mit dem
Nachfolger Petri" in der Form des Ökumenischen Konzils authentische und unfehlbare Lehre verkündigen.[780] Auch innerhalb dieser Bestimmung des Konzils wird
die erörterte notwendige Gemeinschaft des Bischofskollegiums mit dem Papst als
dessen Haupt grundlegend.

Weiterhin wendet sich die Dogmatische Konstitution Lumen Gentium eigens
dem päpstlichen Lehramt zu, insofern dessen Unfehlbarkeit Thema der Bestimmungen wird.[781] Diese Unfehlbarkeit besitzt der Papst „kraft seines Amtes", wobei
dies auf seine Funktion als oberster Hirte und Lehrer der ganzen Kirche rekurriert (vgl. c. 331).[782] Die genauere Bestimmung zeigt, dass es sich hierbei um das
unfehlbare Lehramt hinsichtlich der Glaubens- und Sittenlehre handelt, das „in
einem endgültigen Akt"[783] verkündet wird.[784] Der primatialen Stellung des Papstes
ist auch der Zusatz geschuldet, der besagt, dass jene päpstliche Lehre „aus sich
heraus"[785] Infallibilität innehat und keinerlei Zustimmung oder Bestätigung bedarf. Dies trägt der Tatsache Rechnung, dass diese päpstliche Lehre unter Beistand

---

[778] Vgl. *Rahner*, Kommentar LG, S. 236. Angesprochen ist das ordentliche Lehramt des
Papstes in Enzykliken oder anderen allgemeinen Lehrschreiben.
[779] LG 25.
[780] Ebd.; vgl. *Rahner*, Kommentar LG, S. 236 f., mit Verweis auf die Grundlage im I. Vatikanischen Konzil; vgl. S. 26–43 der vorliegenden Untersuchung.
[781] LG 25.
[782] In Formulierung und Begründung (v. a. durch Lk 22,32) steht die konziliare Aussage in
der direkten Tradition des I. Vatikanischen Konzils; vgl. hierzu S. 26–43 der vorliegenden
Untersuchung und grundlegend PA, Caput IV.
[783] LG 25.
[784] Vgl. hierzu: *Müller*, Dogmatik, S. 625.
[785] LG 25 und zur Grundlegung des „ex sese" im I. Vatikanischen Konzil S. 37 f. der vorliegenden Untersuchung; vgl. *Rahner*, Kommentar LG, S. 239. Dort merkt der Autor hierzu an:
„Das ‚ex sese' ist eine Aussage über die Definitionen, nicht über den Papst und über dessen
Pflicht, seine Definitionen aus der Offenbarung und dem Glauben der Kirche zu schöpfen".
Wenn diese Lehre aus sich heraus unfehlbar ist, dann ist sie dies darum, da der Papst keine
neue Lehre erschafft, sondern lediglich jene Wahrheiten definiert, die von Anfang an vorhanden, jedoch nicht gänzlich durchdrungen gleichsam in der Wahrheit der Offenbarung begründet liegen; vgl. LG 25: „Wenn aber der römische Bischof oder die Körperschaft der Bischöfe
einen Satz definieren, legen sie ihn vor gemäß der Offenbarung selbst, zu der zu stehen und
nach sich zu richten alle gehalten sind (…). Eine neue öffentliche Offenbarung als Teil der
göttlichen Glaubenshinterlage empfangen sie jedoch nicht".

des Heiligen Geistes hervorgebracht und verkündet wurde und somit die göttliche Bestätigung in sich trägt. Dies auf das römische Bischofsamt übertragen wird deutlich, dass diesem nicht nur aufgrund der bischöflichen, sondern auch aus der petrinischen Sendung ein besonderes Charisma unter der Führung des Heiligen Geistes zukommt.[786]

Dem Bischof von Rom wird eine Vorrangstellung nicht nur durch besondere Rechte, sondern ebenso durch primatiale Pflichten zuteil. Dem Papst obliegt eine besondere Sorge um die unversehrte Weitergabe, reine Bewahrung und treue Auslegung der göttlichen Offenbarung.[787] Der Nachfolger Petri ist dazu als erster unter den Bischöfen aufgrund des „Gewicht(s) der Sache"[788] verpflichtet.

Die Lehraussagen hinsichtlich der Verbindung von Papst und Bischofskollegium sind wesentlich von der kollegialen Verbindung und der damit verbundenen Relevanz der Kollegialität in der Verfasstheit der Kirche bestimmt.[789] Die erläuternde Vorbemerkung zur Dogmatischen Konstitution Lumen Gentium stellt heraus, dass das Kollegium der Bischöfe nicht „im streng juridischen Sinne verstanden"[790] werden soll. Diese Festlegung kann auf zweierlei Weise zum besseren Verständnis des Bischofskollegiums und seines Verhältnisses zu seinem Haupt beitragen. Zunächst wird damit verdeutlicht, dass es sich nicht um ein Kollegium als „Kreis Gleichrangiger"[791] handelt, die sich einen Vorsitzenden aus den eigenen Reihen erwählen könnten, sondern um einen „festen Kreis, dessen Struktur und Autorität der Offenbarung entnommen werden müssen".[792] Das Bischofskollegium (auch als „Ordo" oder „Corpus" bezeichnet[793]) ist somit eine göttliche Einrichtung, insofern in ihm die „Verhältnismäßigkeit zwischen der ersten Beziehung (Petrus – Apostel) und der zweiten (Papst – Bischöfe)"[794] dargestellt wird. Ferner können die Worte des Konzils derart verstanden werden, als dass das Bischofskollegium seines Wesens nach mehr ist, als ein Kollegium im rechtlichen Sinne. Es ist gemeinsam mit dem Papst im Ökumenischen Konzil Träger der höchsten Gewalt der Kirche und als solches konstitutiv für deren Verfasstheit.[795]

---

[786] Vgl. *Müller*, Dogmatik, S. 625.

[787] LG 25.

[788] LG 25.

[789] Vgl. *Pfannkuche*, Papst und Bischofskollegium, S. 105.

[790] LG-NEP 1; vgl. hierzu *Ratzinger*, Kommentar LG-NEP, JRGS 7/2, S. 703 f. An dieser Stelle merkt der Autor an, dass eine vom Rechtsbegriff her verstandene Kollegialität allzu strikt ein *collegium aequalium* definieren würde, das Verhältnis von Papst und Bischofskollegium aber wesentlich durch eine *inaequalitas* bestimmt wird.

[791] LG-NEP 1.

[792] Ebd.

[793] Vgl. *Ratzinger*, Kommentar LG-NEP, JRGS 7/2, S. 703, indem die wechselnde Bezeichnung den o. g. Bedenken Rechnung tragen sollte; vgl. hierzu auch *Hünermann*, Kommentar, S. 422.

[794] LG-NEP 1.

[795] Vgl. *Müller/Ohly*, Kirchenrecht, S. 253.

In diesem Kontext ist eine weitere Erläuterung der Nota Explicativa Praevia erwähnenswert.[796] Das Bischofskollegium, dass ebenfalls Träger der kirchlichen Höchstgewalt ist, kann diese nur mit seinem Haupt und niemals ohne es vollziehen. Auf diese Weise wehren die Konzilsväter jene Interpretationen der kirchlichen Höchstgewalt ab, die diese in einem dualistischen Sinne zu interpretieren trachten:[797]

> „Die Unterscheidung waltet nicht zwischen dem Bischof von Rom einerseits und den Bischöfen zusammengenommen andererseits, sondern zwischen dem Bischof von Rom für sich und dem Bischof von Rom vereint mit den Bischöfen".[798]

Nimmt man diesen konziliaren Gedanken auf, so stellt man fest, dass das Bischofskollegium nie ohne den Bischof von Rom als sein eigenes Haupt Träger der höchsten und vollen Gewalt in der Kirche ist.[799] Auch der Wortlaut der Konstitution Lumen Gentium stellt dies fest, denn „das Kollegium oder die Körperschaft der Bischöfe hat aber nur Autorität, wenn das Kollegium verstanden wird in Gemeinschaft mit dem Bischof von Rom, dem Nachfolger Petri, als seinem Haupt (...)".[800] Weiter heißt es bezüglich der kirchlichen Höchstgewalt, dass das Bischofskollegium sie „niemals ohne dieses Haupt" und „nur unter Zustimmung des Bischofs von Rom" ausüben kann.[801]

II. Papst und Bischofskollegium im kodikarischen Befund

Trotz der besonderen Vorrangstellung des Papstes und der Ausstattung des petrinischen Amtes mit der vollen und höchsten Gewalt in der Kirche (vgl. cc. 331–332 § 1) sind beide, der Papst und das Bischofskollegium, die höchste Autorität der Kirche.[802] Im kodikarischen Befund wegweisend ist die Norm des c. 330, in der zu Beginn der I. Sektion „Die höchste Autorität der Kirche" sowohl der Papst als auch das Bischofskollegium Erwähnung finden.[803] Nach dem biblischen Vorbild der Apostel unter ihrem Haupt, dem heiligen Petrus, sind auch die Bischöfe im

---

[796] LG-NEP 3.

[797] Vgl. *Ratzinger*, Konzil III, JRGS 7/1, S. 452; *ders.*, Kommentar LG-NEP, JRGS 7/2, S. 707 f.; *Hünermann*, Kommentar LG, S. 425 f. Hier wendet sich der Autor den daraus folgenden Konsequenzen zu.

[798] LG-NEP 3.

[799] Vgl. *Pfannkuche*, Papst und Bischofskollegium, S. 106.

[800] LG 22; vgl. *Hünermann*, Kommentar LG, S. 425: „Dieses Kolleg aber ist (...) mit seinem Haupt, dem Bischof von Rom, ‚auch' (quoque) Subjekt der vollen und höchsten Vollmacht über die gesamte Kirche. Zugleich wird unterstrichen, dass diese Vollmacht immer nur unter diesem Haupt, und das bedeutet, mit seiner Zustimmung ausgeübt werden kann".

[801] LG 22.

[802] Vgl. *Ratzinger*, Konzil III, JRGS 7/1, S. 452 f.; *Aymans-Mörsdorf*, KanR II, S. 217 f.

[803] Vgl. LG 22 i. V. m. LG-NEP 3; *Aymans-Mörsdorf*, KanR II, S. 191 f., einschließlich des Hinweises zur Redaktionsgeschichte. Die Einfügung des c. 330 geschah erst innerhalb der Schlussredaktion durch Papst Johannes Paul II. selbst, vgl. *Betti*, Appunto, hier S. 32 f.

Bischofskollegium mit dem Papst als Nachfolger des Petrus „untereinander verbunden" (inter se coniunguntur).

Diese Terminologie weist auf einen ersten bedeutsamen Wesensunterschied hin, denn das Apostelkollegium wird als „unum Collegium" bezeichnet, während die Bischöfe im Bischofskollegium „inter se coniunguntur" bestehen.[804] Durch diese Unterscheidung, die in der Nota Explicativa Praevia zu Lumen Gentium gründet, wendet sich der Rechtstext gegen eine Interpretation des Bischofskollegiums in einem rechtlichen Sinn.[805] Indem die Norm des c. 330 die Verhältnisgleichheit zwischen dem heiligen Petrus und den übrigen Aposteln einerseits und dem Nachfolger Petri und den Nachfolgern der Apostel andererseits betont, verdeutlicht sich, „daß die Entsprechung nur auf der Ebene der Nachfolge stattfindet".[806] Auf dieser sind der Papst und die Bischöfe miteinander verbunden, insofern sie die apostolische Sendung aufgrund göttlicher Vorgabe durch die Zeiten hindurch verwirklichen. Mit dieser Verhältnisgleichheit innerhalb der apostolischen Nachfolge verbindet sich auch ein wesenhafter Unterschied zwischen den Nachfolgern und den Aposteln.[807] Joseph Ratzinger beschreibt diesen Umstand folgendermaßen:

> „Das Amt der Presbyter und Episkopen ist seinem geistlichen Wesen nach identisch mit dem der Apostel. Diese Identifizierung, mit der das Prinzip der successio apostolica formuliert ist, hat Lukas (sc. Apg 20,17–38) noch durch eine weitere terminologische Entscheidung präzisiert: Indem er den Begriff Apostel auf die Zwölf beschränkt, unterscheidet er das Einmalige des Ursprungs vom Immerwährenden der Nachfolge. In diesem Sinn ist das Amt der Presbyter und Episkopen nun doch etwas anderes als das Apostolat der Zwölf. Die Presbyter-Episkopen sind Nachfolger, aber nicht selbst Apostel. Zur Struktur von Offenbarung und Kirche gehört das ‚Einmal' wie das ‚Immer'. Die christologisch begründete Vollmacht des Versöhnens, des Weidens, des Lehrens geht in den Nachfolgern unverändert weiter, aber sie sind Nachfolger im rechten Sinn nur dann und dadurch, daß sie ‚bei der Lehre der Apostel verharren' (Apg 2,42)."[808]

Auf diesem theologischen Fundament wenden sich die cc. 331–335 dem Papst als Bischof von Rom zu. Auch hierin finden sich Weisungen, die sich implizit und ausgehend vom Papstamt dem Bischofskollegium als zweitem Pfeiler der kirchlichen Höchstgewalt zuwenden. Die Norm des c. 333 § 2 besagt, dass der Papst „stets in Gemeinschaft mit den übrigen Bischöfen" steht. Hierdurch kodifiziert der Gesetzgeber die kommuniale Dimension des Papstamtes, denn „in der Ausübung seines Amtes steht der Papst nicht über der Kirche, sondern ist als ihr oberster Hirte in die Communio mit den übrigen Bischöfen wie mit der ganzen Kirche einge-

---

[804] Vgl. *Müller/Ohly*, Kirchenrecht, S. 253.
[805] Vgl. LG-NEP 1; *Aymans-Mörsdorf*, KanR II, S. 192. Ein Kollegium im rechtlichen Sinne ist als gesamte Körperschaft Trägerin von Rechten und Pflichten; vgl. *Ratzinger*, Kommentar LG-NEP, JRGS 7/2, S. 702–704.
[806] *Ratzinger*, Kommentar LG-NEP, JRGS 7/2, S. 703.
[807] Vgl. *Pfannkuche*, Papst und Bischofskollegium, S. 105 f.
[808] *Ratzinger*, Wesen des Priestertums, JRGS 12, S. 44.

bunden".[809] Diese Gemeinschaft begründet jedoch keine Gleichrangigkeit von Papst und Bischöfen im Zuge der Ausübung der *suprema potestas*, da diese nur „in der Gemeinschaft und unter der Autorität des Papstes"[810] stattfinden kann. Auch bei persönlicher Ausübung der kirchlichen Höchstgewalt durch den Papst besteht die Verbundenheit als Abbild und Fortbestand der Verbindung des heiligen Petrus mit dem Apostelkollegium. Rudolf Pesch bemerkt ausgehend vom neutestamentlichen Befund hierzu:

> „Wie Petrus als Fundament der *Ekklesia* gilt, gelten mit ihm auch die zwölf Apostel (Eph 2,20; Offb 21,14). Im Licht der neutestamentlichen Texte erscheint schon strukturell angelegt, was sich für das Zueinander von Primat und Episkopat ergeben hat. Es gibt das Miteinander und Ineinander von personalem und synodalen Prinzip der Verantwortung. Der Geist Gottes, der den Raum der Stellvertretung eröffnet, siedelt in ihm beide an, er bedient sich beider, der einzelnen (Petrus) wie des Kollegiums (Zwölf) (…).“[811]

Innerhalb der kodikarischen Ausformulierung wirkt dieses Fundament fort. Es ist, so die Norm des c. 333 § 2 weiter, das Recht des Papstes zu entscheiden, ob er das Amt persönlich oder „im kollegialen Verbund ausübt". Dies bedeutet für das Bischofskollegium, dass es nur dann an der Ausübung der höchsten Gewalt aktiv teilhaben kann, wenn der Papst sich dazu entschließt. Es ist hernach der Initiative des Bischofs von Rom geschuldet, ob die Bischöfe mit ihrem Haupt[812] als Träger der vollen und höchsten Gewalt agieren. Ihm obliegt die „Kompetenz der Kompetenzen".[813]

Die folgende Norm des c. 333 § 3 (i. V. m. c. 1404), die den Papst als Letztinstanz der Kirche bezeichnet, impliziert, dass selbst die Mitglieder des Bischofskollegiums gegen ein durch den Papst gefälltes Urteil oder erlassenes Dekret keine Anfechtung üben können. Die Norm des c. 334 wendet sich denjenigen Organen zu, die dem Papst bei der Amtsausübung helfend zur Seite stehen.[814] Sie führt dabei zuvörderst „die Bischöfe" an und verdeutlicht dies am Beispiel der Bischofssynode, die neben anderen „verschiedenen Weisen" Hilfsorgan sein kann. Wohlgemerkt spricht der Gesetzgeber hier nicht vom Bischofskollegium, da über die besondere Stellung des Kollegiums als Ganzes hinaus auch einzelne Bischöfe mit besonderen Aufgaben sowie alle Bischöfe in ihren jeweiligen Diözesen den Papst bei seinem obersten Hirtenamt helfend unterstützen können.

---

[809] *Aymans-Mörsdorf*, KanR II, S. 211.

[810] CD 3.

[811] *Pesch*, Was an Petrus sichtbar war, hier S. 48. Hervorhebung im Original.

[812] Vgl. LG 22.

[813] Vgl. *Aymans-Mörsdorf*, KanR II, S. 211. Dort weisen die Autoren darauf hin, dass durch diese Letztkompetenz des Papstes „die Einheit der Organe der Höchstgewalt gewahrt" werden kann. Tatsächlich erschien innerhalb der Codex-Reformarbeiten nicht selten die Sorge um die Gefahr einer „Diarchie": vgl. hierzu etwa *PCR*, Relatio/1981, ad can. 277, S. 75: „Textus in schemate C. I. C. propositus uti est non videtur sustineri, quia intelligi potest ac si in Ecclesia diarchia habeatur"; vgl. auch die Darstellung der päpstlichen Schlussredaktion bei *Betti*, Appunto, S. 33.

[814] Vgl. *Aymans-Mörsdorf*, KanR II, S. 212.

Diese Mehrdimensionalität der dem Papst zugeordneten Organe konkretisiert sich im Fortlaufenden, wo die Kardinäle, „andere Personen" und Einrichtungen als mögliche helfende Organe genannt werden. Die Norm des c. 334 verweist auf die entsprechenden Weisungen des geltenden Rechts. Die Maßgaben hinsichtlich des römischen Bischofs enden mit c. 335, der für Vakanz oder „völlige Behinderung" des petrinischen Amtes festlegt, dass innerhalb dieser Zeit bis zur erneuten Besetzung des Petrusstuhles „in der Leitung der Gesamtkirche nichts geändert werden" darf. Es folgt der Verweis auf das Spezialgesetz für die Sedisvakanz. Auch dieses explizite Verbot des c. 335 beinhaltet den Grundsatz, dass die kirchliche Höchstgewalt untrennbar mit dem Papstamt verbunden ist, auch dann, wenn dieses vakant oder behindert ist.[815] Dies bedeutet auch, dass bei Vakanz des Papstamtes niemand die kirchliche Höchstgewalt ausüben kann, was durch dieses Verbot sowie das diesbezügliche Spezialgesetz klar definiert ist.[816] Aus der Perspektive des Bischofskollegiums ist damit verdeutlicht, dass es nur mit seinem Haupt handlungsfähig und existent ist.[817]

Im Folgenden wendet sich der Gesetzgeber explizit dem Bischofskollegium zu (cc. 336–341). Die Norm des c. 336 benennt die zwei wesentlichen Voraussetzungen zur Gliedschaft im Bischofskollegium: Die sakramentale Weihe und die hierarchische Gemeinschaft mit Haupt und Gliedern des Kollegiums.[818] Bezüglich der sakramentalen Weihe wird ebenfalls klar festgelegt, dass damit die Bischofsweihe gemeint ist.[819] Im weiteren Verlauf benennt c. 336 abermals die bereits in c. 330 erwähnte Feststellung, dass im Bischofskollegium „die apostolische Körperschaft immerzu" fortdauert, insofern die Bischöfe als Nachfolger der Apostel ihre spezifische apostolische Sendung erfüllen. Die Norm gibt ebenfalls an, dass das Bischofskollegium „mit seinem Haupt und niemals ohne dieses Haupt" (d. h. niemals ohne den Papst, der dessen Haupt ist)[820] „Träger höchster und voller

---

[815] Vgl. ebd., S. 214: „Dabei ruht die Primatialgewalt (…)".

[816] Das betreffende Spezialgesetz für die Sedisvakanz und die Papstwahl ist in der CA Univ-DomGreg (22. 02. 1996) Papst Johannes Pauls II. gegeben, das zuletzt durch das MP NormNon (22. 02. 2013) durch Papst Benedikt XVI. aktualisiert wurde; vgl. besonders ebd., 1: „Während der Vakanz des Apostolischen Stuhles hat das Kardinalskollegium keinerlei Vollmacht oder Jurisdiktion bezüglich jener Fragen, die dem Papst zu Lebzeiten oder während der Ausübung der Aufgaben seines Amtes zustehen; diese Fragen müssen alle ausschließlich dem künftigen Papst vorbehalten bleiben. Deshalb erkläre ich jede Handlung für ungültig und nichtig, die das Kardinalskollegium in Ausübung der dem Papst zu seinen Lebzeiten oder während der Zeit der Ausübung seines Amtes zustehenden Vollmacht oder Jurisdiktion vornehmen zu müssen glaubte, es sei denn, sie befinden sich innerhalb der in dieser Konstitution ausdrücklich genannten Grenzen".

[817] Vgl. LG-NEP 3. Dort wird eindeutig festgestellt, dass es das Kollegium „ohne Haupt nicht gibt" (quod sine Capite non datur).

[818] Vgl. LG-NEP 2.

[819] Vgl. *Müller/Ohly*, Kirchenrecht, S. 254. Der Wortlaut des c. 336 besagt, dass die Glieder des Bischofskollegiums „die Bischöfe sind" (membra sunt Episcopi vi sacramentalis).

[820] Vgl. c. 336: „cuius caput est Summus Pontifex". Die Norm ist i. V. m. c. 331 zu lesen.

Gewalt (supremae et plenae potestatis) in Hinblick auf die Gesamtkirche ist". Das Bischofskollegium kann ohne sein Haupt nicht bestehen[821] und ist nur mit seinem Haupt Träger der kirchlichen Höchstgewalt.[822]

Hinsichtlich der Voraussetzungen zur Gliedschaft im Bischofskollegium kodifiziert c. 336 die Weisung des II. Vatikanischen Konzils: „Glied der Körperschaft der Bischöfe wird man durch die sakramentale Weihe und die hierarchische Gemeinschaft mit Haupt und Gliedern des Kollegiums".[823] Die Bischofsweihe als höchste Weihestufe[824] der Kirche (vgl. cc. 1008–1009) entstammt dem göttlichen Recht. Die Weihen zu Episkopat, Presbyterat und Diakonat werden „kraft göttlicher Weisung" gespendet und wirken als unauslöschliches Prägemal.[825] Diese sakramentale Voraussetzung zur Gliedschaft im Bischofskollegium entspringt der Weihehandlung selbst, womit auch feststeht, dass diese Voraussetzung jedem gültig zum Bischof der Kirche Geweihten zuteilwird. Dies geschieht unabhängig vom ausgeübten Amt des Geweihten, sei es als Diözesanbischof, als Auxiliarbischof oder als Titularbischof in anderer Funktion, etwa in einem kurialen Amt.[826] Durch die zweite Voraussetzung zur Gliedschaft im Bischofskollegium, die hierarchische Gemeinschaft, wird durch den Gesetzgeber eine legale Einschränkung vorgenommen, die nicht dem göttlichen, sondern dem kirchlichen Recht entspringt. Ihr theologisches Fundament liegt in der notwendigen Einmütigkeit der Glieder des Kollegiums mit deren Haupt begründet:

> „Schon die uralte Disziplin, daß die auf dem ganzen Erdkreis bestellten Bischöfe untereinander und mit dem Bischof von Rom im Bande der Einheit, der Liebe und des Friedens Gemeinschaft hielten (...) weisen auf die kollegiale Natur und Beschaffenheit des Episkopates hin."[827]

Die hierarchische Gemeinschaft gründet in diesem Band der Einheit mit dem Bischof von Rom und den Bischöfen der Kirche. Im Gegensatz zum unauslöschlichen Prägemal der Weihe kann die hierarchische Gemeinschaft verlorengehen und der gültig Geweihte somit dennoch aus dem Bischofskollegium ausscheiden,

---

[821] Vgl. LG 22 i. V. m. LG-NEP 3: „Von dem Kollegium, das es ohne Haupt nicht gibt, wird gesagt (...)"; ebenfalls dargestellt bei *Pfannkuche*, Papst und Bischofskollegium, S. 152–154.

[822] Vgl. LG-NEP 3; vgl. *Aymans-Mörsdorf*, KanR II, S. 217: „(...) doch tritt das Bischofskollegium nicht in Konkurrenz zum Papst, weil es auch als Kollegium im Rechtssinne hierarchisch strukturiert bleibt und deshalb nur im Zusammenwirken mit dem Papst als seinem hierarchischen Haupt rechtswirksam handeln kann (...)".

[823] LG 22.

[824] Vgl. LG 21: „Die Heilige Synode lehrt aber, daß durch die Bischofsweihe die Fülle des Weihesakramentes übertragen wird. Sie heißt ja auch im liturgischen Brauch der Kirche wie in den Worten der heiligen Väter das Hohepriestertum, die Ganzheit des heiligen Dienstamtes". Das Dokument verweist auf die *Traditio Apostolica* des Hippolyt von Rom.

[825] Vgl. LG 21 i. V. m. c. 1008 und vertiefend *Müller/Ohly*, Kirchenrecht, S. 254.

[826] Vgl. *Bier*, c. 375, Rdnr. 8, in: MKCIC (August 1997).

[827] LG 22.

wie beispielsweise im Falle einer Exkommunikation eines Bischofs.[828] Wäre nur die gültige Bischofsweihe Voraussetzung für die Gliedschaft im Bischofskollegium, so wären auch all diejenigen Bischöfe darin eingeschlossen, die ohne päpstliches Mandat (c. 1013) unerlaubt die Weihe empfangen haben. Dem ist durch c. 336 Vorschub geboten und so gewährleistet, dass gerade das Bischofskollegium mit seinem Haupt wesenhaftes Abbild der Einheit der katholischen Kirche auf dem ganzen Erdkreis ist.[829] In Gemeinschaft mit dem Papst ist das Bischofskollegium Träger der Höchstgewalt[830] über die ganze Kirche.[831]

Die erstgenannte Form der Ausübung der Höchstgewalt stellt mit c. 337 § 1 das Ökumenische Konzil dar.[832] Spricht die Norm von der dort vollzogenen Ausübung „in feierlicher Weise", so ist damit die besondere Bedeutung der Amtshandlung als feierlicher Akt der ganzen Kirche angesprochen, die durch das Kollegium abgebildet wird. Die Ausübung der kirchlichen Höchstgewalt hat innerhalb eines solchen Ökumenischen Konzils stets Glaubens- und Sittenlehre zum Gegenstand (vgl. c. 749 § 2).[833] Neben dem Ökumenischen Konzil, das die feierliche Versammlung des Bischofskollegiums an einem gemeinsamen Ort bezeichnet, ist nach c. 337 § 2 auch ein Fernkonzil als legale Möglichkeit gegeben.[834] Auch hier erhält die „vereinte Amtshandlung der auf dem Erdkreis verstreut weilenden Bischöfe" ihre Autorität durch die Annahme des Papstes. Christoph Ohly weist in diesem Kontext darauf hin, dass im Unterschied zum Ökumenischen Konzil die Initiative „nicht beim Papst liegen"[835] muss, sondern auch aus dem Kreis eben jener auf dem Erdkreis verstreuten Bischöfe erwachsen kann. Wie in c. 337 § 2 wird auch in § 3 auf die Notwendigkeit des kollegialen Charakters der Amtshandlung verwiesen. Auch innerhalb der Ausübungsmöglichkeiten der kirchlichen Höchstgewalt durch das Bischofskollegium liegt die Entscheidung über die Art und Weise allein beim Papst. Abermals wird die besondere primatiale Stellung des römischen Bischofs – auch innerhalb der Bestimmungen zum Bischofskollegium – durch den Gesetz-

---

[828] Vgl. *Müller/Ohly*, Kirchenrecht, S. 254.

[829] Vgl. LG 22; vgl. *Ratzinger*, Kommentar LG-NEP, JRGS 7/2, S. 704 f. Dort bewertet der Autor diese beiden Aufnahmevoraussetzungen von Bischofsweihe und hierarchischer Gemeinschaft als Verknüpfung von Sakrament und Recht. Insofern ist das Bischofskollegium eben nicht nur im Bereich der *iurisdictio*, sondern auch im sakramentalen Wesen begründet und Abbild der Communio als „sakramentsbestimmte Rechtsstruktur" (S. 353) der Kirche.

[830] Vgl. *Aymans-Mörsdorf*, KanR II, S. 217.

[831] Vgl. ebd. Aufgrund dieser Bezugnahme auf die Gesamtkirche wird von der „Universalgewalt" gesprochen; zur Problematik der „Vollgewalt" des Bischofskollegiums als Träger der *suprema potestas* vgl. ebd., S. 217 f.

[832] Vgl. LG 22.

[833] Vgl. *Müller/Ohly*, Kirchenrecht, S. 256; ebenso *Pfannkuche*, Papst und Bischofskollegium, S. 156.

[834] Vgl. *Müller/Ohly*, Kirchenrecht, S. 256, 258 f.; *Aymans-Mörsdorf*, KanR II, S. 222 f.

[835] Ebd., S. 259; in diesem Sinne auch *Aymans-Mörsdorf*, KanR II, S. 222: Es „ist in irgendeiner Form die zustimmende Mitwirkung des Papstes erforderlich" und ebd., S. 223: „Die rechtliche Initiative muß in diesem Fall (…) nicht notwendig vom Papst ausgehen".

geber betont. Neben der Kollegialität ist der Primat bestimmendes Momentum der betreffenden Normen des Rechts.[836] Die Weisung des c. 339 § 1 beschreibt die Teilnehmerschaft der Mitglieder des Bischofskollegiums an den Konzilien mit „entscheidendem Stimmrecht". Hierbei sind nur diejenigen Bischöfe zur ordentlichen vollberechtigten Teilnahme[837] befähigt, die in der hierarchischen Gemeinschaft stehen und so in Verbindung mit der sakramentalen Bischofsweihe Mitglieder des Bischofskollegiums sind.[838]

Des Weiteren besagt die Norm, dass es sowohl Recht als auch Pflicht der Bischöfe ist (ius est et officium), am Konzil teilzunehmen. Aus dem bischöflichen Amt heraus erwächst folglich die Pflicht[839], innerhalb des Ökumenischen Konzils in kollegialem Akt die kirchliche Höchstgewalt auszuüben, womit der Tatsache Rechnung getragen wird, dass die Bischöfe aufgrund ihrer sakramentalen Weihe in der hierarchischen Gemeinschaft Träger der Sorge um die „apostolische Aufgabe der Kirche" sind.[840] Auch das entscheidende Stimmrecht ist Ausdruck dessen.[841] Im Ökumenischen Konzil besitzen alle Mitglieder des Bischofskollegiums, die gleichzeitig Teilnehmer der Versammlung sind, eine gleichberechtigte Stimme. Zwar stimmen die Teilnehmer mithilfe ihrer Stimmabgabe über Positionen zu Glaubens- und Sittenfragen ab, was jedoch ohne die Zustimmung des Papstes nach c. 341 § 1 zu keiner Rechtsverbindlichkeit führen kann. Auch hier ist die Vorrangstellung des römischen Bischofs gewahrt.

Weiter regelt c. 339 § 2 die Möglichkeit der Hinzuziehung Anderer zum Konzil, die allerdings ohne Stimmrecht in beratender oder beobachtender Funktion teilnehmen.[842] Die folgende Norm des c. 340 über die während eines Konzils eintretende Vakanz des Apostolischen Stuhles impliziert abermals die besondere und erstrangige Stellung des Papstes.[843] Wird der römische Bischofssitz vakant, so „ist das Konzil von Rechts wegen unterbrochen, bis der neue Papst dessen Fortführung angeordnet oder es aufgelöst hat". Ein Ökumenisches Konzil kann daher nur dann *in actio* bestehen, wenn es in seiner einzig ordentlichen Form unter Vorsitz des Papstes nach c. 338 § 1 gefeiert wird.[844] Es steht dem neu gewählten

---

[836] Die Maßgaben hinsichtlich der speziellen Aufgaben und Rechte des Papstes innerhalb des Ökumenischen Konzils gemäß c. 338 §§ 1 und 2 werden innerhalb der Ausführungen zur amtsspezifischen Vollmacht des Bischofs von Rom behandelt.

[837] Vgl. *Aymans-Mörsdorf*, KanR II, S, 221.

[838] Vgl. ebd.; in c. 339 § 1 heißt es: „Alle und nur die Bischöfe, die Glieder des Bischofskollegiums sind (...)".

[839] Vgl. *Bier*, Ökumenisches Konzil, S. 471.

[840] CD 6.

[841] Vgl. *Müller/Ohly*, Kirchenrecht, S. 257.

[842] Vgl. ebd. und ausführlich zum außerordentlichen Teilnahmerecht gemäß c. 339 § 2 *Aymans-Mörsdorf*, KanR II, S. 222; *Bier*, Ökumenisches Konzil, S. 472 f. Hierauf kann an dieser Stelle nicht eigens eingegangen werden.

[843] Vgl. *Bier*, Ökumenisches Konzil, S. 475.

[844] Vgl. *Putter*, Kollegialitätsprinzip der Bischöfe, S. 69 f.

Papst nach Maßgabe des Rechts frei, das Konzil entweder fortzuführen oder es aufzulösen. Tatsächlich ist die legale Möglichkeit zur Fortführung oder aber Auflösung eines Konzils durch den neuen Amtsinhaber bedingt durch einen Wechsel im Papstamt keine rein rechtliche, sondern eine durchaus reale Option. Das II. Vatikanische Konzil selbst war durch einen Amtswechsel auf dem Stuhle Petri unterbrochen. Nach dem Tode Papst Johannes XXIII. und der Wahl seines Nachfolgers, Papst Pauls VI., stellte sich die Frage nach Fortführung oder Auflösung des Konzils. Durch can. 229 CIC/1917 galt dieselbe rechtliche Forderung wie nach den Maßgaben des geltenden Rechts.[845] Joseph Ratzinger beschreibt diese Situation folgendermaßen:

> „Der Tod Johannes XXIII., des gültigen Papstes, der das Konzil gerufen und ihm seine Physiognomie aufgeprägt hatte, die Physiognomie der Freiheit, des gläubigen Optimismus, des Sich-Führen-Lassens durch die göttlichen Anrufe, die dem Hörenden vernehmbar sind – der Tod dieses in seinem menschlichen Kleinseinwollen und -können so großen Papstes bedeutete für das Konzil einen tiefen Einschnitt. Würde es überhaupt weitergehen? (…) Die Wahl des mit Johannes befreundeten Mailänder Erzbischofs Montini behob zwar schnell diese Ungewißheit, aber sie bedeutete doch nicht nur Fortführung, sondern auch einen neuen Anfang (…).“[846]

In diesem Bericht Ratzingers wird deutlich, auf welche Weise die Rechtsnorm eine reale Auswirkung auf den Vollzug der Kirche bewirkte.[847] Auch verdeutlicht sich die Rolle des Papstes, die nur durch die Führung des Konzils durch Christus selbst[848] überboten wird.

Der die Bestimmungen zum Bischofskollegium abschließende c. 341 beinhaltet ein weiteres Mal die Vorrangstellung des Papstes, wenn er sich der Rechtsverbindlichkeit der Beschlüsse eines Ökumenischen Konzils zuwendet. Sie können diese nur dann erlangen, wenn sie vom Papst „genehmigt, von diesem bestätigt und auf seine Anordnung hin promulgiert worden sind" (i. V. m. c. 7).[849] Die gleiche Notwendigkeit besteht für alle anderen Dekrete des Bischofskollegiums in Form kollegialer Akte nach c. 341 § 2.[850]

---

[845] Die Norm des can. 229 CIC/1917 lautete: „Si contingat Romanum Pontificem, durante Concilii celebratione, e vita decedere, ipso iure hoc intermittitur, donec novus Pontifex illud resumi et continuari iusserit".

[846] *Ratzinger*, Konzil II, JRGS 7/1, S. 361.

[847] Vgl. *Putter*, Kollegialitätsprinzip der Bischöfe, S. 61 f.

[848] Vgl. das Zitat Papst Pauls VI. bei *Ratzinger*, Konzil II, JRGS 7/1, S. 369: „Christus praesideat" und Ratzinger dazu: „Der wahre Vorsitzende dieses Konzils möge ER, der HERR selber sein". Hervorhebungen im Original.

[849] Vgl. *Aymans-Mörsdorf*, KanR II, S. 220 f.

[850] Es sei mit Christoph Ohly darauf hingewiesen, dass der Gesetzgeber mit dem Begriff „decreta" alle Beschlüsse eines Ökumenischen Konzils meint, vgl. *Müller/Ohly*, Kirchenrecht, S. 258.

Zusammenfassend kann bezüglich der kodikarischen Aussagen zum Bischofskollegium und dem Verhältnis zu seinem Haupt festgestellt werden, dass auch
an dieser Stelle die Maßgaben des Rechts in der Tradition und auf der theologischen Grundlage des II. Vatikanischen Konzils bestehen. Es wird ersichtlich, wie
sehr die Prinzipien von Kollegialität und Primat in dogmatischer und rechtlicher
Definition maßgeblich wirken. Gerade in der wechselseitigen Verwobenheit von
Einheit und Vielfalt wird das zusammentretende Kollegium unter seinem Haupt
sichtbares Zeichen der beiden Elemente der in diesem Sinne wirklich römisch-
katholischen Kirche.[851]

§ 4 Die amtsspezifische Vollmacht des Bischofs von Rom

A. Grundsätzliches

Erneut bilden die Dokumente des II. Vatikanischen Konzils das Fundament,
auf dem sich das Amt des Bischofs von Rom mit den damit verbundenen Vollmachten entfaltet. Bereits der Beginn des Dekrets Christus Dominus benennt den
Grundsatz zur Stellung des Papstes innerhalb des Komplexes der Hirtenaufgabe
der Bischöfe in der Kirche.[852] Rekurrierend auf die dogmatische Grundlage[853] beruft sich das Dokument auf die Einsetzung des petrinischen Amtes durch Christus
selbst qua „göttlicher Einsetzung".[854] Aufgrund dieser kommt dem Amt des römischen Bischofs „die höchste, volle, unmittelbare und universale Seelsorgsgewalt"
(potestas) zu.[855]

Aufgrund dieser *potestas* ist er „Hirte aller Gläubigen"[856] und als solcher dazu
„gesandt" (missus sit), „für das Gemeinwohl der ganzen Kirche und für das
Wohl der einzelnen Kirchen zu sorgen".[857] Ein weiteres Mal kommt die Zu-
sammenkunft von Einheit und Vielfalt im Papstamt in Verbindung mit dem Bischofskollegium zum Tragen. Nicht nur in gesamtkirchlicher Verantwortung
handelt der oberste Hirte der Kirche, sondern ebenso in Verantwortung für die

---

[851] Vgl. *Ratzinger*, Primat, Episkopat und Successio Apostolica, JRGS 12, S. 230–232.

[852] Zu den Besonderheiten, die sich aus der Bezeichnung als „Proömium" für CD 1–3 ergeben
vgl. *Mörsdorf*, Kommentar CD, S. 149. Gerade die Erkenntnis, dass dieses keine eigene Lehre
definiert, sondern „den Zusammenhang mit der theologischen Lehre von der Kirche" aufweisen will, verschafft ihm eine Relevanz für die vorliegende Fragestellung; in diesem Sinne
auch *Bausenhart*, Kommentar CD, S. 247: „Das Prooemium weist auf den christologischen,
soteriologischen und ekklesiologischen Horizont hin (…)".

[853] LG 21, 24, 25.

[854] CD 2.

[855] Ebd.; vgl. *Bausenhart*, Kommentar CD, S. 249: „Alle diese Kennzeichnungen werden
sich im CIC/1983 wiederfinden".

[856] CD 2.

[857] Ebd.

Teilkirchen.[858] Zur Verwirklichung dieses Auftrages des Bischofs von Rom „hat er den Vorrang der ordentlichen Gewalt über alle Kirchen" (potestas ordinaria).[859]

B. Die päpstliche Primatialgewalt[860]

Da sich die *potestas* des römischen Bischofs als „ordentliche" auszeichnet, ist definiert, dass sie sich aus dem Amt des Papstes herleitet und dem Amtsinhaber mit diesem übertragen wird.[861] Mit der Übernahme des Papstamtes wird dem Amtsinhaber auch die ordentliche Gewalt verliehen.[862] Damit verbunden kann festgestellt werden, dass „jede Gewalt in der Kirche (…) nicht nur im Namen Christi, sondern auch im Namen der Kirche ausgeübt"[863] wird und daher auch die päpstliche Amtsgewalt eine Vollmacht „in der Kirche"[864] darstellt, die ganz in die Verfasstheit der Kirche eingebunden und mit ihr verflochten ist. Es ist die Wahrung der kirchlichen Einheit, die den Primat des Papstes mitsamt der im Amt enthaltenen Vollmachten begründen kann. Bereits das I. Vatikanische Konzil lehrte, dass die *potestas* des Nachfolgers Petri seinem Auftrag entspringt, Prinzip der Einheit der Kirche zu sein,[865] was sich in Form eines wahren Dienstes in der und für die gesamte Kirche vollzieht.[866]

Die päpstliche Amtsgewalt wird vermittels der cc. 330–335 Teil des geltenden Rechts der Kirche und mit c. 331 ihrem Grundsatz nach definiert als „höchste, volle, unmittelbare und universale ordentliche Gewalt", die der Papst „immer frei ausüben kann".[867] Als Amt, das auf göttlicher Einsetzung beruht, ist es mit einer eigenen Amtsgewalt verbunden und besteht folglich nicht im Sinne eines Ehrenvorrangs.[868] Der Bischof von Rom besitzt tatsächlich mit all den daraus resultierenden rechtlichen und praktischen Konsequenzen die *suprema potestas*, wie sie in c. 331 gekennzeichnet wird.

---

[858] Vgl. zur Problematik, die sich in dieser Definition als „Vorrang der ordentlichen Gewalt" ergeben kann *Bausenhart*, Kommentar CD, S. 249 f. Die Frage nach dem Verhältnis zwischen päpstlicher und bischöflicher Gewalt bestimmte bereits die Zeit nach dem I. Vatikanischen Konzil und lässt so das Dekret Christus Dominus in dieser Hinsicht defizitär erscheinen; vgl. in diesem Sinne auch *Mörsdorf*, Kommentar CD, S. 149 f.

[859] CD 2.

[860] Vgl. zu diesem Begriff *Aymans-Mörsdorf*, KanR II, S. 204 f.; *Schwendenwein*, Papst, S. 447 f.

[861] Vgl. *Aymans-Mörsdorf*, KanR II, S. 205.

[862] Vgl. *Müller/Ohly*, Kirchenrecht, S. 261.

[863] Zitat nach Matthäus Kaiser bei *Krämer*, Dienst und Vollmacht, S. 22.

[864] *Müller/Ohly*, Kirchenrecht, S. 261.

[865] Vgl. hierzu *Müller*, Dogmatik, S. 624 f. Die ekklesiologische Vervollständigung lieferte das II. Vatikanische Konzil.

[866] Vgl. *Johannes Paul II.*, CA PastBon, Einführung, 1.

[867] Die Attribute der päpstlichen *potestas* lauten hernach: „suprema, plena, immediata, universalia, ordinaria, semper libere exercere".

[868] Vgl. *Aymans-Mörsdorf*, KanR II, S. 203.

I. potestas suprema

Dem Papst kommt aufgrund seiner Stellung als oberstem Hirten und Lehrer der ganzen Kirche die *potestas suprema* zu.[869] Der Papst besitzt hernach kraft seines Amtes die oberste Richtergewalt in der Kirche und ist somit auch im Bereich der Jurisdiktion keinem anderen Menschen untergeordnet.[870] Damit verbunden besteht die päpstliche Letztinstanz gemäß c. 333 § 3, denn „gegen ein Urteil oder ein Dekret des Papstes kann es weder Berufung noch Beschwerde" geben, womit feststeht, dass „der Papst von niemandem vor Gericht gezogen werden" kann (c. 1404). Dies umfasst die Nichtexistenz einer Rekursmöglichkeit sowohl an eine gerichtliche Instanz als auch an ein Konzil.[871] Daraus resultiert auch die Möglichkeit der Gläubigen, sich jederzeit bezüglich aller Streit- und Strafsachen in jeder Gerichtsinstanz nach c. 1417 § 1 an den Heiligen Stuhl wenden zu können. Dies umfasst nach geltendem Recht alle Prozessabschnitte. Explizit begründet die Norm des c. 1417 diese Möglichkeit mit dem Primat des Papstes.[872] Letztlich weisen diese primatialen Bestimmungen, die die päpstliche Gewalt als *suprema potestas* definieren, darauf hin, dass keine menschliche Gewalt existiert, die ihm übergeordnet wäre oder seine Gewalt beschränken könnte.[873]

II. potestas plena

Als *potestas plena* erstreckt sich die päpstliche Amtsgewalt auf alle Bereiche kirchlichen Handelns.[874] Die Begründung liegt erneut in der Einsetzung des petrinischen Amtes durch Christus, der dem heiligen Petrus und mit seinem römischen Bischofsstuhl verbunden all dessen Nachfolgern die volle Gewalt übertragen hat.[875] Ausgehend vom päpstlichen Amt in seiner Funktion als Garant der Einheit der Kirche erstreckt sich die Vollgewalt im umfassenden Sinn:[876] einerseits auf die Bereiche der Glaubens- und der Sittenlehre, andererseits auf die Bereiche der Rechtsordnung und der Kirchenleitung, was grundlegend alles umfasst, „was für die Sendung der Kirche erforderlich ist"[877], sowohl im äußeren wie auch im inneren

---

[869] Vgl. *Müller/Ohly*, Kirchenrecht, S. 261.
[870] Vgl. ebd.
[871] Vgl. *Ries*, Amt und Vollmacht, S. 181.
[872] Vgl. den lateinischen Wortlaut des c. 1417 § 1: „Ob primatum Romani Pontificis integrum est cuilibet fideli causam suam (…) ad Sanctam Sedem deferre vel apud eandem introducere". Ordentlich ausgeführt wird diese päpstliche Richtergewalt durch das Gericht der Römischen Rota, der ordentlichen Appellationsinstanz der römischen Gerichtsbarkeit (vgl. c. 1442 i. V. m. c. 1444 § 2).
[873] Vgl. *Schwendenwein*, Papst, S. 448.
[874] Vgl. *Müller/Ohly*, Kirchenrecht, S. 261.
[875] Vgl. c. 331.
[876] Vgl. *Johannes Paul II.*, CA PastBon, Einführung, 11.
[877] *Müller/Ohly*, Kirchenrecht, S. 261.

Bereich.[878] Hierbei sind die drei Dienstämter der Kirche in Lehre, Heiligung und Leitung ebenso miteinzubeziehen[879], wie die „formalen Funktionen der Leitungsvollmacht"[880] des Papstes als oberster Gesetzgeber, höchster Richter und höchster Verwalter der Kirche. Somit existiert innerhalb der gesamten Kirche kein Bereich, der nicht von der *potestas* des Papstes umfangen wäre. Sie ist wirklich und im wahrsten Sinne des Wortes *vollständig*.[881] Zu begrenzen ist sie nur durch das Naturrecht und das göttliche Recht.[882]

III. potestas immediata

In der weiteren Konkretion des c. 331 wird die *potestas* des Papstes als „unmittelbar" (immediata) definiert. Dieses Attribut bezieht sich einerseits darauf, dass der Papst in der Ausübung seiner *potestas* an keine Instanz gebunden ist.[883] Er kann sich unmittelbar an jeden einzelnen Gläubigen wenden, ohne in der Ausübung seiner Gewalt gebunden zu sein.[884] Andererseits ist, als doppelte Definition der Unmittelbarkeit, zu schlussfolgern, dass dem Papst diese Amtsgewalt unmittelbar durch Gott übertragen wird, es also keiner „Mittlerschaft der Kirche" in irgendeiner Form der Gewaltenübertragung bedarf.[885]

IV. potestas universalis

Überdies obliegt nach c. 331 dem Inhaber des römischen Bischofsstuhles die Universalgewalt über die ganze Kirche. Diese erstreckt sich demnach auf alle Teile der Kirche, wobei darunter sowohl das ganze Volk Gottes als das Gesamt der Gläubigen wie auch alle Teilkirchen subsumiert werden.[886] Die Universalität der Primatialgewalt gilt demnach sowohl personal, als auch territorial.[887] Diese Tatsache begründet sich im Wesen des Papstamtes als „Hirte der Gesamtkirche" (c. 331) und somit als Bischof der ganzen katholischen Kirche.[888] Seine Rechte

---

[878] Vgl. zum äußeren bzw. inneren Bereich das Zitat von Erik Wolf, wörtlich bei *Ries*, Amt und Vollmacht, S. 181.

[879] Vgl. *Schwendenwein*, Papst, S. 449.

[880] Vgl. *Aymans-Mörsdorf*, KanR II, S. 206.

[881] Vgl. ebd. Hier wird entfaltet, auf welche Weise sich die Vollgewalt auf alle Bereiche erstreckt.

[882] Vgl. *Ries*, Amt und Vollmacht, S. 183 f.

[883] Vgl. *Aymans-Mörsdorf*, KanR II, S. 206 f.

[884] Vgl. *Ries*, Amt und Vollmacht, S. 187.

[885] *Mörsdorf*, Unmittelbarkeit, S. 243.

[886] Vgl. *Aymans-Mörsdorf*, KanR II, S. 208: „Sie bezieht sich auf die ganze Kirche, d. h. auf die Kirche als ganze, auf alle Teilkirchen und sonstigen kirchlichen Teilgemeinschaften (c. 331 § 1) und auf alle Glieder der Kirche".

[887] Vgl. *Müller/Ohly*, Kirchenrecht, S. 262.

[888] Vgl. zur Thematik des Papstes als „Catholicae Ecclesiae episcopus" ebd. S. 262 und *Schwendenwein*, Papst, S. 450.

und Pflichten erstrecken sich über den ganzen katholischen Erdkreis und obliegen ihm universal.

V. potestas ordinaria

Wie in den einleitenden Worten angemerkt, ist die päpstliche Amtsgewalt in
ihrer Gesamtheit eine ordentliche, die mit dem Amt verliehen wird und aus diesem
resultiert.[889] Hierbei sei abermals darauf hingewiesen, dass es sich bei der päpstlichen Amtsgewalt nicht um eine durch eine irgendwie geartete Instanz verliehene
Gewalt handelt. Sie entspringt ganz und gar dem römischen Bischofsamt selbst,
das durch Christi Einsetzung zu dieser primatialen Würde erhoben ist.[890]

VI. semper libere exercere

Ergänzend zu den Konkretionen der päpstlichen Gewalt normiert c. 331, dass
der Papst diese „immer frei ausüben kann". Dieser Zusatz eröffnet nach Christoph
Ohly „keine Willkür, sondern fordert die Freiheit gegenüber unrechtmäßigem Eingriff von außen".[891] Die päpstliche Freiheit der Amtsführung besteht hierbei nicht
nur vom Eingriff weltlicher Mächte, sondern wegen der geistlichen Natur des Petrusamtes auch durch kirchliche Instanzen.[892] Wenn im Lehrbuch für Kanonisches
Recht die Freiheit der päpstlichen Amtsführung von einer Zustimmung durch das
Bischofskollegium benannt wird,[893] so ist damit auch auf die Norm des c. 333 § 2
hingewiesen, wonach es dem Papst selbst zukommt, darüber zu befinden, ob er
die seinem Amt innewohnende päpstliche Gewalt „persönlich oder im kollegialen
Verbund ausübt" (§ 2). Diese „Kompetenz der Kompetenz"[894] unterstreicht die Freiheit des Papstes in der Ausübung seiner Amtsgewalt auch hinsichtlich der Form
der Ausübung, die der Amtsinhaber frei wählen kann.

C. Zwischenfazit

Der Papst verfügt „kraft seines Amtes in der Kirche über höchste, volle, unmittelbare und universale ordentliche Gewalt, die er immer frei ausüben kann" (c. 331).
Wenn es heißt, dass der Papst diese Gewalt „kraft seines Amtes" (vi muneris) be-

---

[889] Vgl. *Aymans-Mörsdorf*, KanR II, S. 204 f.
[890] Vgl. ebd., S. 205: „Das Gegenstück wäre ‚delegierte Gewalt'; diese setzt aber begrifflich
einen Deleganten und damit jemanden voraus, der eine höhere Vollmacht innehätte und die
einzelnen Befugnisse jeweils benennen müßte".
[891] *Müller/Ohly*, Kirchenrecht, S. 262.
[892] Vgl. *Aymans-Mörsdorf*, KanR II, S. 209.
[893] Vgl. ebd., S. 210.
[894] Ebd., S. 211.

sitzt, so wird damit ein Zweifaches ersichtlich. Zunächst bedeutet dies, dass er im Moment der Annahme des Amtes, d. h. mit Annahme der rechtmäßig erfolgten Wahl zum Papst i. V. m. der erfolgten Bischofsweihe (vgl. c. 332 § 1), diese Gewalt erhält und übernimmt und diese folglich vollumfänglich ausüben kann.[895] Weiterhin steht fest, dass die päpstliche Gewalt dem Amt anhängt und somit einzig und allein dem Amtsinhaber zukommen kann. Daraus resultiert, dass derjenige, der auf das päpstliche Amt verzichtet, fortan nicht mehr Amtsinhaber ist und daher die päpstliche Amtsgewalt nicht mehr innehat. Diese verfassungs- und ämterrechtliche Erkenntnis gilt es zu einem späteren Zeitpunkt mit einem päpstlichen Amtsverzicht und seinen Rechtsfolgen in Verbindung zu bringen, wobei insbesondere jene bleibenden Rechte und Pflichten zu beachten sind, die sich aus der sakramentalen Bischofsweihe ergeben. Diese sind wesentlich von der Amtsgewalt des Papstes unterschieden und hängen keinesfalls mit dem spezifischen Amt zusammen.[896]

3. Kapitel
Die Kardinäle der Heiligen Römischen Kirche

Papst Benedikt XVI. benennt im homiletischen Wort einige wesentliche Inhalte und Vollzüge des Kardinalskollegiums: Der Fortbestand des römischen Presbyteriums, die Zusammenarbeit mit dem Papst in der Leitung der Gesamtkirche, den Dienst der Liebe und der Hingabe:

> „Im Kardinalskollegium lebt das alte Presbyterium des Bischofs von Rom weiter, dessen Mitglieder – während sie pastorale und liturgische Aufgaben in den verschiedenen Kirchen ausübten – es nicht an ihrer wertvollen Zusammenarbeit in der Erfüllung der Aufgaben fehlen ließen, die mit seinem universalen apostolischen Dienst zusammenhängen. (…) Liebe Brüder, wenn ihr nun in das Kardinalskollegium aufgenommen werdet, bittet der Herr euch um den Dienst der Liebe und vertraut ihn euch an: Liebe zu Gott, Liebe zu seiner Kirche, Liebe zu den Brüdern mit äußerster und unbedingter Hingabe, ‚usque ad sanguinis effusionem‘ bis zum Vergießen des eigenen Blutes, wie die Formel zur Überreichung des Biretts lautet und wie es die rote Farbe der Gewänder erkennen läßt, die ihr tragt.“[897]

Wenn im Folgenden eine Analyse des theologisch-dogmatischen Fundamentes, einige Anmerkungen zur geschichtlichen Entwicklung, sowie eine Darstellung der kirchenrechtlichen Normen hinsichtlich des Kardinalats der Kirche erfolgen soll, so geschieht dies Eingedenk der Grundsatzfrage, ob ein emeritierter Bischof von Rom nach erfolgtem päpstlichem Amtsverzicht erneut Kardinal der Heiligen Römischen Kirche wäre, bzw. wieder werden sollte. Diese Frage, die zu einem späteren Zeitpunkt ihre Antwort finden soll[898], stellt die zweite Dimension dar, die neben

---

[895] Vgl. ebd., S. 210.

[896] Vgl. *Bier*, vor c. 375, Rdnr. 2, in: MKCIC (August 1997); *ders.*, c. 375, Rdnr. 8, in: MKCIC (August 1997); vgl. S. 114–121 und S. 429–446 der vorliegenden Untersuchung.

[897] *Benedikt XVI.*, Predigt Konsistorium/2007, S. 7. Hervorhebung im Original.

[898] Vgl. S. 454–460 der vorliegenden Untersuchung.

dem soeben dargestellten Bereich des römischen Bischofsamtes zu hinterfragen ist, bevor eine Einordnung der Institution eines Papstes, der auf sein Amt verzichtet hat, verantwortlich erfolgen kann. Nur auf der lehramtlichen Grundlage des Amtes, auf das der Verzicht geleistet wird, kann eine ganzheitliche Analyse des päpstlichen Amtsverzichtes und der Institution eines *Episcopus emeritus Ecclesiae Romanae* vollzogen werden. Da das Kardinalat der Kirche – wie sich zeigen wird – untrennbar mit dem römischen Bischofsamt verbunden besteht, gilt es, auch dessen Einordnung vorzunehmen.

§ 1 Historischer Befund

Es kann nicht Aufgabe der vorliegenden Untersuchung sein, ein Gesamtbild der historischen Entwicklung des Kardinalats und des Kardinalskollegiums zu bieten. An dieser Stelle sollen lediglich einige wichtige Entwicklungsschritte des Kardinalats genannt und ansatzweise analysiert werden, bevor die theologisch-dogmatische Einordnung inklusive ihrer historischen Entwicklung sowie der kirchenrechtliche Befund Gegenstand der Untersuchung sein sollen.

A. Von den Anfängen bis zum 11. Jahrhundert

Grundlegend kann der Ursprung des Kardinalskollegiums sowie des Kardinalats in der Kirche Roms gefunden werden.[899] Zusammenhängend mit der Entwicklung der stadtrömischen Kirche erwuchsen zusehends pastorale Strukturen im Stadtgebiet Roms. Bereits in den ersten Jahrhunderten nach Christi Geburt lässt sich der Beginn dieses Prozesses einordnen.[900] Im 6. und 7. Jahrhundert hatte sich ein doppelter Klerus im stadtrömischen Gebiet herausgebildet, der sich nicht durch die verschiedenen Weihestufen unterschied, sondern hinsichtlich der Aufgabenbereiche, denen die jeweiligen Amtsträger zugehörten.[901] Es gab einerseits jene Kleriker, die ihren Dienst in der konkreten geistlichen und administrativen Amtshilfe des Bischofs von Rom vollzogen,[902] andererseits aber diejenigen, die zu Seelsorge und Gottesdienst an den römischen Titelkirchen berufen waren.[903] Auch bestand bereits zu dieser Anfangszeit die Unterscheidung in Kardinalbischöfe,

---

[899] Vgl. *Graulich*, Kardinalat, S. 77. Zwar ist der Begriff „cardinalis" auch außerhalb Roms in Gebrauch, doch ist die tatsächliche Entstehung der Urform des Kardinalats in der Kirche Roms zu finden.

[900] Vgl. *Fürst*, Cardinalis, S. 15 f.

[901] Vgl. ebd. S. 19 und insbesondere S. 20: „Um jedes Mißverständnis zu vermeiden, sei aber schon hier ausdrücklich betont, daß wir mit der Unterscheidung von zwei cleri in Rom nicht auch einen Unterschied im ‚Weihetitel' behaupten wollen. Alle römischen Kleriker waren Kleriker der Römischen Kirche (...)".

[902] Vgl. *Hilling*, Römische Kurie, S. 10 f.

[903] Vgl. *Fürst*, Cardinalis, S. 20.

Kardinalpriester und Kardinaldiakone.[904] Allerdings ist diese Unterscheidung inhaltlich nicht mit der heute in Gebrauch befindlichen vergleichbar. Vielmehr ist eine weitreichende geschichtliche Neuordnung bei gleichbleibender Nomenklatur zu ersehen, von der auch diejenigen wussten, die zu anderen Zeiten vermittels Kardinalslisten Bestandsaufnahmen durchführten. Diese sind auch für die heutige Forschung richtungsweisend.[905]

Die erste Aufgabe der Kardinalbischöfe bestand bis ins 11. Jahrhundert[906] im liturgischen Dienst an den sieben römischen bischöflichen Titelkirchen.[907] Die Kardinalbischöfe versahen jeweils im Wechsel den liturgischen Wochendienst. Sie fungierten als Hebdomodare an der Laterankirche.[908] Die Bezeichnung als „episcopi cardinales" lässt sich ab den 8. Jahrhundert belegen.[909]

Die Kardinalpriester versahen ebenfalls ihren liturgischen Wochendienst an den 28 weiteren Titelkirchen im römischen Stadtgebiet.[910] Wie auch die Kardinalbischöfe taten die Kardinalpriester dies im Auftrag des Papstes zur sonntäglichen Eucharistiefeier in der Stadt Rom. Es gab zu dieser Zeit jedoch mehr als nur 28 Kardinalpriester für die gleiche Zahl an Titelkirchen,[911] da an jeder zwei bis drei Priester tätig waren.[912] Innerhalb dieser kleinen Gemeinschaften von Priestern an einer Titelkirche galt einer als Vorsteher, was durch die Bezeichnung „presbyter cardinalis" seinen Ausdruck fand, der ab dem 5. Jahrhundert nachzuweisen ist und die bis dahin verwendete Benennung „presbyter prior" ersetzte.[913] Aufgrund ihrer Herkunft kann sie für den Bereich des römischen Stadtgebietes bis ins 11. Jahrhundert jedoch nicht als Titel, sondern vielmehr als Amtsbezeichnung verstanden werden.[914] Für die vorliegende Untersuchung relevant erscheint die allgemeine Erkenntnis, dass die Kardinäle (sowohl Bischöfe, Priester, als auch Diakone) bis ins 11. Jahrhundert keine gesamtkirchliche Macht besaßen, sondern nur hinsicht-

---

[904] Vgl. den Quellenbefund bzgl. des Sprachgebrauchs bei *Fürst*, Cardinalis, S. 32–39.

[905] Vgl. *Klewitz*, Reformpapsttum und Kardinalkolleg, S. 23 f.

[906] Vgl. *Ganzer*, Aufstieg und Niedergang, S. 115.

[907] Zur Darstellung der sieben römischen Titelkirchen im Lauf des ersten Jahrtausends vgl. *Klewitz*, Reformpapsttum und Kardinalkolleg, S. 28.

[908] Vgl. ebd., S. 25 f.

[909] Vgl. *Fürst*, Cardinalis, S. 69.

[910] Vgl. *Klewitz*, Reformpapsttum und Kardinalkolleg, S. 47. Den liturgischen Wochendienst an den vier Patriarchalbasiliken St. Peter, St. Paul vor den Mauern, St. Lorenzo und Santa Maria Maggiore versahen je sieben Kardinalpriester.

[911] Der Begriff „Titelkirche" entstammt der Tradition, dass römische Hausbesitzer ihre Privathäuser als Kirchenräume zur Verfügung stellten und jene neu entstehenden Kirchen nach den jeweiligen Namen der Hausbesitzer betitelt wurden („titulus"), vgl. hierzu *Klewitz*, Reformpapsttum und Kardinalkolleg, S. 47 f.; *Graulich*, Kardinalat, S. 77, Anm. 4.

[912] Vgl. ebd. S. 48. Klewitz nennt für das 4. Jahrhundert anhand der Quellenlage eine Zahl von über 70 Kardinalpriestern.

[913] Vgl. ebd., S. 49 i. V. m. *Graulich*, Kardinalat, S. 78.

[914] Vgl. *Fürst*, Cardinalis, S. 71. Auch außerhalb Roms ist der Begriff „cardinalis" in Gebrauch, vgl. ebd. S. 74 f.; *Klewitz*, Reformpapsttum und Kardinalkolleg, S. 49 f.

lich des römischen Stadtbereichs ihre Aufgabe erfüllten.[915] Diese bestand für die Kardinalpriester und Kardinalbischöfe vornehmlich im Versehen der liturgischen Dienste.[916]

Für die Gruppe der Kardinaldiakone ergibt sich die Unterscheidung der Regionardiakone und der Pfalzdiakone.[917] Die Entwicklung des römischen Diakonats begann bereits im 3. Jahrhundert, für das sich die Einsetzung der Siebenzahl von Diakonen für caritative Zwecke in der Stadt Rom und zur liturgischen Mitwirkung an den Titelkirchen feststellen lässt.[918] Die Unterteilung erfolgte jedoch erst zu späterer Zeit, was sich anhand der damit einhergehenden Entwicklung von Diakonien zeigt.[919] Es bestand zunächst eine Gruppe von sieben Pfalzdiakonen (diaconi palatini), die zum Ende der ersten Hälfte des ersten Jahrtausends – vermutlich aus praktischen Zwecken im Angesicht gestiegener caritativer Aufgaben – um zwölf Regionardiakone (diaconi regionarii) ergänzt wurde.[920] Zur ersten Gruppe der Pfalzdiakone zählte auch der römische Archidiakon, der als „vicarius pontificis" eine besondere Stellung im päpstlichen Klerus innehatte.[921] Aufgrund der divergierenden Befunde bezüglich der Quellenlage zu Entstehung und Verwendung des Begriffs der Kardinaldiakone bis zum 11. Jahrhundert kann innerhalb dieser Ausführungen hierauf nicht weiter eingegangen werden.[922] Mit Markus Graulich sei lediglich angemerkt, dass sich der Kardinalstitel bis zur Weiterentwicklung des Aufgabenfeldes der Kardinäle im 11. Jahrhundert dahingehend entwickelte, als dass mit ihm die Zugehörigkeit zur päpstlichen Hauptkirche ausgedrückt wurde.[923]

B. Die Entstehung des Kollegiums im 11. Jahrhundert

Die Aufgabe der Kardinalbischöfe und Kardinalpriester Roms bestand nicht in einer politisch-administrativen Dimension, sondern in der liturgischen Amtshilfe im dargestellten Umfang. Auch eine Teilhabe an der kirchenleitenden Macht der Päpste jener Zeit ist in keinem nennenswerten Maß erkennbar. Allerdings wird ab dem 11. Jahrhundert eine Veränderung in der Gestalt des Kardinalats deutlich, die mit der tatsächlichen Entstehung eines Kardinalskollegiums einhergeht.[924] Es stellt sich die Frage, mit welchen geschichtlichen Angelpunkten diese Neudefini-

---

[915] Vgl. *Fürst*, Cardinalis, S. 72.

[916] Vgl. *Klewitz*, Reformpapsttum und Kardinalkolleg, S. 60.

[917] Vgl. ebd., S. 79 f.

[918] Vgl. ebd., S. 81 f.

[919] Vgl. ebd., S. 82.

[920] Vgl. ebd. i. V. m. *Ganzer*, Aufstieg und Niedergang, S. 115.

[921] Vgl. *Fürst*, Cardinalis, S. 40 f.

[922] Vgl. den Verweis bei *Ganzer*, Aufstieg und Niedergang, S. 114 f. Dort wird auf die verschiedenen Darstellungen bei Klewitz, Fürst u. a. verwiesen.

[923] Vgl. *Graulich*, Kardinalat, S. 78.

[924] So einhellig dargestellt bei *Klewitz*, Reformpapsttum und Kardinalkolleg, S. 106–111; *Ganzer*, Aufstieg und Niedergang, S. 114 f.; *Graulich*, Kardinalat, S. 79 f.

tion der Aufgaben der Kardinäle einherging, wobei besonders das Reformpapsttum des 11. Jahrhunderts zu nennen ist, das sich innerhalb des Investiturstreites als Gegenpol desselben herausbildete. Hand in Hand mit dem Emportreten des Reformpapsttums bestellte Papst Leo IX. (Pontifikat von 1049–1054)[925] der Reform ergebene Männer zu Bischöfen der stadtrömischen Bistümer, wie beispielsweise Petrus Damiani.[926] Dies tat der Papst jedoch nicht, um durch diese den liturgischen Dienst versehen zu lassen, sondern sich zum Zwecke seiner kirchenpolitischen Absichten starke Unterstützer zur Seite zu stellen.[927] Somit war zweifelsohne eine Neuausrichtung der Aufgabenstellung eingeleitet, die in den folgenden Jahren weitervollzogen wurde.[928] Nicht umsonst nannte Petrus Damiani die Gruppe der Kardinalbischöfe bereits zu dieser Zeit „Senat des Papstes"[929] – eine Bezeichnung, die noch im CIC/1917 Teil des Kirchenrechts war.[930] Über den Kardinalbischof von Ostia, Humbert von Silva Candida, stellte sein Zeitgenosse Lanfranc von Bec sogar fest, dass dieser „seit den Tagen Leos IX. bei sämtlichen Konzilien und Beratungen des Apostolischen Stuhls zugegen gewesen sei und diese stets maßgeblich bestimmt habe".[931]

Angemerkt sei, dass bereits Leo IX. – wohlgemerkt von Kaiser Heinrich III. nominiert – dem Wormser Hoftag mitteilen ließ, dass „er sein Amt nur dann antreten wolle, wenn er zuvor durch den römischen Klerus und das Volk einmütig gewählt werde".[932] Wenn auch in dieser Ankündigung noch keine explizite Beauftragung der Kardinäle Roms enthalten ist, so weist sie doch darauf hin, dass es einer kanonischen Wahl bedarf, um rechtmäßig zum Nachfolger Petri bestimmt zu werden.[933] Die erste Inthronisierung eines Papstes ohne vorherige Zustimmung des weltlichen Herrschers erfolgte hernach mit der Einsetzung Papst Stephans IX. im Jahr 1057.[934] Als Beleg für die Neuausrichtung kann im Besonderen das Papstwahldekret Papst Nikolaus II. von 1059 angeführt werden, das die Autorität zur

---

[925] Über Leo IX. heißt es bei *Dressler*, Petrus Damiani, S. 99: „Mit Leo IX. (...) beginnt der endgültige Einzug der Reformideen an der Kurie".

[926] Vgl. *Ganzer*, Aufstieg und Niedergang, S. 116 i. V. m. *Dressler*, Petrus Damiani, S. 86, der Damiani „Feindschaft gegen Simonie und weltliches Leben" attestiert.

[927] Vgl. ebd.; vgl. vertiefend *Laudage*, Gregorianische Reform, S. 23 f. Dort wird über den ebenfalls zu jenen Klerikern gehörenden Humbert von Silva Candida berichtet, dass er Verfasser einer politischen Schrift gegen das Investiturproblem (insbesondere der Simonie) gewesen sei. Hieraus wird ersichtlich, dass Humbert sich explizit in die kirchenpolitischen Belange einzumischen weiß. Er findet darin seinen Aufgabenbereich als Kardinalbischof.

[928] Vgl. *Graulich*, Kardinalat, S. 79.

[929] So zitiert ebd., S. 79.

[930] Vgl. can. 230 CIC/1917.

[931] Nach *Lanfranc von Bec*, De corpore c. 2 Sp. 410a, in o. g. Worten dargestellt bei: *Laudage*, Gregorianische Reform, S. 25. Tatsächlich erlebten die römischen Generalsynoden in jener Zeit ihre höchste Blüte. Änderung erfuhr dies erst später: „Mit dem Pontifikate Innozenz' II. (1130–1143) kamen sie (sc. die Generalsynoden) immer mehr in Abnahme, bis sie unter Alexander III. (1159–1181) gänzlich aufhörten" (*Hilling*, Römische Kurie, S. 9).

[932] Vgl. die „Vita Leonis IX. papae", dargestellt bei *Laudage*, Gregorianische Reform, S. 21.

[933] Vgl. ebd., S. 21 f.

[934] Vgl. ebd., S. 22.

Wahl eines neuen Papstes den Kardinalbischöfen übertrug.[935] Tatsächlich wurde die Papstwahl erst im 20. Jahrhundert vom weltlichen Einfluss restlos befreit, als durch die Papstwahlordnung Vacante Sede Apostolica Papst Pius X. im Jahr 1904 das Ius exclusivae einiger Monarchen auf ein durch einen an der Wahl teilnehmenden Kardinal vorgebrachtes Veto abgeschafft wurde.[936]

Diese Konstitution legte die Wahl des Papstes zwar vorrangig in die Hände der Kardinalbischöfe, jedoch in einem weiteren Schritt auch in die des übrigen römischen Klerus und Volkes.[937] Auch der Einfluss des römisch-deutschen Herrschers ist weiterhin festgelegt, wenngleich in der Geschichtsforschung über die Deutung der entsprechenden Normen Uneinigkeit herrscht.[938] Tatsächlich kann das Papstwahldekret von 1059 als nicht vordergründig der politischen Neuordnung, denn vielmehr der kirchenrechtlich-ekklesiologischen zugeordnet werden.[939] Dieses Faktum wertet die neue kirchenpolitische Aufgabe der Kardinalbischöfe jener Zeit in besonderer Weise auf, zumal durch diesen Beschluss diese als Wahlkollegium begründet wurden, wenngleich noch nicht in jener exklusiven Form, die im weiteren Geschichtsverlauf Gestalt annahm. Die besondere kirchenpolitische Stellung der Kardinalbischöfe jener Zeit wird auch durch die Unterschriftenleistung unter den genannten Beschluss deutlich, die neben Papst Nikolaus II. namentlich auch die Kardinalbischöfe Humbert von Silva Candida, Petrus Damiani und Bonifatius von Albano leisteten.[940]

Was die Gruppe der Kardinalpriester jener Zeit anbelangt, lässt sich für das 11. Jahrhundert zunächst noch die liturgische Aufgabenstellung anführen.[941] Der kirchenpolitische Einfluss derer war noch in einem sehr anfänglichen Stadium begriffen, wenngleich die Titelpriester der Patriarchalbasiliken der Peterskirche und von St. Paul vor den Mauern doch auch durch Unterschriftenleistungen mehr in diesen Bereich hineinwirken konnten.[942] Wie die Kardinalbischöfe einer Neuausrichtung unterzogen waren, so geschah dies analog auch innerhalb der Gruppe der Kardinalpriester, jedoch „sehr viel langsamer (…) und erst im Wirbel hochpolitischer Kämpfe".[943] Auch hier vollzog sich diese Änderung mit der Einsetzung getreuer Anhänger des Reformpapsttums, was jedoch alleine aufgrund der größeren

---

[935] Vgl. *Ganzer*, Aufstieg und Niedergang, S. 116.
[936] Vgl. *Graulich*, Vakanz, S. 87.
[937] Vgl. *Jasper*, Papstwahldekret, S. 4.
[938] Vgl. ebd., S. 5.
[939] Vgl. ebd., S. 6.
[940] Vgl. ebd., S. 8.
[941] Vgl. *Ganzer*, Aufstieg und Niedergang, S. 117.
[942] Vgl. *Klewitz*, Reformpapsttum und Kardinalkolleg, S. 60 f., sowie erklärend dazu ebd. S. 64: „Infolgedessen ist es zunächst nur ein sehr enger Kreis von Titelpriestern, der (…) an den politischen Geschäften der Kurie neben den Kardinalbischöfen beteiligt worden ist und mit diesen in den Urkundenunterschriften auftritt, die in dieser Zeit als das äußere Zeichen für die inneren Wandlungen der Kirchenregierung in Gebrauch kommen".
[943] Ebd., S. 63.

Anzahl an Titelträgern in einem länger währenden Prozess erfolgen musste.[944] Mit der Einflussnahme einiger Kardinalpriester wollten letztlich alle Angehörigen dieser Gruppe daran teilhaben.[945] Ausschlaggebend für die Gleichstellung der Kardinalpriester mit den Kardinalbischöfen waren die Wirren des sogenannten „Wibertinischen Schismas",[946] infolgedessen auch die Kardinalpriester die gleiche kirchenpolitische Stellung erringen konnten.[947] Wie im Falle der Kardinalbischöfe waren die Kardinalpriester der Stadt Rom insofern für den päpstlichen Machterhalt wichtig, als die konkurrierenden (Gegen-)Päpste durch die Besetzung der Titelkirchen mit ihnen Ergebenen diese sichern konnten.[948] Letztlich wurde hierdurch jedoch nicht nur die Macht der jeweiligen (Gegen-)Päpste gestärkt, sondern vielmehr die der Kardinalpriester, denn diese waren in der hervorragenden Stellung, durch das Dafür- oder Dagegenhalten zu den unterschiedlichen petrinischen Amtsanwärtern für dieselben unersetzlich zu werden. Dies bedeutete eine enorme Einflussnahme der Kardinalpriester.[949] Überdies mehrten die Kardinalpriester zur gleichen Zeit ihren Einfluss bei der Papstwahl – vom Recht zur Bestätigung hin zur Teilnahme als aktive Papstwähler.[950]

Der erste Teilabschluss der Bildung des Kardinalskollegiums vollzog sich in der Gleichstellung der Kardinaldiakone, die im selben Kontext wie die der Kardinalpriester geschah.[951] Nimmt man die Teilhabe an der Papstwahl als Indikator zur vollständigen Gleichstellung, so lässt sich diese für die Kardinaldiakone frühestens für die Wahl Papst Paschalis II. im Jahre 1099 vermuten.[952] Der Beginn des 12. Jahrhunderts lässt sich hernach als Zeit der ersten vollständigen Vereinigung von Kardinalbischöfen, -priestern und -diakonen zum einen Kardinalskollegium bezeichnen. Für die vorliegende Darstellung bleibt relevant, dass sich die Aufgabenstellung der Kardinäle von der liturgisch-pastoralen ganz zur kirchenpolitischen Leitungsaufgabe gewandelt hatte. Die Kardinäle trugen fortan maßgeblichen Anteil an der Leitung der Kirche – auch zu dieser Zeit in Gemeinschaft mit dem Papst.[953]

---

[944] Vgl. ebd., S. 64.

[945] Vgl. ebd., S. 67.

[946] Vgl. *Struve*, Clemens III., Sp. 2139 f.; *Bautz*, Clemens III., Sp. 1050.

[947] Vgl. *Ganzer*, Aufstieg und Niedergang, S. 117.

[948] Vgl. ebd.

[949] Vgl. *Klewitz*, Reformpapsttum und Kardinalkolleg, S. 69: „Denn spätestens seit 1084 hing das Schicksal der miteinander streitenden Päpste in der Ewigen Stadt und damit schließlich auch im orbis terrarum der katholischen Welt von der Haltung ab, die jeder einzelne Titelpresbyter einnahm"; vgl. die Darstellung der verschiedenen Lager im römischen Kardinalklerus ebd., S. 70–79.

[950] Vgl. *Graulich*, Kardinalat, S. 80.

[951] Vgl. *Ganzer*, Aufstieg und Niedergang, S. 117 f. i. V. m. *Klewitz*, Reformpapsttum und Kardinalkolleg, S. 89.

[952] Vgl. ebd., S. 118 i. V. m. *Graulich*, Kardinalat, S. 80. Zur Bezeichnung „diaconi cardinales" herrscht in der Geschichtsforschung ein unterschiedlicher Befund, vgl. bspw. *Klewitz*, Reformpapsttum und Kardinalkolleg, S. 88 gegen *Fürst*, Cardinales, S. 65.

[953] Vgl. *Graulich*, Kardinalat, S. 81.

C. Die Weiterentwicklung und Ausgestaltung ab dem 12. Jahrhundert

Innerhalb des Pontifikats Papst Paschalis II. (1099–1118) hatte das Kardinalskollegium zum ersten Mal als solches eine Aufgabe innerhalb der Leitung der Gesamtkirche.[954] Im weiteren Verlauf der vorliegenden Darstellung wird daher auch nur mehr vom Kardinalskollegium in seiner Gesamtheit die Rede sein.[955] Bereits in der Entstehung des kirchenpolitisch agierenden Kardinalats wird deutlich, wie sehr die Entwicklung desselben mit derjenigen des Papsttums einhergeht.[956] Die fundamentale inhaltliche Verbindung von Papsttum und Kardinalskollegium bestand demnach bereits von den Anfängen der Entstehung desselben an und besteht noch heute. Die Kardinäle des Kollegiums des beginnenden 12. Jahrhunderts nahmen in besonderer Weise Teil an der politischen Leitung der Gesamtkirche durch ihre Sendung als päpstliche Legaten.[957] Auch an dieser Institution lässt sich erkennen, dass das Handeln der Kardinäle in dieser Funktion ganz und gar von der Autorität und Vollmacht des Papstes abhängt, handeln sie doch als Legaten vollkommen im Auftrag des Bischofs von Rom.[958] In diesem Sinne ist der römische Primat die Voraussetzung für die Möglichkeit der Kardinäle überhaupt als Helfer und stellvertretende Teilhaber an der päpstlichen Gewalt agieren zu können.[959] Gleichzeitig muss für das Gesandtenwesen jener Zeit festgestellt werden, dass hierdurch eine besondere und hochrangige Möglichkeit der Partizipation an der Ausführung der obersten kirchlichen Gewalt des Papstes erwuchs.[960] Auch eine kollegiale Handlungsweise der Kardinäle ist für denselben zeitgeschichtlichen Kontext feststellbar, wenngleich es einer Fixierung in einer gesetzlichen Form noch ermangelt.[961] Ohne als solches benannt zu werden, kann doch anhand der Form des kollegialen Handelns der Kardinäle von einem Anfangsstadium des Konsistoriums gesprochen werden.[962]

Wie auch das heute geltende Kirchenrecht durch c. 353 § 1 feststellt, sind die Konsistorien der Kardinäle die kollegiale Weise, in der sich der Papst ihrer Hilfe bedient. Diese kodikarische Definition der Kardinalsversammlung kann dem Inhalt nach auch im 12. Jahrhundert festgestellt werden.[963] Im weiteren Verlauf der Entwicklung wuchs die Bedeutung der Konsistorien in der kurialen Verwaltung

---

[954] Vgl. *Klewitz*, Reformpapsttum und Kardinalkolleg, S. 98–111.

[955] Vgl. in diesem Sinne ebd., S. 98.

[956] Vgl. ebd., S. 106.

[957] Vgl. ebd., S. 107.

[958] Noch im heute geltenden Recht der Kirche ist diese Definition verankert. So stellt c. 358 folgendes fest: „Ein Kardinal, dem vom Papst die Aufgabe übertragen wurde (…) seine Person als päpstlicher Legat, das heißt gleichsam als sein zweites Ich, zu vertreten, wie auch jener Kardinal, dem als Sondergesandten eine bestimmte Seelsorgsaufgabe zur Erfüllung anvertraut ist, hat nur die Befugnisse, die ihm vom Papst selbst übertragen sind".

[959] Vgl. *Müller*, Curia romana semper reformanda, S. 7.

[960] Vgl. *Ganzer*, Aufstieg und Niedergang, S. 120.

[961] Vgl. *Klewitz*, Reformpapsttum und Kardinalkolleg, S. 109–111.

[962] Vgl. ebd., S. 110.

[963] Vgl. *Ganzer*, Aufstieg und Niedergang, S. 118.

der Gesamtkirche, was besonders explizit in einer gängigen Eröffnungsformel päpstlicher Entscheidungen oder auch den Kardinalsunterschriften unter denselben Ausdruck fand.[964] Ebenso ersichtlich wird die Gewichtung der Konsistorien in deren Teilhabe an der päpstlichen Gerichtsbarkeit.[965] Wenn, ausgehend von der Partizipation der Kardinäle an Glaubensentscheidungen des Papstes, über dieselben gesagt werden kann, dass „für sie (…) der Apostolische Stuhl aus Papst und Kardinälen zusammen"[966] besteht, so ist dies insofern in der Geschichte erhalten geblieben, als gemäß c. 361 noch heute unter dem Terminus „Apostolischer Stuhl" bzw. „Heiliger Stuhl" nicht nur der Papst, „sondern auch (…) das Staatssekretariat, der Rat für die öffentlichen Angelegenheiten der Kirche und andere Einrichtungen der Römischen Kurie" zu verstehen sind. Inhaltlich können die genannten kurialen Einrichtungen der heutigen Zeit durchaus als die Nachfolgeinstitutionen der im 12. Jahrhundert aus den Kardinals-Konsistorien entstehenden Institutionen verstanden werden, woraus ein geschichtlicher Fortbestand im Grunde zu erkennen ist. Durchaus ist festzustellen, dass die Konsistorien jener Zeit in die Lücke fehlender römischer Synoden traten und deren Platz einnahmen.[967]

Tatsächlich kann der besagte Zeitraum des 11. und 12. Jahrhunderts als Umbruch in der Art und Weise der Hilfestellung an der päpstlichen Leitung der Gesamtkirche gelten: hin von (kardinal-)priesterlicher und synodaler Unterstützung zu einem erstarkenden Kardinalat mit immer gefestigteren Strukturen bis hin zur genannten Urform des Konsistoriums.[968] Parallel dazu verlief die Entstehungsgeschichte der Römischen Kurie. Die in diesem Kontext entstehenden Behörden unterstanden von Beginn an ausgewählten Kardinälen. Ebenso wurden spezielle Ämter explizit von Kardinälen ausgefüllt, wie beispielsweise das des Großpönitentiars.[969] Aus dem Automatismus, jene wichtigsten Ämter der Kirchenleitung mit Kardinälen zu besetzen, wird deutlich, wie sehr die Einflussnahme und Teilhabe derer an der römischen Verwaltungsmacht zur Normalität erwuchs.[970]

Wie bereits angemerkt, kann auch die Papstwählerschaft als Indiz für die Machtentwicklung und steigende Einflussnahme des Kardinalskollegiums herangezogen

---

[964] Vgl. ebd., S. 118: „‚De fratrum nostrorum consilio' lautete eine stereotype Formel für die Entscheidungen der Päpste (…)" und S. 119 bzgl. der Kardinalunterschriften.

[965] Vgl. ebd., S. 119; *Graulich*, Kardinalat, S. 81.

[966] *Ganzer*, Aufstieg und Niedergang, S. 119.

[967] Vgl. ebd., S. 120; *Hilling*, Römische Kurie, S. 11.

[968] Vgl. *Hilling*, Römische Kurie, S. 11 und besonders den Hinweis über die Konsistorien ebd. S. 11 f., dass diese „in der Regel mehreremal in der Woche, bisweilen sogar täglich gehalten wurden" und S. 12, Anm. 1: „Unter Alexander III. fanden die Konsistorien täglich, unter Innocenz III. dreimal wöchentlich statt"; vgl. zum Gesamten: *Müller*, Curia romana semper reformanda, S. 7 f.

[969] Vgl. ebd., S. 8; *Hilling*, Römische Kurie, S. 12 f.

[970] Markus Graulich listet die Teilhabebereiche der Kardinäle jener Zeit auf: „Ernennung und Versetzung von Bischöfen, Appelle an Diözesen, Streitfälle, Anerkennung neuer Ordensgemeinschaften, Gefahren für die Disziplin und den Glauben, Zensuren und Strafen, Finanzfragen, Heiligsprechungen usw." (Kardinalat, S. 81).

werden. Das Papstwahldekret des Jahres 1059 war der erste wichtige Schritt in dieser Entwicklungslinie.[971] Ein nächster Schritt auf diesem Weg stellt das Papstwahldekret des III. Laterankonzils (1179) dar. Papst Alexander III. legt darin die Papstwählerschaft in die alleinigen Hände der Kardinäle.[972] Auch wird normiert, dass nunmehr eine Zweidrittelmehrheit zur erfolgreichen Wahl des Nachfolgers Petri vonnöten ist.[973] Dies bedeutet, dass es nunmehr auch keine Unterscheidung mehr zwischen den Stimmgewalten von Kardinalbischöfen, -priestern und -diakonen gab.[974] Im weiteren Verlauf der Entwicklung der Papstwahlordnungen blieb diese im Gesamten fortan primär in der Hand der Kardinäle, wobei sich jedoch der genaue Modus immer wieder wandelte. Die Gestalt des Papstwahlkollegiums als im Konklave versammeltes Kardinalskollegium ist als solche ab der Papstwahlordnung des Jahres 1274 vorgeschrieben, die hierdurch allzu lange Vakanzen des Apostolischen Stuhles zu vermeiden versuchte.[975] In der weiteren Entwicklung der Papstwahlordnungen der Kirche blieben diese nun beschriebenen Wesensmerkmale grundlegend bei Änderungen der genauen Wahlmodi erhalten.[976]

In der weiteren Entwicklung der Papstwahl ist ein Charakteristikum eigens hervorzuheben. Vonseiten der Kardinäle selbst geschah ein Wachsen des eigenen Machtanspruches und es vollzog sich damit einhergehend der Versuch, diesen *in praxi* wirksam werden zu lassen.[977] Inwiefern die Kardinäle dies theologisch zu begründen versuchten, wird zu einem späteren Zeitpunkt zu erörtern sein. Dies lässt sich bereits daran erkennen, dass die Kardinäle sich als Teilhaber an der päpstlichen Primatialgewalt und als zum petrinischen Stuhl zugehörig betrachteten.

In der Tat wurden päpstliche Dokumente *de fratrum nostrorum consilio* unterzeichnet, was von päpstlicher Stelle den Kardinälen durchaus einen Anlass gab, sich mitgemeint zu fühlen, wenn der Apostolische Stuhl handelte. Dieses Tor zur päpstlichen Gewalt eröffnend, schufen jene Umstände den Kardinälen genügend Nährboden, ihre eigene Macht in der Leitung der Gesamtkirche wachsen zu sehen. Als Beleg für den Versuch und das teilweise Gelingen der Machterweiterung der Kardinäle kann das Phänomen der Wahlkapitulationen in den Konklaven seit dem 14. Jahrhundert genannt werden.[978] Mittels dieser Einrichtung, die erst mit

---

[971] Vgl. *Graulich*, Vakanz, S. 86.

[972] Vgl. *ders.*, Kardinalat, S. 80.

[973] Vgl. *Alexander III.*, Dec. Licet de vitanda. Dort heißt es zur Zweidrittelmehrheit: „(…) Inter cardinales de substituendo pontifice non potuerit concordia plena esse, et duabus partibus concordantibus tertia pars noluerit concordare aut sibi alium praesumpserit ordinare, ille Romanus pontifex habeatur, qui a duabus partibus fuerit electus et receptus".

[974] Vgl. *Graulich*, Kardinalat, S. 80.

[975] Vgl. *ders.*, Vakanz, S. 86. Gemeint ist das Dekret Ubi periculum des II. Konzils von Lyon unter dem Vorsitz Papst Gregors X.

[976] Vgl. ebd., S. 87. Folgerichtig werden als die drei Wesensmerkmale der Papstwahl „das Wahlkollegium der Kardinäle, die erforderliche ⅔ Mehrheit und der Abschluss der Wähler im Konklave" genannt.

[977] Vgl. *Ganzer*, Aufstieg und Niedergang, S. 121.

[978] Vgl. *Becker*, Wahlkapitulation, Sp. 924 f.

dem Papstwahldekret Vacante Sede Apostolica Papst Pius X. aus dem Jahr 1904 gesetzlich abgeschafft wurde, sollte dem zukünftigen Papst im Vorfeld seiner Wahl auf den Stuhle Petri ein nach erfolgter Einsetzung einzuhaltendes „Regierungsprogramm" auferlegt werden.[979] Belegbar ist eine päpstliche Wahlkapitulation mit dem Konklave des Jahres 1352, die Letztbekannte stammt aus dem Jahr 1678.[980] Nicht nur die zukünftige Regierungstätigkeit des Papstes war Bestandteil solcher Dokumente. Auch die Sicherung der außerordentlichen Stellung der Kardinäle innerhalb der kirchlichen Hierarchie galt als deren Bestandteil.[981] Ebenso lassen sich Forderungen des Kardinalskollegiums nach steigender Mitsprache innerhalb der päpstlichen Regierungsgewalt nachweisen, auch hinsichtlich finanzieller oder auch personaler Entwicklungen.[982] Wenngleich nur wenige Wahlkapitulationen in die Tat umgesetzt wurden, sind diese als größte von innen her einwirkende Gefahr auf die Papstwahlen jener Periode zu bezeichnen.[983] Über die tatsächliche Umsetzung der diktierten „Regierungsprogramme" entschied mitunter auch die jeweilige persönliche Standhaftigkeit der Nachfolger Petri gegen die durchaus starke Kraft des Kardinalskollegiums.[984]

D. Der Rückgang der Macht der Kardinäle ab dem 15. Jahrhundert

Macht und Einfluss der Kardinäle auf die Leitung der Gesamtkirche, dargestellt in der Person des Papstes, wuchsen bis zum 15. Jahrhundert stark an. Ausgehend von der urtümlichen Aufgabenstellung, als Unterstützer des Papstes innerhalb der pastoralen und liturgischen Tätigkeiten in der Stadt Rom zu wirken, wurden sie bis zu diesem Zeitpunkt zu einem nicht unerheblichen Machtapparat innerhalb der Gesamtkirche. Es lag in der Natur der Sache, dass die Machterweiterung und das immer weiter reichende Streben der Kardinäle nach dieser zu einem Ende derselben führen musste. Freilich kann damit kein abruptes Ende des Einflusses der Kardinäle, sondern vielmehr ein Rückgang mitsamt einer Neuausrichtung des Kardinalats gemeint sein.

Mit dem Rückgang der Macht des Kardinalskollegiums ging ein Wiedererstarken der päpstlichen Macht einher, die in jener Epoche ihre wohl größte Ausgestaltung fand.[985] Tatsächlich sind päpstliche Monarchie und Absolutismus im bestehenden Hochmittelalter in ihrer theoretischen wie praktischen Höchstform angelangt. Doch vor diesem Wiedererstarken des Papsttums war dieses selbst durch verschiedene zeitgeschichtliche Einflüsse geschwächt. Das Abendländische

---

[979] Vgl. ebd.

[980] Vgl. ebd.

[981] Vgl. *Graulich*, Kardinalat, S. 81.

[982] Vgl. *Ganzer*, Aufstieg und Niedergang, S. 122.

[983] Vgl. *Graulich*, Vakanz, S. 87.

[984] Vgl. *Ganzer*, Aufstieg und Niedergang, S. 122.

[985] Vgl. ebd., S. 129.

Schisma hatte die Stellung des Papstes und den primatialen Anspruch in Mitleidenschaft gezogen. Den mit ihm einhergehenden Konziliarismus verstärkte dies umso mehr. Innerhalb dieser Entwicklung, in der Päpste und Gegenpäpste versinnbildlicht in den Städten Rom und Avignon miteinander konkurrierten, wuchsen die Machtfülle und das deshalb überhöhte Selbstverständnis der Kardinäle zu ihren Höchstformen an.[986] Mit der Rückkehr des Papsttums zu seiner ursprünglichen Machtfülle und der Übersteigerung der Ursprünglichkeit hin zum päpstlichen Absolutismus wurde dieser Anspruch der Kardinäle mehr und mehr zurückgedrängt.

Ihren Ausdruck und gleichzeitig ihre Institutionalisierung fand diese Entwicklung des Rückgangs des Anspruchs der Kardinäle in der Festigung der Römischen Kurie als Verwaltungsapparat des Papstes, der zur Leitung der Gesamtkirche zweckdienlich sein sollte.[987] Diese Festigung, die durch die Bulle Immensa Aeterni Dei Papst Sixtus V. aus dem Jahr 1588 ihren konkreten Ausdruck fand, erhielt ihre Begründung jedoch nicht in der Degradierung der Kardinäle, denn vielmehr in der Strukturierung der für die Verwaltung der Gesamtkirche notwendigen Bereiche und Einrichtungen.[988] Immer mehr administrative Aufgaben des Apostolischen Stuhles machten die päpstlichen Beschlüsse ebenso notwendig, wie die allgemeine Verweltlichung in den höchsten Ebenen der kirchlichen Hierarchie, die durch Nepotismus und Simonie durchzogen war.[989] Die Strukturierung durchbrach zugleich die Institution des für sich geschlossenen und als solches agierenden Kardinalskollegiums.[990] Die Kardinäle waren von Beginn an Leiter der nunmehr bestehenden 15 Kardinalkongregationen und bewahrten als solche ihre besondere Stellung an der Seite des Papstes als dessen Senat zur Hilfestellung bei der Leitung der Gesamtkirche. Durch diese Struktur wurde genau jene Charakterisierung der im Auftrag des Papstes zu seiner Hilfe agierenden Würdenträger gefestigt.[991]

Wenngleich die Leitung der Kongregationen und damit einhergehend die notwendige Machtstellung den leitenden Kardinälen zuteilwurde, ist mit Ludger Müller bezugnehmend auf die rechtlichen Weisungen Papst Sixtus V. festzuhalten, dass „bei aller Bedeutung der Kardinäle (…) die genannten Vollmachten sehr wohl den Kongregationen selbst"[992] zukommen. Zusammenfassend kann festgehalten werden, dass durch die Institutionalisierung der Römischen Kurie des Jahres 1588 nicht nur die Verwaltung strukturiert, sondern ebenso die eigentliche Aufgabe der Kardinäle als Hilfsorgane des Papstes innerhalb seiner administrativen Funktion klarer definiert wurde. Vermittels der neuen Struktur war die allzu große Macht des Kardinalskollegiums, versinnbildlicht in den Konsistorien, durchbrochen. Das

---

[986] Vgl. ebd., S. 122.
[987] Vgl. *Graulich*, Kardinalat, S. 82.
[988] Vgl. *Müller*, Curia romana semper reformanda, S. 8 f.
[989] Vgl. ebd., S. 13; *Ganzer*, Aufstieg und Niedergang, S. 129.
[990] Vgl. *Ganzer*, Aufstieg und Niedergang, S. 130.
[991] Vgl. ebd.
[992] *Müller*, Curia romana semper reformanda, S. 10.

Konsistorium hatte fortan einen nahezu ausschließlich zeremoniellen Wert.[993] Ihre Macht in der Kirche erlangten Kardinäle in der Folgezeit als Einzelne, nicht jedoch in der Gemeinschaft als Kollegium, dessen vornehmliche Aufgabe nur mehr die Wahl des Papstes blieb.[994]

Grundsätzlich blieb der Aufgabenbereich der Kardinäle, Hilfe des Papstes bei dessen gesamtkirchlichem Dienst zu sein, bis heute bestehen.[995] Auch die fast eintausend Jahre währende Aufgabe der Wahl des Nachfolgers Petri blieb bis zum heutigen Tag in den Händen der Kardinäle, wenngleich eine Einschränkung des aktiven Wahlrechtes vorgenommen wurde, insofern durch die geltende Altersgrenze das Kardinalskollegium nicht das Papstwahlkollegium darstellt.[996] Im Folgenden soll die Entwicklung des Kardinalats durch die Geschichte der Kirche hindurch in ihren theologisch-dogmatischen Begründungen nachvollzogen werden. Auch hier kann kein Gesamtbild gezeichnet, sondern lediglich markante Leuchtpunkte aufgezeigt werden.

§ 2 Theologische Einordnungen und inhaltliche Schwerpunkte

Die Wendepunkte in der Geschichte des Kardinalats der Kirche waren nicht selten mit je spezifischen theologisch-dogmatischen Überlegungen und Theorien über denselben verknüpft. Während in der Frühgeschichte des römischen Stadtklerus neben administrativ-praktischen Überlegungen eine fundamentale theologische Struktur der Frühkirche selbst der Ausgangspunkt war, wurden bei kirchenpolitisch motivierten Umdeutungen des Kardinalats wohl auch die dogmatischen Erkenntnisse diesen angepasst und auf den Leib geschneidert.

A. Ursprünge in der stadtrömischen Kirche

Wendet man sich den theologisch-dogmatischen Erkenntnissen hinsichtlich des Kardinalats im Wandel der Geschichte zu, so kann für die Ursprünge nicht auf die Untersuchung der theologischen Grundlegung der stadtrömischen Kirche und damit einhergehend des römischen Bischofsamtes verzichtet werden. Dies liegt von daher nahe, als dass es ursprünglich das römische Presbyterium war, das als Hilfe für den Bischof von Rom in dessen Amtsführung agierte.[997] Wie gesehen, handelte das römische Presbyterium in der liturgischen und pastoralen Hilfeleistung für

---

[993] Vgl. *Graulich*, Kardinalat, S. 82 und *Hilling*, Römische Kurie, S. 17.

[994] Vgl. *Ganzer*, Aufstieg und Niedergang, S. 130.

[995] Vgl. ebd., S. 131; *Graulich*, Kardinalat, S. 82.

[996] Vgl. zur Festlegung der Altersgrenze von 80 Jahren zur aktiven Papstwählerschaft *Paul VI.*, MP IngravAetatem; zur geltenden Papstwahlordnung *Johannes Paul II.*, CA UnivDomGreg, zuletzt geändert durch *Benedikt XVI.*, MP NormNon.

[997] Vgl. *Müller*, Curia romana semper reformanda, S. 7.

den Papst in dessen Bischofsstadt. Diese primäre Aufgabe der Kardinalpresbyter birgt implizit das petrinische Selbstverständnis, „Haupt der sakramentalen Communio"[998] zu sein und nicht ein auf Verwaltung und Jurisdiktion ausgerichtetes Oberhaupt. Dieses Fundament trägt der urkirchlichen Überzeugung Rechnung, dass jedes Kirchenamt auf der Grundlage des Neuen Testaments „eine Gabe an die Gemeinde" und als solche „ein Dienst zum Heil aller Menschen" ist.[999] Dieses Verständnis des Amtes in der Kirche birgt gleichzeitig den Grundsatz, dass diese Ämter in der kirchlichen Gemeinschaft verankert und zum Dienst an dieser errichtet sind. Im Geiste der Communio wurden die Ämter der Frühkirche versehen, was unvermindert für den römischen Bischof und mit ihm für die Presbyter seiner stadtrömischen Ortskirche galt.[1000] Gerade in den Eucharistiefeiern, denen auch die römischen Presbyter vorstanden, wird die Communio in herausragender Weise deutlich, denn die Eucharistie selbst ist die reale Gemeinschaft aller Christen. Aus der Mahlgemeinschaft erwächst tatsächliche Gemeinschaft.[1001]

B. Die Communio als verbindendes Element

Die Verwobenheit der kardinalizischen Aufgabe mit der Communio-Gestalt der Kirche kann gleichsam einen Rahmen um die inhaltliche Akzentuierung des Kardinalats bilden. Wendet man sich der Römischen Kurie zu, deren Entwicklung sich Hand in Hand mit der der Kardinäle vollzog, so lässt sich für die heutige Verfasstheit derselben ebenfalls klar die Communio-Struktur der Kirche als maßgebliches Leitwort nennen.[1002] Die Einpflanzung in diesen gemeinschaftlichen Charakter kommt in besonderer Weise den Bischöfen der Kirche zu.[1003] Das II. Vatikanische Konzil stellte seiner Ekklesiologie die Communio als Leitwort voraus und auch das geltende Recht der Kirche benennt diese Gemeinschaft der Kirche aller Getauften und Gefirmten.[1004] In dieser mehrdimensionalen[1005] Communio stehen auch jene Amtsträger, die als Kardinäle dem Papst in der Leitung der Gesamtkirche Hilfe leisten.[1006] Insofern kann aus dem Ursprung der Kirchenverfasstheit der Frühkirche

---

[998] Zitat von *Ludwig Hertling*, abgedruckt bei *Heggelbacher*, Frühchristliches Kirchenrecht, S. 138.

[999] Ebd., S. 140 f. Hervorhebung im Original.

[1000] Vgl. ebd., S. 144.

[1001] Vgl. zur eucharistischen Ekklesiologie exemplarisch *Ratzinger*, Auftrag des Bischofs, JRGS 8/1, S. 520–523 und S. 236–242 der vorliegenden Untersuchung.

[1002] Vgl. *Johannes Paul II.*, CA PastBon, Einführung, 1. Zwar lässt sich die Communio-Gestalt der Frühkirche nicht mit der Communio-Ekklesiologie des II. Vatikanischen Konzils ohne Weiteres gleichsetzen, doch bildet der kommuniale Kern ein wichtiges verbindendes Element zwischen der Frühgeschichte und der heutigen Gestalt des Kardinalats.

[1003] Vgl. ebd.

[1004] Vgl. cc. 204 § 1, 205, 208, 209 § 1.

[1005] So stehen die Kardinäle als Amtsträger nicht nur in der *communio hierarchica* mit dem Papst, sondern als getaufte und gefirmte Christen in der einen Gemeinschaft aller Christgläubigen.

[1006] Vgl. *Ohly*, Legitimation und Plausibilität, S. 31.

eine Brücke zur heutigen ekklesiologischen Verortung und der daraus resultierenden Verfassung der Kirche geschlagen werden. Im Laufe der Zeit entwickelte sich das Kardinalat der Kirche zunächst in andere Richtungen, zumeist bedingt durch zeitgeschichtliche und kirchenpolitisch motivierte Geschehnisse.

C. Umdeutung und Politisierung im 11. Jahrhundert

Tatsächlich ist eine inhaltliche Umdeutung des Kardinalats, die aufgrund ihrer Relevanz nennenswert erscheint, für den Zeitraum des 11. Jahrhunderts festzustellen. Mitsamt der neuen Aufgabenstellung und damit einhergehend der neuen Einordnung der Kardinäle in die hierarchische Struktur der Gesamtkirche[1007] geschah auch eine Entwicklung in der theologisch-dogmatischen Grundlegung des Kardinalats. Man kann mit Klaus Ganzer feststellen, dass die Vordenker dieser Epoche sich als erste dem Kardinalat als solchem aus einem theoretischen Blickwinkel zuwendeten.[1008] Da in den Jahrhunderten zuvor das Kardinalat in einer Form, wie sie heute gekannt wird, nicht existierte, konnten im Vorangegangenen nur anhand des römischen Bischofsstuhles und dessen theologischer Verortung Rückschlüsse auf das stadtrömische Presbyterium als Vorläufer des Kardinalats geworfen werden. Daher existiert keine dezidiert auf das Kardinalat der Kirche gerichtete inhaltliche Schwerpunktsetzung aus dem 1. Jahrtausend.

Die theoretischen Überlegungen des 11. Jahrhunderts waren geprägt von der neuen politisch-administrativen Stellung der Kardinäle an der Seite der Päpste im Zuge der Gregorianischen Reform. Als erster Vertreter einer Theorie des Kardinalats kann der frühere Mönch[1009] und spätere Kardinalbischof Petrus Damiani[1010] genannt werden. In einer biblisch geprägten Überlegung bediente er sich der Bildsprache der Heiligen Schrift. Er „bezeichnet die Kardinalbischöfe (…) als die sieben Augen des Felsens, der den Apostolischen Stuhl darstellt, als die sieben Leuchter, als die sieben Sterne".[1011] Diese Vergleiche stellen die besondere Stellung der Kardinäle jener Zeit heraus und sind in gewisser Weise aus der theoretischen Reflexion derselben erwachsen: Aus der Praxis folgt eine spezifische Theorie, die zu dieser passt.[1012] Damiani bringt auch den Gedanken der Kardinäle als „Senat

---

[1007] Vgl. S. 148–159 der vorliegenden Untersuchung.

[1008] Vgl. *Ganzer*, Aufstieg und Niedergang, S. 122.

[1009] Zum eigentümlichen Antrieb der Klöster jener Zeit die päpstliche Autorität zu stärken vgl. die Anmerkung bei *Laudage*, Gregorianische Reform, S. 77: „Daneben spielte der Wunsch vieler Klöster eine wichtige Rolle, sich vor dem Zugriff von Episkopat und Laienadel (…) abzuschirmen" und damit verbunden die Anmerkung bei *Klewitz*, Reformpapsttum und Kardinalkolleg, S. 106: „Denn von 62 Kardinälen, deren Vergangenheit bekannt ist, kamen nicht weniger als 22 aus dem Kloster".

[1010] Zu seiner Person vgl. *Freund*, Petrus Damiani, Sp. 346–358.

[1011] *Ganzer*, Aufstieg und Niedergang, S. 123.

[1012] Vgl. *Klewitz*, Reformpapsttum und Kardinalkolleg, S. 106: „(…) so steht auch in der Tätigkeit der Kardinäle ihre politische Rolle allen voran".

des Papstes" in seine Überlegungen ein. Für ihn ist dieser neu entstandene Senat der Römischen Kirche gleichzeitig die Fortdauer des alten Senats des Imperium Romanum.[1013]

D. Entwicklung des Papstamtes – Vorbote des Kardinalats

Noch immer kann die Entwicklung einer Theorie über das Kardinalat nur verstanden werden, wenn man sich parallel der Durchdringung und inhaltlichen Neuorientierung bezüglich des Papstamtes zuwendet.[1014] Die Ekklesiologie des 11. Jahrhunderts, d. h. diejenige die der Gregorianischen Reform erwuchs, ist in ihrer Gänze von Rom und dem römischen Bischofsstuhl her konzipiert.[1015] Diese wurde „zur Achse der gesamten Ekklesiologie"[1016], was eine Entwicklung darstellte, die in dieser strikten Denkweise für das vorangegangene 10. Jahrhundert keineswegs festzustellen ist und so im 11. Jahrhundert ihren Beginn finden muss.[1017] Wenn die Kirche als Leib Christi angesehen wurde, so lag ihre Gesundheit ganz an der Verfassung ihres Hauptes, das der Bischof von Rom war.[1018] Mit dem Papst ist die ganze Kirche Roms der Ausschlaggeber für Gelingen oder Verderben der Universalkirche.[1019] Unter den vielen Ortskirchen ist die Kirche Roms die Entscheidende. Mit der Vorrangstellung ihres Bischofs steht gleichzeitig auch sie den anderen Ortskirchen voran. Das theologische Fundament dieser Ekklesiologie lag in der exklusiven Einsetzung des Petrusamtes durch Christus begründet.[1020] Diese Theorie beinhaltete nicht nur eine legitime Interpretation der Einsetzungsworte des petrinischen Amtes durch Christus,[1021] sondern überhöht diese *in cumulo* „zugunsten allein des römischen Stuhles".[1022] Mit dieser theologisch-dogmatischen Charakterisierung der Römischen Kirche im Sinne des Petrussitzes ging auch die Festigung der Vorrangstellung in der Leitung der Universalkirche einher. Aufwertung erfuhr jedoch auch diese durch die Tatsache, dass sie nunmehr auf dem Boden dogmatischer Überlegungen stand und nicht mehr nur einen rechtlich-administrativtheoretischen Ursprung vorwies.

Im Kontext der Überlegungen hinsichtlich der theologisch-dogmatischen Entwicklung des Kardinalats wurde deutlich: Das Kardinalat hing in seinem Tun

---

[1013] Vgl. *Ganzer*, Aufstieg und Niedergang, S. 123.
[1014] Vgl. *Klewitz*, Reformpapsttum und Kardinalkolleg, S. 106.
[1015] Vgl. *Congar*, Platz des Papsttums, S. 196.
[1016] Ebd.
[1017] Vgl. *Laudage*, Gregorianische Reform, S. 76 f.
[1018] Vgl. *Congar*, Platz des Papsttums, S. 197 f.
[1019] Vgl. ebd., S. 198 f. Es muss angemerkt werden, dass die Vorstellung einer Universalkirche in jener Epoche des 11. Jahrhunderts ihre erste theoretische Durchdringung erfährt. Mit Yves Congar kann hierzu festgestellt werden: „Diese Ecclesia universalis selbst ist kein Agglomerat identischer oder gleicher Elemente, sondern ein Organismus, ein Leib" (ebd., S. 199).
[1020] Vgl. ebd., S. 200.
[1021] Mt 16,18; Lk 22,32; Joh 21,15–17.
[1022] *Congar*, Platz des Papsttums, S. 202.

völlig vom Römischen Bischofsstuhl ab, erfuhr seine Aufgabenstellung in Abhängigkeit von diesem und entwickelte sich in enger Verbindung mit ihm. Betrachtet man nun die Sicht der Gregorianischen Reform auf das Papstamt, so ergeben sich für das Kardinalat jener Zeit einige richtungsweisende Entwicklungen. Da die Kardinäle als Senat des Papstes seit dieser inhaltlichen Neuorientierung Teil an der Leitung der Gesamtkirche besaßen,[1023] hing auch ihre Machtfülle in ihrer Gesamtheit von derjenigen des Petrusamtes ab. Stieg die Gewichtung der päpstlichen Macht ab dem 11. Jahrhundert stetig an, so erfuhr auch die Teilhabe der Kardinäle an jener zwangsläufig einen Aufschwung. Mit der Macht des Papstes wuchs auch die Macht derer an, die ihm in der Ausübung derselben helfend zur Seite standen. Ist die Kirche Roms, die im Papst ihren Ausdruck findet, „cardo, caput, mater (...) fons, fundamentum, basis",[1024] so sind die Kardinäle nach ihrer neuen Aufgabenstellung Helfer der Türangel, des Hauptes, der Mutter, der Quelle und des Fundaments und haben so ihren spezifischen Anteil an der neuen ekklesiologischen Relevanz des Papsttums.[1025] Ebenso wichtig für die Entwicklung des Kardinalats erscheint die Tatsache, dass dem Papstamt im Denken dieser Zeit nun ein tatsächlich theologisch-dogmatisches Fundament gelegt wurde, das einem Rechtlichen zur Seite tritt und es, aufgrund der besonderen Schwere der Glaubenswahrheit, übersteigt.[1026] Auch das Kardinalat wurde spätestens seit den Überlegungen des Petrus Damiani nicht nur funktionalistisch betrachtet, sondern erfuhr eigene theologische Reflexionen.[1027] Dies sollte auch im weiteren Fortgehen der Entwicklung andauern. Vergleichbar ist die theologisch-dogmatische Fortentwicklung mit der des Petrusamtes im 11. Jahrhundert insofern, als dass auch die Theologie des Kardinalats eine spürbare Überhöhung erfahren sollte – allerdings mit zeitlichem Abstand zur dogmatischen Betrachtung des Petrusamtes.

E. Die Dekretisten und Dekretalisten

Die weitere Entwicklung im Zuge des 12. bis zum 14. Jahrhundert hing eng mit der Arbeit der Kanonisten jener Zeit zusammen, da diese sich den theologischen und insbesondere ekklesiologischen Fragen in besonderer Weise zuwandten.[1028] Hierbei können sowohl die Dokumente der Dekretisten,[1029] die sich im Wesentlichen

---

[1023] Vgl. *Laudage*, Gregorianische Reform, S. 84.
[1024] Die Terminologie der Gregorianischen Reform ist aufgelistet bei *Congar*, Platz des Papsttums, S. 202.
[1025] Vgl. *Laudage*, Gregorianische Reform, S. 84. Dort schreibt der Autor den Kardinälen bei der Umsetzung der Reform eine „Schlüsselposition" zu.
[1026] Vgl. ebd., S. 202 f.
[1027] Vgl. *Ganzer*, Aufstieg und Niedergang, S. 122.
[1028] Vgl. ebd., S. 123; *Congar*, Platz des Papsttums, S. 203, der jedoch zurecht anmerkt, dass „eine solche Unterscheidung (sc. von Theologen einerseits und Kanonisten andererseits) für die damalige Zeit einen ähnlich klaren Sinn wie heute" nur schwerlich haben kann.
[1029] Vgl. *Neumann*, Dekretisten, S. 558 f.

mit den Decretum Gratiani[1030] als formeller Rechtsquelle[1031] beschäftigten, als auch die Dokumente der Dekretalisten erkenntnisbringend sein.[1032] Diese behandeln als Forschungsgegenstand nachgratianische päpstliche Dekretalen als das Recht darstellende Quellen.

Die Dekretisten des 12. und 13. Jahrhunderts stellten die These auf, dass der Papst vereint mit den Kardinälen die Römische Kirche darstelle.[1033] Als Protagonist kann der Theologe und Bischof Huguccio von Pisa[1034] genannt werden, der sich von dieser Theorie ausgehend die Frage stellte, ob die Kardinäle in den Zeiten der Sedisvakanz bis zur Wiederbesetzung des Petrusamtes das Haupt der Kirche bilden würden.[1035]

In der weiteren Folge entwickelte sich die Fragestellung nach der Mitwirkung der Kardinäle an der legislativen Gewalt des Papstes. Diese Entwicklung ist von daher konsequent, als dass mit der Überlegung einer Ecclesia Romana, die aus Papst und Kardinälen besteht, auch die Macht derselben in gewisser Weise auf beiden Säulen ruhen müsste. Angemerkt sei, dass das Papstamt in dieser Epoche noch als unfraglich über dem Kardinalat stehend betrachtet wurde. Doch auch dieses Logion sollte im späteren Verlauf dem Versuch einer Umdeutung anheimfallen. Mit den Theorien der „Glossa Palatina" (ca. 1210–1215)[1036] über diese Fragestellung wäre der Papst bei der Errichtung von gesamtkirchlich geltenden Gesetzen „an die Mitwirkung der Kardinäle gebunden"[1037] und eine von allen Kardinälen getroffene Entscheidung könnte überdies auch durch den Papst nicht angefochten werden.[1038] Bereits hier tritt eine Umkehrung in der theoretischen Betrachtung des Kardinalats in seinem Verhältnis zum Papst zutage. Fragt man nach der theologischen Herleitung dieser Einordnung der Kardinäle als „pars corporis papae"[1039] und somit als ein konstitutiver Teil der Römischen Kirche mit und neben dem Papst, so findet sich in den Aussagen Papst Innozenz III. (1198–1216) der Vergleich mit den 70 Ältesten des Volkes Israel.[1040] Auch dieser birgt zumindest die Einsicht in

---

[1030] Vgl. *Thier*, Decretum Gratiani, S. 540–542.

[1031] Vgl. zu dieser Terminologie *Müller/Ohly*, Kirchenrecht, S. 29.

[1032] Vgl. *Neumann*, Dekretalisten, S. 558.

[1033] Vgl. *Ganzer*, Aufstieg und Niedergang, S. 123.

[1034] Vgl. *Tierney*, Conciliar Theory, S. 73.

[1035] Vgl. *Ganzer*, Aufstieg und Niedergang, S. 123; *Tierney*, Conciliar Theory, S. 72: „It was natural that the Decretists discussions should be centred mainly on the cardinals' role as electors, and on their powers during a papal vacancy".

[1036] Vgl. *Tierney*, Conciliar Theory, S. 76–84.

[1037] Vgl. *Ganzer*, Aufstieg und Niedergang, S. 124.

[1038] Vgl. ebd. und den dort zitierten Grundsatz „orbis maior est urbe", der ausdrückt, dass nach der Theorie des damaligen Zeitalters das Kardinalskollegium Abbild der Gesamtkirche war.

[1039] *Graulich*, Kardinalat, S. 81.

[1040] Vgl. ebd., S. 81 f. Die biblische Belegstelle findet sich im Buch Num 11,16. Tatsächlich wird die Siebzigzahl der Kardinäle mit der Bulle Postquam Papst Sixtus V. zur gesetzlichen Norm der Kirche und blieb dies bis in die Neuzeit, in der mit can. 231 § 1 CIC/1917 jene Anzahl kodifiziertes Recht wurde. Dort wurden die nach Klassen geordneten Zahlen von sechs

den Beginn der eigenen theologischen Überlegungen zum Kardinalat und dessen Verortung und Wertigkeit.

Grundsätzlich übernahmen die Dekretalisten des folgenden 13. und 14. Jahrhunderts die theoretischen Vorarbeiten der Dekretisten hinsichtlich des Kardinalats. Auch sie zogen ihre Rückschlüsse aus dem Verhältnis der Kardinäle zum Papst und spitzten hierbei die zuvor bereits ansatzweise ausgedrückte Hochrangigkeit des Kardinalats zu. Nimmt man die Überlegungen des Kanonisten Hostiensis (Kardinaldekan von 1262 bis 1271)[1041] zugrunde, so stehen diese ganz unter der Überschrift der Korporationslehre.[1042]

Im Kontext der Römischen Kirche und des Apostolischen Stuhles bedeutet dies nicht weniger, als die korporative Gestalt der Verbindung von Papst und Kardinälen, die sich aufgrund ihres derartigen Aufbaus dadurch auszeichnet, dass alle Gewalt, die der Korporation innewohnt, allen Teilhabern derselben zuteilwird.[1043] Dies schließt auch die Kardinäle mit ein. Was die Zeit der Sedisvakanz anbelangt, liegt die primatiale Macht übergangsweise allein in den Händen des Kardinalskollegiums.[1044] In den Auseinandersetzungen des ausgehenden 13. und beginnenden 14. Jahrhunderts, in denen die Kardinäle oppositionell gegen einige der zeitgenössischen Päpste agierten, wurde der Einwand vorgebracht, dass der Papst bei rechter Auslegung der Korporationslehre nur in Übereinstimmung mit den übrigen Mitgliedern der Korporation Vollmacht innehabe und handeln könne.[1045] Damit verband sich die Auffassung, nach der der Papst die Macht, die er von den Kardinälen durch die kanonische Wahl erhielt, nur mit diesen gemeinsam ausüben könne. Viele Vertreter dieser Theorie waren selbst Kardinäle und wussten auf diese Weise ihre eigene Machtstellung zu festigen.[1046]

Kardinalbischöfen, fünfzig Kardinalpresbytern und vierzehn Kardinaldiakonen festgelegt, von der erst Papst Johannes XXIII. *in praxi* Abstand nahm, vgl. *Aymans-Mörsdorf*, KanR I, S. 355, dort Anm. 2.

[1041] Vgl. *Brieskorn*, Henricus de Segusio, Sp. 2138 f.

[1042] Vgl. *Ganzer*, Aufstieg und Niedergang, S. 124.

[1043] Vgl. *Tierney*, Conciliar Theory, S. 102 f. und ebd., S. 149 f. Dort wird bzgl. der Theorien des Hostiensis angemerkt: „Their relationship (sc. das der Kardinäle) to the Pope was indeed so intimate that they could be described as actually parts of himself – tamquam sibi inviscerati (...) it would seem that the authority of the Roman See resided, not in its head alone, but also in the members".

[1044] Vgl. *Ganzer*, Aufstieg und Niedergang, S. 125.

[1045] Vgl. ebd.; *Tierney*, Conciliar Theory, S. 102: „It was, for instance, a common opinion among the canonists that the head of a corporation was required to consult its members in certain types of business, and that some of the powers of the head devolved to the members during a vacancy".

[1046] Ebd., S. 151: „Hostiensis, a cardinal himself, was not unnaturally a zealous defender of the dignitiy and prestige of the Sacred College".

F. Kardinalat vor Episkopat: Weitere Überhöhungen

Diese Gegebenheiten lassen erkennen, wie sehr Theorie und Praxis ineinander verwoben waren. Hierbei sind über Priorität und Posteriorität beider zu sagen, dass diese mitunter verschiedene Gewichtung erfuhren. In manchen zeitgeschichtlichen Epochen geht eine spezifische theoretische Überlegung der praktischen Entfaltung voraus, in manch anderen wiederum folgt aus der Praxis die Theorie. Dies zu trennen und in Gänze zu entfalten, ist bisweilen eine nur schwer lösbare Aufgabe. Daher sind im Zuge der Erörterungen über die theologisch-dogmatische Einordnung des Kardinalats auch die praktischen Auswirkungen zu berücksichtigen.

Eine Schlussfolgerung aus der neuen Wertschätzung des Kardinalats in der Zeit der Dekretalisten des 13. und 14. Jahrhunderts stellen weitere theologisch-dogmatische Einordnungen gegenüber dem Bischofamt der Kirche dar. Innerhalb dieser Überlegungen bestand die Meinung, dass das Kardinalsamt (officium) in der hierarchischen Verortung über dem Bischofsamt anzusiedeln sei und es dieses in seiner Würde (dignitas) überstiege.[1047] Zwar standen Amt und Würde der Kardinäle über denen der Bischöfe, nicht jedoch hinsichtlich der Weihe (ordo). Die Bischofsweihe stand auch zu dieser Zeit als höchste Weihestufe der Kirche fest.[1048]

Worin lag gemäß den Überlegungen des 13. und 14. Jahrhunderts die Anordnung des Kardinalats, wenn die heute kodifizierten Möglichkeiten bezüglich des Kirchenamtes[1049] zugrunde gelegt werden sollen? Tatsächlich ist ab dieser Epoche die theologische Ansicht festzustellen, dass die Einsetzung des Kardinalats auf göttlicher Anordnung beruht.[1050] Grundlage dieser Theorie war die Herkunft des Kardinalats im Apostelamt, wobei der Unterschied zu den Bischöfen, denen dies ebenso zugerechnet wurde, in der Wirkweise der Apostel als irdische Begleiter Christi einerseits (Fortdauer im Kardinalat) und missionarische Ur-Gemeindeleiter andererseits (Fortdauer im Bischofsamt) gefunden wurde.[1051] Im Verhältnis zum Papst standen die Kardinäle wie die Apostel zu Christus, was implizit die Macht des Papstes als Stellvertreter Christi auf Erden zu stärken vermochte.[1052]

Diese Theorie wurde in der Überzeugung zugespitzt, dass das Kardinalsamt wegen seiner göttlichen Herkunft dem Bischofsamt von daher vorausging, inso-

---

[1047] Vgl. *Ganzer*, Aufstieg und Niedergang, S. 125 f.

[1048] Vgl. ebd. Dennoch ist die tatsächliche lehramtliche Durchdringung des Bischofsamtes in seiner reinsten Form erst mit dem II. Vatikanischen Konzil gegeben, das sich insbesondere mit der Sakramentalität der Bischofsweihe beschäftigte und dem Bischofsamt mit Christus Dominus ein eigenes Dekret widmete; vgl. *Ratzinger*, Konzil III, JRGS 7/1, S. 466–470.

[1049] In Bezug zu den Weisungen hinsichtlich des Kirchenamtes nach c. 145. Es können mit *Müller/Ohly*, Kirchenrecht, S. 59, folgende Begriffsmerkmale genannt werden: „Dienst mit geistlicher Zielsetzung (…) Einrichtung kraft göttlicher oder kirchlicher Anordnung (…) dauerhafte Einrichtung".

[1050] Vgl. *Ganzer*, Aufstieg und Niedergang, S. 126.

[1051] Vgl. ebd.

[1052] Vgl. ebd., bezugnehmend auf das Zeugnis des Augustinus Triumphus.

fern auch die Apostel zuerst Christus auf Erden begleiteten und erst später ihren Urgemeinden vorstanden.[1053] Verbleibt man bei dieser Theorie, „so gehe das Kardinalat allen Würden und Ständen der Kirche nach dem Papst voran".[1054] Diese Überhöhung stellt die bis zu diesem Zeitpunkt erhabenste Einordnung des Kardinalats in der kirchlichen Hierarchie dar. Sie fand ihren Ausdruck auch darin, dass in jenem Denken der hierarchischen Höchststellung der Kardinäle nach dem Papst ein Vorrang auch gegenüber der durch die Bischofsweihe vermittelnden Gewalt eingeräumt wurde und die Folgerung galt: „Kardinäle ohne Bischofsrang könnten durchaus in ihrer Jurisdiktion und in ihrer Würde über den Bischöfen stehen".[1055]

Diese Einordnung des Kardinalats entstammte den Vertretern einer papalistischen Theologie in der Zeit des Abendländischen Schismas. Alle Würde und Macht der Kardinäle erhielten diese in Abhängigkeit vom Papst. Doch auch die Gegenseite der vom Konziliarismus geprägten Theologen ordnete das Kardinalat nicht geringer ein. Der Unterschied bestand lediglich darin, dass die gleiche Erhabenheit des Amtes nicht dem Papsttum, sondern der gesamtkirchlichen Sendung entsprang.[1056]

G. Gegner der Überhöhung

Wie bei nahezu allen theologischen Überlegungen gab es auch im Hinblick auf die zu dieser Zeit vorherrschenden Theorien kritische Gegenmeinungen.[1057] Hierbei manifestierten sich sowohl die theologisch-dogmatische Überlegung als auch die aus der praktischen Folge erwachsende Macht der Kardinäle als Angriffspunkte.

Als ein Vertreter des gegenerischen Standpunkts kann der spätscholastische Theologe Wilhelm von Ockham genannt werden.[1058] Der bekennende Papstgegner war der Überzeugung, dass das Kardinalat ein vom Papst errichtetes Amt darstellte, das ganz und gar menschlichen Ursprungs war und von einer Anordnung im *ius divinum* somit keine Rede sein konnte.[1059] Die theologische Idee einer apostolischen Nachfolge durch das Kardinalat, die kraft göttlicher Einsetzung begründet wurde, wies etwa Bischof Teodoro de Lellis zurück, der stattdessen die Erkenntnis zu benennen wusste, wonach seit alters her die Bischöfe Nachfolger der Apostel

---

[1053] Vgl. ebd., S. 127, bezugnehmend auf den Theologen des 15. Jahrhunderts Johannes de Turrecremata.

[1054] Ebd., S. 127.

[1055] Ebd.

[1056] Vgl. ebd., S. 128, bezugnehmend auf den konziliaristischen Theologen Franziskus Zabarella; vgl. zu Letztgenanntem auch *Tierney*, Conciliar Theory, S. 220 f. Eine ähnliche Sicht auf die Repräsentantenfunktion der Kardinäle vertrat demzufolge auch Nikolaus von Kues. Mit *Ganzer*, Aufstieg und Niedergang, S. 127 kann das Kardinalskollegium in den Überlegungen des Cusanus als „Konzil im Kleinen" benannt werden.

[1057] Vgl. *Tierney*, Conciliar Theory, S. 179–198.

[1058] Vgl. *Ganzer*, Aufstieg und Niedergang, S. 128; zur Person Wilhelms vgl. *Grühn*, Wilhelm von Ockham, Sp. 1186–1192.

[1059] Vgl. *Ganzer*, Aufstieg und Niedergang, S. 128.

sind und als solche im synodalen Prozess agieren.[1060] Auch für ihn ist das Kardinalsamt eine menschliche Schöpfung des Papsttums zu dessen Unterstützung. In
gleicher Weise äußerte sich Robert Bellarmin, der zwar den Aufgabenfeldern, die
die Kardinäle versahen (v. a. die Papstwahl und der helfende Beistand an der Seite
des Papstes) einen Ursprung in der Urkirche zusprach, dem Amt als solchem jedoch
ebenso wie die zuvor Genannten einen Ursprung aus dem Willen des Papstamtes
zu dessen Nutzen bescheinigte.[1061] Hinsichtlich des Verhältnisses von Episkopat
und Kardinalat benennt Bellarmin die klassische Unterscheidung von Weihe- und
Jurisdiktionsgewalt, wonach die Bischöfe die Fülle der Weihe empfangen haben,
den Kardinälen jedoch wegen ihrer hochrangigen Aufgabenstellung die größere
Gewalt anheimfällt.[1062]

H. Weitere Entwicklung bis zur Neuzeit

Die theologisch-dogmatische Einordnung des Kardinalats hatte im Hochmittelalter ihren Höhepunkt erreicht. Die Theorien der Überhöhung fanden im Folgenden jedoch ihr Ende. Von besonderer Wichtigkeit war hierbei die Rückbesinnung
auf die vom *Ordo* her begründete Vorrangstellung des Episkopats – zumindest im
Hinblick auf die Weihegewalt. Da die Kardinäle fortan von ihrer Aufgabenstellung eingeordnet wurden und diese im Besonderen in der kurialen Verwaltung
bestand, gilt seit der ersten Kurienverfassung durch Papst Sixtus V. mit der Bulle
Immensa Aeterni Dei (1588) das Interesse der Römischen Kurie.[1063] Im Verlauf
der letzten fünf Jahrhunderte waren die Konsistorien meist nur mehr zeremonielle
Akte, insbesondere zum Zwecke von Kardinalskreierungen und Selig- oder Heiligsprechungen.[1064] Die Kardinäle agierten als Leiter der kurialen Behörden, als
päpstliche Legaten und nach entsprechenden Gesetzen als Papstwahlkollegium.
Zwar taten sich immer wieder einzelne Würdenträger hervor, doch geschah dies
zumeist aufgrund der konkreten Persönlichkeiten der einzelnen Kardinäle. Theo-
logisch-dogmatisch durchdrungen wurde das Kardinalat als solches jedoch in der
Zeitspanne bis zur Neuzeit nicht.

[1060] Vgl. ebd., S. 129.
[1061] Vgl. ebd., S. 130.
[1062] Vgl. ebd., S. 131.
[1063] Vgl. *Graulich*, Kardinalat, S. 82. Die theologische Begründung der Römischen Kurie kann
jedoch nicht Bestandteil der vorliegenden Untersuchung sein; vgl. zur Einordnung der kurialen Entwicklung *Müller*, Curia romana semper reformanda, hier v. a. S. 9–20. Auch Ludger
Müller benennt nach der Bulle Papst Sixtus V. als nächstes Dokument erst die Reform durch
Papst Pius X. aus dem Jahr 1908 durch die CA SapCons und verweist auf die Einschätzung
von Hans Erich Feine aus dem Jahr 1972, wonach „sich die Formen der von Sixtus V. refor-
mierten Kurie ‚im Wesentlichen bis heute behauptet‘" haben (ebd. S. 14). Diese theoretische
Stagnation verläuft bzgl. des Kardinalats in gewisser Parallelität.
[1064] Vgl. *Graulich*, Kardinalat, S. 82.

J. Die ekklesiologische Verortung der Römischen Kurie

Bereits Papst Pius X. wusste innerhalb seiner Neuordnung der Römischen Kurie die Aufgabe derselben im Dienst für den Papst, d. h. für dessen universalen Hirtendienst und damit im Dienst für die Kirche, zu verorten.[1065] Dahinter steckt auch eine Aussage zur Aufgabenstellung der Kardinäle, denn diese versahen ihre primäre Aufgabe – sieht man von der Tätigkeit *sede vacante* ab – *de facto* innerhalb der Dikasterien der Kurie, um dem Papst helfend zur Seite zu stehen. Dem Kardinalat obliegt in enger Verwobenheit mit der konkreten Aufgabenstellung ein Dienstcharakter. Die Reformmaßnahmen Papst Pius X., die nicht nur die Römische Kurie, sondern viele weitere Bereiche der kirchlichen Gesetzgebung betrafen, bewirkten „gewissermaßen den ersten Anfang in der Ausführung des vom Papste angeordneten Kodifikationsplanes für das gesamte kanonische Recht"[1066] und sind daher auch für eine kirchenrechtliche Thematik relevant.[1067] Wenn Papst Pius X. zuerkannt werden kann, dass durch seine Kurienreformen sowohl eine zweckmäßige Organisation gewährleistet als auch einem Missbrauch der kurialen Behörden Einhalt geboten werden konnte, so lässt sich auch hieraus der Dienstcharakter derselben ableisen.[1068] Die Zweckmäßigkeit der Tätigkeiten stellt eindrücklich heraus, dass diese als Dienst an Kirche und Gottesvolk zu versehen sind.

Auch das erste kodifizierte Recht des Jahres 1917 beinhaltete diese Sinnrichtung. Bereits can. 230 CIC/1917, der das betreffende III. Kapitel des Codex „De Sanctae Romanae Ecclesiae Cardinalibus" eröffnete, benannte die Aufgabenstellung der Kardinäle, die den Senat des Papstes bildeten, ihm bei der Leitung der Kirche beizustehen und ihm Helfer zu sein, die ihm assistieren.[1069] Beide Fundamente des Kardinalats werden in der kodikarischen Norm ersichtlich: Das Kardinalsamt leitete sich in seiner ganzen Fülle vom Papstamt ab. Seine Aufgabe besteht im Dienst an der Kirche durch den Dienst an der Seite des Papstes. Die Bezeichnung des Kardinalskollegiums als Senat des Papstes stellte gleichzeitig die besondere Würde der Kardinäle heraus.[1070]

Das II. Vatikanische Konzil beschäftigte sich nicht explizit mit einer theologischen Grundlegung des Kardinalats der Kirche. Vielmehr muss auch innerhalb dieses Kontexts implizit nach Einordnungen gesucht werden, die sich auch in den

---

[1065] Vgl. *Müller*, Curia romana semper reformanda, S. 16, bezugnehmend auf die CA SapCons.
[1066] *Hilling*, Die Reformen Papst Pius X., S. 55.
[1067] Vgl. ebd. S. 56. Mit Hilling kann der Weg der Kodifikation von der Bulle Gravissimum Papst Benedikts XIV. (1745) über die Beratschlagungen des I. Vatikanischen Konzils bis hin zum CIC/1917 nachgezeichnet werden.
[1068] Vgl. ebd., S. 62.
[1069] Die Maßgabe des can. 230 CIC/1917 lautete: „S. R. E. Cardinales Senatum Romani Pontificis constituunt eidemque in regenda Ecclesia praecipui consiliarii et adiutores assistunt".
[1070] So stellt das Lehrbuch des Kanonischen Rechts fest: Die Kardinäle „gelten als Söhne des Papstes und haben als solche fürstlichen Rang. Die Anrede ist Eminenz oder Eminentissime Princeps" (*Aymans-Mörsdorf*, KanR I, S. 355).

Konzilsaussagen im Umfeld der Römischen Kurie finden lassen. Grundsätzlich formuliert das Dekret Christus Dominus über die Hirtenaufgabe der Bischöfe hinsichtlich der kurialen Einrichtungen, dass es der Papst ist, der sich diesen „bei der Ausübung der vollen, höchsten und unmittelbaren Gewalt über die Gesamtkirche bedient".[1071] Somit steht das Konzil ganz in der traditionellen Verknüpfung von Petrusamt und Kardinalat, wenn man letzteres in der Verbindung mit der Römischen Kurie stehend betrachtet, was durch die vornehmliche Aufgabe der Kardinäle durchaus begründbar ist. Weiter heißt es im Dokument: „Diese (sc. Behörden) versehen folglich ihr Amt in seinem Namen (sc. des Papstes) und mit seiner Vollmacht zum Wohle der Kirchen und als Dienst, den sie den geweihten Hirten leisten".[1072] Abermals wird die Verknüpfung und fundamentale Herleitung der Aufgaben und Befugnisse deutlich. Das Konzil stellt klar, dass das Handeln derer, die dem Papst helfend zur Seite stehen, sei es als Einzelne oder aber als Tätige in der Römischen Kurie, ein wahrer Dienst ist.

Die inhaltliche Ausrichtung anhand der *Diakonia* vollzog sich auch im folgenden geschichtlichen Verlauf weiter. Papst Paul VI. sprach im Zuge seiner im Lichte des II. Vatikanischen Konzils formulierten Kurienreform[1073] durch die Apostolische Konstitution Regimini Ecclesiae Universae (1967) die Maßgabe aus, dass die Kurie und die an ihr Tätigen „eine wahre Gemeinschaft des Glaubens und der Liebe"[1074] sein sollen. Auch hier steht die brüderliche Zusammenarbeit im Tun als Dienst für den Papst und im Dienst für die ganze Kirche der Reform als Antrieb voran.[1075] Das kuriale Handeln und das damit einhergehende Tun der Kardinäle bleiben dem Dienstcharakter des Petrusamtes zugeschrieben. Es wird hieraus abermals ersichtlich, wie sehr das Kardinalsamt in seiner theologisch-dogmatischen Begründung mit dem Papstamt verbunden bleibt.[1076] Diese Konstante kann als die wohl sicherste seiner Entwicklung gelten.

Eng verbunden mit dem Dienstcharakter der Leitungsaufgabe der Gesamtkirche ist der gemeinschaftliche Charakter derselben. Die Gesamtkirche als die Gemeinschaft aller Gläubigen jeder Teilkirche des Erdkreises ist eine einzige, der Papst als Nachfolger Petri ist das sichtbare Zeichen und gleichzeitig Garant dieser Einheit. Auch diese Maßgabe wusste das Konzil vorzugeben und Papst Paul VI. durch seine Kurienordnung zu normieren. Beide Dokumente drücken die Notwendigkeit

---

[1071] CD 9.

[1072] Ebd.

[1073] CD 9–10. An dieser Stelle fordert das Konzil selbst die Neuordnung der römischen Behörden.

[1074] *Paul VI.*, Ansprache an die Mitglieder der Römischen Kurie, zitiert bei *Müller*, Curia romana semper reformanda, S. 8.

[1075] Vgl. ebd.

[1076] Einen Hinweis hierauf kann die Norm des c. 356 CIC/1983 (vgl. can. 238 §§ 1–3 CIC/1917) angefügt werden, der die Residenzpflicht in der Stadt Rom für all jene Kardinäle vorschreibt, die ein kuriales Amt bekleiden und die Visitationspflicht für alle übrigen Kardinäle anfügt. Die Verbindung mit der Stadt Rom drückt hierbei die Verbindung mit dem Römischen Bischof aus.

aus, Diözesanbischöfe des Katholischen Erdkreises in die Behörden aufzunehmen und diese dort als gleichberechtigte Mitglieder in die Arbeit einzubeziehen.[1077] In der Beachtung der gesamtkirchlichen Communio und der Arbeit der Römischen Behörden zur Auferbauung und Stärkung derselben sind auch die Kardinäle miteinbezogen, die ihren Dienst ebenfalls zu diesem Zwecke tun.[1078]

Auch die letzte große Kurienreform durch die Apostolische Konstitution Pastor Bonus von Papst Johannes Paul II. (1988) stellt beide bereits genannten Elemente, *Diakonia* und *Communio*, als Leitworte voran.[1079] Hier nun zeigt sich der Rahmen einer theologisch-dogmatischen Einordnung des Kardinalats, der mit den Überlegungen der stadtrömischen Kirche seinen Anfang fand.[1080] Aus der Gemeinschaft in der antiken römischen Gemeinde – die im fundamentalen Ursprung aus Jesus Christus und dessen unüberbietbarer Gemeinschaft mit dem Menschen und in einem weiteren Schritt in der Gemeinschaft im Glauben durch die Taufe entstand[1081] – erwuchs mit allen Umtrieben der Geschichte die Communio-Struktur der Kirche in der heutigen Zeit. In diese sind all jene eingebettet, die im Dienst der Gesamtkirche zur Erbauung der Gemeinschaft wirken.

§ 3 Kirchenrechtlicher Befund

Die kodikarischen Maßgaben zum Kardinalat der Kirche finden sich in Liber II, Teil II des CIC/1983 innerhalb der Sectio I „Über die höchste Autorität der Kirche" und bilden dort das III. Kapitel, das mit den Worten „Kardinäle der Heiligen Römischen Kirche" überschrieben ist. In den dort ansässigen cc. 349–359 wird die kirchenrechtliche Grundlage des Kardinalats vollzogen.

A. Leitnorm des c. 349

Als richtungsweisende Norm, die gleichzeitig eine Art Zusammenfassung des im Folgenden Normierten besteht, kann c. 349 gelten. Die Kardinäle werden explizit als die „der Heiligen Römischen Kirche" (Sanctae Romanae Ecclesiae) bezeichnet. Dieser Titel erwächst, wie im Vorangegangenen beschrieben, aus der geschichtlichen Entwicklung des Kardinalats innerhalb der Kirche von Rom.[1082]

[1077] Vgl. CD 10; überdies dargestellt bei *Müller*, Curia romana semper reformanda, S. 18 f.

[1078] Vgl. ebd., S. 20 und zur *communio ecclesiarum* der Teilkirchen in der Gesamtkirche *Ohly*, Legitimation und Plausibilität, S. 31.

[1079] Vgl. *Müller*, Curia romana semper reformanda, S. 21.

[1080] Vgl. S. 148–159 der vorliegenden Untersuchung.

[1081] Vgl. *Ohly*, Legitimation und Plausibilität, S. 30.

[1082] Vgl. can. 230 CIC/1917. Wohlgemerkt werden diejenigen Kardinalbischöfe der unierten Kirchen des Ostens nicht als „S. R. E. Cardinales" sondern als „Sanctae Ecclesiae Cardinales" bezeichnet, was deren Herkunft und damit ihrer ureigenen Würde und Identität Rechnung trägt, vgl. hierzu *Aymans-Mörsdorf*, KanR II, S. 235.

Sodann normiert c. 349, dass die Kardinäle der Heiligen Römischen Kirche ein „besonderes Kollegium" bilden. Die Bezeichnung als „Senatus Romani Pontificis" wurde nicht in die geltende Rechtsnorm aufgenommen (vgl. can. 230 CIC/1917). Als erste und den Kardinälen eigene Pflicht obliegt nach c. 349 zunächst die Papstwahl, die „nach Maßgabe von besonderem Recht" durchzuführen ist.[1083] Als zweite Pflicht nennt der Gesetzgeber grundlegend das helfende zur Seite stehen der Kardinäle gegenüber dem Papst.[1084]

Diese Hilfe kann in zweifacher Weise vollzogen werden: Entweder „durch kollegiales Handeln", oder aber durch die Kardinäle, die „als Einzelne in Ausübung verschiedener Ämter" (officii) tätig werden. Die letztgenannten Ämter dienen insbesondere der Hilfestellung bei der „täglichen Sorge für die Gesamtkirche", die dem Papst als oberstem Hirten der Kirche zuteilwird. Während das kollegiale Handeln alle Kardinäle und somit auch diejenigen, die als Ordinarien ihren jeweiligen Teilkirchen vorstehen, anspricht, sind mit den verschiedenen Ämtern zumeist die Dienste innerhalb der Römischen Kurie gemeint, die gemäß cc. 360–361 für die Sorge um die Gesamtkirche errichtet ist. Weiterhin ist die Entsendung als Päpstliche Legaten als in diese Weisung eingeschlossenes Handlungsfeld zu nennen.

Zusammenfassend kann auf der Grundlage des c. 349 festgehalten werden: Die Kardinäle bilden ein Kollegium, dem drei Aufgaben übertragen sind. Zunächst muss hier die Papstwahl als oberste Pflicht und zugleich maßgebliches Recht genannt werden. Die beiden Weiteren sind das kollegiale Handeln zur Hilfeleistung für den Papst sowie die Ausübung verschiedener Ämter als Einzelne.[1085]

B. Aufnahme in das Kardinalat

Bezüglich der Übertragung der Kardinalswürde sind die Normen des c. 351 in den §§ 1–3 maßgeblich.[1086] Das Recht, die Kardinalswürde zu verleihen, liegt einzig und in voller Freiheit beim Papst. Inhaltliche Grundlage dieser Alleingewalt zur Kardinalserhebung durch den Papst bildet die soeben erörterte Pflicht der Kardinäle, dem Papst – kollegial oder als Einzelne (c. 349) – in der Sorge um die Gesamtkirche Hilfe zu leisten. Dass der Papst sich seine engsten Mitarbeiter und ersten Helfer selbst und frei auswählt, ist daher die konsequente Maßgabe. Überdies nennt c. 351 einige Voraussetzungen zur Aufnahme in das Kardinalat. Zunächst muss ein Kardinal männlich sein, was auch aus der Notwendigkeit zumindest der empfangenen Priesterweihe nach c. 351 § 1 zu begründen ist (i. V. m. c. 1024). Diese Voraussetzung wird nicht eigens genannt, wohl aber im Wortlaut „Der Papst wählt die *Männer* (…)" präsumiert.

[1083] Vgl. can. 233 § 1 CIC/1917.
[1084] Vgl. can. 230 CIC/1917.
[1085] Vgl. *Aymans-Mörsdorf*, KanR II, S. 233; *Graulich*, Kardinäle, S. 488 f.
[1086] Vgl. cann. 232 und 233 CIC/1917.

Explizit genannt werden jedoch gewisse persönliche Voraussetzungen an die Kardinäle: Glaube, Sitte, Frömmigkeit und Klugheit in Verwaltungsangelegenheiten. Diesen den persönlichen Bereich der betreffenden Männer betreffenden Katalog zu überprüfen, obliegt jedoch im letzten Schritt wiederum dem Papst, welchem eine Kardinalserhebung durch niemanden verwehrt werden könnte.

Hinsichtlich der Gewohnheit der Kardinalskreierungen in Verbindung mit gewissen Bischofssitzen muss festgestellt werden, dass auch diese kein (Gewohnheits-)Recht aufstellt, das in irgendeiner Form die Freiheit des Papstes einschränken könnte.[1087] Des Weiteren benennt c. 351 die Voraussetzung der Bischofsweihe und formuliert im Anschluss, dass ein noch nicht zum Bischof Geweihter nach der Erhebung zum Kardinal die Bischofsweihe zu empfangen hat. Von dieser Voraussetzung wird mitunter dispensiert.[1088] Eine Kardinalserhebung, bei der ein Priester von der Notwendigkeit der Bischofsweihe dispensiert wird, erfolgt insbesondere bei denjenigen Kreierungen, die das theologische Wirken des Gewürdigten honorieren sollen. Mit Markus Graulich soll hierzu angemerkt werden, dass eine Kardinalserhebung als reine Honoration von daher kritisch zu bewerten ist, da auch jene Kardinäle gleichermaßen Teil an den Konsistorien und, sofern die Altersgrenze noch nicht erreicht ist, auch an der Papstwahl haben.[1089] Insofern gilt auch bei der Auswahl jener Kardinäle die notwendige Klugheit und Sorgfalt walten zu lassen, die c. 351 § 1 in seinen Voraussetzungen gegenüber den Kardinälen fordert.

In c. 351 § 2 wird hinsichtlich der Kardinalserhebung festgelegt, dass die Kreierung durch päpstliches Dekret geschieht. Die rechtmäßige Verkündigungsform des Dekretes wird „vor dem Kardinalskollegium" vollzogen.[1090] Ab dem Zeitpunkt der Verkündigung des päpstlichen Dekretes vor dem Kardinalskollegium haben die neu ernannten Kardinäle „die im Gesetz umschriebenen Pflichte und Rechte". Einen Sonderfall bzw. ein Sonderrecht des Papstes stellt nach c. 351 § 3 die Kardinalskreierung *in pectore* dar, wonach der Papst einen Kardinal erheben und seine Erhebung auch bereits per Dekret verlautbaren kann, ohne jedoch den Namen des Erhobenen zu nennen. Diesen behält er vorerst für sich.[1091] Die Rechte und Pflichten, die mit der Kardinalserhebung einhergehen, kommen diesem erst zu, wenn der Name öffentlich verlautbart wurde. Was die Rangfolge betrifft, wird diese jedoch ab dem Zeitpunkt der Kreierung zum Kardinal *in pectore* und nicht erst ab dem Zeitpunkt der Namensnennung berechnet. Dieser Spezialfall trägt der Tatsache Rechnung, niemanden durch die Kardinalserhebung in Nachteile zu bringen, d. h. weder die Person des Kreierten noch die Teilkirche, der derjenige

---

[1087] Vgl. *Graulich*, Kardinalat, S. 83.
[1088] Vgl. *Graulich*, Kardinal, S. 743. Einen mit mehr Einschränkungen befüllten Eignungskatalog bot die Vorgängernorm des can. 232 § 2 CIC/1917, dargestellt bei *MörsdorfLb*, S. 356 f.
[1089] Vgl. *Graulich*, Kardinalat, S. 84.
[1090] Vgl. can. 233 § 1 CIC/1917.
[1091] Vgl. can. 233 § 2 CIC/1917.

unter Umständen vorsteht.[1092] Zu denken ist hierbei etwa an jene Bereiche des Erdkreises, in denen offenkundig eine eingeschränkte Religionsfreiheit herrscht oder diese gänzlich fehlt und es aufgrund der politisch-gesellschaftlichen Situation einen erheblichen Nachteil bedeuten würde, durch die Erhebung eines dortigen Bischofs zum Kardinal die Teilkirche in besonderer Weise in den Fokus der öffentlichen Wahrnehmung zu stellen. Auf diese Weise kann die Gefahr für den Würdenträger und die ganze christliche Gemeinschaft in jenen Teilen gebannt werden und gleichzeitig die besondere Verbindung dieser mit dem Bischof von Rom ihren Ausdruck finden. Beim Tod des Papstes vor Bekanntgabe des Namens des oder der Kardinäle *in pectore* besitzen die entsprechenden Kardinalserhebungen keine Rechtskraft.[1093] Die Kardinalserhebung erfolgt demnach letztgültig mit der Bekanntgabe des Namens.[1094]

Die heutige Form, in der Kardinalserhebungen vollzogen werden, ist im Wesentlichen zweigeteilt.[1095] Den beiden gottesdienstlichen Feiern anlässlich von Kardinalskreierungen ist die Ankündigung der Erhebungen vorgeschaltet, die in der Regel einen Monat vor der eigentlichen Zeremonie erfolgt. Hernach folgt die Verkündigung des Ernennungsdekrets vor einem öffentlichen Konsistorium, womit der Maßgabe des c. 351 § 2 Rechnung getragen wird. Diese Zeremonie wird heute zumeist als Wortgottesdienst vollzogen, in der neben einer theologischen Vertiefung des Kardinalats durch den Papst die Vorstellung der Kreierten erfolgt. Diese sprechen das Glaubensbekenntnis, schwören dem Papst und seinen Nachfolgern die Treue und erhalten sodann das Birett und das Ernennungsdekret.[1096] Den neuen Kardinälen wird im Folgenden die Titelkirche oder aber römische Diakonie zugewiesen.[1097] In einem zweiten Teil der Zeremonie feiern die neuen Kardinäle gemeinsam mit dem Papst die Eucharistie und erhalten ihren Kardinalsring.[1098]

C. Struktur des Kardinalskollegiums und Klassen der Kardinäle

Der Gesetzgeber normiert in c. 350 §§ 1–6 die Klassen innerhalb des Kardinalskollegiums. Hierbei werden nach c. 350 § 1 drei unterschieden: Kardinalbischöfe, Kardinalpriester und Kardinaldiakone.[1099]

[1092] Vgl. *Graulich*, Kardinalat, S. 86.
[1093] Vgl. *Aymans-Mörsdorf*, KanR II, S. 234.
[1094] Vgl. ebd.
[1095] Die heutige Form wird zusammengefasst bei *Graulich*, Kardinalat, S. 84–86 dargestellt und soll hier anhand dieser Grundlage in gebotener Kürze dargestellt werden. Die ehemals vollzogene Weise nach cann. 233–234 CIC/1917 wird dargestellt bei *MörsdorfLb*, S. 357.
[1096] Vgl. *Graulich*, Kardinalat, S. 84 f.
[1097] Vgl. ebd.
[1098] Vgl. ebd.
[1099] Vgl. can. 231 CIC/1917.

Den Kardinalbischöfen wird durch den Papst eines der suburbikarischen Bistümer Roms übertragen.[1100] Weiterhin gehören zu dieser Klasse „die in das Kardinalskollegium aufgenommenen orientalischen Patriarchen", die jedoch nach c. 350 § 3 auch innerhalb des Kardinalats „als ihren Titel den eigenen Patriarchalsitz" beibehalten. Letztgenannte werden nicht *S. R. E. Cardinales*, sondern *Sanctae Ecclesiae Cardinales* genannt.[1101] Durch diese Sonderregelung wird die eigene Tradition der jeweiligen unierten Ostkirche gewürdigt und ebenso die Unversehrtheit derselben in ihrer trotz der Einheit mit dem römischen Papst bestehenden Eigenständigkeit gewahrt. Der Gesetzgeber wehrt hierdurch den Anschein einer Vereinnahmung durch die Lateinische Kirche ab und drückt durch die Möglichkeit zur Aufnahme der Patriarchen in das Kardinalskollegium die enge Verbindung mit dem Papst und die Verbindung zwischen Ost- und Westkirche aus.

Der Kardinaldekan, der nach c. 352 § 1 dem Kollegium vorsteht, hat gemäß c. 350 § 4 „als Titel die Diözese Ostia", behält jedoch die bereits zuvor übertragene Titelkirche. Der Kardinaldekan und ebenso der ihn nach c. 352 § 2 vertretende Subdekan entstammen der Gruppe der Kardinalbischöfe, wie c. 352 § 3 verdeutlicht, wonach für den Fall einer Vakanz eines der beiden Ämter die Kardinalbischöfe „aus ihrem Kreise" diese Ämter besetzen müssen.[1102] Der Kardinaldekan und der ihn vertretende Subdekan haben nach c. 352 § 1 „keinerlei Leitungsgewalt" (potestas regiminis) gegenüber den übrigen Kardinälen, sie sind „Erste unter Gleichen".[1103] Diese Regelung unterstreicht den kollegialen Charakter des Kardinalskollegiums, das nach c. 115 § 2 als öffentliche juristische Person in der Kirche wegen seines Bestandes aus mindestens drei Personen von daher in rechtlichem Sinne kollegial ist, als dass seine Mitglieder im Handeln desselben gleichberechtigt zusammenwirken.[1104] Die Wahl von Kardinaldekan und Kardinalsubdekan (c. 352 § 3) wird von den Kardinalbischöfen vollzogen. Den Vorsitz hat hierbei, sofern es sich um die Wahl des Kardinaldekans handelt, der Subdekan oder aber bei dessen Verhinderung der Älteste der Kardinalbischöfe. Wenn es sich um die Wahl des Kardinalsubdekans handelt, komm diese Aufgabe dem Dekan selbst zu. In beiden Fällen wird der Name des Gewählten dem Papst übermittelt. Diesem kommt die Bestätigung des Gewählten zu. Auch hier lässt sich ein weiteres Mal die besondere Rolle des Papstes erkennen, der in nahezu allen Fragen, die das Kardinalskollegium betreffen, die entscheidende Rolle innehat.

Die Norm des c. 350 § 5 eröffnet das Optionsrecht, nach zehnjähriger Zugehörigkeit zur Klasse der Kardinaldiakone bzw. der Kardinalpriester zu einer anderen

---

[1100] Die sieben suburbikarischen Bistümer sind: Ostia (das dem Kardinaldekan vorbehalten ist), Albano, Frascati, Palestrina, Porto-Santa Rufina, Sabina-Poggio Mirteto und Velletri-Segni, vgl. *Aymans-Mörsdorf*, KanR II, S. 235.

[1101] Vgl. *Graulich*, Kardinalat, S. 91.

[1102] Vgl. *Paul VI.*, MP SacCardCons.

[1103] Vgl. can. 237 CIC/1917.

[1104] Vgl. *Aymans-Mörsdorf*, KanR II, S. 236; *Reisinger*, Sanctae Ecclesiae Cardinales, S. 26.

Titeldiakonie oder Titelkirche zu wechseln.[1105] Überdies besteht die Möglichkeit für Kardinaldiakone, ebenfalls nach zehn Jahren, in die nächsthöhere Klasse der Kardinalpriester überzuwechseln. Anstelle einer Titeldiakonie wird diesen dann eine Titelkirche zugeordnet. Eine weitere Option stellt die Erhebung der Diakonie zur Titelkirche dar.[1106] Der folgende § 6 normiert die Einordnung in die Rangfolge im Kardinalskollegium für denjenigen, der von der diakonalen in die priesterliche Klasse gewechselt hat. Das Urteil über diesen Wechsel wird im Konsistorium vollzogen, muss aber vom Papst genehmigt werden. Zu beachten sind hierbei die „Rangfolge nach Weihe und Kardinalserhebung".

D. Handlungsweisen und Aufgaben des Kardinalskollegiums

Den Grundsatz hinsichtlich der Handlungsweise und Aufgaben des Kardinalskollegiums bildet c. 349, der als Bestimmung der Kardinäle die Hilfe an der Seite des Papstes bei der Erfüllung seiner Aufgaben beschreibt – sei es im kollegialen Handeln oder im Wirken als Einzelne.[1107] Innerhalb dieser Zweiteilung der Handlungsweisen können die Aufgaben des Kardinalskollegiums beschrieben werden. Weiterhin muss unterschieden werden, ob der römische Bischofsstuhl besetzt oder vakant ist. Zunächst sollen die kollegiale und einzelne Handlungsweise des Kollegiums bzw. der Kardinäle während der Amtszeit eines Papstes benannt werden.

Die hauptsächliche Form des kollegialen Handelns der Kardinäle vollzieht sich in den Konsistorien. Die Norm des c. 353 § 1 legt fest, dass die Konsistorien „auf Anordnung des Papstes und unter seinem Vorsitz" durchgeführt werden.[1108] Auch hier wird erneut anhand der besonderen Vorrangstellung des Papstes die grundsätzliche Aufgabe der Kardinäle bekräftigt, diesen bei seinem obersten Hirtendienst helfend zu unterstützen. Hierbei ist darauf hinzuweisen, dass die zu den Konsistorien eingeladenen Kardinäle aufgrund der Weisung des c. 353 § 1 i. V. m. c. 356 grundsätzlich der Pflicht zur Teilnahme unterliegen.[1109] Unterschieden werden können die Konsistorien nach ordentlichen (c. 353 § 2) und außerordentlichen (c. 353 § 3) sowie in öffentliche und nicht-öffentliche (c. 353 § 4).[1110]

Zu ordentlichen Konsistorien sind gemäß c. 353 § 2 „zumindest die in der Stadt Rom anwesenden Kardinäle" einzuladen, es können jedoch mehrere bis hin zu allen Kardinälen eine entsprechende Einladung erhalten. Der Papst ruft das ordentliche Konsistorium zusammen, um „schwerwiegende Angelegenheiten" beraten zu lassen. Der Zusatz, dass es sich zwar um schwerwiegende Angelegenheiten handelt, die „jedoch regelmäßiger anstehen", verdeutlicht, dass es sich um die wichtigen,

---

[1105] Vgl. ebd., S. 48; vgl. can. 236 CIC/1917; dazu erklärend *MörsdorfLb*, S. 358.
[1106] Vgl. *Graulich*, Kardinalat, S. 94.
[1107] Vgl. *Aymans-Mörsdorf*, KanR II, S. 236.
[1108] Vgl. ebd., S. 236 f.
[1109] Vgl. ebd., S. 237.
[1110] Vgl. *Graulich*, Kardinäle, S. 492.

jedoch auch regulären Angelegenheiten hinsichtlich der Führung der Kirche handelt.[1111] Die Relevanz der Angelegenheiten gründet in der päpstlichen Sorge um
die Gesamtkirche, die aus sich heraus eine schwerwiegende Aufgabe darstellt. Des
Weiteren kann ein ordentliches Konsistorium auch zur „Durchführung gewisser
besonders feierlicher Akte" einberufen werden, wie etwa zu Selig- oder Heiligsprechungen, aber auch Kardinalskreierungen.[1112] Zu einem solchen öffentlichen
Konsistorium, das sich mit einer feierlichen päpstlichen Amtshandlung befasst,
können auch weitere Geladene nach c. 353 § 4 Zutritt erhalten. Der Gesetzgeber
nennt explizit „Prälaten, Gesandte weltlicher Mächte", bezieht aber auch andere
mit ein. Zu denken ist hierbei an mit zukünftigen Kardinälen in besonderer Weise
verbundene geistliche Amtsträger oder Vertreter gewisser Nationen, die den Kreierungen beiwohnen. Nur diese ordentlichen Konsistorien zur Durchführung gewisser feierlicher Akte können öffentlich sein.[1113]

Ein außerordentliches Konsistorium wird dann durch den Papst einberufen,
wenn „besondere Erfordernisse der Kirche oder die Behandlung schwerwiegender Angelegenheiten dies ratsam erscheinen lassen" (c. 353 § 3). Zu diesen werden
alle Kardinäle einberufen. Jene Form der Konsistorien, die immer nicht-öffentlich
sein müssen (§ 4), dient der Behandlung all jener Fragen und Themen, die nicht
der Regelmäßigkeit der Sorge um die Gesamtkirche entstammen. Mit Winfried
Aymans kann die Wertigkeit der außerordentlichen Konsistorien folgendermaßen
beschrieben werden:

> „Es handelt sich (sc. bei einem außerordentlichen Konsistorium) nicht um ein Beispruchs-
> recht des Kollegiums gegenüber dem Papst, sondern um ein Recht des Papstes gegenüber
> dem Kollegium."[1114]

Tatsächlich obliegt es dem Papst, immer wenn er es in der Behandlung einer
besonderen Angelegenheit oder eines Erfordernisses für richtig und wichtig hält,
ein solches außerordentliches Konsistorium zu seiner eigenen Amtshilfe einzuberufen. Der Papst bedient sich hierbei den Kardinälen als seine ersten Helfer in der
täglichen Sorge um die Gesamtkirche (vgl. c. 349). Insbesondere Papst Johannes
Paul II. nutzte während seines Pontifikates häufig dieses Instrument und konnte so
der Erstarrung der außerordentlichen Konsistorien zu einem nur mehr theoretisch
bestehenden Rechtsinstitut Abwehr leisten.[1115] Die Beispiele, die Markus Graulich nennt, zeigen eindrücklich, dass der Papst diese Konsistorien zur Behandlung
schwerwiegender Angelegenheiten und besonderer Erfordernisse bemüht hat, wie
etwa zur Beratung über die Grundlagen der Römischen Kurie, die in der Apostolischen Konstitution Pastor Bonus Frucht trugen.[1116]

[1111] Vgl. *Aymans-Mörsdorf*, KanR II, S. 237.
[1112] Vgl. *Graulich*, Kardinäle, S. 492.
[1113] Vgl. ebd.
[1114] *Aymans-Mörsdorf*, KanR II, S. 237.
[1115] Vgl. ebd.; *Graulich*, Kardinalat, S. 96 f.
[1116] Vgl. *Graulich*, Kardinalat, S. 96.

Die in der öffentlichen Erscheinung bekannteste Aufgabe der Kardinäle vollzieht sich jedoch bei der Vakanz des römischen Bischofsstuhles. Nach c. 349 ist
es grundlegende Aufgabe der Kardinäle, „nach Maßgabe von besonderem Recht
für die Papstwahl zu sorgen". Dieses Sonderrecht ist mit der Apostolischen Konstitution Universi Dominici Gregis Papst Johannes Pauls II. aus dem Jahr 1996 in
ihrer heute gültigen Form gegeben.[1117] Innerhalb der kodikarischen Maßgaben legt
c. 355 einige Grundsätzlichkeiten hinsichtlich der Papstwahl fest. Zunächst kommt
es nach § 1 dem Kardinaldekan zu, einen zum Papst Gewählten zum Bischof zu
weihen, sofern er diese Weihe noch nicht empfangen hat. Bei Verhinderung kommt
dies dem Subdekan zu. Ist dieser wiederum verhindert, vollzieht diese Aufgabe der
rangälteste Kardinalbischof. Jene Norm trägt der Tatsache Rechnung, dass nur derjenige das Amt des Papstes innehat, der gültig gewählt *und* zum Bischof geweiht
ist (c. 332 § 1). Anders ausgedrückt, beendet im durch c. 355 § 1 benannten Szena-
rio nach erfolgter Wahl nur die Bischofsweihe die Sedisvakanz.[1118] Des Weiteren
ist es nach c. 355 § 2 die Aufgabe des Kardinalprotodiakons, den Namen des Neu-
gewählten dem Volk zu verkünden.[1119] Das Kardinalskollegium besitzt während
der Sedisvakanz „nur die Gewalt, die ihm durch besonderes Gesetz übertragen
ist".[1120] Aufgrund der Altersgrenze von achtzig Lebensjahren hinsichtlich der Berechtigung zur aktiven Papstwählerschaft sind das Kardinalskollegium und das
Papstwahlkollegium nicht identisch.[1121] Auch nach Erreichen der oben genannten
Altersgrenze bleiben die Kardinäle dennoch Mitglieder des Kardinalskollegiums,
können weiterhin Aufgaben wahrnehmen und an den Konsistorien teilnehmen.[1122]

§ 4 Zwischenfazit

Neben der Papstwahl ist es die vornehmliche Aufgabe der Kardinäle, „dem Papst
zur Seite" zu stehen und ihm „in der täglichen Sorge für die Gesamtkirche Hilfe"
zu leisten (c. 349). Dieser Hilfscharakter umschließt die geschichtliche Entwicklung des Kardinalats, vom stadtrömischen Ursprung bis in die vor allem kuriale
Verortung des kardinalizischen Handlungsfeldes in der Neuzeit, wie ein Rahmen.
Damit diese Hilfe am päpstlichen Dienst fruchtbar gedeihen kann, ist es das Recht
des Papstes, sich seine vornehmlichen Helfer gemäß c. 351 § 1 frei auszuwählen
und eigenhändig in den Kardinalsrang zu erheben.

[1117] Vgl. *Aymans-Mörsdorf*, KanR II, S. 238.

[1118] Vgl. ebd., S. 240.

[1119] Vgl. ebd. Der Kardinalprotodiakon ist der rangälteste Kardinaldiakon.

[1120] Dies ist durch *Johannes Paul II.*, CA UnivDomGreg, 1 geschehen. Es gibt keinen „interimistischen Träger" der päpstlichen Vollgewalt, so zurecht *Aymans-Mörsdorf*, KanR II,
S. 238. Dem Kardinalskollegium kommt lediglich die Wahrnehmung der ordentlichen, d. h.
alltäglichen Aufgaben zu, vgl. ebd, 2.

[1121] Vgl. *Ganzer*, Aufstieg und Niedergang, S. 132.

[1122] Kritisch hierzu *Plöchl*, Der alte Kardinal, S. 159–170. Er weist auf die Inkohärenz des
Entzugs des aktiven Wahlrechts bei möglicher Beibehaltung anderer Aufgabenfelder hin.

Letztendlich erscheint im vorliegenden Interessensraum die Analyse der ämter-rechtlichen Verortung des Kardinalats notwendig.[1123] Gemäß c. 145 § 1 wird ein Kirchenamt im kanonischen Sinne (officium ecclesiasticum) dadurch definiert, dass es einen Dienst (munus) darstellt, der kraft göttlicher oder kirchlicher Ein-richtung auf Dauer eingerichtet ist (stabiliter constitutum) und „der Wahrnehmung eines geistlichen Zweckes dient" (in finem spiritualem exercendum).[1124] Auf das Kardinalat angewendet ergibt sich folgendes Resultat: Zunächst ist es als auf kirch-liche Anordnung eingerichtet zu beschreiben. Kirchenämter göttlicher Einrichtung sind ausschließlich das Papstamt, das Bischofsamt und das Bischofskollegium.[1125] Die Dauerhaftigkeit im Sinne der Fortdauer der Amtsaufgaben bei etwaiger Vakanz ist insofern gegeben, da die Notwendigkeit der Durchführung der Papstwahl gemäß c. 349 unabhängig spezifischer Amtsträger andauert und nicht wie eine delegierte Gewalt (c. 142 § 1) nach erfolgter Ausübung erlischt. Die Pflicht der Kardinäle zur Wahl eines neuen Papstes gilt nach jedem Eintritt der Sedisvakanz.[1126]

Das Kardinalat stellt für die hierarchische Verfasstheit der Kirche kein kons-titutives Element dar. Die Kirche könnte – sede plena – auch ohne die Kardinäle in ihrer Vollform bestehen.[1127] Die rein kirchliche Herkunft der Einrichtung des Kardinalats konnte nicht zuletzt durch die Untersuchung des historischen Ur-sprungs und der geschichtlichen Entwicklung nachweislich festgestellt werden.[1128] Mit Ausnahme theologisch-dogmatischer Missinterpretationen des Kardinalats im Geschichtsverlauf, war dieses stets als ein Hilfsdienst am Amt des Bischofs von Rom konzipiert – vom stadtrömischen Ursprung als Unterstützung in der bischöf-lichen Hirtensorge innerhalb der römischen Ortskirche bis hin zum heutigen Bei-trag der Kardinäle an der Leitung der Gesamtkirche in den kurialen Ämtern oder kollegial in den Konsistorien.[1129]

Was die Charakterisierung des etwaigen kardinalizischen Kirchenamtes als munus betrifft,[1130] so kann mit c. 351 § 2 festgestellt werden, dass den Kardinälen Pflichten und Rechte (officium et ius) mit der Erhebung übertragen werden.[1131] In besonderer Weise kann als Recht und gleichzeitige Pflicht sede vacante die Durch-führung der Papstwahl benannt werden[1132] sowie sede plena die Hilfestellung für den Papst bei der Ausübung seines Dienstes kollegial in den Konsistorien oder als

---

[1123] Hier muss in besonderer Weise auf die kanonistische Studie von *Reisinger*, Sanctae Ec-clesiae Cardinales verwiesen werden, der sich der Frage „Kardinalat: Amt oder Würde?" an-genommen hat, vgl. dort S. 73–78.

[1124] Vgl. *Ohly*, Kirchenamt, S. 240 f.

[1125] Vgl. *Meckel*, Amt, S. 109.

[1126] Vgl. *Johannes Paul II.*, CA UnivDomGreg, 13 i.).

[1127] Vgl. *Reisinger*, Sanctae Ecclesiae Cardinales, S. 78.

[1128] Vgl. S. 148–159 der vorliegenden Untersuchung.

[1129] Vgl. zur Einordnung des kurialen Dienstes *Johannes Paul II.*, CA PastBon, Einführung, 1.

[1130] Vgl. *Erdő*, Amt, S. 78.

[1131] Vgl. *Reisinger*, Sanctae Ecclesiae Cardinales, S. 77 f.

[1132] Die Papstwahl ist gemäß *Johannes Paul II.*, CA UnivDomGreg, 13 i.) Pflicht und gemäß ebd., 33, explizites Recht der Kardinäle.

Einzelne innerhalb kurialer Ämter.[1133] Insofern trägt das Kardinalat der Kirche durchaus die Charakteristika eines Kirchenamtes. Eine dezidierte Ablehnung einer solchen Einordnung, wie sie im Lehrbuch für Kanonisches Recht vorgenommen wird, kann daher zwar im Hinblick auf die ämterrechtliche Einordnung, nicht aber ohne weitere Erläuterung übernommen werden.[1134]

Eindeutig bezeichnet c. 351 § 3 das Kardinalat selbst als „Kardinalswürde" (cardinalitia dignitas), wobei im rechtssprachlichen Kontext diese Dignität nichts anderes ausdrücken möchte als den Unterschied zum Kirchenamt im kanonischen Sinne.[1135] Insofern vereint das Kardinalat Wesenszüge eines Kirchenamtes mit seinem Charakter als kirchliche Würde. Bei der Einordung ist folglich eine genaue Unterscheidung der Ebenen vonnöten. Aus der Perspektive des Ämterrechts der Kirche kann der Ablehnung zugestimmt und festgestellt werden, dass das Kardinalat eine Dignität der Kirche darstellt. Hinsichtlich der Funktion des Kardinalats muss jedoch konstatiert werden, dass auch für dieses Wesenszüge eines Kirchenamtes Geltung besitzen, wie etwa anlehnend an c. 145 § 1 der Dienstcharakter, die kirchliche Anordnung und die Wahrnehmung eines geistlichen Zweckes.[1136]

Im Kontext des Kardinalats sind diese Charakteristika in der Hilfeleistung der Kardinäle an der täglichen Sorge des Papstes für die Gesamtkirche ebenso wie im kollegialen Handeln in den Konsistorien zur Behandlung wichtiger Fragen gegeben. Mit Philipp Reisinger kann festgestellt werden, dass die Kardinäle im konsistorialen Handeln dem Papst Hilfe bei der Ausübung seiner vollen und höchsten Gewalt leisten.[1137] Hierbei muss zwischen der Hilfestellung durch die Kardinäle für den Papst, der selbstständiger Träger der vollen und höchsten Gewalt der Kirche ist (c. 331) und der Teilhaberschaft des Bischofskollegiums an dieser *suprema potestas* (c. 336) unterschieden werden.

Die Teilhaberschaft des Bischofskollegiums übersteigt – in dessen Gliedern ontologisch gegeben – die Hilfestellung durch die Kardinäle. Die Tatsache, dass die Kardinäle im Regelfall gemäß c. 351 § 1 die Bischofsweihe zu empfangen haben, vermischt jedoch beide Bereiche, wodurch die Kardinäle als gleichzeitige Glieder des Bischofskollegiums eine in zwei Ebenen bestehende besondere Stellung zuseiten des Papstes innehaben.[1138] Die wesenhafte Unterscheidung bleibt jedoch bestehen. Das sakramental verliehene Bischofsamt ist dem Geweihten ontologisch übertragen und wird durch die *determinatio iuridica* in ein spezifisches Amt *in*

[1133] Vgl. *Aymans-Mörsdorf*, KanR II, S. 233.

[1134] Vgl. ebd.: „Der Kardinalat ist nicht Kirchenamt, sondern höchste kirchliche Würde".

[1135] Vgl. *Schmitz*, Dignität, dignitär, Sp. 192 f.

[1136] Vgl. zum Gesamten *Mörsdorf*, Kritische Erwägungen, S. 349–364.

[1137] Vgl. *Reisinger*, Sanctae Ecclesiae Cardinales, S. 97 f.

[1138] Vgl. ebd., S. 53–55. Bei Erhebungen in das Kardinalat, die in einer Art der Ehrerweisung für den nachmaligen Kardinal aufgrund dessen Verdienste geschieht, wird durchaus von der Maßgabe des c. 351 § 1 dispensiert; vgl. hierzu ebenfalls *Reisinger*, Sanctae Ecclesiae Cardinales, S. 89 f. und die Darstellung für den Zeitraum von 1965–2011 bei *Ganzer*, Kirchenfürsten, S. 318.

actio gesetzt.[1139] Die hinzutretende Erhebung in das Kardinalat ordnet den Betreffenden in stärkerer Weise der Hilfeleistung am Amt des Bischofs von Rom zu, ohne ihn seines Wesens nach in eine andere hierarchische Stellung zu transferieren.[1140]

Daher kann festgehalten werden, dass die Kardinäle, die die Fülle der Weihe empfangen haben, immer zuerst und gleichzeitig in der finalen Konsequenz ihres Handels Bischöfe der Kirche und als solche Nachfolger der Apostel sind. Erst in einem zweiten Schritt handeln sie als Kardinäle der Kirche.[1141]

Das Kardinalat ist ein kirchlicher Dienst kirchlichen Rechts, der sich durch seine Tätigkeitsfelder gemäß c. 349 charakterisiert. Seine absolute Zuordnung und Abhängigkeit zum Papstamt ergeben sich sowohl aus seiner geschichtlichen Entwicklung als auch aus der theologisch-dogmatischen Einordnung. Alleine der Papst selbst ist es, der gemäß c. 351 § 1 die Männer, die zu Kardinälen erhoben werden sollen, frei auswählt. Auch ist er es, der die Intensität und Quantität der Inanspruchnahme der Hilfeleistung in Händen hält, wenn es allein seine Option ist, gemäß c. 353 § 1 die Konsistorien anzuordnen. Als erstes, vorsichtiges Resümee kann daher die These aufgestellt werden, demnach das Kardinalat zwar kein *officium ecclesiasticum* im engeren Sinne ist, jedoch in einem geweiteten Verständnis Amt und Würde vereint.[1142]

[1139] Vgl. *Mörsdorf*, Kirchengewalt, Sp. 220: „In den Wirkbereich von Weihe- u. Hirtengewalt geht die beiderseitige Zuordnung im allgemeinen dahin, daß die Hirtengewalt dazu berufen ist, das Tätigwerden der Weihegewalt zu ordnen, ohne deren Wirksamkeit antasten zu können". Abkürzung im Original.

[1140] Vgl. *Reisinger*, Sanctae Ecclesiae Cardinales, S. 55. Zur erörterten Unterscheidung vgl. das Zitat von Joseph Kardinal Frings, dargestellt bei *Ganzer*, Kirchenfürsten, S. 319: „Niemand werde zum Bischof geweiht, nur damit seine Person oder sein Amt aufgewertet wird. Das Bischofsamt ist ein Amt, keine Ehre bzw. kein Glanz, der einem anderen Amt hinzuzufügen ist (…)". Umgekehrt wird das Kardinalat als Dignität durchaus hinzugefügt.

[1141] Vgl. *Ganzer*, Kirchenfürsten, S. 317 f. Papst Johannes XXIII. klärte die Präzedenzordnung innerhalb des bevorstehenden Konzils zugunsten der Bischöfe.

[1142] Es kann mit *Mörsdorf* in Anlehnung an dessen Ausführungen hinsichtlich der *tria-munera*-Lehre für das Kardinalat der Kirche in analoger Weise festgehalten werden, „daß es sich hier nicht um Ämter im rechtlichen Sinne, sondern um Aufgaben und Dienste handelt" (Heilige Gewalt, S. 205).

Teil II

Die Primatstheologie Joseph Ratzingers/ Papst Benedikts XVI.

Vorbemerkungen

Wenn die Primatstheologie Joseph Ratzingers/Papst Benedikts XVI. dargestellt werden soll, kann dies nicht ohne einige Vorbemerkungen geschehen. Es gibt im weiten wissenschaftlichen Werk Ratzingers nicht *die eine* zusammenhängende Schrift, die sich in spezifischer Weise dem Papstamt widmet. Dennoch lässt sich ein einheitliches und klares Bild zeichnen, wenn man sich verschiedenen seiner Beiträge zuwendet und diese unter dem speziellen Blickwinkel eines eigenen, noch völlig ungeahnten Pontifikats und eines umso unerwarteteren Amtsverzichtes analysiert. Die Methode, die im Folgenden Anwendung finden soll, lässt sich folgerichtig mit dem Leitgedanken einer *Relecture* bezeichnen.

Ausgehend von der eigentlichen, im biblisch-hermeneutischen Forschungsfeld zu findenden Bedeutung der Relecture als Methode,[1] kann an dieser Stelle von einer analogen Anwendungsweise gesprochen werden. Im Unterschied zu den biblischen Schriften, die ihrerseits in „neuen, heilsgeschichtlichen Kontexten"[2] wiederaufgenommen und so erneut auslegend gelesen werden, handelt es sich bei den hier zugrundeliegenden wissenschaftlichen Abhandlungen des Theologen Joseph Ratzinger keineswegs um „Heilige Schrift(en)". Die methodische Verbindung besteht vielmehr in der Maßgabe, ausgehend vom jetzigen Kontext „den Blick (…) zurück in frühere Phasen, die es in neuen Kontexten neu zu lesen und neu zu verstehen gilt"[3], zu richten. Joseph Ratzinger selbst benannte als konkrete Vorgehensweise der Relecture: „Die alten Texte werden in neuer Situation aufgenommen, neu verstanden, neu gelesen".[4] Die Relecture der Beiträge jener früheren Schaffens-

---

[1] Vgl. hierzu *Voderholzer*, Bibelhermeneutik S. 154 f. Diese Herangehensweise findet durch *Joseph Ratzinger/Benedikt XVI.* selbst Beachtung, vgl. Jesus von Nazareth I, JRGS 6/1, S. 135; vgl. auch die Einordnung bei *Heim*, Wort des lebendigen Gottes, S. 18.

[2] *Voderholzer*, Bibelhermeneutik, S. 155.

[3] Ebd.

[4] *Ratzinger/Benedikt XVI.*, Jesus von Nazareth I, JRGS 6/1, S. 135. Bezugnehmend zu biblischen Texten führt er weiter aus, was im Zuge einer Relecture seiner eigenen Texte analog Anwendung finden kann: „Im Neulesen, Fortlesen, in stillen Korrekturen, Vertiefungen und Ausweitungen trägt sich die Schriftwerdung als ein Prozess des Wortes zu, das allmählich seine inneren Potentialitäten entfaltet, die irgendwie wie Samen bereitlagen, aber erst in der Herausforderung neuer Situationen, in neuen Erfahrnissen und Erleidnissen sich öffnen".

phasen des Theologen Joseph Ratzinger soll unter dem Eindruck des Pontifikats Benedikts XVI. erfolgen.

Es ist innerhalb einer kanonistischen Untersuchung durchaus angebracht, sich auf ein theologisches Fundament zu besinnen, denn das Recht der Kirche ist nur aus der Theologie heraus und in der untrennbaren Verwobenheit mit ihr zu verstehen und zu begründen.[5] Hierbei gilt es, aufgrund der zu zeichnenden Primatstheologie und der in ihr ersichtlichen Leitgedanken des Papstamtes gemäß dem Denken Joseph Ratzingers, die durch ihn vollzogene Inanspruchnahme der Möglichkeit des Amtsverzichtes gemäß c. 332 § 2 mit der theologischen Durchdringung des Petrusdienstes zu verknüpfen. Es wird sich zeigen, dass die theologischen Leitgedanken der Verzichtsleistung mitnichten entgegenstehen, sondern vielmehr zu ihrer Begründung führen können.

Den Sinn der Relecture verschiedener Beiträge Joseph Ratzingers/Papst Benedikts XVI. zu dieser Thematik fasst Josef Zöhrer begründend zusammen:

> „Weniger bekannt dürfte hingegen sein, dass mit Joseph Ratzinger am 19. April 2005 ein Theologe in das Papstamt gewählt wurde, der sich über Jahre hinweg intensiv mit der Theologie und der geschichtlichen Realität des Petrusamtes befasst hatte. Nur selten dürfte es zuvor einen Papst gegeben haben, der so umfassend mit den verschiedenen Aspekten dieses Amtes vertraut war".[6]

Das vorliegende Kapitel soll nicht nur die Bekanntheit der theologischen Durchdringung des Papstamtes durch Ratzinger vergrößern, sondern vielmehr zeigen, in welch beachtlicher Kontinuität sich eine zusammenhängende Primatstheologie synthetisieren lässt, die nicht nur in der Art einer Rückbesinnung auf das Pontifikat Benedikts XVI., sondern vielmehr in Verbindung mit seinem Amtsverzicht die unverzichtbare theologische Grundlage desselben bieten kann. Hierbei sollen zwei Vorgehensweise komplementäre Anwendung finden. Einerseits werden die Schriften Ratzingers/Benedikts XVI. ihrer Textgattung gemäß unterteilt und analysiert. Dabei werden andererseits die spezifischen Kernthesen herausgestellt, woraus sich gleichzeitig eine argumentatorische Untergliederung ergibt.[7]

---

[5] Ohne die Theologie des Kirchenrechts an dieser Stelle grundlegend erläutern zu können, sei auf die kurze Zusammenfassung Ludger Müllers hingewiesen in *ders./Ohly*, Kirchenrecht, S. 22–28 m. w. N. Vgl. zur Grundlage auch *ders.*, Theologische Aussagen im kirchlichen Gesetzbuch, S. 32–41.

[6] *Zöhrer*, Martyria als Grundkategorie, S. 65. Der Autor verweist auf weitere Quellen, die auch innerhalb der hier vorliegenden Ausführungen bemüht werden sollen: *Twomey*, Apostolikos Thronos; *Ders.*, Primat des Bischofs von Rom, S. 196–201; *Horn*, Petrou Kathedra; *Klausnitzer*, Primat im Denken Joseph Ratzingers, S. 153–195.

[7] Dabei ist es unvermeidbar, dass die Darstellung einzelner Kernthesen der Primatstheologie Joseph Ratzingers/Papst Benedikts XVI. wiederholt Erwähnung finden werden. Diese mehrfache Erläuterung inhaltsgleicher Ergebnisse ist ihrerseits bestes Indiz für die Kontinuität, die das Werk Ratzingers/Benedikts XVI. in Bezug zum Petrusdienst aufweist.

Wenngleich die verschiedenen Aufsätze, Beiträge, Artikel und im späteren Verlauf Predigten Joseph Ratzingers/Papst Benedikt XVI. als primäre Belegstellen dienen, sollen – wann immer es angebracht erscheint – auch kritische Einordnungen Erwähnung finden. Auf diese Weise soll die deskriptive Darstellung von Ursprung, Entwicklung und Gestalt des Papstamtes gemäß Joseph Ratzinger/Papst Benedikt XVI. auch in ihrer Realität als *eine* mögliche Auslegungsweise neben anderen wahrgenommen werden. Unter der Voraussetzung, die Amtsverzichtsleistung des Jahres 2013 in Verbindung mit dieser Interpretation bringen zu wollen, wird seine Darstellung dennoch der maßgebliche Anknüpfungspunkt sein und bleiben. Dabei wird „jener Vorschub an Sympathie" vorausgesetzt, „ohne den es kein Verstehen gibt".[8]

1. Kapitel

Primatstheologie als Frucht einer Relecture

§ 1 Ursprung des Petrusamtes: Biblischer Befund

Die verschiedenen Aufsätze, Artikel und Abhandlungen Joseph Ratzingers über das Petrusamt beinhalten fast ausnahmslos Beschreibungen von dessen Ursprung. Die biblische Überlieferung des Petrusdienstes ist für Ratzinger der Ausgangspunkt der sich daraus entwickelnden Gestalt des Petrusamtes, der Nachfolgerschaft in diesem und überdies des mit ihm verbundenen primatialen Ranges. Die Maxime des „Zurück zum Anfang" ist hierbei leitend, wird doch für Ratzinger nur auf diese Weise „eine deutliche Stimme im Gewirr der Ideologien"[9] hörbar. Das Zeugnis der werdenden Kirche, gegeben mit der Heiligen Schrift, ist demnach gemeinsam mit der Tradition der Kirche die wichtigste und fundamentale Quelle der Überlegungen, die hier dargestellt werden sollen.

A. Vorbemerkungen

In seinem Aufsatz „Primat Petri und Einheit der Kirche"[10] sieht sich Joseph Ratzinger mit der Frage über Echtheit und Textkritik und der damit verbundenen etwaigen Geltung der biblischen Schriften konfrontiert. Diese Problematik stellt sich insbesondere in Bezug zu Petrusamt, Petrusnachfolge und der eng damit verbundenen hierarchischen Verfasstheit der Kirche. Die Interpretation der diesbezüglichen Perikopen war und ist bis in die Gegenwart Ausgangs- und Ansatzpunkt

---

[8] *Ratzinger/Benedikt XVI.*, Jesus von Nazareth I, JRGS 6/1, S. 138.
[9] *Ders.*, Primat Petri und Einheit der Kirche, JRGS 8/1, S. 610.
[10] Vgl. ebd., S. 610–628.

vielfacher Kritik und grundsätzlicher Überlegungen – sowohl für als auch wider das römische Papsttum.[11] Ratzinger formuliert seinen Umgang mit dieser Fragestellung folgendermaßen:

> „In all diese Debatten können wir hier nicht eintreten; wir brauchen es auch nicht, und zwar aus zwei Gründen: Zum einen haben wir gesehen, dass die Substanz des bei Matthäus Gesagten (sc. Mt 16,17–19) sich in allen Überlieferungsgeschichten des Neuen Testaments spiegelt, wie unterschiedlich sie auch sonst gebaut sein mögen. Solche Einheit der Überlieferung lässt sich nur durch Herkunft von Jesus selbst erklären. Wir brauchen diese Diskussion aber auch deshalb in einer theologischen Reflexion nicht weiter zu verfolgen, weil für den, der die Bibel im Glauben der Kirche als Wort Gottes liest, die Gültigkeit eines Wortes nicht von den historischen Hypothesen über seine älteste Gestalt und Herkunft abhängt. (…) Es gilt, weil die Heilige Schrift gilt und weil sie es uns als Jesuswort vorlegt. Anders gesagt: Die Garantie der Gültigkeit rührt nicht von hypothetischen Konstruktionen her, so begründet sie auch sein mögen, sondern von der Zugehörigkeit zum Kanon der Schrift, den uns wiederum der Glaube der Kirche als Wort Gottes, also als verlässigen Boden unseres Daseins bürgt".[12]

Gerade in Bezug zu Petrus, der selbst Glaubenszeuge ersten Ranges ist und dessen Nachfolger den Dienst an der Einheit im Glauben versehen, ist dieser Umgang aufgrund der Verbindlichkeit der Heiligen Schrift für den Glauben der Kirche ein nachvollziehbarer Ansatzpunkt.[13] Diese Herangehensweise Ratzingers bedeutet jedoch nicht, dass er die historisch-kritische Methode ablehnen würde. Vielmehr versteht er sie „gerade vom inneren Wesen der Theologie und des Glaubens her" als „eine unverzichtbare Dimension der exegetischen Arbeit (…)",[14] die ihre Grenze darin findet, insofern sie als Erkennen der Vergangenheit diese nie gänzlich in die Gegenwart transferieren könnte und ihre Erkenntnisse folglich stets Hypothesen bleiben.[15] Gerade darin begründet sich jedoch auch ihre Offenheit für ergänzende Methoden.[16] Das Konzept der „kanonischen Exegese", die die Heilige Schrift in ihrer Einheit und Verwobenheit mit der Tradition der Kirche versteht[17], stellt für Ratzinger diejenige Methode dar, mittels der die für das Petrusamt ins

---

[11] Vgl. exemplarisch die kritischen Beiträge von *Brox*, Papsttum, S. 7–24 und *Markschies*, Am Anfang Petrus, S. 24–26.

[12] *Ratzinger*, Primat Petri und Einheit der Kirche, S. 617; kritisch zur jesuanischen Herkunft der Logien bei Mt 16,17–19 *Luz*, Matthäus I/2, S. 456 zu V. 18.

[13] Vgl. *Ratzinger/Benedikt XVI.*, Jesus von Nazareth I, JRGS 6/1, S. 135 f. Hier stellt der Autor selbst fest, dass eine derartige Herangehensweise an die biblischen Texte einen Glaubensentscheid voraussetzt. Eine grundsätzliche Darstellung dessen bietet *Ratzinger*, Schriftauslegung im Widerstreit, JRGS 9/2, S. 790–819; zur Genese der Auslegungsweise Ratzingers/Benedikts XVI. vgl. *Voderholzer*, Ratzinger und die Exegese, S. 99–121; eine Anfrage vonseiten der Exegese an die hier angeführte Methode liefert *Söding*, Trilogie, S. 328–357, hier insbesondere S. 328 f.; 347 f.; 357.

[14] *Ratzinger/Benedikt XVI.*, Jesus von Nazareth I, JRGS 6/1, S. 132.

[15] Vgl. ebd., S. 133 f.

[16] Vgl. ebd.

[17] Vgl. ebd., S. 135.

Feld geführten Texte nachvollziehbar werden.[18] In ihr sah Papst Benedikt XVI. die maßgebliche Herangehensweise an die Heilige Schrift als der Schriftkanon der Kirche:

> „Dass diese Schriften die Heilige Schrift sind, kommt aus der Erleuchtung der Kirche, die diesen Schriftkanon in sich gefunden hat – gefunden, nicht geschaffen hat –, und immer nur aus dieser Gemeinschaft der lebendigen Kirche kann man die Schrift auch wirklich als Wort Gottes verstehen und lesen, als Wort, das uns im Leben und im Tod leitet. (…) Nur wenn wir glauben, daß dies keine menschlichen Worte, sondern Worte Gottes sind, und nur wenn das lebendige Subjekt lebt, zu dem Gott gesprochen hat und spricht, können wir die Heilige Schrift gut auslegen. Und hier (…) gibt es noch viel zu tun, um zu einer Lesart zu gelangen, die wirklich dem Geist des Konzils entspricht. Hier ist die Anwendung des Konzils noch nicht vollständig, sie muß noch erfolgen".[19]

Die Heilige Schrift als Einheit ist auch in diesem Kontext Maßstab und Richtschnur des Glaubens der Kirche.[20] Die Methode der „kanonischen Exegese" stellt indes für Papst Benedikt XVI. mehr dar als *eine* Möglichkeit unter *vielen*, sondern *die* Lesart, die auf der Grundlage der Dogmatischen Konstitution des II. Vatikanischen Konzils über die Göttliche Offenbarung Dei Verbum steht und der Einordnung Benedikts XVI. gemäß die Auslegung der Heiligen Schrift als Richtschnur des Glaubens der Kirche erst ermöglicht.

Joseph Ratzinger beginnt seine Analyse im vorliegenden Aufsatz mit einer kleinen, aber doch nicht unbedeutenden methodischen Vorbemerkung. In Ablehnung einer reinen Konzentration auf das „klassische Primatszeugnis" nach Mt 16,13–20 und einer damit verbundenen Herauslösung eines Einzelzeugnisses aus dem Gesamt der Überlieferung gilt es vielmehr, „die Sache in konzentrischen Kreisen (anzugehen), indem wir zunächst nach dem Petrusbild des Neuen Testaments im Ganzen fragen, dann die Gestalt Petri in den Evangelien beleuchten, um so auch Zugang zu den besonderen Primatstexten zu gewinnen".[21] Diese hier angewandte Methode trägt maßgeblich dazu bei, die Vorrangstellung des Petrus und die Begründung der Nachfolgerschaft im Petrusdienst auf einem breiten Fundament darzulegen und zu festigen.

---

[18] Vgl. ebd., wonach die „Kanonische Exegese" eine „wesentliche Dimension der Auslegung (ist), die zur historisch-kritischen Methode nicht in Widerspruch steht, sondern sie organisch weiterführt und zu eigentlicher Theologie werden lässt".

[19] *Benedikt XVI.*, Ansprache Begegnung mit dem Klerus/2013, S. 7.

[20] Vgl. *ders.*, Jesus von Nazareth I, JRGS 6/1, S. 136 f. und grundlegend DV 12; 21.

[21] Vgl. *ders.*, Primat Petri und Einheit der Kirche, JRGS 8/1, S. 611. Dabei bedient sich Joseph Ratzinger einem breiten Fundus neutestamentlicher Belegstellen, die als solche durchaus auch von anderer Seite innerhalb der Fragestellung nach dem Vorrang Petri konsultiert werden, vgl. etwa aus einem anderen Blickwinkel *Beinert/Kühn*, Ökumenische Dogmatik, S. 572 f.; *Gnilka*, Petrusdienst, S. 9–24.

B. Das Zeugnis des Neuen Testaments

Beide Bereiche – Vorrangstellung und fortdauernde Nachfolgerschaft Petri – müssen als Interessensräume der Frage nach dem Ursprung des Petrusamtes gelten, das durch eben diese beiden Faktoren charakterisiert wird. Dies wird nicht zuletzt deutlich, wenn als Vorbemerkung zur Analyse der ursprünglichen Herkunft die heute geltende kodikarische Gestalt des Papstamtes gemäß c. 331, die durch genau jene beiden Elemente geprägt wird, Erwähnung finden soll: die Fortdauer des dem Petrus übertragenen Amtes und die damit verbundene Inhaberschaft der höchsten, vollen, unmittelbaren und universalen ordentlichen Gewalt. So wird die Herkunftssuche von Vorrang und Nachfolgerschaft Petri auch für eine kanonistische Grundthematik relevant.[22]

I. Corpus Paulinum

Es sind die ältesten Bücher des Neuen Testaments, die als erste durch Joseph Ratzinger in den Blick genommen werden. Das Symbolum des 1. Korintherbriefes ist eine maßgebliche Quelle, die den Apostel Petrus nicht nur nennt, sondern ihn als Erstzeugen der Auferweckung Christi betitelt (15,3–5). Paulus verwendet hier bereits den neuen Namen des Simon in der aramäischen Form „Kephas" – eine wie sich zeigen wird nicht zu vernachlässigende Tatsache.[23] Auch das Jerusalemer Apostelkonvent verdeutlicht der Einschätzung Ratzingers folgend den Vorrang Petri, da er ist es, dessentwegen Paulus nach Jerusalem zieht und den er konsultiert (Gal 2,1–10).[24]

---

[22] Vgl. hierzu bzgl. der Analyse der biblischen Grundlagen aus dem kirchenrechtlichen Blickwinkel *May/Egler*, Einführung, S. 23: „Die Exegese des Neuen Testamentes zeigt die Wurzeln und die erste Entwicklung des Kirchenrechts in der Heiligen Schrift des Neuen Bundes auf (…). Diese Disziplin ist für die Grundlegung des Kirchenrechts unentbehrlich, aber auch für den ständigen Rückbezug des geltenden Rechts auf die Offenbarung nützlich".

[23] Vgl. *Ratzinger*, Primat Petri und Einheit der Kirche, JRGS 8/1, S. 611. Ratzinger bemüht im vorliegenden Aufsatz das Werk von *Pesch*, Simon-Petrus, das in erweiterter Fassung unter dem Titel „Die biblischen Grundlagen des Primats" im Jahre 2001 erneut erschienen ist. In dieser Fassung bemerkt Pesch die durchgehende Vorrangstellung Petri im Corpus Paulinum, vgl. dort S. 49 f.; zur Herkunft des Namens Kephas als aramäische Urform des Petrus vgl. *Luz*, Matthäus I/2, S. 457 f.

[24] Vgl. JRGS 8/1, S. 612. Es sei mit *Borse* angemerkt, dass sich daraus nicht unbedingt ein Vorrang des Petrus erkennen lässt, sondern die generelle Einsicht, dass Paulus zum Zweck der persönlichen Begegnung mit den anderen Aposteln grundsätzlich Jerusalem aufsuchen musste (Galater, S. 101). Auch die Darstellung der Begegnung in Antiochia kann nicht darüber hinwegtäuschen, dass es ihm „wie bei den anderen Begegnungen (…) um den Beweis der Unabhängigkeit seiner Lehren von den ‚Aposteln vor mir' (1,17)" (ebd.) ging; vgl. auch die Einordnung bei *Ebner*, Petrus – Papstamt – Kirche, S. 53: „Im Rahmen einer urchristlichen Synode, bei der es um eine Richtungsentscheidung allerersten Ranges geht, fungiert Petrus als Verhandlungspartner innerhalb eines Dreierkollegiums".

Auf ein weiteres, so Ratzinger, weist der nachfolgende Bericht über den sogenannten „Antiochenischen Zwischenfall" hin. Obwohl Petrus als Person in seinem
Handeln verfehlt (Gal 2,11–14), gilt sein Vorrang als „Erstapostel" unbeschadet.[25]
Auch wenn im vorliegenden Aufsatz diese Feststellung nicht im Fokus der Überlegungen steht, ist sie für die Grundthematik nicht zu vernachlässigen. Es besteht
ein Unterschied zwischen der Person und ihrem Auftrag, selbst bei Petrus, obgleich
in ihm die Sendung und der konkrete Mensch wesenhaft eins sind. Seine Sendung
ergeht in einer derart direkten und exklusiven Weise, dass man Petrus nicht vom
Petrusdienst trennen könnte. Dennoch kann er hinter seinem Auftrag zurückbleiben. Die Begründung liefert eine andere wesentliche Unterscheidung: zwischen
Christus und seinem Stellvertreter. Zwar ist Simon, der Fischer aus Galiläa, als der
Petrus ganz und gar in seiner Sendung aufgegangen und in gewisser Weise durch
seine Sendung geboren worden, doch bleibt der Berufene ein Mensch. Als solcher,
der in seiner Menschennatur immer nur Christus ähnlich, jedoch nie gleich werden kann, kann er „hinter seinem Auftrag (zurückbleiben)".[26] So wird auch dieser
biblische Befund zu einem Hinweis für die Nachfolger Petri, für die jene Feststellung unvermindert gilt. Auch sie sind Menschen und als solche fehlbar, und dies
unabhängig von der primatialen Gestalt ihres Amtes. Tatsächlich gilt dies für die
Nachfolger Petri mehr noch als für Petrus selbst, denn er ist als Apostel Teil der
Gemeinschaft der Heiligen.[27]

II. Johannesevangelium

Ein weiteres wichtiges Schriftzeugnis für die Beantwortung der Frage nach dem
Ursprung des Petrusamtes durch Joseph Ratzinger ist im Johannesevangelium gegeben.[28] Die diesbezügliche Perikope in Joh 21,15–19 behandelt die Sendung Petri
durch Christus. Nach dem dreimaligen „Liebst du mich?" Christi an Petrus und
dessen dreimaliger Zustimmung ergeht an ihn der Aufruf „Folge mir nach!".[29]

---

[25] *Ratzinger*, Primat Petri und Einheit der Kirche, JRGS 8/1, S. 613. Es muss an dieser
Stelle darauf hingewiesen werden, dass sich aus der paulinischen Darstellung insbesondere
die normative Geltung des Evangeliums ergibt, vgl. *Borse*, Galater, S. 104 f. zu V. 14. Paulus
tadelt Petrus und mit ihm die Gruppe von Juden, da sie nicht dem Evangelium gemäß handeln:
„Paulus, der sich der Wahrheit des Evangeliums verpflichtet weiß (2,5), darf darum nicht mehr
schweigen, auch wenn ihm seine Kritik übelgenommen wird (vgl. 4,16) (…) Der Zweck seiner
Kritik lag aber nicht darin, das Ansehen des Kephas zu schmälern, sondern in der Anmeldung
seines Protestes." (ebd., S. 105). Das Ansehen des Petrus bleibt grundsätzlich bestehen, muss
aber selbst am Evangelium Maß nehmen, zu dessen Dienst er berufen ist.
[26] *Ratzinger*, Primat Petri und Einheit der Kirche, JRGS 8/1, S. 613.
[27] Vgl. zur Unterscheidung der Apostel und der apostolischen Aufgabe KKK 860 und zur
Heiligkeit der Kirche als „die Sündlose, die aus Sündern besteht" ebd., 867; vgl. überdies *Ratzinger*, Primat Petri und Einheit der Kirche, JRGS 8/1, S. 621.
[28] Vgl. ebd., S. 613 f.
[29] Über die Interpretation des Verses Joh 21,18 durch Ratzinger wird in „§ 3 Vikariat Christi
als Vikariat des Kreuzes", S. 256–266 der vorliegenden Untersuchung zu sprechen sein. Diese
ist im Kontext der „martyrologischen Papstgestalt" zu finden.

Wenngleich Ratzinger die augenscheinliche Konkurrenz zwischen Petrus und dem geliebten Jünger im Johannesevangelium aufzeigt, erscheint für ihn die vorliegende Perikope als „ganz klares Zeugnis für das Wissen um die vom Herrn herkommende Vorrangstellung des Petrus".[30]

III. Synoptische Evangelien

Neben paulinischem und johanneischem Zeugnis weist Joseph Ratzinger auf die Petrus-Überlieferung der Synoptiker hin. Auch hier bewegt er sich innerhalb seiner durch ihn angewandten Methode in konzentrischen Kreisen, was im Konkreten bedeutet, dass nicht das petrinische Auftragswort nach Matthäus, sondern zunächst der ganze Corpus der synoptischen Evangelien beleuchtet wird.[31] Das Evangelium nach Markus, so Ratzinger, weist zunächst die Sonderstellung der drei Apostel Petrus, Jakobus und Johannes auf, die in dieser Konstellation die Erweckung der Tochter des Jaïrus, die Verklärung des Herrn und das Ölberg-Geschehen miterleben (5,37–43; 9,2–10; 14,32–42).[32] Doch in dieser Dreiergruppe „ragt wiederum Petrus heraus".[33] Das markinische Zeugnis über die Vorrangstellung Petri resultiert folglich aus dem konkreten Handeln Christi, der zunächst jene drei Jünger in eine besondere Zeugenschaft ruft – was nicht zuletzt durch die besondere Wichtigkeit der Ereignisse auf dem Tabor und am Ölberg deutlich wird. Der Vorrang Petri vor den anderen beiden Jüngern tritt in dessen Handlungsvorrang innerhalb beider Szenen zum Vorschein.[34]

Weitere wichtige Perikopen aus dem synoptischen Corpus, die Ratzinger anführt, sollen auch hier nur in Kürze erwähnt werden: die Berufung nach Lk 5,1–11; der Wandel auf dem See in Mt 14,22–33 sowie die petrinische Frage nach der Binde- und Lösegewalt nach Mt 18,21. Nicht minder wichtig sind die Apostellisten der Synoptiker, die „im Einzelnen mehrfach variieren, aber alle einmütig Petrus an der Spitze nennen".[35] Insbesondere verweist Ratzinger hierbei auf Matthäus, dessen Liste nach der Übersetzung der Vulgata Petrus mit den Worten „Primus, Simon, qui dicitur Petrus" bereits die spätere Rede über den petrinischen „Primat" enthält.[36]

---

[30] *Ratzinger*, Primat Petri und Einheit der Kirche, JRGS 8/1, S. 614.

[31] Vgl. ebd., S. 614–616.

[32] Vgl. ebd., S. 614.

[33] Vgl. ebd.; kritisch dazu *Ebner*, Petrus – Papstamt – Kirche, S. 54. Dort bemerkt der Autor: „Zwar tritt Petrus im Markusevangelium des Öfteren als Sprecher der Jüngerschaft auf (vgl. Mk 8,29; 10,28), aber von einer Leitungs- oder Führungsrolle lässt sich nichts erkennen".

[34] Vgl. *Ratzinger*, Primat Petri und Einheit der Kirche, JRGS 8/1, S. 614: „Er ist der Wortführer innerhalb der Verklärungsszene; ihn spricht der Herr in der Not der Ölbergstunde an".

[35] Ebd. Die Belegstellen finden sich in Mt 10,2–4; Mk 3,16–19; Lk 6,14–16; Apg 1,13 und „sachlich das Gleiche" in Mk 1,36 und Lk 9,32; vgl. zur literarischen Verbindung innerhalb der synoptischen Evangelien *Konradt*, Matthäus, S. 160 zu Mt 10,2–4.

[36] Vgl. zu dieser Fragestellung und ihrer Wirkungsgeschichte *Luz*, Matthäus I/2, S. 85 und kritisch zur Wirkweise als Vorbote des primatialen Anspruchs ebd., S. 86; grundsätzlich zur Bedeutung des „Primus Simon" im Sinne des *Primus inter pares* vgl. *Konradt*, Matthäus, S. 161.

Der Beisatz „qui dicitur Petrus" führt Joseph Ratzinger zu einem wichtigen Aspekt seiner Ausführungen hinsichtlich des Ursprungs des Petrusamtes: der neue Name des Apostels.[37] Bereits das paulinische Zeugnis weist eindrücklich auf diese Benennung hin, denn der Apostel verwendet fast durchgehend den neuen Namen des Kephas.[38] Anhand der neutestamentlichen Schriften, so Ratzinger in Bezugnahme auf exegetische Erkenntnisse,[39] kann dieser von Christus eingesetzte und dem Simon übertragene Name mit großer Sicherheit festgestellt werden. Es stellt sich die grundlegende Frage nach dem Wesen dieses Namens.[40] Für Ratzinger steht hierbei fest, dass es sich nicht um einen Eigennamen[41] handelt, da die lateinische Übersetzung des Neuen Testament nicht das aus dem aramäischen stammende „Kephas" übernommen hat, sondern die eigene Sprachvariante griechischen Ursprungs „Petrus" wählte. Den Anknüpfungspunkt stellt, wie innerhalb der hier zu analysierenden Primatstheologie in erstaunlicher Durchgängigkeit, der konkrete Mensch Simon Petrus dar.[42] Nicht nur das Zeugnis des biblischen Kanons, sondern auch die für die Geschichte wichtigen Schriften des Flavius Josephus weisen, so Ratzinger, Simon Petrus in seiner Persönlichkeit nicht als starken Felsen, als Petrus aus.[43] So kann der Name „Petrus" nicht als aufgrund der Person und ihrer Leistungen verliehener Ehrentitel verstanden werden. Wegen seiner Verfehlungen stünden sich eine derartige Interpretation und die konkrete Person konträr gegenüber. Für Joseph Ratzinger findet sich der Sinn des Felsennamens in christologischer und ekklesiologischer Relecture: „Simon Petrus wird durch Jesu Auftrag sein, was er durch ‚Fleisch und Blut' gerade nicht ist".[44]

Im Horizont dieser Interpretation erscheint die Auslegung der Johannes-Perikope (21,18 f.) als wegweisend.[45] Spricht Christus zu Petrus, dass „ein anderer"[46] ihn

---

[37] Vgl. *Ratzinger*, Primat Petri und Einheit der Kirche, JRGS 8/1, S. 615 f.

[38] So auch *Gnilka*, Petrusdienst, S. 11: Paulus „nennt ihn übrigens immer Kephas, einmal Petrus (Gal 2,8), niemals Simon".

[39] Er rekurriert auf die Ausführungen des protestantischen Exegeten *Gerhard Schulze-Kadelbach*, Die Stellung des Petrus in der Urchristenheit, in: ThLZ 81 (1956), S. 1–14.

[40] Vgl. *Luz*, Matthäus I/2, S. 457 f., 461–463.

[41] Vgl. ebd., S. 458 mit Anm. 40, wonach „Petrus" nicht als Eigenname eingeordnet werden kann, da diese nicht ins Griechische übersetzt wurden.

[42] Vgl. *Ratzinger*, Primat Petri und Einheit der Kirche, JRGS 8/1, S. 615.

[43] Vgl. ebd.

[44] Ebd; vgl. hierzu *Konradt*, Matthäus, S. 261, wonach „Fleisch und Blut" für die „rein menschliche Sphäre" stehen.

[45] Vgl. zur augenscheinlichen Diskrepanz zwischen Petrus und dem geliebten Jünger *Gnilka*, Petrusdienst, S. 19–20: „Ohne Zweifel ist für die johanneische Gemeinde der Lieblingsjünger die wichtigere Persönlichkeit. (…) Die Gegenüberstellung von Simon Petrus und Lieblingsjünger könnte auch eine Gegenüberstellung von Amt und Prophetie, Amt und Charisma bedeuten"; zur Frage, warum die Beauftragung des Petrus dennoch Teil des Johannesevangeliums wurde: „Vielleicht suchte sie mit der Übernahme und Anerkennung dieser Petrusüberlieferung die Anlehnung an die gesamte Kirche, die ja von ihr als Einheit aufgefaßt wurde" (S. 20). Die augenscheinliche Parallele der Beauftragungserzählungen bei Mt und Joh bemerkt *Schulz*, Johannes, S. 251 f.

[46] Vgl. *Schulz*, Johannes, S. 252 zu V. 18–19, der diesen Ausspruch direkt mit dem Martertod Petri verknüpft.

gürten wird und er darum den Aufruf „Folge mir nach!" erfährt, so beinhaltet diese Berufungsgeschichte jenen eigentlichen Unterschied zwischen der Person und dem Auftrag Petri. Nicht aufgrund eigener Verdienste ist er in diesen Auftrag berufen, sondern allein aufgrund des Aufrufes Christi, der ihn als „der Andere" gürtet.[47] Durch die Weisung Christi wird der Mensch Simon für die Kirche zum Felsen. In Rückbezug zu Abraham[48], der nach dem Jesajawort durch seinen Glauben ein Fels geworden ist (Jes 51,1), wird Petrus als Zeuge und Bekenner der Auferstehung Christi zum Felsen des Neuen Bundes.[49] Es ist jener Felsentitel des Simon, der für Joseph Ratzinger aufgrund seiner gesicherten Überlieferung den stimmigsten Hinweis auf die Authentizität des Auftragswortes nach Mt 16,17–19 liefert.[50]

IV. Matthäusevangelium: Die Sendung des Petrus

Die Auslegung der Felsenperikope beginnt Joseph Ratzinger erneut mit dem wichtigen Hinweis auf die Unterscheidung des Felsenamtes und der konkreten Person des Simon Petrus.[51] Petrus bekennt den Glauben an den Messias als den Sohn des lebendigen Gottes nicht wegen eigenen Verdienstes aufgrund des eigenen „Fleisches und Blutes", sondern dank der Offenbarung des Glaubens durch Gott Vater (Mt 16,16 f.).[52] In direkter Verbindung hierzu erfolgt nun die Übertragung der Schlüsselgewalt und des Felsenamtes an Petrus. Auf diese Weise werden die Bereiche auf der Ebene der Herkunft nicht aufgrund eigenen Verdienstes, sondern durch die Gnade Gottes miteinander verknüpft.[53]

---

[47] Vgl. *Wengst*, Johannesevangelium, S. 585. Es sei ferner auf die martyrologische Primatsgestalt hingewiesen, die in engem Zusammenhang zu dieser Perikope und dem dargestellten Kontext zu interpretieren ist, vgl. hierzu S. 256–266 der vorliegenden Untersuchung.

[48] Dazu kritisch *Luz*, Matthäus I/2, S. 462: „Es gibt eine personale Tradition, die sich an Jes 51,1f anschließt: Abraham ist der Fels, aus dem Israel gebrochen wurde. Das Bild ist allerdings nicht das des Bauens; nur in einer einzigen und überdies wohl von Mt 16, 18 beeinflußten späten Stelle wird Abraham im Anschluss an Jes 51,1 zum Fundament-Fels. Fazit: Der ‚Fels' Petrus ist nicht der neue Abraham"; ebenso kritisch *Konradt*, Matthäus, S. 261 f.

[49] Vgl. *Ratzinger*, Primat Petri und Einheit der Kirche, JRGS 8/1, S. 616.

[50] Vgl. ebd., S. 616 und S. 618. Hier behandelt der Autor in einem kurzen Abschnitt die literarische Gestalt der Perikope. Er nennt und erläutert die Hinweise zu ihrer Authentizität. Ausgehend von der literarischen Gestalt argumentiert er bezugnehmend zum aramäischen Wortlaut: „Aramäisch ist die Einleitungsformel ‚Selig bist du', aramäisch der ungeklärte Name Barjona (…). Das Wortspiel mit ‚Fels' (‚Du bist der Fels, und auf diesen Felsen…) funktioniert im Griechischen nicht vollständig, weil nun der Genuswechsel zwischen Petros und Petra notwendig wird: So können wir auch hier das aramäische Wort Kepha durchhören und die Stimme Jesu selbst vernehmen" (ebd., S. 618). Die zunehmend ablehnende exegetische Haltung zur Authentizität als Jesuswort ordnet er folgendermaßen ein: „Es kann nicht wundernehmen, dass in der Atmosphäre der Nachkonzilszeit auf die katholischen Exegeten immer mehr vom jesuanischen Ursprung des Wortes abgerückt sind" (ebd., S. 616); kritisch dazu *Luz*, Matthäus I/2, S. 461.

[51] Vgl. *Ratzinger*, Primat Petri und Einheit der Kirche, JRGS 8/1, S. 619.

[52] Vgl. *Konradt*, Matthäus, S. 261.

[53] Vgl. *Ratzinger*, Primat Petri und Einheit der Kirche, JRGS 8/1, S. 619.

Ein Blick auf den weiteren Verlauf des Matthäusevangeliums unterstreicht die eigentliche Diskrepanz zwischen Felsenamt und Felsenmann. Christus, der sich nun seinen Aposteln als der Messias geoffenbart hat, kündigt zum ersten Mal sein Leiden und Sterben an, woraufhin sich die petrinische Widersprüchlichkeit zeigt: „Da nahm ihn Petrus beiseite und begann, ihn zurechtzuweisen" (Mt 16,22). Hier nun, so Ratzinger, „antworten Fleisch und Blut" des Petrus.[54] Sein konkretes Handeln als Mensch verwehrt ihm dennoch nicht die besondere Berufung zum Felsen. Christi Antwort auf die Zurechtweisung durch Petrus birgt einen Titel für diese Diskrepanz: „Tritt hinter mich, du Satan! Ein Ärgernis bist du mir" (Mt 16,23). Das Ärgernis (σκάνδαλον) wird so zum Schlagwort für den Unterschied zwischen Amt und Person[55]: „Er, der von Gott her Felsgrund sein darf, ist vom Eigenen her ein Stein auf dem Weg, der den Fuß zum Stolpern bringen will".[56] So ist es offensichtlich, dass der Mensch Petrus eben nicht im Sinne seiner Sendung handelt und „nicht das im Sinn (hat), was Gott will, sondern was die Menschen wollen" (Mt 16,23).

Es erscheint sodann nicht verwunderlich, dass Joseph Ratzinger innerhalb seiner Auslegung den direkten Bezug zum Papstamt herstellt. Hinsichtlich der Nachfolger Petri spricht er hierbei vom „Dilemma der Papstgeschichte (…), dass das Papsttum durch eine nicht aus ihm selber stammende Kraft Fundament der Kirche bleibt und dass zugleich einzelne Päpste aus dem Eigenen ihres Menschseins heraus immer

---

[54] Ebd.; vgl. *Konradt*, Matthäus, S. 267 zu V. 22. Hier bemerkt der Autor, dass Petrus das Leiden des Messias (V. 16) nicht mit dem gewaltsamen Tod vereinbaren kann. Dies zeigt die menschliche Reaktion von „Fleisch und Blut"; anders und im Sinne der Exemplarität Petri *Luz*, Matthäus I/2, S. 489 zu V. 22.

[55] Vgl. *Luz*, Matthäus I/2, S. 467. Dort wird dieser Typus des Petrus explizit behandelt: „Typisch ist Petrus nicht nur als ‚Schüler' Jesu. Ebenso wichtig erscheint Petrus als Paradigma christlichen Verhaltens bzw. Fehlverhaltens (…)" und erläuternd zum Jesus-Logion *Konradt*, Matthäus, S. 268 zu V. 23; *Gnilka*, Petrusdienst, S. 12, stellt fest: „Simon ist als exemplarischer Jünger dargestellt, der so bekennt, versagt, sich bewährt und feige wird wie alle anderen auch". Hier legt der Autor das Verfehlen des Petrus im Sinne einer Exemplarität dar.

[56] *Ratzinger*, Primat Petri und Einheit der Kirche, JRGS 8/1, S. 619. Ratzinger bedient sich bei der Übertragung des σκάνδαλον dem „Stolperstein", wie diese in einigen Bibelübersetzungen nach wie vor besteht (so etwa in der Neuen Genfer Übersetzung, in der Zürcher Bibel, oder ähnlich auch in der Gute Nachricht Bibel, wo umgewandelt gesagt wird „Du willst mich von meinem Weg abbringen"). Diese Übertragung kann die Diskrepanz von Felsen einerseits und Stolperstein andererseits in vorzüglicher Weise darstellen und ist dessentwegen hier vorzuziehen. Die Einheitsübersetzung (2016) verwendet stattdessen die Übertragung mit „Ärgernis"; zum Sinngehalt, den auch die Übertragung als „Ärgernis" bieten kann vgl. *Luz*, Matthäus I/2, S. 489: „Σκάνδαλον ist ein starkes Wort und meint sachlich die Veranlassung zur Sünde. Der Ausdruck ist vermutlich biblisch-feierlich und von Matthäus in direktem Gegenüber zum Fels formuliert, der Petrus 16,18 war. (…) Hier ist er deswegen ein ‚Anstoß', weil er nicht nach Göttlichem, sondern nach Menschlichem trachtet"; vgl. *Konradt*, Matthäus, S. 268 zu V. 23: „Der auch andernorts begegnende Gedanke einer grundlegenden Differenz zwischen göttlichem und menschlichem Denken (vgl. Jes 55,8f) tritt in der Vorstellung vom Tod des Gottessohnes pointiert hervor. (…) Nach den Kriterien menschlicher Weisheit ist das Wort vom Kreuz eine Torheit"; vgl. auch *Bauer/Aland*, Wörterbuch NT, Sp. 1505, wonach σκάνδαλον in Mt 16,23 die „Veranlassung zur Sünde" meint; vgl. auch *Giesen*, σκάνδαλον, Sp. 595: „Petrus wird nach Mt 16,23 zur personifizierten Versuchung Jesu".

wieder zum Skandalon werden".[57] Somit wird hier in klarer Weise dargestellt, dass auch für die Nachfolger Petri jene Widersprüchlichkeit gilt, die der Apostel selbst in seinem Leben und Wirken darstellte. Das Papstamt und die Person, die es auch in der heutigen Zeit ausfüllt, sind nicht bis zum Letzten identisch. Eine solche Identität kann indes nur für den heiligen Petrus selbst gelten, der im Felssein wesenhaft aufging und in dieser seinsmäßigen Einheit nur aufgrund seiner menschlichen Natur zum Skandalon werden kann.

Die Erkenntnis der petrinischen Widersprüchlichkeit birgt für Ratzinger eine weitere Essenz. Er bedient sich des Beispiels der Berufung des Jeremia (Jer 1,18–19). Diesem spricht Gott ebenso zu, dass er wider jede Anfeindung bestehen wird, „denn ich bin mit dir, um dich zu retten" (1,19). Dieser Zuspruch wirkt bei Petrus noch einmal in stärkerer Form, denn Christus bestärkt ihn, dass ihn und mit ihm die ἐκκλεσία die „Mächte der Unterwelt nicht überwältigen".[58] Dieser Zuspruch an Petrus gilt durch die Zeiten hindurch, weil nicht nur er in seinem Felsendienst vor den Mächten der Unterwelt gefeit ist, sondern mit ihm die ganze Kirche, die durch die Zeiten hindurch bestehen wird.[59] Gegen Adolf von Harnack, der aus diesem Schriftzeugnis „die Unsterblichkeit des Petrus vorhergesagt"[60] wähnte, formuliert Ratzinger: „Der Fels wird nicht überwältigt, weil Gott seine Ecclesia nicht den Zerstörungsmächten preisgibt".[61] Wendet man diese Aussage in Verbindung mit der wesenhaften Unterscheidung von Felsenamt und dessen Inhaber an, so unterstützen sich diese wechselseitig. Das Amt bleibt bestehen – unabhängig vom Amtsinhaber – und ist als solches der Garant der Einheit des Glaubens, der es bis in die Gegenwart wesenhaft ist. Es ist jedoch in der Form mit dem Amtsinhaber verbunden, dass aus der persönlichen Konkretion die Ausübung des Felsenamtes möglich und wirksam werden kann und gerade trotz etwaiger Verfehlungen des Menschen im Amt das Inferno nicht die Macht erringen kann.

Joseph Ratzinger wendet sich überdies der Rede von der Schlüsselgewalt des Bindens und Lösens zu (Mt 16,19). Als Kontradiktion[62] zum fehlerhaften Tun der

---

[57] *Ratzinger*, Primat Petri und Einheit der Kirche, JRGS 8/1, S. 619.

[58] Vgl. ebd., S. 620.

[59] Vgl. ebd. und vertiefend *Konradt*, Matthäus, S. 262: „Die Futurform ‚werde bauen' in V. 18 verweist auf die Zeit nach Ostern (vgl. 21,43 im Lichte von 21,42)", ebenso S. 263 zu V. 19.

[60] Ebd.; einordnend dazu *Luz*, Matthäus I/2, S. 464, dort unter a).

[61] Ebd.; in diesem Sinne auch *Luz*, Matthäus I/2, S. 464: „Einfacher ist es (…) von der intransitiven Deutung (…) im Sinn von ‚stärker sein als', ‚die Oberhand haben' auszugehen. (…) Die Tore des Hades als Inbegriff des für Menschen unüberwindbaren Totenreichs werden nicht stärker sein als die auf Fels gebaute Kirche. Das heißt: Der Kirche wird ‚unvergängliche Dauer, solange diese Weltzeit besteht, verheißen' (…)".

[62] Vgl. *Ratzinger*, Primat Petri und Einheit der Kirche, JRGS 8/1, S. 620. Dort bemerkt der Autor zur Sprache vom Binden und Lösen: „Dieser letztere Ausdruck ist der rabbinischen Sprache entnommen und bedeutet zum einen die Vollmacht zu Lehrentscheidungen; er bedeutet zum anderen darüber hinaus die Disziplinargewalt (…)"; vgl. hierzu *Luz*, Matthäus I/2, S. 465: „Diese Interpretation wird bestätigt durch 23,13, einen Vers, der geradezu ein Gegenbild zu V 19a ist und ihn beleuchtet: Hier klagt Jesus die Schriftgelehrten und Pharisäer an, das Himmelreich vor den Menschen zu verschließen". Der Autor verbindet beide Berichte auf

Pharisäer und Schriftgelehrten (Mt 23,13) eröffnet sich die Aufgabe Petri als In-
haber der Schlüssel des Himmelreiches. Als „Türhüter (…), der über Einlass und
Verweigerung zu befinden hat"[63], ist es seine apostolische Aufgabe, das Evan-
gelium Jesu Christi und den daraus erwachsenden Glauben treu zu bewahren und
im Spezifikum des Felsenamtes für die feste Einheit dessen Sorge zu tragen. Dem
Mysterium Christi zu glauben und diesen Glauben zu bekennen, ist hierbei der
Maßstab für Einlass oder Verweigerung schlechthin.[64] Hieraus erwächst seine
Macht zu binden und zu lösen in dem Sinne, dass er „die Vollmacht zu Lehrentscheidungen" und „die Disziplinargewalt" innehat.[65] Weiterhin schlägt er die
Brücke zwischen der Sendung Petri und der Sendung der Jünger nach Johannes,
im Zuge derer diese durch Christus die Vollmacht zur Sündenvergebung erhalten
(20,23).[66] Auf diese Weise werden „die Schlüssel zum Himmelreich (…) die Worte
der Vergebung".[67]

Ferner, so Joseph Ratzinger, handelt es sich hierbei um Vergebungsworte, „die
freilich kein Mensch von sich aus sprechen kann, sondern die nur Gottes Macht
gewährt".[68] Wenn er nun ausgehend von dieser Erkenntnis dazu überleitet, die
kontextuelle Verbundenheit der Sendung des Petrus und seiner Vollmacht mit Leiden und Tod Jesu Christi aufzuzeigen, weist dies darauf hin, dass es die Passion
Christi ist, die als Fundament und Begründung der Vollmacht Petri und seiner
Nachfolger gelten muss.[69] Allein durch die Heilstat Christi begründen sich die
apostolische Sendung und deren Nachfolge überhaupt.[70] Petrus handelt innerhalb seines Felsenamtes in der Vollmacht Jesu Christi, als dessen Stellvertreter

---

der Ebene der halachischen Entscheidungen: „Die Aufgabe des Petrus ist es, das Himmelreich
für die Menschen zu öffnen, und zwar durch seine verbindliche Auslegung des Gesetzes. (…)
Der Schlüssel zum Himmel sind also die Gebote Jesu, die Petrus verkündigt und auslegt".
Allerdings, so *Luz* weiter, handelt es sich um „die Vollmacht jedes Jüngers und jeder Gemeinde" (ebd., S. 466).

[63] *Ratzinger*, Primat Petri und Einheit der Kirche, JRGS 8/1, S. 620.

[64] Vgl. Röm 10,9–11.

[65] Vgl. *Ratzinger*, Primat Petri und Einheit der Kirche, JRGS 8/1, S. 620. *Konradt* verortet
die Schlüsselübergabe in einem anderen Kontext – dem der verbindlichen Lehrentscheidung:
„Die Rede von der Übergabe der Schlüssel des Himmelreiches nimmt also in den Blick, dass
Petrus anvertraut ist, die Gesetzesauslegung und ethische Unterweisung Jesu authentisch
weiterzugeben, um so den Menschen die Möglichkeit zu eröffnen, in das Himmelreich einzugehen" (Matthäus, S. 263). In ähnlicher Weise äußert sich *Luz*, Matthäus I/2, S. 465 f. zu
V. 19abc, der allerdings zugesteht: „Die allgemeine Formulierung mit ὅ ἐάν legt allerdings
nahe, so offen wie möglich zu deuten und z. B. den Gedanken der Kirchenzucht bzw. der Sündenvergebung nicht grundsätzlich auszuschließen".

[66] Vgl. *Ratzinger*, Primat Petri und Einheit der Kirche, JRGS 8/1, S. 621.

[67] Ebd.

[68] Ebd.

[69] Vgl. ebd., S. 622.

[70] Hierin liegt auch die eigentliche Bedeutung der Sendung des Petrus zur „nachösterlichen
Gemeinde". Ostern – Leiden, Tod und Auferstehung Christi – sind die Voraussetzung und das
Fundament der Ekklesia; vgl. *Gnilka*, Petrusdienst, S. 15; *Konradt*, Matthäus, S. 262 zu V. 18.

und in seinem Auftrag – oder im Bildwort gesprochen: „Mit seinem Tod hat Jesus dem Tod, der Macht der Hölle, den Verschluss-Stein gesetzt und darin alle Schuld ausgelitten".[71]

C. Zwischenfazit

Die Darstellungen Joseph Ratzingers über die verschiedenen Bücher des Neuen Testaments im spezifischen Kontext des Petrusamtes, seiner Entstehung und seiner Charakteristika zählen zu den wichtigsten Erkenntnissen, die sich aus seiner vorliegenden Schrift ergeben. Für die Frage nach einem päpstlichen Amtsverzicht lassen sich einige Anknüpfungspunkte innerhalb dieser Schriftauslegung finden. Zunächst sollen jedoch zwei Maximen Ratzingers in Erinnerung gerufen werden. Er stellt bewusst keine historisch-kritische Untersuchung der Schrifttexte, sondern eine theologisch-dogmatische Reflexion im Sinne einer „kanonischen Exegese" auf.[72] Außerdem begründet er die Zuwendung zur Heiligen Schrift in der Frage nach der Herkunft des Petrusamtes mit der Notwendigkeit, den Anfang im Anfang zu suchen, um auf diese Weise in der Schrift als Maßstab und Richtschnur des Glaubens den Ursprung aufzuzeigen, auf dem sich das Papstamt der Kirche im Geschichtsverlauf entwickelte.[73]

Die wichtigsten Erkenntnisse Joseph Ratzingers zum neutestamentlichen Ursprung des Petrusamtes seien nun kurz zusammengefasst:

1. Das leitende Interesse muss den beiden Charakteristika des Petrusamtes gelten, die bis heute fortbestehen: die Vorrangstellung des Petrus und die fortdauernde Nachfolgerschaft im petrinischen Dienst. Nur im „woher" dieser beiden Elemente, die auch für das Papstamt im dritten Jahrtausend gelten, kann die theologische Frage des „warum" beider eine Antwort finden.[74]

2. Es existiert ein Unterschied zwischen dem Petrusamt und seinem Inhaber. Hierbei muss jedoch unterschieden werden zwischen Petrus einerseits und den Nachfolgern Petri andererseits. Petrus und sein vom Herrn empfangenes Amt bilden eine wesenhafte Einheit. Diese begründet sich mit der Exklusivität seiner Zeugenschaft als Apostel und seinem primatialen Rang unter ihnen (vgl. Mt 10,2). Als Primärzeuge der Auferstehung und erster Bekenner seines Glaubens an Jesus Christus (vgl. Mt 16,16; 1 Kor 15,5) wird er nicht nach menschlichem Maßstab in das Felsenamt mit dessen besonderer Vollmacht erhoben, sondern aufgrund göttlicher Berufung (Mt 16,17). So wird der Apostel Petrus untrennbar wesenseins mit dem Petrusdienst. Für die Nachfolger Petri trifft diese Wesenseinheit der Person

---

[71] Ebd. und dazu Röm 5,12–21; zu Interpretationsmöglichkeiten des „Felsens" vgl. *Luz*, Matthäus I/2, S. 462 f.

[72] Vgl. *Ratzinger*, Primat Petri und Einheit der Kirche, JRGS 8/1, S. 617.

[73] Ebd., S. 610.

[74] Zur bleibenden Gültigkeit vgl. c. 331.

mit dem Amt nicht zu, da diese zwar als Bischöfe Nachfolger der Apostel – und im Spezifikum des römischen Bischofsstuhls Nachfolger des Erstapostels sind –, nicht aber selbst zu Aposteln werden. Diese Unterscheidung steht lehramtlich eindeutig fest.[75] Das Petrusamt selbst besteht in der Kirche immer, ist aber zur Ausübung auf einen spezifischen Amtsinhaber angewiesen.[76] Der Amtsinhaber bekleidet das Felsenamt der Kirche, ohne wesenhaft zum Felsen zu werden, wie dies im Falle des Petrus geschah. Das Felssein der Nachfolger hängt mit dem Felsenamt zusammen und besteht, dem konziliaren Duktus gemäß, im Vergleich zu Petrus *pari ratione*.

3. Der Mensch Simon Barjona ist Ausdruck jener petrinischen Widersprüchlichkeit, aus der sich das Skandalon des Erstapostels (vgl. Mt 16,23) als „Dilemma der Papstgeschichte" herleiten lässt.[77] Der neue Name Petrus, den Simon aus Jesu Mund empfängt, drückt diese Diskrepanz in besonderer Weise aus, da der konkrete Mensch eben kein starker Felsen, sondern in seinem Menschsein ein Sünder ist.[78] Das Felssein empfängt er nicht aufgrund seines Fleisches und Blutes, sondern durch göttliche Berufung und Sendung (vgl. Mt 16,17). Wegen der Exklusivität seiner Berufung durch Christus selbst wird der sündige Mensch Simon dennoch wesenhaft zu Petrus, der in seinem Menschsein auch danach fehlen kann (vgl. Gal 2,11–14). Gerade die Tatsache, dass er nach seinen Verfehlungen der Petrus bleibt, unterstreicht den ontologischen Charakter seines Felsseins. Für die Nachfolger Petri, denen diese Wesenseinheit nicht eigen ist, beinhaltet dieses petrinische Skandalon jedoch die Schlussfolgerung, dass auch sie *pari ratione* fehlen können. Bestätigung erhält diese These durch die in der Papstgeschichte mannigfach belegten, oft machtpolitisch-bedingten Fehltritte der Päpste.[79]

4. Petrus qualifiziert sich für sein Felsenamt aufgrund seines Glaubens, den er ganz aus Gottes Gnade empfangen und vor Christus selbst bezeugt hat. Sein Zeugnis legt er als konkrete Person ab, er ist persönlicher Bekenner seines eigenen Glaubens. Aufgrund von Zeugenschaft und Bekenntnis wird sein Felsenamt zum Dienst am Glauben der werdenden Kirche. Dies begründet sich vor allem durch die direkte kontextuelle Verbindung[80] seines Bekenntnisses zu Christus als Messias, dem Sohn des lebendigen Gottes (vgl. Mt 16,16) und der sogleich folgenden Berufung zum Felsen.

---

[75] Vgl. LG 18 und überdies die Wortwahl in LG 22 und damit verbunden c. 330 innerhalb der Feststellung des Zueinanders von Papst und Bischofskollegium nach dem Vorbild des Petrus und der Apostel, das *pari ratione* besteht; vgl. hierzu S. 129-142 der vorliegenden Untersuchung.

[76] Dies verdeutlichen auch die Normen zur Sedisvakanz, wenn nach *Johannes Paul II.*, CA UnivDomGreg, 1–4, währenddessen niemand die Vollmachten des Papstamtes ausüben darf, das Amt als solches aber (wenn auch unbesetzt) besteht.

[77] Vgl. *Ratzinger*, Primat Petri und Einheit der Kirche, JRGS 8/1, S. 619.

[78] Vgl. ebd., S. 621.

[79] Vgl. ebd., S. 619.

[80] Vgl. *Konradt*, Matthäus, S. 260 zu V. 17–19: „Das Bekenntnis zu Jesus als Gottessohn ist die sachliche Grundlage für die in V. 17–19 von Matthäus eingefügte Replik Jesu an Petrus".

5. Damit ebenso untrennbar verbunden sind die Schlüsselgewalt Petri und die Macht des Bindens und Lösens. Auch diese stehen im Kontext des Glaubenszeugnisses Petri und beziehen sich auf es, wenn damit insbesondere der Dienst am Glauben und an der Einheit zu bezeichnen ist.[81] Im Binden und Lösen zeigt sich neben der petrinischen Vollmacht zu Entscheidungen hinsichtlich Glaube und Disziplin überdies die Vollmacht zur Sündenvergebung in Stellvertreterschaft Christi.[82]

6. Auf diesen Glauben und auf den konkreten Zeugen und Bekenner Petrus baut Christus seine Ekklesia. Ihr Fundament wird der Glaube in Verbindung mit dem Bekenntnis. Die Zusage Christi, dass die Mächte der Unterwelt sie nicht überwältigen, gilt nicht nur für Petrus und die werdende Kirche in der konkreten Zeit, sondern für die Ekklesia aller Zeiten. Da jener Zuspruch aber, wiederum kontextuell belegt, untrennbar mit Petrus verbunden ist, begründet sich hieraus die Notwendigkeit zur Nachfolgerschaft als Garantie der Einheit des Glaubens in der werdenden, bestehenden und bleibenden Kirche Gottes.

7. Die Vorrangstellung Petri erwächst in einem ersten Schritt in der besonderen Berufung der Dreiergruppe, der neben dem Erstapostel Jakobus und Johannes angehören (vgl. Mk 9,2; 14,33; 5,37). Diese Drei werden zu Zeugen wichtiger Ereignisse im Leben Jesu. Aus ihnen wiederum ragt Petrus heraus. Er wird in den Aufzählungen als Erster genannt (vgl. Mt 10,2; Mk 3,16; Lk 6,14; Apg 1,13); er ist es, der in Aktion tritt (vgl. Mk 9,5; 14,37; Mt 14,28–30).[83]

8. Das Amt des Petrus, das sich als Dienst an der Einheit des Glaubens darstellt, weist in diesem Sinne eine überragende Kontinuität auf. Bereits das Sendungswort in Mt 16,13–20 koppelt die Schlüsselgewalt und das Felssein des Apostels an den Glauben an Christus und das Bekenntnis dieses Glaubens. Die päpstliche Aufgabe lässt sich bis heute mit diesen Schlüsselworten charakterisieren.[84] Die Kontinuität ist Frucht der Petrusnachfolge, deren Begründung und Entwicklung zu untersuchen ist.

9. Die Herleitung des Ursprungs des Petrusamtes auf Grundlage der Ausführungen Joseph Ratzingers darzustellen, ist für die vorliegende Fragestellung unerlässlich. Da das Amt des Petrus auf der Anordnung Christi selbst beruht, stellt dieser Ursprung dessen unerschütterliches Fundament dar. Joseph Ratzinger wusste dies bereits 1963 bezüglich des Petrusamtes klar zu formulieren. Im Hinblick auf die fortlaufende Dogmengeschichte stellt er demnach fest, „dass etwa die entfaltete Primatsidee und -verwirklichung des Mittelalters nicht schlechterdings den zurückhaltenderen Formen früherer Zeiten übergeordnet werden dürfen, dass also

---

[81] Vgl. *Gnilka*, Petrusdienst, S. 23.

[82] Vgl. *Ratzinger*, Primat Petri und Einheit der Kirche, JRGS 8/1, S. 620 f. i. V. m. Mt 18,15–18.

[83] Vgl. ebd., S. 614; vgl. die Darstellung bei *Gnilka*, Petrusdienst, S. 11 f. und die Übersicht in *Beinert/Kühn*, Ökumenische Dogmatik, S. 572 f.

[84] Vgl. hierzu insbesondere LG 23 i. V. m. *Johannes Paul II.*, CA PastBon, Einführung, 1 und 11.

auch nach der dogmatischen Formulierung des Primatsbegriffs auf dem I. Vaticanum (Jurisdiktionsprimat) das immer neue Maßnehmen am Ursprung für Begriff und Wirklichkeit des Primats dauernde Aufgabe bleibt".[85] So wird das „Woher" des Petrusamtes gemäß Ratzingers Darstellungen wichtige Grundlage zur Entfaltung seiner Primatstheologie.

D. Kritische Anmerkungen

Die Auseinandersetzungen Joseph Ratzingers mit denjenigen neutestamentlichen Schriften, die Ursprung und Wesen des Petrusdienstes beinhalten, weist deutlich auf die durch ihn angewandte Methode der „kanonischen Exegese" hin. Nur in Anbetracht dieser Vorgehensweise und ihres berechtigten Anliegens können die Ausarbeitungen Ratzingers überhaupt verstanden werden. Wenngleich an dieser Stelle keine ausführliche exegetische Analyse der einzelnen Perikopen erfolgen kann, soll doch eine kritische Evaluation angefügt werden. Der Anspruch liegt hierbei nicht darin, die Fachdiskussionen in ihrer Vollständigkeit darzustellen, sondern darauf hinzuweisen, dass einzelne Feststellungen Ratzingers durchaus hinterfragbar und diskutabel bleiben.[86]

Letztlich erwirken diese kritischen Einordnungen kein Urteil über die kanonische Auslegung der benannten Schriftzeugnisse durch Joseph Ratzinger, sondern werden vielmehr dazu führen, die Stringenz der durch ihn angewandten Methode in ihrer grundsätzlichen Aufgabe zu bekräftigen, das Schriftzeugnis mit der lebendigen Tradition der Kirche vereint darzustellen. Dies gilt vor allem im Hinblick auf die Theologie des Papstamtes, die Joseph Ratzinger bis zu seinem eigenen Pontifikat begleitete und dieses selbst nachhaltig prägte.

Die Schriftauslegung Joseph Ratzingers steht auf dem Fundament seines Offenbarungsverständnisses.[87] Nur in dessen Anbetracht wird verstehbar, auf welche Weise er im Zuge seiner kanonischen Exegese die entsprechenden Schriftzeugnisse im Gesamt der Offenbarung Gottes in Schrift und Tradition auszulegen versteht. Insbesondere auf der Grundlage der Dogmatischen Konstitution des II. Vatikanischen Konzils über die Offenbarung Dei Verbum und die eigene Mitarbeit an der Textentstehung[88] lässt sich ableiten, wie das Zueinander von historisch-kritischer

---

[85] *Ratzinger*, Lexikonartikel Primat, JRGS 8/1, S. 606.
[86] Es kann nicht Aufgabe der vorliegenden kanonistischen Untersuchung sein, sich einer spezifisch exegetischen Fragestellung vollumfänglich zuzuwenden. Dennoch wird der Versuch unternommen, auf der Grundlage exegetischer Fachliteratur diskutable Einschätzungen Ratzingers aufzuzeigen. Ferner soll durch diese Feststellung mitnichten die Wichtigkeit der Heiligen Schrift als erste Quelle kirchlichen Rechts infrage gestellt, vgl. hierzu den Hinweis bei *Müller*, Geschichte der Kirchenrechtswissenschaft, S. 170.
[87] Vgl. hierzu insbesondere den ausführlichen Beitrag von *Söding*, Das Verständnis der Offenbarung, S. 12–55.
[88] Vgl. hierzu insbesondere *Ratzinger*, Kommentar DV, JRGS 7/1, S. 715–791.

Methode und der Gesamtschau der Offenbarung im Leben der Kirche für Joseph Ratzinger den „Weg zu einer kanonischen Exegese"[89] eröffnen konnte. Gerade hinsichtlich der Frage nach der Sendung des Petrus und ihrer Fortdauer im Papstamt des römischen Bischofs wird die grundsätzliche Kritik Ratzingers verständlich, die ihren Ausgangspunkt darin findet, wenn „Offenbarung als Information, nicht aber als Heilsvermittlung verstanden und (…) diese Information mit dem Wortlaut der Bibel identifiziert"[90] wird. Hierbei sieht er einen historisch-kritischen Zugang insofern zweifelhaft, wenn hierbei im „Dogma das eigentliche Hindernis rechten Verstehens der Bibel"[91] erkannt wird:

> „Der Eingeweihte aber liest gar nicht mehr die Bibel, sondern zerlegt sie in die Elemente, aus denen sie geworden sein soll. (…) Glaube ist kein Bestandteil der Methode und Gott kein Faktor historischen Geschehens, mit dem sie rechnet".[92]

Stellte Joseph Ratzinger zu Beginn seiner Ausführungen heraus, dass im Zuge einer theologischen Reflexion die historisch-kritischen Anfragen auch darum nicht eigens debattiert werden müssen, da „für den, der die Bibel im Glauben der Kirche als Wort Gottes liest", das Sendungswort an Petrus „gilt, weil die Heilige Schrift gilt und weil sie es uns als Jesuswort vorlegt"[93], so bedeutet dies keine Geringschätzung der Exegese.[94] Im Gegenteil verweist der eigentliche Grund dieser Einordnung Ratzingers auf das einende Fundament aller theologischer Disziplinen: die Offenbarung Gottes selbst im fleischgewordenen Wort und den Glauben als die Antwort des Menschen auf dieses Geschehen.[95] Die Kirche ist als „Ort des Dienstes am Glauben"[96] mit diesem Offenbarungsgeschehen untrennbar verbunden, was auch für die exegetische Disziplin gilt.[97] Sie ist gerufen, „das Evangelium (…) unver-

---

[89] *Söding*, Das Verständnis der Offenbarung, S. 34 f.

[90] Ebd., S. 41.

[91] *Ratzinger*, Schriftauslegung im Widerstreit, JRGS 9/2, S. 790.

[92] Ebd., S. 790 f.

[93] *Ratzinger*, Primat Petri und Einheit der Kirche, JRGS 8/1, S. 617.

[94] Dem widerspricht *Ratzinger* selbst: „Die Vorsichtigen unter den Systematikern halten Ausschau nach einer Theologie, die von der Exegese möglichst unabhängig ist. Aber was kann eine Theologie schon wert sein, die zu ihren eigenen Grundlagen auf Distanz geht?" (Schriftauslegung im Widerstreit, JRGS 9/2, S. 791).

[95] Vgl. ebd.; vgl. auch *Ratzinger*, Kommentar DV, JRGS 7/1, S. 746. Dort kommentiert der Autor diesen Offenbarungsglauben als ein totales „Ja der Person, das in Jesus Christus die Wahrheit und den Weg in einem, unteilbar erkennt. Auf diese Weise tritt der ganzheitliche Charakter des Glaubens" hervor (zu DV 5); vgl. hierzu die Einordnung bei *Söding*, Das Verständnis der Offenbarung, S. 40: „Diesem Glauben muss die Theologie dienen. Der Glaube braucht die Theologie, weil er zum Verstehen seiner selbst geführt sein will"; vgl. überdies zur göttlichen Offenbarung als dialogischem Geschehen *Ratzinger*, Kommentar DV, JRGS 7/1, S. 737: „So wird sichtbar, wie der Offenbarungsgedanke zugleich ein Menschenbild entwirft: der Mensch als das dialogische Wesen, das im Hören auf Gottes Wort dem Präsens Gottes gleichzeitig wird und in der Gemeinschaft des Wortes die Wirklichkeit empfängt, die dieses Wort unteilbar ist: die Gemeinschaft mit Gott selbst" (zu DV 2).

[96] *Ratzinger*, Dogma und Verkündigung, S. 255.

[97] DV 23.

sehrt und lebendig"[98] zu bewahren und gleichzeitig ihren Auftrag wahrzunehmen, „zu einem immer tieferen Verständnis der Heiligen Schriften vorzudringen".[99] Auf diesem Fundament wird die kanonische und somit auch ekklesiale[100] Exegese Joseph Ratzingers verständlich und nachvollziehbar. Die Schrift „als Einheit lesen, heißt daher, sie von der Kirche als von ihrem Existenzort her zu lesen und den Glauben der Kirche als den eigentlichen hermeneutischen Schlüssel ansehen".[101]

I. Vorrang Petri im Zwölferkreis?

Auch im Hinblick auf kritische Anfragen gilt, dass eine alleinige Fokussierung auf eine einzelne Perikope nicht ausreicht. Ein solches Vorgehen könnte keinen Antwortversuch zu einem hinreichenden Ergebnis führen. Der prominente Bericht aus dem Matthäusevangelium (16,13–20) stellt zunächst – ausgehend von Christus[102] – Petrus in den Fokus der Handlung. Gerade darum wurde er zum primären Bezugspunkt hinsichtlich des Petrusdienstes, des Petrusamtes und letztlich des gesamten Papsttums in der römisch-katholischen Kirche. Wie Joseph Ratzinger selbst einleitend feststellte, genügt es jedoch gerade nicht, eine einzelne Perikope losgelöst vom Gesamt des Neuen Testaments zu konsultieren.[103] Dies gilt hinsichtlich der Anfrage nach der Vorrangstellung Petri im Zwölferkreis der Apostel überdies darum, da zu ihrer Begründung weitere Perikopen maßgeblich erscheinen. Daher sollen einige davon exemplarisch in kritischer Auseinandersetzung angeführt werden.

---

[98] DV 7; *Ratzinger* kommentiert hierzu: „„Überlieferung' erscheint (…) nicht so sehr als ein materiales denn als ein formales Prinzip; sie bedeutet im letzten eine hermeneutische Grundentscheidung, derart, daß der Glaube nicht anders als in der geschichtlichen Kontinuität der Glaubenden anwesend ist, in ihr, nicht gegen sie gefunden werden muß" (Kommentar DV, JRGS 7/1, S. 753).

[99] DV 23.

[100] Vgl. *Ratzinger*, Kommentar DV, JRGS 7/1, S. 781 f.: Artikel 23 „wendet sich (…) der Frage der Auslegung als der nächsten Stufe der Eröffnung der Bibel in die jeweiligen Zeiten hinein und damit der Sache der Exegese zu. (…) So wird gleich im ersten Satz der grundsätzliche kirchliche Ort der Exegese umrissen: Sie ergibt sich aus der ständigen Aufgabe der Kirche, sich immer neu und tiefer in das Wort Gottes zu versenken, um immer neu aus ihm Wasser des Lebens anbieten zu können. Wenn dabei die Kirche als Sponsa Verbi, als Braut des Wortes, bezeichnet wird, so wird die innere Zuordnung der Kirche zum Wort angedeutet (…)".

[101] *Ratzinger*, Schriftauslegung im Widerstreit, JRGS 9/2, S. 795.

[102] Vgl. die Einordnung bei *Ebner*, Petrus – Papstamt – Kirche, S. 54: Die Evangelien schauen „zurück auf das Leben Jesu und erzählen in diesem Rahmen auch von der Gestalt des Petrus".

[103] Dies gilt für *Ratzinger* bereits aufgrund seines Offenbarungsverständnisses, denn die Schrift allein „ist nicht die Offenbarung, sondern von dieser größeren Wirklichkeit nur ein Teil". Die neutestamentlichen Schriften selbst „stellen der einen Schrift, d. h. dem Alten Testament, das Christus-Ereignis als den die Schrift auslegenden Geist gegenüber" (Ein Versuch zur Frage des Traditionsbegriffs, JRGS 9/1, S. 400 f.). Wie das Heilshandeln Gottes in Christus und der Glaube daran nur einer ist, so kann letztlich auch nur das zusammenhängende Schriftzeugnis zur Offenbarung werden.

1. Apostelkonvent (Gal 2,1–10) und Antiochenischer Zwischenfall (Gal 2,11–14)

Nicht nur im Zuge der Erörterungen Ratzingers treten der Jerusalemer Apostelkonvent (Gal 2,1–10) und der ihm folgende Antiochenische Zwischenfall (Gal 2,11–14) in den Vordergrund. Die Begegnung der Apostel in Jerusalem schildert Paulus aus erster Hand als Augenzeuge und Beteiligter am Geschehen. Doch lässt sich aus dieser zweiten Jerusalemreise einzig die Vorrangstellung des Petrus schlussfolgern? Martin Ebner bemerkt hierzu:

> „Im Rahmen einer urchristlichen Synode (…) fungiert Petrus als Verhandlungspartner innerhalb eines Dreierkollegiums. (…) Sowohl der Verlauf der ersten christlichen Synode als auch die spätere Rezeption durch den Kanon zeigen gerade nicht *einen* Mann, eben Petrus, der ein Machtwort spricht und die Gesamtheit des Christentums in seiner Person repräsentiert (…)".[104]

Den Ausgangspunkt dieser Einschätzung bildet das Triumvirat, das aus Jakobus, Petrus und Johannes besteht und die alle drei ohne jede hierarchische Unterscheidung als „Säulen"[105] bezeichnet werden (Gal 2,9). Aus diesem Geschehnis allein die Vorrangstellung des Petrus abzuleiten und zur Feststellung zu gelangen, dass Paulus wegen der Autorität Petri nach Jerusalem reist, erscheint vor diesem Hintergrund durchaus diskutabel. Dies gilt unabhängig davon, in welcher Reihenfolge Paulus die drei Säulen nennt. Franz Mußner bemerkte hierzu:

> „Paulus will überhaupt mit der Nennung der drei Namen keine Rangfolge derselben bieten, wie ihre schlichte ‚koordinierende' Verknüpfung mit Hilfe eines καί zeigt (…). Es handelt sich eher um einen Triumvirat denn um einen Primat".[106]

Letztlich weist der Ausgang des Zusammentreffens auch auf die Unabhängigkeit des Paulus selbst hin, wenn die drei Säulen die Gnade erkannten, die Paulus „verliehen ist" (2,8) und aufgrund der sie ihm und Barnabas die „Hand zum Zeichen der Gemeinschaft" (2,9) gaben. Hierbei steht, wie Franz Mußner feststellt, nicht die persönliche Gemeinschaft der Apostel im Vordergrund, sondern der einende Missionsauftrag unter dem Zeichen des einen Evangeliums.[107]

Stärker noch als im Kontext des Jerusalemer Apostelkonvents rückt die Unabhängigkeit Pauli im Zuge des Antiochenischen Zwischenfalls in den Blick (Gal 2,11–14), den Joachim Gnilka als „erregendes Ereignis der Geschichte des Urchristentums"[108] bezeichnet:

---

[104] *Ebner*, Petrus – Papstamt – Kirche, S. 53 f. Hervorhebung im Original.

[105] Vgl. *Mußner*, Galater, S. 120: „‚Säule' wird auch sonst im Griechischen und Hebräischen bildhaft verwendet. (…) Vielleicht steht hinter der Bezeichnung der drei führenden Männer als ‚Säulen' die Vorstellung von der Kirche als dem geistlichen Haus oder Tempel Gottes, in dem diese Männer gewissermaßen die Säulen sind, die das Gebäude tragen".

[106] Ebd., S. 120.

[107] Vgl. ebd., S. 121.

[108] *Gnilka*, Petrusdienst, S. 9; zur Auslegungsgeschichte von Gal 2,11–14 vgl. *Mußner*, Galater, S. 146–167.

„Paulus hat die Autorität des Kephas geachtet, aber er hat sich als gleichberechtigter Apostel neben ihm verstanden. Die Begründung der Einheit lag für ihn in der Einheit des Evangeliums".[109]

Da Paulus das Evangelium selbst in Gefahr sah, konnte er nicht nur, sondern musste er Petrus „ins Angesicht widerstehen" (2,11).[110] Hierbei besteht nicht nur eine Autorität aufgrund des Evangeliums, die die Gleichrangigkeit der beiden Apostel begründet. Vielmehr besteht auch eine Unabhängigkeit der paulinischen Lehre im Sinne einer Auslegung der Botschaft Jesu:

> „Wie bei den anderen Begegnungen ging es ihm um den Beweis der Unabhängigkeit seiner Lehre von den ‚Aposteln vor mir' (1,17). Hier konnte er ihn erbringen, indem er aufzeigte, daß sein Standpunkt und sein Verhalten sogar dem herausragenden Beschneidungsapostel Kephas (vgl. 2,7–9) überlegen waren. Wenn dies zutraf, konnte ihm niemand mehr Abhängigkeit von Menschen unterstellen. Dann war er gewiß kein Apostel der zweiten Garnitur, der am Beispiel der ‚Säulen' in Jerusalem gemessen und korrigiert werden konnte".[111]

Dass Paulus diese Sinnrichtung prominent voraussetzt, zeigt die Komposition des Berichts: Er eröffnet diesen nicht mit der eigentlich zeitlich erstgeschehenen Handlung, sondern mit der Darstellung seiner Autorität gegenüber Petrus.[112] In ihrer Begründung, da Petrus „sich ins Unrecht gesetzt hatte" (2,11), wird deutlich, dass es Paulus nicht um einen Vorrang in der hierarchischen Stellung geht, sondern um die Betonung des Primats des Evangeliums selbst. Da Petrus gegen die Botschaft Jesu selbst verstoßen hat, muss Paulus ihm „ins Angesicht widerstehen":

> „Die Berechtigung zur Kritik lieferte ihm Kephas durch sein Verhalten, das ihn offenkundig ins Unrecht setzte. Die Verurteilung, die Paulus ihm entgegenhielt (vgl. V. 14), hatte er sich selbst zuzuschreiben."[113]

Auch diese Einordnung des Antiochenischen Zwischenfalls verdeutlicht, dass unabhängig davon, ob Petrus die besondere Rolle im Zwölferkollegium zuzuerkennen ist oder nicht[114], der Primat des Evangeliums besteht. Auch die Intervention des Paulus geschieht in erster Linie aufgrund der Wahrung des einen Evangeliums und der Einheit der gläubigen Gemeinde unter diesem.

---

[109] Ebd.

[110] Vgl. *Mußner*, Galater, S. 136: „Paulus kann zeigen, daß er die Wahrheit des Evangeliums selbst gegen Petrus verteidigt hat, als sich dies als nötig erwies. Zugleich war dieser Hinweis der stärkste Beweis dafür, daß Paulus sein Evangelium nicht ‚von einem Menschen' empfangen hat; wie könnte er sonst es wagen, im Namen des Evangeliums selbst gegen den Felsenmann vorzugehen!".

[111] *Borse*, Galater, S. 101.

[112] Vgl. ebd., S. 102.

[113] Ebd.

[114] Vgl. ebd., S. 106. Dort stellt der Autor resümierend fest, dass Petrus „aber nicht vergessen (durfte), daß er als herausragender Apostel der Urgemeinde nicht Privatperson war, sondern – wie die Nachahmung der anderen Judenchristen zeigte – stets beispielhaft wirkte, ob er sich richtig oder auch falsch verhielt".

2. Petrus und der geliebte Jünger im Johannesevangelium (Joh 21,15–23)

Neben diesem paulinischen Zeugnis, das nicht zuletzt aufgrund der gesicherten Verfasserschaft herausragt, rückt innerhalb Joseph Ratzingers Ausführungen die Sendung Petri nach Joh 21,15–19 in den Vordergrund. Joachim Gnilka bemerkt hierzu:

> „Simon Petrus ist der herausragende Jünger in dieser Perikope. Das gilt, obwohl das Interesse des Textes auf den Lieblingsjünger gerichtet ist".[115]

Wohl aus diesem Grund wurde sie neben Mt 16,16–18 zur herausragenden Belegstelle für den im Papstamt der Kirche verwirklichten bleibenden Petrusdienst.[116] Die maßgebliche Frage muss jedoch vor dem Hintergrund des johanneischen Hauptinteresses „an jenem anderen Jünger (…), den Jesus liebte"[117], lauten, weshalb in dieser Perikope gerade Petrus im Vordergrund steht. Dies gilt insbesondere darum, da „Jesu Gespräch mit Petrus in V 20–22 weitergeht und sich auf jenen Jünger richtet".[118] Die dreimalige Frage Jesu in Verbindung mit der dreimaligen Verleugnung durch Petrus (Joh 18, 25–27) zu stellen, erscheint als entscheidender Moment der Erzählung:

> „So ist die Tendenz, Petrus nach seiner dreimaligen Verleugnung in der Begegnung mit dem Auferstandenen zu ‚rehabilitieren‘, kaum zu bezweifeln. (…) Der Auferstandene ‚rehabilitiert‘ Petrus nicht nur, sondern macht ihn auch zu einem anderen Menschen, der in Amt und persönliche Nachfolge hineingestellt wird. So deckt die Petrus-Szene von Joh 21 den neuen Horizont auf, der mit Ostern geschaffen ist".[119]

Kann durch diese Sendung, von der das Johannesevangelium berichtet, auch eine Vorrangstellung Petri vor den anderen Jüngern abgeleitet werden? Rudolf Schnackenburg nimmt hinsichtlich des Hirtenauftrags an Petrus die folgende Konkretion vor:

> „Petrus soll die Schafe, die Christus gehören, fürsorglich hüten und leiten, um sie auf der Weide des Lebens (vgl. 10,9) zu bewahren. (…) Das Hirtenbild weist nicht auf eine Herrschaftsübertragung, sondern Übernahme eines fürsorglichen Dienstes (hin); der mit

---

[115] *Gnilka*, Johannes, S. 159; in diesem Sinne auch *Beutler*, Welche Einheit der Kirche, S. 417.

[116] Vgl. ebd.

[117] *Schnackenburg*, Johannesevangelium, S. 430.

[118] Vgl. *Schnelle*, Johannes, S. 401: „Durch den Komparativ πλέον (‚mehr‘) in V. 15 trägt sie (sc. die post-johanneische Redaktion) ausdrücklich das Konkurrenzmotiv zwischen Petrus und den anderen Jüngern ein".

[119] *Schnackenburg*, Johannesevangelium, S. 431 f.; in diesem Sinne auch *Schnelle*, Johannes, S. 401; *Ueberschaer*, Der Einzelne und die Gemeinschaft, S. 11; *Wengst*, Johannesevangelium, S. 582, bemerkt zusätzlich: Petrus „hat die Anspielung verstanden und betont lediglich seine Liebe zu Jesus als dessen Wissen"; zur Voraussetzung der Auferstehung bemerkt *Gnilka*: „Nach Joh 21,15 ff. erteilt der auferweckte Christus – zu beachten ist die nachösterliche Perspektive – dem Simon Petrus die Hirtenaufgabe über die ganze Kirche" (Petrusdienst, S. 18).

diesem Dienst Betraute wird nach seiner Liebe gefragt und in eine Nachfolge des Leidens und Sterbens gerufen, die in Verbindung mit seinem Auftrag auch als Exempel der Treue erscheint".[120]

Doch auch in diesem Hirtendienst könnte eine Vorrangstellung Petri aufscheinen.[121] Es gilt, die Perikope in ihrer Verbindung mit der ihr folgenden Erzählung zu betrachten:

> „Die Frage, was diese Petrus-Tradition der joh. Gemeinde bedeutet, ist erst bei der Gegenüberstellung mit dem Jünger, den Jesus liebte (V 20–22), zu erörtern".[122]

Die Wendung innerhalb der Erzählung eigens zu erörtern, ist nicht zuletzt aufgrund der im vorherigen Verlauf des Johannesevangeliums dargestellten Gemeindekonzeption angezeigt. Klaus Wengst bemerkt hierzu:

> „Wenn Simon Petrus Jesu Schafe weiden soll, heißt das, dass dieser eine Schüler damit beauftragt wird, seine gesamte Gemeinde zu leiten. (…) Aber warum wird diese Tradition, die der johanneischen fremd ist – wenn anders es zutrifft, dass in Kap. 1–20 auf ein geschwisterliches, auf ein antihierarchisches Gemeindemodell zu schließen ist –, hier aufgenommen und so pointiert herausgestellt?"[123]

In der nun folgenden Begegnung „tritt wieder der Lieblingsjünger, die für das Ev[angelium] eigentlich wichtige Person, auf den Plan".[124] Der Blick wendet sich von Petrus ausgehend auf den geliebten Jünger, der nun im Vordergrund der Erzählung steht. Durch diesen Perspektivwechsel wird die grundsätzliche Fokussierung des Johannesevangeliums auf seine Person deutlich, gerade in Verbindung und trotz der Sendung des Petrus in seinen Hirtendienst:

> „Nur darf man die ‚Konkurrenz' der beiden Jünger nicht gleich als Rivalität deuten. Warum hätte dann die Redaktion von der Übertragung des Hirtenamtes an Petrus berichtet? Sie polemisiert nicht gegen Petrus, will aber dem von ihr geschätzten Jünger, den Jesus liebte, seinen besonderen Platz sichern, gerade nach der Auszeichnung des Petrus".[125]

---

[120] Ebd., S. 434 f.; ähnlich *Gnilka*, Johannes, S. 159: „Will man den hier ins Auge gefaßten Petrusdienst näher bestimmen, so ist weder eine missionarische Aufgabe noch eine Unterordnung der anderen Jünger unter Petrus umschrieben, wohl aber eine die gesamte Kirche betreffende Führung".

[121] Vgl. *Schnelle*, Johannes, S. 401: „Unverkennbar ist das Interesse der post-johanneischen Redaktion, an die besondere Funktion des ‚Lieblingsjüngers' innerhalb der joh. Schule in einem begrenzten Maß anzuknüpfen, gleichzitig aber Petrus deutlich in den Vordergrund zu stellen".

[122] *Schnackenburg*, Johannesevangelim, S. 436. Dort präzisiert der Autor: „Der Beitrag der Exegese kann darin bestehen, einseitige Folgerungen aus Joh 21,15–17 abzuwehren. Die in der Väterexegese und später von kath. Theologen vertretene Interpretation, daß an dieser Stelle nicht nur die Gläubigen insgesamt, sondern speziell auch die anderen Jünger unterstellt werden, ist aus dem Text (etwa durch die Unterscheidung zwischen ‚Lämmern' und ‚Schafen') nicht herauszulesen". Abkürzung im Original.

[123] *Wengst*, Johannesevangelium, S. 582 f. Abkürzung im Original; in diesem Sinne auch *Beutler*, Welche Einheit der Kirche, S. 417.

[124] *Gnilka*, Johannes, S. 160.

[125] *Schnackenburg*, Johannesevangelium, S. 440.

Anstelle einer Konkurrenz zwischen Petrus und dem geliebten Jünger erscheint in diesem Bericht der gegenseitige Respekt verschiedener Gemeinden eine Rolle zu spielen, die ihre je eigene Tradition besitzen, deren gemeinsame Grundlage aber die Heilsbotschaft Jesu ist und in deren Einheit sie gemeinsam und doch verschieden bestehen. Joachim Gnilka verdeutlicht dies folgendermaßen:

> „Ohne Zweifel ist für die johanneische Gemeinde der Lieblingsjünger die wichtigere Persönlichkeit. Nach Joh 21,24 steht er als Garant hinter den Überlieferungen des vierten Evangeliums. (…) Es ist verbreitete Auffassung, daß die johanneische Gemeinde, die hinter dem vierten Evangelium steht (…) am Rand der Kirche ein Eigenleben führte. Sie verfügte nicht nur über eigene Traditionen, sondern hielt auch das prophetische Element hoch. (…) Vielleicht suchte sie mit der Übernahme und Anerkennung dieser Petrusüberlieferung die Anlehnung an die gesamte Kirche, die ja von ihr als Einheit aufgefaßt wurde".[126]

Vor diesem Hintergrund kann nur schwerlich von einer Vorrangstellung des Petrus vor dem geliebten Jünger oder den übrigen Aposteln insgesamt gesprochen werden.[127] Vielmehr zeigt sich ein Bild mit einheitsstiftender Tendenz, das dem Bericht über die Sendung des Petrus in seinen gesamtkirchlichen Hirtendienst auch in diesem Evangelium ihren Platz zuerkennt, obgleich dieses ansonsten durchweg die besondere Stellung des geliebten Jüngers betont.[128] Trotz der Akzeptanz des auf die Einheit ausgerichteten und für die ganze Kirche geltenden Hirtendienstes des Petrus durch die johanneische Gemeinde bleibt ihre Eigenständigkeit gewahrt. Hierzu stellt Martin Ebner fest:

> „Das Johannesevangelium installiert damit seine eigene Theologie als Gegenpol zum petrinischen Hirtenamt, als bleibende theologische Grundlage im Gegenüber zum schützenden, integrierenden Handeln des Hirten ‚Petrus'. Wenn zusätzlich bei der Installation des Petrus als Hirten als ausschlaggebendes Kriterium nach seiner ‚Liebe' zu Jesus gefragt wird, dann wird als Maßstab für das Hirtenamt Petri genau die Haltung verankert, die die Beziehung zu Jesus gemäß der *johanneischen Theologie* beschreibt. Petrus als Hirte wird sozusagen auf die Theologie des Johannesevangeliums ‚vereidigt'".[129]

Rückblickend kann eine Vorrangstellung des Petrus auf der Grundlage von Joh 21,15–23 insofern kritisch hinterfragt werden, als diese nicht im absoluten

---

[126] *Gnilka*, Petrusdienst, S. 20; *Schnelle*, Johannes, S. 403, merkt in diesem Zusammenhang an, dass aufgrund dieser Funktion des geliebten Jüngers er selbst zum Verfasser des Evangeliums erhoben wird; in diesem Sinne auch *Wengst*, Johannesevangelium, S. 582 und S. 587: „Worin dieser Schüler ‚bleibt', wird deutlich: in dem von ihm geschriebenen Evangelium. (…) Seine Zeugenschaft, die im Präsens ausgesprochen wird, ist Voraussetzung dessen, dass er geschrieben hat, und dauert doch auch zugleich in dem von ihm Geschriebenen fort".

[127] Vgl. *Schnelle*, Johannes, S. 402, zu V. 22/23: „Jesu Antwort hat zurückweisenden Charakter, das weitere Schicksal des Lieblingsjüngers geht Petrus nichts an, er hat keine Befugnis über ihn".

[128] Vgl. zu einem knappen Überblick *Gnilka*, Petrusdienst, S. 19; *Ueberschaer* bemerkt zum Hirtenauftrag des Petrus: „Für die Petrusfigur lässt sich daraus folgern, dass sich Leitung am Vorbild Jesu als Hirte (Joh 10), an seiner Treue für die Seinen orientieren soll, ohne dass jedoch daraus geschlossen werden darf, dass Petrus an die Stelle Jesu träte" (Der Einzelne und die Gemeinschaft, S. 12).

[129] *Ebner*, Petrus – Papstamt – Kirche, S. 57. Hervorhebung im Original.

Sinn eine „Unterordnung der anderen Jünger unter Petrus"[130] impliziert. Der die ganze Kirche betreffende petrinische Führungsauftrag kann jedoch dem johanneischen Zeugnis gemäß seinen Sinn darin finden, die Einheit der einen Herde durch das eigene Weiden zu wahren. Den Maßstab bildet das Heilshandeln Gottes in Christus selbst, insofern Petrus seinen Hirtendienst „in Verantwortung vor dem ‚Oberhirten' Jesus Christus"[131] versieht und das Evangelium die Richtschnur bietet. Einem auf diese Weise verstandenen Hirtendienst kann auch die johanneische Gemeinde bei Wahrung ihrer eigenen Tradition mit Akzeptanz gegenübertreten. Hierzu kommentiert Klaus Wengst:

> „Indem der Verfasser Simon Petrus von Jesus als Hirte seiner Schafe beauftragt sein lässt, wird dessen Leitungsfunktion anerkannt. Die Bedeutung des Schülers, den Jesus liebte, liegt auf einer anderen Ebene: Er wird zum Garanten des Johannesevangeliums als eines legitimen Zeugnisses. (…) In seiner Darstellung der Gestalt des Simon Petrus anerkennt er eine andere, von der eigenen markant abweichenden Tradition in deren besonderen Eigenart, ohne in der Gesamtpräsentation des Evangeliums die eigene Tradition in ihrer Eigenart aufzugeben oder unkenntlich zu machen".[132]

In einer solchen Zusammenschau der beiden Personen – Simon Petrus und der geliebte Jünger – und ihrer charakteristischen Funktionen kann deren Verbindung aufgezeigt werden, die gerade keine Konkurrenz erschafft. Johannes Beutler fasst diese Synthese auf:

> „In der Exegese wird durchweg gesehen, dass Petrus in Joh 21 eher für das Amt steht, der Lieblingsjünger für die tragende Überlieferung der johanneischen Gemeinde. Damit sind zwei wichtige Komponenten für die Einheit der Gemeinde nach Joh 21 genannt. In der Tat scheint die Einheit der Gemeinde in der Sicht von Joh 21 durch diese beiden einander ergänzenden Pole gesichert zu sein: das Amt, für das Petrus steht, und die authentische Überlieferung der Gemeinde, für die der Lieblingsjünger bürgt".[133]

Auf diese Weise kann keine absolute Vorrangstellung Petri vor den anderen Jüngern schlussgefolgert werden. Auch hierin klingt allerdings das Wesen des petrinischen Auftrags an, Diener der Einheit in jenem Glauben zu sein, den das Evangelium Jesu Christi verbürgt. Eine solche petrinische Funktion kann auch die johanneische Gemeinde annehmen, insbesondere für ihre „neue, zeitlich spätere Situation"[134] nach dem leiblichen Tod des geliebten Jüngers und in der johanneischen Gestalt eines Hirtendienstes in Nachahmung des Guten Hirten Jesus Christus.[135]

---

[130] *Gnilka*, Johannes, S. 159.
[131] *Schnackenburg*, Johannesevangelium, S. 436.
[132] *Wengst*, Johannesevangelium, S. 588.
[133] *Beutler*, Welche Einheit der Kirche, S. 417 f.
[134] *Ueberschaer*, Der Einzelne und die Gemeinschaft, S. 3.
[135] Vgl. ebd., S. 12.

II. Der Name „Petrus"

Innerhalb der Darstellungen Joseph Ratzingers spielt nicht zuletzt der neue Name „Petrus", den der Apostel Simon empfängt, eine wichtige Rolle. Auch diesbezüglich lassen sich divergierende Erkenntnisse der exegetischen Fachdiskussion anführen, die diesen Namen eingehend thematisieren.

Ulrich Luz weist dahingehend darauf hin, dass in Mt 16,18 „nicht von der Verleihung des Petrusnamens die Rede ist, sondern von seiner Deutung; Petrus trägt diesen Namen schon längst (vgl. 4,18; 10,2)".[136] Joachim Gnilka ordnet diese erstmalige Namensübertragung bei Matthäus folgendermaßen ein:

> „Ich gehe davon aus, daß der irdische Jesus dem Simon den Namen Kepha übertrug, aber noch ohne ekklesologischen (sic!) Bezug. Die Namensübertragung hat erwählenden Charakter. Sie kann damit zusammenhängen, daß Simon der erstberufene Jünger ist".[137]

Gerade die Deutung des Namens jedoch ist der entscheidende Aspekt, insofern sich verschiedene Deutungsmöglichkeiten ergeben, die ihrerseits auf unterschiedlichen Traditionen aufbauen können. Joseph Ratzinger verweist innerhalb seiner Herleitung auf die Verheißung an Abraham in Jes 51,1 f. Dort heißt es: „Blickt auf den Felsen, aus dem ihr gehauen seid, auf den Brunnenschacht, aus dem ihr herausgebohrt wurdet! Blickt auf Abraham, euren Vater, und auf Sara, die euch gebar!"[138] In inhaltlicher Analogie wird Petrus aufgrund seines Christusbekenntnisses zum Felsen des Neuen Bundes. Dagegen wendet sich Luz:

> „Das Bild ist allerdings nicht das des Bauens; nur in einer einzigen und überdies wohl von Mt 16,18 beeinflußten späten Stelle wird Abraham im Anschluß an Jes 51,1 zum Fundament-Fels".[139]

Wird Petrus durch den Felsentitel nicht der „neue Abraham"[140], so stellt sich die Frage, welche andere Deutung möglich wird. Erneut rückt das Gottessohnbekenntnis Petri in den Vordergrund, das auch innerhalb Joseph Ratzingers Argumentation eine entscheidende Stellung einnimmt.[141] Aufgrund seiner Zeugenschaft wird Petrus zum Felsen für die werdende Kirche, insofern „er mit seiner Antwort in V. 16 zum Ausdruck gebracht hat, dass sich ihm das, was er von Jesus gesehen und gehört hat (11,4), dank des Offenbarungshandelns Gottes adäquat erschlossen hat".[142] Joachim Gnilka wendet sich der Frage nach dem Zusammenhang zwischen dem Glaubensbekenntnis Petri und seines Felsseins aus einer anderen Perspektive zu:

---

[136] *Luz*, Matthäus I/2, S. 461; *Gnilka*, Petrusdienst, S. 11.

[137] *Gnilka*, Petrusdienst, S. 11.

[138] Vgl. *Ratzinger*, Primat Petri und Einheit der Kirche, JRGS 8/1, S. 616.

[139] *Luz*, Matthäus I/2, S. 462; *Konradt*, Matthäus, S. 262 f.

[140] *Luz*, Matthäus I/2, S. 462.

[141] Vgl. *Ratzinger*, Primat Petri und Einheit der Kirche, JRGS 8/1, S. 616.

[142] *Konradt*, Matthäus, S. 262.

„Es besteht heute weitgehend Übereinstimmung in der Auffassung, daß mit dem Fels die Person des Simon, nicht sein Glaube gemeint ist. A. Schlatter bemerkt etwa zur falschen Personifizierung des Glaubens, daß sie einer ganz anderen Logik als der unserer Bibel entspreche, weil nicht von einem Begriff, sondern von einem Menschen gesprochen werde, dem Jesus sein Werk übergibt".[143]

Eine Trennung des konkreten personalen Glaubensbekenntnisses Petri und des durch ihn bekannten Glaubens erscheint tatsächlich als nicht angebracht. Gerade die personale Zeugenschaft ist es, die Petrus zum Fundament für die eine Kirche werden lässt.[144] Damit ist allerdings ebenso wenig an eine Trennung der Person und des Glaubens zu denken, in deren Folge Petrus unabhängig von seinem Glauben und seinem Zeugnis für diesen zum Felsen der Kirche hätte werden können. Vielmehr hängen beide Elemente untrennbar zusammen: die konkrete Person des Petrus und sein durch ihn bezeugter Glaube.

Es kann auf eine weitere Unterscheidung hingewiesen werden, die sich direkt auf die Bezeichnung des Simon als „Petrus" bezieht. Sowohl innerhalb der matthäischen Apostelliste (10,2) als auch zu Beginn des Auftragswortes (16,18a) wird Simon mit dem griechischen Beinamen Πέτρος benannt. Diese mehrdeutige Anrede verdeutlicht sich im folgenden Vers 18b, in dem von der πέτρα gesprochen wird. Matthias Konradt ordnet dieses Faktum als wohleingesetztes Wortspiel ein.[145] Es ist zu beachten, dass die Wortbedeutung von Πέτρος und πέτρα nicht gemeinhin identisch erscheint: Πέτρος stellt die gräzisierte Form des aramäischen Beinamens „Kepha" dar.[146] Dieser ist als solcher kein etablierter Titel[147] der in Analogie zum Christustitel bestünde. Vielmehr weist er mehrere ursprüngliche Bedeutungen auf und meint „in der Regel einen runden Stein (Stein, Edelstein, Hagelkorn, Klumpen, auch: Ufer) und nur selten (...) einen ‚Fels'".[148]

Dies kann insbesondere für die erste matthäische Benennung des Simon als Πέτρος, wie sie mit 10,2 vor Augen steht, bedeuten, dass dieser „wahrscheinlich (...) auf Jesus"[149] zurückgehende Beiname keine Amtsbezeichnung meint und nicht ohne Weiteres mit „Fels" übertragen werden kann:

> „Seine ursprüngliche Bedeutung ist aber unklar. Man muß dabei von der normalen Wortbedeutung ‚Stein' ausgehen; Petrus könnte z. B. ‚Edelstein' meinen oder eine Anspielung auf die Entschlossenheit = Härte des Simon sein".[150]

---

[143] *Gnilka*, Petrusdienst, S. 14.
[144] Heißt es bei Matthäus, dass Jesus seine Kirche auf diesen Felsen bauen wird, so ist damit die ganze nachösterliche Ekklesia gemeint. Es geht nicht um eine einzelne Ortsgemeinde, vgl. hierzu *Luz*, Matthäus I/2, S. 461; *Gnilka*, Petrusdienst, S. 15.
[145] Vgl. *Konradt*, Matthäus, S. 261; ähnlich äußert sich *Luz*, Matthäus I/2, S. 457, der allerdings (und im Gegensatz zu Ratzinger!) darauf hinweist, dass ein solches Wortspiel nur in der griechischen, nicht aber in der aramäischen Version überzeugend wirkt.
[146] Vgl. *Luz*, Matthäus I/2, S. 457.
[147] Vgl. *Konradt*, Matthäus, S. 261.
[148] *Luz*, Matthäus I/2, S. 457, mit Bezug zu den Ausführungen von Peter Lampe.
[149] Ebd., S. 458.
[150] Ebd.; ähnlich *Beinert/Kühn*, Ökumenische Dogmatik, S. 573.

Eine ähnliche Meinung vertritt Joachim Gnilka.[151] Die Benennung des Simon als Πέτρος, der zur πέτρα der Kirche wird (16,18), kann ausgehend vom griechischen Wortursprung hingegen nur mit „Fels" übertragen werden.[152] An dieser Stelle ist die griechische Wortbedeutung der πέτρα eindeutig. Entscheidender als die genaue Bedeutung der Bezeichnung des Simon als Πέτρος in 10,2 einerseits und 16,18a andererseits ist die Feststellung der grundsätzlichen Verschiedenheit. Geht man von dieser aus, so weist die doppelte Benennung des Simon als Πέτρος bei Matthäus aufgrund dessen nicht unweigerlich auf eine beide Male gesicherte Herkunft durch Jesus hin.[153]

III. Zur Frage nach: Petrusdienst – Petrusamt – Fortdauer

Die wohl prominenteste Anfrage an das Geschehen um die Berufung und Sendung des Petrus nach dem Zeugnis des Matthäusevangeliums lässt sich mit der folgenden Frage zusammenfassen: Begründet die einmalige Sendung Petri einen fortdauernden Auftrag zu einem bleibenden Petrusdienst und falls ja, kann dieser das Papstamt in der Kirche begründen? Ulrich Luz formuliert die Relevanz dieser Anfrage folgendermaßen:

> „Die alte protestantische, von Cullmann besonders kräftig betonte These, daß Mt 16,17–19 keine Sukzession im Petrus*amt* ins Auge faßt, ist heute weit mehr als nur eine protestantische These. Sie entspricht dem Richtungssinn des Textes: Der Fels, das Fundament, ist von dem, was darauf gebaut wird, dem Haus, grundsätzlich verschieden. Der Fels bleibt; das darauf gebaute Haus wächst in die Höhe".[154]

Im weiteren Verlauf seiner Ausführungen stellt Ulrich Luz heraus, dass es bereits zu frühester Zeit der Kirche lokale Amtsträger gab.[155] Die wesentliche Unterscheidung, aus der er eine Absage an eine Sukzession im Petrusamt schlussfolgert, besteht für ihn in der Divergenz zwischen Gesamtkirche und einzelner „Gemeinde": Nur in der letztgenannten existierten die genannten Ämter, auf der Ebene der ganzen Kirche jedoch sei keine „Sukzession der Apostel in ihrem apostolischen (...) Amt"[156] bezeugt. Einen anderen Ansatzpunkt wählt Martin Ebner. Ausgehend von der Schlüsselgewalt, die Christus dem Petrus überträgt, formuliert er:

---

[151] Vgl. *Gnilka*, Petrusdienst, S. 11.

[152] Vgl. *Luz*, Matthäus I/2, S. 457; *Gnilka*, Petrusdienst, S. 14; *Konradt*, Matthäus, S. 261.

[153] Vgl. *Luz*, Matthäus I/2, S. 458: „Der Beiname Kephas ist alt, aber Mt 16,18 nicht. Der Vers ist wahrscheinlich nicht die Deutung, sondern eine Umdeutung des Beinamens Kephas. Im ganzen scheint die Herleitung aus einer griechischsprachigen Gemeinde wahrscheinlich". Dies gilt insbesondere, wenn man davon ausgeht, dass Mt 16,18 nicht von Jesus stammt (ebd., S. 456). Dort stellt der Autor zur Authentizität als Jesuswort fest: „Diese Möglichkeit wird heute allerdings immer weniger vertreten".

[154] *Luz*, Matthäus I/2, S. 471. Hervorhebung im Original. Insbesondere gegen die zuletzt genannte Aussage könnte die Frage lauten, ob ein beständig wachsendes Haus ohne ein Fundament, das seiner Höhe gerecht wird, nicht letztlich doch zu bröckeln beginnen muss.

[155] Vgl. ebd., S. 471 f. Er nennt Bischöfe und Diakone.

[156] Ebd., S. 472.

„Dagegen ist im Matthäus- und Johannesevangelium sehr wohl von der Konstruktion eines ‚Petrusamtes' zu sprechen, das über die historische Figur des Petrus hinausreicht. (…) im Matthäusevangelium geht es um die Vollmacht zu halachischen Entscheidungen."[157]

Damit verbunden erscheint das im Johannes- und Matthäusevangelium aufscheinende „Gegengewicht zur Verfügungsgewalt" Petri, das bei Matthäus in der „Entscheidungsbefugnis der Gesamtekklesia" zu finden ist.[158] Dieses Gegengewicht ordnet Ebner im Folgenden als „verfassungsrechtlich installiertes Gegenorgan" ein, das „der Gesamtekklesia gerade in Disziplinarfragen letzte Verfügungsgewalt zusprechen" würde.[159] Ebenfalls ausgehend von der Bedeutung der gesamten Kirche, aber mit anderem Ergebnis, äußert sich Matthias Konradt, der feststellt:

„Die Aufgabe, mit der Jesus Petrus in V. 19 betraut, begründet kein exklusives *Leitungsamt* des Petrus. Ein solches ‚Petrusamt' wäre für Matthäus mit der geschwisterlichen Grundstruktur der Gemeinde, wie er sie in 23,8–12 betont herausstellt, unvereinbar. (…) Schon gar nicht schwebt Matthäus bei der Petrus in V. 18 zugesprochenen Bedeutung als Felsenfundament der Kirche ein *dauerhaftes* ‚Amt' vor, das an Nachfolger weitergegeben werden könnte (…): Petrus symbolisiert als Fundament der Kirche deren Bindung an die Geschichte Jesu, an das (…), was ihm im Rahmen seiner Augen- und Ohrenzeugenschaft von Gott offenbart wurde und sich in seinem Bekenntnis in 16,16 verdichtet hat".[160]

In dieser Auslegungsweise wird die Sendung des Petrus nur für die Urkirche relevant, insofern er als Erster unter Gleichen im Zwölferkollegium und gemeinsam mit diesem zur „Keimzelle der ecclesia"[161] wurde.[162]

Die genannten Autoren unterscheidet auch der verschiedene Ansatzpunkt ihrer Sichtweisen auf die etwaig notwendige Existenz eines fortdauernden Petrusamtes in der Kirche. Während Luz vom Amtsverständnis der Frühkirche her argumentiert und davon ausgehend eine Unterscheidung der Ebenen von Orts- und Gesamtkirche vornimmt, bezieht sich Ebner auf die Funktion des Petrus und die Notwendigkeit ihrer Fortdauer. In der Aussageabsicht einheitlicher erscheint hingegen die Antwort, wenn man – die Ausgestaltung und die konkrete Ansiedlung des Petrusamtes (lokal oder universal) auslassend – nach dem eigentlichen Sinn des petrinischen Auftrags fragt. Ulrich Luz bemerkt hierzu:

„Anders ist es mit dem Petrus*dienst*, worunter ich im Anschluß an Mt 16,16.19 die öffentliche Bezeugung des ‚ungekürzten Christusglaubens' und die bleibende Verpflichtung der Kirche auf das ‚Programm Jesu' verstehe. Er ging nach dem Tode der Apostel weiter. (…)

---

[157] *Ebner*, Petrus – Papstamt – Kirche, S. 57.
[158] Ebd.
[159] Ebd.
[160] *Konradt*, Matthäus, S. 264. Hervorhebung im Original.
[161] Ebd.
[162] Vgl. ebd., S. 262 f. An dieser Stelle konkretisiert der Autor: „Vielmehr ist die ecclesia Jesu für Matthäus die in Israel und der übrigen Völkerwelt entstehende Heilsgemeinde. Genauer: Ihre Keimzelle ist der von Jesus im Rahmen seines Wirkens in Israel herausgebildete Jüngerkreis, der nachösterlich Menschen aus allen Völkern offensteht". Auf diese Keimzelle bezieht sich die futurische Verheißung Jesu (vgl. ebd., S. 262).

Eine sachliche Kontinuität, d. h. ein Weitergeben des Petrus*dienstes*, faßt Matthäus durchaus ins Auge".[163]

Spricht Martin Ebner hinsichtlich des in der genannten Gestalt bestehenden Petrusamtes davon, dass seine vornehmliche Aufgabe darin liegt, Disziplinarfragen zu entscheiden, d. h. „einzelne Christen aus der Gemeinschaft auszuschließen, sie von ihrem Dienst zu suspendieren oder ihnen die Lehrerlaubnis zu entziehen"[164], so zielt auch diese letztlich darauf ab, den Christusglauben ungekürzt weiterzugeben und der Verpflichtung auf das Programm Jesu treu zu bleiben. Ein Ausschluss eines Christen aus der Kirche konnte und kann immer nur dann legitim erfolgen, wenn der Betroffene sich schwer gegen die Gemeinschaft der Kirche als Gemeinschaft der Christgläubigen versündigt hat.[165]

Ebenfalls von der gemeinschaftlichen Dimension ausgehend argumentiert Joachim Gnilka, indem er den Petrusdienst als einen Dienst „im Rahmen der Jüngerschaft"[166] einordnet:

„Er teilt den Dienst mit anderen. Er übt ihn nicht allein oder absolut aus. Das gilt, auch wenn ihm nach Ausweis einzelner prominenter Schriftstellen ein besonderer Dienst zugewiesen wird. (...) Der Petrusdienst hat mit der Gemeinde, mit der Kirche zu tun. Und Kirche ist erst nachösterlich ermöglicht, in erster Linie durch das Bekenntnis zu Jesus als dem gekreuzigten und auferweckten Herrn".[167]

Noch deutlicher als die zuvor angeführten Argumentationen formuliert Gnilka weiter:

„Das Neue Testament empfiehlt nicht nur, sondern fordert auch eine kollegiale Ausübung des Petrusdienstes, auch und gerade, wenn Petrus an der Spitze steht".[168]

---

[163] *Luz*, Matthäus I/2, S. 472. Hervorhebung im Original. Ob eine kontradiktorische Unterscheidung von Petrus*amt* und Petrus*dienst* wirklich angebracht erscheint, lässt sich zumindest auf der Grundlage des geltenden kirchlichen Amtsverständnisses insbesondere des Codex Iuris Canonici bezweifeln. Jedes Amt in der Kirche ist von seinem Wesen her ein Dienst am Gottesvolk. Man könnte sagen, dass es um diesen Dienst willen überhaupt Ämter der Kirche gibt.

[164] *Ebner*, Petrus – Papstamt – Kirche, S. 57.

[165] Dies gilt auch in Bezug zum heute geltenden kirchlichen Straf- und Sanktionsrecht, vgl. hierzu *Müller*, Warum und wozu kirchliche Sanktionen?, S. 189: „Aus den biblischen Quellen läßt sich mithin ableiten, daß schon in den Gemeinden der Frühen Kirche ein Verfahren zum Ausschluß praktiziert wurde. Bei einem solchen Verfahren ging es – bei allen Unterschieden im einzelnen – im wesentlichen um zweierlei: 1. um das Seelenheil des Delinquenten und 2. um den Schutz der Gemeinde vor Verwirrung und ‚Verunreinigung' durch den Kontakt mit schweren Sünden"; zur Einordnung in der heutigen Zeit ebd., S. 196: „Sie (sc. kirchliche Zensuren) stellen die Reaktion der Kirche auf ein solches Verhalten von Christgläubigen dar, durch welches ein in schwerwiegender Weise störender Widerspruch zur kirchlichen Communio herbeigeführt wird. (...) Sie sollen den betreffenden Gläubigen zum Überdenken seiner Haltung bringen und so zur ‚Heilung' seines Verhältnisses zur Kirche und damit zu Gott beitragen (...)".

[166] *Gnilka*, Petrusdienst, S. 13.

[167] Ebd.

[168] Ebd., S. 23.

Trotz aller Unterschiedlichkeiten erscheint dennoch das gemeinsame Fundament aller an dieser Stelle genannten Auslegungsweisen hinsichtlich Petrusdienst
und Petrusamt: das Bekenntnis und die Wahrung des Glaubens an Christus auf der
Grundlage des Evangeliums.[169] Dieses gilt auch unabhängig davon, wie man die
Frage nach dem fortdauernden Petrusamt in der Gestalt des Papsttums beantwortet.

Auch auf der Ebene der Verortung des Petrusdienstes lassen sich kritische Anfragen feststellen, die insbesondere die gesamtkirchliche Relevanz eines Petrusamtes in der Frühen Kirche hinterfragen. So stellt Norbert Brox fest:

> „Papsttum bedeutet die zentralistische *Kirchenverfassung* der lateinisch-römischen Tra-
> dition. Anfangs war die Kirche aber nachweislich nicht zentralistisch organisiert. Alle
> frühchristlichen Zeugnisse zeigen, daß die Orts- und Gebietskirchen gleichberechtigt,
> selbstständig und ohne eine andere Rückbindung als die Gemeinschaft aller Einzelkirchen
> untereinander existierten".[170]

Wurden Streitfragen über Glaube und Ordnung in dieser frühesten Zeit innerhalb der Ortskirchen, später dann bei übergreifenden Problematiken auch auf Re-
gionalsynoden behandelt, entstand erst ab dem 2. Jahrhundert eine Rückbindung
auf diejenigen Kirchen, die auf eine apostolische Gründung zurückgingen, „einen
Apostel als ersten Bischof gehabt hatten oder ein Apostelgrab besaßen".[171] Daher
kann nach Ansicht von Brox von einer ununterbrochenen personalen Sukzession
des Petrusamtes ausgehend von der Sendung des Apostels selbst keine Rede sein.[172]
Letztlich jedoch scheint auch in dieser Darstellung das gemeinsame Fundament
auf, aufgrund dessen auch das römische Papsttum besteht[173]: die Wahrung der Einheit der Kirche in Glaube und Ordnung.

---

[169] Der petrinische Dienst kann als Dienst an der Einheit nicht nur aus der römisch-katholischen Perspektive als notwendig angesehen werden, vgl. etwa die grundlegende Einordnung bei *Pannenberg*, Überlegungen zum Petrusdienst, hier bes. S. 43 und S. 52: „Ein uni-
versalkirchlicher Petrusdienst ist aus der Notwendigkeit zu begründen, die Einheit der Christen
nicht nur am jeweiligen Ort und in den einzelnen Regionen des kirchlichen Lebens zu wahren
und zu stärken, sondern auch auf der Ebene der Gesamtkirche (...)"; ebd., S. 55: „Zweifellos bedarf die Christenheit heute wie in früheren Zeitaltern der Kirche einer solchen Stärkung durch den Dienst an ihrer Einheit im Glauben"; zu einer differenzierten Sichtweise auf
die Notwendigkeit eines Einheitsdienstes aus evangelischer Perspektive vgl. überdies *Luz*,
Matthäus I/2, S. 482 f.

[170] *Brox*, Papsttum, S. 25. Hervorhebung im Original.

[171] Ebd., S. 26.

[172] Vgl. ebd., S. 24. Er rekurriert auf die namentliche Auflistung aller Päpste, die mit dem
Apostel Petrus beginnt und ununterbrochen alle (Gegen-)Päpste bis hin zu Papst Franziskus
auflistet. Eine Sukzession in diesem Sinne ist im Angesicht einer über 2000-jährigen Geschichte durchaus anzuzweifeln. Dies gilt jedoch nicht gemeinhin für eine Sukzession des
petrinischen Auftrags, die dann zu einer auch personalen Sukzession im Amt des Bischofs
von Rom führte.

[173] Dass diese Aufgabe letztlich dem römischen Bischof anheimfiel und dieser als Papst zum
Garanten der Einheit der Kirche wurde, steht als unbestreitbare geschichtliche Tatsache vor
Augen. Unabhängig von der Frage nach dem „Woher?" und der konkreten Ausgestaltung des
Petrusamtes stehen alle Anfragen vor dem Hintergrund des realen Ist-Zustands des römischen
Papsttums.

IV. Zwischenfazit

Diese exemplarische Auswahl kritischer Anfragen an einzelne Ergebnisse, die Joseph Ratzinger im Zuge seiner Darlegungen vorstellt, soll in erster Linie dazu dienen, den Blick zu weiten und darauf hinzuweisen, dass manche der gerade in der traditionellen Bezugnahme durch die römisch-katholische Kirche maßgeblichen biblischen Belegstellen durchaus diskutabel bleiben. Letztlich gilt es im gegebenen Kontext und in Anbetracht der realen Existenz des Papstamtes der Kirche, kritische Anfragen nach dem Ursprung und dem möglichen Wesen eines bleibenden Petrusdienstes mit der kanonischen Exegese Ratzingers zu verbinden. Daher muss es darum gehen, die Gesamtheit und Einheit der Offenbarung in Schrift und Tradition zu beachten und das römische Papsttum auf ihrer Grundlage zu verorten:

„Die erste Voraussetzung aller Exegese ist, daß sie die Bibel als *ein* Buch nimmt. (…) Will sie Theologie sein, muß sei einen Schritt weitergehen: Sie muß anerkennen, daß der Glaube der Kirche jene Art von Sympathie ist, ohne die sich der Text nicht öffnet. Sie muß diesen Glauben als Hermeneutik, als Ort des Verstehens anerkennen, der die Bibel nicht dogmatisch vergewaltigt, sondern die einzige Möglichkeit bietet, sie sie selber sein zu lassen".[174]

Auch eine alleinige Fokussierung auf die verschiedenen Etappen der Wirkungsgeschichte – insbesondere von Mt 16,16–18 – reicht folglich nicht aus.[175] Mit Ulrich Luz ist diesbezüglich darauf hinzuweisen, dass „in allen Deutungsmustern Aspekte des biblischen Grundtextes aufgenommen sind".[176] Seine im Folgenden dargestellte Meinung, der zufolge dann, „wenn im Namen einer Deutung unseres Textes andere unterdrückt und diszipliniert werden, ein Stück des christlichen Glaubens unterdrückt"[177] wird, steht in keiner Weise diametral jener Theologie des Petrusamtes gegenüber, die Joseph Ratzinger vertritt. Diese selbst wird vom Charakteristikum des Petrusamtes als wahrer Hirtendienst an der Einheit des Gottesvolks auf der Grundlage des Evangeliums und des Glaubens als Antwort darauf durchzogen, dem jede unterdrückende und in diesem Sinne disziplinierende Handlung entgegenstünde.[178] In dieser Schlussfolgerung wird jedoch schon die folgende Frage

---

[174] *Ratzinger*, Schriftauslegung im Widerstreit, JRGS 9/2, S. 818. Hervorhebung im Original.

[175] Diese wird in maßgeblichen Schlaglichtern dargestellt bei *Luz*, Matthäus I/2, S. 472–480.

[176] Ebd., S. 480. Allerdings weist Luz im Folgenden darauf hin (ebd., S. 481), dass die „römische" Auslegungsweise „am weitesten vom Text entfernt" zu sein scheint.

[177] Ebd.

[178] Dies gilt auch für die aus kanonistischer Sicht an dieser Stelle aufscheinende Frage nach der päpstlichen Disziplinargewalt, die recht verstanden letztlich immer zum Schutz der Einheit im Glauben Anwendung findet und niemals den Weg zur Umkehr verschließt, vgl. *Müller*, Warum und wozu kirchliche Sanktionen?, S. 189 f. und S. 198: „Wie die kirchliche Rechtsordnung insgesamt stehen auch die Sanktionen im Dienst an der Authentizität von Wort und Sakrament"; ebd., S. 202: „Sanktionen in der Kirche verdeutlichen bestehende Grenzen und sind legitim, weil sie so dem Aufbau der kirchlichen Communio dienen. Sanktionen in der Kirche sind aber nur dann legitim, wenn sie so angewendet werden, daß sie dem Aufbau der kirchlichen Communio auch tatsächlich dienen. Dann aber können sie der Kirche auf ihrem Weg durch menschliche Fehler und Schwächen helfen (…)".

deutlich, die auf der Sendung Petri aufbaut und ebenfalls eine Beantwortung durch Joseph Ratzinger erfahren hat: die Frage nach der Petrusnachfolge.

Thomas Söding bemerkte innerhalb seines exegetischen Kommentars zum päpstlichen Amtsverzicht Benedikts XVI.:

> „Als Bischof von Rom muss der Papst sich aber auch in die Nachfolge des Paulus stellen. ‚Peter und Paul' gehören zusammen. Petrus ist der Mann mit dem Schlüssel, der für die Binde- und Lösegewalt der Kirche steht, für die Macht und das Recht. Paulus hingegen ist der Mann mit dem Buch und dem Schwert, das für die Schärfe des Wortes steht, für die Kritik und den Verstand, für die Wahrheit des Evangeliums und die Freiheit des Glaubens, für die Mystik der Gottesliebe und das Sakrament des Heils. Benedikt XVI. hat sich, anders als seine drei Vorgänger, nicht den Namen des Völkerapostels gegeben. Aber er hat sein Amt paulinischer als sie alle geführt."[179]

Diese sozusagen „paulinische Amtsausübung" trat nicht zuletzt im Nachsynodalen Apostolischen Schreiben Verbum Domini Papst Benedikts XVI. zutage.[180] Als Synthese nicht nur der vorangegangenen Bischofssynode, sondern ebenso der eigenen Theologie des Gotteswortes, zeigt sich der zugleich missionarische Charakter, den Benedikt XVI. dem Papstamt beimisst.[181]

Die Einschätzung Södings, die es zu teilen gilt, kann sodann dazu verhelfen, die Erörterungen Joseph Ratzingers hinsichtlich des biblischen Ursprungs des Petrusamtes und seiner Fortdauer im römischen Bischofsamt nachzuvollziehen. Die Besonderheit der Analyse besteht darin, dass sie nicht bei theoretischen Herleitungen stehen bleibt, sondern ihre praktische Entfaltung im eigenen Pontifikat des späteren Papstes Benedikt XVI. findet. Die Kontinuität zwischen der theologischen Entfaltung mit ihren maßgeblichen Dimensionen und der Verwirklichung im eigenen Pontifikat gilt es, zu einem späteren Zeitpunkt darzustellen. Weiter kommentiert Söding:

> „Die paulinische Leitidee heißt: Leiten durch Lehren. Das ist auch das Motto von Benedikt. (…) Durch Verkündigung und Katechese, durch Exegese und Reflexion die Kirche zu leiten – das war und ist seine Idee. Es ist ein paulinischer Ansatz".[182]

In einer derartigen Verwirklichung des Petrusdienstes scheint die Grundtendenz auf, die sowohl Paulus in seinem Brief an die Galater als auch der Evangelist Johannes beschreiben. Petrus wird zum Hirtendienst an der Herde Christi gesandt und auf diese Weise zu dessen „Sachwalter (…), da Christus jetzt nicht mehr unter den Seinen weilt".[183] Den Maßstab seines Hirtendienstes bildet ganz im paulinischen Sinn[184]

---

[179] *Söding*, Exegetischer Kommentar, S. 181.
[180] *Benedikt XVI.*, AAp VD.
[181] Vgl. ebd., 92; *Zöhrer*, Martyria als Grundkategorie, S. 84–86.
[182] *Söding*, Exegetischer Kommentar, S. 181.
[183] *Gnilka*, Johannes, S. 159.
[184] Dies gilt gerade deshalb, *weil* Paulus dem Petrus ins Angesicht widerstehen kann und mitunter auch muss. Das Evangelium ist die maßgebliche Grundlage, an die auch Petrus und seine Nachfolger gebunden sind.

indes das Evangelium und der Glaube daran. In ihm liegt das verbindende Element, auf dessen Grund er seine einheitsstiftende Funktion ausübt: „Das Christentum ist eine Religion des Glaubens, von Anfang an. (…) Im Glauben werden die Grenzen zwischen Juden und Heiden, Männern und Frauen, Sklaven und Freien überwunden, zwischen Nationen und Sprachen, Schichten und Klassen. Im Glauben entsteht die Kirche".[185]

§ 2 Begründung der Petrusnachfolge

Bereits innerhalb der hier zugrundeliegenden Ausführungen Joseph Ratzingers zum neutestamentlichen Ursprung des Petrusamtes lässt sich seine spezifische Primatstheologie erahnen. Die Frage nach der Herkunft des petrinischen Vorrangs stellt jedoch nicht das alleinige Interesse dar. Die Begründung der Petrusnachfolge erscheint Ratzinger hierbei mitunter noch entscheidender:

> „Schwieriger und in mancher Hinsicht entscheidungsvoller ist die zweite Frage, der wir uns stellen müssen: Ist eigentlich eine Nachfolge Petri vom Neuen Testament her zu rechtfertigen? Fordert es sie vielleicht oder schließt es sie aus? Und wenn Nachfolge, kann Rom einen berechtigten Anspruch darauf erheben, deren Sitz zu sein?"[186]

Die spezifisch *römische* Petrusnachfolge soll zunächst nicht im Vordergrund stehen. Vielmehr gilt es in einem ersten Schritt, die Frage nach der Nachfolge des Petrus im Allgemeinen anhand der Darstellungen Joseph Ratzingers zu analysieren.

A. Vorbemerkungen

Wiederum wendet Joseph Ratzinger die Methode der konzentrischen Kreise an und fragt grundsätzlich nach Nachfolgerschaft im Neuen Testament. Er stellt fest, dass es „eine ausdrückliche Aussage zur Petrusnachfolge im Neuen Testament nicht gibt",[187] was er mit dem grundsätzlichen Fehlen eines Bewusstseins einer nachapostolischen Zeit der Kirche in den Evangelien und der Briefliteratur begründet. Die johanneische Entfaltung des Petrusamtes gibt jedoch ein erstes Zeichen für den Fortbestand desselben, war doch Petrus zur Zeit der Abfassung des Johannesevangeliums „längst tot".[188] Für Ratzinger sind es jedoch nicht diese

---

[185] *Söding*, Exegetischer Kommentar, S. 182.

[186] *Ratzinger*, Primat Petri und Einheit der Kirche, JRGS 8/1, S. 610 f.

[187] Ebd., S. 622; vgl. *Gnilka*, Petrusdienst, S. 22: „Eine unmittelbare Sukzession für Petrus läßt sich im Neuen Testament nicht feststellen, in dem Sinn, daß sein Dienst auf einen anderen einzelnen übergegangen sei"; zur ökumenischen Bedeutung dieser Fragestellung vgl. *Beinert/Kühn*, Ökumenische Dogmatik, S. 547 f.

[188] *Ratzinger*, Primat Petri und Einheit der Kirche, JRGS 8/1, S. 622; zur Frage nach einer Aufnahme der Sendung des Petrus im Johannesevangelium im Sinne einer Antizipation vgl. *Gnilka*, Petrusdienst, S. 20.

Details, die die Begründung der Nachfolge liefern, sondern die vorgelagerte Erkenntnis, „dass die neutestamentlichen Überlieferungen nie einem bloßen Interesse historischer Neugier entsprechen, sondern Gegenwart in sich tragen".[189] Die
Offenbarung der Schrift birgt eine stets jetztzeitliche Bedeutung und Wirkung.[190]

In einem weiteren Schritt, so Ratzinger, erwächst gerade aus dieser durch die
Zeiten hindurch andauernden Offenbarungswirkung der Heiligen Schrift eine
erste Begründung des Prinzips der Nachfolge im Allgemeinen: „Immerhin zeigt
sich darin, dass der Gedanke der Nachfolge gar nicht zu umgehen ist, wenn man
das überlieferte Wort überhaupt als einen auf die Zukunft hin offenen Raum betrachtet".[191] In kritischer Stellungnahme zu den Studien von Oscar Cullmann und
Rudolf Bultmann erscheint diese Schlussfolgerung als logische Konsequenz, denn
auch jene Abhandlungen, die dem Thema der spezifisch petrinischen Stellung
kritisch gegenüberstehen, beinhalten dennoch das Prinzip der Nachfolge.[192] Im
Gegenteil wird dieses gerade durch die ablehnende Haltung gegen die alleinige
Vorrangstellung Petri noch zusätzlich untermauert, indem beide Autoren durch
ihre Konstruktionen anderer Nachfolgerschaften das Prinzip der Nachfolge als
Voraussetzung betrachten, um ihre Argumentation darzulegen.[193]

Wie bereits innerhalb der Analyse des Ursprungs des Petrusamtes gesehen,
hängt für Joseph Ratzinger die übertragene Aufgabe stets untrennbar mit dem konkreten Menschen zusammen.[194] Dieser Zusammenhang resultiert aus der Offenbarung des Heilsmysteriums Christi mit einen konkreten Menschen als Adressat,
der in persönlich-verantworteter Zeugenschaft für diese Offenbarung in seinem
Bekenntnis einsteht.[195] Die personale Konkretion wiederum beruht auf der Eindeutigkeit der Offenbarung selbst, die aufgrund ihrer Exklusivität und Letztgültigkeit
das Konkreteste des Konkreten darstellt und das personale, das tatsächlich fass-
bare Momentum geradezu fordert. Der Beweis dieser Argumentation ist ebenfalls

---

[189] *Ratzinger*, Primat Petri und Einheit der Kirche, JRGS 8/1, S. 623.

[190] Vgl. DV 10. Gerade die Tatsache, dass die Heilige Schrift Richtschnur des Glaubens ist,
verdeutlicht jene Wirkung der Offenbarung durch die Zeiten hindurch; vgl. zum Gesamten
Müller, Dogmatik, S. 63–65, hier besonders S. 64: „Denn die Schrift enthält nicht nur das Wort
Gottes (…), sondern sie ist das Wort Gottes (…). Deshalb müssen auch die spätere theologische
Entwicklung, die dogmatische Formulierung des Glaubens und die verbindliche Auslegung
immer aus diesem ursprünglichen Wort Gottes heraus interpretiert werden, weil die ursprüngliche Fülle nie ausgeschöpft werden kann".

[191] *Ratzinger*, Primat Petri und Einheit der Kirche, JRGS 8/1, S. 623.

[192] Joseph Ratzinger bezieht sich hierbei auf *Oscar Cullmann*, Petrus. Jünger – Apostel –
Märtyrer. Das historische und das theologische Petrusproblem, Zürich/Stuttgart 1952 und
Rudolf Bultmann, Geschichte der synoptischen Evangelien, Göttingen 1957.

[193] Dies tun nahezu alle Autoren, die sich dieser Frage zuwenden, vgl. *Gnilka*, Petrusdienst,
S. 22 f.; *Brox*, Papsttum, S. 25–28; *Beinert/Kühn*, Ökumenische Dogmatik, S. 575; *Ebner*,
Petrus – Papstamt – Kirche, S. 57, der für Nachfolge zumindest für Mt und Joh annimmt. Wenn
auch von *kollegialer Nachfolge* gesprochen wird, so wird dennoch die Existenz von *Nachfolge
überhaupt* impliziert.

[194] Vgl. S. 184–198 der vorliegenden Untersuchung.

[195] Vgl. *Ratzinger*, Primat Petri und Einheit der Kirche, JRGS 8/1, S. 623.

in einer Person gegeben: in Jesus Christus selbst. Denn gerade der Gottessohn als menschgewordene Heilsgeschichte *propter nos homines* stellt die personale Dimension des Glaubensaktes unüberbietbar dar.[196] Gott offenbart sich den Menschen in einem fassbaren Gegenüber, in welchem er seine tatsächliche Existenz in der Welt dargestellt hat. Der personal-glaubende Mensch glaubt nicht an eine göttliche Sphäre, sondern an den konkreten Gottmenschen Jesus Christus:

> „So ist der Glaube das Finden eines Du, das mich trägt und in aller Unerfülltheit und letzten Unerfüllbarkeit menschlichen Begegnens die Verheißung unzerstörbarer Liebe schenkt, die Ewigkeit nicht nur begehrt, sondern gewährt".[197]

B. Nachfolge im Neuen Testament

Daraus ergibt sich in logischer Konsequenz, dass auch die Nachfolge, die das Neue Testament und in ihm insbesondere die Apostelgeschichte und die Pastoralbriefe als Dokumente der „zweiten Generation" benennen, eine personal-fassbare Struktur braucht, um tatsächlich Nachfolgerschaft zu sein.[198] Dies gilt auch für einen Nachfolger Petri, der in der Nachfolge Jesu stehend als personaler Zeuge das Evangelium und den Glauben daran bekennt.[199]

Joseph Ratzinger verwehrt sich innerhalb dieses Kontexts einer Missdeutung, wonach die konkrete Person aufgrund eigener Kraft Zeuge sein kann. Erneut ist es Petrus, der Vorbild und Beleg für diese Einschätzung ist. Die Heilige Schrift schildert, dass die Berufung des Simon in das Petrusamt nicht „aus Fleisch und Blut" geschieht, sondern aufgrund der göttlichen Gnade (Mt 16,17). In direkter Verbindung[200] zum Messiasbekenntnis des Petrus (Mt 16,16) stehend, ist der Bezug der Worte Jesu zu diesem nicht zu verleugnen: Das persönliche Glaubenszeugnis des Petrus beruht ebenso wenig aufgrund eigener, menschlicher Fähigkeiten, wie die Berufung in sein Felsenamt. Die Fähigkeit des Petrus, Offenbarungszeuge zu sein und diese Glaubenserkenntnis zu bekennen, ist Frucht der göttlichen Gnade.

---

[196] Vgl. *Ratzinger*, Einführung, JRGS 4, S. 88 f.

[197] Ebd.

[198] Vgl. *Ratzinger*, Primat Petri und Einheit der Kirche, JRGS 8/1, S. 623.

[199] Hierzu muss angemerkt werden, dass eine personal-fassbare Struktur der Nachfolgerschaft nicht unbedingt einer Einzelgestalt bedürfte. Auch eine kollegiale Nachfolgerschaft könnte diesen Auftrag erfüllen, vgl. hierzu *Gnilka*, Petrusdienst, S. 23: „Das Neue Testament empfiehlt nicht nur, sondern fordert auch eine kollegiale Ausübung des Petrusdienstes, auch und gerade, wenn Petrus an der Spitze steht. Es bleibt zu bedenken, daß die Leitung der universalen Kirche durch Petrus im Johannesevangelium bezeugt ist, jenem Evangelium, das die Ausrüstung jedes einzelnen Christen mit dem Geist Gottes akzentuiert"; äußerst kritisch zum Gesamten *Brox*, Papsttum, S. 25 f. Eine umfängliche Darstellung dieser historischen Problematik kann an dieser Stelle nicht erfolgen.

[200] Vgl. *Luz*, Matthäus I/2, S. 461; *Konradt*, Matthäus, S. 260.

Hierbei spielt das Pneuma, aufgrund dessen die Offenbarung erst erkannt und der Glaube bekannt werden kann, eine herausragende Rolle.[201] Die Ankündigung des Heiligen Geistes durch Christus wie sie das Johannesevangelium bezeugt (16,4–33), gilt als herausragende Quelle, denn der Herr bildet selbst die Verbindung von Offenbarung, Heiligem Geist als Vermittler (Joh 16,13) und daraus resultierender Zeugenschaft im Glauben (Joh 16,30 f.). In einem weiteren Schritt stellt „diese Bindung an das Pneuma und an seine Wesensweise –, nicht aus sich selbst, sondern was er hört‘" die ursprünglichste Definition dessen dar, was „in der Sprache der Kirche ‚Sakrament‘"[202] genannt wird. Es entsteht hieraus das Wesen der Nachfolge, das in diesem sakramentalen Sinne im „dreifachen Knoten Wort – Zeuge – Heiliger Geist"[203] dargestellt werden kann. Für die apostolische Zeit erwächst auf diese Weise die Verknüpfung dieser Trias mit dem tatsächlichen Bewusstsein über die Gegenwart Christi und des Heiligen Geistes.[204]

Als wirksame Zeichenhandlung in dieser Zeit der „zweiten Generation" benennt Ratzinger die Form der Handauflegung, die die apostolische Form der Nachfolge darzustellen vermag.[205] Die Tatsache, dass in der Kirche von Beginn an das Handeln Christi an den Menschen durch die Zeiten hindurch in den Sakramenten fortdauert, begründet ihren eigenen sakramentalen Charakter.[206] Ihr selbst ist – und das wird gerade durch Ratzingers Darstellung jener Trias von „Wort – Zeuge – Heiliger Geist" abgebildet – die grundlegende sakramentale Struktur eingepflanzt, die notwendigerweise ihren ursprünglichsten Charakter in der Nachfolgerschaft zeigt.[207] Gott offenbart sich durch Christus im Heiligen Geist, der den Menschen ermöglicht, die Offenbarung zu erkennen, anzunehmen, an sie zu glauben und sie personal zu bekennen. In dieser sakramentalen Verbindung von Gott und Mensch besteht der finale Grund der Nachfolgerschaft im Generellen und ebenso im Spezifikum des Petrusamtes.[208] Als Garant der Einheit jenes Glaubens, für den der

---

[201] Vgl. *Ratzinger*, Primat Petri und Einheit der Kirche, JRGS 8/1, S. 623.

[202] Ebd., S. 624.

[203] Ebd.

[204] Vgl. ebd.

[205] Vgl. ebd.

[206] Vgl. *Müller*, Dogmatik, S. 611–613, hier bes. S. 611 f.: „In Ursprung und innerer Struktur resultiert die Kirche aus der ökonomischen Trinität und der Erwählung des Bundesvolkes (…). Sie wird geschichtlich durchgreifend geprägt durch das Leben und Wirken sowie durch Tod und Auferstehung Jesu Christi. (…) Insofern der erhöhte Herr die Grundvollzüge der Kirche in Bekenntnis, Taufe und Eucharistie trägt und mit seinem Leben erfüllt, eignet er sich die Kirche je neu als seinen eigenen Leib und baut sie durch seine Präsenz und seinen Geist auf".

[207] Vgl. ebd., S. 618: „Die dem Amtsträger übergebene Vollmacht ist das äußere Zeichen der inneren Wirksamkeit des Geistes Gottes. Darum ist das Hirtenamt in der Kirche, das in der Person Christi die Grundvollzüge in Martyria, Leiturgia und Diakonia im Spannungsgefüge von Christus als Haupt und Christus als Leib darstellt, seiner inneren Natur nach sakramental".

[208] Zur Relevanz des sakramentalen Charakters im ekklesiologischen Denken Joseph Ratzingers vgl. *Wiedenhofer*, Grundzüge des Kirchenverständnisses, S. 133: „Wird (…) die sakramen-

personale Zeuge Simon Petrus aufgrund der an ihn ergangenen Offenbarung bis zum Tode Zeugnis ablegte, fordert diese Verbindung Gottes mit den Menschen die Nachfolgerschaft im Felsenamt.

Insofern lässt sich die anfangs gestellte Frage, ob das Neue Testament die Petrusnachfolge gar fordert[209], auf der Grundlage der Darstellung Joseph Ratzingers bejahen:

> „Das Prinzip Überlieferung in seiner sakramentalen Gestalt als Nachfolge der Apostel war konstitutiv für das Bestehen und Weitergehen von Kirche. Ohne dieses Prinzip ist überhaupt kein Neues Testament denkbar, und man bewegt sich in einem Widerspruch, wenn man das eine bejahen und das andere negieren will".[210]

Das Zeugnis, nicht nur des Petrus, sondern der Apostel insgesamt, ist so sehr an das Konkrete der personalen Existenz gebunden, dass eine freischwebende Fortdauer der Heilsoffenbarung aus sich heraus nicht zu begründen wäre. Vielmehr fordert die personale Zeugenschaft selbst die personale Nachfolgerschaft.[211] Als Konsequenz hieraus folgt der öffentliche Charakter, der mit der personalen Zeugenschaft und ihrer Nachfolge einhergeht. Wie Petrus öffentlich seinen Glauben bekannte – man denke an seine Pfingstpredigt (Apg 2,14–36) oder seine Rede vor dem Hohen Rat (Apg 4,5–12) – so trugen diejenigen, die aufgrund des Apostolischen Zeugnisses den Glauben ihrerseits durch Gottes Gnade empfingen dieses öffentliche Zeugnis weiter. Diese personale und öffentliche Zeugenschaft festigt die Begründung der notwendigen personalen Nachfolgerschaft.[212]

---

tale Transparenz der Zeichengestalt der Glaubensgemeinschaft als Heilssakrament gegenüber bestimmten (vorschnellen oder ungenügend reflektierten) Modernisierungsversuchen durch theologische Grundunterscheidungen und Grundbestimmungen gesichert, so wird die konkrete historisch entwickelte Zeichengestalt der katholischen Kirche auf den Willen Jesu Christi und das Wirken seines Geistes zurückgeführt und so in seiner bleibenden Maßgeblichkeit legitimiert".

[209] Vgl. *Ratzinger*, Primat Petri und Einheit der Kirche, JRGS 8/1, S. 610.

[210] Ebd., S. 625.

[211] Vgl. ebd., S. 624. Hier wendet sich Ratzinger der durch ein freischwebendes „intellektuelles und antiinstitutionelles Modell" charakterisierten Gnosis zu, die als Gegenmodell der Verfasstheit der Frühen Kirche bestand. Die gnostische Strömung lehnte jenes Prinzip der personalen Nachfolgerschaft (insbesondere die Apostolische Nachfolge) ab, vgl. vertiefend zum Gesamt des Gnostizismus *Fiedrowicz*, Theologie der Kirchenväter, S. 19–24; besonders zur Ablehnung gegenüber der Apostolischen Sukzession ebd., S. 65–68.

[212] Hierbei muss hervorgehoben werden, dass die Möglichkeit des bezeugbaren Rekurses auf die Lehre der Apostel durch deren Nachfolger, die als Apostolische Sukzession bezeichnet wird, dem überlieferten Glauben und der daraus erwachsenden Lehre besondere Autorität verleiht, vgl. hierzu ebd., S. 68–72. Die Treue zum Ursprung verleiht der Lehre ihre volle Kraft, vgl. Apg 2,42.

C. Begründung der *römischen* Petrusnachfolge

I. Einführung

Das Zeugnis des Petrus über das erfahre Heil in Jesus Christus, von dem die Apostelgeschichte berichtet (2,14–36), trug eine tatsächliche Frucht[213], wenn Lukas im Folgenden schreibt, dass dieses Zeugnis diejenigen, die es hörten, „direkt ins Herz" traf (Apg 2,37). Das Herz[214] öffnet sich durch das Zeugnis dessen, der mit seinen eigenen Augen Erstzeuge des Paschamysteriums Jesu Christi ist und als solcher für das Mysterium persönlich einsteht. Die weitere Folge aus diesem performativen Ereignis[215] der ersten Bekehrungen durch Petrus steht fest, wenn es über die Bekehrten und Neugetauften heißt: „Sie hielten an der Lehre der Apostel fest und an der Gemeinschaft, am Brechen des Brotes und an den Gebeten" (Apg 2,42).[216] Es stellt sich nun die Frage, wie das Festhalten an jener *Doctrina Apostolorum* der Urgemeinden und die damit verbundene Verwobenheit mit dem Petrusamt gemäß der Darstellung Joseph Ratzingers Gestalt annahm.

Hierbei können diejenigen Situationen zu einer Antwort verhelfen, in denen die Lehre der Apostel und näherhin ihre Interpretation in Bezug zum konkreten Leben der Gemeinden zum Streitfall wurden.[217] Nicht nur Anfeindungen durch verschiedene häretische Strömungen galt es hierbei zu bestehen, sondern auch einzelne Konflikte zu lösen: „Orientierungspunkte der Zeugenschaft wurden nötig, die man in den so genannten Apostelsitzen fand (…). Die Apostelsitze werden zum Orientierungspunkt der wahren Communio".[218] Innerhalb der Apostelsitze ragte der Sitz des Apostels Petrus heraus. Die weitere geschichtliche und systematische Entwicklung der Petrusnachfolge hing dabei auch mit der Frage nach dem primatialen Anspruch der Nachfolger Petri zusammen.

---

[213] Vgl. *Pesch*, Apostelgeschichte, S. 125 zu V. 37.

[214] Vgl. allgemein zu Bedeutungen des „Herzens" im neutestamentlichen Sprachgebrauch: *Bauer/Aland*, Wörterbuch NT, Sp. 818–821; bezugnehmend zu Apg 2,37 vgl. *Léon-Dufour*, Wörterbuch NT, S. 221. Dort wird „Herz" in diesem Kontext als „Gemütsleben" gedeutet; ferner *Konradt*, Matthäus, S. 261.

[215] Vgl. *Pesch*, Apostelgeschichte, S. 126: „Mit der Pfingstpredigt des Petrus beginnt die Geschichte der Zeugenschaft der Apostel in Jerusalem"; *Roloff*, Apostelgeschichte, S. 63: „Die Predigt hat eine gewaltige Wirkung. Spontan ließen sich ‚ungefähr 3000' Personen taufen".

[216] Vgl. ebd., S. 129: „Der erste Sammelbericht (…) schließt als nicht selbstständige, sondern kontextuell-gebundene Erzähleinheit an den Pfingstbericht (2,1–41) unmittelbar an und setzt dessen Abschluß und Verständnis voraus".

[217] Vgl. *Ratzinger*, Primat Petri und Einheit der Kirche, JRGS 8/1, S. 624. Auch hier ist die Gefährdung des christlichen Glaubens und der Gemeinden durch die Gnosis als besonderes Beispiel zu nennen, wie sehr die Rückbindung an die Lehre der Apostel den unverfälschten Glauben gewährleisten kann, vgl. hierzu *Fiedrowicz*, Theologie der Kirchenväter, S. 48–54; *Brox*, Papsttum, S. 26.

[218] *Ratzinger*, Primat Petri und Einheit der Kirche, JRGS 8/1, S. 624; vgl. überdies *Pottmeyer*, Papsttum, S. 19–21.

II. Der Vorrang Roms

1. Rom als Entscheidungsinstanz in Konflikten

Besonderes Interesse gilt hierbei der spezifisch *römischen* Petrusnachfolge. Auch dieser hat sich Joseph Ratzinger zugewandt und hierbei die Begründung des Vorrangs von Rom herausgestellt. Wie erwähnt, galten die verschiedenen Apostelsitze als Orientierungspunkte bei der Frage nach dem wahren apostolischen Glauben, der daraus erwachsenden Lehre und dem auf beiderlei Säulen ruhenden Leben der Kirche. Jedes Glied der apostolischen Zwölfer-Gemeinschaft bürgte für die Autorität des Erstzeugnisses über das Paschamysterium Christi.[219] Dennoch ist bereits für die unmittelbare nachapostolische Zeit belegt, dass Rom die maßgebliche Instanz für Entscheidungen des Glaubens und der Lehre war.[220] Die römische Kirche galt bereits in dieser frühesten Epoche als die Entscheidungsträgerin, die sowohl hinsichtlich der Quantität als auch der Qualität der durch sie getroffenen jurisdiktionellen Akte hervorstach.[221]

Ratzinger bezieht sich insbesondere auf Irenäus von Lyon (2. Jhd.), der den römischen Vorrang im Leben der Alten Kirche unterstreicht.[222] Die Frage nach Ursprung und Begründung des Vorrangs Roms ist gleichzeitig diejenige nach der systematischen und historischen Entwicklung des Primats. Erneut soll eine methodische Vorbemerkung Ratzingers Erwähnung finden, die den eigenen Anspruch seiner Ausführungen prägnant darstellt. Wenn es um die Überlegungen rund um Entstehung und Entwicklung des Primats geht, bemerkt er:

> „Wo theologisches Fragen und politische Leidenschaft aufeinandertreffen, droht die Trübung des Blicks für die Sache mehr als anderswo. Umso wichtiger wird es sein, immer wieder über die Leidenschaft des Augenblicks und seiner Ziele hinauszuschauen und sich auf die Ursprünge zu besinnen; denn das Maß der Kirche ist nicht die Opportunität der jeweiligen Gegenwart, sondern ihre Herkunft, die allein auch die bleibende Gewähr ihrer Zukunft bildet".[223]

Diese Bemerkung Joseph Ratzingers ist mehr als ein Bonmot, denn er äußert sie im Kontext eines wissenschaftlichen Aufsatzes zum Thema und zugleich mit

---

[219] In diesem Sinne auch *Brox*, Papsttum, S. 26f.

[220] Vgl. JRGS 8/1, S. 624 f.; vgl. *Pottmeyer*, Papsttum, S. 20; einen inhaltlichen Überblick bietet *Fiedrowicz*, Theologie der Kirchenväter, S. 72–80; eine großzügige zeitgenössische Quellensammlung bietet *Ders.*, Handbuch der Patristik, S. 98–127; vgl. auch *Luz*, Matthäus I/2, S. 473, dort unter 1.

[221] Eine weitläufige Darstellung dessen unter Bezugnahme auf mannigfaltige Beispiele der Frühgeschichte bietet *Heggelbacher*, Frühchristliches Kirchenrecht, S. 125–139; kritisch dazu *Brox*, Papsttum, S. 33–36.

[222] Vgl. JRGS 8/1, S. 624; zur Person des Irenäus vgl. *Collmar*, Irenäus von Lyon, Sp. 1315–1326; als Quelle sei die Verteidigungsschrift des *Irenäus* genannt: Adversus haereses, dort besonders 3,3, 2–3, abgedruckt bei *Fiedrowicz*, Handbuch der Patristik, S. 103 f., Rdnr. 91; vgl. überdies *Brox*, Papsttum, S. 26; *Benedikt XVI.*, Kirchenväter, S. 24–30.

[223] *Ratzinger*, Primat und Episkopat, JRGS 8/1, S. 629.

dem Titel „Primat und Episkopat". Der Blick auf den Ursprung des Primats und seine Verortung in Rom weist auf die bleibende Kraft des bis heute geltenden Primats des römischen Bischofs hin. Auch die Feststellung, dass die nach dem Tod Petri entstandenen Schriften des biblischen Kanons seine Vorrangstellung – wenngleich in unterschiedlicher Sinnrichtung – behandeln, kann einen Hinweis auf die bleibende Gültigkeit des Auftragswortes bieten.[224] Es ist daher nicht der jeweilige Augenblick[225], der das leitende Interesse am petrinischen Primat bestimmt, sondern die aus dem Ursprung erwachsende fortwährende Geltung desselben. Aus diesem Grund ist die Untersuchung der historischen Entwicklung des Primats angezeigt, die nach dessen Geburt aus dem Herrenwort ihre Kreise zog.[226]

Wenn die Bezeichnung „Primat" im Lehramt der Kirche mit dem ersten Konzil von Nizäa (325) zu belegen ist,[227] stellt sich in einem notwendig vorgelagerten Schritt die Frage nach der Entwicklung des römischen Vorrangs bis zu diesem Zeitpunkt, zumal die Väter Nizäas selbst noch von den Primaten in der Mehrzahl sprachen.[228]

---

[224] Vgl. *Heggelbacher*, Frühchristliches Kirchenrecht, S. 124.

[225] Auf dieser Grundlage muss auch die zurecht angemahnte Zweifelhaftigkeit der bei Petrus anfangenden durchgehenden Sukzessionslinie nicht im Fokus der Überlegungen stehen, vgl. hierzu kritisch *Markschies*, Am Anfang Petrus, S. 24 f.; *Brox*, Papsttum, S. 30–32; *Beinert/Kühn*, Ökumenische Dogmatik, S. 577 f.

[226] Vgl. *Ratzinger*, Primat und Episkopat, JRGS 8/1, S. 629. Dort beschreibt der Autor diese bleibende Gültigkeit mit einem Zitat Anton Vögtles: „Das Logion Mt 16,18 f. verheißt das (…) Bauen der Heilsgemeinde auf den als ‚Fels' erklärten Simon und impliziert ‚in der Sicht Jesu den Fortbestand dieser Kirche bis zum Ende dieses Äons'". Kritisch angemerkt sei, dass der Vorrang Roms gerade in der frühesten Zeit nicht durch das Zeugnis aus Mt 16,18, sondern vielmehr auf der Grundlage der Lebensgeschichte der Apostel Petrus und Paulus erwuchs, vgl. *Luz*, Matthäus I/2, S. 473 f., dort unter 2. Der Autor führt als erste „prägnanteste Exegese" des Logions die des Cyprian von Karthago aus dem 3. Jhd. an, ebd., S. 474, dort unter 3.

[227] Vgl. *Ratzinger*, Primat und Episkopat, JRGS 8/1, S. 630.

[228] Vgl. ebd., S. 631; dieses Zeugnis findet sich in Kanon 6 des Konzils: „Τὰ ἀρχαῖα ἔθη κρατείτω, τὰ ἐν Αἰγύπτῳ, καὶ Λιβύῃ καὶ Πενταπόλει, ὥστε τὸν ἐν *Ἀλεξανδρείᾳ* ἐπίσκοπον πάντων τούτων ἔχειν τὴν ἐξουσίαν· ἐπειδὴ καὶ τῷ ἐν *Ῥώμῃ* ἐπισκόπῳ τοῦτο σύνηθές ἐστιν. Ὁμοίως δὲ καὶ κατὰ τὴν *Ἀντιόχειαν*, καὶ ἐν ταῖς ἄλλαις ἐπαρχίαις, τὰ πρεσβεῖα σῴζεσθαι ταῖς ἐκκλησίαις. Καθόλου δὲ πρόδηλον ἐκεῖνο· ὅτι, εἴ τις χωρὶς γνώμης τοῦ μητροπολίτου γένοιτο ἐπίσκοπος, τὸν τοιοῦτον ἡ μεγάλη σύνοδος ὥρισε μὴ δεῖν εἶναι ἐπίσκοπον. Ἐὰν μέντοι τῇ κοινῇ πάντων ψήφῳ, εὐλόγῳ οὔσῃ, καὶ κατὰ κανόνα ἐκκλησιαστικόν, δύο, ἢ τρεῖς δι᾽ οἰκείαν φιλονεικίαν ἀντιλέγωσι, κρατείτω ἡ τῶν πλειόνων ψῆφος" (COD 1, S. 8 f.). Herausragend sind demnach die Petrussitze Alexandriens, Roms und Antiochiens; *Plöchl* bemerkt hierzu: „Es handelte sich hier nicht um die Stellung des Bischofs von Rom als Papst, dessen Primat in diesem Kanon nicht in Frage stand, sondern um die Rechte eines Obermetropoliten" (Geschichte Bd. I., S. 148 f.). Diese Einschätzung wird dann relevant, wenn es um die Frage nach der Herausbildung Roms als Primat der Primate geht, vgl. S. 223 f. der vorliegenden Untersuchung.

2. Drei Primate: Rom, Alexandrien und Antiochien

Wenn die Primate von Rom, Alexandrien und Antiochien vorausgesetzt werden, hat zunächst deren besonderer Vorrang als Trias analysiert zu werden, wonach sich notwendigerweise der „Primat der Primate"[229] in Rom zum Gegenstand der Untersuchung erheben muss. Die Lebensgeschichte des Apostels Petrus gibt den Weg vor, auf dessen Spur sich die Struktur der drei Primate finden lässt.[230] Antiochien selbst gilt als die erste Gemeinde, der Petrus in Folge des Jerusalemer Apostelkonzils (Apg 15,1–29) vorsteht. Hieraus ergibt sich die Vorrangstellung dieses Bischofssitzes.[231] Die Inklusion des alexandrinischen Bischofssitzes in die Trias nimmt den Umweg über die dortige Markustradition. Gemäß der Kirchengeschichte des Eusebius besteht durch Markus und das durch ihn verfasste Evangelium eine enge Verbindung mit Petrus, die die Teilhaftigkeit Alexandriens zur Trias der Primate begründet.[232] Wird dort das Markusevangelium als Verschriftlichung der Lehre des Petrus beschrieben, so liegt die inhaltliche Verknüpfung auf der Hand.[233] Wird nun der Evangelist Markus als Urheber dieses Schriftzeugnisses Vorsteher der Gemeinde Alexandriens, so ist auch dieser Bischofssitz mit Petrus dem Ursprung und dem Inhalt der Lehre nach engstens verbunden.[234]

3. Paul von Samosata

Joseph Ratzingers Darstellung der praktischen Relevanz der Vorrangstellung dieser Trias stützt sich auf die Geschehnisse um den Bischof von Antiochien, Paul von Samosata. Ausführlich geschildert wird das Vorgehen in der Kirchengeschichte des Eusebius von Caesarea.[235] Nach der durch die Synode von Antiochien des Jahres 268 ausgesprochenen Exkommunikation des Paul von Samosata zeigt das weitere Vorgehen der Synodenbischöfe jener Zeit den Vorrang der Sitze

---

[229] *Ratzinger*, Primat und Episkopat, JRGS 8/1, S. 635.

[230] Vgl. *Twomey*, Apostolikos Thronos, S. 67 f., Anm. 154. Dort wehrt sich der Autor gegen die Einschätzung, wonach die drei Städte aufgrund ihrer weltpolitischen Bedeutung Petrussitze waren. Die Begründung liegt ihm zufolge in der Lebensgeschichte des Petrus.

[231] Vgl. *Ratzinger*, Primat und Episkopat, JRGS 8/1, S. 635.

[232] Vgl. *Eusebius*, HE 2. 15. 1–2.

[233] Eusebius ist nicht der einzige Zeuge dieser Tradition. Tatsächlich ist diese Darlegung in der Frühen Kirche gängig, vgl. hierzu *Twomey*, Apostolikos Thronos, S. 57: „That Mark, the author of the Gospel of the same name, was Peter's disciple and interpreter is the venerable tradition of the early Church" und dort Anm. 91 mit entsprechenden Quellenhinweisen.

[234] Auch *Ratzinger* bezieht sich auf die Argumentation der Frühen Kirche in der zeitgeschichtlich-kontextuellen Darlegung der Trias der Primate, die auf diese Weise alle auf Petrus zurückzuführen sind (Primat und Episkopat, JRGS 8/1, S. 635).

[235] In besonderer Weise dargelegt wird diese Schilderung und der dadurch aufgezeigte Rang der Bischöfe Roms und Alexandriens bei *Twomey*, Apostolikos Thronos, S. 128–135; vgl. auch *Corke-Webster*, Eusebius and Empire, S. 236–238; zum Streitfall selbst vgl. *Pietri/Markschies*, Arianischer Streit und Nizäa, S. 281–285.

Roms und Alexandriens.[236] Die Bischöfe schreiben ihren Amtsbrüdern in beiden Städten einen Brief mit der Information über die Geschehnisse um Bischof Paul, seiner Exkommunikation und Ablösung auf dem antiochenischen Bischofsstuhl. Damit verbinden sie die Bitte, von dessen Nachfolger den Kommunionbrief anzunehmen und damit das Urteil zu bestätigen.[237]

Zwar behandeln diejenigen Bischöfe die vorliegende Streitsache, die persönlich an besagter Synode teilnahmen, doch hängt die definitive Geltung ihres Urteils mit der Zustimmung der Bischöfe von Rom und Alexandrien zusammen, die durch die Annahme des Kommunionbriefes vermittelt werden sollte.[238] Die Synodenbischöfe handeln als Nachfolger der Apostel und Vorsteher der jeweiligen Ortskirchen in ihrer Verantwortung für den einen Glauben der Gesamtkirche.[239] Dennoch hängt ihr bischöfliches Urteil von der Bestätigung mit jenen beiden Amtsbrüdern der übrigen „Hauptkirchen" zusammen.[240] Joseph Ratzinger stellt fest, dass diese Verfahrensweise um Paul von Samosata genau die drei Bischofssitze vereint, die hernach im nizänischen Kanon als Primate benannt werden: der nach der Absetzung von Paul von Samosata neu besetzte Stuhl Antiochiens sowie bestätigend die Stühle Roms und Alexandriens.[241] Auch die weiterführende geschichtliche Entwicklung unterstreicht den Vorrang.[242] So verweigert Paul von Samosata die Übergabe der

---

[236] Vgl. *Eusebius*, HE 7. 30. 17; vgl. *Corke-Webster*, Eusebius and Empire, S. 236: „Eusebius introduced this by recording Paul's succession to the Antioch see (HE 7. 27. 1), and then immediately noting that ‚he thought poor and lowly things about Christ, against church teaching (…), namely that his nature was that of a man born in normal fashion' (HE 7. 27. 2). This single sentence is all that we are told of Paul's views".

[237] Vgl. *Eusebius*, HE 7. 30. 17.

[238] Vgl. *Corke-Webster*, Eusebius and Empire, S. 237, demzufolge der erste und vorgelagerte Schritt die Konsensfindung der Synodenbischöfe durch den Kommunionbrief ist: „This document was then, according to Eusebius, ‚sent to all provinces (tas eparchias)'. Eusebius' account stresses both it's unified, collective authorship and ist ubiquitous reception". Auch diese Dimension muss bedacht werden, die auf eine relative Unabhängigkeit der Synodenbischöfe in ihrer Urteilsfindung hinweist.

[239] Vgl. ebd., S. 236: „First, the implication is again that attendance was universal. Second, the term poimēn combines the senses of pastor and teacher and is a reminder both that clerics' intellectual capacities make them effective in such situations (…)" und ebd., S. 237: „Eusebius' account also stresses that this harmony is characteristic not just of individual relationships, nor even of single councils, but of universal church policy". Innerhalb seiner Ausführungen wendet sich *Ratzinger* auch dem bereits zu dieser Frühzeit bestehenden Bewusstsein über das Doppel von Gesamt- und Teilkirche zu (JRGS 8/1, S. 632); *Brox* ordnet diese Zweiheit indes folgendermaßen ein: „Die gesamtkirchliche Einheit war die Einheit aller Bischöfe", Papsttum, S. 26.

[240] Vgl. *Ratzinger*, Primat und Episkopat, JRGS 8/1, S. 634. Der Begriff „Hauptkirche" wird aus diesem Beitrag übernommen; vgl. hierzu ebenfalls *Brox*, Papsttum, S. 26: „Aus dem Bedürfnis nach sicherer Tradition und nach Kontakt mit dem apostolischen Ursprung wurden diejenigen Ortskirchen verehrt und höher gewichtet, die ihrer Geschichte oder Überlieferung nach von einem Apostel gegründet worden waren, einen Apostel als ersten Bischof gehabt haben oder ein Apostelgrab besaßen".

[241] Vgl. *Ratzinger*, Primat und Episkopat, JRGS 8/1, S. 634.

[242] Vgl. ebd.

gottesdienstlichen Gebäude und Gegenstände, woraufhin der römische Kaiser hinzugezogen wird und entscheidet:

> „Doch da Paulus um keinen Preis das Haus der Kirche räumen wollte, wandte man sich an Kaiser Aurelianus, der durchaus billig in der Sache entschied, indem er befahl, denjenigen das Haus zu übergeben, mit welchen die christlichen Bischöfe Italiens und Roms in schriftlichem Verkehre stünden".[243]

Tatsächlich ist diese Aussage Aurelians, wie Vincent Twomey bemerkt, nicht in einem politischen Sinne zu lesen, wonach die Reichshauptstadt Rom gemeint ist, sondern vielmehr Rom als Zentrum der Christenheit.[244] Weiterhin ist auch der „schriftliche Verkehr" (ἐπιστέλλοιεν), den der Kaiser gemäß der Aussagen des Eusebius voraussetzt als Hinweis auf die Kommunionbriefe zu verstehen.[245] Tatsächlich ist bereits für den antiken Autor insbesondere der kaiserliche Erlass ein bedeutsamer Hinweis auf dem speziellen Vorrang Roms.[246]

Auch die Tatsache, dass es sich bei Paul von Samosata als Bischof von Antiochien um den Inhaber eines jener drei Petrussitze handelte, ist für die Herausbildung des römischen Primats nicht irrelevant.[247] Durch die Verurteilung des Amtsinhabers durch die antiochenische Synode impliziert jene Versammlung ihre Vorrangstellung gegenüber des Bischofs von Antiochien aufgrund der Notwendigkeit der Wahrung des rechten Glaubens.[248] Der Schutz des Glaubensgutes im Sinne der *Doctrina Apostolorum* ist Ausgangspunkt und Fundament der selbst beigemessenen Autorität der Provinzialsynode.

---

[243] *Eusebius*, HE 7. 30. 19.

[244] *Twomey*, Apostolikos Thronos, S. 131: „Rome is considered here (...) as the capital of Christianity and not as the capital of the Empire". Allerdings kann nicht von einer absoluten Trennung von römischer Kirche und römischem Reich gesprochen werden, vgl. hierzu die angeführten Beispiele des Eusebius bei *Corke-Webster*, Eusebius and Empire, S. 238–246, hier bes. S. 244, die auf die auf das Miteinander von Kirche und Reich – bzw. von Kirche und jeweiligen Herrscher – verweisen. Rom ist somit grundsätzlich auch Inbegriff des römischen Reichs. Ferner ist die in diesem Kontext grundlegend positive Tendenz der Kirchengeschichte des Eusebius zu beachten, vgl. ebd., S. 250: „Eusebius claimed that the relationship between Christianity and Rome was fundamentally positive. (...) He not only suggested that Christianity had been of importance in the Roman world from its birth but also maintained that ist interests had always been aligned with those of Rome". Diese grundlegende Sinnrichtung gilt es zu beachten; vgl. hierzu auch *Ruhbach*, Eusebius von Caesarea, S. 231: „Nicht erst in seiner ‚Kirchengeschichte‘, dort aber ganz besonders, hat er das römische Kaisertum von Augustus an, aufs ganze gesehen, positiv beurteilt (...)".

[245] Vgl. *Twomey*, Apostolikos Thronos, S. 131.

[246] Vgl. ebd., S. 132: „He (sc. Eusebius) found the judgement of the Emporer ‚most fitting‘. That is (...) his own understanding of the role of the Bishop of Rome within the universal Church as the final arbiter of Orthodoxy, whose authority was based on the Petrine source of his apostolic See".

[247] Vgl. ebd., S. 133.

[248] Vgl. ebd.

In erneuter Bezugnahme auf Vincent Twomey kann aus diesem synodalen Akt schlussgefolgert werden, dass durch das Exempel des Paul von Samosata auch die primatiale Autorität aller Nachfolger auf dem antiochenischen Stuhl ins Wanken gerät.[249] So entwickelt sich, trotz der Kanonisierung durch Nizäa, bereits mit der Verurteilung Pauls von Samosata die ursprüngliche Trias der Petrussitze im Bereich der besonderen Autorität in Richtung eines Duos aus Rom und Alexandrien. Nicht zuletzt aufgrund des kaiserlichen Urteils muss Rom bereits jetzt ein Vorsprung an petrinischer Autorität eingeräumt werden. Schon zu dieser frühen Zeit ist es die Wahrung der Einheit des katholischen Glaubens, die als die genuine Aufgabe aller Bischöfe und unter ihnen insbesondere derer von Rom, Alexandrien und auch Antiochien erscheint.[250] Aurelian bemüht gerade die Gemeinschaft mit dem Bischof von Rom als Maßstab für die Orthodoxie der Lehre. Hierdurch erwächst bereits im 3. Jahrhundert das Charakteristikum des römischen Bischofs, Garant der Einheit des Glaubens und der Lehre zu sein.

4. Rom als *sedes definitiva*

Der Vorrang Roms innerhalb jener Trias der Primate in seinem Anfang zu untersuchen, ist eigener Bestandteil der Ausführungen Joseph Ratzingers.[251] Eine erste Begründung des *römischen* Primats findet sich demnach in dessen definitivem Charakter: Rom ist der letzte und damit endgültige Sitz des Petrus.[252] Als *sedes definitiva* wohnt Rom ein intrinsischer Vorrang gegenüber der ersten Gemeinde des Petrus in Antiochien und auch der Gemeinde des Markus in Alexandrien unter Einbezug der erörterten Verbindung des Evangelisten mit Petrus inne.[253] Neben dieser Einschätzung gelangt Ratzinger zu weiteren Ergebnissen, die den Primat Roms für die früheste Zeit begründen. Es ist die Kirche Roms, die sich „von Häresien freigehalten hatte" und auf diese Weise „in besonderem Maß als Wahrerin des rechten Glaubens, als Maßstab unverfälschter Tradition"[254] gelten konnte. Auch hier ist es das Charakteristikum des römischen Bischofs, Garant der Einheit des Glaubens zu sein, das als interesseleitend gilt.[255] Die Wahrung des katholischen

---

[249] Vgl. ebd.: „No future holder of that See would ever command the authority which the occupants of Rome and Alexandria did and would continue to exercise".

[250] So auch *Ratzinger*, Primat und Episkopat, JRGS 8/1, S. 634 f.

[251] Vgl. ebd., S. 635–641.

[252] Die Endgültigkeit Roms erlangt durch das Martyrium der Apostel Petrus und Paulus ihre besondere Relevanz, vgl. *Fiedrowicz*, Theologie der Kirchenväter, S. 73 f.; *Pottmeyer*, Papsttum, S. 20: „Die Kirche Roms genoß besonderes Ansehen, weil sie mit den Gräbern der Apostel Petrus und Paulus auch deren Tradition bewahrte. An der Tradition Roms orientierten sich auch andere Kirchen".

[253] Vgl. *Ratzinger*, Primat und Episkopat, JRGS 8/1, S. 635.

[254] Ebd., S. 636; vgl. *Fiedrowicz*, Theologie der Kirchenväter, S. 74.

[255] Vgl. *Pottmeyer*, Papsttum, S. 19 f. Es ging grundlegend um die Bewahrung der apostolischen Tradition.

Glaubens zeigt in dieser Frühzeit der christlichen Glaubensreflexion den Ort der besonderen Autorität.[256]

Die Tatsache, dass der antiochenische Sitz nach seiner „Verunreinigung" durch die Irrlehre des Paul von Samosata an Autorität in Glaubensentscheidungen einbüßen musste, unterstreicht diese Einschätzung.[257] Die Reinheit des apostolischen Glaubens in Rom als Kriterium der Vorrangstellung galt in dieser frühen Epoche als entscheidend. Im Gegensatz dazu war die Verbindung von römischem Primat und petrinischer Sendung (Mt 16,17–19) noch nicht Entscheidungsursache über den Vorrang Roms.[258] Michael Fiedrowicz drückt diesen Dienst am apostolischen Glauben folgendermaßen aus: „Dessen Funktion bestand primär darin, die einfachen Grundeinsichten des Glaubens, die jeglicher Reflexion vorauslagen, dort zur Geltung zu bringen, wo theologische Spekulation diese zu verdunkeln drohte".[259] Hierin liegt auch ein Unterschied zwischen Rom und den beiden anderen Bischofssitzen besonderen Ranges, Alexandrien und Antiochien, denn an diesen beiden Orten geschah bereits in frühester Zeit theologische Entfaltung und Reflexion.[260]

Ein zweites Ergebnis für den römischen Vorrang findet Joseph Ratzinger in der Beschreibung der Kirche Roms als Sitz der Apostel Petrus und Paulus.[261] Die Vorrangstellung beider Heiligen, sowohl die des Petrus als Erster der Apostel als auch des Paulus als der große Missionar und Lehrer der Urkirche, bildet hierbei den Ausgangspunkt. Die Tatsache, dass beide Apostel in Rom verblieben und dort ihre Gräber fanden, besiegelt sodann die besondere Apostolizität der Kirche Roms und die Unmittelbarkeit ihrer Glaubensüberlieferung.[262] Ratzinger schlussfolgert aus dieser besonderen apostolischen Autorität Roms, dass sich hieraus nicht der

---

[256] Vgl. *Fiedrowicz*, Theologie der Kirchenväter, S. 74, mit Anm. 59.

[257] Vgl. *Twomey*, Apostolikos Thronos, S. 133.

[258] Vgl. *Ratzinger*, Primat und Episkopat, JRGS 8/1, S. 636; *Fiedrowicz*, Theologie der Kirchenväter, S. 74.

[259] *Fiedrowicz*, Theologie der Kirchenväter, S. 76.

[260] Vgl. ebd., S. 75; Mit *Brox*, Papsttum, S. 27 muss an dieser Stelle auch darauf hingewiesen werden, dass Rom für den Bereich des gesamten Westens eine exklusive Stellung aufgrund seiner Singularität als Kirche unter Apostelgründung innehatte. Auch darum konnte sich ein Vorrang Roms fruchtbar entwickeln; vgl. den Hinweis der zeitgenössischen Einschätzung dieser Tatsache durch Eusebius bei *Corke-Webster*, Eusebius and Empire, S. 224: „As ever, however, Eusebius went beyond his Alexandrian heritage. As we saw in Chapter 3, Eusebius was unhappy with the Alexandrian concept of independent intellectuals".

[261] Vgl. *Ratzinger*, Primat und Episkopat, JRGS 8/1, S. 636 f.

[262] Vgl. ebd. i. V. m. dem Zitat des *Irenäus von Lyon*, adv. haer. 3,3,2: „Aber weil es zu weit führen würde, in einem Buch wie diesem die Sukzessionen sämtlicher Kirchen aufzuzählen, werden wir von der größten und allbekannten, von den beiden ruhmreichen Aposteln Petrus und Paulus in Rom gegründeten und errichteten Kirche die von den Aposteln stammende Überlieferung und den für die Menschen verkündeten Glauben darlegen (...)", zitiert nach *Fiedrowicz*, Handbuch der Patristik, S. 103, Rdnr. 91. Dort wird diese Quelle um das Jahr 180 n. Chr. datiert; vgl. hierzu auch *Baus*, Von der Urgemeinde zur Großkirche, S. 399 f.

Vorrang des römischen Bischofs als Nachfolger Petri, sondern der Vorrang der Kirche Roms ergibt:[263] Die römische Ortskirche hat „eine besondere Bedeutung für die Gesamtheit aller Kirchen, für die ganze eine Kirche".[264]

5. Ecclesia ad gentes

In enger Verbindung zu dieser Erkenntnis besteht Ratzinger zufolge in der Kirche Roms die Nachfolge der Gemeinde Jerusalems.[265] Wie Petrus Jerusalem verlassen hat und nach Rom gegangen ist, geht mit ihm die *Ecclesia* und verlässt das jüdische Umfeld hin in die heidnische Welt: „Der Übergang des Petrus nach Rom bedeutet in den Augen der werdenden Kirche die endgültige Wende von der Kirche der Juden zur Kirche der Heiden".[266] Die so entstehende *Ecclesia ad gentes* ist bereits in der Apostelgeschichte vorgezeichnet, wo nach den Juden auch die Heiden das Evangelium Jesu Christi empfangen: „Mit der Ankunft in Rom, mit der endgültigen Wende zu den Heiden ist die Apostelgeschichte am Ziel und ihre Aussage abgeschlossen".[267] Rom ist innerhalb dieser Argumentation die Versinnbildlichung jener *gentes*, zu denen die Jünger durch Christus selbst gesandt sind (vgl. Mt 28,19 f.), um sie zu taufen und ihnen das Evangelium zu verkünden.

Innerhalb dieser Überlegung deckt Joseph Ratzinger ein Missverständnis innerhalb der Parallelität der *Ecclesia in Jerusalem* einerseits und der ihr nachfolgenden *Ecclesia in Rom* andererseits auf.[268] Jerusalem ist in seiner Konstitution das Sinnbild des Volkes Israel, die Heilige Stadt, Vorausschau des neuen, himmlischen Jerusalems, das Christus selbst ist.[269] Rom hingegen bildet konstitutionell das genaue Gegenbild zur heiligen Stadt Jerusalem, denn diese Stadt ist gerade nicht in etwaiger Parallelstellung zu diesem die „Zusammenfassung der Kirche, sondern die Zusammenfassung einer Weltsituation, deren theologische Chiffre Babylon heißt".[270] Dechiffriert man nun das theologische Babylon und sucht nach der Parallelität mit Rom, erscheint diejenige Situation vor Augen, die der Psalmist beschreibt: „An den Strömen von Babel, da saßen wir und wir weinten, wenn wir

---

[263] In diesem Sinne argumentiert auch *Luz*, Matthäus I/2, S. 473 f., dort unter 2; auch *Baus*, Von der Urgemeinde zur Großkirche, S. 399, lässt diese Tendenz erkennen, wenn stets der Vorrang der „Gemeinde" Roms dargestellt wird.

[264] *Ratzinger*, Primat und Episkopat, JRGS 8/1, S. 637.

[265] Vgl. ebd.

[266] Ebd.

[267] Ebd., S. 638.

[268] Vgl. ebd., S. 638 f.

[269] Zum bedeutenden Zeugnis dessen innerhalb der Offenbarung des Johannes vgl. *Müller*, Dogmatik, S. 545 f.

[270] *Ratzinger*, Primat und Episkopat, JRGS 8/1, S. 638. Diese Einordnung weist insbesondere auf 1 Petr 5,13 hin; vgl. hierzu den Beitrag von *Baum*, Ortsnamenmetapher, S. 180–220; zur Auslegungsgeschichte vgl. überdies *Durst*, Babylon gleich Rom, S. 422–443.

Zions gedachten" (Ps 137,1).[271] Wie das Volk Israel im Babylonischen Exil in der Fremde verharren musste, so besteht die *Ecclesia in Rom* eben nicht mehr in der Vollkommenheit Jerusalems, sondern existiert ebenso fremd in der neuen, heidnischen Umwelt. Ratzinger rekurriert zur Untermauerung dieser Analyse auf den Sprachgebrauch des 1. Petrusbriefes, wo die Gemeinden als παροικίας (1,17 und 2,11) bezeichnet werden, was er der biblisch-griechischen Verwendung gemäß als den „Aufenthalt als Fremde" benennt.[272]

Joseph Ratzinger folgert in einem weiteren Schritt: „Von 1 Petr 1,17 und 2,11 an ist dies (sc. παροικία) die Bezeichnung der Ortskirchen geblieben, die zugleich die innere Korrektur des ortskirchlichen Prinzips enthält; die Kirche ist in dem jeweiligen Ort, aber nicht von ihm".[273] Dieses Prinzip, das im Ersten Petrusbrief seinen Ursprung hat, ist im ekklesiologischen Denken Joseph Ratzingers ein leitendes Motiv.[274] Die Ekklesia Roms ist in eine heidnische Umwelt gestellt, sie ist dort nicht nur nach außen betrachtet *in* der Fremde, sondern vom heidnischen außen her selbst *die* Fremde, die keineswegs im „Schein ihrer Deckung mit der Welt" besteht.[275] Die Fremdlingssituation der Kirche, die ausgehend von der Lokalkirche Roms inmitten der Völker für die gesamte Kirche durch die Zeiten hindurch Geltung be-

---

[271] Vgl. *Baum*, Ortsnamenmetapher, S. 180. Demgemäß kann „Babylon" auch losgelöst von Rom interpretiert werden: „Dieser Deutung ist jedoch auch nachdrücklich widersprochen worden (…). ‚Babylon' stehe nicht für Rom, sondern sei eine Metapher für das ‚Exil der Christen'". Im weiteren Verlauf seiner Ausführungen erläutert der Autor auch nichtmetaphorische Auslegungen der biblischen Belegstelle (S. 181–191), allerdings mit dem Fazit: „Die Angabe ‚in Babylon' sollte folglich als Metapher gedeutet werden, genauer gesagt als Eigennamenmetapher bzw. noch spezifischer als Ortsnamenmetapher" (ebd., S. 191).

[272] Vgl. etwa *Kassühlke*, Wörterbuch NT, S. 144; *Brox*, 1. Petrusbrief, S. 80: „Das Leben selbst wird aus der Optik der Christen wieder (wie 1,1; 2,11) als ‚Fremde' qualifiziert. (…) Ihre Lebenszeit ist Fremdaufenthalt, wie die Umwelt als die bisher maßgebliche Sphäre zugunsten neuer Maße von ihnen ‚abgewählt' wurde (…)"; vgl. zu 1 Petr 2,11 ebd., S. 111 f. An dieser Stelle zeigt sich auch die Verbindung zur „Chiffre Babylon", vgl. *Baum*, Ortsnamenmetapher, S. 217: „Aus dem literarischen Kontext des Briefes (bes. 1 Petr 1,1; 1,17, 2,11; 4,2) ergibt sich, dass der Bildspender ‚Babylon' primär als Metapher für einen Ort im irdischen Exil, in der irdischen Fremde bzw. in der irdischen Heimatlosigkeit steht". Ausgehend von der Briefempfängerschaft kann auch eine Differenzierung zum hermeneutischen Begriff der „Diaspora" erfolgen, vgl. ebd., S. 218: „Die Ortsnamenmetapher ‚in Babylon' kann (…) nicht denselben Bildempfänger haben wie die umfassendere auf die Briefempfängerschaft gemünzte Metapher ‚in der Diaspora'. Und da Babylon die Hauptstadt der Weltmacht war, unter der die Juden in alttestamentlicher Zeit in der Fremde lebten, dürfte es sich beim Bildempfänger der Metapher ‚Babylon' (…) um die Hauptstadt des Weltreiches handeln (…). Die frühe und lange einhellige Deutung auf die Welthauptstadt Rom ist daher wahrscheinlich korrekt".

[273] *Ratzinger*, Primat und Episkopat, JRGS 8/1, S. 638.

[274] Als Zeugnis von besonderer Relevanz ist zu nennen *Benedikt XVI.*, Ansprache im Konzerthaus; vgl. hierzu *Ohly*, Vorwort Entweltlichung, S. 6–12.

[275] Zitiert nach *Ohly*, Vorwort Entweltlichung, S. 6 f. In diesem Sinn verbindet Ratzinger zwei mitunter konträre Auslegungsweisen, insofern die „Chiffre Babylon" entweder als Sinnbild für den Aufenthalt in der Fremde oder für Rom interpretiert wird, vgl. *Durst*, Babylon gleich Rom, S. 433 f. m. w. N. Die Gemeinde „in Babylon" ist in den Augen Ratzingers die Kirche in Rom, die dort in der Fremdlingssituation verharrt.

sitzt, interpretiert Joseph Ratzinger letztendlich als Ermöglichung ihrer Sendung zu den Völkern.[276] Im Vergleich der Kirche mit dem israelitischen Stamme Levi, der ohne Erbland fortleben musste (Num 1,48–50), ist es „allein Gott selbst, sein Wort und seine Zeichen"[277], die Quelle und Nahrung der Sendung der Kirche in der Welt sind. Diese grundlegende Seinsweise der *Ecclesia Romana* als die Fremde in der Fremde begründet aus sich heraus ihren besonderen Vorrang. Die Kirche hat ihren Weg aus dem jüdischen Umfeld in die heidnische Welt vollzogen, in der sie nun als die nicht von ihr Seiende ganz Gott dienend das Evangelium Jesu Christi verkündet und die Menschen zu seinen Jüngern macht (vgl. Mt 28,19 f.).

6. Petrus als Sinnbild für die Ortlosigkeit

Welchen Platz nimmt Petrus, den Aussagen Ratzingers folgend, in dieser Fremdlingssituation der Kirche Roms ein? Er selbst wird zum Sinnbild für die Situation der Kirche, wenn sie für ihn „auf das christliche Paradoxon hin(weist), auf die Ortlosigkeit des Christlichen in der Welt, auf eine Kirche im Wartestand".[278] Der Mensch Petrus ist selbst in seinem doppelten Sein ein Paradoxon: Er ist es, der in seinem Tun fundamental verfehlt, wenn er den Herrn dreimal verleugnet (vgl. Mt 26,69–75) und so wie kein Zweiter an Christus „Anstoß nimmt" (Mt 26,31).[279] Gerade aus dieser Verstrickung Petri heraus folgt konsequenterweise die dreimalige Frage des Auferstandenen: „Liebst du mich?" (vgl. Joh 21,15 f.).[280] Christus eröffnet Petrus hier nicht nur die Abkehr von seiner Leugnung am Feuer, sondern damit einhergehend die gnadenhafte Rückkehr in die liebende Gemeinschaft mit Gott.[281] Auf diese Weise erwächst aus dergleichen Gnade der Ruf Christi an Petrus, ihm nachzufolgen und seine Schafe zu weiden (Joh 21,17–19). Nicht trotz seinem Verfehlen, sondern gerade wegen diesem und der göttlichen Antwort auf

---

[276] Vgl. *Benedikt XVI.*, Ansprache im Konzerthaus, S. 675: „Um ihre Sendung zu verwirklichen, wird sie auch immer wieder Distanz zu ihrer Umgebung nehmen müssen, sich gewissermaßen ,ent-weltlichen'"; vgl. ebd., S. 676 f.: „Um ihrem eigentlichen Auftrag zu genügen, muss die Kirche immer wieder die Anstrengung unternehmen, sich von dieser ihrer Verweltlichung zu lösen und wieder offen auf Gott hin zu werden. Sie folgt damit den Worten Jesu: ,Sie sind nicht von der Welt, wie auch ich nicht von der Welt bin' (Joh 17,16), und gerade so gibt er sich der Welt".

[277] Zitiert nach *Weiten*, Gaudium et spes als Programmschrift, S. 29.

[278] *Ratzinger*, Primat und Episkopat, JRGS 8/1, S. 639.

[279] Ebenso bei Mk 14,66–72 und Lk 22,55–62 sowie ferner Joh 18,16–27.

[280] Vgl. *Schnelle*, Johannes, S. 401.

[281] Vgl. hierzu auch *Schnackenburg*, Johannesevangelium, S. 434 f.: „Die Betrübnis des Petrus ist, anders als die der Jünger in 16,6.20 ff., die durch den Fortgang Jesu bedrückt sind, Beschämung und Trauer über das eigene Versagen und den Zweifel Jesu, der aus seiner wiederholten Frage spricht. Petrus weiß nur noch an die Herzenserkenntnis Jesu zu appellieren, der alles weiß (…). Das zweimalige σύ unterstreicht seine flehentliche Zuwendung zu Jesus. Da wiederholt Jesus zum dritten Mal seinen Auftrag (…). Damit hat Jesus das dreimalige Versagen des Jüngers endgültig verziehen (…)"; ähnlich *Schnelle*, Johannes, S. 401.

das Missverhalten, die in Vergebung und Versöhnung besteht, kann Petrus in diese Stellung berufen werden.[282]

Die paradoxe Situation Petri, der als „Stein des Anstoßes zugleich von Gnaden her für die Kirche petra, Grundfels, sein darf"[283], deutet auf die paradoxe Stellung der Kirche in ihrer „Ortlosigkeit (…) in der Welt hin".[284] Wie in Simon das „Skandalon" zum Petrus wird und dieser gerade diejenige Stellung in und für die Kirche einnimmt, die von seinem Menschsein her nicht seine wesenseigene ist, so ist die Kirche in eine Welt gestellt, *in der* sie besteht, *zu der* sie aber nicht wesenhaft gehört.[285] Diese Fremdlingssituation der Kirche in der Welt weist auf ihr eigenes Fundament hin: das gnadenhafte Handeln Gottes, das der erste und letzte Grund jeder kirchlichen Existenz ist. Was nach menschlichem Ermessen undenkbar erscheint, wird aus Gnade möglich.[286] Dies gilt auch für das Felssein Petri, das gerade in der wesenhaften Unvereinbarkeit des verfehlenden Jüngers und seiner dennoch erfahrenen Berufung Ausdruck findet.[287]

Für die vorliegende Thematik ist eine Einschätzung Papst Benedikts XVI. relevant, die er innerhalb seiner Homilie anlässlich des Hochfestes der Apostel Petrus und Paulus im Jahre 2012 geäußert hat:

> „Und in dieser Szene (sc. Mt 16,16 f.) zwischen Jesus und Simon Petrus sehen wir das Drama der Geschichte des Papsttums, die gerade durch das Miteinander dieser beiden Elemente gekennzeichnet ist, gewissermaßen vorweggenommen: Einerseits ist das Papsttum dank dem Licht und der Kraft aus der Höhe das Fundament der in der Zeit pilgernden Kirche; andererseits kommt im Laufe der Jahrhunderte auch die Schwäche der Menschen zum Vorschein, die nur durch ein Sich-Öffnen auf das Handeln Gottes hin verwandelt werden kann".[288]

Das menschliche Wesen des Simon Petrus fehlbar und in zugespitzter Form „Skandalon" sein zu können, obliegt letztlich all seinen Nachfolgern gleichermaßen.[289] Der Bischof von Rom ist gnadenhaft Inhaber dieses Amtes, doch als Mensch stets dem Los der Sünde unterworfen, sodass auch der Papst in seinem Bezug zum ersten Vorgänger im Amt, dem Apostel Petrus, Teil jener „Kirche der

---

[282] Vgl. *Heim*, Macht und Ohnmacht, S. 45.

[283] *Ratzinger*, Primat und Episkopat, JRGS 8/1, S. 639.

[284] Ebd.; vgl. auch *Zöhrer*, Martyria als Grundkategorie, S. 78.

[285] Vgl. Joh 17,11–19.

[286] Vgl. Lk 1,37.

[287] Das tiefe Bewusstsein Ratzingers für die innere Untrennbarkeit des Petrusamtes mit dem gnadenhaften Handeln Gottes, aus dem es erst ermöglicht wird und entspringen kann, trug ihn bis zum Ende seines Pontifikats; vgl. hierzu *Ohly*, Vorwort Entweltlichung, S. 11 mit dem dortigen Zitat Ratzingers.

[288] *Benedikt XVI.*, Predigt Peter und Paul/2012, S. 9.

[289] Hierzu bemerkt *Zöhrer*, Martyria als Grundkategorie, S. 88: In der Geschichte des Papsttums „werde offenbar, dass nicht das Amt des Papstes rettet, sondern die vergebende Liebe Christi, die der Papst bezeugen darf und auf die er selbst angewiesen ist". In der Realität der Papstgeschichte wird die Notwendigkeit der gnädigen Zuwendung Gottes greifbar, die auch den Widerspruch zwischen Fels und Skandalon überwinden kann.

Sünder" ist.[290] Gleichzeitig, so schließt auch Papst Benedikt XVI. sein homiletisches Wort, ist es nicht das „Skandalon", die Sünde, sondern die Gnade Gottes, aus der das Felssein des fehlenden Petrus erwächst und aus der heraus ein „Sich-Öffnen" des Menschen erst ermöglicht wird.[291]

Den letzten Sinn der Betonung der Situation der Kirche Roms als die Fremde in der Fremde für die Frage nach der Begründung ihrer Vorrangstellung liefert Ratzinger, wenn er feststellt: „Rom ist prima sedes, weil es den orbis, die Welt der ἔθνη präsentiert, die nun zugleich der Raum der Kirche ist".[292] Steht also der finale Raum der Kirche, in dem sie ihre Sendung und Mission *ad gentes* vollzieht, in Rom versinnbildlicht fest, dann liegt es demzufolge auf der Hand, dass diesem Raum ein Vorrang beigemessen werden muss. Die Tatsache, dass Rom der finale Sitz des Apostels Petrus war, untermauert diese Vorrangstellung in besonderer Weise. Tatsächlich ist es die Finalität Roms, sowohl örtlich als auch was die Person Petri betrifft, die Rom den „Primat der Primate" zuweist: „Die Kirche ist in dieser Zeit nicht nur ‚synodal', konziliar, sondern auch ‚primatial' strukturiert, in drei Primaten, unter denen freilich Rom den Primat der Primate hat".[293]

7. Herausbildung Roms als „Primat der Primate"

Joseph Ratzinger konkretisiert die primatiale Struktur dieser Zeit. Er stellt fest, dass diese keinen administrativen Charakter aufzeigt, sondern die Primate im Gesamten und darüber hinaus der Vorrang Roms ihre Aufgabe in der Wahrung der Glaubenseinheit finden:

---

[290] Vgl. LG 8: „Während aber Christus heilig, schuldlos und unbefleckt war (Hebr 7,26) und Sünde nicht kannte (2 Kor 5,21), sondern allein die Sünden des Volkes zu sühnen gekommen ist (vgl. Hebr 2,17), umfaßt die Kirche Sünder in ihrem eigenen Schoße. Sie ist zugleich heilig und stets der Reinigung bedürftig, sie geht immerfort den Weg der Buße und Erneuerung"; vgl. hierzu *Rahner*, Kirche der Sünder, S. 301–320. Dieser Beitrag Rahners liefert eine wichtige dezidiert dogmatische Einordnung der Rede von der „(heiligen) Kirche der Sünder". An nicht wenigen Stellen bemüht Rahner die Verfehlungen des Papsttums im Laufe der Kirchengeschichte, um das gegebene Logion darzustellen. Ein Blick in die Einleitung verheißt: „Und wurden nicht auch ihre (sc. der Kirche) heiligsten Dinge immer wieder da und dort zur Sünde missbraucht: der Beichtstuhl und die Sakramente überhaupt, der Anspruch des Papsttums zu durchsichtigen politischen Zwecken? (...) Dass wir alle Menschen sind, das ist ja nicht verwunderlich; und dass auch die Menschen der Kirche, auch ihre amtlichen Vertreter Menschen und Sünder sind, das ist an sich weiter auch nicht verwunderlich".

[291] Ohne die Vergebung des fehlerhaften Handelns des Petrus durch Jesus selbst nach dem Zeugnis aus Joh 21,15–19 wäre auch seine Sendung nicht möglich gewesen. Die gnadenhafte Versöhnung kommt dieser zuvor, vgl. *Müller*, Dogmatik, S. 774: „Nur durch eine zuvorkommende, aktuelle Gnade kann der Mensch sich auf den Empfang der Rechtfertigung vorbereiten, sie sich aneignen und in die Geschichte seines eigenen Lebens als Gleichgestaltung mit Christus (Nachfolge des gekreuzigten und auferstandenen Christus) umsetzen (...)".

[292] *Ratzinger*, Primat und Episkopat, JRGS 8/1, S. 640.

[293] Ebd.

„Die Einheit der Gesamtkirche wird durch die Einheit der ‚Primate' unter dem Vorrang Roms und seit dem 4. Jahrhundert durch die Synode auf der gesamtkirchlichen Ebene: durch das ökumenische Konzil gewährleistet".[294]

Die administrativen Aufgaben fallen den jeweiligen Ortskirchen für die ihnen eigenen Bereiche zu, sodass auch der römische Bischof zunächst lediglich die Administration der römischen Kirche sowie der Ortskirchen Italiens und des Westens innehatte.[295] Diese ursprüngliche Aufgabenstellung birgt nicht nur den Ausgangspunkt, sondern den bleibenden Wesensgehalt des Petrusamtes bis in die heutige Zeit. Die Leitung der Gesamtkirche ist ein wichtiger und bedeutsamer Bereich päpstlichen Handelns, doch bildet sie nicht das Fundament seiner Aufgabe. Dieses liegt vielmehr darin, Garant der Einheit des Glaubens zu sein.[296] Diesen Schutz des Glaubensgutes zu verwirklichen, gereicht der Dienst an der Einheit der Ordnung, „die in einem Gefüge von Gesetzen und Sitten besteht"[297] und die die Einheit der Universalkirche gewährleisten kann. Auf diese Weise hängen die Dienste an der Einheit des Glaubens und an der Einheit der Ordnung untrennbar zusammen. Sie stellen gemeinsam den einen Dienst an der Einheit der Universalkirche, ausgeübt durch den Nachfolger Petri, dar. Das Glaubensgut und der Schutzdienst an ihm bilden die Grundlage des päpstlichen Handelns.[298] Dies zeigt der Ursprung des

---

[294] Ebd., S. 641; vgl. hierzu *Fiedrowicz*, Theologie der Kirchenväter, S. 292–294. Dort schildert der Autor die Entstehung der Konzilien als „Instrument(e) innerkirchlicher Konfliktbewältigung". Es ging stets um die Wahrung der Einheit und Reinheit des Glaubens und die Abwehr von aufkommenden Häresien, „sowie die Regelung disziplinärer Fragen" (ebd., S. 294). Das erste Ökumenische Konzil in Nizäa (325) gewann aufgrund seines umfassenden und großen Teilnehmerkreises in großer Weise an Relevanz, vgl. hierzu ebd., S. 300: „Das nach Nizäa einberufene Konzil wurde daher als ‚das große und heilige Konzil' bezeichnet. Das später dieser Bischofsversammlung zugefügte Merkmal der Ökumenizität (...), des weltumspannenden Teilnehmerkreises, blieb ebenso wie für Nizäa auch für die folgenden Konzilien ein faktisch kaum erreichtes Ideal. (...) Wichtiger für die Ökumenizität eines Konzils war vielmehr die anschließende Anerkennung seiner Beschlüsse durch die Gesamtkirche".
[295] Vgl. *Guyon*, Kirche Roms (312–432), S. 904–908. Mit dem Autor ist darauf hinzuweisen, dass die Kirche Roms mit ihrer apostolischen Gründung im Westen ein Alleinstellungsmerkmal besaß, denn im Westen gab es „keine apostolischen Gründungen mit einem vergleichbar ausgeprägten lokalen Selbstbewusstsein wie im Osten. Schon Irenäus (...) empfahl in der Frage der Tradition eine Orientierung an den Apostelkirchen des jeweiligen Gebietes; im Westen konnte dies nur bedeuten, auf die einzige apostolische Gründung, also nach Rom, zu blicken".
[296] Vgl. LG 22 und vertiefend *Johannes Paul II.*, CA PastBon, Einführung, 11. Dort wird in Bezug auf die Mitarbeit der Römischen Kurie am Papstamt über selbiges festgestellt: „Die Mitarbeit (...) stützt sich auf diesen Dienst an der Einheit: diese ist vor allem (in primis) Einheit im Glauben, welche sich nach dem heiligen Glaubensgut (sacro deposito) richtet und darauf aufbaut, deren erster Wächter und Verteidiger der Nachfolger des Petrus ist (...)".
[297] Ebd.
[298] Wiederum ist es die faktische Gegebenheit der unverfälschten Bewahrung des von Häresien freien Glaubens in der Kirche Roms, aus der überdies die Aufgabe des Einheitsdienstes am Glauben erwächst. Die Fähigkeit der römischen Kirche, den Glauben zu bewahren, lässt ihre Autorität wachsen, vgl. hierzu *Fiedrowicz*, Theologie der Kirchenväter, S. 74.

römischen Primats, der „für die Einheit des Glaubens in der Kirche von richtunggebender Bedeutung"[299] ist.

In seinen weiteren Ausführungen zur Entstehung der spezifisch römischen Petrusnachfolge nach Nizäa bezieht sich Joseph Ratzinger auf verschiedene Aspekte der weiteren historischen Entwicklung.[300] Für ihn steht fest, dass Rom in der Frage nach der Glaubenseinheit den „Primat der Primate" innehat, was sich nicht zuletzt aus der tatsächlichen Praxis der Kirche jener Zeit herleiten lässt.[301] Wird der römische Bischofssitz immer mehr als der spezifische Sitz des Apostels Petrus wahrgenommen, begründet sich die Vorrangstellung nicht mehr nur durch die Verbindung mit dem Ort Rom als Sinnbild des finalen Raums der Kirche *ad gentes*, sondern vielmehr mit Petrus als dem konkreten Inhaber des römischen Stuhles.[302] Daraus ergibt sich, dass nicht mehr nur der Bischofssitz Rom, sondern auch der römische Bischof als Inhaber dieses Stuhles „ein Amt innehat, das über das Amt der anderen Bischöfe hinausgeht".[303] Dies ist insofern relevant, als dass sich das spezifische Amt auf den jeweiligen Amtsinhaber überträgt, sodass der Primat wirklich zu einem Primat des römischen Bischofs als Inhaber der *sedes romana* wird.

Betrachtet man die zeitgenössische Argumentationslinie hinsichtlich der nun nicht mehr nur römischen, sondern spezifisch petrinischen Vorrangstellung des Bischofs von Rom, so drückt auch diese die fundamentale Stellung des Petrusdienstes am Glauben der Kirche aus.[304] Wenn auch vornehmlich die Sendung Petri durch Christus (Mt 16,18 f.) als Argument bemüht wurde, stellt das Bekenntnis des Petrus zu Christus als dem Sohn des lebendigen Gottes (Mt 16,16) die Begründung für seine hernach erfahrene Berufung ins Felsenamt dar: „Die Autorität Petri und seiner Nachfolger gründete in dieser (…) *confessio*, die *cathedra Petri* war daher in erster Linie die Kathedra dieses Glaubensbekenntnisses".[305]

Ratzinger führt überdies die weitergehende Festigung der drei Primate Roms, Antiochiens und Alexandriens auf, die das Konzil von Nizäa als 6. Kanon in sein

---

[299] *Ratzinger*, Primat und Episkopat, JRGS 8/1, S. 640.

[300] Dem eigentlichen Thema seines hier zugrundeliegenden Aufsatzes folgend, bezieht sich Joseph Ratzinger auch auf die Entwicklung des einheitlichen Episkopats der Kirche als *communio episcoporum* in Abgrenzung, v. a. aber in der inneren Verwobenheit mit dem primatialen Amt der Kirche. Auf spezifische Erkenntnisse hinsichtlich des ökumenischen Episkopats muss und soll an dieser Stelle verzichtet werden, sofern sie nicht dem Thema der Begründung der römischen Petrusnachfolge dienlich sind.

[301] So stellte etwa die Synode von Serdica (342) fest, dass abgesetzte Bischöfe gegen ihre Absetzung den Bischof von Rom als Appellationsinstanz anrufen können, da die römische Kirche die Kirche des Petrus ist (DH 133–136); vgl. hierzu den kurzen geschichtlichen Überblick bei *Pietri*, Arianerstreit und Cäsaropapismus, S. 357–364; vgl. auch *Plöchl*, Geschichte Bd. I., S. 121.

[302] *Ratzinger*, Primat und Episkopat, JRGS 8/1, S. 641 und vertiefend *Fiedrowicz*, Theologie der Kirchenväter, S. 76.

[303] *Ratzinger*, Primat und Episkopat, JRGS 8/1, S. 641.

[304] Vgl. *Fiedrowicz*, Theologie der Kirchenväter, S. 76.

[305] Ebd. mit den dort angeführten zeitgenössischen Quellen. Hervorhebungen im Original.

Lehrdokument aufnehmen konnte.[306] Diese sind in ihrer weiteren Entwicklung auch für die römische Petrusnachfolge relevant. Zum einen sind in dieser Trias, aus denen sich im weiteren Verlauf die drei Patriarchate entwickeln, nun die administrativen Aufgaben der drei Hauptkirchen entfaltet. In den jeweils zugeordneten Regionen sind sie es, die für die Einheit in der Leitung Sorge tragen.[307] Zum anderen ist die rechtliche Verortung der Patriarchate für die römische Frage nicht unbedeutend, denn diese sind *kirchlichen* Rechts und als solche bezogen auf ihre administrative Stellung allen drei Hauptkirchen gleichermaßen anteilhaft.[308]

Der verschiedenartig ausgelegte Rechtsbegriff dieser Epoche stellt ein fundamentales Problem innerhalb der Entwicklung und Anerkennung des römischen Primats dar.[309] Wird für alle drei Hauptkirchen nunmehr ein administrativer Primat kirchlichen Rechts vorausgesetzt, so besteht im römischen Fall die Gefahr der Vermengung dieser Administrativfunktion mit der eigenen und einzigartigen Vorrangstellung als Petrussitz.[310] Aus dieser wiederum resultierte die Ablehnung des neuen Patriarchats Konstantinopels[311] nach dem Konzil von Chalcedon (451), die Ratzinger als Resultat der verschiedenen Rechtsauffassungen der Kirchen des Westens und des Ostens zu interpretieren weiß.[312]

---

[306] Vgl. S. 223 f. der vorliegenden Untersuchung.

[307] Vgl. *Ratzinger*, Primat und Episkopat, JRGS 8/1, S. 642.

[308] Vgl. ebd.; *Plöchl*, Geschichte Bd. I., S. 148 f.: „Es handelte sich hier nicht um die Stellung des Bischofs von Rom als Papst (...) sondern um die Rechte eines Obermetropoliten".

[309] An dieser Stelle sei verwiesen auf *Maaßen*, Primat und die alten Patriarchalkirchen; eine breite Aufstellung diesbezüglicher Beiträge bietet *Nedungatt*, Patriarch, S. 84 f., Anm. 3; *Plöchl*, Geschichte Bd. I., S. 118, bemerkt hierzu: „Das Gesetzgebungsrecht wurde in dieser Periode für das gemeine Recht sowohl von den Konzilien als auch in ständig zunehmendem Maße von den Päpsten ausgeübt. (...) Für das konziliare Recht blieb die Bezeichnung canon vorherrschend".

[310] Vgl. *Ratzinger*, Primat und Episkopat, JRGS 8/1, S. 642 f.; vgl. *Plöchl*, Geschichte Bd. I., S. 123: „Hand in Hand mit der Ausbreitung der Gesetzgebungsbefugnisse entwickelte sich die Dispensgewalt. Sie bezog sich nicht nur auf die von den Päpsten selbst erlassenen Normen, sondern auch auf die konziliare Gesetzgebung, sowohl des allgemeinen wie des partikularen kanonischen Rechts". In diesem primatialen Anspruch zeigt sich die Vermengung, von der *Ratzinger* schreibt: „Die Problematik der Entwicklung besteht nun darin, dass in Rom dieser Primat kirchlichen Rechts, in dem es gleichrangig mit anderen Patriarchatsstädten dasteht, vermengt worden ist mit dem apostolischen Vorsitz (...)" (Primat und Episkopat, JRGS 8/1, S. 642).

[311] Vgl. zu den Patriarchaten der Frühen Kirche und unter ihnen der besonderen Stellung Roms im Westen *Brox*, Papsttum, S. 28; zur Vorgeschichte vgl. *Pietri/Brottier*, Preis der Einheit, S. 561–563.

[312] Vgl. *Ratzinger*, Primat und Episkopat, JRGS 8/1, S. 643: „Während für den Osten kirchliches Recht nur ‚kanonisches' Recht, Recht der canones, d. h. konziliares Recht sein kann, kennt der Westen ein von den Konzilien unabhängiges, ja, ihnen übergeordnetes ‚päpstliches' Recht und alsbald konziliares Recht, nur noch als ‚päpstliches' Recht"; vgl. hierzu *Maraval*, Konzil von Chalkedon, S. 115–117. Die Anerkennung eines neuen Patriarchats konnte durch Rom „nicht ohne Widerspruch aufgenommen werden" (*Plöchl*, Geschichte Bd. I., S. 148), da ein solches der eigenen primatialen Überzeugung des apostolischen Vorsitzes in Verbindung mit dem Administrationsprimat entgegenstand.

Bedeutender als die Rechtsauffassungen im Einzelnen stellt sich für Joseph Ratzinger die grundsätzliche Problematik dar, die sich in den verschiedenen Definitionen und Bereichen des Rechts lediglich manifestiert und überdies für seine theologische Einordnung des Petrusdienstes nicht unwichtig erscheint. Die Vermengung des einmaligen petrinisch-apostolischen Dienstes an der Glaubenseinheit, der nur und ausschließlich in der Kirche Roms und speziell bei ihrem Bischof zu verorten ist, mit den administrativen Funktionen, die durchaus den Patriarchaten und Ortskirchen anheimgestellt ist, birgt den Zündstoff möglicher Spaltung, da Rom „dem Osten gegenüber einen Anspruch stellte, der in dieser Form von ihm weder angenommen werden musste noch konnte. (…) Es stellt sich als ein Problem von zentraler Verwaltung und Letztverantwortung für Einheit und Reinheit des Glaubens" dar.[313] Dieser Anspruch einer römischen Vorrangstellung nicht nur im Dienst am Glauben, sondern innerhalb der Administration gilt für Ratzinger als Faktum, das die Trennung von Osten und Westen maßgeblich begünstigt hat.[314] Die Einheit der Teilkirchen als die eine Gesamtkirche wird durch den Bischof von Rom als Prinzip und Fundament dieser Einheit nicht nur im Glauben, sondern auch in der Ordnung dargestellt und garantiert.

Exkurs: Der Einheitsdienst des Papstes im Licht der Eucharistie

Joseph Ratzinger formuliert diese Problemstellung in ihrer bleibenden Relevanz ausgehend von der Hoffnung auf eine Lösungsmöglichkeit:

> „Die Tragik des Ganzen besteht darin, dass es Rom nicht gelungen ist, den apostolischen Auftrag von der wesentlich administrativen Patriarchatsidee zu lösen (…). Das Problem Primat-Episkopat stellt sich so in seinem ersten Stadium als ein Problem Primat-Patriarchat, konkret als ein Problem Rom-Konstantinopel. Es stellt sich als ein Problem von zentraler Verwaltung und Letztverantwortung für Einheit und Reinheit des Glaubens ohne unmittelbare Verwaltungsausübung. Dass hier freilich die Grenzen fließend und nicht zwingend zu bestimmen sind, wird niemand bestreiten. Dennoch müsste es möglich sein, einen Weg zu finden".[315]

Auf welche Weise kann dem universalen Einheitsdienst des Papstes unter Berücksichtigung einer derartigen Möglichkeit weitestgehender administrativer Eigenständigkeit[316] dennoch ein Fundament gelegt werden? Das Sakrament der

---

[313] Ebd.
[314] Vgl. *Koch*, Primatstheologie in ökumenischer Perspektive, S. 25; vgl. hierzu auch die Einschätzung bzgl. der Ergebnisse der Synode von Serdica durch *Pietri*, Arianerstreit und Cäsaropapismus, S. 363: „(…) die Synode von Sardica (sic!) bedeutete für den römischen Bischof faktisch eine schwere Niederlage: Der Osten brach mit dem ‚apostolischen Stuhl‘, der seinem Urteil trotz der Unterstützung durch den princeps, dann durch ein Konzil, nicht hatte Geltung verschaffen können". Bereits vor Chalcedon deutete sich die Spannung an, die aus dem administrativen Vorrang Roms resultierte.
[315] *Ratzinger*, Primat und Episkopat, JRGS 8/1, S. 643.
[316] Ebd., S. 654.

Eucharistie kann in Verbindung mit der ekklesiologischen Fundamentalnorm der einen Kirche, die in und aus Teilkirchen besteht,[317] die notwendige universale und überörtliche Einheit begründen:

> „Christus ist überall ganz (…). Aber er ist auch überall nur einer, und deshalb kann ich den Herrn nur in der Einheit haben, die er selber ist, in der Einheit mit den anderen, die auch sein Leib sind und in der Eucharistie es immer wieder neu werden sollen".[318]

Ausgehend von der paulinischen Rede über die Kirche als der mystische Leib Christi erscheint die notwendige übergeordnete universale Einheit im untrennbaren Leib. Dieser findet im *Corpus Christi verum* Gipfelpunkt und Quelle und bezeichnet, bewirkt und vollendet seinerseits die Einheit selbst.[319] Joseph Ratzinger ordnet die Leib-Christi-Ekklesiologie des Paulus mit Blick auf die Eucharistie folgendermaßen ein:

> „Der Herr wird unser Brot und unsere Nahrung. Er gibt uns seinen Leib (…). Kommunion bedeutet also Verschmelzung der Existenzen; wie in der Nahrung der Leib sich fremde Materie assimiliert und dadurch leben kann, so wird mein Ich demjenigen Jesus ‚assimiliert‘, ihm verähnlicht in einem Austausch, der immer mehr die Trennlinien durchbricht. (…) Auf diese Weise baut Kommunion Kirche, indem sie die Mauern der Subjektivität öffnet und uns in eine tiefe Existenzgemeinschaft hineinsammelt. (…) Die Formel ‚Kirche ist Leib Christi‘ sagt also aus, dass Eucharistie (…) der immerwährende Entstehungsort der Kirche ist, wo er sie selbst immerfort neu gründet".[320]

Diese kommuniale Existenzgemeinschaft als Einheit darzustellen, zu erhalten und aufzubauen, ist der erste Dienst des Bischofs von Rom. Er ist „das immerwährende, sichtbare Prinzip und Fundament für die Einheit der Vielheit von Bischöfen und Gläubigen".[321] In der Verwobenheit mit der Eucharistie zeigt sich folglich der sakramentale Charakter der Einheit der Kirche. Der Papst ist als Bischof „vornehmlicher Ausspender der Geheimnisse Gottes"[322] und somit in den Dienst gerufen, die Eucharistie zu feiern:

> „In jedweder Altargemeinschaft erscheint unter dem heiligen Dienstamt des Bischofs das Symbol jener Liebe und jener ‚Einheit des mystischen Leibes, ohne die es kein Heil geben kann‘".[323]

Ist jeder Bischof, der selbst für den ihm zugewiesenen Teil des Gottesvolks Hirte und Stellvertreter Christi ist,[324] Diener an der Einheit der Kirche in der Feier der Eucharistie, so muss dies in besonderer Weise für den Papst gelten. Dieser übt nicht

---

[317] Vgl. LG 23 und c. 368: „in quibus et ex quibus".
[318] *Ratzinger*, Ekklesiologie des Zweiten Vatikanischen Konzils, S. 46; vgl. *Koch*, Primatstheologie in ökumenischer Perspektive, S. 26.
[319] Vgl. c. 897; vgl. ferner *Söding*, Bibel und Kirche, S. 26f.
[320] *Ratzinger*, Ursprung und Wesen, JRGS 8/1, S. 235.
[321] LG 23.
[322] Vgl. c. 387.
[323] LG 26 mit innerem Zitat des *Thomas von Aquin*, S. Th. III, q. 73, a. 3.
[324] LG 27.

nur den Bischofsdienst für die ihm anvertraute *portio populi Dei* der Diözese Rom, sondern damit verbunden auch den apostolischen Petrusdienst aus, sodass er, indem er die Eucharistie feiert, zum Garanten der eucharistischen Einheit der vielen Teilkirchen als die eine, heilige, katholische und apostolische Kirche wird.[325] Der ungeteilte Herrenleib ist auf diese Weise das unüberbietbare Bild der Einheit, deren Garant der Papst ist.[326]

Rückbezogen auf die problematische Verhältnisbestimmung des Primates in der Kirche des Westens einerseits und der Orthodoxie andererseits ergibt sich in Ratzingers Analyse, dass das Papstamt in die eucharistische Einheit der Kirche wesenhaft miteinbezogen ist.[327] Ausgehend vom „Vorsitz in der Liebe" des römischen Bischofs, der auch den Vorsitz im Liebesmahl einschließt[328], ergibt sich neben der petrinischen Verwobenheit mit dem Mysterium auch die Sorge um die Einheit der Ordnung.[329] Dieser Dienstauftrag ist im Sinne der Ermöglichung der einen, unverfälschten Feier des allerheiligsten Sakraments der Kirche eine Pflicht desjenigen, dem der Schutz des *depositum fidei* aufgetragen ist. In diesem Kontext bedeutet „Ordnung" also keineswegs eine administrative Vorrangstellung, die „das einheitliche Kirchenrecht, die einheitliche Liturgie, die einheitliche Besetzung der Bischofsstühle"[330] und dergleichen bezeichnet.

Mit Joseph Ratzinger kann ein weiterer Schritt in Richtung der Begründung des Papstamtes als Dienst an der Einheit auch in der Ordnung gegangen werden. „Gott ist die Liebe" (1 Joh 4,16), die im inkarnierten Logos und „seinem Tod am Kreuz" als „Liebe in ihrer radikalsten Form"[331] ihren unüberbietbaren Ausdruck findet:

> „Diesem Akt der Hingabe hat Jesus bleibende Gegenwart verliehen durch die Einsetzung der Eucharistie während des Letzten Abendmahles. Er antizipiert seinen Tod und seine Auferstehung, indem er schon in jener Stunde den Jüngern in Brot und Wein sich selbst gibt, seinen Leib und sein Blut als das neue Manna".[332]

---

[325] Aus diesem Grund werden in den Interzessionen des Eucharistischen Hochgebets der Name des Papstes und der des Bischofs genannt, wodurch bezeichnet wird, „dass die Eucharistie in Gemeinschaft mit der ganzen Kirche, der himmlischen wie der irdischen, gefeiert wird und dass die Darbringung für sie und alle ihre Glieder geschieht, die Lebenden und Verstorbenen, die alle zur Teilnahme an der Erlösung und dem durch Christi Leib und Blut erworbenen Heil berufen sind" (Grundordnung/2007, 79 g).

[326] Vgl. *Koch*, Primatstheologie in ökumenischer Perspektive, S. 27. Das eucharistische Brot ist nicht nur unüberbietbares Bild im Sinne einer Metaphorik, sondern selbst der Grund, Ziel und Inhalt dieser Einheit; vgl. hierzu *Söding*, Bibel und Kirche, S. 27: „Es gibt nur eine Eucharistie und nur einen Leib Christi, wie es nur einen Gott, einen Herrn und einen Geist gibt. (...) Wo immer Eucharistie gefeiert wird, realisiert sich die eine Kirche, weil er, der eine Herr, in dem einen Brot und dem einen Kelch sich vergegenwärtigt (...)".

[327] Vgl. *Koch*, Primatstheologie in ökumenischer Perspektive, S. 27.

[328] Vgl. hierzu *Conrad*, Praesidet Caritati, S. 250–270.

[329] Vgl. *Koch*, Primatstheologie in ökumenischer Perspektive, S. 27.

[330] *Ratzinger*, Primat und Episkopat, JRGS 8/1, S. 654.

[331] *Benedikt XVI.*, Enz. DeusCarEst, 12.

[332] Ebd., 13.

Diese göttliche Liebe erwirkt für die Kirche Gottes in der Welt, in die sie hineingestellt wurde, die fundamentale Aufgabe, die Papst Benedikt XVI. als „Liebestun der Kirche" überschreibt, das für ihn nicht nur eine Aufgabe, sondern „Ausdruck der trinitarischen Liebe" selbst ist.[333]

Der Kirche wurde aufgetragen, den Menschen die Erfahrung der bleibenden Liebe Gottes zu ermöglichen. Dies geschieht in herausragender Weise im sakramentalen Leben der Kirche und in ihm in erster Linie durch die Feier der Eucharistie als das bleibende Zeichen der unüberbietbaren Liebestat Christi. Hierzu bedarf es eines Ermöglichungsgrundes, den aufzustellen demjenigen aufgetragen ist, dem in seinem Dienst an der Einheit die unverfälschte Weitergabe des Glaubens an diese göttliche Liebe obliegt: dem Papst als Bischof von Rom. Zur Umsetzung bedarf es folglich einer Ordnung, um deren Einheit zu sorgen ebenfalls päpstliche Aufgabe ist, sodass die Ordnung zur Bedingung der Möglichkeit der Erfahrung der Liebe Gottes wird. Ihren Ausdruck findet sie im Recht der Kirche. Papst Benedikt XVI. bringt diese Verwobenheit von Glaube und Ordnung prägnant zum Ausdruck. An die Seminaristen gerichtet äußert er die Bitte:

„Lernt aber auch, das Kirchenrecht in seiner inneren Notwendigkeit und in seinen praktischen Anwendungsformen zu verstehen und – ich wage es zu sagen – zu lieben: Eine Gesellschaft ohne Recht wäre eine rechtlose Gesellschaft. Recht ist die Bedingung der Liebe".[334]

Kurt Koch wendet diesen Grundsatz auf das Spezifikum des Papstamtes folgendermaßen an:

„Wenn nämlich der wesentliche Dienst des Nachfolgers Petri darin besteht, in der Kirche um Einheit besorgt zu sein (…), dann muss der eucharistische Liebesdienst des Petrus folgerichtig auch ein mit rechtlichen Möglichkeiten ausgestatteter Dienst sein".[335]

In Anbetracht der fehlenden Notwendigkeit einer zentralen römischen Administration stellt sich die Frage, worin der Inhalt des mit rechtlichen Möglichkeiten ausgestatteten universalen päpstlichen Primats zu finden ist, der im Streben nach einer äußerlich sichtbaren Einheit der Kirche bestehen könnte. Ratzinger bemerkt hierzu:

„Die Einheit mit dem Papst anzunehmen würde dann nicht mehr bedeuten, sich einer einheitlichen Verwaltung anzugliedern, sondern lediglich heißen, sich der Einheit des Glaubens und der communio einfügen, dabei dem Papst die Vollmacht verbindlicher Auslegung der in Christus ergangenen Offenbarung zuerkennen und folglich sich dieser Auslegung unterstellen, wo sie in definitiver Form geschieht".[336]

Dieser Komplex verdeutlicht, wie sich anhand der Eucharistie die Begründung und Komplementarität des päpstlichen Dienstes an der Einheit in Glauben und Ordnung darstellen lässt. Das Altarsakrament als Quelle und Gipfelpunkt stellt sodann die Synthese dessen dar, was der Inhalt der Offenbarung Gottes an die

---

[333] Ebd., 19 f.
[334] *Benedikt XVI.*, Brief an die Seminaristen, S. 6.
[335] *Koch*, Primatstheologie in ökumenischer Perspektive, S. 28.
[336] *Ratzinger*, Primat und Episkopat, JRGS 8/1, S. 654 f.

Menschen und somit in unüberbietbarer Weise verbindlich ist.[337] Die Notwendigkeit des Rechts als Bedingung der Liebe wiederum umschließt beide Elemente. Einerseits ist diejenige Ordnung, die als verbindliche Auslegung der Offenbarung besteht, Bedingung der universalen Liebesgemeinschaft, andererseits sind alle – Ratzingers Desiderat folgend – denkbaren eigenen und eigenständigen Rechtsordnungen ebenfalls Bedingungen zu einem fruchtbaren Leben der Communio, insofern sie dieses mit einem Recht versehen, dass zur Gerechtigkeit und damit zur Liebe führt. Die letzte Begründung der päpstlichen Entscheidungsvollmacht stellt der Glaube selbst dar, der in sich unteilbar ist.[338]

Joseph Ratzinger benannte mit Blick auf ein Streben nach Ökumene in Richtung der Orthodoxie eine Reihenfolge auf dem Weg zur Einheit. Rückblickend auf die Begegnungen von Papst Paul VI. im Jahr 1964 und von Augustin Kardinal Bea im Jahr 1965 mit Patriarch Athenagoras von Konstantinopel sowie der nachfolgenden gegenseitigen Aufhebung des Anathemas von 1054[339] bemerkte er:

> „Was jetzt geschehe, spiele sich innerhalb einer heiligen historischen Verantwortlichkeit ab (…). Dabei werden freilich zwei Stufen unterschieden: der Dialog der Liebe und der theologische Dialog. In den ersten sei jetzt unmittelbar einzutreten, der zweite sorgfältig vorzubereiten. (…) Die Grundkategorie des Vorgangs lautet ‚Wiederherstellung der Liebe‘. Es handelt sich um ekklesiale, nicht um private, um theologische, nicht um bloß humanitäre Liebe, um Liebesgemeinschaft von Bischofssitz zu Bischofssitz, von Kirche zu Kirche. Diese ekklesiale Agape ist nicht schon Kommuniongemeinschaft, trägt aber Dynamik dazu in sich".[340]

Dass auch Papst Benedikt XVI. während seines Pontifikats[341] der „Kommuniongemeinschaft als Nahziel"[342] zu dienen gedachte, verdeutlicht seine eigene Begegnung mit Patriarch Bartholomaios I. im Jahr 2006 und die im Zuge dessen entstandene gemeinsame Erklärung.[343] Auf der Grundlage des verbindenden Wunsches nach Widerherstellung der vollen und sichtbaren Einheit der Kirche[344] weisen

---

[337] Vgl. KKK 1327; vgl. *Voderholzer*, Zur Frage des Kommunionempfangs, o. S.: „In der Eucharistiefeier wird der gesamte katholische Glauben in verdichteter Form ausgesagt und bekannt. Die Eucharistie ist Ursprung und Quelle der Kirche und ihrer Raum und Zeit übergreifenden Einheit".

[338] Vgl. *Ratzinger*, Wiedervereinigung im Glauben, JRGS 8/2, S. 825. Der Glaube ist in der gleichen Weise unteilbar, wie der Herrenleib selbst.

[339] Diese Vorgänge und ihre besondere ökumenische Relevanz schildert Ratzinger in kurzen Umrissen, vgl. *Ratzinger*, Rom und die Kirchen des Ostens, JRGS 8/2, S. 755–760.

[340] Ebd., S. 761–763.

[341] Vgl. *Koch*, Ökumeneverständnis, S. 37 f.

[342] Vgl. *Ratzinger*, Rom und die Kirchen des Ostens, JRGS 8/2, S. 769–771.

[343] *Benedikt XVI./Bartholomaios I.*, Gemeinsame Erklärung.

[344] Vgl. ebd., Vorwort, o. S.: „Wir danken dem Urheber alles Guten, der uns noch einmal gewährt, im Gebet und im Austausch unsere Freude darüber zum Ausdruck zu bringen, dass wir uns als Brüder fühlen, und unser Engagement im Hinblick auf die volle Gemeinschaft erneuern. Dieses Engagement ergibt sich für uns aus dem Willen unseres Herrn und aus unserer Verantwortung als Hirten in der Kirche Christi. (…) Der Heilige Geist wird uns helfen, den großen Tag der Wiederherstellung der vollen Einheit vorzubereiten".

Benedikt XVI. und Bartholomaios I. auch auf die kommende Etappe der gemeinsamen „Behandlung des Themas ‚Konziliarität und Autorität in der Kirche‘ auf lokaler, regionaler und universaler Ebene" hin.[345] Diese Etappe „wird erlauben, sich mit einigen grundlegenden noch strittigen Fragen auseinanderzusetzen".[346] In diese ist letztlich auch der Primat des Bischofs von Rom eingeschlossen. Kurt Koch bemerkt hierzu:

> „Wenn dieser Primat, wie Papst Benedikt in einer Botschaft an den Ökumenischen Patriarchen von Konstantinopel hervorgehoben hat, ‚nicht aus dem Blickwinkel der Macht heraus‘, sondern ‚innerhalb einer Ekklesiologie der Gemeinschaft, als ein Dienst an der Einheit in Wahrheit und Liebe‘, verstanden und vollzogen wird, dann ist dieser Primat ein Geschenk nicht nur für die katholische Kirche, sondern auch für die ganze Ökumene".[347]

Wenngleich an dieser Stelle der Einheitsdienst des Papstes hinsichtlich der Orthodoxie im Vordergrund der Überlegungen steht, gilt die dargestellte Einschätzung Ratzingers von ihrem Grundsatz her auch mit Blick auf den Protestantismus:

> „Entsprechend könnte zweifellos auch einmal eine Sondergestalt der reformatorischen Christenheit in der Einheit der Kirche gedacht werden".[348]

Auch diesbezüglich hat jedoch das benannte Desiderat der Anerkennung des päpstlichen Einheitsdienstes Bestand.[349] Im Sinne eines objektiven Pragmatismus bemerkt Ratzinger hierzu:

> „Wir erwarten nicht, dass jeder diesen Standpunkt einnimmt oder ihn für richtig hält – dann wäre die Einheit der Kirche Wirklichkeit; aber immerhin sollte nach dem bisher Gesagten für jeden verständlich sein, dass es hier nicht einfach um Herrschsucht oder Halsstarrigkeit geht, sondern, dass die Katholische Kirche hier im wahrsten Sinn das Wort auf sich wenden kann, das Luther auf dem Reichstag zu Worms gesprochen haben soll: ‚Hier stehe ich, ich kann nicht anders‘".[350]

Das Streben der gesamten Communio nach der sichtbaren und vollen Einheit der Kirche kann ausgehend von der Eucharistie als „Inbegriff und Summe des Glaubens"[351] und des päpstlichen Einheitsdienstes mit Blick auf den Protestantismus keine einfache Aufgabe sein.[352] Dennoch ist nach Lösungen zu suchen, da der

---

[345] Ebd.
[346] Ebd.
[347] *Koch*, Ökumeneverständnis, S. 37.
[348] *Ratzinger*, Primat und Episopat, JRGS 8/1, S. 655. An anderer Stelle konkretisiert er: „Eine Wiedervereinigung mit der Katholischen Kirche müsste z. B. keinesfalls einschließen, dass es überall inskünftig so aussehen müsste wie gegenwärtig in der abendländischen oder genauer gesagt in der lateinischen Kirche. Katholische Einheit soll und will an sich keineswegs Uniformität bedeuten, sondern gerade Einheit in der Mannigfaltigkeit" (Wiedervereinigung im Glauben, JRGS 8/2, S. 823 f.).
[349] Vgl. hierzu *Ratzinger*, Wiedervereinigung im Glauben, JRGS 8/2, S. 823: „Einheit der Kirche erfordert Vereinigung in der katholischen Fülle, die unter den Nachfolgern des heiligen Petrus gewährleistet wird" und ebd., S. 825 f.
[350] Ebd.
[351] KKK 1327.
[352] Vgl. *Koch*, Primatstheologie in ökumenischer Perspektive, S. 31.

Auftrag des Herrn unweigerlich gilt, dass alle eins sein sollen (Joh 17,21). Joseph Ratzinger benannte als „wichtigste Forderung (…) in dieser Sache das Gebet: der Hilferuf zu dem, der allein hier wahrhaft helfen kann".[353]

Einem aus rein kirchlichem Recht entstammenden Papstamt, das reiner gesamtkirchlicher Administration dienen würde, wäre eine gerechtfertigte Kritik nicht zu ersparen.[354] Dies gilt insbesondere, wenn ein solches universales Administrationsamt mit den im Primat des Bischofs von Rom fundierten Ansprüchen der *suprema potestas* ausgestattet wäre und auf diese Weise tatsächlich „aus dem Blickwinkel der Macht heraus (…) verstanden und vollzogen"[355] würde. Der dargestellte Komplex des Einheitsdienstes des Papstes, der sich gerade mit dem Sakrament der Eucharistie begründen lässt, verdeutlicht in besonderer Weise die Abgrenzung zu einem Administrationsamt.[356] Durch die cc. 360–361, mit denen der geltende Codex die Leitung der Gesamtkirche mit Verweis auf die besondere Gesetzgebung als Aufgabe der Römischen Kurie als Hilfsmittel des Papstes benennt, werden die „Geschäfte der Gesamtkirche" (negotia Ecclesiae universae) mit dem Verweis auf „Wohl und Dienst an den Teilkirchen" (munus explet in bonum et in servitium) grundlegend dem Bereich der reinen Verwaltung entzogen und im Dienstcharakter (munus) verortet. Das benannte Spezialgesetz, das in der Apostolischen Konstitution Pastor Bonus Papst Johannes Pauls II. gegeben ist, unterstreicht, dass der päpstliche Dienst, zu dessen Erfüllung die Römische Kurie als Hilfsmittel gereicht, ein wahrer Dienst an der Communio der Kirche ist.[357] Der auf die dargestellte Weise verstandene Einheitsdienst des Papstes bietet Chancen und Möglichkeiten für die Ökumene mit dem Ziel der Wiederherstellung der sichtbaren Einheit der Christen. Auch im Zuge dessen bildet der unteilbare Glaube den Ausgangs- und Zielpunkt.

III. Die Klage des Niketas von Nikomedia

Das durch Joseph Ratzinger gezeichnete Gegenbild zu einem Administrationsprimat erscheint auf dieser Grundlage aufschlussreich. Innerhalb seiner Darlegung bedient er sich hierbei eines Zitates des Niketas von Nikomedia, der im 12. Jahrhundert eine kurze Synthese des päpstlichen Primats aufzustellen vermochte, die

---

[353] *Ratzinger*, Wiedervereinigung im Glauben, JRGS 8/2, S. 828.

[354] Vgl. erneut den kritischen Hinweis bei *Ratzinger*, Primat und Episkopat, JRGS 8/1, S. 654 f.

[355] *Benedikt XVI.*, Botschaft an Bartholomaios I., in dt. Übers. zitiert bei *Koch*, Ökumeneverständnis, S. 37.

[356] Vgl. *Koch*, Primatstheologie in ökumenischer Perspektive, S. 27.

[357] Vgl. *Johannes Paul II.*, CA PastBon, Einführung, 1. Einer Missdeutung zu einem rein (kirchen-)rechtlich gefassten Administrationsamt wird auf diese Weise der Boden entzogen. Dies hat sich auch durch die neue Apostolische Konstitution von Papst Franziskus über die Römische Kurie nicht geändert. Das Schreiben mit dem Titel Praedicate Evangelium lag zum Zeitpunkt der Abfassung der vorliegenden Untersuchung noch nicht vor, wurde mittlerweile jedoch am 19. März 2022 promulgiert und ist am 5. Juni desselben Jahres in Kraft getreten.

auch für Joseph Ratzinger wegweisend für seine Theologie des Primats und, zu diesem Zeitpunkt noch ungeahnt, für sein eigenes Pontifikat werden würde.[358] Neben der grundsätzlichen Darstellung jener Verworrenheit zwischen Ost und West nach den Ökumenischen Konzilien der Alten Kirche sind für die vorliegende Untersuchung einige Aussagen des Niketas von besonderem Belang, die Joseph Ratzinger in nicht unbedeutsamem Maße für sein eigenes Wirken auf dem Petrusstuhl zu rezipieren wusste. Daher seien sie hier in einer Auflistung dargeboten und kurz erläutert:

1. Rom, genauer gesagt die Römische Kirche, ist Inhaberin des Primats und Ort der *prima sedes*. Die erste Ausdrucksform der damit verbundenen Aufgabe des Dienstes an der Einheit ist in ihrer Funktion als Appellationsinstanz gegeben. Wo Streit über Glaube, Sitte und Ordnung entsteht, kann sie angerufen werden. Diese Aufgabe kommt dem Papst nicht nur zuzeiten des Niketas zu, sondern ist vielmehr ureigene Aufgabe im Dienst an der Einheit im Glauben und am *depositum fidei* selbst.[359] Im Übrigen ist aus kanonistischem Blickwinkel die diachrone Lektüre dieser aus der Praxis erwachsenden Feststellung mit dem geltenden c. 1417 interessant. Demzufolge besteht für jeden Gläubigen die freie Möglichkeit, sich in allen Streit- oder Strafsachen direkt an den Papst zu wenden, und zwar „aufgrund des Primates" (ob primatum). Wenngleich jene Norm des kirchlichen Prozessrechts nicht direkt auf Fragen von Glauben und Sitte abzielt, entspringt sie doch demselben Grund wie jede derartige Appellation an den Papst.

2. Der Papst übt den Primat in Verbindung mit der empfangenen Bischofsweihe aus, weil er Bischof von Rom und damit „Bischof des ersten Sitzes" ist.[360] Er tut dies nicht aufgrund persönlich-habitueller Eigenschaften, sondern aufgrund des ihm übertragenen Bischofsstuhls und des damit verbundenen primatialen Amtes. Dies bedeutet weiterhin, dass damit ebenso wenig eine ontologische Sonderstellung des Papstes im Sinne eines empfangenen sakramentalen Prägemals in Frage käme. Der Primat begründet sich mit Rom und seinem Bischofssitz. Erneut ist eine Kontinuität festzustellen, denn mit c. 331 wird klargestellt, dass der jeweilige Amtsinhaber Bischof von Rom und als solcher Papst ist.[361]

---

[358] Vgl. *Ratzinger*, Primat und Episkopat, JRGS 8/1, S. 644 f. Dort fügt Joseph Ratzinger die Textpassage des Niketas in vollem Umfang an. Auch dieses Stilmittel unterstreicht die Wichtigkeit der dort erwähnten These für die Primatstheologie Ratzingers/Benedikts XVI.; vgl. hierzu auch *Klausnitzer*, Primat im Denken Joseph Ratzingers, S. 161–163.

[359] Vgl. *Johannes Paul II.*, CA PastBon, 48–55. Zwar liegen die Aufgaben „die Lehre über Glaube und Sitten (doctrinam de fide et moribus) auf dem ganzen katholischen Erdkreis zu fördern und zu schützen" bei der Kongregation für die Glaubenslehre, doch ist diese als Hilfsmittel des Papstes zu verstehen, der diese Aufgabe tatsächlich wesenhaft innehat und aus dessen Autorität heraus die Kongregation wirkt.

[360] Nach *Niketas von Nikomedia*, so zitiert bei *Ratzinger*, Primat und Episkopat, JRGS 8/1, S. 644. Die Übertragung aus dem Lateinischen wird gemäß Joseph Ratzingers Darstellung übernommen.

[361] Vgl. *Aymans-Mörsdorf*, KanR II, S. 201; vgl. auch *Ratzinger*, Widervereinigung im Glauben, JRGS 8/2, S. 824, dort unter 1.

3. In den Augen des Niketas und unter den Eindrücken des Großen Schismas des Jahres 1054 ist die Klarstellung der Verhältnisse zwischen dem Bischof von Rom in seinem universalkirchlichen Dienst und den Ortskirchen vonnöten, vor allem im Licht der unter Punkt 2 gewonnenen Erkenntnis. Niketas verdeutlicht, dass das dienliche und letztlich korrekte Zueinander jener Geist der Brüderlich-keit ist, der die vielen Ortskirchen zu Kindern der einen Kirche befreit, sodass die Kirche Roms mit ihrem Bischof zur „frommen Mutter von Söhnen" wird.[362] Die römische Kirche solle hierbei gänzlich ablehnen „für alle anderen Gesetze (zu) schaffen, selbst aber ohne Gesetz"[363] zu sein. Diese Schlussfolgerung weist auf die innere Haltung des Papstes hin, die ihm abverlangt, sich nicht als Inhaber der Wahrheit und alleiniger Herrscher über den Glauben zu betrachten, sondern viel-mehr in sich selbst denjenigen zu entdecken, der den Glauben aus Gottes Gnade heraus empfangen hat. Auch hier muss der Papst danach trachten, Petrus ähnlich zu werden, der den Glauben aus Gottes Gnade heraus empfing und in all seiner Schwachheit letztlich bis in den leiblichen Tod bekannte.

4. Vielmehr, so Niketas weiter, würde die Überheblichkeit des Papstes im Sinne dieser Selbstherrlichkeit dazu führen, jene gehaltvollen Fundamente des christ-lichen Glaubens bis zur vollständigen Negation aufzuweichen.[364] Schriftkennt-nis, theologische und allgemein-wissenschaftliche Forschung und die Quellen der Philosophie verlören ihre Bedeutung, wenn nur mehr auf die absolute päpstliche Autorität rekurriert werden würde. Das Gegenbild, das Niketas im weiteren Verlauf zeichnet, nimmt in Analogie zur Auslegung des Papstamtes durch Benedikt XVI. das neutestamentliche Gleichnis der Arbeiter im Weinberg (Mt 20,1–16) zum Leit-satz. Niketas schreibt mit Blick auf den Bischof von Rom:

> „Wenn er aber im Weinberg des Herrn Mitarbeiter haben will, dann soll er unbeschadet seines Primates in seiner Höhe sich seiner Demut rühmen (…)".[365]

Der römische Bischof selbst ist Arbeiter im Weinberg des Herrn, gemeinsam mit seinen Mitarbeitern, jeder gemäß der eigenen Aufgabe und Sendung. Die Maxime der Demut ist folgerichtige Konsequenz dieser Interpretation des Papstamtes als Dienerschaft, die nicht Herrschaft sein kann. Die ersten Worte des neu gewähl-ten Papstes Benedikt XVI. stehen in einer Linie mit Niketas von Nikomedia. Der Papst wandte sich an die auf dem römischen Petersplatz versammelten Gläubigen mit den Worten:

> „Nach einem großen Papst Johannes Paul II. haben die Herren Kardinäle mich gewählt, einen einfachen und bescheidenen Arbeiter im Weinberg des Herrn. Mich tröstet die Tatsache, dass der Herr auch mit ungenügenden Werkzeugen zu arbeiten und zu wirken weiß (…)".[366]

---

[362] Nach Niketas von Nikomedia, so zitiert bei *Ratzinger*, Primat und Episkopat, JRGS 8/1, S. 645.
[363] Ebd.
[364] Ebd.
[365] Ebd.
[366] *Benedikt XVI.*, Erster Gruß, S. 1.

Die Demut der Einfachheit, als Papst Diener und nicht Herrscher zu sein, wurde so von Beginn an Leitwort des Pontifikates Papst Benedikts XVI. Es waren die zeitgeschichtlichen Umstände und Wirrungen, die Niketas von Nikomedia dazu veranlassten, seine Aussagen zum Papstamt als Dienst der Kirche zu vollziehen. Dennoch zeigt sich in der Lektüre der Ausführungen Ratzingers, wie sehr sich das Bewusstsein über die Geschichte des Papstamtes auf die faktische Ausübung desselben auswirken kann. Die Tatsache, dass Ratzinger im vorliegenden Aufsatz dieses Fragment des Niketas ob dessen Wichtigkeit „im Wortlaut anführen möchte"[367], zeigt in besonderer Eindringlichkeit die Bedeutung für ihn selbst und seine Auslegung des Petrusamtes. Ungeahnt dessen, selbst Inhaber dieses Amtes zu werden, bezieht sich der Gewählte dennoch auf diese Aussagen.

Die Kenntnis Papst Benedikts XVI. über die zeitgeschichtlichen Umstände der Abfassung durch Niketas im Hinblick auf das verworrene Verhältnis der Kirchen des Ostens und des Westens zeigt sich überdies in seiner Veranlassung, den päpstlichen Titel „Patriarch des Abendlandes" aus der primatialen Titelliste[368] zu entfernen.[369] Auf der Grundlage der geschichtlichen und theologischen Gegebenheiten geschah dies auch und explizit mit Blick auf mögliche ökumenische Bemühungen.[370] Damit einhergehend verzichtete er auf jede administrative Implementierung für den Bereich der Ostkirchen.[371]

5. Handelt der Bischof von Rom als Arbeiter im Weinberg des Herrn, ist dies erster Anknüpfungspunkt an die Weisung, in der *imitatio Christi* als dessen Stellvertreter das Petrusamt zu bekleiden. So kann der Papst, wenn er sich „in seiner Höhe seiner Demut"[372] rühmt, den Herrn selbst vortrefflich nachahmen, der als der Höchste in die größtmögliche Niedrigkeit hinabstieg, die im Kreuzestod ihren Maximalpunkt erreichte. Sein Ruhm ist hierbei nicht die Hoheit eines Amtes, sondern allein das Kreuz Jesu Christi (vgl. Gal 6,14).[373]

---

[367] *Ratzinger*, Primat und Episkopat, JRGS 8/1, S. 644.

[368] AnPont 2006, S. 24 i. V. m. *PCU*, Nota/2006.

[369] Vgl. *Koch*, Primatstheologie in ökumenischer Perspektive, S. 29 f.

[370] Vgl. *PCU*, Nota/2006: „La rinuncia a detto titolo vuole esprimere un realismo storico e teologico e, allo stesso tempo, essere la rinuncia ad una pretesa, rinuncia che potrebbe essere di giovamento al dialogo ecumenico".

[371] Vgl. *Ratzinger*, Wiedervereinigung im Glauben, JRGS 8/2, S. 824 f. Dort ordnet Ratzinger die päpstliche Funktion ein, Patriarch des Abendlandes zu sein.

[372] *Ders.*, Primat und Episkopat, JRGS 8/1, S. 645.

[373] Anhand der Ausführungen Reginald Kardinal Poles und deren Darstellung in der durch ihn betreuten Dissertationsschrift von *Martin Trimpe*, Macht als Gehorsam, entfaltet Joseph Ratzinger ein Idealbild des Papstamtes, dass sich anhand jener Stellvertreterschaft Christi als Vikariat des Kreuzes auszeichnet. Diese Darstellung Ratzingers ist in ihrer Wichtigkeit derart fundamental, dass sie innerhalb dieser Untersuchung ein eigenes Kapitel einnimmt; vgl. S. 256–266 der vorliegenden Untersuchung.

IV. Die Antwort Papst Gregors des Großen auf die Klage des Niketas

Der klagende Brief des Niketas von Nikomedia ist eine der bedeutsamsten Quellen, die Joseph Ratzinger nicht nur die zeitgeschichtlichen Missstände und Fehlinterpretationen des Papstamtes vorlegt, sondern überdies in der Darstellung der diametral dazu verlaufenden Auslegung ein Idealbild desselben zeigt. Die im Licht des Pontifikats Benedikts XVI. betriebene Relecture der wissenschaftlichen Werke Ratzingers, die sich dem Papstamt widmen, weisen jedoch nicht auf ein Stehenbleiben bei Kritiken und Klagen an Missständen der praktischen Umsetzung des Petrusamtes hin. Vielmehr führt Ratzinger in engster Verbindung ein Zitat Papst Gregors des Großen an, über das er selbst feststellt: „Klingt das nicht wie eine Antwort auf die vorhin zitierten Klagen des Niketas von Nikomedia?".[374]

Welche Elemente erscheinen in diesem Brieftext Papst Gregors auf, die bei der hier bemühten „deutenden Wiederaufnahme alter Texte in einer neuen Situation"[375] besondere Relevanz für die Primatstheologie des späteren Papstes Benedikt XVI. bergen? Zum zeitgeschichtlichen Kontext ist zunächst festzustellen, dass Papst Gregor den besagten Brief an Eulogius, den Patriarchen von Alexandrien, richtet. Ausgangspunkt der durchaus kritischen Antwort Gregors stellt die in seinen Augen durch den Patriarchen getätigte Überhöhung des Papsttums durch die Verwendung des mit dem Anspruch verbundenen Titels „universaler Papst" dar. Diesen lehnt Papst Gregor ab, nicht nur, weil dadurch auch das Patriarchenamt der Kirche eine nicht unbedeutende Geringerstellung erfährt[376], sondern auch und insbesondere deshalb, weil das Papstamt hierin einer falschen Überhöhung anheimfallen würde.[377]

Diese beiden Implementierungen werden im Zitat Gregors deutlich, wenn er zum Patriarchen schreibt: „Dem Bischofssitz nach seid Ihr mein Bruder, der Heiligkeit

---

[374] *Ratzinger*, Primat und Episkopat, JRGS 8/1, S. 653; vgl. *Klausnitzer*, Primat im Denken Joseph Ratzingers, S. 164–166.

[375] *Ratzinger*, Primat und Episkopat, JRGS 8/1, S. 652.

[376] Vgl. hierzu insbesondere ebd., S. 654 f., dort unter b).

[377] Vgl. ebd., S. 653; vgl. hierzu *Seppelt*, Entfaltung der päpstlichen Machtstellung, S. 24–26. Dort beschreibt der Autor die Ablehnung des Titels „Ökumenischer Patriarch" durch Papst Gregor. Dieser Titel „ließ auch die Deutung Patriarch der Gesamtkirche (episcopus universalis) zu. (…) In einem Schreiben an den Kaiser, der Gregor zum Frieden gemahnt hatte, wies der Papst darauf hin, daß Christus dem heiligen Petrus und seinen Nachfolgern den Primat und die Sorge für die Gesamtkirche übertragen habe, und doch habe sich Petrus nicht ‚universalis apostolus' nennen lassen. (…) Der Papst verteidigte daher nicht seine eigene Sache gegen die Anmaßungen des Patriarchen, sondern die Sache Gottes selbst und die der Gesamtkirche (…)" (S. 25 f.). Allerdings ist auch darauf hinzuweisen, dass gerade Papst Gregor der Große sich seiner primatialen Macht mehr als bewusst war, vgl. ebd., S. 26: Der durch ihn beanspruchte Titel „Knecht der Knechte Gottes (…) bedeutet natürlich nicht einen Verzicht auf die Primatialrechte Roms über die Gesamtkirche (…). Und die Fortentwicklung des römischen Primatsgedankens führte in wenigen Jahrhunderten dahin, daß Gregor VII. in seinem ‚Dictatus papae' den stolzen Satz aufnahm: ‚Der römische Bischof allein darf den Titel universalis führen'".

nach mein Vater".[378] Mit letztgenannter Feststellung anerkennt Papst Gregor insbesondere das Patriarchenamt, das mit dem alexandrinischen Bischofsstuhl verbunden ist und auf einem in der Frühen Kirche begründeten Fundament ruht.[379] Welche Bedeutung Joseph Ratzinger dieser Aussage beimisst, wird deutlich, wenn er im weiteren Verlauf des hier zugrundeliegenden Aufsatzes das Desiderat aufstellt, wonach „man es als Aufgabe für die Zukunft betrachten (sollte), das eigentliche Amt des Petrusnachfolgers und das patriarchale Amt wieder deutlicher zu unterscheiden (…)".[380]

Sowohl Papst Gregor der Große als auch Papst Benedikt XVI. wissen ob der Notwendigkeit titularer Überhöhung ablehnend zu begegnen.[381] Die Brüderlichkeit, von der Gregor spricht, vollzieht sich im Bischofsamt, das das einende Band im Lateinischen Episkopat wie im orthodox-ökumenischen Bemühen darstellt. Die eingehende Erörterung der Aussagen des II. Vatikanischen Konzils machten es bereits deutlich: Der Papst ist Papst, weil er Bischof von Rom ist – nicht umgekehrt.[382] Das petrinische Amt begründet sich damit, dass die betreffende Person geweihter Bischof der Kirche ist, zum Bischof von Rom gewählt wurde und diese rechtmäßige Wahl gemäß geltendem Recht angenommen hat.

Den Bischöfen als den mit der Weihefülle ausgestatteten Hirten der Kirche obliegen die Dienste des Heiligens, Lehrens und Leitens. Dies gilt auch für den römischen Bischof als Nachfolger des Apostels Petrus, mit dem vereint die Bischöfe der Kirche „das Werk Christi, des ewigen Hirten" fortsetzen.[383] Die Verbindung untereinander und die damit einhergehende Sorge um alle Teilkirchen der einen Universalkirche ist gleichzeitiger Bestandteil der Lehre über das sakramentale Bischofsamt.[384] Nach dem Vorbild des Apostelkollegiums und seinem Haupt, dem heiligen Petrus, sind auch die Bischöfe und der Papst untereinander verbunden.[385]

In dieser ontologischen Relevanz besteht auch der erste Anknüpfungspunkt des Papstamtes. Er ist Bischof von Rom und als solcher Papst. Ein ontologischer Unter-

---

[378] *Gregor d. Gr.*, Brief an Eulogius von Alexandrien, zitiert gemäß der Übersetzung in: Primat und Episkopat, JRGS 8/1, S. 653. Zu dieser Übersetzung bemerkt *Klausnitzer*, Primat im Denken Joseph Ratzingers, S. 164, Anm. 42: „Die Übersetzung Ratzingers unterscheidet sich in Nuancen von der in DH gebotenen" (vgl. DH 3061).

[379] Vgl. S. 232–236 der vorliegenden Untersuchung; vgl. *Seppelt*, Entfaltung der päpstlichen Machtstellung, S. 25.

[380] *Ratzinger*, Primat und Episkopat, JRGS 8/1, S. 654.

[381] Insofern kann die Entfernung des Titels „Patriarch des Abendlandes" durch Papst Benedikt XVI. als tätige Reaktion auf den Aufruf Papst Gregors gelten: „Verschwinden mögen also die Worte, die die Eitelkeit aufblähen und die Liebe verletzten", so zitiert bei *Ratzinger*, Primat und Episkopat, JRGS 8/1, S. 653.

[382] Vgl. S. 142–146 der vorliegenden Untersuchung.

[383] CD 2.

[384] CD 6.

[385] Vgl. *Auer*, Die Kirche, S. 185–191.

schied zu den anderen Bischöfen besteht aufgrund des dreigestuften Weiheamtes nicht.[386] Vielmehr ist der Unterschied in der ämterrechtlichen Besonderheit des mit dem römischen Bischofsamt verbundenen Petrusamtes zu finden.[387] So erscheint es der soeben dargestellten Einordnung des Papstamtes in Anlehnung an die Anmerkungen Papst Gregors des Großen der brüderlichen Verbindung der Bischöfe gemäß konsequent, dass auch Joseph Ratzinger dieses ontologische Momentum in besonderer Weise anführt.[388]

Eine weitere Geste des zum Papst gewählten Benedikt XVI. erscheint hierbei in neu zu deutender Relevanz. Wurde auch die Krönung des Papstes mit der Tiara, der dreibekränzten Papstkrone, zuletzt mit dem Amtsantritt Papst Pauls VI. im Jahr 1963 vollzogen, so führte doch auch noch Papst Johannes Paul II. diese als Bestandteil seines päpstlichen Wappens.[389] Papst Benedikt XVI. verzichtete auf jenes Zeichen und setzte an dessen Stelle die Darstellung der Mitra als Symbol des Bischofsamtes der Kirche. Ratzinger stützt sich im vorliegenden Aufsatz auf eine Einschätzung Friedrich Heilers zur päpstlichen Tiara, der ihre Dreiteilung interpretiert. Demnach stellt diese folgende Amtsbereiche dar: „Das Amt des Bischofs von Rom, der zugleich Metropolit der römischen Kirchenprovinz ist, des Patriarchen der abendländisch-lateinischen Kirche – und des Primas aller Bischöfe (…)".[390] Im weiteren Verlauf kritisiert Heiler in einer weiten inhaltlichen Überschneidung mit Ratzinger die Vermengung dieser Bereiche bei gleichzeitiger Verdunkelung der eigentlichen päpstlichen Aufgabe. Letztere besteht eben nicht in den „wandelbaren Funktionen des römischen Metropoliten und abendländischen Patriarchen", sondern im Amt des Bischofs von Rom „in seiner providentiellen (…) Einheitsfunktion".[391] Erneut erscheint in der eigentlich schlicht anmutenden Demutsgeste des heraldischen Austauschs der Tiara durch die Mitra eine auf der Grundlage des durch Joseph Ratzinger erörterten tiefen Sinngehalts bedeutsame Handlung. Das Bischofsein ist das fundamental Entscheidende, das *römische* Bischofsein des Papstes die besondere universale Relevanz.

---

[386] Vgl. *Klausnitzer*, Primat im Denken Joseph Ratzingers, S. 164, dort bezugnehmend auf das genannte Zitat Gregors des Großen: „Der Papst wendet sich gegen eine Herausstellung eines einzelnen Bischofs vor den anderen. Ratzinger sieht hier ‚ein Deutungselement von höchstem Gewicht' zur Interpretation der Primatsaussagen des Vaticanum I".

[387] Es sei an die Ausführungen Mörsdorfs erinnert, vgl. S. 69–75 der vorliegenden Untersuchung. Dort wird diese unter dem spezifischen Blickwinkel des Petrusamtes analysiert.

[388] Vgl. *Ratzinger*, Primat und Episkopat, JRGS 8/1, S. 657, dort unter d).

[389] Vgl. zur „Coronatio" Papst Pauls VI. am 30. Juni 1963 AAS 55 (1963), S. 616–644, insbesondere die Krönungsformel, S. 626: „Beatissime Pater, plenitudinem Apostolicae Potestatis tiara nuper capiti Tuo imposita certe non ipsa confert, sed decimum iam diem a Spiritu Sancto Tibi collatam hodie externo splendore manifestat (…)"; vgl. ferner *Ernesti*, Paul VI., S. 93; zum Wappen Papst Johannes Pauls II. mit der heraldischen Erklärung vgl. AAS 70 (1978), S. 989; zu Wappen und Erklärung Papst Benedikts XVI. vgl. AAS 97 (2005), S. 753 f.

[390] *Heiler*, Geschichte des Papsttums, S. 313 f., so zitiert bei *Ratzinger*, Primat und Episkopat, JRGS 8/1, S. 658.

[391] Ebd.

Die Bischöfe sind das Band der Einheit der vielen Teilkirchen, *in quibus et ex quibus* die eine Universalkirche besteht. Joseph Ratzinger charakterisiert diese Einheit:

> „In der Einheit der einen Ecclesia muss der Plural der ecclesiae Raum haben: Nur der Glaube ist unteilbar, ihm ist die einheitsstiftende Funktion des Primates zugeordnet".[392]

Erneut wird ersichtlich, worin der Kern des Papstamtes besteht: in der Wahrung der Einheit in Glauben und Ordnung.[393] Im paulinischen Bild der Kirche als *Corpus Christi* (1 Kor 12,13–27) erscheint so die Funktion des Papstes im und für den einen Leib, der aus vielen Gliedern bestehend letztlich doch einer ist. Bereits in seiner „Einführung in das Christentum" bemerkte Joseph Ratzinger in seinen Ausführungen zum Glaubensartikel über die Kirche:

> „Der eine Rock des Herrn ist zerrissen zwischen den streitenden Parteien, die eine Kirche auseinandergeteilt in die vielen Kirchen, deren jede mehr oder minder intensiv in Anspruch nimmt, allein im Recht zu sein. Und so ist die Kirche für viele heute zum Haupthindernis des Glaubens geworden. Sie vermögen nur noch das menschliche Machstreben, das kleinliche Theater derer in ihr zu sehen, die mit ihrer Behauptung, das amtliche Christentum zu verwalten, dem wahren Geist des Christentums am meisten im Wege stehen".[394]

Beachtet man die soeben erörterte Theologie über den päpstlichen Primat als Dienst an der Einheit, so wird klar, dass der „wahre Geist des Christentums" vornehmlich in der Heilsbotschaft Jesu Christi und der Antwort darauf im Glauben bestehen kann. Diese sind Grund und Inhalt des Papstprimates, ihnen „ist die einheitsstiftende Funktion des Primates zugeordnet".[395] Erneut erscheint das Bischofsein des Papstes als Fundament, denn er ist als Bischof Teil der *communio episcoporum*, die in der Nachfolge der Apostel Lehrer des einen Glaubens, Priester des heiligen Gottesdienstes und Diener in der Leitung sind.[396] Diese intrinsische Verbindung des Bischofs von Rom mit dem gesamten Bischofskollegium erkennt und anerkennt folglich auch Ratzinger, wenn er die Kollegialität von Primat und Episkopat ausdrücklich würdigt und benennt: „Was es vielmehr anzustreben gilt, ist die Pluralität in der Einheit, Einheit in Pluralität. (…) Der Primat braucht den Episkopat, aber auch der Episkopat den Primat".[397] Der Nutzen und Gewinn des

---

[392] Ebd., S. 654.

[393] Vgl. *Johannes Paul II.*, CA PastBon, Einführung, 11.

[394] *Ratzinger*, Einführung, JRGS 4, S. 305 f. Diese Einschätzung ist auch leitendes Motiv seiner Forderung einer Entweltlichung der Kirche, vgl. *Benedikt XVI.*, Ansprache im Konzerthaus, S. 676: „In der geschichtlichen Ausformung der Kirche zeigt sich jedoch auch eine gegenläufige Tendenz, daß die Kirche zufrieden wird mit sich selbst, sich in dieser Welt einrichtet, selbstgenügsam ist und den Maßstäben der Welt angleicht. Sie gibt nicht selten Organisation und Institutionalisierung größeres Gewicht als ihrer Berufung zu der Offenheit auf Gott hin, zur Öffnung der Welt auf den Anderen hin".

[395] *Ratzinger*, Primat und Episkopat, JRGS 8/1, S. 654.

[396] Vgl. c. 375 § 1.

[397] *Ratzinger*, Primat und Episkopat, JRGS 8/1, S. 657, dort unter d).

Primates für den Episkopat besteht in der einheitsstiftenden Funktion, wonach der Papst aus dieser heraus zum Garanten der Einheit wird.[398]

Jede Form des „amtlichen Christentums", die sich im Besonderen aus den Aufgaben der Verwaltung und formalen Leitung speist, kann nur dann ihre Sinnhaftigkeit erfahren, wenn sie sich als gleichzeitiger Dienst an der größtmöglichen Evangelisierung begreift, der danach trachtet, die Heiligkeit des Gottesvolkes zu fördern. Auch darin besteht jene Entweltlichung, die der spätere Papst Benedikt XVI. als Auftrag an die Kirche benannte.[399] Der „eigentliche Auftrag" der Kirche ist auch jener des Bischofs von Rom, Diener an der aus dem Evangelium und dem Glauben an Christus resultierenden Einheit der Communio zu sein.[400] Hierin erscheint in den verschiedenen hier beachteten Werken Ratzingers/Benedikts XVI. eine erstaunliche Kontinuität einer Theologie über den Primat.

V. Der Petrusdienst als Dienst am Glauben

Ein weiterer Aspekt dieser Theologie des Petrusdienstes besteht in einem Hinweis Ratzingers über die Art und Weise der Lehrtätigkeit des Papstes. Das Vorbild für definitive päpstliche Lehraussagen sieht er in der Tätigkeit der Konzilien:

> „Das Konzil stimmt nicht über die Wahrheit ab – was unmöglich ist –, sondern es stellt die Einmütigkeit des Glaubens fest: Die Einheit ist Zeichen dafür, dass hier der eine Glaube vorliegt".[401]

---

[398] Selbst innerhalb der kritischen Auseinandersetzung mit dem Papstprimat durch die russisch-orthodoxe Kirche, die zum Dokument „Position des Moskauer Patriarchats zur Frage des Primats der universalen Kirche" führte, anerkennt der Verfasser, dass wegen der Gemeinschaft aller Gläubigen aufgrund des einen Hauptes Jesus Christus der Papstprimat „als demütiger Dienst des Friedensstiftens, als Dienst der Eintracht zu verstehen" ist, vgl. die Zusammenfassung von *Stahlberg*, Ein Blick aus dem Osten, S. 209.

[399] Vgl. *Benedikt XVI.*, Ansprache im Konzerthaus, S. 676 f.: „Um ihrem eigentlichen Auftrag zu genügen, muss die Kirche immer wieder die Anstrengung unternehmen, sich von dieser ihrer Verweltlichung zu lösen und wieder offen auf Gott hin zu werden. (…) Das missionarische Zeugnis der entweltlichten Kirche tritt klarer zutage. Die von materiellen und politischen Lasten und Privilegien befreite Kirche kann sich besser und auf wahrhaft christliche Weise der ganzen Welt zuwenden (…)".

[400] Vgl. *Ratzinger*, Wiedervereinigung im Glauben, JRGS 8/2, S. 825: Der Papst hat „als Nachfolger Petri oberste Verkörperung der Einheit der ganzen Kirche und oberster Hirt aller zu sein. Diese (…) Funktion besteht ausschließlich darin, dass dem Papst die oberste Entscheidung in der Glaubens- und Sittenlehre zukommt (…). Allein der Glaube kann nicht geteilt werden, sondern muss ein einziger sein, in allen anderen Punkten ist Vielgestaltigkeit erlaubt und möglich".

[401] *Ders.*, Primat und Episkopat, JRGS 8/1, S. 656; vgl. zum Interpretationsmodell Ratzingers *Klausnitzer*, Primat im Denken Joseph Ratzingers, S. 164 f.: „Dieses Prinzip, die Tradition der frühen Kirche und ihrer Konzilien zu Auslegungskriterien späterer konziliarer Entscheidungen zu machen (wobei natürlich auch umgekehrt der neue Text in einer dogmengeschichtlichen ,relecture' die alten Texte in einer anderen Situation entfaltet), ist für Ratzingers theologische Methode und auch für sein Verständnis der beiden vatikanischen Konzilien grundlegend".

Tatsächlich kann diese Einschätzung bereits für die Konzilien der Frühen Kirche nicht nur als Faktum, sondern überdies als deren Selbstverständnis gelten.[402] Hierbei waren die *universitas* sowie die *antiquitas* als entscheidende Momente der Konsensfindung maßgeblich: „Die hier (sc. in den Konzilien) festgestellte Glaubensübereinstimmung bezog sich nicht nur auf die synchrone, sondern auch auf die diachrone Dimension der Kirche".[403] Wurden beide Prinzipien bedacht und stand der Konsens über einen Glaubenssatz fest, konnte er als Wahrheit definiert werden.[404]

Betrachtet Ratzinger diese Handlungsweise der Konzilien, die bis zur heutigen Zeit Geltung besitzen muss, als Vorbild für die definitive Lehrtätigkeit des Papstes, so ergibt sich für diese, dass ihr „das Hören auf die Gesamtkirche in einer wie auch immer gearteten Form vorangeht".[405] Spricht er im weiteren Verlauf insbesondere die Beachtung der Voten der Bischöfe der Kirche als Möglichkeit des „Hörens auf die Gesamtkirche" an, ist hier auch an jene Form der Wahrheitsfindung zu denken, die sich im *sensus fidei fidelium* konstituiert. Alle Getauften sind aufgrund ihrer eigenen und unauslöschlichen Taufwürde befähigt, den Glauben zu tragen und zu rezipieren. Dieser *sensus fidei* aller Getauften stellt in seiner Übereinstimmung, nämlich dann, wenn er zum *consensus* wird, ebenfalls ein Kriterium zur Definition der Glaubenswahrheit dar.[406] Die Bedeutung des *sensus fidei fidelium* für das kirchliche Lehramt schließt ein, dass auch der Papst bei diesem durch Ratzinger angesprochenen „Hören auf die Gesamtkirche" ein offenes Ohr für jenen „Faktor in der Entwicklung einer Lehre"[407] haben muss.

Das gegenseitige Stützen und Nähren von Primat und Episkopat zeigt sich auch innerhalb dieses „Hörens auf die Gesamtkirche". Insbesondere gilt es festzustellen, „dass nicht nur die ‚Peripherie' der ‚Mitte' etwas zu sagen und zu bringen hat, sondern dass die Korrektur der Teilkirchen von der das Ganze verkörpernden Mitte aus sich jederzeit wieder als Notwendigkeit erweisen kann".[408] Diese Feststellung führt Ratzinger zur konsequenten Erkenntnis, dass der Papst hierbei nie die Funktion einnehmen darf, „das statistische Mittel des gerade lebendigen Glaubens"[409] als Lehramt zu definieren und aufzustellen. Vielmehr gilt es, das unerschütterliche Fundament des Glaubens der Kirche aufzuzeigen, der sich in Schrift

---

[402] Vgl. *Fiedrowicz*, Theologie der Kirchenväter, S. 291.

[403] Ebd.

[404] Zur geschichtlichen Entwicklung der Konsensbildung der Konzilien der Frühen Kirche vgl. ebd., S. 291–310. Es drängt sich auf, an dieser Stelle die Worte des *Vinzenz von Lérins* anzuführen, wonach das als wahr gelten muss, „was überall, was immer, was von allen geglaubt wurde: das ist nämlich wahrhaft und eigentlich katholisch" (Commonitorium II, 5).

[405] *Ratzinger*, Primat und Episkopat, JRGS 8/1, S. 656.

[406] Vgl. *CTI*, Sensus Fidei, 66; zur begrifflichen Abgrenzung bei gleichzeitiger Zueinandergehörigkeit *Ohly*, Glaubenssinn, S. 288 f.

[407] Vgl. *CTI*, Sensus Fidei, 74.

[408] *Ratzinger*, Primat und Episkopat, JRGS 8/1, S. 656.

[409] Ebd.

und Tradition manifestiert. Diese beiden Säulen des Glaubens geben, so Ratzinger weiter, vor allem in den Zeiten der Krise jene Festigkeit, aus der heraus der Glaube an Christus Jesus auch durch sie hindurch bestehen kann.[410] Diese Aufgabe zur Wahrung des Glaubens bei gleichzeitiger Möglichkeit einer Weiterentwicklung galt auch für den späteren Papst Benedikt XVI.[411]

Dieser Anknüpfungspunkt birgt auch für die gegenwärtige Situation der Kirche eine gewisse Relevanz. Bereits in seiner Einführung ins Christentum beschrieb Ratzinger „das Dilemma des Glaubens in der Welt von heute".[412] Explizit benennt er hierbei ein Problem der Moderne, das eine der Säulen der christlichen Glaubenswahrheit betrifft: „Er (sc. der Glaube) erscheint uns viel eher als Zumutung, im Heute sich auf das Gestrige zu verpflichten und es als das immerwährend Gültige zu beschwören. Aber wer will das schon in einer Zeit, in der an die Stelle des Gedankens der ‚Tradition‘ die Idee des ‚Fortschrittes‘ getreten ist?".[413]

Eindringlich erscheint der folgende Aufruf an den Papst durch den Autor Joseph Ratzinger, der im Angesicht eines ungeahnten eigenen Pontifikates neue Brisanz erfährt.[414] Für die Zeiten der Krise schreibt er: „In diesem Fall kann und muss sich das Wort des Papstes durchaus gegen die Statistik und gegen die lautstark sich als allein gültig behauptende Macht der Stimmung stellen".[415] Die beiden Säulen von Schrift und Tradition sind die maßgeblichen Bezugspunkte zur Klärung der Frage nach der Berechtigung von neuen Erscheinungen. Der Bischof von Rom muss gemäß Ratzingers Darstellung insbesondere dann seine Stimme erheben, „je eindeutiger (...) das Zeugnis der Überlieferung ist".[416] Für den Bereich der Tradition

---

[410] Ebd.

[411] Es sei auf einen Abschnitt innerhalb eines der Gespräche zwischen Papst Benedikt XVI. und Peter Seewald hingewiesen. Auf die Frage, wie der Papst sich zum Erscheinen der Kirche „auf dem Weg" zu verhalten hat, antwortete Benedikt XVI.: „Man muss natürlich immer fragen, welche Dinge, auch wenn sie einmal als wesentlich christlich galten, in Wirklichkeit nur Ausdruck einer bestimmten Epoche waren. Was also ist das Wesentliche? Das heißt, wir müssen immer wieder auf das Evangelium und die Worte des Glaubens zurückgehen, um zu sehen: erstens, was gehört dazu?; zweitens, was ändert sich rechtmäßig im Wandel der Zeit?; und drittens, was gehört nicht dazu? Der maßgebliche Punkt ist letztendlich also immer, die richtige Unterscheidung zu finden" (Licht der Welt, JRGS 13/2, S. 954).

[412] Vgl. *Ratzinger*, Einführung, JRGS 4, S. 65.

[413] Ebd.

[414] Angemerkt werden muss, dass Ratzinger in seinen Ausführungen nicht einen speziellen Amtsinhaber, sondern im Allgemeinen den Papst im Sinne des jeweiligen Inhabers des römischen Bischofsstuhles meint. So kann alles hier auf der Grundlage der Ausführungen Ratzingers Gesagte als *pars pro toto* gelten, das aus den vielen Fragmenten eine Art Primatstheologie schafft, die in Richtung des konkreten Handelns des Amtsinhabers interpretiert werden kann.

[415] *Ratzinger*, Primat und Episkopat, JRGS 8/1, S. 657.

[416] Ebd. Auch die gegenteilige Sachlage bezieht Ratzinger explizit ein, denn es „wird Kritik an päpstlichen Äußerungen in dem Maß möglich und nötig sein, in dem ihnen die Deckung in Schrift und Credo bzw. im Glauben der Gesamtkirche fehlt". Immer dann „ist auch eine verbindliche Entscheidung nicht möglich".

bedeutet dies, sich ihres eigentlichen Wesens bewusst zu werden „als das Bergende, worauf der Mensch sich verlassen kann".[417]

Diese Herausforderung wird vor allem dann zur päpstlichen Aufgabe, wenn das Glaubensgut der Kirche konkreten Angriffen ausgesetzt ist. In diesen Zeiten der Krise wird deutlich, dass der eine Glaube an Jesus Christus in keiner Weise zur Disposition stehen kann und darf. Das Wesen der petrinischen Aufgabe ist gleichzeitiger Hinweis auf das Fundament allen kirchlichen Handelns.[418] Es stellt sich im Folgenden die Frage, wo innerhalb der Theologie des Petrusamtes Joseph Ratzingers der vornehmliche Anknüpfungspunkt liegt, von dem aus dieser Dienst am Glauben zu definieren ist.

Einige seiner Werke bieten einen deutlichen Hinweis auf den Ausgangspunkt und Kern des Glaubens, der in Verbindung mit dem Spezifikum des Petrusdienstes besonders ersichtlich wird. Joseph Ratzinger schreibt erläuternd zum letzten Satz des Apostolischen Symbolum „*Credo in carnis resurrectionem et vitam aeternam*":

> „Der Blick auf das Omega der Weltgeschichte, in dem alles erfüllt sein wird, ergibt sich mit innerer Notwendigkeit aus dem Glauben an den Gott, der selbst am Kreuz das Omega der Welt werden wollte, ihr letzter Buchstabe. Er hat eben damit das Omega zu seinem Punkt gemacht, so daß eines Tages definitiv Liebe stärker ist als der Tod (…). Weil Gott selbst Wurm geworden ist, zum letzten Buchstaben im Alphabet der Schöpfung, ist der letzte Buchstabe zu seinem Buchstaben geworden und damit die Geschichte auf den endgültigen Sieg der Liebe ausgerichtet: Das Kreuz ist wirklich die Erlösung der Welt".[419]

Das Kreuzesgeschehen als der leibliche Tod des Gottessohnes ist notwendige Voraussetzung und innerster Bestandteil des Paschamysteriums Christi. Daraus ergibt sich die Erkenntnis, dass der christliche Glaube in erster Linie der Glaube an das Kreuzesgeschehen ist. Der Tod am Kreuz ist nicht nur der „Ursprungsort des Glaubens an Jesus als den Christus"[420], sondern damit einhergehend auch der „Ausgangspunkt des Bekenntnisses"[421] an diesen Glauben. Ratzinger begründet diesen fundamentalen Charakter des Kreuzesgeschehens als Ausgangspunkt und Kern des christlichen Glaubens mit der Synthese der kruzialen Erniedrigung und der messianischen Herrschaft:

---

[417] *Ratzinger*, Einführung, JRGS 4, S. 66.

[418] An dieser Stelle bietet sich der Verweis auf die Darstellung der Verwobenheit von Glaube, Schrift und Tradition mit dem kodifizierten Kirchenrecht bei *Johannes Paul II.*, CA SacrDiscLeg, S. XIX, an. Der Papst benennt den Codex dort als das „vorrangige gesetzgebende Dokument der Kirche (…), das sich auf das rechtliche und gesetzgeberische Erbe der Offenbarung und der Tradition stützt". Explizit erscheinen hier jene beiden Säulen, auf denen auch der petrinische Einheitsdienst ruht. Daraus resultiert auch die Erkenntnis Johannes Pauls II., wonach der Codex folgerichtig „dasselbe Merkmal der Treue in der Neuheit und der Neuheit in der Treue in sich aufnimmt".

[419] *Ratzinger*, Einführung, JRGS 4, S. 303.

[420] Ebd., S. 193.

[421] Ebd.

„Als der Gekreuzigte ist dieser Jesus der Christus, der König. Sein Gekreuzigtsein ist sein Königsein; sein Königsein ist das Weggegebenhaben seiner selbst an die Menschen, ist das Identischwerden von Wort, Sendung und Existenz in der Drangabe eben dieser Existenz. Seine Existenz ist so sein Wort. Er *ist* Wort, weil er Liebe ist (...). Jesus wird vom Kreuz her gesehen, das lauter redet als alle Worte: Er *ist* der Christus – mehr braucht es nicht".[422]

Jesus Christus selbst ist Ausgangspunkt des Glaubens und auf diese Weise die fleischgewordene „Quelle der Offenbarung", eine Einordnung, die bereits der junge Theologe Joseph Ratzinger tätigte.[423] Dieses personale und geschichtlich greifbare Geschehen durch den menschgewordenen Gottessohn und seine Erlösungstat am Kreuz wird auf diese Weise in den Augen Ratzingers der eigentliche Augenblick der Offenbarung Gottes an den Menschen.[424] Diese trägt ein zutiefst dialogisches Moment, denn die Annahme der Offenbarung durch Menschen ist für sie selbst konstitutiv. Umso eindrücklicher erscheint dieses Faktum, insofern sich das Annehmen im Glaubensakt manifestiert.

Was bedeutet nun diese Rückführung des Glaubens an seinen Ausgangspunkt und die gleichzeitige Freilegung seines Kerns für die theologische Verortung des Papstamtes? Der Papst ist Diener an der Einheit des Glaubens. Seine Lehrtätigkeit in Glaubensfragen umfasst viele Einzelaspekte und Detailfragen, doch sind diese alle im finalen Schritt auf den Kern des Glaubens zurückzuführen: den Kreuzestod Jesu Christi und seine Auferstehung.[425] Dieser Glaube selbst ist nicht nur der allgemeingültige Maßstab aller zu entscheidenden Glaubensfragen, sondern überdies auch die eigentliche Begründung der Klarheit päpstlicher Lehrtätigkeit gegen eine falsch verstandene Verheutigung des Glaubens am Maßstab der Statistik. An anderer Stelle benennt Ratzinger den Kreuzestod Christi im Sinne des leiblichen Todes des Gottessohnes als das große „Skandalon", als Anstößigkeit, die in der ewigen Folge im Glauben an jenes Geschehen durch die Zeiten hindurch ihre Fortsetzung findet.[426] Den Glauben an Kreuz und Auferstehung Christi zu bewahren, ist Aufgabe des Papstes, der so entgegen zeitgenössischer Tendenzen und Forderungen auch dafür zu sorgen hat, die Anstößigkeit desselben zu bewahren, denn gerade in dieser liegt der eigentliche Charakter des christlichen Glaubens.[427]

Ist der Glaube die Antwort des Menschen auf die Selbstmitteilung Gottes in der Menschwerdung und der Erlösungstat Jesu Christi[428], so ist der Papst in besonderer Weise in dieses dialogische Offenbarungsgeschehen einbezogen. Auf diese direkte Verbindungslinie weist Rudolf Voderholzer hin.[429] Gerade im Glaubensbekennt-

---

[422] Ebd., S. 193. Hervorhebung im Original.

[423] Vgl. die Darstellung bei *Voderholzer*, Grundduktus, S. 40 f.

[424] Vgl. ebd., S. 45–47.

[425] Es sei an die eingangs zitierten Worte *Ratzingers* erinnert, denn „das Maß der Kirche ist nicht die Opportunität der jeweiligen Gegenwart, sondern ihre Herkunft, die allein auch die bleibende Gewähr für die Zukunft bildet" (Primat und Episkopat, JRGS 8/1, S. 629).

[426] Vgl. ebd., S. 639 und S. 256–261 der vorliegenden Untersuchung.

[427] Vgl. *Ratzinger*, Einführung, JRGS 4, S. 67–70.

[428] Vgl. *Voderholzer*, Grundduktus, S. 46.

[429] Vgl. ebd., S. 46 f.

nis Petri spricht der Apostel nicht als glaubender Einzelner, sondern gibt inklusiv die Antwort auf die Frage Christi, für wen die Jünger den Menschensohn halten (Mt 16,15). Die Jünger, in deren Namen Petrus den gemeinschaftlichen und einenden Glauben an Christus bekennt, werden so zum Bild für die entstehende Kirche und in der bleibenden Bedeutung des Schriftzeugnisses auch für die Kirche durch die Zeiten hindurch.[430] Auf diese Weise ist sie als die Gemeinschaft der Glaubenden als Subjekt in dieses Offenbarungsgeschehen einbezogen.[431] Petrus und seinem Auftrag gemäß auch seine Nachfolger bekennen so nicht nur ihren persönlichen, sondern als Stimme für die ganze Kirche den einen gemeinsamen und einenden Glauben.[432] Daher ist auch der Nachfolger Petri in dieses ekklesiale Offenbarungsgeschehen einbezogen, wenn er „im Schauen auf den Durchbohrten mit dem römischen Hauptmann bekennt: ‚Wahrhaftig, dieser Mensch war Gottes Sohn‘".[433]

An dieser Stelle erscheinen insbesondere die Worte des Evangelisten Johannes bedeutsam, der Jesu Rede über die Verwobenheit und gleichzeitige Fremdheit im Angesicht des eignen Kreuzestodes anführte (Joh 17,1–25, insbesondere 16–18). Die Sendung derer, die Christus erkannt haben, in die Welt (κόσμος; vgl. Joh 17,18), damit diese sie erkennt, weist auf eine auch für die Primatstheologie Ratzingers wichtige Erkenntnis hin. Die Sendung ist notwendigerweise immer mit dem Bekenntnis des empfangenen Glaubens verbunden. Christus sendet die Apostel in die Welt, um für ihn zu Zeugen (μάρτυρες) zu werden „bis an die Grenzen der Erde" (Apg 1,8). Hier erscheint die für die Überlegungen zum römischen Bischofsamt bedeutsame Erkenntnis, dass der Papst nicht nur der *defensor fidei* sein muss, sondern selbst als Glaubender und Nachfolger der Apostel zur Zeugenschaft gerufen ist.[434]

Somit ist für Joseph Ratzinger ein weiterer Bestandteil seiner Begründung der spezifisch römischen Petrusnachfolge gegeben. Als Diener an der Einheit ist der Bischof von Rom deshalb Nachfolger Petri und darum Papst der universalen Kirche, da in Rom nicht nur die Verkündigung, sondern auch die Zeugenschaft der Apostel Petrus und Paulus ihre Höchstgeltung im Märtyrertod erfuhren.[435] In der

---

[430] Vgl. ebd., S. 47.

[431] Der Einbezug der Kirche als Subjekt der Offenbarung findet sich bei Joseph Ratzinger explizit, vgl. hierzu *Voderholzer*, Grundduktus, S. 47 m. w. N.; *Klausnitzer*, Primat im Denken Joseph Ratzingers, S. 185 f.

[432] Vgl. *Klausnitzer*, Primat im Denken Joseph Ratzingers, S. 186 f.

[433] *Voderholzer*, Grundduktus, S. 46 f. mit eingeschlossenem Zitat aus Mk 15,39.

[434] Vgl. zur Bedeutung des Glaubenszeugnisses im Denken Joseph Ratzingers den Beitrag von *Horn*, Bezeugung des Glaubens, S. 58–62; vgl. auch *Klausnitzer*, Primat im Denken Joseph Ratzingers, S. 185: „Der Kern des Papst- und des Bischofsamtes besteht für Ratzinger im Zeugnis für Jesus Christus als Botschaft".

[435] Vgl. *Ratzinger*, Primat und Episkopat, JRGS 8/1, S. 658. Ratzinger zitiert dort einen längeren Abschnitt von Friedrich Heiler, der die Begründung Roms als „centrum unitatis" folgendermaßen vollzieht: „Wer die Einheit der Kirche will (...), darf sich nicht scheuen, dieses centrum dort zu erkennen, wo es (...) bestanden hat: in jener Gemeinde, welche die beiden größten Apostel durch ihre Verkündigung und ihren Zeugentod geheiligt haben" (Geschichte des Papsttums, S. 313 f.); vgl. überdies *Twomey*, Apostolikos Thronos, S. 64–67.

Marter des Petrus liegt die für die Gegenwart des Petrusamtes maßgebliche Begründung, weshalb der römische Bischofssitz den „Primat der Primate"[436] innehat und so zur *sedes definitiva* wurde. Auf diese Weise wird auch deutlich, dass der Glaube, zu dessen Einheit und Wahrung der Papst zuallererst gerufen ist, untrennbar mit der Zeugenschaft verbunden ist, zu der der Bischof von Rom wie sein apostolischer Vorgänger zu allen Völkern gesandt ist. Nach dem Maßstab des Kreuzestodes Christi als dem Ausgangspunkt und Kern des christlichen Glaubens ist der Dienst des römischen Bischofs zu vollziehen. Diese „martyrologische Papstgestalt" ist für die Theologie des Petrusdienstes gemäß den Ausführungen Joseph Ratzingers derart wichtig, dass sie eigens erörtert werden soll.

§ 3 Vikariat Christi als Vikariat des Kreuzes

In seinem Aufsatz „Der Primat des Papstes und die Einheit des Gottesvolkes" (1978) stellt Joseph Ratzinger eine martyrologische Primatsgestalt vor, die innerhalb seiner Theologie über den Petrusdienst eine besondere Bedeutung erlangt hat.[437] Anhand des Werkes „De summo Pontifice" von Reginald Kardinal Pole (1569)[438] versucht Ratzinger ausdrücklich „eine Antwort zu suchen auf die Frage, wie heute und wie überhaupt ein Papst aussehen sollte". Diese selbst gestellte Aufgabe zu benennen, bezeichnet die besondere Relevanz dieses Textes, zumal es ein späterer Papst ist, der sich dieser Thematik zuwendet.[439]

A. Vicarius Christi in Imitatio Christi

Grundsätzlich und für die Darstellung Ratzingers unverzichtbar ist jener Papsttitel, der als ihr Ausgangspunkt zu gelten hat: *Vicarius Christi*.[440] In der Begründung des römischen Primats zeigt sich eine Kontinuität, der Joseph Ratzinger in verschiedensten Abhandlungen über dieses Thema treu geblieben ist und die sich insbesondere in der Glaubenszeugenschaft des heiligen Petrus und seiner Nach-

---

[436] Vgl. ebd., S. 635.

[437] Veröffentlicht in: JRGS 8/1, S. 660–675.

[438] Wie im Vorangegangenen angemerkt, dient Ratzinger das Werk eines seiner Schüler als Vorlage dieser Überlegungen: *Trimpe*, Macht aus Gehorsam.

[439] Vgl. hierzu *Zöhrer*, Martyria als Grundkategorie, S. 65–98; *Heim*, Macht und Ohnmacht, S. 45–52.

[440] *Ratzinger*, Primat des Papstes und Einheit des Gottesvolkes, JRGS 8/1, S. 670, 672 u. a. Dieser traditionsreiche Titel des Stellvertreters Christi findet sich in den Dokumenten des I. Vatikanischen Konzils (PA, Cap. 3 f.), des II. Vatikanischen Konzils (LG 18; 22) und in c. 331 des CIC/1983; vgl. hierzu *Schwendenwein*, Papst, S. 456, Rdnr. 2; *Congar*, Titel, S. 540–542; *Zöhrer*, Martyria als Grundkategorie, S. 86 f. Die mit dem AnPont 2020 vollzogene Darstellung, wonach die verschiedenen Papsttitel und mit ihnen der des Vicarius Christi unter der Überschrift „titoli storici" erscheinen, wirkt im Licht der hier dargestellten Auslegung mitunter als nicht gerechtfertigt.

folger manifestiert. Die Personalität nicht nur des Glaubensaktes, sondern damit einhergehend auch der Berufung zum Petrusdienst ist eine zweite Säule, auf die sich die dargestellte martyrologische Primatsgestalt stützt.[441] Es erscheint nur auf den ersten Blick erstaunlich, dass sich Ratzinger in einem Aufsatz der persönlichen Zeugenschaft zuwendet, der sich auch mit der Kollegialität als Prinzip der kirchlichen Verfasstheit beschäftigt. Vielmehr ist es explizit notwendig, dieses personale Element der Beziehung des Menschen zu Gott darzustellen, um sich der ganzen Tragweite des Glaubensaktes gerade im Hinblick auf den gemeinschaftlichen Charakter desselben bewusst werden zu können.[442] Aus der Personalität der Berufung und des empfangenen Glaubens erwächst die persönliche Verantwortung der „namentlich haftenden Person".[443] Aus dieser Verantwortung für den eigenen Glaubensakt entsteht in einem Folgeschritt die Verantwortung für die eigene Zeugenschaft, insbesondere für den heiligen Petrus und dessen Nachfolger.[444]

Wie hängen für Joseph Ratzinger die persönliche Zeugenschaft und die Stellung des Papstes als Stellvertreter Christi zusammen? Die erste Antwort findet sich in der grundsätzlichen Argumentation Reginald Poles, der das Papstamt in eindeutig christologischer Sinnrichtung verortet.[445] Wo Stellvertreterschaft Christi richtigerweise verstanden wird als Nachfolge und Nachahmung Christi, besitzt die päpstliche Existenz unweigerlich den Charakter des Martyriums, der in der Inkarnation des Gottessohnes seinen Höhepunkt findet: „Gott (ist) in seinem Sohn als Mensch selbst Zeuge seiner selbst geworden".[446] Im Opfertod Jesu Christi zeigt sich das Martyrium schlechthin, aus dem das unüberbietbare Vorbild jenes Gehorsams erwächst, der im „Vikariat des Gehorsams und des Kreuzes"[447] dem Vicarius Christi angelegen ist.

Auch hier lässt die gegebene Darstellung Raum für die zu erörternde Frage, ob dieser Anspruch des Petrusamtes nicht „die Maße eines Menschen vollständig (überschreitet)".[448] Innerhalb der Behandlung der Frage nach einer Imitatio Christi

---

[441] Vgl. *Ratzinger*, Primat des Papstes und Einheit des Gottesvolkes, JRGS 8/1, S. 663–666; vgl. *Zöhrer*, Martyria als Grundkategorie, S. 67; *Klausnitzer*, Primat im Denken Joseph Ratzingers, S. 186 f.

[442] Vgl. *Ratzinger*, Primat des Papstes und Einheit des Gottesvolkes, JRGS 8/1, S. 663: „Mir scheint, dass zuerst einmal wichtig ist, die Theologie der Gemeinschaft, die sich aus der Kollegialitätsidee entwickelt hatte, wieder deutlicher zu verknüpfen mit einer Theologie der Personalität, die für den biblischen Befund nicht weniger wichtig ist"; vgl. vertiefend *Voderholzer*, Grundduktus, S. 46 f.

[443] Vgl. ebd., S. 665; vgl. hierzu *Klausnitzer*, Primat im Denken Joseph Ratzingers, S. 186: „Die Grundstruktur des christlichen Glaubens ist das persönliche, ‚namentlich haftende' Eintreten des Zeugen für den Gott, der sich mit Namen und in einem Menschen bezeugt hat und für den wieder (in der Christentumsgeschichte) Zeugen mit Namen (...) eingetreten sind".

[444] Vgl. *Ratzinger*, Primat des Papstes und Einheit des Gottesvolkes, JRGS 8/1, S. 666.

[445] Vgl. ebd., S. 671: „Von dem her, was Christus ist, wird ausgelegt, in welcher Richtung und Weise der Papst den Auftrag der ‚Imitatio' (Nachfolge, Nachahmung) leben soll".

[446] Ebd., S. 665.

[447] Ebd., S. 670.

[448] Ebd., S. 667.

ist stets das Menschsein desjenigen zu beachten, der in Nachahmung dessen lebt, der zwar als Mensch in allem uns gleich war, aber nicht in der Sünde (Hebr 4,15). Christus ist das absolute Vorbild seines Stellvertreters, das jedoch aufgrund der Menschennatur des Letztgenannten immer unerreichbar sein und bleiben wird. Unter Beachtung dieser wichtigen Feststellung ergibt sich, dass auch die durch Ratzinger dargestellte martyrologische Papstgestalt gewissermaßen eine Idealvorstellung ausdrückt, zu deren Verwirklichung der je spezifische Amtsinhaber streben soll.[449]

Auch Reginald Pole ordnet die unüberbietbaren Vorbildtaten Jesu Christi für dessen eigenen Vicarius in analoger Weise ein, sodass sie diesem überhaupt erst angelegen sein können. Das Beispiel Christi, das Pole zu seiner Argumentation bemüht und der sich Ratzinger angeschlossen hat, soll auch hier Erwähnung finden. Die Inkarnation als „Erniedrigung" (im Sinne des „parvulus") ist der erste und in gewisser Weise initiale Akt des Gehorsams des Gottessohnes, der „propter nos homines et propter nostram salutem" als Mensch geboren wird. Der Vicarius Christi wird mit seiner Wahl auf den Papststuhl gewissermaßen „geboren" und dies – hier liegt die Vorbildhaftigkeit der Inkarnation Christi – nicht zu persönlichem Zweck, sondern „für die ganze Herde", in analoger Weise „pro hominibus".[450] Die eigene Niedrigkeit im Dienst für das Gottesvolk anzuerkennen, ist in diesem Sinne die päpstliche Imitatio Christi.

Die Niedrigkeit des Menschseins Christi findet ihre unüberbietbare Konkretion im Leiden, Sterben und Tod Jesu. Es ist jedem Menschen unmöglich, diese Liebestat in etwaiger Analogie zu vollziehen – und es wäre auch völlig sinnlos, denn „wie in Adam alle sterben, so werden in Christus alle lebendig gemacht" (1 Kor 15,22). Es zeigt sich vielmehr das Wesen der Imitatio Christi in besonderer Reinheit, denn diese kann immer nur Nachahmung im Sinne einer „Ähnlichwerdung" nach menschlichem Maßstab sein. In der Nachahmung der Passion Christi kann das Schriftwort aus dem 1. Petrusbrief zur Wegweisung werden, denn „auch Christus

---

[449] So steht für Ratzinger ohne Zweifel fest, dass der Stellvertreter seinem Vorbild Christus nur „ähnlich" werden kann und insofern anhand dessen Vorbildtaten „ähnlich" werden soll. Es steht außer Frage, dass er seinem Vorbild nie „gleich" werden kann, vgl. etwa ebd., S. 672. Dort verweist Ratzinger im Kontext des biblischen Titels „Starker Held" darauf: „Die Stärke, in der der Vikar Christi dem Herrn ähnlich wird (…)". Nie könnte der Vicarius Christi selbst zu einem „alter Christus" werden; vgl. hierzu *Zöhrer*, Martyria als Grundkategorie, S. 87–89. Dort ordnet der Autor, ausgehend von Ratzingers Einschätzung, diese „Disproportion zwischen menschlichem Vermögen und göttlichem Auftrag" ein.

[450] Vgl. ebd., S. 671 f. In diesem Kontext ist die Begründung Papst Benedikts XVI. zur Verwendung der päpstlichen Wir-Form interessant: „Denn in ganz vielen Dingen sage ich ja nicht einfach bloß, was Joseph Ratzinger eingefallen ist, sondern rede aus der Gemeinschaftlichkeit der Kirche heraus. Ich spreche dann gewissermaßen im inneren Miteinander mit den Mitglaubenden. (…) Insofern hat das ‚Wir' nicht als Majestätsplural, sondern als Realität des Kommens vom anderen her, des Redens durch die anderen und mit den anderen, seinen berechtigten Stellenwert" (Licht der Welt, JRGS 13/2, S. 909 f.); vgl. hierzu *Klausnitzer*, Primat im Denken Joseph Ratzingers, S. 185 f. Dort verknüpft der Autor den Zeugnischarakter des Amtes mit der „Wir-Gestalt der Kirche".

hat für euch gelitten und euch ein Beispiel gegeben, damit ihr seinen Spuren folgt" (1 Petr 2,21).[451] Die Erduldung von Pein und Marter um des Glaubens willen ist der äußerste Ausdruck der persönlich verantworteten Zeugenschaft eines jeden Christen, insbesondere des heiligen Petrus und seiner Nachfolger im Dienst am gesamten Gottesvolk. Letztlich kann der Sinn dieser Nachahmung des erniedrigten Christus nur in Verbindung mit dem Glauben erkannt werden, für den der Zeuge eintritt: „Die *Martyria* des Nachfolgers Petri erweist sich gerade im Eintreten für den Glauben als ein Bezeugen der bis in den Tod gehenden Liebe Christi".[452]

Neben den „Titeln der Demut" erörtert Ratzinger anhand Poles Darstellungen die Hoheitstitel Christi, die „in einem unumkehrbaren Verhältnis"[453] stehen. Dieses besteht, insofern die Hoheitstitel „Christus als *Gott* wesenhaft (zukommen); gemäß seiner *Menschheit* aber empfängt er sie erst *nach* seiner Erniedrigung".[454] Erneut ist es die Heilige Schrift, näherhin die Briefliteratur, die für dieses Argument spricht. Stets werden in diesen ersten Zeugnissen des christlichen Glaubens die Hoheitstitel Christi, die entweder explizite Formulierungen oder aber implizite Ausdrucksformen finden, mit der Passion Christi verbunden, die ihrerseits die Spitze der Erniedrigung und tiefster Grund der Erhöhung ist. Demnach verdeutlicht die Schrift das Axiom, das Ratzinger anhand Poles Äußerungen aufgestellt hat. Die Niedrigkeit bietet die Ermöglichung der Erhöhung. Innerhalb der gegebenen Fragestellung gilt dies für den Vicarius Christi analog, denn auch dessen „Hoheitstitel" werden nur durch seine Erniedrigung „wirksam und möglich".[455]

Geht man vom Martyrium als zugrundeliegendem theologischen Fundament aus, ermöglicht die Erniedrigung nicht nur die „Hoheitstitel", sondern stellt auch die Begründung der päpstlichen Vollmacht dar, wie Maximilian Heim darstellt:

„Auch wenn der Märtyrer in den Augen der Welt sein Leben verliert, so gewinnt er es doch für Christus und besitzt eine geistliche Macht (…). Die Vollmacht Christi ist nach Ratzinger eine Macht der Demut, deren Kern der Gehorsam gegenüber dem Willen des Vaters ist. (…) Auch der Papst, als demütiger Diener Christi, empfängt eine Macht allein vom gekreuzigten und auferstandenen Herrn".[456]

Ratzinger lässt das Erfordernis dieser Erniedrigung des Papstes in die Aussage münden, wonach „insofern der eigentliche Ort des Vicarius Christi das Kreuz" ist: „Vikarie Christi ist Stehen im Kreuzesgehorsam (…)".[457] Auf diese Weise wird für

---

[451] Vgl. *Zöhrer*, Martyria als Grundkategorie, S. 86 f.

[452] Ebd., S. 87. Hervorhebung im Original.

[453] *Ratzinger*, Primat des Papstes und Einheit des Gottesvolkes, JRGS 8/1, S. 672.

[454] Ebd. Hervorhebungen im Original.

[455] Ebd. Die Analogie der „Hoheitstitel" impliziert, dass die Titel des Vicarius nie die Größe der Hoheitstitel Christi erreichen können. Auch hier geht es um „Ähnlichwerdung" im Sinne der Imitatio Christi.

[456] *Heim*, Macht und Ohnmacht, S. 51 f. Auf dieses Zueinander weist auch der Titel der Dissertation von *Trimpe* „Macht aus Gehorsam" hin.

[457] *Ratzinger*, Primat des Papstes und Einheit des Gottesvolkes, JRGS 8/1, S. 672 f.

Reginald Pole „‚Sedes' (…) und ‚Kreuz' identisch gesetzt".[458] In dieser petrinischen Kreuzestheologie ragt der heilige Petrus selbst durch sein eigenes Martyrium in der Hingabe seines Lebens „für seine Freunde" (Joh 15,13) hervor.[459]

Wiederum in Anlehnung an Reginald Poles Ausführungen formuliert Ratzinger die Leseweise des Jesaja-Wortes (9,5) über die Herrschaft des verheißenen Gottessohnes. Die prophetische Verheißung, „die Herrschaft wurde auf seine Schulter gelegt", weist hernach weniger auf das Momentum der Hoheit des Herrschers, denn vielmehr auf die Last hin, die dieses gleichzeitige Joch auf die Schulter des göttlichen Kindes legt.[460] Erst durch die Niedrigkeit Christi im Menschsein und zugespitzt im Kreuzesjoch kann die Herrschaft des Gottessohnes begründet werden, der aufgrund des Tragens und Ertragens der „übermenschlichen Last"[461] jene Titel des „Admirabilis, Consiliarius, Deus, Fortis, Pater futuri saeculi, Princeps pacis" (Jes 9,5) tragen kann.

Auf den Vicarius Christi übertragen, liegt auch auf dessen Schultern die Last des Petrusamtes, die er in Nachahmung des Vorbildes Christi tragen und ertragen muss.[462] Hinsichtlich der Art und Weise des Tragens der Last des Nachfolgers Petri weist Ratzinger auf das Schriftwort des Hohenliedes hin.[463] Die Stärke des göttlichen Kindes zeigt sich demgemäß in der Liebe (Hld 8,6), was hinsichtlich des Papstes als Stellvertreter Christi gemäß Ratzinger die derartige Schlussfolgerung birgt: „Die Stärke, in der der Vikar Christi seinem Herrn ähnlich werden muss, ist die Stärke der martyriumsbereiten Liebe".[464] Auf diese Weise besteht die Stärke des Vicarius Christi als Frucht von in Demut angenommenem Gehorsam.

Diese Feststellung findet ihre Bestätigung dadurch, dass sie neben den Ausführungen von Reginald Pole ebenso in den Schriften von Hans Urs von Balthasar – dem „Inspirator"[465] Ratzingers – enthalten ist. In beachtenswerter Einmütigkeit be-

---

[458] Ebd., S. 673.

[459] Vgl. hierzu etwa *Pesch*, Grundlagen des Primats, S. 106 f. Dort schlussfolgert der Autor aus der Hingabe Petri, dass „gerade auch sie, als einmalige Tat, (…) nach einem bleibenden Dienst" verlangt.

[460] Die Übertragung, die die Einheitsübersetzung (2016) im Gegensatz zu ihrer Vorgängerfassung verwendet, unterstreicht diesen Gedanken, wird doch die Last des Kreuzes in herausragender Analogie auch durch Gott auf Jesu Schultern gelegt. Aufgrund der lateinischen Partizip-Konstruktion „et factus est principatus super humerum eius" ist diese Übersetzung angebracht.

[461] *Ratzinger*, Primat des Papstes und Einheit des Gottesvolkes, JRGS 8/1, S. 672.

[462] Vgl. hierzu die persönliche Retrospektive Papst Benedikts XVI. hinsichtlich des Moments der eigenen Papstwahl: „Die Verantwortung ist in der Tat ungeheuerlich (…). Ja, der Gedanke an die Guillotine ist mir gekommen: Jetzt fällt sie herunter und trifft dich. Ich war mir ganz sicher gewesen, dass dieses Amt nicht meine Bestimmung ist (…)" (Licht der Welt, JRGS 13/2, S. 846).

[463] Vgl. *Ratzinger*, Primat des Papstes und Einheit des Gottesvolkes, JRGS 8/1, S. 672.

[464] Ebd. Die lehramtliche Entfaltung dieses Auftrages folgte fast vierzig Jahre später, als Papst Benedikt XVI. in seiner Antrittsenzyklika Deus Caritas Est deren zweiten Teil dem „Liebestun der Kirche" widmete.

[465] So *Voderholzer*, Glaubhaft ist nur Liebe, S. 740.

tonen beide Theologen, dass die unüberbietbare Liebestat Christi am Kreuz nicht nur der Ausgangspunkt und Kern, sondern auch der Grund der Glaubwürdigkeit des christlichen Glaubens ist.[466] Die Wahrheit des Glaubens drückt sich durch den Kreuzestod Christi für die Menschen selbst ihr Siegel auf.

B. Abstieg vom Kreuz?

Joseph Ratzinger zitiert am Ende des hier zur Grundlage dienenden Aufsatzes erneut Reginald Pole, wenn dieser seine Antwort auf die Frage nach der Ähnlichkeit von Sedes und Crux folgendermaßen formuliert:

> „Das werden wir unschwer erkennen, wenn wir zuerst begriffen haben, dass der Sitz des Vikars Christi derjenige ist, den Petrus in Rom ansiedelte, als er dort das Kreuz Christi einpflanzte (…). Von ihm ist er während seiner ganzen Pontifikatsausübung nie herabgestiegen, sondern ,mit Christus erhöht' dem Geist nach, waren ihm seine Hände und Füße so mit den Nägeln angeheftet, dass er nicht dort, wohin ihn sein eigenes Wollen trieb, sondern da bleiben wollte, wohin ihn Gottes Wille führte (vgl. Joh 21,18), dort seinen Sinn und sein Denken wusste (…)".[467]

Ein Blick auf das zugrundeliegende Schriftwort scheint angebracht. Der Evangelist schreibt (Joh 21,18): „Amen, amen, ich sage dir: Als du jünger warst, hast du dich selbst gegürtet und gingst, wohin du wolltest. Wenn du aber alt geworden bist, wirst du deine Hände ausstrecken und ein anderer wird dich gürten und dich führen, wohin du nicht willst". Verbunden mit dem zugleich erklingenden Auftrag zur Nachfolge Jesu wird deutlich, dass Petrus ganz und gar, d. h. in der Ganzheit seiner Existenz in seine Sendung eingebunden ist.[468] Das Kreuz, das ihm auf die Schultern gelegt wird, ist keines, das er nach Gutdünken ablegen kann. Vielmehr ist es sein Auftrag, in der *Imitatio Christi*, in Nachahmung und Nachfolge, wie Christus selbst dieses Kreuz bis zum Ende zu tragen.[469] Joseph Ratzinger benannte die fundamentale Bedeutung dieser Tatsache in seiner Einführung in das Christentum mit den folgenden Worten:

---

[466] Vgl. *Voderholzer*, Grundduktus, S. 45: „Dieser (sc. Hans-Urs von Balthasar) hatte der Glaubensbegründung jenseits von kosmologischer und anthropologischer Reduktion den Weg der Selbstevidenz des in der Liebe gelebten Glaubens den Weg gewiesen: ,Glaubhaft ist nur Liebe'. Die gekreuzigte Liebe Gottes ist aus sich heraus glaubwürdig".

[467] *Ratzinger*, Primat des Papstes und Einheit des Gottesvolkes, JRGS 8/1, S. 673.

[468] Vgl. *Wengst*, Johannesevangelium, S. 585.

[469] Recht eindrücklich erscheint die Einordnung dieser Art der Nachfolgerschaft durch *Athanasiou*, Primat der Demut als Primat der Liebe, S. 169. Dort beschreibt der Autor unter der Überschrift „Der christologische Schmerz als episkopaler Schmerz": „Der Bischof als Typus Christi in der Ortskirche ist der Sich-Dahingebende. Er soll in seinem Gebet das gesamte Leid der Ortskirche auffangen und so erst wird er zum wahren Hirten, zum Primat. Der Dahingegebene am Kreuz für das Leid der Menschheit gilt damit als eigentlicher Typus des Bischofs"; vgl. hierzu auch *Wengst*, Johannesevangelium, S. 584 f.

„Heute können wir mit einiger Sicherheit feststellen, daß der Ursprungsort des Glaubens an Jesus als den Christus, das heißt der Ursprungsort ‚christ‘-lichen Glaubens überhaupt, das Kreuz ist (…). Als der Gekreuzigte ist dieser Jesus der Christus, der König. Sein Gekreuzigtsein ist sein Königsein; sein Königsein ist das Weggegebenhaben seiner selbst an die Menschen, ist das Identischwerden von Wort, Sendung und Existenz in der Drangabe eben dieser Existenz. Seine Existenz ist so sein Wort. Er *ist* Wort, weil er Liebe ist. Vom Kreuz her versteht der Glaube in zunehmenden Maße, daß dieser Jesus nicht nur *etwas* getan und gesagt hat, sondern daß in ihm Botschaft und Person identisch sind, ja, daß er immer schon das ist, was er sagt".[470]

Die Kontinuität der Kreuzestheologie Ratzingers erscheint deutlich vor Augen. Die Selbsthingabe Jesu kann, wie bereits dargestellt, durch keinen Menschen in wirklich gleicher Weise imitiert werden. Es gilt, Christus „ähnlich" zu werden, in der menschlichen Existenz den Aufruf „Folge mir nach" als Antrieb zu verstehen, stets danach zu eifern, sich so sehr dem Willen Gottes anheim zu geben, wie es Christus getan hat, auch im vollen Bewusstsein darüber, das Vorbild Christi niemals erreichen zu können. Im Spezifikum des Petrus gilt dies in besonderer Weise, denn er ist Primärzeuge Christi und als Apostel in das Heilsmysterium eingebunden.[471] Das Jesuswort (Joh 21,18), das direkt an Petrus ergeht, steht auf diesem Fundament, wie Ratzinger feststellt: „Das Hineingebundensein in den Willen Gottes, in das Wort, dessen Bote er ist, ist jenes Gebundensein und Geführtsein gegen den eigenen Willen, von dem Joh 21 spricht".[472] Es ist Jesu Aufruf zur Nachfolge, der „Sedes zum Kreuz macht und damit den Vicarius als Stellvertreter ausweist – stehend im Ort des Gehorsams".[473]

Wiederum spielt das Martyrium Petri eine entscheidende Rolle.[474] Durch den Bekennertod besiegelt Petrus seine Sendung als Vicarius Christi, indem er seine Zeugenschaft bis zum leiblichen Tod persönlich verantwortet und gerade mit dieser Letztverantwortung den Anspruch des Evangeliums Jesu Christi untermauert.[475] Diese petrinische Sendung zur Zeugenschaft des Heilsmysteriums Christi wird für Joseph Ratzinger darum zum „Kern der Primatslehre".[476] Aus dem Bekenntnis

---

[470] *Ratzinger*, Einführung, JRGS 4, S. 193. Hervorhebungen im Original.

[471] Vgl. *ders.*, Jesus von Nazareth I, JRGS 6/1, S. 364 f.: „Sie (sc. die Jünger) dürfen ihn (sc. Christus) als den sehen, der (…) mit dem Vater von Gesicht zu Gesicht, von Du zu Du redet. Sie dürfen ihn in seinem Eigenen in seinem Sohnsein sehen – an jenem Punkt, aus dem all seine Worte, seine Taten, seine Vollmachten kommen (…). Aus diesem Sehen kommt ihr Glaube, ihr Bekenntnis; darauf kann dann Kirche entstehen".

[472] *Ratzinger*, Primat des Papstes und Einheit des Gottesvolkes, JRGS 8/1, S. 673.

[473] Ebd.

[474] Vgl. u. a. *Twomey*, Apostolikos Thronos, S. 64–67.

[475] Eine derartige Auslegung bestand bereits zur Zeit der Frühen Kirche, wie die Ausführungen der Kirchengeschichte des Eusebius von Caesarea deutlich belegen, vgl. hierzu die Analyse durch *Twomey*, Apostolikos Thronos, S. 65: „Martyrdom is not capitulation to the enemy but victory over him (…). The Martyrdom of Peter and Paul at the hands of the chief enemy of God (Nero) crowns their mission to fund the Church and at the same time gives to this foundation that definitive character which death alone can convey".

[476] *Ratzinger*, Primat des Papstes und Einheit des Gottesvolkes, JRGS 8/1, S. 674.

Petri, das auch das persönliche Leiden und den eigenen Tod nicht scheut, erwächst aus dem Martyrium diejenige Primatsgestalt, die in der Niedrigkeit die Begründung der Hoheit findet und auch für die Nachfolger des heiligen Petrus wegweisend ist. Die besondere Relevanz dieser Erkenntnis spiegelt sich nicht zuletzt in der Kontinuität der Argumentation Joseph Ratzingers wider.[477]

C. Der Unterschied zwischen dem heiligen Petrus und seinen Nachfolgern

Joseph Ratzinger zitiert eine Aussage Reginald Poles, die für die Überlegungen hinsichtlich eines päpstlichen Amtsverzichtes von entscheidender Bedeutung ist. Über den heiligen Petrus verlautet Pole: „Von ihm (sc. dem Kreuz des Apostolischen Stuhles) ist er während seiner ganzen Pontifikatsausübung nie herabgestiegen".[478] Tatsächlich ist Petrus derjenige, der sich zu Jesus als dem Christus[479] bekennt (vgl. Mt 16,16), der persönlich den Glauben bezeugt, der nicht nur sein eigener ist, sondern das Bekenntnis darüber, für wen die Jünger den Menschensohn halten. Aus diesem Bekenntnis heraus erhält er durch Christus seine Vollmacht, die im Dienst des einen Glaubens an Christus Jesus steht (Mt 16,17–19). In der Ausübung dieses Dienstes erfährt er durch Gott selbst gegürtet den Aufruf: „Folge mir nach!" (Joh 21,18).

Dieses Berufungsgeschehen Petri ist in seinem Anspruch derart hochrangig und letztgültig, dass eine Verweigerung des Berufenen gegen den direkten Anruf Gottes als Absage an Gott selbst und den soeben bekannten Glauben gelten müsste. In diesem Sinne verbietet sich für den Apostel Petrus ein „Herabsteigen vom Kreuz". Wie Ratzinger hierzu feststellt, erhält der Auftrag Petri durch das bis in den leiblichen Martertod getragene Zeugnis die bleibende Gültigkeit und letzte

---

[477] So beinhaltete bereits die Einführung in das Christentum aus dem Jahr 1968 diese kreuzestheologische Akzentsetzung, die sich sowohl im gegebenen Aufsatz des Jahres 1978 wiederfindet als auch in Beiträgen späterer Zeit, wie etwa „Primat Petri und Einheit der Kirche" (1991), JRGS 8/1, S. 610–628, hier S. 626. Zuletzt sei auf das homiletische Zeugnis Benedikts XVI. hingewiesen, der anlässlich des Hochfestes der Apostel Petrus und Paulus im Jahr 2012 in der Peterskirche sagte: „Die Aussagen Jesu über die Autorität Petri und der Apostel lassen gerade dieses erahnen: dass die Macht Gottes die Liebe ist, die Liebe, die ihr Licht von Golgotha her ausstrahlt. So können wir auch begreifen, warum in der Erzählung des Evangeliums unmittelbar auf das Glaubensbekenntnis des Petrus die erste Leidensankündigung folgt: Mit seinem Tod hat Jesus tatsächlich die Mächte der Unterwelt besiegt, in seinem Blut hat er einen riesigen Strom der Barmherzigkeit über die Welt ausgegossen, der mit seinen heilbringenden Wassern die gesamte Menschheit tränkt" (Predigt Peter und Paul/2012, S. 9). Diese Auswahl an verschiedenen Belegstellen weist auf eine fast 50 Jahre währende Kontinuität einer martyrologischen Primatsgestalt hin.

[478] So zitiert bei *Ratzinger*, Primat des Papstes und Einheit des Gottesvolkes, JRGS 8/1, S. 673.

[479] Zum jesuanischen Titel „Christus" sei auf *Ratzinger*, Einführung, JRGS 4, S. 195 f. hingewiesen.

Legitimierung.[480] Das johanneische Wort (21,18) in seiner Verflochtenheit mit der Schlüsselvollmacht des Petrus[481] steht in absolutem Gegensatz zu einer Möglichkeit, die für die Nachfolger Petri mit c. 332 § 2 gegeben ist.

Da es diese kodikarisch verbürgte Option dennoch gibt, gilt es also, den Unterschied zwischen dem heiligen Petrus und seinen Nachfolgern zu hinterfragen, um die Möglichkeit eines päpstlichen Amtsverzichtes und die gleichzeitig bleibende Erstverantwortung des Papstes als Garant der Einheit des Glaubens miteinander zu vereinen. Ein erstes Element der Antwort ist in der Art und Weise der Nachfolgerschaft zu finden, die den Bischöfen im Gesamten als Nachfolger der Apostel aber auch dem Papst in besonderer Weise als Nachfolger des heiligen Petrus zuteilwird.[482] Das Petrusamt selbst besteht im Amt des Bischofs von Rom fort (c. 331)[483] und wird als solches von einem konkreten Amtsinhaber ausgeübt. Die untrennbare Verbindung von Ausübung und Inhaber des Papstamtes wird durch die Tatsache unterstrichen, dass bei dessen Fehlen die Primatialgewalt nie und durch niemanden ausgeübt werden kann.[484] Zwar besteht das primatiale Amt ebenso wie der römische Bischofsstuhl auch im Falle der Vakanz desselben fort, doch ermangelt es aufgrund des Fehlens eines Amtsinhabers der Ausübung beider untrennbaren Ämter in der einen Gestalt des Papstes.[485]

Dies birgt einen Hinweis darauf, worin die Unterscheidung zwischen Petrus und seinen Nachfolgern zu finden ist. Die Übertragung der Schlüsselvollmacht ergeht an einen konkreten Menschen: Simon Petrus. Die Berufung ergeht an eine Person, die sich in ihrer persönlich verantworteten Zeugenschaft zu Jesus als dem Christus bekennt. Petrus wird als Erster zum Jünger Jesu berufen (Mt 4,18; Mk 1,16 f.; Lk 5,1 ff.; Joh 1,35 ff.) und ist Erster des Zwölferkreises der Apostel (Mk 3,13–19). Als solcher ist er neben seiner persönlichen Berufung an die Spitze des Apostelkollegiums gleichsam Teil desselben.[486] Das Besondere und Unwiederholbare dieser apostolischen Berufung liegt darin begründet, dass diese an den Primärzeugen der Heilsgeschichte durch den erging, der „die Apostel sandte wie er selbst gesandt war vom Vater".[487] In dieser Besonderheit liegt gleichzeitig der Unterschied, der hinsichtlich der Sendung der Apostel einerseits und der Nach-

---

[480] Vgl. *Ratzinger*, Primat des Papstes und Einheit des Gottesvolkes, JRGS 8/1, S. 674 und grundlegend LG 8.

[481] Vgl. ebd.: „Vicarius Christi ist ein zutiefst kreuzestheologischer Titel und darin eine Auslegung von Mt 16,16–19 und Joh 21,15–19 auf ihre innere Einheit hin".

[482] Über den Unterschied zwischen dem Bischofsamt als Weiheamt göttlichen Ursprungs einerseits und dem ihm eigenen Charakter des Petrusamtes andererseits wurde bereits befunden, vgl. S. 142–146 der vorliegenden Untersuchung.

[483] Vgl. *Schwendenwein*, Papst, S. 447.

[484] Vgl. ebd., S. 458 f.; *Johannes Paul II.*, CA UnivDomGreg, 1–6.

[485] Zur Untrennbarkeit von Papstamt und dem konkreten Bischofsstuhl Roms vgl. S. 290, Anm. 628 der vorliegenden Untersuchung.

[486] Wie in analoger Weise (pari ratione) der Papst und das Bischofskollegium zueinanderstehen, vgl. S. 130–134 der vorliegenden Untersuchung.

[487] LG 18.

folger der Apostel andererseits besteht. Joseph Ratzinger bemerkt innerhalb seiner Ausführungen zum Symbolum des 1. Korintherbriefes hierzu: „Paulus darf sich seinem eigenen Zeugnis gemäß deshalb als Apostel im Vollsinn betrachten, weil ihm der Auferstandene erschien und ihn rief".[488] Die zwölf Apostel sind deshalb Apostel, weil ihre Berufung zur Nachfolge direkt durch Christus geschah.[489] Aus dieser direkten, einzigartigen und darum nicht wiederholbaren Zeugenschaft erwächst der Unterschied zwischen den Aposteln und den Nachfolgern der Apostel.[490]

Was die Bischöfe betrifft, sind diese in der Form Nachfolger der Apostel, als sie dies in ihrer Gesamtheit sind.[491] Dies wird von kirchenrechtlicher Seite nicht zuletzt dadurch unterstrichen, dass sowohl durch c. 330 richtungsweisend Papst und Bischofskollegium als Erste im kirchlichen Gesetzbuch genannt werden, als auch c. 375 § 2 zu Beginn der kodikarischen Maßgaben über das Bischofsamt die hierarchische Gemeinschaft benennt. Das bedeutet in einem weiteren Schritt, dass ausschließlich der römische Bischofsstuhl die spezifische apostolische Tradition des heiligen Petrus und damit verbunden das Petrusamt mit sich bringt, die übrigen Bischofssitze jedoch unabhängig von einem apostolischen Spezifikum besetzt werden.[492] Somit birgt das Papstamt als Kirchenamt im zugrundeliegenden Kontext diesen Unterschied zum Bischofsamt als Weiheamt.[493]

In ihm dauert tatsächlich die Aufgabe fort, die Christus seinem Apostel Petrus übertragen hat. Ein genauer Blick auf die Wortwahl der diesbezüglichen lehramtlichen und kodikarischen Maßgaben ist unerlässlich. Das II. Vatikanische Konzil lehrt, dass der Papst und die Bischöfe „wie nach der Verfügung des Herrn der heilige Petrus und die übrigen Apostel ein einziges apostolisches Kollegium bilden", dies jedoch „in entsprechender Weise" (pari ratione). Damit ist eindeutig auf den Wesensunterschied hingewiesen, der zwischen Petrus und den Aposteln einerseits sowie dem Papst und den Bischöfen andererseits besteht. Die Erläuterung liefert die Vorbemerkung zu Lumen Gentium. In ihr wird ausdrücklich darauf hingewiesen, dass es die „Verhältnisgleichheit" (proportionalitatem) ist, die die Formulierung von Papst und Bischofskollegium hervorheben will.[494] Es steht somit außer Frage, dass ein wesenhafter Unterschied zwischen den Aposteln und ihren Nachfolgern besteht, der sich der Unwiederholbarkeit der Erstberufung durch Christus selbst und der damit verbundenen besonderen Stellung ihrer Zeugenschaft verdankt.

---

[488] *Ratzinger*, Primat Petri und Einheit der Kirche, JRGS 8/1, S. 611.

[489] Vgl. *Congr-Ep*, ApS, 9: „Die Zwölf waren von Jesus gewollt als ein ungeteiltes Kollegium mit Petrus als Haupt, und gerade als solches erfüllten sie ihre Sendung als unmittelbare Zeugen seiner Auferstehung, beginnend von Jerusalem an (vgl. Lk 24,46), und schließlich gegenüber allen Völkern der Erde (vgl. Mk 16,20)".

[490] Vgl. hierzu überdies die Darstellung bei *Ratzinger/Benedikt XVI.*, Jesus von Nazareth I, JRGS 6/1, S. 269–279.

[491] Vgl. LG 20–22, CD 4; vgl. auch *Aymans-Mörsdorf*, KanR II, S. 328.

[492] Vgl. ebd.

[493] Vgl. zur Unterscheidung von Weihe- und Hirtengewalt S. 69–75 der vorliegenden Untersuchung.

[494] Vgl. LG-NEP 1.

Auch c. 330 beinhaltet diese im Konzil grundgelegte Lehre, wenn ebenfalls die mit großem Bedacht[495] gewählte Formulierung des *pari ratione* gewählt wird. Als Ämter göttlichen Ursprungs sind das Papstamt und das Bischofsamt für den Aufbau der Kirche konstitutiv.[496] Hervorzuheben ist jedoch die unterschiedliche Wortwahl des c. 330 in Bezug zur Verhältnisbestimmung von Petrus und den Aposteln einerseits und Papst und Bischöfen andererseits. Wird bei Ersteren von einem *collegium* gesprochen, verwendet der Gesetzgeber für Letztere in Verbindung mit *pari ratione* die Bezeichnung *inter se coniunguntur*, um zu verdeutlichen, dass es sich beim Bischofskollegium nicht um ein Kollegium im „streng juridischen Sinne" handelt.[497] Erneut wird der Wesensunterschied zwischen den Aposteln und ihren Nachfolgern unterstrichen und wörtlich betont: „Der Parallelismus (...) schließt nicht die Übertragung der außerordentlichen Vollmacht der Apostel auf ihre Nachfolger und selbstverständlich auch nicht eine Gleichheit zwischen Haupt und Gliedern des Kollegiums ein (...)".[498] Als Beispiel für jene aus der Primärzeugenschaft erwachsende außerordentliche apostolische Vollmacht kann auf die Aussendung der Apostel durch Jesus und den darin enthaltenen Auftrag verwiesen werden: „Heilt Kranke, weckt Tote auf, macht Aussätzige rein, treibt Dämonen aus!" (Mt 10,8). Dieser ist in seiner Exklusivität derart hochrangig und einmalig, dass er sich gerade nicht auf die Nachfolger der Apostel übertragen kann, weshalb die Nachfolgerschaft *pari ratione* geschieht. Aus dieser Vollmacht folgt auch die Exklusivität der Tätigkeit der Apostel, von der etwa die Berichte über Heilungen durch Apostel zeugen (Apg 9,32–43 für das Beispiel Petri oder Apg 14,8–10 für das Beispiel Pauli). Die Bischöfe sind also Nachfolger der Apostel jedoch nicht selbst Apostel.[499]

Die Tatsache, dass der Papst Nachfolger Petri ist, konkretisiert die Amtsaufgabe des Bischofs von Rom, der als geweihter Bischof Nachfolger der Apostel und als römischer Bischof Nachfolger Petri ist.[500] Die wesenhafte Unterscheidung, die zwischen den Aposteln und ihren Nachfolgern besteht, weist analog auch auf diejenige zwischen Petrus und seinen Nachfolgern hin. Wiederum ist die Exklusivität der Sendung Petri hervorzuheben, die aufgrund der Einmaligkeit und ihrem direkten Ergehen durch Christus am Apostel unwiederholbar und einmalig erscheint. Insofern kann festgestellt werden, dass auch der Papst derart das petrinische Amt innehat, dass er dem Bischofskollegium wie Petrus dem Apostelkollegium *pari ratione* vorsteht und das Petrusamt bekleidet.

Letztlich kann als Essenz dieser Wesensunterscheidung im Kontext der hier gestellten Frage festgestellt werden: Der Papst ist Nachfolger Petri und übt das

---

[495] Vgl. ebd.

[496] Vgl. *Aymans-Mörsdorf*, KanR II, S. 192 und vertiefend für das Papstamt ebd., S. 205.

[497] LG-NEP 1; vgl. hierzu *Aymans-Mörsdorf*, KanR II, S. 193.

[498] Ebd.

[499] Vgl. *Congr-Ep*, ApS, 11.

[500] Zum Verhältnis Papst-Bischofskollegium vgl. S. 129–142 der vorliegenden Untersuchung. Der Bischof von Rom erfreut sich der Primatialgewalt gemäß c. 331 *vi muneris*.

fortdauernde petrinische Amt in der Kirche tatsächlich aus. Dabei besitzt er die petrinischen Amtsvollmachten als einziger in der Kirche, wobei alle außerordentlichen apostolischen Vollmachten des Apostels Petrus aus den dargelegten Gründen ausgeschlossen sein müssen. Der Papst ist Nachfolger, aber er ist nicht Petrus selbst. Alle Vergleiche des Nachfolgers mit dem apostolischen Vorgänger müssen daher in analoger Weise unter Berücksichtigung des Wesensunterschiedes erfolgen. Hierin liegt ein wichtiger Anknüpfungspunkt der vorliegenden Untersuchung: der Unterschied der Person.

Dieser wird besonders deutlich, wenn sich auf der Grundlage der hier darzustellenden Primatstheologie Joseph Ratzingers/Papst Benedikts XVI. dem Amtsverzicht auf der Grundlage des c. 332 § 2 zugewendet werden soll. Im Folgenden werden wichtige Predigtzeugnisse Papst Benedikts XVI. zu Wort kommen, die sich dem Petrusdienst zuwenden und Leitlinien desselben darstellen. In Verbindung mit den zunächst dargestellten Hinweisen auf eine Theologie über den Petrusdienst im wissenschaftlichen Œuvre des Theologen Joseph Ratzinger soll nicht zuletzt auf die beachtliche Kontinuität hingewiesen werden, die sich hinsichtlich dieser Thematik auch nach der eigenen Wahl zum Nachfolger Petri beobachten lässt.

2. Kapitel

Leitlinien des Petrusdienstes: Predigtzeugnis

Es gilt, wie eingangs beschrieben, die Schriften Joseph Ratzingers/Papst Benedikts XVI., die sich dem Papstamt widmen, aus dem Blickwinkel des durch ihn vollzogenen Amtsverzichts gemäß c. 332 § 2 zu synthetisieren. Die dank dieser Methode gewonnenen Leitlinien des Petrusdienstes gemäß seiner Darstellungen bleiben so nicht als bloße Zusammenfassung zurück, sondern weisen zumeist implizit auf die innere Konsequenz hin, aufgrund der ein Verzicht auf das Petrusamt in gewisser Weise notwendig und so zur – zumindest moralischen – Pflicht werden konnte.[501]

Innerhalb der hier folgenden Analyse gelten insbesondere die soeben erörterten wissenschaftlichen Abhandlungen Joseph Ratzingers als hervorragende Quellen, die eine Synthese unter dem Blickwinkel des Amtsverzichtes ermöglichen. Diese sollen als das breite Fundament dienen, auf dem der „innere Kern" des Petrusamtes gemäß Ratzingers Ausführungen dargestellt werden soll. Es ist unerlässlich, im Zuge dessen auch diejenigen Quellen zu Wort kommen zu lassen, die während des Pontifikats Papst Benedikts XVI. entstanden sind und unter denen verschiedene Homilien, Predigten, Ansprachen, aber auch Interviews nicht zu vernachlässigende

---

[501] Diese Bezeichnung als „Pflicht" zum Verzicht auf das Papstamt wählte Papst Benedikt XVI. im Interview mit Peter Seewald selbst, vgl. Licht der Welt, JRGS 13/2, S. 868. Auch nach seinem Amtsverzicht verteidigte er nicht nur seine Verzichtsleistung als Geschehen, sondern auch ihre inhaltliche Begründung, vgl. Letzte Gespräche, hier insbesondere S. 43–50.

Textgattungen darstellen. Dies gilt auch darum, da Papst Benedikt XVI. während seines Pontifikats keine spezifisch dem Papstamt zugewandte wissenschaftliche Auseinandersetzung formulierte. Daher sind insbesondere einige Predigten des Papstes von besonderem Interesse. Dies gilt ausdrücklich unter Beachtung der Einschätzung des Regensburger Bischofs Rudolf Voderholzer, der Papst Benedikt XVI. als „Jahrhundert-Theologen" und den größten Prediger auf dem Stuhl Petri seit den Päpsten Leo und Gregor"[502] zu bezeichnen wusste.

Es ist angebracht, aufgrund der Einzigartigkeit dieser Textgattung einige erläuternde Vorbemerkungen anzufügen.

§ 1 Vorbemerkungen zum Predigtzeugnis

A. Gattungsspezifik

Predigtzeugnisse müssen aus ihrer Natur heraus als besondere Quellen eingeordnet werden, die nicht aus dem Œuvre der wissenschaftlichen Beiträge entstammen, sondern eine eigene Gattung darstellen. Das II. Vatikanische Konzil legte als generellen Maßstab hinsichtlich jedweder Predigt innerhalb der Weisungen zur Erneuerung der heiligen Liturgie fest:

> „Da die Predigt (*sermo*) ein Teil der liturgischen Handlung ist, sollen auch die Rubriken ihr je nach der Eigenart des einzelnen Ritus einen passenden Ort zuweisen. Der Dienst der Predigt (*ministerium praedicationis*) soll getreulich und recht erfüllt werden. Schöpfen soll sie vor allem aus dem Quell der Heiligen Schrift und der Liturgie, ist sie doch die Botschaft von den Wundertaten Gottes in der Geschichte des Heils, das heißt im Mysterium Christi, das allezeit in uns zugegen und am Werk ist, vor allem bei der liturgischen Feier".[503]

Weiter formulieren die Konzilsväter zur Homilie als Predigt innerhalb der Eucharistiefeier:

> „Die Homilie (*homilia*), in der im Laufe des liturgischen Jahres aus dem heiligen Text die Geheimnisse des Glaubens und die Richtlinien für das christliche Leben dargelegt werden, wird als Teil der Liturgie selbst sehr empfohlen (…)".[504]

Bereits aus diesen beiden grundsätzlichen Weisungen der Konzilsväter wird deutlich, dass die Predigt von ihrem Wesen her eine eigene Textgattung darstellt. Hierbei sticht hervor, dass die Predigt als „Teil der liturgischen Handlung" nicht als isolierter Beitrag bestehen kann, sondern in mehrfacher Weise eingebunden ist. Sie ist zunächst eingebunden in den Gottesdienst als in sich geschlossenen Ritus bestehend aus verschiedenen Rituselementen. Weiter ist sie eingebunden in die Heilsgeschichte, insofern diese selbst in Form ihrer Vermittlung durch die Heilige

---

[502] *Voderholzer*, Predigt Ehejubilare, o. S.
[503] SC 35,2.
[504] SC 52.

Schrift aber auch damit untrennbar verbunden durch die Tradition die Quelle ihrer selbst ist.[505] Im konkreten gottesdienstlichen Vollzug ist sie auf diese Weise überdies eingebunden in die jeweilige Verkündigung des Gotteswortes, die ihrerseits einen unverzichtbaren Bestandteil jedweden Gottesdienstes der Kirche darstellt.[506]

Ebenso wird deutlich, dass die Predigt ihres Inhalts nach keine wissenschaftliche Abhandlung oder Erörterung sein kann, sondern vielmehr gespeist aus ihren Quellen von Schrift und Tradition der zum Gottesdienst versammelten Gemeinschaft der Gläubigen das Wort Gottes auszulegen und so die Heilsbotschaft Christi in den jeweiligen zeitlichen und gegenwärtigen Kontext zu übertragen hat. Dies wird besonders durch die Maßgabe hinsichtlich der Homilie der Eucharistiefeier erkenntlich, wenn explizit die Bereiche von Glauben und Ordnung benannt werden. Implizit weist der Konzilstext daher auf genau jene spezifische Aufgabe hin, die insbesondere dem Nachfolger Petri übertragen wurde und aufgrund der er auf diese Weise auch in seinem päpstlichen *ministerium praedicationis* seinen Dienst vollzieht.

Das Recht und damit verbunden die Pflicht zum Predigtdienst verdankt auch der Nachfolger Petri zuallererst seiner Weihe zum Bischof der Kirche.[507] Als solcher ist er in Gemeinschaft mit dem gesamten Episkopat gesandt, „alle Völker zu lehren", er ist einbezogen in den bischöflichen Auftrag, „wahre und authentische Lehrer des Glaubens" zu sein.[508] Auch das *ministerium praedicationis* ist Teil des bischöflichen *munus docendi*, es erfährt in ihm jedoch erneut aufgrund seiner durch das Konzil fundierten Besonderheit eine eigene Stellung. Die Verkündigung (annuntiatio) des Evangeliums „hat den Vorrang unter den hauptsächlichsten Aufgaben der Bischöfe".[509] Die *praedicatio* als Frucht der *annuntiatio*, die in ihr und aus ihr ihren Sinn und Inhalt empfängt, ist in diese Weisung impliziert und wird hernach durch die Konzilsväter als vorrangigstes Mittel der bischöflichen Verkündigung benannt.[510] In diesen durch das Konzil über die Hirtenaufgabe der Bischöfe gerichteten Auftrag ist auch der Bischof von Rom gerufen.

Zu unterscheiden ist das *ministerium praedicationis* des Bischofs von Rom von dessen explizit lehramtlicher Tätigkeit.[511] Der den Bischöfen in besonderer Weise übertragene Dienst „verkündet, vermittelt dieses Wort Gottes in seiner lebendigen Auslegung im Gesamt des Lebens der Kirche und ihrer Sendung".[512] Vor diesem

---

[505] SC 24.
[506] Vgl. ebd. und die Maßgabe in SC 35,1, mit der unmissverständlich klargestellt wird, dass auf keinen Fall auf eine Schriftlesung innerhalb eines Gottesdienstes verzichtet werden kann.
[507] Vgl. LG 26. Hier wird den Bischöfen insbesondere der „Dienst des Wortes" (ministerium verbi) anvertraut.
[508] CD 2 i. V. m. LG 20 und erläuternd *Ohly*, Wort Gottes, S. 24 f.
[509] CD 12 i. V. m. LG 21.
[510] CD 13.
[511] Vgl. hierzu *Ohly*, Wort Gottes, S. 104–106 m. w. N.
[512] Ebd., S. 105.

Hintergrund sind auch die Predigtworte Papst Benedikts XVI. zu analysieren, die sich in unterschiedlicher Form dem Petrusamt zuwenden.

B. Christologische Konzeption des Gotteswortes

Bevor man sich ausgewählten Predigtzeugnissen Benedikts XVI. unter dem Einzelaspekt des Petrusamtes zuwendet, ist zunächst ein Blick auf die konziliare Offenbarungstheologie angebracht. Von dieser her kann in einem zweiten Schritt die entsprechende Rezeption derselben durch Joseph Ratzinger/Papst Benedikt XVI. dargestellt werden.[513]

Die Dogmatische Konstitution über die göttliche Offenbarung Dei Verbum des II. Vatikanischen Konzils ist hierbei die herausragende lehramtliche Quelle. Dies wird nicht zuletzt dadurch deutlich, dass sich Joseph Ratzinger selbst mittels Einleitung und Kommentar dieses Textes annahm.[514] Bereits die Leitaussage der Konzilsväter zeigt die theologische Ausrichtung, die für das gesamte Dokument relevant ist: Das fleischgewordene Wort Gottes Jesus Christus ist „Mittler und Fülle der ganzen Offenbarung".[515] Jedwede theologische Erforschung der göttlichen Offenbarung findet ihren Ursprung, ihren Sinn und ihren Inhalt in Christus selbst. Von daher sind sowohl das Konzilsdokument als auch seine Auslegung von Grund auf christozentrisch und ganz der johanneischen Botschaft getreu: *et verbum caro factus est* (Joh 1,14).[516] Diese christologische Grundtendenz verortete Ratzinger in seinem Kommentar folgendermaßen in der „trinitarischen Konzeption" der Konstitution:

> „Die Bewegung der Offenbarung geht aus von Gott (= dem Vater), trifft auf uns durch Christus und schafft uns Zugang zur Gottesgemeinschaft im Heiligen Geist. Obgleich also unser Text betont christologisch denkt – Christus wird am Ende als Offenbarungsmittler und als die Fülle der Offenbarung selbst gekennzeichnet –, kommt es doch zu keiner isolierten Christozentrik".[517]

---

[513] Eine detaillierte Darstellung all dieser Bereiche kann aufgrund der gebotenen Kürze nicht angeführt werden. Allerdings sollen die aufeinander bezogenen Kernpunkte genannt und kurz erläutert werden. Stets soll diese erneute Synthese vor dem Hintergrund der maßgeblichen Grundthematik des Papstamtes geschehen.

[514] Neuerlich erschienen in: JRGS 7/1, S. 715–791.

[515] DV 2; vgl. hierzu auch *Schlögl*, Christologisches Traditionsverständnis, S. 135 f.

[516] Vgl. zur fundamentalen Bedeutung der johanneischen Offenbarungstheologie u. a. DV 4 und die Kernaussage in DV 13: „Denn Gottes Worte, durch Menschenzunge formuliert, sind menschlicher Rede ähnlich geworden, wie einst des ewigen Vaters Wort durch die Annahme menschlich-schwachen Fleisches den Menschen ähnlich geworden ist". Das Gotteswort ist so eine hervorragende Darstellung der Inkarnation Christi und durch sie heraus ihrem Wesen nach erfassbar. Explizit findet dies Niederschlag in DV 17; vgl. hierzu *Schlögl*, Christologisches Traditionsverständnis, S. 133: „Wollte man das im 1. Kapitel von ‚Dei Verbum' vermittelte Gottesbild einer der neutestamentlichen Theologien zuordnen, so läge die johanneische am nächsten".

[517] *Ratzinger*, Kommentar DV, JRGS 7/1, S. 737 f.

Innerhalb einer solchen Konzeption bewegt sich auch die apostolische Predigt (praedicatio apostolica), zu deren Inhalt die Offenbarung der Heilsgeheimnisse Christi wurde.[518] Den Bischöfen als Nachfolger der Apostel wurde diese Offenbarung übertragen, sodass sie der gesamten Kirche zur Gottesschau gereichen konnte.[519] Die wichtige Unterscheidung von *praedicatio* und Lehramt berücksichtigend, kann dennoch die gottesdienstliche Verkündigung, zu der die Predigt gehört, als Teil der Weitergabe der göttlichen Offenbarung benannt werden. Die Konzilsväter nennen als Orte der Weitergabe jener geoffenbarten Glaubenswahrheiten „Lehre, Leben und Kult".[520] Der gottesdienstliche Vollzug ist auf diese Weise explizit in das Vermittlungsgeschehen einbezogen. Die Bischöfe als Träger des „sicheren Charisma der Wahrheit" werden eigens hervorgehoben.[521] Sie sind es, die das Wort Gottes „in ihrer Verkündigung treu bewahren, erklären und ausbreiten" (servent, exponant atque diffundant).[522]

Besondere Relevanz erhält die liturgische Verkündigung durch die Erkenntnis der Konzilsväter, wonach die Heilige Schrift „verehrt wie der Herrenleib selbst" in der Liturgie ihre reichste Entfaltung findet, sodass die Kirche „vom Tisch des Wortes Gottes wie des Leibes Christi ohne Unterlass das Brot des Lebens nimmt und den Gläubigen reicht".[523] Sie ist die „Richtschnur ihres Glaubens" durch die sich „jede kirchliche Verkündigung (...) nähren und sich an ihr orientieren" muss.[524] Dies gilt unvermindert für das *ministerium verbi*:

> „Auch der Dienst des Wortes, nämlich die seelsorgliche Verkündigung (*pastoralis praedicatio*), die Katechese (*catechesis*) und alle christliche Unterweisung (*instructio christiana*) – in welcher die liturgische Homilie (*homilia liturgica*) einen hervorragenden Platz haben muss – holt aus dem Wort der Schrift gesunde Nahrung und heilige Kraft".[525]

C. Wissenschaftliche und geistliche Dimension des Priestertums

Diese ausdrückliche Feststellung der Konzilsväter mit Hinblick auf das *ministerium verbi*, in dem die *praedicatio* eine herausragende Stellung erfährt, steht im Kontext der Ausführungen hinsichtlich der „heiligen Theologie", die „auf dem ge-

---

[518] DV 7.

[519] Ebd.; Zur Unterscheidung zwischen apostolischer Predigt und der Predigttätigkeit der Bischöfe vgl. *Ratzinger*, Kommentar DV, JRGS 7/1, S. 751–753.

[520] DV 8.

[521] Ebd.

[522] DV 9. Zur eigenen und von dieser kultischen Auslegung zu unterscheidenden Bedeutung des Lehramtes sei auf die unterschiedliche Bezeichnung hingewiesen, wenn in DV 10 hinsichtlich der Aufgabe mittels des Lehramts (magisterium) das Wort Gottes in Schrift und Tradition „verbindlich zu erklären" die Vokabel *interpretare* Verwendung findet. DV 9 benutzt hingegen *exponare*.

[523] DV 21.

[524] Ebd.

[525] DV 24.

schriebenen Wort Gottes" ruht.[526] Die Tatsache, dass sowohl die Theologie als wissenschaftliche Disziplin als auch mit ihr verbunden die liturgische Verkündigung innerhalb desselben Passus der Konstitution benannt und erläutert werden, stellt für den vorliegenden Interessensraum einen bedeutenden Hinweis dar. Theologisch-wissenschaftliche Erkenntnis und liturgische Verkündigung stehen einander nicht gegensätzlich gegenüber, sondern nähren und stärken einander, da beide auf demselben Fundament ruhen: auf dem Wort Gottes und in unüberbietbarer Form auf Jesus Christus, dem fleischgewordenen Logos.[527] Insofern erscheint es konsequent, neben explizit wissenschaftlichen Aussagen auch jene Worte zu beachten, die Inhalt des ausgeführten *ministerium verbi* werden konnten.

Diese intrinsische Verbindung von wissenschaftlicher und geistiger Dimension ist ein zentraler Leitgedanke von Ausbildung und Leben der Priester der Kirche, beginnend mit den Zeugnissen des II. Vatikanischen Konzils bis hin zu den neuesten lehramtlichen Dokumenten.[528] Die besondere Stellung der Ausbildung in den Teilbereichen, die zum theologischen Fachbereich der Biblischen Theologie zählen und die das Konzil auch in besagtem Artikel ausdrücklich nannte, wird nicht zuletzt durch die ebenso explizite Aufnahme in die diesbezüglichen Normen des geltenden Kirchenrechts deutlich. Innerhalb der Maßgaben hinsichtlich der wissenschaftlich-theologischen Ausbildung der künftigen Kleriker der Kirche wird die Biblische Theologie durch c. 252 § 2 nicht nur zuerst, sondern überdies als einzige Fächergruppe alleinstehend genannt. Alle übrigen theologischen Fächer werden gebündelt in c. 252 § 3 kodifiziert.[529]

Jeder Bischof der Kirche hat das Theologiestudium absolviert und kann sich im Sinne eines akademischen Grades Theologe nennen.[530] Als derjenige, der den

---

[526] Ebd.

[527] Vgl. *Ratzinger*, Kommentar DV, JRGS 7/1, S. 787: „Der letzte Satz unseres Artikels unterstellt die Predigt und alle Formen der kirchlichen Verkündigung dem gleichen Gesetz, das wir eben auf die Theologie angewendet fanden: Schriftgemäßheit ist ihre vordringlichste Aufgabe. Die Einheit der konziliaren Arbeit wird auch hier wieder deutlich: die Forderung der regelmäßigen Homilie, die von der Liturgiekonstitution (Kapitel II Artikel 52) erhoben worden war, wird hier aufgegriffen und ausgeweitet zum Verlangen nach biblischer Orientierung der ganzen Verkündigungsarbeit". Die Schriftgemäßheit besteht als gemeinsames Fundament, insofern das Christusereignis selbst die Grundlage allen kirchlichen Handelns ist.

[528] Vgl. hierzu die Belegstellen in OT 4; PO 4; bei *Johannes Paul II.*, AAp PDV, 47, 57; neuestens in *Congr-Cler*, RFIS/2016, 89, 103, 116 u. a.; vgl. zusammenfassend *Marx*, Kontinuität als Herausforderung, S. 208–229.

[529] Der Gesetzgeber nennt in c. 252 § 3 in dieser Reihenfolge die Dogmatik, Moraltheologie, Pastoraltheologie, das Kirchenrecht, die Liturgiewissenschaft, Kirchengeschichte und weitere „Hilfs- und Spezialwissenschaften". Die Apostolische Konstitution Veritatis Gaudium über die kirchlichen Hochschulen und Fakultäten von Papst Franziskus weiß diese Vorrangstellung des Gotteswortes als Fundament der theologischen Disziplinen zu benennen. Tatsächlich ist es der Sendungsauftrag Christi an seine Kirche, das Evangelium allen Völkern zu verkünden, der die Vollmacht zur wissenschaftlichen Ausbildung in Form der Theologie als Wissenschaft begründet, vgl. *Franziskus*, CA VerGaud, 1.

[530] Vgl. c. 248, in dem die Verbindung der wissenschaftlichen Dimension der Priesterausbildung mit dem Gesamtgefüge derselben zur kodikarischen Maßgabe wird.

Dienst am Wort Gottes versieht, ist der Kleriker immer auch ein wissenschaftlich Ausgebildeter, der „eine umfassende und tiefe Kenntnis in den theologischen Disziplinen"[531] erworben hat. Aus dieser gewonnenen Kenntnis heraus kann er „in dem dadurch gefestigten und von daher genährten eigenen Glauben die Lehre des Evangeliums den Menschen (...) verkündigen".[532]

Die in der kodikarischen Norm implizierte personal-subjektive Dimension, die den Kleriker nicht nur als denjenigen betrachtet, der Anderen verkündet, sondern der selbst als Glaubender „Hörer des Wortes"[533] ist und bleibt, greift auch Papst Franziskus innerhalb des Proömium zur Apostolischen Konstitution Veritatis Gaudium über die kirchlichen Hochschulen und Fakultäten auf.[534] Der Kleriker als Prediger bleibt zeitlebens Hörender, der das Gotteswort immer neu vernimmt und dem sich das fleischgewordene Wort Gottes als „Mitte und Herr der Geschichte"[535] immer aufs Neue offenbart.[536] Diesen lebenslangen Prozess mit der theologischen Disziplin zu verbinden, weiß c. 279, der den Klerikern aufträgt, „auch nach Empfang der Priesterweihe die theologischen Studien weiter zu betreiben" (§ 1). Hierbei geht es in erster Linie nicht um eine Anhäufung von Wissen, sondern um die subjektive Dimension der priesterlichen Existenz, die in ihrer Gesamtheit als das Subjekt der Ausbildung und damit verbunden der ständigen Fortbildung gilt.[537] Auch innerhalb der Letztgenannten lässt sich eine zutiefst christozentrische Dimension erkennen, denn nicht nur die Priesterausbildung soll „Gleichgestaltung mit Christus"[538] sein, sondern in gleicher Weise die ständige Fortbildung.[539] Papst Benedikt XVI. formuliert in diesem Sinne unter Zitation des heiligen Hieronymus über den Prediger:

> „Der hl. Hieronymus erinnert uns auch daran, dass die Predigt stets vom Zeugnis des eigenen Lebens begleitet sein muss: ‚Deine Handlungen sollen deine Worte nicht Lügen strafen, damit es nicht geschieht, dass, während du in der Kirche predigst, jemand in seinem Inneren überlegt: ‚Warum also handelst gerade du nicht so?' (...) Beim Priester Christi müssen der Geist und das Wort in Einklang stehen'".[540]

Aus diesem Gefüge wird ersichtlich, auf welche Art und Weise die hier zugrundeliegenden Predigtzeugnisse Papst Benedikts XVI. zu lesen und zu interpretieren

---

[531] Ebd.
[532] Ebd.
[533] *Hanke*, Priester als Verkünder, S. 91.
[534] *Franziskus*, CA VerGaud, Einführung, 4a.
[535] Ebd., 6.
[536] Hierdurch wird das immer *tiefere Erforschen* als eine der Dimensionen des *munus docendi* gemäß c. 747 § 1 impliziert. Auch hier ist diese Aufgabe in ihrer Ganzheitlichkeit zu interpretieren, vgl. hierzu *Ohly*, Verkündigungsdienst, S. 193 f.
[537] Vgl. u. a. *Congr-Cler*, RFIS/2016, 28 f., 53.
[538] Vgl. ebd., 35–40, Zitat gemäß 35; vgl. hierzu *Ohly*, Gleichgestaltung mit Christus, S. 241–259.
[539] Vgl. grundlegend ebd., 80–81, konkretisiert in 82–88.
[540] *Benedikt XVI.*, AAp VD, 60 mit innerem Zitat des *Hieronymus*, Epistula 57, 7: CSEL 54, S. 426 f.

sind. Sie sind, mit einer Abgrenzung beginnend, kein Teil des päpstlichen Lehramts und nicht als solches zu verstehen[541], sondern Bestandteil des ausgeführten
ministerium verbi des Bischofs von Rom, der zugleich Papst der Kirche ist. Ihm
obliegt dieser Dienst sowohl aufgrund des päpstlichen, als auch und insbesondere
wegen seines bischöflichen Amtes.[542] Aufgrund von Weihe und Sendung hat der
Bischof von Rom Anteil an der Salbung Christi zum Priester, König und Prophe-
ten. Ihm obliegt als Bischof die Aufgabe der liturgischen Verkündigung und als
deren Teil der Ruf zur Predigt.[543]

In der Gemeinschaft mit ihm und von seiner bischöflichen Vollmacht ausgehend
haben die Priester Teil an diesem einen Priestertum Christi.[544] Als Mitarbeiter
des Bischofs ist ihnen in besonderer Weise der Dienst am Wort Gottes aufgetragen.[545] Die Übertragung dieser Aufgabe geschieht konsequenterweise nicht erst
durch die Bischofsweihe, sondern grundlegend bereits mit der Weihe zum Diakon
unter Beachtung dessen Spezifikum *in persona Christi servi*[546] auch Diener des
Wortes Gottes zu sein und das Diakonat der Liturgie und des Gotteswortes zu vollziehen.[547] Mit der Priesterweihe geschieht sodann die Sendung in den Dienst am
Wort Gottes *in persona Christi capitis* als Priester, König und Prophet.[548] Daher
ist die gesamte priesterliche Existenz des später mit der Weihefülle ausgestatteten
Bischofs für das durch ihn ausgeübte *ministerium verbi* relevant.[549]

---

[541] Vgl. c. 749, der im Zuge des *munus docendi* der Kirche explizit das Lehramt und an seiner Spitze das päpstliche Lehramt (§ 1) benennt. Der Dienst am Wort Gottes und als dessen
Teil die liturgische Predigt hingegen sind davon abzugrenzen und gemäß der cc. 756–772 zu
definieren.

[542] Vgl. c. 756 §§ 1–2; CD 12 u. a.

[543] Vgl. CD 13.

[544] Vgl. CD 28; PO 2, 6, 7, 8 u. a.

[545] Vgl. PO 4.

[546] Vgl. c. 1009 § 3.

[547] Vgl. LG 29.

[548] Vgl. die Leitaussage im Proömium aus PO 1 und die Konkretion in PO 4.

[549] Benedikt XVI. selbst drückte dies während seiner Apostolischen Reise nach München,
Regensburg und Altötting im Jahr 2006 in der Freisinger Kathedrale – sowohl aus der Sicht
seiner eigenen Weihe zum Priester als auch aus dem Blickwinkel seiner Zeit als Erzbischof
von München und Freising – aus: „Dann der Augenblick der Handauflegung und schließlich,
als Kardinal Faulhaber uns das Wort Jesu zurief: ‚Iam non dico vos servos, sed amicos' – ‚Ich
nenne euch nicht mehr Knechte, sondern Freunde', da habe ich Priesterweihe erfahren als Ein-
weihung in die Gemeinschaft der Freunde Jesu, die gerufen sind, mit ihm zu sein und seine
Botschaft zu verkünden. Erinnerung dann daran, dass ich hier selbst Priester und Diakone weihen durfte, die nun im Dienst des Evangeliums stehen und die Botschaft durch viele Jahre hindurch – und es sind jetzt schon Jahrzehnte! – weitergetragen haben und immer noch weitertra-
gen" (Ansprache Begegnung mit Priestern und Ständigen Diakonen Bayerns, S. 743 f.). Dieselbe
Schriftstelle führte Joseph Ratzinger innerhalb seines Kommentars zu DV zu der folgenden
Erkenntnis: „Der Dialog Gottes steht immer im Präsens; seine Anrede: ‚Nicht mehr Knechte
nenne ich euch, sondern Freunde' (Joh 15,15), geschieht hier und heute und will uns zur Antwort führen. So wird sichtbar, wie der Offenbarungsgedanke zugleich ein Menschenbild entwirft: der Mensch als das dialogische Wesen, das im Hören auf Gottes Wort dem Präsens Gottes gleichzeitig wird (…)" (Kommentar DV, JRGS 7/1, S. 737); vgl. ferner *Müller*, Diakonale

D. Die hervorragende Stellung der Homilie bei Benedikt XVI.

Die Predigtzeugnisse erhalten ihre ihnen eigene Relevanz überdies aus dem hohen Stellenwert, den Papst Benedikt XVI. selbst in tiefer Übereinstimmung mit der Lehre des Konzils in Dei Verbum der liturgischen Feier des Wortes Gottes beimisst.[550] Benennt der Papst den performativen Charakter der liturgischen Verkündigung, so erwächst aus diesem die Relevanz der dazugehörigen liturgischen Auslegung. Das Predigtzeugnis ergibt als niedergeschriebene Frucht einen eigenen und seinem Wesen nach einzigartigen Fundort, das Wort Gottes dem spezifischen und hier gegebenen Kontext gemäß zu analysieren. Wird hierbei der Fokus hauptsächlich auf diejenigen Zeugnisse der liturgischen Feiern des Hochfestes der heiligen Apostel Petrus und Paulus während des Pontifikats Papst Benedikts XVI. gelegt, so stehen diese immer im Zusammenhang mit dem Gesamt des Kirchenjahres und seiner ihm eigenen Leseordnung.[551]

Diese Einleitung schließt mit einer längeren Passage des Nachsynodalen Apostolischen Schreibens Verbum Domini Papst Benedikts XVI. ab, welche als Überleitung und in der Art einer Lesehilfe für die folgende Analyse des Predigtzeugnisses dienen soll. In einem Passus zur Homilie beschreibt er ihren Ursprung und ihr Wesen:

> Die Homilie „ist ja ‚Teil der liturgischen Handlung' und hat die Aufgabe, ein tieferes Verstehen und eine umfassendere Wirksamkeit des Wortes Gottes im Leben der Gläubigen zu fördern. Die Homilie ist eine Aktualisierung der Botschaft der Schrift, durch die die Gläubigen bewegt werden, die Gegenwart und Wirksamkeit des Wortes Gottes im Heute des eigenen Lebens zu entdecken. Sie muss zum Verständnis des gefeierten Geheimnisses führen und zur Mission einladen, indem sie die Gemeinde auf das Glaubensbekenntnis,

---

Dimension, S. 238 f.: „Durch die Priester- und Bischofsweihe kommt zwar die Fähigkeit hinzu, Christus auch als Haupt der Kirche zu repräsentieren, die Priester- und Bischofsweihe nimmt dem Geweihten jedoch nicht den Charakter des Diakons (…)". Das Weihesakrament der Kirche ist ein Sakrament, bestehend aus drei Weihestufen (vgl. ebd., S. 236).

[550] Vgl. hierzu insbesondere *Benedikt XVI.*, AAp VD, 52: „Wenn man die Kirche als ‚Haus des Wortes' betrachtet, muss man sich vor allem der heiligen Liturgie zuwenden. (…) Jeder Gottesdienst ist von seinem Wesen her von der heiligen Schrift durchdrungen" und ebd., 59. Hier wendet sich Benedikt XVI. explizit der Homilie zu. Im Folgenden spricht er sogar von der *ars praedicandi*, ebd., 60; vgl. hierzu auch *Ohly*, Verkündigungsdienst, S. 200: „Was nach DV 10.2 in besonderer Weise für die hörbereite Haltung des kirchlichen Lehramtes gilt (pie audit!), das muss folgerichtig auch für die ganze Kirche in Anspruch genommen werden. Das Hören des Wortes Gottes ist notwendige Voraussetzung für die Wesensvollzüge der Kirche in der liturgischen Verkündigung ebenso wie im kirchlichen Leben".

[551] Vgl. *Benedikt XVI.*, AAp VD, 52: „Hier wird auch die weise Pädagogik der Kirche ersichtlich, die bei der Verkündigung und beim Hören der Heiligen Schrift dem Rhythmus des Kirchenjahres folgt. (…) Ich fordere daher die Hirten der Kirche und die Seelsorger auf, dafür zu sorgen, dass alle Gläubigen unterwiesen werden, den tiefen Sinn des Wortes Gottes zu erfahren, das sich in der Liturgie im Laufe des Jahres entfaltet und uns die grundlegenden Geheimnisse unseres Glaubens zeigt. Hiervon hängt auch der richtige Zugang zur Heiligen Schrift ab".

das allgemeine Gebet und die eucharistische Liturgie vorbereitet. Folglich muss jenen, die durch ihren besonderen Dienst mit dem Predigen betraut sind, diese Aufgabe wirklich am Herzen liegen. Zu vermeiden sind allgemein gehaltene und abstrakte Predigten, die die Einfachheit des Wortes Gottes verdunkeln, ebenso wie nutzlose Abschweifungen, bei denen Gefahr besteht, dass sie die Aufmerksamkeit mehr auf den Prediger als auf den Kernpunkt der Botschaft des Evangeliums lenken. Die Gläubigen müssen deutlich erkennen, dass es dem Prediger am Herzen liegt, Christus aufzuzeigen, der im Mittelpunkt einer jeden Predigt stehen muss. Die Prediger müssen daher mit dem heiligen Text vertraut sein und unablässig mit ihm in Kontakt stehen; sie müssen sich in der Betrachtung und im Gebet auf die Predigt vorbereiten, um mit Überzeugung und Leidenschaft zu predigen. Die Synodenversammlung hat dazu aufgerufen, sich folgende Fragen vor Augen zu halten: ‚Was sagen die Lesungen, die verkündigt wurden? Was sagen sie mir persönlich? Was soll ich der Gemeinde sagen, unter Berücksichtigung ihrer konkreten Situation?' Der Prediger muss sich ‚als erster vom Wort Gottes, das er verkündet, befragen lassen', denn – wie der hl. Augustinus sagt – ‚wer das Wort Gottes äußerlich predigt und nicht in sein Innerstes hinein hört, wird zweifellos keine Frucht tragen'".[552]

Auf der Grundlage eines derartigen Verständnisses über die Predigt sollen im Folgenden die Predigtzeugnisse Papst Benedikts XVI. selbst im Vordergrund stehen und die Basis der dargestellten Leitlinien des Petrusamtes darstellen.[553]

§ 2 Grundsätze über das Papstamt

Möchte man das homiletische Zeugnis eines Papstes mit dem Fokus auf das durch ihn bekleidete Amt untersuchen, so drängt es sich auf, die Predigten derjenigen Festtage zu analysieren, die ihres Wesens nach mit dem heiligen Apostel Petrus und seiner Sendung verbunden sind. In besonderer Weise gilt dies für das Hochfest der heiligen Apostel Petrus und Paulus.[554] Es lassen sich jedoch auch darüber hinaus Anlässe feststellen, die zu wichtigen Informationsquellen werden können. Hierbei erscheint es als die natürliche Reaktion des neu gewählten Papstes Benedikt XVI., im Zuge der Eucharistiefeier zu seiner Amtseinführung, bei der ihm Pallium und Fischerring übergeben wurden, sich mit dem jüngst übernommenen Amt zu beschäftigen.[555] Einige wesentliche Aspekte, die auch vor dem Hintergrund der späteren Verzichtsleistung auf eben dieses Amt relevant sind, seien hier summarisch und erneut im Sinne der Relecture untersucht.

---

[552] Ebd., 59 mit inneren Zitaten u. a. aus: *Benedikt XVI.*, AAp SacrCarit, 46 und *Augustinus*, sermo 179,1: PL 38, 966.

[553] Auf ergänzende Literaturverweise wird weitestgehend, wenngleich nicht vollständig, verzichtet.

[554] Die Leseordnung sieht für die Messfeier am Tag dieses Hochfestes vor: Erste Lesung: Apg 12,1–11; Zweite Lesung: 2 Tim 4,6–8.17–18; Evangelium: Mt 16,13–19; für die Messfeier am Vorabend: Erste Lesung: Apg 3,1–10; Zweite Lesung: Gal 1,11–20; Evangelium: Joh 21,1.15–19 (vgl. Lektionar/2018).

[555] *Benedikt XVI.*, Predigt Amtseinführung, S. 2.

„Wer glaubt, ist nie allein"[556] – mit diesen Worten eröffnet Papst Benedikt XVI.
seine Homilie an jenem Festtag seiner Amtseinführung. Im Eindruck der vergangenen Wochen, die geprägt waren von Tod und Begräbnis Papst Johannes Pauls II.,
dem Konklave und der Wahl Joseph Ratzingers zum 265. Nachfolger des heiligen
Petrus, legt er dar, dass das nunmehr durch ihn bekleidete Amt in dieser großen
Gemeinschaft verortet ist. Der gemeinsame Glaube an Christus Jesus ist es, der
diese Gemeinschaft errichtet und der sein Fundament in der Auferstehung Jesu
findet. So stellt Papst Benedikt XVI. von dieser Verbindung ausgehend fest, dass
„die Kirche lebt – sie lebt, weil Christus lebt, weil er wirklich auferstanden ist".[557]
Der lebendige Christus erschafft den Christen die Möglichkeit eines lebendigen
Glaubens in der mit diesem österlichen Leben erfüllten Gemeinschaft.[558] Auf dieser
Grundlage steht auch das Papstamt, das in dieser Gemeinschaft und mit ihr verwoben besteht. Nicht nur die christozentrische Verortung des Amtes, sondern auch die
daraus resultierende ekklesiologische Einordnung wird aus dieser ersten homiletischen Sentenz ersichtlich. Auf dieser Basis steht der konkrete Vollzug des Amtes.

Weiter stellt der Papst fest:

> „Das eigentliche Regierungsprogramm aber ist, nicht meinen Willen zu tun, nicht meine
> Ideen durchzusetzen, sondern gemeinsam mit der ganzen Kirche auf Wort und Wille des
> Herrn zu lauschen und mich von ihm führen zu lassen, damit er selbst die Kirche führe in
> dieser Stunde unserer Geschichte".[559]

Erneut wird deutlich, was für Benedikt XVI. Maxime seiner Amtsausübung ist:
Er übt den Petrusdienst nicht in einer herrschaftlichen Art, sondern als in letzter
Konsequenz vom Herrn der Kirche selbst geleiteter Dienst aus. Damit ist nicht nur
die Absage an jedwede hoheitliche Verwirrung, sondern überdies auch das Wissen eingeschlossen, als Arbeiter im Weinberg des Herrn[560] Werkzeug Gottes[561]
zu sein und in seinem Namen die Kirche in der Welt zu führen. Im letzten Schritt
ist das Papstamt folgerichtig der menschlichen Verfügung entzogen, auch was sein
Wesen und seinen Auftrag anbelangt.

Papst Benedikt XVI. wendet sich im Folgenden den beiden ihm verliehenen
Amtsinsignien von Pallium und Fischerring zu. Von beiden ausgehend erläutert er
weitere grundlegende Einordnungen des Papstamtes. In Verbindung mit der soeben
dargestellten menschlichen Unverfügbarkeit des Petrusdienstes interpretiert er das
Pallium als Sinnbild für das Joch Christi, das seinerseits für den Willen Gottes

---

[556] Ebd.
[557] Ebd.
[558] Vgl. *Klausnitzer*, Primat im Denken Joseph Ratzingers, S. 185 f.
[559] *Benedikt XVI.*, Predigt Amtseinführung, S. 2.
[560] So die Selbstbezeichnung Papst Benedikts XVI. in seiner kurzen Ansprache nach seiner
Papstwahl auf der Bendiktionsloggia des Petersdoms.
[561] Vgl. ebd.

steht.[562] Erneut wird in diesem Zeichen[563] deutlich, dass die Amtsausübung letztlich unter der Führung Gottes vollzogen wird. Der Papst leistet ferner gegen eine mögliche Missinterpretation Vorschub. Würde man die göttliche Verfügung über das Papstamt als absolute betrachten, so würde man dem menschlichen Moment nicht gerecht werden. Folgerichtig stellt Papst Benedikt XVI. im homiletischen Wort fest, dass das Pallium für den Willen Gottes steht,

> „(...) den wir annehmen. Und dieser Wille ist für uns nicht eine fremde Last, die uns drückt und die uns unfrei macht. (...) Der Wille Gottes entfremdet uns nicht, er reinigt uns".[564]

§ 3 Dienst an der Einheit – Einheit im Glauben

Indem Papst Benedikt XVI. den Brief des Apostels Paulus an die Gemeinde in Ephesus zitiert, benennt er in direkter Weise,

> „dass der Sinn aller Funktionen und Dienste im Grunde der ist, dass ,wir alle zur Einheit im Glauben und in der Erkenntnis des Sohnes Gottes gelangen (sollen), damit wir zum vollkommenen Menschen werden und Christus in seiner vollendeten Gestalt darstellen', damit der Leib Christi wächst und ,in Liebe aufgebaut wird'".[565]

Gleich mehrere grundlegende Elemente des Petrusdienstes werden in dieser prägnanten Einordnung ersichtlich. So spricht er, das Papstamt implizierend, von allen „Funktionen und Diensten". Als solches, so die logische Konsequenz, ist auch das Amt des römischen Bischofs zu bewerten: Es handelt sich dabei um eine Funktion in und ein Dienst an der Kirche Gottes.[566] Dieser grundsätzliche Dienstcharakter ist zugleich der „Sinn" des Petrusdienstes, seine Zielsetzung wird durch Benedikt XVI. in Zitation der Paulusworte mit der „Einheit im Glauben" wiedergegeben.

A. Dienstcharakter des Petrusamtes

Als „ministerio", das in der Kirche und für die Kirche durch den Herrn selbst aufgebaut wurde, steht das Petrusamt in der Weisung Jesu, ein wirklicher Dienst in der Gemeinschaft der Kirche zu sein. Dieser „servizio"[567] folgt dem Beispiel Christi selbst, der, indem er die Eucharistie durch das Letzte Abendmahl einsetzte,

---

[562] Vgl. *Benedikt XVI.*, Predigt Amtseinführung, S. 2.
[563] Vgl. ebd. Der Papst verwendet im italienischen Original die Bezeichnung „segno" für Pallium und Fischerring.
[564] Ebd.
[565] *Ders.*, Predigt Peter und Paul/2005, S. 2, mit innerem Zitat aus Eph 4,13.16.
[566] Im italienischen Original verwendet der Papst zur Wiedergabe des „Dienstes" die Bezeichnung „ministerio".
[567] Vgl. *Benedikt XVI.*, Predigt Peter und Paul/2006, S. 7 f.

sich selbst als derjenige bezeichnete, der gekommen ist, um zu dienen (Lk 22,27).[568] Mehr noch als die Bezeichnung des Petrusamtes als „ministerio" verdeutlicht die aus ihm resultierende Grundlage des petrinischen Handelns im Sinne des „servizio" die aus dem griechischen Schriftzeugnis folgende Maßgabe, für die Gemeinschaft der Kirche Diener – διάκονος – zu sein.

Diese Dienerschaft zeigt sich konkret im Hirtenamt der Kirche, das im Sinne der apostolischen Sukzession primär auf die Bischöfe aller Zeiten übertragen fortdauert. Als Hirten sind sie gleichsam Diener der Herde Christi. Sie vollziehen ihren Hirtenauftrag nicht als Herrscher, sondern im Trachten einer immer zur Vollendung strebenden *imitatio Christi* als solche, die zu dienen gekommen sind. Auf der Grundlage dieser Einordnung des Amtes als Dienst am Volk Gottes lässt sich eine bisweilen dargestellte Unterscheidung vermeiden, die ein fortdauerndes Petrusamt negiert, einem Petrusdienst jedoch zustimmend gegenübersteht.[569] Der päpstliche Dienst als Amt der Kirche kann so im Sinne Papst Benedikts XVI. als Verbürgung des fortdauernden Petrusdienstes eingeordnet werden.[570]

Der Hirtenauftrag und das Hirtenamt werden auf diese Weise zur konkreten Ausdrucksform des Dienstcharakters des Petrusamtes, das in seiner Auslegung gemäß dem Predigtzeugnis Papst Benedikts XVI. außer Frage steht. Auch wenn Petrus unter den Aposteln der Erste war, ist er doch im Hinblick auf sein Amt „Mit-Presbyter" (1 Petr 5,1), der wie alle Hirten der einen Herde an den verschiedenen Weideplätzen im gleichen Hirtenauftrag vereint ist.[571] In einem weiteren Schritt schlussfolgert Benedikt XVI. aus dem im Hirtenamt dargestellten Dienstcharakter des Petrusamtes den fundamentalen Inhalt desselben: den Dienst an der Einheit:

> „In dieser Formulierung (sc. Mit-Presbyter) ist im Stillen das Prinzip der apostolischen Nachfolge ausgesagt: Die nachfolgenden Hirten sind Hirten wie er (...). Aber dieses ‚con' hat noch zwei weitere Bedeutungen. Es drückt auch die Wirklichkeit aus, die wir heute mit dem Wort Kollegialität der Bischöfe benennen. Wir alle sind Con-Presbyter. Keiner ist Hirte allein. (...) Zum Hirtesein gehört das Miteinander, das Wir der Hirten, weil die Herde nur eine ist, die eine Kirche Jesu Christi. Und endlich verweist dieses ‚con' auch auf die Gemeinschaft mit Petrus und seinem Nachfolger als Gewähr der Einheit".[572]

Darin besteht der bleibende Auftrag für alle Nachfolger Petri auf dem römischen Bischofsstuhl: Diener an der Einheit zu sein und diesen Dienst im eigenen

---

[568] Der griechische Text zu Lk 22,27 lautet: „ειμι ώς ό διακονῶν"; vgl. *Müller*, Die diakonale Dimension des geweihten Amtes, S. 238 f.

[569] Vgl. insbesondere *Brox*, Matthäus, S. 471–476; zu weiteren Hinweisen vgl. S. 209–213 der vorliegenden Untersuchung.

[570] In diesem Sinne fast auch *Gnilka*, Petrusdienst, S. 23 als dessen Aufgabe zusammen: „Die an erster Stelle zu nennende Aufgabe des Petrusdienstes besteht darin, die Brüder und Schwestern im Glauben zu stärken. (...) Er wahrt die Überlieferung des Evangeliums und legt es verbindlich aus. (...) Der Petrusdienst hat die Einheit der Kirche darzustellen, eine Einheit, die aufzufassen ist als Einheit unter dem Evangelium".

[571] *Benedikt XVI.*, Predigt Peter und Paul/2008, S. 8.

[572] Ebd.; vgl. hierzu auch *Klausnitzer*, Primat im Denken Joseph Ratzingers, S. 185 f. m. w. N.

Hirtenamt zur Erfüllung zu bringen. Der Papst ist, so die Synthese, stets Diener und Hirte der einen Herde Jesu Christi:

> „Und dies ist die bleibende Sendung des Petrus: dass die Kirche nie nur mit einer Nation, mit einer Kultur oder einem Staat identisch sei. Dass sie immer die Kirche aller ist. (…) Inmitten dieser Einheit von außen (…) brauchen wir umso mehr die Einheit von innen (…) – Einheit all derer, die durch Jesus Christus Geschwister geworden sind. Dies ist die bleibende Petrussendung, auch der besondere Auftrag an die Kirche von Rom".[573]

Das habituelle Fundament der Petrussendung als Dienst mit dem Zweck die Einheit zu mehren, findet Papst Benedikt XVI. im sakramentalen Bischofsamt begründet.[574] Über die auch kodikarisch festgestellte Notwendigkeit des Empfangs der Bischofsweihe zur Ausübung des Papstamtes in Verbindung mit den diesbezüglichen fundamentaltheologischen Ausführungen Joseph Ratzingers wurde bereits befunden.[575] Die abermalige Darstellung im homiletischen Zeugnis unterstreicht erneut die große Relevanz, die er ihr auch während seines eigenen Pontifikats beimisst.

In ausdrücklich christozentrischer Perspektive benennt der Papst einen Grundsatz für den bischöflichen und priesterlichen Dienst:

> „Jesus, der ‚Bischof der Seelen', ist das Urbild alles bischöflichen und priesterlichen Dienstes. (…) Bischofsein, Priestersein bedeutet von da aus: den Standort Christi annehmen. Von seiner Höhe her denken, sehen und handeln. Von ihm her für die Menschen da sein, damit sie das Leben finden".[576]

Aus Christi Liebe heraus, die in seinem Leiden für die Menschen ihren unüberbietlichen Ausdruck gefunden hat, erwächst der Auftrag an alle Bischöfe – und von diesen ausgehend auch der Priester[577] – Bischöfe nach Christi Vorbild zu sein. Die Heilstat am Kreuz als die absolute Hingabe für die Menschen, ist das – zwar unerreichbare aber stets anzustrebende – Vorbild, aus dem sich der Dienstcharakter des Bischofsamtes herleiten lässt. Die christologisch begründete Maßgabe, diesen Dienst als Hingabe „für die Menschen" zu vollziehen, gilt für alle Bischöfe und Priester, worin der Papst als Bischof von Rom eingeschlossen ist. Auch hinsichtlich des konkreten Vollzugs äußert sich Papst Benedikt XVI., indem er feststellt, dass der Hirtendienst durch „das Weiden, das Hüten und das Führen der Herde zu den richtigen Weideorten"[578] seinen Charakter erfährt. Aus dieser Trias lässt sich auch die Petrussendung ableiten, wonach auch er im spezifischen Einheitsdienst die Herde Christi aus dem Glauben an Christi Liebestat heraus weidet, denselben mitsamt den Gläubigen seinem Amt gemäß hütet und an den richtigen Weideorten

---

[573] Ebd., S. 462.
[574] Vgl. hierzu insbesondere *Benedikt XVI.*, Predigt Peter und Paul/2009, S. 8.
[575] Vgl. c. 332 § 1 und S. 46–48 der vorliegenden Untersuchung.
[576] *Benedikt XVI.*, Predigt Peter und Paul/2009, S. 8.
[577] Die explizite Nennung auch der Priester der Kirche begründet sich mit der Widmung des Jahres 2009 als „Jahr der Priester". Die Sendung derer hängt untrennbar mit der bischöflichen Sendung zusammen, vgl. PO 2.
[578] *Benedikt XVI.*, Predigt Peter und Paul/2009, S. 8.

den Glauben nährt und stärkt. Dies ist stets aus dem Antrieb der Liebe Christi zu vollziehen:

> „Ein Sehen von Gott her ist ein Sehen der Liebe, das dem anderen dienen, ihm helfen will, wirklich er selbst zu werden".[579]

Weiter konkretisiert sich der Dienst der Bischöfe – und damit auch des Inhabers des römischen Stuhls – im tätigen Vollzug:

> „Das Reden tut es nicht. Die Hirten müssen ,Vorbilder für die Herde' (1 Petr 5,3) werden. Das Wort Gottes wird aus der Vergangenheit dann in die Gegenwart geholt, wenn es gelebt wird".[580]

Papst Benedikt XVI. stellt dar, wie in diese Weisung eingeschlossen das ausgeführte Papstamt zu beschreiben ist: als tätiger Hirtendienst an der Herde Christi. Für den spezifischen petrinischen Dienst an der Einheit wird auf diese Weise impliziert, dass der Papst lebendiges Vorbild der Glaubenseinheit sein muss. Dies bedeutet ein Leben aus dem Glauben an Christus heraus zu führen, diesen Glauben in Wort und Tat darzustellen und so, im ganzheitlichen Sinne, als Glaubenszeuge Vorbild für die ganze Welt zu sein, denn „Glaube darf nicht Theorie bleiben: Er muss Leben sein".[581]

Mit dem petrinischen Schriftwort konkretisiert Papst Benedikt XVI. diesen bleibenden Auftrag des Petrusamtes, indem er das Ziel allen kirchlichen Tuns benennt:

> „(…) das Ziel unseres Glaubens ist das Heil der Seelen (1 Petr 1,9). (…) Ohne Heilung der Seelen, ohne Heilung des Menschen von innen her kann es kein Heil für die Menschheit geben. Die eigentliche Krankheit der Seelen bezeichnet der heilige Petrus zu unserer Überraschung als Unwissenheit – nämlich als Unkenntnis Gottes. Wer Gott nicht kennt, ihn nicht wenigstens aufrichtig sucht, lebt am eigentlichen Leben vorbei (1 Petr 1,14)".[582]

In der Synthese bedeutet dies, dass das Papstamt als Dienst an der Einheit im Glauben mit dem Seelenheil als Ziel und höchstem Gesetz allen kirchlichen Handelns[583] insbesondere dieser Unkenntnis Gottes gegenübertreten muss. Um Unkenntnis zu beseitigen, bedarf es der Verkündigung der Heilsbotschaft mit Blick auf diejenigen, denen die Kenntnis darüber fehlt. Im Falle der Unkenntnis Gottes wird hierzu das Bekenntnis zu Gott zum ersten und wichtigsten Werkzeug, um vom Unwissen zum Wissen zu führen und nicht über den unbekannten Gott des Areopags zu sprechen, sondern von dem Gott, der sich den Menschen in Christus Jesus sichtbar und in der deutlichsten Konkretion geoffenbart hat.

Erneut stellt die Berufungs- und Sendungsgeschichte des Apostels Petrus das eindrückliche Beispiel dieser bleibenden Aufgabe auch der Petrusnachfolger dar.

---

[579] Ebd.
[580] Ebd.
[581] Ebd.
[582] Ebd.
[583] Vgl. zur bleibenden Relevanz der *salus animarum* c. 1752.

Es ist das Glaubensbekenntnis Petri, das zum Ausgangspunkt und Inhalt seines ihm nachmalig vom Herrn übertragenen Amtes wird.

B. Ausgangspunkt und Inhalt: der Glaube des Petrus

I. Bekenntnis

Die Bedeutung des Bekenntnisses Petri für seine Sendung drückt Papst Benedikt XVI. im homiletischen Wort aus:

> „Aus diesen Berichten (sc. Mt 16,17–19) geht klar hervor, dass das Bekenntnis des Petrus untrennbar mit dem ihm anvertrauten Hirtenauftrag gegenüber der Herde Christi verbunden ist".[584]

Weiter konkretisiert er hinsichtlich der heutigen Bedeutung des petrinischen Glaubenszeugnisses:

> „Im Glaubensbekenntnis des Petrus (…) können wir uns eins fühlen und eins sein (…)".[585]

Dieses Glaubensbekenntnis Petri, das in einem einzigen, klaren Logion den Kern des christlichen Glaubens offenbart, stammt aus der direkten apostolischen Zeugenschaft.[586] Petrus ist Augenzeuge von Leben und Passion Christi, er ist als Jünger Jesu in sie einbezogen und aufgrund seiner apostolischen und konkretisierten primatialen Stellung innerhalb des Zwölferkreises mit der besonderen Autorität der Primärzeugen ausgestattet.[587] Sein Glaube an Christus, den Sohn des lebendigen Gottes (Mt 16,16), den er im Namen aller Apostel bekennt, erscheint in diesem Bekenntnis in einer derartigen Klarheit, weshalb sie Papst Benedikt XVI. als den Grundstein der Kirche bezeichnet, der als solcher das Bild jener Wahrheit ist, „die bekanntlich einzig und symphonisch ist".[588]

Aus dem Glaubensbekenntnis Petri wird der Grundstein der Kirche ersichtlich. Christus, der Sohn des lebendigen Gottes, ist nicht nur Ausgangspunkt und Inhalt des Bekenntnisses, sondern das bleibende Element der Kirche und in ihr das des Petrusdienstes. Der Ursprung des Petrusamtes hängt auf eine doppelte Weise mit dem Glaubensbekenntnis des Petrus zusammen. Zum einen ist das Bekenntnis der Grund, auf dem Simon für die Kirche zum Petrus wird.[589] Das aus Gnade gewirkte Bekenntnis, das er eben nicht aus „Fleisch und Blut" tätigt, wird zum Ausgangspunkt des Petrusdienstes.[590] Zum anderen ist dieser Glaube, den Petrus

---

[584] *Benedikt XVI.*, Predigt Peter und Paul/2007, S. 9.
[585] Ebd.
[586] Vgl. *Heim*, Macht und Ohnmacht, S. 43 f.
[587] Vgl. S. 191–195 der vorliegenden Untersuchung.
[588] *Benedikt XVI.*, Predigt Peter und Paul/2012, S. 9.
[589] Vgl. ebd.; vgl. auch S. 191–195 der vorliegenden Untersuchung.
[590] Vgl. ebd.; vgl. auch *Heim*, Macht und Ohnmacht, S. 43.

aufgrund „einer besonderen Offenbarung Gott Vaters" im Namen der Zwölf bekennen kann, gleichzeitig der Inhalt seines Dienstes „das sichtbare Fundament" der Kirche zu sein.[591] Petrus ist der Fels des Glaubens an Christus, den Sohn des lebendigen Gottes.

Dies ist der tiefste Gehalt seines Dienstes in der und für die Kirche. Der bleibende Charakter der einen symphonischen Glaubenswahrheit wird in diesem Felssein Petri deutlich. Papst Benedikt XVI. verdeutlicht dies, wenn er feststellt, dass das Papsttum „dank dem Licht und der Kraft aus der Höhe das Fundament der in der Zeit pilgernden Kirche"[592] ist. Das Licht und die Kraft aus der Höhe, die Gnade Gottes, ermöglicht den Glauben und das Bekenntnis Petri, das seinerseits nicht als isoliertes Glaubensbekenntnis eines Einzelnen, sondern das die Jünger inkludierende Bekenntnis ihres Primatsträgers bezeichnet und so das Fundament der zunächst entstehenden und im bleibenden Papstamt auch durch die Zeiten pilgernden Kirche wird.

II. Persönliche Zeugenschaft – Konkretion in der Person

Die gesamte Geschichte von Leben und Berufung des Petrus weist eine grundsätzliche Voraussetzung auf: die Konkretion in seiner Person. Sein Glauben, sein Bekenntnis, seine Berufung und Sendung, sein Martyrium, aber auch sein Verfehlen ist stets mit ihm als namentlich genanntem Menschen verbunden.[593] Aufgrund der Eindrücklichkeit sei ein Wort des Theologen Joseph Ratzingers vorgeschoben, das in enger Verbindung mit seinem Predigtzeugnis als Inhaber des Papstamtes steht, denn in der römischen Petrusnachfolge

> „ist jede Anonymität aufgehoben, der konkrete Name fordert unausweichlich zur Stellungnahme, er ist die zugespitzteste Form jener äußersten Konkretheit, in die sich Gott begeben hat, in der er nicht nur einen Namen für die Menschen, sondern Fleisch von Menschen angenommen hat – das Fleisch der Kirche. Muss es nicht auch die zugespitzteste Form des Ärgernisses sein, zu dem dies ‚törichte' Handeln Gottes herausfordert?"[594]

Christus fragt die Jünger nach ihrem Glauben und der konkrete Mensch Petrus gibt im Bekenntnis die Antwort darauf.[595] Er tut dies im Sinne der gesamten Jüngerschar und dennoch in der persönlichen Konkretion. Besonders das johanneische Zeugnis weist auf die Verwobenheit dieser beiden Elemente hin. Dort antwortet Petrus auf die Frage Christi: „Wir sind zum Glauben gekommen und haben er-

---

[591] *Benedikt XVI.*, Predigt Peter und Paul/2012, S. 9.

[592] Ebd.

[593] Es sei exemplarisch auf das Zeugnis des Matthäus verwiesen, wo Christus spricht: „Du bist Petrus" – „σὺ εἶ Πέτρος" (Mt 16,18). Dieser Ausspruch Jesu beinhaltet die personale Konkretion im „Du" des Petrus.

[594] *Ratzinger*, Primat, Episkopat und Successio Apostolica, JRGS 12, S. 228.

[595] So bei Mt 16,13–20; Mk 8,27–30; Lk 9,18–22.

kannt: Du bist der Heilige Gottes" (Joh 6,69).[596] Petrus bekennt den Glauben der Jünger, der auch sein Glaube ist. Als Bekenner verharrt er aber in der Konkretion, sodass zurecht vom „Bekenntnis des Petrus" gesprochen werden kann. Auf diese Weise verweist die Zeugenschaft auf die personale und einzigartige Sendung ins Felsenamt. Papst Benedikt XVI. bemerkt hierzu:

> „Das Bekenntnis des Petrus (ist) untrennbar mit dem ihm anvertrauten Hirtenauftrag gegenüber der Herde Christi verbunden".[597]

Wie das Bekenntnis personal vollzogen wird, so geschieht auch die Übertragung des Hirtenamtes in dieser personalen Konkretion.[598] Der persönliche Glaube des Petrus und sein Zeugnis darüber stehen in untrennbarem Zusammenhang:

> „Dem Petrus gab er dann einen besonderen Auftrag, weil er in ihm ein besonderes Geschenk des Glaubens seitens des himmlischen Vaters erkannt hatte".[599]

Zeuge dieses Glaubens zu sein, ist der bleibende Auftrag eines jeden Hirten der Herde Christi. Christus selbst wurde in unüberbietbarer personaler Konkretion zum „Hirt und Hüter der Seelen" (1 Petr 2,25) und damit einhergehend zum „Urbild alles bischöflichen und priesterlichen Dienstes".[600] In Personalität Glaubenszeuge zu sein, ist die bleibende Maßgabe, die aufgrund der Nachahmung Petri insbesondere für dessen Nachfolger gilt.[601]

§ 4 Kreuzesgeschehen als Herzmitte des Petrusdienstes

A. Untrennbar: Kreuzestod und Auferstehung

Nicht minder bedeutsam ist die kontextuelle Verortung des petrinischen Glaubensbekenntnisses, von dem das Matthäusevangelium zeugt und das zum Tagesevangelium des Hochfestes der Apostel Petrus und Paulus geworden ist. Im homiletischen Zeugnis Papst Benedikts XVI. erscheint deutlich die Lokalisierung der Sendung des Petrus in der Lebensgeschichte Christi:

> „Der Augenblick der Verheißung kennzeichnet einen entscheidenden Wendepunkt auf dem Weg Jesu: Jetzt bricht der Herr nach Jerusalem auf und sagt den Jüngern zum ersten Mal, dass dieser Weg in die Heilige Stadt der Weg zum Kreuz ist (…)".[602]

---

[596] Vgl. die Pluralform auch im griechischen Original: „καὶ ἡμεῖς πεπιστεύκαμεν καὶ ἐγνώκαμεν ὅτι σὺ εἶ ὁ ἅγιος τοῦ θεοῦ".

[597] *Benedikt XVI.*, Predigt Peter und Paul/2007, S. 9.

[598] Vgl. hierzu den kodikarischen Wortlaut des c. 331: „Der Bischof der Kirche von Rom, in dem das vom Herrn einzig dem Petrus, dem Ersten der Apostel, übertragene und seinen Nachfolgern zu vermittelnde Amt fortdauert (…)".

[599] *Benedikt XVI.*, Predigt Peter und Paul/2007, S. 9.

[600] *Ders.*, Predigt Peter und Paul/2009, S. 8.

[601] Vgl. zur Nachahmung Petri, die in finaler Konsequenz immer Nachahmung Christi sein muss S. 195–198 der vorliegenden Untersuchung.

[602] *Benedikt XVI.*, Predigt Peter und Paul/2006, S. 7 f.

Die Sendung des Simon, künftig als Petrus das Felsenamt der Kirche zu bekleiden, hängt untrennbar mit Leiden, Kreuz und Tod Christi zusammen. Dies ergibt sich nicht nur aus der kontextuellen Verortung der Petrussendung im Matthäusevangelium[603], sondern vielmehr aus dem inneren Zusammenhang des durch den Apostel bekannten Glaubens an Christus, den Sohn des lebendigen Gottes mit dessen Tod auf Golgotha. Papst Benedikt XVI. fährt folgerichtig fort:

> „Beide Dinge (sc. Tod und Auferstehung Christi) gehören zusammen und legen den inneren Ort des Primats, ja sogar der Kirche im Allgemeinen fest: Der Herr ist stets auf dem Weg zum Kreuz (…) aber zugleich ist er immer auch auf dem Weg zur Welt in ihrer ganzen Weite, in der er uns als der Auferstandene vorausgeht (…). Er ist auf dem Weg, damit durch ihn, den gekreuzigten und auferstandenen Christus, Gott selbst in die Welt komme. In diesem Sinne bezeichnet sich Petrus in seinem *Ersten Brief* als ‚Zeuge der Leiden Christi‘ (…). Für die Kirche gehören Karfreitag und Ostern stets zusammen".[604]

Spricht der Papst im homiletischen Wort nicht nur retrospektiv über die einzigartige und unwiederholbare persönliche Sendung des Apostels Petrus, sondern überdies vom „inneren Ort des Primats", so liegt auf der Hand, dass für ihn dieses kreuzestheologische Fundament des Papstamtes durch alle Zeiten hindurch beständig ist. Der römische Primat erscheint zutiefst als Primat des Glaubens an das Paschamysterium Jesu Christi, das nie ohne den Kreuzestod bestehen könnte. Die kontextuelle Verortung der Sendung des Simon ins Felsenamt und des folgenden Leidensweges Christi stellt ihrerseits den Ursprung dieser bleibenden Verbindung dar.

Dieser fortdauernde Charakter ergibt sich, so das Predigtzeugnis Papst Benedikts XVI., aus dem gleichen Schriftzeugnis. Der Evangelist bezeugt die auf die Zukunft hin auferbaute Sendung des Petrus durch den Gebrauch der futurischen[605] Verheißung: „Die Pforten der Unterwelt werden sie nicht überwältigen" (Mt 16,18). Der Papst legt diese Worte mit Blick auf den in der Kirche bleibenden Petrusdienst aus:

> „Petrus wird in Bezug auf die Zukunft der Kirche, der neuen Gemeinschaft beruhigt, die von Jesus Christus gegründet ist und sich über das persönliche Leben des Petrus hinaus auf alle Zeiten erstreckt".[606]

---

[603] Vgl. *Konradt*, Matthäus, S. 265. Hier stellt der Autor fest: „Aufbauend auf den mit 16,13–20 erreichten Stand der Erzählung leitet Matthäus analog zu 4,17 mit der Wendung ‚von da an fing Jesus an‘ ein neues inhaltliches Moment ein, das die Erzählung von nun an bestimmen wird: Der Fokus wird auf Leiden, Tod und Auferweckung Jesu gerichtet (…)". Die Berufung Petri und die Leidensankündigung hängen zusammen, bilden aber dennoch zwei eigene Erzähleinheiten; vgl. *Luz*, Matthäus I/2, S. 485: „Der Übergang zum neuen Hauptabschnitt erfolgt nicht durch eine Zäsur, sondern so, daß die beiden einander chiastisch zugeordneten Abschnitte 16,13–20 und 16,21–28 eine verbindende Brücke bilden. Eine wichtige Brücke zwischen den beiden Abschnitten (…) bildet auch die Gestalt des Petrus, der in beiden Teilen eine zentrale Rolle spielt".

[604] *Benedikt XVI.*, Predigt Peter und Paul/2006, S. 7 f. mit innerem Zitat aus 1 Petr 5,1. Hervorhebung im Original.

[605] Vgl. *Konradt*, Matthäus, S. 262 f.

[606] *Benedikt XVI.*, Predigt Peter und Paul/2012, S. 9.

Die Verheißung richtet sich direkt an den konkreten Menschen Simon Petrus, inkludiert jedoch jene Gemeinschaft, zu deren sichtbarem Fundament Petrus berufen ist: die Kirche Gottes durch alle Zeiten hindurch. Als integraler Bestandteil der Kirche[607] ergeht diese auch an den Papst als Nachfolger Petri in diesem Amt, als Fels das sichtbare Fundament dieser Kirche zu sein. So bleibt auch das Kreuz Jesu Christi gemeinsam mit der Auferstehung als das eine Heilsmysterium die Herzmitte des Papstamtes, aufgrund derer das Amt besteht und die es gleichsam zum eigentlichen Inhalt hat.

Dieser bleibende Ausgangspunkt und Inhalt des Petrusdienstes erscheint in der Ausübung der Aufgabe, den Glauben an das Heilsgeheimnis Christi unverfälscht zu bewahren. Papst Benedikt XVI. erörtert diesen doppelten Charakter des Einheitsdienstes am Glauben anhand der *Notae Ecclesiae*.[608] Das Hochfest der heiligen Apostel Petrus und Paulus kann, so der Papst, als „Fest der Katholizität" bezeichnet werden, insofern anhand der beiden Heiligen das Pfingstfest als die Geburt der Kirche im und durch den Heiligen Geist „Wirklichkeit geworden" ist.[609] Als solches steht es für die Kirche selbst, die die eine, heilige, katholische und apostolische Gemeinschaft der Glaubenden ist. Es ist der Glaube, der Fundament und Wirkursache der Kirche ist und der im Ausdruck der Katholizität auf die dringende Notwendigkeit der Einheit hinweist. Papst Benedikt XVI. synthetisiert im homiletischen Wort erneut, was er schon innerhalb seines wissenschaftlichen Werks zuhauf getan hat: die Komplexität und untrennbare Zusammengehörigkeit der Einheit in Vielfalt in der Kirche. Anhand der *Notae Ecclesiae* wird deutlich, wie die Kirche als katholische, das heißt allumfassende Gemeinschaft der Glaubenden gleichzeitig die eine ist, insofern ihr Glaube einer ist. Ohne die gegebene Komplexität erörtern zu können, erscheint so bereits diese Zusammengehörigkeit, die der Papst im Predigtwort folgendermaßen benennt:

> „*Katholizität* bedeutet *Universalität* – Vielfalt, die zur Einheit wird; Einheit, die dennoch Vielfalt bleibt. (...) Die *Einheit* der Menschen in ihrer Vielfalt ist möglich geworden, weil Gott, dieser eine Gott des Himmels und der Erde sich uns gezeigt hat (...). *Katholizität* und *Einheit* gehören zusammen. Und die *Einheit* hat einen Inhalt: den Glauben, den die Apostel uns im Auftrag Christi übermittelt haben".[610]

In letztgenannter Synthese findet sich der Anknüpfungspunkt hinsichtlich des Petrusamtes als Dienst an der Einheit im Glauben. Dieser Glaube ist es, der die Einheit begründet und ermöglicht, dass die vielen Völker trotz ihrer rechtmäßigen Vielfalt doch den einen Glauben bekennen und so die eine, katholische Kirche bilden. Noch deutlicher wird der Sinn des Petrusamtes in der *Nota Ecclesiae*, die

---

[607] Vgl. hierzu *Aymans-Mörsdorf*, KanR II, S. 205. Da der Papst wesenhaft zur Kirche gehört, kann dort festgestellt werden, „dass die Kirche ohne den Papst ihre Vollgestalt nicht hat (...)".

[608] *Benedikt XVI.*, Predigt Peter und Paul/2005, S. 2.

[609] Ebd.

[610] Ebd. Hervorhebung im Original.

apostolische Kirche zu sein. Neben dem horizontalen Charakter, der sich in den Bereichen von Einheit und Vielfalt zeigt, wird so der vertikale Charakter deutlich, der sich in der unverfälschten Bewahrung des einen Glaubens ausdrückt, der aus göttlicher Gnade heraus den Aposteln geoffenbart und durch diese weitergegeben wurde.[611] Auf den Aposteln als denjenigen, die der Herr „zu Stammvätern des Volkes Gottes gemacht"[612] hat, ist die Kirche durch die Zeiten hindurch in ihrer vertikalen Dimension auferbaut, jedoch nicht aufgrund deren Subjektivität, sondern aus ihrem Glauben und ihrer Zeugenschaft heraus. Papst Benedikt XVI. beschreibt:

> „Die Kirche ist *apostolisch*, weil sie den Glauben der Apostel bekennt und ihn zu leben sucht. Die vom Herrn berufenen Zwölf zeichnet eine Einmaligkeit aus, aber zugleich besteht eine Kontinuität in der apostolischen Sendung".[613]

Die Apostel sind gesandt, den Glauben, den sie selbst empfangen haben, in alle Welt zu tragen und Zeugen für das Heilsmysterium Christi zu sein.[614] Diese Sendung muss aufgrund der Natur ihrer Sache auch über den leiblichen Tod der Erstzeugen fortdauern. Um diesen apostolischen Dienst durch die Zeiten hindurch fortzusetzen, setzt sich die Sendung im geweihten Amt der Kirche fort:

> „Der hl. Petrus hat sich in seinem ersten Brief als ‚Mit-Ältester' mit den Ältesten, an die er schreibt, bezeichnet (1 Petr 5,1). Und damit hat er das Prinzip der apostolischen Sukzession zum Ausdruck gebracht: Dasselbe Amt, das er vom Herrn empfangen hat, besteht nun dank der Priesterweihe in der Kirche fort".[615]

Anhand der zum Anlass des Hochfestes überreichten Pallien an die neueingesetzten Metropolitanerzbischöfe verdeutlicht Papst Benedikt XVI. erneut die diesbezügliche Aufgabe des heiligen Petrus und damit einhergehend die seiner Nachfolger:

> „Das Pallium ist Ausdruck unserer apostolischen Sendung. Es ist Ausdruck unserer Gemeinschaft, die im Petrusdienst ihre sichtbare Garantie hat. Mit der *Einheit* ebenso wie mit der *Apostolizität* ist der Petrusdienst verbunden, der die Kirche aller Teile der Erde und aller Zeiten sichtbar vereint (…)".[616]

Die apostolische Sendung des Papstes begründet sich zutiefst mit dem aus Gnade empfangenen Glauben an Tod und Auferstehung Christi, dessen Einheit zu wahren und ihn in der jeweiligen Zeit zu mehren, er gerufen ist. Es scheint auf, dass hierbei der Glaube im vertikalen Sinne derselbe ist, den die Apostel empfangen und verkündet haben und gleichzeitig im horizontalen Sinne derselbe sein muss, den

---

[611] Vgl. zur fundamentalen Bedeutung nicht nur von synchronem, sondern auch von diachronem Konsens in Fragen des Glaubens S. 221–223 der vorliegenden Untersuchung.

[612] *Benedikt XVI.*, Predigt Peter und Paul/2005, S. 2.

[613] Ebd. Hervorhebung im Original.

[614] Vgl. etwa den Sendungsauftrag bei Mt 28,19 f.

[615] *Benedikt XVI.*, Predigt Peter und Paul/2005, S. 2.

[616] Ebd. Hervorhebung im Original. Eine sehr ähnliche Darstellung findet Verwendung in *Benedikt XVI.*, Predigt Peter und Paul/2008, S. 8.

der gesamte katholische Erdkreis bekennt. Beide Elemente sind im Einheitsdienst des Papstes umfangen.[617]

B. Liebe bis in den Tod – Zeugenschaft bis ins Martyrium

Die Analyse der wissenschaftlichen Auseinandersetzungen Joseph Ratzingers mit dem Papstprimat hat bereits hinlänglich aufgezeigt, wie sehr das Felsenamt Petri mit dem eigenen Martyrium des Apostels zusammenhängt.[618] Die Sendung, dem Herrn der Kirche im ihm übertragenen Felsenamt nachzufolgen, impliziert die Weisung, in der konkreten Ausführung dessen stets danach zu trachten, Christus ähnlich zu werden.[619] Dies bedeutet jedoch nicht, dass ausgehend vom leiblichen Tod des Gottessohnes die Imitation im Sinne eines Trachtens nach dem eigenen Tod in einem suizidalen Sinn zu vollziehen wäre.[620] Vielmehr muss der Kern der Kreuzesbotschaft als bleibende Maßgabe für den Vicarius Christi Beachtung finden. Als „leidender und getöteter Gottesknecht"[621] gibt sich Christus am Kreuz in unüberbietbarer Weise für die Menschen hin. In seiner Ganzhingabe, die sich in der größtmöglichen Erniedrigung konkretisiert, zeigt er sich selbst als der gute Hirte, der sein Leben für seine Schafe gibt. In der untrennbar daraus resultierenden Folge, wonach der Tod nicht das letzte Wort hat und nach ihm die Auferstehung Christi folgt, lässt sich so die eigentliche Verknüpfung des kruzialen Charakters mit dem Martyrium des Stellvertreters Christi aufzeigen.[622]

So erwächst aus diesem Komplex zunächst der Auftrag, in größtmöglicher Selbstaufopferung dienender Hirte der Herde zu sein.[623] In einem weiteren Schritt

---

[617] Vgl. S. 221–223 der vorliegenden Untersuchung.

[618] Vgl. S. 226–228 der vorliegenden Untersuchung.

[619] Vgl. S. 263–266 der vorliegenden Untersuchung.

[620] Gegen eine solche Missdeutung der Martyriumsbereitschaft im Sinne einer Sehnsucht nach dem Tod vgl. *Mertes*, Suizid, Martyrium und der Tod Jesu, S. 17–22. Auch die Herausbildung von Frömmigkeit und Spiritualität des Martyriums in der Frühen Kirche kann nicht zur Begründung solch suizidaler Tendenzen gereichen. Vielmehr bestand stets die Einsicht, dass derjenige, der das Martertum um des Glaubens willen in Kauf nimmt, in der äußersten Form der Nachfolge Christi steht, vgl. hierzu *Baus*, Von der Urgemeinde zur Großkirche, S. 334: „Wer für das Bekenntnis des Namens Christi leidet, ist damit ‚Teilhaber, Gefährte seiner Passion' geworden". Benedikt XVI. wendet sich diesem Thema bezugnehmend zu Origenes an und stellt fest: „An die Spitze dieses Weges der Vollkommenheit stellt Origenes das Martyrium" (Kirchenväter, S. 48). Wenngleich aus der Martyriumsfrömmigkeit nicht selten ein Martyriumswunsch erwuchs (vgl. *Baus*, Von der Urgemeinde zur Großkirche, S. 335), galt „die von der Kirche geforderte Mitte kluger Besonnenheit, die sich nicht töricht und fanatisch zum Martyrium drängt, aber in der Stunde der Bewährung nicht versagt" (ebd., S. 336, mit Bezug zu Cyprian von Karthago).

[621] *Benedikt XVI.*, Predigt Peter und Paul/2006, S. 7 f.

[622] Vgl. *Heim*, Macht und Ohnmacht, S. 46: „Entscheidend für unser Verständnis des Martyriums ist das Zeugnis für den Glauben an Jesus Christus in der Bereitschaft, ihm bis in den Tod nachzufolgen".

[623] Vgl. S. 278–282 der vorliegenden Untersuchung.

wird die Verbindung von Kreuzestod Christi und Bekenntnis Petri deutlich. Die Auferstehung Christi besiegelt die Wahrheit seiner Heilsbotschaft, aus der heraus Petrus in sein Amt berufen wird und das in derselben sein Fundament findet. Im Zuge der *Imitatio Christi* erwächst der Maßstab, diesen Glauben an die Heilsbotschaft bis zur Selbsthingabe in Wort und Tat zu bezeugen.[624] Die zugespitzte Form besteht hierbei im Martyrium der Apostel Petrus und Paulus. In Bezug zum großen Missionsapostel, und dennoch auch für Petrus geltend, formuliert Papst Benedikt XVI.:

> „Der Auftrag zur Verkündigung und die Berufung zum Leiden für Christus gehören untrennbar zusammen. (…) Die Wahrheit kostet Leiden in einer Welt, in der die Lüge Macht hat. Wer dem Leiden ausweichen, es von sich fernhalten will, der weicht dem Leben und seiner Größe selber aus; er kann nicht Diener der Wahrheit und so des Glaubens sein. Liebe gibt es nicht ohne Leid – ohne das Leid des Verzichts auf sich selbst, der Umwandlung und Reinigung des Ich in die wahre Freiheit hinein. (…) Die Eucharistie – die Mitte unseres Christseins – beruht auf der Hingabe Jesu Christi für uns, sie ist aus der Passion der Liebe geboren, die im Kreuz ihren Höhepunkt fand. Von dieser sich schenkenden Liebe leben wir".[625]

Es gilt, ausgehend vom Martertod Petri die bleibende Relevanz für all seine Nachfolger zu ermitteln. In nahezu allen Predigten des Papstes anlässlich der liturgischen Feiern des Hochfestes der heiligen Apostel Petrus und Paulus erklingt mehr oder minder laut der Rückbezug auf das Martyrium beider Glaubenszeugen. Dass von einer bleibenden Bedeutung in seiner Theologie des Primats gesprochen werden kann, steht alleine wegen dieser quantitativen Fülle des Rückbezugs außer Frage.

Bereits innerhalb der wissenschaftlichen Auseinandersetzung des Theologen Joseph Ratzinger wurde die Bedeutung des Martyriums Petri für die Definition der Kirche Roms als *sedes definitiva* deutlich.[626] Im homiletischen Wort greift Papst Benedikt XVI. dieses Faktum erneut auf, wenn er sagt:

> „Durch ihr Martyrium gehören sie nun – Petrus und Paulus – zu Rom: Durch das Martyrium ist auch Petrus zum römischen Bürger für immer geworden".[627]

Das ewige römische Bürgertum Petri steht für die untrennbare Zusammengehörigkeit Roms, als Sinnbild der Kirche *ad gentes* mit dem Apostel, der für sie zum Felsen geworden ist. In dieser spezifisch römischen Bindung steht auch der jeweilige Nachfolger Petri, der seinerseits und in bereits dargestellter Analogie zum „römischen Bürger für immer" wird. Darin besteht in den Worten Papst Benedikts XVI. eine erste Konstante, die im Martyrium des Petrus geboren eine

---

[624] Vgl. zur Bedeutung der „Tat" im päpstlichen Handeln *Benedikt XVI.*, Predigt Peter und Paul/2009, S. 8.

[625] *Benedikt XVI.*, Predigt Vesper Peter und Paul/2008, S. 7.

[626] Vgl. S. 226–228 der vorliegenden Untersuchung.

[627] *Benedikt XVI.*, Predigt Peter und Paul/2008, S. 8.

bleibende Bedeutung für die Päpste durch die Zeiten hindurch behält: Das Papstamt der Kirche ist untrennbar mit dem römischen Bischofsamt verbunden.[628] Daraus folgt aber auch eine zweite Konstante, die sich auch aus dem homiletischen Zeugnis Papst Benedikts XVI. schlussfolgern lässt: Der Papst ist zunächst Bischof von Rom und als solcher Papst der Universalkirche.

Wo liegt die bleibende Bedeutung des Martertodes in Rom? Die lokale Verortung trägt keine Zufälligkeit in sich, sondern verweist über sich hinaus. Im homiletischen Zeugnis Papst Benedikts XVI. zeigt sich auch in diesem Kontext erneut eine große Kontinuität.

Hierbei stellt der römische Hauptmann, der in das Kreuzesgeschehen Jesu involviert ist, den aus dem Schriftzeugnis stammenden Wegweiser dar.[629] Indem er durch den Mitvollzug des Kreuzestodes den Gekreuzigten als den Sohn Gottes erkennt und in dieser Erkenntnis bekennt (Mk 15,39), begründet er eine neue ekklesiale Dimension:

„Am Kreuz wird das Geheimnis Christi offenbar. Unter dem Kreuz wird die Kirche der Heiden geboren: Der Hauptmann des römischen Hinrichtungskommandos erkennt Christus, den Sohn Gottes".[630]

Durch dieses Geschehen entsteht anfänglich die bleibende Bedeutung Roms, insofern die römische Herkunft des Hauptmanns gleichzeitig für dessen heidnische Herkunft steht. Als Repräsentant Roms steht er für den römischen Kosmos der Hauptstadt des Reiches, die nicht als in sich geschlossene Einheit eines einzigen Volkes, sondern als Metropole, die die Völker vereinigt, besteht. Vor diesem Hintergrund spielt die für das Predigtzeugnis des Papstes bedeutsame Geburtsstunde der Heidenmission, die im Geschehen um den römischen Hauptmann Kornelius ihren Niederschlag findet (Apg 10,1–48). Hier entsteht nun durch die Predigt des Petrus dessen Verbindung mit den Heiden, die ihn zu „ihrem" Apostel macht und der für sie Stellung bezieht. Diese Verbindung bedeutet jedoch keine exklusive Anwaltschaft allein für die heidnische Welt. Vielmehr begründet auch sie die urpetrinische Aufgabe, alle Völker zu einen:

---

[628] Vgl. hierzu die Darstellung hinsichtlich c. 331 bei *Aymans-Mörsdorf*, KanR II, S. 201: „Dass der Papst Bischof von Rom, also Vorsteher jener Teilkirche ist, die durch die Apostelfürsten geheiligt ist und in Petrus ihr geistliches Haupt gehabt hat, ist nicht eine Nebensache. Allgemein muss man darin die wichtigste ämterrechtliche Entsprechung zu der ekklesiologischen Tatsache sehen, dass die Gesamtkirche in und aus Teilkirchen besteht (...). Die Verbindung des Papstamtes mit dem römischen Bischofsamt ist darin begründet, dass in der Kirche von Rom die Tradition des Petrusamtes fortdauert (c. 331, 1. HS). Damit ist nicht gesagt, dass die petrinische Tradition nicht unter Umständen auch auf einen anderen Sitz verlagert werden könnte, wohl aber kann man daraus den Schluss ziehen, dass eine solche Verlagerung nicht in Betracht kommen kann, so lange es die Teilkirche von Rom mit ihrem Ortsbischofsamt gibt".
[629] *Benedikt XVI.*, Predigt Peter und Paul/2008, S. 8.
[630] Ebd.

„Petrus (…) überlässt nun den Vorsitz der judenchristlichen Kirche Jakobus dem Jüngeren, um sich seiner eigentlichen Sendung zu widmen: dem Dienst an der Einheit der einen aus Juden und Heiden gebildeten Kirche Gottes".[631]

Petrus verlässt zwar die judenchristliche Gemeinde, doch besteht dieses Verlassen lediglich in der Beendigung der persönlichen Präsenz in und bei derselben. Vielmehr zeigt sich in diesem Vorgang die Umsetzung der apostolischen Sendung zu allen Völkern:

„Der Weg des hl. Petrus nach Rom als Verkörperung der Weltvölker steht vor allem unter dem Wort ‚una': Sein Auftrag ist es, die *Einheit* der ‚catholica', der Kirche aus Juden und Heiden, der Kirche aus allen Völkern zu wirken. Und dies ist die bleibende Sendung des Petrus: dass die Kirche nie nur mit einer Nation, mit einer Kultur oder einem Staat identisch sei. Dass sie immer die Kirche aller ist".[632]

Der Fortgang des Petrus bedeutet keine ausschließliche Zuwendung zur neuen Kirche der Heiden, sondern eine Inklusion dieser in die bereits bestehende Kirche judenchristlichen Ursprungs. Mit dem Wirken Petri in Rom zeigt sich, dass stets nur die eine aus allen Völkern bestehende Kirche existieren kann. Rom selbst wird so zum Sinnbild für die die Völker einende Kirche Gottes. Papst Benedikt XVI. gibt im homiletischen Wort selbst die Antwort auf die eingangs gestellte Frage nach der Bedeutung des spezifisch römischen Martertodes. Die bleibende Lokalisierung in Rom bezeichnet den genuinen Auftrag zum Dienst an der Einheit der ganzen Kirche. Das Martyrium besiegelt dieses geschehen, durch das Petrus „römischer Bürger für immer" wird und damit einhergehend sein Auftrag zum Dienst an der Einheit für immer ein *römischer* Auftrag bleibt. Hierin besteht die bleibende Bedeutung Roms für die Petrusnachfolge.

§ 5 Das bleibende Skandalon

Dass eine in abgestufter Analogie zur immer maßgeblichen Nachahmung Christi geformte *Imitatio Petri* durch dessen Sukzessoren eine bleibende Relevanz aufweist, konnte insbesondere anhand des Martyriums im Sinne einer vollumfänglichen Zeugenschaft für das Evangelium aufgezeigt werden.[633] Die Vorbildhaftigkeit des Apostels Petrus weist jedoch eine weitere Nuance auf, die für die Petrusnachfolger bleibend auch im Predigtzeugnis Papst Benedikts XVI. einen Niederschlag findet. Tatsächlich kann, die theologische Auseinandersetzung Ratzingers vor Augen, dieses Charakteristikum aufgrund seiner direkten Übertrag-

---

[631] Ebd.

[632] Ebd. Hervorhebung im Original.

[633] Der Martertod begründet selbst die Grenze der Nachahmung Petri durch die Nachfolger. Es ist von einem Martyrium im Sinne einer ganzheitlichen Zeugenschaft auszugehen, die trotz aller möglichen „Leiden" – ebenfalls in einem inklusiven Sinn – zur Heilsbotschaft Jesu Christi steht.

barkeit auf alle Inhaber des römischen Bischofsstuhls mitunter als das Eindrück-
lichste betrachtet werden.

Der Mensch Simon Barjona ist für die Kirche allein aufgrund der Gnade Gottes
zum Petrus geworden. Seines Menschseins nach ist er jedoch in gleicher Weise
Stolperstein – Skandalon.[634] Die Größe seines in der Kirche bleibenden Felsen-
amtes entstammt der Sendung durch Christus, aus dem letztlich alle Macht des
Amtes entspringt.[635] In seiner letzten Predigt am Hochfest der Apostel Petrus und
Paulus als petrinischer Amtsinhaber bemerkt Benedikt XVI.:

> „Der Jünger, der durch die Gabe Gottes ein starker Fels werden kann, zeigt sich auch als
> das, was er in seiner menschlichen Schwachheit ist: ein Stein auf der Straße, ein Stein, an
> dem man anstoßen und zu Fall kommen kann – *skandalon* auf Griechisch".[636]

Von diesem Ausgangspunkt innerhalb der Berufung des Petrus nimmt der Papst
offenkundig Bezug auf die für das Papstamt bleibende Bedeutung:

> „Und in dieser Szene zwischen Jesus und Simon Petrus sehen wir das Drama der Geschichte
> des Papsttums, die gerade durch das Miteinander dieser beiden Elemente gekennzeichnet
> ist, gewissermaßen vorweggenommen: Einerseits ist das Papsttum dank dem Licht und der
> Kraft aus der Höhe das Fundament der in der Zeit pilgernden Kirche; andererseits kommt
> im Laufe der Jahrhunderte auch die Schwäche der Menschen zum Vorschein, die nur durch
> ein Sich-Öffnen auf das Handeln Gottes hin verwandelt werden kann".[637]

In diesem homiletischen Zeugnis erscheint inhaltsgleich, was Joseph Ratzinger
bereits innerhalb seines wissenschaftlichen Œuvres zu benennen wusste.[638] Der
Mensch Simon wird nicht aufgrund eigener Heiligkeit, sondern wegen der göttlichen Gnade und Sendung zum Felsen der Kirche und so zum Diener der Einheit. Dieses Charakteristikum ist mitnichten auf den Apostel Petrus beschränkt,
sondern bleibt durch die Zeiten hindurch für all seine Nachfolger relevant. Alle
Päpste, so das eindeutige Zeugnis Benedikts XVI., sind diesem Drama unterworfen: Sie sind nicht aufgrund subjektiver Heiligkeit in dieses Amt berufen, sondern
aufgrund göttlicher Gnade und so „dank dem Licht und der Kraft aus der Höhe".

Dieses Faktum bezeichnet eine Erkenntnis, die auch Papst Benedikt XVI. in
seine hier zugrundeliegenden Predigtworte einfließen ließ und die ihre wohl aus-
drücklichste Behandlung durch Karl Rahner erfahren hat:[639] Die heilige Kirche
besteht aus Sündern. Tatsächlich umfasst die Rede über die aus Sündern bestehende
Kirche das homiletische Zeugnis Papst Benedikts XVI. aus den liturgischen

---

[634] Vgl. S. 178–198 der vorliegenden Untersuchung.
[635] Vgl. S. 282–284 der vorliegenden Untersuchung.
[636] *Benedikt XVI.*, Predigt Peter und Paul/2012, S. 9.
[637] Ebd.
[638] Vgl. *Ratzinger*, Primat und Episkopat, JRGS 8/1, S. 639 i. V. m. S. 187–198 der vorliegenden Untersuchung.
[639] Vgl. *Rahner*, Kirche der Sünder. Über die Eminenz dieser Schrift von geringem Umfang
wurde bereits befunden; vgl. S. 230–232 der vorliegenden Untersuchung.

Feiern des Hochfestes der Apostel Petrus und Paulus wie ein Rahmen. Sowohl in der Predigt zur ersten wie auch zur letzten von ihm als Papst geleiteten Eucharistiefeier anlässlich dieses Festtages befasst er sich mit diesem bleibenden Skandalon – nicht nur des Papstamtes, sondern der ganzen Kirche.[640] An beiden Stellen wird ersichtlich, dass für diese Erkenntnis die Unterscheidung zweier Ebenen eine notwendige Voraussetzung darstellt. Wenn Benedikt XVI. feststellt, dass die Kirche „nicht aus sich heraus heilig" ist, so muss zwangsläufig der Frage nachgegangen werden, weshalb sie dennoch als die „heilige Kirche" nicht nur bezeichnet, sondern im großen Symbolum überdies als Glaubensgut bekannt wird. Der Papst gibt im homiletischen Wort die Antwort auf den Ursprung dieser *Nota Ecclesiae*, ausgehend vom Bekenntnis des Petrus zu Christus als dem „Heiligen Gottes" (Joh 6,69):

> „Das Bekenntnis des Petrus zu Christus, den er den Heiligen Gottes nennt, erfolgt im Zusammenhang mit der eucharistischen Rede, in der Jesus den großen Tag der Versöhnung durch seine Selbsthingabe im Opfer ankündigt (…). Im Hintergrund dieses Bekenntnisses steht also das priesterliche Geheimnis Jesu, sein Opfer für uns alle. Die Kirche ist nicht von sich aus *heilig* (…). Sie wird vielmehr immer aufs Neue vom Heiligen Gottes, von der reinigenden Liebe Christi geheiligt".[641]

Erneut lässt sich die Antwort auf die Frage in eindeutig christozentrischer Perspektive verorten. Die Heiligkeit der Kirche stammt aus Christus und seinem heiligmachenden Opfer, das er der Kirche zur treuen Bewahrung anvertraut hat. Insofern ist die Kirche tatsächlich auf dieser Ebene die heilige Kirche. Dennoch besteht sie aus Sündern. Hier nun liegt die zweite Ebene, die von der Erstgenannten zu unterscheiden ist. Hinsichtlich der einzelnen Glaubenden als Glieder des mystischen Leibes Christi bedeutet dies, dass dieser „nicht eine Gemeinschaft von Vollkommenen, sondern von Sündern"[642] ist. Die Einzelnen sind Sünder, insofern sie als Menschen zur Sünde neigen und eben keine vollkommenen Menschen sind. Als Bindeglied beider Ebenen erscheint erneut der einzig vollkommene Mensch: Christus. Trotz ihrer Sündigkeit können die Menschen zu Gliedern am heiligen Leib Christi werden, da der Herr der Kirche selbst durch seinen Kreuzestod für die Menschen jene heiligmachende Gnade schenkt.[643] So erkennen die sündigen Glieder der Kirche, „dass sie der Liebe Gottes bedürfen, dass sie es nötig haben, durch das Kreuz Jesu Christi gereinigt zu werden".[644] Die heilige Kirche einerseits und die Sündigkeit ihrer Glieder andererseits stehen sich nicht diametral gegenüber, sondern gehören durch Christus und in seinem Heilsgeheimnis begründet

---

[640] *Benedikt XVI.*, Predigt Peter und Paul/2005, im italienischen Original S. 809: „La Chiesa non è santada se stessa; consiste infatti di peccatori – lo sappiamo e lo vediamo tutti"; *ders.*, Predigt Peter und Paul/2012, im italienischen Original S. 553: „La Chiesa non è una comunità di perfetti, ma di peccatori (…)".

[641] *Ders.*, Predigt Peter und Paul/2005, S. 2. Hervorhebung im Original.

[642] *Ders.*, Predigt Peter und Paul/2012, S. 9.

[643] Vgl. hierzu etwa *Rahner*, Ignatianisches Exerzitienbuch, S. 241–244.

[644] *Benedikt XVI.*, Predigt Peter und Paul/2005, S. 2.

untrennbar zusammen. Darum liegt dieser Komplex „im Herzen des Mysteriums und des Dienstes der Kirche"[645] begründet.

Am Beispiel des Apostels Petrus zeigt sich dieses Zueinander in besonders eindrücklicher – und in einer für dessen Nachfolger bleibenden – Weise. Das Leben des Apostels spiegelt beide Dimensionen wider. Als Mensch ist auch Petrus der menschlichen Unvollkommenheit unterworfen. Dies wird nicht zuletzt in der dreimaligen Verleugnung augenscheinlich, die überdies als tatsächlicher Erweis gereichen kann, wonach die Unvollkommenheit Petri keine theoretische Möglichkeit, sondern praktische Realität ist. Petrus wird durch sein menschliches Verfehlen zum Skandalon. Papst Benedikt XVI. bezieht sich zur Darstellung dessen auf ein weiteres Beispiel menschlichen Unvermögens aus dem Leben des Apostels. In direktem Zusammenhang mit seinem Glaubensbekenntnis und der Berufung und Sendung in das Felsenamt (Mt 16,13–20) folgt die erste Leidensankündigung durch Christus an die Jünger (Mt 16,21–23): Er verheißt ihnen sein Leiden, seinen Tod und seine Auferweckung. Die Reaktion des Petrus auf diese Ankündigung folgt „dem Impuls von ‚Fleisch und Blut': Er ‚macht ihm Vorwürfe (…) Das darf nicht mir dir geschehen'".[646] Diese Reaktion als „Impuls von Fleisch und Blut" steht als Beispiel erster Güte für die Verwobenheit des unvollkommenen Menschen mit dem ihm übertragenen heiligen Dienst. Christus selbst reagiert auf die Zurechtweisung durch Petrus: „Weg mit dir, Satan, geh mir aus den Augen! Du willst mich zu Fall bringen".[647] Derselbe Mensch, der wegen seines Glaubens aus der Gnade Gottes heraus für die Kirche zum Felsen wird, zeigt sich in dieser Szene aufgrund seiner menschlichen Unvollkommenheit als Stolperstein.

Spricht Papst Benedikt XVI. in diesem Kontext vom „Drama der Geschichte des Papsttums"[648], so steht die bleibende Relevanz dieses Skandalons unzweifelhaft vor Augen: Das Felsenamt ist nicht mit dem Felsenmann wesenseins. Wie die heilige Kirche gleichsam eine Kirche der Sünder sein kann, so erscheint auch das Papstamt, das in einem konkreten Menschen seinen Inhaber findet, in einer augenscheinlichen Analogie.[649]

---

[645] Ebd. *Rahner* verdeutlicht diese Zugehörigkeit des Logions von der heiligen Kirche, die aus Sündern besteht zur Herzmitte des Heilsmysteriums, wenn er feststellt: „Es gibt Sünder und diese gehören zur Kirche. In der Kirche ist Sünde und Versagen. Und diese Sündigen und Versagenden sind ein Stück der Leiblichkeit und der Erscheinungsform jenes göttlichen Heils und jener göttlichen Gnade, die wir Kirche nennen" (Kirche der Sünder, S. 10).

[646] *Benedikt XVI.*, Predigt Peter und Paul/2012, S. 9. Hervorhebungen im Original.

[647] Mt 16,23 gemäß der Übertragung von *Benedikt XVI.*, Predigt Peter und Paul/2012, S. 9.

[648] Ebd.

[649] *Rahner* wirft die Frage auf: „Was aber, wenn wir die Sünde klar im Antlitz unserer heiligen Mutter, der Kirche, erblicken, wenn uns in den heiligen Hallen des Hauses Gottes das Versagen, die Hohlheit, die Geschäftemacherei, die Herrschsucht, das Geschwätz, die doppelte Buchführung, die Engherzigkeit begegnen (…)?" (Kirche der Sünder, S. 23) und ebd., S. 13: „Wenn das Gesagte wahr ist, dann ist es auch selbstverständlich, dass die amtlichen Vertreter der Kirche, jene Menschen, die ein oberflächliches theologisches Bewusstsein auch der katholischen Laien gern ausschließlich als ‚die' Kirche betrachtet (…), auch Sünder sein können und es tatsächlich auch in sehr wahrnehmbarem Sinne gewesen sind und sind".

§ 6 Zwischenfazit

A. Leitlinien im Angesicht des Amtes

Die Analyse ausgewählter wissenschaftlicher Beiträge aus dem Œuvre des Theologen Joseph Ratzinger sowie einiger Predigtzeugnisse des späteren Papstes Benedikt XVI. hat dazu verholfen, Leitlinien des Papstamtes gemäß den Ausführungen des Autors freilegen zu können.[650] Die inhaltliche Kontinuität erscheint hierbei mehr als beachtlich. Die Ausführungen hinsichtlich der Primatstheologie Joseph Ratzingers/Papst Benedikts XVI. sollen mit einem weiteren Zitat abgeschlossen werden, das seinerseits auf das Wesen des Papstamtes hinweist.

Tatsächlich stellt die Bürde des Papstamtes eine nicht zu vernachlässigende Größe dar. Anlässlich seiner eigenen Amtseinführung bemerkte Papst Benedikt XVI.:

> „Und nun, in dieser Stunde, muss ich schwacher Diener Gottes diesen unerhörten Auftrag übernehmen, der doch alles menschliche Vermögen überschreitet. Wie soll ich das? Wie kann ich das?"[651]

Diese Bemerkung weist auf mehrere Dimensionen des Papstamtes in Verbindung mit dem konkreten Amtsinhaber hin, die das Predigtzeugnis Benedikts XVI. in verschiedenen Kontexten durchziehen. Zunächst erkennt und anerkennt der Neugewählte im Angesicht des Papstamtes seine eigene, menschliche Schwachheit. Hierbei kann jedoch nicht allein die spezifische Person Joseph Ratzinger erkenntnisleitend sein. Vielmehr steht der Gewählte gleichsam als *pars pro toto* eines jeden *Pontifex electus*, der vor einer Aufgabe steht, die aufgrund ihrer Größe, ihrer Bedeutung und ihrer Aufgabenfülle als eigentlich unmögliche erscheint.[652] Dies leitet zur zweiten Dimension über, auf die der kurze Predigtausschnitt hinweist.

Das Papstamt erscheint – sowohl subjektiv für den gewählten Amtsinhaber als auch objektiv bei nüchterner Analyse dessen – als „unerhörter Auftrag". Dies gilt mit Sicherheit hinsichtlich seines Umfangs, seiner im Wortsinn katholischen, also allumfassenden Relevanz, aber auch mit Blick auf sein Wesen und seinen Kern. Tatsächlich kann auch für den universalen Hirtendienst der Kirche gelten, dass aus großer Macht große Verantwortung folgt. Der Auftrag „Weide meine Lämmer" in Verbindung mit der großen Zusage des Herrn, seine Herde nicht den Mächten der Unterwelt anheimzugeben, unterstreicht diese Unerhörtheit des Felsenamtes, denn es ist dessen Aufgabe, mittels der Schlüsselgewalt diese Herde, die die Kirche ist, auf Erden zu führen, zu leiten und zu weiden. Nicht umsonst beantwortet

---

[650] Erneut sei darauf aufmerksam gemacht, dass innerhalb der vorliegenden Untersuchung nur ein kleiner Teil des Gesamtwerks des Autors beachtet werden konnte. Bei der Auswahl der Quellentexte wurde jedoch stets darauf Wert gelegt, Dokumente aus verschiedenen Epochen und Schaffensphasen zugrunde zu legen, um auf diese Weise trotz der notwendigen Beschränkung die Kontinuität der Aussagen offenzulegen.

[651] *Benedikt XVI.*, Predigt Amtseinführung, S. 2.

[652] Vgl. *Zöhrer*, Martyria als Grundkategorie, S. 87–89.

Papst Benedikt XVI. seine rhetorischen Fragen aus dem homiletischen Wort in der direkten Folge mit einem ausdrücklichen Hinweis auf die Verwobenheit nicht nur seiner konkreten Person, sondern mit ihm auch des Papstamtes mit dieser Herde:

> „Ich bin nicht allein. Ich brauche nicht allein zu tragen, was ich wahrhaftig allein nicht tragen könnte. (...) Die Gemeinschaft der Heiligen sind wir alle, die wir auf den Namen von Vater, Sohn und Heiligem Geist getauft sind (...). Die Kirche lebt – sie lebt, weil Christus lebt, weil er wirklich auferstanden ist".[653]

Das Papstamt ist ganz und gar Teil der einen Kirche, denn der Papst ist als Hirte der Universalkirche kein Gegenüber der Herde als ein von dieser losgelöstes Oberhaupt. Vielmehr ist der konkrete Amtsinhaber selbst als getaufter Christ Teil der einen Herde und auf diese Weise mit ihr untrennbar verbunden.[654] Doch auch das Amt selbst ist im inneren Wesen der Kirche kein irgendwie gearteter Fremdkörper, der dem Bild der Herde entgegenstünde. Die durch das II. Vatikanische Konzil erneut formulierte theologische Grundlegung und auch die verfassungsrechtliche Festigung beschreiben dies hinlänglich.[655]

Die Verortung des Papstamtes im Heilsgeheimnis Christi ist nicht nur ein Hinweis, sondern dessen innerer Wesenskern. In dieser kleinen homiletischen Sentenz Benedikts XVI. wird das sichtbar, was für seine gesamte Theologie des Papstamtes – in jenem großen Bogen von den wissenschaftlichen Auseinandersetzungen bis hin zum Zeugnis des eigenen Pontifikats – den eigentlichen Kern darstellt. Ein konkreter Amtsinhaber könnte in der Subjektivität seines Menschseins die petrinische Aufgabe tatsächlich nicht erfüllen. Vielmehr kann er dies nur auf dem Fundament der Heilstat Jesu Christi und der aus ihr stammenden Zusage des Herrn, der zufolge die Mächte der Unterwelt keine Macht über die Herde Christi gewinnen werden.[656] Im tiefsten Innern ist das Petrusamt allem menschlichen Verfügen entzogen. Die Nachfolger Petri erfüllen ihre Aufgabe nicht aufgrund ihres Fleisches und Blutes, sondern in der direkten Sukzession der ursprünglichen Sendung des Petrus durch Christus. Mit dieser ist die Heilszusage Christi an die Kirche verbunden:

> „Immer wieder wird das kleine Boot der Kirche vom Wind der Ideologien hin- und hergeworfen, die mit ihren Wassern eindringen und es scheinbar zum Untergang verurteilen. Und dennoch ist Christus gerade in der leidenden Kirche siegreich. (...) So offenbart sich auch im Dienst des Petrus einerseits die Schwachheit dessen, was zum Menschen gehört, aber gleichzeitig auch die Kraft Gottes: Gerade in der Schwachheit der Menschen zeigt der Herr seine Kraft, beweist er, dass er selbst es ist, der mittels schwacher Menschen seine Kirche aufbaut".[657]

Die augenscheinliche Unzulänglichkeit des Menschen, den Petrusdienst ausüben zu können, kann folglich nicht im Eindruck der Gegensätzlichkeit verharren. Das

---

[653] *Benedikt XVI.*, Predigt Amtseinführung, S. 2.
[654] Vgl. *Klausnitzer*, Primat im Denken Joseph Ratzingers, S. 185 f.
[655] Vgl. S. 129–146 der vorliegenden Untersuchung.
[656] Vgl. hierzu *Benedikt XVI.*, Predigt Peter und Paul/2010, S. 7.
[657] *Ders.*, Predigt Peter und Paul/2006, S. 7.

homiletische Wort des Papstes zeigt, dass sich beide Elemente vielmehr ergänzen und mitunter vervollständigen. Das Petrusamt ist ein der Kirche durch Christus eingestifteter Dienst, mit dem Ziel, als wahre Diakonia die Einheit des Gottesvolks in Glaube und Ordnung zu gewährleisten. Seinem Ursprung, aber auch der durch ihn zu gewährleistenden Einheit nach, trägt er nicht nur den göttlichen Moment in sich. Vielmehr begründet sich hierin auch jene schützende Zusage Christi, die „in Bezug auf die Zukunft der Kirche, der neuen Gemeinschaft beruhigt, die von Jesus Christus begründet ist und sich über das persönliche Leben des Petrus hinaus auf alle Zeiten erstreckt".[658] Das Papstamt wurde durch die Sendung des Apostels Petrus begründet und dauert in der Kirche durch dessen Nachfolger fort, gerade weil es auf göttlicher Anordnung durch die direkte Berufung aus Christi Mund in und für die Kirche Bestand erhielt. Gleichzeitig ist ein konkreter Mensch zum Felsen geworden, der in Anbetracht seiner eigenen Biographie stellvertretend für all seine Nachfolger die naturgemäße menschliche Schwachheit erscheinen lässt.

Trotzdem wird Petrus mit seinem Auftrag betraut. Es lässt sich jedoch eine weitere Dimension erkennen, indem man die These wagt, dass Petrus gerade *wegen dieser Schwachheit* ins Felsenamt berufen wird. In ihm zeigt sich aufgrund seiner gleichzeitigen Identifizierung als Skandalon die Treue und Verbindlichkeit, mit der Christus den Bund mit seiner Kirche auf ewig bleibend schließt und die er mit der Einsetzung des Papstamtes sichtbar werden lässt. Wie Petrus kann sich auch der jeweilige Nachfolger in der Sicherheit wiegen, dass Christi Schutzzusage fortwährend besteht. Petrus erkennt aufgrund göttlicher Gnade Christus als den Sohn des lebendigen Gottes und lässt so sichtbar werden, wie die innere Verwobenheit von Fels und Stolperstein bleibende Realität besitzt. Die Gnade Gottes ist so übergroß, dass sie den Glauben im sündigen Menschen erwirken und fruchtbar werden lässt, in dem nun der tiefste Sinn und das eigentliche Wesen des Papstamtes begründet liegen.

So wird die Antwort auf die Frage Papst Benedikts XVI. „Wie sollte ich das? Wie kann ich das?" deutlich: Nur wegen des Ursprungs des für einen Menschen unerhörten petrinischen Auftrages in Christi Sendung aufgrund des im göttlichen Gnadenhandeln fundierten Glaubenszeugnis des Erstbesetzers kann ein schwacher Diener Gottes dieses bleibende Amt ausüben und den mit ihm verbundenen Dienst vollziehen.[659] Weiß sich Benedikt XVI. in die große Communio der Kirche eingebunden und durch sie getragen, so verortet er auch diese lebendige Gemeinschaft im Glaubensgeheimnis der Auferstehung des lebendigen Gottes in Jesus Christus und damit wiederum in dieser einen göttlichen Gnade. Das Papstamt ist im Denken Joseph Ratzingers/Papst Benedikts XVI. nur auf dieser Grundlage der göttlichen

---

[658] *Ders.*, Predigt Peter und Paul/2012, S. 9.

[659] Vgl. *Heim*, Macht und Ohnmacht, S. 43: „Petrus, der als Sprecher der Kirche bekennt: ‚Du bist Christus, der Sohn des lebendigen Gottes' (Mt 16,16), wird zu ihrem Fels als Verkünder ihres Glaubens. Dieses Credo spricht er nicht aus eigenem Vermögen, sondern in der Kraft des Heiligen Geistes".

Sendung zu verstehen, die gnadenhaft schafft, Skandalon und Petrus miteinander zu vereinen und für die Gewährleistung der Glaubenseinheit sogar gewinnbringend zu verknüpfen. Das Papstamt und der konkrete Amtsinhaber sind im Letzten nicht wesenseins, aber dennoch auf eine solch innige Weise miteinander verbunden, dass mit dem konkreten Menschen das stets gleiche petrinische Amt im Leben der Kirche Gestalt annimmt und so seinen Auftrag vollziehen lässt.[660]

B. Pflicht zum Amtsverzicht?

Es ist ein kleines Zitat Papst Benedikts XVI., das sich in einem seiner Gespräche mit Peter Seewald finden lässt und trotz seiner geringen Quantität für den gegebenen Kontext des päpstlichen Amtsverzichts eine herausragende Qualität aufweist. Peter Seewald stellt dem Papst innerhalb einer längeren Passage bezüglich des Skandals sexuellen Missbrauchs in der Kirche die Frage:

> „Es ist also eine Situation vorstellbar, in der Sie einen Rücktritt des Papstes für angebracht halten?".[661]

Papst Benedikt XVI. antwortet:

> „Ja. Wenn ein Papst zur klaren Erkenntnis kommt, dass er physisch, psychisch und geistig den Auftrag seines Amtes nicht mehr bewältigen kann, dann hat er ein Recht und unter Umständen auch eine Pflicht, zurückzutreten".[662]

Dieses Interviewgespräch wurde bereits im Jahr 2010 geführt, also drei Jahre vor dem Amtsverzicht Papst Benedikts XVI. und gemäß eigener Aussage zwei Jahre, bevor er im Sommeraufenthalt in Castel Gandolfo den Entschluss zu dieser Verzichtsleistung fasste.[663] Weder Journalist noch Antwortgeber wussten zu diesem Zeitpunkt, dass dieses „Ja" des Papstes auf die Frage des Interviewpartners in nicht ferner Zukunft zur historischen Realität werden würde.

Diese eindeutige Antwort Papst Benedikts XVI. auf eine einfache und sicher aus dem konkreten Gesprächsverlauf geborene Frage ist in ihrer Positivität ein erster wichtiger Hinweisgeber zur Frage nach einer „Pflicht zum Amtsverzicht". Das „Ja" wirkt in seiner Deutlichkeit als Zeichen dafür, dass es sich hierbei nicht um eine spontane Antwort auf eine Frage handelt, sondern eine vorausgehende tiefe Überlegung über und Auseinandersetzung mit der rechtlichen Möglichkeit des

---

[660] Lediglich im Fall des heiligen Apostels Petrus muss festgestellt werden, dass zwar sein Felsenamt in der Kirche fortdauert, doch er im Spezifikum seiner eigenen Sendung durchaus seinsmäßig zum Felsen wird. Diese in seiner apostolischen Würde der Erstzeugenschaft zu begründende Einzigartigkeit ist für all seine Nachfolger nicht festzustellen. Gerade hierin wird die Unterschiedlichkeit des Begriffs der „Nachfolgerschaft" greifbar, den die „Imitatio Petri" mit sich bringt, vgl. hierzu S. 263–266 der vorliegenden Untersuchung.

[661] *Benedikt XVI.*, Licht der Welt, JRGS 13/2, S. 868.

[662] Ebd.

[663] So die Darstellung in der Retrospektive durch *Benedikt XVI.*, Letzte Gespräche, S. 39.

c. 332 § 2 stattgefunden haben muss und deren Frucht diese zustimmende Antwort des Papstes ist. Die Auseinandersetzung Papst Benedikts XVI. mit den vorausgegangenen Beispielen päpstlicher Verzichtsleistungen im Geschichtsverlauf kann hierbei durchaus angenommen werden. Das reale konfrontiert-Sein seiner selbst mit dem Papstamt, das zu bekleiden er durch seine Wahl berufen ist, stellt wohl eine zweite Voraussetzung seiner Überlegungen dar.[664]

Diese notwendige innere Auseinandersetzung mit der kanonischen Option trägt die weitere kurze und doch inhaltsreiche Antwort Benedikts XVI. Für die Realisierung des c. 332 § 2 besteht die unabdingbare Voraussetzung, „zur klaren Erkenntnis" gekommen zu sein, das Papstamt nicht mehr ausüben zu können.[665] Nicht ein einziger Impuls oder ein Zurückschrecken vor einer konkreten Herausforderung kann zum Verzicht auf den Petrusdienst gereichen.[666] Die „klare Erkenntnis" ist vielmehr Frucht der Auseinandersetzung mit der Option des Amtsverzichtes, sowohl in logisch-analytischer Weise als auch im Zwiegespräch mit Gott, den Papst Benedikt XVI. selbst als „die eigentliche Zentralthematik (seines) Bemühens"[667] bezeichnete.[668] Die weitreichendste Erkenntnis Papst Benedikts XVI., die zur Begründung eines Rechtes und überdies einer möglichen Pflicht gereicht, ist gleichzeitig Synthese der gesamten Primatstheologie Joseph Ratzingers/Benedikts XVI. Derjenige Amtsinhaber, der den „Auftrag seines Amtes nicht mehr bewältigen"[669] kann, hat dieses Recht und mitunter auch die Pflicht, auf das ihm übertragene Amt zu verzichten.

C. Theologie und Recht:
Untrennbar im Licht des päpstlichen Amtsverzichtes

Wie aber lässt sich nun aus der hier angestellten Synthese und unter besonderer Beachtung der gnadenhaften Verbindung von Menschennatur und göttlicher Sendung eine Verzichtsleistung auf das Petrusamt begründen? Wie kann auf dem Fundament der hier dargelegten Theologie über das Papstamt der Amtsverzicht als grundsätzliche Option und gleichzeitige Realität überhaupt ermöglicht sein, erscheint doch der petrinische Dienst als Konstitutivum für die Kirche Gottes?

---

[664] Vgl. zur theologischen Methode Ratzingers/Benedikts XVI. und der Auseinandersetzung mit der Geschichte *Twomey*, Gewissen, S. 29–31.

[665] Vgl. S. 373 f. der vorliegenden Untersuchung.

[666] Vgl. *Benedikt XVI.*, Licht der Welt, JRGS 13/2, S. 868 und die dort dargestellte vorausgehende Frage Seewalds verbunden mit der Antwort des Papstes: „Wenn die Gefahr groß ist, darf man nicht davonlaufen. Deswegen ist das sicher nicht der Augenblick (sc. die Missbrauchskrise), zurückzutreten (…) man darf nicht in der Gefahr davonlaufen und sagen, es soll ein anderer machen".

[667] *Benedikt XVI.*, Salz der Erde, JRGS 13/1, S. 268; vorangestellt und vertieft bei *Twomey*, Gewissen, S. 29.

[668] Vgl. S. 373 f. der vorliegenden Untersuchung.

[669] *Benedikt XVI.*, Licht der Welt, JRGS 13/2, S. 868.

Tatsächlich lässt sich gerade aus dieser Charakterisierung des Papstamtes, von dem es im Lehrbuch für Kanonisches Recht heißt, dass die Kirche ohne dieses ihre Vollgestalt nicht hätte[670], auch die Begründung der zumindest moralischen Notwendigkeit[671] einer Verzichtsleistung ableiten. Der Auftrag des Papstamtes lässt sich in der Kurzformel des *Dienstes an der Einheit des Glaubens* darstellen. Diese birgt die außerordentliche Qualität der Aufgabe, den Glauben an den dreieinen Gott zu mehren und für die Einheit in ihm zu sorgen, „damit der Leib Christi wächst und ‚in Liebe aufgebaut wird‘".[672] Dies ist der „Sinn aller Funktionen und Dienste"[673] der Kirche und somit auch derjenige des Papstamtes. Es lässt sich erkennen, dass im Denken Papst Benedikts XVI. der Sinn des Petrusdienstes dann erfüllt wird, wenn seinem Auftrag Genüge getan wird. Als Dienst im Sinne einer wahren Diakonia[674] zeigt sich das Papstamt seinem inneren Wesen nach somit nicht nur als Aufforderung zur Selbsthingabe in steter *Imitatio Christi*, sondern überdies als ganz und gar in der Erfüllung des petrinischen Auftrags begründet. Der Dienst wird nur dann wahrhaft vollzogen, wenn der Amtsinhaber als der in diesem Sinne Dienstleistende den Auftrag, ausgehend und durchdrungen vom christlichen Glauben die Einheit des Gottesvolkes zu gewährleisten, erfüllen kann.[675] Vor diesem Hintergrund ist auch die Aussage Papst Benedikts XVI. zu verstehen, in der er von der moralischen Pflicht zum Amtsverzicht spricht.[676]

Konkretisierend kann daher festgestellt werden, dass das Papstamt nur dann wirklich vollzogen wird, wenn der wesenseigene Auftrag desselben durch den Amtsinhaber erfüllt werden kann – oder in negativer Formulierung, dass das Amt bei einer Behinderung der Erfüllung des genuinen Auftrages eben nicht adäquat und der Weisung des Herrn gemäß ausgefüllt wird. Generell kann die bestehende Nachfolgerschaft im einzig dem Petrus übertragenen Amt als unterstützendes Argument gelten. Die petrinische Aufgabe, die sich im Papstamt niederschlägt, dauert fort und begründet die Notwendigkeit einer perpetuierenden Nachfolge. Der Petrusdienst an der Glaubenseinheit ist stets unveränderlich und identisch – zunächst und auf der theoretisch-funktionalen Ebene unabhängig vom konkreten Amtsinhaber. Sein Vollzug ist für die Kirche in derartiger Weise unerlässlich, dass es eines Ausübenden bedarf.

Dies bedeutet nicht, dass die Sendung ins Felsenamt als völlig von der Person des Inhabers losgelöst erscheint. Tatsächlich sind beide auf der konkret-ausübenden Ebene untrennbar miteinander verbunden, wobei auch in diesem Fall das Vorbild

---

[670] Vgl. *Aymans-Mörsdorf*, KanR II, S. 205.

[671] Vgl. *Benedikt XVI.*, Licht der Welt, JRGS 13/2, S. 868.

[672] *Ders.*, Predigt Peter und Paul/2005, S. 2, mit innerem Zitat aus Eph 4,13.16.

[673] Ebd.

[674] Vgl. *Johannes Paul II.*, CA PastBon, Einführung, 1.

[675] Dass in der Charakterisierung des Papstamtes als *Diakonia* eine Absage an jeden Hoheitsgedanken impliziert wird, wurde nicht zuletzt durch die Abhandlungen Joseph Ratzingers über die martyrologische Primatsgestalt nach Reginald Pole deutlich, vgl. S. 256–261 der vorliegenden Untersuchung.

[676] *Benedikt XVI.*, Licht der Welt, JRGS 13/2, S. 868.

des Apostels Petrus dienlich sein kann, insofern es sich um seine persönliche Sendung ins Felsenamt durch Christus handelt. In logischer Konsequenz ergibt sich, dass die konkrete personal-fassbare Amtsausübung sich stets an jenem Maßstab der fortwährenden petrinischen Aufgabe in und für die Kirche zu messen hat. Dieses Abwägen obliegt aufgrund der *suprema potestas* einzig und allein dem Amtsinhaber selbst, der aufgrund seines Gewissens und vor Gott stets danach zu trachten hat, seinen Dienst immer vollkommener zu erfüllen und sich gleichsam hinsichtlich jener physischer, psychischer und geistiger Hinderungsgründe zu hinterfragen hat.[677]

Die kodikarisch verbürgte Option des c. 332 § 2 trägt diesem Faktum Rechnung. Im Angesicht des petrinischen Auftrags kann der Amtsinhaber aufgrund seiner menschlichen Unzulänglichkeiten auf das Amt verzichten, doch stets wegen der fundamentalen Begründung, die päpstliche Aufgabe als Dienst in und an der Kirche nicht mehr erfüllen zu können. Dies besitzt auch für Papst Benedikt XVI. Geltung.[678] Sein Predigtzeugnis birgt, so konnte hier gezeigt werden, einen umfangreichen Schatz an Explikationen und Implikationen bezüglich des Papstamtes. Die homiletische Auslegung des Papstamtes durch den gegenwärtigen Inhaber desselben muss als hervorragende Quelle dienen, um dessen Primatstheologie darzustellen. Vielfach konnte hierbei erwiesen werden, in welch beachtlicher Kontinuität das wissenschaftliche Œuvre Joseph Ratzingers im späteren Pontifikat weiterwirkt. Änderte sich zwar die literarische Gattung, blieben die Leitlinien dennoch identisch.

Vor dem Hintergrund des päpstlichen Amtsverzichtes konnte überdies gezeigt werden, dass sich aus dieser theologischen Interpretation des Papstamtes durch Joseph Ratzinger/Papst Benedikt XVI. zweifelsfrei feststellen lässt, dass die Möglichkeit des c. 332 § 2 nicht nur kodikarisch verbürgte Option, sondern im Licht des Papstamtes als wahrer Dienst in und an der Kirche zur zumindest moralischen Notwendigkeit werden kann. Wird das Recht der Kirche in seiner theologischen Dimension verstanden, so hat man das der konkreten Rechtsanwendung zugrundeliegende theologische Fundament zu untersuchen. Nur durch diese methodische Vorgehensweise kann die Anwendung des c. 332 § 2 durch Papst Benedikt XVI. in rechter Weise eingeordnet und analysiert werden. Auf der theologischen Basis kann unter Bezugnahme auf die konkrete biographische Situation des Amtsinhabers und vor dem zeitgeschichtlichen Hintergrund eine qualifizierte Untersuchung der Verzichtsleistung aus kanonistischer Perspektive vollzogen werden.[679]

---

[677] Vgl. S. 374–381 der vorliegenden Untersuchung.

[678] *Benedikt XVI.*, Licht der Welt, JRGS 13/2, S. 868.

[679] Zum Überblick über die verschiedenen Ansätze hinsichtlich der kanonistischen Methode vgl. *Aymans*, Methode, S. 351–370; vgl. hierzu auch die Auseinandersetzung bei *Müller*, Die Münchener Schule, S. 117 f.: „Kanonisches Recht kann daher sachgerecht nur in theologischer Perspektive interpretiert werden; darin liegt keine ‚Theologisierung‘, sondern der einzig mögliche Zugang zum Verständnis der kirchlichen Rechtsnormen. In einer ‚Ent-Theologisierung‘, in einer rein juristischen Behandlung des Kirchenrechts läge also kein Fort-, sondern ein Rückschritt"; zu diesem Vorwurf vgl. ferner *ders.*, Theologisierung des Kirchenrechts, S. 441–463.

Teil III

Der päpstliche Amtsverzicht

Vorbemerkungen

Die geschichtliche Entwicklung des päpstlichen Amtsverzichts gehört wesentlich zur wissenschaftlichen Analyse dieser heute kodikarisch verbürgten Option. Dies gilt nicht nur für den allgemein kirchengeschichtlichen Bereich, sondern überdies für die spezielle Frage der kirchenrechtsgeschichtlichen Genese des heute geltenden c. 332 § 2. Gerade was den Ursprung der Papstrenuntiation anbelangt, hängen diese beiden Felder untrennbar zusammen. Konkrete geschichtliche Umstände und Geschehnisse bedingten letztlich die kirchenrechtliche Entstehung der Möglichkeit des Papstes zum Amtsverzicht. Auch wenn beide Bereiche eigens beleuchtet werden sollen, können durchgehende Querverweise nicht vermieden werden. Zu eng hängen Zeitgeschichte und Rechtsgeschichte zusammen.

Der zu dieser Untersuchung anlassgebende Amtsverzicht Papst Benedikts XVI. im Jahre 2013 fordert die geschichtliche Einordnung der Renuntiation. Dies gilt einerseits, da es sich um den ersten päpstlichen Amtsverzicht seit über 500 Jahren handelt und allein aufgrund der bis dato fehlenden praktischen Relevanz einer kodikarischen Option, die nun *in actio* gesetzt wurde, eine Vergewisserung des geschichtlichen Ursprungs nötig ist. Andererseits wird dies erforderlich, da die freie Erledigung des Petrusamtes durch Benedikt XVI. als eigenes historisches Ereignis mit einer zumindest für den katholischen Erdkreis höchsten Relevanz hinsichtlich ihrer Legitimation und Begründung geschichtlich eingeordnet werden muss. Gerade die Erfüllung der kodikarischen Vorgabe des *libere fiat* aus c. 332 § 2 verweist auf die geschichtliche Bedeutsamkeit, verbergen sich doch hinter nicht wenigen historischen Verzichtsleistungen auf das Papstamt politisch motivierte, aus Schismen oder Machtspielereien geborene und bisweilen nur mäßig freiwillige Beispiele.

Immer wieder fällt ein konkreter päpstlicher Amtsverzicht auf, der aufgrund seines Vollzugs in zumindest *relativer* Freiheit[1] als das bekannteste Beispiel der Geschichte gelten soll: der Amtsverzicht Papst Cölestins V. im Jahre 1294.[2] Auch

---

[1] Die Freiwilligkeit des cölestinischen Amtsverzichts wird im Folgenden Gegenstand der Untersuchung sein. Nicht nur die mögliche Beeinflussung des greisen Papstes durch verschiedene Parteien, sondern auch die rechtstheoretische Frage, ab wann das *libere fiat* angetastet ist, sind hierbei zu beachten.

[2] Vgl. hierzu etwa die Einschätzung bei *Klappert*, Amtsverzicht, S. 57 f. oder den umfangreichen Beitrag von *Meyongo Nama*, Controverses, S. 69–93; zur grundsätzlichen Unterscheidung der Umstände beider Verzichtsleistungen vgl. den Hinweis bei *Viana*, Sede impedita, S. 368.

an dieser Stelle erweist sich retrospektiv Papst Benedikt XVI. als Hinweisgeber, denn am Grab genau dieses Amtsvorgängers auf dem Stuhle Petri legte er bereits im Jahr 2009 sein Pallium nieder.[3] Diese Geste zum Ausdruck der Verbundenheit des römischen Bischofs mit der durch eine Naturkatastrophe heimgesuchten Bevölkerung wusste Benedikt XVI. explizit mit Cölestin V. und der in dessen Verehrung stehenden lokalen Volksfrömmigkeit zu verknüpfen.[4] Das Wissen Papst Benedikts XVI. um den historischen Amtsverzicht Cölestins V. ist hierbei zwar nicht *expressis verbis* zu beweisen, jedoch mit großer Sicherheit anzunehmen.

Die Darstellung der Entstehung des päpstlichen Amtsverzichts als heute kodikarisch verbürgte Option ist aus einem weiteren Grund geboten. Die Inanspruchnahme eben jener Möglichkeit durch Papst Benedikt XVI. wandelt sie von einer kodikarischen Gegebenheit zu einer Realität, die im Leben der Kirche nicht wenige praktische Auswirkungen mit sich brachte und bis zum heutigen Tage bringt.[5] Der Blick auf die geschichtlichen Exempel und ihre Untersuchung auf Unvereinbarkeit oder aber Beispielhaftigkeit für die aktuelle Situation hin ist die wohl angebrachteste Methode. Die spezifische Analyse der kirchenrechtsgeschichtlichen Entstehung des c. 332 § 2 steht innerhalb dieser Verwobenheit von aktueller Realität und historischem Exempel, denn gerade in den Anfängen des Kirchenrechts als eigener Disziplin[6] ist die Geburt einer konkreten Norm zumeist Frucht einer Realität und die folgende systematische Darstellung nur anhand von konkreten Fallbeispielen zu formulieren und auch zu verstehen.[7] Wenn im abschließenden Teil der vorliegenden Untersuchung der Status eines Papstes, der auf sein Amt verzichtet hat, kirchenrechtlich eingeordnet und mit Blick auf fundamentale Maßstäbe erläutert werden soll, ist die Untersuchung der geschichtlichen Entstehung

---

[3] Der Besuch des Grabes im italienischen L'Aquila vollzog sich aufgrund der zuvor in den Abruzzen geschehenen Erdbebenkatastrophe. In seiner Ansprache an die Bevölkerung und die Hilfskräfte der Stadt bezog er sich auf seinen heiligen Vorgänger, vgl. *Benedikt XVI.*, Ansprache im Erdbebengebiet, o. S.

[4] Vgl. ebd.: „Der kurze Aufenthalt in der Basilika von Collemaggio, um die sterblichen Überreste des heiligen Papstes Cölestin V. zu verehren, ließ mich das verwundete Herz dieser Stadt mit Händen greifen. Es sollte meinerseits ein Zeichen der Ehrerbietung gegenüber der Geschichte und dem Glauben eurer Stadt sein und gegenüber euch allen, die ihr euch mit diesem Heiligen identifiziert. An seiner Urne habe ich, wie Sie, Herr Bürgermeister, gesagt haben, als Zeichen meiner geistigen Anteilnahme das Pallium niedergelegt, das mir am Tag des Beginns meines Pontifikats übergeben worden war".

[5] Vgl. etwa *Galavotti*, Tu Ex Petrus, S. 20–22. Der besipielhaft zu nennende Autor, Dozent für Kirchengeschichte in Pescara, forderte, im Angesicht aktueller Fragen und Unklarheiten um die Rolle des *Papa emeritus* Benedikt XVI. den kirchenrechtlichen Status eines Papstes, der auf sein Amt verzichtet hat, zu klären.

[6] Insbesondere das Zeitalter des klassischen Kirchenrechts gilt hierbei als interesseleitend, das mit dem *Decretum Gratiani* (1140) seinen Ursprung nahm, vgl. hierzu *Erdő*, Quellen des Kirchenrechts, S. 105.

[7] Die Methode Gratians bietet hier das klassische Beispiel, auf welche Weise die Normen des Kirchenrechts systematisiert wurden, so „verfaßt er eine Reihe von Traktaten, in denen er ein Thema aufgreift, in irgendein Problem einführt und dieses dann mit Hilfe der Quellen abhandelt und löst" (*Erdő*, Quellen des Kirchenrechts, S. 108).

der päpstlichen Renuntiation unerlässlich, um der *Concordantia* des Kirchenrechts einen Dienst erweisen zu können.

Unverzichtbar und darum an dieser Stelle namentlich zu erwähnen ist die Dissertationsschrift von Martin Bertram aus dem Jahre 1968, die sich unter dem Titel „Die Abdankung Papst Cölestins V. (1294) und die Kanonisten"[8] eben jener Fragestellung zuwendet, die auch für die vorliegende Untersuchung relevant ist. Um das historische Beispiel Cölestins V. zirkulierend analysiert Bertram den kirchenrechtlichen Quellenbefund vor dieser Renuntiation und ebenso die untrennbar mit ihr verbundene nachmalige Rechtsschreibung:

> „Es scheint also, als verdanke der Kanonist Cölestin V. nicht nur die erste und grundlegende Äußerung des Gesetzgebers, sondern auch die Anfänge einer wissenschaftlichen Behandlung der Papstabdankung und ihrer Probleme".[9]

Den Hinweis auf den entscheidenden Unterschied zwischen der zeitgeschichtlichen Grundlage der Abfassung von Bertrams Untersuchung und dem hier vorliegenden Versuch liefert der Autor selbst. So schreibt er eingangs bezüglich verschiedener „Pläne und Versuche"[10] zu päpstlichen Amtsverzichtsleistungen:

> „Niemals verwirklicht zeigen sie aber zugleich, daß es für ihn (sc. den Papst) besonders schwer ist, den entscheidenden Schritt zu tun. Im Mittelalter sollen die Kardinäle mehrere Päpste von ihren Abdankungsplänen mit dem Einwand abgehalten haben, eine Papstabdankung sei *factum inauditum*, eine unerhörte Neuerung. Damit ist in einer bis heute zutreffenden Weise der eigentümliche Widerspruch zwischen Kanonistik und historischer Erfahrung bezeichnet: die Papstabdankung ist erlaubt, aber sie kommt nicht vor".[11]

Diese Feststellung muss mit dem Amtsverzicht Papst Benedikts XVI. aus dem Jahre 2013 *ad acta* gelegt werden. Der päpstliche Amtsverzicht ist nicht mehr nur kodikarisch verbürgte Option, sondern in jüngster Vergangenheit vorgekommen. Die mit ihm geschaffene Realität, freilich auch bedingt durch das dem emeritierten Papst von Gott geschenkte lange Leben, beschäftigt die Kirche bis zum heutigen Tag. Um diese Realität besser einordnen zu können, das heißt der Fragen nach dem „Wie" und letztlich auch dem „Warum" eine Antwort bieten zu können, muss zuerst die Frage nach dem „Woher" gestellt werden. Das scheint überdies darum angemessen, da durch die seit 2013 wiedergewonnene Faktizität des Amtsverzichtes die Hemmschwelle für den jetzigen und die zukünftigen Bischöfe von Rom, diesen entscheidenden Schritt zu tun, sicher deutlich herabgesetzt wurde.

---

[8] Aufgenommen und erschienen in: ZRG. K 78 (1971), S. 1–101.

[9] *Bertram*, Abdankung, S. 6. Der monarchisch geprägte Begriff der „Abdankung" wird in der vorliegenden Untersuchung keine Verwendung finden. Aus verschiedenen Gründen ist die Bezeichnung als „Amtsverzicht" eindeutig vorzuziehen.

[10] Vgl. ebd., S. 4. Er bezieht sich auf die nicht sicher belegbaren Verzichtspläne der Päpste Alexander VI. (1492–1503), Pius VII. (1800–1823) und Pius XII. (1939–1958).

[11] Ebd. Hervorhebung im Original.

1. Kapitel

Kirchenrechtsgeschichtliche Entwicklung der päpstlichen Renuntiation

§ 1 Corpus Iuris Canonici[12]

Wie einleitend dargestellt, gilt es, den Begriff der Renuntiation einerseits in seiner kirchenrechtsgeschichtlichen Genese und andererseits davon ausgehend in seiner Begründung aus der konkreten Historie heraus darzustellen. Die Anfänge im Zeitalter der klassischen Kanonistik zu suchen, drängt sich für die kanonistische Analyse des heute geltenden c. 332 § 2 auf, denn gerade diese Epoche bietet den Anfang einer „Architektur des kanonischen Rechts (…), die bis zum Tridentischen Konzil des 16. Jahrhunderts keinen wesentlichen Veränderungen unterlag und auch heute noch Grundzüge der Rechtsordnung des Codex Iuris Canonici von 1983 bestimmt".[13] Die Untersuchung der Genese ganz konkret mit dem gratianischen Dekret beginnen zu lassen, ist hier die wohl stimmigste Herangehensweise, stellt doch seine Kompilation die systematisierende Zusammenfassung des maßgeblichen Rechtsstoffs des ersten Jahrtausends dar.[14] Auf der Grundlage seines Werks wuchs im weiteren Verlauf das gesamte Corpus Iuris Canonici (nachfolgend: CorpIC) heran. Dies gilt auch für den Bereich der Entwicklung einer „einheitlichen Verfassungsstruktur der Kirche, in deren Mittelpunkt der Papst steht".[15] Mit dieser kirchlichen Verfassung und der päpstlichen Primatialgewalt hängt – so wird sich zeigen – auch die Entwicklung einer eigenständigen Systematik einer Papstrenuntiation untrennbar zusammen.

Sichtet man die Quellen des Kirchenrechts aus dem besonderen Blickwinkel des (päpstlichen) Amtsverzichts, so lässt sich aus zunächst allgemeinen und für die Thematik der speziellen Amtsverzichtsleistung eines Papstes impliziten Bestandteilen eine Verdichtung und Konkretion hin zur Explikation wahrnehmen.

A. Decretum Gratiani

Untersucht man die Wortkonkordanz zum Decretum Gratiani, so sucht man vergebens eine Erwähnung der „renuntiatio" – weder in allgemeinem Sinne noch in der Konkretion auf das Papstamt.[16] Was sich jedoch in nicht unbedeutender

---

[12] Die in diesem Kapitel behandelten Texte des CorpIC werden in der nach einhelliger fachlicher Einschätzung maßgeblichen Ausgabe von Emil Friedberg zitiert.

[13] So *Landau*, Entwicklung des kanonischen Rechts, S. 15.

[14] Vgl. ebd., S. 17.

[15] Ebd; vgl. ferner *Gigliotti*, Rinuncia, S. 40 f.

[16] Vgl. *Gigliotti*, Rinuncia, S. 43: „Nel Decretum Gratiani non è ancora prevista una disciplina organica ed esaustiva dell'istituto della renuntiatio (…)".

Zahl finden lässt, sind Bezüge zum römischen Pontifex, die ihrerseits die Rechtsstellung des Amtes wie auch seine Begründung darstellen können. In besonderer Weise relevant sind hierbei die Distinctiones XXI–XXIV, die sich der kirchlichen Hierarchie zuwenden.

Der zeitgeschichtliche Kontext begründet die Richtung, in die sich die von Gratian kompilierten Rechtssätze bewegen. Wenngleich es sich bei dem Werk Gratians nicht um eine Arbeit in päpstlichem Auftrag handelte, so war er als ausgebildeter Theologe doch gänzlich einbezogen in die theologischen und damit auch ekklesiologischen oder vielmehr kirchenpolitischen Diskurse jener Zeit. Mitten in der Zeit des politischen und gleichzeitig theologisch begründeten Aufstiegs des Papsttums stehend[17], kompiliert Gratian diesbezügliche Rechtssätze nicht gegen, sondern mit dieser aufsteigenden Bewegung, die sich schon einige Jahrhunderte vor Leben und Wirken Gratians entwickeln und im Laufe der Zeit festigen konnte.[18] Eines der bedeutendsten Werke, die auch diese erste kanonistische Systematik über den päpstlichen Primat maßgeblich bestimmte, stellt der *Dictatus Papae* Gregors VII. aus dem Jahr 1075 dar. Ohne auf dessen einzelne Sätze eingehen zu können, sei an dieser Stelle dennoch auf die Bedeutung dieser päpstlichen Epistula verwiesen.

Auch eine vollständige Exegese des Decretum Gratiani hinsichtlich des Papstprimats und den sich daraus ergebenden Konsequenzen kann hier nicht geboten werden, doch seien an dieser Stelle einige Canones des Dekrets exemplarisch genannt und eingeordnet.

Gratian beschreibt unter dem Titel *„unde nomen ecclesiasticorum graduum sumatur"* – ausgehend von den überkommenen Normen[19] – die Nomenklatur in Bezug auf die Ämter der Kirche. Nicht isoliert, sondern auf der Grundlage des biblischen Fundaments des Priestertums sowohl des Alten wie auch des Neuen Bundes, ordnet er seine ämterrechtliche Normenkompilation ein.[20] In ihr erscheinen auf der höchsten hierarchischen Stufe die *„summi Pontifices"*[21], unter denen Petrus aufgrund der Sendung durch Christus den höchsten Rang einnimmt:

> „Petrum vero quasi in summum sacerdotem elegit, dum ei pre omnibus et pro omnibus claves regni caelorum tribuit, et a se petra petri sibi nomen imposuit, atque pro eius fide se specialiter rogasse, testatus est, et ut ceteros confirmaret subiunxit dicens: ‚Ego pro te rogavi, Petre, ut non deficiat fides tua, et tu aliquando conversus confirma fratres tuos'."[22]

---

[17] Vgl. *Feine*, Rechtsgeschichte, S. 243: „Das Zeitalter des kanonischen Rechts ist das des Aufstiegs des Papsttums zu seiner weltbeherrschenden Höhe im Mittelalter".

[18] Vgl. bezüglich der Anfangszeit der Entwicklung ebd., S. 95–102; vgl. auch *Gigliotti*, Rinuncia, S. 43 f.

[19] So Gratians einleitende Worte: „Decretis ergo Romanorum Pontificum et sacris canonibus conciliorum ecclesiastica negotia, et supra monstratum est, terminantur" (d. XXI, c. I).

[20] Vgl. d. XXI, c. I, p. I, § 1.

[21] Vgl. d. XXI, c. I, p. I, § 2.

[22] Vgl. d. XXI, c. I, p. I, § 3 („Petrus aber wählte er gleichsam zum höchsten Priester, als er ihm vor allem und für alle die Schlüssel des Himmelreichs zuwies, und er gab ihm den Namen Fels der Felsen und bezeugte, dass er für seinen Glauben besonders gebetet habe, und um

Zwar lässt Gratian die Trias der Patriarchate Roms, Alexandriens und Antiochiens nicht unbemerkt[23], doch ergibt sich aus den folgenden Canones eindeutig der primatiale Vorrang der Kirche Roms und mit ihr des dortigen Bischofs. So steht der folgende Canon II unter dem Titel „*Romana ecclesia a Christo primatum accepit*". Gratian bedient sich zur Begründung des römischen Primats der Sendung Petri nach dem Zeugnis des Matthäusevangeliums (16,18 f.). Hierdurch wird nicht nur deutlich, dass er sich innerhalb seiner Rechtssammlung durchaus darauf versteht, den Normen ein theologisches Fundament grundzulegen. Vielmehr wird im konkreten Kontext durch die biblische Begründung in Verbindung mit der eindeutigen Feststellung des römischen Primats ersichtlich, in welchem Maße die systematische Durchdringung desselben bereits zu diesem Zeitpunkt der Geschichte ausgeprägt war. Tatsächlich befand sich das Papsttum zur Entstehungszeit des Decretum in seiner Aufstiegsphase zur weltweit agierenden politischen Macht.[24]

Die Tatsache, dass Gratian ausdrücklich darauf verweist, dass die römische Vorrangstellung „*non aliqua sinodus, sed Christus instituit*"[25], verdeutlicht dieses Faktum in eindrucksvoller Weise. Tatsächlich greift Gratian im späteren Verlauf den göttlichen Ursprung des bleibenden Papstamtes in der Sendung Petri durch Christus erneut auf.[26] Zwar anerkennt er die besondere Würde der übrigen Apostelsitze[27] und den daraus resultierenden Ehrenvorrang nach der Kirche Roms, doch ist die Sendung „*ab ipso Domino*" der herausragende Moment zur Begründung des primatialen Anspruchs.[28]

Auf zwei inhaltliche Konkretionen Gratians sei an dieser Stelle nur am Rande hingewiesen. In Bezug auf die genuine Aufgabe des Bischofs von Rom im Kontext seiner primatialen Stellung verweist er zuerst auf die vorrangige Verkündigung des Evangeliums.[29] Petrus, der als erster seinen Glauben an Christus im Namen der Jünger bekannt hat, ist dazu gerufen, die Heilsbotschaft „*in toto orbe*" zu verkündigen. Des Weiteren verbindet Gratian die petrinische Vorrangstellung explizit

---

die anderen zu ermutigen, fügte er hinzu und sagte: ‚Ich habe für dich gebetet, Petrus, damit dich dein Glaube nicht verlässt. Wenn du umgekehrt bist, dann stärke deine Brüder!'", eigene Übersetzung).

[23] Vgl. d. XXI, c. I, p. II, § 2.

[24] Vgl. *Feine*, Rechtsgeschichte, S. 243–246.

[25] Vgl. d. XXI, c. III („nicht von irgendeiner Synode, sondern von Christus eingesetzt", eigene Übersetzung).

[26] Vgl. d. XXII, c. II.

[27] Vgl. ebd. Gratian nennt die weiteren in der Frühzeit ebenfalls „Primate" genannten Bischofssitz Alexandriens in der Tradition nicht nur des Petrus sondern auch des Markus, sowie den ersten Petrusstuhl in Antiochien.

[28] Vgl. d. XXII, c. II f., wonach dies nach Gratians eigener Einschätzung auch für die Kirche Konstantinopels gilt, die zwar als Ort dreier Ökumenischer Konzilien und eines weiteren Konzils und insbesondere des nizäno-konstantinopolitanischen Symbolums von 381 mehr als hoch zu schätzen ist, dennoch aber ihren „primatus honorem post Romanum episcopum" („den Ehrenprimat nach dem Bischof von Rom", eigene Übersetzung) trägt.

[29] Vgl. d. XXI, c. II.

mit dem Martertod Petri in Rom.[30] Durch diesen wurde dem Primat des römischen Bischofssitzes das letztgültige Siegel aufgedrückt.

An mehreren Stellen weist Gratian auf eine kirchenrechtlich verbürgte[31] Maßgabe hin, die auch in Bezug auf das Papstamt relevant erscheint. Er stellt innerhalb derselben Distinctio fest, dass *„inferiores a superioribus iudicandi sunt"*.[32] Diese Maxime gilt grundsätzlich für alle Stufen innerhalb der kirchlichen Hierarchie und wird neben dieser positiven Aussage auch ihrem negativen Gehalt nach zum Teil der gratianischen Kompilation, wenn es im Folgenden heißt: *„Maiores a minoribus iudicari non possunt"*.[33] Für den Bischof von Rom als Inhaber des Primats ergibt sich, dass dieser folglich von keiner anderen kirchlichen Autorität gerichtet werden kann. Für den innerhalb der Ämterhierarchie Höchststehenden sind alle anderen unweigerlich *minores*. Gratian beschreibt dies in seinen einleitenden Worten zur folgenden Distinctio XXII.:

> „Quia ergo maior a minori iudicari non debet videndum est, que inter ceteras ecclesias primum locum, que secundum, vel tertium obtineat. Romana ecclesia (sicut supra dictum est) primum locum inter ceteras obtinet, Alexandrina ecclesia secundum, Antiocena ecclesia tertium ab ea locum accepit".[34]

Die Kirche Roms und mit ihr der Bischof von Rom sind Inhaber des Primats.[35] Dies gilt, so konnte innerhalb der durch Gratian gesammelten Normen festgestellt werden, sowohl für den Bereich der Glaubensfragen als auch der Jurisdiktion.[36]

---

[30] Vgl. d. XXI, c. III und d. XXII, c. II, § 2. In Letzterem heißt es: „Prima ergo sedes est celesti beneficio Romana ecclesia, quam (ut memoratum est) beatissimi Petrus et Paulus suo martirio consecrarunt" („Den ersten Sitz hat also als himmlisches Geschenk die Kirche Roms, die (wie erwähnt) die heiligsten Petrus und Paulus durch ihr Martyrium geweiht haben", eigene Übersetzung).

[31] Bereits die Quantität der Nennung kann als Beleg der Geltung dienen.

[32] Vgl. d. XXI, c. IV („Untergebene sind von Höherrangingen zu richten", eigene Übersetzung).

[33] Vgl. d. XXI, c. VIII („Höhere können von Niedrigeren nicht gerichtet werden", eigene Übersetzung).

[34] Vgl. d. XXII, p. I Vorwort Gratians („Es wurde also festgestellt, dass ein Höherer von einem Niedrigen nicht gerichtet werden kann – und wer unter den vielen Kirchen den ersten, wer den zweiten und wer den dritten Platz innehat. Die römische Kirche (wie oben beschrieben) hat den ersten Platz unter den Vielen inne, die Kirche Alexandriens den zweiten, die Kirche Antiochiens den dritten Platz erhalten", eigene Übersetzung). Er rezipiert an dieser Stelle die „gelasianische Klausel" aus dem Jahre 493, vgl. hierzu *Pulte*, Amtsverzicht, S. 72 und dort Anm. 27: „Sedes apostolica a nemine iudicatur" („Der apostolische Stuhl wird von niemandem gerichtet", eigene Übersetzung). Diese hat sich ihrer Materie nach bis in den heute geltenden CIC als c. 1404 erhalten; vgl. hierzu auch *Gigliotti*, Rinuncia, S. 37.

[35] Vgl. insbesondere d. XXII, c. I.

[36] Vgl. ebd., wo überdies ersichtlich wird, dass das Wissen über die umfassende Dimension der päpstlichen *suprema potestas* im inklusiven Sinn deutlich ausgeprägt vorlag. Aus dem petrinischen Schlüsselamt folgernd, hängen im römischen Bischofsamt die verschiedenen Ausdrucksformen der einen Amtsgewalt zusammen; vgl. hierzu im späteren Verlauf des Werks d. XCVI, cc. VI–VIII, sowie XI, die sich dem jurisdiktionellen Vorrang des Papstes gegenüber dem Kaiser zuwenden und die Unterschiedlichkeit der jeweiligen Machtbereiche klarstellen.

Zwar wendet sich das Decretum Gratians an keiner Stelle explizit der *renuntiatio* zu, doch lassen sich aus den ämterrechtlichen Grundlagen hinsichtlich des Papstamtes einige Dimensionen erkennen, die auch für die in den späteren Jahrhunderten folgenden Explikationen nicht irrelevant sind. Dies gilt vor allem vor dem Hintergrund dessen, dass sich die folgenden maßgeblichen kirchenrechtlichen Normen an der Rechtssammlung Gratians orientierten, diese glossierten und so auf ihr als Fundament aufbauten.[37]

Insbesondere sticht hierbei die klare systematische Durchdringung des päpstlichen Primats hervor. Gratian lässt derart viele darauf bezogene Quellen in seine *Concordantia* einfließen, dass es keinen Zweifel an seinem Bestehen geben kann. Dies gilt nicht nur für die bloße Existenz des primatialen Anspruchs, sondern überdies für seine untrennbare Verknüpfung mit der Kirche Roms und ihres Bischofs. Nicht minder relevant ist die theologische Grundlegung der Canones bezüglich des Papstprimats. In gewisser Analogie zur theologischen Grundlegung des Kirchenrechts in der heutigen Zeit, stellt Gratian die durch ihn systematisierten Rechtsquellen auf ein breites theologisches Fundament. Stephan Kuttner bemerkt hierzu:

> „Indem Gratian nicht nur – wie seine Vorgänger – die altkirchlichen Quellen sammelt und ordnet, sondern darüber hinausgehend in wissenschaftlicher Reflexion deutet, erläutert, distinguiert und harmonisiert, gestaltet er aus der Fülle der Canones ein Lehrgebäude".[38]

Und vertiefend zur theologischen Leistung Gratians:

> „Dieser Unterschied Gratians von seinen Vorgängern ist auch für die theologische Seite seines Werkes bedeutsam. (...) Vielmehr liegt die Bedeutung Gratians auch für die theologischen Partien seines Werkes in dem Übergang vom bloßen Sammeln und Disponieren patristischen Stoffes zur materiellen Behandlung dogmatischer Probleme an Hand der Quellen. Gratian ist ebenso produktiver Theologe wie produktiver Jurist (...)".[39]

Die Tätigkeit Gratians selbst kann Vorbild dessen sein, was an dieser Stelle versucht werden soll. Auf der Grundlage dieser mehrdimensionalen Kompilation sollen auch die in der weiteren Entstehungsgeschichte des Corpus Iuris Canonici enthaltenen Explikationen zur *renuntiatio* Deutung und Erläuterung finden.

---

[37] Vgl. *Link*, Rechtsgeschichte, S. 38, Rdnr. 4. Nicht umsonst nannte man die Rechtsgelehrten in der nach-gratianischen Zeit „Dekretisten" und die mit päpstlicher Autorität versehenen rechtsverbindlichen Dokumente „Dekretalen", vgl. hierzu *Haering*, Gratian und das Kirchenrecht, S. 22. Dort stellt der Autor hinsichtlich der Dekretisten fest, diese seien: „(...) Bearbeiter und Kommentatoren des Dekrets, die Gratians Werk in gewisser Weise fortgeführt und weiterentwickelt haben".
[38] *Kuttner*, Theologische Vorlagen Gratians, S. 243.
[39] Ebd., S. 244 f.

B. Dekretistik

Bevor eine erste Explikation in einem dem CorpIC zugerechneten Rechtsbuch ihren Niederschlag fand, wurde ausgehend vom Decretum Gratiani bereits über den Sachverhalt eines päpstlichen Amtsverzichtes nachgedacht. Die Epoche nach der Entstehung des Decretum Gratiani und der Veröffentlichung des Liber Extra[40] wurde maßgeblich durch die Arbeit der Dekretisten geprägt.[41] Diese glossierten jedoch nicht nur bestehende Rechtssätze des Decretum, sondern entwickelten diese weiter und wandten sie in bestimmten Kontexten und Fragestellungen an. Auch hinsichtlich eines päpstlichen Amtsverzichtes lassen sich einige Quellen der Dekretistik finden, die sich auf verschiedene Canones und Causae des Dekrets beziehen.[42]

Auch innerhalb dieses Schaffens sind es konkrete Praxisbeispiele, die zu einer systematischen Analyse geführt haben.[43] Bereits vor Entstehung der Dekretsumme Huguccios liefert der Dekretist Bazian Hinweise darauf, dass er sich inhaltlich mit der Frage einer päpstlichen Renuntiation befasste, wenngleich der Befund diffus erscheint.[44] Interessant ist jedoch der historische Ausgangspunkt seiner Überlegungen: der Doppelepiskopat von Augustinus und Valerius.[45] Das Beispiel der Praxis bringt Bazian dazu, sich systematisch einer Antwort zu nähern, ob ein und derselbe Bischofssitz von zwei Personen besetzt werden könnte.[46] Zwar ist davon auszugehen, dass Augustinus dem älteren Valerius als Auxiliarbischof zuseiten stand,[47] doch ist unabhängig hiervon die Offenbarung der Methode des Dekretisten nützlich.[48] Aus einem konkreten historischen Ereignis entsteht eine systematische Analyse, die zu einer Weiterentwicklung führen kann. Seine Antwort auf die Frage nach einer Renuntiation begründet er mit der d. XXI c. 7 des Decretum

---

[40] Vgl. im weiteren Verlauf dieses Kapitels S. 315–318.

[41] Erneut muss an vorderster Stelle auf Martin Bertrams Beitrag verwiesen werden, in dessen 1. Teil sich explizit der Zeit zwischen Decretum Gratiani und Liber Sextus zugewandt wird, vgl. *Bertram*, Abdankung, S. 10–47.

[42] Vgl. ebd., wo die entsprechenden Glossen einiger für die Fragestellung wichtiger Dekretisten genannt und eingeordnet werden.

[43] Eine ausführliche Darstellung kann hier nicht erfolgen. Hauptsächlich auf der Grundlage der Erkenntnisse Bertrams soll an dieser Stelle dennoch eine kurze Zusammenfassung geboten werden.

[44] Vgl. *Bertram*, Abdankung, S. 15; *Gigliotti*, Rinuncia, S. 49–61.

[45] Zum historischen Kontext vgl. *Possidus*, Vita Augustini, 8, 1–6, (ed. Geerlings) S. 39–41 und erläuternd *Geerlings*, Augustinus – Leben und Werk, S. 31.

[46] Vgl. *Bertram*, Abdankung, S. 13.

[47] So bei *Possidus*, Vita Augustini 8, 1 (ed. Geerlings), S. 39: „Mehr als alle anderen freute sich darüber der selige Greis Valerius (…)".

[48] Augustinus selbst hegte Zweifel, ob seine Bestellung zum Bischof bei gleichzeitigem Verbleib des Valerius im Amt rechtmäßig war, vgl. hierzu die biographische Darstellung bei *Geerlings*, Augustinus – Leben und Werk, S. 31: „A. vermerkt später, diese Weihe sei im Gegensatz zu can. 8 von Nizäa geschehen und achtet darauf, daß sein Nachfolger Eraclius erst nach seinem Tod zum Bischof ordiniert wird". Abkürzung im Original.

Gratiani. Hierin, so wird sich zeigen, ist eine Konstante in der Arbeit der Dekretistik zu finden.

Trotz allem ist das Werk des Huguccio die wohl wichtigste Quelle innerhalb der hier vorliegenden Fragestellung. Martin Bertrams Ausführungen folgend, können nicht weniger als fünf Belegstellen angeführt werden, die sich direkt oder indirekt mit der Möglichkeit eines päpstlichen Amtsverzichtes beschäftigen bzw. diesen als fraglose Gegebenheit voraussetzen.[49] Welche historischen Beispiele gehen den Überlegungen Huguccios voraus? In einer Dekretsumme zu d. XXI c. 7, die auch für Bazian wichtiger Belegpunkt war, wendet er sich dem dort behandelten Fall des Marcellinus (296–304)[50] zu. Bertram fasst das Ereignis folgendermaßen zusammen:

> „In der 21. Distinktion des Dekrets erscheint der Fall des römischen Bischofs Marcellinus (296–304), von dem berichtet wurde, er habe den heidnischen Göttern geopfert. Auf einem Konzil habe er seine Verfehlung gestanden, doch habe keiner der versammelten Bischöfe gewagt, über ihn zu richten; vielmehr habe man ihn aufgefordert, sich selbst sein Urteil zu sprechen".[51]

Interessant erscheint nicht nur die Antwort Huguccios, wonach in einem solchen Fall ein Papst „sich selbst absetzt", welches de facto einem Amtsverzicht gleichkäme, sondern auch die grundsätzliche Einsicht der übrigen Bischöfe, die sich im bis heute geltenden Rechtssatz zusammenfassen lässt: *Prima Sedes a nemine iudicatur* (c. 1404). Diese Feststellung bezeichnet im Grunde genommen nichts weniger als das, was das I. Vatikanum als Jurisdiktionsprimat lehramtlich definierte.[52] Dennoch barg und birgt dieser Rechtssatz nicht wenige Probleme, die unweigerlich mit ihm einhergehen und auf die der durch Huguccio behandelte Fall des Marcellinus hinweist. Die Frage nach einem *Papa haereticus* oder einem *Papa idioticus* kann innerhalb dieser Untersuchung nicht behandelt werden und stellt ein eigenes Forschungsfeld dar.[53] Im Kontext der päpstlichen Amtsverzichtsleistung bestehen dennoch Problemstellungen, die durchaus zumindest Erwähnung finden müssen.[54]

---

[49] Vgl. *Bertram*, Abdankung, S. 16–22.

[50] Vgl. zu seiner Person in aller Kürze: *Reichert*, Marcellinus, Sp. 769. Dort wird hinsichtlich dieses Umstands festgestellt: „Der Wahrheitsgehalt dieser Anschuldigungen läßt sich nicht mehr prüfen". Für den hier vorliegenden Interessensraum ist der Wahrheitsgehalt indes von nur geringer Relevanz; vgl. ferner *Gigliotti*, Rinuncia, S. 8–11 und 52f.

[51] *Bertram*, Abdankung, S. 16.

[52] Vgl. S. 26–44 der vorliegenden Untersuchung.

[53] Vgl. *Ries*, Amt und Vollmacht, S. 347–362.

[54] Eine Problemstellung könnte eine schwere psychische oder auch physische Erkrankung des Papstes sein, die ihn faktisch unfähig macht, sein Amt ausüben zu können (bspw. eine Demenzerkrankung). Ist er durch eine solche Krankheit derart beeinträchtigt, dass er aufgrund fehlender rechtlicher Handlungsfähigkeit einen freiwilligen Amtsverzicht gemäß c. 332 § 2 nicht mehr zu leisten im Stande ist, würde die Kirche vor einem fatalen und bis dato ungelösten Problem stehen.

Auch Huguccio leistet seinen umfangreichsten Beitrag in Zusammenhang mit dem vermeintlichen Doppelepiskopat der Mailänder Kirche.[55] Ausgehend vom gleichen historischen Ereignis wie Bazian, definiert er seine Stellungnahme. Hierin liegt jedoch nicht die einzige Parallelität. Huguccio bezieht sich (neben anderen) insbesondere auf die d. XXI, c. 7 des gratianischen Werks, um seine Darstellung zu untermauern. Dies gilt auch für eine weitere Belegstelle aus seiner Dekretsumme, in der er innerhalb seines Versuches die päpstliche Sukzessionsreihe nach Petrus aufzustellen, eindeutig feststellt, dass der Papst auf sein Amt verzichten kann.[56] Die Gründe eines Verzichts legt Huguccio indes in seiner Dekretsumme zu C. 7, q. 1, c. 12 dar, wenn er seine rhetorische Frage klar unter Hinweis auf die benannte Distinktion bejaht. Für ihn erscheinen der Wunsch nach Eintritt ins Ordensleben, Krankheit und Alter als hinreichend.[57] In enger Anlehnung an Huguccios Dekretsumme argumentieren auch jene anderen Dekretisten, die sich ebenfalls der Frage nach einer Papstrenuntiation zuwenden.[58] Auch sie behandeln diese Möglichkeit im Kontext zu C. 7, q. 1, c. 12 des Decretum Gratiani.

Es zeigt sich, dass vor einer Explikation einer Renuntiation innerhalb eines geschlossenen Rechtstextes diese bereits Inhalt der dekretistischen Auseinandersetzung war. Relevant erscheint hierbei, dass sich innerhalb aller Dekrete zwei Bezugsquellen aus der gratianischen Kompilation hervortun: die d. XXI, c. 7 sowie die C. 7, q. 1, c. 12.

C. Quinque Compilationes Antiquae

Die kirchenrechtsgeschichtliche Entwicklung ging alsbald einen Schritt weiter, insofern nun nicht mehr nur das Decretum Gratiani durch die Dekretistik Gegenstand der Untersuchung blieb, sondern die nach ihm erlassenen Dekretalen als verbindliche päpstliche Rechtsprechung zum Ausgangspunkt der Dekretalistik wurden. Die Vertreter dieser neuen Etappe der Kanonistik machten es sich zur Aufgabe, die Dekretalen zu sammeln und zum Teil zu systematisieren.[59] Unter

---

[55] Vgl. *Bertram*, Abdankung, S. 16 f.

[56] Vgl. ebd., S. 17 und das dort angeführte Zitat von *Huguccio*, Dekretsumme zu C. 8, q. 1, c. 1: „Et nota quod ex facto Clementis est arg. quod papa potest renuntiare (...)". Gleichzeitig bemüht er dieses historische Beispiel, um eine mögliche Designation des eigenen Nachfolgers abzulehnen.

[57] Vgl. *Gigliotti*, Rinuncia, S. 45. Mit dem Autor sei darauf hingewiesen, dass sich alle einzelnen Begründungen zu einer Renuntiation dem eigentlichen Grund unterzuordnen haben: der „necessitas vel utilitas Ecclesiae".

[58] Vgl. *Bertram*, Abdankung, S. 22–31. Namentlich nennt Bertram insbsondere Bernardus Compostellanus Antiquus, aber auch Laurentius Hispanus und Johannes Teutonicus. Auch andere Dekretisten rezipierten die Argumentationen und Ergebnisse Huguccios, so auch Vertreter der französischen Dekretistik (ebd., S. 31).

[59] Vgl. hierzu *Plöchl*, Geschichte Bd. II, S. 474: „Inhaltlich umfassen diese Sammlungen teils von Gratian vernachlässigte oder ihm unbekannte ältere Texte, teils nachgratianische Quellen. Sie sind teils systematisch, teils ohne besondere Ordnung gearbeitet".

all diesen, die „fachlich als Dekretalensammlungen bezeichnet"[60] werden, kann fünf Sammlungen eine besondere Stellung zuerkannt werden, die als die *Quinque Compilationes Antiquae* in die Kirchenrechtsgeschichte eingegangen sind.[61]

Innerhalb jeder einzelnen Dekretalensammlung ist ein Titulus „De Renuntiatione" festzustellen, der sich jeweils im Liber Primus der verschiedenen Kompilationen befindet.[62] Die entsprechenden Tituli befassen sich hierbei zwar mit dem Amtsverzicht, jedoch nie explizit mit dem „Sonderfall des Papstes"[63] innerhalb dieses Kontextes.

Eine im Zuge dessen geleistete Überlegung allerdings stellt eine durchaus bedeutende Erkenntnis dar, die im Grunde genommen bis zum heutigen Tag ihre Geltung bewahren konnte. Innerhalb einer Glosse zur dritten Kompilation wird sich mit der Frage befasst, „ob der Papst seinen Amtsverzicht in die Hände der Kardinäle zu leisten habe".[64]

Die Thematisierung dieser Frage birgt eine zweifache Erkenntnis. Zunächst ist durch diese selbst impliziert, dass die grundsätzliche Möglichkeit des Papstes auf sein Amt zu verzichten, als legitim angesehen wird. Nicht die Frage, ob er verzichten kann, sondern die Folgefragen, die aus der Legitimität der grundsätzlichen Möglichkeit resultieren, stehen nunmehr im Vordergrund der Überlegungen. Weiterhin zeigt sich in dieser konkreten praxisrelevanten auch eine inhaltliche Frage, die aus dem bereits beschriebenen Grundsatz *prima sedes a nemine iudicatur* resultiert. Muss ein Papst seinen Amtsverzicht gegenüber einer anderen Instanz leisten und falls ja, gegenüber welcher? Zwar war es nicht zur Gänze abwegig, das Kardinalskollegium als mögliche Instanz der Entgegen- und vielleicht sogar Annahme einer päpstlichen Renuntiation in Erwägung zu ziehen.[65] Die Antwort des Glossators jedoch fußte auf eben jenem Prinzip des päpstlichen Jurisdiktionsprimats, aus dem sich in Verbindung mit der Maxime, wonach ein Amtsverzicht in die Hand des jeweils Höheren zu leisten ist, ergibt, dass diese für den Fall der

---

[60] Ebd.

[61] Vgl. ebd., S. 474–477 und den dort gebotenen Überblick über Inhalt, Verfasser und Entstehungsgeschichten der einzelnen fünf Kompilationen, die an dieser Stelle nicht analysiert werden können.

[62] Vgl. *Bertram*, Abdankung, S. 31. Die Kompilationen wurden in fünf Bücher unterteilt, die die Überschriften „iudex, iudicium, clerus, connubia, crimen" trugen, vgl. *Plöchl*, Geschichte Bd. II, S. 475. Diese Fünfteilung, die dem römischen Recht entstammte, wurde „zum Vorbild der meisten nachfolgenden Sammlungen" (ebd.).

[63] Ebd., S. 31.

[64] Ebd., S. 32, wo der Autor überdies auf die ungeklärte Herkunftsfrage hinweist. Sowohl Vincentius Hispanus als auch Johannes Galensis kommen als Autoren infrage. Wörtlich heißt es in der Glosse: „Numquid renuntiare in manibus cardinalium debet papa?" („Muss der Papst etwa in die Hände der Kardinäle resignieren?", eigene Übersetzung), zitiert nach *Bertram* gemäß der Handschrift des Johannes Galensis.

[65] Vgl. hierzu die Ausführungen zum Kardinalat der Kirche S. 147–181 der vorliegenden Untersuchung.

päpstlichen Renuntiation keine Geltung besitzt. Er kennt keine höhere Instanz über sich – mit Ausnahme der göttlichen Allmacht selbst.

Martin Bertram fasst die Grundfragen dieser Epoche der Kanonistik zusammen und benennt eine für die päpstliche Renuntiation folgenreiche Einsicht:

> „Was ist der Verzicht? Wer kann verzichten? Wem wird der Verzicht geleistet? Auf was kann man verzichten? Welche Wirkung hat der Verzicht? Bei der dritten Frage (…) wird immer als Hauptregel angegeben: der Verzicht muß vor demjenigen geleistet werden, von dem die Einsetzung oder Bestätigung vorgenommen wurde. Anschließend folgt stets wenigstens eine Ausnahme von der Regel: der Bischof kann nicht ohne Erlaubnis des Papstes resignieren".[66]

Die systematische Durchdringung erfolgte, indem aus den kanonischen Gegebenheiten diese praxisrelevanten Fragen beantwortet wurden bzw. eine Beantwortung versucht wurde. Auch wenn die durch Bertram sogenannte Hauptregel – unter Beachtung der Maßgaben für bischöfliche Renuntiationen – Rezeption und Anwendung fand, wurde für den Fall eines päpstlichen Amtsverzichtes diese mit Verweis auf den römischen Primat als obsolet betrachtet. Dies belegen auch die diesbezüglichen dekretistischen Konkretionen, etwa bei Ambrosius oder Raimund von Peñafort, in dessen kanonistischem Lehrbuch zu lesen ist, dass im Falle einer päpstlichen Renuntiation die hinreichende Bekanntgabe der Verzichtsleistung durch den Verzichtswilligen völlig genügend ist.[67] Was die Beurteilung darüber betraf, ob die Begründung und damit die Verzichtsleistung selbst legitim sei, so wurde ebenfalls auf der Grundlage der *suprema potestas* auf das Gewissen des Papstes verwiesen.[68] Letztlich also war und ist der Papst nur Gott selbst gegenüber verpflichtet, seinen Amtsverzicht zu rechtfertigen.

Die Tatsache, dass die päpstliche Renuntiation als Spezialfall des Amtsverzichts eines Bischofs von seinem Amt behandelt wurde, ist hierbei mehr als nur eine Randnotiz. Vielmehr weist diese methodische Herangehensweise in der Genese einer kanonistischen Definition auf den zweifachen Charakter hin, der bis heute in der Verfasstheit der Kirche Geltung besitzt: Der Amtsinhaber der *sedes romana* ist Bischof von Rom und als solcher Papst der ganzen Kirche. Insofern stellt sein eigenes Amt die Gestaltwerdung eines Spezialfalles nicht nur im Falle einer Verzichtsleistung dar. Dennoch ergibt sich aus dieser Sonderstellung, dass auch ein Verzicht auf dieses Amt eigens bewertet und eingeordnet werden muss, freilich beginnend am Ausgangspunkt der „allgemeinen Bestimmungen für den kirchlichen Amtsverzicht".[69]

---

[66] *Bertram*, Abdankung, S. 34.

[67] Vgl. *Raimund von Peñafort*, Summa Iuris Canonici, tit. de ren.: „(…) sufficit, quod papa ab administratione cesset vel dicat se velle de cetero cessare (…)" („Es genügt, dass der Papst von der Leitung abtritt oder sagt, dass er sicher abtreten möchte", eigene Übersetzung), so zitiert bei *Bertram*, Abdankung, S. 36.

[68] Vgl. *Bertram*, Abdankung, S. 40 f.

[69] Ebd., S. 39.

D. Liber Extra Papst Gregors IX.

Stand zwar das Decretum Gratiani in seinem Wesen als *„Concordia discordantium canonum"* ganz als Quelle des systematisierten kanonischen Rechts vor Augen, galt es alsbald, die nach ihm folgenden päpstlichen Dekretalen und die aus ihnen resultierenden kanonistischen Sammlungen und Glossen in eine ebenso augenscheinliche Concordia zu setzen:

> „Zwischen 1187 und 1226 entstanden bereits neue Sammlungen (...). Da diese Kompilationen unvollständig blieben, Widersprüchliches enthielten und die Echtheit einiger aufgenommener Stücke nicht über jeden Preis erhaben war, beauftragte Papst Gregor IX. (1227–1241) den spanischen Dominikanermönch und bedeutenden Kanonisten Raimund von Peñaforte mit der Ausarbeitung einer neuen, amtlichen Sammlung (...)".[70]

Diese Sammlung Raimunds lag nun mit dem sogenannten „Liber Extra" des Jahres 1234 vor, dessen vollständiger Titel *„Liber decretalium extra Decretum vagantium"*[71] auf das hinweist, was die einführenden Worte zu der hier vorliegenden Untersuchung zu deuten versuchten. Die Kompilation enthält eben jene Rechtsverordnungen, die nicht Bestandteil des gratianischen Dekrets waren und neben diesem als geltendes Recht der Kirche zu bewerten sind. Der Liber Extra ist gebotener Untersuchungsgegenstand. So stellt Peter Landau über diesen fest: „Mit dem Liber Extra von 1234, dem größten Gesetzbuch des Mittelalters, war das klassische kanonische Recht in seinen Grundstrukturen festgelegt (...)".[72]

Auf dieser Grundlage ist es nun wenig überraschend, dass der Liber Extra im Gegensatz zum Decretum Gratiani mehrere Maßgaben unter dem Titel „De renunciatione" beinhaltet.[73] Auch die nach dem gratianischen Werk folgenden Bestandteile des CorpIC sind als weit mehr denn bloße Sammlungen zu bewerten. Vielmehr gilt auch hier, dass sich die Dekretisten dieser Zeitepoche als Theologen verstanden, die die Rechtsnormen nicht nur sammelten, sondern ordneten, systematisierten und zum Teil auch mit eigenen Interpretationen und Auslegungen versahen. Diese Maxime kann auch für den Liber Extra als Werk des Raimund von Peñafort als geltend betrachtet werden.[74] Wie für eine derartige Kompilation charakteristisch, enthält auch der Liber Extra Maßgaben verschiedener Instanzen, die durch die päpstliche Publikation gesamtkirchliche Geltung erlangten.[75]

---

[70] *Link*, Rechtsgeschichte, S. 38 f.

[71] Vgl. hierzu ebd., S. 39, Anm. 10.

[72] *Landau*, Entwicklung des kanonischen Rechts, S. 23.

[73] Vgl. X 1.9.

[74] Vgl. *Link*, Rechtsgeschichte, S. 39, Rdnr. 5. Eine vertiefende Darstellung der Entstehungsgeschichte findet sich bei *Plöchl*, Geschichte Bd. II, S. 477–481, einige Worte zur Person Raimunds finden sich ebd., S. 517 f.

[75] Vgl. ebd.: „Der Liber Extra wurde mit der päpstlichen Bulle ‚Rex pacificus' 1234 (...) publiziert, verbunden mit der Weisung, allein diese Sammlung bei Gerichten und im Unterricht zu gebrauchen und keine weiteren mehr zu veranstalten".

Der Titel „De renunciatione" enthält 15 Capitula, die verschiedene Aspekte der Renuntiation beleuchten. Der gängigen Einteilung folgend,[76] finden sich die betreffenden Capitula in Liber I der vorliegenden Kompilation, der sich den „Kirchlichen Jurisdiktionsträgern und der Ämterverwaltung"[77] zuwendet. Die darin enthaltenen Tituli sind thematisch systematisiert. Die wiederum in diesen enthaltenen Capitula sind jedoch nach chronologischen Gesichtspunkten geordnet.[78] Da die bloße Aufnahme in den Liber Extra als gleichzeitige Erwirkung der Rechtskraft der Sätze durch Papst Gregor IX. zu bewerten ist, ist es für die folgende Darstellung irrelevant, von welcher Autorität der jeweilige Rechtssatz ursprünglich stammte.[79] Die größte Relevanz erscheint indes in der bloßen Tatsache der ausdrücklichen Aufnahme der Renuntiation als eines eigenen Titels innerhalb des Liber Extra. Aus der rechtlichen Festschreibung lässt sich schließen, dass ihr konkrete Ereignisse vorausgingen, die sie selbst notwendig machten.

Zwar wird die Renuntiation ausdrücklich behandelt, nicht jedoch die eines Papstes vom römischen Bischofsstuhl. Diese bleibt innerhalb der kirchenrechtlichen Überlegungen jener Zeit ein Spezialfall, was bereits die beiden hauptsächlich durch die Dekretistik bemühten Beispiele der Geschichte zeigen. Sowohl die Überlegung um die Selbstabsetzung des römischen Bischofs Marcellinus als auch der zur Begründung der bloßen Möglichkeit hinreichende Mailänder Doppelepiskopat Valerius/Augustinus sind ihrerseits keine alltäglichen Begebenheiten, sondern von einer solch historischen Besonderheit, dass sie auch etliche Jahrhunderte nach ihrem Geschehen zur Begründung herangezogen werden. Spezialfälle begründen einen Spezialfall. Weniger außergewöhnlich hingegen erscheinen die bischöflichen Renuntiationen innerhalb der nun folgenden Zeitspanne nach Erscheinen des Liber Extra, aber vor Inkrafttreten des Liber Sextus Papst Bonifaz VIII.[80]

Klaus Ganzer fasst die im Liber Extra festgehaltenen hinreichenden Begründungen zu bischöflichen Verzichtsleistungen zusammen:

> „Will ein Bischof auf sein Bistum verzichten, so kann nur der Papst den Verzicht annehmen. Als Gründe, die eine Resignation rechtfertigen, werden folgende anerkannt: Wenn ein Bischof nicht mehr ohne Gefahr für sein Leben in seinem Bistum bleiben kann, ferner, wenn er wegen vorgerückten Alters, mangelnden Wissens, Irregularität oder groben Ärgernisses, das er dem Volk gegeben hat, sein Bistum nicht mehr in ordentlicher Weise leiten kann (...)".[81]

---

[76] Vgl. *Plöchl*, Geschichte Bd. II, S. 482; *Link*, Rechtsgeschichte, S. 39, Rdnr. 5.

[77] Vgl. *Link*, Rechtsgeschichte, S. 39, Rdnr. 5.

[78] Vgl. *Plöchl*, Geschichte Bd. II, S. 482.

[79] Vgl. ebd. Innerhalb der jeweiligen Capitula hat der „dispositive (normschaffende) Teil Rechtsverbindlichkeit". Die kurzen Überschriften zu den Capitula, die aus der Feder Raimunds stammen, haben indes keine Gesetzeskraft und sind lediglich als kurze Zusammenfassung der nachstehenden Dekretalen zu bewerten.

[80] Diese werden in summarischer Weise nach chronologischer Abfolge dargestellt bei *Ganzer*, Papsttum und Bistumsbesetzungen, S. 23–24, 105–108, 157–159, 232, 268, 295, 313, 328, 351, 374.

[81] Ebd., S. 23 f.

Dieses kurze Summarium, dessen Inhalte im 9. Titel des Liber Extra ausführliche Beschreibung erfahren, zeigt, dass aufgrund historischer Ereignisse eine gewisse systematische Entfaltung der Renuntiation bereits geschehen ist. Die mit dem Decretum Gratiani vorliegende Rechtssammlung enthielt schlichtweg keine passende Antwort auf die Frage, wie mit der Renuntiation eines Bischofs umzugehen sei, sodass im Angesicht konkreter Fälle durch die jeweils höhere Instanz einzelne Begründungen zur Annahme der Verzichtsleistungen formuliert werden mussten. Wie Ganzer aufgrund der betreffenden Maßgabe[82] treffend feststellte, ist diese höhere Instanz für den Fall einer bischöflichen Renuntiation mit dem Papst gegeben. Insbesondere die geschichtlichen Beispiele während des Pontifikats Gregors IX. selbst spiegeln die praktische Relevanz sowohl der rechtlichen Normierung im Gesamten als auch ihrer konkreten Ausgestaltung wider.[83] Wenngleich die Gründe von Alter und Krankheit überwogen, behielten auch die übrigen ihre Rechtfertigung aufgrund praktischer Notwendigkeit.[84] Auch für die folgenden Jahre lässt sich ein ähnliches Fazit ziehen, wenngleich nicht auf die einzelnen Pontifikate und ebenso wenig auf die einzelnen Renuntiationen eingegangen werden soll.[85]

Was kann als Erkenntnis des bisher dargestellten Verlaufs der Kirchenrechtsgeschichte festgehalten werden? Zunächst wird deutlich, dass die systematische Entfaltung der Thematik aufgrund geschichtlicher Beispiele ihren Anfang nahm. Auch sind es solche historischen Exempel, die neben der Darstellung auch zur Begründung der entstandenen Glossen gereichten. Aus der „historisch-assoziativen Behandlungsweise der Dekretisten" erwuchs im weiteren Geschichtsverlauf eine „im engeren Sinne juristisch(e)" Durchdringung der Thematik.[86] Neben diese methodischen Erkenntnisse treten jedoch auch inhaltliche. So stand mit dem Liber Extra und den nach seinem Erscheinen geschehenen praktischen Konkretionen fest, dass der Amtsverzicht eines Bischofs bei hinreichender Begründung und legaler Annahme desselben möglich war. Ebenso war es geltendes Recht, dass die Annahme nur durch die höhere Autorität in der Gestalt des Papstes geschehen konnte.

Man kann nun diese bedeutende Explikation, gegeben mit dem 9. Titel „De renunciatione", mit den bereits zuvor geäußerten Einschätzungen der Dekretistik und Dekretalistik hinsichtlich des Spezialfalls eines päpstlichen Amtsverzichts vergleichen. Die einhellige Darstellung der genannten Dekretisten, insbesondere ersichtlich aus den Beiträgen Huguccios, bemüht zur Begründung der Möglichkeit an vorderer Stelle den Doppelepiskopat der Kirche Mailands in Verbindung mit dem Fall des römischen Bischofs Marcellinus. Aus dieser Argumentationslinie heraus können zwei fundamentale Einsichten gewonnen werden. Einerseits dominiert auch innerhalb dieses Kontexts die Maxime *prima sedes a nemine iudicatur.*

---

[82] Vgl. ebd., S. 23 bezugnehmend auf X 1. 9. 9. m. w. N.
[83] Vgl. ebd., S. 105–109.
[84] Vgl. hierzu insbesondere ebd., S. 107–109.
[85] Vgl. oben Anm. 81 und die dort angeführten Belegstellen.
[86] *Bertram*, Abdankung, S. 39.

Wird auf Marcellinus verwiesen, der sich im Zweifelsfalle selbst absetzen sollte, so wird aus diesem Exempel der Rechtssatz, wonach den Papst keine andere Macht absetzen, er aber sehr wohl aus eigenem Antrieb heraus auf das römische Bischofsamt verzichten könne. Die Argumentation mit dem Beispiel der heiligen Valerius und Augustinus verdeutlicht, dass neben dem ersichtlich werdenden päpstlichen Jurisdiktionsprimat und seiner systematischen Durchdringung das Bewusstsein herrscht, dass der Papst nicht nur Haupt der Gesamtkirche, sondern Bischof von Rom ist. Wird über die Renuntiation des Papstes nachgedacht, so bedeutet dies auch den Verzicht eines Bischofs auf seinen bischöflichen Stuhl. Diese Erkenntnis manifestiert sich in eben dieser Argumentation mit dem Beispiel der beiden Bischöfe Valerius und Augustinus.

Die methodische und argumentative Vorgehensweise sollte tatsächlich solange die einzige und letztlich auch einzig mögliche bleiben, bis die Geschichte ein konkretes Beispiel einer päpstlichen Renuntiation hervorzubringen vermochte.

E. Der Einschnitt von 1294: Die Renuntiation Papst Cölestins V.

Es konnte bereits nachgewiesen werden, dass das Zeitalter der Entstehung der klassischen Kanonistik nicht nur die Geburt dieser wissenschaftlichen Disziplin bedeutet, sondern überdies auch als deren erste Blütezeit zu betrachten ist. Die rasche und gleichzeitig selbstbewusste Entwicklung der Kanonistik trug auf der Grundlage des großen gratianischen Dekrets alsbald reiche Früchte. Auch in Bezug zur recht spezifischen Thematik einer Verzichtsleistung auf ein kirchliches Amt ist dies deutlich nachweisbar, wohl auch, weil gerade der Verfassungsstruktur der Kirche innerhalb dieser kanonistischen Epoche ein breites Interesse gewidmet wurde.[87] Da jedweder Amtsverzicht seinem Ursprung und Inhalt gemäß mit der kirchlichen Verfassung in ihrer ämterrechtlichen Konkretion zusammenhängt, wurde auch dieser zu einem Teil der kanonistischen Forschung.

Ebenfalls festgestellt werden konnte die methodische Weiterentwicklung der Kanonistik von der historisch-assoziativen zu einer enger juristischen Vorgehensweise.[88] Dennoch ist es ein historisches Ereignis, das inmitten dieser Hochphase der kirchenrechtsgeschichtlichen Entwicklung den Ausschlag gab, das eher randständige Thema der Amtsverzichtsleistung in den Fokus der Überlegungen zu stellen.[89] Wenn feststeht, dass die in der Ausformulierung befindliche rechtliche Verfassungsstruktur der Kirche den Papst als „deren Mittelpunkt"[90] kennt und die

---

[87] Vgl. *Landau*, Entwicklung des kanonischen Rechts, S. 17.
[88] Vgl. *Bertram*, Abdankung, S. 39.
[89] Vgl. *Gigliotti*, Rinuncia, S. 139 f. Mit dem Autor sei der Grundsatz „ex facto oritur ius" („Recht geht aus Tatsächlichem hervor") angefügt, der im gegebenen Fall unweigerliche Geltung besitzt.
[90] *Landau*, Entwicklung des kanonischen Rechts, S. 17 und den umfassenden Beitrag von *Congar*, Platz des Papsttums, S. 196–217.

römische Kirche für sie zu „Caput et cardo"[91] geworden ist, so wird klar, weshalb das betreffende Ereignis hinreichend ist, den Amtsverzicht erneut und so deutlich wie nie zuvor zum Untersuchungsgegenstand zu machen.[92] Am 13. Dezember 1294 verzichtete Papst Cölestin V. auf sein Amt, was eine Verzichtsleistung bedeutete, die aufgrund ihres konkreten Vollzugs in Freiwilligkeit und unter Beachtung der zu diesem Zeitpunkt bestehenden kirchlichen Rechtsnormen ein Novum in der Kirchenhistorie bedeutete.[93] Wegen der Einzigartigkeit dieses historischen Beispiels muss dieses eigens analysiert werden, denn der päpstliche Amtsverzicht war, „solange es einen konkreten Fall nicht gab (…) ohnehin eine akademische Frage, deren Lösung in der bisherigen Kanonistik nur Spezialisten bekannt gewesen sein dürfte".[94]

I. Die kirchenrechtlichen Voraussetzungen

Wird an dieser Stelle der Amtsverzicht Papst Cölestins V. aus dem spezifisch kirchenrechtsgeschichtlichen Blickwinkel untersucht, so müssen die gegebenen rechtlichen Voraussetzungen benannt und eingeordnet werden. Tatsächlich ist mit Peter Herde zu konstatieren, dass hinsichtlich des Amtsverzichts innerhalb der Kanonistik „der Wissensstand des Jahres 1294 nicht mit dem heutigen zu vergleichen"[95] war. Dennoch ist auch unabhängig von der noch fehlenden kanonistischen Durchdringung der Thematik ein wirkliches Interesse vonseiten Cölestins V. festzustellen, seinen Amtsverzicht auf einer fundierten Rechtsgrundlage zu vollziehen.[96] Dieses Ansinnen des Papstes entstammte jedoch nicht nur dem Wunsch, sich der Rechtskonformität seines Handelns sicher sein zu können. Vielmehr lag überdies die rechtliche wie moralische Grundsatzfrage zugrunde, ob ein Papst überhaupt auf sein Amt verzichten kann, denn dieser Verzicht stellte „für das Denken der Zeit einen gänzlich unerhörten Schritt"[97] dar.

Hierbei sah sich der verzichtswillige Cölestin mit eben diesen Fragen konfrontiert, denen sich auch die zeitgenössischen Kanonisten widmeten. Die grundsätz-

---

[91] *Congar*, Platz des Papsttums, S. 196.

[92] Dies gilt umso mehr, da in eben dieser Epoche der klassischen Kanonistik das Papsttum auch zur kirchenrechtlich höchsten Instanz aufstieg, auch, was den Bereich der Gesetzgebung betraf. Insofern erscheint es umso dringlicher, das betreffende historische Ereignis in Verbindung mit der aus ihm resultierenden Rechtsentwicklung eigens zu analysieren; vgl. zu den Rechten und der Stellung des Papsttums in dieser kanonistischen Epoche *Plöchl*, Geschichte Bd. II, S. 81–87.

[93] Vgl. die Einordnung bei *Herde*, Cölestin V., S. 128: „Seit Menschengedenken hatte kein Papst auf sein Amt verzichtet. Selbst die von der modernen Forschung erschlossenen möglichen Beispiele sind so unsicher, daß man in wohl keinem einzigen Fall von einer wirklichen Abdankung sprechen kann (…)".

[94] Ebd., S. 130.

[95] Ebd., S. 129.

[96] Vgl. ebd.

[97] *Baethgen*, Engelpapst, S. 168; *Weitz*, De urbe egressus est, S. 232 f.

liche Möglichkeit des Verzichts auf ein kirchliches Amt stand durch die einschlägigen Rechtsnormen fest.[98] Darüber war auch der Papst in bester Kenntnis, denn er bediente sich eines eigenen, persönlich genutzten Kompendiums, zu dessen Inhalt auch kanonistische Ausführungen zählten und innerhalb derer die Renuntiation einen eigenen Platz innehatte.[99] Ausgehend von diesem in der kirchengeschichtlichen Disziplin weithin als authentisch angesehenen Rechtstext, der Cölestin V. vorlag, kann festgestellt werden, dass dieser dieselben Rechtsnormen und deren Argumentationslinien, die die bereits untersuchten Rechtstexte behandeln, beinhaltete.[100] Die bleibende Frage lautete, welche die den Amtsverzicht annehmende Instanz sei, „hatte der Papst doch niemand außer Gott über sich".[101]

Papst Cölestin V., der mitnichten als Kanonist bezeichnet werden kann und seine kirchenrechtliche Absicherung wohl hauptsächlich in seinem Kompendium fand, musste zur Beantwortung dieser Grundfrage und aller aus ihr resultierenden Folgefragen die Hilfe kanonistischer Fachleute beanspruchen. Als nicht der Fachdisziplin entstammender Mensch war er über die primären Diskussionsbeiträge aus den Reihen der Kanonisten nicht im Bilde und wandte sich daher an „die Kirchenrechtler der Kurie und die gebildeten Kardinäle".[102] Dies erscheint retrospektiv als durchaus sinnvoller Weg, um sich über eine kirchenrechtliche Fragestellung fachgerecht zu informieren.

In Ermangelung einer expliziten rechtlichen Norm hinsichtlich des Spezialfalls eines päpstlichen Amtsverzichts mussten die allgemeinen Maßgaben zur Frage der Renuntiation zurate gezogen werden. Dabei traten zwei grundlegende Interessen hervor: Einerseits stellte sich die Frage, welche Begründung(en) einer päpstlichen Renuntiation als hinreichend zu bewerten waren. Andererseits musste erörtert werden, in welcher Form die Verzichtsleistung wirksam vollzogen werden konnte.

Die im cölestinischen Kompendium aufgeführten gerechten Gründe zu einer Renuntiation stimmten mit denen überein, die nicht nur der Liber Extra, sondern überdies die von ihm ausgehende kanonistische Forschung festgestellt hatten und die innerhalb dieser Epoche auch Anwendung fanden.[103] Diese Praxisrelevanz der rechtlich verbürgten Begründungen zeigte, dass diese als solche eine breite Rezeption erlebten, auch für den Fall bischöflicher Verzichtsleistungen innerhalb verschiedener Pontifikate des 13. Jahrhunderts. Auf diese Weise stand ihr zur Begründung genügender Charakter durch die Bestätigung im Faktischen ohne größere Zweifel fest. Ihre Anwendung im Spezialfall eines päpstlichen Amtsver-

---

[98] Vgl. S. 310–318 der vorliegenden Untersuchung und das kurze Summarium des hier Dargestellten bei *Herde*, Cölestin V., S. 130.

[99] Vgl. ebd., S. 129; *Baethgen*, Engelpapst, S. 168.

[100] Vgl. *Herde*, Cölestin V., S. 129 und dort Anm. 289, wo der Autor den Rechtstext und die These über seine Authentizität unter Verweis auf die kritische Auseinandersetzung darstellt.

[101] *Herde*, Cölestin V., S. 129; denselben Befund liefert auch *Baethgen*, Engelpapst, S. 168.

[102] *Herde*, Cölestin V., S. 130.

[103] Vgl. hierzu die bereits eingeordnete Darstellung bei *Ganzer*, Papsttum und Bistumsbesetzungen auf S. 316, Anm. 80 der vorliegenden Untersuchung.

zichts brachte jedoch ein Problem mit sich, das in seiner Wurzel mit der Frage der Annahme der Verzichtsleistung als zweitem großen Interesse zusammenhing:

> „Wer aber sollte, dieser Gedanke mußte sich dann sogleich aufdrängen, beim Papste, der doch auf Erden keinen Oberen über sich wußte, die vorgebrachten Gründe auf ihre Stichhaltigkeit prüfen und die notwendige Genehmigung aussprechen?"[104]

So standen letztlich nicht mehr zwei Fragestellungen im Raum, sondern nur mehr eine, die aber von derart fundamentaler Wichtigkeit war, dass sie alle Folgefragen gleichzeitig beantworten konnte: Musste der Amtsverzicht des Papstes gegenüber einer bestimmten Instanz abgelegt und überdies von jener angenommen werden?[105] Um sich den Antwortversuchen Papst Cölestins V. und damit näherhin denen seiner kurialen Gefolgschaft nähern zu können, lohnt sich nicht nur der Blick in die direkte Folgezeit nach seiner Renuntiation vom Petrusstuhl.[106] Tatsächlich wird nicht selten mit direktem Bezug zum Jahr 1294 auf „eine damals entstandene Konstitution über die Papstabdankung"[107] verwiesen, die jedoch verschollen ist. Die Befundlage hinsichtlich der Quellentexte, die auf dieses Dokument Cölestins verweisen, stellt sich im Gegensatz zu diesem selbst als durchaus inhaltsreich dar.[108] In Einklang mit Martin Bertram sei hier auf das „Opus Metricum" aus der Feder des Jacobus Gaetani Stefaneschi hingewiesen.[109]

II. Hinweise auf die Theorie aus dem praktischen Vollzug

Erneut hängen das historische Geschehen und die Entwicklung eines konkreten Rechtstexts – hier päpstlichen Ursprungs – eng zusammen, so stellte Bertram fest:

> „Die Möglichkeit ist nicht von der Hand zu weisen, daß das bei der Abdankung beobachtete Verfahren in der gleichzeitig entstehenden gesetzlichen Regelung seinen Niederschlag gefunden hat".[110]

---

[104] *Baethgen*, Engelpapst, S. 168.

[105] Vgl. *Herde*, Cölestin V., S. 131. Dort stellt der Autor ausgehend von der später folgenden Rezeption des Liber Sextus Papst Bonifaz VIII. fest, dass genau diese Fragestellung „die Diskussion der Kanonisten der Kurie vom Dezember 1294 widerspiegelt (…)".

[106] Vgl. ebd., S. 132: „Gewiß sind diese Ansichten der beiden bedeutendsten damals an der Kurie weilenden Kanonisten (sc. Jean Lemoine und Guido da Baisio) erst einige Jahre später von ihnen schriftlich niedergelegt worden, als die entsprechende Konstitution Bonifaz' VIII. erlassen war, doch gaben sie den Wissensstand wieder, wie er bereits 1294 vorhanden war".

[107] So *Bertram*, Abdankung, S. 47. Der Autor liefert ebd., S. 47–50 und 89 f. ausführliche Listen an Beispielen zeitgenössischer wissenschaftlicher Untersuchungen, die eine solche Konstitution explizit nennen.

[108] Erneut sei verwiesen auf *Bertram*, Abdankung, S. 51–59. Dort fügt der Autor neben einer bloßen Aufzählung auch wichtige Belegstellen an.

[109] Vgl. ebd., S. 51. Ebenfalls in Einklang mit Bertram wird die Edition von Franz Xaver Seppelt zugrunde gelegt (Monumenta Coelestiniana); zu seiner Person vgl. *Uecker*, Jacobus Gaetani Stefaneschi, Sp. 1416 f.

[110] *Bertram*, Abdankung, S. 65.

In Anbetracht des Fehlens jeder Überlieferung der Konstitution Papst Cölestins V. über den päpstlichen Amtsverzicht ist so dessen Vorgehen bei der eigenen Verzichtsleistung der wohl größte Hinweisgeber auf die möglichen Inhalte des diesbezüglichen Rechtstexts. Diese Interpretation drängt sich geradezu auf, wäre doch eine konträre Realität, in der der Papst zwar eine Konstitution mit gewissen Bestimmungen zum päpstlichen Amtsverzicht erlässt, sich aber bei seiner eigenen Renuntiation in völlig entgegengesetzter Weise verhält, nur schwer denkbar.

Durch den eigenen Vollzug des Amtsverzichts durch Cölestin V. wird zunächst ersichtlich, dass er die Frage nach der grundsätzlichen Möglichkeit eines Papstes auf sein Amt zu verzichten, bejaht. In Übereinstimmung mit dem kanonistischen Tenor jener Zeit wird den Päpsten diese Option zugesprochen, die daher mit großer Sicherheit Bestandteil der verschollenen Konstitution gewesen sein muss.[111] Diese These erfährt weitere Untermauerung, wenn sich dem eindringlichen Wunsch des Papstes bewusst gemacht wird, sein Handeln auf ein festes kirchenrechtliches Fundament zu stellen. Ist der päpstliche Amtsverzicht als grundsätzliche Option nun auch rechtlich verbürgt, gilt es, sich den Fragen nach der konkreten Vollzugsform zu stellen.

Hinsichtlich der Frage, ob eine Instanz den Amtsverzicht eines Papstes annehmen muss und falls ja, wer diese Instanz darstellt, ergibt sich ein ambivalentes Bild. Ein Blick auf die Handlungsweise Cölestins V. verrät, dass er seine Renuntiation vom Petrusstuhl vor dem Kardinalskollegium erklärte.[112] Doch ist damit auch die Aussage zu verbinden, dass es einer Bestätigung durch dieses bedurfte? In erster Linie ist lediglich die Erklärung des Verzichts vor dem zum Konsistorium versammelten Kardinalskollegium – *coram cardinalium* – unzweifelhaft feststellbar.[113] Doch unterscheiden die wichtigen Quellengeber Bonifaz VIII. und Tolomeo von Lucca darüber hinaus „zwischen der von Cölestin geleisteten *cessio* und deren *admissio* bzw. *acceptatio* durch die Kardinäle".[114] Trotz der Eindeutigkeit dieser zeitgenössischen Belege über eine Annahme müssen diese zunächst als Darstellung des Faktischen, nicht jedoch der rechtlichen Norm eingeordnet werden.

Es drängt sich innerhalb dieser Diskussion ein weiterer Lösungsansatz auf. Wie gesehen, war es der große Wunsch Papst Cölestins V., seinen Amtsverzicht auf ein sicheres rechtliches Fundament zu stellen. Dieses konnte er aufgrund der großen Hilfe durch alle kanonistischen Ressourcen der Kurie auch errichten. Die ermöglichende Kraft stellten hierbei die daran beteiligten Kardinäle dar, die ohnehin als Gesamtheit im Sinne ihrer Stellung als Senat des Papstes eine durchaus große Machtfülle besaßen.[115] Diese prägte sich im Angesicht des persönlichen Unver-

---

[111] Vgl. ebd., S. 62. Dort geht der Autor sogar einen Schritt weiter und stellt fest, dass diese Erkenntnis „den Kern von Cölestins Konstitution ausgemacht" hat.

[112] Vgl. hierzu *Herde*, Cölestin V., S. 135 f.; *Baethgen*, Engelpapst, S. 175 f.; *Bertram*, Abdankung, S. 62 f. und grundlegend *Stefaneschi* (ed. Seppelt), 78 V, S. 490 ff.

[113] Vgl. *Bertram*, Abdankung, S. 63.

[114] Ebd. Hervorhebung im Original.

[115] Vgl. die kurze Darstellung bei *Ganzer*, Aufstieg und Niedergang, S. 114–118.

mögens des Papstes in einer Form aus, innerhalb derer die Mutmaßung nicht abwegig erscheint, wonach die faktisch mächtigste Instanz nicht unbedingt mit dem römischen Amtsinhaber gegeben war. Vor diesem Hintergrund ordnet Peter Herde das Faktum der Annahme der Verzichtsleistung durch das Kardinalskollegium folgendermaßen ein:

> „Daraufhin nahm das Kollegium seine Resignation an. Inwieweit es sich dabei entgegen der kanonistischen Lehre, wonach der Papst bei einer Abdankung niemand außer Gott Rechenschaft über seine Gründe schulde und niemandes Zustimmung bedürfe, in die Rolle desjenigen versetzte, der bei einer Resignation von Benefizien die Zulässigkeit der Gründe zu überprüfen und dann die Entscheidung zu fällen hatte, ist schwer abzuschätzen (...). In seiner Ängstlichkeit mag Cölestin hier dem Kollegium auf halbem Weg entgegengekommen zu sein, sollte er doch sichergehen, nichts Unrechtes zu tun, während das Kollegium sich trotz der inzwischen verbreiteten Theorien von der monarchischen Gewalt des Papsttums gern in der Rolle eines Überwachers der Päpste sah".[116]

Diese Einordnung kann in der Tat dazu verhelfen, das ambivalente Bild hinsichtlich der Notwendigkeit einer Annahme des Amtsverzichts klarer erhellen zu können. Zwar bemerkt Herde zurecht, dass eine finale Aussage hinsichtlich der kanonistischen Notwendigkeit nur schwer zu tätigen ist, da es schlichtweg einer zum Beweis gereichenden Quelle mangelt. Allerdings deuten einige kanonistische Erkenntnisse jener Zeit darauf hin, dass es sich tatsächlich in der Annahme durch die Kardinäle wohl um eine aus eigenem Antrieb geleistete Absicherung Papst Cölestins V. gegen etwaige Anfechtungen handelte.

Eine von der Kirchenrechtswissenschaft konstatierte und überdies auch lehramtlich rezipierte Pflicht zur Annahme des päpstlichen Amtsverzichts lässt sich ausgehend von der kanonistischen Quellenlage bis zum Zeitpunkt des Jahres 1294 nicht erkennen. Die Tatsache, dass hinsichtlich des allgemeinen Vorgehens bei Renuntiationen von Kirchenämtern die Maxime der Annahme durch die jeweils höhere Instanz nahezu ohne Anzweiflungen rechtlich festgeschrieben wurde, kann das Fehlen dieser Notwendigkeit im Spezialfall des päpstlichen Amtsverzichts unterstreichen. Gerade weil die Kanonistik jener Zeit auf der Grundlage der wissenschaftlichen Überlegungen ein ausgeprägtes Bewusstsein über die Notwendigkeit zur Annahme entwickelt hatte und diejenigen Quellen, die sich mit der Papstrenuntiation befassen, diese dennoch nicht als ohne Zweifel vorausgesetzt haben einfließen lassen, zeigen die kanonistische Unsicherheit innerhalb dieser Fragestellung. Diese gilt insbesondere für jene Dekretalisten und Glossatoren, die sich umso eindeutiger für die bestehende Möglichkeit zum päpstlichen Amtsverzicht einsetzen, sich jedoch nicht zur Darstellung einer genauen Umsetzungsform durchringen konnten.

Die Grundlage der Zweifelhaftigkeit einer notwendigen Annahme der Renuntiation eines Papstes lässt sich schlussendlich in einer dogmatischen und kirchen-

---

[116] *Herde*, Cölestin V., S. 141.

rechtlichen Maxime[117] finden: der *plena potestas* des Papstes.[118] Diese Lehre
vom päpstlichen Primat, deren lehramtlicher und rechtlicher Siegeszug über den
Dictatus Papae Papst Gregors VII.[119] bis hin zur Hochphase der päpstlichen Macht
im 14. Jahrhundert führte[120], beinhaltete in ihrem Kern die Vereinigung aller Gewalten im Papstamt. Aus dem kirchenrechtswissenschaftlich so zu bezeichnenden
„Papalsystem" folgte,

> „daß das souveräne Gesetzgebungsrecht des Papstes seine Grenze nur noch im positiv
> göttlichen und natürlichen Recht hatte, ein Grundsatz, zu dem die kanonistische Schule
> seit Gratian die rechtstheoretische Untermauerung schuf. Der Papst steht über dem Kon-
> zilsrecht, das von ihm abhängig wird".[121]

Nicht nur die legislative, sondern alle Gewalten waren im Amt des Papstes vereint.[122] Der Papst allein war jene Instanz, die von keiner Macht vor Gericht gestellt
werden konnte. Die praktische Umsetzung der päpstlichen Höchstgewalt schloss
auch den ämterrechtlichen Bereich mit ein, stand ihm doch „die Bestätigung,
Versetzung und Absetzung von Bischöfen zu"[123] und bedurfte „der Amtsverzicht
von Bischöfen (renuntiatio) (...) der päpstlichen Zustimmung".[124] Diese Stellung
des Papsttums bei Papst Gregor VII. und der direkt nach ihm folgenden Reform-
päpste sollte aber zur Zeit Papst Cölestins V. bereits von einem entscheidenden
Unterschied geprägt sein.

Dies resultiere daraus, da im für die vorliegende Untersuchung relevanten Zeitraum die alleinige Vereinigung der *plena potestas* in der Person des Papstes nicht
mehr unbestritten war.[125] Bereits einige Jahrzehnte vor den Geschehnissen um den
zur Ausübung des Papstamtes wohl unfähigen Urban VI., die folgende Wahl Clemens VII. in Avignon und das damit begonnene Große Abendländische Schisma[126],
bestanden konkrete Überlegungen[127], die sich der Problematik eines mit absoluter

---

[117] Vgl. *Congar*, Platz des Papsttums, S. 202 f.: „Die päpstliche Gewalt ist nicht mehr eine
einfache kirchenrechtliche Tatsache; sie geht in die dogmatische Definition der Kirche ein
und dies nicht lediglich, um dort einen Platz unter anderen einzunehmen, sondern um dort
den entscheidensten Platz zu erhalten: den Platz des konstituierenden Prinzips".

[118] Vgl. *Herde*, Cölestin V., S. 131.

[119] Vgl. *Ullmann*, Machtstellung, S. 383. Dort präzisiert der Autor den wesentlichen Entwick-
lungsschritt zu dieser Zeit: „Das Papsttum bemühte sich, die hierokratischen Grundsätze nun
auch praktisch zu verwirklichen, d. h. die abstrakten Ideen in konkrete Regierungshandlungen
zu übertragen".

[120] Eine Darstellung jener Epoche findet sich bei *Seppelt/Schwaiger*, Geschichte der Päpste,
S. 137–212.

[121] *Plöchl*, Geschichte Bd. II, S. 83.

[122] Vgl. *Ullmann*, Machtstellung, S. 396.

[123] *Herde*, Cölestin V., S. 84.

[124] Ebd., S. 85. Hervorhebung im Original.

[125] So bspw. *Seppelt/Schwaiger*, Geschichte der Päpste, S. 206–212; *Ullmann*, Machtstellung,
S. 464–472.

[126] Vgl. *Ganzer*, Aufstieg und Niedergang, S. 122.

[127] Vgl. *Wilks*, The problem of sovereignty, 455 f.

Macht ausgestatteten Papstes einerseits und einem oftmals nicht minder mächtigen Kardinalskollegium andererseits zuwendeten.[128] Hierbei stand nicht selten der Wunsch nach Machtsteigerung einiger einflussreicher Kardinäle als treibende Kraft fest[129], zumal dann, wenn wie im Fall Cölestins V. ein starkes Kardinalskollegium einem schwächlichen Papst gegenüber stand. Neben diesem machtpolitischen Streben kann aus der tatsächlichen Ausübung der kirchlichen Höchst- und Letztgewalt ein entscheidender Schluss gezogen werden: Die Kardinäle wurden im dogmatischen und näherhin ekklesiologischen Denken immer mehr als Teilhaber an dieser eingeordnet.[130] Bereits einige namhafte Dekretisten ließen Überlegungen zu, wonach die römische Kirche aus Papst und Kardinälen zusammen bestünde.[131] Nur als zwei Anzeichen dieser Entwicklung sei an dieser Stelle an die Aufwertung der Konsistorien und die Unterschriftenleistung der Kardinäle unter päpstliche Urkunden erinnert.[132]

Erneut weisen die Vorgänge rund um den Amtsverzicht Papst Cölestins V. auf diese Tendenz hin. Sich der Hilfe kanonistischer Experten an der Kurie zu bedienen, ist an sich kein sicheres Anzeichen dafür, dass ein Großteil der Leitungsvollmacht faktisch auf das Kardinalskollegium übergangen sei und der Papst sich in einer gewissen Abhängigkeitssituation befunden haben müsse.[133] Dennoch ist es wenig überraschend, dass viele der Kardinäle offen und bereitwillig zur Verfügung standen, um Cölestin V. in der Vorbereitungsphase seines Amtsverzichts tatkräftig zu unterstützen.[134] Auch die verschollene Konstitution wurde den zeitgenössischen Quellen zufolge in Übereinstimmung mit der einhelligen Meinung der Kardinäle über die Zulässigkeit der päpstlichen Renuntiation erlassen.[135]

---

[128] Vgl. ebd., S. 456: „By the fourteenth century the nature and composition of the Roman church, the apportionment of power between pope and cardinals, was already a matter of fierce debate, and no useful solution to the conciliar problem could afford to neglect a rigorous definition of the status of the cardinalate".

[129] Vgl. hierzu die Ausführungen zum Kardinalat innerhalb der vorliegenden Untersuchung, S. 159–167.

[130] Vgl. ebd. und erläuternd *Wilks*, The problem of sovereignity, S. 458: „Thus it was used repeatedly during the later half of the thirteenth century to suggest a complete assimilation of the cardinalate with the papacy, and its participation in the plenitude of power".

[131] Vgl. *Ganzer*, Aufstieg und Niedergang, S. 123 zur dogmatischen Einordnung „von außen" und ebd., S. 119 zur Selbsteinschätzung durch das Kardinalskollegium; vgl. ferner *Gigliotti*, Rinuncia, S. 153 f.

[132] Vgl. ebd., S. 118–122; im gleichen Sinne *Ullmann*, Machtstellung, S. 472.

[133] Bis zum heutigen Tag ist es die Aufgabe u. a. des Päpstlichen Rates für die Gesetzestexte (seit Praedicate Evangelium unter dem Namen „Dikasterium für die Gesetzestexte") genau diese kanonistische Expertise zu leisten.

[134] Vgl. die Darstellung der Konsultationen bei *Herde*, Cölestin V., S. 132–135.

[135] Vgl. ebd., S. 134. Die Einhelligkeit der kardinalizischen Meinung spiegelt sich auch darin wider, dass sowohl Kardinal Benedikt Gaetani, der spätere Papst Bonifaz VIII. und damit direkter Nachfolger Cölestins V., als auch dessen spätere erbitterte Gegner, die Kardinäle Giacomo und Pietro Colonna die Konstitution und den Amtsverzicht mittrugen, bzw. ihn zumindest nicht aktiv ablehnten, vgl. hierzu ebd., S. 135.

Dieses „tatkräftige Eingreifen der Kardinäle in corpore"[136] stand sicher nicht
unter dem alleinigen Vorzeichen altruistischer Hilfeleistung, sondern erwuchs
durchaus aus einem im Wachsen begriffenen kardinalizischen Selbstverständnis.
Eine Begebenheit innerhalb des Konsistoriums kann hierzu einen deutlichen Hinweis geben. Papst Cölestin V. bat, nachdem er seine Verzichtserklärung verlesen
hatte,

> „um die Erlaubnis, weiterhin die Pontifikalinsignien bei der Meßfeier benutzen zu dürfen.
> Matteo Rosso Orsini als ältester der Kardinaldiakone versagte ihm jedoch diesen Wunsch
> und wies ihn darauf hin, daß die Abdankung ohne Bedingungen erfolgen müsse, woraufhin
> der greise Papst darauf verzichtete".[137]

Aus dieser zunächst randständig anmutenden Notiz zeigt sich die Selbsteinschätzung der Kardinäle, die sich hier faktisch anmaßten, dem im Amtsverzicht
begriffenen Papst der Kirche ein Verbot jedweder Bedingung aufzuerlegen.[138]
Diese Tatsache lässt eindeutig auf die gegebene Beziehungssituation zwischen
Papst Cölestin V. und den Kardinälen schließen. Trotz der Kürze des Pontifikats
war eine Verschiebung des Machtgefälles zugunsten der Kardinäle nachweisbar,
das sich zwar nicht kanonistisch, wohl aber faktisch niederschlug.

Eine endgültige Antwort auf die Frage nach dem Inhalt der verschollenen Konstitution über den päpstlichen Amtsverzicht Cölestins V. kann aufgrund der un-
möglichen Sichtung des Dokuments nicht gegeben werden. Die dargestellte zeitgeschichtliche – theoretisch formulierte und praktisch dargestellte – Situation des
Papstamtes lässt einerseits durchaus den Rückschluss zu, dass die cölestinische
Konstitution keine Annahme des Amtsverzichts durch eine Instanz vorsah.[139]
War zwar Cölestin V. selbst aufgrund seiner Persönlichkeit nicht als Inbegriff des
starken Papsttums der Kirche zu betrachten, stand die *plena potestas* des römischen Bischofs dennoch fest. Auch der wachsende Einfluss des Kardinalats, der
dazu führen sollte, dass diese sich als nahezu gleichberechtigter Teil der *Ecclesia
Romana* neben dem Papst etablierten, konnte daran nichts ändern. Zu Zeiten Cölestins V. konnte nicht davon gesprochen werden, dass die Kardinäle anstelle des
Papstes die Inhaber der Höchstgewalt gewesen wären.

Als weiteres und sicher schwerwiegendes Argument muss an die kanonistische
Fachdiskussion über den päpstlichen Amtsverzicht im Laufe des 12. und 13. Jahrhunderts erinnert werden.[140] War bei Huguccio die Verzichtsleistung vor (coram)

---

[136] *Bertram*, Abdankung, S. 64.

[137] *Herde*, Cölestin V., S. 140 f.

[138] In diesem Sinne auch *Bertram*, Abdankung, S. 64. Dort spricht der Autor von der „do-
minierenden Rolle" der Kardinäle.

[139] Gegen *Baethgen*, Engelpapst, S. 175. Dort schreibt der Autor: „Dementsprechend erließ
Cölestin eine Konstitution, in der klargestellt wurde, daß der Papst beim Vorliegen ausreichen-
der Gründe und mit Zustimmung der Kardinäle berechtigt sei, sein Amt in die Hände seiner
Wähler zurückzugeben (...)".

[140] Vgl. *Herde*, Cölestin V., S. 130 f. und die Darstellung innerhalb der vorliegenden Untersuchung, S. 310–318.

den Kardinälen zu leisten, so ist damit wohl keine Annahme, sondern ein „einseitiger Akt der Willenserklärung"[141] gemeint, der als solcher sicher nicht unbegründbar wäre.[142] Für Huguccio stand trotz des Wissens um die hohe und zu seiner Zeit stetig wachsende Position der Kardinäle der Kirche fest, dass diese „nicht das Haupt"[143] der Kirche bilden konnten. Seine Lehre blieb als Grundlage der weiteren kanonistischen Quellen weitestgehend bestehen, aus denen dann auch die Berater Papst Cölestins V. schöpften, ungeachtet dessen eigener Unkenntnis kanonistischer Fachdiskussionen.

Die neuerlich entstandene Unsicherheit in Bezug zu dieser Fragestellung entsprang indes ganz und gar den Vorkommnissen des Jahres 1294. Mit dem Amtsverzicht Papst Cölestins V. wandelte sich die Theorie in die Praxis.[144] Der zeitgeschichtliche Kontext bot dazu einen ausreichenden Nährboden. Ein verzichtswilliger Papst traf auf ein aufstrebendes, selbstbewusstes und mit einigen Befugnissen ausgestattetes Kardinalskollegium. Auch wenn sicherlich nicht mit der von Friedrich Baethgen dargestellten Sicherheit von der konstitutionell verfassten notwendigen Annahme durch die Kardinäle im Sinne einer *admissio* oder *acceptatio* gesprochen werden kann[145], sollte diesem Gestus eine nicht rechtliche, wohl aber praktische Notwendigkeit attestiert werden.

Welche weiteren für die kirchenrechtliche Genese der heute geltenden Norm zum päpstlichen Amtsverzicht wichtigen Aspekte lassen sich aus der Renuntiation Papst Cölestins V. erkennen? Auf der Grundlage seiner finalen Abdankungserklärung, die er im Konsistorium vom 13. Dezember 1294 verlas, sollen diese genannt und kurz erläutert werden:

„Ego Coelestinus Papa Quintus motus ex legitimis causis, idest causa humilitatis, et melioris vitae, et conscientiae illae, debilitate corporis, defectu scientiae, et malignitate plebis, et infirmitate personae, et ut praeteritae consolationis vitae possim reparare quietem, sponte, ac libere cedo Papatui, et expresse renuncio loco, et Dignitati, oneri, et honori, dans plenam et liberam facultatem ex nunc sacro Coetui Cardinalium eligendi, et providendi dumtaxat canonice universali Ecclesiae Pastore".[146]

---

[141] Ebd., S. 130.

[142] So ist an die „hinreichende Kundgabe" zu erinnern (c. 332 § 2), die ihrerseits nichts anderes als die positive Willenserklärung ist. Diese vor dem Kardinalskollegium in seiner Funktion als primäre Helfer des Papstes zu leisten, ist sicherlich sinnvoll, bedeutet jedoch keinesfalls eine Verzichtsleistung in die Hände der Kardinäle.

[143] *Ganzer*, Aufstieg und Niedergang, S. 123.

[144] Vgl. *Herde*, Cölestin V., S. 130. Dort bemerkt der Autor: „(…) solange es einen konkreten Fall nicht gab, war es ohnehin eine akademische Frage, deren Lösung in der bisherigen Kanonistik nur Spezialisten bekannt gewesen sein dürfte".

[145] Vgl. *Baethgen*, Engelpapst, S. 175.

[146] So bei *Oldoinus*, Vita et res gestae, Sp. 274; ebenso überliefert bei *Telera*, Historie sagre, S. 130 f. („Ich, Papst Cölestin V., von rechtmäßigen Gründen bewegt, das heißt wegen der Demut und des besseren Lebens und jenes Schuldbewusstseins, durch die Schwäche des Körpers, aus Mangel an Wissen und durch die Bosheit des Volkes und die persönliche Krankheit, und damit ich die Ruhe des vergangenen Lebens in der Stille wieder aufnehmen kann, verzichte

Zunächst fällt auf, dass Cölestin V. seinen Amtsverzicht mit einer großen Menge an Gründen rechtfertigt. Unbeachtet der bereits dargestellten und letztlich für diese Zeit nur schwer lösbaren Problemstellung, ob eine Begründung im Falle eines päpstlichen Amtsverzichts überhaupt notwendig sein konnte, deutet diese Überfrachtung erneut auf das Bestreben des Papstes hin, sich eines festen kirchenrechtlichen Fundaments sicher sein zu können.[147] Die Tatsache, dass außer dem letztgenannten Grund des Wunsches nach der Rückkehr ins Eremitendasein alle Gründe aus der Reihe jener entstammen, die die kanonistische Forschung zuvor als hinreichend ausgezeichnet hat, weist ebenfalls auf dieses Faktum hin.[148]

Ein weiterer bedeutsamer Aspekt besteht in der ausdrücklich festgestellten Freiwilligkeit des Amtsverzichts. Papst Cölestin V. betont, dass er frei (libere) aus dem Papstamt scheiden möchte.[149] Hierbei besteht die Relevanz dieser Tatsache nicht nur darin, dass die kanonistischen Überlegungen und Formulierungen hinsichtlich des päpstlichen Amtsverzichts stets die Freiwilligkeit dieser Handlung voraussetzten. Vielmehr wird durch das Realwerden eines freiwilligen Amtsverzichts durch das Beispiel Cölestins V. dieser selbst zu einem Unikum in der bisherigen Geschichte der päpstlichen Renuntiation. Nie zuvor konnte wirklich von einem freiwilligen und dem eigenen Antrieb entsprungenen päpstlichen Amtsverzicht gesprochen werden.[150] Können auch die spezifischen Umstände hinsichtlich Kirchengeschichte und beteiligter Personen in Bezug auf päpstliche Verzichtsleistungen als deutlich variabel bezeichnet werden, so sind die Umstände einzelner geschichtlicher Beispiele für die Entwicklung eines bis heute bestehenden Rechtsinstituts dennoch von hoher Bedeutung.[151] Dies gilt insbesondere für das Faktum der Freiwilligkeit des Amtsverzichts, denn mit der cölestinischen Verzichtsleistung ist die hinsichtlich dieser kirchenrechtlichen Voraussetzung des *libere fiat* in c. 332 § 2 einzige historische Vergleichsgröße geboten.

---

aus eigenem Antrieb und frei auf das Papsttum und entsage ausdrücklich dem Stand, der Würde, der Aufgabe und der Ehre und gebe von diesem Augenblick an dem heiligen Bund der Kardinäle die volle und freie Möglichkeit, der Kirche rechtmäßig einen universalen Hirten zu wählen und für einen solchen zu sorgen", eigene Übersetzung).

[147] Vgl. *Herde*, Cölestin V., S. 136 f.

[148] Der letztgenannte Grund besteht im Wunsch des Papstes, in das Leben in der Ruhe seines vormaligen Einsiedlerlebens zurückzukehren. Dieser kann mit Bertram zurecht als mit „zweifelhafter Legitimität" ausgestattet eingeordnet werden, vgl. Abdankung, S. 65; zur Vielzahl der Verzichtsgründe vgl. auch *Stefaneschi*, Opus metricum (ed. Seppelt), S. 80, Zeile 534–548.

[149] Vgl. vertiefend *Baethgen*, Engelpapst, S. 174; *Herde*, Cölestin V., S. 137.

[150] Vgl. hierzu *Goudot*, Quels modèles pour une renonciation?, S. 48–55 und besonders S. 55 f.: „Sur trois papes dont on peut affirmer qu'ils ont réellement démissioné (…), seul Célestin V l'a fait paisiblement, en-dehors de toute violence et de tout schisme, mais cela fut perçu comm l'aveu de son incompétence"; *Granfield*, Resignation, S. 121–123; ebenfalls bezugnehmend *Klappert*, Amtsverzicht, S. 57 f.; ähnlich *Pulte*, Amtsverzicht, S. 67 f.

[151] Hier mit *Pulte*, Amtsverzicht, S. 67 f.: „Allerdings hatte schon die Wahl Coelestins nach einer langen Pattsituation im Konklave und im Kontext der mittelalterlichen Armutsbewegung eine besondere, das bisherige feudalistische Papsttum kontrastierende Bedeutung. Insofern eignet sich nicht ein Vergleich der Päpste, sondern lediglich einer der Verzichtsleistungen (…)".

Zuletzt sei die futurische Dimension innerhalb der Resignation Cölestins V. bezüglich päpstlicher Amtsverzichtsleistungen betont. Erneut ist auf Martin Bertram hinzuweisen, der ausgehend von den zeitgenössischen Quellen herausstellen konnte, „daß bei der Formulierung der Konstitution auch an zukünftige Päpste gedacht worden sei".[152] Diese zukunftsweisende Feststellung kann indes nicht nur aus Sekundärquellen zur verschollenen Konstitution gewonnen werden. Papst Cölestin V. verfügte in einer seiner letzten Amtshandlungen die fortdauernde Gültigkeit der Papstwahlordnung Ubi Periculum Papst Gregors X. aus dem Jahr 1274.[153] Allerdings versah er diese mit dem Zusatz, dass sie nicht nur für den Fall des Todes des Papstes, sondern auch bei dessen Amtsverzicht (und anderer Gründe der Vakanz des Apostolischen Stuhles) gelten solle.[154] Aus beiden Quellenkreisen – sowohl hinsichtlich des mutmaßlichen Inhalts der Konstitution als auch des Zusatzes zur Konklaveordnung – lässt sich für die vorliegende Fragestellung zumindest ersehen, dass die praktische Umsetzung der rechtlich verbürgten Möglichkeit zum Amtsverzicht des Papstes im Denken jener Zeit keine historische Singularität bildete. Zukünftige päpstliche Verzichtsleistungen standen ausdrücklich im Bereich des Möglichen.

III. Zwischenfazit

Die Renuntiation Papst Cölestins V. im Jahr 1294 ist es aus verschiedenen Gründen wert, innerhalb der hier vorliegenden Fragestellung eigens untersucht zu werden. Wenn an dieser Stelle der spezifisch kirchenrechtsgeschichtliche Blickwinkel Anwendung fand, so konnte festgestellt werden, wie eng die kanonistische Entwicklung eines Rechtsinstituts mit den konkreten zeitgeschichtlichen Faktoren zusammenhängt sowie teilweise durch sie in Gang gesetzt und beeinflusst wird.[155] Die für die kirchenrechtliche Genese des päpstlichen Amtsverzichts wichtigsten Erkenntnisse aus dem historischen Exempel Cölestins V. seien im Folgenden summarisch zusammengefasst.

1. Papst Cölestin V. vollzog seinen Amtsverzicht freiwillig und aus eigenem Antrieb. Auch wenn davon auszugehen ist, dass einflussreiche Zeitgenossen hauptsächlich aus der Reihe der Kardinäle den Papst in seinem Verzichtswillen aktiv bestärkt und durch entsprechende Ratschläge und Hilfestellungen zum Vollzug beigetragen haben[156], geschah die Renuntiation letztlich nicht aufgrund fremden Einflusses. Bis heute sind grundsätzlich in Bezug zum Amtsverzicht (c. 188)[157]

---

[152] *Bertram*, Abdankung, S. 65.
[153] Vgl. *Herde*, Cölestin V., S. 137.
[154] Vgl. ebd.; *Baethgen*, Engelpapst, S. 173.
[155] Vgl. *Gigliotti*, Rinuncia, S. 139.
[156] Vgl. die Darstellung bei *Herde*, Cölestin V., S. 132–135; ferner *Bertram*, Abdankung, S. 60–61, 63–64.
[157] Vgl. *Socha*, c. 187, Rdnrn. 4–6 und c. 188, in: MKCIC (August 1988).

und explizit im Spezialfall der päpstlichen Renuntiation (c. 332 § 2)[158] die Freiheit des Verzichtsleistenden und die Freiwilligkeit der Verzichtsleistung als deren Wirksamkeitsvoraussetzungen einzuordnen.

2. Weiter und nicht nur als Randnotiz anzumerken ist das Verbot der Bedingung im Falle des cölestinischen Amtsverzichts.[159] Im heute geltenden c. 332 § 2 ist nicht von einem „bedingungslosen Amtsverzicht" die Rede und tatsächlich handelt es sich hierbei um eine ungeklärte Frage des Kirchenrechts.[160] Wie im weiteren Geschichtsverlauf darauf geantwortet wurde und welche Antwortmöglichkeiten heute und im Lichte des Amtsverzichtes Papst Benedikts XVI. zu nennen sind, wird noch zu klären sein.

3. Ebenfalls durch das Exempel Cölestins V. unbeantwortet bleiben die Fragen nach der notwendigen Annahme des päpstlichen Amtsverzichts und eng damit verbunden nach der Notwendigkeit der Begründung desselben. Wohl aber hat die Verzichtsleistung des Jahres 1294 die systematische Erforschung dieser Unsicherheit erneut in Gang setzen können. Mit letzter Sicherheit feststellbar bleibt indes die Tatsache, dass Papst Cölestin V. seine Verzichtsleistung nicht nur auf einen, sondern auf eine Vielzahl hinreichender Gründe stützte. Hierbei liegt es nahe, den Wunsch des sicheren und kirchenrechtlich einwandfreien Handelns als Ursprung dessen zu bewerten. Dies gilt vermutlich auch für die Verzichtsleitung *coram cardinalium*, die nicht als sicheres Indiz für eine Annahme durch das Kollegium, sondern als Zeichen für das „auf halbem Wege Entgegenkommen"[161] durch den Papst eingeordnet werden muss. Überhaupt sind es diese beiden Fragestellungen bzw. deren gemeinsame Ursprungsfrage, die nicht nur die kanonistische Weiterentwicklung des päpstlichen Amtsverzichts der direkten Folgezeit, sondern überdies die gesamte Verfassungsstruktur der Kirche maßgeblich bestimmen sollten. Muss der päpstliche Amtsverzicht begründet werden? Und muss er von einer anderen Instanz angenommen werden?

4. Dass Benedikt Gaetani nicht nur einer der vorzüglichsten Ratgeber Papst Cölestins V.[162], sondern ebenso als Papst Bonifaz VIII. dessen direkter Nachfolger auf dem Petrusstuhl und als solcher Auftraggeber des Liber Sextus war[163], weist auf den weiteren Weg der Analyse der Genese des Rechtsinstituts hin. Auch hier, so wird sich zeigen, hängen der Amtsverzicht Cölestins V. und die nach seinem Pontifikat entstandene und im Liber Sextus enthaltene Rechtsnorm[164] untrennbar miteinander zusammen.

---

[158] Vgl. *Bier*, c. 332, Rdnr. 10, in: MKCIC (Januar 2008); *Klappert*, Amtsverzicht, S. 59 f.
[159] Vgl. *Bertram*, Abdankung, S. 64; *Herde*, Cölestin V., S. 140 f.; *Baethgen*, Engelpapst, S. 175.
[160] Vgl. *Klappert*, Amtsverzicht, S. 68 f.
[161] *Herde*, Cölestin V., S. 141.
[162] Vgl. ebd., S. 132–135.
[163] Vgl. den kurzen Überblick bei *Link*, Rechtsgeschichte, S. 39 f.
[164] VI, 1.7.1.

F. Liber Sextus Papst Bonifaz VIII.

Diese Zusammengehörigkeit des geschichtlichen Beispiels und der kirchenrechtlichen Fixierung im Liber Sextus Papst Bonifaz VIII. zeigt sich nicht nur
im direkten Bezug, den der Rechtstext selbst offenbart.[165] Mit dieser Dekretale
Bonifaz VIII. lag nun erstmals eine kirchenrechtlich verbindliche und explizite
Maßgabe hinsichtlich des päpstlichen Amtsverzichts vor.[166]

I. Zeitgeschichtliche Voraussetzungen

Der Wunsch und alles damit verbundene Tun Papst Cölestins V., seinen Amtsverzicht auf ein festes kirchenrechtliches Fundament zu erbauen, hatte letztlich das
Ziel, die Rechtsgültigkeit der Verzichtsleistung unzweifelhaft zu gewährleisten. Für
Cölestin V. lag der Ursprung dieses Wunsches darin, sich mit dem Amtsverzicht
des in seinem Denken so ungeliebten und ihn überfordernden Papstamtes endgültig entledigt zu haben und so auch rechtlich frei zu sein, in sein Eremitendasein
zurückkehren zu können. Nicht weniger bedeutsam war die Rechtsgültigkeit des
cölestinischen Verzichts für seinen Nachfolger im Papstamt. Dieser sah sich direkt
mit der daraus resultierenden Frage konfrontiert, ob er denn legitimer Amtsinhaber
war.[167] Gerade seine Gegnerschaft nutzte diese möglichen Zweifel an der Legitimität seines Pontifikats bereitwillig aus.[168] Bonifaz VIII. selbst wies explizit auf die
Rechtsgültigkeit des Amtsverzichtes seines Vorgängers hin, wobei er sich unter
anderem auch auf den Reigen an hinreichenden Begründungen zu stützen wusste.[169]

Die Rechtmäßigkeit des Amtsverzichtes und die daraus erst ermöglichte Legitimität des eigenen Pontifikats zu untermauern, bedeutete für Bonifaz VIII.
ein alternativloses Vorgehen. Dies lag insbesondere daran, dass er als gebilde-
ter Kanonist[170] und fester Bestandteil des kurialen Machtapparates[171] einer der
ersten und wichtigsten Ratgeber seines Vorgängers war und so dazu beigetragen
hat, die Möglichkeit eines Papstes zum Amtsverzicht zu formulieren und hernach

---

[165] Vgl. *Pulte*, Amtsverzicht, S. 71.

[166] Vgl. *Graulich*, Amtsverzicht, S. 481.

[167] Vgl. *Bertram*, Abdankung, S. 6; *Granfield*, Resignation, S. 122; *Weitz*, De urbe egressus
est, S. 233.

[168] Vgl. *Herde*, Bonifaz VIII., S. 215 f. Diese Gegnerschaft soll jedoch nicht darüber hinwegtäuschen, dass die Mehrzahl der Kardinäle sehr wohl die rechtmäßige Wahl Papst Bonifaz VIII. anerkannten.

[169] Vgl. *Bertram*, Abdankung, S. 65. Dort beschreibt der Autor die nachträgliche Feststellung
Bonifaz VIII., dass „sein Vorgänger ex certis ratinonabilibus et legitimis causis zurückgetre-
ten" sei.

[170] Vgl. etwa *Herde*, Cölestin V., S. 132; *Baethgen*, Engelpapst, S. 169; *Granfield*, Resignation, S. 122.

[171] So nennt ihn *Granfield* einen „veteran in the papal service" (Resignation, S. 122).

verbindlich festzulegen.[172] Wenn auch nicht sicher feststeht, ob Kardinal Gaetani neben seiner tätigen Mithilfe an der Entstehung der Verzichtserklärung auch die verschollene Konstitution mitformulierte[173], so steht das Zeugnis Cölestins V. hinsichtlich des päpstlichen Amtsverzichts doch als mit der Meinung Bonifaz VIII. über diese Problematik deckungsgleich fest. Auch die Frage, ob Kardinal Gaetani Papst Cölestin V. aus reinem Eigennutz half und die Legitimität einer Papstrenuntiation aufgrund eigener Ansprüche auf den Petrusstuhl gerne feststellte[174], kann und muss an dieser Stelle nicht beantwortet werden. Und dennoch steht die Alternativlosigkeit der Bezugnahme Bonifaz VIII. auf Cölestin V. auch darum fest, da diese doch die beste Gewährleistung des eigenen Machtanspruchs mit sich bringen konnte. Es wäre freilich schwer zu begründen gewesen, hätte Papst Bonifaz VIII. sich gegen seine eigene Lehre über die Legitimität des päpstlichen Amtsverzichts gestellt und damit überdies die Rechtmäßigkeit des eigenen Pontifikats in großen Zweifel gezogen.[175]

Aus dem zeitgeschichtlichen Kontext lässt sich ein Wandel feststellen: War die kanonistische Diskussion über die Möglichkeit eines päpstlichen Amtsverzichts aufgrund ihrer Abstraktheit hauptsächlich eine theologische, so folgte aus der Realwerdung der Verzichtsleistung und den ebenso realen Folgen desselben ein Wandel hin zu einer kirchenpolitisch begründeten Debatte.[176]

Die Auseinandersetzung Papst Bonifaz VIII. mit den Colonna-Kardinälen verdeutlicht diese Entwicklung, haben ihn doch beide im Konklave des Dezembers 1294 noch ins Papstamt gewählt, um später zu seinen erbittertsten Gegnern und Verfechtern der These über seine illegitime Wahl zu werden.[177] Als durchaus selbst- und machtbewusster Mensch[178] schuf Papst Bonifaz VIII., der sich nicht nur hinsichtlich seiner Legitimität in Sicherheit wog, sondern genauso gut über seine Vollmacht als *Herr der Canones* im Bilde war, selbst die Rechtssicherheit.[179]

---

[172] Vgl. *Bertram*, Abdankung, S. 60 f.

[173] Vgl. ebd., S. 60. Für den hier vorliegenden Interessensraum ist die Beantwortung dieser Frage irrelevant.

[174] Vgl. ebd. Dort stellt Bertram fest, dass das Handeln Kardinal Gaetanis eine ambivalente Einschätzung „von Rat und Hilfe bis zu arglistiger Anstiftung" erfährt; kritisch dazu *Herde*, Cölestin V., S. 133 f.

[175] Vgl. *Miethke*, De potestate papae, S. 51. Bonifaz VIII. war sich seiner eigenen kanonistischen Expertise bewusst.

[176] Vgl. *Pulte*, Amtsverzicht, S. 71.

[177] Vgl. die kurze Zusammenfassung bei *Granfield*, Resignation, S. 123 und den Hinweis bei *Miethke*, De potestate papae, S. 64; vgl. hierzu auch *Gigliotti*, Rinuncia, S. 196–206.

[178] Vgl. *Miethke*, De potestate papae, S. 49 f. In dieser persönlichen Verfassung unterschied er sich grundlegend von seinem Vorgänger.

[179] Vgl. *Graulich*, Amtsverzicht, S. 481; *Pulte*, Amtsverzicht, S. 71.

II. Die Dekretale Quoniam aliqui *(1. 7. 1)*

Die betreffende Dekretale war Bestandteil des sogenannten Liber Sextus, der im Jahr 1298 mit der Bulle Sacrosanctae promulgiert wurde und Gesetzeskraft erlangte.[180] Ausgangspunkt dieser neuerlichen Gesetzessammlung, die Bonifaz VIII. in Auftrag gab, war wiederum der Wille, die große Fülle an Dekretalen und Beschlüssen, die nach Erscheinen des Liber Extra im Jahr 1234 formuliert wurden, zu sammeln und zu systematisieren.[181] Darunter entstammte eine Vielzahl der Normen aus der Hand Papst Bonifaz VIII. selbst.[182] Die hier das Interesse leitende Dekretale „Quoniam aliqui" befindet sich in Liber I unter dem VII. Titulus „De renunciatione".[183]

Die essentielle Aussage der besagten Rechtsnorm lautet: „*Romanus Pontifex potest libere papatui renunciare*".[184] Somit steht zum ersten Mal in der Geschichte des Kirchenrechts eine Explikation der rechtlich verbürgten Möglichkeit des Papstes, auf sein Amt zu verzichten, vor Augen. In der Begründung dieser Norm bezieht sich Bonifaz VIII. ausdrücklich auf seinen Vorgänger im Amt: „*Coelestinus Papa quintus praedecessor noster (…) statuit et decrevit, Romanum Pontificem posse libere resignare*".[185] Dass diese Schlussfolgerung der grundsätzlichen Möglichkeit des Papstes zu resignieren den Kern[186] des Inhalts der verschollenen cölestinischen Konstitution ausmachte, liegt durchaus im Bereich des Denkbaren; die Frage nach weiteren Aspekten – Verzichtsgründe, Verzichtsannahme – kann zwar gestellt und differenziert beantwortet werden,[187] ist aber mit der Promulgation des Liber Sextus irrelevant, da gleichzeitig alle nicht darin enthaltenen früheren Normen ihre Gesetzeskraft verlieren.[188] Somit liegt im vorliegenden Titulus VII die von nun an relevante Rechtsnorm hinsichtlich des päpstlichen Amtsverzichts vor.

Die Verbindung mit den Geschehnissen um Cölestin V. steht hierbei nicht nur aufgrund der Tatsache fest, dass es sich mit der nun geltenden Norm wohl um eine reservierte Dekretale handelte[189], die bloß bleibend geltend den Eingang in die neue ergänzende Kompilation gefunden hätte. Auch inhaltlich steht sie auf den Überlegungen rund um den Amtsverzicht des Jahres 1294.[190] Als Essenz der nunmehr geltenden Norm lässt sich die Maxime zusammenfassen: Der Papst kann frei

---

[180] Vgl. *Link*, Rechtsgeschichte, S. 40.

[181] Ausführliches zur Entstehungsgeschichte bei *Plöchl*, Geschichte Bd. II., S. 481 f.

[182] Vgl. ebd., S. 481. Plöchl nennt die Zahl von 251 Kapiteln aus dem Werk Bonifaz VIII.

[183] Vgl. zur Redaktionsgeschichte *Gigliotti*, Rinuncia, S. 214–219.

[184] „Der Römische Bischof kann frei auf das Papstamt verzichten", eigene Übersetzung.

[185] „Unser Vorgänger, Papst Cölestin V., hat beschlossen und entschieden, dass der Römische Bischof frei resignieren kann", eigene Übersetzung.

[186] Vgl. *Gigliotti*, Rinuncia, S. 233.

[187] Vgl. *Bertram*, Abdankung, S. 62 und die interessante aber hier nicht bedeutsame kritische Auseinandersetzung ebd., S. 66–78.

[188] Vgl. *Plöchl*, Geschichte Bd. II, S. 482.

[189] Vgl. *Bertram*, Abdankung, S. 69.

[190] Vgl. *Herde*, Cölestin V., S. 131 f.

auf sein Amt verzichten. Dies mag zunächst aufgrund der geringen Quantität des Rechtssatzes verwundern, doch zeigt die Entstehungsgeschichte dieser nunmehr als Recht der Kirche feststehenden Sentenz, dass alleine diese Rechtwerdung der Möglichkeit des Papstes, auf sein Amt zu verzichten, als gewaltiger Fortschritt einzuordnen ist. Sicher beruht das Fehlen einzelner inhaltlicher Präzisierungen auf zeitgenössischen und wohl machtpolitischen Umständen, war doch ein machtaffiner Papst um das Herausstellen seiner eigenen Legitimität bemüht. Man könnte hierbei an eine Auflistung hinreichender Gründe zu einer päpstlichen Amtsverzichtsleistung, die obligatorische Kundgabe vor bzw. die Annahme durch eine gewisse Instanz, oder im Umkehrschluss an eine Negation dieser Notwendigkeiten denken. Doch auch ohne diese kanonistischen Feinheiten steht fortan zweifelsohne fest, dass der Verzicht auf das Petrusamt eine frei wählbare Möglichkeit für den Amtsinhaber darstellt.

Zwei weitere Aspekte, die sich aus der vorliegenden Norm des Liber Sextus ergeben, seien an dieser Stelle genannt. Zunächst schreibt der Gesetzgeber ausdrücklich, dass es sich um einen auf Dauer geltenden Rechtssatz handelt, wenn dieser *ad perpetuam rei memoriam* Einzug in das authentische Kirchenrecht fand.[191] Hiermit wird einer Auslegung der Rechtsnorm die Grundlage entzogen, die diese als Einmaligkeit darzustellen versucht.[192] Auf der Grundlage des durch Papst Cölestin V. Erlassenen handelt es sich um einen fortdauernd gültigen Rechtssatz. Als letzter Hinweis aus dem Wortlaut der Dekretale lässt sich die mittlerweile zur Normalität gewordene Promulgation *ad fratrum nostrorum consilium* aufzeigen. Sie weist einerseits darauf hin, dass Papst Bonifaz VIII. im Zuge seiner gesetzgeberischen Tätigkeiten den Rat und die Mithilfe seines Senates gesucht und gefunden hat und überdies mit den Gepflogenheiten der päpstlichen Verlautbarung jener Zeit bestens vertraut war[193], andererseits aber auch auf den eigentlichen Zusammenhang, in dem diese Formel Ursprung und Sinn erfährt: den wachsenden Einfluss und die gestiegene Macht der Kardinäle der Kirche.[194]

III. Zeitgeschichtliche Auswirkungen

Erneut wurde eine faktische Realität zum Ausgangspunkt der theoretischen Weiterentwicklung der Fragestellung um die päpstliche Renuntiation, erneut war die Frage nach dem Papstamt selbst und dessen *plena potestas* Dreh- und Angelpunkt aller Überlegungen.[195]

---

[191] Vgl. *Bertram*, Abdankung, S. 70.

[192] Vgl. ebd.

[193] Vgl. *Wilks*, The problem of sovereignity, S. 459. Dort wird dargestellt, dass der Gebrauch dieser Formel gerade zu einem Argument der Colonna gegen Bonifaz VIII. wurde.

[194] Vgl. *Ganzer*, Aufstieg und Niedergang, S. 119.

[195] Vgl. *Granfield*, Resignation, S. 124 f. Dort führt der Verfasser die Beispiele des Aegidius Romanus und des Johannes von Paris an, die zwar unterschiedliche Ergebnisse liefern, sich aber beide auf die *plena potestas* beziehen.

In Kontinuität zu vormaligen Überlegungen nutzten beide der kontrahierenden Seiten die Gewaltenfülle als Argument für die jeweilige Meinung.[196] Für beide stand überdies fest, dass sie sich nur in der *Ecclesia Romana* finden lässt und untrennbar mit dieser verbunden ist. Einzig die Frage, wie sich diese Römische Kirche nun genau definiert und wer folglich Inhaber der *plena potestas* ist, wurde divergierend beantwortet. Doch gerade diese Unterschiedlichkeit der Antworten barg für die vorliegende Fragestellung wichtige Folgen. Wie bereits gesehen, vollzog sich nicht nur der cölestinische Amtsverzicht, sondern damit untrennbar verbunden auch die Wahl Papst Bonifaz VIII. und sein gesamtes Pontifikat innerhalb einer Zeit der Aufwertung und Machtsteigerung des Kardinalskollegiums. Gerade die Auseinandersetzung zwischen Bonifaz VIII. und den Kardinälen der Colonna zeigen das enorme Selbstbewusstsein der Purpurträger jener Zeit.[197] Diese Entwicklung fand ihre Zuspitzung in jenen Theorien, die die Kardinäle nicht mehr nur als Senat des Papstes und dessen vornehmliche Unterstützer einordneten, sondern sie als gleichwertige Bestandteile der *Ecclesia Romana* neben dem Bischof von Rom sahen.[198] Wurden sie nun aber derart bewertet, lag die daraus resultierende Schlussfolgerung auf der Hand, wonach die *plena potestas* nicht alleine dem Papst, sondern ihm und den Kardinälen anheimfiel.[199] Um im zeitgeschichtlichen Kontext zu bleiben, muss konstatiert werden, dass Papst Bonifaz VIII. sicher ein Gegner „einer extensiven Machtstellung des Kardinalskollegiums"[200] war. Wohl auch deshalb blieb seine Rechtsnorm hinsichtlich des päpstlichen Amtsverzichtes bei der einfachen Feststellung der Rechtsgültigkeit stehen. Dennoch lässt sich die Frage nach dem Träger – bzw. den Trägern – der *plena potestas* nicht außer Acht lassen. Wenngleich Bonifaz VIII. Gegner dieser Machtstellung war, verteidigte sie seine ihm feindgesinnte Kardinalopposition. Sie ging vielmehr noch darüber hinaus, denn für sie stand ihre gleichwertige Teilhabe an der römischen Höchstgewalt fest.[201] Gerade dieses Faktum wurde zu ihrer vorzüglichen Argumentationsgrundlage.[202]

Wird diese korporative Lehre über die *plena potestas* zur Grundlage, so stellt sich hinsichtlich der päpstlichen Renuntiation die Frage, ob für ihren Fall der Grundsatz *Romanus Pontifex a nemine iudicatur* nicht eher zu *Ecclesia Romana a nemine iudicatur* umgewandelt werden müsste.[203] In dieser korporativen Art verstanden, ergäbe sich nicht nur ein deutlich größerer Einflussbereich der Kardi-

---

[196] Vgl. ebd., S. 125.
[197] Vgl. *Ganzer*, Aufstieg und Niedergang, S. 121; *Gigliotti*, Rinuncia, S. 196–206.
[198] Vgl. ebd., S. 121 f.
[199] Vgl. ebd., S. 124; *Wilks*, The problem of sovereignity, S. 458.
[200] *Ganzer*, Aufstieg und Niedergang, S. 128.
[201] Vgl. *Wilks*, The problem of sovereignity, S. 459.
[202] Vgl. *Ganzer*, Aufstieg und Niedergang, S. 125.
[203] Es sei angemerkt, dass sich diese Umformulierung auf die Ecclesia Romana als korporativer Zusammenschluss von Papst und Kardinälen bezieht, die in diesem Konstrukt als gemeinsame Inhaber der *plena potestas* gelten. Spricht der heute geltende c. 1404 von der *Sedes Romana a nemine iudicatur*, so liegt diesem Rechtssatz die Einsicht zugrunde, wonach die *Sedes Romana* mit dem Papstamt und dem jeweiligen Inhaber gleichzusetzen ist (vgl. c. 331).

näle im Falle eines päpstlichen Amtsverzichtes, wie zum Beispiel in Form einer *acceptatio*, sondern die übergeordnete Folge, wonach der jeweilige Amtsinhaber des römischen Bischofsstuhls der auch den Kardinälen obliegenden höchsten Gewalt untergeordnet wäre.[204] Gerade die vornehmliche Aufgabe der Kardinäle die alleinigen Papstwähler[205] zu sein, wurde innerhalb dieser Diskussion zu einem gerne gewählten Argument, da sie sich in ihrer Wahlhandlung als Werkzeuge Gottes im exklusiven und inspiratorischen Sinn verstanden.[206] So lag der Gedanke nahe, wonach der Papst sein Amt nur in die Hände derer zurückgeben konnte, durch deren Wahl er es einst empfangen hatte. Papst Bonifaz VIII. verwarf letztlich all diese Überlegungen und Theorien, deren Gegner er schon innerhalb der Geschehnisse um seinen Vorgänger war.

So impliziert die knapp verfasste Norm aus dem Liber Sextus, dass für die Rechtsgültigkeit der Renuntiation keine Annahme vonnöten sei, doch waren damit weder die Diskussion noch die praktischen Unsicherheiten beendet.[207] Wenngleich die Möglichkeit des Papstes auf sein Amt zu verzichten selbst nicht mehr zum Gegenstand einer systematischen Anfechtung wurde, kann eine weitere, mit der Renuntiation und der extensiven Stellung der Kardinäle verbundene Problematik verzeichnet werden: die Absetzung eines Papstes von seinem Amt.[208] Konnte der Papst zum Wohle der Kirche auf sein Amt verzichten, so stand die Überlegung nahe, eine Absetzung des Papstes aus dem gleichen gerechten Grund vorzunehmen, als rechtmäßig zu betrachten.[209] Wenngleich diese Einordnung stets angefochten und oftmals verworfen wurde, blieb das übersteigerte kardinalizische Selbstbewusstsein, das den eigentlichen Ursprung solcher Missinterpretationen darstellte, noch einige Zeit bestehen.

Der Pontifikat Papst Bonifaz VIII. kann hierbei als Ende der päpstlichen Machtsteigerung bewertet werden.[210] Im festen Bewusstsein über die unter Juristen und Theologen herrschende Lehre über die Verfasstheit der Kirche und die exklusive Stellung des Papstes innerhalb dieser vertrat Bonifaz VIII. seine Ansprüche in voller Überzeugung.[211] Gerade das endlose Machtstreben dieses Papstes kann hier-

---

[204] Vgl. *Wilks*, The problem of sovereignty, S. 459: „(…) the distinction between the pope and the Roman church is accentuated and utilised as means of suggesting that the pope is in every way subject to the jurisdiction of the College".

[205] Vgl. die Darstellung innerhalb der vorliegenden Untersuchung, S. 154–157.

[206] Vgl. *Wilks*, The problem of sovereignty, S. 460 f.

[207] An dieser Stelle sei auch auf alle Bezugnahmen aus dem Bereich der Publizistik zu denken, wie etwa an Dante Alighieri, der in seiner Divina Comedia Cölestin V. gar in die Hölle verbannte (Inferno, 5. Gesang, V. 59), wenngleich Dante Cölestin V. nicht namentlich anführt, vgl. *Seppelt/Schwaiger*, Geschichte der Päpste, S. 206; ausführlich hierzu *Gigliotti*, Rinuncia, S. 324–345.

[208] Vgl. *Granfield*, Resignation, S. 128.

[209] Vgl. *Wilks*, The problem of sovereignty, S. 463.

[210] Vgl. *Seppelt/Schwaiger*, Geschichte der Päpste, S. 212, 215; *Link*, Rechtsgeschichte, S. 45, Rdnr. 3.

[211] Vgl. *Miethke*, De potestate papae, S. 53.

bei wohl als Auslöser des Niedergangs dieser ersten Epoche des absolutistischen Papsttums gelten.[212] Insbesondere die mit der Bulle Unam Sanctam des Jahres 1302 dargestellte Theorie wurde einerseits zum höchsten Ausdruck des Machtanspruchs Bonifaz VIII. und andererseits zum vorzüglichen Angriffspunkt seiner Widersacher.[213] Ausgehend vom lukanischen Bildnis der zwei Schwerter (Lk 22,38) stand für Bonifaz VIII. fest, dass diese beiden – die geistliche und die weltliche Macht darstellend – im Papst vereint sind, „der das weltliche Schwert an Kaiser und Könige weitergebe, aber unter Vorbehalt, dass diese es (…) nach Weisung des Papstes führten".[214] Durch die lehramtliche Erhebung dieser Theorie mittels der Bulle Unam Sanctam stand der somit authentisch untermauerte höchste päpstliche Machtanspruch durch Bonifaz VIII. fest.

So lässt sich für diese Epoche des Machtanspruchs auch der „klaffende Widerspruch zwischen Anspruch und politischer Wirklichkeit schlagartig"[215] feststellen. Letztlich war mit dem Ende des Pontifikats Bonifaz VIII. auch das vorläufige Ende der päpstlichen Vormachtstellung angebrochen.[216] Die folgenden Päpste der avignonesischen Epoche sahen sich mannigfachen kirchenpolitischen und auch weltpolitischen Problemen ausgesetzt[217], sodass die Frage nach dem päpstlichen Amtsverzicht wegen der nunmehr fehlenden praktischen Relevanz alsbald in den Hintergrund rückte. Die Geschehnisse um den letzten kaiserlich eingesetzten Gegenpapst vor dem Konzil von Konstanz Nikolaus V.[218] können schwerlich in Bezug zu einem freiwilligen Amtsverzicht eines rechtmäßigen Papstes gesetzt werden. Als unrechtmäßiger Gegenpapst war sein „Verzicht" auf das Amt als solcher eigentlich eine „Unterwerfung" unter den rechtmäßigen Nachfolger Petri.

Im Vordergrund bleiben sollte hingegen die Machtsteigerung des Kardinalskollegiums im Angesicht dieser Schwäche des Papsttums.[219] Wenngleich diese Entwicklung keine expliziten Auswirkungen auf den kirchenrechtlichen Befund hinsichtlich einer Papstrenuntiation mit sich brachte, so deutet sie doch implizit auf verfassungsrechtliche Grundlagen hin, die den päpstlichen Amtsverzicht in seiner seit dem Liber Sextus bestehenden Form stärkten. Die Wahl Papst Urbans VI. und die folgende Einsetzung des Gegenpapstes Clemens VII. (beide 1378), durch

---

[212] Vgl. *Seppelt/Schwaiger*, Geschichte der Päpste, S. 208: „Die Übersteigerung des politischen Machtanspruchs Bonifaz VIII. führte zur Katastrophe für ihn und für das Papsttum. Der Niedergang der päpstlichen Autorität wurde offenkundig".

[213] Vgl. ebd., S. 210 f. Den Inhalt an dieser Stelle zu analysieren, würde Rahmen und Ziel dieser Untersuchung übersteigen. Daher wird sich mit diesem Hinweis begnügt.

[214] *Link*, Rechtsgeschichte, S. 44, Rdnr. 1.

[215] *Miethke*, De potestate papae, S. 54.

[216] Vgl. *Link*, Rechtsgeschichte, S. 45 f., Rdnr. 3.

[217] Vgl. den Überblick bei *Seppelt/Schwaiger*, Geschichte der Päpste, S. 215–235.

[218] Vgl. ebd., S. 224 f.

[219] Vgl. *Ganzer*, Kirchenfürsten, S. 315; mit *Seppelt/Schwaiger* sei an die Wahlkapitulationen erinnert, die zum ersten Mal für das Konklave von 1352 nachzuweisen und als Ausdruck der „Machtbestrebungen der Kardinäle" zu bewerten sind (Geschichte der Päpste, S. 229).

die das Große Abendländische Schisma seinen Anfang fand, war Höhepunkt der Machtsteigerung der Kardinäle und ihrer Machthoheit gegenüber dem Papsttum.[220]

Welche Details dieser Geschehnisse sind für die Thematik des päpstlichen Amtsverzichtes relevant? Zunächst muss das Schisma als ein innerkirchlich beigeführtes betrachtet werden, bei dem keine weltlichen äußeren Einflüsse zur Bedingung der Spaltung wurden, sondern der Machterhaltungstrieb der Kardinäle. Diese sahen sich durch die Wahl Urbans VI. und dessen Vorgehen gegen den kardinalizischen Einfluss bedroht. Seine persönliche Verfasstheit trug nicht wenig dazu bei.[221] In der Tat sind die Vorgänge der Wahl Urbans VI. verworren, eine finale Aussage über deren Rechtmäßigkeit ist nur schwer zu treffen und bis heute Gegenstand kontroverser Fachdiskussionen.[222] Doch unabhängig davon lässt sich aus dem Handeln der Kardinäle deren Selbsteinschätzung ablesen. Um sich gegen die Wahl Urbans VI. zu wehren, wählte die nach Avignon zurückgekehrte Kardinalopposition Kardinal Robert von Genf zu Papst Clemens VII.[223] Hierbei argumentierten die Kardinäle nicht nur mit der Illegitimität der Wahl zu Rom, sondern überdies mit der offenkundigen Unfähigkeit Urbans VI., dem eine Geistesstörung attestiert wurde, das Papstamt auszuüben.[224]

Diese Tätigkeit der Kardinäle zeigt, dass sie sich dazu bevollmächtigt sahen, im Angesicht eines zur Amtsausübung unfähigen Papstes zu dessen Absetzung zu schreiten. Im Fortbestehen des Schismas und dem immer größer werdenden Wunsch der Christenheit diesen unerträglichen Zustand zu beenden, erwuchs die konziliare Theorie, nach der „das allgemeine Konzil als Repräsentation der Gesamtkirche über dem Papst stehe und diesen notfalls richten und auch absetzen könne".[225] Tatsächlich kann das allgemeine Begehren, die Einheit der Kirche wiederherzustellen, als ehrliches und inniges Anliegen betrachtet werden, führte doch die herrschende Situation des Schismas dazu, dass „die Kardinäle beider Oboedienzen"[226] zum Konzil in Pisa zusammentrafen.

Es würde an dieser Stelle zu weit führen, diese Theorie entfaltet darzulegen[227], doch sei im Kontext des päpstlichen Amtsverzichtes in seiner Entwicklung als rechtliche Norm in Verbindung mit dieser Historie festgestellt, dass die Möglichkeit zur Renuntiation sicher den Weg zu einer Deposition erleichtern konnte. Durch die positive Option, das höchste Amt der Kirche aus freien Stücken aufgeben zu können, war so jede Theorie über einen etwaigen *character indelebilis*

---

[220] Vgl. *Seppelt/Schwaiger*, Geschichte der Päpste, S. 235 f.

[221] Vgl. ebd., S. 236.

[222] Vgl. ebd.; der Frage ausführlich gewidmet hat sich bspw. *Brandmüller*, Papst und Konzil, hier S. 3–41.

[223] Vgl. *Seppelt/Schwaiger*, Geschichte der Päpste, S. 236.

[224] Vgl. ebd.

[225] Ebd., S. 239.

[226] *Link*, Rechtsgeschichte, S. 47.

[227] Vgl. ebd., S. 47 f.

des Papstamtes letztgültig verworfen.[228] In Verbindung mit der äußersten Schwäche des Papsttums während des Großen Abendländischen Schismas lagen nun
Überlegungen wie die der konziliaren Theorie sicher nicht mehr fern, durch Absetzung eines Papstes die für die Christenheit notwendige Klarheit über das nach
wie vor höchste Amt in der Kirche zu schaffen. Die Entwicklung des päpstlichen
Amtsverzichts zeigt, dass dieser, wenn er zugunsten der Kirche vollzogen wurde,
allgemeine Anerkennung finden konnte. Eine Papstabsetzung aus dem gleichen
Grund zu vollziehen, war sicher nicht gänzlich aus der Luft gegriffen.[229] Hätten
sich die Kanonisten dieser Epoche intensiv mit dem päpstlichen Amtsverzicht beschäftigt, könnte durchaus ein differenziertes Ergebnis zubuche stehen, in welchem
beispielsweise nicht nur die Freiheit des Amtsinhabers zur Renuntiation, sondern
überdies eine etwaige Notwendigkeit dazu beschrieben werden würde.[230] Doch
bleiben solche Überlegungen im Lichte des tatsächlichen kanonistischen Befundes
letztlich nur als Gedankenspiele bestehen.

G. Weitere kirchenrechts- und zeitgeschichtliche Entwicklung

Was die kanonistische Genese des päpstlichen Amtsverzichtes anbelangt, sind
nach dem Tod Bonifaz VIII. im Jahr 1303 keine nennenswerten Entwicklungsschritte mehr zu verzeichnen.[231] Das CorpIC weiterschreibend beinhalteten die
sogenannten Clementinen (Constitutiones Clementinae), die unter Clemens V.
verfasst, aber erst 1317 durch seinen Nachfolger Johannes XXII. erlassen wurden,
den Titel „De renunciacione".[232] Auch diese neuerliche Ergänzung galt als gesamtkirchlich geltendes authentisches Recht, wobei die nicht in ihr enthaltenen und
ihren Regelungen nicht widersprechenden früheren Normen seit Promulgation des
Liber Sextus weiterhin – stillschweigend – Rechtskraft behielten.[233] Dass gerade

---

[228] Vgl. *Granfield*, Resignation, S. 127.

[229] Vgl. ebd., S. 128. Die verworrenen Bestrebungen der verschiedenen Päpste durch verschiedene Wege, unter denen der Amtsverzicht eines Beteiligten als Option bestand, die
Kircheneinheit wiederherzustellen, beschreiben *Seppelt/Schwaiger*, Geschichte der Päpste,
S. 239–243; überdies sei verwiesen auf *Link*, Rechtsgeschichte, S. 48. Hier ordnet der Autor
dieses „Notrecht" der Kirche im Angesicht eines *Papa haereticus* ein.

[230] Vgl. ebd., S. 244. Dort beschreiben die Autoren die Absetzungen und Abdankungen der
drei Päpste von Rom, Avignon und Pisa im Zuge des Konzils von Konstanz, die zugunsten
der Kircheneinheit herbeigeführt wurden.

[231] Vgl. *Granfield*, Resignation, S. 128: „Although the discussion continued (…) after the death of Boniface in 1303, came to have only academic interesst". Ein Beispiel für die Kommentierung der entsprechenden Dekretale durch Gilles Bellemères liefert *Weitz*, De urbe egressus
est, S. 237–261.

[232] Clem. 1.3.4; vgl. *Link*, Rechtsgeschichte, S. 40, Rdnr. 8. Die genannte Dekretale behandelt allgemein die Renuntiation von einem Kirchenamt, jedoch nicht ausdrücklich das Spezifikum des päpstlichen Amtsverzichts.

[233] Vgl. *Plöchl*, Geschichte Bd. II, S. 483. Der Autor weist darauf hin, dass das Stillschweigen
um die fortdauernde Rechtsgültigkeit den „kirchenpolitischen Schwierigkeiten" dieser Zeit
Rechnung trug.

die Kompilation unter Papst Johannes XXII. keine Änderungen hinsichtlich des päpstlichen Amtsverzichts mit sich brachte, die im Sinne einer Machterweiterung beispielsweise des Kardinalats im Sinne der Gegner Bonifaz VIII. dahergekommen wäre, lag sicherlich an seiner Persönlichkeit. So lässt er sich beschreiben als Papst „von einer erstaunlichen Tatkraft und Arbeitslust, eine Herrschernatur (...). Für das Papsttum beanspruchte er (...) eine Stellung, wie sie die großen Herrscherpäpste des Hochmittelalters und zuletzt Bonifaz VIII. verfochten hatten".[234] Auf Grundlage dieser Einschätzung erstaunt es nur wenig, dass Johannes XXII. nichts an der freien Möglichkeit eines Papstes, auf sein Amt zu verzichten, verändert hat. Lag auch mit den betreffenden Dekretalen ein Werk seines Vorgängers vor, so hätte der Nachfolger diesen sicher keine Rechtskraft verliehen, wenn sie seiner eigenen Auffassung entgegengestanden hätten.

Für die Extravaganten als zusätzlicher Bestandteil[235] des CorpIC lässt sich indes feststellen, dass diese keine eigenen Titel „De renunciacione" beinhalteten. Dies gilt sowohl für die betreffenden Dekretalen Johannes XXII. als auch für die Extravagantes Communes der Jahre 1261–1484.[236]

Wurden im Vorangegangenen bereits Gedanken über mögliche Entwicklungen zu Zeiten der Schwäche des Papsttums während des Großen Abendländischen Schismas angestellt, so lässt sich für die Zeit danach das genaue Gegenteil konstatieren. Bereits mit dem Dekret Frequens, das die Versammlung zu Konstanz im Jahr 1417 beschloss, wurde der exklusiven Machtstellung der Kurie ein Riegel vorgeschoben.[237] Neben diesem bestand mit Haec Sancta ein weiteres wichtiges Dekret der Kirchenversammlung, das sich zugunsten der Priorität des Konzils gegenüber jeder anderen Macht – inklusive des Papstes – mit dem Ziel der Auflösung des Schismas äußerte. Joseph Ratzinger stellte später die bleibende Relevanz dieses „Notrechts" der Kirche am Vorabend des II. Vatikanischen Konzils fest.[238] Die Konstanzer Beschlüsse, so Ratzinger, können von ihrer Aussageabsicht her in Komplementarität zu den Aussagen des I. Vatikanischen Konzils auf ihre bleibende Relevanz innerhalb der Ekklesiologie hinweisen.[239] Auch deshalb sind die Geschehnisse dieser Epoche für die vorliegende Fragestellung von Interesse,

---

[234] *Seppelt/Schwaiger*, Geschichte der Päpste, S. 220.

[235] Vgl. *Plöchl*, Geschichte Bd. II, S. 484. Bei den Extravaganten handelte es sich um private Rechtssammlungen. Daher „entbehren sie des Charakters einer authentischen Sammlung mit Rechtswirksamkeit. Die einzelnen Dekretalen sind verbindlich, insoferne und insoweit sie diese Verbindlichkeit bei ihrer individuellen Promulgation besaßen und sie nicht durch nachfolgende Abrogation verloren hatten" (ebd., S. 485).

[236] Zum Überblick *Link*, Rechtsgeschichte, S. 40, Rdnr. 9.

[237] Vgl. *Seppelt/Schwaiger*, Geschichte der Päpste, S. 245 f.

[238] Vgl. *Ratzinger*, Primat und Episkopat, JRGS 8/1, S. 650 f.

[239] Vgl. ebd. Am Rande erwähnt sei die Darstellung Papst Benedikts XVI., wonach die lehramtlichen Definitionen zur Ekklesiologie des I. Vatikanischen Konzils für sich genommen tatsächlich ein einseitiges Fragment bilden und nur in ihrer Komplementarität ihre Vervollständigung finden können (Ansprache Begegnung mit dem Klerus/2013, o. S.).

obgleich diese nicht zu einer explizit kanonistischen Entwicklung beitrugen.[240] Es verbietet sich eine losgelöste Analyse einer einzelnen Rechtsnorm, die nur aufgrund ihrer Einbindung in das Gesamt des Kirchenrechts und der ihm zugrundeliegenden Theologie verstehbar werden kann.

Der im Zuge des Konzils gewählte Papst Martin V. verstand sich indes darauf, die päpstliche Macht entgegen der konziliaren Theorie wiederherzustellen und in Analogie zur Epoche vor der Zeit der Schwäche zu erhalten.[241] Seppelt und Schwaiger stellen hierzu sowie für die vorliegende Fragestellung beachtenswert fest, wie Papst Martin V. die Reform „im päpstlichen Interesse" vollzog:

> „Als erfahrener Kanonist kannte er sehr wohl die früheren Rechtsverhältnisse, gerade auch die Rechte des Heiligen Stuhles, wie sie etwa im Zeitalter Bonifaz VIII. geübt und anerkannt worden waren".[242]

Doch sollte diese papstgesinnte Reform Martins V. ihr baldiges Ende finden: Sein Nachfolger Papst Eugen IV. konnte sich nicht gegen das den Konziliarismus stärkende Konzil von Basel wehren. Nachdem er zunächst die Basler Versammlung nebst ihren Beschlüssen anerkannte, kam es im Folgenden erneut zum Bruch.[243] An dessen Ende stand die Wahl des Gegenpapstes Felix V., wodurch aber Ansehen und Stellung des Basler Konzils und seiner Beschlüsse massiv schwanden[244], sodass „Eugen IV. und das Papsttum in dem Ringen mit dem Konzil die Sieger"[245] waren. Zur Mitte des 15. Jahrhunderts lässt sich erneut mit Seppelt und Schwaiger konstatieren:

> „In dem langen Kampf zwischen Papsttum und Konziliarismus (...) hatten die Nachfolger des Apostelfürsten ihre gottgesetzte Stellung behauptet".[246]

Mit dem wiedererstarkten Papsttum ging der Rückgang des Machtanspruchs der Kardinäle einher.[247] Dieser vollzog sich nicht nur auf der Ebene des praktischen Vollzugs, sondern ebenso innerhalb des theologischen Diskurses. Wurden die Purpurträger als Einrichtung durch den Apostolischen Stuhl zu dessen Unterstützung verstanden, verloren sie jedwede Einordnung als korporative Teilhaber der päpstlichen *plena potestas*.[248] Aufgrund fehlender Praxisrelevanz und der oh-

---

[240] Vgl. *Ratzinger*, Primat und Episkopat, JRGS 8/1, S. 649. Dort weist Ratzinger selbst auf die bleibende Relevanz hin: „Die Erschütterung der päpstlichen Gewalt durch das abendländische Schisma ließ das in aller Deutlichkeit hervortreten: Im Gegeneinander von Konziliarismus und Papalismus stellt sich nun erst das Problem Primat-Episkopat in jener Form, in der es der Sache nach bis zum I. Vaticanum bestand".

[241] Vgl. *Seppelt/Schwaiger*, Geschichte der Päpste, S. 246; *Link*, Rechtsgeschichte, S. 49 f., Rdnr. 5.

[242] Ebd., S. 247.

[243] Vgl. ebd., S. 248–250.

[244] Vgl. *Link*, Rechtsgeschichte, S. 51, Rdnr. 7.

[245] *Seppelt/Schwaiger*, Geschichte der Päpste, S. 251.

[246] Ebd., S. 253.

[247] Vgl. *Ganzer*, Aufstieg und Niedergang, S. 129 f.

[248] Vgl. *Ganzer*, Kirchenfürsten, S. 315 f.

nehin feststehenden absoluten Macht des Papsttums erstaunt es daher nur wenig, dass die kanonistische Diskussion um den päpstlichen Amtsverzicht zum Erliegen kam. Selbst wenn dieser zum Forschungsgegenstand geworden wäre, hätte sich wohl nichts am durch den Liber Sextus vorgegebenen Bestand geändert und wenn, dann höchstens vertiefend zugunsten der Stellung des Papstes.

Der Liber Sextus bleibt der vorläufige Anknüpfungspunkt der Analyse der Genese der Rechtsnorm über den päpstlichen Amtsverzicht, sodass die Frage nach dessen Rezeption im Gesamten und im Speziellen gestellt werden muss.[249] Die Publizistik in der direkten zeitlichen Nähe zur Promulgation der Sammlung Bonifaz VIII. lässt in der Tat auf eine „durchgängige Aktualität der Diskussion des Themas während des gesamten Pontifikats"[250] schließen. Bekannte Kanonisten wie Johannes Monachus[251] oder Johannes Andreae[252] bezogen Stellung zur Frage des päpstlichen Amtsverzichts – im Sinne der Legitimität desselben.[253] Insbesondere stach jedoch die betreffende Schrift De renunciatione papae des Pariser Theologen Aegidius Romanus hervor. Obgleich diese leicht in den Verdacht geraten kann, Auftragsschrift Bonifaz VIII. gewesen zu sein, unterstrich sie als „in sich durchaus origineller und scharfsinniger Text"[254] die Möglichkeit des Papstes, frei auf sein Amt verzichten zu können. Erwähnenswert erscheint außerdem der Kommentar des Kanonisten Guido da Baisio.[255] In diesem „Rosarium" genannten Werk bezieht er nicht nur Stellung zur Grundsatzfrage nach der Möglichkeit zum päpstlichen Amtsverzicht, sondern überdies hinsichtlich der möglichen Rolle des Kardinalskollegiums innerhalb der Verzichtsleistung.[256]

Ohne diese Kommentare detailliert beschreiben zu können, sind sie dennoch „fraglos ihrerseits ein Beleg für die Rezeption der Kodifikation in der damaligen Wissenschaft".[257] Die Publikationsgeschichte des Liber Sextus weist aus praktischer Sicht darauf hin, weshalb die Dekretale zum päpstlichen Amtsverzicht für den Bereich der Gesamtkirche keine eigene Rezeption erfuhr. Die der Versendung an die Universitäten eigentlich vorgeschaltete ordentliche Publikation erfolgte durch Mitteilung an die (Erz-)Bischöfe des Erdkreises, von deren Stelle die neuen

---

[249] Einen Überblick über die Rezeptionsgeschichte bietet *Schmidt*, Rezeption des Liber Sextus, S. 51–64.

[250] *Miethke*, De potestate papae, S. 66.

[251] Vgl. *Herde*, Cölestin V., S. 130 f. Gerade sein Kommentar zum Liber Sextus kann als erster und für Westeuropa bestimmender gelten, vgl. *Schmidt*, Rezeption des Liber Sextus, S. 54; zur Person vgl. *Plöchl*, Geschichte Bd. II, S. 522.

[252] Vgl. *Schmidt*, Rezeption des Liber Sextus, S. 55; zur Person vgl. *Plöchl*, Geschichte Bd. II, S. 520 f.

[253] Vgl. *Miethke*, De potestate papae, S. 65 f. Der Autor stellt nicht unkritisch fest, dass es sich durchaus um eigens durch Bonifaz VIII. gesicherte publizistische Hilfestellungen handeln könne.

[254] Ebd., S. 67.

[255] Vgl. *Herde*, Cölestin V., S. 131; zur Person vgl. *Plöchl*, Geschichte Bd. II, S. 519.

[256] Vgl. *Herde*, Cölestin V., S. 131.

[257] *Schmidt*, Rezeption des Liber Sextus, S. 55.

Normen an Provinzial- oder Diözesansynoden und von diesen ausgehend an den Klerus weitergetragen wurde.[258] Über diesen Weg gelangte jedoch nicht der Liber Sextus mit all seinen neuen Rechtsnormen an alle genannten Orte, vielmehr wurden einzelne für die jeweilige Region oder den entsprechenden Personenkreis relevante Inhalte ausgewählt.[259] Daraus wird verstehbar, weshalb die Bestimmung zum päpstlichen Amtsverzicht innerhalb dieser Rezeptionslinie keine Berücksichtigung fand und sich auf den römischen und universitär-wissenschaftlichen Bereich[260] der Rezeption beschränkte. Letztlich sei nur angemerkt, dass hinsichtlich der betreffenden Dekretale keinerlei negative Rezeption bis hin zur Abrogation stattgefunden hat.[261]

Papst Bonifaz VIII. war nicht nur der Nachfolger des letzten Papstes vor dem Jahr 2013, der aus freien Stücken auf sein Amt verzichtet hat, sondern überdies ein profilierter und gelehrter Kanonist der noch dazu gewillt war, die eigene päpstliche Macht zu erhalten und wo es möglich war zu vergrößern. Daher sind die Umstände um den Beginn des 14. Jahrhunderts für die Untersuchung der Genese der kanonischen Möglichkeit des Papstes zum Amtsverzicht unverzichtbarer Untersuchungsgegenstand.

Das Corpus Iuris Canonici bezeichnete seit der Konstitution Cum pro munere Papst Gregors XIII. aus dem Jahr 1580 verbindlich die soeben betrachteten Rechtssammlungen.[262] Ab 1582 bestand mit der amtlichen Ausgabe des CorpIC jene Rechtssammlung, die bis zur ersten Kodifikation, die 1917 promulgiert wurde und 1918 in Kraft trat[263], das geltende Recht der Kirche darstellte.[264] Diese Erkenntnis zeigt nicht nur die Wichtigkeit der eingehenden Analyse der mit dem Liber Sextus vorgegebenen Rechtsnorm zum päpstlichen Amtsverzicht aus rein geschichtlichem Interesse. Vielmehr wird durch sie deutlich, dass mit der betreffenden Dekretale, welche nach ihrem erstmaligen Erscheinen nie substantiell verändert oder gar abrogiert wurde, die bis zur Promulgation des Codex Iuris Canonici von 1917 geltende Rechtsgrundlage des päpstlichen Amtsverzichts vorliegt.[265]

Wohl aufgrund mangelnder praktischer Relevanz der Thematik in dieser enormen Zeitspanne kam es zu keinem weiteren expliziten Diskurs, aus dem eine Änderung des geltenden Rechts hätte resultieren können.[266]

---

[258] Vgl. ebd.
[259] Vgl. ebd., S. 56.
[260] Vgl. *Plöchl*, Geschichte Bd. II, S. 505 f.
[261] Vgl. zur negativen Rezeptionslinie *Schmidt*, Rezeption des Liber Sextus, S. 59–61.
[262] Vgl. *Plöchl*, Geschichte Bd. II, S. 486.
[263] Vgl. *Benedikt XV.*, Bulle Providentissima Mater.
[264] Vgl. *Link*, Rechtsgeschichte, S. 41, Rdnrn. 11–12.
[265] Vgl. *Feine*, Rechtsgeschichte, S. 603.
[266] Vgl. hierzu die knappe Einordnung bei *Graulich*, Amtsverzicht, S. 481: „In der Folgezeit wurde die Möglichkeit des Amtsverzichtes von Seiten des Papstes von der Kirchenrechtswissenschaft diskutiert, letztlich aber akzeptiert und fand auch Eingang in den Codex Iuris Canonici von 1917 (…)". Die Geschichte des Papsttums, die untrennbar mit der Genese der

So stellt can. 221 CIC/1917 die nächste Rechtsnorm innerhalb der Genese des heute geltenden c. 332 § 2 zum päpstlichen Amtsverzicht dar, die es zu untersuchen gilt.

§ 2 Codex Iuris Canonici von 1917

A. Can. 221 CIC/1917: Entwicklung und Bestand

Betrachtet man die Quellen des ersten kodifizierten Rechts der Kirche, so lässt sich der Bestand des can. 221 CIC/1917 explizit auf die betreffende Dekretale *Quoniam aliqui* aus dem Liber Sextus Papst Bonifaz VIII. rückbeziehen.[267] In wörtlicher Übereinstimmung mit can. 221 SchCIC/1914[268] heißt es in can. 221 des Codex Iuris Canonici von 1917:

> „Si contingat ut Romanus Pontifex renuntiet, ad eiusdem renuntiationis validitatem non est necessaria Cardinalium aliorumve acceptatio".[269]

Diese schlicht gehaltene kodikarische Feststellung der positiven Option des Papstes auf sein Amt zu verzichten, steht augenscheinlich nicht nur in der gleichen entwicklungshistorischen Tradition, sondern stimmt auch materiell mit der im Liber Sextus formulierten Norm überein.[270] Der sich daraus ergebende kurze und dem ersten Anschein nach vage Rechtssatz[271] steht auf der Grundlage der herrschenden Lehre über das Papstamt, wie sie zuletzt das I. Vatikanische Konzil lehramtlich verbindlich dargestellt hat. In Verbindung mit den Maximen dieser Lehre erscheint es folglich nur wenig verwunderlich, dass can. 221 CIC/1917 nicht mehr als nur diese kurz formulierte Norm beinhaltet, die gerade mit dem, was sie nicht explizit sagt, auf ihr theologisches Fundament hinweist. Es ist dennoch angebracht, zunächst die knappen Explikationen der vorliegenden Norm einzuordnen, um von diesen ausgehend einen Blick auf die zugrundeliegende Lehre über das Papstamt zu richten.

Norm zum päpstlichen Amtsverzicht zusammenhängt, kann an dieser Stelle für den Zeitraum zwischen Beendigung des Großen Abendländischen Schismas bis zur Promulgation des CIC/1917 nicht dargestellt werden. Es sei jedoch aus dem spezifisch kirchenrechtsgeschichtlichen Blickwinkel diesbezüglich verwiesen auf *Plöchl*, Geschichte Bd. III/1, S. 103–193. Die letzte grundlegende theologische Durchdringung des Papsttums vor der ersten Kodifizierung geschah auf dem I. Vatikanischen Konzil, vgl. hierzu die Darstellung auf S. 26–44 der vorliegenden Untersuchung.

[267] Vgl. CIC/Fontes vol. IX, Sp. 104.

[268] Vgl. *Gasparri*, SchCIC/1914, zu can. 221.

[269] „Falls der Papst verzichtet, ist zur Gültigkeit dieser Verzichtsleistung keine Annahme durch die Kardinäle oder jemand anderen nötig", eigene Übersetzung.

[270] Vgl. *Pulte*, Amtsverzicht, S. 71.

[271] Vgl. ebd., S. 70. Dort schreibt der Autor zu can. 221 CIC/1917: „Dort heißt es lapidar, dass der Amtsverzicht des Römischen Pontifex zur Gültigkeit keiner Annahme durch die Kardinäle oder anderer bedarf".

Zunächst steht fest, dass der Papst auf sein Amt verzichten kann. Hierbei handelt es sich um eine durch keine rechtliche Normierung eingeschränkte Option, die durch can. 221 CIC/1917 kodikarisch verbürgt wird.[272] Weiter ergibt sich aus dem Rechtstext, dass zur Gültigkeit der Verzichtsleistung (ad eiusdem renuntiationis validitatem) keine Annahme durch die Kardinäle (Cardinalium) oder andere (aliorum) notwendig ist.[273] Die Tatsache, dass im Gegensatz zum geltenden Recht des CIC/1983 explizit und zuerst die Kardinäle als denkbare Instanz genannt werden, weist deutlich auf den direkten Ursprung der Norm im Kontext der Überlegungen des ausgehenden 13. Jahrhunderts hin. Innerhalb der Grundsatzfrage, ob eine Annahme der päpstlichen Renuntiation notwendig sei, galt stets das Kardinalskollegium als das vermeintliche Gegenüber. Der explizite Bestand des can. 221 CIC/1917 ist damit tatsächlich ausgeschöpft: Wenn der Papst auf sein Amt verzichtet, so bedarf es zur Gültigkeit des Amtsverzichtes keiner Annahme durch die Kardinäle oder jemand anderen.[274]

Der Amtsverzicht eines Papstes wurde sowohl in seiner geschichtlichen Entstehung und Entwicklung als auch im Zuge dieser ersten Kodifizierung als Spezialfall einer Renuntiation betrachtet. Daher ist es angebracht, unter Beachtung der Besonderheiten, die sich aus dem Spezifikum des Papstamtes ergeben, auch die Normen des CIC/1917 hinsichtlich des Verlustes von Kirchenämtern zu betrachten, innerhalb derer sich die Maßgaben zum allgemeinen Amtsverzicht in den cann. 184–191 CIC/1917 wiederfinden.[275] Aus diesem Spezifikum lassen sich in einem ersten Schritt jene allgemeinen Normen nennen, die für den päpstlichen Amtsverzicht gerade *keine* Relevanz besitzen. Erscheint dies dem ersten Anschein nach müßig, so deutet dagegen genau diese Irrelevanz auf die Eigenheiten des Papstamtes hin, die jenes Fehlen der Bedeutsamkeit begründen und so untrennbar mit den später darzulegenden Implikationen werden.

Can. 184 CIC/1917 stellt fest, dass jeder, der seiner selbst mächtig ist (quisquis sui compos), aus einem gerechten Grund (iusta causa) auf ein Kirchenamt (officium ecclesiasticum) verzichten kann (potest renuntiare).[276] Dieses Recht wird eingeschränkt für jene Fälle, in denen ein Amtsverzicht ausdrücklich durch ein Verbot untersagt wurde (nisi speciali prohibitione renuntiatio sit ipsi inter-

---

[272] Vgl. *Granfield*, Resignation, S. 129, dort unter 1.

[273] Vgl. *Graulich*, Amtsverzicht, S. 482. Dort spricht der Autor in Abgrenzung zur heute geltenden Norm des c. 332 § 2 nur von der nicht notwendigen Annahme durch die Kardinäle. Tatsächlich impliziert das „aliorumve“ des can. 221 CIC/1917 jedwede denkbare Instanz, die für eine *Acceptatio* infrage käme.

[274] Auch die wichtigsten Kommentare zum CIC/1917 beinhalten keine weiterreichenden Erläuterungen zu can. 221 CIC/1917. Lediglich seine Existenz wird festgestellt, vgl. exemplarisch *MörsdorfLb*, Bd. I, S. 358; *Jone*, Gesetzbuch Bd. 1, S. 253.

[275] Dieser Verbindung der allgemeinen Normen des CIC/1917 mit dem päpstlichen Amtsverzicht hat sich *Herrmann*, Amtsverzicht, S. 102–123, zugewandt.

[276] Vgl. *MörsdorfLb*, Bd. I, S. 309. Bis zu diesem Punkt ist can. 184 CIC/1917 identisch mit der Norm des c. 187 CIC/1983. Die folgende Einschränkung ist heute nicht Teil dieser Norm.

dicta).[277] Im Falle des päpstlichen Amtsverzichtes liegt kein spezielles Verbot vor. In Verbindung mit can. 221 CIC/1917 ergibt sich sodann, dass der Papst – sofern er seiner selbst mächtig ist[278] – auf sein Amt verzichten kann. In Ermangelung einer gegenteiligen Norm für den päpstlichen Spezialfall gilt auch hier die Notwendigkeit eines gerechten Grundes, dessen Feststellung jedoch aufgrund der *suprema potestas* des Papstes letztlich einzig Gott selbst zukommen kann. Mit Patrick Granfield sei in diesem Kontext darauf hingewiesen, dass ein päpstlicher Amtsverzicht ohne Vorliegen einer *iusta causa* dennoch gültig, aber nicht erlaubt wäre.[279] Da das Recht des CIC/1917 – wie auch des heute geltenden Codex – keine gegenteiligen Gültigkeitsvoraussetzungen aufstellt, kann diesem Befund beigepflichtet werden. Dies gilt, da die Beurteilung der etwaigen Unerlaubtheit einer päpstlichen Renuntiation aufgrund des Fehlens eines gerechten Grundes keiner weltlichen Instanz zukommen könnte und daher nicht mehr Teil einer kirchenrechtlichen Untersuchung sein kann.

Von Rechts wegen ungültig (ipso iure irrita) war durch die Norm des can. 185 CIC/1917 ein Amtsverzicht, der unter schwerer, widerrechtlich eingeflößter Furcht, arglistiger Täuschung, eines wesentlichen Irrtums oder aufgrund von Simonie geschehen ist.[280] Dies galt auch für den päpstlichen Amtsverzicht, wobei das Fehlen einer eigenen Explikation im Kontext des can. 221 CIC/1917 keine Einschränkung der notwendigen Freiheit der Verzichtsleistung darstellte.[281]

Eine ebenso aus den allgemeinen Normen zum Amtsverzicht auf den Spezialfall des päpstlichen Amtsverzichts ableitbare Maßgabe bestand mit can. 186 CIC/1917, wonach jedwede Verzichtsleistung einer hinreichenden Kundgabe bedurfte.[282] Den hinreichenden Charakter erlangte diese schriftlich oder mündlich (aut scripto aut oretenus) vor mindestens zwei Zeugen (coram duobus testibus) oder aber einem dazu bevollmächtigten Prokurator (aut etiam per procuratorem speciali mandato munitum). Diese Maßgabe galt als Gültigkeitsvoraussetzung des Amtsverzichts (ut valida sit). Interessant erscheint indes die Feststellung, dass die vorliegende Norm die Zeugenschaft nicht weiter spezifiziert, sondern allgemein von zwei Zeugen spricht, die die Verzichtsleistung überdies nicht im Sinne einer *Acceptatio* an-

---

[277] Vgl. *Herrmann*, Amtsverzicht, S. 103, 114 f.

[278] Da c. 187 CIC/1983 die Voraussetzung des *sui compos* weiterhin beinhaltet, muss an anderer Stelle zumindest in Kürze auf die Spezialfrage eines Papstes, der seiner selbst nicht (mehr) mächtig ist, eingegangen werden. In diesem Fall müsste von einer Behinderung des Apostolischen Stuhles ausgegangen werden (sede impedita).

[279] Vgl. *Granfield*, Resignation, S. 129: „A papal resignation made without a legitimate reason is valid but not licit".

[280] Vgl. *MörsdorfLb*, Bd. I, S. 309 i. V. m. can. 185 CIC/1917: „Renuntiatio ex metu gravi, iniuste incusso, dolo aut errore substantiali vel simoniace facta irrita est ipso iure". Diese Norm ist nahezu unverändert als c. 188 geltendes Recht des CIC/1983.

[281] Vgl. *Granfield*, Resignation, S. 129, dort unter Punkt 3.

[282] Vgl. ebd., S. 129, dort unter Punkt 4.

nehmen, sondern lediglich zur Kenntnisnahme hören bzw. lesen.[283] Nur auf dieser Grundlage war can. 186 CIC/1917 auch auf den päpstlichen Amtsverzicht übertragbar, war dieser doch nur dann gültig, wenn die Kirche in irgendeiner Weise über ihn in Kenntnis gesetzt worden ist.

Gegenteilig verhält es sich hingegen mit der Pflicht der *Acceptatio* gemäß can. 187 CIC/1917.[284] Dies gilt zunächst für die Maßgabe des § 1, wonach der Amtsverzicht entweder jenem gemäß can. 186 entsprechend verkündet werden muss, der ihn annimmt oder falls eine Annahme nicht notwendig sein sollte, gegenüber dem Höheren, aus dessen Hand das Amt empfangen wurde. Ferner muss diese Einordnung auch für die mit § 2 normierte Pflicht der Verzichtsleistung gegenüber demjenigen Höheren, der *per confirmationem, admissionem vel institutionem* das betreffende Amt dem Verzichtswilligen übertragen hat, Geltung besitzen.[285] Diese Form des annahmebedürftigen Amtsverzichts stellte hierbei den Regelfall dar[286] und konnte als „zweiseitiges, aus Verzichtsangebot und Verzichtsannahme bestehendes Rechtsgeschäft"[287] bezeichnet werden.

Da can. 221 CIC/1917 diese grundsätzlichen Maßgaben durch den Zusatz, wonach der päpstliche Amtsverzicht keinerlei Annahme bedürfe, außer Kraft setzte, galten sie für den Spezialfall des päpstlichen Amtsverzichts nicht. Davon ausgehend verhielt es sich ebenso mit den Maßgaben der cann. 189 und 190 § 2 CIC/1917, die die Thematik der *Acceptatio* detailliert vertieften. In Analogie zum regulären annahmebedürftigen Amtsverzicht bezeichnete das Lehrbuch für Kanonisches Recht den Sonderfall der fehlenden Annahmebedürftigkeit als „einseitige, allerdings empfangsbedürftige Verzichtserklärung".[288] Diese Empfangsbedürftigkeit bestand auch für den päpstlichen Amtsverzicht, da es sich bei diesem um eine ausdrückliche Verzichtsleistung handelte. Die Sicherheit, mit der es im Lehrbuch für Kanonisches Recht hieß, dass der Papst „gegenüber dem Kardinalskollegium"[289] unter direktem Bezug zu can. 221 CIC/1917 auf sein Amt verzichtet, wirkt in Anbetracht der Genese der Rechtsnorm irritierend. Wenngleich der ausdrückliche Hinweis auf die nicht notwendige Annahme des Amtsverzichtes zunächst in Richtung des Kardinalskollegiums vollzogen wurde, woraufhin sich der Blick auf alle übrigen Instanzen weitete, war damit nicht der alleinige Rückschluss verbunden, dass die Erklärung exklusiv gegenüber den Kardinälen zu vollziehen sei. Zwar hätte das Kardinalskollegium aufgrund der Maßgabe des can. 191 § 2 CIC/1917, nach welcher sie zugleich das Papstwahlkollegium darstellen, über sie in Kenntnis

---

[283] Vgl. *Pulte*, Amtsverzicht, S. 73.
[284] Vgl. *Herrmann*, Amtsverzicht, S. 114.
[285] Vgl. *MörsdorfLb*, Bd. I, S. 310, unter a).
[286] Vgl. ebd.
[287] Ebd.
[288] Ebd., unter b).
[289] Vgl. ebd.

gesetzt werden müssen.[290] Diese Weisung konnte jedoch nicht in einem ausschließlichen Sinne interpretiert werden.[291]

Auch für den Fall eines päpstlichen Amtsverzichts galt indes die Norm des can. 190 § 1, allerdings nur in inhaltlicher Analogie. So hieß es dort, dass das betreffende Amt (officium), nachdem der Amtsverzicht rechtsgemäß kundgetan und angenommen wurde (legitime facta et accepta), mit dem Moment der Annahme vakant wurde (vacat postquam renuntianti significata est acceptatio).[292] Daraus ergab sich, dass ein nicht-annahmebedürftiger päpstlicher Amtsverzicht in dem Moment Rechtskraft erlangte und das betreffende *officium* (nämlich das Papstamt) vakant wurde, in welchem der Verzicht kundgegeben wurde[293], bzw. zu dem Zeitpunkt, den der Verzichtswillige als gleichsam oberster Gesetzgeber der Kirche dafür vorgesehen hatte.[294] Die Kundgabe des Amtsverzichtes musste „eine sichere Kenntnis vermitteln"[295] und sich nicht auf bloße Gerüchte stützen.

Die Maßgaben des can. 191 CIC/1917 behielten ihre Gültigkeit auch im Falle eines päpstlichen Amtsverzichts, wäre es doch auch für einen Papst, der auf sein Amt verzichtet hat, unmöglich gewesen, die Verzichtsleistung nach Erlangen der Rechtskraft wieder aufzuheben und das aufgegebene Amt wieder aufzunehmen (§ 1).[296] Überdies musste auch für den Fall eines päpstlichen Amtsverzichts konstatiert werden, dass eine erneute Wahl (§ 2) in das Papstamt rechtlich durchaus möglich gewesen wäre.[297] Eine Einschränkung hätte höchstens die jeweils geltende Papstwahlordnung bieten können, was aber – wohl auch aufgrund der fehlenden Praxisrelevanz in Verbindung mit der höchsten Unwahrscheinlichkeit – nicht der Fall war.

---

[290] In can. 191 § 2 CIC/1917 wurde festgestellt, dass diejenigen über einen erfolgten Amtsverzicht zu informieren sind, die in die Neubesetzung des erledigten Amtes involviert sind. Da zum Zeitpunkt der ersten Kodifikation das Kardinalskollegium dem Papstwahlkollegium identisch war, wird hier vom Kardinalskollegium im Gesamten gesprochen. Nach Festlegung der Altersgrenze zur aktiven Papstwahl hätten bei konsequenter Auslegung des can. 191 § 2 CIC/1917 nur die wahlberechtigten Kardinäle als exklusive Ersthörer der Verzichtsleistung gelten müssen.

[291] Die Begründung hierzu liefert das Wesen des Papstamtes in Verbindung mit seiner Stellung innerhalb der Verfasstheit der Kirche, worüber im Folgenden zu diskutieren sein wird. Aufgrund der gesamtkirchlichen Relevanz des Papstamtes verbietet sich jede exklusive Stellung im Kontext des päpstlichen Amtsverzichts.

[292] Vgl. *Jone*, Gesetzbuch Bd. 1, S. 218 zu can. 190 § 1 CIC/1917.

[293] Vgl. *Herrmann*, Amtsverzicht, S. 118.

[294] Auf die Besonderheit, wonach die hinreichende Kundgabe des päpstlichen Amtsverzichtes nicht gleichzeitig den Moment des Vollzugs der Verzichtsleistung bedeutete, wie dies im Fall Benedikts XVI. geschehen ist, wird im Folgenden eingegangen werden müssen.

[295] Vgl. *Jone*, Gesetzbuch Bd. 1, S. 218 zu can. 190 § 1 CIC/1917. Dort wird die Unmöglichkeit der Rückgängigmachung von nicht-annahmebedürftigen Amtsverzichtsleistungen festgestellt.

[296] Vgl. ebd., S. 218 zu can. 191 § 1 CIC/1917.

[297] Vgl. *Granfield*, Resignation, S. 130.

B. Implikationen der Rechtsnormen

Welche Hinweise auf die vorherrschende Lehre über das Papstamt boten nun die kodikarischen Explikationen und Implikationen des ersten CIC von 1917? Zunächst und insbesondere ersichtlich wird die Geltung des Grundsatzes *prima sedes a nemine iudicatur*. Dieser war nicht nur gemäß can. 1556 CIC/1917 Teil des damals geltenden Rechts, vielmehr bildete die ihm zugrundeliegende Lehre von der *suprema et plena potestas* des Papstes das Fundament aller Besonderheiten, die der päpstliche Amtsverzicht im Vergleich zu allen anderen Verzichtsleistungen barg. Der Papst als oberster Richter und Gesetzgeber der Kirche konnte jederzeit frei auf sein Amt verzichten. Diese durch can. 221 CIC/1917 kodikarisch verbürgte Möglichkeit stand als direkte Frucht des Amtsverzichtes Papst Cölestins V. und der aus ihm resultierenden ersten rechtlichen Normierung im Liber Sextus Papst Bonifaz VIII. fest. Die Tatsache, dass in dieser direkten Traditionslinie mit can. 221 CIC/1917 eine äußerst kurz gefasste Rechtsnorm vorlag, deutet gerade durch all das, was sie nicht explizit enthält, auf das Bewusstsein über die päpstliche Höchstgewalt hin. Keine kirchliche oder gar weltliche Autorität konnte den Papst daran hindern, auf sein Amt zu verzichten – und ebenso wenig konnte eine solche seine Freiheit dazu einschränken. Letztlich war der Papst einzig und allein Gott gegenüber zur Rechtfertigung seiner Verzichtsleistung verpflichtet.[298]

Auch die Tatsache, dass bezüglich der Umsetzung des päpstlichen Amtsverzichts keinerlei rechtliche Vorgaben existierten, steht vor dem Hintergrund der päpstlichen Höchstgewalt. Durch die päpstliche Eigenschaft, oberster Gesetzgeber der Kirche zu sein, wären solche Vorgaben auch nur wenig sinnvoll erschienen, hätten sie doch letztlich nichts mehr denn im äußersten Falle eine moralische Verpflichtung für den Papst erwirkt, sich an die kodikarischen Vorgaben zu halten. Es hätte ihm jederzeit freigestanden, eine gänzlich andere Form der Verzichtsleistung zu wählen und diese aus der eigenen Amtsgewalt heraus mit Gesetzeskonformität auszustatten.

Letztlich sei ausgehend von der Norm des can. 221 CIC/1917 die seit langer Zeit fehlende Praxisrelevanz des päpstlichen Amtsverzichtes genannt, die sicher ihren Teil dazu beigetragen hat, dass die vorliegende Norm des Liber Sextus rechtsmateriell ohne weitere Ergänzung oder Pointierung Einzug in das erste kodifizierte Recht der Kirche fand. Die geringe Quantität des can. 221 CIC/1917 lässt sich hierbei nicht als einziges Indiz für die fehlende Relevanz aufführen, denn es verbergen sich gerade hinter ihr einige Implikationen, die auf das theologische Fundament des Papstamtes in der Kirche hinweisen. Den entscheidenderen Hinweis liefert die nächste für die Genese des c. 332 § 2 relevante Epoche des Kirchenrechts: die ausgehend vom II. Vatikanischen Konzil beginnende Reform des Codex Iuris Canonici und die damit einhergehende Arbeit der Codex-Reformkommission. Es wird sich zeigen, wie innerhalb dieser Reformarbeit auch eine dem ersten Anschein nach

---

[298] Vgl. *Graulich*, Amtsverzicht, S. 482.

praktisch nur wenig relevante Rechtsnorm ihre Weiterentwicklung und Präzisierung erfahren konnte und in neuem Antlitz ihren Einzug in den zweiten Codex Iuris Canonici des Jahres 1983 finden sollte.

2. Kapitel

Entwicklung c. 332 § 2 CIC/1983

§ 1 Vorbemerkungen

Während seiner ganzen Geschichte stand und steht das Kirchenrecht in einer stetigen Weiterentwicklung. Wenngleich nie alle einzelnen Normen in gleicher Intensität durch kirchenrechtswissenschaftliche Behandlung Beachtung fanden, so kann das Recht der Kirche in seiner Gesamtheit nicht als im Status der Stagnation befindlich betrachtet werden. Dies galt und gilt für alle Epochen: angefangen im ersten Jahrtausend als dem Zeitalter der „Bereitstellung des Rechts"[299] über die Geburtsstunde der klassischen Kanonistik mit dem Decretum Gratiani, die nachklassische Zeit bis zur ersten Kodifizierung von 1917 und auch danach.[300]

Auch dieses kodifizierte Recht des pio-benediktinischen Codex stand nicht als abgeschlossenes finales Corpus des Kirchenrechts fest, sondern seit dem Tag seines Inkrafttretens in diesem geschichtlichen Gang der Weiterentwicklung.[301] Dies galt sowohl für das Hinzutreten weiterer Rechtsnormen als auch für Veränderungen im bestehenden Recht durch die höchste Autorität der Kirche.[302] Die immer notwendiger erscheinende Reform des Codex wurde durch Papst Johannes XXIII. im Zuge des II. Vatikanischen Konzils begonnen, zunächst aber auf die Zeit nach dessen Beendigung verschoben, denn sie „sollte nämlich gemäß den Beratungen und Grundsätzen erfolgen, die vom Konzil selbst noch festgelegt werden mussten".[303] Bereits die Praefatio zum erneuerten Codex des kanonischen Rechts verweist somit auf die Interpretationsrichtlinie allen kirchlichen Rechts, die alleine in der Lehre der Kirche und insbesondere des umfassenden Lehramts des letzten Ökumenischen Konzils zu finden ist.[304] Nur unter Beachtung dieser theologischen Grundlage kann eine kirchliche Rechtsnorm wirkliche *Auslegung* erfahren.

Die konziliare Lehre hinsichtlich der höchsten Autorität der Kirche in Papst und Bischofskollegium – und die lehramtliche Durchdringung des sakramentalen Bi-

---

[299] Diesen Begriff nutzen *May/Egler*, Einführung, S. 37.

[300] Vgl. hierzu *PCR*, Praefatio/CIC, in der die Etappen der Entwicklung des Kirchenrechts aufgeführt und eingeordnet werden, S. XXIX–XXXIII.

[301] Vgl. hierzu *Schmitz*, Codex Iuris Canonici, S. 71 f.

[302] Vgl. die Sammlung dieser Materie durch *Ochoa*, Leges. Für die vorliegende Fragestellung sind die Bände 1–6 maßgeblich.

[303] *PCR*, Praefatio/CIC, S. XXXIII.

[304] Vgl. ebd.

schofsamtes – wurden bereits in Verbindung mit der Grundfrage hinsichtlich eines päpstlichen Amtsverzichts zum Gegenstand der vorliegenden Untersuchung.[305] Mit dieser authentischen kirchlichen Lehre untrennbar verbunden, bestehen nun die diesbezüglichen kodikarischen Maßgaben, von denen ebenfalls einige bereits genannt und analysiert werden konnten. In dieser Zusammengehörigkeit der theologischen Grundlegung aus der konziliaren Lehre und der daraus resultierenden kodikarischen Explikation soll nun die Entwicklung des heute geltenden c. 332 § 2 zum päpstlichen Amtsverzicht dargestellt und eingeordnet werden. Hierbei ist es angebracht, stets den Rückbezug zum betreffenden theologischen Fundament aufzuzeigen.

§ 2 Entwicklungsschritte des c. 332 § 2

Es steht zweifelsohne fest, dass der Ausgangspunkt der Entwicklung des c. 332 § 2 die davor geltende Norm des can. 221 CIC/1917 ist. Dies ergibt sich – so wird sich zeigen – nicht nur aus der Thematik des päpstlichen Amtsverzichts, sondern ebenso aus dem konkreten Inhalt der Norm. Wenngleich hinsichtlich der Quantität keine umfassende Veränderung der Rechtsmaterie stattgefunden hat, lassen sich doch einige Entwicklungsschritte definieren. Hierbei lohnt sich nicht nur der Blick auf die übergeordnete Einordnung, sondern auch in die direkte „kodikarische Nachbarschaft" im Sinne der kontextuellen Verortung. Hierin zeigt sich in besonderer Weise die innere Verwobenheit mit dem einen theologischen Fundament.

A. Schema LEF/1969

Für eine Rechtsnorm, die im Allgemeinen dem ämterrechtlichen Bereich entstammt, spielt das Projekt der *Lex Ecclesiae Fundamentalis* (LEF) eine nicht unbedeutende Rolle.[306] Dieses sollte als den beiden Codices, sowohl der Lateinischen Kirche wie auch der unierten Ostkirchen, übergeordnetes „Grundgesetz" bestehen, das für Orient und Okzident gleichermaßen Rechtskraft erlangt hätte.[307]

Die Idee der LEF war Frucht der Beratung über die Grundsatzfrage[308], ob denn ein gemeinsamer Codex für die Kirchen des Ostens und des Westens oder ein je eigenes Werk geschaffen werden solle.[309] Die Reformkommission kam letztendlich zum Entschluss, zwei Codices zu formulieren, die die jeweils den eigenen Traditionen der Kirche des Westens wie derer des Ostens entsprechenden Rechtsnormen

---

[305] Vgl. S. 54–69 der vorliegenden Untersuchung.
[306] Vgl. *Rhode*, Kirchenrecht, S. 45 f.
[307] Vgl. ebd., S. 46.
[308] Vgl. *Paul VI.*, Allocutio ad PCR/1965, S. 958–989 und dazu einordnend *Ries*, Amt und Vollmacht, S. 296 f.
[309] Vgl. hierzu *PCR*, Quaestiones Fundamentales, S. 9–19.

umfassen sollten. Zusätzlich dazu sollte diese übergeordnete Gesetzschreibung all jene fundamentalen Normen beinhalten, die für beide gleiche Geltung besaßen.[310] Von Beginn dieser Überlegungen an stand fest, dass dieses fundamentale Gesetzeswerk im Sinne einer Verfassung der Kirche insbesondere jene Normen enthalten sollte, die sich sowohl der aus göttlichem Recht als auch der aus der Tradition stammenden Verfasstheit der Kirche zuwendeten.[311] Hierbei erstaunt es wenig, dass zu diesen auch die Maßgaben *de Regimine Ecclesiae* zählen sollten.[312] Da diese für die Lateinische Kirche und die katholischen Ostkirchen gleichermaßen Geltung besitzen sollten, stand die Verfassung und Leitung der Gesamtkirche, die sich aus den Teilkirchen des gesamten Erdkreises zusammensetzte, als maßgeblicher Bezugspunkt fest.[313]

Aus diesem Grund sind die Entwicklungsstadien des c. 332 § 2 CIC/1983, der in untrennbarer Verbundenheit mit dem Papstamt als der höchsten Autorität der Kirche besteht, zunächst in der Geschichte des Projektes einer LEF zu suchen und zu finden.[314]

Bereits vor der Formulierung des ersten Schemas der LEF, die im Jahre 1969 vorlag, beinhalteten die *Quaestiones Fundamentales* der Reformkommission stichwortartige Inhalte, die die jeweiligen Codices und die Verfassung enthalten sollten – gestützt durch die konziliaren Vorgaben und die Canones des CIC/1917. Dies galt auch für die Norm bezüglich des päpstlichen Amtsverzichts:

> „Si contingat ut Romanus Pontifex renuntiet, ad eiusdem renuntiationis validitatem non est necessaria electorum aliorumve acceptatio".[315]

Systematisch stand die Maßgabe in Pars II „De Regimine Ecclesiae" unter „B. De potestate suprema" und dort unter „1. De Romano Pontifice". Im Gegensatz zu anderen Maßgaben fehlt für diese Norm in der Version der *Quaestiones Fundamentales* ein direkter Quellenhinweis, der in diesem konkreten Beispiel in

---

[310] Vgl. ebd., S. 19–23. Dort werden auch die leitgebenden Argumente für diese Dreiteilung aufgelistet, von denen viele auch heute noch überzeugend wirken; vgl. überdies *Aymans-Mörsdorf*, KanR II, S. 3.

[311] Vgl. ebd., S. 18: „Inde Codex fundamentalis universae Ecclesiae complecti deberet eas imprimis normas, quibus constitutio Ecclesiae in iure divino fundatur, atque aequo modo illas normas, quae antiqua traditione ecclesiastica mituntur". („Daher müsste dieser Fundamental-Codex der Universalkirche vor allem diejenigen Normen umfassen, die die Verfasstheit der Kirche aus göttlichem Recht begründen, und auf gleiche Weise jene Normen, die auf der Tradition beruhen", eigene Übersetzung). Ein erstes Schema der Inhalte der zukünftigen Verfassung der Kirche findet sich ebd., S. 23–31.

[312] Vgl. ebd.: „Qui Codex in duas partes dividatur oportet, quarum: Pars I. De Constitutione Ecclesiae; Pars II. De Regimine Ecclesiae, agat". („Dass dieser Codex in zwei Teile aufgeteilt sein sollte, nämlich: Teil I – Von der Verfasstheit der Kirche; Teil II – Von der Leitung der Kirche", eigene Übersetzung).

[313] Vgl. OE 2–4 und erläuternd *Aymans-Mörsdorf*, KanR II, S. 4.

[314] Vgl. *PCR*, Quaestiones Fundamentales, S. 26 f.

[315] Ebd., S. 27. („Falls der Papst verzichtet, ist zur Gültigkeit dieser Verzichtsleistung keine Annahme durch die Papstwähler oder jemand anderen nötig", eigene Übersetzung).

can. 221 CIC/1917 bestanden hätte. Im Vergleich zu den übrigen in der Auflistung aufgenommenen Normen, die einen Quellenhinweis im Sinne konkreter Canones des CIC/1917 vorweisen können, zeigt sich die Begründung des Fehlens für die Maßgabe zum päpstlichen Amtsverzicht. Während andere Normen in wörtlicher Übereinstimmung mit ihrer Quelle – sowohl kodikarisch als auch konziliar – Aufnahme fanden, lässt sich eine solche für die dargestellte Norm in Verbindung mit can. 221 CIC/1917 nicht feststellen. Hieß es im pio-benediktinischen Codex noch, dass der Amtsverzicht des Papstes zur Gültigkeit weder der *Acceptatio* durch die Kardinäle noch durch jemand anderen bedürfe[316], wurde dieser Bestandteil innerhalb der Erörterung der Grundsatzfragen dahingehend umgewandelt, dass er keiner Annahme durch die Wähler oder jemand anderen bedürfe.[317]

Im betreffenden Jahr der Erscheinung (1965) der *Quaestiones Fundamentales* galt noch nicht die durch Paul VI. mit dem Motu Proprio Ingravescentem Aetatem im Jahr 1970 eingeführte Altersgrenze der Papstwähler mit Erreichen des 80. Lebensjahres, die eine einfache Antwort auf die Begründung dieser Änderung gewesen wäre. Die zu diesem Zeitpunkt geltende Papstwahlordnung lag mit der Apostolischen Konstitution Vacantis Apostolicae Sedis Papst Pius XII. aus dem Jahr 1945 vor.[318] In ihr wurde der Tradition folgend das alleinige aktive Wahlrecht in die Hände der Kardinäle gelegt.[319] Dennoch war es möglich, dass das Kardinalskollegium als Gesamtheit der Kardinäle nicht unbedingt mit dem Wahlkollegium identisch war, wobei insbesondere an jene Kardinäle zu denken ist, die aufgrund von Alter und Krankheit oder anderer Beschwerlichkeiten physisch oder geistig nicht mehr dazu in der Lage waren, an einem Konklave teilzunehmen. Daher konnte schon vor einer rechtlichen Unterscheidung zwischen Kardinalskollegium und Papstwahlkollegium nicht von einer absoluten Identität beider gesprochen werden. Ob diese Tatsache der Ursprung der Änderung des can. 221 CIC/1917 hin zur Formulierung innerhalb der Grundsatzfragen war, muss als unbewiesene Möglichkeit zurückbleiben.

Eine weitere denkbare Alternative bestünde darin, diese Änderung als Präzisierung in Bezug zu can. 191 § 2 CIC/1917 zu verstehen, wonach diejenigen über den Amtsverzicht in Kenntnis gesetzt werden müssen, die zur Neubesetzung gerufen sind. In jedem Fall beweist die Abwandlung des Rechtstextes anstelle einer einfachen Übernahme aller möglichen Normen die faktische Entwicklung im Zuge der Fortschreibung des Kirchenrechts. Dies gilt gerade auch für jene Normen, die nicht im Vordergrund der Reformarbeit standen und dennoch textliche Änderungen erfuhren.

---

[316] Vgl. can. 221 CIC/1917: „(...) ad eiusdem renuntiationis validitatem non est necessaria *Cardinalium aliorumve* acceptatio". Eigene Hervorhebung.

[317] Vgl. Pars II, B. 1.f.): „(...) ad eiusdem renuntiationis validitatem non est necessaria *electorum aliorumve* acceptatio". Eigene Hervorhebung.

[318] Vgl. zum Überblick *Breitsching*, Papstwahl, S. 394.

[319] Vgl. *Pius XII.*, CA VacApSed, 32.

Die Tatsache, dass das erste Schema der LEF aus dem Jahre 1969 eine erneute Umformulierung der entsprechenden Norm vorwies, unterstreicht diese Erkenntnis. Zunächst seien Einordnungen hinsichtlich der Systematik dieses Schemas erwähnt. Die betreffende Norm findet sich in „Caput I – De Ecclesia seu de Populo Dei" und innerhalb dessen in „Articulus II – De Hierarchia in Ecclesia Constituta", wo sie unter „§ 1. De Summo Pontifice" den can. 34 § 2 bildet. Die verfassungsrechtliche Verortung lässt sich aufgrund dieser Systematik deutlich erkennen, womit erneut ersichtlich wird, dass die Maßgabe zum Amtsverzicht nur in Verbindung mit dem konkreten Amt, auf das verzichtet wird, auszulegen und zu verstehen ist. Im Schema LEF/1969 heißt es in can. 34 § 2:

> „Si contingat ut Romanus Pontifex muneri suo renuntiet, ad validitatem requiritur ut renuntiatio rite manifestetur, non vero ut a quopiam acceptetur".[320]

Sowohl in can. 221 CIC/1917 als auch in der Formulierung des Entwurfs der *Quaestiones Fundamentales* werden mehrere substantielle Änderungen deutlich. Zunächst wird die Geltung der Norm auf den Verzicht des Papstes „auf sein Amt" (muneri suo) präzisiert. Diese Explikation fehlte in der bisherigen kodikarischen Maßgabe. Ein Blick in die Relatio zum vorliegenden Schema birgt bereits hinsichtlich der Beratungsergebnisse zur Struktur einer LEF eine erste Begründung zu diesem neuen Zusatz.

Der Beschluss zum betreffenden 2. Artikel zur Hierarchie der Kirche und ihrer Gemeinschaft stellte fest, dass in ihm die Normen hinsichtlich derer enthalten sein sollen, die innerhalb der Kirche aufgrund göttlicher Anordnung (ex voluntate divini Fundatoris) Diener (ministri) sind und deren Aufgabe es ist, das Volk Gottes zu weiden (qui nempe ad eundem Populum Dei pascendum sunt deputati).[321] Hierzu zählt auch das Amt des Papstes. Es wird deutlich, wie sehr das Schema einer LEF von der theologischen Grundlage des Konzils durchdrungen ist und sowohl die Verfasstheit als *communio christifidelium* und als *communio hierarchica* nicht nur darzustellen, sondern auch in ihrer gemeinsamen Komplexität zu vereinen weiß.[322] Aus dieser ekklesiologischen Grundeinsicht entsteht auch die gemeinsame Definition aller Ämter der hierarchischen Ordnung als wahrer Dienst am ganzen Volk Gottes, die in den Beschlüssen der Relatio ihren Niederschlag finden konnte.

---

[320] „Falls der Papst auf sein Amt verzichtet, ist zur Gültigkeit verlangt, dass die Verzichtsleistung hinreichend kundgetan wird, nicht jedoch, dass sie von jemandem angenommen wird", eigene Übersetzung. Als ersten und wohl wichtigsten Quellenbezug nennt die Reformkommission ausdrücklich die betreffende Dekretale Quoniam aliqui des Liber Sextus Papst Bonifaz VIII. Ferner nimmt die PCR Bezug auf das MP CleriSanct Papst Pius XII., das Normen für die Orientalischen Kirchen enthielt und innerhalb dieser als can. 165 die Norm hinsichtlich des päpstlichen Amtsverzichts umfasste. Die Bezugnahme auf can. 229 CIC/1917 (Unterbrechung eines Konzils bei Sedisvakanz) muss indes als Fehler gekennzeichnet werden. Dieser Fehler im Quellenbezug wurde bereits im SchLEF/1971 zugunsten der Bezugnahme auf can. 221 CIC/1917 korrigiert.

[321] Vgl. *PCR*, Relatio SchLEF/1969, S. 58.

[322] Exemplarisch sei auf LG 8 verwiesen, wobei nahezu die gesamte Konstitution Lumen Gentium als Belegstelle dieser Ekklesiologie anzuzeigen wäre.

Da hinsichtlich einer Begründung der Einfügung des „*muneri suo*" in can. 34 § 2 Schema LEF/1969 an der betreffenden Stelle der Relatio[323] kein Hinweis zu finden ist, muss sich mit dieser allgemeinen Erkenntnis zufriedengestellt werden, wenn der Grundsatz weiter gilt, wonach von keiner leichtfertigen oder willkürlichen Rechtsveränderung ausgegangen werden soll. Wenn fortan davon gesprochen wird, dass der Papst „auf sein Amt" verzichten kann, so steht diese Formulierung auf dem Fundament jener Definition auch des Amtes des römischen Bischofs als wahrer Dienst mit geistlichem Zweck (c. 145 CIC/1983), dessen Erfüllung der einzige Sinn der Existenz des Amtes selbst darstellt. Tatsächlich kann auch vom Rechtstext her nicht von einem „Rücktritt" gesprochen werden, sondern stets von einem „Amtsverzicht", da nur dieser Terminus den eigentlichen Inhalt des Rechtsaktes genügend auszudrücken vermag. Der Papst tritt nicht von irgendeiner Ehrenstellung oder gar einem Thron[324] zurück, sondern er verzichtet auf sein päpstliches Amt, Garant der Einheit in Glauben und Ordnung zu sein. Zwar verlässt er den päpstlichen Stuhl mit all den damit verbundenen auch administrativen Rechten, doch stellt die Betonung der Renuntiation „*muneri suo*" die sinngebende Gestalt des Papstamtes in den Vordergrund der Verzichtsleistung. Alle übrigen Wirkungen gehen damit einher und werden unter diesen Dienst subsumiert.

Eine zweite Einlassung ist im Ausdruck der Notwendigkeit zu finden, dass der päpstliche Amtsverzicht „hinreichend kundgetan" (rite manifestetur) werden muss. Was diese Neuerung und Erweiterung betrifft, lässt sich ein konkreter Auftrag aus der Relatio der Reformkommission feststellen.[325] Die Notwendigkeit einer Kundgabe des Amtsverzichtes liegt ausgehend von der geschichtlichen Tradierung darin begründet, der Kirche hierdurch erst die Möglichkeit zu eröffnen, von der Verzichtsleistung in Kenntnis zu gelangen.[326] Ein stillschweigender Amtsverzicht wäre bereits aus Gründen der Praktikabilität nicht angebracht. Durch die Ergänzung der Rechtsnorm steht fortan zweifelsfrei fest, dass ein solcher auch rechtlich ungültig wäre. Neben der Notwendigkeit der Kundgabe selbst definiert die Reformkommission überdies, dass diese „hinreichend" (rite) zu vollziehen ist. Diese Einlassung, die der größte Teil der Konsultoren befürwortete[327], grenzt nicht die Notwendigkeit der Kundgabe ein, sondern präzisiert diese. Dies gilt insofern, da sie einerseits unterstreicht, dass es sich bei ihr um ein wirkliches Kundtun

---

[323] Vgl. *PCR*, Relatio SchLEF/1969, S. 93 f. Dort wird wie selbstverständlich von der Möglichkeit der „renuntiatione muneri suo" gesprochen, ohne darauf eigens einzugehen.

[324] Eine solche Interpretation liegt nicht in völliger Utopie begründet, spricht doch Martin Bertram im Titel seiner in dieser Untersuchung oft zur Quelle gereichenden Abhandlung gar von der „Abdankung eines Papstes".

[325] Vgl. *PCR*, Relatio SchLEF/1969, S. 93 f.

[326] Vgl. ebd.: „(...) requiritur ut manifestetur, ita ut Ecclesia eius notitiam habeat", („[...] es wird gefordert, dass [der Verzicht] kundgetan wird, damit die Kirche von ihm Kenntnis nehmen kann", eigene Übersetzung).

[327] Vgl. ebd.: „Plerisque Consultoribus placuit locutio ‚ut rite manifestetur' (...)", („Die meisten der Konsultoren waren mit der Formulierung ‚dass sie hinreichend kundgetan wird', einverstanden", eigene Übersetzung).

handeln muss, das zu einer Kenntnisnahme von der Verzichtsleistung durch die Kirche führt, sie aber andererseits keine rechtliche Regelung der Form der Kundgabe vorgeben möchte. Den genauen Modus auszuwählen obliegt dem Papst als Verzichtsleistendem. Dies wollte die Reformkommission durch die Einlassung bewahren und stärken.[328]

Auf ein weiteres sei an dieser Stelle hingewiesen. Die päpstliche Amtsverzichtsleistung muss kundgetan werden, damit die Kirche von ihr Notiz nehmen kann (ut Ecclesia eius notitiam habeat). Explizit wird innerhalb der Relatio an der betreffenden Stelle von der „*Ecclesia*" gesprochen und nicht von irgendeiner kirchlichen Autorität. Dieses Beratungsergebnis ist ein erstaunlicher Hinweis auf das Wesen des Amtes, auf das verzichtet werden soll.

Für jedes andere Kirchenamt, auf das freiwillig verzichtet wird, wird mit der heute geltenden Norm des c. 189 § 1 CIC/1983 festgestellt, dass die Verzichtsleistung „gegenüber der Autorität erklärt werden (soll), der die Übertragung des betreffenden Amtes zusteht", egal ob sie einer Annahme bedarf oder nicht. Dass der päpstliche Amtsverzicht keine Annahme benötigt, ist eine Tatsache, deren geschichtliche Entwicklung und Begründung bereits hinlänglich dargestellt wurde. Doch auch hinsichtlich der das Amt übertragenden Autorität ist für den Papst ein Alleinstellungsmerkmal festzustellen, da diese in seinem Fall in keiner weltlichen Instanz zu finden ist, sondern alleine bei Gott selbst liegt. Das Papstwahlkollegium handelt durch seine Wahlhandlung als Werkzeug Gottes, das denjenigen ins Amt wählt, den Gott selbst dafür vorgesehen hat. Insofern erfolgt die *missio divina* ins Papstamt durch die Wahlhandlung. Dies lässt sich sowohl für die Gegenwart als auch für die Zeit der Abfassung des vorliegenden Schemas einer LEF von 1969 als gleichbleibender Konsens feststellen.[329]

Wird nun ausdrücklich davon gesprochen, dass der päpstliche Amtsverzicht dennoch hinreichend kundgetan werden muss, damit die Kirche von ihm Notiz nehmen kann, so steht dies nicht unter dem Vorzeichen einer Erklärung *coram auctoritate*, für die in diesem Fall die *Ecclesia* stehen müsste, sondern im gesamtkirchlichen Wesen des Petrusamtes begründet. Das Papstamt trägt eine fundamentale Bedeutung für die allumfassende Kirche auf dem ganzen Erdkreis, sodass es aufgrund dieser wirklich *katholischen* Bewandtnis notwendig ist, dass die Kirche vom päpstlichen Amtsverzicht als Vakantwerdung des römischen Bischofsstuhls tatsächlich in Kenntnis gesetzt wird. Diesem Wesen des Papstamtes wird durch diesen Hinweis

---

[328] Vgl. ebd.: „quia modus quo manifestari debet definiri non debet legibus, quas quidem ipse Summus Pontifex semper mutare potest", („Die Art und Weise der Kundgabe müsse nicht rechtlich definiert werden, da der Papst diese immer ändern könne", eigene Übersetzung).

[329] Vgl. hierzu die Eidesformeln bei Stimmabgabe im Konklave: für die Gegenwart *Johannes Paul II.*, CA UnivDomGreg, 66: „Ich rufe Christus, der mein Richter sein wird, zum Zeugen an, daß ich den gewählt habe, von dem ich glaube, daß er nach Gottes Willen gewählt werden sollte" und für die betreffende Zeit: *Pius XII.*, CA VacApSed, 78: „Testor Christum Dominum, qui me iudicaturus est, me eligere, quem secundum Deum iudico eligi debere".

Rechnung getragen. Wie der Notwendigkeit in der heutigen Zeit verantwortlich nachgekommen werden sollte und ob Papst Benedikt XVI. die Kirche über seinen Amtsverzicht hinreichend in Kenntnis gesetzt hat, wird später zum Gegenstand der Untersuchung werden.[330]

B. Die folgenden Schemata einer LEF

Bereits zwei Jahre später (1971) sollte das nächste Schema einer LEF vorliegen. Auch dieses beinhaltete die Norm hinsichtlich des päpstlichen Amtsverzichtes, wobei in Bezug zur Systematik des Schemas und der Einordnung der betreffenden Norm in diesem keine nennenswerten Änderungen vollzogen wurden. Durch vorhergehende Verschiebungen anderer Normen fand sich die Maßgabe nun in can. 35 § 2 bei unverändertem Rechtstext vor:

> „Si contingat ut Romanus Pontifex muneri suo renuntiet, ad validitatem requiritur ut renuntiatio rite manifestetur, non vero ut a quopiam acceptetur".[331]

Als einzige nennenswerte Änderung ist die Berichtigung des vormals falschen Quellenbezugs festzustellen: Wurde im Schema von 1969 fälschlicherweise auf can. 229 CIC/1917 verwiesen, der die Unterbrechung eines Konzils bei Eintritt der Sedisvakanz festschrieb, so wurde dies zugunsten des einzig passenden can. 221 CIC/1917 korrigiert – unter Beibehaltung der anderen Quellen. Innerhalb der Relatio zum überarbeiteten Schema von 1971 finden sich keine weiteren Einlassungen hinsichtlich der Norm zum päpstlichen Amtsverzicht.

Stets die heute geltende Norm des c. 332 § 2 berücksichtigend, fällt bei der Lektüre des can. 35 § 2 des Schemas LEF/1971 auf, dass die Aufnahme der Gültigkeitsvoraussetzung des *libere fiat* in ihm vergebens zu suchen ist. Wendet man sich den diesem Schema folgenden Sessiones der PCR zu, die den Inhalt einer künftigen LEF thematisierten, so stößt man auf den Ursprung dieser späteren kodikarischen Formulierung. In Sessio VIII, die vom 23. bis zum 26. April 1974 tagte[332], findet sich innerhalb der Animadversiones zum betreffenden can. 30 § 2[333] die Einlassung eines Konsultors, die letztlich zur Einfügung der Voraussetzung des *libere fiat* führen sollte.[334] Ein nicht namentlich genannter Konsultor postulierte, es sollte innerhalb der Norm fortan „*libere et rite manifestetur*" lauten, woraufhin der Vorsitzende Pericle Kardinal Felici dagegen vorschlug, die Formulierung „*libere fiat*

---

[330] Vgl. S. 379–381 der vorliegenden Untersuchung.

[331] „Falls der Papst auf sein Amt verzichtet, ist zur Gültigkeit verlangt, dass die Verzichtsleistung hinreichend kundgetan wird, nicht jedoch, dass sie von jemandem angenommen wird", eigene Übersetzung.

[332] Vgl. Comm 8 (1976), S. 78–108.

[333] Durch verschiedene Veränderungen innerhalb des SchLEF/1971 hatte sich die Zählweise verändert, sodass materiell mit can. 30 § 2 das vorlag, was 1971 als can. 35 § 2 vor Augen stand.

[334] Vgl. hier und im Folgenden die Dokumentation in Comm 8 (1976), S. 97.

et rite manifestetur" aufzunehmen. Dieser Gegenvorschlag fand bei der gesamten Kommission gefallen und wurde in den Gesetzestext aufgenommen.

Zwei weitere Vorschläge wurden bezüglich des päpstlichen Amtsverzichtes in der Form des vorliegenden can. 30 § 2 im Zuge der achten Sessio besprochen. So schlug einer der Konsultoren vor, die Notwendigkeit der hinreichenden Kundgabe mit dem Zusatz zu präzisieren, „sodass Gewissheit herrscht".[335] Die sichere Gewissheit über den päpstlichen Amtsverzicht sah die PCR durch die Notwendigkeit der hinreichenden Kundgabe gewährleistet, woraufhin dieser Annex nicht aufgenommen wurde. Ebenfalls auf Ablehnung stieß der Vorschlag eines dritten Konsultors, man könne die Konkretisierung *ad validitatem* in Bezug zur Freiheit der Verzichtsleistung streichen, da die Gültigkeit alleine durch die hinreichende Kundgabe gewährleistet sei. Diese Dokumentation der Beratungen der Reformkommission zeigen deutlich, dass auch eine Norm, die zu diesem Zeitpunkt in der jüngeren kirchengeschichtlichen Vergangenheit keine praktische Relevanz besaß, auf fachlicher und theologischer Grundlage diskutiert und weiterentwickelt wurde. Auch hinsichtlich des späteren c. 332 § 2 kann von einer Stagnation keine Rede sein.

Rechtsmateriell stand nun mit can. 30 § 2 vor Augen, was im späteren Verlauf als c. 332 § 2 Einzug in den neuen Codex des Kanonischen Rechts halten sollte. Mit dem Scheitern des Projekts[336] einer *Lex Ecclesiae Fundamentalis* kurz vor der Promulgation des erneuerten Codex sind die weiteren Entwicklungsschritte der Norm zum päpstlichen Amtsverzicht in den Schemata des CIC selbst zu finden.

C. Schema CIC/1980

Die weiteren Entwicklungsschritte des c. 332 § 2 in der finalen Entstehungsgeschichte des CIC/1983 kurz vor dessen Inkrafttreten zu suchen, kann nur auf der grundlegenden Feststellung gelingen, dass die Rechtsmaterie zum päpstlichen Amtsverzicht auch nach dem Scheitern einer LEF überhaupt weiteren Bestand hatte. Ein Blick in das Schema CIC/1980 gibt hierzu einen ersten Aufschluss. Dort verwies can. 277, der in „Pars II – De Ecclesiae Constitutione Hierarchica" unter „Sectio I – De suprema Ecclesiae auctoritate et eiusque exercitio" als einziger Canon des „Caput I – De Romano Pontifice deque Collegio Episcoporum" bestand, auf die entsprechenden Canones der *Lex Ecclesiae Fundamentalis*:

> „Potestate plena et suprema in Ecclesia pollent tum Romanus Pontifex tum Collegium Episcoporum, ad normam praescriptorum quae in Lege Ecclesiae Fundamentali de Romano Pontifice deque Collegio Episcoporum statuuntur; eisque auxilio sunt pro parte sua Synodus Episcoporum, Collegium Cardinalium necnon Curia Romana, secundum normas quae sequuntur legesque peculiares".[337]

---

[335] Vgl. ebd.: „ita ut certitudinem pariat".

[336] Vgl. hierzu *Aymans-Mörsdorf*, KanR II, S. 4 f.

[337] „Volle und höchste Gewalt in der Kirche besitzen sowohl der Papst als auch das Bischofskollegium, gemäß den Normen, die in der Lex Ecclesiae Fundamentalis über den Papst und

Freilich noch vor der Aufgabe des Projekts einer LEF im Jahr 1980 verfasst, weist das Schema CIC/1980 an dieser Stelle exemplarisch auf das ursprünglich geplante Zueinander und die gegenseitige Verwiesenheit der beiden Codices und des kirchlichen Grundgesetzes hin, wobei die LEF das Fundament der Gesetzbücher dargestellt hätte, auf das diese entsprechend verweisen sollten.[338]

Interessant erscheinen die Hinweise, die aus der Relatio zum Schema CIC/1980 bezüglich des can. 277 ersichtlich werden. Trotz des generellen Verweises auf die übergeordneten Normen einer LEF wird an der avisierten kodikarischen Norm kritisiert, dass diese den Anschein aufkommen lassen könnte, wonach in der kirchlichen Verfasstheit eine „Diarchie" bestünde, innerhalb derer der Papst und das Bischofskollegium gleichermaßen Träger der *suprema potestas* wären.[339] Als Lösungsvorschläge wurden durch die Reformkommission entweder eine Alternativformulierung nach der inhaltlichen Vorgabe der Nota Explicativa Praevia[340] zu Lumen Gentium oder aber die Einfügung (vel addantur) der betreffenden Normen aus dem Schema der LEF zu Papst und Bischofskollegium angeboten. Letztlich schließt das Beratungsergebnis mit einem Formulierungsvorschlag eines neuen Canons, der entweder als alleinige und auf die LEF verweisende Norm im CIC bestehen oder aber die weiteren Maßgaben einleiten sollte und der in seinem Inhalt dem späteren c. 330 CIC/1983 sehr nahe kam. Ohne die hier maßgebliche Rechtsmaterie zu tangieren, weist diese Beratung der Reformkommission doch auf die Relevanz der sie subsumierenden Materie der höchsten Autorität der Kirche hin, deren rechtliche Einordnung bis zuletzt Gegenstand der Beratungen sein sollte.

Was die Rechtsmaterie der päpstlichen Amtsverzichtsleistung anbelangt, muss der Blick folglich in das nächste und letzte Schema zum neuen CIC aus dem Jahr 1982 gerichtet werden.

D. Schema CIC/1982

Mit dem Schema CIC/1982 lag nun das erste nach der Zurückstellung des Projekts einer *Lex Ecclesiae Fundamentalis* vor. Damit einhergehend musste die nicht einfache Aufgabe erfüllt werden, die Rechtsmaterie derselben in das Schema des

---

das Bischofskollegium aufgestellt wurden. Ihre Hilfen sind in ihren jeweiligen Bereichen die Bischofssynode, das Kardinalskollegium und die Römische Kurie, gemäß den Normen der besonderen Gesetze", eigene Übersetzung.

[338] Vgl. hierzu *Aymans-Mörsdorf*, KanR II, S. 3.

[339] Vgl. *PCR*, Relatio/1981, ad can. 277, S. 75: „Textus in schemate C.I.C. propositus uti est non videtur sustineri, quia intelligi potest ac si in Ecclesia diarchia habeatur". („Der vorgeschlagene Text im Schema/CIC erschien nicht haltbar, da der Eindruck entstehen könne, als gäbe es in der Kirche eine Diarchie", eigene Übersetzung); vgl. einordnend dazu *Reisinger*, Jurisdiktionsprimat, S. 84.

[340] Unter Bezugnahme auf LG-NEP 4.

künftigen CIC einzuarbeiten.[341] Im Zuge dessen fand auch der angedachte can. 35 des Schema LEF/1971 und mit § 2 die Norm zum päpstlichen Amtsverzicht Einzug in das finale Schema des neuen CIC, sodass es dort in can. 331 § 2 hieß:

> „Si contingat ut Romanus Pontifex muneri suo renuntiet, ad validitatem requiritur ut renuntiatio libere fiat et rite manifestetur, non vero ut a quopiam acceptetur".[342]

Mit dieser Norm lag wort- und inhaltsgleich vor, was als c. 332 § 2 Teil des bis heute geltenden Rechts des CIC/1983 werden sollte. Der Unterschied in der Nummerierung zwischen Schema CIC/1982 und fertigem Codex stellt zwar für die im Fokus stehende Rechtsnorm nur eine Randbemerkung dar, die keinerlei Auswirkung auf ihre Rechtsmaterie besitzt. Dennoch ist sie nicht nur als randständig einzuordnen, wenn man den Blick auf die direkte „kodikarische Nachbarschaft" weitet, in der die Begründung zur divergierenden Nummerierung zu finden ist. Der Vergleich zwischen den cann. 330–331 SchCIC/1982 und den cc. 330–332 CIC/1983 beweist eindeutig eine substantielle Änderung zwischen Schema und Codex, die ihren Ursprung der päpstlichen Revision des avisierten Rechtstexts verdankt.[343]

Den Ausgangspunkt für die Diskussion innerhalb der Endredaktion stellte can. 330 SchCIC/1982 dar, der in „Sectio I – De Suprema Ecclesiae Auctoritate" unter „Caput I – De Romano Pontifice deque Collegio Episcoporum" sich alleine mit dem Amt des Bischofs von Rom als Papst der Kirche und Haupt des Bischofskollegiums befasste. Papst Johannes Paul II. selbst mahnte an, dass durch diese Darstellung die Rolle des Bischofskollegiums keine ausreichende kodikarische Würdigung auf der Grundlage des konziliaren Lehramts erfahre.[344] Letztlich entschied man sich dazu, einen neuen Canon einzufügen, der ausgehend von der dogmatischen Entfaltung durch das Konzil[345] die Brücke zwischen Papst und Bischofskollegium errichten und beide Größen innerhalb der höchsten Autorität der Kirche miteinander verbinden solle. Erst im Anschluss an diesen wurden die Normen zum römischen Pontifex angeführt, die dessen genuine Amtsvollmachten und -aufgaben beinhalten und zu denen auch c. 332 § 2 zählt.

---

[341] Kritisch dazu *Aymans-Mörsdorf*, KanR II, S. 5: „Das Ergebnis ist jedoch vom methodologischen Standpunkt aus nicht einleuchtend und deshalb nicht befriedigend; schwerer wiegt noch, daß (...) der organische Zusammenhang mancher Rechtsnormen im Gesetzbuch der Lateinischen Kirche empfindlich gelitten hat" und dazu ebd., Anm. 6. Als äußerst kritisch bezeichnet Umberto Betti die Einschätzung von Eugenio Corecco bezüglich der Einarbeitung der Normen der LEF in das Schema/CIC, die seiner Ansicht nach der Theologie des II. Vatikanischen Konzils nicht zur Genüge gereichen, vgl. *Betti*, Appunto, S. 31 f.

[342] „Falls der Papst auf sein Amt verzichten sollte, ist zur Gültigkeit verlangt, dass der Verzicht frei geschieht und hinreichend kundgemacht, nicht jedoch, dass er von irgendwem angenommen wird", eigene Übersetzung anhand des c. 332 § 2 CIC/1983.

[343] Vgl. ebd., S. 33.

[344] Vgl. ebd.

[345] Insbesondere LG 22.

Wenngleich diese letzte Änderung die Norm zum päpstlichen Amtsverzicht nicht direkt betraf, zeigt die Vorgehensweise doch abermals, wie sehr die Reform des Codex Iuris Canonici bis zuletzt die methodische Vorgehensweise beachtete, das Kirchenrecht auf dem Fundament der Lehre des II. Vatikanischen Konzils zu erneuern. In diesen Prozess waren letztlich alle Normen des Codex eingeschlossen, auch wenn sie nur indirekt mit bestimmten Neuformulierungen zusammenhingen. Es gilt im Folgenden, die nun vor Augen liegende und bis heute geltende Norm des c. 332 § 2 zu analysieren und mit der konkreten Anwendung durch den Amtsverzicht Papst Benedikts XVI. in Verbindung zu setzen.

Synopse der Entstehungsgeschichte des c. 332 § 2 CIC/1983[346]

CIC/1917	Quaest. Fund.	SchLEF/1969	SchLEF/1971	SchCIC/1982	CIC/1983
Si contingat ut Romanus Pontifex renuntiet, ad eiusdem renuntiationis validitatem non est necessaria Cardinalium aliorumve acceptatio. c. 221	Si contingat ut Romanus Pontifex renuntiet, ad eiusdem renuntiationis validitatem non est necessaria *electorum* aliorumve acceptatio.	Si contingat ut Romanus Pontifex *muneri suo* renuntiet, *ad validitatem requiritur* ut renuntiatio *rite manifestetur,* non vero ut *a quopiam* acceptetur. c. 34 § 2	Si contingat ut Romanus Pontifex muneri suo renuntiet, ad validitatem requiritur ut renuntiatio rite manifestetur, non vero ut a quopiam acceptetur. c. 35 § 2	Si contingat ut Romanus Pontifex muneri suo renuntiet, ad validitatem requiritur ut renuntiatio *libere fiat* et rite manifestetur, non vero ut a quopiam acceptetur. c. 331 § 2	Si contingat ut Romanus Pontifex muneri suo renuntiet, ad validitatem requiritur ut renuntiatio libere fiat et rite manifestetur, non vero ut a quopiam acceptetur. c. 332 § 2

§ 3 Der geltende c. 332 § 2 CIC/1983

Durch die Promulgation des erneuerten Codex Iuris Canonici im Jahr 1983 durch Papst Johannes Paul II. steht mit c. 332 § 2 die bis heute geltende kirchliche Rechtsnorm[347] bezüglich eines päpstlichen Amtsverzichts vor Augen:

„Si contingat ut Romanus Pontifex muneri suo renuntiet, ad validitatem requiritur ut renuntiatio libere fiat et rite manifestetur, non vero ut a quopiam acceptetur.

Falls der Papst auf sein Amt verzichten sollte, ist zur Gültigkeit verlangt, dass der Verzicht frei geschieht und hinreichend kundgemacht, nicht jedoch, dass er von irgendwem angenommen wird".

---

[346] Eigene Darstellung anhand der Rechtsquellen. Eigene Hervorhebungen.
[347] Entspricht c. 44 CCEO.

Es bedarf keiner Wiederholung des schon Gesagten, um festzustellen, dass mit dieser Norm eine geschichtlich gewachsene rechtliche Größe vor Augen steht, deren spezifischen Inhalte ausgehend von verschiedenen Ereignissen, den daraus folgenden Überlegungen oder auch losgelöst von konkreter Historie aus fachlichen Diskussionen erwachsen konnten. Dennoch gilt es, die gebotene Rechtsmaterie im Einzelnen darzustellen, da trotz aller historischer Herleitungen erst mit c. 332 § 2 geltendes Recht der Kirche vor Augen liegt.

A. Bestand und wesentliche Aussagen

Welche wesentlichen Aussagen werden aus der Rechtsnorm ersichtlich? Zunächst wird durch die einleitende Formulierung „si contingat" impliziert, dass sich der päpstliche Amtsverzicht als Ausnahmeform der Erledigung des Papstamtes definiert.[348] Alle folgenden rechtlichen Maßgaben werden dann relevant, wenn es feststeht, dass ein Papst auf sein Amt verzichten wird. Durch diese Präzisierung wird der außerordentliche Charakter eines päpstlichen Amtsverzichts insofern unterstrichen, da im Gegensatz zu den allgemeinen kodikarischen Normen hinsichtlich des Amtsverzichts dieser keine gleichbedeutende Möglichkeit unter vielen darstellt[349], sondern eine Ausnahme, die aufgrund ihrer genuinen Charakteristika in Verbindung mit dem Papstamt eigens kodikarisch normiert werden muss. Dies geschieht in keinem anderen Fall der päpstlichen Amtserledigung, wobei als einzige wirkliche Alternative nur der Tod des Papstes in Frage käme.[350]

Die geltende Rechtsnorm benennt zwei Gültigkeitsvoraussetzungen (ad validitatem) des päpstlichen Amtsverzichts, denn dieser muss frei geschehen (libere fiat) und hinreichend kundgetan werden (rite manifestetur). Hinsichtlich der Freiheit der Verzichtsleistung lassen sich aufgrund des Fehlens einer direkten kodikarischen Definition für den Fall eines päpstlichen Amtsverzichts verschiedene grundsätzliche Interpretationen vorfinden.[351] Eine erste bietet Winfried Aymans, der auf die Anwendbarkeit der allgemeinen Norm des c. 125 § 1 zur rechten Auslegung der erforderlichen „Freiheit" verweist.[352] Dort heißt es:

---

[348] Vgl. *Graulich*, Amtsverzicht, S. 482 und (immer noch zutreffend) *Köstler*, contingere, S. 94.

[349] Vgl. *Bier*, c. 332, Rdnr. 10, in: MKCIC (Januar 2008).

[350] So die Darstellung bei *Aymans-Mörsdorf*, KanR II, S. 215 f. Überlegungen für andere Fälle – etwa eines *Papa haereticus* oder einer völligen Behinderung des Apostolischen Stuhls – sind bisher nur auf der theoretischen Ebene Gegenstände der Diskussion geworden. Mit kanonischer Gewissheit können daher nur der Tod des Papstes (c. 335 i. V. m. *Johannes Paul II.*, CA UnivDomGreg) und der freiwillige Amtsverzicht (c. 332 § 2) als Möglichkeiten zur Erledigung des Papstamtes betrachtet werden. Das Ableben des Amtsinhabers ist jedoch seinerseits vom freiwilligen Amtsverzicht zu unterscheiden, da es sich beim Tod nicht um eine rechtserhebliche Handlung, sondern um eine Rechtstatsache handelt.

[351] Vgl. *Klappert*, Amtsverzicht, S. 59.

[352] Vgl. *Aymans-Mörsdorf*, KanR II, S. 215.

„Wenn eine Handlung dadurch zustande kommt, daß einer Person von außen her Zwang zugefügt wurde, dem sie auf keine Weise widerstehen konnte, gilt diese Handlung als nicht vorgenommen".

Die vorliegende Rechtsnorm bezieht sich auf die Möglichkeit der Unfreiheit einer Handlung und kann als Negativaussage gelten, deren Umkehrschluss zur Bestimmung der geforderten Freiheit führen kann. Demgemäß wäre eine Handlung – in diesem Fall der päpstliche Amtsverzicht – dann in Freiheit vollzogen, wenn sie nicht aufgrund äußerlich zugefügten und unwiderstehbaren Zwangs geschehen wäre.[353] Zurecht merkt Sebastian Klappert im Kontext dieser Fragestellung an, dass durch diese Interpretation missachtet wird, dass mit c. 332 § 2 „keine die allgemeinen Normen der cc. 187 ff. CIC verdrängende Sonderregelung geschaffen wurde".[354] Somit wären alle allgemeinen kodikarischen Maßgaben zum Amtsverzicht der cc. 187–189 auch auf eine päpstliche Verzichtsleistung anwendbar, sofern diese nicht im Gegensatz zu dem in c. 332 § 2 Normierten stünden. In der Tat zeigt sich diese Interpretation, die nicht nur bezüglich der erforderlichen Freiheit, sondern generell für alle Fragen des päpstlichen Amtsverzichts gelten kann als Mehrheitsmeinung, die in nicht wenigen die Materie betreffenden Beiträgen als fraglose Voraussetzung gilt.[355]

Für diese Interpretation sprechen mehrere Gründe. Zunächst sei an die (rechts-) historische Genese des c. 332 § 2 hingewiesen. Die „Geburt" einer eigenen kirchenrechtlichen Norm zum päpstlichen Amtsverzicht mit dem Liber Sextus hatte das konkrete geschichtliche Beispiel des Amtsverzichts Papst Cölestins V. zum Anlass.[356] In der kanonistischen Auseinandersetzung mit der Frage nach der Erlaubtheit einer solchen Verzichtsleistung im Vorfeld des Vollzugs durch Cölestin V. standen stets die bereits vorhandenen Normen zur Renuntiation als maßgebliche rechtliche Anhaltspunkte vor Augen. Anhand dieser eruierten die zurate gezogenen Kanonisten der Kurie, welche dieser Maßgaben auf den päpstlichen Amtsverzicht übertragbar waren und welche gerade nicht – aufgrund mit dem Papstamt wesenhaft unvereinbarer Inhalte. Auch der konkrete Vollzug des Amtsverzichts durch Cölestin V. verdeutlicht das vorherrschende Bewusstsein der gemeinsam zugrundeliegenden allgemeinen Rechtsmaterie des Amtsverzichts. So versuchte der Verzichtswillige Papst selbst durch eine Aneinanderreihung vieler hinreichender Gründe und der deutlichen Betonung der Freiheit seiner Verzichtsleistung die für die (bischöfliche) Renuntiation geltenden Regeln zu befolgen.

---

[353] Vgl. *Klappert*, Amtsverzicht, S. 59. Diese Interpretation tendiert in die Richtung des neuzeitlichen Freiheitsbegriffs, der in diesem Sinne die „negative Freiheit als Abwesenheit von äußerem Zwang bestimmt" (*Heun*, Freiheit, Sp. 321).

[354] *Klappert*, Amtsverzicht, S. 60; im selben Sinne *Eicholt*, Amtsverzicht, S. 32.

[355] So etwa bei *Socha*, c. 188, Rdnr. 8, in: MKCIC (August 1988); *Bier*, c. 332, Rdnr. 10, in: MKCIC (Januar 2008); *Graulich*, Amtsverzicht, S. 482; *Ohly*, Kirchenamt, S. 248 f., die die Geltung der cc. 187–189, sofern sie nicht c. 332 § 2 widersprechen, voraussetzen.

[356] Vgl. S. 331–339 der vorliegenden Untersuchung.

Auch in der weiteren Entwicklung kann diese Interpretation Unterstützung finden. Dies kann gerade im Angesicht der minimalistisch anmutenden Norm des can. 221 CIC/1917, die durch ihre geringe Quantität auf die Notwendigkeit hinweist, eine bleibende Geltung jener allgemeinen Normen zum Amtsverzicht auch für den Fall des Papstes, die der speziellen Norm nicht widersprechen, aufzeigen. Eine andere Interpretation, wonach zur Gültigkeit des Amtsverzichts bei alleiniger Maßgeblichkeit des can. 221 CIC/1917 keinerlei Voraussetzung gegeben wäre, würde jeglicher Willkür den Weg ebnen.[357] Sogar die fehlende Annahmebedürftigkeit, die der pio-benediktinische Codex feststellte, war selbst keine Gültigkeitsvoraussetzung. Auf dieser Grundlage hätte jeder päpstliche Amtsverzicht in allen erdenklichen Konstellationen eine gültige Verzichtsleistung dargestellt. Daher muss auch für die Geltungszeit des ersten kodifizierten Rechts der Kirche konstatiert werden, dass vor dem Hintergrund der absolut notwendigen Rechtssicherheit eines päpstlichen Amtsverzichts die betreffenden allgemeinen Maßgaben bedingte Anwendung hätten finden müssen.[358]

Die aufgrund des für die Kirche fundamentalen Dienstes des Papstes notwendige Rechtssicherheit einer Verzichtsleistung stellt nicht nur die auch im Angesicht des c. 332 § 2 notwendige Bezugnahme auf die cc. 187–189 dar. Vielmehr gilt die Rechtssicherheit als Bezugspunkt der Reformkommission, die im Vergleich zum CIC/1917 getätigten Einlassungen des *libere fiat et rite manifestetur* vorzunehmen.[359] Wenngleich die dazugehörige Dokumentation der jeweiligen Hinzufügungen keine direkten Hinweise dazu gibt, so lässt sich doch bei beiden Gültigkeitsvoraussetzungen die Implikation erkennen, dass mit ihnen keine Ausschließlichkeit im Sinne einer Nicht-Geltung der cc. 187–189 intendiert wurde.[360]

Letztlich können beide Interpretationslinien dahingehend zusammengeführt werden, insofern die grundlegenden Normen der cc. 124–128 hinsichtlich der rechtserheblichen Handlungen in Verbindung mit den Präzisierungen der cc. 187–189 zum Amtsverzicht im Allgemeinen bei einem päpstlichen Amtsverzicht Anwendung finden können. Dies muss jedoch unter der steten Voraussetzung geschehen, nicht durch c. 332 § 2 für den Spezialfall eines verzichtsleistenden Papstes außer Kraft gesetzt zu sein. Eine alleinige Konsultation des c. 125 § 1 würde zwar eine objektiv feststellbare Rechtssicherheit herbeiführen, doch ist aufgrund des Wesens des Papstamtes als auf göttlicher Einsetzung beruhendem Konstitutivum

---

[357] So stellt *Holböck* diesbezüglich fest, dass „eine willkürliche Verzichtsleistung der Kirche zum Schaden gereichen würde (…)" (Kirchenrecht Bd. I, S. 268).

[358] Auch für diese Auslegung des can. 221 CIC/1917 lassen sich namhafte Fürsprecher nennen, so etwa *Holböck*, Kirchenrecht Bd. I, S. 268. Das durchgehende Schweigen der gängigen Kommentare zum CIC/1917 in Bezug zu can. 221 kann ebenso als Indiz dafür betrachtet werden, dass mit Ausnahme der nicht erforderlichen Annahme durch die Kardinäle oder eine andere Instanz die allgemeinen Normen zum Amtsverzicht zurate gezogen werden müssten.

[359] Vgl. S. 354 f. der vorliegenden Untersuchung.

[360] Vgl. ebd.

der kirchlichen Verfasstheit eine mehrdimensionale kanonistische Fundierung notwendig.[361]

Die Freiheit von äußerem Zwang gemäß c. 125 § 1 ist eine der grundlegenden Voraussetzungen eines gültigen päpstlichen Amtsverzichts, dessen Unanfechtbarkeit auf einem möglichst breiten Fundament zu stehen hat. Um dieses aufzubauen sind auch diejenigen Bereiche zu beachten, die einer freien Rechtshandlung durch den Verzichtenden zuwider stünden und die c. 188 nennt: schwere Furcht, arglistige Täuschung, wesentlicher Irrtum und Simonie. Das Kernproblem dieser Mängel ist ihre zumeist fehlende Beweisbarkeit und damit einhergehend die Gefahr einer nicht vorhandenen absoluten Rechtssicherheit. Dieses Argument kann nicht dazu verleiten, den Katalog des c. 188 als für den päpstlichen Amtsverzicht unbedeutend einzuordnen. In diesem Sinne bemerkt Sebastian Klappert:

> „Auch müssen Aspekte der Rechtssicherheit hinter dem Umstand zurückstehen, dass es die besondere sakrale Würde und Einmaligkeit des im Stifterwillen Christi begründeten päpstlichen Amtes mit seiner spezifischen Höchstgewalt verlangen, dass der Papst nur im Fall gänzlicher Mängelfreiheit seiner Willensentscheidung resignieren soll".[362]

Um diese gänzliche Mängelfreiheit festzustellen, die sich auch aus der historischen Genese der heute vor Augen stehenden geltenden Rechtsnorm als Voraussetzung des freien Vollzugs des Amtsverzichts ableiten lässt, muss sich auch dem mit c. 188 normierten Mängelkatalog zugewendet werden. Die Freiheit des Verzichtsleistenden von jenen den Amtsverzicht verungültigenden Mängeln ist indes nur schwerlich oder überhaupt nicht objektiv äußerlich feststellbar. Dies gilt insbesondere für die Umstände von Furcht oder Irrtum.[363] Gerade die zweite durch c. 332 § 2 genannte Gültigkeitsvoraussetzung kann jedoch dazu verhelfen, auch diesen Bereich möglicher Mängel in der Amtsverzichtsleistung zu beachten, sofern der verzichtleistende Papst innerhalb seiner *hinreichenden Kundgabe* seine subjektive Freiheit von diesen eindeutig benennt.[364]

---

[361] In diesem Sinne *Klappert*, Amtsverzicht, S. 60. Weitet man den Blick auch innerhalb der Lektüre der kanonistischen Literatur, so lässt sich auch bei Winfried Aymans die Verwiesenheit des Spezialfalls eines päpstlichen Amtsverzichts auf die allgemeinen Maßgaben der cc. 187–189 zumindest implizit erkennen. Auch er verweist innerhalb der Kommentierung dieser auf den päpstlichen Amtsverzicht gemäß c. 332 § 2, vgl. *Aymans-Mörsdorf*, KanR I, S. 495, dort unter V.

[362] *Klappert*, Amtsverzicht, S. 60.

[363] Vgl. *Socha*, c. 188, Rdnrn. 4 und 6, in: MKCIC (August 1988). Interessant erscheint die Feststellung, wonach bei konsequenter Annahme der Geltung des c. 188 auch im Falle des päpstlichen Amtsverzichts ein solcher aufgrund von Simonie ungültig wäre, die Wahl des Papstes jedoch ausdrücklich auch bei Vorliegen simonistischer Verbrechen innerhalb der Wahlhandlung ihre Gültigkeit behält, vgl. *Johannes Paul II.*, CA UnivDomGreg, 78. Auf diese Thematik kann jedoch innerhalb der vorliegenden Untersuchung nicht gesondert eingegangen werden.

[364] In diesem Sinne *Graulich*, Amtsverzicht, S. 483. Damit ist jedoch in keiner Weise eine vom Recht her zu interpretierende (Gültigkeits-)Voraussetzung für die konkrete Form der Kundgabe gegeben, sondern lediglich eine Anmerkung, wonach die Benennung der eigenen Willensfreiheit zur größeren Rechtssicherheit gereichen kann. Eine generelle Begründung oder die Nennung von konkreten Einzelgründen ist nicht notwendig, vgl. *Eicholt*, Amtsverzicht, S. 33.

Die Genese der vorliegenden Rechtsnorm hat klar gezeigt, dass die Codex-Reformkommission mit vollem Bewusstsein dem Papst keine zu erfüllende Form der hinreichenden Kundgabe kodikarisch vorgegeben hat.[365] Aufgrund der inneren Konsequenz der hinsichtlich des freien Vollzugs angewandten Auslegung, wonach es sich bei c. 332 § 2 nicht um ein die Normen der cc. 187–189 außerkraftsetzendes Spezialgesetz handelt, gilt es, zunächst die allgemeinen Vorschriften des c. 189 zu beachten. Da der päpstliche Amtsverzicht nicht annahmebedürftig ist, kann grundsätzlich nur die diesbezügliche Vorschrift zur rechtmäßigen Kundgabe des c. 189 § 1 in Betracht kommen. Demgemäß hat die Kundgabe des Verzichts aufgrund der notwendigen Beweisbarkeit schriftlich oder mündlich vor mindestens zwei Zeugen zu erfolgen.[366]

Hubert Socha überträgt diese Mindestanforderung zur Generierung der Beweisbarkeit auch auf den Fall eines päpstlichen Amtsverzichts.[367] Da es sich bei den Voraussetzungen des c. 189 § 1 zweifelsohne um die elementaren Mindestanforderungen einer Verzichtsleistung mit dem einzigen Ziel ihrer Beweisbarkeit handelt, kann dieser Einschätzung durchaus zugestimmt werden. Dies gilt umso mehr, da die Konkretisierung des hinreichenden Charakters der Kundgabe gemäß c. 332 § 2 durch den kodikarisch unbestimmten Terminus *rite* eine Interpretation erst recht notwendig werden lässt.[368] Im Mindesten „hinreichend" erscheint die Kundgabe, wenn sie unzweifelhaft beweisbar ist. Damit wird keine wirkliche Vollzugsform vorgeschrieben, sondern lediglich die rechtliche Minimalform aufgezeigt, auf deren Grundlage ein konkreter Vollzug des päpstlichen Amtsverzichts im Sinne der hinreichenden Kundgabe geschehen kann.[369] Eine derartige Interpretation der Konkretisierung *rite* ergibt sich, wie Markus Graulich im Sinne der Gesetzesanalogie feststellt[370], auch aus ihrem sonstigen kodikarischen Gebrauch. Auf diesem Fundament kann die „hinreichende Kundgabe" die Brücke zwischen der Normierung des Ausnahmefalles in c. 332 § 2 und der Allgemeinen Vorschrift des c. 189 § 1 zur Minimalform des Amtsverzichts schlagen. Durch sie wird „die erforderliche Rechtssicherheit gewährleistet".[371]

---

[365] Vgl. S. 354 f. der vorliegenden Untersuchung.

[366] Vgl. *Socha*, c. 189, Rdnr. 5, in: MKCIC (August 1988).

[367] Vgl. ebd.

[368] Vgl. *Klappert*, Amtsverzicht, S. 60 f.

[369] Vgl. ebd., S. 61. Aufgrund dieser Einsicht der Vorschrift des c. 189 § 1 als rechtliche Minimalanforderung ist dem Autor entgegenzuhalten, dass es sich nicht wirklich um zwei divergierende Interpretationen handelt, wonach entweder von keinerlei Form oder aber einer wirklichen „Formvorschrift" im Falle des päpstlichen Amtsverzichts ausgegangen werden muss. Eine beide Auslegungen vereinende Darstellung kann dazu verhelfen, keine unnötigen Fronten aufzubauen oder zu verhärten.

[370] Vgl. *Graulich*, Amtsverzicht, S. 483 mit der dortigen Anm. 21.

[371] Ebd. Die Frage nach dem Adressatenkreis wird im Kontext der Verzichtshandlung und -erklärung Papst Benedikts XVI. zur Diskussion stehen, vgl. S. 379–381 der vorliegenden Untersuchung.

Eine absolute Rechtssicherheit bezüglich einer etwaigen Annahmebedürftigkeit schafft die letztgenannte kodikarische Maßgabe des c. 332 § 2, wonach feststeht, dass der päpstliche Amtsverzicht zur Gültigkeit keiner Annahme durch irgendwen (a quopiam) bedarf. Die Begründung dieser Feststellung auf dem Fundament der *suprema potestas* des Papstes konnte bereits, ausgehend von der historischen Genese, nachweislich dargestellt werden. An dieser Stelle sei auch die Feststellung der Erlaubtheit der päpstlichen Verzichtsleistung aufgrund der allgemeinen Vorschrift des c. 187 genannt, da diese bei Vorliegen eines gerechten Grundes besteht.[372] Aufgrund des primatialen Ranges des Papstes kommt es keiner anderen irdischen Instanz zu, die gerechte Begründung zu beurteilen. Letztlich ist es die Sache des verzichtsleistenden Papstes, seinen Amtsverzicht vor seinem eigenen Gewissen und vor Gott selbst mit gerechtem Grund versehen zu wissen.[373] Daher ist ein päpstlicher Amtsverzicht stets eine erlaubte Rechtshandlung.

Hinsichtlich der möglichen Rücknahme des Amtsverzichts bleibt mit c. 189 § 4 auch für den Ausnahmefall des c. 332 § 2 festzuhalten, dass diese vor dem Erlangen der Rechtskraft der Verzichtsleistung jederzeit möglich wäre.[374] Wird aufgrund der fehlenden Annahmebedürftigkeit der freie Amtsverzicht mit dem Moment der hinreichenden Kundgabe rechtswirksam, so kann hernach keine Rücknahme mehr erfolgen. Wird stattdessen ein anderer Zeitpunkt[375] des Wirksamwerdens durch den Verzichtenden benannt, so könnte innerhalb der Zeit zwischen Kundgabe und dem Erlangen der Rechtswirksamkeit der Amtsverzicht zurückgenommen werden. Die Gleichzeitigkeit von Kundgabe und Wirksamwerden kann und sollte bei einem nicht-annahmebedürftigen Amtsverzicht als Regelfall gekennzeichnet werden[376], auch um eine ausgehend von c. 332 § 2 für das Wohl der Kirche gefährliche Situation eines päpstlichen Amtsverzichts mit Widerrufsrecht zu vermeiden.[377]

Aus den allgemeinen kodikarischen Maßgaben zum Amtsverzicht lassen sich zuletzt zwei Konkretisierungen benennen. Gemäß c. 189 § 4 ist es möglich, dass der ehemalige Amtsinhaber das betreffende Amt, auf das er zuvor verzichtet hat,

---

[372] Vgl. *Aymans-Mörsdorf*, KanR I, S. 493.

[373] Vgl. *Socha*, c. 187, Rdnr. 3, in: MKCIC (August 1988). Dort weist der Autor darauf hin, dass ein annahmebedürftiger Amtsverzicht nur angenommen werden darf, „wenn die vorgebrachte Begründung unter Berücksichtigung der Bedeutung des Amtes sowie aller persönlichen und örtlichen Umstände angemessen erscheint". Für den Fall des Papstes obliegt es dem Verzichtsleistenden selbst, diese Umstände für sein Amt und seine Person abzuwägen. Im selben Sinne *Graulich*, Amtsverzicht, S. 483: „Die Vollmacht (…) bringt es mit sich, dass nur er allein einschätzen und bewerten kann, ob er in der Lage ist, den Anforderungen des Amtes und der damit verbundenen Verantwortung (weiterhin) gerecht zu werden".

[374] Vgl. *Aymans-Mörsdorf*, KanR I, S. 494.

[375] Vgl. zu der Möglichkeit, dass der Moment der Kundgabe nicht dem Moment der Verzichtsleistung entsprechen kann *Socha*, c. 189, Rdnr. 11, in: MKCIC (August 1988).

[376] Vgl. *Aymans-Mörsdorf*, KanR I, S. 495: „Ferner hat der Verzichtende kein Reuerecht, weil der Verzicht mit dem rechtmäßigen Vollzug der Erklärung sofort rechtskräftig wird".

[377] Vgl. eingehend dazu S. 381–383 und S. 421–423 der vorliegenden Untersuchung.

nach Wirksamwerden der Verzichtsleistung wiedererlangen kann. Diese Möglichkeit besteht grundsätzlich auch für den Papst, der auf sein Amt verzichtet hat
und im Falle seiner erneuten rechtmäßigen Wahl durch das Papstwahlkollegium
nach seiner Wahlannahme gemäß c. 332 § 1 unverzüglich erneut im Amt wäre.[378]
In Abwägung aller aus einer solchen erneuten Wahl resultierenden Folgen kann
diese Möglichkeit getrost in den Bereich des in der Theorie rechtlich Möglichen
verbannt werden.

Die zweite und deutlich praxisrelevantere kodikarische Maßgabe liefert c. 187,
der als grundlegende habituelle Voraussetzung zu einem freiwilligen Amtsverzicht
die Handlungsfähigkeit des Verzichtsleistenden benennt. Diese ist zur Gültigkeit
der Verzichtsleistung notwendig[379] und gilt auch für den päpstlichen Amtsverzicht,
unabhängig davon, dass sie keine eigene Erwähnung in c. 332 § 2 gefunden hat.[380]
Auch beim päpstlichen Amtsverzicht handelt es sich formal um eine Rechtshandlung[381], zu deren Gültigkeit gemäß c. 124 § 1 gefordert ist, dass „sie von einer
dazu befähigten Person vorgenommen wurde".[382] Die rechtliche Voraussetzung,
auf das Papstamt verzichten zu können, besteht in der aktuellen Inhaberschaft
dieses Amtes durch den Verzichtswilligen.[383] Die habituelle Befähigung liegt für
den Amtsverzicht aufgrund c. 187 für alle Personen *sui compos* vor, d. h. für all
diejenigen, die ihrer selbst mächtig und darum handlungsfähig sind. Dadurch ergibt sich, dass gemäß c. 99 alle, die „dauernd des Vernunftgebrauchs" entbehren,
ihrer selbst nicht mächtig (non sui compos) und darum nicht fähig zur gültigen
Rechtshandlung sind.[384]

---

[378] Der Einzige, der mehr als einmal im Amt des Papstes war, war Benedikt IX., der in den
Jahren von 1032–1045 mehrfach den Stuhl Petri besetzte, vgl. *Seppelt/Schwaiger*, Geschichte
der Päpste, S. 130–132; *Laudage*, Gegenpäpste, S. 72–74. Allerdings kann in Anbetracht der
Geschehnisse dieser Zeit keineswegs von einer wirklichen erneuten Papstwahl, geschweige
denn von (freiwilligem) Amtsverzicht, gesprochen werden.

[379] Vgl. *Socha*, c. 187, Rdnr. 2, in: MKCIC (August 1988).

[380] Vgl. *Klappert*, Amtsverzicht, S. 62.

[381] Vgl. dazu die Einordnung bei *Kaptijn*, Rechtspersönlichkeit und rechtserhebliches Geschehen, S. 195: „Rechtshandlungen hingegen sind menschliche, aus Vernunft und Wille her-
vorgehende Vorgänge, die mit Blick auf eine bestimmte Rechtsfolge vollzogen werden und
sowohl von physischen als auch von juristischen Personen vorgenommen werden können".

[382] Vgl. *Aymans-Mörsdorf*, KanR I, S. 286–288. Weiter nennt c. 124 § 1 als grundsätzliche
Gültigkeitsvoraussetzungen, dass „bei der Handlung gegeben ist, was diese wesentlich aus-
macht und was an Rechtsförmlichkeiten und Erfordernissen vom Recht zur Gültigkeit der
Handlung verlangt ist". Diese weiteren Bereiche wurden bzgl. des päpstlichen Amtsverzichts
ebenfalls durch die Maßgaben sowohl des c. 332 § 2 als auch der cc. 187–189 rechtlich klar
definiert.

[383] Vgl. *Pree*, c. 124, Rdnr. 4, in: MKCIC (Mai 1998): „Einesteils handelt es sich um grundsätzliche Voraussetzungen auf Seite des handelnden Subjekts, bei deren Nichtvorliegen ein
actus non existens vorliegt (z. B. Urteil durch einen Nichtrichter). (...)". Hervorhebung im
Original. Daher wäre ein päpstlicher Amtsverzicht, der durch eine Person, die nicht der amtierende Papst ist, einen Versuch seiner Durchführung erfahren würde, ein Nichtakt.

[384] Vgl. *Aymans-Mörsdorf*, KanR I, S. 286 f.

Für den hier maßgeblichen Fall eines päpstlichen Amtsverzichtes bedeutet dies, dass bei mangelndem Vernunftgebrauch des Amtsinhabers dieser nicht gültig vorgenommen werden kann.[385] Bei Vorliegen dieses Falls gilt der römische Bischofsstuhl gemäß c. 335 als völlig behindert (sede romana impedita).[386] Als mögliche Gründe für eine fehlende Handlungsfähigkeit des Papstes können verschiedene psychische und physische Erkrankungen und Umstände angeführt werden, die ihn in irgendeiner Form am Vernunftgebrauch hindern.[387] Auch in Anbetracht der notwendigen Handlungsfähigkeit eines verzichtsleistenden Papstes *sui compos* kann eine diesbezügliche (freiwillig einzufügende) Klarstellung als Teil der Verzichtserklärung die Rechtssicherheit über die Wirksamkeit der Handlung fördern.

B. Rechtsfolgen

Welche Rechtsfolgen ergeben sich aus dem päpstlichen Amtsverzicht? Um sich dieser Frage anzunähern, muss zunächst festgestellt werden, dass c. 332 § 2 keine explizite Antwort auf die Rechtsfolgen gibt. Durch die vorliegende Rechtsnorm wird lediglich der Tatbestand der Amtsverzichtsleistung des Papstes in Verbindung mit seinen zwei Gültigkeitsvoraussetzungen und der Feststellung der fehlenden Annahmebedürftigkeit festgesetzt. Es gilt daher erneut, sich den allgemeinen kodikarischen Vorschriften bezüglich der Rechtsfolgen einer Amtserledigung zuzuwenden. Hierbei soll an dieser Stelle ein allgemeiner Überblick über die Rechtsfolgen dargestellt werden.[388]

Der freiwillige Amtsverzicht stellt einen der möglichen außerordentlichen Erledigungsgründe eines Kirchenamtes dar (c. 184 § 1)[389], durch den nach Erlangen der Rechtswirksamkeit entsprechende Wirkungen und Folgen sowohl für den Verzichtsleistenden als auch für das betreffende Amt resultieren.[390] Zunächst ist für

---

[385] Vgl. *Graulich*, Amtsverzicht, S. 482; *Klappert*, Amtsverzicht, S. 62 f.

[386] Die Frage, wie im Angesicht eines fehlenden Spezialgesetzes der Fall der Behinderung des römischen Bischofsstuhls zu behandeln wäre, kann innerhalb dieser Untersuchung nicht zum Thema werden, vgl. grundlegend hierzu *Aymans–Mörsdorf*, KanR II, S. 214 f.; ausführlich zu diesem Thema *Müller*, Sedes Romana impedita; ferner auch *Viana*, Sede impedita.

[387] So etwa Demenzerkrankungen, Geistesstörungen, psychische Erkrankungen, aber auch die Verstandestätigkeit störende (Kopf-)Verletzungen als Folgen von Unfällen, Attentaten, physischer Erkrankungen o. ä.

[388] Die deitaillierte Analyse der Rechtsfolgen soll in Verbindung mit der Institution eines emeritierten Bischofs von Rom erfolgen, vgl. S. 427–465 der vorliegenden Untersuchung.

[389] Vgl. *Ohly*, Kirchenamt, S. 247 f.; *Aymans–Mörsdorf*, KanR I, S. 490. In Einklang mit beiden genannten Werken soll der Begriff der „Amtserledigung" dem des „Verlust eines Kirchenamtes" vorgezogen werden, da dieser insbesondere die hier maßgebliche Handlung einer freiwilligen Amtsverzichtsleistung in deutlich höherem Maße zu inkludieren vermag.

[390] Dies gilt deshalb, da auch beim Fehlen eines Amtsinhabers das Amt selbst erhalten bleibt, vgl. *Aymans–Mörsdorf*, KanR II, S. 359.

alle Kirchenämter einschließlich des Papstamtes[391] festzustellen, dass mit dem Zeitpunkt des Erlangens der Rechtswirksamkeit der Amtserledigung der ehemalige Amtsinhaber das betreffende Amt nicht mehr innehat.[392] Damit verbunden ist der Verlust aller Rechte und Pflichten, die sich aus dem erledigten Amt ergeben haben.[393] Winfried Aymans weist dahingehend darauf hin, dass „Zuwiderhandeln (…) den Straftatbestand der Amtsanmaßung" begründet und daher „mit Auferlegung einer gerechten Strafe zu ahnden" ist.[394] Nicht nur, aber auch aus diesem Grund ist es umso wichtiger, die verlorenen Rechte und Pflichten möglichst genau zu beschreiben.[395] Für das Papstamt als solches bedeutet dessen rechtswirksame Erledigung, dass es frei wird und die vom Recht her vorgesehenen Schritte zu seiner Neubesetzung erfolgen müssen, wobei c. 335 für die damit eingetretene Vakanz des römischen Bischofsstuhls auf die entsprechenden Spezialgesetze verweist. Somit steht fest, dass in Folge eines rechtswirksamen päpstlichen Amtsverzichts jene Vorgehensweisen umzusetzen sind, die mit der Papstwahlordnung Universi Dominici Gregis geltendes Recht der Kirche sind.

Aufgrund der einmal gültig empfangenen und untilgbaren Weihe zum Bischof der Kirche ist und bleibt auch der emeritierte Bischof von Rom Teil des Bischofskollegiums, der mit der Kirche Roms als Titularbistum in der hierarchischen Gemeinschaft mit dem neu im Amt befindlichen Papst und den übrigen Bischöfen der Kirche steht.[396] Aus dieser Zugehörigkeit resultieren bleibende Rechte und Pflichten eines emeritierten Bischofs von Rom.[397] Aufgrund seines Verzichtes auf das Papstamt ist er hernach jedoch nicht mehr Haupt des Bischofskollegiums, da diese Aufgabe gemäß c. 331 explizite Amtsaufgabe des Papstes ist und nicht dem in der Weihe vermittelten Bischofsamt entstammt. Nur der amtierende Bischof von Rom ist Papst und als solcher Haupt des Bischofskollegiums.[398]

---

[391] Das Papstamt ist trotz all seiner Charakteristika und Spezifika im vollen kanonischen Sinne gemäß c. 145 § 1 als *officium ecclesiasticum* auf der Grundlage des *ius divinum* zu identifizieren, vgl. *Ohly*, Kirchenamt, S. 235, dort Anm. 2. Daher ist die Erledigung des Papstamtes im Sinne der Gesetzesanalogie anhand der diesbezüglichen allgemeinen Maßgaben zu analysieren.

[392] Vgl. *Aymans-Mörsdorf*, KanR I, S. 492.

[393] Vgl. ebd.

[394] Ebd.

[395] Vgl. hierzu den Beitrag von *Rehak*, Urbi et Orbi, S. 253–274. Dort wendet sich der Autor der auch hier bestehenden Grundfrage unter dem Spezialaspekt des päpstlichen Segens „Urbi et Orbi" zu.

[396] Vgl. *Aymans-Mörsdorf*, KanR II, S. 339: „Der emeritierte Diözesanbischof wird Titularbischof, erhält aber nicht den Titel einer aufgelassenen Diözese, sondern den Titel eines emeritierten Bischofs der Diözese, auf die er den Amtsverzicht geleistet hat". Hierdurch wird die hierarchische Gemeinschaft mit dem Papst und dem Bischofskollegium aufrechterhalten, vgl. *Schmitz*, Titularbischof, Sp. 952: „Die Titularbischöfe sind als konsekrierte Bischöfe Mitglieder des Bischofskollegiums und nehmen am Ökumenischen Konzil voll stimmberechtigt teil (vgl. c. 339 § 1)"; vgl. *Rehak*, Urbi et Orbi, S. 262.

[397] Vgl. hierzu S. 429–442 der vorliegenden Untersuchung.

[398] Vgl. *Rehak*, Urbi et Orbi, S. 262.

Mit der Erledigung des Papstamtes gehen indes all jene Rechte und Pflichten verloren, die direkt mit diesem zusammenhängen und dem spezifischen Amtsträger aufgrund der Verleihung des Amtes bis zum rechtswirksamen Amtsverzicht zukamen.[399] Ab diesem Zeitpunkt ist er *ipso facto* nicht mehr Haupt des Bischofskollegiums mit den damit verbundenen Amtsvollmachten (cc. 336–341) und verliert die primatiale Höchstgewalt[400] (c. 331), sodass er zudem nicht mehr als „Hirte der Gesamtkirche" (c. 331) bezeichnet werden kann.[401] Auch die übrigen explizit als solche zu definierenden Amtsbezeichnungen des Papstes können nach einem Amtsverzicht dem Emeritus nicht mehr zuerkannt werden.[402] Aus diesen ist die Amtsbezeichnung als Bischof von Rom eigens einzuordnen.[403] Der Papst ist, wie bereits eingehend analysiert, im kanonischen Vollsinne Bischof der Diözese Rom und als solcher Papst.[404] Daher verliert er zwar mit dem erfolgten Amtsverzicht den Titel des amtierenden Bischofs von Rom, kann aber gemäß geltendem Recht den Ehrentitel des emeritierten Bischofs von Rom erhalten. Ein analoges Ergebnis etwa eines emeritierten Hauptes des Bischofskollegiums, eines emeritierten Nachfolgers Petri, eines emeritierten Stellvertreters Christi[405] oder eines emeritierten Hirten der Gesamtkirche[406] kann vom geltenden Recht der Kirche her nicht festgestellt werden, da es sich bei all diesen um direkt mit dem erledigten Amt verbundene Amtsbezeichnungen handelt, die sich aus der Ausübung der mit ihm verbundenen Amtsvollmacht ergeben.[407] Durch sie wird kein eigenes Amt bezeichnet, dass dem ehemaligen Amtsinhaber gemäß c. 185 als Emeritentitel zuerkannt werden kann. Vielmehr handelt es sich um Bezeichnungen, die alle gemäß c. 331 aus dem einen untrennbaren Papstamt erwachsen.[408]

---

[399] Vgl. *Bier*, c. 332, Rdnr. 10, in: MKCIC (Januar 2008).

[400] Vgl. *Aymans-Mörsdorf*, KanR II, S. 205.

[401] Vgl. *Klappert*, Amtsverzicht, S. 63.

[402] Vgl. *Ries*, Amt und Vollmacht, S. 302–309. Dort werden als solche gemäß dem geltenden Recht der Kirche aufgeführt: Nachfolger Petri, Bischof der Kirche von Rom, Haupt des Bischofskollegiums, Stellvertreter Christi, Hirt der Gesamtkirche, Pontifex.

[403] Vgl. *Aymans-Mörsdorf*, KanR II, S. 201. Dort wird u. a. für das Amt des Bischofs von Rom festgestellt, dass dieses „zwar in gewisser Weise in dem gesamtkirchlichen und mit Höchstgewalt ausgestatteten Papstamt auf(geht) und (…) mit diesem eine Einheit" bildet, doch „theoretisch von diesem unterschieden werden" müsse.

[404] Diese Einordnung gilt es stets in Erinnerung zu rufen. Nicht ganz zutreffend formuliert *Klappert*, Amtsverzicht, S. 63: „Das (…) wichtigste mit dem Papstamt verknüpfte Amt ist das des römischen Bischofs". Konsequenterweise müsste davon gesprochen werden, dass das wichtigste mit dem römischen Bischofsstuhl verbundene Amt das Papstamt ist.

[405] Zur Besonderheit des Titels *Vicarius Christi* und dessen neuer Einordnung durch Papst Franziskus gemäß dem AnPont 2020 vgl. S. 256, Anm. 440 der vorliegenden Untersuchung.

[406] Vgl. zur Primatialgewalt als *potestas vere episcopalis* und der daraus resultierenden Amtsbezeichnung „Hirt der Gesamtkirche" *Aymans-Mörsdorf*, KanR II, S. 208 f.

[407] Vgl. *Rehak*, Urbi et Orbi, S. 260.

[408] Vgl. hierzu *Ries*, Amt und Vollmacht, S. 303–309. Dort wird zu den einzelnen Amtsbezeichnungen die jeweilige Verbindung zur Amtsvollmacht des im Amt befindlichen Papstes dargestellt; vgl. grundlegend *Aymans-Mörsdorf*, KanR II, S. 203. Dort wird der untrennbare Zusammenhang von Funktion, Amtsgewalt, Amtserlangung und Amtsverzicht benannt.

Mit dem Verlust der päpstlichen Höchstgewalt gehen auch die Vollmachten in Gesetzgebung und Rechtsprechung verloren, da auch diese als Teil der *potestas ordinaria* verstanden werden müssen. Ferner ist auf alle übrigen kanonischen Rechte und Pflichten hinzuweisen, die in verschiedenen kodikarischen Kontexten dem Papst, dem Heiligen Stuhl oder dem Apostolischen Stuhl zuerkannt werden und die der Verzichtende allesamt mit der rechtswirksamen Amtserledigung verliert.[409]

Zuletzt seien sowohl die Vollmachten des Papstes als Souverän des Vatikanstaates[410], die für den Verzichtenden ebenfalls mit der erfolgten Amtserledigung erlöschen, als auch auf die weiteren mit dem Papstamt verbundenen Titel[411], deren er hernach verlustig wird, genannt.

Mit dem Erlangen der Rechtswirksamkeit eines päpstlichen Amtsverzichts gilt der römische Bischofsstuhl als vakant.[412] Daher werden jene Maßgaben des Rechts relevant, die gemäß c. 335 für die Sedisvakanz erlassen wurden und mit der Apostolischen Konstitution Universi Dominici Gregis vorliegen. Diese weisen ihrerseits darauf hin, dass es innerhalb dieser Zeit keine interimistische Leitung der Gesamtkirche gibt, die jene Bereiche tangiert, welche aus der Amtsvollmacht des unbesetzten Papstamtes resultieren.[413] Zwar werden innerhalb des Spezialgesetzes die Vollmachten des Kardinalskollegiums während der Sedisvakanz in Abgrenzung zu den amtsspezifischen Vollmachten des Papstes benannt, doch muss erneut im Sinne der Gesetzesanalogie auch für einen Papst, der auf sein Amt verzichtet hat, gelten, dass er „keinerlei Vollmacht oder Jurisdiktion bezüglich jener Fragen" besitzt, „die dem Papst zu Lebzeiten oder während der Ausübung der Aufgaben seines Amtes zustehen; diese Fragen müssen alle ausschließlich dem künftigen Papst vorbehalten bleiben".[414] Gerade die rechtliche Präzisierung, dass es sich um jene Vollmachten handelt, die dem Papst „während der Ausübung der Aufgaben seines Amtes" (ad perfunctionem officii ipsius) zukommen, inkludiert den Amtsverzicht als außerordentliche Form der Erledigung des Papstamtes.

---

[409] Vgl. *Aymans-Mörsdorf*, KanR II, S. 200: „Die konkrete Bedeutung des Papstamtes für Gesamtkirche und Lateinische Kirche ist nur unter Berücksichtigung der über das ganze Gesetzbuch verstreuten Kompetenzen des Papstes und des Apostolischen/Heiligen Stuhles zu ermessen"; vgl. damit verbunden die ausführliche Darstellung des Papstamtes aus dem kanonistischen Blickwinkel bei *Ries*, Amt und Vollmacht.

[410] Vgl. *Aymans-Mörsdorf*, KanR II, S. 212 f.

[411] Diese sind gemäß dem AnPont 2020: Metropolit der römischen Kirchenprovinz und Primas von Italien.

[412] Vgl. *Bier*, c. 332, Rdnr. 10, in: MKCIC (Januar 2008).

[413] Vgl. insbesondere *Johannes Paul II.*, CA UnivDomGreg, 1–6.

[414] Ebd. 1.

3. Kapitel

Die Verzichtserklärung Papst Benedikts XVI.

§ 1 Die Verzichtserklärung in lateinischer und deutscher Sprache

Im Folgenden soll die Verzichtserklärung Papst Benedikts XVI. vom 11. Februar 2013 im Licht der geltenden Rechtsnorm des c. 332 § 2 zum päpstlichen Amtsverzicht, aber auch in Verbindung mit den Allgemeinen Normen der cc. 187–189 analysiert werden. Daher ist es unerlässlich, sie zunächst in ihrem Volltext[415] voranzustellen:

„Fratres carissimi!

Non solum propter tres canonizationes ad hoc Consistorium vos convocavi, sed etiam ut vobis decisionem magni momenti pro Ecclesiae vita communicem. Conscientia mea iterum atque iterum coram Deo explorata ad cognitionem certam perveni vires meas ingravescente aetate non iam aptas esse ad munus Petrinum aeque administrandum.

Bene conscius sum hoc munus secundum suam essentiam spiritualem non solum agendo et loquendo exsequi debere, sed non minus patiendo et orando. Attamen in mundo nostri temporis rapidis mutationibus subiecto et quaestionibus magni ponderis pro vita fidei perturbato ad navem Sancti Petri gubernandam et ad annuntiandum Evangelium etiam vigor quidam corporis et animae necessarius est, qui ultimis mensibus in me modo tali minuitur, ut incapacitatem meam ad ministerium mihi commissum bene administrandum agnoscere debeam. Quapropter bene conscius ponderis huius actus plena libertate declaro me ministerio Episcopi Romae, Successoris Sancti Petri, mihi per manus Cardinalium die 19 aprilis MMV commisso renuntiare ita ut a die 28 februarii MMXIII, hora 20, sedes Romae, sedes Sancti Petri vacet et Conclave ad eligendum novum Summum Pontificem ab his quibus competit convocandum esse.

Fratres carissimi, ex toto corde gratias ago vobis pro omni amore et labore, quo mecum pondus ministerii mei portastis et veniam peto pro omnibus defectibus meis. Nunc autem Sanctam Dei Ecclesiam curae Summi eius Pastoris, Domini nostri Iesu Christi confidimus sanctamque eius Matrem Mariam imploramus, ut patribus Cardinalibus in eligendo novo Summo Pontifice materna sua bonitate assistat. Quod ad me attinet etiam in futuro vita orationi dedicata Sanctae Ecclesiae Dei toto ex corde servire velim.

Ex Aedibus Vaticanis, die 10 mensis februarii MMXIII

Benedictus PP XVI

* * *

Liebe Mitbrüder!

Ich habe euch zu diesem Konsistorium nicht nur wegen drei Heiligsprechungen zusammengerufen, sondern auch um euch eine Entscheidung von großer Wichtigkeit für das Leben der Kirche mitzuteilen. Nachdem ich wiederholt mein Gewissen vor Gott geprüft habe, bin

---

[415] Lateinisch in: AAS 105 (2013), S. 239 f., deutsch in: ORdt 7/2013, Sonderbeilage, S. 2.

ich zur Gewissheit gelangt, daß meine Kräfte infolge des vorgerückten Alters nicht mehr geeignet sind, um in angemessener Weise den Petrusdienst auszuüben.

Ich bin mir sehr bewusst, daß dieser Dienst wegen seines geistlichen Wesens nicht nur durch Taten und Worte ausgeübt werden darf, sondern nicht weniger durch Leiden und durch Gebet. Aber die Welt, die sich so schnell verändert, wird heute durch Fragen, die für das Leben des Glaubens von großer Bedeutung sind, hin- und hergeworfen. Um trotzdem das Schifflein Petri zu steuern und das Evangelium zu verkünden, ist sowohl die Kraft des Köpers als auch die Kraft des Geistes notwendig, eine Kraft, die in den vergangenen Monaten in mir derart abgenommen hat, daß ich mein Unvermögen erkennen muß, den mir anvertrauten Dienst weiter gut auszuführen. Im Bewußtsein des Ernstes dieses Aktes erkläre ich daher mit voller Freiheit, auf das Amt des Bischofs von Rom, des Nachfolgers Petri, das mir durch die Hand der Kardinäle am 19. April 2005 anvertraut wurde, zu verzichten, so daß ab dem 28. Februar 2013, um 20.00 Uhr, der Bischofssitz von Rom, der Stuhl des heiligen Petrus, vakant sein wird und von denen, in deren Zuständigkeit es fällt, das Konklave zur Wahl des neuen Papstes zusammengerufen werden muß.

Liebe Mitbrüder, ich danke euch von ganzem Herzen für alle Liebe und Arbeit, womit ihr mit mir die Last meines Amtes getragen habt, und ich bitte euch um Verzeihung für alle meine Fehler. Nun wollen wir die Heilige Kirche der Sorge des höchsten Hirten, unseres Herrn Jesus Christus, anempfehlen. Und bitten wir seine heilige Mutter Maria, damit sie den Kardinälen bei der Wahl des neuen Papstes mit ihrer mütterlichen Güte beistehe. Was mich selbst betrifft, so möchte ich auch in Zukunft der Heiligen Kirche Gottes mit ganzem Herzen durch ein Leben im Gebet dienen.

Aus dem Vatikan, 10. Februar 2013

Benedictus PP XVI"

§ 2 Gültigkeitsvoraussetzungen und Nichtannahme

Es drängt sich auf, die vorliegende Verzichtserklärung unter Anbetracht der geltenden rechtlichen Voraussetzungen eines gültigen (päpstlichen) Amtsverzichts zu untersuchen. Zunächst sei die direkte kodikarische Vorgabe des c. 332 § 2 der erste Anknüpfungspunkt dieses Verfahrens. Hinsichtlich der Gültigkeit der Verzichtsleistung auf das Papstamt gibt die geltende Rechtsnorm die beiden Voraussetzungen des freien Vollzugs und der hinreichenden Kundgabe vor. Werden durch die Verzichtserklärung und ihren konkreten Vollzug beide *ad validitatem* berücksichtigt?

A. Erlaubtheit

Die Frage nach der Erlaubtheit (licitas) stellt sich aufgrund der bloßen Existenz der rechtlich verbürgten Option des Papstes, frei auf sein Amt zu verzichten, in Verbindung mit der primatialen Höchstgewalt vom kirchenrechtlichen Standpunkt her nicht.[416] Es ist dem Papst erlaubt, auf sein Amt zu verzichten. Er besitzt gemäß c. 332 § 2 die erforderliche Rechtsfähigkeit.[417] Die einzige Instanz, vor der er sich zu rechtfertigen hat, ist Gott selbst.[418] Dennoch bezieht sich Papst Benedikt XVI. innerhalb seiner Verzichtserklärung mehrfach auf die moralische Rechtfertigung seines Entschlusses, auf das Petrusamt zu verzichten und den Amtsverzicht rechtswirksam zu leisten. Er beruft sich darauf, „wiederholt (sein) Gewissen vor Gott geprüft" zu haben und als Ergebnis dieser Gewissenserforschung „zur Gewissheit gelangt" zu sein, auf sein Amt zu verzichten.[419] Indem er die Bezeichnung *conscientia* wählt, bezieht er sich auf die Bedeutungsebene seiner Gewissensentscheidung im Sinne einer Urteilsfindung auf die Frage nach dem möglichen eigenen Amtsverzicht.[420] Diese lässt sich trefflich zusammenfassen als „Urteilsakt anläßlich einer besonderen Situation (…), die ihrer Natur nach immer einzigartig ist".[421] In Anlehnung an Thomas von Aquin beschreibt Joseph Ratzinger dieses Antwortfinden gemäß seiner Elemente:

> „Das Wiedererkennen (recognoscere), das Zeugnisablegen (testificare) und schließlich das Urteilen (iudicare). (…) Ob hier *etwas erkannt* oder *nicht erkannt wird, hängt* immer auch vom *Willen* ab, *der Erkenntnis versperrt oder zur Erkenntnis führt.* Es hängt also von einer schon gegebenen moralischen Prägung ab, die dann entweder weiter verformt oder weiter gereinigt wird".[422]

Auf dieser Grundlage ist die gefundene Antwort Frucht der Gewissensprüfung im Sinne der *conscientia* als Formung jener moralischen Grundprägung, die Papst Benedikt XVI. bereits dazu geführt hat, eine zumindest moralische Pflicht zum Amtsverzicht zu bejahen.[423]

---

[416] Vgl. *Eicholt*, Amtsverzicht, S. 32, der im selben Sinne von der „Zulässigkeit des Amtsverzichts" spricht.

[417] Vgl. *Walser*, Rechtshandlung, S. 58 und S. 60–62. Der Papst besitzt die absolute Habilität zur Amtsverzichtsleistung, insofern er als physische Person seiner selbst mächtig ist und in der vollen Gemeinschaft der katholischen Kirche steht, die relative Habilität, insofern er als Amtsinhaber gemäß c. 332 § 2 die Fähigkeit besitzt, auf das durch ihn bekleidete Amt frei zu verzichten.

[418] Vgl. *Graulich*, Amtsverzicht, S. 483.

[419] Vgl. *Benedikt XVI.*, Verzichtserklärung: „Conscientia mea iterum atque iterum coram Deo explorata ad cognitionem certam perveni vires meas ingravescente aetate non iam aptas ad munus Petrinum aeque ministrandum".

[420] Vgl. *Twomey*, Gewissen, S. 91–103. Der Autor bezieht sich auf den Aufsatz „Wenn du den Frieden willst, achte das Gewissen jedes Menschen. Gewissen und Wahrheit", in: *Ratzinger*, Wahrheit, Werte, Macht. Prüfsteine der pluralistischen Gesellschaft, S. 92, und schreibt: „Was Joseph Ratzinger in diesem Aufsatz gelingt, ist die Wiederentdeckung dessen, was sich als ontologische Ebene oder Schicht des Gewissens beschreiben ließe. Im Mittelalter war diese unterm Stoizismus entlehnten Begriff Synteresis bekannt und von der Conscientia unterschieden. Conscientia bezeichnet die Ebene des Urteils, also ‚Gewissen' im eingegrenzten Sinn des Wortes (…)".

[421] Ebd., S. 95.

[422] *Ratzinger*, Gewissen und Wahrheit, S. 56 f. Hervorhebung im Original.

[423] Vgl. *Benedikt XVI.*, Licht der Welt, JRGS 13/2, S. 868 und S. 298 f. der vorliegenden Untersuchung. Es sei auch auf die retrospektive Darstellung der Findung des Gewissensurteils im

Das getroffene Gewissensurteil manifestiert sich nun im positiven Willen Papst
Benedikts XVI. zur Amtsverzichtsleistung, der zu dieser Rechtshandlung eine
erforderliche Voraussetzung darstellt, denn „der Wille ist entscheidender Motor
einer jeden Rechtshandlung".[424] Gemäß c. 124 § 2 wird vorausgesetzt, dass der im
Äußeren kundgegebene positive Wille zu einer Rechtshandlung dem inneren Willen entspricht. Durch die Berufung auf die eingehende Gewissenserforschung und
deren ausdrückliche Darstellung innerhalb der Verzichtserklärung schafft Papst
Benedikt XVI. die Rechtssicherheit über die Übereinstimmung seines inneren
Willens mit dem geäußerten Willen zum Amtsverzicht.

Diese Aussagen des Papstes gehen nicht nur über das Maß des rechtlich Notwendigen hinaus, sondern wachsen als Frucht seines tief in ihm verwurzelten Bewusstseins über das Wesen des durch ihn bekleideten Petrusamtes, den außerordentlichen Charakter seines Amtsverzichts und die damit verbundene „große Wichtigkeit
für das Leben der Kirche".[425] Damit trägt Benedikt XVI. dem Rechnung, was er
selbst in einem anderem Kontext bejaht hat: das Recht und die unter Umständen
während Pflicht eines Papstes, auf sein Amt zu verzichten, sofern er zu der klaren Erkenntnis gekommen ist, den „Auftrag seines Amtes nicht mehr bewältigen
zu können".[426] Im Angesicht dieser klaren Erkenntnis ist es einem Papst nicht nur
von vornherein rechtlich, sondern überdies moralisch erlaubt, auf sein Amt zu verzichten.[427] In diesem Sinne schlussfolgert Joseph Ratzinger hinsichtlich eines auf
der Grundlage der *conscientia* gewonnenen Urteils:

> „Auf dieser Ebene (…) gilt, daß auch das irrige Gewissen bindet. Dieser Satz ist aus der
> rationalen Tradition der Scholastik heraus völlig klar. Niemand darf gegen seine Überzeu-
> gung handeln, wie es schon der hl. Paulus gesagt hatte (Röm 14,23). (…) Es ist *nie Schuld*,
> der gewonnenen *Überzeugung* zu *folgen* – man muß es sogar".[428]

Angesicht möglicher Anfragen Papst Benedikts XVI. hingewiesen. Auf die Frage nach dem
„Abstieg vom Kreuz" antwortete er: „(…) Das ist ein Vorwurf, mit dem ich ja auch rechnen
musste. Mit dem ich vor allem innerlich umgehen musste, bevor ich den Schritt vollzog. Ich
bin überzeugt, dass es nicht eine Flucht war (…)." (Letzte Gespräche, S. 60).
[424] *Walser*, Rechtshandlung, S. 94.
[425] Vgl. *Benedikt XVI.*, Verzichtserklärung: „(…) decisionem magni momenti pro Ecclesiae
vita (…)".
[426] Vgl. *ders.*, Licht der Welt, JRGS 13/2, S. 868 und die Einordung des Zitats auf S. 298 f.
der vorliegenden Untersuchung.
[427] Analog zu *Walser*, Rechtshandlung, S. 95, kann die Einschätzung Papst Benedikts XVI.
im Interview als dem Bereich der *voluntas habitualis* zugeordnet werden, vgl. *Aymans-Mörsdorf*, KanR I, S. 335, wonach sich dieser kennzeichnet als „bloße Bereitschaft zum Wollen
(…), eine innere Haltung also, die jemanden geneigt macht, etwas zu wollen, wenn er irgendwie dazu veranlaßt würde". In der konkreten Situation der Amtsverzichtsleistung Papst Benedikts XVI. manifestiert sich der positive Wille zumindest als *voluntas virtualis*, eher jedoch als
voluntas actualis. Beide wären zur gültigen Rechtshandlung ausreichend, vgl. *Aymans-Mörsdorf*, KanR I, S. 335. Papst Benedikt XVI. selbst stellt fest, seinen Entschluss „in den Ferien
2012" gefasst zu haben, vgl. Letzte Gespräche, S. 39.
[428] *Ratzinger*, Gewissen und Wahrheit, S. 58. Hervorhebung im Original.

In diesem Zusammenhang ist auch die von den Allgemeinen Normen herrührende Frage nach der erforderlichen Handlungsfähigkeit (c. 124 § 1) des Papstes zu behandeln, insofern diese eine grundlegende Voraussetzung dafür darstellt, den Amtsverzicht überhaupt leisten zu können.[429] Im engeren Sinne bedeutet diese keine Einschränkung der Erlaubtheit der Verzichtsleistung, sondern die vorgelagerte Feststellung der habituellen Unfähigkeit, einen Amtsverzicht überhaupt rechtswirksam leisten zu können.[430] Beim Vorliegen einer fehlenden Handlungsfähigkeit eines Papstes kann er einen Amtsverzicht nicht gültig und damit einhergehend auch nicht erlaubt leisten. Papst Benedikt XVI. wendet sich auch dieser Frage nach seiner eigenen Handlungsfähigkeit zu, wenn er deklariert, seinen Amtsverzicht „im Bewusstsein des Ernstes dieses Aktes"[431] zu leisten. Durch diese klare Formulierung stellt er fest, sich im Bewusstsein darüber zu befinden, was dieser Akt, d. h. die Rechtshandlung einer Amtsverzichtsleistung, bedeutet und welche Rechtsfolgen sie für ihn und die Kirche mit sich bringen wird.[432]

B. libere fiat

Papst Benedikt XVI. weiß ob der rechtlichen Grundlage des c. 332 § 2 hinsichtlich der Gültigkeitsvoraussetzungen und diese auch durch seine Verzichtserklärung als erfüllt darzustellen. Gerade hinsichtlich der erforderlichen Freiheit der Verzichtsleistung vermag er dies durch deren ausdrückliche Nennung. Er stellt fest: „Im Bewusstsein des Ernstes dieses Aktes erkläre ich daher mit voller Freiheit, auf das Amt (…) zu verzichten (…)".[433] Alleine durch diese Aussage seiner Verzichtserklärung – in Verbindung mit der hinreichenden Kundgabe – hätte er alle Gültigkeitsvoraussetzungen erfüllt und somit den rechtswirksamen Verzicht auf das Papstamt geleistet.[434]

---

[429] Vgl. *Walser*, Rechtshandlung, S. 53. Dort erläutert der Autor die Elemente einer gültigen Rechtshandlung.

[430] Vgl. ebd., bezugnehmend zur Voraussetzung der Habilität der Person, die „immer (…) vorhanden sein (muss), damit überhaupt eine Rechtshandlung zustandekommt (…)". Diese ist nur „insofern zur Gültigkeit notwendig, als ihr Vorhandensein vom Recht als gültigkeitsrelevant deklariert wird; denn auch eine rechtswidrige Rechtshandlung ist an sich gültig".

[431] Vgl. *Benedikt XVI.*, Verzichtserklärung: „Quapropter bene conscius ponderis huius actis (…)".

[432] Vgl. *Walser*, Rechtshandlung, S. 94: „Um rechtserheblich zu werden, bedarf der innere Wille einer Willenserklärung, ,daß eine bestimmte Rechtsfolge gelten soll'"; vgl. überdies die Einordnung bei *Weitz*, De urbe egressus est, S. 236: Die Amtsverzichtsleistung „muss ihren Ausgang nehmen von der – von außen – unüberprüfbaren Gewissensentscheidung des Amtsinhabers, für die dieser die schwere Verantwortung trägt. So kann die renuntiatio papae zum Weg der Nachfolge des Gekreuzigten werden".

[433] Vgl. *Benedikt XVI.*, Verzichtserklärung: „(…) plena libertate declaro me ministerio (…) renuntiare (…)".

[434] Vgl. *Graulich*, Amtsverzicht, S. 485.

Benedikt XVI. stellt fest, seinen Verzicht in *plena libertate* zu leisten. Es ist davon auszugehen, dass der Papst den genauen Wortlaut seiner Verzichtserklärung nicht leichtfertig, sondern aufgrund des Ernstes des Aktes und seines Wissens darum in vollem Bewusstsein in der vorliegenden Form gewählt hat.[435] Spricht er nun von der „vollen Freiheit", so kann dies als Zeichen dafür gewertet werden, dass er hierdurch einen umfassenden Freiheitsbegriff zugrunde legt, der im Sinne des zuvor Dargestellten neben der Freiheit von äußerem objektiv feststellbaren Zwang[436], auch seine innere Freiheit von widerrechtlich eingeflößter schwerer Furcht gemäß c. 188 miteinschließt.[437] Als weitere Bereiche der „vollen Freiheit" müssen die beiden weiteren Wirksamkeitsvoraussetzungen des Nichtvorliegens von arglistiger Täuschung und wesentlichem Irrtum genannt werden. Papst Benedikt XVI. benennt seine subjektive Freiheit von diesen implizit durch die Betonung und kontextuelle Verbindung, seine Verzichtsleistung „im Bewusstsein des Ernstes dieses Aktes" zu leisten.

Das Bewusstsein (conscius) hierüber umschließt neben dem schon genannten Bereich der grundsätzlichen Handlungsfähigkeit des Papstes (c. 124 § 1) nun auch die Frage nach der Freiheit von arglistiger Täuschung und wesentlichen Irrtums (c. 188). Diese Präzisierungen innerhalb der Verzichtserklärung verhelfen, die notwendige Rechtssicherheit der Verzichtsleistung herzustellen. Da es keiner kirchlichen Autorität zukäme, den Amtsverzicht nach seiner Gültigkeit im Sinne des c. 188 zu prüfen[438], erscheint es aufgrund der fundamentalen Begründung des Amtsverzichts zum Wohle der Kirche[439] umso wichtiger, dass der Papst aus eigenem Antrieb innerhalb seiner Verzichtserklärung seine volle Freiheit ausdrücklich benennt. Auf diese Weise schafft er selbst die größtmögliche Rechtssicherheit. Letztlich kann anhand der Verzichtserklärung nichts anderes festgestellt werden, als dass die Gültigkeitsvoraussetzung eines freien Vollzugs des päpstlichen Amtsverzichts gemäß c. 332 § 2 für die Verzichtsleistung Benedikts XVI. als vollends erfüllt gelten muss. Eine weitere Prüfung der Freiheit des Papstes ist aufgrund der Nichtannahmebedürftigkeit in Verbindung mit der päpstlichen Höchstgewalt nicht angebracht und so gilt auch hier die Rechtsvermutung gemäß c. 124 § 2, wonach der geäußerte Wille dem inneren entspricht.[440]

---

[435] Vgl. *Benedikt XVI.*, Letzte Gespräche, S. 41. Dort antwortet der Papst auf die Frage nach der Verfasserschaft der Verzichtserklärung: „Von mir. Ich könnte jetzt nicht genau sagen, wann, aber ich habe ihn höchstens vierzehn Tage vorher geschrieben".

[436] Vgl. *Aymans-Mörsdorf*, KanR II, S. 215, bezugnehmend zu c. 125 § 1.

[437] Vgl. *Socha*, c. 188, Rdnr. 4, in: MKCIC (August 1988).

[438] Vgl. *Klappert*, Amtsverzicht, S. 65.

[439] Vgl. *Graulich*, Amtsverzicht, S. 485.

[440] Vgl. *Aymans-Mörsdorf*, KanR I, S. 335.

C. rite manifestetur

Hinsichtlich der zweiten durch c. 332 § 2 aufgestellten Gültigkeitsvoraussetzung der hinreichenden Kundgabe lassen sich verschiedene Dimensionen feststellen. Der Ausgangspunkt liegt hinsichtlich dieser Fragestellung nicht im Inhalt der Verzichtserklärung, sondern in der konkreten Vollzugsform der Verzichtsleistung. Papst Benedikt XVI. verlas seine Verzichtserklärung vor einem öffentlichen ordentlichen Konsistorium der in Rom versammelten Kardinäle.[441] Dieses ist gemäß c. 353 § 2 eine Versammlung zumindest aller in der Stadt Rom anwesenden Kardinäle „zur Beratung gewisser schwerwiegender Angelegenheiten (…) oder zur Durchführung besonders feierlicher Akte", zu der „außer den Kardinälen Prälaten, Gesandte weltlicher Mächte oder andere hierzu Geladene Zutritt erhalten" (§ 4). Nur aufgrund dieser rechtlichen Möglichkeit kann ein ordentliches Konsistorium öffentlich sein.[442]

Die rechtliche Möglichkeit, die Amtsverzichtserklärung innerhalb dieses Formats zu verlesen, besteht in der inhaltlichen Konzeption des ordentlichen Konsistoriums zur „Durchführung gewisser besonders feierlicher Akte". Der *actus sollemnis* kann hierbei nicht nur im Sinne des „feierlichen", sondern überdies des „förmlichen" Charakters gekennzeichnet werden.[443] Hierzu können grundsätzlich päpstliche Amtshandlungen zählen[444], zu denen dann im Sinne des öffentlichen Charakters Weitere eingeladen werden können.

Das öffentliche ordentliche Konsistorium stellt aus verschiedenen Gründen einen geeigneten Rahmen zur hinreichenden Kundgabe eines päpstlichen Amtsverzichts dar. Zunächst kann zweifelsfrei konstatiert werden, dass die kodikarische Mindestanforderung an die Kundgabe eines Amtsverzichts gemäß c. 189 § 1 erfüllt ist, da der Amtsverzicht mündlich vor mindestens zwei Zeugen erklärt und in der direkten Folge überdies in schriftlicher Form publiziert wurde.[445] Hierdurch ist er zweifelsfrei beweisbar und stellt in Verbindung mit der in Freiheit vollzogenen Erklärung des Amtsverzichts die notwendige Rechtssicherheit der Verzichtsleistung dar.

Als erstrangige zu einem ordentlichen Konsistorium Geladene zählen gemäß c. 353 § 2 die Kardinäle der Heiligen Römischen Kirche und zwar „alle, zumindest die in der Stadt Rom anwesenden". Es steht mit letzter Gewissheit fest, dass der Amtsverzicht des Papstes von niemandem akzeptiert werden muss (c. 332 § 2). Dies schließt auch das Kardinalskollegium ein, selbst jenen Teil desselben, der das Papstwahlkollegium darstellt. Auch ihnen kommt keinerlei Vollmacht zur

---

[441] Vgl. *Graulich*, Amtsverzicht, S. 484.

[442] Vgl. *Aymans-Mörsdorf*, KanR II, S. 237.

[443] Vgl. c. 13 § 2 n. 2, wo vom *actus sollemnis* als „Rechtsförmlichkeit" gesprochen wird und (immer noch zutreffend) *Köstler*, sollemne, sollemnitas, S. 332.

[444] Vgl. *Aymans-Mörsdorf*, KanR II, S. 237.

[445] Vgl. *Aymans-Mörsdorf*, KanR I, S. 493.

acceptatio der Verzichtsleistung zu, da – wie gesehen – der Papst sein Amt nicht durch sie im Sinne einer Übertragung (provisio, c. 147) erhält, sondern direkt aufgrund göttlicher Sendung nach erfolgter Wahl, sakramentaler Bischofsweihe und Wahlannahme.

Dennoch ist es sinnvoll, die Kardinäle in größtmöglicher Anzahl an der konkreten Form der Kundgabe als Ersthörer einzubeziehen, da sie es sind, die gemäß geltendem Recht der Kirche nach dem Wirksamwerden des päpstlichen Amtsverzichts zur Wahl des Nachfolgers schreiten müssen. Erneut ist im Sinne der Gesetzesanalogie auf c. 184 § 3 hinzuweisen, wonach diejenigen über den rechtwirksam gewordenen Amtsverlust in Kenntnis zu setzen sind, „denen irgendein Recht (aliquod ius) bei der Amtsübertragung zukommt". Durch die weit gefasste Formulierung des *aliquod ius* kann auch die Pflicht der wahlberechtigten Kardinäle darunter subsumiert werden, wenngleich diese in ihrer Wahlhandlung das Amt nicht übertragen, wohl aber als vom Heiligen Geist geführte Werkzeuge Gottes denjenigen in das Amt wählen, den Gott selbst dazu berufen hat.[446] Da sich das Papstwahlkollegium aus dem Kardinalskollegium zusammensetzt, ist es vollkommen angebracht, diese daher als geborene Hörer der Verzichtserklärung zu verstehen. Dieser Einsicht ist mit der Form des ordentlichen Konsistoriums Rechnung getragen.

Doch ist die Wahl dieser Versammlungsform auch aus einem weiteren Grund sinnvoll. Gemäß c. 353 § 4 steht kodikarisch nur (solum) für den Fall eines ordentlichen Konsistoriums die Möglichkeit vor Augen, dieses öffentlich durchzuführen. Wenn festgestellt wird, dass zu einem solchen Konsistorium Prälaten, Gesandte weltlicher Mächte oder andere Geladene Zutritt erhalten, so ist damit ein wirklich breit gefasster Öffentlichkeitsbegriff zugrunde gelegt. Der öffentliche Charakter des ordentlichen Konsistoriums zum Zwecke der Verlesung der Amtsverzichtserklärung eines Papstes kann als Voraussetzung dazu gesehen werden, dass die Kundgabe hinreichend im Sinne des c. 332 § 2 ist. An dieser Stelle muss auf die Entstehung dieser Gültigkeitsvoraussetzung im Zuge der Beratungen der Codex-Reformkommission erinnert werden.[447] Dort wurde die kodikarische Einfügung des *rite manifestetur* mit der Begründung *ut Ecclesia eius notitiam habeat*[448] versehen. Der Feststellung, dass die ganze Kirche Adressat und Hörer der Amtsverzichtserklärung eines Papstes sein muss, liegt die Definition des Petrusamtes als Dienst an und für diese zugrunde. Die weltkirchliche Relevanz dieses Amtes des obersten Hirten der Gesamtkirche muss berücksichtigt werden, wenn sich dem hinreichenden Charakter der Kundgabe zugewandt werden soll und insofern eine mehrdimensionale Auslegung dieser Gültigkeitsvoraussetzung gemäß c. 332 § 2

---

[446] In diesem Sinne kommentiert *Holböck*, Kirchenrecht Bd. I, S. 268 zu can. 187 § 2 CIC/ 1917, dass der Verzicht „denen, die an der Neubesetzung des Amtes mitzuwirken berechtigt sind, ehestens zur Kenntnis gebracht werden" muss. Auch die Wahlhandlung des Papstwahlkollegiums kann als Form der Mitwirkung im dargestellten Sinne eingeordnet werden.
[447] Vgl. *PCR*, Relatio SchLEF/1969, S. 93 f.
[448] Ebd., S. 94.

angestrebt werden muss. Nicht die vom Recht her geforderte Minimalform ist ausschlaggebend, sondern die Kenntnisnahme all derjenigen, für die der päpstliche Amtsverzicht eine Relevanz birgt: die gesamte Kirche.

Das öffentliche ordentliche Konsistorium kann die notwendige Kenntnisnahme der Kirche über den Amtsverzicht des Papstes gewährleisten, insofern zu dieser Versammlung des 11. Februar 2013 neben den anwesenden Kardinälen auch weitere Geistliche und Gläubige zugegen waren.[449] Neben dem anwesenden Auditorium selbst muss an dieser Stelle auch die Übertragung der Verzichtserklärung via Fernsehen und Internet genannt werden, wodurch eine breite (kirchliche) Öffentlichkeit erreicht und in Kenntnis gesetzt werden konnte.[450] Die folgende schriftliche Veröffentlichung der Verzichtserklärung[451] beseitigt jede Anfrage an den hinreichenden Charakter der Kundgabe gemäß c. 332 § 2. Sowohl die vom allgemeinen Recht her gemäß c. 189 § 1 geforderte Minimalanforderung[452] als auch die im Lichte des Papstamtes in seiner gesamtkirchlichen Relevanz aufscheinende Notwendigkeit der Kenntnisnahme durch die ganze Kirche wurden durch die Vollzugsform durch Papst Benedikt XVI. erfüllt.[453]

§ 3 Zur Frage einer „Reuezeit"

Im Zuge der Analyse der Verzichtserklärung Papst Benedikts XVI. hinsichtlich ihres rechtlichen Gehalts gilt es, eine Besonderheit hervorzuheben, über die Markus Graulich schreibt:

> „Da der Amtsverzicht des Papstes nicht der Annahme bedarf, wäre er eigentlich sofort wirksam geworden. In diesem Fall hat der Papst seine Erklärung *nunc pro tunc* abgegeben, d. h. selbst festgelegt, dass der Amtsverzicht zu einem späteren Zeitpunkt wirksam wird (...)".[454]

Innerhalb der Verzichtserklärung, die durch den Papst am 11. Februar 2013 verlesen wurde, legte er fest, dass „ab dem 28. Februar 2013, um 20.00 Uhr, der Bischofssitz von Rom, der Stuhl des heiligen Petrus, vakant sein wird (...)". Aus dieser Festlegung, die dem Papst aufgrund seiner *plena potestas* vom Recht her

---

[449] Vgl. *Graulich*, Amtsverzicht, S. 484.

[450] Vgl. ebd. Dort spricht der Autor davon, dass „die Nachricht vom Amtsverzicht sehr bald die Runde" machte und dadurch „allen Gläubigen bekannt" wurde. Diese Formulierung wirkt etwas zu zwanglos, wenn man bedenkt, dass alle Gläubigen auf der Grundlage des hier Dargestellten als gleichberechtigte Hörer der Amtsverzichtsleistung des Papstes gelten, damit im vollen Sinn „die Kirche von ihr in Kenntnis gesetzt wird". Die Kardinäle sollten zwar zu den geborenen Ersthörern gehören, nicht aber in einem exklusiven Sinn, vgl. hierzu *Aymans-Mörsdorf*, KanR I, S. 495, dort unter V.

[451] Dies geschah zunächst polyglott im *L'Osservatore Romano* und später im offiziellen Publikationsorgan des Heiligen Stuhles, den *Acta Apostolicae Sedis*.

[452] Vgl. *Klappert*, Amtsverzicht, S. 66.

[453] Vgl. *Aymans-Mörsdorf*, KanR I, S. 495.

[454] *Graulich*, Amtsverzicht, S. 485. Hervorhebung im Original.

zweifelsfrei zusteht[455], ergibt sich eine mehr als zweiwöchige Phase zwischen der Amtsverzichtserklärung und dem Eintritt seiner Rechtswirksamkeit. Wohl aus praktischen Gründen im Angesicht dieser als historisch geltenden päpstlichen Amtsverzichtserklärung sollte diese Phase zur Verarbeitung des Geschehenen und zur Vorbereitung der Sedisvakanz und des Konklave dienen.[456] Wenngleich rechtlich möglich[457] und zum vorgenannten Zwecke durchaus dienlich, ist eine solche Phase zwischen Ankündigung und Wirksamwerden des Amtsverzichts nicht ausschließlich positiv zu bewerten.

Hierbei muss eine entscheidende Schlussfolgerung der Verzichtserklärung mit nicht gleichzeitigem Wirksamwerden der Verzichtsleistung als Ausgangspunkt der Kritik gelten. Wenngleich hinsichtlich der praktischen Umsetzung nahezu undenkbar, wäre es gemäß c. 189 § 4 für den Papst innerhalb dieser Phase möglich, seine Verzichtserklärung zurückzunehmen und weiterhin im Amt zu bleiben.[458] Hierzu wäre er zwar an die Beweisbarkeitsvoraussetzungen analog zur Verzichtserklärung gemäß c. 189 § 1 gebunden, müsste jedoch keinerlei Gründe zu diesem Widerruf vorlegen.[459] Auf der Grundlage des möglichen Widerrufs des päpstlichen Amtsverzichts kann die mitunter Übergangsphase[460] genannte Zeitspanne zwischen Erklärung und Wirksamkeit zumindest vom rechtstheoretischen Standpunkt her auch als *Reuezeit* bezeichnet werden, in der der Verzichtswillige seine Entscheidung letztlich überdenken und revidieren könnte. Würde ein Papst diese Phase in soeben dargestelltem Sinne nutzen, so wäre lautstarke Kritik unvermeidbar.[461] Aufgrund der höchsten Relevanz des Petrusdienstes für das Wohl der Kirche wäre eine derartige Zeit der Unsicherheit über den Amtsverbleib des Nachfolgers Petri undenkbar. Auf die aus der Revidierbarkeit der Verzichtserklärung stammende Prägung dieser Phase als Reuezeit sei zunächst lediglich hingewiesen. Etwaige inhaltliche Konkretionen für mögliche Normen hinsichtlich des päpstlichen Amtsverzichts, die eine solche verhindern können, seien an anderer Stelle benannt. Zunächst bleibt

---

[455] Allgemein für den nicht-annahmebedürftigen Amtsverzicht kommentiert *Socha*, c. 189, Rdnr. 11, in: MKCIC (August 1988), dass ein solcher „mit der nach Maßgabe des Rechts vollzogenen Mitteilung des Verzichtenden und zu dem darin festgelegten Zeitpunkt" Rechtswirksamkeit erlangt.

[456] Vgl. *Graulich*, Amtsverzicht, S. 486: „Diese Übergangsphase gab den Gläubigen die Gelegenheit, sich an die Entscheidung des Papstes zu gewöhnen und den Kardinälen einen gewissen Vorlauf im Hinblick auf das Konklave".

[457] Die Möglichkeit einer Verzichtserklärung *nunc pro tunc* wird nicht erwähnt bei *Bier*, c. 332, Rdnr. 10, in: MKCIC (Januar 2008). Dort stellt der Autor über den päpstlichen Amtsverzicht lediglich fest: „Er wird wirksam, sobald der Papst seine Entscheidung in hinreichender Weise öffentlich macht. In diesem Augenblick erlöschen die Amtsgewalt sowie die Rechte und Pflichten des Papstes und hört auf, Papst zu sein"; vgl. dagegen u. a. *Socha*, c. 189, Rdnr. 11, in: MKCIC (August 1988). Dort erfährt diese Möglichkeit eine eindeutige Nennung.

[458] Vgl. *Klappert*, Amtsverzicht, S. 66; *Eicholt*, Amtsverzicht, S. 33.

[459] Vgl. *Socha*, c. 189, Rdnr. 12, in: MKCIC (August 1988); *Eicholt*, Amtsverzicht, S. 33.

[460] So *Graulich*, Amtsverzicht, S. 486.

[461] Eine Kritik auf eine etwaige Reuezeit führte bereits *Herrmann*, Amtsverzicht, S. 119 f., berechtigterweise ins Feld der damals noch theoretischen Überlegungen.

jedoch zu konstatieren, dass auf der Grundlage der Theologie des Petrusamtes gemäß den Ausführungen und Darstellungen Joseph Ratzingers/Papst Benedikts XVI.
eine solche Interpretation seinerseits undenkbar wäre. Auch hierzu gibt die Verzichtserklärung nicht wenige Hinweise.

§ 4 Inhaltliche Konkretionen

Der Text der Verzichtserklärung geht weit über das vom Recht her erforderliche
Maß an zur Gültigkeit notwendigem Inhalt hinaus. Sie enthält wesentliche Aussagen zum Papstamt, auf das verzichtet wird. Diese bestehen als konzentrierte Sen-
tenzen dessen, was sich als theologische Durchdringung des petrinischen Dienstes
durch Joseph Ratzinger/Papst Benedikt XVI. darstellt.[462]

Benedikt XVI. leitet seine Erklärung ein, indem er von einer „Entscheidung von
großer Wichtigkeit für das Leben der Kirche" spricht, die er im Folgenden verkünden wird. Er leistet seinen Verzicht nicht auf irgendein Kirchenamt, sondern auf
das Amt des sichtbaren Hauptes der ganzen Kirche,[463] das derart mit der hierarchischen Verfasstheit verflochten ist, dass die Kirche selbst „ohne den Papst ihre
Vollgestalt nicht hat".[464] Die tatsächliche Ausübung des Petrusdienstes an der Einheit des Gottesvolks ist für das Leben der Kirche unerlässlich und deswegen von
großer Wichtigkeit. Nicht die konkret-praktischen Folgen, die sich unweigerlich
aus der römischen Sedisvakanz ergeben, schüren das *magnum momentum* der zu
verkündenden Entscheidung, sondern der päpstliche Dienst an der Einheit, der für
Joseph Ratzinger stets den eigentlichen Sinn und das ursprüngliche „apostolische"
Wesen dieses Amtes darstellt.[465] Die Zeugenschaft für diesen Glauben bezeichnet
er daher auch als den „Kern der Primatslehre".[466]

Hierbei steht nicht die bloße Existenz des Petrusamtes und seine Besetzung mit
einem konkreten Amtsinhaber im Vordergrund, sondern die tatsächliche Ausübung
des Dienstes an der Einheit der Kirche in dem einen, unteilbaren Glauben an Jesus
Christus.[467] Diese Einsicht des Papstes wird deutlich, wenn er sich im Angesicht
seiner eigenen körperlichen Unzulänglichkeit nicht mehr in der Lage sieht, um
„in angemessener Weise den Petrusdienst auszuüben". Die Ausübung des Dienstes ist ihm nicht mehr möglich, folglich ist seine Inhaberschaft desselben nicht
mehr angebracht. Hierin offenbart sich der eigentliche Dienstcharakter des Papst-

---

[462] Vgl. „Teil II – Die Primatstheologie Joseph Ratzingers/Papst Benedikts XVI.", S. 182–301
der vorliegenden Untersuchung.
[463] LG 18.
[464] *Aymans-Mörsdorf*, KanR II, S. 205.
[465] Vgl. *Ratzinger*, Lexikonartikel Primat, JRGS 8/1, S. 608.
[466] *Ders.*, Primat des Papstes und Einheit des Gottesvolkes, JRGS 8/1, S. 674.
[467] Vgl. *ders.*, Primat und Episkopat, JRGS 8/1, S. 654: „Nur der Glaube ist unteilbar, ihm
ist die einheitsstiftende Funktion des Primates zugeordnet".

amtes, wenn dieses stets nur im tätigen Vollzug seine wirkliche Ausübung findet und insofern die Hirten „Vorbilder für die Herde" sein müssen: „Das Wort Gottes wird aus der Vergangenheit dann in die Gegenwart geholt, wenn es gelebt wird".[468]

Benedikt XVI. nutzt an dieser Stelle für sein Amt den Terminus *munus Petrinum*. Zur Frage nach der verschiedenen Ämternomenklatur weist Markus Graulich zutreffend darauf hin[469], dass die Bezeichnungen von „officium, ministerium und munus" sowohl konziliar als auch kodikarisch nicht eindeutig verwendet werden. Eine Interpretation im Sinne eines Verzichtes nur auf die „aktive Ausübung" ist auch darum nicht angebracht. Auf der Grundlage der Theologie des Primats gemäß Joseph Ratzinger/Papst Benedikt XVI. ist eine derartige Auslegung von vornherein nicht zulässig, ist doch für ihn stets die aktive Ausübung des Felsenamtes das ausschlaggebende Momentum und letztlich auch die eigentliche Begründung seines Amtsverzichts: Er ist nicht mehr in der Lage, diesen Dienst angemessen auszuüben. Dieser Befund steht alleine aufgrund dessen zweifelsfrei fest, da Papst Benedikt XVI. nach reiflicher Gewissensprüfung vor Gott selbst zur klaren Erkenntnis darüber gekommen ist und es hernach niemandem auf Erden zusteht, diese Feststellung anzuzweifeln.

Die Bezeichnung als *munus Petrinum* muss indes nicht konträr zum im Folgenden genutzten Amtsbegriff als *ministerium* eingeordnet werden, sondern vielmehr in einer gegenseitigen Komplementarität. Indem Papst Benedikt XVI. verschiedene Bezeichnungen wählt, impliziert er alle Dimensionen, die sich in dem Amt des Bischofs von Rom als Papst der Kirche vereinen.[470] Dies verdeutlicht er im folgenden Verlauf seiner Verzichtserklärung, wenn er klarstellt: „Ich bin mir sehr bewusst, dass dieser Dienst wegen seines geistlichen Wesens nicht nur durch Taten und Worte ausgeübt werden darf, sondern nicht weniger durch Leiden und durch Gebet". Wenn er trotz dieses festen Wissens[471] auf das Amt verzichtet, so verzichtet er auch auf diese beiden Dimensionen der Amtsausübung. Als getaufter und gefirmter Christ und als geweihter Priester und Bischof der Kirche Gottes wird

---

[468] Vgl. *Benedikt XVI.*, Predigt Peter und Paul/2009, S. 8.

[469] *Graulich*, Amtsverzicht, S. 486, dort Anm. 35.

[470] Vgl. etwa die kurze Einordnung bei *Ratzinger*, Lexikonartikel Primat, JRGS 8/1, S. 607.

[471] Dieses Bewusstsein über die Dimensionen von Leiden und Gebet als Bestandteil der aktiven Ausübung des Papstamtes ist wohl auch Resultat des Mit-Erlebens und Mit-Leidens in den letzten Jahren des Pontifikats Johannes Pauls II., in denen Joseph Kardinal Ratzinger eine wichtige Rolle innerhalb der Leitung der Gesamtkirche innehatte, vgl. *Ratzinger*, Predigt Requiem Johannes Paul II., JRGS 14/3, S. 1951: „Der Heilige Vater ist dann Priester bis zum Äußersten gewesen, denn er hat sein Leben Gott dargebracht für seine Schafe und für die ganze Menschenfamilie durch seine tägliche Hingabe im Dienst an der Kirche und vor allem in den schweren Prüfungen der letzten Monate"; vgl. ebd., S. 1954: „Später aber vereinte er sich immer tiefer mit dem Leiden Christi, verstand er immer mehr die Wahrheit der Worte: ‚Ein anderer wird dich gürten'. Und gerade in dieser Vereinigung mit dem leidenden Herrn verkündete er unermüdlich mit neuer Eindringlichkeit das Evangelium, das Geheimnis der Liebe, die bis zum Äußersten geht"; zur Stellung des Gebets vgl. *Huber*, Das Denken Joseph Ratzingers, S. 95–101.

auch ein Papst, der auf sein Amt verzichtet hat, der Kirche im Gebet dienen, nicht jedoch im Sinne einer kontemplativen Weiterführung des Papstamtes.[472]

Weitere Konkretionen hinsichtlich des Amtes, auf das Benedikt XVI. seinen Verzicht erklärt, werden im Zuge der durch ihn angeführten einzelnen Begründungen deutlich. Die Explikation einzelner Gründe zur Amtsverzichtsleistung ist gemäß c. 332 § 2 eindeutig keine Gültigkeitsvoraussetzung. Legt man jedoch die Allgemeinen Vorschriften zum Amtsverzicht zugrunde, so kann mit c. 187 als Erlaubtheitsvoraussetzung festgestellt werden, dass der Verzicht auf einem gerechten Grund (iusta causa) beruhen muss.[473] Den rechtfertigenden Charakter der Begründung(en) festzustellen, obliegt alleine dem Papst selbst im Zuge seiner Gewissensprüfung vor Gott.[474] Da es erneut keiner Instanz zukäme, dies zu überprüfen, wäre ein päpstlicher Amtsverzicht auch dann gültig, wenn er ohne Angabe des gerechten Grundes frei geschieht und hinreichend kundgemacht würde.[475]

Die dennoch erfolgende Darstellung der Begründungen, die Papst Benedikt XVI. zu seinem Entschluss zum Amtsverzicht geleitet haben, steht nicht als Folge einer rechtlichen Notwendigkeit, sondern vielmehr als Frucht einer moralischen Verpflichtung, die Kirche nicht nur über den Verzicht selbst in Kenntnis zu setzen, sondern sie auch aufgrund der Wichtigkeit der Entscheidung für das Leben der Kirche über Grund und Begründungen zu informieren.[476] Seine Unzulänglichkeit, das Amt weiter angemessen auszuüben, begründet er mit schwindenden Kräften des Körpers und des Geistes „infolge des vorgerückten Alters" (ingravescentem aetate). Damit nennt der Papst eine Begründung, die im Zuge der kanonistischen Überlegungen zum (päpstlichen) Amtsverzicht eine lange Tradition aufweist[477] und auch in den Weisungen des II. Vatikanischen Konzils als solche benannt wird.[478]

---

[472] Vgl. *Graulich*, Amtsverzicht, S. 486. In diesem Sinne ist auch die Selbsteinschätzung Benedikts XVI. auszulegen: „(…) es ist eine andere Weise, auch dem leidenden Herrn verbunden zu bleiben, in der Stille des Schweigens, in der Größe und Intensität des Betens für die ganze Kirche. Insofern ist der Schritt keine Flucht, sondern eben eine andere Weise, meinem Dienst treu zu bleiben".

[473] Vgl. *Aymans-Mörsdorf*, KanR I, S. 493.

[474] Vgl. *Amann*, Grund, gerechter, Sp. 179: „Die Würdigung steht im Ermessen der v. Gesetz vorgesehenen Person". Abkürzung im Original. Ohne Explikation in den kodikarischen Normen hinsichtlich des päpstlichen Amtsverzichts gilt unter der Maßgabe des c. 1404 der Papst selbst als jene Person, die die gerechte Begründung der eigenen Verzichtsleistung würdigen muss und einzig kann.

[475] Vgl. *Eicholt*, Amtsverzicht, S. 33; *Herrmann*, Amtsverzicht, S. 115.

[476] Vgl. *Klappert*, Amtsverzicht, S. 65.

[477] Vgl. *Herde*, Cölestin V., S. 130. Bereits Huguccio verwies in seiner Dekretsumme auf die Begründung eines päpstlichen Amtsverzichts mit vorgerücktem Alter, vgl. *Bertram*, Abdankung, S. 39. Der Autor nennt mit „Krankheit, Alter und dem Wunsch, in ein Kloster einzutreten" jene Gründe, „die von alters her zur Rechtfertigung des Verzichts auf ein Kirchenamt in Frage kamen"; in der weiteren Folge vgl. kommentierend zum CIC/1917 *Holböck*, Kirchenrecht Bd. I, S. 268.

[478] CD 21: „Wenn daher Diözesanbischöfe (…) wegen zunehmenden Alters (ob ingravescentem aetatem) oder aus einem anderen schwerwiegenden Grund nicht mehr recht in der Lage

Markus Graulich weist darauf hin, dass die Begründung des vorgerückten Alters „das Motiv für den Amtsverzicht" darstellt, während die eigentliche *iusta causa* „im Wohl der Kirche liegt".[479] Man kann annehmen, dass sich der in c. 187 zur Zulässigkeit benannte „gerechte Grund" im Sinne einer Ursache oder eines Anlasses auslegen lässt[480], worunter eine Bedeutung im Sinne einer Motivation und letztlich auch eines Motivs subsumiert werden kann. Insofern wäre die *iusta causa* im kanonischen Sinne durchaus im vorgerückten Alter zu finden.

Das „Wohl der Kirche" ist dennoch in die gerechte Begründung eines Amtsverzichts eingeflochten, nicht nur im negativen Sinne, insofern ein „leichtsinniger Verzicht (…) dem Wohl der Kirche"[481] schaden würde, sondern überdies in seiner Gestalt als eigentlicher „geistlicher Zweck" des Papstamtes (c. 145).[482] Dieses ist aufgrund göttlicher Einsetzung das einheitsstiftende Amt der Kirche, das ganz dem kodikarischen Ämterverständnis folgend einem geistlichen Zweck dient, insofern auch der Petrusdienst eine

> „Zielsetzung (birgt), die der Gesamtsendung der Kirche dient. (…) Die geistliche Zielsetzung ist deshalb nicht beschränkt auf unmittelbar seelsorgliche Aufgaben. Sie umfaßt vielmehr *alle Dienste, die zur kirchlichen Sendung* gehören bzw. die der kirchlichen Sendung dienen".[483]

Das Wohl der Kirche zu fördern, ist Grundlage der geistlichen Zielsetzung des Papstamtes und insofern die stets durch den Amtsinhaber zu erfüllende Aufgabe, welche auf diese Weise als Amtspflicht eingeordnet werden kann. Das *bonum Ecclesiae* vor Augen konkretisiert sich dieser Zweck in der päpstlichen Aufgabe, „das Schifflein Petri zu steuern und das Evangelium zu verkünden". Das Wohl der Kirche bedeutet das Seelenheil all ihrer Glieder, welches sich nur auf der Grundlage des auf dem Evangelium stehenden gelebten Glaubens erwirken lässt. Durch den Dienst an der Einheit im Glauben fördert der Papst das Wohl der Kirche im Sinne seiner eigenen mit dem Amt verbundenen Sendung zur Zeugenschaft.

In Abgrenzung zur oben genannten Einordnung[484] kann das Wohl der Kirche nicht als *iusta causa* im kanonischen Sinne des c. 187 gelten. Vielmehr stellt es den Zweck und das Ziel des Amtes dar, auf das Papst Benedikt XVI. seinen Verzicht leistet und der aufgrund des *magnum momentum* im Leben der Kirche stets in der besten Weise zu erfüllen ist. Kommt er nun zur Gewissheit, diesen Auftrag

---

sind, ihr Amt zu versehen, werden sie inständig gebeten (…) den Verzicht auf ihr Amt anzubieten"; vgl. *Graulich*, Amtsverzicht, S. 485.

[479] *Graulich*, Amtsverzicht, S. 485.

[480] Vgl. *Köstler*, causa, S. 62. Dort wird diese Wortbedeutung explizit auf den Gebrauch im Kontext der Amtserledigung (can. 189 § 1 CIC/1917) übertragen (entspricht sachlich dem heutigen c. 189 § 2).

[481] *Klappert*, Amtsverzicht, S. 65.

[482] Vgl. *Köstler*, finis, S. 163. Dort wird auch die Wortbedeutung als „Zweck, Ziel, Absicht" benannt.

[483] *Aymans-Mörsdorf*, KanR I, S. 447. Hervorhebung im Original.

[484] Vgl. *Graulich*, Amtsverzicht, S. 485.

der aus dem Amt resultiert aufgrund des vorgerückten Alters nicht mehr erfüllen zu können, so besteht im Verzicht auf das Amt die letztmögliche Handlung zur Erfüllung des „geistlichen Zwecks", dem Wohl der Kirche. Auf dieser Grundlage ist auch die Aussage Papst Benedikts XVI. im Zuge der letzte Generalaudienz einzuordnen, der zufolge die Entscheidung zum Amtsverzicht „nicht für mein eigenes Wohl, sondern für das Wohl der Kirche die richtigste ist".[485] Das Wohl der Kirche ist nicht der gerechte Grund für den Amtsverzicht Papst Benedikts XVI., sondern der bis zuletzt zu erfüllende Zweck des Papstamtes selbst.

Horst Herrmann stellt in diesem Kontext fest: „Je höher aber ein Amt im Organismus der kirchlichen Gemeinschaft steht, desto triftiger muß der Grund für ein Aufgeben desselben sein".[486] Diese Feststellung kann zum Ausgangspunkt der Darstellung der Komplementarität des geistlichen Zwecks des Amtes und der *iusta causa* gemäß c. 187 werden.[487] Das vorgerückte Alter ist darum ein *gerechter* Grund zum Amtsverzicht, insofern es die körperlichen und geistigen Kräfte des Amtsinhabers schwinden lässt und ihn daran hindert, das Wohl der Kirche als Zweck seines Amtes bestmöglich zu fördern. So ist die Hinderung des Amtsinhabers an der Ausübung seines Amtes zur Erfüllung des Amtszieles die Ursache der Rechtmäßigkeit der Begründung des Amtsverzichts. Der gerechte Grund zum Amtsverzicht und der geistliche Zweck des Papstamtes hängen untrennbar miteinander zusammen. In diesem Sinne stellt Papst Benedikt XVI. fest:

> „Um das Schifflein Petri zu steuern (…), ist sowohl die Kraft des Körpers als auch die Kraft des Geistes notwendig, eine Kraft, die in den vergangenen Monaten in mir derart abgenommen hat, dass ich mein Unvermögen erkennen muss, den mir anvertrauten Dienst weiter gut auszuführen".

So weisen die Konkretionen hinsichtlich des Papstamtes, die Benedikt XVI. in seine Verzichtserklärung einfließen lässt, darauf hin, dass er sich in vollem Umfang darüber bewusst ist, auf welches Amt er seinen Verzicht leistet und welche Folgen aus diesem Schritt für das Leben der Kirche resultieren. Die theologische Durchdringung des Petrusdienstes im Laufe seines Schaffens stellt das eigentliche Fundament dar, auf dessen Grund ein Verzicht auf das Amt nicht mehr nur kodikarisch verbürgtes Recht ist, sondern zur moralischen Pflicht wird.

---

[485] *Benedikt XVI.*, Ansprache Generalaudienz/27.02.2013, S. 7.

[486] *Herrmann*, Amtsverzicht, S. 115; im selben Sinne *Holböck*, Kirchenrecht Bd. I, S. 268: „Da eine willkürliche Verzichtsleistung der Kirche zum Schaden gereichen würde, muß stets ein gerechter und hinreichender Grund vorhanden sein. Der Grund muß um so bedeutender sein, je höher das Amt ist".

[487] Vgl. *Amann*, Grund, gerechter, Sp. 179: „Der G. liegt immer in der Förderung des Lebens u. der Sendung der kirchlichen Communio, wobei je nachdem mehr die Gemeinschaft od. der einzelne Gläubige in den Blick kommen kann". Abkürzungen im Original. Im Fall des päpstlichen Amtsverzichts liegt der Fokus sowohl auf der Gemeinschaft, insofern die fruchtbringende Ausübung des Petrusdienstes für die gesamte Kirche von höchster Bedeutung ist und auf dem Papst als Einzelnem, insofern seine habituelle Unfähigkeit den ihm anvertrauten Dienst wirklich zu vollziehen der Verwirklichung des Wohles der Kirche entgegenstünde.

§ 5 Zwischenfazit

1. Die Analyse der Verzichtserklärung in Verbindung mit der Vollzugsform hat zweifelsfrei erwiesen, dass der Amtsverzicht Papst Benedikts XVI. alle Gültigkeitsanforderungen gemäß c. 332 § 2 sowie darüber hinaus hinsichtlich der Allgemeinen Normen der cc. 187–189 vollends erfüllt hat. Auch die Frage nach der Handlungs- und Rechtsfähigkeit des Papstes konnte ebenso geklärt werden. Die Darstellung des gerechten Grundes des vorgerückten Alters, der daraus resultierenden schwindenden Kräfte an Geist und Körper sowie des eigentlichen Zweckes der Verzichtsleistung, die weitere Vergrößerung des Wohles der Kirche durch den Amtsverzicht weiterhin zu ermöglichen, verdeutlichen das volle Bewusstsein Papst Benedikts XVI. über das Wesen seiner Amtsverzichtsleistung aber auch des Papstamtes selbst, auf das er seinen Verzicht leistet.

2. Unter dem Eindruck der Verzichtserklärung und ihrer Aussagen hinsichtlich des Petrusdienstes erscheint es angebracht, ein Charakteristikum desselben zu benennen, dessen zuwiderlaufende Interpretation zu einem wesentlichen Kritikpunkt am Amtsverzicht Papst Benedikts XVI. führte. Das Papstamt beruht laut geltender Lehre der Kirche auf göttlicher Einsetzung[488] und entstammt auf dieser Grundlage der kirchenrechtlichen Einordnung folgend dem *ius divinum*.[489] Bereits anlässlich des Amtsverzichts Papst Cölestins V. führte dies zur Anfrage, ob denn ein Papst, der ganz und gar seinen petrinischen Dienst angenommen und so eine Art geistliches Eheband mit der Kirche eingegangen ist, wirklich dieses Amt niederlegen könne. Dass diese Anfrage zugunsten der Möglichkeit eines päpstlichen Amtsverzichts abgewiesen wurde, konnte hinlänglich dargestellt werden.[490]

3. Wie jedoch kann heute und im Lichte des konkreten geschichtlichen Beispiels des Jahres 2013 auf diese nicht gänzlich unnachvollziehbare Anfrage geantwortet werden? Helmuth Pree unterscheidet im Aufbau einer Rechtsnorm „drei Strukturelemente: Normtext, Normbereich (…) und materiales Substrat (…)" und präzisiert den Inhalt des Letztgenannten als „geschütztes Rechtsgut, ratio legis, zugrundeliegende Prinzipien, Normzweck und Zweck des Rechtsinstituts als inhaltliches Fundament der Norm".[491] Für diejenigen kanonischen Normen, die dem Bereich des *ius divinum* entstammen, konkretisiert er: „der unverfügbare Gehalt liegt im materialen Substrat".[492] Legt man diese Einordnung für die vorliegende Fragestellung zugrunde, so muss hinsichtlich eines Verzichtes auf das Papstamt dieses

---

[488] LG 18.

[489] Vgl. c. 331; vgl. *Aymans-Mörsdorf*, KanR II, S. 204 und S. 215 mit dem Hinweis auf eine mögliche Kritikanfälligkeit auf der Grundlage dessen; *Bier*, c. 332, Rdnrn 8–9 in: MKCIC (Januar 2008); *Pree*, Ius Divinum, S. 479: „Zufolge der canonica traditio bezeichnet ius divinum jenen Rechtsbestand des kanonischen Rechts, der Gott zum Urheber (auctor, legislator) hat" es ist „indispensabel, inderogabel und unabänderlich".

[490] Vgl. S. 318–339 der vorliegenden Untersuchung.

[491] *Pree*, Ius Divinum, S. 483.

[492] Ebd.

selbst gemäß seines materialen Substrats untersucht werden, da nicht der päpstliche Amtsverzicht, sondern das Amt selbst göttlichen Ursprungs ist. Die Theologie über das Papstamt Joseph Ratzingers/Papst Benedikts XVI. gibt Aufschluss über seine Auslegung der dem Amt zugrundeliegenden Prinzipien und damit einhergehend auch und zumindest implizit über den Zweck des Rechtsinstituts sowie der diesbezüglichen kodikarischen Rechtsnorm. Auf die Frage, ob denn ein Papst die geistliche Ehe mit der Kirche für sich lösen könne, kann mit der Darstellung eines speziellen Prinzips der Nachfolger Petri geantwortet werden: Das Papstamt und die es bekleidende Person sind nicht absolut identisch.[493]

Der römische Bischof besetzt den Stuhl Petri und wird so zu dessen Nachfolger.[494] Dies bedeutet jedoch nicht, dass er selbst in seinem ganzen Sein zu Petrus wird, dessen Berufung und Sendung in das Felsenamt unwiederholbar und einmalig durch den Herrn selbst geschehen ist.[495] Das Amt bleibt dasselbe, die den damit verbundenen Dienst versehende Person nicht.[496] Der heilige Petrus dient insofern nicht als alleiniger Hinweis darauf, dass all seine Nachfolger im Felsenamt dieses untrennbar empfangen haben, da nur er den Worten Christi folgend nicht in ein Amt berufen, sondern selbst zum Petrus – zum Felsen – wurde.[497] Diese ontologische Gleichwerdung des Menschen Simon Barjona mit seinem Felssein kommt allen Nachfolgern Petri nicht zu.[498] Dennoch ist das Papstamt nicht nur in seiner bloßen Existenz – auch im Sinne eines unbesetzten Amtes – konstitutives Element der Verfasstheit der Kirche.[499] Die tatsächliche aktive Ausübung des Petrusdiens-

---

[493] Vgl. *Granfield*, Resignation, S. 125 f. Dort bezieht sich der Autor auf dieses bereits geschichtlich bemühte Argumentum pro resignatione.

[494] Vgl. c. 331.

[495] Analog dazu kann das sakramentale Amt der Bischöfe als *Successores Apostolorum* von den Aposteln selbst unterschieden werden, insofern diese gemäß dem apostolischen Auftrag die bischöflichen Vollmachten in der Kirche innehaben, nicht jedoch die spezifischen apostolischen Vollmachten. Diese entstammen einzig und allein der direkten personalen Berufung durch Christus selbst, vgl. *Ratzinger/Benedikt XVI.*, Jesus von Nazareth I, JRGS 6/1, S. 362–371; vgl. zu den praktischen Folgen, die aus einer nicht adäquaten Konzeption eines „Papa emeritus" diese Unterscheidung von Amt und Person nicht zur Genüge darstellen könnten *Rehak*, Urbi et Orbi, S. 259 f.; vgl. überdies *Beinert/Kühn*, Ökumenische Dogmatik, S. 575, die aus dieser Einmaligkeit schlussfolgern, dass Petrus keine Nachfolger gehabt haben könne. Dies kann im Lichte des hier Dargestellten nur schwerlich nachvollzogen werden. Der Petrusdienst ist nicht gleichzusetzen mit der Person des Petrus.

[496] Vgl. *Benedikt XVI.*, Predigt Peter und Paul/2005, S. 2.

[497] Erneut sei verwiesen auf *Ratzinger*, Primat des Papstes und Einheit des Gottesvolkes, JRGS 8/1, S. 673: „Das werden wir unschwer erkennen, wenn wir zuerst begriffen haben, dass der Sitz des Vikars Christi derjenige ist, den Petrus in Rom ansiedelte, als er dort das Kreuz Christi einpflanzte (…). Von ihm ist er während seiner ganzen Pontifikatsausübung nie herabgestiegen, sondern ,mit Christus erhöht' dem Geist nach, waren ihm seine Hände und Füße so mit den Nägeln angeheftet, dass er nicht dort, wohin ihn sein eigenes Wollen trieb, sondern da bleiben wollte, wohin ihn Gottes Wille führte (vgl. Joh 21, 18), dort seinen Sinn und sein Denken wusste (…)"; vgl. überdies S. 261–263 der vorliegenden Untersuchung.

[498] LG 18; vgl. S. 263–266 der vorliegenden Untersuchung.

[499] Vgl. *Aymans-Mörsdorf*, KanR II, S. 205.

tes in all seinen Dimensionen ist als der eigentliche Zweck des auch rechtlichen Instituts des Papstamtes einzuordnen. Ohne Amtsinhaber und somit ohne aktive Ausübung durch einen konkreten Nachfolger Petri innerhalb der Sedisvakanz ruhen die Amtsaufgaben.[500] Somit steht trotz der Einmaligkeit der Sendung des Petrus in das Felsenamt fest, dass das Papstamt und die es als Nachfolger Petri ausübende Person auf das Engste miteinander verbunden sind.

Dem strukturellen Hinweis Helmuth Prees folgend kann der Hinweis auf den Zweck des Rechtsinstituts des Papstamtes in der Kirche als dessen materiales Substrat aufschlussreich sein. Dadurch können beide Erkenntnisse, sowohl der Unterschied zwischen dem Apostel Petrus und den Nachfolgern Petri als auch die Voraussetzung eines konkreten mit dem Amt verflochtenen Amtsinhabers miteinander im Lichte des Amtsverzichts Papst Benedikts XVI. verknüpft werden. Der Petrusdienst ist gemäß seinem Wesen ein wirklicher Dienst an der Kirche.[501] Seine Aufgabe, das „immerwährende, sichtbare Prinzip und Fundament für die Einheit"[502] der Kirche zu sein, ist mit jenem Dienst gleichzusetzen, dem Papst Benedikt XVI. das *magnum momentum* seiner Entscheidung zuordnet. Die tatsächliche aktive Ausübung dieses *munus Petrinum* ist für das Leben der Kirche von solch fundamentaler Wichtigkeit, dass in ihr die *finis spiritualis* begründet liegt. Gerade vor diesem Hintergrund wird ersichtlich, weshalb beim Fehlen eines Amtsinhabers keine „Fragen, die dem Papst zu Lebzeiten oder während der Ausübung der Aufgaben seines Amtes zustehen"[503], durch eine andere Instanz erledigt werden dürfen.

4. Papst Benedikt XVI. verdeutlicht insbesondere innerhalb seines homiletischen Zeugnisses den Dienstcharakter des Papstamtes an der Einheit im Glauben und in der Ordnung.[504] Die Personalität der Ausübung des Amtes steht im Sinne einer Nachahmung Petri durch dessen Nachfolger begründet, denn er war aufgrund seines personalen Glaubenszeugnisses derjenige, dem Christus das Felsenamt übertragen hat.[505] Als Person ist der Amtsinhaber nie Petrus gleich und doch stets in den petrinischen Auftrag eingebunden, selbst zum Felsen des Glaubens zu werden. In dieser Funktion[506] ist ihm aufgetragen, seinen Dienst zum Wohl der Kirche auszuüben und im Zuge dessen zu steter Vervollkommnung darin zu trachten. Papst Benedikt XVI. gelangt zu der Erkenntnis seines „Unvermögens (…) den (…) anvertrauten Dienst weiter gut auszuführen".[507] Die im Angesicht der schwindenden Kräfte an Körper und Geist *ob ingravescentem aetatem* erkannte Unzulänglichkeit, den Petrusdienst tatsächlich auszuüben, kann letztlich vor dem

---

[500] *Johannes Paul II.*, CA UnivDomGreg, 1–2.
[501] Vgl. *Ratzinger*, Primat des Papstes und Einheit des Gottesvolkes, JRGS 8/1, S. 671 f.
[502] LG 23.
[503] *Johannes Paul II.*, CA UnivDomGreg, 1.
[504] Vgl. S. 267–294 der vorliegenden Untersuchung.
[505] Vgl. S. 283 f. der vorliegenden Untersuchung.
[506] Vgl. *Benedikt XVI.*, Predigt Peter und Paul/2005, S. 2.
[507] Vgl. *ders.*, Verzichtserklärung.

Hintergrund des hier Dargestellten zu keiner anderen Conclusio führen, als auf das Papstamt verzichten zu müssen. Diese Einsicht verdeutlicht der Wortlaut der Verzichtserklärung Benedikts XVI., wenn er im Angesicht der „Fragen, die für das Leben des Glaubens von großer Bedeutung sind", seine fehlenden Kräfte erkennen muss. Die tatsächliche aktive Ausübung des petrinischen Dienstes, zum Wohl der Kirche Prinzip und Garant der Glaubenseinheit zu sein, ist in diesem Sinne die unverfügbare Vorgabe, jener eigentliche Kern des *ius divinum*, da nur in ihr der wesentliche Gehalt des Felsenamtes *ad salutem animarum* zum Vorschein treten kann.[508] Nicht zuletzt deshalb räumte Papst Benedikt XVI. dem Dienst am Glauben im Vergleich zu den administrativen Funktionen die weitaus größere Bedeutung ein.[509]

Insofern steht mit c. 331 „göttliches Recht in menschlicher Hülle"[510] vor Augen, das in dieser konkreten rechtlichen Textgestalt nicht der unverfügbare Gehalt des Papstamtes sein kann, sondern „eine auf vertiefte Einsicht, Weiterentwicklung, Berücksichtigung der sich wandelnden Verhältnisse hin angelegte, (nach vorne) offene Vorgabe darstellt".[511]

5. Der heilige Apostel Petrus konnte, da er selbst ganz und gar in seinem Sein durch die Sendung des Herrn zum Felsen der Kirche wurde, nicht auf ein Amt verzichten, da er in diesem Sinne kein Amt innehatte, sondern selbst als Person mit diesem Dienst ontologisch gleichzusetzen war, der sich in der Nachfolgerschaft Petri als Zweck des Amtes manifestierte. Ein Nachfolger Petri kann, wenn er auf der Grundlage einer *iusta causa* zur klaren Erkenntnis gelangt ist, das ihm anvertraute Amt nicht mehr fruchtbar ausüben zu können, auf sein Amt verzichten, damit dieser Auftrag durch den eigenen Amtsnachfolger zum größeren Wohl der Kirche von neuem mit Kraft und Tat erfüllt werden kann, um „das Schifflein Petri zu steuern und das Evangelium zu verkünden".[512]

Daher kann einer Argumentation, die die moralische Zulässigkeit eines päpstlichen Amtsverzichts im Sinne eines „Abstiegs vom Kreuz" anzweifelt, der Boden entzogen werden. In der Amtsverzichtsleistung legt der verzichtende Papst nicht jenes Joch von den Schultern, das ihm durch seine Wahl durch Gott auferlegt wurde, sondern trägt letztmalig aktiv dazu bei, den Zweck seines Amtes zu erfüllen.[513] Letztlich obliegt diese Entscheidung der Gewissenserforschung des Amtsinhabers selbst, welche der beiden Möglichkeiten – Verbleib im Amt oder Amtsverzicht ge-

---

[508] Vgl. c. 1752.
[509] Vgl. *Ratzinger*, Primat und Episkopat, JRGS 8/1, S. 640 f. Dies führte ihn zu der grundsätzlichen Frage, wonach die Vermengung der verschiedenen Funktionen in dem einen Papstamt zu lösen als Desiderat vor Augen steht.
[510] Vgl. *Pree*, Ius Divinum, S. 484.
[511] Ebd., S. 483. Umklammerung im Original.
[512] Vgl. *Benedikt XVI.*, Verzichtserklärung. Die Kirche ist nicht das „Schifflein des Papstes", sondern das „Schifflein Petri". Der Papst ist nicht Petrus, sondern Nachfolger Petri.
[513] Vgl. *Weitz*, De urbe egressus est, S. 235 f.

mäß c. 332 § 2 – die für das Wohl der Kirche geeignetere ist.[514] Niemandem stünde es zu, einen erfolgten Amtsverzicht als unzulässig zu erklären und ebenso wenig, einen Amtsverbleib zu kritisieren. Die Aufgabe der ganzen Kirche innerhalb dieser Fragestellung bleibt, „die Heilige Kirche der Sorge des höchsten Hirten, unseres Herrn Jesus Christus"[515] anzuempfehlen, dessen Beistand sich „das kleine Boot der Kirche"[516] gerade im Angesicht des Petrusdienstes sicher sein kann, eine Hoffnung, der sich auch Papst Benedikt XVI. sicher war:

> „Mich trägt und erleuchtet die Gewissheit, dass es die Kirche Christi ist und der Herr es ihr nie an seiner Leitung und Sorge fehlen lassen wird".[517]

---

[514] Vgl. zu Für und Wider *Granfield*, Resignation, S. 130.
[515] Vgl. *Benedikt XVI.*, Verzichtserklärung.
[516] *Benedikt XVI.*, Predigt Peter und Paul/2006, S. 7.
[517] *Ders.*, Generalaudienz/13. 02. 2013, S. 2. Er beginnt seine Ansprache mit einer kurzen Zusammenfassung seiner Verzichtserklärung und verbindet sie mit dieser Hoffnung.

Teil IV

Episcopus emeritus Ecclesiae Romanae

§ 1 Problemstellung

Durch den Amtsverzicht eines Papstes gemäß c. 332 § 2 tritt die Vakanz des Apostolischen Stuhles ein,[1] wodurch die Maßgabe des c. 335 relevant wird und die besonderen Gesetze für die römische Sedisvakanz zu beachten sind.[2] Auf der Grundlage dieser primären Rechtswirkung eines päpstlichen Amtsverzichts erscheint dieser selbst zunächst unproblematisch. Der vormalige Amtsinhaber ist nicht mehr Inhaber des Papstamtes und die dazu befähigten Personen haben die ihnen zugewiesenen Aufgaben für die Vakanz des Apostolischen Stuhles auszuführen. Diese finden ihren Abschluss in der kanonischen Wahl eines neuen Nachfolgers Petri.

Die Problematik dieser zweiten Möglichkeit der Vakantwerdung des Apostolischen Stuhls liegt in einem bedeutsamen Charakteristikum begründet, das sie von der ordentlichen Form durch den Tod des Papstes unterscheidet. Der Papst, der auf sein Amt verzichtet hat, ist nach Erledigung des Papstamtes weiter am Leben und als Person bleibender Teil von Kirche und Welt. Aus diesem Faktum entstehen wiederum Fragen, denen sich einige Autoren ansatzweise gewidmet haben[3] und die sich zumeist in der konkreten Institution eines emeritieren Bischofs von Rom abbilden. Markus Graulich fasst dies folgendermaßen zusammen:

---

[1] Vgl. *Graulich*, Vakanz, S. 76: „Im Hinblick auf den Apostolischen Stuhl können verschiedene Vakanzgründe als nicht zutreffend ausgeschlossen werden: das Erreichen der Altersgrenze und die Versetzung des Amtsinhabers. Der Apostolische Stuhl kann also zunächst vakant werden auf ‚natürliche' Weise, d. h. durch den Tod des Amtsinhabers, oder durch dessen Amtsverzicht".

[2] Vgl. *Mückl*, Recht der Papstwahl, S. 400.

[3] So beinhalten nahezu alle bereits angeführten Beiträge zum Thema des päpstlichen Amtsverzichtes Rückfragen oder Ausblicke auf die Gestaltwerdung der Institution eines emeritierten Bischofs von Rom. Dies gilt sowohl für diejenigen Schriften, die in direkter Folge des Amtsverzichts Papst Benedikts XVI. verfasst wurden, als auch für jene, die unabhängig von diesem neuzeitlichen Beispiel erschienen sind: *Granfield*, Resignation, S. 130 f.; *Herrmann*, Amtsverzicht, S. 119–122; *Graulich*, Amtsverzicht, S. 487; *Pulte*, Amtsverzicht, S. 78–81; *Klappert*, Amtsverzicht, S. 67–75; *Eicholt*, Amtsverzicht, S. 35–41; *Weiß*, Fragen zum Amtsverzicht, S. 519–538; *Brandmüller*, Renuntiatio Papae, S. 311–325; *Egler*, Papa emeritus, S. 169–184; vgl. ferner die Darstellung der verschiedenen (kritischen) Schriftbeiträge bei *Rehak*, Urbi et Orbi, S. 259 f. und zur Rechtsstellung des emeritierten Bischofs von Rom ebd., S. 261–264.

„Der rechtlichen Möglichkeit des Rücktritts stehen aber praktische und psychologische Schwierigkeiten gegenüber. Denn, welche Rolle hätte ein Papst, der auf sein Amt verzichtet hat? Wäre er der *Papa emeritus*? Würde er wieder in den Kardinalsrang zurückkehren? Müsste er sich ganz aus der Öffentlichkeit zurückziehen? Und was geschähe, wenn diejenigen, die mit der Amtsführung seines Nachfolgers ggf. nicht einverstanden sind, anfangen, nach ihm zu rufen und die Legitimität des Nachfolgers in Zweifel ziehen? Letztlich lässt die vom Kirchenrecht eröffnete Möglichkeit des Amtsverzichtes vonseiten des Papstes mehr Fragen offen, als sie Lösungen bereithält".[4]

Diese offenen Fragen stellen jedoch nur in einem ersten Schritt ein Hindernis für die Gestaltwerdung der Institution eines emeritierten Bischofs von Rom dar. Vielmehr sind sie eine Folge fehlender diesbezüglicher Normen, die durch die Existenz Benedikts XVI. als emeritierter Bischof der Kirche von Rom eine neue, reale und greifbare Relevanz erfahren hat. Den Lösungen der Fragen kann sich aus verschiedenen Richtungen genähert werden, die es im Folgenden zu unterscheiden gilt. Die ämterrechtliche Verortung und Differenzierung des Bischofs von Rom als Papst der Kirche ist hierbei ebenso zu beachten wie dessen vom Weihesakrament her zu bestimmende Existenz als unauslöschlich zum Bischof Geweihten. Ausgehend von diesen Zugangsweisen sind die Details der bleibenden Rechte und mitunter Pflichten des Papstes, der auf sein Amt verzichtet hat, zu benennen und daraus resultierende Folgen aufzuzeigen, die eine Vielzahl einzelner Bereiche der kirchlichen Existenz und ihrer alltäglichen Konkretionen tangieren. Da auch innerhalb all dieser Überlegungen die *suprema lex* der Kirche gemäß c. 1752 unweigerliche Geltung besitzt, sind diese alle unter dem Grundaspekt zu behandeln, wonach das römische Bischofsamt stets ein wahrer Dienst an der im Glauben geeinten Communio der Kirche sein muss. Unter diesen Anspruch haben sich auch alle denkbaren Normen hinsichtlich eines emeritierten Bischofs von Rom zu stellen – sowohl in isolierter Betrachtung als auch in Verbindung mit dem Papstamt und dem jeweiligen Amtsinhaber.

Es zeigt sich, dass die vielen Folgefragen auch darin begründet sind, dass die einzige kirchenrechtliche Norm, die sich mit dem päpstlichen Amtsverzicht befasst, in c. 332 § 2 gegeben ist und in isolierter Betrachtung einen nur geringen konkreten rechtlichen Rahmen bietet.[5] Dieser rechtlichen Maßgabe können jedoch nicht wenige Implikationen zuerkannt werden, insofern sie in Verbindung mit den Allgemeinen Normen hinsichtlich des Amtsverzichtes und insbesondere der ihr zugrundeliegenden Theologie des Papstamtes verstanden wird.[6] Im Zuge einer solchen synchronen Auslegung der Rechtsnorm mit den zu ihr gehörenden

---

[4] *Graulich*, Vakanz, S. 78. Hervorhebung und Abkürzung im Original.

[5] Vgl. ebd.: „Jedenfalls ist der Rücktritt eines Papstes von seinem Amt möglich, solange er frei geschieht und ausreichend bekannt gemacht wird. Er muss auch nicht (…) von irgend jemandem bestätigt oder angenommen werden". Diese Zusammenfassung trifft im Angesicht von c. 332 § 2 vollends zu und stellt seine eigentliche Substanz dar.

[6] Vgl. S. 361–372 der vorliegenden Untersuchung.

kirchenrechtlichen Maßgaben werden Antworten auf die Folgefragen erkennbar, die sich aus dem Amtsverzicht eines Papstes ergeben.

Die geringe Quantität, die c. 332 § 2 aufweist, gründet in der Entstehungsgeschichte einer eigenen kanonischen Norm bezüglich einer Papstrenuntiation.[7] Die nur geringe Weiterentwicklung beruhte vornehmlich auf der fehlenden praktischen Relevanz der Maßgabe.[8] Wenn Walter Brandmüller feststellt, dass die nur wenig detaillierte Rechtsnorm die einzig mögliche Schlussfolgerung fordert, wonach ein päpstlicher Amtsverzicht im Sinne eines Notbehelfs für eine Extremsituation zwar rechtlich möglich ist, aber *de facto* nicht vorkommt[9], so kann diesem Befund aufgrund des geschichtlichen Kontexts seiner Entstehung nicht zugestimmt werden. Die Auseinandersetzung rund um die Renuntiation Papst Cölestins V. und die direkt darauffolgende rechtliche Definition im Liber Sextus Papst Bonifaz VIII. weisen beide darauf hin, dass ihr Inhalt gerade wegen seiner minderen Quantität auf der aus dem päpstlichen Machtbewusstsein erwachsenen Einsicht beruht, dass es eine für den Papst jederzeit frei wählbare und rechtlich verbürgte Option ist, auf sein Amt zu verzichten.[10]

All jene rechtlichen Details, etwa über die konkrete Form der Verzichtsleistung oder weitere Rechtsfolgen, fehlten und fehlen innerhalb der kanonischen Norm zum päpstlichen Amtsverzicht nicht wegen der nicht vorhandenen Praxisrelevanz, sondern beruhen vielmehr auf dem Grundsatz der päpstlichen Primatialgewalt.[11] Wegen ihr bot sich im Zuge der ersten expliziten rechtlichen Normierung eines päpstlichen Amtsverzichts keine detailliertere Formulierung. Gerade der Auftraggeber des Liber Sextus, Papst Bonifaz VIII. als machtbewusster Nachfolger Petri[12], der über fundierte Kenntnisse des kanonischen Rechts verfügte,

---

[7] Vgl. S. 331–339 der vorliegenden Untersuchung.

[8] Vgl. S. 339–344 der vorliegenden Untersuchung. Es sei darauf hingewiesen, dass gerade die Reformarbeiten zum CIC/1983 aufzeigen, dass auch bei einer solchen Norm mit jahrhundertelang fehlender Praxisrelevanz von gänzlicher Stagnation keine Rede sein kann, vgl. S. 351–361 der vorliegenden Untersuchung.

[9] Vgl. *Brandmüller*, Renuntiatio Papae, S. 318 f.: „This eloquent silence does not allow another conclusion but this one: the canons in question have objectively the goal to open way out of situation of extreme ecclesial emergency, which is possible, but de facto does not happen. The resignation of the Pope ist possible, but does not happen (…)"; vgl. ferner die Einordnung dieser Einschätzung bei *Rehak*, Urbi et Orbi, S. 260.

[10] Vgl. S. 333 f. der vorliegenden Untersuchung; vgl. auch *Gigliotti*, Rinuncia, S. 233: „,Romanum Pontificem posse libere resignare': questa facoltà potrebe costituire dunque il contenuto della decretale die Celestino, recepita ora anche dal suo successore".

[11] Dies zeigte sich bis hinein in die Reformarbeiten zum CIC/1983. Im Hinblick auf eine mögliche Detaillierung der Norm zum Amtsverzicht des Papstes wurde ausdrücklich darauf hingewiesen, dem jeweiligen Amtsinhaber keine Form vorschreiben zu können und zu wollen. Die Auseinandersetzung der PCR mit dieser Rechtsnorm trotz fehlender Praxisrelevanz weist gerade darauf hin, dass die Realwerdung der kodikarischen Option durchaus im Bereich des Möglichen lag, vgl. S. 351–361 der vorliegenden Untersuchung.

[12] Vgl. S. 334–339 der vorliegenden Untersuchung.

hätte eine allzu rigide rechtliche Vorschrift für einen Papst wohl nicht anerkennen können.[13]

Letztlich erscheint es müßig, diese Diskussion zu einem Abschluss führen zu wollen, denn durch den Amtsverzicht Papst Benedikts XVI. hat sich ein Paradigmenwechsel vollzogen. Alle wissenschaftlichen Auseinandersetzungen mit diesem Topos, die bis zum 11. Februar 2013 vorgenommen wurden, beriefen sich insbesondere auf das historische Beispiel Papst Cölestins V. und etwaige Verzichtsgedanken verschiedener Päpste.[14] Auf diese Weise bestanden die Ergebnisse als bloße Theorie, die sich auf eine vom Recht her mögliche, aber nahezu undenkbare Praxis bezog. Die Auseinandersetzungen nach dem Amtsverzicht aus dem Jahr 2013 jedoch befassen sich auf theoretischer Ebene mit einem neuen herausragenden historischen Exempel. Hier wiederholt sich in gewisser Weise die Situation rund um die Renuntiation Cölestins V., denn „solange es einen konkreten Fall nicht gab", war diese Diskussion „ohnehin eine akademische Frage, deren Lösung in der bisherigen Kanonistik nur Spezialisten bekannt gewesen sein dürfte".[15] Dies galt bis zum Jahr 2013, womit „der eigentümliche Widerspruch zwischen Kanonistik und historischer Erfahrung bezeichnet" wurde, der bis zu dieser Zäsur galt: „die Papstabdankung ist erlaubt, aber sie kommt nicht vor".[16] Nun ist dieser Widerspruch verschwunden. Der päpstliche Amtsverzicht ist erlaubt *und* kommt vor.

Ein entscheidender Unterschied zwischen den historischen Einschnitten von 1294 und 2013, der die vorliegende Problemstellung eröffnet, besteht in der Institution eines emeritierten Bischofs von Rom. Dieser wird nicht wie Cölestin V., dessen Leben nach dem Pontifikat alsbald enden sollte, durch Einkerkerung der Öffentlichkeit entzogen. Er bleibt Bestandteil von Kirche und Welt.[17]

---

[13] Gerade innerhalb dieser Diskussion wäre eine Sichtung der verschollenen Konstitution Papst Cölestins V. wünschenswert, da diese sicher eine differenziertere Antwort erlauben würde. Dies gilt v. a., da die Dekretale Papst Bonifaz VIII. als die Quintessenz dieser Konstitution gelten kann, vgl. *Gigliotti*, Rinuncia, S. 233: „Se ci si limitasse quindi a cogliere l'inidcazione fornitaci da quello che, probabilmente, fu il nucleo della disposizione celestina (…)".

[14] So bei *Herrmann*, Amtsverzicht, S. 102 mit Bezug zum Besuch Papst Pauls VI. am Grab Cölestins V. in Fumone, S. 106–111; *Granfield*, Resignation, S. 118–131; ferner auch *Graulich*, Vakanz, S. 76–78.

[15] *Herde*, Cölestin V., S. 130.

[16] *Bertram*, Abdankung, S. 4; ebenso *Granfield*, Resignation, S. 128: „Although the discussion continued, that precise issue eventually, after death of Boniface in 1303, came to have only academic interest".

[17] Dies gilt trotz des Wunsches Papst Benedikts XVI., der Öffentlichkeit entzogen in kontemplativer Existenz der Kirche im Gebet zu dienen, vgl. Ansprache Generalaudienz/27. 02. 2013, S. 8. Auch eine solche monastische Lebensweise ist integraler Bestandteil des kirchlichen Lebens und in einem umfassenden Sinne auch des öffentlichen Bereichs, vgl. hierzu grundsätzlich PC 7: „Die gänzlich auf die Kontemplation hingeordneten Institute (…) nehmen – mag die Notwendigkeit zum tätigen Apostolat noch so sehr drängen – im mystischen Leib Christi, dessen ‚Glieder nicht alle den gleichen Dienst verrichten' (Röm 12,4), immer eine hervorragende Stelle ein". Die Wertschätzung, die die Konzilsväter an dieser Stelle grundsätzlich

Ob der Amtsverzicht Papst Benedikts XVI. einen Präzedenzfall geschaffen hat, an dem spätere Nachfolger Petri Maß und Beispiel nehmen, bleibt eine Frage, die nur die Zukunft beantworten kann. Letztlich kann dieser Präzedenz insofern die ihr in manchen Beiträgen beigemessene Gefahr abgesprochen werden, da jedweder päpstliche Amtsverzicht durch die geltende kodikarische Maßgabe des c. 332 § 2 die außerordentliche Form der Amtserledigung[18] darstellt und wenn er vorkommt, er stets zum Wohl der Kirche vollzogen werden muss.[19] Dies gilt unabhängig von einer diesbezüglichen rechtlichen Weisung ausgehend vom Wesen eines jeden Kirchenamtes *ad finem spiritualem* (c. 145). Keine Handlung kraft des betreffenden Amtes – den Amtsverzicht eingeschlossen – darf gegen die Förderung der kirchlichen Sendung gerichtet sein.[20]

Allein aus der nur geringen Quantität der kodikarischen Maßgabe den Hinweis auf den außerordentlichen Charakter des päpstlichen Amtsverzichtes und die damit geforderte Seltenheit dessen abzuleiten, birgt die eigentliche Gefahr im Angesicht der möglichen Präzedenz durch Benedikt XVI. Beide Charakteristika finden ihren Ausdruck in der Einleitung der Norm mit den Worten „Si contingat"[21], nicht jedoch durch die fehlenden kodikarischen Details. Darauf wies nicht zuletzt die Arbeit der Codex-Reformkommission hin, die sich trotz der fehlenden Praxisrelevanz mit der zugrundeliegenden Norm des can. 221 CIC/1917 befasste und sie in gegebener Weise präzisierte.[22]

---

der Kontemplation entgegenbringen, muss analog auch für die kontemplative Existenz Benedikts XVI. gelten. Neben diese theologische Dimension tritt die praktische, die den emeritierten Bischof von Rom an der gänzlichen Zurückgezogenheit hindert, vgl. Letzte Gespräche, S. 29 f.; vgl. *Goudot*, Quels modèles pour une renonciation, S. 57. Dort fasst der Autor dies folgendermaßen zusammen: „La démission de Benoît XVI le fait entrer dans une dimension passive, invisible, cachée; cet était inédit n'est pas une absence, mais une présence cachée". Es geht nicht um eine Abwesenheit Benedikts XVI., sondern um eine „verborgene Anwesenheit" als emeritierter Bischof von Rom.

[18] Darauf weist die Einleitung mit den Worten *Si contingat* hin, vgl. S. 362–369 der vorliegenden Untersuchung.

[19] Vgl. *Granfield*, Resignation, S. 128. Ausgehend vom kontextuellen Commonsense im Zuge der Renuntiation Papst Cölestins V. bemerkt der Autor: „The common teaching of theologians was that although papal resignation would be a rare occurence, it was possible für a pope for the good of the Church to resign legitimately and even meritoriously".

[20] Vgl. *Aymans-Mörsdorf*, KanR I, S. 447. Der Amtsverzicht ist eine Handlung, die die Inhaberschaft des Papstamtes voraussetzt, insofern nur derjenige der Papst ist, frei auf dieses ihm übertragene Amt verzichten kann, vgl. *Walser*, Rechtshandlung, S. 61 f. Daher hängen der Amtsverzicht und das Amt selbst inklusive seiner Sendung *ad finem spiritualem* untrennbar zusammen.

[21] Diese Formel findet sich in den cc. 67 § 1, 332 § 2 und 340. In allen genannten kodikarischen Normen handelt es sich um die Beschreibung eines außerordentlichen Ereignisses, das im Normalfall nicht vorkommt: zwei sich widersprechende Reskripte, der Amtsverzicht des Papstes, sowie die Sedisvakanz während eines Ökumenischen Konzils; vgl. ebenso die sachgleichen cann. 48 § 1, 221 und 229 CIC/1917.

[22] Vgl. S. 351–361 der vorliegenden Untersuchung.

Die seit fast zehn Jahren bestehende Institution eines Papstes, der auf sein Amt verzichtet hat, weist aufgrund ihrer konkreten Ausgestaltung auf die eigentliche Gefahr hin, die in einer ausschließlichen und exklusiven Betonung des außerordentlichen Charakters der Verzichtsleistung und der hierdurch legitimierten Gestalt des c. 332 § 2 begründet liegt. Existieren für den außerordentlichen Fall eines päpstlichen Amtsverzichts keine detaillierten und spezifischen Rechtsnormen, entstehen jene Unsicherheiten und Anfragen, die sich im Nachgang der Verzichtsleistung des Jahres 2013 bis zum heutigen Tag ergeben haben.[23] Hierbei stellt nicht die frei wählbare Möglichkeit eines Papstes auf sein Amt zu verzichten – die fraglos besteht – den Anknüpfungspunkt dar, sondern die konkrete Gestalt eines emeritierten Bischofs von Rom nach dessen erfolgter Amtsverzichtsleistung. Sie birgt die eigentlich relevanten Fragen, die durch eine eigene kirchenrechtliche Normierung fundierte und verantwortungsvolle Antworten finden können.

§ 2 Lex peculiaris de lege ferenda[24]

A. Der Sinn einer eigenen kirchenrechtlichen Weisung

Um sich einer möglichen kirchenrechtlichen Weisung[25] hinsichtlich eines Papstes, der auf sein Amt verzichtet hat, zuwenden zu können, bedarf es zunächst einer präzisen Bestimmung von Wesen und ursprünglichem Sinn eines jeden kirchlichen Gesetzes.[26] Trotz des Fehlens einer kodikarischen Gesetzesdefinition[27] kann der kanonische Gesetzesbegriff ausgehend von der konkreten Gestalt der kanonischen Weisungen formuliert werden. Hierbei sind die Gesetzesdefinitionen hinsichtlich

---

[23] Insofern wirkt auch der Beitrag Walter Brandmüllers inkohärent, da er zwar die geringe Quantität der heutigen Rechtsnorm als Begründung der Seltenheit des päpstlichen Amtsverzichts lobend herausarbeitet, jedoch im Folgenden einen eigenen Vorschlag eines eigenen Gesetzes für genau diesen vorlegt, vgl. in diesem Sinne *Rehak*, Urbi et Orbi, S. 260, Anm. 18 und den Vorschlag bei *Brandmüller*, Renuntiatio Papae, S. 321–325.

[24] Zur Unterscheidung zwischen *lex specialis* und *lex peculiaris* vgl. *Aymans-Mörsdorf*, KanR I, S. 160 f. Eine solche *lex peculiaris* „hat denselben Rang" wie das allgemeine Gesetz, „regelt aber besondere Angelegenheiten" (ebd.). Da die vorzuschlagenden Weisungen eines besonderen Gesetzes hinsichtlich des päpstlichen Amtsverzichts insbesondere „der Entlastung des ‚ius commune'" (ebd.) dienen, wird im Folgenden von einem *besonderen Gesetz* die Rede sein. Dies gilt auch aufgrund der aufzuzeigenden Analogie mit den besonderen Gesetzen, auf die c. 335 verweist (vgl. hierzu den Hinweis bei *Aymans-Mörsdorf*, KanR I, S. 160, Anm. 7). In Abgrenzung zu einer *lex specialis* ist ferner festzustellen, dass das anzustrebende Gesetz nicht nur bestimmte Personenklassen im Blick hat, sondern Auswirkungen auf verschiedene Glieder der Communio trägt. Auch darum ist die Rede von einer *lex peculiaris* vorzuziehen.

[25] Zu dieser Begrifflichkeit im Unterschied zu „Norm" und „Anordnung" vgl. *Aymans-Mörsdorf*, KanR I, S. 146.

[26] Vgl. zu einem ersten Überblick *Wächter*, Gesetz, S. 296–298.

[27] Vgl. ebd., S. 105.

des weltlichen Rechts[28] nur bedingte Hilfe, insofern ausgehend von der theologischen Grundlegung des Kirchenrechts keine absolute Übereinstimmung beider Rechte abgeleitet werden kann.[29] Winfried Aymans stellt daher in diesem Sinne die folgende Definition eines kanonischen Gesetzes auf:

> „Das kanonische Gesetz ist eine mit den Mitteln der Vernunft gestaltete, auf die Förderung des Lebens der Communio ausgerichtete allgemeine rechtsverbindliche Glaubensweisung, die von der zuständigen kirchlichen Autorität für einen bestimmten Personenkreis erlassen und gehörig promulgiert ist".[30]

Für die vorliegende Problemstellung birgt diese Definition den Anknüpfungspunkt für einen Lösungsversuch vermittels einer *lex peculiaris de lege ferenda* hinsichtlich eines päpstlichen Amtsverzichts: die Förderung des Lebens der Communio. Diese stellt den ursprünglichen Sinn eines jeden kirchlichen Gesetzes dar, insofern kanonische Weisungen die Ordnung aufbauen, innerhalb der sich die Sendung der gesamten Communio der Kirche als himmlische und zugleich irdische Größe fruchtbar verwirklichen kann.[31] Die Communio ist der Kern der kirchlichen Existenz und vornehmlicher Anknüpfungspunkt ihres Handelns. Aus diesem Grund ist sie auch Ursprung und Sinn der kirchlichen Gesetze[32], die ihrerseits in der Dienerschaft an ihr bestehen.

Wird durch besondere Gesetzgebung versucht, den Status eines emeritierten Bischofs von Rom im Leben der Kirche durch kanonische Weisung zum Wohl der Communio zu definieren, können verschiedene grundsätzliche Anknüpfungspunkte aufgezeigt werden. Diese können ihrerseits als Fundament der möglichen Inhalte einer *lex peculiaris de lege ferenda* dienen, die insgesamt unter dem Auftrag steht, das Leben der Communio bestmöglich zu fördern.

Es gilt im Folgenden, dieses Fundament und die möglichen Inhalte eines besonderen Gesetzes zu umschreiben, das sich in diesem Sinne konstituiert und dem *Gemeinwohl* der Kirche dient. Dieses ist seinerseits zu verstehen

> „(...) als das in der Treue zum Sendungsauftrag Jesu Christi möglichst wirkungsvoll gestaltete Leben der Communio. Alles, was das Leben der Communio in diesem Sinne begün-

---

[28] Vgl. *Aymans-Mörsdorf*, KanR I, S. 143, wobei insbesondere Thomas von Aquin und Francisco Suárez zu nennen sind.

[29] Vgl. *Wächter*, Gesetz, S. 297.

[30] *Aymans-Mörsdorf*, KanR I, S. 159. Diese Definition kommt sinngemäß derjenigen nahe, die bis ins SchCIC/1982 vorgesehen war, vgl. SchCIC/1982, can. 7: „Lex, norma scilicet generalis ad bonum commune alicui communitati a competenti auctoritate data, instituitur cum promulgator"; vgl. *Rees*, Rechtsnormen, S. 129 f. Über Für und Wider einer kodikarischen Gesetzesdefinition kann an dieser Stelle nicht befunden werden.

[31] LG 8. Vgl. *Rees*, Rechtsnormen, S. 127–129; *Aymans-Mörsdorf*, KanR I, S. 148: „Wesen, Grund und Zweck der Kirche sind allein von dem im Glauben aufgenommenen Sendungsauftrag Jesu Christi bestimmt".

[32] Vgl. *Aymans-Mörsdorf*, KanR I, S. 149: „Erste Berufung und damit erstes Recht und erste Aufgabe des Gläubigen ist es, die Communio mitzukonstituieren".

stigt, was auf bestmögliche Weise das Leben der Communio angesichts der zeitlichen und örtlichen Verhältnisse fördert, dient dem Gemeinwohl der Kirche".[33]

Ein besonderes Gesetz, das sich eigens der Institution eines Papstes, der auf sein Amt verzichtet hat, zuwendet, kann das Leben der Communio begünstigen und somit dem Gemeinwohl der Kirche dienen. Dies wird auf einer ersten Ebene durch die faktisch eingetretenen Unsicherheiten selbst ersichtlich, die diese Institution mit sich brachte und die den Anlass zu einigen diesbezüglichen Beiträgen gaben. Diese Unsicherheiten, die sich nicht zuletzt durch das Fehlen einschlägiger Weisungen manifestieren, behindern das Leben der Communio und sind dem Gemeinwohl der Kirche abträglich. Hierbei ist erneut das Amt des Bischofs von Rom als Papst der Kirche als das *officium ecclesiasticum*, auf das der Verzicht geleistet wurde, der vornehmliche Bezugspunkt, denn dieses ist – in der dargestellten Verbindung mit dem Bischofskollegium – die höchste Autorität der Kirche und ein unerlässliches Konstitutivum für ihre Verfasstheit.[34] Insofern besitzen alle Unsicherheiten in Bezug zu diesem Amtsverzicht eine Relevanz für die gesamte Kirche.

Das Kirchenrecht ist kein statisches Gebilde, sondern in einer steten Weiterentwicklung begriffen.[35] Hierbei ist es die primäre Aufgabe der kanonischen Weisungen, „der Förderung des Lebens der Communio zu dienen".[36] Um diesen Dienst seinem Auftrag gemäß zu erfüllen, müssen die Rechtsnormen einer steten Prüfung unterzogen werden, ob sie „angesichts der geschichtlichen und kulturellen Bedingungen dieses Ziel noch angemessen"[37] ausdrücken und „diesem Anspruch noch in ausreichendem Maße gerecht"[38] werden. Es rücken indes nicht nur bestehende Rechtsnormen in den Fokus, sondern auch das Recht und die Pflicht des Gesetzgebers, sich durch ergänzende kirchenrechtliche Definitionen neuen Situationen der kirchlichen Existenz zu stellen.[39]

An dieser Stelle zeigt sich in besonderer Weise die Analogie zum Exempel des cölestinischen Amtsverzichts, insofern es erneut eine geschichtliche Faktizität ist, die eine kirchenrechtliche Definition sinnvoll und notwendig erscheinen lässt. Aufgrund des Amtsverzichts Papst Benedikts XVI. wird erst deutlich, dass es einer eigenen rechtlichen Weisung bedarf, die sich einem Papst, der auf sein Amt verzichtet hat, zuwendet und diese Institution dem Gemeinwohl der Kirche gemäß einzuordnen weiß. Letztlich resultieren alle Unsicherheiten in Bezug zu dieser aus dem Fehlen einer allgemeingültigen Weisung, die jene zu beseitigen im Stande ist.

---

[33] Ebd., S. 150.

[34] Vgl. *Aymans-Mörsdorf*, KanR II, S. 205.

[35] Vgl. hierzu etwa *Rees*, Zwischen Bewahrung und Erneuerung, S. 87–94. Als bedeutendster Beleg hierfür sind die mannigfaltigen gesetzgeberischen Akte der Päpste zu nennen; vgl. hierzu exemplarisch *Müller/Gerosa*, Johannes Paul II. Gesetzgeber der Kirche; *Kingata*, Benedikt XVI. als kirchlicher Gesetzgeber.

[36] *Aymans-Mörsdorf*, KanR I, S. 151.

[37] Ebd.

[38] Ebd.

[39] Vgl. *May/Egler*, Einführung, S. 31 f.

Wenngleich der Amtsverzichts Papst Benedikts XVI. nicht unbedingt eine Präzedenz erschaffen hat, in deren Folge der päpstliche Amtsverzicht als eine ordentliche Form der Amtserledigung neben den Tod des Amtsinhabers[40] tritt, muss sich der gegenwärtigen Realität und der aus ihr resultierenden Problemstellung zugewandt werden. Gerade die Annahme des außerordentlichen Charakters der Amtsverzichtsleistung begründet die Notwendigkeit einer eigenen kirchenrechtlichen Weisung, denn die Seltenheit des päpstlichen Amtsverzichts verhindert ein im Sinne der Gewohnheit herrschendes allgemeines Bewusstsein, welche spezifische Stellung ein Papst, der auf sein Amt verzichtet hat, im Leben der Kirche einnimmt.

Daher ist die zu Beginn beschriebene Unterscheidung der Ebenen auch für die kirchenrechtliche Dimension und die Frage nach einer *lex peculiaris de lege ferenda* unerlässlich. Durch c. 332 § 2 wird der Amtsverzicht eines Papstes in erster Linie als eine Möglichkeit der Amtserledigung rechtlich verbürgt. Die primäre Aussage der kodikarischen Norm lässt sich letztlich in der Sentenz formulieren, die bereits der Liber Sextus zu definieren wusste: Der Papst kann frei auf sein Amt verzichten. Zwar ist diese Feststellung nicht expliziter Bestandteil der kodikarischen Weisung, wohl aber implizit vorausgesetztes Fundament derselben. Diese außerordentliche Erledigungsmöglichkeit des Papstamtes richtet sich an den jeweiligen Amtsinhaber, nicht aber an einen Papst, der gültig und erlaubt auf sein Amt verzichtet hat. Ein mögliches besonderes Gesetz hingegen richtet den Blick nicht nur auf den amtierenden Nachfolger Petri, sondern auch auf den Papst, der auf sein Amt verzichtet hat. In dieser Feststellung liegt die essentiell andere Dimension eines besonderen Gesetzes, das beide Elemente – sowohl den außerordentlichen Charakter des päpstlichen Amtsverzichts als auch die Notwendigkeit einer detaillierten kirchenrechtlichen Weisung – vereinen kann.[41]

B. Die mögliche Form einer eigenen kirchenrechtlichen Weisung

Es stellt sich nun zunächst die Frage, in welcher Form eine kirchenrechtliche Weisung bezüglich eines Papstes, der auf sein Amt verzichtet hat, vorzunehmen ist. Hierbei ist festzustellen, dass bereits aufgrund der gesamtkirchlichen Relevanz eines päpstlichen Amtsverzichtes, der stets von „großer Bedeutung für das Leben der Kirche"[42] ist, eine universalrechtliche Norm anzustreben ist. Damit verbindet sich die alleinige gesetzgeberische Kompetenz des Papstes zum Erlass eines

---

[40] Zum Unterschied zwischen einer Amtserledigung und dem Tod des Amtsinhabers vgl. *Bier*, c. 332, Rdnr. 11, in: MKCIC (Januar 2008): „Der Tod des Papstes ist nicht eine Form des Amtsverlustes. In diesem Fall verliert nicht ein Amtsträger sein Amt, sondern der Amtsträger selbst geht verloren".

[41] Nur unter Voraussetzung dieser Unterscheidung der Ebenen lässt sich dann auch verstehen, weshalb *Brandmüller* trotz seiner Feststellung der wenig detaillierten kodikarischen Weisung einen eigenen Gesetzesvorschlag formuliert (Renuntiatio Papae, S. 321–325).

[42] *Benedikt XVI.*, Verzichtserklärung, S. 373 f. der vorliegenden Untersuchung.

solchen gesamtkirchlich geltenden besonderen Gesetzes (c. 331).[43] Aufgrund des
außerordentlichen Charakters, der die Einordnung einer solchen kirchenrechtlichen Weisung als besonderes Gesetz begründet, erscheint eine detailliertere
Ausgestaltung der kodikarischen Substanz als nicht angebracht.[44] Überdies wäre
eine solche kodikarische Weisung auch nicht praktikabel, nicht zuletzt aufgrund
der zu erwartenden inhaltlichen Fülle.

I. Ein Desiderat zu c. 332 § 2

Eine substantielle Änderung des geltenden c. 332 § 2 erscheint dennoch angebracht, insofern dieser auf die besondere Gesetzgebung verweisen sollte. Hierbei
kann c. 335, der für die Fälle der Vakanz oder der völligen Behinderung des Apostolischen Stuhles auf die für diese erlassenen Gesetze verweist, als Vorbild dienen. Im Sinne einer Analogie nicht nur auf der Ebene der Rechtsmaterie, sondern
ebenso hinsichtlich der sprachlichen Struktur, kann daher als kodikarische Weiterentwicklung der einzigen kirchenrechtlichen Weisung hinsichtlich eines päpstlichen Amtsverzichts als Desiderat eines erneuerten c. 332 § 2 formuliert werden:

„Si contingat ut Romanus Pontifex muneri suo renuntiet, servetur lex peculiaris pro eodem
adiuncto latus.

Falls der Papst auf sein Amt verzichten sollte, ist das besondere Gesetz zu beachten, das
für diesen Fall erlassen ist."

Zu diesem Desiderat sind einige Hinweise unerlässlich:

1. Der einleitende erste Halbsatz des bisherigen c. 332 § 2 soll unverändert bestehen bleiben. Durch die Einleitungsformel des „Si contingat" werden der außerordentliche Charakter der päpstlichen Amtsverzichtsleistung und gleichzeitig die
Implikation der Rechtsfähigkeit des Papstes, auf sein Amt zu verzichten, gewahrt.
Auch die inhaltliche Präzisierung, wonach der Papst „auf sein Amt verzichtet", soll
ihren berechtigten kodikarischen Raum beibehalten. Gerade hierdurch wird das
eigentliche Wesen des päpstlichen Amtsverzichts deutlich, denn der Papst leistet
weder Abdankung noch Rücktritt, sondern verzichtet auf sein *munus Petrinum*.
Diese Konkretion birgt, wie im Folgenden darzulegen ist, einen der bedeutsamsten
Hinweise darauf, wie mit einem Papst, der auf sein Amt verzichtet hat, umzugehen ist. Nur im Bewusstsein, auf welches Amt der Verzicht geleistet wurde, kann
die bleibende Teilhabe des emeritierten Bischofs von Rom im Leben der Kirche
recht verstanden werden.

2. Auf die Konkretionen hinsichtlich des päpstlichen Amtsverzichts in Freiheit
(libere fiat) und der hinreichenden Kundgabe (rite manifestetur) wurde im vorlie-

---

[43] Vgl. *Rees*, Rechtsnormen, S. 132.

[44] Vgl. *Aymans-Mörsdorf*, KanR I, S. 161: „Das besondere Gesetz dient der Entlastung des
‚ius commune'; es hat denselben Rang wie dieses, regelt aber besondere Angelegenheiten".

genden Desiderat verzichtet. Hier liegt auf den ersten Blick ein gewisser Bruch mit der dargestellten Unterscheidung der Dimensionen, wenn beide Gültigkeitsvoraussetzungen den Blick nicht auf den Papst, der auf sein Amt verzichtet hat, richtet, sondern auf den Amtsinhaber, der auf sein Amt verzichten möchte. Es soll der Auftrag einer *lex peculiaris* sein, bei Unterscheidung der Dimensionen dennoch die gegenseitige Verwobenheit von Amtsverzichtsleistung und erfolgtem Amtsverzicht zu berücksichtigen. Aufgrund dessen ist innerhalb eines besonderen Gesetzes auch die Verzichtsleistung selbst ein wesentlicher Bestandteil, da sie die unweigerliche Voraussetzung für die Amtserledigung ist. Hierdurch kann überdies die Brücke zu den Allgemeinen Normen hinsichtlich eines Amtsverzichts (cc. 187–189) errichtet werden, insofern die aus ihnen für den päpstlichen Amtsverzicht relevanten Inhalte mit den expliziten Weisungen der Freiheit und hinreichenden Kundgabe gebündelt aufgestellt werden. Ein Verweis auf die cc. 187–189 im Falle eines päpstlichen Amtsverzichts wäre im Anschluss nicht mehr notwendig.[45] Überdies kann eine solche Bündelung innerhalb eines besonderen Gesetzes den außerordentlichen Charakter des päpstlichen Amtsverzichts durch die noch geringere kodikarische Präsenz ihrerseits betonen.

3. Der abschließende Verweis auf ein besonderes Gesetz ist c. 335 entnommen. Durch diese analoge Vorgehensweise wird deutlich, dass der päpstliche Amtsverzicht ein genauso außerordentliches Geschehen im Leben der Kirche darstellt wie die römische Sedisvakanz und eine mögliche *sedes impedita*. Der Hinweis auf *leges speciales* findet sich kodikarisch ebenfalls in den cc. 359 und 360.[46] Der Verweis auf ein besonderes Gesetz im Kontext der Römischen Kurie (c. 360) deutet auf die Sinnhaftigkeit eines solchen hinsichtlich eines päpstlichen Amtsverzichts auf einer weiteren Ebene hin. Auf der Grundlage des kodikarischen Fundaments als einer Leitnorm zur Römischen Kurie entfaltet der Gesetzgeber die naturgemäß große Fülle der detaillierten kirchenrechtlichen Weisungen innerhalb eines besonderen Gesetzes. Hierdurch wird einerseits die notwendige Übersichtlichkeit des kirchlichen Gesetzbuches gewahrt und andererseits die dennoch bestehende fundamentale Verortung in diesem begründet. Innerhalb der besonderen Gesetzgebung besitzt der Gesetzgeber auch die methodische Freiheit, die notwendige Fülle konkreter Rechtsnormen zu formulieren, ohne das Gesetzbuch selbst zu überfrachten und zu einer kontraproduktiven Unübersichtlichkeit zu führen. Des Weiteren erlaubt ein kodikarischer Verweis auf besondere Gesetze eine größere Offenheit für Weiterentwicklung, insofern das besondere Gesetz selbst den Anforderungen und seinem grundlegenden Auftrag gemäß stets überprüft und angepasst werden kann, ohne das Gesetzeskorpus des Codex ändern zu müssen.[47] Für die vorlie-

---

[45] In diesem Sinne auch *Brandmüller*, Renuntiatio Papae, S. 322 f.

[46] Der Vollständigkeit halber ist die weitere kodikarische Belegstelle in c. 569 zu nennen, die für die Militärkapläne auf besondere Gesetze verweist. Gemäß *Aymans-Mörsdorf*, KanR I, S. 160, sind diese Gesetze allerdings keine *leges speciales*, sondern *leges peculiares*.

[47] Als Beispiel sei auf die jüngst promulgierte und in Kraft getretene Apostolische Konstitution über die Römische Kurie Praedicate Evangelium hingewiesen, die das Vorgängerdoku-

gende Thematik eines päpstlichen Amtsverzichts können beide Elemente, sowohl die kodikarische Grundlegung als auch das besondere, für Weiterentwicklung offene Gesetz übernommen werden, um auf diese Weise nicht nur die bestmögliche rechtliche Gewissheit zu schaffen, sondern auch dem Auftrag Genüge zu leisten, das Leben der Communio zu fördern.

4. Wenn eine kodikarische Änderung in oben genanntem Sinne vollzogen wird, muss ein entsprechendes besonderes Gesetz bereits vorliegen, um im direkten Anschluss in der ordentlichen Form promulgiert zu werden (c. 8 § 1).[48] Nur durch diese methodische Vorgehensweise kann der genuine Auftrag der kanonischen Weisung wirklich gerecht erfüllt werden, insofern das besondere Gesetz nur dann zur bestmöglichen Rechtssicherheit führen kann, wenn es tatsächlich existiert. An dieser Stelle muss auf die Problematik verwiesen werden, die sich hinsichtlich der *sedes Romana impedita* ergibt, für die c. 359 auf ein besonderes Gesetz verweist, das jedoch nicht existiert.[49] Dieses Fehlen ist nur solange *in praxi* unproblematisch, bis es im Leben der Kirche zu einem Fall der völligen Behinderung des Apostolischen Stuhles kommt. Da niemand voraussehen kann, ob und wann diese kirchliche Notsituation eintritt, birgt ein solches Fehlen eine große Gefahr für das Leben der Communio.[50] Daher ist die Formulierung eines besonderen Gesetzes für den päpstlichen Amtsverzicht die Voraussetzung für eine Änderung der kodikarischen Substanz des c. 332 § 2.

II. Die Form einer lex peculiaris de lege ferenda

Wenn im Hinblick auf die kodikarische Vorlage des c. 332 § 2 ein Desiderat im genannten Sinne zu konstatieren ist, so stellt sich die Frage, welche Form ein besonderes Gesetz bezüglich eines päpstlichen Amtsverzichts einnehmen kann.

---

ment Pastor Bonus ersetzt hat. Ohne die cc. 360–361 ändern zu müssen, kann so der Kurie ein neues besonderes Gesetz zugrunde gelegt werden, das den Anforderungen in größerem Maße entsprechen kann. Bereits Pastor Bonus löste die vormals geltende Konstitution Regimini Ecclesiae Universae Papst Pauls VI. in dieser Funktion ab. Die cann. 242–264 (i. V. m. can. 7) CIC/1917 zur Römischen Kurie sind ihrerseits Belege für die Notwendigkeit einer besonderen Gesetzgebung. Durch diese wurde versucht, die kirchenrechtliche Gestalt der Römischen Kurie zu umfassen, was aufgrund der Natur der Sache nicht gelingen konnte. Eine Reduktion der kodikarischen Grundlage zugunsten einer besonderen Gesetzgebung erscheint auch aufgrund dieses Vergleichs als angebrachtes Mittel.

[48] Auf die Problematik, die aus der gegenwärtigen Praxis einer Promulgation in der Tageszeitung *L'Osservatore Romano* entsteht und ihre Verbindung mit der ebenso problematisch erscheinenden zeitversetzten Herausgabe der *Acta Apostolicae Sedes* als offiziellem Publikationsorgan (c. 8 § 1) kann an dieser Stelle nicht weiter eingegangen werden. Es soll jedoch verwiesen werden auf den Hinweis bei *May/Egler*, Einführung, S. 156 f. und bei *Ohly*, Vos estis lux mundi, S. 234 f.

[49] Zum Gesamten sei erneut verwiesen auf *Müller*, Sedes Romana impedita; vgl. zu den einzelnen Behinderungsgründen *Ries*, Amt und Vollmacht, S. 211–224.

[50] Vgl. hierzu die Darstellung bei *Graulich*, Vakanz, S. 79–85.

Nimmt man die besonderen Gesetze hinsichtlich der Vakanz des Apostolischen Stuhls (c. 359) und der Römischen Kurie (c. 360) als wegweisende Beispiele, so wurden für beide Fälle Apostolische Konstitutionen erlassen, die als solche Gesetze dienen. Diese beinhalten neben den eigentlichen kirchenrechtlichen Weisungen jeweils eine Einleitung, die diesen als theologisches Fundament voransteht. Ferner ist auch auf die Apostolische Konstitution Sacrae Disciplinae Leges zu verweisen, durch die der Codex selbst promulgiert wurde und die auch als theologische Leitlinie der kodikarischen Gesetze anzusehen ist.[51]

Auch für die Thematik eines päpstlichen Amtsverzichts stellt eine *lex peculiaris de lege ferenda* in Form einer Apostolischen Konstitution eine der Sache dienliche Gesetzgebungsform dar.[52] Im positiven Sinne erlaubt diese nicht nur eine gewisse inhaltliche Fülle an konkreten Weisungen, sondern überdies eine umfassendere theologische Einleitung, die die verschiedenen Aspekte eines päpstlichen Amtsverzichts als außerordentliche Form der Amtserledigung zum Wohl der Kirche grundlegen kann.[53] Ferner wirken andere Formen der besonderen Gesetzgebung nicht sinnvoll, um die Materie möglichst umfänglich und damit wirklich verantwortungsbewusst zu umfassen. Hinsichtlich eines Dekrets, das gemäß c. 29 als Gesetz zu betrachten ist, wäre eine substantielle Vielfalt, die für die vorliegende Thematik unerlässlich erscheint, mitunter nicht gegeben.[54]

Bezüglich der speziellen Formen eines allgemeinen Ausführungsdekrets (c. 32) und insbesondere einer Instruktion (c. 34) muss festgestellt werden, dass sich beide als Anwendungsbestimmungen und -hilfen einer kodikarischen Weisung verstehen und auf der Grundlage des geltenden c. 332 § 2 die Materie ebenfalls nicht umfassend darzustellen vermögen. Unter der Voraussetzung, die kodikarische Substanz lediglich im dargestellten Maß verändern zu wollen, ist überdies festzustellen, dass weder ein allgemeines Ausführungsdekret noch eine Instruktion selbst Gesetze sind.[55] Auch auf diesem Fundament sind diese Formen der Anwendungsbestimmungen und -hilfen für die vorliegende Fragestellung nicht angebracht.[56]

Außerhalb der kodikarischen Weisungen hinsichtlich der kirchlichen Gesetze existiert ferner die häufig angewendete Möglichkeit der Gesetzgebung in Form eines Motu Proprio.[57] Aufgrund der konkret ersichtlichen Rechtssetzungspraxis

---

[51] Diese ist daher als „Promulgationsbulle" zu bezeichnen, vgl. *Aymans-Mörsdorf*, KanR I, S. 161 mit Anm. 13.

[52] Vgl. *Aymans-Mörsdorf*, KanR I, S. 161: „Von den Gesetzen des Papstes ergehen die wichtigeren als Constitutiones Apostolicae, andere in Briefform als Motu proprio".

[53] Vgl. *Müller*, Kommunikative Ordnung, hier S. 377 f.

[54] Vgl. *Aymans-Mörsdorf*, KanR I, S. 162.

[55] Vgl. *Rees*, Rechtsnormen, S. 133.

[56] Vgl. ebd., S. 134. Der Vollständigkeit halber sei mit dem Autor auf die Formen von Statuten und Ordnungen hingewiesen. Beide kommen aufgrund der Natur der Sache an dieser Stelle nicht in Betracht.

[57] Vgl. *Wächter*, Motu Proprio, S. 295. Die vollständige Bezeichnung lautet *Litterae Apostolicae motu proprio datae*. Ein solches schlägt *Pulte* vor (Amtsverzicht, S. 81).

kann festgestellt werden, dass dieses Instrument der päpstlichen Gesetzgebung hauptsächlich Anwendung findet, um bestimmte Einzelfälle rechtlich bindend zu entscheidend.[58] Im Übrigen werden nicht selten vermittels eines Motu Proprio Änderungen an Apostolischen Konstitutionen oder an kodikarischen Normen selbst erlassen.[59] Dieses in Briefform ohne Anrede[60] ergehende Instrument der Gesetzgebung stellt aufgrund seiner zumeist konkreten und daher auch begrenzten Inhaltsfülle und in Abgrenzung zu den eigenen Vorzügen einer Apostolischen Konstitution keinen geeigneten Rahmen für ein besonderes Gesetz zu einem päpstlichen Amtsverzicht dar. Die vorgeschlagene Änderung des geltenden c. 332 § 2 in oben genanntem Sinne sollte jedoch selbst in Form eines Motu Proprio geschehen, da die kodikarische Neuordnung durch diese Rechtssetzungsform in geeigneter Weise vollzogen werden kann. Überdies würde diese Vorgehensweise beide Elemente, sowohl die konkrete besondere Gesetzgebung in Form einer Apostolischen Konstitution als auch das „besondere Engagement"[61] des Papstes, durch das Erlassen eines Apostolischen Schreibens aus eigenem Antrieb heraus verbinden. Ferner sei darauf hingewiesen, dass eine *lex peculiaris* keinen Einzelfall mit rechtlicher Grundlage ausstatten würde, sondern „„auf eine unbestimmte Vielzahl von Fällen', nicht auf bestimmte Einzelfälle"[62] ausgerichtet wäre.[63] Da das anzustrebende besondere Gesetz zum Amtsverzicht des Papstes nicht auf einen bestimmten Einzelfall, sondern auf eine Vielzahl von Fällen – wenngleich außerordentliche und seltene – anwendbar sein muss, stellt eine Apostolische Konstitution das geeignetste Mittel dar.

---

[58] Vgl. ebd., S. 295. Konkret verweist der Autor auf die Verwendung als Verwaltungsakt für Einzelfälle.

[59] Als ein Beispiel von recht großem Umfang sei verwiesen auf das Motu Proprio Mitis Iudex Dominus Iesus von Papst Franziskus. Zwar beinhaltet dieses eine theologische Einleitung (sog. „Fundamentale Leitlinien"), dennoch besteht es seiner Substanz gemäß aus einer Änderung vormals geltender Canones des Codex. Daher ist auch ein solches Beispiel für die hier vorliegende Fragestellung nicht übertragbar, da primär keine bestehende Rechtsnorm innerhalb des Codex verändert, sondern ein eigenes besonderes Gesetz formuliert werden soll.

[60] Vgl. *Wächter*, Motu Proprio, S. 295.

[61] Ebd.

[62] *Rees*, Rechtsnomen, S. 138, mit innerem Zitat von *Demel*, Handbuch Kirchenrecht, S. 256.

[63] Vgl. *May/Egler*, Einführung, S. 159: „Rechtsnormen sind allgemein und abstrakt, d. h. sie gelten für eine unbestimmte Vielzahl von Personen und Fällen. Ein Rechtssatz liegt mithin einmal vor, wenn es sich um eine allgemeine Regel handelt, also eine solche, die alle Personen betrifft, die von ihr erfaßt werden. Ein Rechtssatz liegt zum anderen vor, wenn es sich um eine abstrakte Regel handelt, also eine solche, die eine ganze Kategorie von Rechtsfällen ordnet, die an einen allgemein bestimmten Tatbestand eine allgemein bestimmte Rechtsfolge knüpft".

III. Die äußeren und inneren Merkmale des kirchlichen Gesetzes

Innerhalb der Kanonistik wird zwischen den äußeren und den inneren Merkmalen des kirchlichen Gesetzes unterschieden[64], die hinsichtlich einer *lex peculiaris de lege ferenda* in gebotener Kürze erwähnt und eingeordnet werden sollen. Für den äußeren Bereich ist hierbei festzustellen, dass kirchliche Gesetze von der zuständigen Autorität für einen bestimmten Adressatenkreis erlassen und ordentlich promulgiert werden.[65] Die zuständige Autorität hinsichtlich des angestrebten besonderen Gesetzes mit gesamtkirchlichem Geltungsbereich ist der Papst als höchste Autorität der Kirche (c. 331). Die ordentliche Promulgation muss gemäß c. 8 § 1 in den Acta Apostolicae Sedis erfolgen.[66] Da der Adressatenkreis aus der beinhalteten Rechtsmaterie resultiert[67], ist diese Frage erst zu einem späteren Zeitpunkt zu beantworten.

Die inhaltlichen Merkmale des kirchlichen Gesetzes bestehen in der Einordnung dieser als allgemeine rechtliche Glaubensunterweisung, der Vernunft als ihres Gestaltungsmittels und dem genuinen Auftrag der Förderung des Lebens der Communio.[68] Das letztgenannte Merkmal konnte bereits thematisiert werden. Da auch dieses direkt mit der Substanz des angestrebten besonderen Gesetzes zusammenhängt, ist die spezifische Analyse zu einem späteren Zeitpunkt angezeigt. Die allgemeine Rechtsverbindlichkeit beschreibt als inneres Merkmal des Kirchengesetzes die allgemeine Geltung im Gegensatz zu gesetzlichen Erlässen hinsichtlich bestimmter Einzelfälle.[69]

Wird die Vernunft als Gestaltungsmittel benannt, so impliziert dieses Merkmal die beiden Charakteristika des kirchlichen Gesetzes, gerecht und befolgbar zu sein, insofern sie mit der sittlichen Ordnung der Kirche übereinstimmen[70] und als Ziel die Förderung des Lebens der Communio verfolgen.[71] Auch diese Merkmale in Verbindung mit der *lex peculiaris de lege ferenda* einzuordnen, kann erst in Verbindung mit den angestrebten Inhalten derselben und deren theologischer Grundlegung geschehen. Die Basis eines gerechten und befolgbaren kirchlichen Gesetzes besteht in der Rückbindung auf den in Schrift und Tradition überlieferten Glauben der Kirche.[72] Auch bezüglich eines besonderen Gesetzes hinsicht-

---

[64] Vgl. *Rees*, Rechtsnormen, S. 136–141; *Müller/Ohly*, Kirchenrecht, S. 43; *Wächter*, Gesetz, S. 297.

[65] Vgl. *Rees*, Rechtsnormen, S. 136.

[66] Vgl. *May/Egler*, Einführung, S. 156 f.

[67] Vgl. *Müller/Ohly*, Kirchenrecht, S. 43: „Das Gesetz richtet sich an eine zum Empfang eines Gesetzes fähige Gemeinschaft. Adressat kann jede Gemeinschaft oder Personengesamtheit im Zuständigkeitsbereich des Gesetzgebers sein, die gesamte Kirche bzw. Teilkirche oder nur z. B. eine juristische Person oder eine genau umschriebene Personengesamtheit".

[68] Vgl. ebd.

[69] Vgl. ebd.

[70] Vgl. *Rees*, Rechtsnormen, S. 136.

[71] Vgl. ebd.

[72] Vgl. ebd., S. 137 mit Bezug zu *May/Egler*, Einführung, S. 161.

lich eines päpstlichen Amtsverzichts ist dieses Fundament des Glaubensgutes der Kirche ein unverzichtbares Kriterium, um dieses als gerechte kirchliche Weisung kennzeichnen zu können.[73]

§ 3 Die möglichen Inhalte einer eigenen kirchenrechtlichen Weisung

A. Grundlegung

Um dem dargestellten Auftrag gerecht werden zu können, sind alle denkbaren Dimensionen des Lebens der Communio zu berücksichtigen, die durch einen päpstlichen Amtsverzicht tangiert werden. Bevor sowohl theologische Grundaspekte als auch die aus diesen folgenden konkreten kirchenrechtlichen Weisungen untersucht und benannt werden sollen, müssen einige grundsätzliche Anknüpfungspunkte Erwähnung finden. Zunächst ist bezüglich des genau zu definierenden Adressatenkreises auf der Grundlage der bereits dargestellten Vorgehensweise festzustellen, dass sich dieser nicht in der Gesamtheit der Kirche definiert, sondern einerseits im amtierenden Papst, der seinen Amtsverzicht unter den festzulegenden Voraussetzungen leisten will und andererseits in der Person des emeritierten Bischofs von Rom, der rechtswirksam auf sein Amt verzichtet hat. Ebenso in die Adressatenschaft einzubeziehen sind all jene, denen eine spezielle Aufgabe im Zuge der Amtsverzichtsleistung sowie in Verbindung mit der Institution eines emeritierten Bischofs von Rom zukommen soll.

Im Hinblick auf die Verfasstheit der Kirche ist festzustellen, dass ein entsprechendes besonderes Gesetz ihre Struktur zu wahren vermag. Durch diese Normen kann für die ganze Kirche sichtbar werden, dass das Amt des römischen Bischofs, der als solcher Papst der Kirche ist, nur von einem einzigen Amtsinhaber bekleidet wird.[74] Nur im Sinne dieser Grundintention einer *lex peculiaris de lege ferenda* kann diese das Leben der Communio fördern und dazu verhelfen, den Sendungs-

---

[73] Vgl. *Brandmüller*, Renuntiatio Papae, S. 319. Dort verweist der Autor darauf, dass rein systematische Argumente der Kirchenrechtswissenschaft alleine nicht ausreichen, um den päpstlichen Amtsverzicht umfänglich zu behandeln: „When dealing with a theme that is from an ecclesiological point of view so delicate as the papal resignation, purely canonical-technical arguments would not be sufficient". Tatsächlich bedarf es der Vergewisserung des theologischen Fundaments, gespeist aus Schrift und Tradition der Kirche, um dieses und jedes andere kirchliche Gesetz seinem Wesen nach wirklich als gerechte Weisung zum Wohl des Lebens der Communio errichten zu können. Dass Brandmüller im Folgenden jedoch vervollständigend nur auf die historischen Exempel verweist, ist ebenso wenig ausreichend, um ein Fundament in genanntem Sinne aufrichten zu können. Gerade eine theologische Einleitung zu einer Apostolischen Konstitution könnte diese Grundlegung in guter Weise bieten, wobei nicht nur kirchenrechtswissenschaftliche und kirchengeschichtliche Aspekte, sondern alle denkbaren Dimensionen Beachtung finden müssen.

[74] Vgl. *Weiß*, Fragen zum Amtsverzicht, S. 524: „Es muss alles vermieden werden, was den Eindruck erwecken könnte, als gäbe es zwei Päpste".

auftrag Jesu Christi zu erfüllen. Alle inhaltlichen Konkretionen müssen unter dem Maßstab eingeordnet werden, nach dem das „vom Herrn einzig dem Petrus, dem Ersten der Apostel, übertragene und seinen Nachfolgern zu vermittelnde Amt" (c. 331) im Papstamt der Kirche fortdauert. Nur der einzige amtierende Papst der Kirche ist der Garant der Einheit der Gesamtkirche. Er stellt den Bezugs- und Orientierungspunkt der allumfassenden Kirche in ihren verschiedenen Teilkirchen dar, die in ihrer gemeinsamen Dialektik den Kern der römisch-katholischen Kirche bilden.[75] Wie aber könte das Amt, das durch Christus einzig dem Petrus übertragen und seinen Nachfolgern vermittelt wurde, durch mehr als nur eine Person bekleidet werden? Es gilt, nicht nur den Eindruck dessen durch das Unterlassen einzelner Aktivitäten zu vermeiden[76], sondern durch eine kirchenrechtliche Weisung eine Grundlage mit Gesetzeskraft zu schaffen, die diesen Anschein bestmöglich bannen kann. Alle nun folgenden Vorschläge inhaltlicher Dimensionen und Konkretionen sind unter diesem Aspekt einzuordnen.

Unter steter Beachtung des soeben genannten grundsätzlichen Anspruches gilt es mit Blick auf den Papst, der auf sein Amt verzichtet hat, zu unterscheiden zwischen dem Papstamt, auf das er seinen Verzicht geleistet hat und dem ihm durch die sakramentale Weihe verliehenen Bischofsamt.[77] Durch diese unerlässliche Differenzierung folgen nicht wenige Konsequenzen, die sich für die Institution eines Papstes, der auf sein Amt verzichtet hat, ergeben und die im Folgenden zu beachten sind. Daneben sind all jene Rechte und Pflichten in Bezug zu einem emeritierten Bischof von Rom einzuordnen, die sich explizit aus dem Papstamt ergeben und die ihm nach erfolgter Amtserledigung nicht mehr zukommen.[78]

B. Die Rechtssicherheit des Amtsverzichtes

Bevor die ämterrechtlichen Folgen eines rechtswirksamen Amtsverzichts ausführlich dargestellt werden, soll die Rechtssicherheit über den rechtswirksamen Amtsverzicht durch die besondere Gesetzgebung in möglichst großer Präzision hergestellt werden. Der rechtswirksame Amtsverzicht und die Rechtssicherheit

---

[75] Erneut sei verwiesen auf *Ratzinger*, Primat, Episkopat und Successio Apostolica, JRGS 12, S. 230–232.

[76] Vgl. *Weiß*, Fragen zum Amtsverzicht, S. 524: „Die Autorität des amtierenden Papstes darf durch Aktionen des Vorgängers nicht beeinträchtig werden".

[77] Auf diese Unterscheidung weisen – wenngleich mit teils divergierenden Schlussfolgerungen – eine Vielzahl der Autoren hin, die sich dem Thema aus unterschiedlichen Perspektiven gewidmet haben, vgl. *Weiß*, Fragen zum Amtsverzicht, S. 524; *Rehak*, Urbi et Orbi, S. 261–264; *Pulte*, Amtsverzicht, S. 78–81; *Graulich*, Amtsverzicht, S. 487; *Klappert*, Amtsverzicht, S. 70 f.; *Herrmann*, Amtsverzicht, S. 120–122; *Eicholt*, Amtsverzicht, S. 35.

[78] Die Einordnung des Papstamtes als *officium ecclesiasticum ex iure divino* im Unterschied zum Bischofsamt als sakramentalem Weiheamt der Kirche wurde bereits hinlänglich dargestellt. Es sei an dieser Stelle lediglich auf den Hinweis bei *Weiß*, Fragen zum Amtsverzicht, S. 523, verwiesen.

über dessen Vollzug ist die Voraussetzung, etwaigen Anfechtungen desselben im Voraus jeglichen Boden zu entziehen.[79] Auf der Grundlage eines in diesem Sinne rechtswirksam geleisteten Amtsverzichts ist der Verlust der Amtsvollmachten des Papstes weder problematisch noch fraglich.[80]

Es erscheint daher unerlässlich, innerhalb eines besonderen Gesetzes hinsichtlich des päpstlichen Amtsverzichts die Vollzugsform möglichst detailliert zu normieren. Dies gilt bereits aufgrund des angeführten Desiderats eines veränderten c. 332 § 2, in dem die beiden Gültigkeitsvoraussetzungen von freiem Vollzug und hinreichender Kundgabe nicht mehr angeführt werden sollen. Bezüglich des Detailreichtums ist grundsätzlich darauf zu verweisen, dass der amtierende Papst aufgrund seiner Jurisdiktionsvollmacht jederzeit eine andere Form wählen könnte.[81] Dennoch ist ein besonderes Gesetz *ad perpetuam rei memoriam* zumindest in moralischer Hinsicht auch für den Papst als *Dominus Canonum* bindend, sofern es nicht selbst im Sinne einer rechtmäßigen Weiterentwicklung des Kirchenrechts einer Änderung zur Förderung des Lebens der Communio bedarf. Daher sind die im Folgenden dargestellten inhaltlichen Konkretionen unter Beachtung dieser Tatsache einzuordnen. Dies gilt insbesondere dann, wenn die Möglichkeit einer eindringlichen Bitte oder eines Appells in Betracht gezogen werden soll.[82]

---

[79] Vgl. *Weiß*, Fragen zum Amtsverzicht, S. 522: „Benedikt XVI. ist seit 28. Februar 2013 nicht mehr Inhaber des Papstamtes, was schon daran ersichtlich ist, dass andernfalls keine Vakanz eingetreten wäre und kein Nachfolger hätte gewählt werden können". Diese Sicherheit ergibt sich – wie gesehen – aus der konkreten Verzichtserklärung und Verzichtsleistung Benedikts XVI., die alle kodikarischen Vorgaben erfüllt hat, vgl. S. 374–381 der vorliegenden Untersuchung. Dennoch erscheint es ratsam, gerade aufgrund des außerordentlichen Charakters des päpstlichen Amtsverzichts und der theoretischen Möglichkeit des Anzweifelns der Rechtssicherheit die Vollzugsform konkreter als durch c. 332 § 2 zu normieren; vgl. auch *Mückl*, Recht der Papstwahl, S. 413: „Primäre Zielsetzung des Papstwahlrechts ist es, zum einen die Legitimität der Wahl, zum anderen die Freiheit der Wähler sicherzustellen". Die vorgelagerte Voraussetzung zur legitimen Papstwahl ist die Vakanz des Apostolischen Stuhles, vgl. ebd., S. 400.

[80] Vgl. *Brandmüller*, Renuntiatio Papae, S. 322. An dieser Stelle formuliert der Autor die Gefahr für die Kirche („extremely dangerous ecclesial situation"), dass Anhänger des Papstes, der auf sein Amt verzichtet hat, in Ablehnung der Verzichtsleistung die Einheit der Kirche gefährden könnten. Das ist zwar grundsätzlich möglich, doch würden diese Anhänger bei einem in Rechtssicherheit erfolgten Amtsverzicht nicht mehr dem Papst anhängen, sondern dem emeritierten Bischof der Kirche von Rom. Die Rechtssicherheit würde die Gefahr deutlich entschärfen. In diesem Sinne verweist Brandmüller im Folgenden auch auf die Gestalt einer kirchenrechtlichen Weisung als „via tutior".

[81] Hierauf verwies bereits die *PCR*, als sie sich im Zuge der Codex-Reform den Einfügungen des *libere fiat et rite manifestetur* zuwendete, vgl. S. 351–361 der vorliegenden Untersuchung.

[82] Vgl. *May/Egler*, Einführung, S. 179: „In den ‚Principia quae CIC recognitionem dirigant' heißt es in n. 3 Abs. 2, die kanonischen Normen sollten keine Pflichten auferlegen, wo Erläuterungen, Ermahnung, Ratschläge und andere Mittel, welche die Gemeinschaft unter den Gläubigen fördern, ausreichend erscheinen, um das Ziel der Kirche leichter zu erreichen. Diese programmatische Aussage ist dahin zu verstehen, daß der neue CIC nicht nur Rechtssätze enthält, sondern auch Weisungen nichtrechtlicher Art. Nun wäre es ein Mißverständnis, zu meinen, was nicht Rechtsnorm ist, sei deswegen unbeachtlich. Auch Appelle und Ermah-

Da sich die Gültigkeitsvoraussetzungen des *libere fiat et rite manifestetur* im genannten Desiderat eines erneuerten c. 332 § 2 nicht wiederfinden, sollen beide an primärer Stelle innerhalb einer *lex peculiaris de lege ferenda* angeführt werden. Dies sollte jedoch nicht in Form einer einfachen Übernahme der beiden Gültigkeitsvoraussetzungen in ein besonderes Gesetz erfolgen. Vielmehr erscheint es angebracht, aufgrund der Notwendigkeit einer Rechtssicherheit der Verzichtsleistung in einem umfassenden Sinne beide Voraussetzungen mit gewissen Konkretionen zu versehen, die einerseits diesem Ziel und zur Förderung des Lebens der Communio dienlich sein können, andererseits aber ebenso zu wahren wissen, dass es sich mit Blick auf den Papst als dem Verzichtsleistenden letztlich nur um moralisch bindende Weisungen handeln kann.

I. libere fiat – *Konkretionen hinsichtlich der Verzichtserklärung*

Die notwendige Freiheit der Verzichtsleistung muss nicht nur im Sinne des c. 125 § 1 durch das Fehlen von äußerem Zwang gewährleistet sein.[83] Auch die Freiheit von indirektem Zwang gemäß c. 125 § 2 muss als Voraussetzung der Rechtswirksamkeit eines päpstlichen Amtsverzichts betrachtet werden. Gleiches gilt für einen wesentlichen Irrtum gemäß c. 126. Da das Vorhandensein von arglistiger Täuschung, schwerer Furcht und wesentlichem Irrtum größtenteils nicht ohne Weiteres äußerlich feststellbar ist, bedarf es einer Erklärung des Verzichtsleistenden selbst, die diese Dimensionen umfasst und so zu bestmöglicher Rechtssicherheit verhelfen kann. Diese Darstellung der umfassenden Freiheit von Zwängen im äußeren und inneren Bereich sollte als Weisung zu einem verpflichtenden Bestandteil der päpstlichen Amtsverzichtserklärung in eine *lex peculiaris de lege ferenda* aufgenommen werden. Hierbei soll mitnichten eine Textfassung im Sinne einer etwaigen Standardformulierung ins Auge gefasst werden. Die konkrete Gestalt der Verzichtserklärung muss dem Verzichtsleistenden vorbehalten sein und bleiben, um ihm auch innerhalb der Verzichtserklärung die notwendige und angemessene Freiheit zu gewährleisten. Die Weisungen zu den notwendigen Inhalten zwecks möglichst fundierter Rechtssicherheit sollen daher lediglich den Rahmen aufzeigen, innerhalb dessen sich die Erklärung bewegen muss. Auf dieser Grundlage gilt die Rechtsvermutung gemäß c. 124 § 2, wonach der päpstliche Amtsverzicht als Rechtshandlung bei Wahrung aller vorgeschriebenen äußeren Elemente als gültig vermutet wird.[84]

---

nungen erheben Anspruch auf Befolgung; aber es fehlen ihnen die spezifischen Eigenschaften und Wirkungen des Rechts".

[83] Vgl. *Aymans-Mörsdorf*, KanR I, S. 346 i. V. m. KanR II, S. 215.

[84] Diese Freiheit der Verzichtsleistung und das Bewusstsein über das Wesen der Rechtshandlung konnte die Verzichtserklärung Papst Benedikts XVI. in einem umfassenden Sinn darstellen, vgl. S. 374–381 der vorliegenden Untersuchung. Zumindest hinsichtlich ihrer inhaltlichen Dimensionen ist *Klappert* zuzustimmen, der diese Erklärung „geradezu als mustergültig" beschreibt (Amtsverzicht, S. 65). Die theologischen (und näherhin ekklesiologischen)

Durch eine in dieser Form detailliert kirchenrechtlich normierte Verzichtserklärung *in plena libertate* kann überdies die kodikarische Weisung des c. 188 in
ein mögliches besonderes Gesetz inkludiert werden. Ihr zufolge gelten jene Amtsverzichtsleistungen als ungültig, die „aufgrund schwerer, widerrechtlich eingeflößter Furcht, arglistiger Täuschung, eines wesentlichen Irrtums oder aufgrund
von Simonie" erfolgt sind. Werden diese Dimensionen des Zwangs durch eine
entsprechende Verzichtserklärung zweifelsfrei als nicht vorhanden beschrieben,
wächst die Sicherheit über die Gültigkeit der Verzichtsleistung. Ein eigener Verweis auf die Allgemeine Norm des c. 188 wäre durch eine derartige Inklusion innerhalb einer *lex peculiaris* nicht mehr notwendig. Auch dies kann dazu verhelfen,
die rechtliche Grundlage hinsichtlich ihrer Struktur möglichst übersichtlich und
von daher praktikabel zu gestalten. Gerade in einem Bereich, der aufgrund seines
außerordentlichen Charakters nur selten Anwendung finden wird, ist eine möglichst große Praktikabilität umso dringender erforderlich. Zur Voraussetzung der
Handlungsfähigkeit des Verzichtsleistenden gemäß c. 187 bleibt an dieser Stelle
lediglich festzustellen, dass bei einem Papst *sui non compos* kein Amtsverzicht
möglich wäre, sondern der Apostolische Stuhl gemäß c. 335 als behindert gelten
müsste.[85] Insofern stellt diese Frage keine genuine Thematik für ein entsprechendes
besonderes Gesetz dar. Vielmehr sollte lediglich ein Verweis auf die Behinderung
des Apostolischen Stuhles im Falle eines im rechtlichen Sinne handlungsunfähigen
Papstes angefügt werden.[86]

Mit Sebastian Klappert und Bernd Eicholt kann die Frage gestellt werden,
wem die Kompetenz zur Prüfung der Gültigkeit der päpstlichen Amtsverzichtserklärung zukommen könnte.[87] Der Grundsatz besteht auch an dieser Stelle in der
absoluten Notwendigkeit der Gültigkeit der Verzichtsleistung als Voraussetzung
für den Eintritt der Sedisvakanz durch die rechtswirksame Amtserledigung. Nur
in Folge dessen kann ein neuer Papst gewählt werden.[88] Beide Autoren verweisen
auf Art. 5 der geltenden Papstwahlordnung Universi Dominici Gregis[89], der dem

---

Schwerpunktsetzungen müssen jedoch dem Verzichtsleistenden vorbehalten bleiben. Auch
eine Verzichtserklärung ohne solche Akzentuierungen ist unter Wahrung der äußeren Vorschriften gültig und hinreichend.

[85] Vgl. *Graulich*, Amtsverzicht, S. 482.

[86] Dies gilt vom Grundsatz her und deshalb zunächst ohne Beachtung des Fehlens eines entsprechenden besonderen Gesetzes, auf das c. 335 verweist. Diese Lücke in der Gesetzgebung
zu füllen, ist ein in keiner Weise weniger relevanter Auftrag als die innerhalb dieser Ausführungen vorliegende Materie des päpstlichen Amtsverzichts.

[87] Vgl. *Klappert*, Amtsverzicht, S. 67 f.; *Eicholt*, Amtsverzicht, S. 33 f.

[88] Vgl. *Klappert*, Amtsverzicht, S. 67: „Die Rechtswidrigkeit der Wahl folgt aus dem Umstand, dass bereits wegen der Ungültigkeit des Amtsverzichts der päpstliche Stuhl nicht vakant
geworden ist"; vgl. auch *Mückl*, Recht der Papstwahl, S. 400 i. V. m. S. 413.

[89] Vgl. *Johannes Paul II.*, CA UnivDomGreg, 5: „Falls Zweifel über die in der vorliegenden
Konstitution enthaltenen Vorschriften oder über die Art und Weise ihrer Durchführung auf-
treten sollten, so verfüge ich förmlich, dass dem Kardinalskollegium alle Vollmacht zusteht,
diesbezüglich ein Urteil zu fällen. Diesem erteile ich deswegen die Erlaubnis, die zweifelhaf-
ten oder strittigen Punkte zu interpretieren, wobei ich bestimme, dass es bei den Beratungen

Kardinalskollegium die Deutungsvollmacht im Falle von Zweifeln über die darin enthaltenen Vorschriften zuerkennt. Für die hier vorliegende Problemstellung und den damit verbundenen Vorschlag eines besonderen Gesetzes hinsichtlich des päpstlichen Amtsverzichts ergibt sich als grundlegender Hinweis aus dieser berechtigten Fragestellung, dass die Prüfung der Gültigkeit eigener Bestandteil einer solchen *lex peculiaris* sein sollte. Auch hierdurch kann ein solches Gesetz zur bestmöglichen Rechtssicherheit der Amtsverzichtsleistung verhelfen und so tatsächlich mögliche gefährliche Situationen im Leben der Kirche durch eine etwaige Rechtsunsicherheit hinsichtlich der höchsten Autorität der Kirche abwenden.[90] Da innerhalb der genannten Ausführungen nicht nur die Papstwahlordnung in analoger Weise konsultiert wurde, sondern im Zuge dessen auch das Kardinalskollegium in den Fokus der Überlegungen rückte, muss auf eine weitere Maßgabe des geltenden c. 332 § 2 hingewiesen werden: die fehlende Annahmebedürftigkeit des päpstlichen Amtsverzichts. Da auch diese aus den genannten Gründen nicht Bestandteil eines erneuerten c. 332 § 2 sein soll, ist ihre Substanz in eine *lex peculiaris de lege ferenda* zu überführen. Beide Elemente – sowohl die Prüfung der Gültigkeit als auch die Nicht-Annahmebedürftigkeit – führen in bleibender Verbindung mit der Verzichtserklärung zur zweiten Gültigkeitsvoraussetzung: die Form der Erklärung.

II. rite manifestetur – *Konkretionen hinsichtlich der Erklärungsform*

Auch hinsichtlich der Erklärungsform ist die bisher geltende minimalistische Weisung des c. 332 § 2 die Maßgabe, die innerhalb eines angestrebten besonderen Gesetzes entfaltet und konkretisiert werden sollte. Die kodikarische Vorgabe lautet, dass der päpstliche Amtsverzicht „hinreichend kundgetan" (rite manifestetur) werden muss, um gültig vollzogen zu werden. Diese Rechtsnorm bedarf aufgrund der ihr fehlenden Konkretheit notwendigerweise einer Interpretation, in welcher Gestalt die erforderliche Kundgabe wirklich „hinreichend" vollzogen worden ist. Innerhalb der Untersuchung des geltenden c. 332 § 2 konnte bereits festgestellt werden, dass in Verbindung mit der Allgemeinen Norm des c. 189 § 1 die vom Recht her unbedingt notwendige Vollzugsform schriftlich oder mündlich vor zwei Zeugen zu erfolgen hat.[91] Dies kann jedoch nur als Minimalanforderung an die Erklärungsform gelten – gerade im Angesicht des Amtes, auf das der Verzicht geleistet wird.

über diese und andere ähnliche Fragen, mit Ausnahme des Aktes der Papstwahl selber, genügt, dass die Mehrheit der versammelten Kardinäle zur gleichen Auffassung kommt".

[90] Hierauf verweist zurecht *Klappert*, Amtsverzicht, S. 67 f. Wenn Rechtsunsicherheit über die Gültigkeit der Verzichtsleistung herrschen würde, entstünde in der Tat jene Situation, vor der auch *Brandmüller* warnt (Renuntiatio Papae, S. 322). Wie bereits gesehen, kann eine möglichst große Rechtssicherheit der Amtsverzichtsleistung die Brisanz dieser Situation jedoch deutlich entschärfen.

[91] Vgl. S. 361–372 der vorliegenden Untersuchung.

Die Diskussion innerhalb der Codex-Reformkommission gibt den entscheidenden Hinweis, wie innerhalb einer eigenen besonderen Gesetzgebung die hinreichende Kundgabe des päpstlichen Amtsverzichts dem Anlass entsprechend zu normieren sein kann. Die Einlassung der *renuntiatio rite manifestetur* erfolgte, damit die Kirche von der Amtsverzichtsleistung des Papstes in Kenntnis gesetzt werden sollte (ut Ecclesia notitia habeat).[92] Während bei jedem anderen Amtsverzicht in der Kirche die Erklärung „gegenüber der Autorität (…), der die Übertragung des betreffenden Amtes zusteht" (c. 189 § 1), zu erfolgen hat, steht die hinreichende Kundgabe vor der Maßgabe, die Kenntnisnahme der Kirche über die päpstliche Amtsverzichtsleistung zu gewährleisten. Auch sie soll allem voran der Rechtssicherheit des päpstlichen Amtsverzichtes gelten, die zur Förderung des Heils der Kirche unerlässlich ist.[93]

Wie an anderer Stelle erörtert, können die Kardinäle aufgrund ihrer Aufgabe, gemäß c. 349 durch ihre Wahlhandlung zum Instrument der *missio divina* des Erwählten ins Papstamt zu werden, als geborene Ersthörer der päpstlichen Amtsverzichtsleistung gelten. Dennoch kann auf der Grundlage der Kenntnisnahme durch die ganze Kirche dieses Recht nicht in einem exklusiven Sinne verstanden werden.[94] Dies gilt, da der Papst nicht nur eine Relevanz für das Kardinalskollegium, sondern für die gesamte Kirche besitzt, zu deren obersten Hirten und Lehrer er durch sein päpstliches Amt bestellt ist. Auch eine alleinige Fokussierung auf das Papstwahlkollegium, das als Empfänger der Kundgabe ihr selbst einen hinreichenden Charakter verleihen würde, bestünde einzig auf der rechtstheoretischen Begründung, nach der diejenigen in Kenntnis zu setzen sind, die in einem gewissen Sinne bei der Übertragung des Amtes zumindest mithelfen.[95] Diese Fehleinschätzung sollte durch die Konkretion einer *lex peculiaris de lege ferenda* eliminiert werden.

Die gesamtkirchliche Relevanz des Papstamtes steht in enger Verbindung mit dem Grundauftrag jeder kirchenrechtlichen Weisung, das Leben der Communio bestmöglich zu fördern. Daher erscheint es angebracht, die konkrete Vollzugsform der päpstlichen Amtsverzichtserklärung aus dieser Intention heraus vermittels rechtlicher Weisung darzustellen.[96] Diese muss einerseits im Sinne der hinrei-

---

[92] Vgl. S. 351–361 der vorliegenden Untersuchung.

[93] Vgl. *Graulich*, Amtsverzicht, S. 483.

[94] Vgl. S. 362–369 der vorliegenden Untersuchung.

[95] So könnte im analogen Sinn c. 189 § 1 zurate gezogen werden. Zwar kommt dem Papstwahlkollegium nicht die Übertragung des Papstamtes (provisio) zu, doch könnte in indirekter Weise die Wahlhandlung als menschliche Teilhabe an der Übertragung durch die *missio divina* verstanden werden. Aufgrund der Gesetzesanalogie könnte dann das Papstwahlkollegium als die in c. 189 § 1 angesprochene Instanz angesehen werden.

[96] Vgl. *Graulich*, Amtsverzicht, S. 483. Hier bemerkt der Autor: „Die Verwendung des Wortes rite verweist in diesem Zusammenhang nicht auf eine vorgeschriebene Förmlichkeit des Amtsverzichtes, sondern auf eine Form der Kundgabe, welche die erforderliche Rechtssicherheit gewährleistet". Dennoch erscheint es angebracht, neben dieser rechtssystematischen Konkretion auch die mögliche Form der Verzichtserklärung an dieser Stelle in ein mögliches

chenden Kundgabe dazu führen, die Kenntnisnahme zwecks notwendiger Rechtssicherheit zu gewährleisten. Andererseits erscheint es überdies ratsam, neben dieser Rechtsförmlichkeit auch die Möglichkeit einer rituellen Form an dieser Stelle in ein mögliches besonderes Gesetz einfließen zu lassen. Auch muss die sinnvoll erscheinende Ersthörerschaft zumindest eines großen Teils des Kardinalskollegiums bedacht werden, ebenso wie der Grundauftrag der Kenntnisnahme durch die ganze Kirche. Mit Blick auf die durch Papst Benedikt XVI. gewählte Vollzugsform innerhalb eines ordentlichen öffentlichen Konsistoriums der Kardinäle (c. 353 § 2 i. V. m. § 4) bleibt in Bezug zu einer *lex peculiaris de lege ferenda* festzuhalten, dass diese durch das Recht der Kirche vorgesehene Form durchaus einen geeigneten Rahmen bildet, den Verzicht auf das Papstamt hinreichend kundzutun.[97]

Hinsichtlich der konkreten Umsetzung jedoch lassen sich alternative Vorschläge formulieren, die als solche Aufnahme in ein entsprechendes besonderes Gesetz finden können. Mit Markus Graulich ist an eine liturgische Gestalt der Vollzugsform zu denken.[98] Im Zuge dessen kann ein ordentliches öffentliches Konsistorium als rechtsförmliche Gestalt beibehalten werden, die in ihrer konkreten Umsetzung jedoch eine liturgische Form einnehmen soll.[99] Auf diese Weise werden beide Dimensionen bedacht, insofern gleichzeitig die konsistoriale Gestalt gewahrt, in ihrer äußeren Wirkung jedoch geweitet und vor einer allzu kurialen Engführung geschützt wird.[100] Der Hinweis[101], wonach der verzichtswillige Papst innerhalb dieser Feier die Amtsinsignien von Fischerring und Pallium ablegen und auf diese Weise der Verzichtsleistung eine allgemein-verstehbare Symbolik verleihen könnte, soll auch an dieser Stelle übernommen und als Inhalt eines möglichen besonderen Gesetzes betrachtet werden.[102]

Eine solche liturgische Gestalt mitsamt ihrer symbolischen Ausdrucksformen würde konsequenterweise die unverzügliche Wirksamkeit der Verzichtsleistung

---

besonderes Gesetz aufzunehmen. Auf diese Weise kann die Verbindung zwischen der Rechtsform und der allgemeinen Förmlichkeit der Verzichtsleistung hergestellt werden.

[97] Vgl. S. 379–381 der vorliegenden Untersuchung.

[98] Vgl. *Graulich*, Amtsverzicht, S. 487.

[99] So sind diejenigen Konsistorien, innerhalb derer die neu ernannten Kardinäle Urkunde und Birett aus der Hand des Papstes empfangen, nicht nur ordentlich und öffentlich, sondern werden überdies zumeist in der liturgischen Gestalt eines Wortgottesdienstes vollzogen.

[100] Zwar war das ordentliche Konsistorium des 11. Februar 2013 nicht weniger öffentlich, als die an dieser Stelle vorgeschlagene liturgische Form, doch könnte es durchaus offensichtlichere öffentliche Erscheinung gewinnen, als es eine Versammlung einiger Kardinäle und Prälaten in der Sala Clementina trotz audio-visueller Übertragung erlangen konnte.

[101] Vgl. *Graulich*, Amtsverzicht, S. 487. Der Autor benennt an dieser Stelle überdies den Hirtenstab. Dies erscheint weniger sinnvoll, da dieser nicht notwendigerweise ein genuines Symbol des Papstamtes darstellt. Vielmehr ist es die Folge geschichtlicher Ereignisse, dass der Papst nicht den bischöflichen Krummstab, sondern die Ferula führt.

[102] Vgl. *Johannes Paul II.*, CA UnivDomGreg, 13 g). Für den Tod des Papstes sind die Zerstörung von Fischerring und Bleisiegel vorgesehen. Diese Handlung kann ebenfalls in diese symbolische Handlung inkludiert werden, wobei eine dementsprechende Anpassung der Papstwahlkonstitution angebracht erscheint, die hierauf verweist.

mit sich bringen, sodass der Papst, der auf sein Amt verzichten möchte, die gottesdienstliche Feier nicht mehr als amtierender Papst beschließt. Damit verbindet sich aufgrund der notwendigen Praktikabilität eines jeden kirchlichen Gesetzes, das als solches überhaupt befolgbar sein muss[103], dass die Verzichtserklärung innerhalb einer liturgischen Feier mit unverzüglich eintretender Rechtswirksamkeit[104] einer vorgelagerten Ankündigung dieses Aktes bedürfte, um in praxi umsetzbar zu sein. Dies gilt auf einer ersten Ebene bereits aufgrund der notwendigen Vorbereitung einer liturgischen Feier des Papstes, auf einer weiteren jedoch auch wegen der möglichen äußeren Vorbereitung der Sedisvakanz.[105] Ferner würde eine Ankündigung der Verzichtsleistung den Fokus der kirchlichen Öffentlichkeit auf dieses Ereignis richten und könnte auf diese Weise die Vorgabe der Kenntnisnahme durch die ganze Kirche erfüllen.[106]

III. Die Überprüfung der Gültigkeit

Bezüglich der einleitend gestellten Frage der Prüfung der Gültigkeit der Amtsverzichtsleistung gilt es, zwei Dimensionen zu beachten. Zunächst leistet der Papst als Amtsinhaber des höchsten Hirtenamtes der Kirche den Verzicht auf sein Amt und kann daher zweifelsfrei von niemanden auf Erden gerichtet werden (c. 1404). Als Gültigkeitsvoraussetzungen gelten lediglich die Freiheit und die hinreichende Kundgabe der Amtsverzichtsleistung. Ist der verzichtswillige Papst nicht offensichtlich seiner äußeren oder inneren Freiheit hinsichtlich der Amtsverzichtsleistung beraubt, muss diese gemäß c. 124 § 1 bei Einhaltung der äußeren Elemente als vorhanden eingeordnet werden. Wird die Kundgabe im genannten Sinne hinreichend vollzogen, so ist der päpstliche Amtsverzicht gültig erfolgt.

Es handelt sich beim päpstlichen Amtsverzicht um den Spezialfall, bei welchem der Träger des Jurisdiktionsprimats der Kirche auf sein primatiales Amt verzichtet und die fehlende Annahmebedürftigkeit eine eindeutige rechtliche Feststellung ist. Somit gilt vonseiten des verzichtswilligen Amtsträgers, dass alle nur möglichen rechtlichen Vorgaben für ihn selbst aufgrund seines primatialen Amtes letztlich nur moralische Verbindlichkeit besitzen können. In einem zweiten Schritt impli-

---

[103] Vgl. Müller/Ohly, Kirchenrecht, S. 44.

[104] Davon geht Herrmann, Amtsverzicht, S. 118, aus. Sobald der Amtsverzicht zur Genüge kundgetan wurde, erlangt er unverzügliche Rechtswirksamkeit.

[105] Vgl. Graulich, Amtsverzicht, S. 485 f. Auch an dieser Stelle ordnet der Autor die Verzichtserklärung nunc pro tunc als rechtliche Besonderheit ein.

[106] Auf diese Weise wäre überdies die mediale Aufmerksamkeit insofern auf die eigentliche Amtsverzichtsleistung fokussiert, da sie in rechter Vorbereitung dem rechtlichen Akt gewidmet werden kann. Papst Benedikt XVI. selbst gestand in gewissem Maße die problematische Nachrichtenlage im Zuge seiner Verzichtserklärung ein: „Dass Rosenmontag ist, war mir nicht bewusst. Das hat in Deutschland dann Verstörungen hervorgerufen" (Letzte Gespräche, S. 41). Dies soll nicht bedeuten, dass ein auf zukünftige Ereignisse allgemein formuliertes besonderes Gesetz auf alle möglichen Befindlichkeiten achten muss. Vielmehr ist eine geeignete Kanalisierung der medialen Wirkung angebracht.

ziert die fehlende Annahmebedürftigkeit den unverzüglichen Eintritt der Rechtswirksamkeit des Amtsverzichts bzw. die Wirkung zu dem Zeitpunkt, den der Verzichtsleistende hierfür vorsieht.

Der Hinweis auf Art. 5 der Papstwahlkonstitution[107] für den Fall von Zweifeln an der Gültigkeit des päpstlichen Amtsverzichts ist im Sinne eines Notbehelfs möglich, jedoch aus verschiedenen Gründen nicht ohne weitere Konkretion angebracht.[108] Auch an dieser Stelle erscheint eine Aufnahme der Problematik in ein mögliches besonderes Gesetz sinnvoll. Dies gilt zunächst aufgrund der Tatsache, dass diese angestrebte *lex peculiaris* und diejenige der Apostolischen Konstitution Universi Dominici Gregis zwar eine nah miteinander verwandte, jedoch nicht wesensgleiche Situation im Leben der Kirche beschreiben. Während Letztgenannte die Sedisvakanz und in ihr insbesondere die Papstwahl mit detaillierten rechtlichen Weisungen ordnet, nähme sich die Erstgenannte dem päpstlichen Amtsverzicht sowohl hinsichtlich seines Vollzuges als auch in Bezug zur Institution eines Papstes, der auf sein Amt verzichtet hat, an. Die etwaige Prüfung der Gültigkeit eines päpstlichen Amtsverzichts gewinnt dann an Brisanz und muss darum ein rechtliches Fundament erhalten, wenn die *validitas* zweifelhaft erscheinen würde oder es ihr gänzlich ermangelte. In diesen Fällen wäre der Papst weiterhin im Amt, daher Träger der obersten Jurisdiktionsvollmacht und insofern die einzige Instanz, die die Ungültigkeit der eigenen Amtsverzichtsleistung feststellen könnte.[109]

Alle Elemente des äußeren Vollzuges sind indes objektiv feststellbar. Somit kommt dem besonderen Gesetz die Aufgabe zu, diejenige Instanz zu benennen, die in die Prüfung der Gültigkeit involviert sein könnte – unter Beachtung des Grundsatzes, dass vor Eintritt der Rechtswirksamkeit letztlich der verzichtswillige Papst selbst die diesbezügliche Letztinstanz ist. Ebenso gilt es, das Fehlen einer Annahmebedürftigkeit des päpstlichen Amtsverzichts zu wahren, die Bestandteil des geltenden c. 332 § 2 ist und die als eigene Maßgabe in ein besonderes Gesetz bei verändertem kodikarischen Grundsatz aufgenommen werden muss. Diese Vorgabe zu festigen, ist insbesondere relevant, da sich aus verschiedenen Gründen die Instanz, die den päpstlichen Amtsverzicht hinsichtlich seiner Gültigkeit zu überprüfen hat, aus dem Kardinalskollegium zusammensetzen soll. Es darf auf der Grundlage der geschichtlichen Entwicklung der freien Möglichkeit des Papstes, auf sein Amt zu verzichten, nicht der Anschein erweckt werden, als leiste er seine Verzichtsleistung in die Hände der Kardinäle, die diese in irgendeiner Form annähmen.

Unter Zuhilfenahme der Papstwahlkonstitution verweist Sebastian Klappert auf Art. 17, der die Feststellung des Todes des Papstes dem Kardinalkämmerer zu-

---

[107] Vgl. *Eicholt*, Amtsverzicht, S. 33 f.; *Klappert*, Amtsverzicht, S. 67 f.

[108] So stellt *Eicholt*, Amtsverzicht, S. 34, bezüglich *Johannes Paul II.*, CA UnivDomGreg, 5 fest: „Es liegt ein Fall vor, den man zwar bei Erlass von UDG nicht bedacht hatte, der aber eine vergleichbare Frage betrifft, wie die in Nr. 5 geregelte".

[109] In diesem Sinne bemerkt *Klappert*, Amtsverzicht, S. 68: „Das Recht, eine Überprüfung der Gültigkeit des Amtsverzichts zu verlangen, steht nur dem in seinen subjektiven Rechten betroffenen Papst zu".

erkennt.[110] Erst danach steht die Vakanz des Apostolischen Stuhles fest. Wendet man diese Weisung auf den Fall eines päpstlichen Amtsverzichts an, so würde es dem Camerlengo zukommen, die Gültigkeit der Verzichtsleistung festzustellen, da auch diese wie der leibliche Tod des Amtsinhabers als Voraussetzung für die Sedisvakanz anzusehen ist. Der Möglichkeit dieser analogen Rechtsanwendung widerspricht Bernd Eicholt, der in der Feststellung des Todes eine Tatsachenfrage, in der Prüfung der Gültigkeit der Amtsverzichtsleistung jedoch eine Rechtsfrage sieht, die nicht durch das in der Papstwahlordnung Normierte umfangen wäre.[111] Diese Frage muss an dieser Stelle nicht beantwortet werden. Vielmehr gilt es, auf der Grundlage dieser hilfreichen Vorgabe der Konstitution Universi Dominici Gregis, eine gänzlich dem Rechtsakt des päpstlichen Amtsverzichts angemessene eigene Weisung vorzuschlagen. Hierbei stellt dieses besondere Gesetz nicht nur deshalb eine Hilfe dar, weil es sich der Folge der Vakanz des Apostolischen Stuhls und damit jenem Zustand zuwendet, der auch durch einen päpstlichen Amtsverzicht ausgelöst wird. Vielmehr tritt neben diese inhaltliche Nähe auch die Maßgabe der Gesetzesanalogie, nach der ein bestehendes kirchliches Gesetz das bestmögliche Beispiel und Vorbild einer *lex ferenda* darstellen kann.

Dass sich die Instanz, die den päpstlichen Amtsverzicht ihrer Gültigkeit ge-mäß zu prüfen hat, aus den Reihen der Kardinäle manifestiert, kann aufgrund des Wesens des Kardinalats als durchaus angemessen eingeordnet werden. Als Helfer des Papstes, die ihm in seiner päpstlichen Aufgabe zur Seite stehen (c. 349), sind sie aufs Engste mit dem Papstamt verbunden und erhalten letztlich nur von ihm und seiner Funktion her ihre eigene Form und Berechtigung. Auch sind sie es, die im Zustand der Vakanz des Apostolischen Stuhls zu einer ihrer wesentlichen Aufgaben, der Papstwahl, berufen sind. Auf diese Weise besteht auch eine innere Verbindung des Kardinalskollegiums mit dem Rechtsakt eines päpstlichen Amts-verzichts, worauf nicht zuletzt die dargelegte Vollzugsform der Verzichtsleistung innerhalb eins Konsistoriums hinweist. Da es bereits aus Gründen der unbedingt notwendigen Praktikabilität jeglicher Rechtsnorm nicht angebracht erscheint, eine kollegiale Urteilsfindung über die Gültigkeit als konkrete Weisung aufzustellen, sollte einem einzigen Kardinal diese Aufgabe übertragen werden.[112] Neben dem

---

[110] Vgl. *Klappert*, Amtsverzicht, S. 68.

[111] Vgl. *Eicholt*, Amtsverzicht, S. 34, bezugnehmend zu *Johannes Paul II.*, CA UnivDomGreg, 17.

[112] Vgl. ebd., S. 33 f. Der Autor spricht davon, dass die Frage, ob die römische Sedisvakanz vorliegt, von den Kardinälen zu beantworten ist: „Im Vorfeld des Konklaves sind dies alle Kardinäle, also auch die nicht wahlberechtigten und nach Beginn des Konklaves versammel-ten Kardinäle. Diese haben darüber zu befinden, ob ein Fall der Sedisvakanz vorliegt und sie deshalb zur Wahl des Nachfolgers schreiten müssen". Die Frage, ob die Sedisvakanz vorliegt, ist letztlich mit der Feststellung der Gültigkeit des Amtsverzichts beantwortet. Tatsächlich darf es nicht die Aufgabe eines einzelnen „Prüfers" sein, in einem als richterlich anmutenden Akt über den Amtsverbleib eines Papstes zu urteilen. Dennoch erscheint es bereits aus Grün-den der Praktikabilität als nicht angebracht, dass das gesamte Kardinalskollegium in einem kollegialen Akt diese Gültigkeitsprüfung vollzieht.

Kardinalkämmerer, der aufgrund des genannten Vorbilds innerhalb der Papstwählordnung (Art. 17) als mögliche Instanz in Betracht käme, könnte diese Aufgabe auch durch den Kardinaldekan vollzogen werden. Gerade, da dieser als *Primus inter pares* dem Kollegium vorsteht, würde die Gültigkeitsprüfung nicht im Sinne eines richterlich prüfenden Handelns eines Einzelnen angesehen werden, sondern als Notwendigkeit, die sich einzig und allein aus der Rechtsgültigkeit der Verzichtsleistung speist. Diese wiederum erlangt ihr Erfordernis aus dem für das Leben der Kirche unzumutbaren Zustand der Ungewissheit über die Besetzung des Apostolischen Stuhles.

Die freiwillige Amtsverzichtsleistung eines Papstes muss aufgrund ihres eigenen Charakters innerhalb dieser Fragestellung nach einer Gültigkeitsprüfung bewertet werden. Es ist davon auszugehen, dass ein Papst nur dann von dieser außerordentlichen Form der Amtserledigung, die ihm rechtlich verbürgt ist, Gebrauch macht, sofern er nach eigener Gewissensprüfung vor Gott zu der Erkenntnis gekommen ist, den ihm anvertrauten Petrusdienst nicht mehr zum Heil der Kirche vollziehen zu können. Diese positive Grundlegung des päpstlichen Amtsverzichts muss zunächst immer vermutet werden und kann nur dann angezweifelt werden, wenn offensichtliche Widersprüche an ihm deutlich vernehmbar sind.

Unter dieser Voraussetzung ist ein ungültiger Versuch eines päpstlichen Amtsverzichts aufgrund der bereits dargestellten einzigen Gültigkeitsvoraussetzungen des *libere fiat et rite manifestetur* wohl eher als theoretische, denn als praktischrelevante Situation anzusehen. Wird bei hinreichender Kundgabe die Entsprechung von äußerem Vollzug und innerer Absicht gemäß c. 124 § 2 vermutet, so ist der Amtsverzicht gültig erfolgt. Daher ist eine Gültigkeitsprüfung zunächst auf die beiden Gültigkeitsvoraussetzungen des freien Vollzugs und der hinreichenden Kundgabe zu beschränken, wobei die freie Verzichtsleistung zunächst für den Bereich der äußeren Freiheit zu prüfen ist. Nur wenn die bereits benannten Widersprüche an der inneren Freiheit offenkundig werden, ist auch dieser Bereich zu beachten. Ansonsten gilt die Rechtsvermutung der Entsprechung von innerem Willen und geäußertem Vollzug. Daher ergibt sich für die Prüfung der Gültigkeit, dass diese nicht in einem detaillierten förmlichen Vollzug geschehen kann.

Geht man von einer Ausführung der Verzichtsleistung in der dargestellten Weise eines ordentlichen öffentlichen Konsistoriums in gottesdienstlicher Form aus, so ergäben sich für die konkrete Gestalt der Gültigkeitsprüfung die nachfolgenden Weisungen:

1. Der Kardinaldekan als *Primus inter pares* stellt die geeignete Instanz dar, die im Namen des gesamten Kardinalskollegiums den päpstlichen Amtsverzicht hinsichtlich seiner Gültigkeit prüft.

2. Die Prüfung der Gültigkeit beschränkt sich auf die beiden Gültigkeitsvoraussetzungen der hinreichenden Kundgabe und des freien Vollzugs. Da die hinreichende Kundgabe gleichzeitig durch ein mögliches besonderes Gesetz in ihrer

konkreten Gestalt rechtliche Vorgabe erhalten soll, ist diese Voraussetzung durch den Vollzug in der dann vorgegebenen Form erfüllt. Daher muss innerhalb des Vollzugs diese nicht eigens einer Prüfung unterzogen werden. Für den Bereich der Freiheit des Verzichtsleistenden gilt die Rechtsvermutung des c. 124 § 2, sodass bei offensichtlicher äußerer Freiheit die innere Entsprechung vermutet werden muss. Widersprüche zur äußeren und inneren Freiheit sind indes nicht im Zuge der Vollzugsform zu überprüfen, sondern innerhalb der zeitlich durch Gesetz fest-zulegenden Phase zwischen Ankündigung und Verzichtserklärung mit sofortiger Wirkung. Tauchen in dieser Zeitspanne Zweifel an der Freiheit der Verzichtsleis-tung auf, müssen diese vor der eigentlichen Verzichtsleistung überprüft werden. Auch hier könnte der Kardinaldekan als verantwortliche Instanz wirken, insofern er gemeinsam mit dem Kardinalskollegium etwaige Widersprüche zur gegebenen Freiheit des Verzichtsleistenden hinterfragen könnte. Auch in dieser Phase muss je-doch die positive Vermutung gelten, wonach der angekündigte freie Wille, auf das Papstamt verzichten zu wollen, dem inneren Wunsch entspricht, sodass nur offen-kundige Widersprüche überhaupt zum Untersuchungsgegenstand werden können.

3. Die Gültigkeitsprüfung stellt ein rituelles Element innerhalb der Vollzugsform der Verzichtsleistung dar, das als schweigende Zustimmung Gestalt annehmen kann. Zweifel an der notwendigen Freiheit zu benennen und ein etwaiges Fehlen dieser festzustellen, kann kein Element der Vollzugsform der Verzichtsleistung selbst darstellen. Vielmehr muss im Moment der Verzichtserklärung mit soforti-gem Eintritt der Rechtswirksamkeit durch die hinreichende Kundgabe die Freiheit des Verzichts bereits mit größtmöglicher Sicherheit feststehen. Nach erfolgtem Amtsverzicht ist der Verzichtsleistende nicht mehr Inhaber des Papstamtes, womit die Maßgabe des c. 1404 für seine Person jede Geltung verliert.[113] Selbst, wenn er im Anschluss behaupten würde, der Verzicht sei ungültig erfolgt, müsste von der Rechtswirksamkeit ausgegangen werden. An dieser Stelle muss die Maßgabe des c. 189 § 4 auch für den päpstlichen Amtsverzicht gelten, wonach ein Verzicht, sobald die Rechtswirksamkeit eingetreten ist, nicht mehr zurückgenommen wer-den kann. Dieser Bestandteil der Allgemeinen Normen hinsichtlich des Amtsver-zichts ist gebotener Inhalt einer *lex peculiaris de lege ferenda* und gilt, sobald der Verzicht hinreichend kundgetan und in der dargestellten Weise hinsichtlich seines freien Vollzugs überprüft wurde.

4. Es muss zu jedem Zeitpunkt ausgeschlossen werden, dass auch nur der An-schein aufkommen könnte, es handele sich bei dieser Gültigkeitsprüfung um eine irgendwie geartete Form der *Acceptatio* des päpstlichen Amtsverzichts durch den Kardinaldekan oder das Kardinalskollegium. Auch deshalb ist von einer geäußer-ten rituellen Form innerhalb der Verzichtsleistung abzusehen, da eine solche stets zumindest den Anschein einer Zustimmung einnähme. Daneben ergibt sich ebenso, dass jede Prüfung offenkundiger Widersprüche zur Freiheit des Verzichtsleisten-

---

[113] Vgl. *Eicholt*, Amtsverzicht, S. 34.

den innerhalb der Phase zwischen Ankündigung und Vollzug des Amtsverzichts gemeinsam mit dem verzichtswilligen Papst selbst zu vollziehen ist. Auch im Zuge dieser Prüfung darf es nicht zu einer hoheitlichen Funktion des Kardinalskollegiums über den Papst kommen, gerade im Angesicht dessen, dass bei zutreffendem Zweifel über die notwendige Freiheit der Papst bei einem ungültigen Versuch eines Amtsverzichts im Amt verbliebe und somit die Maßgabe des c. 1404 unverminderte Geltung besäße. Er selbst wäre die Letztinstanz, die über die Ungültigkeit des eigenen angekündigten Amtsverzichts befinden müsste.

Da sich an diesem Punkt die Überlegungen gewissermaßen im Kreise drehen[114], bedürfte es einer dementsprechenden Weisung, die dem verzichtswilligen Papst die moralische Verpflichtung auferlegt, gemäß der er innerhalb dieser Phase zwischen Ankündigung und Verzichtsleistung zur Zusammenarbeit mit dem Kardinaldekan und dem Kollegium gerufen ist, sofern es zu einem Zweifel an der Freiheit des Verzichtsleistenden käme. Eine rechtliche Verpflichtung kann dem Papst, will man am Grundsatz *Prima sedes a nemine iudicatur* festhalten, zur Lösung dieser Frage nicht auferlegt werden.[115] Es zeigt sich in diesem Kontext in herausragender Weise, dass bei allen rechtlichen Problemstellungen und Lösungsversuchen der letzte Schlüssel in der Hoffnung auf die Führung der Kirche und all ihrer Glieder durch den Heiligen Geist bestehen kann.

IV. Vorgelagerte Ankündigung – Rücknahme des Amtsverzichts

Eine vorgelagerte Ankündigung des päpstlichen Amtsverzichts hätte verschiedene praktische Vorteile. Es ergäbe sich jedoch gleichzeitig eine Problematik, die es ebenfalls an dieser Stelle zu thematisieren gilt: die Frage nach einer möglichen Rücknahme der Verzichtsleistung. Es ist Bestandteil der Allgemeinen Normen hinsichtlich des Amtsverzichts, dass ein Verzicht, wenn er noch nicht Rechtskraft erlangt hat, vom Verzichtenden zurückgenommen werden kann (c. 189 § 4). Diese Möglichkeit besteht auch für den Papst.[116] Die an dieser Stelle vorgeschlagene Verzichtserklärung mit sofortigem Eintritt der Rechtswirksamkeit könnte dazu verhelfen, die Gefahr für das Wohl der Kirche zu bannen, die durch eine etwaige Rücknahme des päpstlichen Amtsverzichts entstehen könnte. Hat der päpstliche Amtsverzicht seine Rechtskraft erlangt, kann er nicht wieder zurückgenommen werden.

Dennoch bliebe es das freie Recht des verzichtswilligen Papstes, innerhalb der Phase zwischen Ankündigung der Verzichtsleistung und der eigentlichen Ver-

---

[114] Vgl. hierzu auch den kurzen geschichtlichen Rückgriff bei *Brandmüller*, Renuntiatio Papae, S. 323 f.

[115] Vgl. *May/Egler*, Einführung, S. 179 f. Dennoch gilt die dort angeführte Feststellung. Auch eine solche kann trotz fehlender rechtlicher Wirkung durchaus Anspruch auf Befolgung erheben.

[116] Vgl. *Eicholt*, Amtsverzicht, S. 33.

zichtserklärung diesen angekündigten Rechtsakt letztlich nicht vorzunehmen. Hierbei würde es sich formal nicht um die Rücknahme eines Amtsverzichts gemäß c. 189 § 4, sondern um ein Ausbleiben der Durchführung der Verzichtsleistung handeln. Die Folgen von Rücknahme bzw. Nicht-Durchführung erscheinen auf den ersten Blick mehrheitlich deckungsgleich.

Der entscheidende Unterschied liegt darin, dass durch die vorgelagerte Ankündigung die Verzichtsleistung noch nicht als Rechtsakt begonnen hat, sondern lediglich angekündigt wurde. Wird gegenteilig eine Verzichtserklärung *nunc pro tunc* abgegeben, so ist die kodikarisch vorgegebene Gültigkeitsvoraussetzung des *rite manifestetur* bereits erfüllt und der Amtsverzicht hat als Rechtshandlung begonnen. Eine solche zeichnet sich dadurch aus, dass sie „mit Blick auf eine bestimmte Rechtsfolge vollzogen"[117] wird. Wird die Rechtshandlung des päpstlichen Amtsverzichts durch die erfolgte hinreichende Kundgabe begonnen, erscheint es umso schwieriger, die angestrebte Rechtsfolge der Amtserledigung wieder zurückzunehmen – unabhängig davon, dass diese Rücknahme rechtlich möglich wäre. Vielmehr stellt die Begründung der Rücknahme für den Fall des Papstamtes die eigentliche Problematik dar. Hat ein Papst den Verzicht auf sein universales Hirtenamt zum Wohl der Kirche erklärt, so erscheint es mehr als fraglich, weshalb er diesen wieder zurücknehmen möchte. In Verbindung mit der bereits begonnenen Rechtshandlung mit lediglich später eintretender Rechtswirksamkeit erhält diese Problematik eine gesteigerte Relevanz.

Die an dieser Stelle vorgeschlagene Form einer vorgelagerten Ankündigung, die nicht die Verzichtserklärung ist, kann diese Problematik zumindest von ihrer formellen Seite her mildern. Dennoch ist auch hinsichtlich dieser Verfahrensweise letztlich festzustellen, dass eine Nicht-Durchführung des angekündigten päpstlichen Amtsverzichts nur als *ultima ratio* bestehen kann, die ihre einzige Begründung ebenfalls in der Förderung des Wohles der Kirche findet. Diese wohl letztlich nur theoretisch denkbare Möglichkeit kann nur dann in Verantwortung für den dem Bischof von Rom übertragenen Dienst realisiert werden, wenn dadurch das Wohl der Kirche noch mehr gefördert wird, als durch den Amtsverzicht selbst.[118] Auch diese Weisung kann in Anbetracht der päpstlichen Höchstgewalt nur als moralische Verpflichtung Einzug in eine *lex peculiaris de lege ferenda* halten, die in ihrer Formulierung jedoch ausdrücklich auf den absolut außerordentlichen Charakter dieser bleibenden Rücknahmemöglichkeit durch den verzichtswilligen Papst verweist.[119] Letztlich muss der eindringliche Wunsch gestellt werden, dass ein an-

---

[117] *Kaptijn*, Rechtspersönlichkeit und rechtserhebliches Geschehen, S. 195.

[118] Im Sinne des Petrusdienstes an der Einheit der Kirche könnte bspw. die konkrete Gefahr eines drohenden Schismas als Situation genannt werden, in der ein Amtsverbleib trotz Ankündigung der Verzichtsleistung das Wohl der Kirche in höherem Maße fördert, als es der Amtsverzicht selbst hätte leisten können.

[119] Hierbei könnte diese Weisung im Sinne eines Wunsches Einzug in ein besonderes Gesetz finden, vgl. *May/Egler*, Einführung, S. 180 f. Dieser „enthält aber eine Aufforderung, dem Inhalt des Wunsches nachzukommen; der Wunsch ist insofern stärker als der Rat".

gekündigter Verzicht innerhalb der Phase bis zum Eintritt der Rechtswirksamkeit zum Wohl und zur Einheit der Kirche nicht mehr zurückgenommen werden solle.

Begründete Zweifel an der Freiheit des verzichtswilligen Papstes können indes nur bedingt zu einer Nicht-Durchführung der Verzichtsleistung führen. Dies begründet sich zunächst damit, dass die Rücknahme nur durch den Verzichtswilligen selbst geschehen kann.[120] Auch innerhalb dieser Fragestellung ist es nicht angemessen, dass eine andere Instanz über die Rücknahme befindet.[121] Eine Lösung dieser Problemstellung könnte ebenfalls darin bestehen, dass nach der Gültigkeitsprüfung innerhalb der Phase zwischen Ankündigung und Durchführung der Verzichtsleistung diese selbst, nachdem sie durch den dargestellten Vollzug direkte Rechtswirksamkeit erlangt hat, von niemandem mehr angefochten werden kann. Auf diese Weise könnte nach diesem entscheidenden Moment keine andere Instanz den rechtskräftigen Amtsverzicht eines Papstes mehr anzweifeln und – unter Beachtung der Maßgabe des c. 189 § 4, die auch in ein mögliches besonderes Gesetz zu inkludieren ist – auch der Verzichtsleistende selbst könnte den Verzicht nicht zurücknehmen.

V. Zwischenfazit

Es galt in einem ersten Schritt, den päpstlichen Amtsverzicht selbst hinsichtlich einer *lex peculiaris de lege ferenda* als Gegenstand der Untersuchung einzuordnen. Die Verzichtsleistung ist der Rechtsakt, durch den das Amt des römischen Bischofs vakant und die Institution eines ehemaligen päpstlichen Amtsinhabers begründet wird. Sie ist die Grundlage, auf der alle Überlegungen hinsichtlich der durch kanonische Weisung zu normierenden Charakteristika dieser Institution erst ihren eigentlichen Sinn erhalten können. Aufgrund der Vorgabe an jedes kirchliche Gesetz, unabhängig von Einzelfällen auf eine Vielzahl von Fällen der gleichen Art anwendbar zu sein[122], kann sich ein mögliches besonderes Gesetz zum päpstlichen Amtsverzicht und die in dieser Untersuchung dargelegten inhaltlichen Vorschläge nicht allein auf die Verzichtsleistung Papst Benedikts XVI. stützen.[123] Der zumindest für die Neuzeit zurecht so zu nennende Einzelfall kann nicht allein zur allgemeinverbindlichen Normierung überleiten.

---

[120] Darauf verweist der Wortlaut des c. 189 § 4: „(...) kann er vom Verzichtenden zurückgenommen werden (...)".

[121] Neben diesen allgemeinen Grundsatz des kodikarischen Ämterrechts tritt für den Fall eines päpstlichen Amtsverzichts überdies der päpstliche Jurisdiktionsprimat gemäß c. 1404, vgl. *Eicholt*, Amtsverzicht, S. 33.

[122] Vgl. *Rees*, Rechtsnormen, S. 138; *May/Egler*, Einführung, S. 159.

[123] Vgl. in diesem Sinne *Pulte*, Amtsverzicht, S. 81: „Solche Gesetzesfortschreibungen machen allerdings Sinn, wenn sie ohne konkreten Anlass ceteris paribus und mit Augenmaß entwickelt werden".

Dennoch kann – unter Berücksichtigung des Wesens einer kanonischen Weisung – das konkrete jüngste Beispiel der Geschichte fundierte Anhaltspunkte geben, anhand derer normative Elemente einer *lex peculiaris* formuliert werden können. Hierbei geht es nicht darum, die Verzichtsleistung Papst Benedikts XVI. in ihrer konkreten Ausführung zu beurteilen, sondern aus eben dieser zu eruieren, wie ein päpstlicher Amtsverzicht *ad bonum Ecclesiae* sein ihm eigenes rechtliches Fundament gewinnen kann. Diese Vorgehensweise kann dazu verhelfen, sich nicht in rechtstheoretische Konstruktionen zu verlieren, sondern die kirchliche Realität als Anhaltspunkt der Fortschreibung des Rechts wahrzunehmen.[124] Hierbei sollte diese assoziative Methode nie isoliert angewendet, sondern in ihrer untrennbaren Verbindung zu jenen Grundsätzen betrachtet werden, die mit der gegebenen Rechtsmaterie verknüpft sind. Innerhalb der vorliegenden Fragestellung stellt insbesondere das kirchliche Verfassungsrecht mit seiner theologischen Grundlegung das Fundament der Überlegungen dar.[125]

Die zunächst formulierten Vorschläge für ein mögliches besonderes Gesetz bezogen sich daher auf die Amtsverzichtsleistung selbst, da gerade ihre wenig detaillierte kodikarische Grundlegung im geltenden c. 332 § 2 in der praktischen Umsetzung problematisch erscheinen kann.[126] In einem zweiten Schritt ist nun die Institution desjenigen, der auf sein Amt verzichtet hat, hinsichtlich ihrer möglichen Normierung zu bewerten. Die Vorteile der hier zunächst vorgebrachten Überlegungen seien zuvor in aller Kürze zusammengefasst und – wann immer es sinnvoll erscheint – mit der Verzichtsleistung Papst Benedikts XVI. in Verbindung gebracht.

1. Die vorgezogene Ankündigung der Verzichtsleistung und die ihr in einem kurzen zeitlichen Abstand folgende Verzichtserklärung mit direktem Eintritt der Rechtswirksamkeit des Amtsverzichts kann die unbedingt erforderliche Rechtssicherheit maximieren. Die Ankündigung selbst ist nicht die hinreichende Kundgabe des Amtsverzichts, sondern die vorgelagerte Initiation des Verzichtsprozesses. Sie ist nicht der Beginn des Amtsverzichts als Rechtshandlung. In der ihr folgenden

---

[124] Vgl. *May/Egler*, Einführung, S. 32: „Jede Wissenschaft hat Bezüge zum Leben, auch wenn sie stärker oder schwächer sind; sie soll der Praxis den Weg weisen. (…) Seine Aufgabe gegenüber zu erlassenden Gesetzen ist darum eine doppelte. In formaler Hinsicht hat er darauf zu achten, daß das entstehende Gesetz den Kriterien (guter) kirchlicher Gesetze entspricht. In inhaltlicher Hinsicht muß er darauf bedacht sein, daß die zu regelnde Materie nach den ihr innewohnenden Prinzipien in dem Gesetz ihren Ausdruck findet, also nicht durch das Gesetz deformiert oder abgeschwächt wird". Darauf verweist die erste rechtliche Weisung hinsichtlich eines päpstlichen Amtsverzichts, die als direkte Folge der Renuntiation Papst Cölestins V. einzuordnen ist und sich zukünftigen päpstlichen Renuntiationen zuwendet.

[125] Auch diese Dimension wurde innerhalb der Epoche um den Verzicht des Jahres 1294 vernehmbar. Die kanonistische Beantwortung der Frage nach dem päpstlichen Amtsverzicht im Angesicht der konkreten Situation fand ihre Belege insbesondere in den theoretischen Überlegungen der Dekretistik.

[126] Zur Opportunität dieses Vorhabens vgl. *May/Egler*, Einführung, S. 31: „Wenn neu auftauchende Rechtsfragen sich im Rahmen des geltenden Rechts nicht beantworten lassen, dann muß die Kanonistik Vorschläge zu ihrer Lösung unterbreiten (…)".

Phase kann die Prüfung der Gültigkeitsvoraussetzung der Freiheit des Verzichtswilligen im dargestellten Sinn erfolgen. Die Verzichtserklärung innerhalb eines öffentlichen ordentlichen Konsistoriums in gottesdienstlicher Form stellt die Kundgabe dar, die in der vorgegebenen Vollzugsform ihren hinreichenden Charakter erhält, sodass die Kirche vom päpstlichen Amtsverzicht in Kenntnis gesetzt werden kann. Nachdem dieser Verzichtsprozess mitsamt Prüfung der Gültigkeitsvoraussetzung der notwendigen Freiheit, der feststehenden hinreichenden Kundgabe und der damit erfolgten Rechtswirksamkeit des Amtsverzichts beendet wurde, gilt, dass der Amtsverzicht nicht mehr zurückgenommen werden kann (c. 189 § 4). Der Verzichtende ist nicht mehr amtierender Bischof von Rom und nicht mehr Papst der Kirche. Der Apostolische Stuhl ist fortan vakant, woraufhin die Weisungen des für diesen Fall erlassenen besonderen Gesetzes zu befolgen sind.

Die Verzichtserklärung mit nicht gleichzeitigem Eintritt der Rechtswirkung, die durch Papst Benedikt XVI. gewählt wurde, bot ebenfalls eine vergleichbare Übergangsphase.[127] Allerdings schuf die bereits erfolgte Verzichtserklärung im Gegensatz zu einer hier vorgeschlagenen Ankündigung eine zweifelhafte Darstellung über seine Existenz im Amt bis zum Eintritt der Rechtswirksamkeit. Zwar steht von ämterrechtlicher Seite fest, dass er innerhalb dieser Phase der amtierende Papst mit all seinen Rechten und Pflichten bleibt. Dennoch stünde er im Zweifelsfall auf keinem festen Boden, denn er hat bereits seinen Verzicht auf das Amt erklärt. Auch nach einer etwaigen Rücknahme des Amtsverzichts – die zumindest theoretisch jederzeit bestünde – könnte die hier dargestellte vorgelagerte Ankündigung, die nicht die Verzichtserklärung ist, die Gefahr für das Wohl und die Einheit der Kirche zu einem großen Teil bannen. Der Papst hätte in diesem Fall seinen Verzicht auf das Amt noch nicht erklärt. Der Amtsverzicht hätte noch nicht als Rechtshandlung begonnen.

2. Die Verzichtserklärung innerhalb der dargestellten Vollzugsform vereint zwei grundlegende Dimensionen der Hörerschaft. Zunächst sind die Kardinäle die geborenen Teilnehmer an jedem Konsistorium und in ihrem Charakteristikum als notwendige Ersthörer der Verzichtserklärung auf natürliche Weise in diese Form der Kundgabe einbezogen. Daneben sind zu einem ordentlichen öffentlichen Konsistorium weitere Personen zugelassen (c. 353 § 4).

Auch Papst Benedikt XVI. verlas seine Verzichtserklärung *nunc pro tunc* innerhalb einer solchen Versammlung. Aufgrund der gesamtkirchlichen Relevanz des Papstamtes und der Grundlage dieser Gültigkeitsvoraussetzung *ut Ecclesia notitia habeat*, stellt die Durchführung des ordentlichen öffentlichen Konsistoriums innerhalb eines Gottesdienstes die geeignetere Vollzugsform dar. Hierdurch besteht diese Versammlung nicht mehr nur als ordentliches Konsistorium der Kardinäle, zu dem wenn ratsam andere Personen eingeladen werden können, sondern ebenso als liturgische Feier, die ihrer Natur gemäß stets eine Feier der ganzen

---

[127] Vgl. *Graulich*, Amtsverzicht, S. 486.

Kirche (c. 837 § 1) und „nach Möglichkeit unter zahlreicher und tätiger Beteiligung der Gläubigen zu vollziehen" ist (§ 2). Auf diese Weise sind nicht mehr nur die Kardinäle die geborenen Teilnehmer und Ersthörer, sondern in gleichberechtigter Weise alle Gläubigen, die diese gottesdienstliche Feier mitvollziehen – sei es präsentisch oder über die verschiedenen Kommunikationsmittel. Ferner vermag es diese liturgische Feier, den geistlichen Gehalt des Papstamtes zu unterstreichen und die bleibende priesterliche Existenz desjenigen, der auf sein Amt verzichtet hat, darzustellen. Die Symbolik des Ablegens von Fischerring und Pallium bietet ein sinnenfälliges Zeichen, dass er das Papstamt ablegt und gleichsam als Bischof der Kirche seinen priesterlichen Dienst weiter vollzieht. Das sogleich erfolgende erneute Anlegen des Bischofsrings kann diese Einsicht untermauern.

3. Durch die skizzierten Vorschläge wird der Notwendigkeit Genüge getan, die Kardinäle in den Verzichtsprozess miteinzubeziehen. Dieser Einbezug erscheint aufgrund der inneren Verbindung des Kardinalats mit dem Papstamt, das dessen einzige Grundlage darstellt, nicht nur als notwendig, sondern auch als sinnvoll. Innerhalb der vorgeschlagenen Verfahrensweise musste stets beachtet werden, dass die Vorgabe, wonach ein päpstlicher Amtsverzicht in keinem Fall der Annahme durch irgendeine Instanz bedarf, immer gewahrt wird. Auch die Tätigkeit des Kardinaldekans und mit ihm des gesamten Kollegiums im Zuge des Verzichtsprozesses besteht als Teil ihrer Aufgabe, dem Papst helfend zur Seite zu stehen (c. 349). Versteht man den päpstlichen Amtsverzicht als Bestandteil der Sorge des Papstes um die Gesamtkirche, insofern er diesen Verzicht zum Wohl der Kirche leistet, handelt es sich bei den kardinalizischen Aufgaben innerhalb dieses Prozesses in keiner Weise um ein hoheitliches oder richterliches Handeln über den päpstlichen Amtsverzicht, der stets ein frei ausübbares Recht des Papstes ist und bleibt.

4. Sobald der päpstliche Amtsverzicht in der dargestellten Form rechtswirksam geleistet wurde, muss als weiterleitende Weisung einer *lex peculiaris de lege ferenda* auf das besondere Gesetz für die Vakanz des Apostolischen Stuhles (c. 335), die Papstwahlkonstitution Universi Dominici Gregis, verwiesen werden. Ihre Weisungen sind hernach zu befolgen, wovon die Maßgaben der Art. 27–32 über die Beisetzungsfeierlichkeiten des Papstes ausgenommen sind und ebenso alle weiteren Normen, die einzig den Tod des Papstes voraussetzen.[128] Etwaige Weisungen, die sich nur dem Tod, nicht aber dem Amtsverzicht zuwenden, sind entsprechend anzupassen.[129] An dieser Stelle zeigt sich ein weiteres Mal die Verwobenheit beider besonderen Gesetze im Kontext des päpstlichen Amtsverzichts. Die im Jahr 2013 erfolgten Änderungen an Universi Dominici Gregis durch das Motu Proprio Normas Nonnullas Papst Benedikts XVI. im Kontext des eigenen Amtsverzichts sind der nachweisliche Beleg hierfür.[130] Die Papstwahlkonstitution im Zuge der an dieser Stelle vorgeschlagenen Fortschreibung des Kirchenrechts den Erfordernissen

---

[128] Vgl. *Johannes Paul II.*, CA UnivDomGreg, 13 a), b), 17, 19.
[129] Vgl. ebd., 11, 13 e), 13 f), 13 g), 14, 15, 25, 33, 49, 84.
[130] Vgl. *Ohly*, Papstwahlrecht, S. 228–230.

entsprechend anzupassen, erscheint geboten, damit auch dieses besondere Gesetz das Wohl der Kirche bestmöglich fördern kann. Wie in Fällen vorheriger Anpassungen, spiegelt sich „in ihnen (…) neben der Verantwortung auch die Selbstverpflichtung des kirchlichen Gesetzgebers wider, qua Gesetzgebung vorsehend und vorsorglich für den geregelten Ablauf der Wahl zu sorgen".[131]

C. Die Institution eines ehemaligen päpstlichen Amtsinhabers

Sobald der päpstliche Amtsverzicht rechtswirksam geleistet wurde und die Wahl eines neuen Nachfolgers Petri gemäß geltendem Recht begonnen hat, steht nicht mehr der verzichtswillige Amtsinhaber im Zentrum der Überlegungen, sondern derjenige, der auf sein Amt verzichtet hat. Dieser Institution im Leben der Kirche durch kanonische Weisung ein verantwortungsbewusstes und dem Leben der Communio angemessenes Fundament zu geben, muss folglich die zweite große Dimension einer *lex peculiaris de lege ferenda* darstellen.

Trotz dieser Mehrdimensionalität erscheint es angebracht, nur ein einziges zusammenhängendes besonderes Gesetz anzustreben, das sowohl die Verzichtsleistung selbst als auch die Institution eines Papstes, der auf sein Amt verzichtet hat, umfängt. Dies begründet sich nicht nur durch die untrennbare inhaltliche Zusammengehörigkeit beider Dimensionen, sondern kann überdies als ein erster impliziter Hinweis auf die konkrete Gestaltwerdung dieser Institution gelten. Nachdem der päpstliche Amtsverzicht den Weisungen des anzustrebenden besonderen Gesetzes gemäß erfolgt ist, werden sowohl die Maßgaben hinsichtlich des Papstes, der auf sein Amt verzichtet hat, als auch diejenigen der Papstwahlkonstitution relevant. Auf diese Weise deuten eine *lex peculiaris de lege ferenda* und die Maßgaben aus Universi Dominici Gregis, die zur gleichen Zeit durch ihren Inhalt das Leben der Communio bestmöglich zu fördern versuchen, auf die ihr zugrundeliegende besondere Situation hin: Das Papstwahlkollegium schreitet zur Wahl eines neuen Nachfolgers Petri und zur gleichen Zeit existiert im Leben der Kirche ab dem Zeitpunkt des rechtswirksamen Amtsverzichts ein ehemaliger päpstlicher Amtsinhaber. Diese besondere und außerordentliche Situation gilt es *ad bonum Ecclesiae* durch kanonische Weisungen zu konstituieren. Alle nun folgenden Hinweise für mögliche Inhalte einer *lex peculiaris de lege ferenda* sind unter dieser Vorgabe einzuordnen.

---

[131] Ebd., S. 231.

I. Der Verlust der Amtsvollmachten

Eine erste Conclusio, die augenscheinlich aus dem bereits Dargestellten resultiert und die sich innerhalb einer *lex peculiaris de lege ferenda* wiederfinden
muss, ist der durch den rechtswirksamen Amtsverzicht unverzüglich eingetretene
Verlust aller Amtsvollmachten, die sich aus dem Papstamt ergeben, direkt mit diesem zusammenhängen und die insbesondere in c. 331 ihre kodikarische Gestalt
finden. Der Papst, der auf sein Amt verzichtet hat, ist fortan nicht mehr Haupt des
Bischofskollegiums und nicht länger Stellvertreter Christi. Er ist nicht mehr Haupt
der Gesamtkirche[132] und verliert die päpstliche Primatialgewalt in ihrer Gestalt als
höchste, volle, unmittelbare und universale *potestas*.[133] Dies gilt auch für seinen
Vorrang an ordentlicher Gewalt im Hinblick auf die Teilkirchen (c. 333 § 1). Mit
diesem Verlust verbunden verliert er jene Rechte, die ihm in der Ausübung dieser
Amtsgewalt zukamen, wie die Kompetenz der Kompetenz (c. 333 § 2) und die freie
Ausübbarkeit (c. 331). Des Weiteren verliert er seine judikative Primatialgewalt
(c. 333 § 3) und ist nicht mehr die Letztinstanz der Kirche.[134] Damit verbindet sich,
dass die Norm des c. 1404 nicht mehr ihn betrifft, sondern nur der im Amt befindliche Papst sich als *a nemine iudicatur* bezeichnen kann.

Ebenso gehen für seine Person all jene Vollmachten verloren, die sich innerhalb
anderer rechtlicher Normen für das Papstamt ergeben.[135] Diese müssen in einem
möglichen besonderen Gesetz nicht notwendigerweise entfaltet und weder taxativ
noch exemplarisch dargestellt werden.[136] Es böte sich jedoch an, einen Verweis
auf die einzelnen kirchenrechtlichen Weisungen anzufügen, die jene Vollmachten enthalten.[137] Letztlich bestehen diese Konkretionen aufgrund der vorgelagerten Erkenntnis, die sich in expliziter Form in einer *lex peculiaris de lege ferenda*
wiederfinden muss: Es gibt in der Kirche nur einen einzigen amtierenden Bischof
von Rom, der als solcher der einzige Papst der Kirche ist.[138] Diese Erkenntnis leitet
jedoch zu einer wesentlichen Frage über, die sich aus dem Verlust der Amtsvollmachten durch den erfolgten Amtsverzicht ergibt: Wie ist die Stellung des Papstes,
der auf sein Amt verzichtet hat, von kirchenrechtlicher Seite zu umfassen?

Derjenige, der auf das Papstamt verzichtet hat und dessen Amtsverzicht angenommen wurde, ist nicht mehr Papst der Kirche.[139] Das ihm durch *missio divina*

---

[132] Vgl. *Aymans-Mörsdorf*, KanR II, S. 203.

[133] Vgl. ebd., S. 204–210.

[134] Vgl. ebd., S. 212.

[135] Vgl. hierzu S. 129–142 und S. 142–146 der vorliegenden Untersuchung.

[136] Insbesondere eine nur exemplarische Auflistung einiger kodikarischer Normen, die für
einen ehemaligen päpstlichen Amtsinhaber keine Relevanz mehr bergen, erscheint als nicht
sinnvoll.

[137] Dieser Verweis auf die jeweiligen Rechtssätze sollte im Sinne der notwendigen Vollständigkeit taxativ erfolgen.

[138] Vgl. *Eicholt*, Amtsverzicht, S. 35; *Brandmüller*, Renuntiatio Papae, S. 322.

[139] Vgl. *Herrmann*, Amtsverzicht, S. 120: „Das Amt gilt als erledigt und steht ipso facto einer
Neubesetzung offen".

in der Papstwahl verliehene Amt wurde endgültig erledigt. Da dieses in keiner Weise einen *character indelebilis* bewirkt, besitzt er nach erfolgtem Amtsverzicht keinerlei Teilhabe am Papstamt.[140] Dies gilt auch für jedwede Überlegung hinsichtlich eines „passiven" Petrusdienstes, den es im Angesicht des einen und unteilbaren Papstamtes nicht geben kann.[141] Daraus ergeben sich im Sinne einer negativen Abgrenzung einige Konkretionen für die Institution desjenigen, der auf das Papstamt verzichtet hat. Bevor diese detailliert angeführt werden, soll jedoch zunächst die positive Einordnung über dessen bleibende Existenz in der Kirche erfolgen, die sich aus seiner wesentlichen habituellen Eigenschaft ergibt: die sakramentale Bischofsweihe.

II. Das untilgbare Prägemal der Bischofsweihe

Verzichtet ein Papst auf das ihm übertragene oberste Hirtenamt, so verzichtet er gleichzeitig auf das Amt des Bischofs von Rom.[142] Beide hängen untrennbar miteinander zusammen.[143] Wird an dieser Stelle vom untilgbaren Prägemal der Bischofsweihe gesprochen, so muss an die sakramentale Grundlegung des Bischofsamtes selbst erinnert werden.[144] Insbesondere eine wesentliche Unterscheidung ist hierbei zu beachten: das Weihesakrament selbst und die Sendung in ein spezifisches Kirchenamt.[145] Auch derjenige, der zum Papst gewählt wird, hat entweder bereits die Bischofsweihe empfangen oder ist gemäß c. 332 § 1 sofort (statim) zum Bischof zu weihen. Nur in Verbindung mit der Weihe zum Bischof übernimmt der Gewählte das ihm *ex missione divina* durch die Wahlhandlung übertragene Papstamt.

Unabhängig davon, ob der Gewählte die Bischofsweihe bereits empfangen hat oder sie erst nach der Wahl empfängt, ist das sakramental empfangene unauslöschliche Prägemal nicht mit einem konkreten *officium ecclesiasticum* verknüpft.[146]

---

[140] Vgl. *Pulte*, Amtsverzicht, S. 79; *Weiß*, Fragen zum Amtsverzicht, S. 522 f.

[141] Vgl. *Pulte*, Amtsverzicht, S. 79. Eine solche Überlegung schildert etwa *Goudot*, Quels modèles pour une renonciation, S. 57–59. Gerade die Konkretion des Dienstes an der Einheit der Kirche in der Person Petri und seinen jeweiligen Nachfolgern entzieht jeder Überlegung eines in Aktivität und Passivität geteilten Papstamtes den Boden, vgl. hierzu *Ratzinger*, Primat, Episkopat und Successio Apostolica, JRGS 12, S. 225.

[142] Vgl. *Rehak*, Urbi et Orbi, S. 262: „Einigkeit besteht aber darin, dass man jedenfalls nur einheitlich auf beides verzichten kann, nicht jedoch nur auf das eine ohne das andere".

[143] Vgl. *Aymans-Mörsdorf*, KanR II, S. 201: „Die Verbindung des Papstamtes mit dem römischen Bischofsamt ist darin begründet, daß in der Kirche von Rom die Tradition des Petrusamtes fortdauert (c. 331, 1. HS). Damit ist nicht gesagt, daß die petrinische Tradition nicht unter Umständen auch auf einen anderen Sitz verlagert werden könnte, wohl aber kann man daraus den Schluß ziehen, daß eine solche Verlagerung nicht in Betracht kommen kann, so lange es die Teilkirche von Rom mit ihrem Ortsbischofsamt gibt".

[144] Vgl. S. 76–82 der vorliegenden Untersuchung.

[145] Vgl. hierzu die Darstellung bei *Bier*, vor c. 375, Rdnr. 2, in: MKCIC (August 1997).

[146] Vgl. ebd. Sollte ein Mann, der noch nicht zum Bischof geweiht ist, zum Papst gewählt werden, so empfängt er die Bischofsweihe dennoch nicht als Weihe auf das spezifische römische Bischofsamt. Er wird unabhängig davon zum Bischof der Kirche geweiht.

Der Weihebewerber empfängt die Bischofsweihe nicht in Bezug zu einem spezifischen Bischofsamt, sondern „die Bischofswürde als solche" im Sinne einer habituellen Veränderung hin zum „Bischof-Sein".[147] Wenngleich die bestehende *communio hierarchica* zur vollen Ausübung des Bischofsdienstes unerlässliche Voraussetzung ist, besteht das eigentlich Unauslöschliche in diesem Habitus, der den Geweihten zum Bischof der Kirche *ex iure divino* schafft.[148] Ein konkretes Kirchenamt, das die hierarchische Gemeinschaft primär herstellt, kann auf verschiedenen Wegen verloren gehen oder erledigt werden, während das habituelle Bischof-Sein des einmal gültig Geweihten unabänderlich bestehen bleibt. Dies gilt auch für den Verzicht auf das römische Bischofsamt und damit das Papstamt der Kirche als ein *officium ecclesiasticum ex iure divino*.[149] Auch nach der erfolgten Verzichtsleistung bleibt der vorherige Papst geweihter Bischof der Kirche. Die habituelle Trägerschaft des Episkopats könnte er, selbst wenn er wollte, niemals ablegen. Das immerwährende Bischof-Sein ist nicht nur das ihn mit seinen Amtsbrüdern einende Band, sondern überdies der Ausgangspunkt aller Überlegungen hinsichtlich seiner bleibenden Rechte und Pflichten.

Diese Erkenntnis ist indes kein Novum in der Analyse eines päpstlichen Amtsverzichts und seiner konkreten Folgen für den Verzichtsleistenden.[150] Auch ist sie kein Alleinstellungsmerkmal der hier vorliegenden Überlegungen, sondern kann vielmehr als Konsens der verschiedenen Darstellungen gelten.[151] Dies gilt auch für die grundlegenden Folgen, die aus dieser Feststellung für den Papst, der auf sein Amt verzichtet hat, resultieren. Insofern ist von der sakramentalen und verfassungsrechtlichen Grundlage dieser Institution im Leben der Kirche grundsätzlich keine Ungewissheit zu erwarten. Dennoch sind es gerade jene Anfragen an die bleibenden Rechte und Pflichten in Verbindung mit dem hierarchischen Status, die zur immer größeren Förderung des Lebens der Communio zu klären sind. Dies gilt primär darum, da es in der Kirche nur einen einzigen Papst als Garanten der Einheit geben kann. Alles, was dieser Tatsache auch nur dem Anschein gemäß entgegenstünde, muss durch ein entsprechendes und hier vorgeschlagenes Regularium abgewendet werden. Da es gerade die äußerlich vernehmbaren Elemente sind, die einen Anschein zweier gleichzeitig existierender Päpste vermeiden können, sind sie trotz ihrer grundsätzlichen Klarheit gebotene Inhalte einer *lex peculiaris de lege ferenda*.

---

[147] Ebd.

[148] Vgl. *Aymans-Mörsdorf*, KanR III, S. 223–225.

[149] Vgl. *Ohly*, Kirchenamt, S. 235, mit der dortigen Anm. 2.

[150] Vgl. etwa *Herrmann*, Amtsverzicht, S. 120: „Selbstverständlich geht aber die in der Bischofskonsekration erlangte sakramentale Befähigung nicht verloren, so daß auch der zurückgetretene Papst in Zukunft alle Weiherechte des episcopus consecratus hat". Selbst das historische Beispiel Papst Cölestins V. weiß diese Dimension zumindest anzudeuten, wenn dieser mit der Frage, ob er bei künftigen Messfeiern die Pontifikalien tragen dürfe, seine bleibende sacerdotale Existenz als Vorgabe implizierte.

[151] Vgl. exemplarisch für den deutschsprachigen Raum *Rehak*, Urbi et Orbi, S. 261 f.; *Eicholt*, Amtsverzicht, S. 35; *Pulte*, Amtsverzicht, S. 80; *Klappert*, Amtsverzicht, S. 70 f.; *Weiß*, Fragen zum Amtsverzicht, S. 524; *Graulich*, Amtsverzicht, S. 487; *Egler*, Papa emeritus, S. 181 f.

1. Der Titel nach erfolgtem Amtsverzicht

Die Relevanz der Frage nach dem Titel nach erfolgtem Amtsverzicht besteht nicht im Sinne eines Selbstzweckes, insofern ihre Beantwortung lediglich zu einer formalrechtlich korrekten Titulatur führen würde. Vielmehr soll sie dem Status desjenigen, der auf sein Amt verzichtet hat, in der größtmöglichen Deutlichkeit Ausdruck verleihen.[152] In der Verbindung von formaler Korrektheit und gleichzeitiger Eindeutigkeit kann ein solcher Titel sodann dazu verhelfen, etwaige Eindrücke zu vermeiden, die dem inhaltlichen Fundament zuwider stünden, das im Vorangegangen dargelegt werden konnte. Jegliche Titulatur muss daher primär und für die gesamte Kirche verstehbar vermitteln, dass derjenige, der auf das Papstamt verzichtet hat, hernach in keiner Weise mehr Papst der Kirche ist. Bevor eine kritische Einordnung[153] der durch Benedikt XVI. gelebten Existenz als „Papa emeritus" erfolgen soll, muss zunächst und im Sinne einer allgemeingültigen rechtlichen Weisung eine positive Darstellung einer solchen Titulatur und Institution erfolgen, die sich aus ihrem Wesen durch den erfolgten Rechtsakt des Amtsverzichtes ergibt.

Welche Konsequenzen ergeben sich nun aber für die Frage nach der Betitelung des Verzichtsleistenden? Hierbei ist zunächst der Vorschlag zu nennen, nach einem erfolgten päpstlichen Amtsverzicht für den ehemaligen Papst die Bezeichnung „Altbischof von Rom"[154] zu verwenden. Tatsächlich ist in diesem Vorschlag die wohl sinnvollste Beantwortung der eingangs gestellten Frage zu finden, was nicht zuletzt von kirchenrechtlicher Seite zu begründen ist. Gemäß c. 402 § 1 erhält jeder Bischof, der auf sein diözesanbischöfliches Amt verzichtet hat, den Titel „Emeritus seiner Diözese" (emeriti suae dioecesis). Dies muss auch für einen Bischof von Rom gelten, der mit dem Verzicht auf sein Amt gleichzeitig sein *officium* als Diözesanbischof der Diözese Rom erledigt hat. Er ist mit dem Moment seines rechtswirksamen Amtsverzichts dem geltenden Recht folgend emeritierter Bischof der Kirche von Rom.[155]

Anna Egler merkt in diesem Zusammenhang an, die einzigartige Stellung des einen einzig amtierenden Bischofs von Rom, der aufgrund seines Bischofssitzes Papst der Kirche ist, durch die Übertragung einer anderen Titularkirche an den Ver-

---

[152] Vgl. im Folgenden insbesondere den Beitrag von *Egler*, Papa emeritus, hier S. 169.

[153] Vgl. ebd.

[154] Vgl. *Herrmann*, Amtsverzicht, S. 121.

[155] Vgl. einhellig *Egler*, Papa emeritus, S. 181 f.; *Graulich*, Amtsverzicht, S. 487; *Klappert*, Amtsverzicht, S. 70; *Pulte*, Amtsverzicht, S. 80. Daneben wäre auch die Bezeichnung als „emeritierter Bischof der Diözese Rom" zutreffend, wie sie bspw. *Weiß* vorschlägt (Fragen zum Amtsverzicht, S. 524). Die an dieser Stelle gewählte Titulatur als „Emeritierter Bischof der Kirche von Rom" (*Episcopus emeritus Ecclesiae Romanae*) entspricht der kodikarischen Wortwahl des c. 331 und wurde aufgrund dessen und im Hinblick auf die innere Verbindung mit einem anzustrebenden besonderen Gesetz anderen legitimen Möglichkeiten vorgezogen. Ebenfalls zutreffend wäre die Bezeichnung als „emeritierter Bischof von Rom", insofern kontextuell feststeht, dass mit der Ortsbezeichnung die römische Ortskirche gemeint sein muss, vgl. hierzu *Congar*, Titel, S. 538.

zichtsleistenden festigen zu können.[156] Diese umfassende Ablösung desjenigen, der auf das Papstamt verzichtet hat, von der ihm vormals anvertrauten Diözese, muss indes als zu umfangreicher Eingriff in die jedem emeritierten Diözesanbischof zukommende bleibende Verbindung mit der ihm vormals anvertrauten Teilkirche gelten. Hierbei spielt es zunächst keine Rolle, dass die praktische Ausübung der diözesanbischöflichen Aufgaben stets durch einen Kardinalvikar vollzogen wird.[157] Als emeritierter Bischof der Kirche von Rom bleibt er aufgrund seines in der Weihe vermittelten Bischof-Seins mit dem amtierenden Nachfolger auf dem römischen Stuhl verbunden in „jener Brüderlichkeit, die aus der Zugehörigkeit zum selben bischöflichen Kollegium und der Teilhabe an der gemeinsamen apostolischen Sendung entsteht wie auch aus derselben Liebe zur Teilkirche".[158]

Diese bleibende Verbindung mit der Teilkirche besteht auch für den emeritierten Bischof der Kirche von Rom. Aus dieser Titulatur ist keine Gefahr für einen Anschein zweier Päpste zu erwarten. Vielmehr muss neben dieser selbst die Allgemeine Maßgabe an alle emeritierten Bischöfe der Kirche gelten, wonach auch er „darauf Acht haben (soll), dass er sich weder direkt noch indirekt in die Leitung der Diözese einmischt und er soll jede Haltung und jede Beziehung vermeiden, die auch nur den Eindruck erwecken könnte, als ob er quasi eine Parallelautorität zu der des Diözesanbischofs errichtet (…)".[159]

Es ist ferner an das Gebot jedes kirchlichen Gesetzes zu erinnern, wonach dieses in seiner Gestaltung wirklich befolgbar sein muss.[160] Eine titulare Trennung des emeritierten Bischofs von Rom von der römischen Diözese ist als unverhältnismäßiger Eingriff in die kodikarisch verbürgte Vorgabe zu bewerten, der die trotz des Verlustes aller Amtsvollmachten bestehende geistliche Verbindung des emeritierten Bischofs von Rom zu der ihm vormals anvertrauten Diözese beschneiden würde. Die dargestellte Weisung an den Emeritus, jeden Anschein einer Parallelautorität in seiner Person zu vermeiden, ist gebotener Bestandteil einer *lex peculiaris de lege ferenda*. Letztlich gilt auch an dieser Stelle jene Hoffnung, wonach der emeritierte Bischof der Kirche von Rom seiner bleibenden Sendung zur Einheit der Kirche die Treue leistet und seinem amtierenden Nachfolger im Amt die

---

[156] Vgl. *Egler*, Papa emeritus, S. 182. Sie schlägt im Zuge dessen vor, Benedikt XVI. nach seinem Amtsverzicht als emeritierten Erzbischof von München und Freising zu betiteln.

[157] Vgl. *Schwendenwein*, Papst, S. 456; vgl. *Paul VI.*, CA VicPot, durch die der Papst die Umsetzung der diözesanbischöflichen Aufgaben zwar entsprechend delegiert, aber dennoch betont, dass auch diese Aufgabe von ihrem Wesen her eine dem Papst eigene ist, die er lediglich im Angesicht seines gesamtkirchlichen Dienstes nicht selbst verwirklichen kann; vgl. auch *Benedikt XVI.*, Predigt Aschermittwoch/2013: „Für mich ist das eine günstige Gelegenheit allen – speziell den Gläubigen der Diözese Rom – zu danken, während ich mich anschicke, meinen Petrusdienst zu beenden (…)". Die tatsächliche bischöfliche Vorsteherschaft der Diözese Rom ist trotz aller praktischen Umsetzungen eine dem Bischof von Rom eigene Aufgabe.

[158] *Congr-Ep*, ApS, 226.

[159] Ebd.

[160] Vgl. *Rees*, Rechtsnormen, S. 136 f.

„bedingungslose Ehrerbietung" und den „bedingungslosen Gehorsam"[161] zu geloben, bereit ist. Mehr als eine titulare Beschneidung des Rechts, nach erfolgtem Amtsverzicht emeritierter Bischof der Kirche von Rom zu sein, muss die praktische Umsetzung der bleibenden bischöflichen Existenz des Emeritus dazu führen, das eine und ungeteilte Papstamt der Kirche zu wahren und so jede Gefahr eines gegenteiligen Anscheins zu bannen.

2. Die bleibenden Rechte und Pflichten

Die rechtliche Klarheit der Titulatur als emeritierter Bischof der Kirche von Rom trifft auf eine Reihe von darin implizierten Folgen hinsichtlich seiner bleibenden Rechte und Pflichten im Leben der Kirche. Innerhalb seines Status als emeritierter Diözesanbischof gelten auch für den emeritierten Bischof der Kirche von Rom die Weisungen des Allgemeinen Rechts der Kirche, die insbesondere durch das Direktorium für den Hirtendienst der Bischöfe Apostolorum Successores ihre offiziellen Ausführungsbestimmungen gefunden haben.[162] Daher ist es zunächst gebotener Bestandteil eines anzustrebenden besonderen Gesetzes, hinsichtlich der bleibenden Rechte und Pflichten eines emeritierten Bischofs von Rom auf diese Allgemeinen Normen zu verweisen.[163]

Stellt sich im Folgenden die Frage hinsichtlich einzelner Vorrechte, ob diese dem bleibenden sakramental verliehenen Habitus des geweihten Bischofs oder dem Papstamt entstammen, auf das der Emeritus rechtswirksam verzichtet hat, werden zunächst ebenso diese Normen relevant. Alle Rechte, die einem emeritierten Diözesanbischof der Kirche zuteilwerden, müssen auch dem emeritierten Bischof der Kirche von Rom zukommen.[164] Findet sich das fragliche Vorrecht nicht in der Darstellung der bleibenden Rechte aller emeritierten Diözesanbischöfe, ist zunächst davon auszugehen, dass es auch dem emeritierten Bischof der Kirche von Rom nicht zuteilwird.[165] Etwaige gegenteilige Maßgaben müssten entweder als eigene Bestandteile in einer *lex peculiaris de lege ferenda* normiert, oder aber für Einzelfälle dem emeritierten Bischof der Kirche von Rom durch den amtierenden Papst konzediert werden. Eine grundsätzliche Konzession einzelner genuin päpstlicher Handlungen an den emeritierten Bischof der Kirche von Rom erscheint ausgehend

---

[161] *Benedikt XVI.*, Ansprache Kardinalskollegium/28. 02. 2013.

[162] Vgl. *Congr-Ep*, ApS, 225–230.

[163] Vgl. S. 99–126 der vorliegenden Untersuchung. Dort kann der geschichtliche Verlauf ausgehend vom II. Vatikanischen Konzil bis zu den Ausführungsbestimmungen und Konkretionen der heutigen Zeit nachverfolgt werden.

[164] Vgl. *Klappert*, Amtsverzicht, S. 70; *Eicholt*, Amtsverzicht, S. 35; *Herrmann*, Amtsverzicht, S. 121.

[165] Vgl. etwa die Beantwortung der Frage, ob der emeritierte Bischof von Rom den Segen „Urbi et Orbi" spenden darf bei *Rehak*, Urbi et Orbi, S. 268–274. Diese Fragestellung weist exemplarisch auf diejenigen Bereiche hin, in denen die Amtsvollmacht direkt mit der Weihevollmacht zusammenhängt.

von der fundamentalen Intention eines anzustrebenden besonderen Gesetzes in der Wahrung der Einheit und Einzigkeit des Papstamtes selbst als nicht zielführend und ist daher an dieser Stelle nicht vorgesehen.[166]

In die dem emeritierten Bischof der Kirche von Rom in der Gemeinschaft aller emeritierten Diözesanbischöfe der Kirche zukommenden bleibenden Rechte und Pflichten einzubeziehen sind auch die Allgemeinen Maßgaben, nach denen er vor bestimmten bischöflichen Handlungen die Erlaubnis oder den Auftrag des amtierenden Ordinarius einzuholen hat.[167] Diese Notwendigkeit sollte auch in ein anzustrebendes besonderes Gesetz übernommen werden, sodass sich folgender Befund ergibt.

a)   In Bezug zu den bischöflichen munera

Der emeritierte Bischof der Kirche von Rom behält analog zu den Allgemeinen Normen hinsichtlich der emeritierten Diözesanbischöfe die Rechte in Bezug zu den bischöflichen *munera*.[168]

Hinsichtlich seiner bleibenden Teilhabe am *munus docendi* der Kirche gilt daher, dass auch er das Recht behält „überall das Wort Gottes zu verkündigen, sofern nicht der Diözesanbischof in Einzelfällen dies ausdrücklich untersagt hat".[169] Dieses bleibende Recht, das aus seinem durch die Bischofsweihe bewirkten untilgbaren Prägemal resultiert[170], bezeichnet seine Sendung gemäß c. 753 „authentischer Künder und Lehrer des Glaubens" zu sein.[171] Dies betrifft insbesondere sein überall (ubique) geltendes Recht zur Predigt des Gotteswortes (c. 763). In Bezug zu einem emeritierten Bischof von Rom gilt es mit Blick auf seine Teilhabe am Verkündigungsdienst der Kirche zu konkretisieren, dass diese keinesfalls als Partizipation am päpstlichen Lehramt zu verstehen ist. Da sich die Verkündigungstätigkeit und ihre Vermittlung thematisch überschneiden, soll dieser Aspekt zu einem späteren Zeitpunkt eigens thematisiert werden.[172] Im Hinblick auf die möglichen Konkretionen des Verkündigungsdienstes eines emeritierten Bischofs der Kirche von Rom innerhalb einer *lex peculiaris de lege ferenda* bleibt an dieser Stelle grundlegend festzuhalten:

---

[166] So erschiene es diesem Ziel zuwiderlaufend, wenn der emeritierte Bischof von Rom ohne vorheriges Mandat durch den amtierenden Papst stets einen Päpstlichen Segen spenden dürfte, vgl. *Rehak*, Urbi et Orbi, S. 268 f. m. w. N. Unberührt davon bliebe sein bischöflicher Segen, den er immer und überall zeit seines Lebens spenden darf.

[167] Vgl. *Herrmann*, Amtsverzicht, S. 121: „(...) und mit Erlaubnis des neuen Papstes dort auch Pontifikalhandlungen vornehmen würde".

[168] Vgl. *Congr-Ep*, ApS, 227 a), b) 1–2.

[169] Vgl. ebd., 227 a). Zu einem möglichen Verbot im Einzelfall vgl. S. 448 der vorliegenden Untersuchung.

[170] Vgl. *Hallermann*, Kommentar Direktorium, S. 292 A.

[171] Vgl. *Ohly*, Wort Gottes, S. 411.

[172] Vgl. S. 447–450 der vorliegenden Untersuchung.

1. Der emeritierte Bischof der Kirche von Rom hat aufgrund seines Amtsverzichts keine bleibende Teilhabe am päpstlichen Lehramt. Die ihm in der Weihe vermittelte bischöfliche Lehraufgabe besteht unvermindert fort, kann aber aufgrund ihres Wesens nur in der Einheit mit dem Lehramt der Kirche vollzogen werden (c. 756 § 2).[173] Auch er steht unter der Leitungs- und Aufsichtspflicht des Diözesanbischofs seiner ehemaligen Diözese.[174] Ihm selbst kommt diese Aufgabe nicht zu, da sie untrennbar mit der diözesanen Leitungsgewalt verbunden ist, die der Emeritus mit dem Amtsverzicht abgelegt hat.[175]

2. Der emeritierte Bischof von Rom besitzt nach seinem Verzicht auf das Papstamt nicht mehr die Unfehlbarkeit im Lehramt gemäß c. 749 § 1. Er kann aufgrund seiner bleibenden Gliedschaft im Bischofskollegium dennoch an der Definition einer unfehlbaren Lehre nach Maßgabe des Rechts teilhaben (c. 749 § 2).[176] Dieses Recht kommt ihm bleibend zu. Eine anderweitige Darstellung erscheint als unverhältnismäßiger Eingriff und ist daher kein gebotener Inhalt einer *lex peculiaris de lege ferenda*.

Folgende konkretisierende spezielle Weisungen sind für die Rechte eines emeritierten Bischofs von Rom in Bezug zum *munus sanctificandi* zu formulieren:

1. Bezüglich des Sakraments der Beichte gilt auch für den emeritierten Bischof der Kirche von Rom, dass er die *facultas* behält, diese überall zu hören (c. 967 § 1). Auch für ihn gilt die Maßgabe, nach der er den Pönitenten von den Tatstrafen, die der Apostolische Stuhl für sich reserviert hat, nicht absolvieren kann. Diese Einschränkung für einen emeritierten Bischof der Kirche von Rom aufzustellen, erscheint als folgerichtige Konsequenz seines Amtsverzichts, der dazu führt, dass er nicht mehr Papst der Kirche und somit nicht mehr Inhaber des Apostolischen Stuhles ist. Jedwede Reservation betrifft nicht den emeritierten Bischof der Kirche von Rom. In Bezug zur kodikarischen Grundlage gilt auch für ihn die Maßgabe, nach der der Diözesanbischof auch einem emeritierten Bischof der Kirche von Rom im Einzelfall die Beichtbefugnis entziehen kann.

---

[173] Vgl. *Ohly*, Wort Gottes, S. 413.

[174] Vgl. ebd.: „In diese mit dem Amt des Diözesanbischofs verbundene Sorgepflicht fällt u. a. die Aufsicht darüber, dass alle Normen zum Dienst am Wort Gottes in Verbundenheit mit der Gesamtkirche befolgt werden (...). Ja mehr noch: Der Diözesanbischof ist nach c. 386 § 2 CIC dazu gehalten, die damit zusammenhängende Unversehrtheit und Einheit des Glaubens durch ihm geeignete Mittel zu schützen und zu wahren, ohne die ,gerechte Freiheit für die weitere Erforschung der Wahrheiten' zu behindern (vgl. c. 218 CIC)". Dass auch ein emeritierter Bischof durch diese Aufgabe umfangen ist, wird i. V. m. der Aussage aus *Congr-Ep*, ApS, 227 a), ersichtlich: Der Diözesanbischof ist derjenige, der einem emeritierten Bischof im Einzelfall den Verkündigungsdienst versagen kann. Dies geschieht als Teil seiner Leitungs- und Aufsichtspflicht über den Verkündigungsdienst in seiner Diözese.

[175] Vgl. ebd., S. 414.

[176] Vgl. ebd., S. 409 f. Auch hier gilt, dass der emeritierte Bischof von Rom Glied des Bischofskollegiums, aber nicht mehr dessen Haupt ist. Da diese Einsicht eigens als gebotener Inhalt eines anzustrebenden besonderen Gesetzes benannt werden soll, muss sie an dieser Stelle nicht wiederholt werden und gilt als vorausgesetzt.

2. Der emeritierte Bischof der Kirche von Rom bleibt aufgrund seines Bischof-Seins in der sakramentalen Befähigung, das Sakrament der Weihe zu spenden (c. 1012). Auch für die Diakonats- und Priesterweihe bedürfen die Kandidaten im Falle einer Weihe durch den emeritierten Bischof der Kirche von Rom dem Weihe-entlassschreiben ihres Ordinarius (c. 1015 § 1 i. V. m. c. 1017). Ebenso spendet der emeritierte Bischof der Kirche von Rom die Bischofsweihe nur mit dem Mandat des Papstes (c. 1013) aufgrund der unter Punkt 1 dargestellten Begründung.[177]

3. Dies gilt ebenso für die gültige Assistenz der Trauung, für die er der Delegation des Ortsordinarius oder des zuständigen Pfarrers bedarf (c. 1108 § 1).[178]

4. Bezüglich aller übrigen Sakramente sind indes keine weiteren und konkretisierenden Einschränkungen hinsichtlich eines emeritierten Bischofs von Rom angebracht. Eine gegenteilige Feststellung formuliert Matthias Pulte, indem er schreibt: „Der zurückgetretene Papst steht keinen öffentlichen Gottesdiensten mehr vor".[179] Diese Forderung ist mit Entschiedenheit zurückzuweisen. Zunächst stünde eine derartige Einschränkung dem in der Bischofsweihe verliehenen und unverlierbaren Habitus des emeritierten Bischofs von Rom entgegen. Er ist und bleibt hauptsächlicher Ausspender der Geheimnisse Gottes aufgrund der empfangenen Weihefülle.[180] Diesen Dienstauftrag hat er durch das Weihesakrament empfangen, zu seiner Ausübung ist er während seiner gesamten bischöflichen Existenz gerufen. Eine Beschneidung dieses Auftrages allein aufgrund ämterrechtlicher Normierung verbietet sich im Angesicht dieser sakramentalen Grundlage.

Dies gilt auch, wenn lediglich „öffentliche Gottesdienste" angesprochen werden. Jede liturgische Feier der Kirche ist von ihrer Natur her öffentlich (c. 837 §§ 1–2), insofern sie stets eine Feier der ganzen Kirche ist, die unter zahlreicher und tätiger Beteiligung der Gläubigen zu vollziehen ist. Daher kann eine gottesdienstliche Feier der Kirche ihres Wesens nach niemals nicht-öffentlich sein.[181] Auch eine Einschränkung des Rechts des emeritierten Bischofs von Rom, das bischöfliche *munus sanctificandi* zu vollziehen, muss demzufolge als illegitimer Vorschlag eingeordnet werden.

Die einzige Vorgabe, die ein besonderes Gesetz in diesem Kontext bieten kann, besteht in der expliziten Darstellung, dass es sich bei Gottesdiensten unter der Vorsteherschaft des emeritierten Bischofs von Rom niemals um päpstliche Liturgie

---

[177] Vgl. *Congr-Ep*, ApS, 227 b).

[178] Vgl. ebd., 227 b).

[179] *Pulte*, Amtsverzicht, S. 81.

[180] CD 15 i. V. m. cc. 375 §§ 1–2, 835 § 1.

[181] Vgl. SC 26: „Die liturgischen Handlungen sind nicht privater Natur, sondern Feiern der Kirche, die das ‚Sakrament der Einheit' ist; sie ist nämlich das heilige Volk, geeint und geordnet unter den Bischöfen. Daher gehen diese Feiern den ganzen mystischen Leib der Kirche an, machen ihn sichtbar und wirken auf ihn ein; seine einzelnen Glieder aber kommen mit ihnen in verschiedener Weise in Berührung je nach der Verschiedenheit von Stand, Aufgabe und tätiger Teilnahme".

handeln kann. Daher ist es der an dieser Stelle einzig gebotene Inhalt einer *lex peculiaris de lege ferenda*, die nicht mehr bestehende Zuständigkeit des Amtes für die liturgischen Feiern des Papstes für einen emeritierten Bischof der Kirche von Rom zu normieren. Diese Einrichtung der Römischen Kurie ist nur und ausschließlich für diejenige Liturgie zuständig, die unter der Vorsteherschaft des einen Papstes der Kirche gefeiert wird.[182] Auch sind Gottesdienste unter der Vorsteherschaft eines emeritierten Bischofs von Rom nicht im Sinne jener Feiern einzuordnen, die im Namen des Papstes gefeiert werden und für die gemäß geltendem Recht ebenfalls das Amt für die liturgischen Feiern des Papstes zuständig ist.[183] Der emeritierte Bischof der Kirche von Rom feiert jeglichen Gottesdienst aufgrund seiner bischöflichen Existenz und – unter Berücksichtigung der generellen Möglichkeit, im Einzelfall einen Gottesdienst in päpstlichen Namen zu feiern[184] – nicht aufgrund des ehemals durch ihn bekleideten Papstamtes.

b) In Bezug zur Gesamtkirche

Hinsichtlich der bleibenden Rechte und Pflichten eines emeritierten Bischofs von Rom in Bezug zur Gesamtkirche ist ebenfalls auf die Handlungsanweisungen des Direktoriums für den Hirtendienst der Bischöfe zu verweisen, durch das die kodikarische Grundlage zusammengefasst dargestellt wird:[185]

1. Die erste bereits dargestellte Erkenntnis, die auch und eigens in eine *lex peculiaris de lege ferenda* aufgenommen werden sollte, besteht in der Feststellung der bleibenden Gliedschaft eines emeritierten Bischofs von Rom im Bischofskollegium durch die sakramentale Weihe und die hierarchische Gemeinschaft.[186] Neben diesem Grundsatz erscheint es überdies angebracht, die Feststellung anzufügen, dass er nach erfolgtem Verzicht auf das Papstamt nicht mehr dessen Haupt gemäß c. 331 ist.[187]

2. Eine Beschneidung seiner Rechte, die ihm aus dieser bleibenden Gliedschaft im Bischofskollegium zukommen, muss als unverhältnismäßig eingeordnet werden. Es erscheint nicht angebracht, sie in ein anzustrebendes besonderes Gesetz aufzunehmen.[188] Es gilt nicht, das bleibende Recht eines emeritierten Bischofs von Rom, „dem Papst zu helfen und mit ihm zusammenzuarbeiten zum Wohl der gan-

---

[182] Vgl. *Johannes Paul II.*, CA PastBon, 182.

[183] Vgl. ebd.

[184] Auch eine solche theoretische Möglichkeit muss unter der Maßgabe bewertet werden, dass es niemals dazu kommen darf, den Anschein einer Parallelautorität zu erschaffen. Von daher ist von dieser Option abzuraten.

[185] Vgl. *Congr-Ep*, ApS, 229, dort insbesondere unter a); vgl. überdies *Pighin*, Profilo giuridico, S. 789.

[186] Vgl. LG 22, CD 4, c. 336.

[187] Vgl. *Pulte*, Amtsverzicht, S. 80; *Rehak*, Urbi et Orbi, S. 261 f.

[188] Gegen *Pulte*, Amtsverzicht, S. 80.

zen Kirche"[189], zu beschneiden, sondern dieses in der Weise darzustellen, die dem eigentlichen Ziel dieses bischöflich-kollegialen Handelns entspricht: dem *Bonum Ecclesiae*. Die Besonderheit, die eine rechte Einordnung dieses bleibenden bischöflichen Auftrages für den Fall eines emeritierten Bischofs von Rom beinhaltet, liegt in der Tatsache begründet, dass der Amtsnachfolger als amtierender Bischof von Rom gleichzeitig Papst der Kirche und damit Haupt des Bischofskollegiums ist. In Anbetracht dieser einzigartigen Situation müssen einige allgemeine Maßgaben bezüglich der emeritierten Diözesanbischöfe entsprechend angepasst werden.

3. Nimmt ein emeritierter Bischof der Kirche von Rom seinen Auftrag war, dem Papst zum Wohl der Kirche zu helfen, sind Konkretionen angebracht, die Einzug in eine *lex peculiaris de lege ferenda* finden sollen. Grundsätzlich gilt zunächst die Maßgabe, nach der sowohl der amtierende Diözesanbischof als auch der Emeritus zu einer brüderlichen Beziehung zueinander gerufen sind, „die aus der Zugehörigkeit zum selben bischöflichen Kollegium und der Teilhabe an der gemeinsamen apostolischen Sendung entsteht".[190] Der amtierende Diözesanbischof kann, sofern er dies möchte, auf die Hilfe seines Amtsvorgängers zurückgreifen. Diese diözesane Ebene der Hilfestellung durch den Emeritus ist von der hier thematisierten universalkirchlichen Ebene zu unterscheiden, insofern er diese nicht nur dem eigenen Amtsnachfolger im diözesanbischöflichen Amt, sondern primär und zugleich dem Papst als Haupt des Bischofskollegiums leistet.

4. Ebenso muss unterschieden werden zwischen einer bloßen Hilfestellung[191] und dem eigentlichen Ort des Zusammenwirkens von Papst und Bischofskollegium als Träger der *plena potestas* (c. 336) im Ökumenischen Konzil (c. 337 § 1). Der emeritierte Bischof der Kirche von Rom hat das bleibende Recht, mit entscheidendem Stimmrecht am Ökumenischen Konzil teilzunehmen.[192] Dies führt zu der einzigartigen Situation, dass er, nachdem er auf das Papstamt in seiner Funktion als ein Träger der vollen und höchsten Gewalt der Kirche (c. 331) verzichtet hat, weiterhin aufgrund seines Bischof-Seins als Glied des Bischofskollegiums in dessen kollegialen Handeln mit und niemals ohne den Papst Träger derselben *potestas* ist. Daneben tritt die Eigentümlichkeit, dass der Emeritus nach erfolgtem Amtsverzicht nicht mehr dessen Haupt ist – und ebenso wenig dessen „emeritiertes Haupt".[193]

---

[189] *Congr-Ep*, ApS, 229 a).

[190] Ebd., 226.

[191] Diese Einsicht hätte in den Ausführungsbestimmungen zu *Congr-Ep*, ApS, 229 a), deutlicher dargestellt werden können. Wenn dort von Hilfe und Zusammenarbeit gesprochen und das bleibende Teilnahmerecht eines emeritierten Diözesanbischofs am Ökumenischen Konzil erst in einem zweiten Schritt angesprochen wird, wird dieses als der eigentliche Ort des kollegialen Handelns von Papst und Bischofskollegium nicht recht deutlich.

[192] Vgl. c. 339 § 1 i. V. m. *Congr-Ep*, ApS, 229 a). Im kodikarischen Wortlaut wird dieses Recht allgemein den Bischöfen zugesprochen, die Glieder des Bischofskollegiums sind. Darin sind auch alle emeritierten Diözesanbischöfe eingeschlossen.

[193] Vgl. S. 369–372 und S. 460–464 der vorliegenden Untersuchung.

Er ist aufgrund seiner neuen Situation im Leben der Kirche als emeritierter Diözesanbischof bleibendes Glied des Bischofskollegiums.

5. Dieses Fundament weist darauf hin, in welcher Weise dieses im Bischof-Sein begründete Recht des emeritierten Bischofs von Rom zum Wohl der Kirche konkrete Gestalt annehmen kann. Er hat als Bischof auf sein römisches Bischofsamt und damit immer zugleich auf das Papstamt der Kirche verzichtet. Die konkreten Gründe, die ihn zu diesem freien Amtsverzicht geführt haben, müssen letztlich nicht durch ihn dargelegt, sondern nur und ausschließlich vor seinem Gewissen und vor Gott selbst verantwortet werden. Dennoch erscheint es als logische Schlussfolgerung, dass all diese Einzelgründe letztlich ihren eigenen Anlass im persönlichen Unvermögen des Verzichtswilligen finden, den Petrusdienst zum Wohl der Kirche ausüben zu können.[194] Die päpstliche *plena potestas* ist das diesem Amt gegebene Mittel, es selbst zur Förderung des Wohles der Kirche und seinem Auftrag gemäß verwirklichen zu können. Dies gilt sowohl für die persönliche Ausübung seines Amtes als auch für die Ausübung im kollegialen Verbund (c. 333 § 2).[195] Die Vollgewalt der Kirche ist in beiden Fällen das eine und identische Mittel zur Verwirklichung des Dienstes an der Einheit der Communio, das sich lediglich in den Formen seiner Ausübung unterscheidet.[196]

Verzichtet ein Papst auf sein Amt, so verzichtet er auch auf die Ausübung der damit verbundenen Dienste und folgerichtig auch auf die zur Verwirklichung gereichende Gewaltenfülle, die ihm durch das Amt *ad personam* zuteilwurde. Diesen Verzicht vollzieht er, weil er aus unterschiedlichen Gründen nicht mehr in der Lage ist, den ihm übertragenen Dienst zum Wohl der Kirche vollziehen zu können. Dennoch bleibt er aufgrund der einmal empfangenen Bischofsweihe und der bestehenden hierarchischen Gemeinschaft als emeritierter Bischof der Kirche von Rom aufgrund seiner Gliedschaft im Bischofskollegium Teilhaber an dieser Vollgewalt, auf die er zuvor mit dem Papstamt verzichtet hat. Diese bleibende kollegiale Teilhaberschaft erwächst gerade nicht aus dem erledigten Amt und stellt darum auch keinen Widerspruch zur Verzichtsleistung dar. Erneut gilt als Auftrag an ein anzustrebendes besonderes Gesetz, genau diese Unterscheidung festzustellen und klar zu definieren. Dies soll in der Aussage münden, wonach der emeritierte Bischof der Kirche von Rom aufgrund seiner Weihe und der hierarchischen Ge-

---

[194] Dies hat Papst Benedikt XVI. ausdrücklich festgestellt und im Zuge seiner Verzichtserklärung öffentlich kundgetan, vgl. S. 383–388 der vorliegenden Untersuchung.

[195] Vgl. *Aymans-Mörsdorf*, KanR II, S. 211: „Ihm steht die Entscheidung darüber offen, ob angesichts der konkreten Erfordernisse der Kirche die Höchstgewalt durch ihn persönlich oder durch einen Akt des Bischofskollegiums ausgeübt werden soll".

[196] Der Dienst an der Einheit des Gottesvolkes kommt nicht nur dem Papst *personaliter*, sondern ebenso dem Bischofskollegium mit seinem Haupt *collegialiter* zu, vgl. *Aymans-Mörsdorf*, KanR II, S. 199: „Die spezifische ekklesiologische Funktion des ‚Bischofskollegiums' ist es infolgedessen, immerwährendes und sichtbares Prinzip und Fundament der Einheit in der Vielheit der ganzen Kirche zu sein. Das Bischofskollegium ist also Repräsentant der ganzen Kirche, insofern sie ‚communio Ecclesiarum' ist".

meinschaft Glied des Bischofskollegiums ist und bleibt, nicht jedoch als dessen Haupt. Auf diesem Fundament verbietet sich jedwede Beschneidung seiner daraus resultierenden bleibenden Rechte und Pflichten.

6. Als weitere konkrete Weisung an den emeritierten Bischof der Kirche von Rom erscheint es geboten, die Autorität des amtierenden Papstes als einziges Haupt des Bischofskollegiums stets zu wahren und jeden gegenteiligen Anschein zu vermeiden. Dies gilt insbesondere dann, wenn ein emeritierter Bischof der Kirche von Rom von seinen Rechten in Bezug zur Gesamtkirche Gebrauch machen sollte. Ohne eine rechtliche Beschneidung dieser vorzunehmen, sollte dennoch eine sorgsame Prüfung der Folgen einer solchen Umsetzung seiner Rechte durch den Emeritus selbst erfolgen. Sollte er sie hernach wahrnehmen, muss für jedermann ersichtlich sein, dass er dies als emeritierter Bischof der Kirche von Rom vollzieht.

Als eindringliche Bitte an den amtierenden Papst kann indes gelten, jede Zuhilfenahme seines Amtsvorgängers mit Bedacht und Sorgfalt unter Beachtung seines Dienstes an der Einheit der Kirche in Anspruch zu nehmen und selbst dafür zu sorgen, dass das ihm anvertraute Amt durch diese keinen Schaden nimmt. Hierbei erscheint es ratsam, die gemeinsamen Gespräche von Papst und emeritiertem Bischof der Kirche von Rom dem *forum internum* zuzuweisen, um jeglicher Verwirrung im Keim vorzubeugen.

7. Bezüglich weiterer Rechte der emeritierten Bischöfe in Bezug zur Gesamtkirche[197] sind ebenfalls einige Konkretionen für einen emeritierten Bischof der Kirche von Rom angebracht. Auch er besitzt das Recht, von der Bischofskonferenz zum Teilnehmer an der Bischofssynode gewählt zu werden (c. 346 § 1). Für den emeritierten Bischof der Kirche von Rom indes auszuschließen, ist die Möglichkeit, vor Erreichen des 80. Lebensjahres zum Konsultor der Dikasterien der Römischen Kurie ernannt zu werden.[198] Innerhalb der fraglichen und doch denkbaren Situation, in der ein Papst vor Erreichen dieser Altersgrenze auf sein Amt verzichtet, stellt eine solche Berufung zum Konsultor keine praktikable Möglichkeit dar und sollte für ihn nicht vorgesehen werden.[199] Dies gilt darum, da die Bestellung eines Konsultors gemäß geltendem Recht[200] *ad quinquennium* geschieht und daraus eine Funktion innerhalb der Römischen Kurie resultiert, die im weit gefassten Sinn ein institutioneller Teil des kurialen Hilfsdienstes am obersten Hirtenamt des Papstes ist.[201] Da der emeritierte Bischof von Rom auf dieses Amt verzichtet hat, erscheint es inkonsequent, wenn er nach dieser Verzichtsleistung zu einem Berater in die-

---

[197] Vgl. *Congr-Ep*, ApS, 229 b)–f).

[198] Vgl. ebd., 229 c).

[199] Aufgrund der inneren Verwobenheit dieser Ablehnung mit der Fragestellung nach dem fraglichen Kardinalsrang eines emeritierten Bischofs von Rom soll die Begründung innerhalb der Analyse des Letztgenannten erfolgen. An dieser Stelle sei lediglich auf die notwendige Beschneidung dieses den emeritierten Diözesanbischöfen zukommenden Rechts für den emeritierten Bischof von Rom hingewiesen.

[200] Vgl. *Johannes Paul II.*, CA PastBon, 5 § 1.

[201] Vgl. ebd., 1.

ser institutionell gefassten Form berufen wird. Es bleibt jedoch unbenommen, den emeritierten Bischof von Rom in Einzelfällen aufgrund seiner Erfahrungen und Fähigkeiten[202] zur beratenden Hilfe zu konsultieren.

8. Weitere ihm zukommende Rechte bestehen in der Nennung möglicher Kandidaten für den Episkopat (c. 377 § 2)[203] und das Recht zur Förderung von Mission und Apostolat.[204] Ebenfalls für einen emeritierten Bischof der Kirche von Rom zutreffend, erscheint die Maßgabe bezüglich der Anwendung physischer Gewalt gegen seine Person (c. 1370 § 2, sowohl CIC/1983 als auch Pascite gregem Dei/2021) und die strafrechtlichen Folgen für den Straftäter. Dies gilt auch für die Gerichtszuständigkeit für seine Person: Er hat das Recht, „der Rechtsprechung des Apostolischen Gerichts der Römischen Rota zu unterliegen, während bei Strafsachen der Papst zuständig ist".[205] Gerade diese Zuständigkeit als für einen emeritierten Bischof der Kirche von Rom geltend zu bekräftigen, muss Inhalt einer *lex peculiaris de lege ferenda* sein, da diese Feststellung in besonderer Weise auszudrücken vermag, dass der emeritierte Bischof der Kirche von Rom nicht mehr Papst ist und mit diesem Amt auch alle judikativen Vorränge aufgegeben hat. Er gilt nach seinem erfolgten Amtsverzicht nicht mehr als *a nemine iudicatur*.

c) In Bezug zur Teilkirche

Hinsichtlich der bleibenden Rechte eines emeritierten Bischofs von Rom in Bezug zur Teilkirche gelten die allgemeinen Maßgaben hinsichtlich seiner emeritierten Amtsbrüder.[206] Dies gilt auch für sein Recht, als emeritierter Diözesanbischof gemäß c. 1242 in der Kathedralkirche bestattet zu werden.[207]

Immer dann, wenn der amtierende Papst es für angebracht hält, den emeritierten Bischof der Kirche von Rom als seinen eigenen Amtsvorgänger am öffentlichen Leben der Kirche teilhaben zu lassen[208], sind beide dazu gerufen, jeden Anschein der Existenz zweier Päpste in größtmöglichem Umfang von vornherein zu bannen. Diesen Auftrag kann ein anzustrebendes besonderes Gesetz im Sinne einer moralischen Weisung an den amtierenden Papst im Zusammenwirken mit dem eme-

---

[202] Vgl. ebd., 8.

[203] Vgl. *Congr-Ep*, ApS, 229 d).

[204] Vgl. ebd., 229 f).

[205] Vgl. ebd., 229 e) i. V. m. 1405 § 3 n. 1.

[206] Vgl. ebd., 228.

[207] Vgl. ebd. und den Hinweis bei *Hallermann*, Kommentar Direktorium, S. 294. Über die rechtlichen Hinweise zu den Beisetzungsfeierlichkeiten eines emeritierten Bischofs von Rom wird zu einem späteren Zeitpunkt zu sprechen sein.

[208] Vgl. ebd., S. 521 f. Die Partizipation Benedikts XVI. an den Heiligsprechungen der Päpste Johannes XXIII. und Johannes Paul II. geschah aufgrund einer gemeinsamen Entscheidung, vgl. *Weiß*, Fragen zum Amtsverzicht, S. 521 f. Papst Franziskus „teilte (…) den gemeinsamen Beschluss mit, dass Benedikt wieder mehr am öffentlichen kirchlichen Leben partizipieren solle".

ritierten Bischof der Kirche von Rom beinhalten. Beide sind eindringlich darum zu bitten, im brüderlichen Dialog die rechte Vorbereitung solcher Ereignisse unter den genannten Aspekten zum Wohl der Kirche zu vollziehen.

3. Äußere Zeichen

Die Feststellung über die bleibende Stellung eines emeritierten Bischofs von Rom innerhalb der hierarchischen Verfasstheit der Kirche bedarf äußerlich erkennbarer Zeichen und Symbole, die es dem Gottesvolk ermöglichen, die bleibende bischöfliche Sendung des Emeritus und gleichzeitig sein endgültiges Ablegen des Papstamtes mit zu vollziehen.

1. Die außerliturgische Kleidung spielt hierbei eine nicht unerhebliche Rolle.[209] Dass der emeritierte Bischof der Kirche von Rom weiterhin der kanonischen Verpflichtung zur geziemenden Kleidung unterliegt (c. 284), steht aufgrund des unauslöschlichen Charakters der empfangenen sakramentalen Weihe außer Frage.[210] Aufgrund dessen bleibt auch der emeritierte Bischof von Rom Adressat dieser Pflicht.[211] Die diesbezüglichen rechtlichen Weisungen[212] besitzen unterschiedliche Adressaten: „zum einen die Kardinäle und zum anderen die Bischöfe – und zwar strikt alternativ".[213] Da der emeritierte Bischof von Rom nicht wieder in den Kardinalsrang zurückkehrt[214], werden für seine Person die Maßgaben für die Kleidung der Bischöfe relevant.

Die alltägliche Kleidung eines emeritierten Bischofs von Rom besteht demnach aus dem einfachen schwarzen Talar ohne violette Besätze. „Kollar, Pileolus und Zingulum in violetter Farbe können getragen werden. Das Brustkreuz wird von einer Kette gehalten. Der Ring wird mit Ausnahme des Karfreitags immer getragen".[215] Die Kleidung eines emeritierten Bischofs von Rom für festliche Anlässe außerhalb liturgischer Feiern ist „der schwarze Talar mit Besätzen, mit Säumen, Nähten, Knopflöchern und Knöpfen aus rubinfarbener Seide, jedoch ohne die

---

[209] Vgl. hierzu die ausführliche Darstellung bei *Rothe*, Außerliturgische Klerikerkleidung, S. 315: „Demnach haben sich (...) drei Begründungsmotive oder -dimensionen (...) herauskristallisiert (...): der Aspekt der besonderen Berufung zum Weihesakrament (personale Dimension), der Aspekt der besonderen Bevollmächtigung durch das Weihesakrament (ekklesiale Dimension) sowie der Aspekt der besonderen Beauftragung aufgrund des Weihesakraments (pastorale Dimension)"; vgl. auch den Hinweis bei *Rehak*, Emeritus, S. 839.

[210] Vgl. ebd., S. 211 f.; 316.

[211] Vgl. ebd., S. 216 f.

[212] Vgl. Zeremoniale/1998, Anhang I.

[213] *Rothe*, Außerliturgische Klerikerkleidung, S. 217.

[214] Vgl. S. 178–181 und S. 454–460 der vorliegenden Untersuchung.

[215] Zeremoniale/1998, 1219. Ferner sind schwarze Strümpfe zu tragen. Ordensangehörige können ihre Ordenstracht tragen. Auch dieser letztgenannte Hinweis kann für einen emeritierten Bischof von Rom relevant sein.

Umschläge an den Ärmeln; über diesem Talar kann der Schulterkragen mit Besätzen getragen werden; das Zingulum aus violetter Seide mit seidenen Fransen zum Schmuck der beiden Enden; das Brustkreuz an einer Kette; der Pileolus und das Kollar in violetter Farbe".[216]

Diese gesamtkirchlich normierte Vorgabe[217] gilt für den emeritierten Bischof der Kirche von Rom wie für all seine bischöflichen Amtsbrüder und kann maßgeblich dazu beitragen, den amtierenden Bischof von Rom in seinem Amt als einziger Papst der Kirche zu stärken und gleichzeitig die eigene bleibende Sendung des Emeritus selbst offensichtlich darzustellen. Durch den schwarzen Talar und insbesondere den Pileolus und das Zingulum in violetter Farbe werden beide Dimensionen sichtbar und für die Communio verstehbar nach außen hin kommuniziert. Das fortdauernde Tragen des Bischofsrings durch den Emeritus muss hierbei als Frucht der liturgischen Feier der Amtsverzichtsleistung gelten: Er hat den päpstlichen Fischerring abgelegt. Seinen Bischofsring jedoch trägt er als Zeichen seiner Treue und Verbundenheit zur Kirche als seiner Braut[218] nach seinem Pontifikat wieder und fortwährend.

Neben dieser positiven Darstellung erscheint an dieser Stelle eine kritische Einordnung der durch Benedikt XVI. gewählten Praxis angebracht.[219] Nach seinem Amtsverzicht trägt er weiterhin die weiße – wenngleich einfache – Soutane mit weißem Zingulum und Pileolus. Diese Praxis ist indes nicht nachvollziehbar, insofern die weiße Kleidung aufgrund der traditionellen Nutzung durch die jeweiligen Amtsinhaber zum Zeichen für das Papstamt der Kirche geworden ist und innerhalb der kirchlichen Hierarchie ein Alleinstellungsmerkmal darstellt.[220] Trägt ein emeritierter Bischof der Kirche von Rom weiterhin eine weiße Soutane, besteht die Gefahr des Anscheins zweier Päpste, die es jedoch in der Kirche nicht gibt und die es in ihr niemals geben kann. Jedes gegenteilige Vorgehen sollte daher vermieden und durch eine entsprechende besondere Gesetzgebung anderweitig normiert werden. Demzufolge erscheint es ein gebotener Inhalt einer *lex peculiaris de lege ferenda*

---

[216] Ebd., 1218. Weiter und hier nur am Rande zu erwähnen heißt es dort: „Der Gebrauch der violetten Strümpfe ist freigestellt. Der Hut aus schwarzem Glanzfilz kann nach Belieben mit Band und Quasten in grüner Farbe geziert werden. Der Gebrauch des Ferraiolo aus violetter Seide ist feierlicheren Anlässen vorbehalten. Über dieser Kleidung kann auch ein schwarzer Ferraiolo mit einem Schulterkragen getragen werden".

[217] Dazu bemerkt *Rothe*, Außerliturgische Klerikerkleidung, S. 220: „Zusammenfassend kann somit festgehalten werden, dass für die von den Kardinälen und Bischöfen zu gebrauchende Klerikerkleidung detaillierte und umfassende Ausführungsnormen gesamtkirchlichen Charakters vorliegen, die etwaigen teilkirchlichen Ausführungsnormen enge Grenzen setzen".

[218] Vgl. Zeremoniale/1998, 58.

[219] Vgl. *Weiß*, Fragen zum Amtsverzicht, S. 522 f.

[220] Dies gilt auch in Anbetracht der Nutzung weißer Soutanen durch andere Kleriker in tropischen Gebieten (mit jeweils farblich angepassten Besätzen) sowie im Hinblick auf die dominikanische Ordenstracht Papst Pius V., aus der die päpstliche Weißgewandung im Jahr 1566 ursprünglich entstanden ist, vgl. *Pastor*, Pius V., S. 41; *Seppelt*, Von Paul III. bis zur Französischen Revolution, S. 121.

zu sein, die außerliturgische Kleidung eines emeritierten Bischofs von Rom derjenigen eines jeden Bischofs der Kirche gemäß geltendem Recht gleichzusetzen.[221]

2. Neben den Weisungen bezüglich der außerliturgischen Kleidung besteht auch für einen emeritierten Bischof der Kirche von Rom die Maßgabe an alle emeritierten Diözesanbischöfe hinsichtlich der zu nutzenden Chorkleidung.[222] Auch diese steht im Zeichen der unter Punkt 1 dargestellten Maxime der Wahrung des einen und einzigen Papstamtes bei gleichzeitiger äußerer Darstellung seines bleibenden Bischof-Seins. Dies gilt gerade für die Möglichkeit, nach der ein emeritierter Bischof der Kirche von Rom auf Einladung seines Nachfolgers im Papstamt an liturgischen Feiern teilnimmt, ohne ihnen vorzustehen. Reiht er sich nicht in die Schar der Konzelebranten ein, so sollte er in der Chorkleidung eines Bischofs bei diesen Feiern anwesend sein.[223]

3. Neben seiner Betitelung als emeritierter Bischof der Kirche von Rom stellt sich überdies die Frage, wie mit dem durch ihn gewählten Papstnamen umzugehen ist: Behält er diesen nach seinem Verzicht auf das Papstamt bei, oder kehrt er zu seinem bürgerlichen Namen zurück? Direkt nach der Wahlannahme ergeht laut geltendem Recht der Papstwahlkonstitution die Frage an den Gewählten, welchen Namen er sich geben möchte.[224] Diese Tradition des päpstlichen Namenswechsels steht nicht nur aufgrund der kontextuellen Verbindung[225] mit der Papstwahl in Zusammengehörigkeit mit dem Papstamt. Vielmehr ist er Zeichen und Ausdruck des Amtes, das übernommen wird und den Amtsinhaber dergestalt vereinnahmt, dass er nur mehr zur Erfüllung des petrinischen Dienstes unter seinem neuen Namen wirkt.[226] Der Papstname ist untrennbar mit dem Papstamt verbunden. Zur Wahrung von dessen Einzigkeit im Leben der Kirche sollte die Verwendung des Papstnamens dem einen und einzigen Amtsinhaber vorbehalten bleiben, sodass die Weisung an den emeritierten Bischof von Rom resultieren sollte, gemäß der er nach erfolgtem Amtsverzicht einzig seinen bürgerlichen Namen trägt und nutzt.[227] Dies gilt auch für mögliche Publikationen, die hernach in Autoren- oder Herausgeberschaft nicht unter dem Papstnamen, sondern ausschließlich unter dem bürgerlichen Namen erscheinen.

---

[221] Alle fragwürdigen Hinweise der fehlenden Praktikabilität müssen in aller Deutlichkeit zurückgewiesen werden, vgl. insbesondere *Weiß*, Fragen zum Amtsverzicht, S. 522, Anm. 14.

[222] Vgl. Zeremoniale/1998, 1214–1217.

[223] Vgl. ebd., 1217. Eine solche Situation kann insbesondere dann sinnvoll erscheinen, wenn der emeritierte Bischof von Rom aufgrund gesundheitlicher Umstände nicht mehr dazu in der Lage ist, bei einer Eucharistiefeier zu konzelebrieren aber gleichzeitig im Stande ist, ihr beizuwohnen.

[224] *Johannes Paul II.*, CA UnivDomGreg, 87.: „Statimque, post consensum declaratum, electus interrogetur: Quo nomine vis vocari?".

[225] Vgl. in diesem Sinne *Eicholt*, Amtsverzicht, S. 37.

[226] Vgl. *Graßmann*, Namensgebung, S. 84 f.

[227] In diesem Sinne auch *Eicholt*, Amtsverzicht, S. 37; *Egler*, Papa emeritus, S. 183; *Weiß*, Fragen zum Amtsverzicht, S. 522; *Pulte*, Amtsverzicht, S. 80; *Klappert*, Amtsverzicht, S. 71 mit Anm. 57.

4. Nach dem Verzicht auf das Papstamt führt der emeritierte Bischof der Kirche von Rom nicht mehr sein Papstwappen, da es untrennbar mit seinem Pontifikat verbunden[228] ist und dieses mit dem Eintritt der Rechtswirksamkeit der Verzichtsleistung beendet wurde. Es gilt der traditionelle Grundsatz, nachdem das durch einen Kleriker geführte Wappen eindeutig seine Stellung innerhalb der kirchlichen Hierarchie darstellen muss, wobei insbesondere die Weihestufe eine wichtige Rolle spielt.[229] Durch das Wappen soll in erster Linie der Träger in seiner Person und seiner Stellung erkennbar werden.[230] Im Falle eines emeritierten Bischofs von Rom kommt hinzu, dass durch kein einziges äußeres Zeichen der Anschein einer Existenz zweier Päpste entstehen darf.[231] Daher reicht es nicht aus, darauf zu verweisen, dass durch das eigene Papstwappen des amtierenden Papstes ein hinreichender Unterschied zum ehemaligen Papstwappen eines emeritierten Bischofs von Rom hergestellt werden würde und er dieses daher weiternutzen könne.[232] Auf der Grundlage der dargestellten bleibenden Existenz des Emeritus als Bischof der Kirche ergibt sich daher als primärer Auftrag an eine vorzuschlagende spezielle Weisung, ihm die Nutzung eines neuen bischöflichen Wappens zu ermöglichen.[233] Die heraldische Verfahrensweise, wonach Wappen auch nach einer Emeritierung unveränderte Verwendung finden[234], muss hinter den Grundauftrag eines angestrebten besonderes Gesetzes zurücktreten, die Einzigkeit des Papstamtes in der Kirche zu wahren und durch äußere Zeichen sichtbar und verständlich darzu-

---

[228] Vgl. AAS 97 (2005), S. 753 f. Dort wird das Wappen Papst Benedikts XVI. mitsamt seiner Erklärung unter dem Titel „Pontificium insignie Benedicti PP. XVI" dargestellt. Es gehört wesentlich zu seinen Insignien als Papst. Dies findet sich ebenso hinsichtlich der Wappen Papst Johannes Pauls II. (AAS 70 [1978], S. 989) und Papst Franziskus (AAS 105 [2013], S. 372 f.).

[229] Vgl. *Petrus*, Heraldisches Handbuch, S. 88.

[230] Vgl. ebd., S. 89.

[231] Dieses Fundament muss im Sinne der hierarchischen Rangfolge der Gesetze über den eigenen Grundregeln der Heraldik stehen, wenngleich auch deren Maßgabe der „Klarheit und Übersichtlichkeit" gerade hierdurch erfüllt werden könnte, vgl. *Filip*, Einführung in die Heraldik, S. 24 f. Die Weiterführung des ehemaligen päpstlichen Wappens stünde einem emeritierten Bischof von Rom auch von daher nicht zu, da er nicht mehr der Amtsinhaber ist und alle genuin päpstlichen Elemente des Wappens aus dem erledigten Amt resultieren, vgl. ebd., S. 108.

[232] So die Herleitung bei *Petrus*, Heraldisches Handbuch, S. 103.

[233] Dieses sollte, wie alle übrigen äußeren Zeichen, ganz im Sinne des bleibenden Bischof-Seins des Emeritus durch die entsprechenden heraldischen Elemente gekennzeichnet sein, vgl. *Petrus*, Heraldisches Handbuch, S. 115–118: „Jeder Bischof, der nicht Kardinal oder geborener Legat ist, timbriert sein Wappen mit Hut, Schnüren und Troddeln in grüner Farbe. (...) Hinter dem bischöflichen Schild steht das Vortragekreuz". Das Wappenschild selbst kann der Emeritus entweder neugestalten, oder in der gleichen Form weiterführen, in der er es als päpstliches Wappen geführt hat. Von einer solchen Weiterführung des Wappenschildes ist indes keine Gefahr für die äußere Darstellung der Einzigkeit des Papstamtes zu befürchten, vgl. *Filip*, Einführung, S. 107: „Ursprünglich spielte der Wappenschild im Siegel eine unwesentliche Rolle, er begleitete in den meisten Fällen die Figur des Amtsinhabers; erst später erschien er auch allein als Personifizierung des Besitzers".

[234] Vgl. *Petrus*, Heraldisches Handbuch, S. 103.

stellen.[235] Eine zweite Möglichkeit, die einem emeritierten Bischof der Kirche von Rom zu eröffnen ist, besteht im gänzlichen Verzicht auf die Führung eines Wappens nach seiner Emeritierung. Ihm selbst sollte es freistehen, welche der beiden Möglichkeiten er für sich vorsieht.[236]

4. Völkerrechtliche Wirkungen

Neben den petrinischen Amtsvollmachten und -pflichten, denen ein emeritierter Bischof von Rom durch den erfolgten Amtsverzicht verlustig wird, sind in der gebotenen Kürze auch die völkerrechtlichen Implikationen zu nennen.[237] Auch diese sollten der Vollständigkeit halber in einem anzustrebenden besonderen Gesetz aufgeführt werden, wenngleich darüber keinerlei Unsicherheiten zu erwarten sind. Der emeritierte Bischof von Rom ist mit dem Zeitpunkt der Rechtswirkung seines Verzichtes auf das Papstamt nicht mehr der Souverän des Vatikanstaates.[238] Alle Rechte und Pflichten, die dem Papst als Staatsoberhaupt[239] zukommen, verliert der Emeritus durch seinen Amtsverzicht.

Hinsichtlich der Staatsangehörigkeit eines emeritierten Bischofs von Rom argumentiert Bernd Eicholt, dass ihm diese als Papst zuteilwurde, er sie aber mit seinem Amtsverzicht ebenso verliert.[240] Dies begründet er mit der vatikanischen Praxis, der zufolge die „Staatsangehörigkeit (…) nicht auf Dauer verliehen" wird, „sondern (…) an bestimmte Funktionen oder Dienste bzw. eine Entscheidung des Papstes oder des Gouverneurs des Staates der Vatikanstadt und in einigen Fällen

---

[235] Dieses Gebot ist nicht als Geringschätzung der eigenen Regeln der (kirchlichen) Heraldik zu verstehen, vgl. hierzu grundsätzlich *May/Egler*, Einführung, S. 166: „Die Rangordnung der Gesetze begründet nicht eine verschiedene, größere oder geringere Verbindlichkeit derselben, sondern sie sagt etwas darüber aus, wie man sich bei dem Zusammentreffen von Gesetzen verschiedener Stufen zu verhalten hat. (…) Es lässt sich die Regel formulieren: lex superior derogat legi inferiori".

[236] Abzulehnen ist indes der Vorschlag eines neuen Wappens nach erfolgtem päpstlichem Amtsverzicht, das durch irgendein Element auf das Papstamt verweist, vgl. *Montezemolo/Pompili*, Manuale di araldica, S. 85–91. Dort wird über Elemente wie einen weißen Galero mit weißen Quasten in Anlehnung an die päpstliche Weißgewandung oder gekreuzte Schlüssel im Wappenschild diskutiert. Diese genuin dem Papst und seinem Amt zugeordneten äußeren Zeichen müssen allein diesem vorbehalten bleiben. Sinnvoller als eine hierdurch implizierte negative Aussage hinsichtlich des rechtswirksam erledigten Amtes erscheint es, die bleibende bischöfliche Existenz zu betonen. Benedikt XVI. entschied sich letztlich dafür, kein Wappen mehr zu führen, vgl. ebd., S. 91: „(…) Benedetto XVI., manifestando all'Autore vivo gradimento e sentita gratitudine per l'interessante studio fattogli pervenire, ha fatto sapere che preferisce non adottare un emblema araldico espressivo della nuova situazione creatasi con la sua rinuncia als Ministerio Petrino".

[237] Vgl. *Aymans-Mörsdorf*, KanR II, S. 212–214; *Schwendenwein*, Papst, S. 464–468.

[238] Vgl. ebd., S. 212 f. hinsichtlich der vertraglichen Grundlage der weltlichen Souveränität des Papstes.

[239] Vgl. Legge fondamentale, Art. 1 Abs. 1.

[240] Vgl. *Eicholt*, Amtsverzicht, S. 39.

zusätzlich auch an einen Wohnsitz innerhalb des Vatikans bzw. ggf. Roms gebunden" ist.[241] Infolgedessen erläutert Eicholt, dass ein emeritierter Bischof von Rom nach seinem Amtsverzicht bei bleibendem Wohnsitz im Vatikanstaat die Staatsangehörigkeit von Neuem erlangen kann.[242] Diese Möglichkeit soll an dieser Stelle zur Aufnahme in ein besonderes Gesetz übernommen werden. Letztlich obliegt die Entscheidung darüber, ob der emeritierte Bischof von Rom seinen Wohnsitz im Vatikanstaat behält, diesem selbst, insofern die einzige Weisung gilt, nach der er diesen in der ihm vormals anvertrauten Diözese behalten kann (c. 402 § 1). Eine gegenteilige Beschneidung seines Wohnrechts auf vatikanischem Gebiet muss als unverhältnismäßig gekennzeichnet und daher abgewiesen werden. Die Frage nach den übrigen bleibenden Staatsbürgerschaften eines emeritierten Papstes – etwa des Heimatlandes – stellt sich für ein anzustrebendes besonderes Gesetz indes nicht.[243]

III. Das Amt für die Belange des emeritierten Bischofs
der Kirche von Rom

Es erscheint angebracht, im Sinne einer positiven Lösung zum Wohl des Lebens der Communio zu untersuchen, auf welche Weise der bleibenden bischöflichen Existenz eines emeritierten Bischofs von Rom eine ihr angebrachte Ordnung zugrunde gelegt werden kann. Hierbei kann es nicht die alleinige Aufgabe eines besonderen Gesetzes sein, negative Abgrenzungen zu bieten, die ihrerseits darlegen, welche kurialen Ämter nicht mehr für die Belange eines emeritierten Bischofs von Rom zuständig sind. Vielmehr gilt es, ein eigenes Amt für diese Angelegenheiten vorzuschlagen[244]:

1. Ein eigenes Amt, das sich um die Belange des emeritierten Bischofs der Kirche von Rom kümmert, kann dazu verhelfen, diese Angelegenheiten selbst in ihrer eigenen Würde und ihrer Natur gemäß als diejenigen eines emeritierten Diözesanbischofs zu ordnen und zu koordinieren.[245]

2. Dieses eigene Amt kann auch äußerlich vernehmbar dazu verhelfen, jeden Anschein einer bleibenden Zuständigkeit der genuin dem Papstamt zugeordneten Ämter zu vermeiden. Wird etwa eine liturgische Feier unter der Vorsteherschaft des emeritierten Bischofs von Rom vollzogen, so koordiniert und ordnet diese nicht das Amt für die liturgischen Feiern des Papstes, sondern das Amt für die Belange des emeritierten Bischofs von Rom.

3. Neben den Fragestellungen aus dem Bereich des *munus sanctificandi* ist auch der bleibende Anteil des emeritierten Bischofs von Rom am kirchlichen Verkün-

---

[241] Ebd.
[242] Vgl. ebd.
[243] Vgl. ebd., S. 40 f. für die Frage nach der deutschen Staatsbürgerschaft Benedikts XVI.
[244] Neben der Bezeichnung als „Amt" böte sich auch diejenige als „Sekretariat" an.
[245] Vgl. *Brandmüller*, Renuntiatio Papae, S. 324, dort unter 3.

digungsdienst in die Koordination dieses neu zu schaffenden Amtes einbezogen.[246] Dies gilt insbesondere für die Verwaltung und etwaige Kommunikation der Predigttätigkeiten eines emeritierten Bischofs von Rom, die – sofern ihm dies der Papst als amtierender Diözesanbischof für einen Einzelfall nicht untersagt hat – zu seinen in der Weihe empfangenen Diensten zählt und ihm unbenommen bleibt.[247] Hierbei ist es die Aufgabe des Amtes für die Belange des emeritierten Bischofs von Rom zu betonen, dass es sich bei all seinen Zeugnissen im Zuge seines *munus docendi* nicht um die Aussagen des Papstes handelt, sondern um die des emeritierten Diözesanbischofs der Diözese Rom. Diese äußerlich erkennbare Einordnung kann dazu verhelfen, jeden Anschein einer bleibenden Teilhabe des Emeritus am päpstlichen Lehramt zu vermeiden.[248]

Ferner muss diese Maßgabe auch für alle übrigen etwaigen schriftlichen oder mündlichen Äußerungen eines emeritierten Bischofs von Rom gelten, die – sofern sie publiziert werden sollen – eindeutig der Urheberschaft des emeritierten Diözesanbischofs der Diözese Rom zugeordnet werden müssen.[249] Gleichzeitig erscheint es angebracht, an den emeritierten Bischof der Kirche von Rom die Bitte zu richten, all seine Äußerungen, sowohl hinsichtlich seines *munus docendi* als auch und in besonderer Weise aller anderen Veröffentlichungen, stets unter der Wahrung der Einheit und Einzigkeit des Papstamtes in seinem Wirken als emeritierter Bischof der Kirche zu vollziehen. Sollte es zu einem Fall kommen, in dem ein emeritierter Bischof von Rom dieser Bitte trotz besserem Wissen[250] und entgegen ihrer Grundintention nicht nachkommen würde, so müsste ihm durch den Papst als amtierendem Diözesanbischof Roms eine entsprechende Sanktion auferlegt werden.[251] Eine

---

[246] Vgl. S. 434–437 der vorliegenden Untersuchung.

[247] Vgl. hierzu den Hinweis bei *Hallermann*, Kommentar Direktorium, S. 292 B: „Ein solches Verbot kann gemäß c. 763 CIC nur für den Einzelfall erlassen werden, es muss ausdrücklich erfolgen (…) und es bedarf einer pastoralen oder dogmatischen Begründung. Der betroffene Emeritus kann gegen dieses Verbot Widerspruch beim Apostolischen Stuhl einlegen".

[248] Vgl. *Ohly*, Wort Gottes, S. 409 f. Dies gilt im umfänglichen Sinn für „alle verfügbaren Mittel (…), unter denen für den konkreten Dienst am Wort Gottes die Predigt, die Katechese und jede andere Form der Darlegung der christlichen Lehre herausragen, bis hin zur unfehlbaren Vorlage einer definitiven Glaubens- und Sittenlehre gemäß c. 749 CIC durch eine ex-cathedra-Entscheidung des Papstes (§ 1) (…)".

[249] Vgl. *Brandmüller*, Renuntiatio Papae, S. 324, dort unter 4. Gerade das Fehlen dieser Klarstellung hat hinsichtlich schriftlicher Publikationen Benedikts XVI. nach seinem Amtsverzicht zu Verwirrungen geführt und könnte mit Blick auf zukünftige päpstliche Amtsverzichtsleistungen durch die Schaffung eines eigenen „Amtes für die Belange eines emeritierten Bischofs der Kirche von Rom" vermieden werden; vgl. die Darstellung bei *Weiß*, Fragen zum Amtsverzicht, S. 524 f. und die dort in Anbetracht einer konkreten Fragestellung getroffene Einschätzung: „Joseph Ratzinger hat als emeritierter Bischof von Rom den früheren Professor korrigiert, denn als Papst konnte Benedikt XVI. 2014 nicht mehr agieren. Es handelt sich um keine lehramtliche Stellungnahme".

[250] Vgl. c. 1323 n. 2 (sowohl CIC/1983 als auch Pascite gregem Dei/2021).

[251] Wie etwa für den Bereich des Verkündigungsdienstes gemäß c. 763 für den Einzelfall, oder generell und gleichsam als *ultima ratio* als strafrechtliche Sanktion (vgl. c. 1336 § 1 nn. 2–3 CIC/1983; heute: c. 1336 § 3 nn. 2–4 Pascite gregem Dei/2021). Diese Entscheidung

solche Androhung sollte indes im Sinne der Vollständigkeit eines anzustrebenden besonderen Gesetzes vorgesehen werden, die jedoch im Vertrauen auf die Führung der Kirche durch den Heiligen Geist nicht als im Normalfall anzustrebendes Mittel anzusehen ist. Dies gilt auch aufgrund des Rufes an den Papst als amtierendem Diözesanbischof, die brüderliche Verbundenheit mit seinem Amtsvorgänger zu suchen und zu fördern.

4. Ein solches Amt für die Belange eines emeritierten Bischofs von Rom bestünde nicht aufgrund der besonderen Stellung des Emeritus in der Gesamtheit der Bischöfe, sondern aufgrund der einzigartigen Stellung seines Nachfolgers im römischen Bischofsamt als Papst der Kirche. Es geht in einer solchen Einrichtung nicht darum, die Belange aufgrund der Institution eines emeritierten Bischofs von Rom zu pflegen, sondern darum, die nicht mehr existente Zuständigkeit der päpstlichen Ämter zu diesen Zwecken auch institutionell deutlich darzustellen. Diese Ämter sind nur und ausschließlich zur Hilfe des Papstes an dessen oberstem Hirtenamt konstituiert.[252]

5. Die konkrete Ausgestaltung dieses Amtes sollte dem jeweiligen emeritierten Bischof der Kirche von Rom überlassen werden. Dies gilt insbesondere bezüglich des personellen Umfangs, der durch den einzelnen Emeritus in Anbetracht seiner eigenen persönlichen Umstände zu erwägen ist. Es bleibt die Aufgabe eines besonderen Gesetzes, in diesem Kontext an das einzuhaltende Maß zu erinnern, sodass ein solches Amt nicht durch Maßlosigkeit und Überschwang dominiert wird. Die finanziellen Mittel, die ein solches Amt benötigt, sollten durch die Diözese Rom bereitgestellt werden. Dies gilt nicht nur aufgrund des unter Punkt 4 dargestellten Sachverhalts, sondern auch in Anbetracht der Weisung an die jeweilige Bischofskonferenz dafür zu sorgen, „dass einem Verzicht leistenden Bischof ein hinreichender und würdiger Unterhalt gesichert ist, und zwar unter Berücksichtigung der vorrangigen Verpflichtung der Diözese, der er selbst gedient hat" (c. 402 § 2).[253]

6. Die gleichzeitige Ausübung einer Tätigkeit innerhalb dieses Amtes für die Belange eines emeritierten Bischofs von Rom und zugleich innerhalb der Römi-

---

obliegt dem Papst (vgl. c. 1338 § 1 CIC/1983 als auch Pascite gregem Dei/2021). Die Legitimation einer solchen Sanktionierung bietet c. 1338 § 2 CIC/1983 als auch Pascite gregem Dei/2021, der gleichzeitig feststellt, dass dem Emeritus in einem solchen Fall nicht die Weihegewalt entzogen wird, sondern ihm ein Verbot auferlegt wird, „sie selbst oder einige ihrer Akte auszuüben".

[252] Vgl. *Johannes Paul II.*, CA PastBon, Einführung, 3: „Von hier aus wird die Natur jener Einrichtung gesehen und verstanden, deren sich der Nachfolger des Petrus zur Ausübung seiner eigenen Sendung zum Wohl der Universalkirche bedient hat, wie auch die Handlungsweise, mit der er dieser Einrichtung Aufgaben übertragen hat, um sie zum Erfolg zu führen: von der Römischen Kurie sprechen wir, die sich seit alters her bemüht, bei der Ausübung des Petrusdienstes Hilfe zu leisten" und ebd., 1: „Die Römische Kurie ist die Gesamtheit der Dikasterien und Einrichtungen, die dem Papst bei der Ausübung seines höchsten Hirtendienstes für das Wohl und den Dienst an der Universalkirche und den Teilkirchen hilfreich zur Seite stehen (…)".

[253] Vgl. *Brandmüller*, Renuntiatio Papae, S. 324, dort unter 4.

schen Kurie mit all den ihr zugeordneten Einrichtungen in ihrem Wesen als Hilfe am obersten Hirtenamt des Papstes erscheint als miteinander unvereinbar.[254] Für diesen Fall kann die Maßgabe des c. 152 Beachtung finden, wonach zwei nicht miteinander vereinbare Ämter nicht zugleich von derselben Person wahrgenommen werden können. Auf funktionaler Ebene erscheint eine gegenteilige Praxis als nicht zielführend, insofern derjenige Mitarbeiter im Versuch zwei Herren zu dienen, keinem der beiden Dienste wirklich gerecht werden kann, da beide die volle Aufmerksamkeit eines jeden Beteiligten *ad bonum Ecclesiae* erfordern. Auf der Ebene der inhaltlichen Begründung erscheint dieses Vorgehen ebenso wenig angebracht, insofern durch dieses eine innere Verwobenheit der Hilfeleistung am Papstamt und derjenigen an den Belangen eines emeritierten Bischofs von Rom entsteht. Durch eine solche auch äußerlich nicht sichtbare Trennung beider Bereiche kann der Anschein entstehen, in der Dienerschaft zweier Päpste zu wirken, zumal dann, wenn der betreffende Mitarbeiter bereits vor dem erfolgten Amtsverzicht in einem Amt zu dessen Hilfe am Petrusdienst bestellt war.[255]

IV. Die Beisetzungsfeierlichkeiten

Mit allen Menschen verbindet einen emeritierten Bischof der Kirche von Rom die Endlichkeit seines irdischen Lebens. Sein leiblicher Tod wirft die für die vorliegende Thematik relevante Frage auf, in welcher Form die Beisetzungsfeierlichkeiten eines Emeritus zu vollziehen sind. Dies gilt insbesondere darum, da die Kirche sowohl für die Beisetzung eines Papstes als auch für die eines Bischofs eigene rechtliche und insbesondere liturgische Maßgaben kennt, die in diesen Fällen zu befolgen sind.[256]

Auf der Grundlage des bereits Dargestellten und im Sinne der notwendigen Einheitlichkeit der Weisungen eines anzustrebenden besonderen Gesetzes ist auch in diesem Kontext darauf zu verweisen, dass die Maßgaben für die Beisetzungsfeierlichkeiten eines Papstes im Todesfall eines emeritierten Bischofs von Rom keine Geltung besitzen können.[257] Stirbt er, so stirbt nicht der Papst, sondern der eme-

---

[254] Vgl. *Pulte*, Amtsverzicht, S. 81.

[255] Vgl. ebd.: „Es ist darauf zu achten, dass der Sekretär nicht zugleich ein weiteres kuriales Amt ausübt, das zu einer Interessenkollision führen könnte"; vgl. *Rehak*, Urbi et Orbi, S. 256 f., unter Nennung eines konkreten Beispiels. Diese Doppelfunktion könnte bei allen daran Beteiligten Interessenskonflikte und Unsicherheiten schüren.

[256] Für die Beisetzungsfeierlichkeiten eines Papstes gelten *Johannes Paul II.*, CA UnivDom-Greg, 27–32 i. V. m. Ordo exsequiarum/2000. Für diejenigen eines Bischofs sind die Weisungen maßgeblich des Zeremoniale/1998, 1174–1182 i. V. m. *Congr-Ep*, ApS, 245. Auch liturgische Maßgaben gelten als Gesetze und sind zu befolgen, vgl. c. 2 und *Aymans-Mörsdorf*, KanR I, S. 108 f.: „Die Liturgie ist wesentlicher Bestandteil der kirchlichen Lebensordnung (vgl. c. 837 § 1), zu deren Gestaltung das Kirchenrecht berufen ist. Die liturgischen Bestimmungen gehören daher zur kirchlichen Rechtsordnung".

[257] Vgl. zutreffend hierzu *Brandmüller*, Renuntiatio Papae, S. 325: „Finally there must be a ceremonial for when former Pope dies: it cannot be the same as the one foreseen for the Pope".

ritierte Bischof der Kirche von Rom. Daher gelten für diesen Fall die Weisungen für Tod und Begräbnis eines Bischofs als maßgeblich. Aufgrund der besonderen Situation, dass gleichzeitig ein ehemaliger päpstlicher Amtsinhaber verstorben ist, sind einige Konkretionen unerlässlich, die auch diesem wichtigen Faktum Rechnung tragen:

1. Die Weisungen an einen Bischof, in Krankheit und Schwäche die Sakramente der Buße und der Eucharistie zu empfangen, sind auch an einen emeritierten Bischof von Rom zu richten.[258] Dies gilt auch für den Empfang der Wegzehrung im Herannahen seiner Sterbestunde.[259]

2. Die Weisung hinsichtlich des Gebets, das ein Herzensanliegen des Presbyteriums, des Konsultorenkollegiums, des Kathedralkapitels und letztlich aller Gläubigen der Diözese zur Begleitung des Sterbenden sein soll[260], sollte für den Fall des Sterbens eines emeritierten Bischofs von Rom ausgeweitet werden. Wie aus dem allgemeinen Hinweis für den herannahenden Tod eines Bischofs deutlich wird, ist die gesamte diözesane Communio dazu aufgerufen, sich im beistandlichen Gebet um den Sterbenden geistlich zu versammeln. Dies geschieht, da der Sterbende der Hirte der ihm vormals anvertrauten Herde war. Befindet sich ein ehemaliger Bischof von Rom im Todeskampf, so ergeht dieser Ruf ebenso an den ihm vormals anvertrauten Teil des Gottesvolks. Aufgrund der Untrennbarkeit des diözesanbischöflichen Amtes des Bischofs von Rom und dem Papstamt in seiner Funktion als Hirte der Gesamtkirche besteht die ihm anvertraute Herde nicht nur als die *portio populi Dei* der Diözese Rom, sondern ebenso in der Gesamtheit des Gottesvolkes. Daher erscheint es angebracht, diesen Ruf für den Fall des herannahenden Todes eines emeritierten Bischofs von Rom auf die ganze Kirche auszuweiten.

Hierin sollte der Auftrag an die Teilkirchenvorsteher des Erdkreises enthalten sein, in ihren Teilkirchen für das fürbittende Gebet nach Kräften zu sorgen. Eine solche Weisung sollte überdies an die Kardinäle ergehen, die zwar nicht im Dienst am emeritierten Bischof von Rom stehen, ihn aber in dieser Situation aufgrund des ehemals durch ihn bekleideten Amtes und der darin enthaltenen inneren Verbundenheit mit ihm im Gebet begleiten sollten.

3. Auch für den Todesfall eines emeritierten Bischofs von Rom besitzt die allgemeine Weisung Gültigkeit, wonach die entsprechenden Gebete zu sprechen und er in den entsprechenden liturgischen Gewändern an einem geeigneten Ort aufzubahren ist.[261] Dies gilt ebenso für die Maßgabe, nach der ihm die Pallien beizugeben sind, die er in Verbindung mit seinen ehemaligen Ämtern empfangen hat, sofern er zu Lebzeiten nichts Gegenteiliges bestimmt hat.[262] Für den Todesfall

---

[258] Vgl. Zeremoniale/1998, 1174.
[259] Vgl. ebd., 1175.
[260] Vgl. ebd., 1176.
[261] Vgl. ebd., 1177.
[262] Vgl. ebd.

eines emeritierten Bischofs von Rom sind hierin neben dem etwaig empfangenen Pallium im Zuge eines möglichen metropolitanen Bischofsamtes auch das päpstliche Pallium einzubeziehen.[263]

4. Hinsichtlich des geeigneten Tages und der geeigneten Stunde für das Begräbnis gelten für den emeritierten Bischof von Rom nicht die für den Tod eines Papstes vorgesehenen Zeiträume.[264] Bezüglich des Vorstehers dieser Begräbnisfeier gebietet sich indes eine eigene Maßgabe, die Einzug in eine *lex peculiaris de lege ferenda* halten sollte. Für das Begräbnis eines Bischofs ist vorgesehen, dass dieser „der Vorsitzende der regionalen Bischofskonferenz oder der Metropolit"[265] vorzustehen hat. Es erscheint angebracht, dass dem Begräbnis eines emeritierten Bischofs von Rom der amtierende Papst vorsteht, nicht nur, da er der Metropolit der römischen Kirchenprovinz ist, sondern auch, da hierdurch die bleibende geistliche Verbundenheit des emeritierten Diözesanbischofs mit der ihm vormals anvertrauten Herde ihren Ausdruck finden kann. Hierbei ist indes jeder Eindruck zu vermeiden, als begrübe der Papst einen Papst. Vielmehr steht der amtierende Bischof von Rom den Beisetzungsfeierlichkeiten eines emeritierten Bischofs von Rom vor.[266] Die Vorsteherschaft durch den Kardinaldekan hingegen würde in diesem Kontext eine größere Gefahr bergen, insofern dieser und mit ihm alle Kardinäle ihren Dienst als Helfer des Papstes vollziehen (c. 349).[267] Steht der Kardinaldekan dem Begräbnis eines Papstes vor, so geschieht dies aufgrund der inneren Verwobenheit des kardinalizischen Amtes mit dem Papstamt und auf diesem Fundament als letzter Dienst am verstorbenen Amtsinhaber. Daher ist von einer solchen Weisung für das Begräbnis eines emeritierten Bischofs von Rom abzusehen.

5. Als Begräbnisstätte eines emeritierten Bischofs ist die Kathedrale der Diözese vorgesehen, der er zuletzt vorgestanden hat, wenn er nicht eine andere Vorkehrung

---

[263] Dies gilt, da die entsprechende Weisung des geltenden Zeremoniale allgemein vom Bischof spricht, womit konsequenterweise alle in den Adressatenkreis rücken, die zum Bischof der Kirche geweiht sind.

[264] Vgl. Zeremoniale/1998, 1178. Hinsichtlich der drei Stationen der Beisetzungsfeierlichkeiten sieht das liturgische Recht für das Begräbnis eines Papstes dessen Wohnstätte, die vatikanische Basilika und den Ort des Begräbnisses vor, vgl. Ordo exsequiarum/2000, Praenotanda 5. Auch diese Maßgaben sind für einen verstorbenen emeritierten Bischof von Rom anzupassen. Es erscheint zwar sinnvoll, auch in seinem Fall die Peterskirche als Ort der Aufbahrung zu wählen, doch gilt dies nicht als absolute Weisung.

[265] Vgl. Zeremoniale/1998, 1178.

[266] Auch eine Involvierung des Kardinalvikars der Diözese Roms erscheint indes nicht angebracht (vgl. Ordo exsequiarum/2000, Praenotanda 14), da dieser seine Aufgabe für den eigentlichen Bischof der römischen Ortskirche vollzieht, der einzig und allein der amtierende Papst ist. Der Verbindung des Verstorbenen mit der ihm ehemals anvertrauten *portio populi Dei* wird deutlicher durch den amtierenden Hirten der Diözese Rom Ausdruck verliehen, als durch dessen Stellvertreter. Steht der Papst den Beisetzungsfeierlichkeiten vor, so fällt die Sorge um die rechte Durchführung dem Amt für die liturgischen Feiern des Papstes anheim.

[267] Vgl. Ordo exsequiarum/2000, Praenotanda 13. Bei Verhinderung des Kardinaldekans geht die Vorsteherschaft an den Kardinalsubdekan über, bei dessen Verhinderung an den ranghöchsten und ältesten Kardinal.

getroffen hat.[268] Die Kathedrale der Diözese Rom ist die Lateranbasilika[269], wohingegen die traditionelle und hauptsächliche Grablege der Päpste die Peterskirche im Vatikan ist.[270] Diese Tradition verdankt sich insbesondere der Grabstäte des Apostels Petrus selbst, die sich an dem Ort der heutigen Peterskirche befindet.[271] In Anbetracht dessen erscheint es ratsam, einem emeritierten Bischof von Rom das Begräbnis in Sankt Peter nicht durch die Weisung eines besonderen Gesetzes zu verweigern. Es sollte ihm offenstehen, welche Grabstätte er für sich vorgesehen hat, unter Beachtung der Allgemeinen Weisung zu einem Begräbnis in einer Kirche.[272] Die Inschrift des Grabes jedoch sollte den Gegebenheiten angepasst werden, wobei neben dem Status zum Zeitpunkt des Todes auch die Daten des Pontifikats aufgeführt werden sollten.[273]

6. Unter Beachtung aller hier genannten Konkretionen erscheint es letztlich nicht notwendig, einen eigenen *Ordo exsequiarum Episcopi emeriti Ecclesiae Romanae* zu formulieren. Vielmehr erscheint es angebracht, innerhalb eines anzustrebenden besonderen Gesetzes auf die Maßgaben hinsichtlich des Begräbnisses eines Bischofs unter Beachtung der ebenso aufzunehmenden Konkretionen zu verweisen. Hinsichtlich der Begräbnisfeier unter der Vorsteherschaft des amtierenden Bischofs von Rom gelten die liturgischen Weisungen für ein Begräbnis unter der Leitung eines Bischofs.[274] Als solcher steht der Papst dieser Begräbnisfeier seines verstorbenen Amtsvorgängers vor. Auch für die Begräbnisfeier eines emeritierten Bischofs von Rom sollte „weder in der liturgischen Ordnung noch im äußeren Aufwand ein Ansehen von Person oder Rang gelten" – mit Ausnahme all jener Unterschiede, die „auf dem liturgischen Amt oder der heiligen Weihe beruhen".[275]

---

[268] Vgl. Zeremoniale/1998, 1181.

[269] Vgl. zur langen Traditionsgeschichte der Lateranbasilika als römische Kathedralkirche vgl. *Brandenburg*, Lateran, Sp. 663–666.

[270] Der letzte Papst, der seine endgültige Grabstätte nicht in der Peterskirche bzw. in den Vatikanischen Grotten gefunden hat, ist Leo XIII., der im Jahr 1903 starb und diese in der Lateranbasilika fand, vgl. *Schwaiger*, Papsttum und Päpste, S. 104: „Im Jahr 1924 wurden die Gebeine in aller Stille zur endgültigen Ruhestätte in die Lateranbasilika überführt und hier auf der rechten Seite beigesetzt (…)". Der heute geltende Ordo exsequiarum Romani Pontificis sieht die ebenso die Peterskirche als Begräbnisstätte vor, vgl. beispielhaft dort 124.

[271] Vgl. zu einem kurzen Überblick *Lanzi*, Heilige Orte, S. 73 f.

[272] Zeremoniale/1998, 1181.

[273] Auf diese Weise würde zunächst der bürgerliche Name mit den Lebensdaten und der Betitelung als „Episcopus emeritus Ecclesiae Romanae" erscheinen, woraufhin sich der Papstname mit den Daten des Pontifikats und ggf. dem ehemals geführten päpstlichen Wappen anschließen kann.

[274] Vgl. Zeremoniale/1998, 822–840. Diese Weisungen sind an den jeweiligen Stellen der Vorsteherschaft durch den Bischof von Rom als Papst der Kirche anzupassen; bspw. nutzt er nicht den Bischofsstab (823 a), sondern die Ferula. Diese Besonderheiten sind gemäß den Maßstäben des Amtes für die liturgischen Feiern des Papstes zu beachten, das für diese Begräbnisfeier die organisatorische Vorbereitung und Durchführung innehat.

[275] Vgl. ebd., 824. Auch hier ist die bischöfliche Existenz des Verstorbenen der maßgebliche Anhaltspunkt. An dieser Stelle gilt in analoger Entsprechung jene Weisung, die das liturgische Recht für die Beisetzung eines Papstes kennt, vgl. Ordo exsequiarum/2000, Praenotanda 4: „Corpori Romani Pontificis defuncti, qui sacramentis initiatiationis christianae templum Sancti

Die Feier selbst ist in der ihr gebotenen „vornehmen Einfachheit" zu vollziehen.[276] Die gesamte Kirche ist indes dazu aufgerufen, in gleicher Weise wie in der herannahenden Sterbestunde für den verstorbenen emeritierten Bischof von Rom zu beten, „indem sie die Messe oder das Stundengebet für den Verstorbenen" feiert „oder auf andere geeignete Weise seiner"[277] gedenkt.

V. Auszuschließende Elemente

Nachdem nun im Sinne einer positiven Darstellung eine Einordnung der Stellung eines emeritierten Bischofs der Kirche von Rom erfolgen konnte und die aus ihr resultierenden möglichen Inhalte einer anzustrebenden *lex peculiaris de lege ferenda* aufgezeigt wurden, gilt es, einige Elemente anzufügen, die in Anbetracht des bisher Dargestellten auszuschließen sind. Wenn bisher der Versuch erfolgen sollte, vom Einzelfall losgelöste Weisungen darzustellen, die aufgrund ihres Gesetzescharakters auf eine unbestimmte Anzahl von Fällen anwendbar sein müssen[278], soll nun in einigen Bereichen zumindest in der Herleitung möglicher auszuschließender Elemente das konkrete Beispiel des Amtsverzichts Papst Benedikts XVI. herangezogen werden. Hierbei gilt es, das notwendige Augenmaß zu wahren[279], auch wenn ein konkretes Beispiel konsultiert werden soll.

1. Kardinalat

Die erste fragliche Thematik stellt sich indes unabhängig vom konkreten Beispiel Papst Benedikts XVI., da durch die von ihm gewählte Lebensweise als emeritierter Bischof von Rom keine derartige Praxis erschaffen wurde: Ist der emeritierte Bischof von Rom, nachdem er auf das Papstamt der Kirche verzichtet hat, Kardinal der Heiligen Römischen Kirche?[280]

Die bereits erfolgte Darstellung des Wesens des Kardinalats der Kirche[281] hat ergeben, dass sich dieses sowohl in seinen Anfängen als auch in seiner heutigen

---

Spiritus factus est et sacramento Ordinis episcopalis populi Dei servitio totum se dedit (...) debitus honor tribuitur (...)". Der Verstorbene ist katholischer Christ und geweihter Bischof der Kirche.

[276] Vgl. ebd., 825.

[277] Vgl. ebd., 1182 und oben unter Punkt 2.

[278] Vgl. *Rees*, Rechtsnormen, S. 138.

[279] So zurecht *Pulte*, Amtsverzicht, S. 81.

[280] Mit dieser Frage sahen sich auch jene Autoren konfrontiert, die sich in der direkten Folge des Amtsverzichts Papst Benedikts XVI. dieser Thematik annahmen, vgl. *Klappert*, Amtsverzicht, S. 70; *Eicholt*, Amtsverzicht, S. 35; implizit *Pulte*, Amtsverzicht, S. 80 f.; *Weiß*, Fragen zum Amtsverzicht, S. 523 f.; *Herrmann*, Amtsverzicht, S. 121; *Rehak*, Urbi et Orbi, S. 262 f. mit Anm. 26; *Ders.*, Emeritus, S. 839; *Graulich*, Vakanz, S. 78; *Ders.*, Amtsverzicht, S. 487; *Brandmüller*, Renuntiatio Papae, S. 324; *Egler*, Papa emeritus, S. 182 f.

[281] Vgl. S. 178–181 der vorliegenden Untersuchung.

Gestalt ganz und gar als Hilfestellung am Papstamt in seiner Funktion als oberstem Hirtenamt der Kirche definiert (c. 349) und nur in Verwobenheit mit ihm und in Abhängigkeit von ihm bestehen kann. Aus dem Petrusdienst selbst leiten sich alle Funktionen ab, die einem Kardinal der Kirche zuteilwerden. Dies gilt selbst für dessen Aufgaben *sede vacante*, insofern auch diese durch die Aufrechterhaltung der kirchlichen Grunddienste und insbesondere durch die Wahl eines neuen Papstes zur Hilfe am universalen Hirtendienst gereichen.

Von diesem Dienstcharakter des Kardinalats der Kirche her ist einer rein ehrenhalber vorgenommenen Erhebung kritisch gegenüberzutreten.[282] Dies gilt zunächst, da das Kardinalat selbst keine Mehrdimensionalität im Sinne eines ausgeführten Dienstes einerseits und einer reinen Würdenstellung andererseits aufweist. Es ist definiert als Hilfestellung am obersten Hirtendienst des Papstes (c. 349). Dies gilt für alle zum Kardinal kreierten Bischöfe der Kirche.[283] Auch bei einer rückwirkenden Honoration[284] desjenigen, der dem Apostolischen Stuhl bereits zuvor durch seinen Dienst eine herausragende Hilfe geleistet hat, gelten für ihn alle nach den Maßgaben des Rechts vorgesehenen[285] Teilhabepflichten an der kardinalizischen Hilfe am Petrusdienst. Die Begründung zur Erhebung in das Kardinalat mindert diese nicht. Es gibt in der Kirche nur das eine Kardinalat mit seinen genuinen Aufgaben *sede plena et sede vacante*. Dies würde auch für einen emeritierten Bischof von Rom gelten, der – insofern er mit der Wahl zum Papst das Kardinalat automatisch abgelegt hat – nach seiner Emeritierung erneut zum Kardinal kreiert werden würde.[286] Auch er wäre zu dieser besonderen Hilfe am obersten Hirtenamt der Kirche berufen, sofern man sich nicht vom Dienstcharakter jedweder kirchlichen Funktion verabschieden möchte.[287]

---

[282] Vgl. hierzu den Hinweis bei *Graulich*, Kardinäle, S. 487, dort Anm. 8.

[283] Vgl. *Benedikt XVI.*, Predigt Konsistorium/2010: „Ab heute gehören sie zu jenem ‚coetus peculiaris‘, der unmittelbar und beständig mit dem Nachfolger Petri zusammenarbeitet und ihn bei der Ausübung seines universalen Dienstes unterstützt".

[284] Vgl. ebd.: „Es sind Hirten, die mit Eifer bedeutende Diözesangemeinschaften leiten, Bischöfe, die den Dikasterien der Römischen Kurie vorstehen oder die mit vorbildlicher Treue der Kirche und dem Heiligen Stuhl gedient haben".

[285] Hierbei sticht insbesondere die Altersgrenze zur aktiven Papstwählerschaft hervor, die einem Kardinal, der zum Zeitpunkt seiner Kreierung das 80. Lebensjahr bereits vollendet hat, niemals zuteilwurde.

[286] Ansonsten würde es zum Wohl der Einheit der Kirche einiger rechtlicher Sonderregelungen benötigen, zu denen insbesondere der Ausschluss des emeritierten Bischofs von Rom von der aktiven Papstwählerschaft zu zählen ist, die zumindest theoretisch bei einem Amtsverzicht und einer Kreierung vor dem Erreichen des 80. Lebensjahres denkbar wäre und die etwa *Egler*, Papa emeritus, S. 183 und *Brandmüller*, Renuntiatio Papae, S. 324 vorschlagen, letzterer sogar unter Ausschluss der aktiven und passiven Wahlberechtigung: „In analogy after his resignation a former pope could be immediately created cardinal but certainly without the active or passive right of election".

[287] Vgl. *Benedikt XVI.*, Predigt Peter und Paul/2005, S. 2. An dieser Stelle bemerkt der Papst, dass „der Sinn aller Funktionen und Dienste im Grunde der ist, dass ‚wir alle zur Einheit im Glauben und in der Erkenntnis des Sohnes Gottes gelangen (sollen), damit wir zum vollkommenen Menschen werden und Christus in seiner vollendeten Gestalt darstellen‘, damit der Leib Christi wächst und ‚in Liebe aufgebaut wird‘". Mit innerem Zitat aus Eph 4,13.16.

Das Fundament jedes päpstlichen Amtsverzichts bildet die Erkenntnis des Verzichtswilligen, den anvertrauten Petrusdienst wegen verschiedener Begründungen nicht mehr zum Wohl der Kirche adäquat ausüben zu können. Der Verzichtswillige sieht sich nach intensiver Gewissensprüfung mit abschließendem Gewissensurteil nicht mehr dazu im Stande, sein Amt als Hirte der Gesamtkirche mit all den damit verbundenen Vollmachten zu vollziehen. Daher stellt sich neben den ausgehend vom Kardinalat selbst herrührenden Zweifeln überdies die Frage nach der Kompatibilität dessen mit der spezifischen Stellung eines emeritierten Bischofs der Kirche von Rom.[288] Zugespitzt könnte die Frage lauten, wie ein und dieselbe Person gleichzeitig aufgrund der fehlenden habituellen Fähigkeit, das Amt des obersten Hirten der Gesamtkirche auszuüben, gleichzeitig zum Kardinal der Kirche erhoben werden und als solcher in erster Linie hervorragender Helfer des amtierenden Papstes an eben diesem Dienst sein könnte.

Der emeritierte Bischof von Rom ist aufgrund seines Bischof-Seins zur Hilfe am Amt des Bischofs von Rom sowohl im Sinne seines diözesanbischöflichen Dienstes als auch seines päpstlichen Amtes berufen.[289] Diese Hilfestellung resultiert jedoch aus einer gänzlich anderen Grundlage: seiner bleibenden geistlichen Verbundenheit mit der *portio populi Dei* der Diözese Rom einerseits und seiner bleibenden Gliedschaft im Bischofskollegium aufgrund der sakramentalen Bischofsweihe andererseits. Das Kardinalat leistet seinen Dienst auf einer anderen Ebene, die zwar nicht vom Bischofsamt getrennt ist (c. 351 § 1), jedoch nicht aus diesem resultiert – weder im Sinne des sakramental empfangenen Habitus noch des erledigten bischöflichen *officium*.[290] Infolgedessen kann eine Kreierung eines emeritierten Bischofs von Rom zum Kardinal keine dem Leben der Kirche förderliche Option sein, wenn man den genuinen Charakter des Kardinalats selbst beachten und aufgrund seiner eigenen Wichtigkeit wertschätzen möchte. Ein diesbezügliches Verbot kann indes kein Bestandteil einer *lex peculiaris de lege ferenda* sein, denn der Papst wählt frei jene Männer aus, die er in das Kardinalat der Kirche erheben möchte (c. 351 § 1). Wohl aber könnte ein diesbezüglicher Wunsch unter Nennung der dargestellten Herleitung erfolgen, der für den Papst als dessen einzigem Adressaten aber nie eine verpflichtende rechtliche Bestimmung sein kann.

Die Grundlage dieser Überlegungen bildet eine vorgelagerte Frage, die untrennbar mit dem bereits Dargestellten verbunden ist: Legt der zum Papst Gewählte mit der Annahme der Wahl automatisch seine etwaig bestehende Kardinalswürde ab? Diese Frage ist bislang kein Bestandteil einer rechtlichen Norm und birgt im An-

---

[288] So zurecht *Weiß*, Fragen zum Amtsverzicht, S. 524.

[289] Vgl. S. 114–121 der vorliegenden Untersuchung.

[290] Durch die Weisung, nach der die Kardinäle die Bischofsweihe zu empfangen haben, wird der Erkenntnis Rechnung getragen, dass sie in ihren kurialen Ämtern als Vorsteher auch die sakramentale Vollmacht besitzen sollten. Dies gilt nicht zuletzt, da auch diese Ämter eine geistliche Dimension beinhalten, vgl. *Johannes XXIII.*, MP Cum gravissima. Der Praxis, von dieser Weisung zu dispensieren, kann aus den genannten Gründen durchaus kritisch gegenübergetreten werden, vgl. *Graulich*, Kardinäle, S. 487.

gesicht eines päpstlichen Amtsverzichts die Folgefrage, ob ein emeritierter Bischof von Rom nicht erneut zum Kardinal kreiert werden müsste, sondern nach erfolgtem Amtsverzicht automatisch in seinen Kardinalsrang zurückkehren würde.[291] Auch zur Beantwortung dieser beiden Fragen erscheint eine Konsultation der Wesensbestimmung des Kardinalats selbst als unausweichlich. Ohne bereits Dargestelltes wiederholen zu wollen, soll die Kernbestimmung der kardinalizischen Aufgabe vorangestellt werden: Die Kardinäle sind Helfer des Papstes an dessen universalem Hirtendienst (c. 349). Ausgehend von dieser funktionalen Dimension ergibt sich, dass der zum Papst Gewählte aufgrund des Wesens des ihm *ex missione divina* übertragenen Amtes und dem damit verbundenen Dienst als Hirte der Gesamtkirche nicht gleichzeitig Helfer an diesem sein kann.[292] Somit steht in einem ersten Schritt fest, dass der amtierende Papst nicht gleichzeitig die Aufgabe des Kardinalats der Kirche ausüben kann.

Sodann bleibt zu klären, ob sein Kardinalsrang während seines Pontifikats ruht, oder ob er diesen mit dem Moment der Wahlannahme ablegt.[293] Im Sinne eines ruhenden Kardinalsranges könnte insofern argumentiert werden, dass das Kardinalat kein *officium ecclesiasticum* darstellt und daher nicht durch die Norm des c. 152, der die Übertragung zweier miteinander unvereinbarer Ämter beinhaltet, umfangen wäre.[294] Im Sinne des Kardinalats als Einrichtung der Kirche, die als Dignität genuine Wesenselemente eines Kirchenamtes enthält[295], ist jedoch selbst bei einer strikten Einordnung dessen als höchste kirchliche Würde die analoge Gesetzesanwendung angebracht. Auch bei einem Einsatz dieser Auslegungsweise gilt c. 152, sodass das Kardinalat der Kirche nicht mit dem Papstamt der Kirche vereinbar ist und der zum Papst Gewählte nach erfolgter Amtsübernahme dieses selbst ablegt.[296] Dies gilt gerade im Angesicht einer bisher vorliegenden Gesetzeslücke, die eine vom rechtlichen Standpunkt unzweifelhafte Antwort bieten könnte.[297]

---

[291] Auch dieser Frage wandte sich eine Vielzahl der bereits benannten Autoren mit unterschiedlichen Ergebnissen zu, vgl. *Rehak*, Urbi et Orbi, S. 262 f. Für eine automatische Rückkehr bzw. ein Wiederaufleben des ruhenden Kardinalsrang plädiert *Klappert*, Amtsverzicht, S. 70 f.; dagegen sprechen sich *Weiß*, Fragen zum Amtsverzicht, S. 523 f.; *Egler*, Papa emeritus, S. 182 f.; *Eicholt*, Amtsverzicht, S. 35; *Graulich*, Amtsverzicht, S. 487; *Pulte*, Amtsverzicht, S. 80 und *Herrmann*, Amtsverzicht, S. 121, aus.

[292] So etwa *Eicholt*, Amtsverzicht, S. 35; *Weiß*, Fragen zum Amtsverzicht, S. 523 f.

[293] Für ein etwaiges Ruhen des Kardinalsrangs, das unerlässliche Voraussetzung eines Wiederauflebens ist, spricht sich *Klappert* aus (Amtsverzicht, S. 70).

[294] Vgl. ebd.

[295] Vgl. S. 178–181 der vorliegenden Untersuchung.

[296] In diesem Sinne *Eicholt*, Amtsverzicht, S. 35; *Weiß*, Fragen zum Amtsverzicht, S. 523 f.; *Egler*, Papa emeritus, S. 182 f.; *Herrmann*, Amtsverzicht, S. 121.

[297] Vgl. *May/Egler*, Einführung, S. 233: „Das am häufigsten gebrauchte Mittel, um Lücken zu schließen, ist die Ergänzung des Gesetzes aus dem eigenen Rechtssystem; der Weg hierzu ist die Analogie. (…) Analogie ist die entsprechende Anwendung einer auf einen bestimmten Tatbestand gerichteten Rechtsnorm auf einen ähnlichen Sachverhalt wegen Gleichheit des Grundes". Insbesondere die Gleichheit des Grundes ist für die analoge Anwendung des c. 152 im vorliegenden Fall ausdrücklich gegeben, denn auch hier sind Kardinalat und Papstamt nicht miteinander vereinbar, unabhängig davon, ob das Kardinalat Amt oder Dignität ist.

Auf diesem Fundament bleiben die folgenden Elemente als Vorgabe an eine *lex peculiaris de lege ferenda* bestehen:

1. Zunächst bedarf es zur Förderung der notwendigen Rechtssicherheit der Schließung einer Gesetzeslücke durch eine entsprechende kirchenrechtliche Weisung[298]: Der zum Papst Gewählte verliert mit der Annahme der Wahl[299] gemäß c. 332 § 1 die etwaig zuvor empfangene Kardinalswürde aufgrund der Unvereinbarkeit von Kardinalat und Papstamt im Sinne des c. 152, da zwischen dem Amt des Hirten der Gesamtkirche und dem Dienst der vornehmlichen Helfer an diesem „ein Widerstreit der beiderseitigen Amtsaufgaben vorliegt".[300]

Diese Maßgabe, die den zum Papst Gewählten und hernach amtierenden Bischof von Rom als einzigen Adressaten kennt, birgt eine Relevanz für einen emeritierten Bischof von Rom, insofern dieser nicht von selbst in den Kardinalsrang zurückkehren kann, da er ihn mit der Annahme seiner eigenen Papstwahl zugunsten des Papstamtes verloren hat.

2. Da der emeritierte Bischof der Kirche von Rom nicht automatisch in den Kardinalsrang zurückkehrt, könnte er aufgrund der Maßgabe des c. 351 § 1 durch seinen Nachfolger im Papstamt erneut zum Kardinal kreiert werden. Dem Papst kann sein eigenes freies Recht auch durch eine gegenteilige Weisung eines anzustrebenden besonderen Gesetzes nicht genommen werden.[301] In Anbetracht der dargestellten Begründung sollte jedoch eine ablehnende Einordnung dieser Möglichkeit erfolgen, die zumindest im eindringlichen Wunsch münden kann, wonach von der Erhebung eines emeritierten Bischofs von Rom in den Kardinalsrang abgesehen werden sollte. Dies gilt insbesondere aufgrund der genuinen Aufgaben des Kardinalats selbst und seines Wesens als wahrer Dienst zum Wohl der gesamten Communio, nicht jedoch im Sinne einer fehlenden Wertschätzung gegenüber dem emeritierten Bischof von Rom. Eine rein ehrenhalber vollzogene erneute Erhebung zum Kardinal stünde dem Dienstcharakter einer jeden kirchlichen Funktion entgegen, denn diese „ist nicht um der Förderung des geistlichen Wohls des Amtsinhabers da".[302]

---

[298] Vgl. ebd., S. 232: „Die Gesetzeslücke ist zu schließen, wenn dies notwendig ist. Es ist notwendig, wenn der Schutz der Gerechtigkeit und die Aufrechterhaltung des Friedens in der Gemeinschaft die Bestimmung der Rechte und Pflichten fordern". Neben der analogen Anwendung jener Gesetze, die „für ähnlich gelagerte Fälle erlassen worden sind" (c. 19), kann eine Gesetzeslücke auch durch ergänzende Gesetzgebung geschlossen werden.

[299] Unverständlich erscheint der Hinweis bei *Weiß*, Fragen zum Amtsverzicht, S. 524. Demnach soll „mit dem Verzicht auf das Papstamt auch der Verzicht auf das Kardinalat erklärt" werden. Der Kardinalsrang geht bereits mit der päpstlichen Amtsübernahme verloren und muss nicht eigens abgelegt werden.

[300] Vgl. *Aymans-Mörsdorf*, KanR I, S. 463.

[301] Selbst wenn eine solche Weisung aufgenommen werden würde, müsste der amtierende Papst diese aufgrund seines Jurisdiktionsprimats nicht befolgen.

[302] Vgl. *Aymans-Mörsdorf*, KanR I, S. 464. Dort sprechen die Autoren im Kontext der Ämterhäufung davon, dass „die Vereinigung mehrerer unvereinbarer Ämter in einer Hand nie dazu da sein kann, dem geistlichen Wohl des Amtsinhabers zu dienen; dies würde den kirchlichen

3. Wird dieser eindringlichen Bitte entsprochen, ist der emeritierte Bischof von Rom kein Kardinal der Heiligen Römischen Kirche, sodass er nicht zu den Adressaten aller diesbezüglichen rechtlichen Maßgaben zählt. Insbesondere die Frage nach der aktiven Papstwählerschaft eines emeritierten Bischofs von Rom ist durch dieses Vorgehen als obsolet zu betrachten. Die Möglichkeit, vom Papstwahlkollegium erneut zum Papst gewählt zu werden, besteht hingegen unvermindert und soll auch nicht durch eine *lex peculiaris de lege ferenda* verhindert werden.[303] Es bedarf folglich keiner weiterer rechtlichen Konkretionen hinsichtlich eines emeritierten Bischofs der Kirche von Rom, der nicht nach erfolgtem Amtsverzicht erneut zum Kardinal erhoben wurde.[304]

Die durch Benedikt XVI. nach dem Amtsverzicht gewählte Lebensweise mitsamt ihrer äußeren Darstellung macht es für diesen Einzelfall nicht notwendig, die an dieser Stelle behandelten Fragen zu beantworten.[305] Mit Blick auf den Anspruch eines kirchlichen Gesetzes, unabhängig von Einzelfällen anwendbar sein zu müssen, gilt es dennoch, diese Problematik für die Aufnahme in eine *lex peculiaris de lege ferenda* vorzusehen.

Amtsbegriff pervertieren". Auch ein reines Ehrenkardinalat, das durch eigene Gesetze von allen genuin kardinalizischen Rechten und Pflichten entbunden wäre, bestünde letztlich nur als Honoration eines ehemaligen Amtsinhabers und würde den Dienstcharakter aller kirchlicher Funktionen (worunter sowohl Kirchenämter als auch alle übrigen Dienste der Kirche zu subsumieren sind) ebenso pervertieren, vgl. hierzu die eindringliche homiletische Darstellung mit direktem Appell an die Kardinäle selbst von *Franziskus*, Predigt Konsistorium/2020, o. S.: „Liebe Brüder, wir alle lieben Jesus, wir alle wollen ihm nachfolgen, aber wir müssen immer wachsam sein, um auf seinem Weg zu bleiben. Denn mit unseren Füßen, physisch können wir bei ihm sein, während unsere Herzen weit weg sein und uns abseits des Weges führen können. Denken wir an die vielfältigen Verfallserscheinungen im Leben von Geistlichen. So kann z. B. das Purpurrot des Kardinalsgewandes, das für die Farbe des Blutes steht, für den weltlichen Geist zu einer eminenten Auszeichnung werden. Dann aber wirst du kein Hirte mehr sein, der nahe am Volk ist, du wirst dich nur noch als ‚Eminenz' fühlen. Und wenn du solches verspürst, bist du vom Weg abgekommen"; vgl. ferner *Weitz*, De urbe egressus est, S. 234.

[303] Dieses passive Wahlrecht kommt ihm als Mann, der in *plena communio* steht, zu, vgl. c. 333 § 1 i. V. m. *Johannes Paul II.*, CA UnivDomGreg, 88; vgl. in diesem Sinne auch *Herrmann*, Amtsverzicht, S. 121: „Eine eigenmächtige Rückkehr ins Papstamt ist jedoch gänzlich auszuschließen, wenn auch einer Wiederwahl nichts im Wege steht, wobei der resignierte Papst aber keinerlei Bevorzugung verdient"; vgl. *Brandmüller*, Renuntiatio Papae, S. 324. Dort merkt der Autor an, dass einem erneut zum Kardinal kreierten emeritierten Bischof von Rom auch das passive Wahlrecht entzogen werden müsste. Dem ist auf der Grundlage des bereits Dargestellten jedoch nicht zuzustimmen.

[304] Solche Konkretionen werden angemerkt bei *Brandmüller*, Renuntiatio Papae, S. 324; *Egler*, Papa emeritus, S. 183; *Pulte*, Amtsverzicht, S. 81. Dort bemerkt der Autor zu c. 349: „Der zurückgetretene Papst nimmt nicht am Konklave teil", obwohl er zuvor (S. 80) bereits festgestellt hat, dass mit dem päpstlichen Amtsverzicht auch der Kardinalsrang erlischt. Demgemäß wäre der emeritierte Bischof von Rom nicht mehr Gesetzesadressat des c. 349 und der bemerkte Hinweis obsolet.

[305] Vgl. die Darstellung bei *Rehak*, Urbi et Orbi, S. 258: „Eine Rückkehr in das Kardinalkollegium sei schon aus praktischen Gründen nicht sinnvoll gewesen, weil er in der Wahrnehmung der Öffentlichkeit auf jeden Fall der ehemalige Papst geblieben wäre".

2. Papa emeritus

Ebenso unter diesem Anspruch, aber in konkreter Verbindung mit der Existenz Benedikts XVI. nach erfolgtem Amtsverzicht, gilt es, fragliche Titulierungen des Emeritus auszuschließen. Hierbei treten insbesondere die Bezeichnung Benedikts XVI. als „Papa emeritus" inklusive der mit ihr verbundenen Implikationen und äußeren Zeichen in den Vordergrund der Überlegungen.[306] Diese Institution eines emeritierten Papstes wurde durch die faktisch vollzogene Lebensweise Benedikts XVI. initiiert. Sie kennt ihrerseits keine eigene rechtliche Grundlage[307] und wurde vielfacher Kritik ausgesetzt.[308]

Die exklusive Bezeichnung als „Papst" weist eine lange Tradition auf, innerhalb der aus einem zu Beginn für alle Geistlichen und später für alle Bischöfe verwendeten letztlich ein Titel wurde, der einzig dem römischen Bischof zuteilwurde.[309] Auf dieser geschichtlichen Grundlage behielt der Papsttitel seine Exklusivität im Gebrauch für und durch den Bischof von Rom, sodass diese bis zum heutigen Tag Bestandteil und feste Gewohnheit im Leben der Kirche ist.[310] Mit der persönlichen Titulatur des römischen Bischofs als Papst geht die Bezeichnung seines Amtes als „Papatus" einher, die in ebenso exklusiver Weise dem einen und einzigen Papstamt der Kirche zuzuordnen ist.[311] Mit dieser Bezeichnung voll „liebevoller Verehrung"[312] verbunden sind die aus ihm stammenden Anreden „Heiliger Vater" und „Eure Heiligkeit".[313]

Eine detaillierte Darstellung von Herkunft und Wesen des Papsttitels erscheint im gegebenen Kontext weder möglich noch angebracht. Es bleibt in einem ersten Schritt festzuhalten:

· 1. Der Titel des „Papstes" wird in fast tausendjähriger Tradition auch durch offizielle päpstliche Normierung exklusiv durch den Bischof von Rom in Abgrenzung zu allen anderen Bischöfen der Kirche verwendet. Diese Exklusivität führt dazu,

---

[306] Vgl. ebd., S. 255. Ausführlich dieser Frage angenommen hat sich *Egler*, Papa emeritus.

[307] Über eine mögliche Bezeichnung eines Papstes nach dem Amtsverzicht als „Papa emeritus" spekulierte *Graulich*, Vakanz, S. 78.

[308] Vgl. *Rehak*, Urbi et Orbi, S. 259 f.; *Egler*, Papa emeritus, S. 183 f.; *Klappert*, Amtsverzicht, S. 71; *Graulich*, Amtsverzicht, S. 487; *Pulte*, Amtsverzicht, S. 80; *Weiß*, Fragen zum Amtsverzicht, S. 522 f.; *Eicholt*, Amtsverzicht, S. 36.

[309] Vgl. *Congar*, Titel, S. 538–544. Die Tendenz einer exklusiven Verwendung für den Bischof von Rom lässt sich in ihrem Beginn ab dem Ende des 4. Jahrhunderts verorten. Die Definition mit der wohl größten Relevanz findet sich im *Dictatus Papae* Papst Gregors VII. (1075). Dort stellt er fest, dass der Titel „Papa" ein Einziger in der Welt sein soll, vgl. ebd., S. 539.

[310] Vgl. *Egler*, Papa emeritus, S. 170. Demnach „ist Papst der allgemein bekannteste und auch gebräuchlichste (sc. Titel). Mit ihm wird in der römisch-katholischen Kirche eindeutig der jeweilige Nachfolger des hl. Petrus, des ersten Papstes, bezeichnet".

[311] Vgl. *Congar*, Titel, S. 538 f. Wegweisend erscheint auch die Dekretale Quoniam aliqui des Liber Sextus, in der es heißt: „Romanus Pontifex potest libere *papatui* renunciare" (VI, 1.7.1). Der Bischof von Rom verzichtet auf den „Papatus". Eigene Hervorhebung.

[312] Ebd., S. 538.

[313] Vgl. ebd., S. 539 und *Weiß*, Fragen zum Amtsverzicht, S. 523.

dass in der praktischen Umsetzung kein anderer Bischof der Kirche diesen Titel für sich beanspruchen oder verwenden würde.

2. Hierdurch wird deutlich, dass der abgrenzende Faktor in der Unterschiedlichkeit der jeweiligen Ämter zu finden ist, die den Papst von den übrigen Bischöfen scheidet. Würde der Papsttitel direkt aus dem bischöflichen Habitus resultieren, könnte sich jeder Bischof der Kirche darauf beziehen und diesen für sich und sein Amt reklamieren. In Verbindung mit der Bezeichnung des Amtes als „Papatus"[314] verdeutlicht sich, dass der Titel „Papst" als Amtstitel einzuordnen ist.

3. Die Bezeichnung des römischen Bischofs als „Papst" ist somit eine dem jeweiligen Amtsinhaber einzig vorbehaltene. Nur derjenige, der der amtierende Bischof von Rom ist, kann sich Papst nennen und durch andere so genannt werden. Nur er ist Träger des „Papatus" mit all seinen daraus resultierenden Rechten und Pflichten.

Mit diesen Erkenntnissen zum Fundament gilt es in einem zweiten Schritt, die Konkretion des durch Benedikt XVI. gewählten Titel des „Papa emeritus" zu untersuchen. Das Hinzufügen des Emeritentitels stellt eine neue Anfrage an diese titulare Neuschöpfung dar: Ist es möglich, die Norm des c. 185 auf alle Titel anzuwenden, die einem ehemaligen Amtsinhaber durch das Amt selbst zuteilwurden? Es konnte bereits dargestellt werden, dass derjenige, der auf das Papstamt verzichtet hat, nach Maßgabe des c. 402 § 1 durch den erfolgten Amtsverzicht zum emeritierten Bischof der Kirche von Rom wird. Wie verhält es sich jedoch mit einem Emeritentitel für die übrigen Amtsbezeichnungen des Bischofs von Rom als Papst der Kirche?

Die kodikarischen Normen hinsichtlich des Titels eines Emeritus – sowohl die des c. 185 als auch des c. 402 § 1 – beruhen auf den Beratungen des II. Vatikanischen Konzils und den Arbeiten der Codex-Reformkommission und haben keine Entsprechung im pio-benediktinischen Gesetzbuch.[315] Ihren gemeinsamen Ursprung fanden beide rechtlichen Weisungen in der Festlegung der Altersgrenze für die Bischöfe, nach deren Erreichen sie von Rechts wegen zum Anbieten ihres Amtsverzichts gebeten sind.[316] Für jene galt es in der Folge, einen Titel zu finden[317],

---

[314] In deutscher Übertragung etwa „Papsttum", vgl. die Bezeichnung „Episcopatus" für das Bischofsamt, wobei auch bei Verwendung dieser Analogie die Unterscheidung zwischen dem Weiheamt des Bischofs und dem Kirchenamt des Papstes stets beachtet und gewahrt werden muss.

[315] Vgl. *Egler*, Papa emeritus, S. 171–174; *Socha*, c. 185, Rdnr. 1, in: MKCIC (August 1988); *Bier*, c. 402, Rdnr. 1, in: MKCIC (April 2017).

[316] An dieser Stelle wird der heute geltende kodikarische Wortlaut verwendet, nach dem die Bischöfe dazu „gebeten" (rogatur) sind (c. 401). Über den lebhaften Charakter der diesbezüglichen konziliaren Debatte berichten u. a. *Mörsdorf*, Kommentar CD, S. 134; *Egler*, Papa emeritus, S. 171 f.

[317] Gleichwohl der Amtsverzicht eines Bischofs keine Neuschöpfung des Konzils darstellte, gewann er durch die Explikation einer Altersgrenze einen gewissen Automatismus, der dazu führte, den bischöflichen Amtsverzicht von einer Ausnahme zur Regel zu erheben. Hierdurch wurde auch eine konsequente und sinnvolle Betitelung der nunmehr vielen ehemaligen Diözesanbischöfe notwendig.

der dem Wesen ihrer bleibenden Sendung in der Kirche gerecht werden konnte und der in der Bezeichnung als *Episcopus emeritus* der ehemals anvertrauten Diözese gefunden wurde.[318] Die Zuweisung eines möglichen Emeritentitels für all jene, die „wegen vollendeten Alters oder angenommenen Verzichts ein Amt" verloren haben (c. 185), eröffnet die grundsätzliche Möglichkeit, in einem weit gefassten Sinne andere Amtstitel auf diese Weise nach erfolgter Amtserledigung zu verwenden.[319] Theoretisch würde sich demnach die rechtliche Möglichkeit eröffnen, den Titel eines emeritierten Papstes zu verwenden, denn als allgemeine Ehrenanrede nach der ehrenhaften Amtserledigung ist die Voraussetzung hierzu gegeben. Die kodikarische Vorgabe, nach der der Emeritentitel in diesem Fall gemäß c. 185 verliehen werden kann (conferri potest)[320], schmälert diese theoretische Option nicht.

Sieht ein Papst noch vor seinem Amtsverzicht eine solche Bezeichnung für sich selbst nach erfolgter Verzichtsleistung vor, steht es keiner Autorität zu, dieses Vorhaben zu verhindern.[321] Zwar muss der Titel des Emeritus von der Autorität verliehen werden, der die Übertragung des zuvor erledigten Amtes zukommt[322], doch weist das Papstamt aufgrund seines Wesens einen gegenteiligen Befund auf. Derjenige, der auf das Papstamt verzichten möchte, muss zum Zeitpunkt seiner Entschlussfassung Inhaber des Papstamtes sein.[323] Legt er im Vorfeld seiner eigenen Amtsverzichtsleistung einen Emeritentitel für sich selbst nach erfolgtem Amtsverzicht fest, so vollzieht er dies als Inhaber des Jurisdiktionsprimats und auf dieser Grundlage immer zugleich legitim.[324] Mit Erlangen der Rechtswirksamkeit des Amtsverzichts erlangt er sogleich den vorgesehenen Titel, der ihm lediglich im Nachhinein aberkannt werden könnte. Eine nachträgliche Verleihung eines päpstlichen *titulus emeritus* müsste bei konsequenter Auslegung des c. 185 i. V. m. cc. 148 und 189 § 1[325] durch diejenige Autorität geschehen, der die Übertragung des Amtes zukommt. Da diese für den Fall des Papstamtes *ex missione divina* Gott selbst ist, erscheint ein derartiger Hinweis nicht angebracht. Letztlich ist die eigene Nutzung des Titels eines emeritierten Papstes auf dieser Grundlage zumindest rechtlich möglich. Die Ablehnung einer solchen Titulatur vollzieht sich auf einer anderen Ebene.

---

[318] Vgl. *Egler*, Papa emeritus, S. 173. Durch diese Betitelung kann die „fortbestehende geistliche Verbundenheit mit dem früheren Bistum" ihren Ausdruck finden, wie dies auch für einen emeritierten Bischof von Rom gilt, vgl. S. 431–433 der vorliegenden Untersuchung. Erstmals vorgeschlagen wurde diese Bezeichnung im Jahr 1970 durch die Kongregation für die Bischöfe, woraufhin sie Aufnahme in das SchCIC/1980 finden konnte, vgl. *Socha*, c. 185, Rdnr. 1, in: MKCIC (August 1988).

[319] Vgl. *Socha*, c. 185, Rdnrn. 2, 7–8, in: MKCIC (August 1988).

[320] Vgl. ebd., Rdnr. 3, in: MKCIC (August 1988).

[321] Hier gegen *Egler*, Papa emeritus, S. 174 f.

[322] Vgl. *Socha*, c. 185, Rdnr. 3, in: MKCIC (August 1988).

[323] Ansonsten wäre er rechtlich nicht dazu in der Lage, auf das Papstamt zu verzichten.

[324] Illegitim könnte ein Papst nur dann handeln, wenn er gegen göttliches Recht oder Naturrecht verstoßen würde. Dazu zählt die kodikarische Möglichkeit des c. 185 zur Verleihung eines Emeritentitels eindeutig nicht.

[325] Vgl. *Socha*, c. 185, Rdnr. 3, in: MKCIC (August 1988).

Es gibt in der Kirche stets nur einen einzigen amtierenden Bischof von Rom, der als solcher Papst der Kirche ist. Er allein ist der Garant der Einheit der Kirche im Glauben und in der Ordnung. Jedweder Anschein, der diese Einzigkeit des Papstamtes in der Kirche zweifelhaft erscheinen lässt, muss in Verantwortung für diesen petrinischen Dienst absolut vermieden werden. Wenngleich es keinen Rechtsbruch darstellt, als emeritierter Bischof von Rom den Titel eines emeritierten Papstes zu führen, erscheint jene Praxis auf dieser Grundlage dennoch als nicht angebracht.[326] Der eigentliche Sinn und damit verbunden die geistliche Zielsetzung des Papstamtes besteht im aktiv vollzogenen Dienst an der Glaubenseinheit. Um diesen Vollzug wirksam zum Wohl der Kirche umzusetzen, ist das Papstamt mit all seinen Vorrechten ausgestattet. Die petrinische Höchstgewalt als Amtsgewalt besteht nicht aus einem Selbstzweck, sondern zur Verwirklichung des Petrusdienstes. Alle Titel, die nur und ausschließlich diesem Amt entspringen, müssen daher für denjenigen vorbehalten werden, der es als Einziger bekleidet. Es gibt keinen inaktiven Petrusdienst, somit kann es auch keinen Papst im Ruhestand geben.[327]

Daher ergibt sich für die Aufnahme in eine *lex peculiaris de lege ferenda* der folgende Befund:

1. Die genuinen dem amtierenden Bischof von Rom vorbehaltenen Titel sind wegen dieser Grundlegung des Petrusdienstes von der Möglichkeit des c. 185 auszuschließen. Ein emeritierter Bischof von Rom führt demnach nicht den Titel eines „emeritierten Papstes" und ebenso wenig alle weiteren einzig mit dem Papstamt verbundenen Titel.[328]

2. Im Hinblick auf den emeritierten Bischof von Rom als Adressat gebietet sich eine Untersagung der Nutzung dieser Emeritentitel, da gerade hierdurch die Einzigkeit des Papstamtes in der Kirche gewahrt und jeder gegenteilige Anschein vermieden werden kann. Ist davon auszugehen, dass ein emeritierter Bischof von Rom dem päpstlichen Auftrag verbunden bleibt und bleiben möchte, so kann er insbesondere durch diesen äußerlich erkennbaren Beitrag dazu verhelfen, den Dienst des amtierenden Papstes an der Einheit *ad bonum Ecclesiae* zu unterstützen.

3. In diese Untersagung einzubeziehen ist auch die Anrede eines emeritierten Papstes mit „Heiliger Vater" bzw. „Eure Heiligkeit". Auch diese sind dem amtie-

---

[326] In diesem Sinne auch *Eicholt*, Amtsverzicht, S. 36; *Weiß*, Fragen zum Amtsverzicht, S. 522 f.; *Pulte*, Amtsverzicht, S. 80; *Klappert*, Amtsverzicht, S. 71; *Graulich*, Amtsverzicht, S. 487.

[327] Vgl. *Egler*, Papa emeritus, 181, der an dieser Stelle vollumfänglich zuzustimmen ist; vgl. zur Wortbedeutung ebd., S. 171: „Der Emeritus ist eine in den Ruhestand versetzte Person".

[328] Er ist auch nicht „emeritiertes Haupt des Bischofskollegiums", „emeritierter Stellvertreter Christi", „emeritierter Hirte der Gesamtkirche", „emeritierter Nachfolger des Petrus", „emeritierter Summus Pontifex". All diese Titel und die mit ihnen verbundenen Amtsaufgaben machen deutlich, dass ein inaktives und im Ruhestand befindliches Papsttum einer Grundlage entbehrt. Dies gilt für den gesamten Petrusdienst, da alle verschiedenen Titel stets das eine und einzige Papstamt im Gesamten bezeichnen.

renden Papst vorbehalten und auf der soeben dargestellten Grundlage für niemand anderen vorzusehen.[329]

4. An den verzichtswilligen Papst sollte die eindringliche Bitte gerichtet werden, für sich selbst keine dieser Emeritentitel vorzusehen und grundsätzlich darauf zu achten, die Einzigkeit des Papstamtes zu wahren und so seiner ihm bis zum rechtswirksamen Amtsverzicht zukommenden Sendung gerecht zu werden. Das Befolgen dieser Bitte kann dergestalt als einer der letzten Dienste am Papstamt selbst betrachtet werden.

VI. Nichtrückwirkung des besonderen Gesetzes gemäß c. 9

Die im Vorangegangenen ausgeführten Vorschläge und Aufträge an eine *lex peculiaris de lege ferenda* zum päpstlichen Amtsverzicht standen unter dem Auftrag, in möglichst großer Unabhängigkeit von einem Einzelfall für eine unbestimmte Zahl von gleichen Fällen anwendbar zu sein. Mit dem Ziel der Förderung des Lebens der Communio ausgestattet, bestehen diese angestrebten Weisungen mit Blick auf zukünftige Ereignisse[330], was für die vorliegende Thematik bedeutet, dass sie künftig mögliche päpstliche Amtsverzichtsleistungen mit rechtlicher Grundlage zu versehen trachten:

> „Ein neues Gesetz kann eine bereits abgeschlossene Handlung nicht mehr gestalten, noch kann es das, was nach altem Recht erlaubt geschehen ist, zu einer rechtswidrigen Tat stempeln. In diesem Sinne gilt ohne Einschränkung der Satz: *Lex non respicit retro*".[331]

Mit Blick auf den Amtsverzicht Papst Benedikts XVI. und die durch ihn gewählte Lebensweise als „Papa emeritus" lässt sich daher feststellen, dass eine *lex peculiaris de lege ferenda* keine Auswirkungen auf diesen konkreten Fall des Jahres 2013 haben wird oder haben soll. An der Verzichtsleistung als abgeschlossene Rechtshandlung kann ohnehin keine Änderung mehr erfolgen. Auch der Status als „Papa emeritus" soll nicht durch ein mögliches besonderes Gesetz einer zwangsweise zu erfolgenden Veränderung unterliegen, denn von der gegenteiligen Möglichkeit, für diesen Einzelfall gemäß c. 9 rückwirkende Rechtskraft

---

[329] Vgl. *Weiß*, Fragen zum Amtsverzicht, S. 523; *Egler*, Papa emeritus, S. 183; *Eicholt*, Amtsverzicht, S. 36: Emeritierte Patriarchen werden weiterhin „‚Seine Seligkeit' genannt (...). Allerdings wird dieser Titel von mehreren Personen getragen, während die Anrede ‚Eure Heiligkeit' in der katholischen Kirche allein dem Papst vorbehalten ist". Die stets zu wahrende Einzigkeit des Papstamtes ist auch an dieser Stelle der Maßstab und die Begründung der vorgeschlagenen rechtlichen Weisung.

[330] Vgl. die grundsätzliche Weisung des c. 9: „Gesetze betreffen Zukünftiges, nicht das in der Vergangenheit Geschehene, wenn nicht eigens in ihnen über Vergangenes etwas vorgesehen ist"; vgl. hierzu *May/Egler*, Einführung, S. 160: „Rechtssätze sind Imperative, die ein Wollen des kirchlichen Gesetzgebers ausdrücken. (...) Das bedeutet: Gesetze blicken grundsätzlich in die Zukunft und wirken nicht zurück".

[331] *Aymans-Mörsdorf*, KanR I, S. 163. Hervorhebung im Original.

zu beschließen, „wird der Gesetzgeber nur bei dringendstem Bedürfnis des Gemeinwohls Gebrauch machen".[332]

Der Einzelfall der Existenz Benedikts XVI. als „Papa emeritus" wirkt für das Leben und das Wohl der Communio unproblematisch.[333] Selbst in Anbetracht einzelner Problemstellungen, die sich direkt oder indirekt aus der durch ihn gewählten Lebensweise ergeben, würde es jedem Fundament ermangeln, zu behaupten, ein emeritierter Papst Benedikt XVI. wäre dazu im Stande, zu einer Gefahr für die Einheit der Kirche zu werden.[334] Daher ist eine rückwirkende Kraft des angestrebten besonderen Gesetzes nicht angebracht. In ihm enthaltene auf die Zukunft hin gerichtete Elemente, wie insbesondere die Weisungen zu den Beisetzungsfeierlichkeiten eines emeritierten Bischofs der Kirche von Rom hingegen, könnten und müssten je nach Sachlage auch für bereits emeritierte Bischöfe der Kirche von Rom Geltung besitzen.[335]

---

[332] Ebd.; vgl. auch *May/Egler*, Einführung, S. 161.

[333] Vgl. *Pulte*, Amtsverzicht, S. 80: „Die gegenwärtige Praxis, die dem zurückgetretenen Papst sowohl die papale Kleidung als auch den päpstlichen Namen mit dem Zusatz Papa emeritus beibehalten hat, erscheint mit Blick auf die Tatsache, dass es nur einen Papst geben kann, nicht unbedenklich, obschon das ad personam sicherlich unproblematisch ist".

[334] Hierzu sei einzig auf die Primatstheologie Joseph Ratzingers verwiesen, die in Teil II der vorliegenden Untersuchung ausführlich dargestellt werden konnte. Die Einheit der Kirche und der päpstliche Dienst an ihr waren und sind für ihn essentielle ekklesiologische Grundpfeiler.

[335] Vgl. *Aymans-Mörsdorf*, KanR I, S. 163.

Resümee

§ 1 Ertrag

Worin liegt das gemeinsame Fundament, das alle im Vorangegangenen darge-stellten Bereiche teilen? Was verbindet die theologische Grundlegung des Petrus-dienstes einerseits und des sakramentalen Bischofsamtes andererseits mit der ko-dikarisch verbürgten Möglichkeit des Papstes, auf sein Amt zu verzichten? Welche Hinweise sind hierzu in der geschichtlichen Entwicklung dieser Rechtsnorm und welche Verknüpfungen in Joseph Ratzingers/Papst Benedikts XVI. Theologie des Petrusdienstes aufzuzeigen? Wie hängen die Inhalte einer *lex peculiaris de lege ferenda* grundlegend mit diesem Komplex zusammen?

Und schließlich: Wieso ist es nicht nur legitim, sondern mitunter auch notwen-dig, dass derjenige, dem durch göttliche Sendung der in der Kirche einzige und ein-zigartige Petrusdienst übertragen wurde, auf dieses Amt verzichtet? Die wichtigs-ten Erkenntnisse sollen im Folgenden in aller Kürze zusammengetragen werden:

1. In Beantwortung der letztgenannten Frage zugunsten der freien Option des Papstes, auf sein Amt zu verzichten, kann nicht allein mit dem päpstlichen Juris-diktionsprimat argumentiert werden. Geschähe dies, würde man weder dem Papst-amt noch seinen Inhabern in Vergangenheit, Gegenwart und Zukunft gerecht werden können. Auf diese Weise würde die rechtlich verbürgte Möglichkeit zum päpstlichen Amtsverzicht nur damit begründet werden, dass der Amtsinhaber als *Dominus Canonum* ohnehin – selbst beim Fehlen der ausdrücklichen Legitimität und sogar bei einer Illegitimität durch eine entsprechende Norm rein kirchlichen Rechts[1] – jederzeit auf sein Amt verzichten könnte. Das aus einer solchen Argu-mentation resultierende Bild über das Wesen des Papstamtes stünde demjenigen diametral gegenüber, welches durch das kirchliche Lehramt seit dem II. Vatika-nischen Konzil gezeichnet wurde.[2] Das Amt des Bischofs von Rom als Papst der

---

[1] Dieser Befund würde nur dann anders ausfallen, wenn eine rechtliche Norm, die einen päpstlichen Amtsverzicht ausdrücklich ausschließt, ihren Ursprung im positiv göttlichen Recht oder dem Naturrecht finden würde, an das auch der Papst gebunden ist.

[2] Vgl. LG 18–20, 22, 23; *Johannes Paul II.*, CA PastBon, Einführung, 1–3; 1; vgl. auch S. 129–142 und S. 142–146 der vorliegenden Untersuchung. Gerade eine solche Argumentation würde das Papstamt in einer Gestalt ausweisen, die es im Laufe der Geschichte bereits leidvoll dargestellt hat und die ausdrücklich nicht mit dem Petrusdienst des Hirten der Gesamtkirche übereinstimmt, vgl. zu einem geschichtlichen Überblick *Tierney*, Historische Modelle, S. 548 f. Allerdings ist demselben Autor gerade in Anbetracht der Erkenntnisse des II. Vatikanischen Konzils in Verbindung mit seiner Rezeptionsgeschichte eindeutig nicht zuzustimmen, wenn er ebd., S. 549, feststellt: „Seit der Reformation hat es wenig Neues im theoretischen Verständnis des Papsttums gegeben"; vgl. hierzu *Pottmeyer*, Papsttum, S. 119–140.

Kirche ist in erster Linie der Dienst an der Einheit der Communio, der zur Erfüllung der Aufgaben mit seiner Vollmacht ausgestattet ist, die gerade aus diesem Grund eine *Amts*vollmacht ist.[3]

2. Im Versuch der Beantwortung der genannten Fragen tritt immer wieder eine grundlegende Erkenntnis zum Papstamt der Kirche in den Vordergrund: der Unterschied zwischen dem Amt selbst und der Person, der es übertragen wurde. Diese fehlende Identität ist keine Selbstverständlichkeit in Anbetracht des Amtes, das in den vorgestellten Überlegungen im Mittelpunkt stand: das Amt des Bischofs von Rom als Papst der Kirche, das aufgrund seiner Einsetzung *ex iure divino* und seines daraus resultierenden Wesens nicht nur ein einziger, sondern auch ein einzigartiger Hirtendienst in und an der Kirche darstellt.

Aufgrund dieser Wesensbestimmung fällt die Annahme der Nicht-Identität von Amt und Amtsträger nicht ohne Weiteres leicht und birgt auch einen grundsätzlichen Unterschied zu allen übrigen Kirchenämtern.[4] Dieser zeigt sich im spezifisch kirchenrechtlichen Befund sowohl im Fehlen einer Altersgrenze, nach deren Erreichen ein Bischof von Rom zu seinem Amtsverzicht durch das Recht gebeten wäre, als auch in der Betonung des außerordentlichen Charakters der Verzichtsleistung. Beide Elemente weisen auf den gemeinsamen Kern dieser dem Papstamt eigenen geistlichen Dimension hin.

Es steht fest, dass das Amt des Bischofs von Rom ein konstitutiver Bestandteil der Verfasstheit der Kirche ist.[5] Um seinem konstitutiven Charakter wirklich gerecht zu werden, bedarf es aber auch eines Amtsinhabers, denn nur im tätigen Vollzug kann die Verwirklichung der geistlichen Zielsetzung des Amtes gewährleistet werden.[6] Darauf deuten nicht zuletzt die Maßgaben für die Vakanz des römischen Bischofsstuhls hin, die diese Tatsache in besonderer Weise verdeutli-

---

[3] Eine alleinige Fokussierung auf den Jurisdiktionsprimat des Papstes zur Begründung der Legitimität des päpstlichen Amtsverzichts würde überdies verkennen, dass diese Definition des I. Vatikanischen Konzils nur in Verbindung mit der Vervollständigung durch die Beschlüsse des II. Vatikanischen Konzils besteht, vgl. S. 26–44 der vorliegenden Untersuchung.

[4] Vergleicht man das Papstamt mit einem anderen spezifischen Bischofsamt der Kirche, so könnte man in der Tat nicht behaupten, ein diözesanbischöflicher Amtsinhaber sei wesenhaft mit dem ihm übertragenen Amt identisch. Dies gilt trotz des geistlichen Bandes zwischen Bischof und Diözese, vgl. diesbezüglich die Darstellung der Diskussion in der Konzilsaula bei *Mörsdorf*, Kommentar CD, S. 134: „Anderen erschien dies als eine überholte Mystik, so daß Kardinal Suenens, nicht ohne Heiterkeit zu erregen, im Hinblick auf die in heutiger Praxis weithin geübte Translation von Bischöfen sagen konnte, die Konzilsaula sei voll von Bischöfen, die bisweilen zwei- oder dreimal geschieden seien. Der Gedanke der geistlichen Vaterschaft des Bischofs solle nicht überbewertet werden, entscheidend sei das Heil der Seelen".

[5] Vgl. erneut *Aymans-Mörsdorf*, KanR II, S. 205: „(...) so daß die Kirche ohne den Papst ihre Vollgestalt nicht hat (...)".

[6] Vgl. *Söding*, Exegetischer Kommentar, S. 183: „Aber Institutionen sind nur so gut, wie die Menschen vital sind, die sie mit Sinn erfüllen. Das Papsttum als leere Geste, als bloße Hülle, als reine Form – das ist eine Horrorvision. (...) Es lebt von den Personen, die es ausüben; sie müssen ihm ein Gesicht, eine Stimme, einen Inhalt geben".

chen.[7] Das päpstliche Amt ist ein Dienst der personalen Zeugenschaft.[8] Insbesondere in der Gestalt eines einzigen konkreten Zeugen, der selbst Empfänger der Offenbarung geworden ist und in seinem Glauben darauf antwortet[9], kann der päpstliche Dienst an der Einheit der Kirche seiner göttlichen Sendung gemäß ausgeübt werden. Der Amtsinhaber ist nicht mit dem Amt identisch – und dennoch sind beide miteinander verbunden, insofern das Amt nur durch den Inhaber seinen eigentlichen Sinn *ad bonum Ecclesiae* erfüllen kann.[10]

3. Besitzt die Annahme unbedingte Geltung, der gemäß der päpstliche Amtsverzicht trotz der Einordnung des Papstamtes als kirchliches Konstitutivum eine frei wählbare und rechtlich verbürgte Möglichkeit darstellt, die nicht nur durch das Argument des c. 1404 Begründung finden kann, so gilt es, den Blick vom Papstamt hin zum Amtsinhaber zu wenden. Hierzu ist es unausweichlich, den Ursprung des Papstamtes im Apostel Petrus selbst in Erinnerung zu rufen. In dieser exklusiven Sendung des Apostels durch Christus selbst liegt die Herkunft des fortdauernden Papstamtes der Kirche (c. 331), das auf der Ebene seines ihm eigenen Auftrags mit dem ursprünglichen Felsenamt Petri auf einer Linie liegt: Petrus empfängt aufgrund seiner Zeugenschaft die Gnade des Glaubens, den er im Namen aller Apostel vor Christus bekennt. Auf der Grundlage von Zeugenschaft, Glauben und Bekenntnis wird er vom Herrn dazu gesandt, zum Felsen der Kirche zu werden.[11] Dieser nicht zu überwältigende Felsen ist der Felsen des einen Glaubens an Jesus Christus, zu dessen Wahrung und Mehrung das den Nachfolgern vermittelte Amt in der Kirche fortdauert.[12]

---

[7] Vgl. insbesondere *Johannes Paul II.*, CA UnivDomGreg, 1–4. Alles, was während der Sedisvakanz im Hinblick auf die Leitung der Gesamtkirche getan werden kann, steht einzig unter dem Maßstab der fortdauernden Gewährleistung der Hirtensorge. Es gilt der Auftrag zu einem „geordneten, raschen und geregelten Verlauf der Handlungen der Wahl", vgl. ebd., Einführung.

[8] Vgl. *Ratzinger*, Primat, Episkopat und Successio Apostolica, JRGS 12, S. 228 und einordnend dazu S. 283 f. der vorliegenden Untersuchung.

[9] Vgl. *ders.*, Das Problem der Dogmengeschichte, JRGS 9/1, S. 567: „Offenbarung ist im christlichen Bereich nicht begriffen als ein System von Sätzen, sondern als das geschehene und im Glauben immer noch geschehende Ereignis einer neuen Relation zwischen Gott und dem Menschen".

[10] Vgl. *Söding*, Exegetischer Kommentar, S. 183: „Das Amt hängt an der Person".

[11] Vgl. S. 283 f. der vorliegenden Untersuchung.

[12] Damit ist jedoch nicht gemeint, dass der Glaube allein und losgelöst von der konkreten personalen Zeugenschaft als Felsen der Kirche besteht. Interessant erscheint die Auslegung bei *Augustinus*, sermo 229,1 P/Lambot 3 (PLS 2, 756): „Christus baute seine Kirche nämlich nicht auf einen Menschen, sondern auf das Bekenntnis des Petrus. Welches ist das Bekenntnis des Petrus? ‚Du bist Christus, der Sohn des lebendigen Gottes' (Mt 16,16). Siehe: der Fels; siehe: das Fundament; siehe, wo die Kirche erbaut ist, die die Pforten der Hölle nicht überwältigen werden (vgl. Mt 16,18)". Wenngleich Augustinus den Blick nicht nur auf den Glauben, sondern letztlich auf Christus selbst richtet, ist die personale Zeugenschaft des Petrus doch untrennbar mit dem Geschehen verbunden. Es gilt, keine trennende Auslegung zu unternehmen, sondern das verbindende Element zwischen Heilsgeschehen, Glaube und Zeugenschaft aufzuzeigen und in seiner Bedeutung für das Papstamt der Kirche zu betonen, vgl. hierzu auch *Gnilka*, Petrusdienst, S. 14.

Den Unterschied im Bereich des Amtsträgers zu finden, bedeutet, diesen zwischen dem Apostel Petrus einerseits und den Nachfolgern Petri andererseits festzustellen. Auf dieser Ebene vollzieht sich die Differenzierung, die zu folgender Feststellung führt: Während Petrus durch die Sendung Christi wesenhaft für die Kirche zum Felsen wird, wird seinen Nachfolgern zwar der petrinische Auftrag *ex missione divina* anvertraut, nicht jedoch das Felssein selbst übereignet.[13]

4. Diese Feststellung vollzieht sich auf kirchenrechtlicher Ebene in der Erkenntnis, wonach das Papstamt der Kirche ein *officium ecclesiasticum ex iure divino* (c. 145) darstellt.[14] Neben vielerlei Charakteristika, die sich aus dieser Einordnung ergeben, ist resümierend auf eine in ihr enthaltene Negation hinzuweisen, die für die vorliegende Fragestellung eine große Relevanz birgt: Das Papstamt als Kirchenamt verleiht keinen *character indelebilis*. Es bewirkt keine Veränderung im Sein des Amtsinhabers, wie dies durch die Sakramente der Taufe, der Firmung oder der heiligen Weihe zu Bischof, Priester oder Diakon geschieht. Darum ist es grundsätzlich tilgbar. Im Sinne des kodikarischen Ämterrechts ausgedrückt, besteht die Möglichkeit, das Amt zu erledigen.[15]

5. Ebenfalls mit der Lehre vom Kirchenamt verbunden, besteht das Fundament des Papstamtes, das dessen eigentlichen Sinn auszeichnet und sich in seiner Bezeichnung als *munus Petrinum*[16] in deutlicher Weise zeigt: Es handelt sich in erster Linie um einen wahren Dienst in und an der Kirche, als Garant der Einheit das Leben der Communio mit dem obersten Ziel, dem Heil der Seelen, größtmöglich zu fördern.[17] Diese zusammenfassende Kurzformel des Petrusdienstes bezeichnet gleichzeitig die *finis spiritualis*, die ihm in seiner Definition als Kirchenamt eignet (c. 145).[18]

---

[13] Vgl. S. 263–266 der vorliegenden Untersuchung. *Ratzinger* bezeichnete die Sendung zur Zeugenschaft, die sowohl dem Apostel Petrus als auch seinen Nachfolgern zuteilwurde, als „Kern der Primatslehre" (Primat des Papstes und Einheit des Gottesvolkes, JRGS 8/1, S. 674).

[14] Vgl. *Ohly*, Kirchenamt, S. 235 mit Anm. 2.

[15] Gemäß der Maßgabe des c. 184 § 1 „durch Ablauf der vorher festgesetzten Zeit, durch Erreichen der im Recht bestimmten Altersgrenze, durch Verzicht, Versetzung, Amtsenthebung und Absetzung". Neben diese Gründe tritt der Tod des Amtsinhabers, der im engeren Sinne nicht als Amtserledigung zu verstehen ist.

[16] Die Tatsache, dass Papst Benedikt XVI. innerhalb seiner Verzichtserklärung beide Termini – sowohl „munus Petrinum" als auch „ministerium Episcopi Romae" – verwendete, dient daher nicht zur Erschaffung einer (künstlichen) Gegenüberstellung von Petrus*dienst* und Petrus*amt*. Vielmehr verdeutlichen beide korrespondierenden Bezeichnungen die Einsicht, dass das Amt als Dienst mit seiner spezifischen Zielsetzung besteht. Nur auf dieser Grundlage ist eine rechte Einordnung des Papstamtes überhaupt möglich, vgl. S. 373 f. der vorliegenden Untersuchung; zu den verschiedenen kodikarischen Bezeichnungen vgl. *Ohly*, Kirchenamt, S. 236.

[17] LG 23; *Johannes Paul II.*, CA PastBon, Einführung, 1; vgl. c. 1752; vgl. ferner *Söding*, Exegetischer Kommentar, S. 182 f.: „Das bessere Wort für ‚Amt' ist ‚Dienst'. Das Papstamt ist ein Dienst am Glauben der Kirche. Dieser Dienst hilft der Kirche auf ihrem Weg durch die Zeit (…)".

[18] Vgl. zur Auslegung der „geistlichen Zielsetzung" *Aymans-Mörsdorf*, KanR I, S. 447: „Die geistliche Zielsetzung ist deshalb nicht beschränkt auf unmittelbar seelsorgliche Aufgaben. Sie umfaßt vielmehr alle Dienste, die zur kirchlichen Sendung gehören bzw. die der kirchlichen Sendung dienen. Deshalb kann man von kirchlicher Zielsetzung sprechen".

Die petrinische Sendung, die sich aus dem Amt ergibt und mit der der jeweilige Amtsinhaber betraut ist, besteht in der größtmöglichen Erfüllung dieser geistlichen Zielsetzung.[19] Das Papstamt selbst existiert daher nicht in einem Selbstzweck, sondern in erster Linie und gleichzeitig in letzter Konsequenz zur Erfüllung der Amtsaufgabe in Taten, Worten, Leiden und Gebet.[20]

6. Aus dieser Definition des Papstamtes ergibt sich, dass ein Amtsinhaber, der nach Prüfung seines Gewissens vor Gott zu der Erkenntnis gekommen ist, das ihm anvertraute Amt nicht mehr *ad bonum Ecclesiae* ausüben zu können[21], letztlich nicht nur auf sein Amt verzichten darf, sondern auch sollte. In dieser letzten Amtshandlung liegt gleichzeitig der letzte Anteil des Amtsinhabers am Petrusdienst, insofern auch der Amtsverzicht der Erfüllung des geistlichen Zwecks dient.[22]

Diese Erkenntnis besteht auch im Angesicht der besonderen geistlichen Verbindung, die der jeweilige Amtsinhaber mit dem ihm durch göttliche Sendung anvertrauten römischen Bischofsamt eingeht. Dieses einzigartige Band, das sich in derart vielen äußeren Zeichen sinnenfällig ausdrückt[23], bedeutet in Verbindung mit dem Vorrang der Erfüllung der geistlichen Zielsetzung in finaler Konsequenz, dass die Person des Amtsinhabers vollkommen hinter die Sendung zurücktritt, die sich durch das Amt ergibt. Ihm wird aufgetragen, in einer gewissen Nachahmung Petri[24] all das, was seine individuelle Person anbelangt, zurückzustellen und nur mehr danach zu trachten, der Einheit der Kirche in Glaube und Ordnung zu dienen. Dies bedeutet jedoch auch, dass in jenem Moment, in dem die Erfüllung des Auftrags durch den Amtsinhaber nicht mehr möglich ist, er indem er als Person hinter seinen Auftrag zurücktritt, auf das Amt geradezu verzichten muss. Darin eine Handlung zugunsten der Person des Amtsinhabers zu sehen, ist die eigentliche Fehldeutung der Amtsverzichtsleistung: Sie geschieht als letzte Erfüllung des Auftrags – sie ist Ausdruck des finalen Vorrangs des Amtes vor der Person.[25]

---

[19] Vgl. ebd.: „Grundlage des Kirchenamtes ist ein bestimmter Aufgabenkreis, der um des Lebens der Communio willen einer ständigen Betreuung bedarf".

[20] So die Worte Papst Benedikts XVI., vgl. S. 373 f. der vorliegenden Untersuchung.

[21] Vgl. ebd.

[22] Vgl. *Söding*, Exegetischer Kommentar, S. 183: „Der Rücktritt ist konsequent. Wer so wie Benedikt XVI. auf die Macht des Wortes, auf die Reflexion des Glaubens setzt, muss körperlich bei Kräften sein, um durch geistige Präsenz und seelischen Beistand die Kirche leiten zu können. Dass er das gesehen und so gehandelt hat, nötigt aller Welt Respekt ab"; vgl. hierzu überdies *Gigliotti*, Rinuncia, S. 415; *Weitz*, De urbe egressus est, S. 236.

[23] Der Fischerring, das Pallium, aber auch der Papstname und die Weißgewandung sind nur wenige Beispiele, die an dieser Stelle genannt werden sollen.

[24] Letztlich ist eine Nachahmung Petri nur in der Nachfolge und auch Nachahmung Christi zu verstehen, der selbst gekommen ist um zu dienen, nicht um bedient zu werden (Mk 10,45); vgl. hierzu auch *Congr-Cler*, RFIS/2016, 35–40. Die dort mit Blick auf die priesterliche Gleichgestaltung mit Christus formulierten Maßstäbe gelten auch für den Papst, der als Bischof am priesterlichen Dienst in Fülle anteilig wurde; vgl. ferner *Ohly*, Gleichgestaltung mit Christus, S. 241–259.

[25] Vgl. *Aymans-Mörsdorf*, KanR I, S. 464. An dieser Stelle bemerken die Autoren im Kontext der Ämterhäufung, was als grundlegende Einsicht auch an dieser Stelle Geltung besitzen

7. Ebenfalls in diese Komplexität einzubeziehen ist die primatiale Vollmacht des Papstamtes, insofern diese als ordentliche, das heißt amtliche *potestas* dem Amt beigegeben ist, um die Erfüllung des geistlichen Zwecks zu ermöglichen.[26] Auch sie besteht nicht aufgrund eines Selbstzwecks. Dies drückt die Einordnung ihrer selbst als *Amts*vollmacht aus, insofern sie gerade nicht dem Sein des Amtsinhabers eingeprägt wird, sondern einzig und allein aus der (verlierbaren) Amtsinhaberschaft entspringt. Auch darum ist eine singulär-isolierte Argumentation zugunsten der Möglichkeit zum Amtsverzicht eines Papstes aufgrund seiner amtlichen *potestas* nicht angebracht, insofern diese derart gestaltet wäre, als könne man ohnehin gegen eine Entscheidung eines Papstes keinen Einspruch erheben. Vielmehr ist die Inanspruchnahme der Amtsvollmacht durch den Amtsinhaber immer zu begründen mit der dadurch ermöglichten Verwirklichung der geistlichen Zielsetzung des ihm übertragenen Amtes.[27] Dass es sich im Falle des Papstamtes um die Vollgewalt gemäß c. 331 handelt, verdeutlicht nicht den Primat der Person, sondern den Primat des Amtes und des mit ihm verbundenen Dienstes in und an der Kirche, dessentwegen der Amtsinhaber in der Ausübung des Amtes über die Amtsgewalt verfügt. Daher müsste ein *argumentum pro renuntiatione* im soeben abgewiesenen Sinn als Umkehrung und als das eigentliche Missverständnis im Hinblick auf die Amtsgewalt gelten.

8. Der Papst ist durch das empfangene Weihesakrament Bischof der Kirche (c. 332 § 1) und Inhaber des Bischofssitzes von Rom (c. 331). Die damit verbundene Amtsvollmacht ist eine wirklich „geistliche Vollmacht"[28], die nur in Verbindung mit der empfangenen Weihefülle zur Ausübung gelangen kann. Das Bischof-Sein besteht als untilgbares Prägemal unabhängig von dem durch göttliche Sendung übertragenen Papstamt als *officium ecclesiasticum*. Erledigt er dieses durch seinen freien Amtsverzicht, besteht seine Existenz als Bischof der Kirche fort. Ab dem Moment der Bischofsweihe steht er in seinem Bischof-Sein – sowohl während

---

muss. Ein Festhalten des Papstes an seinem Amt, dessen Auftrag er nicht mehr erfüllen kann, wäre die eigentliche Umkehrung der Vorrangstellung zugunsten der individuellen Person des Amtsinhabers und zuungunsten der Sendung: „(…) das Kirchenamt ist nicht um die Förderung des geistlichen Wohls des Amtsinhabers da"; vgl. hierzu auch *Weitz*, De urbe egressus est, S. 234: „Die utilitas ecclesiae ist stets der utilitas propria vorzuziehen".

[26] Vgl. ebd., S. 447 f.: „Zur Bildung eines Kirchenamtes kommt es dadurch, daß die zur Wahrnehmung bestimmter Aufgaben erforderlichen Rechte und Pflichten sowie gegebenenfalls die hierzu notwendigen Vollmachten rechtlich (…) miteinander verbunden werden".

[27] Vgl. hierzu auch *Tück*, Communio-Primat, S. 67: „Würde das Papstamt auf einen Ehrenprimat depotenziert oder auf eine reine Moderatorenrolle reduziert, könnte es kaum noch ‚sichtbares Prinzip und Fundament der Einheit der Vielheit' (LG 23,1) sein".

[28] Gerade diese geistliche Dimension des Papstamtes und ihren Vorrang vor allen patriarchal-administrativen Konturen zu betonen, war durchgehende Maxime Joseph Ratzingers/Papst Benedikts XVI., vgl. hierzu als pars pro toto *Ratzinger*, Lexikonartikel Primat, JRGS 8/1, S. 608 f. Daraus ableitbare Möglichkeiten einer neuen Gestalt des Petrusdienstes nennt (unter Bezugnahme auf Joseph Ratzinger) auch *Tück*, Communio-Primat, S. 62–64. Im Sinne einer Verwirklichung des Auftrags, den Ratzinger (ebd., S. 609) benannte, scheinen diese Überlegungen durchaus bedenkenswert.

seines Pontifikats als auch zuvor und danach – in der Gemeinschaft mit allen Bischöfen des Erdkreises. Gemäß der Weihestufe ist er ihnen in allem gleichgestellt. Der Unterschied liegt in der hierarchischen Stellung begründet. Während seiner Inhaberschaft des römischen Bischofssitzes ist er als Papst der Kirche der Gemeinschaft der Bischöfe als Haupt vorangestellt.[29] Mit dem Moment des Amtsverzichts wird er aufgrund geltender Maßgabe des Rechts (c. 402 § 1) zum emeritierten Bischof der Kirche von Rom und besitzt alle bleibenden Rechte und Pflichten, die jedem emeritierten Bischof des Erdkreises zuteilwerden.[30]

9. Die Erkenntnis des bleibenden Bischof-Seins geht mit der dauerhaften Einrichtung des einen und einzigen Papstamtes in der Kirche einher. Sobald ein päpstlicher Amtsverzicht vollzogen wurde, ist es die Pflicht des emeritierten Bischofs der Kirche von Rom, der in keiner Weise mehr Papst der Kirche ist, alles zu tun, um die Einzigkeit und Einzigartigkeit des Papstamtes zu wahren und zu fördern. Durch ein solches Handeln vollzieht er seinen bleibenden Beitrag an der immer fruchtbareren Verwirklichung der geistlichen Zielsetzung des Papstamtes selbst.

10. Die Sinnhaftigkeit des Vorschlags einer *lex peculiaris de lege ferenda* ergibt sich grundlegend aus dem Wesen der kanonistischen Disziplin:

> „Die Kanonistik ist eine Wissenschaft, die sich niemals ausschließlich mit der lex lata, sondern auch mit der lex ferenda beschäftigt. Es ist keine Anmaßung, sondern Erfüllung einer Pflicht, wenn sich der Kanonist in die Rolle des kirchlichen Gesetzgebers versetzt und die Frage zu beantworten versucht, wie eine richtige Gesetzgebung aussehen soll".[31]

Aufgrund dessen wurde letztlich der Versuch unternommen, die an dieser Stelle in aller Kürze zusammengefassten Kernthesen in eine *lex peculiaris de lege ferenda* aufzunehmen, um der Förderung des Lebens der Communio[32] willen dem päpstlichen Amtsverzicht und der Institution eines emeritierten Bischofs der Kirche von Rom ein rechtliches Gewand zu verleihen, das den fundamentalen Einsichten auf denen es beruht, gerecht werden kann:

> „Ein Recht der Kirche, das Ausdruck des kirchlichen Lebens sein soll, muss immer wieder überprüft werden, damit es der Lebenswirklichkeit der Kirche entspricht. (…) Die kritische Begleitung von Gesetzgebung und Rechtsanwendung gehört zu den wichtigsten, aber auch spannendsten Aufgaben des Kirchenrechtswissenschaftlers".[33]

Im Zuge dieser Überprüfung sind konkrete geschichtliche Ereignisse, wie im vorliegenden Fall der Amtsverzicht Papst Benedikts XVI., insofern hilfreich, als durch sie nicht ganz sachgerechte oder fehlende Gesetzgebung aufgezeigt werden

---

[29] Vgl. LG-NEP 1.
[30] Vgl. LG-NEP 2. Die Eingliederung in die hierarchische Gemeinschaft ist neben der sakramentalen Bischofsweihe wesentliche Voraussetzung für die Gliedschaft im Bischofskollegium. Diese geschieht nach erfolgtem Amtsverzicht durch die Übertragung der ihm vormals anvertrauten Diözese als Titelkirche.
[31] *May/Egler*, Einführung, S. 32.
[32] Vgl. *Aymans/Mörsdorf*, KanR I, S. 159.
[33] *Müller*, Diakonat, S. 165 m. w. N.

kann. Auf dieser Grundlage können sodann, unabhängig vom konkreten Einzelfall und dem Rechtscharakter gemäß mit Blick auf alle gleichgearteten Fälle, Vorschläge erarbeitet werden, die im Sinne des *ius canonicum semper reformandum* bestehende Gesetzeslücken *ad bonum Ecclesiae* zu schließen versuchen. Dies ist der grundlegende Anspruch der im Vorangegangenen dargestellten möglichen Formen und Inhalte einer *lex peculiaris de lege ferenda*, die sich dem päpstlichen Amtsverzicht in der dargestellten Weise zuwendet.

§ 2 Ausblick

Während seiner Begegnung mit den Priestern und Ständigen Diakonen Bayerns erinnerte sich Papst Benedikt XVI. an einen Moment seiner eigenen Priesterweihe:

> „Dann der Augenblick der Handauflegung und schließlich, als Kardinal Faulhaber uns das Wort Jesu zurief: ‚Iam non dico vos servos, sed amicos' – ‚Ich nenne euch nicht mehr Knechte, sondern Freunde', da habe ich Priesterweihe erfahren als Einweihung in die Gemeinschaft der Freunde Jesu, die gerufen sind, mit ihm zu sein und seine Botschaft zu verkünden."[34]

Dieser Ruf Jesu als die Berufung zum Priestertum des geweihten Amtes ist nicht nur in der subjektiven Retrospektive des Papstes ein Schlüsselmoment im Verstehen des päpstlichen Amtsverzichts. Zusammen mit allen, die wie er selbst die heilige Weihe zu Priestern der Kirche empfangen haben, ist auch er in diese besondere Nachfolge berufen und gesandt, das Evangelium Jesu Christi allen Menschen zu verkündigen. Er ist durch die sakramentale Gnade zum Arbeiter im Weinberg des Herrn geworden, der sich aufmacht, um reiche Frucht zu bringen (Joh 15,16). Diese priesterliche Sendung ist essentieller Bestandteil desjenigen Prägemals, das der Geweihte Zeit seines Lebens nicht verlieren kann. Zu ihrer Erfüllung empfängt er die sakramentale Vollmacht, die zum Vollzug des priesterlichen Auftrags unerlässlich ist. Daher bleibt diese eine Sendung immer bestehen, gleichwohl sie sich in verschiedenen Diensten vollzieht, zu deren Erfüllung die Kirche spezifische Ämter kennt.

Durch den Empfang der Weihefülle im Sakrament der Bischofsweihe vollzieht sich diese geistliche Bevollmächtigung in ihrem sakramental letzten Schritt. Der Geweihte ist im jeweiligen Amt, das ihm anvertraut wird, nunmehr in der apostolischen Nachfolgerschaft zur Erfüllung der Dienstämter der Kirche berufen. Er steht als Person gänzlich hinter diesem Auftrag zurück. Joseph Ratzinger drückte dies – bezugnehmend auf die im bischöflichen Weiheritus enthaltene Geste der Auflegung des Evangeliars – folgendermaßen aus:

---

[34] *Benedikt XVI.*, Ansprache Begegnung mit Priestern und Ständigen Diakonen Bayerns, S. 743 f.

„Der so Geweihte wird von dem Buch gleichsam verdeckt. Sein eigenes Gesicht verschwindet unter dem Wort, das auf ihn gelegt ist. Das will besagen: Der Bischof handelt nicht im eigenen Namen, sondern er ist Treuhänder eines Anderen, Jesu Christi und seiner Kirche. (…) Er kann daher auch nicht beliebig seine Meinungen wechseln und einmal für dies, einmal für jenes eintreten, je nachdem, wie es günstig erscheint. (…) Das lebendige Wort Gottes, so sagten wir, verdeckt den Bischof als Privatperson. Es beschlagnahmt ihn. Er ist nicht Chef, sondern Mitarbeiter, und gerade darin wird er frei, findet er das wahre Leben und zeigt es Anderen".[35]

Die Mitarbeiterschaft des Bischofs als Treuhänder Jesu Christi besteht in jedem spezifischen Kirchenamt, das ihm übertragen wurde, gleichermaßen.[36] Darin liegt das Fundament begründet, aufgrund dessen die Amtsvollmacht stets geistliche Vollmacht ist, die nur in Verbindung mit der sakramentalen Bevollmächtigung zur Ausübung gelangen kann.[37] Gleichzeitig impliziert diese Erkenntnis erneut die Verschiedenheit zwischen der unverlierbaren sakramentalen Bevollmächtigung und der Übertragung eines spezifischen Amtes, das zur Ausübung befähigt.[38] Auch die päpstliche Vollgewalt ist eine solche geistliche Gewalt[39]:

„Der Primat Roms ist kein bloßer Ehrenvorrang, sondern ein apostolisches Amt; er schließt aber vom Wesen her auch nicht notwendig die Stellung Roms als eines Verwaltungszentrums (Zentralismus) ein, sondern allein die geistlich-rechtliche Vollmacht der Verantwortung für das Wort und für die communio."[40]

Auf dieser Grundlage besteht das Papstamt als Dienst in und an der Kirche, der nur dann seiner Sendung gemäß erfüllt wird, wenn er wirkliche Ausübung durch den Amtsinhaber findet. Ist der Amtsinhaber nicht mehr in der Lage, den ihm

---

[35] *Ratzinger*, Ansprache Bischofsweihe, JRGS 12, S. 267 f.

[36] Vgl. *Koch*, Perspektiven des Wortes Gottes, S. 109: „Was Joseph Ratzinger vom Bischof gesagt hat, dass er nicht für sich steht, sondern für den einsteht, den er repräsentiert und in dessen Namen er spricht und handelt, gilt für jeden Amtsträger. Sei er Priester, Bischof oder Papst – er ist eben nicht ‚Chef‘, sondern ist und bleibt immer ‚Vikar‘, Stellvertreter Christi: nur Vikar, aber wirklich Vikar Christi".

[37] Vgl. *Nelles*, Geistliche Vollmacht, S. 199–206.

[38] Vgl. ebd., S. 201: „Durch die missio canonica werde keine eigene Vollmacht übertragen, sondern lediglich die bereits sakramental verliehene Vollmacht zu einer potestas ad actum expedita, also einer ohne weiteres ausübbaren Vollmacht umgewandelt".

[39] Wobei im Falle des Papstamtes nicht die *missio canonica*, sondern die *missio divina* zur Ausübung befähigt. An dieser Stelle ist eine analoge Einordnung angezeigt: ohne *missio divina* ins Papstamt besäße er nicht die *potestas ad actum expedita*.

[40] *Ratzinger*, Lexikonartikel Primat, JRGS 8/1, S. 608 und S. 609: „Es wird weiterhin deutlich, dass mit dem wahren Wesen des Primats eine weitestgehende patriarchale ‚Autonomie‘ vereinbar ist, die an der konkreten Rechtsstruktur etwa der Ostkirchen kaum etwas zu ändern bräuchte. Ja eine Wiederherstellung solcher ‚Autonomie‘ dürfte nicht nur wünschenswert sein, um zur Wiederherstellung der Kommuniongemeinschaft, d. h. der Kircheneinheit, zu kommen, sondern auch um den eigentlich ‚apostolischen‘ Kern des päpstlichen Amtes deutlich abzuheben von den auf Gewohnheitsrecht oder konziliarer Rechtssetzung gegründeten patriarchalen Ansprüchen, die in Rom zwar älter, aber nicht grundsätzlich anders strukturiert sind als in Antiochia, Alexandrien und Konstantinopel. Die Abgrenzung von beiderlei Amt wird eine Aufgabe der Zukunft sein (…)".

übertragenen Dienst zu erfüllen, so muss er auch im Angesicht dieser Situation erkennen, dass er als Privatperson völlig hinter seinen Auftrag zurücktritt und „sein Gesicht verschwindet unter dem Wort, das auf ihn gelegt ist".[41]

Diese Einsicht wusste Joseph Ratzinger nicht nur im bereits zitierten Lexikonartikel aus dem Jahr 1963 zu benennen und als Auftrag für eine Wiederentdeckung[42] dieses päpstlichen Dienstes zu formulieren. Vielmehr durchzog sie seine Theologie über den Petrusdienst bis hin zu seiner persönlichen Ausübung desselben als Papst der Kirche. Diese christologische Gestalt[43] des Papstamtes, dessen Inhaber in der Nachahmung Christi gesandt ist zu dienen, nicht um bedient zu werden (Mk 10,45), gilt es, durch „eine immer christusgemäßere Verwirklichung"[44] zu vollziehen. Gerade zu diesem Zweck ist der petrinische Amtsinhaber mit jener Vollmacht ausgestattet, die ihres Wesens nach wirklich geistlich ist.

Brian Tierney stellte bezugnehmend zum damals geltenden Recht des pio-benediktinischen Codex fest:

„Das moderne Papsttum ist eine paradoxe Einrichtung. (…) Der Papst wird als ‚Diener der Diener Gottes' bezeichnet. Zugleich ist er jedoch ein zeitlicher Herrscher, ein absoluter Souverän eigenen Rechts. Überdies wird das Wesen seines kirchlichen Amtes im Kirchenrecht als reine Befehlsgewalt definiert".[45]

Diese Einschätzung kann im Angesicht der Beschlüsse des II. Vatikanischen Konzils und, damit verbunden, des heute geltenden Kirchenrechts kaum mehr bestehen. Aufgrund der Analyse dieser lehramtlichen und kirchenrechtlichen Grundlagen konnte ein anderes Bild des römischen Bischofsamtes als Papstamt der Kirche gezeichnet werden, das sich nicht als reiner Jurisdiktionsprimat definieren lässt und auf das nicht zuletzt der Amtsverzicht Papst Benedikts XVI. hinweist. Jan-Heiner Tück stellt diesen Zusammenhang zwischen dem Papsttum und dem Amtsverzicht Benedikts XVI., den er als „epochale Geste" bezeichnet, folgendermaßen her:

---

[41] *Ders.*, Ansprache Bischofsweihe, JRGS 12, S. 267.

[42] Vgl. *ders.*, Lexikonartikel Primat, JRGS 8/1, S. 606: „Ganz allgemein kann die Dogmengeschichte (…), obgleich sie mit der Entfaltung zu größerer Klarheit und Fülle auch das Moment des Fortschritts in sich trägt, doch nicht einfach im Sinn einer Fortschrittsidee als Aufstieg zum immer Vollkommeneren konstruiert werden, sondern stellt die verschiedenen Stadien der Aneignung des einen Glaubens dar, die zwar unumkehrbar verlaufen, in denen aber die Einfachheit der Frühzeit ihre eigene Würde gegenüber der Differenziertheit des Späteren behält und schließlich alle Stadien dem vom Herrn gesetzten Ursprung als dem einen Richtmaß unterworfen bleiben. Daraus ergibt sich, dass etwa die entfaltete Primatsidee und -verwirklichung des Mittelalters nicht schlechterdings zurückhaltenderen Formen früherer Zeiten übergeordnet werden dürfen, dass also auch nach der dogmatischen Formulierung des Primatsbegriffs auf dem I. Vaticanum (Jurisdiktionsprimat) das immer neue Maßnehmen am Ursprung für Begriff und Wirklichkeit des Primats dauernde Aufgabe bleibt".

[43] Vgl. *ders.*, Primat des Papstes und Einheit des Gottesvolkes, JRGS 8/1, S. 675.

[44] Ebd.

[45] *Tierney*, Historische Modelle, S. 544.

„Dieses Eingeständnis der Schwäche ist stark. (...) Der Papst ist als Nachfolger des Apostels Petrus nicht der oberste Kirchenfürst, sondern Diener der Kirche. Wenn er diesen Dienst – aus welchen Gründen auch immer – nicht mehr wahrnehmen kann, hat er das Recht, aus freiem Entschluss zurückzutreten. Das Amt ist größer als die Person, die es ausübt, auch wenn das Amt ohne eine handlungsfähige Person nicht ausgeübt werden kann. (...) Ein Schritt in Richtung einer neuen Form der Primatsausübung, welche den Dienstcharakter des Papsttums unterstreicht, ist damit sicherlich erfolgt".[46]

In Anbetracht dieser Erkenntnisse bleibt dennoch die letzte Frage bestehen: Warum fällt die Akzeptanz eines päpstlichen Amtsverzichts mitunter schwer – und schwerer als bei allen übrigen Kirchenämtern, die aus freien Stücken erledigt werden?

Der Dienstauftrag des Papstes, das sichtbare Fundament der Einheit in Glauben und Ordnung zu sein und diese Einheit zu mehren und zu stärken, bedingt ein gewisses Maß an Stärke und Beständigkeit. Die petrinische Sendung zum Felsen der Kirche zu werden, stellt eine bildgewaltige Beschreibung dieses Auftrags dar. Der Felsen ist derart stark und beständig, dass ihn die Mächte der Unterwelt nicht überwältigen werden. Auch nach dem Martertod Petri besteht diese Sendung fort. Das Papstamt ist in seiner geschichtlich erwachsenen heutigen Existenz die Fortdauer des starken und beständigen Felsens des Glaubens. Der jeweilige Amtsinhaber ist zur Ausübung dieses Dienstes an der Einheit im Glauben berufen. Aufgrund der Besonderheit des Amtes in seiner Einzigkeit und Einzigartigkeit und in Anbetracht der göttlichen Sendung des Amtsträgers zur Erfüllung dieses Dienstes fällt es schwer, den Verzicht auf dieses leicht zu akzeptieren. Die Sendung in dieses Amt ist wie dieses selbst einzig und einzigartig – und doch ist der päpstliche Amtsverzicht richtigerweise möglich und mitunter nötig, denn nur in der tatsächlichen Ausübung findet der Petrusdienst seinen ureigenen Sinn *ad bonum Ecclesiae*.

Gerade die äußeren Zeichen, die die Institution eines emeritierten Bischofs von Rom in seiner eigenen bischöflichen Existenz und ebenso in Abgrenzung zum amtierenden Papst in gebührender Weise darzustellen versuchen und die darum als Vorschläge einer *lex peculiaris de lege ferenda* genannt und dargestellt wurden, fallen in ihrer Akzeptanz mitunter schwer, weil sie in Anbetracht dieser Komplexität geradezu schwerfallen *müssen*. Die Zweiheit von Weihe und Jurisdiktion, die das gezeichnete Bild eines emeritierten Bischofs von Rom erst ermöglicht und trägt, entstand ursprünglich im Angesicht der objektiv feststellbaren Tatsache, der zufolge „sich in den Reihen der Ordinierten persönliches Versagen"[47] feststellen lassen musste. Für den besonderen Fall des Papstamtes und der jeweiligen Amtsinhaber benannte Joseph Ratzinger dies als das „Dilemma der Papstgeschichte".[48] Die Sendung in den Petrusdienst stellt einen nahezu unbeherrsch-

---

[46] *Tück*, Communio-Primat, S. 54 f.
[47] *Mörsdorf*, Abgrenzung und Zusammenspiel, S. 18.
[48] *Ratzinger*, Primat Petri und Einheit der Kirche, JRGS 8/1, S. 619; vgl. bezugnehmend auf Papst Johannes XII. die exemplarische Einordnung bei *Tierney*, Historische Modelle, S. 547: „Solche gelegentlichen Episoden des totalen Niedergangs sind in der Geschichte des Papsttums die Ausnahme. Man sollte sie sich jedoch gelegentlich vergegenwärtigen, um uns daran

baren Auftrag dar, der im Angesicht des menschlichen Unvermögens des jeweiligen Amtsinhabers umso schwerer wiegt.[49] Diese Einsicht bedeutet nicht, dass kein Mensch dazu in der Lage wäre, diesen Dienst *ad bonum Ecclesiae* zu vollziehen. Der Beistand und die Führung des Amtsinhabers durch Christus selbst befähigen ihn dazu.

Ebenso wenig soll damit ausgedrückt werden, dass Benedikt XVI. aufgrund von persönlichem Versagen anstatt zum Felsen zum Skandalon geworden sei. Und dennoch ist diese Festellung Ausdruck der berechtigten Option, auf das Papstamt aus freien Stücken verzichten zu können – auch ohne persönliches Versagen,[50] sondern im Angesicht der subjektiven Unzulänglichkeit, das Amt weiterhin fruchtbar ausüben zu können.

Die Sorge, die sich bisweilen in Abhandlungen über den päpstlichen Amtsverzicht wiederfinden lässt, ist letztlich nur begründbar in der eigenen Sorge um die Einheit der Kirche.[51] Sie ist daher auch nicht von vorneherein unangemessen, insofern von einem willkürlichen Verzicht auf das Papstamt der Eindruck eines bröckelnden Felsens des Glaubens[52] entstehen könnte, der der Sendung zur Einheit in nur mehr begrenztem Maße Erfüllung zu leisten im Stande wäre.

Letztlich ist eine ganzheitliche Einordnung der kirchenrechtlich verbürgten Option des päpstlichen Amtsverzichts vonnöten, die vom Papstamt als demjenigen Amt, auf das der Verzicht geleistet wird, ihren Ursprung nimmt. Es galt und gilt, den päpstlichen Amtsverzicht nicht nur isoliert kirchenrechtlich oder kirchengeschichtlich einzuordnen und auf diese Weise dazu zu verhelfen, dass die Verzichtsleistung mehr Lösungen bereithält, als offene Fragen hinterlässt.[53] Hierzu

---

zu erinnern, daß die Päpste auch menschliche Wesen sind, auch wenn das Papsttum eine göttliche Einrichtung ist".

[49] Vgl. *Benedikt XVI.*, Licht der Welt, JRGS 13/2, S. 846. An anderer Stelle fasst Joseph Ratzinger dieses Faktum ausgehend vom Glauben selbst zusammen: „Vielleicht tut es gut, zunächst einmal auf die Antwort hinzuschauen, die der Glaube selbst von seinem Innern her auf solche Fragen formuliert hat. Diese Antwort sagt, daß die Kirche ‚Kraft in der Schwachheit' ist, aus menschlichem Versagen und göttlichem Erbarmen gemischt. Danach gehört es zum Wesen der Kirche, daß sie göttlich und menschlich, reich und arm, hell und dunkel in einem ist. Gott ist ein Bettler geworden und er hat sich mit dem verlorenen Sohn so sehr solidarisiert, daß er geradezu mit ihm identisch erscheint, daß er selbst der andere, eben der Verlorene ist, auf dem alle Laster der Geschichte liegen" (Dogma und Verkündigung, S. 256); vgl. auch *Tück*, Communio-Primat, S. 55, der an dieser Stelle von „den ungewöhnlichen Herausforderungen des Amtes" spricht.

[50] Vgl. *Mörsdorf*, Abgrenzung und Zusammenspiel, S. 18. Dort benennt der Autor als „persönliches Versagen" den Glaubensabfall und Vergehen gegen die kirchliche Gemeinschaftsordnung.

[51] Dies gilt insbesondere für die durch Walter Brandmüller geäußerte Sorge, über die Anna Egler bemerkt: Sie „zeugt von der Sorge Brandmüllers um das Wohl der Kirche und um die Wahrung der Einheit. Diese Sorge bezieht ihre Begründung wohl aus seinen Studien zur Geschichte der Konzilien und des Papsttums" (Papa emeritus, S. 184).

[52] Vgl. *Klappert*, Amtsverzicht, S. 74.

[53] Vgl. *Graulich*, Vakanz, S. 78.

muss als besondere Anforderung an eine *lex peculiaris de lege ferenda* gelten, dass ihre Maßgaben für die gesamte Communio verständlich und nachvollziehbar begründet werden. Nur dann, wenn sich ein angestrebtes besonderes Gesetz als „kommunikative Rechtsordnung"[54] ausweist, die als solche durch entsprechende Begründung[55] einsichtig gemacht wird, kann es auch eine Relevanz für das Leben der Kirche erlangen:

> „Die Gemeinschaft der Gläubigen, die dem Gesetz durch seine Rezeption seine Wirksamkeit verleiht oder diese im Wege der *non-receptio legis* verweigert, gibt auf diese Weise Zeugnis für seine Glaubensüberzeugung ab und bestätigt bzw. bestreitet, daß das vom Gesetzgeber promulgierte Gesetz diesem *sensus fidei fidelium* entspricht".[56]

Die Rezeption einer *lex peculiaris de lege ferenda* kann letztlich nur gelingen, wenn der Amtsverzicht als Handlung begründet und verstanden wird, die einzig und allein zum Wohl der Kirche und ohne Schädigung des Amtes selbst, auf das verzichtet wird, erfolgt. Wenngleich der Amtsinhaber auf das Papstamt verzichten kann, muss dieses selbst im Dienst der Glaubenseinheit der Kirche bestehen bleiben. Im Angesicht dessen ist all jenen zuzustimmen, die die Hoffnung auf die Seltenheit des päpstlichen Amtsverzichts betonen – denn gerade in dieser scheint die Besonderheit des Amtes und des dadurch bezeichneten Dienstes an der Communio auf.[57] Letztlich gilt es, die Kirche auch in diesem Kontext der Führung und dem Beistand durch den Heiligen Geist anzuempfehlen und in dieser Hoffnung zu bestehen.[58] Dies gilt sowohl für die päpstliche Amtsverzichtsleistung selbst als auch für eine diesbezügliche mögliche Fortschreibung des Rechts der Kirche.[59]

---

[54] Vgl. zu diesem Begriff *Müller*, Kommunikative Ordnung, S. 370–379.

[55] Vgl. ebd., S. 376–378.

[56] Ebd., S. 374. Hervorhebung im Original.

[57] Vgl. *Klappert*, Amtsverzicht, S. 74; *Eicholt*, Amtsverzicht, S. 41. Daher ist der päpstliche Amtsverzicht immer möglich, wenngleich er selten sein sollte. Wenn er geschieht, soll er immer zum größeren Wohl der Kirche vollzogen werden. Auf dieser Grundlage ist *Brandmüller* in seiner Schlussfolgerung nicht zuzustimmen: „(...) the renunciation of the pope is possible and it has been done. But it is hoped for it does not happen again" (Renuntiatio Papae, S. 325). Mit *Tück* ist dahingehend der zusammenfassende Hinweis angebracht: „Der freiwillige Amtsverzicht Benedikts hat die Wahrnehmung des Petrusdienstes im dritten Jahrtausend verändert, denn alle seine Nachfolger werden sich ab einem gewissen Zeitpunkt unweigerlich prüfen müssen, ob sie den ungewöhnlichen Herausforderungen des Amtes noch gewachsen sind. (...) Das bedeutet nun nicht, dass alle künftigen Päpste einem Erwartungsdruck von außen nachgeben müssten, wenn sie ein bestimmtes Alter überschritten haben, oder dass jedes kommende Pontifikat zwangsläufig auf einen Amtsverzicht zulaufen müsste" (Communio-Primat, S. 55).

[58] Vgl. *Rahner*, Episkopat und Primat, S. 35: „(...) nur wo der Geist ist, ist Freiheit. Diesem Geist kann zwar durch Normen des Rechtes ein Raum seines freien Wirkens umschrieben werden, aber im letzten muß er selbst diese Normen schützen"; vgl. hierzu auch *Aymans-Mörsdorf*, KanR II, S. 205 unter Bezugnahme auf Rahner.

[59] Vgl. *Müller*, Kommunikative Ordnung, S. 375: Es muss „darauf hingewiesen werden, daß der höchste Gesetzgeber der Kirche kein menschlicher Amtsinhaber ist, sondern Gott selbst. Ohne das Vertrauen auf das Wirken des Heiligen Geistes kann die Kirche nicht existieren. Dieser ist das letzte Kontrollorgan auch im Blick auf die kirchliche Rechtsordnung"; vgl. hierzu auch *Ohly*, Papstwahlrecht, S. 233.

Literaturverzeichnis

In den Fußnoten wird zur Vereinfachung der Lesbarkeit ein Kurztitel verwendet, der sich jeweils hinter den unten angeführten vollständigen Angaben wiederfindet. Im Falle der Bezugnahme verschiedener Werke desgleichen Autors oder dergleichen Herausgeberschaft werden die Werke in chronologischer Reihenfolge angegeben.

Die Verweise auf die verschiedenen *Codices* werden folgendermaßen dargestellt:

- Für die Canones des CIC/1983: c./cc.

- Für die Canones des CIC/1917: can./cann. mit dem Zusatz CIC/1917

- Für die Canones des CCEO: c./cc. mit dem Zusatz CCEO

- Im Falle des direkten Vergleichs zwischen dem geltenden und dem pio-benediktinischen Codex wird der Zusatz CIC/1917 sowie CIC/1983 verwendet.

Die Canones aus den Entwürfen der verschiedenen Schemata der *Pontificia Commissio Codici Iuris Canonici recognoscendo* – sowohl hinsichtlich der Schemata des CIC als auch einer *Lex Ecclesiae Fundamentalis* – werden jeweils mit den Zusätzen SchCIC bzw. SchLEF und der entsprechenden Jahreszahl versehen.

Die deutsche Übersetzung der Dokumente des II. Vatikanischen Konzils entstammt, sofern nicht anders vermerkt, den Ergänzungsbänden I–III zur 2. Auflage des Lexikons für Theologie und Kirche (LThK²-K).

Die Abkürzungen richten sich, sofern möglich, nach dem Abkürzungsverzeichnis des *Handbuchs des katholischen Kirchenrechts* (HdbKathKR), Regensburg ³2013, S. XXV–LXVIII, sowie dem Abkürzungsverzeichnis des *Lexikons für Theologie und Kirche* (LThK), Bd. 11, Freiburg i. Br. ³2001, S. 692–746.

I. Quellen- und Quellensammlungen

1. Päpstliche Verlautbarungen (chronologisch)

Alexander III., Papst: Decretum *Licet de vitanda* vom 19. März 1179, in: Corpus Iuris Canonici, ed. Emil Friedberg, Editio Lipsiensis Secunda, Leipzig 1879, Bd. 2 des unver. Nachdrucks, Graz 1959, S. 51. [*Alexander III.*, Dec. Licet de vitanda].

Pius X., Papst: Constitutio Apostolica *Sapienti Consilio* vom 29. Juni 1908, in: ASS 41 (1908), S. 425–426. [*Pius X.*, CA SapCons].

Benedikt XV., Papst: Bulle *Providentissima Mater*, in: AAS 9/2 (1917), S. 5–8. [*Benedikt XV.*, Bulle Providentissima Mater].

Pius XII., Papst: Constitutio Apostolica *Vacantis Apostolicae Sedis* vom 8. Dezember 1945, in: AAS 38 (1946), S. 65–99. [*Pius XII.*, CA VacApSed].

Pius XII., Papst: Motu Proprio *Cleri Sanctitati* vom 2. Juni 1957, in: AAS 49 (1957), S. 433–603. [*Pius XII.*, MP CleriSanct].

Johannes XXIII., Papst: Motu Proprio *Cum gravissima* vom 15. April 1962, in: AAS 54 (1962), S. 256–258. [*Johannes XXIII.*, MP Cum gravissima].

Johannes XXIII., Papst: Allocutio in sollemnis SS. Concilii inauguratione *Gaudet Mater Ecclesia* vom 11. Oktober 1962, in: AAS 54 (1962), S. 786–796, dt. Übers. in: HerKorr 11/1962, S. 85–88. [*Johannes XXIII.*, Allocutio Gaudet Mater Ecclesia].

Paul VI., Papst: Motu Proprio *Sacro Cardinalium Consilio* vom 16. Februar 1965, in: AAS 57 (1965), S. 296–297. [*Paul VI.*, MP SacCardCons].

Paul VI., Papst: Allocutio ad Patres Cardinales et ad Consultores Pontificii Consilii Codici Iuris Canonici recognoscendo vom 20. November 1965, in: AAS 57 (1965), S. 958–989. [*Paul VI.*, Allocutio ad PCR/1965].

Paul VI., Papst: Motu Proprio *Ecclesiae Sanctae* vom 6. August 1966, in: AAS 59 (1966), S. 757–758, dt. Übers. in: NKD 3, S. 11–13. [*Paul VI.*, MP EcclSanct].

Paul VI., Papst: Normae ad exsequenda decreta *Christus Dominus* et *Presbyterorum Ordinis*, in: AAS 59 (1966), S. 758–775, dt. Übers. in: NKD 3, S. 15–61. [*Paul VI.*, Normae ad exsequenda].

Paul VI., Papst: Constitutio Apostolica *Regimini Ecclesiae Universae* vom 15. August 1967, in: AAS 59 (1967), S. 885–928, dt. Übers. in: NKD 10, S. 62–150. [*Paul VI.*, CA RegEccUniv].

Paul VI., Papst: Motu Proprio *Ingravescentem Aetatem* vom 21. November 1970, in: AAS 62 (1970), S. 810–813, dt. Übers. in: NKD 47, S. 84–91. [*Paul VI.*, MP IngravAetatem].

Paul VI., Papst: Constitutio Apostolica *Vicariae Potestatis* vom 6. Januar 1977, in: AAS 69 (1977), S. 5–18. [*Paul VI.*, CA VicPot].

Johannes Paul II., Papst: Constitutio Apostolica *Sacrae Disciplinae Leges* vom 25. Januar 1983, in: AAS 75/II (1983), S. 7–14, dt. Übers. in: Codex Iuris Canonici. Codex des kanonischen Rechtes. Lateinisch-deutsche Ausgabe, hrsg. im Auftrag der Deutschen Bischofskonferenz von Aymans, Winfried u. a., Kevelaer ¹⁰2021, S. XII–XXV. [*Johannes Paul II.*, CA SacrDiscLeg].

Johannes Paul II., Papst: Constitutio Apostolica *Pastor Bonus* über die Römische Kurie vom 28. Juni 1988, in: AAS 80 (1988), S. 841–912, dt. Übers. in: Codex Iuris Canonici. Codex des kanonischen Rechtes. Lateinisch-deutsche Ausgabe, hrsg. im Auftrag der Deutschen Bischofskonferenz von Aymans, Winfried u. a., Kevelaer ¹⁰2021, S. 785–841. [*Johannes Paul II.*, CA PastBon].

Johannes Paul II., Papst: Adhortatio Apostolica Postsynodalis *Pastores Dabo Vobis* über die Priesterausbildung im Kontext der Gegenwart vom 25. März 1992, in: AAS 84 (1992), S. 657–804 (= VApSt 105). [*Johannes Paul II.*, AAp PDV].

Johannes Paul II., Papst: Constitutio Apostolica *Universi Dominci Gregis* über die Vakanz des Apostolischen Stuhles und die Wahl des Papstes von Rom vom 22. Februar 1996, in: AAS 88 (1996), S. 305–343. [*Johannes Paul II.*, CA UnivDomGreg].

Johannes Paul II., Papst: Katechismus der Katholischen Kirche. Deutsche Ausgabe der 1997 erschienenen lateinischen und als Urtext geltenden Ausgabe (editio typica), Città del Vaticano/München 2003. [KKK].

Johannes Paul II., Papst: Motu Proprio *Apostolos Suos* über die theologische und rechtliche Natur der Bischofskonferenzen vom 21. Mai 1998, in: AAS 90 (1998), S. 641–658, dt. Übers. in: AfkKR 167 (1998), S. 158–173. [*Johannes Paul II.*, MP ApSuos].

Johannes Paul II., Papst: Legge fondamentale dello Stato della Città del Vaticano vom 26. November 2000, in: AAS Supplemento Leggi e Disposizioni Stato della Città del Vaticano 71 (2000), S. 75–80, dt. übers. online unter: https://www.vatican.va/news_services/press/documentazione/documents/sp_ss_scv/informazione_generale/legge-fondamentale_ge.html (zuletzt eingesehen am 05.04.2021). [Legge fondamentale].

Johannes Paul II., Papst: Enzyklika *Ecclesia De Eucharistia* über die Eucharistie in ihrer Beziehung zur Kirche, in: AAS 95 (2003), S. 433–475 (= VApSt 159). [*Johannes Paul II.*, Enz. EcclEuch].

Johannes Paul II., Papst: Adhortatio Apostolica Postsynodalis *Pastores Gregis* über den Bischof – Diener des Evangeliums Jesu Christi für die Hoffnung in der Welt vom 16. Oktober 2003, in: AAS 96 (2004), S. 825–924 (= VApSt 163). [*Johannes Paul II.*, AAp PastGreg].

Benedikt XVI., Papst: Enzyklika *Deus Caritas Est* über die christliche Liebe vom 25. Dezember 2005, in: AAS 98 (2006), S. 217–252 (= VApSt 171). [*Benedikt XVI.*, Enz. DeusCarEst].

Benedikt XVI., Papst: Adhortatio Apostolica Postsynodalis *Sacramentum Caritatis* über die Eucharistie als Quelle und Höhepunkt von Leben und Sendung der Kirche vom 22. Februar 2007, in: AAS 99 (2007), S. 105–157 (= VApSt 177). [*Benedikt XVI.*, AAp SacrCarit].

Benedikt XVI., Papst: Adhortatio Apostolica Postsynodalis *Verbum Domini* über das Wort Gottes im Leben und in der Sendung der Kirche vom 30. September 2010, in: AAS 102 (2010), S. 681–787 (= VApSt 187). [*Benedikt XVI.*, AAp VD].

Benedikt XVI., Papst: Declaratio Summi Pontificis de muneris Episcopi Romae, Successoris Sancti Petri abdicatione. Verzichtserklärung auf das Amt des Bischofs von Rom als Nachfolger des heiligen Petrus vom 10. Februar 2013, in: AAS 105 (2013), S. 239–240, dt. Übers. in: ORdt 7/2013, Sonderbeilage, S. 2. [*Benedikt XVI.*, Verzichtserklärung].

Benedikt XVI., Papst: Motu Proprio *Normas Nonnullas* über einige Änderungen der Normen bezüglich der Wahl des Römischen Papstes vom 22. Februar 2013, in: AAS 105 (2013), S. 253–257. [*Benedikt XVI.*, MP NormNon].

Benedikt XVI./Bartholomaios I., Gemeinsame Erklärung vom 30. November 2006, in französischer Sprache erschienen in: AAS 98 (2006), S. 921–924, dt. Übers. online unter: https://www.vatican.va/content/benedict-xvi/de/speeches/2006/november/docu ments/hf_ben- xvi_spe_20061130_dichiarazione-comune.html (zuletzt eingesehen am 01.07.2021). [*Benedikt XVI./Bartholomaios I.*, Gemeinsame Erklärung].

Franziskus, Papst: Rescriptum ex audientia Sanctissimi Santo Padre Francesco über den Amtsverzicht bzw. Amtsverlust von Bischöfen vom 3. November 2014, in italienischer Sprache erschienen in: AAS 106 (2014), S. 882–884. [*Franziskus*, Rescriptum/2014].

Franziskus, Papst: Motu Proprio *Mitis Iudex Dominus Iesus* über die Reform des kanonischen Verfahrens für Ehenichtigkeitserklärungen im Codex des Kanonischen Rechts vom 15. August 2015, in: AAS 107 (2015), S. 958–970, dt. Übers. in: ORdt 39/2015, S. 4–6. [*Franziskus*, MP MIDI].

Franziskus, Papst: Motu Proprio *Magnum Principium* durch das c. 838 des Codex des Kanonischen Rechts verändert wird vom 3. September 2017, in: AAS 109 (2017), S. 967–970, dt. Übers. in: AfkKR 186 (2017–2019), S. 195–198. [*Franziskus*, MP MagPrinc].

Franziskus, Papst: Constitutio Apostolica *Veritatis Gaudium* über die Kirchlichen Universitäten und Fakultäten vom 8. Dezember 2017, in: Comm 50 (2018), S. 11–50.433 (= VApSt 211). [*Franziskus*, CA VerGaud].

2. Erstes Vatikanisches Konzil (chronologisch)

Constitutio Dogmatica de fide catholica *Dei Filius*, in: ASS 5 (1869–1870), S. 481–493, dt. Übers. in: Wohlmuth, Josef (Hrsg.), Dekrete der Ökumenischen Konzilien, Bd. 3, Konzilien der Neuzeit, Paderborn 2002 (= COD 3), S. 804–811. [DF].

Constitutio Dogmatica prima de ecclesia Christi *Pastor Aeternus*, in: ASS 6 (1870–1871), S. 40–47, dt. Übers. in: Wohlmuth, Josef (Hrsg.), Dekrete der Ökumenischen Konzilien, Bd. 3, Konzilien der Neuzeit, Paderborn 2002 (= COD 3), S. 811–816. [PA].

3. Zweites Vatikanisches Konzil (chronologisch)

Constitutio de sacra liturgia *Sacrosanctum Concilium*, in: AAS 56 (1964), S. 97–138, dt. Übers. besorgt i. A. der deutschen Bischöfe. Vorwort von J. Wagner, Einleitung und Kommentar von J. A. Jungmann, in: LThK²-K Bd. 1, S. 9–109. [SC].

Constitutio Dogmatica de Ecclesia *Lumen Gentium*, in: AAS 57 (1965), S. 5–75, dt. Übers. besorgt i. A. der deutschen Bischöfe. Einleitung und Kommentar von G. Philips u. a., in: LThK²-K Bd. 1, S. 137–359. [LG].

Decretum de Ecclesiis Orientalibus Catholicis *Orientalium Ecclesiarum*, in: AAS 57 (1965), S. 76–89, dt. Übers. besorgt i. A. der deutschen Bischöfe. Kommentar von P. Johannes M. Joeck OSB, in: LThK²-K Bd. 1, S. 361–392. [OE].

Nota Explicativa Praevia, in: AAS 57 (1965), S. 72–75, dt. Übers. besorgt i. A. der deutschen Bischöfe. Einleitung und Kommentar von J. Ratzinger, in: LThK²-K Bd. 1, S. 348–359. [LG-NEP].

Constitutio Dogmatica de divina revelatione *Dei Verbum*, in: AAS 58 (1966), S. 817–835, dt. Übers. besorgt i. A. der deutschen Bischöfe. Einleitung und Kommentar von J. Ratzinger u. a., in: LThK²-K Bd. 2, S. 497–583. [DV].

Decretum de accommodata renovatione vitae religiosae *Perfectae Caritatis*, in: AAS 58 (1966), S. 702–712, dt. Übers. besorgt i. A. der deutschen Bischöfe. Einleitung und Kommentar von F. Wulf, in: LThK²-K Bd. 2, S. 249–307. [PC].

Decretum de apostolatu laicorum *Apostolicam Actuositatem*, in: AAS 58 (1966), S. 837–946, dt. Übers. besorgt i. A. der deutschen und österreichischen Bischöfe. Einleitung und Kommentar von F. Klostermann, in: LThK²-K, S. 585–701. [AA].

Decretum de institutione sacerdotalis *Optatam Totius*, in: AAS 58 (1966), S. 713–727, dt. Übers. besorgt i. A. der deutschen Bischöfe. Einleitung und Kommentar von J. Neuner, in: LThK²-K Bd. 2, S. 309–356. [OT].

Decretum de pastorali episcoporum munere in Ecclesia *Christus Dominus*, in: AAS 58 (1966), S. 673–701, dt. Übers. besorgt i. A. der deutschen Bischöfe. Einleitung und Kommentar von K. Mörsdorf, in: LThK²-K Bd. 2, S. 127–247. [CD].

Decretum de presbyterorum ministerio et vita *Presbyterorum Ordinis*, in: AAS 58 (1966), S. 991–1024, dt. Übers. besorgt i. A. der deutschen Bischöfe. Einleitung und Kommentar von J. Lécuyer u. a., in: LThK²-K Bd. 3, S. 127–239. [PO].

4. Konzilien, Synoden und Versammlungen (chronologisch)

Concilium Nicaeum I (325): Expositio fidei, canones et epistula, griech./lat./dt. in: Wohlmuth, Josef (Hrsg.), Dekrete der Ökumenischen Konzilien, Bd. 1, Konzilien des ersten Jahrtausends, Paderborn 1998 (= COD 1), S. 2–19. [Konzil von Nizäa].

Concilium Tridentinum (1545–1563): Canones et decreta sacrosancti oecumenici Concilii Tridentini sub Paulo III., Iulio III. et Pio IV. pontificibus maximis, lat./dt. in: Wohlmuth, Josef (Hrsg.), Dekrete der Ökumenischen Konzilien, Bd. 3, Konzilien der Neuzeit, Paderborn 2002 (= COD 3), S. 657–800. [Konzil von Trient].

5. Liturgische Bücher (chronologisch)

Caeremoniale Episcoporum. Ex decreto Sacrosancti Oecumenici Concilii Vaticani II instauratum auctoritate Ioannis Pauli PP. II promulgata, Libreria Editrice Vaticana 1984, dt. Übers.: Zeremoniale für die Bischöfe, hrsg. i. A. der Bischofskonferenzen Deutschlands, Österreichs und der Schweiz sowie der (Erz-)Bischöfe von Bozen-Brixen, Lüttich, Luxemburg und Straßburg, Freiburg i. Br. u. a. 1998. [Zeremoniale/1998].

Ordo exsequiarum Romani Pontificis. Ab editis Officio de Liturgicis Celebrationibus Summi Pontificis, Libreria Editrice Vaticana 2000. [Ordo exsequiarum/2000].

Lektionar für die Bistümer des deutschen Sprachgebiets. Authentische Ausgabe für den Liturgischen Gebrauch, hrsg. von der Ständigen Kommission für die Herausgabe der Gemeinsamen Liturgischen Bücher im Deutschen Sprachgebiet, Freiburg i. Br. u. a. 2018 f., Bde. 1–3 für die Sonntage und Festtage der Lesejahre A–C. [Lektionar/2018].

6. Verlautbarungen der Römischen Kurie (alphabetisch)

Commissio Theologica Internationalis, Il sensus fidei nella vita della Chiesa, Libreria Editrice Vaticana 2014 (= VApSt 199). [*CTI*, Sensus Fidei].

Congregatio pro Clericis, Ratio Fundamentalis Institutionis Sacerdotalis vom 8. Dezember 2016, Libreria Editrice Vaticana 2016 (= VApSt 209). [*Congr-Cler*, RFIS/2016].

Congregatio pro Episcopis, Communicatio *de titulo tribuendo episcopis officio renuntiantibus* vom 7. November 1970, in: Comm 10 (1978), S. 18. [*Congr-Ep*, De titulo tribuendo].

Congregatio pro Episcopis, Directorium *La visita ad limina*, in: Comm 20 (1988), S. 156–165. [*Congr-Ep*, Dir. Ad limina].

Congregatio pro Episcopis, Directorium per il ministerio pastorale dei Vescovi *Apostolorum Succesores* vom 22. Februar 2004, Libreria Editrice Vaticana 2004 (= VApSt 173). [*Congr-Ep*, ApS].

Congregatio pro Episcopis, Normae de Episcopis ab officio cessantibus, in: Comm 20 (1988), S. 167–168. [*Congr-Ep*, Normae].

Pontificium Consilium ad Unitatem Christianorum Fovendam, Nota de suppressione tituli „Patriarca d'Occidente" ad Papam relati, in: AAS 98 (2006), S. 364 f. [*PCU*, Nota/2006].

Pontificium Consilium de Legum Textibus Interpretandis, Responsum authenticum vom 2. Juli 1991, in: AAS 83 (1991), S. 1093. [*PCI*, Responsum/1991].

Secretaria Status, Annuario Pontificio, Libreria Editrice Vaticana, Città del Vaticano 2006. [AnPont 2006].

Secretaria Status, Annuario Pontificio, Libreria Editrice Vaticana, Città del Vaticano 2020. [AnPont 2020].

7. Kirchliche Rechtswerke, Rechtssammlungen und Schemata (chronologisch)

Corpus Iuris Canonici. Hrsg. von Friedberg, Emil, Editio Lipsiensis Secunda, Leipzig 1879, unveränderter Nachdruck in 2 Bänden, Graz 1955 und 1959. [CorpIC].

Schema Codicis Iuris Canonici. Cum notis, Liber Primus, ab editis Petrus Card. Gasparri sub secreto pontificio, Typis Polyglottis Vaticanis, Rom 1914. [SchCIC/1914].

Codex Iuris Canonici. Pii X. Pontificis Maximis iussu digestus Benedicti Papae XV. auctoritate promulgatus praefatione fontium annotatione et indice analytico-alphabetico auctus ab E. mo. P. Card. Gasparri auctus, Rom 1919. [CIC/1917].

Codicis Iuris Canonici Fontes. Cura Emi. P. Card. Gasparri editi (vol. 1–6), cura Emi. J. Card. Serédi editi (vol. 7–9), Rom 1923–1939. [CIC/Fontes].

Pontificia Commissio Codici Iuris Canonici Recognoscendo: Quaestiones Fundamentales cum relationibus primae, secundae et tertiae Commissionis praeparatione Consultorum Pontificiae Commissionis Codici Iuris Canonici recognoscendo, Typis Polyglottis Vaticanis 1965. [*PCR*, Quaestiones Fundamentales].

Ochoa, Javier/*Gutierrez*, Andrés: Leges ecclesiae post Codicem iuris canonici editae. Institutum Iuridicum Claretianum. Collegit, digessit notisque ornavit Xaverius Ochoa, 8 Bde., Rom 1966–1998. [*Ochoa*, Leges].

Pontificia Commissio Codici Iuris Canonici Recognoscendo: Schema Legis Ecclesiae Fundamentalis. Textus emendatus cum relatione de ipso schemate deque emendationibus receptis. Reservatum, Typis Polyglottis Vaticanis 1969. [SchLEF/1969]; [Relatio SchLEF/1969].

Pontificia Commissio Codici Iuris Canonici Recognoscendo: Schema Legis Ecclesiae Fundamentalis. Textus emendatus cum relatione de ipso schemate deque emendationibus receptis. Reservatum, Typis Polyglottis Vaticanis 1971. [SchLEF/1971]; [Relatio SchLEF/1971].

Pontificia Commissio Codici Iuris Canonici Recognoscendo: Sessionis plenariae celebratio VIII (23.–26.04.1974). Animadversiones ad canones in praecedenti Sessione studii approbatos: cann. l, 2, 5, 9, 12, 14–16, 24, 29–36; publici iuris factus non est textus canonum recogniti, in: Comm 8 (1976), S. 78–108. [*PCR*, Sessio VIII].

Pontificia Commissio Codici Iuris Canonici Recognoscendo: Schema Codicis Iuris Canonici iuxta animadversiones S.R.E. Cardinalium, Episcoporum Conferentiarum, Dicasteriorum Curiae Romanae, Universitatum Facultatumque ecclesiasticarum necnon Superiorum Institutiorum vitae consecratae recognitum. Patribus Commissionis reservatum, Libreria Editrice Vaticana 1980. [SchCIC/1980].

Pontificia Commissio Codici Iuris Canonici Recognoscendo: Codex Iuris Canonici, Schema novissimum post consultationem S.R.E. Cardinalium, Episcoporum Conferentiarum, Dicasteriorum Curiae Romanae, Universitatum Facultatumque ecclesiasticarum necnon Superiorum Institutiorum vitae consecratae recognitum, iuxta placita Patrum Commissionis deinde emendatum atque Summo Pontifici praesentatum, e Civitate Vaticana, 25 Martii 1982. [SchCIC/1982].

Pontificia Commissio Codici Iuris Canonici Recognoscendo: Relatio complectens synthesim animadversionum ad Em.mis atque Exc.mis Patribus Commissionis ad novissimum Schema Codicis Iuris Canonici exhibitarum, cum responsionibus a secretalia et consultoribus datis, in: Comm 14 (1982), S. 116–230; Comm 15 (1983), S. 57–109.170–253; Comm 16 (1984), S. 27–99. [*PCR*, Relatio/1981].

Codex Iuris Canonici. Auctoritate Ioannis Pauli PP. II. promulgatus, in: AAS 75/II (1983), S. 1–324, dt. Übers.: Codex Iuris Canonici. Codex des kanonischen Rechtes. Lateinisch-deutsche Ausgabe, hrsg. im Auftrag der Deutschen Bischofskonferenz von Aymans, Winfried u.a., Kevelaer [10]2021. [CIC/1983].

Pontificia Commissio Codici Iuris Canonici Recognoscendo: Praefatio ad novum Codicem Iuris Canonici, dt. Übers.: Vorrede zum Codex Iuris Canonici von 1983, in: Codex Iuris Canonici. Codex des kanonischen Rechtes. Lateinisch-deutsche Ausgabe, hrsg. im Auftrag der Deutschen Bischofskonferenz von Aymans, Winfried u.a., Kevelaer [10]2021, S. XXVIII–LIII. [*PCR*, Praefatio/CIC].

Codex Canonum Ecclesiarum Orientalium. Auctoritate Ioannis Pauli PP. II. promulgatus, in: AAS 82 (1990), S. 1045–1364, dt. Übers.: Codex Canonum Ecclesiarum Orientalium. Kodex der Kanones der Orientalischen Kirchen, mit kirchlicher Druckerlaubnis übers. u. hrsg. von Müller, Ludger/Krutzler, Martin, Paderborn 2020. [CCEO].

8. Verlautbarungen der Deutschen Bischofskonferenz (chronologisch)

Grundordnung des Römischen Messbuchs. Vorabpublikation zum Deutschen Messbuch hrsg. vom Sekretariat der Deutschen Bischofskonferenz (3. Auflage) (= AH 215), Bonn 2007. [Grundordnung/2007].

Statut der Deutschen Bischofskonferenz gemäß c. 454 § 2 Satz 2 CIC vom 24. September 2002. Zuletzt geändert durch die Vollversammlung der Deutschen Bischofskonferenz vom 23. Februar 2021 und rekognosziert durch das Dekret der Kongregation für die Bischöfe vom 2. Juni 2021, online unter: https://www.dbk.de/fileadmin/redaktion/diverse_downloads/Statut-DBK_01-07-2021.pdf (zuletzt eingesehen am 15.07.2021). [DBK Statuten/2021].

9. Päpstliche Predigten, Ansprachen und Briefe (chronologisch)

Gregor I. (der Große), Papst: Brief an Eulogius von Alexandrien, in: Patrologia Latina 77, S. 931 ff. [*Gregor d. Gr.*, Brief an Eulogius von Alexandrien].

Benedikt XVI., Papst: Erster Gruß seiner Heiligkeit vom 19. April 2005, in: AAS 97 (2005), S. 693, dt. Übers. in: ORdt 16/2005, S. 1. [*Benedikt XVI.*, Erster Gruß].

Benedikt XVI., Papst: Predigt anlässlich der Eucharistiefeier zur Amtseinführung mit Übergabe des Palliums und des Fischerrings vom 24. April 2005, in: AAS 97 (2005), S. 707–712, dt. Übers. in: ORdt 17/2005 S. 2. [*Benedikt XVI.*, Predigt Amtseinführung].

Benedikt XVI., Papst: Predigt am Hochfest der hll. Apostel Petrus und Paulus vom 29. Juni 2005, in: AAS 97 (2005), S. 804–809, dt. Übers. in: ORdt 17/2005, S. 2. [*Benedikt XVI.*, Predigt Peter und Paul/2005].

Benedikt XVI., Papst: Predigt anlässlich des Öffentlichen Konsistoriums zur Kreierung neuer Kardinäle vom 24. März 2006, in: AAS 98 (2006), S. 325–329, dt. Übers. in: ORdt 13/2006 S. 7 f. [*Benedikt XVI.*, Predigt Konsistorium/2006].

Benedikt XVI., Papst: Ansprache anlässlich der Begegnung mit den Priestern und Ständigen Diakonen Bayerns vom 14. September 2006, in: AAS 98 (2006), S. 743–748. [*Benedikt XVI.*, Ansprache Begegnung mit Priestern und Ständigen Diakonen Bayerns].

Benedikt XVI., Papst: Predigt am Hochfest der hll. Apostel Petrus und Paulus vom 29. Juni 2006, in: AAS 98 (2006), S. 515–519, dt. Übers. in: ORdt 27/2006 S. 1. [*Benedikt XVI.*, Predigt Peter und Paul/2006].

Benedikt XVI., Papst: Predigt am Hochfest der hll. Apostel Petrus und Paulus vom 29. Juni 2007, in: AAS 99 (2007), S. 671–675, dt. Übers. in: ORdt 28/2007, S. 9. [*Benedikt XVI.*, Predigt Peter und Paul/2007].

Benedikt XVI., Papst: Predigt anlässlich des ordentlichen öffentlichen Konsistoriums zur Kreierung neuer Kardinäle vom 24. November 2007, in: AAS 99 (2007), S. 1044–1048, dt. Übers. in: ORdt 48/2007, S. 7. [*Benedikt XVI.*, Predigt Konsistorium/2007].

Benedikt XVI., Papst: Predigt zur Ersten Vesper am Vorabend des Hochfestes der hll. Apostel Petrus und Paulus und gleichzeitige Eröffnung des Paulusjahres vom 28. Juni 2008, in: AAS 100 (2008), S. 454–458, dt. Übers. in: ORdt 27/2008, S. 7. [*Benedikt XVI.*, Predigt Vesper Peter und Paul/2008].

Benedikt XVI., Papst: Predigt am Hochfest der hll. Apostel Petrus und Paulus vom 29. Juni 2008, in: AAS 100 (2008), S. 459–464, dt. Übers. in: ORdt 27/2008 S. 8. [*Benedikt XVI.*, Predigt Peter und Paul/2008].

Benedikt XVI., Papst: Ansprache und Gebet anlässlich des Besuchs im Erdbebengebiet in den Abruzzen. Begegnung mit der Bevölkerung und den Hilfskräften am 28. April 2009, dt. Übers. online unter: http://w2.vatican.va/content/benedict-xvi/de/speeches/2009/april/documents/hf_ben-xvi_spe_20090428_sisma-laquila.html (zuletzt eingesehen am 09.07.2021). [*Benedikt XVI.*, Ansprache im Erdbebengebiet].

Benedikt XVI., Papst: Predigt am Hochfest der hll. Apostel Petrus und Paulus vom 29. Juni 2009, in: AAS 101 (2009), S. 596–601, dt. Übers. in: ORdt 7/2009 S. 8. [*Benedikt XVI.*, Predigt Peter und Paul/2009].

Benedikt XVI., Papst: Botschaft an Seine Heiligkeit Bartholomaios I., Erzbischof von Konstantinopel und Ökumenischer Patriarch vom 25. November 2009, in englischer Sprache erschienen in: AAS 101 (2009), S. 1059–1061. [*Benedikt XVI.*, Botschaft an Bartholomaios I.].

Benedikt XVI., Papst: Predigt am Hochfest der hll. Apostel Petrus und Paulus vom 29. Juni 2010, in: AAS 102 (2010), S. 387–390, dt. Übers. in: ORdt 27/2010, S. 7. [*Benedikt XVI.*, Predigt Peter und Paul/2010].

Benedikt XVI., Papst: Brief an die Seminaristen vom 18. Oktober 2010, in: AAS 102 (2010), S. 793–798, dt. Übers. in: ORdt 43/2010, S. 6. [*Benedikt XVI.*, Brief an die Seminaristen].

Benedikt XVI., Papst: Predigt anlässlich des ordentlichen öffentlichen Konsistoriums zur Kreierung neuer Kardinäle vom 20. November 2010, in: AAS 102 (2010), S. 887–891, dt. Übers. in: ORdt 47/2010, S. 7. [*Benedikt XVI.*, Predigt Konsistorium/2010].

Benedikt XVI., Papst: Ansprache anlässlich der Begegnung mit in Kirche und Gesellschaft engagierten Katholiken im Konzerthaus Freiburg i. Br. am 25. September 2011, in: AAS 103 (2011), S. 674–679. [*Benedikt XVI.*, Ansprache im Konzerthaus].

Benedikt XVI., Papst: Predigt am Hochfest der hll. Apostel Petrus und Paulus vom 9. Juni 2012, in: AAS 104 (2012), S. 550–554, dt. Übers. in: ORdt 27/2012, S. 9. [*Benedikt XVI.*, Predigt Peter und Paul/2012].

Benedikt XVI., Papst: Ansprache an die neuen Kardinäle, deren Familienangehörige und die zum Konsistorium angereisten Pilger vom 26. November 2012, in: OR 26./27. 11. 2012, dt. Übers. in: ORdt 49/2012, S. 9. [*Benedikt XVI.*, Ansprache Konsistorium/2012].

Franziskus, Papst: Erste Grußworte von Papst Franziskus und Apostolischer Segen Urbi et Orbi vom 13. Februar 2013, in: AAS 105 (2013), S. 363, dt. Übers. in: ORdt 12/2013. [*Franziskus*, Erste Grußworte].

Benedikt XVI., Papst: Generalaudienz vom 13. Februar 2013, in: OR 14.02.2013, dt. Übers. in: ORdt 8/2013, S. 2. [*Benedikt XVI.*, Generalaudienz/13.02.2013].

Benedikt XVI., Papst: Predigt anlässlich der Eucharistiefeier mit Segen und Austeilung des Aschenkreuzes am Aschermittwoch, dem 13. Februar 2013, in: AAS 105 (2013), S. 269–272, dt. Übers. in: ORdt 8/2013, S. 9. [*Benedikt XVI.*, Predigt Aschermittwoch/2013].

Benedikt XVI., Papst: Ansprache anlässlich der Begegnung mit dem Klerus der Diözese Rom vom 14. Februar 2013, in: AAS 105 (2013), S. 283–294, dt. Übers. in: ORdt 9/2013, S. 7. [*Benedikt XVI.*, Ansprache Begegnung mit dem Klerus/2013].

Benedikt XVI., Papst: Ansprache bei der Generalaudienz vom 27. Februar 2013, in: OR 28.02.2013, dt. Übers. in: ORdt 10/2013, S. 7. [*Benedikt XVI.*, Ansprache Generalaudienz/27.02.2013].

Benedikt XVI., Papst: Ansprache bei der Verabschiedung vom Kardinalskollegium am 28. Februar 2013, in: AAS 105 (2013), S. 295–296, dt. Übers. in: ORdt 10/2013, S. 3. [*Benedikt XVI.*, Ansprache Kardinalskollegium/28.02.2013].

Franziskus, Papst: Predigt anlässlich des ordentlichen öffentlichen Konsistoriums am 28. November 2020, dt. Übers. in: ORdt 49/2020, S. 7. [*Franziskus*, Predigt Konsistorium/2020].

II. Sekundärliteratur (alphabetisch)

Alighieri, Dante: La divina Comedia, in dt. Prosa hrsg. von Flasch, Kurt, Frankfurt a. M. 2011. [*Dante*, Divina Comedia].

Amann, Thomas A.: Art. Grund, gerechter, in: LKStKR Bd. 2, S. 178 f. [*Amann*, Grund, gerechter].

Athanasiou, Stefanos: Primat der Demut als Primat der Liebe. Der wahre Primat im Leben des Bischofs, in: Hastetter, Michaela C./Ohly, Christoph (Hrsg.), Dienst und Einheit. Reflexionen zum petrinischen Amt in ökumenischer Perspektive. Festschrift für Stephan Otto Horn zum 80. Geburtstag, St. Ottilien 2014, S. 162–176. [*Athanasiou*, Primat der Demut als Primat der Liebe].

Auer, Johann: Die Kirche – Das allgemeine Heilssakrament, in: Ders./Ratzinger, Joseph (Hrsg.), Kleine Katholische Dogmatik, Bd. VIII, Regensburg 1983. [*Auer*, Die Kirche].

Augustinus von Hippo (Aurelius): sermo 229,1 P/Lambot 3, in: Patrologiae Latinae Supplementum 2, S. 756. [*Augustinus*, sermo].

Aymans, Winfried: Die wissenschaftliche Methode der Kanonistik, in: Ders., Kirchenrechtliche Beiträge zur Ekklesiologie (= KStT 42), Berlin 1995, S. 351–370. [*Aymans*, Methode].

Aymans, Winfried: Art. Ius divinum – Ius humanum, in: LKR, Sp. 436–438. [*Aymans*, Ius divinum – Ius humanum]

Aymans, Winfried/*Mörsdorf*, Klaus: Kanonisches Recht. Lehrbuch aufgrund des Codex Iuris Canonici, Bd. I: Einleitende Fragen und Allgemeine Normen, Paderborn u. a. [13]1991. [*Aymans-Mörsdorf*, KanR I].

Aymans, Winfried/*Mörsdorf*, Klaus: Kanonisches Recht. Lehrbuch aufgrund des Codex Iuris Canonici, Bd. II: Verfassungs- und Vereinigungsrecht, Paderborn u. a. [13]1997. [*Aymans-Mörsdorf*, KanR II].

Aymans, Winfried/*Mörsdorf*, Klaus: Kanonisches Recht. Lehrbuch aufgrund des Codex Iuris Canonici, Bd. III: Verkündigungsdienst und Heiligungsdienst, Paderborn u. a. [13]2007. [*Aymans-Mörsdorf*, KanR III].

Baethgen, Friedrich: Der Engelpapst. Idee und Erscheinung, Leipzig 1943. [*Baethgen*, Engelpapst].

Balz, Horst/*Schneider*, Gerhard: Exegetisches Wörterbuch zum Neuen Testament, Mainz 1983. [*Balz/Schneider*, Wörterbuch NT].

Bauer, Walter/*Aland*, Kurt: Wörterbuch zum Neuen Testament, Berlin [6]1988. [*Bauer/Aland*, Wörterbuch NT].

Baum, Armin D.: „Babylon" als Ortsnamenmetapher in 1 Petr 5,13 auf dem Hintergrund der antiken Literatur und im Kontext des Briefes, in: Heid, Stefan (Hrsg.), Petrus und Paulus in Rom. Eine interdisziplinäre Debatte, Freiburg i. Br. 2011, S. 180–220. [*Baum*, Ortsnamenmetapher].

Baus, Karl: Von der Urgemeinde zur frühchristlichen Großkirche (= HKG 1), Freiburg i. Br. 1962. [*Baus*, Von der Urgemeinde zur Großkirche].

Bausenhart, Guido: Kommentar zum Dekret über die Hirtenaufgabe der Bischöfe Christus Dominus, in: Hilberath, Bernd Jochen/Hünermann, Peter (Hrsg.), Herders Theologischer Kommentar zum Zweiten Vatikanischen Konzil, Bd. 2, Freiburg i. Br. 2009, S. 229–304. [*Bausenhart*, Kommentar CD].

Bautz, Friedrich Wilhelm: Art. Clemens III., BBKL Bd. I, Sp. 1050. [*Bautz*, Clemens III.].

Becker, Hans-Jürgen: Art. Wahlkapitulation, in: LThK³ Bd. 10, Sp. 924 f. [*Becker*, Wahlkapitulation].

Beinert, Wolfgang: Ein Mensch, kein Automat, in: Zeitzeichen 9/2012, S. 27–29. [*Beinert*, Ein Mensch, kein Automat].

Beinert, Wolfgang/*Kühn*, Ulrich: Ökumenische Dogmatik, Leipzig/Regensburg 2013. [*Beinert/Kühn*, Ökumenische Dogmatik].

Bertram, Martin: Die Abdankung Papst Cölestins V. (1294) und die Kanonisten, in: ZRG. K 78 (1971), S. 1–101. [*Bertram*, Abdankung].

Beutler, Johannes: Welche Einheit der Kirche? Überlegungen nach dem Johannesevangelium, in: SdZ 143 (2018), S. 414–422. [*Beutler*, Welche Einheit der Kirche].

Betti, Umberto: Appunto sulla mia partecipazione alle revisione del CIC, in: Il processo di designazione dei Vescovi, Utrumque Ius 27, Roma 1995. [*Betti*, Appunto].

Bier, Georg: § 29 Ökumenisches Konzil, in: HdbKathKR³, S. 469–477. [*Bier*, Ökumenisches Konzil].

Bier, Georg: Die Rechtsstellung des Diözesanbischofs nach dem Codex Iuris Canonici von 1983 (= FzK 32), Würzburg 2001. [*Bier*, Diözesanbischof].

Bihl, Benjamin: Weihe und Jurisdiktion. Wiederauflage eines klassischen theologischen Problems unter neuen Vorzeichen, in: MThZ 69 (2018), S. 288–304. [*Bihl*, Weihe und Jurisdiktion].

Borse, Udo: Der Brief an die Galater. Übersetzt und erklärt von Udo Borse (= RNT), Regensburg 1984. [*Borse*, Galater].

Brandenburg, Hugo: Art. Lateran, 1. Basilika und Palast, in: LThK³, Sp. 663–666. [*Brandenburg*, Lateran].

Brandmüller, Walter: Papst und Konzil im Großen Schisma (1378–1431). Studien und Quellen, Paderborn 1990. [*Brandmüller*, Papst und Konzil].

Brandmüller, Walter: Renuntiatio Papae. Some Historical-Canonical Reflexions, in: Jurist 76 (2016), S. 311–325. [*Brandmüller*, Renuntiatio Papae].

Breitbach, Udo: Art. Bischof, II. Kath., in: LKStKR Bd. 1, S. 266–268. [*Breitbach*, Bischof].

Breitsching, Konrad: Die Papstwahl. Etappen der kirchlichen Gesetzgebung, in: Güthoff, Elmar/Haering, Stephan (Hrsg.), Ius quia iustum. Festschrift für Helmuth Pree zum 65. Geburtstag (= KStT 65), S. 381–398. [*Breitsching*, Papstwahl].

Brieskorn, Norbert: Art. Henricus de Segusio, in: LMA Bd. IV., Sp. 2138 f. [*Brieskorn*, Henricus de Segusio].

Brox, Norbert: Das Papsttum in den ersten drei Jahrhunderten, in: Greschat, Martin (Hrsg.), Das Papsttum I. Von den Anfängen bis zu den Päpsten in Avignon (= GKG 11), Stuttgart u. a. 1985. [*Brox*, Papsttum].

Brox, Norbert: Der erste Petrusbrief (= EKK 21), Zürich ³1989. [*Brox*, 1. Petrusbrief].

Cattaneo, Arturo: Grundfragen des Kirchenrechts bei Klaus Mörsdorf, Berlin 1991. [*Cattaneo*, Grundfragen bei Klaus Mörsdorf].

Collmar, Norbert: Art. Irenäus von Lyon, in: BBKL Bd. 2, Hamm 1990, Sp. 1315–1326. [*Collmar*, Irenäus von Lyon].

Congar, Yves: Der Platz des Papsttums in der Kirchenfrömmigkeit der Reformer des 11. Jahrhunderts, in: Daniélou, Jean/Vorgrimler, Herbert (Hrsg.), Sentire Ecclesiam. Das Bewusstsein von der Kirche als gestaltende Kraft der Frömmigkeit, Freiburg i. Br. 1961, S. 196–217. [*Congar*, Platz des Papsttums].

Congar, Yves: Titel, welche für den Papst verwendet werden, in: IKaZ Communio 11 (1975), S. 538–544. [*Congar*, Titel].

Conrad, Sven Leo: Praesidet Caritati – ein Väterwort in eucharistischer Deutung. Zur Liturgie im Petrusamt von Papst Benedikt XVI., in: Hastetter, Michaela C./Moga, Ioan/Ohly, Christoph (Hrsg.), Symphonie des Wortes. Beiträge zur Offenbarungskonstitution „Dei Verbum" im katholisch-orthodoxen Dialog, St. Ottilien 2012, S. 250–270. [*Conrad*, Praesidet Caritati].

Corecco, Eugenio: Aspekte der Rezeption des Vaticanum II im neuen Codex Iuris Canonici, in: Ders., Ordinatio fidei. Schriften zum kanonischen Recht, hrsg. von Gerosa, Libero/Müller, Ludger, Paderborn 1994, S. 109–157. [*Corecco*, Rezeption].

Corke-Webster, James: Eusebius and Empire. Constructing Church and Rome in the Ecclesiastical History, Cambridge 2019. [*Corke-Webster*, Eusebius and Empire].

Dejaifve, Georges: Primat und Kollegialität auf dem Ersten Vatikanischen Konzil, in: Gongar, Yves (Hrsg.), Das Bischofsamt und die Weltkirche, Stuttgart 1964, S. 665–688. [*Dejaifve*, Primat und Kollegialität].

Dewan, Wilfried E.: „Potestas vere episcopalis" auf dem Ersten Vatikanischen Konzil, in: Congar, Yves (Hrsg.), Das Bischofsamt und die Weltkirche, Stuttgart 1964, S. 719–738. [*Dewan*, Potestas vere episcopalis].

Dressler, Fridolin: Petrus Damiani. Leben und Werk, Freiburg i. Br. 1954. [*Dressler*, Petrus Damiani].

Durst, Michael: Babylon gleich Rom in der jüdischen Apokalyptik und im frühen Christentum. Zur Auslegung von 1 Petr 5,13, in: Heid, Stefan (Hrsg.), Petrus und Paulus in Rom. Eine interdisziplinäre Debatte, Freiburg i. Br. 2011, S. 422–443. [*Durst*, Babylon gleich Rom].

Ebner, Martin: Petrus – Papstamt – Kirche, in: ZNT 13 (2004), S. 52–58. [*Ebner*, Petrus – Papstamt – Kirche].

Egler, Anna: Papa emeritus. Anmerkungen zum Titel eines Papstes post renuntiationem, in: Ohly, Christoph/Rees, Wilhelm/Gerosa, Libero (Hrsg.), Theologia Iuris Canonici. Festschrift für Ludger Müller zur Vollendung des 65. Lebensjahres (= KStT 67), Berlin 2017, S. 169–184. [*Egler*, Papa emeritus].

Eicholt, Bernd: Einige Fragen zum Amtsverzicht Benedikt XVI. aus Sicht des kanonischen, vatikanischen und deutschen Rechts, in: KuR (2013), S. 30–41. [*Eicholt*, Amtsverzicht].

Erdő, Péter: Art. Amt, III. Kath., in: LKStKR Bd. 1, S. 78. [*Erdő*, Amt].

Erdő, Péter: Die Quellen des Kirchenrechts. Eine geschichtliche Einführung (= AIC 23), Frankfurt a. M. 2002. [*Erdő*, Quellen des Kirchenrechts].

Ernesti, Jörg: Paul VI. Die Biographie, Freiburg i. Br. 2012. [*Ernesti*, Paul VI.].

Eusebius von Cäsarea: Historia Ecclesiastica, hrsg. und eingeleitet von Heinrich Kraft, übersetzt von Philipp Häuser, München ²1981. [*Eusebius*, HE].

Feine, Hans-Erich: Kirchliche Rechtsgeschichte. Auf der Grundlage des Kirchenrechts von Ulrich Stutz. I. Band, Die Katholische Kirche, Weimar 1950. [*Feine*, Rechtsgeschichte].

Fiedrowicz, Michael: Handbuch der Patristik. Quellentexte zur Theologie der Kirchenväter, Freiburg i. Br. 2010. [*Fiedrowicz*, Handbuch der Patristik].

Fiedrowicz, Michael: Theologie der Kirchenväter. Grundlagen frühchristlicher Glaubensreflexion, Freiburg i. Br. ²2010. [*Fiedrowicz*, Theologie der Kirchenväter].

Filip, Václav Vok: Einführung in die Heraldik (= Historische Grundwissenschaften in Einzeldarstellungen 3), Stuttgart ²2011. [*Filip*, Einführung in die Heraldik].

Freund, Stephan: Art. Petrus Damiani, in: BBKL Bd. VII, Sp. 364–358. [*Freund*, Petrus Damiani].

Fürst, Carl Gerold: Cardinalis. Prolegomena zu einer Rechtsgeschichte des römischen Kardinalskollegiums, München 1967. [*Fürst*, Cardinalis].

Galavotti, Enrico: Tu Ex Petrus, in: HerKorr 74 (2020), S. 20–22. [*Galavotti*, Tu Ex Petrus].

Ganzer, Klaus: Papsttum und Bistumsbesetzungen in der Zeit von Gregor IX. bis Bonifaz VIII. Ein Beitrag zur Geschichte der päpstlichen Reservation, Köln/Graz 1968. [*Ganzer*, Papsttum und Bistumsbesetzungen].

Ganzer, Klaus: Der ekklesiologische Standort des Kardinalskollegiums in seinem Wandel – Aufstieg und Niedergang einer kirchlichen Institution, in: RQ 88 (1993), S. 115–133. [*Ganzer*, Aufstieg und Niedergang].

Ganzer, Klaus: Kardinäle als Kirchenfürsten? Eine wechselvolle Geschichte mit zahlreichen Merkwürdigkeiten, in: SdZ 136 (2011), S. 313–323. [*Ganzer*, Kirchenfürsten].

Geerlings, Wilhelm: Augustinus – Leben und Werk. Eine bibliographische Einführung, Paderborn u. a. 2002. [*Geerlings*, Augustinus – Leben und Werk].

Giesen, Heinz: Art. σκάνδαλον, in: Balz, Horst/Schneider, Gerhard (Hrsg.), Exegetisches Wörterbuch zum Neuen Testament, Bd. III, Mainz 1983, Sp. 594–596. [*Giesen*, σκάνδαλον].

Gigliotti, Valerio: La tiara deposta. La rinuncia al papato nella storia del diritto e della Chiesa, Florenz 2013. [*Gigliotti*, Rinuncia].

Gnilka, Joachim: Johannesevangelium (= NEB 4), Würzburg ²1985. [*Gnilka*, Johannes].

Gnilka, Joachim: Der Petrusdienst – Grundlegung im Neuen Testament und Ausprägung in der frühen Kirche, in: Hünermann, Peter (Hrsg.), Papstamt und Ökumene. Zum Petrusdienst an der Einheit aller Getauften, Regensburg 1997, S. 9–24. [*Gnilka*, Petrusdienst].

Goudot, Jean-Philippe: Benoît XVI: quels modèles pour une renonciation?, in: NRT 136 (2014), S. 48–64. [*Goudot*, Quels modèles pour une renonciation].

Granfield, Patrick: Papal Resignation, in: Jurist 38 (1978), S. 118–131. [*Granfield*, Resignation].

Graßmann, Andreas E.: „Die Eltern, die Paten und der Pfarrer haben dafür zu sorgen, dass kein Name gegeben wird, der christlichem Empfinden fremd ist" (c. 855 CIC/1983). (Tauf-) Name und Namensgebung im Kirchenrecht, in: Rees, Wilhelm/Haering, Stephan (Hrsg.), Iuri sacri pervestigatio. Festschrift für Johann Hirnsperger (= KStT 72), Berlin 2020, S. 59–89. [*Graßmann*, Namensgebung].

Graulich, Markus: Bischofssynode. Kollegialität und Primat, in: Riedel-Spangenberger, Ilona (Hrsg.), Leitungsstrukturen der katholischen Kirche. Kirchenrechtliche Grundlagen und Reformbedarf (= QD 198), Freiburg i. Br. 2002, S. 50–75. [*Graulich*, Bischofssynode].

Graulich, Markus: Kardinalat. Altehrwürdig und funktionsfähig, in: Riedel-Spangenberger, Ilona (Hrsg.), Leitungsstrukturen der katholischen Kirche. Kirchenrechtliche Grundlagen und Reformbedarf (= QD 198), Freiburg i. Br. 2002, S. 76–100. [*Graulich*, Kardinalat].

Graulich, Markus: Die Vakanz des Apostolischen Stuhls und die Wahl des Bischofs von Rom – Zwei Rechtsinstitute in der Entwicklung, in: AfkKR 174 (2005), S. 75–95. [*Graulich*, Vakanz].

Graulich, Markus: Hirtensorge in umfassender Verantwortung. Dienst des Diözesanbischofs in Verkündigung, Heiligung und Leitung, in: Riedel-Spangenberger, Ilona (Hrsg.), Rechtskultur in der Diözese. Grundlagen und Perspektiven (= QD 219), Freiburg i. Br. 2006, S. 163–188. [*Graulich*, Hirtensorge in umfassender Verantwortung].

Graulich, Markus: § 31 Die Kardinäle, in: HdbKathKR³, S. 486–493. [*Graulich*, Kardinäle].

Graulich, Markus: Zwischen Anpassung und Neugestaltung. Die Reform des Kirchenrechts als Konzilsrezeption, in: Knapp, Markus/Söding, Thomas (Hrsg.), Glaube in Gemeinschaft. Autorität und Rezeption in der Kirche, Freiburg i. Br. 2014, S. 372–388. [*Graulich*, Zwischen Anpassung und Neugestaltung].

Graulich, Markus: „Declaro me ministerio Episcopi Romae renuntiare". Kanonistische Reflexionen zum Amtsverzicht Papst Benedikts XVI., in: AfkKR 184 (2015), S. 479–487. [*Graulich*, Amtsverzicht].

Graulich, Markus: Art. Kardinal, in: LKRR Bd. 2, S. 743 f. [*Graulich*, Kardinal].

Grühn, Jens: Art. Wilhelm von Ockham, in: LThK², Sp. 1186–1192. [*Grühn*, Wilhelm von Ockham].

Guyon, Jean: Die Kirche Roms vom Anfang des 4. Jahrhunderts bis zu Sixtus III. (312–432), (= GCh, Sonderausgabe), Freiburg i. Br. 2010, S. 877–917. [*Guyon*, Kirche Roms (312–432)].

Haering, Stephan: Gratian und das Kirchenrecht in der mittelalterlichen Theologie, in: MThZ 57 (2006), S. 21–34. [*Haering*, Gratian und das Kirchenrecht].

Hallermann, Heribert: Art. Diözesanbischof – Katholisch, in: LKRR Bd. 1, S. 633 f. [*Hallermann*, Diözesanbischof].

Hallermann, Heribert: Bischofskonferenzen. Solidarität und Autonomie, in: Riedel-Spangenberger, Ilona (Hrsg.), Leitungsstrukturen der katholischen Kirche. Kirchenrechtliche Grundlagen und Reformbedarf (= QD 198), Freiburg i. Br. 2002, S. 209–228. [*Hallermann*, Bischofskonferenzen].

Hallermann, Heribert: Direktorium für den Hirtendienst der Bischöfe. Übersetzung und Kommentar (= KStKR 7), Paderborn 2006. [*Hallermann*, Kommentar Direktorium].

Hanke, Gregor Maria: Die Freude kommt vom Hören: Der Priester als Verkünder des Wortes. Predigt anlässlich des Symposiums, in: Wölfle, Christoph (Hrsg.), Wandlungen. Das Seminarjubiläum 2014 – Rückblick und Ausblick (= Veröffentlichungen des Bischöflichen Seminars Eichstätt 2), Eichstätt 2016, S. 89–94. [*Hanke*, Priester als Verkünder].

Heggelbacher, Othmar: Geschichte des frühchristlichen Kirchenrechts bis zum Konzil von Nizäa 325, Freiburg i. Üe. 1974. [*Heggelbacher*, Frühchristliches Kirchenrecht].

Heiler, Friedrich: Geschichte des Papsttums, in: Hochkirche 17 (1935), S. 310–314. [*Heiler*, Geschichte des Papsttums].

Heim, Maximilian Heinrich: Joseph Ratzinger – Kirchliche Existenz und existentielle Theologie. Ekklesiologische Grundlinien unter dem Anspruch von Lumen gentium (= BThS 22), Frankfurt a. M. 2004. [*Heim*, Kirchliche Existenz].

Heim, Maximilian Heinrich: Offenbarung als lebendiges Wort Gottes – Wort des lebendigen Gottes. Die Verflechtung von Wort und Zeuge und Glaubensregel, in: Hastetter, Michaela C./Moga, Ioan/Ohly, Christoph (Hrsg.), Symphonie des Wortes. Beiträge zur Offenbarungskonstitution „Dei Verbum" im katholisch-orthodoxen Dialog, St. Ottilien 2012, S. 15–30. [*Heim*, Wort des lebendigen Gottes].

Heim, Maximilian Heinrich: In der Einheit wirkt der Eine. Macht und Ohnmacht des Petrusamtes am Beispiel von Papst Benedikt XVI., in: Hastetter, Michaela C./Ohly, Christoph (Hrsg.), Dienst und Einheit. Reflexionen zum petrinischen Amt in ökumenischer Perspektive. Festschrift für Stephan Otto Horn zum 80. Geburtstag, St. Ottilien 2014, S. 38–64. [*Heim*, Macht und Ohnmacht].

Herde, Peter: Cölestin V. (1294) (Peter von Morrone), der Engelpapst. Mit einem Urkundenanhang und Editionen zweier Viten (= PuP 16), Stuttgart 1981. [*Herde*, Cölestin V.].

Herde, Peter: Bonifaz VIII. (1294–1303), 1. Halbband: Benedikt Caetani (= PuP 43,1), Stuttgart 2015. [*Herde*, Bonifaz VIII.].

Hermann, Horst: Fragen zu einem päpstlichen Amtsverzicht, in: ZRG. K 56 (1970), S. 102–123. [*Herrmann*, Amtsverzicht].

Heun, Werner: Art. Freiheit, IX. Soziologisch, politisch, juristisch, in: RGG³ Bd. 3, Sp. 320–322. [*Heun*, Freiheit].

Hilling, Nikolaus: Die römische Kurie. Ein kurzes Handbuch für die Kenntnis der gegenwärtigen Verfassung und ein kanonistischer Führer für den praktischen Verkehr mit den obersten päpstlichen Behörden in Rom, Paderborn 1906. [*Hilling*, Römische Kurie].

Hilling, Nikolaus: Die Reformen des Papstes Pius X. auf dem Gebiete der kirchenrechtlichen Gesetzgebung, 2. Bde., Bonn 1909, 1912. [*Hilling*, Die Reformen Papst Pius X.].

Hirnsperger, Johann: § 82 Die Ordination, in: HdbKathKR³, S. 1221–1238. [*Hirnsperger*, Ordination].

Holböck, Carl: Handbuch des Kirchenrechts, 1. Band, Einleitung, 1. und 2. Buch des kirchlichen Gesetzbuches, Innsbruck 1951. [*Holböck*, Kirchenrecht Bd. 1].

Horn, Stephan Otto: Petrou Kathedra. Der Bischof von Rom und die Synoden von Ephesus (449) und Chalcedon (= KKTS 45), Paderborn 1983. [*Horn*, Petrou Kathedra].

Horn, Stephan Otto: Die Bezeugung des Glaubens in der Fundamentaltheologie von Joseph Ratzinger (= RaSt 6), Regensburg 2013. [*Horn*, Bezeugung des Glaubens].

Huber, Werner: Das Denken Joseph Ratzingers, Paderborn 2017. [*Huber*, Das Denken Ratzingers].

Hünermann, Peter: Kommentar zu Lumen Gentium, in: Hilberath, Bernd Jochen/Ders. (Hrsg.), Herders Theologischer Kommentar zum Zweiten Vatikanischen Konzil, Bd. 2, Freiburg i. Br. 2009, S. 262–582. [*Hünermann*, Kommentar LG].

Irenäus von Lyon: Adversus haereses, 5. Bde., (= Fontes Christiani 8/1–5), Freiburg i. Br. 1993–2001. [*Irenäus*, adv. haer.].

Jasper, Detlef: Das Papstwahldekret von 1059. Überlieferung und Textgestalt, Sigmaringen 1986. [*Jasper*, Papstwahldekret].

Jone, Heribert: Gesetzbuch der lateinischen Kirche. Bd. I: Allgemeine Normen und Personenrecht (Kan. 1 bis Kan. 725), Paderborn ²1950. [*Jone*, Gesetzbuch Bd. 1].

Kalb, Herbert: § 10 Verwaltungsakt und Verwaltungsverfahren, in: HdbKathKR³, S. 163–182. [*Kalb*, Verwaltungsakt und Verwaltungsverfahren].

Kalde, Franz: § 37 Diözesane und quasidiözesane Teilkirchen, in: HdbKathKR³, S. 585–592. [*Kalde*, Diözesane und quasidiözesane Teilkirchen].

Kaptijn, Astrid: § 11 Rechtspersönlichkeit und rechtserhebliches Geschehen, in: HdbKathKR³, S. 183–198. [*Kaptijn*, Rechtspersönlichkeit und rechtserhebliches Geschehen].

Kasper, Walter: Katholische Kirche. Wesen – Wirklichkeit – Sendung, Freiburg i. Br. 2011. [*Kasper*, Katholische Kirche].

Kassühlke, Rudolf: Kleines Wörterbuch zum Neuen Testament. Griechisch-Deutsch, Stuttgart ⁶2013. [*Kassühlke*, Wörterbuch NT].

Kingata, Yves: Benedikt XVI. als kirchlicher Gesetzgeber. Ein Überblick über die legislative Tätigkeit des Papstes, in: AfkKR 181 (2012), S. 487–512. [*Kingata*, Benedikt XVI. als kirchlicher Gesetzgeber].

Klappert, Sebastian: Der Amtsverzicht des Papstes. Kirchenrechtliche Anmerkungen aus Anlass des Amtsverzichts Papst Benedikts XVI., in: AfkKR 183 (2014), S. 57–75. [*Klappert*, Amtsverzicht].

Klausnitzer, Wolfgang: Der Primat des Bischofs von Rom. Entwicklung – Dogma – Ökumenische Zukunft, Freiburg i. Br. 2004. [*Klausnitzer*, Primat des Bischofs von Rom].

Klausnitzer, Wolfgang: Der Primat des Bischofs von Rom im Denken Joseph Ratzingers, in: Schaller, Christian (Hrsg.), Kirche – Sakrament und Gemeinschaft. Zu Ekklesiologie und Ökumene bei Joseph Ratzinger (= RaSt 4), Regensburg 2011, S. 153–195. [*Klausnitzer*, Primat im Denken Joseph Ratzingers].

Klewitz, Hans-Walter: Reformpapsttum und Kardinalkolleg. Die Entstehung des Kardinalkollegiums, Darmstadt 1957. [*Klewitz*, Reformpapsttum und Kardinalkolleg].

Koch, Kurt: Die Primatstheologie von Joseph Ratzinger/Benedikt XVI. in ökumenischer Perspektive, in: Hastetter, Michaela C./Ohly, Christoph (Hrsg.), Dienst und Einheit. Reflexionen zum petrinischen Amt in ökumenischer Perspektive. Festschrift für Stephan Otto Horn zum 80. Geburtstag, St. Ottilien 2014, S. 15–37. [*Koch*, Primatstheologie in ökumenischer Perspektive].

Koch, Kurt: Dienst an der vollen und sichtbaren Einheit. Das Ökumeneverständnis von Joseph Ratzinger/Papst Benedikt XVI., in: Hastetter, Michaela C./Athanasiou, Stefanos (Hrsg.), „Ut unum sint". Zur Theologie der Einheit bei Joseph Ratzinger/Papst Benedikt XVI. (= RaSt 13), Regensburg 2018, S. 10–38. [*Koch*, Ökumeneverständnis].

Koch, Kurt: Perspektiven des Wortes Gottes für das Weiheamt in der Kirche. Homilie in der Eucharistiefeier mit den beiden Schülerkreisen von Joseph Ratzinger – Papst Benedikt XVI. in der Kirche des Pontificio Collegio Teutonico in Rom am 29. September 2019, in: Ohly, Christoph/Schaller, Christian (Hrsg.), Christus hat in allem den Vorrang. Festgabe für Kurt Kardinal Koch zum 70. Geburtstag, Regensburg 2020, S. 103–110. [*Koch*, Perspektiven des Wortes Gottes].

Konradt, Matthias: Das Evangelium nach Matthäus (= NTD 1, Neubearbeitung), Göttingen 2015. [*Konradt*, Matthäus].

Köstler, Rudolf: Wörterbuch zum Codex Iuris Canonici, München 1927 ff. [*Köstler*].

Krämer, Peter: Dienst und Vollmacht. Eine rechtstheologische Untersuchung zur Sacra Potestas-Lehre des II. Vatikanischen Konzils (= TThSt 28), Trier 1973. [*Krämer*, Dienst und Vollmacht].

Krämer, Peter: Kirchenrecht, Bd. 2, Ortskirche – Gesamtkirche, Trier 1993. [*Krämer*, Kirchenrecht Bd. 2].

Kuttner, Stephan: Zur Frage der theologischen Vorlagen Gratians, in: ZRG. K 23 (1934), S. 243–268. [*Kuttner*, Theologische Vorlagen Gratians].

Landau, Peter: Schwerpunkte und Entwicklung des klassischen kanonischen Rechts bis zum Ende des 13. Jahrhunderts, in: Bertram, Martin (Hrsg.), Stagnation oder Fortbildung? Aspekte des allgemeinen Kirchenrechts im 14. und 15. Jahrhundert, Tübingen 2005, S. 15–31. [*Landau*, Entwicklung des kanonischen Rechts].

Lanzi, Fernando/*Lanzi*, Gioia: Heilige Orte. Wallfahrten und Pilgerziele von Jerusalem bis Fatima, Petersberg 2005. [*Lanzi*, Heilige Orte].

Laudage, Christiane: Kampf um den Stuhl Petri. Die Geschichte der Gegenpäpste, Freiburg i. Br. 2012. [*Laudage*, Gegenpäpste].

Laudage, Johannes: Gregorianische Reform und Investiturstreit, Darmstadt 1993. [*Laudage*, Gregorianische Reform].

Léon-Dufour, Xavier: Wörterbuch zum Neuen Testament, München 1977. [*Léon-Dufour*, Wörterbuch NT].

Lérins, Vinzenz von: Commonitorium. Mit einer Studie zu Werk und Rezeption hrsg. und komm. von Fiedrowicz, Michael, Mülheim (Mosel) 2011. [*Vinzenz von Lérins*, Commonitorium].

Link, Christoph: Kirchliche Rechtsgeschichte. Kirche, Staat und Recht in der europäischen Geschichte von den Anfängen bis ins 21. Jahrhundert. Ein Studienbuch, München ³2017. [*Link*, Rechtsgeschichte].

Lüdicke, Klaus (Hrsg.): Münsterischer Kommentar zum Codex Iuris Canonici unter besonderer Berücksichtigung der Rechtslage in Deutschland, Österreich und der Schweiz, unter Mitarbeit von Rudolf Henseler u. a., Loseblattwerk, Essen 1985 ff. [MKCIC].

Lülsdorff, Raimund: Das Bischofsamt, in: Marschler, Thomas/Ohly, Christoph (Hrsg.), Spes nostra firma. Festschrift für Joachim Kardinal Meisner zum 75. Geburtstag, Münster 2009, S. 221–234. [*Lülsdorff*, Bischofsamt].

Luz, Ulrich: Das Evangelium nach Matthäus I/2 (Mt 8–17) (= EKK 1), Düsseldorf 2007. [*Luz*, Matthäus I/2].

Maaßen, Friedrich: Der Primat des Bischofs von Rom und die alten Patriarchalkirchen, Bonn 1853. [*Maaßen*, Primat und die alten Patriarchalkirchen].

Maraval, Pierre: Das Konzil von Chalkedon (= GCh 3, Sonderausgabe), S. 90–119. [*Maraval*, Konzil von Chalkedon].

Markschies, Christoph: Am Anfang Petrus? Wie sich aus der kollektiven Leitung der Gemeinde von Rom das Papstamt entwickelte, in: Zeitzeichen 9/2012, S. 24–26. [*Markschies*, Am Anfang Petrus].

Marx, Sebastian: Kontinuität als Herausforderung. Die vier Dimensionen der Priesterausbildung, in: Ohly, Christoph/Haering, Stephan/Müller, Ludger/Rees, Wilhelm (Hrsg.), Das Geschenk der Berufung zum Priestertum. Zur Zukunft der Priesterausbildung (= KB 18), Berlin 2020, S. 208–229. [*Marx*, Dimensionen der Priesterausbildung].

May, Georg/*Egler*, Anna: Einführung in die kirchenrechtliche Methode, Regensburg 1986. [*May/Egler*, Einführung].

Meckel, Thomas: Art. Amt – Katholisch, in: LKRR Bd. 1, S. 108–111. [*Meckel*, Amt].

Meckel, Thomas: Konzil und Codex. Zur Hermeneutik des Kirchenrechts am Beispiel der christifideles laici (= KStKR 18), Paderborn 2017. [*Meckel*, Konzil und Codex].

Menke, Karl-Heinz: Das Zweite Vatikanische Konzil und die triadische Einheit des Ordo und die Frage nach dem Diakonat der Frau, in: Revista Pistis & Praxis: Teologia e Pastoral 7 (2015), S. 349–393. [*Menke*, Triadischer Ordo].

Mertes, Klaus: Sein Leben hingeben. Suizid, Martyrium und der Tod Jesu (= Ignatianische Impulse 46), Würzburg 2010. [*Mertes*, Suizid, Martyrium und der Tod Jesu].

Meyongo Nama, Engelbert: Controverses autour de l'abdication du Pape Célestin V. Un éclairage sur la renonciation historique du Pape Benoît XVI., in: RDC 64/1 (2014), S. 69–93. [*Meyongo Nama*, Controverses].

Miethke, Jürgen: De potestate papae. Die päpstliche Amtskompetenz im Widerstreit der politischen Theorie von Thomas von Aquin bis Wilhelm von Ockham, Tübingen 2001. [*Miethke*, De potestate papae].

Montezemolo, Andrea Cordero Lanza di/*Pompili*, Antonio: Manuale di araldica ecclesiastica nella Chiesa Cattolica, Vatikan ²2016. [*Montezemolo/Pompili*, Manuale di araldica].

Mörsdorf, Klaus: Art. Heilige Gewalt, erstmals in: SM Bd. 2, Sp. 582–597, neuerlich in: Mörsdorf Schr, S. 203–215. [*Mörsdorf*, Heilige Gewalt].

Mörsdorf, Klaus: Art. Kirchengewalt, in: LThK² Bd. 6, Sp. 218–221. [*Mörsdorf*, Kirchengewalt].

Mörsdorf, Klaus: Art. Missio canonica, in: LThK² Bd. 7, Sp. 452–453. [*Mörsdorf*, Missio canonica].

Mörsdorf, Klaus: Kommentar zum Dekret über die Hirtenaufgabe der Bischöfe in der Kirche Christus Dominus, in: LThK²-K Bd. 2, S. 128–247. [*Mörsdorf*, Kommentar CD].

Mörsdorf, Klaus: Abgrenzung und Zusammenspiel von Weihegewalt und Hirtengewalt, in: Die Kirche in der Welt 3 (1951), S. 17–22. [*Mörsdorf*, Abgrenzung und Zusammenspiel].

Mörsdorf, Klaus: Weihegewalt und Hirtengewalt in Abgrenzung und Bezug, erstmals in: Miscellanea Comillas 16 (1951), S. 95–110, neuerlich in: Mörsdorf Schr, S. 171–186. [*Mörsdorf*, Abgrenzung und Bezug].

Mörsdorf, Klaus: Die Entwicklung der Zweigliedrigkeit, erstmals in: MThZ 3 (1952), S. 1–16, neuerlich in: Mörsdorf Schr, S. 187–202. [*Mörsdorf*, Entwicklung der Zweigliedrigkeit].

Mörsdorf, Klaus: Kritische Erwägungen zum kanonischen Amtsbegriff, erstmals in: Festschrift für Karl Gottfried Hugelmann, 2 Bände. Zum 80. Geburtstag am 26. September 1959 dargebracht von Freunden, Kollegen und Schülern, Bd. 1, Aalen 1959, S. 383–398, neuerlich in: Mörsdorf Schr, S. 349–364. [*Mörsdorf*, Kritische Erwägungen].

Mörsdorf, Klaus: Die Stellung der Laien in der Kirche, erstmals in: RDC 2 (1960), S. 214–234, neuerlich in: Mörsdorf Schr, S. 411–431. [*Mörsdorf*, Stellung der Laien].

Mörsdorf, Klaus: Die Unmittelbarkeit der päpstlichen Primatialgewalt im Lichte des kanonischen Rechts, erstmals in: Ratzinger, Joseph (Hrsg.), Einsicht und Glaube. Festschrift für Gottlieb Söhngen, Freiburg i. Br. 1962, S. 464–478, neuerlich in: Mörsdorf Schr, S. 241–255. [*Mörsdorf*, Unmittelbarkeit].

Mörsdorf, Klaus: Lehrbuch des Kirchenrechts auf Grund des Codex Iuris Canonici. Begründet von Eduard Eichmann, fortgeführt von Klaus Mörsdorf. Bd. I: Einleitung, Allgemeiner Teil und Personenrecht, München/Paderborn/Wien ¹¹1964. [*MörsdorfLb*].

Mörsdorf, Klaus: Die hierarchische Struktur der Kirchenverfassung, in: Seminarium 2 (1965), S. 403–416. [*Mörsdorf*, Hierarchische Struktur].

Mörsdorf, Klaus: Die Einheit in der Zweiheit, in: AfkKR 134 (1966), S. 80–97. [*Mörsdorf*, Einheit in Zweiheit].

Mückl, Stefan: Eligo in Summum Pontificem – Kontinuität im Wandel: Das Recht der Papstwahl speziell im 20. und 21. Jahrhundert, in: Güthoff, Elmar/Haering, Stephan (Hrsg.), Ius quia iustum. Festschrift für Helmuth Pree zum 65. Geburtstag (= KStT 65), Berlin 2015, S. 399–417. [*Mückl*, Recht der Papstwahl].

Müller, Georg: Sedes Romana impedita. Kanonistische Annäherungen zu einem nicht ausgeführten päpstlichen Spezialgesetz, St. Ottilien 2013. [*Müller*, Sedes Romana impedita].

Müller, Gerhard Ludwig: Der universale Hirtendienst des Papstes, in: Ders. (Hrsg.), Der Primat des Nachfolgers Petri im Geheimnis der Kirche. Studien der Kongregation für die Glaubenslehre (= Römische Texte und Studien 4), Würzburg 2010, S. 9–14. [*Müller*, Der universale Hirtendienst].

Müller, Gerhard Ludwig: Katholische Dogmatik. Für Studium und Praxis der Theologie, Freiburg i. Br. [10]2016. [*Müller*, Dogmatik].

Müller, Gerhard Ludwig: Der Papst. Sendung und Auftrag, Freiburg i. Br. 2017. [*Müller*, Der Papst].

Müller, Ludger: Art. Konzessionssystem, in: LKRR Bd. 2, S. 1059 f. [*Müller*, Konzessionssystem].

Müller, Ludger: Theologische Aussagen im kirchlichen Gesetzbuch. Sinn – Funktion – Problematik, in: MThZ 37 (1986), S. 32–41. [*Müller*, Theologische Aussagen im kirchlichen Gesetzbuch].

Müller, Ludger: „Theologisierung" des Kirchenrechts?, in: AfkKR 160 (1991), S. 441–463. [*Müller*, Theologisierung des Kirchenrechts].

Müller, Ludger: Die Kirche als Wurzelsakrament, in: Ahlers, Reinhild/Gerosa, Libero/Ders. (Hrsg.), Ecclesia a Sacramentis. Theologische Erwägungen zum Sakramentenrecht, Paderborn 1992, S. 125–135. [*Müller*, Kirche als Wurzelsakrament].

Müller, Ludger: Die „Münchener Schule". Charakteristika und wissenschaftliches Anliegen, in: AfkKR 166 (1997), S. 95–118. [*Müller*, Die Münchener Schule].

Müller, Ludger: Der Diözesanbischof – ein Beamter des Papstes?, in: AfkKR 170 (2001), S. 106–122. [*Müller*, Diözesanbischof – ein Beamter des Papstes?].

Müller, Ludger: Kirchenrecht als kommunikative Ordnung, in: AfkKR 172 (2003), S. 353–379. [*Müller*, Kommunikative Ordnung].

Müller, Ludger: Geschichte der Kirchenrechtswissenschaft. Rückblick und Ausblick, in: Erdő, Péter (Hrsg.), Geschichte der Wissenschaft vom kanonischen Recht. Eine Einführung (= KB 4), Münster 2006, S. 169–175. [*Müller*, Geschichte der Kirchenrechtswissenschaft].

Müller, Ludger: Warum und wozu kirchliche Sanktionen?, in: Ders./Hierold, Alfred E./ Demel, Sabine/Gerosa, Libero/Krämer, Peter (Hrsg.), „Strafrecht" in einer Kirche der Liebe – Notwendigkeit oder Widerspruch? (= KB 9), Münster 2006, S. 183–202. [*Müller*, Warum und wozu kirchliche Saktionen?].

Müller, Ludger: Curia romana semper reformanda. Beweggründe für Reformen in der Geschichte der Römischen Kurie, in: AfkKR 185 (2016), S. 6–24. [*Müller*, Curia romana semper reformanda].

Müller, Ludger: Der Diakonat – eine oftmals übersehene Weihestufe im CIC/1983. Zugleich ein Beitrag zum ius canonicum semper reformandum, in: Graulich, Markus/Meckel, Thomas/Pulte, Matthias (Hrsg.), Ius canonicum in communione christifidelium. Festschrift für Heribert Hallermann zum 65. Geburtstag (= KStKR 23), Paderborn 2016, S. 149–165. [*Müller*, Diakonat].

Müller, Ludger: Die diakonale Dimension des geweihten Amtes, in: Ohly, Christoph/Haering, Stephan/Ders./Rees, Wilhelm (Hrsg.), Das Geschenk der Berufung zum Priestertum. Zur Zukunft der Priesterausbildung (= KB 18), Berlin 2020, S. 230–240. [*Müller*, Diakonale Dimension].

Müller, Ludger/*Gerosa*, Libero (Hrsg.): Johannes Paul II. Gesetzgeber der Kirche, Paderborn 2017. [*Müller/Gerosa*, Johannes Paul II. Gesetzgeber der Kirche].

Müller, Ludger/*Ohly*, Christoph: Katholisches Kirchenrecht. Ein Studienbuch (= utb 4307), Paderborn 2018. [*Müller/Ohly*, Kirchenrecht].

Mußner, Franz: Der Galaterbrief. Auslegung (= ThKNT 9), Freiburg i. Br./Basel/Wien ⁵1988. [*Mußner*, Galater].

Nedungatt, George: Der Patriarch in der katholischen Kirche, in: Gerosa, Libero/Demel, Sabine/Krämer, Peter/Müller, Ludger (Hrsg.), Patriarchale und synodale Strukturen in den katholischen Ostkirchen (= KB 3), Münster 2001, S. 83–121. [*Nedungatt*, Patriarch].

Nelles, Marcus: § 12 Die geistliche Vollmacht, in: HdbKathKR³, S. 199–206. [*Nelles*, Geistliche Vollmacht].

Neumann, Thomas: Art. Dekretisten – Katholisch, in: LKRR Bd. 1, S. 558 f. [*Neumann*, Dekretisten].

Neuner, Peter: Der lange Schatten des I. Vatikanums. Wie das Konzil die Kirche noch heute blockiert, Freiburg i. Br. 2019. [*Neuner*, Der lange Schatten].

Ohly, Christoph: § 14 Das Kirchenamt, in: HdbKathKR³, S. 234–251. [*Ohly*, Kirchenamt].

Ohly, Christoph: § 79 Das Bußsakrament, in: HdbKathKR³, S. 1184–1205. [*Ohly*, Bußsakrament].

Ohly, Christoph: Sensus fidei fidelium. Zur Einordnung des Glaubenssinnes aller Gläubigen in die Communio-Struktur der Kirche im geschichtlichen Spiegel dogmatisch-kanonistischer Erkenntnisse und der Aussagen des II. Vaticanum (= MThS. K 57), St. Ottilien 2000. [*Ohly*, Glaubenssinn].

Ohly, Christoph: Der Dienst am Wort Gottes. Eine rechtssystematische Studie zur Gestalt von Predigt und Katechese im Kanonischen Recht (= MThS. K 63), St. Ottilien 2008. [*Ohly*, Wort Gottes].

Ohly, Christoph: Recht und Pflicht der Kirche. Der Verkündigungsdienst gemäß c. 747 § 1 CIC im Licht von „Dei Verbum" und „Verbum Domini", in: Hastetter, Michaela C./Moga, Ioan/Ders. (Hrsg.), Symphonie des Wortes. Beiträge zur Offenbarungskonstitution „Dei Verbum" im katholisch-orthodoxen Dialog, St. Ottilien 2012, S. 185–204. [*Ohly*, Verkündigungsdienst].

Ohly, Christoph: Vorwort, in: Ders./Meiers, Anna Elisabeth (Hrsg.), Entweltlichung der Kirche. Dimensionen eines Auftrags, München 2013, S. 6–12. [*Ohly*, Vorwort Entweltlichung].

Ohly, Christoph: Universi Dominici Gregis. Das geltende Papstwahlrecht im Licht der Folgenormen von Papst Benedikt XVI., in: Hastetter, Michaela C./Ders. (Hrsg.), Dienst und Einheit. Reflexionen zum petrinischen Amt in ökumenischer Perspektive. Festschrift für Stephan Otto Horn zum 80. Geburtstag, St. Ottilien 2014, S. 214–233. [*Ohly*, Papstwahlrecht].

Ohly, Christoph: Legitimation und Plausibilität. Zum ekklesiologischen Ort der Römischen Kurie, in: AfkKR 185 (2016), S. 25–41. [*Ohly*, Legitimation und Plausibilität].

Ohly, Christoph: Gleichgestaltung mit Christus. Zu einer theologischen Maßgabe der Leitnormen des Weiherechts, in: Ders./Haering, Stephan/Müller, Ludger/Rees, Wilhelm (Hrsg.), Das Geschenk der Berufung zum Priestertum. Zur Zukunft der Priesterausbildung (= KB 18), Berlin 2020, S. 241–259. [*Ohly*, Gleichgestaltung mit Christus].

Ohly, Christoph: Das Motu Proprio Vos estis lux mundi. Perspektiven und Anmerkungen, in: DPM 27/28 (2020/2021), S. 231–248. [*Ohly*, Vos estis lux mundi].

Ohly, Christoph/*Meiers*, Anna Elisabeth (Hrsg.): Entweltlichung der Kirche. Dimensionen eines Auftrags, München 2013.

Oldoinus, Augustinus: Vita et res gestae pontificium Romanorum et S. R. E. cardinalium, Bd. II, Rom 1677. [*Oldoinus*, Vita et res gestae].

O'Malley, John W.: Vatican I. The Council and the Making of the Ultramontane Church, Cambridge 2018. [*O'Malley*, Vatican I].

Pannenberg, Wolfhart: Evangelische Überlegungen zum Petrusdienst des römischen Bischofs, in: Hünermann, Peter (Hrsg.), Papstamt und Ökumene. Zum Petrusdienst an der Einheit aller Getauften, Regensburg 1997, S. 43–60. [*Pannenberg*, Überlegungen zum Petrusdienst].

Pastor, Ludwig Freiherr von: Geschichte der Päpste im Zeitalter der katholischen Reformation und Restauration. Pius V. (1566–1572), Freiburg i. Br. 1923. [*Pastor*, Pius V.].

Pesch, Rudolf: Die Apostelgeschichte, 1. Teilband, Apg 1–12 (= EKK 5), Zürich 1986. [*Pesch*, Apostelgeschichte].

Pesch, Rudolf: Die biblischen Grundlagen des Primats (= QD 187), Freiburg i. Br. 2001. [*Pesch*, Grundlagen des Primats].

Pesch, Rudolf: Was an Petrus sichtbar war, ist in den Primat eingegangen. Die biblischen Grundlagen des Primats und seiner Weitergabe, in: Müller, Gerhard Ludwig (Hrsg.), Der Primat des Nachfolgers Petri im Geheimnis der Kirche. Studien der Kongregation für die Glaubenslehre (= Römische Texte und Studien 4), S. 29–50. [*Pesch*, Was an Petrus sichtbar war].

Petrus, Simon: Heraldisches Handbuch der Katholischen Kirche, Regenstauf 2016. [*Petrus*, Heraldisches Handbuch].

Pfannkuche, Sabrina: Papst und Bischofskollegium als Träger höchster Leitungsvollmacht (= KStKR 12), Paderborn 2011. [*Pfannkuche*, Papst und Bischofskollegium].

Pietri, Charles: Von der partitio des christlichen Kaiserreichs bis zur Einheit unter Konstantius: Arianerstreit und erster „Cäsaropapismus" (= GCh 2, Sonderausgabe), Freiburg i. Br. 2010, S. 345–395. [*Pietri*, Arianerstreit und Cäsaropapismus].

Pietri, Charles/*Markschies*, Christoph: Theologische Diskussionen zur Zeit Konstantins: Arius, der „arianische Streit" und das Konzil von Nizäa, die nachnizänischen Auseinandersetzungen bis 337 (= GCh 2, Sonderausgabe), Freiburg i. Br. 2010, S. 271–344. [*Pietri/ Markschies*, Arianischer Streit und Nizäa].

Pietri, Luce/*Brottier*, Laurence: Der Preis der Einheit: Johannes Chrysostomus und das „theodosianische" System (= GCh 2, Sonderausgabe), Freiburg i. Br. 2010, S. 552–569. [*Pietri/Brottier*, Preis der Einheit].

Pighin, Bruno Fabio: Profilo giuridico del Vescovo Emerito, in: IusE 13 (2001), S. 779–796. [*Pighin*, Profilo giuridico].

Plöchl, Willibald M.: Geschichte des Kirchenrechts, Band III, Das katholische Kirchenrecht der Neuzeit, Erster Teil, München 1959. [*Plöchl*, Geschichte Bd. III/1].

Plöchl, Willibald M.: Geschichte des Kirchenrechts, Band I, Das Recht des ersten christlichen Jahrtausends. Von der Urkirche bis zum großen Schisma, München ²1960. [*Plöchl*, Geschichte Bd. I].

Plöchl, Willibald M.: Geschichte des Kirchenrechts, Band II, Das Kirchenrecht der abendländischen Christenheit 1055–1517, München ²1962. [*Plöchl*, Geschichte Bd. II].

Plöchl, Willibald M.: Der alte Kardinal und das Recht, in: Mosiek, Ulrich/Zapp, Hartmut (Hrsg.), Ius et salus animarum. Festschrift für Bernhard Panzram (= Sammlung Rombach N. F., Bd. 15), Freiburg i. Br. 1972, S. 159–170. [*Plöchl*, Der alte Kardinal].

Possidus (Calamensis), Vita Augustini. Zweisprachige Ausgabe, eingeleitet, kommentiert und herausgegeben von Wilhelm Geerlings, in: Ders. (Hrsg.), Augustinus – Opera – Werke, Paderborn 2005. [*Possidus*, Vita Augustini].

Pottmeyer, Hermann Josef: Die Rolle des Papsttums im Dritten Jahrtausend (= QD 179), Freiburg i. Br. 1999. [*Pottmeyer*, Papsttum].

Pottmeyer, Hermann Josef: Primat und bischöfliche Kollegialität in der Eucharistischen Communio-Ekklesiologie Joseph Ratzingers, in: Meier-Hamidi, Frank/Schumacher, Ferdinand (Hrsg.), Der Theologe Joseph Ratzinger, (= QD 222), Freiburg i. Br. 2007, S. 100–118. [*Pottmeyer*, Eucharistische Communio-Ekklesiologie].

Pree, Helmuth: Art. Diözese, in: LKRR Bd. 1, S. 647–649. [*Pree*, Diözese].

Pree, Helmuth: Ius divinum aus rechtstheoretischer und rechtstheologischer Perspektive, in: Graulich, Markus/Meckel, Thomas/Pulte, Matthias (Hrsg.), Ius canonicum in communione christifidelium. Festschrift für Heribert Hallermann zum 65. Geburtstag (= KStKR 23), Paderborn 2016, S. 479–494. [*Pree*, Ius Divinum].

Pulte, Matthias: Der Amtsverzicht Papst Benedikts XVI. vom 11. Februar 2013. Erwägungen aus kirchenrechtlichem Blickwinkel, in: TThZ 123 (2014), S. 67–81. [*Pulte*, Amtsverzicht].

Putter, Bartholomeus: Das Kollegialitätsprinzip der Bischöfe im heutigen Kirchenrecht (= BzMK 69), Essen 2014. [*Putter*, Kollegialitätsprinzip].

Rahner, Karl: Episkopat und Primat, in: Ders./Ratzinger, Joseph, Episkopat und Primat (= QD 11), Freiburg i. Br. 1961, S. 13–36. [*Rahner*, Episkopat und Primat].

Rahner, Karl: Kirche der Sünder, in: Ders., Schriften zur Theologie Bd. IV, Zürich ⁴1964, S. 301–320. [*Rahner*, Kirche der Sünder].

Rahner, Karl: Betrachtungen zum ignatianischen Exerzitienbuch, München 1965. [*Rahner*, Ignatianisches Exerzitienbuch].

Rahner, Karl: Kommentar zu Art. 18–27 der Dogmatischen Konstitution über die Kirche Lumen Gentium, in: LThK²-K Bd. 2, Freiburg i. Br. 1966, S. 210–246. [*Rahner*, Kommentar LG].

Ratzinger, Joseph (Benedikt XVI.): Primat, Episkopat und Successio Apostolica, erstmals in: Rahner, Karl/Ders., Episkopat und Primat (= QD 11), Freiburg i. Br. 1961, S. 37–59, neuerlich in: JRGS 12, Freiburg i. Br. 2010, S. 212–232. [*Ratzinger*, Primat, Episkopat und Successio Apostolica].

Ratzinger, Joseph (Benedikt XVI.): „Wiedervereinigung im Glauben" in katholischer Sicht, erstmals in: KlBl 41 (1961), S. 25–28, neuerlich in: JRGS 8/2, Freiburg i. Br. 2010, S. 816–828. [*Ratzinger*, Wiedervereinigung im Glauben].

Ratzinger, Joseph (Benedikt XVI.): Lexikonartikel „Primat" (1963), erstmals in: LThK² Bd. 8, S. 761–763, neuerlich in: JRGS 8/1, Freiburg i. Br. 2010, S. 606–609. [*Ratzinger*, Lexikonartikel Primat].

Ratzinger, Joseph (Benedikt XVI.): Die erste Sitzungsperiode des Zweiten Vatikanischen Konzils. Ein Rückblick, Köln 1963, neuerlich in: JRGS 7/1, Freiburg i. Br. 2012, S. 296–322. [*Ratzinger*, Konzil I].

Ratzinger, Joseph (Benedikt XVI.): Das Konzil auf dem Weg. Rückblick auf die zweite Sitzungsperiode des Zweiten Vatikanischen Konzils, Köln 1964, neuerlich in: JRGS 7/1, Freiburg i. Br. 2012, S. 359–410. [*Ratzinger*, Konzil II].

Ratzinger, Joseph (Benedikt XVI.): Ergebnisse und Probleme der dritten Konzilsperiode, Köln 1965, neuerlich in: JRGS 7/1, Freiburg i. Br. 2012, S. 417–472. [*Ratzinger*, Konzil III].

Ratzinger, Joseph (Benedikt XVI.): Ein Versuch zur Frage des Traditionsbegriffs, erstmals in: Rahner, Karl/Ders. (Hrsg.), Offenbarung und Überlieferung (= QD 25), Freiburg i. Br. 1965, S. 25–69, neuerlich in: JRGS 9/1, Freiburg i. Br. 2016, S. 391–431. [*Ratzinger*, Traditionsbegriff].

Ratzinger, Joseph (Benedikt XVI.): Kommentar zu Lumen Gentium, erstmals in: „Einleitung", in: Zweites Vatikanisches Konzil. Dogmatische Konstitution über die Kirche. Authentischer lateinischer Text. Deutsche Übersetzung im Auftrag der deutschen Bischöfe, Münster 1965, S. 7–19; „Die bischöfliche Kollegialität nach der Lehre des Zweiten Vatikanischen Konzils", in: Das neue Volk Gottes, S. 171–200; „Ortskirche und Gesamtkirche. Kommentar zu ‚Lumen Gentium' Artikel 26", in: Foote, Peter/Hill, John/Kelly, Laurence u. a. (Hrsg.), Church, New York 1969, S. 57; neuerlich in: JRGS 7/2, Freiburg i. Br. 2012, S. 665–698. [*Ratzinger*, Kommentar LG].

Ratzinger, Joseph (Benedikt XVI.): Kommentar zu den „Bekanntmachungen, die der Generalsekretär des Konzils in der 123. Generalkongregation am 16. November 1964 mitgeteilt hat", in: LThK²-K Bd. 1, Freiburg i. Br. 1966, S. 348–359, neuerlich in: JRGS 7/2, Freiburg i. Br. 2012, S. 699–714. [*Ratzinger*, Kommentar LG-NEP].

Ratzinger, Joseph (Benedikt XVI.): Das Problem der Dogmengeschichte in der Sicht der katholischen Theologie, Köln 1966, neuerlich in: JRGS 9/1, Freiburg i. Br. 2016, S. 553–595. [*Ratzinger*, Das Problem der Dogmengeschichte].

Ratzinger, Joseph (Benedikt XVI.): Einleitung und Kommentar zu Dei Verbum, erstmals in: LThK²-K Bd. 3, Freiburg i. Br. 1967, S. 498–529; und 571–583, neuerlich in: JRGS 7/1, Freiburg i. Br. 2012, S. 715–791. [*Ratzinger*, Kommentar DV].

Ratzinger, Joseph (Benedikt XVI.): Einführung in das Christentum. Vorlesungen über das Apostolische Glaubensbekenntnis, München 1968, neuerlich erschienen als: JRGS 4, Freiburg i. Br. 2014. [*Ratzinger*, Einführung].

Ratzinger, Joseph (Benedikt XVI.): Primat und Episkopat, erstmals in: Das neue Volk Gottes, Düsseldorf 1969, S. 121–146, neuerlich in: JRGS 8/1, Freiburg i. Br. 2010, S. 629–659. [*Ratzinger*, Primat und Episkopat].

Ratzinger, Joseph (Benedikt XVI.): Vom Ursprung und vom Wesen der Kirche, erstmals in: Ders., Das neue Volk Gottes, Düsseldorf 1969, S. 75–89, neuerlich in: JRGS 8/1, Freiburg i. Br. 2010, S. 140–201. [*Ratzinger*, Vom Ursprung und Wesen der Kirche].

Ratzinger, Joseph (Benedikt XVI.): Dogma und Verkündigung (= Wewelbuch 41), München 1973. [*Ratzinger*, Dogma und Verkündigung].

Ratzinger, Joseph (Benedikt XVI.): Rom und die Kirchen des Ostens nach der Aufhebung der Exkommunikation von 1054, erstmals als „Das Ende der Bannflüche von 1054. Folgen für Rom und die Ostkirchen" in: IKaZ Communio 3 (1974), S. 289–303, neuerlich in: JRGS 8/2, Freiburg i. Br. 2010, S. 754–773. [*Ratzinger*, Rom und die Kirchen des Ostens].

Ratzinger, Joseph (Benedikt XVI.): Der Bischof ist Christusträger. Ansprache bei der eigenen Bischofsweihe (1977), erstmals in: Wagner, Karl/Ruf, Hermann (Hrsg.), Kardinal Ratzinger. Der Erzbischof von München und Freising in Wort und Bild. Mit einem Beitrag „Aus meinem Leben", München 1977, S. 36–40, neuerlich in: JRGS 12, Freiburg i. Br. 2010, S. 267–270. [*Ratzinger*, Ansprache Bischofsweihe].

Ratzinger, Joseph (Benedikt XVI.): Der Primat des Papstes und die Einheit des Gottesvolkes, erstmals in: Ders. (Hrsg.), Dienst an der Einheit. Zum Wesen und Auftrag des Petrusamtes (= SKAB 85), Düsseldorf 1978, S. 165–179, neuerlich in: JRGS 8/1, Freiburg i. Br. 2010, S. 660–675. [*Ratzinger*, Primat des Papstes und Einheit des Gottesvolkes].

Ratzinger, Joseph (Benedikt XVI.): Die Ekklesiologie des Zweiten Vatikanischen Konzils, in: IKaZ Communio 15 (1986), S. 41–52. [*Ratzinger*, Ekklesiologie des Zweiten Vatikanischen Konzils].

Ratzinger, Joseph (Benedikt XVI.): Schriftauslegung im Widerstreit. Zur Frage nach Grundlagen und Wegen der Exegese heute, in: Ders. (Hrsg.), Schriftauslegung im Widerstreit (= QD 117), Freiburg i. Br. 1989, S. 15–44, neuerlich in: JRGS 9/2, Freiburg i. Br. 2016, S. 790–819. [*Ratzinger*, Schriftauslegung im Widerstreit].

Ratzinger, Joseph (Benedikt XVI.): Vom Wesen des Priestertums, erstmals in: Zur Gemeinschaft gerufen. Kirche heute verstehen, Freiburg i. Br. 1991, S. 98–123, neuerlich in: JRGS 12, Freiburg i. Br. 2010, S. 33–50. [*Ratzinger*, Wesen des Priestertums].

Ratzinger, Joseph (Benedikt XVI.): Gesamtkirche und Teilkirche. Der Auftrag des Bischofs, erstmals in: Ders., Zur Gemeinschaft gerufen, Freiburg i. Br. ²1992, S. 70–97, neuerlich in: JRGS 8/1, Freiburg i. Br. 2010, S. 519–537. [*Ratzinger*, Auftrag des Bischofs].

Ratzinger, Joseph (Benedikt XVI.): Gewissen und Wahrheit, in: Kessler, Michael/Pannenberg, Wolfhart/Pottmeyer, Hermann J. (Hrsg.), Fides quaerens intellectum. Beiträge zur Fundamentaltheologie, Tübingen 1992, S. 293–309. [*Ratzinger*, Gewissen und Wahrheit].

Ratzinger, Joseph (Benedikt XVI.): Primat Petri und Einheit der Kirche, erstmals in: Ders., Zur Gemeinschaft gerufen, Freiburg i. Br. ²1992, S. 43–71, neuerlich in: JRGS 8/1, Freiburg i. Br. 2010, S. 610–628. [*Ratzinger*, Primat Petri und Einheit der Kirche].

Ratzinger, Joseph (Benedikt XVI.): Ursprung und Wesen der Kirche, erstmals in: Ders., Zur Gemeinschaft gerufen, Freiburg i. Br. ²1992, S. 11–43, neuerlich in: JRGS 8/1, Freiburg i. Br. 2010, S. 220–243. [*Ratzinger*, Ursprung und Wesen].

Ratzinger, Joseph (Benedikt XVI.): Predigt anlässlich der Exequien und des Begräbnisses von Papst Johannes Paul II. am 8. April 2005, in: JRGS 14/3, Freiburg i. Br. 2019, S. 1950–1958. [*Ratzinger*, Predigt Requiem Johannes Paul II.].

Ratzinger, Joseph (Benedikt XVI.): Die Kirchenväter – frühe Lehrer der Christenheit, Regensburg 2008. [*Benedikt XVI.*, Kirchenväter].

Ratzinger, Joseph (Benedikt XVI.): Licht der Welt. Der Papst, die Kirche und die Zeichen der Zeit. Ein Gespräch mit Peter Seewald, Freiburg i. Br. 2010, neuerlich erschienen in: JRGS 13/2, Freiburg i. Br. 2016, S. 841–980. [*Benedikt XVI.*, Licht der Welt].

Ratzinger, Joseph (Benedikt XVI.): Jesus von Nazareth. Erster Teil. Von der Taufe im Jordan bis zur Verklärung, Freiburg i. Br. ⁵2013, neuerlich erschienen als: JRGS 6/1, Freiburg i. Br. 2014. [*Ratzinger/Benedikt XVI.*, Jesus von Nazareth I].

Ratzinger, Joseph (Benedikt XVI.): Letzte Gespräche. Mit Peter Seewald, München 2016. [*Benedikt XVI.*, Letzte Gespräche].

Ratzinger, Joseph (Benedikt XVI.): Salz der Erde. Christentum und katholische Kirche im 21. Jahrhundert. Ein Gespräch mit Peter Seewald, neuerlich erschienen in: JRGS 13/2, Freiburg i. Br. 2016, S. 207–452. [*Benedikt XVI.*, Salz der Erde].

Rees, Wilhelm: § 9 Die Rechtsnormen, in: HdbKathKR³, S. 127–162. [*Rees*, Rechtsnormen].

Rees, Wilhelm: Bischofsprofil, kanonische Eignung und Bestellung, in: Riedel-Spangenberger, Ilona (Hrsg.), Rechtskultur in der Diözese. Grundlagen und Perspektiven (= QD 219), Freiburg i. Br. 2006, S. 120–162. [*Rees*, Bischofsprofil].

Rees, Wilhelm: Der Diözesanbischof in kollegialer Verantwortung. Seine Mitwirkung im Bischofskollegium und in den Teilkirchenverbänden, in: Riedel-Spangenberger, Ilona (Hrsg.), Rechtskultur in der Diözese. Grundlagen und Perspektiven (= QD 219), Freiburg i. Br. 2006, S. 72–119. [*Rees*, Diözesanbischof in kollegialer Verantwortung].

Rees, Wilhelm: Zwischen Bewahrung und Erneuerung. Zu Entdeckungen und (Weiter-)Entwicklungen im Recht der römisch-katholischen Kirche, in: Güthoff, Elmar/Haering, Stephan (Hrsg.), Ius quia iustum. Festschrift für Helmuth Pree zum 65. Geburtstag (= KStT 65), Berlin 2015, S. 81–111. [*Rees*, Zwischen Bewahrung und Erneuerung].

Rehak, Martin: Art. Emeritus – Katholisch, in: LKRR Bd. 1, S. 839–841. [*Rehak*, Emeritus].

Rehak, Martin: Kann ein Papa emeritus den Päpstlichen Segen Urbi et Orbi spenden?, in: Matthias Pulte/Rafael M. Rieger (Hrsg.), Ecclesiae et scientiae fideliter inserviens. Festschrift für Rudolf Henseler CSsR zur Vollendung des 70. Lebensjahres, Würzburg 2019, S. 253–274. [*Rehak*, Urbi et Orbi].

Reichert, Eckhard: Art. Marcellinus, in: BBKL Bd. 5, Sp. 769. [*Reichert*, Marcellinus].

Reisinger, Philipp: Jurisdiktionsprimat und bischöfliche Kollegialität in perichoretischer Zusammenschau. Ein spekulativer, theologischer Entwurf zum Subjekt der höchsten Autorität der Kirche unter besonderer Berücksichtigung der kanonischen Gesetzgebung im CIC 1983 und CCEO, St. Ottilien 2012. [*Reisinger*, Jurisdiktionsprimat].

Reisinger, Philipp: Sanctae Ecclesiae Cardinales – Peculiaris Episcoporum coetus. Neue kirchenrechtliche Perspektiven für die Kardinäle und das Kardinalskollegium (= DiKa 22), St. Ottilien 2012. [*Reisinger*, Sanctae Ecclesiae Cardinales].

Rhode, Ulrich: Kirchenrecht (= Studienbücher Theologie 24), Stuttgart 2015. [*Rhode*, Kirchenrecht].

Riedel-Spangenberger, Ilona: Art. Missio canonica, in: LKR, Sp. 661. [*Riedel-Spangenberger*, Missio canonica].

Ries, Barbara: Amt und Vollmacht des Papstes. Eine theologisch-rechtliche Untersuchung zur Gestalt des Petrusamtes in der Kanonistik des 19. und 20. Jahrhunderts (= KB 8), Münster 2003. [*Ries*, Amt und Vollmacht].

Roloff, Jürgen: Die Apostelgeschichte (= NTD 5), Göttingen 1981. [*Roloff*, Apostelgeschichte].

Rothe, Wolfgang F.: Die außerliturgische Klerikerkleidung nach can. 284 CIC. Eine rechtsgeschichtliche, rechtssystematische und rechtskritische Untersuchung (= MThS. K 68), St. Ottilien 2014. [*Rothe*, Außerliturgische Klerikerkleidung].

Rudiger, Andreas: Die Leitungs- und Machtfrage in der katholischen Kirche. Dogmatische Erwägungen zur amtlichen Gemeindeleitung (munus regendi) und zur heiligen Vollmacht (sacra potestas) im Spiegel der Gewaltenkonzeption Klaus Mörsdorfs, Buttenwiesen 2002. [*Rudiger*, Leitungs- und Machtfrage].

Ruhbach, Gerhard: Eusebius von Caesarea (= GKG 1), Stuttgart u. a. 1984, S. 224–235. [*Ruhbach*, Eusebius von Caesarea].

Sauser, Ekkart: Art. Gasser, Vinzenz, in: BBKL Bd. 16, Sp. 552–554. [*Sauser*, Vinzenz Gasser].

Schatz, Klaus: Kirchengeschichte der Neuzeit, Düsseldorf 1989. [*Schatz*, Kirchengeschichte der Neuzeit].

Schatz, Klaus: Unfehlbarkeitsdiskussion und Rezeption, in: Ders., Vaticanum I (1869–1870) (= Konziliengeschichte Reihe A: Darstellungen), Bd. 3, Paderborn 1994. [*Schatz*, Vaticanum I, Bd. 3].

Schatz, Klaus: Das Erste Vatikanum, in: Weitlauff, Manfred (Hrsg.), Kirche im 19. Jahrhundert, Regensburg 1998, S. 140–162. [*Schatz*, Das Erste Vatikanum].

Schlögl, Manuel: Tradition als Christusbegegnung. Das christologische Traditionsverständnis von „Dei Verbum", in: Hastetter, Michaela C./Moga, Ioan/Ohly, Christoph (Hrsg.), Symphonie des Wortes. Beiträge zur Offenbarungskonstitution „Dei Verbum" im katholisch-orthodoxen Dialog, St. Ottilien 2012, S. 119–139. [*Schlögl*, Christologisches Traditionsverständnis].

Schmidt, Bernward: Kleine Geschichte des Ersten Vatikanischen Konzils, Freiburg i. Br. 2019. [*Schmidt*, Erstes Vatikanisches Konzil].

Schmidt, Tilmann: Die Rezeption des Liber Sextus und der Extravaganten Papst Bonifaz VIII., in: Bertram, Martin (Hrsg.), Stagnation oder Fortbildung? Aspekte des allgemeinen Kirchenrechts im 14. und 15. Jahrhundert, Tübingen 2005. [*Schmidt*, Rezeption des Liber Sextus].

Schmitz, Heribert: Art. Dignität, Dignitär, in: LKR, Sp. 192 f. [*Schmitz*, Dignität, dignitär].

Schmitz, Heribert: § 6 Codex Iuris Canonici, in: HdbKathKR³, S. 70–100. [*Schmitz*, Codex Iuris Canonici].

Schmitz, Heribert: § 38 Der Diözesanbischof, in: HdbKathKR³, S. 593–611. [*Schmitz*, Diözesanbischof].

Schnackenburg, Rudolf: Das Johannesevangelium. III. Teil. Kommentar zu Kap. 13–21 (= ThKNT 4), Freiburg i. Br./Basel/Wien 1975. [*Schnackenburg*, Johannesevangelium].

Schnelle, Udo: Das Evangelium nach Johannes (=ThHK Bd. 4), Leipzig ⁵2016. [*Schnelle*, Johannes].

Schulz, Siegfried: Das Evangelium nach Johannes. Übersetzt und erklärt von Siegfried Schulz (= NTD 4), Göttingen 1978. [*Schulz*, Johannes].

Schwaiger, Georg: Papsttum und Päpste im 20. Jahrhundert. Von Leo XIII. bis Johannes Paul II., München 1999. [*Schwaiger*, Papsttum und Päpste].

Schwendenwein, Hugo: § 21 Die Zugehörigkeit zu einem geistlichen Heimatverband, in: HdbKathKR³, S. 342–354. [*Schwendenwein*, Geistlicher Heimatverband].

Schwendenwein, Hugo: § 28 Der Papst, in: HdbKathKR³, S. 447–468. [*Schwendenwein*, Papst].

Seppelt, Franz Xaver: Monumenta Coelestiniana. Quellen zur Geschichte des Papstes Coelestin V. (= QFG 19), Paderborn 1942. [*Seppelt*, Monumenta Coelestiniana].

Seppelt, Franz Xaver: Die Entfaltung der päpstlichen Machtstellung im Frühen Mittelalter. Von Gregor dem Großen bis zur Mitte des elften Jahrhunderts (= Geschichte der Päpste 2), München ²1955. [*Seppelt*, Entfaltung der päpstlichen Machtstellung].

Seppelt, Franz Xaver: Das Papsttum im Kampf mit Staatsabsolutismus und Aufklärung. Von Paul III. bis zur Französischen Revolution (= Geschichte der Päpste 5), neu bearbeitet von Georg Schwaiger, München ²1959. [*Seppelt*, Von Paul III. bis zur Französischen Revolution].

Seppelt, Franz Xaver/*Schwaiger*, Georg: Geschichte der Päpste. Von den Anfängen bis zur Gegenwart, München 1964. [*Seppelt/Schwaiger*, Geschichte der Päpste].

Söding, Thomas: Die Lebendigkeit des Wortes Gottes. Das Verständnis der Offenbarung bei Joseph Ratzinger, in: Meier-Hamidi, Frank/Schumacher, Ferdinand (Hrsg.), Der junge Theologe Joseph Ratzinger (= QD 222), Freiburg i. Br. 2007, S. 12–55 [*Söding*, Das Verständnis der Offenbarung].

Söding, Thomas: Bibel und Kirche bei Joseph Ratzinger. Eine kritische Analyse, in: Schaller, Christian (Hrsg.), Kirche – Sakrament und Gemeinschaft. Zu Ekklesiologie und Ökumene bei Joseph Ratzinger (= RaSt 4), Regensburg 2011, S. 16–42. [*Söding*, Bibel und Kirche].

Söding, Thomas: Jesus von Nazareth – eins mit Gott? Die Trilogie von Benedikt XVI. in der exegetischen Diskussion, in: SKZ 181 (2013), S. 328–357. [*Söding*, Trilogie].

Söding, Thomas: Wenn ich schwach bin, bin ich stark (2 Kor 12,10). Ein exegetischer Kommentar zum Rücktritt von Papst Benedikt XVI., in: IKaZ Communio 42 (2013), S. 181–184. [*Söding*, Exegetischer Kommentar].

Stahlberg, Marten: Der Primat des Bischofs von Rom – ein Blick aus dem Osten. Eine Bestandsaufnahme aktueller russischsprachiger Primatsliteratur, in: Hastetter, Michaela C./Ohly, Christoph (Hrsg.), Dienst und Einheit. Reflexionen zum petrinischen Amt in ökumenischer Perspektive. Festschrift für Stephan Otto Horn zum 80. Geburtstag, St. Ottilien 2014, S. 162–176. [*Stahlberg*, Ein Blick aus dem Osten].

Struve, Tilman: Art. Clemens III. (Wibert), LMA Bd. II, Sp. 2139 f. [*Struve*, Clemens III.].

Telera, Celestino: Historie sagre degli huomini illustri per santita della congregatione de Celestini, dell'ordine di S. Benedetto, raccolte, e descritte da D. Celestino Telera da Manfredonia diffinitore, Bologna 1648. [*Telera*, Historie sagre].

Thier, Andreas: Art. Decretum Gratiani – Historisch, in: LKRR Bd. 1, S. 540–542. [*Thier*, Decretum Gratiani].

Tierney, Brian: Foundations of the Conciliar Theory. The contribution of the medieval canonists from Gratian to the Great Schism, Cambridge 1955. [*Tierney*, Conciliar Theory].

Tierney, Brian: Historische Modelle für das Papsttum, in: IKaZ Communio 11 (1975), S. 544–550. [*Tierney*, Historische Modelle].

Thils, Gustave: Potestas ordinaria, in: Congar, Yves (Hrsg.), Das Bischofsamt und die Weltkirche, Stuttgart 1964, S. 719–738. [*Thils*, Potestas ordinaria].

Trimpe, Martin: Macht aus Gehorsam. Grundmotive der Theologie des päpstlichen Primates im Denken Reginald Poles (1500–1558) (= Univ. Diss.), o. O. (= Regensburg) 1972. [*Trimpe*, Macht aus Gehorsam].

Tück, Jan-Heiner: Communio-Primat. Von Benedikt XVI. zu Franziskus: Überlegungen zum Petrusdienst im dritten Jahrtausend, in: Knapp, Markus/Söding, Thomas (Hrsg.), Glaube in Gemeinschaft. Autorität und Rezeption in der Kirche, Freiburg i. Br. 2014, S. 54–72. [*Tück*, Communio-Primat].

Twomey, Vincent: Apostolikos Thronos. The Primacy of Rome as reflected in the Church History of Eusebius and the historico-apologetic writings of Saint Athanasius the Great (= MBTh 49), Münster 1982. [*Twomey*, Apostolikos Thronos].

Twomey, Vincent: Benedikt XVI. Das Gewissen unserer Zeit. Ein theologisches Portrait, Augsburg 2006. [*Twomey*, Gewissen].

Twomey, Vincent: Zum Primat des Bischofs von Rom. Untersuchungen, in: Schaller, Christian (Hrsg.), Kirche – Sakrament und Gemeinschaft. Zu Ekklesiologie und Ökumene bei Joseph Ratzinger (= RaSt 4), Regensburg 2011, S. 196–201. [*Twomey*, Primat des Bischofs von Rom].

Ueberschaer, Nadine: Der Einzelne und die Gemeinschaft. Joh 21 als johanneisches Narrativ synoptischer Traditionen, in: ZNW 112 (2021), S. 1–25. [*Ueberschaer*, Der Einzelne und die Gemeinschaft].

Uecker, Thomas: Art. Jacobus Gaetani Stefaneschi, in: BBKL Bd. 2, Sp. 1416 f. [*Uecker*, Jacobus Gaetani Stefaneschi].

Ullmann, Walter: Die Machtstellung des Papsttums im Mittelalter, Graz 1960. [*Ullmann*, Machtstellung].

Viana, Antonio: La Sede Apostolica impedita per la malattia del Papa, in: Güthoff, Elmar/Haering, Stephan (Hrsg.), Ius quia iustum. Festschrift für Helmuth Pree zum 65. Geburtstag (= KStT 65), Berlin 2015, S. 367–379. [*Viana*, Sede impedita].

Voderholzer, Rudolf: „Glaubhaft ist nur Liebe“. Hans Urs von Balthasar als Inspirator Joseph Ratzingers, in: SKZ 43 (2007), S. 740–742 und SKZ 44 (2007), S. 762–764.769. [*Voderholzer*, Glaubhaft ist nur Liebe].

Voderholzer, Rudolf: Joseph Ratzinger/Benedikt XVI. und die Exegese, in: Hofmann, Peter (Hrsg.), Joseph Ratzinger. Ein theologisches Profil, Paderborn 2008, S. 99–121. [*Voderholzer*, Ratzinger und die Exegese].

Voderholzer, Rudolf: Der Grundduktus der Fundamentaltheologie von Joseph Ratzinger (= RaSt 6), Regensburg 2013. [*Voderholzer*, Grundduktus].

Voderholzer, Rudolf: Offenbarung, Tradition und Schriftauslegung. Bausteine zu einer christlichen Bibelhermeneutik, Regensburg 2013. [*Voderholzer*, Bibelhermeneutik].

Voderholzer, Rudolf: Die gemeinsame Sehnsucht nach Einheit wachhalten – Respekt vor dem Glauben des Anderen. Zur Frage des Kommunionempfangs evangelischer Ehepartner, online unter: https://bistum-regensburg.de/news/bischof-voderholzer-zur-frage-des-kommunionempfangs-evangelischer-ehepartner-die-gemeinsame-sehnsucht-nach-einheit-wach-halten-5991/ (zuletzt eingesehen am 08.07.2021). [*Voderholzer*, Zur Frage des Kommunionempfangs].

Voderholzer, Rudolf: Predigt zur Feier mit den Ehejubilaren im Dom zu Regensburg vom 21. Juni 2020, online unter: https://www.bistum-regensburg.de/typo3conf/ext/mediathek_main/uploads/3/20 200621_P_Ehejubilare_Dom_1.pdf (zuletzt eingesehen am 24.06.2020). [*Voderholzer*, Predigt Ehejubilare].

Wächter, Lothar: Art. Gesetz – Katholisch, in: LKRR Bd. 2, S. 296–298. [*Wächter*, Gesetz].

Wächter, Lothar: Art. Motu Proprio – Katholisch, in: LKRR Bd. 2, S. 295 f. [*Wächter*, Motu Proprio].

Walser, Markus: Art. Rechtskirche, in: LKR, Sp. 821 f. [*Walser*, Rechtskirche].

Walser, Markus: Die Rechtshandlung im Kanonischen Recht. Ihre Gültigkeit und Ungültigkeit gemäß dem Codex Iuris Canonici, Göttingen 1994. [*Walser*, Rechtshandlung].

Weiß, Andreas: Wer korrigierte wen? Fragen zum Amtsverzicht Papst Benedikts XVI. aus Anlass seiner Wortmeldung in der Debatte um wiederverheiratete Geschiedene, in: Blumberg, Anselm/Hofmann, Johannes/Petrynko, Oleksandr (Hrsg.), Historia magistra vitae. Leben und Theologie aus ihrer Geschichte verstehen. Festschrift für Johannes Hofmann zum 65. Geburtstag (= Eichstätter Studien N.F. 76), Regensburg 2016, S. 519–538. [*Weiß*, Fragen zum Amtsverzicht].

Weiten, Gabriel: Die Pastoralkonstitution „Gaudium et spes“ als Programmschrift zur „Entweltlichung“ der Kirche, in: Ohly, Christoph/Meiers, Anna Elisabeth (Hrsg.), Entweltlichung der Kirche. Dimensionen eines Auftrags, München 2013, S. 13–29. [*Weiten*, Gaudium et spes als Programmschrift].

Weitz, Thomas A.: De urbe egressus est – Der Rücktritt des Papstes bei Gilles Bellemère, in: Pulte, Matthias/Ders. (Hrsg.), Veritas vos liberabit. Festschrift für Günter Assenmacher zum 65. Geburtstag (= KStKR 27), Paderborn 2017, S. 231–262. [*Weitz*, De urbe egressus est].

Wengst, Klaus: Das Johannesevangelium (= ThKNT Bd. 4, Neuausgabe), Stuttgart 2019. [*Wengst*, Johannesevangelium].

Wiedenhofer, Siegfried: Grundzüge des Kirchenverständnisses von Joseph Ratzinger, in: Schaller, Christian (Hrsg.), Kirche – Sakrament und Gemeinschaft. Zu Ekklesiologie und Ökumene bei Joseph Ratzinger (= RaSt 4), Regensburg 2011, S. 118–152. [*Wiedenhofer*, Grundzüge des Kirchenverständnisses].

Wilks, Michael: The problem of sovereignity in the later Middle Ages. The papal monarchy with Augustinus Triumphus and the publicists, Cambridge 1964. [*Wilks*, The problem of sovereignity].

Witsch, Norbert: Art. Emeritus, in: LKStKR Bd. 1, S. 590–591. [*Witsch*, Emeritus].

Witsch, Norbert: Art. Reservationssystem, in: LKRR Bd. 3, S. 923 f. [*Witsch*, Reservationssystem].

Zöhrer, Josef: Die roten Schuhe des Papstes oder Martyria als Grundkategorie der Theologie des Petrusamtes bei Joseph Ratzinger/Papst Benedikt XVI., in: Hastetter, Michaela C./Ohly, Christoph (Hrsg.), Dienst und Einheit. Reflexionen zum petrinischen Amt in ökumenischer Perspektive. Festschrift für Stephan Otto Horn zum 80. Geburtstag, St. Ottilien 2014, S. 65–98. [*Zöhrer*, Martyria als Grundkategorie].

Personen- und Sachregister

Oliver Hiltl

Autonomiekollisionen in multidiversifizierter Gesellschaft

Arbeitsrechtliche Abwägungen bei Ethosgemeinschaften

Kollisionen verschiedener Autonomien in diversifizierten Gesellschaften bilden den Ansatzpunkt der Untersuchung. Die Spannungen zwischen ethischen Überzeugungen, gesellschaftlichen Meinungen und individuellen Auffassungen geben Anlass für die Darstellung der aktuellen Kontroverse zum kirchlichen Arbeitsrecht.

Die Arbeit fragt nach der Weiterentwicklung der juristischen Ausrichtung der kirchlichen Autonomie in Hinblick auf Loyalitätspflicht, Streikausschluss und die Entwicklung des Dritten Weges. Die transparente Vermittlung des Sendungsauftrags liefert Prinzipien für die Zukunft einer europakonformen Konzeption der Autonomie der Kirche und ermöglicht gleichermaßen eine überzeugende Beschreibung der Teilhabe des einzelnen Arbeitnehmers sowohl am eigenen Ethos für eine gelebte Freiheit des Individuums als auch am Kollektiv der Religionsgemeinschaft für das ›bonum commune‹.

Kanonistische Studien und Texte, Band 75
458 Seiten, 2022
ISBN 978-3-428-18659-4, € 99,90
Titel auch als E-Book erhältlich.

www.duncker-humblot.de

Wilhelm Rees / Ludger Müller / Christoph Ohly /
Stephan Haering (Hrsg.)

Religiöse Vielfalt
Herausforderungen für das Recht

In den Ländern Europas hat – unter anderem durch eine wachsende
Mobilität – die Vielfalt der Religionen und Weltanschauungen zuge-
nommen. Eine religiös homogene Gesellschaft gibt es weniger denn
je. Aufgrund dieser Tatsache fand vom 15. bis 17. Februar 2016 in der
Katholischen Akademie Berlin eine kirchenrechtliche Tagung mit
dem Thema »Religiöse Vielfalt – Herausforderungen für das Recht«
statt, deren wissenschaftliche Planung und Durchführung in den
Händen der Herausgeber lagen. Die Tagung wandte sich den Herausforderungen zu, die sich für das Recht der Staaten wie auch der Kirchen und Religionsgemeinschaften aus dem Umstand religiöser Vielfalt ergeben. Es zeigte sich, dass sich das bislang weithin auf die
Katholische und Evangelische Kirche zugeschnittene System des
deutschen Staatskirchenrechts in Richtung weiterer Kirchen und Religionsgemeinschaften öffnen muss. Ausdrücklich wurden vier rechtlich relevante Themenbereiche, nämlich Blasphemie, Ehe und Familie, Bildung und Erziehung sowie Religionswechsel, in Vorträgen bzw.
Arbeitskreisen aus der Sicht des Judentums, des Christentums und
des Islams beleuchtet.

Kanonistische Studien und Texte, Band 69
II, 215 Seiten, 2019
ISBN 978-3-428-15392-3, € 59,90
Titel auch als E-Book erhältlich.

www.duncker-humblot.de